贵州省瓮安县地方志丛书

WENGANXIANYINZHAN ZHENZHI

# 瓮安县银盏镇志

## （620—2015）

贵州省瓮安县银盏镇地方志编纂委员会 编

方志出版社
Publishing House of Local Records

**图书在版编目（CIP）数据**

瓮安县银盏镇志：620－2015 / 贵州省瓮安县银盏镇地方志编纂委员会编 .-- 北京：方志出版社，2019.5

ISBN 978-7-5144-3762-1

Ⅰ. ①瓮… Ⅱ. ①贵… Ⅲ. ①乡镇－地方志－瓮安县－620－2005 Ⅳ. ① K297.35

中国版本图书馆 CIP 数据核字（2019）第 107839 号

# 瓮安县银盏镇志（620—2015）

编 者：贵州省瓮安县银盏镇地方志编纂委员会

责任编辑：张 昊

出 版 者：方志出版社

地址 北京市朝阳区潘家园东里 9 号（国家方志馆 4 层）

邮编 100021

网址 http://www.fzph.org

发 行：方志出版社图书经销中心

电话 （010）67110500

经 销：各地新华书店

印 刷：昆明鹰达印刷有限公司

开 本：889 × 1194 1/16

印 张：53.25

字 数：1300 千字

版 次：2019 年 5 月第 1 版 2019 年 5 月第 1 次印刷

印 数：0001 ~ 2000 册

ISBN 978-7-5144-3762-1 定价：368.00 元

# 《瓮安县银盏镇志》（620–2015）编纂委员会

总顾问：张文强

顾　问：黄桂林　潘玉华　陈　博　曾　薇

曾明康　桂国全　张　杰　郭　锐

主　任：张林才

副主任：李生杰　王　芳　兰仕华　陈　康

余　波　刘人毅　张安忠

委　员：兰华丽　犹和兴　刘龙均　刘兴祥

田德才　罗云松　吴明富　丁泳崴

犹家贸　吴文松　李映锦　向小亚

张贵军　冷　军　邵　琪　王祖林

吴应达　袁　成　江远霞　朱仕兵

李英安　周胜贤

办公室主任：犹和兴（兼）

# 《瓮安县银盏镇志》（620－2015）编辑部

总 顾 问：范祖贵　李生杰

顾　　问：谢兴贵　郑显君　谢崇禄

主　　编：犹和兴

副 主 编：杨思英　范兴林　邱成云　田德才　刘兴祥

总　　纂：犹和兴

编　　辑：王再科　王清学　王绪忠　李大贤

撰　　稿：犹和兴　王再科　王清学　王绪忠　李大贤

编　　务：王经纬　李映锦　邓安菊　籍　烨　黎元龙　刘三喜　兰　兴

谭　敏

摄　　影：廖天江　刘三喜

校　　对：王绪忠　王清学　犹永俊

# 《瓮安县银盏镇志》（620—2015）审验

初　审：张林才　李生杰　王　芳　犹和兴　陈天银
王　昱　谢兴贵　刘德权　范兴林　王经纬
刘三喜　吴成军　黎元龙　犹永俊　童德莹
宋　浒　廖天江　籍　烨

复　审：犹和兴　犹永俊　王经纬　吴承军
黎元龙　刘三喜　籍　烨

终　审：瓮安县地方志编纂委员会办公室
范祖贵　王　昱　谢兴贵　郑显君　谢崇禄　刘德权
王明江　杨通敏

验　收：瓮安县地方志编纂委员会办公室

# 序一

中共黔南州委常委、中共瓮安县委书记
中共贵州瓮安经济开发区工委书记 **张文强**

为国守史，为民服务。修志问道，以启未来。只有实行中央集权制的国家，才有可能划分地方行政区域。《瓮安县银盏镇志》（620-2015）记录几经行政区划变迁，演变成今天的银盏镇；用时代的观点、真实的材料、实事求是的方法编修完成瓮安县上百年来第一部镇志。有“资政、教化、存史”，服务当代，惠及后世的功能。它必将在今后的物质文明、精神文明建设中，在瓮安县银盏镇社会发展中发挥推动作用。

《瓮安县银盏镇志》（620-2015）全面反映了银盏自然、政治、经济、文化、社会等各方面的历史与现状，堪称百科全书。可供全镇党政干部汲取前人成功之经验，挫折之教训，以达到鉴古知今，资政为民之目的。作为一部百年地方镇志百科全书，将对有志创业之士提供各行各业的信息指南，让更多的人了解银盏、熟悉银盏、走进银盏。

2012年以来，银盏镇党委、政府按照环境立镇、工业强镇、农业稳镇、商贸活镇、文化名镇的发展定位，县委、县政府对地域相连、历史相沿、人文相近、经济相融的原几个乡合并于银盏镇，在原乡驻地设立党务政务服务中心，确保被撤并各村社会管理、社会事务、社会稳定等工作正常开展，群众办事方便。2014年9月，贵州瓮安经济开发区与银盏镇实行“区镇合一”管理体制，优化资源配置，加快工业重镇、经济强镇进程，截至2018年底入园企业284家，实现工业总产值965.96亿元；实现税收29.16亿元，农民人均纯收入11345元。

让我们以史为鉴、以志为镜，早日把银盏境域建成黔南极具特色的城镇新区。

2018年12月8日

# 序二

中共瓮安县委副书记、瓮安县人民政府县长
贵州瓮安经济开发区管理委员会主任 **黄桂林**

古人云："治天下者以史为鉴，治郡县者以志为鉴"。镇史古今，历史流长。古往今来，瓮安县没有一部完整的镇志。历史前进的轨迹，人民改造山区面貌的艰辛，须得到如实的记载，后人继传。

最古之史，实为方志。编纂人员广征博采，去粗取精，细致甄别，辛勤笔耕，数易其稿，力求真实，成为见证银盏镇沧桑变迁历史的第一部镇志——《瓮安县银盏镇志》（620-2015），这是银盏镇人民文化生活的一件盛事。

历史是一面镜子。牢记历史，以史为镜，在厚重的历史积淀中，有辉煌的成就，有前进中的挫折，也有宝贵的经验，更有难忘的教训，从而总结蕴育智慧，凝聚力量。

今天的银盏镇实行"区镇合一"管理模式，以区为主，以区带镇，以镇促区，融合发展，全力打造强区与强镇有机结合，使强镇作为强区的基础，强区作为强镇的龙头，形成合力，推动发展。续写历史新篇章，以垂后代，流芳百世。

"邑之有志，犹如国之有史"之感，以此言为序。

2018年12月8日

# 序三

瓮安经济开发区管委会副主任
中共瓮安县银盏镇委员会书记　**张林才**

编修地方志是中华民族优秀的文化传统，源远流长。编修镇志，是历史赋予当代人的使命，义不容辞。

让历史说话，用史实发言。银盏行政区划几经变更，演变为今天的银盏镇，使这片充满活力的热土实现了从全农走向半工半农，进而向城镇化迈进的华丽转身。在漫长的历史长河中，勤劳智慧的先民们，用血和汗孕育古代文明，人民风雨踏歌，把银盏发展成为产业合理、地域经济繁荣，亮点纷呈，成果丰硕，人民生活殷实的富裕之地。编修《瓮安县银盏镇志》（620-2015）具有重要的实用价值，是了解“一方山水一方人，一地往事一地情”的窗口，填补了瓮安古往今来没有一部完整镇志的空白。这部镇志，必将起到“资政、存史、育人”的作用。对今天增强银盏综合经济实力，培育开放型经济，建设生态文明，发展新兴产业，禀赋区位和交通运输优势，打造具有瓮安特色的新型城镇，也将起到积极的推动作用。

牢记历史，察古知今，以史为镜，继往开来。在厚重的历史积淀中，汲取经验和教训，从而总结蕴育智慧，带领全镇人民把银盏建设成为集政治、经济、文化、商贸、物流、休闲、居住为一体的工业重镇，既是一份担子，更是一份责任。

2018年12月8日

# 凡　例

一、本志以马列主义、毛泽东思想、邓小平理论、“三个代表”重要思想、科学发展观和习近平新时代中国特色社会主义思想为指导；坚持辩证唯物主义、历史唯物主义的立场、观点和方法，实事求是地记述本镇行政区域内自然、政治、经济、文化、社会的历史与现状。

二、记述范围以本镇现行政区划为主，历史上划入的政区从划入时开始记述，历史上划出的政区从划出时停止记述。

三、本志坚持“详今明古”的原则记录史实，上溯有可靠史料记载，重点为1950年后，下限至2015年12月。

四、本志由图照、概述、大事记、专志、附录组成，志按篇、章、节次序排列，节下视内容设目、子目等。

五、本志采用公元纪年。民国及民国前在纪年后括注公元纪年，民国时期用阿拉伯数字，如民国5年（1916年），之前用汉字，如咸丰八年（1858年）。中华人民共和国建立后一律用公元纪年，并省写“公元”二字。本志称解放前和解放后，系以瓮安县解放日为分界线。1949年12月11日前（不含12月11日）为解放前，1949年12月11日后（含12月11日）称解放后。

六、本志使用语体文、记述体。横分门类、纵述史实。

七、本志将行政区域境内的经济开发区（工业园区）发展史实单独列为一个篇章，“区镇合一”管理体制列入党政群团篇章。

八、本志资料来源于瓮安县志、县档案馆、县统计局、县地方志办公室、经济开发区各部门。本志所有资料经考证后入志，一般不注明出处。

九、本志按照县地方志编纂委员会办公室下发的《资料收集与志稿编纂注意事项》《乡镇（街道）志、部门志、专业志编纂审稿暂行办法》进行修志。

十、本志人物，坚持“生不立传”原则，主要收录银盏镇籍对银盏作出突出贡献人士及长期寓居本镇又有突出贡献的外籍人士。立传者为贡献突出和社会影响大的已故人物。立传人物按卒年先后次序排列。烈士传略、人物传略、人物简介并列。生者作人物简介，采取以事述人的方式加以记述，同一类型的人物按生年先后为序排列。

十一、本志图照部分按事件分类、发生时间先后顺序排列。

十二、入志作品坚持一定的标准，银盏镇籍作者的作品或获奖在刊物上刊载的、与银盏镇事件相关的作品均入志。民间文化坚持“高手在民间”的原则，尽可能收集各具特色的民间作品。

# 银盏镇行政区域示意图

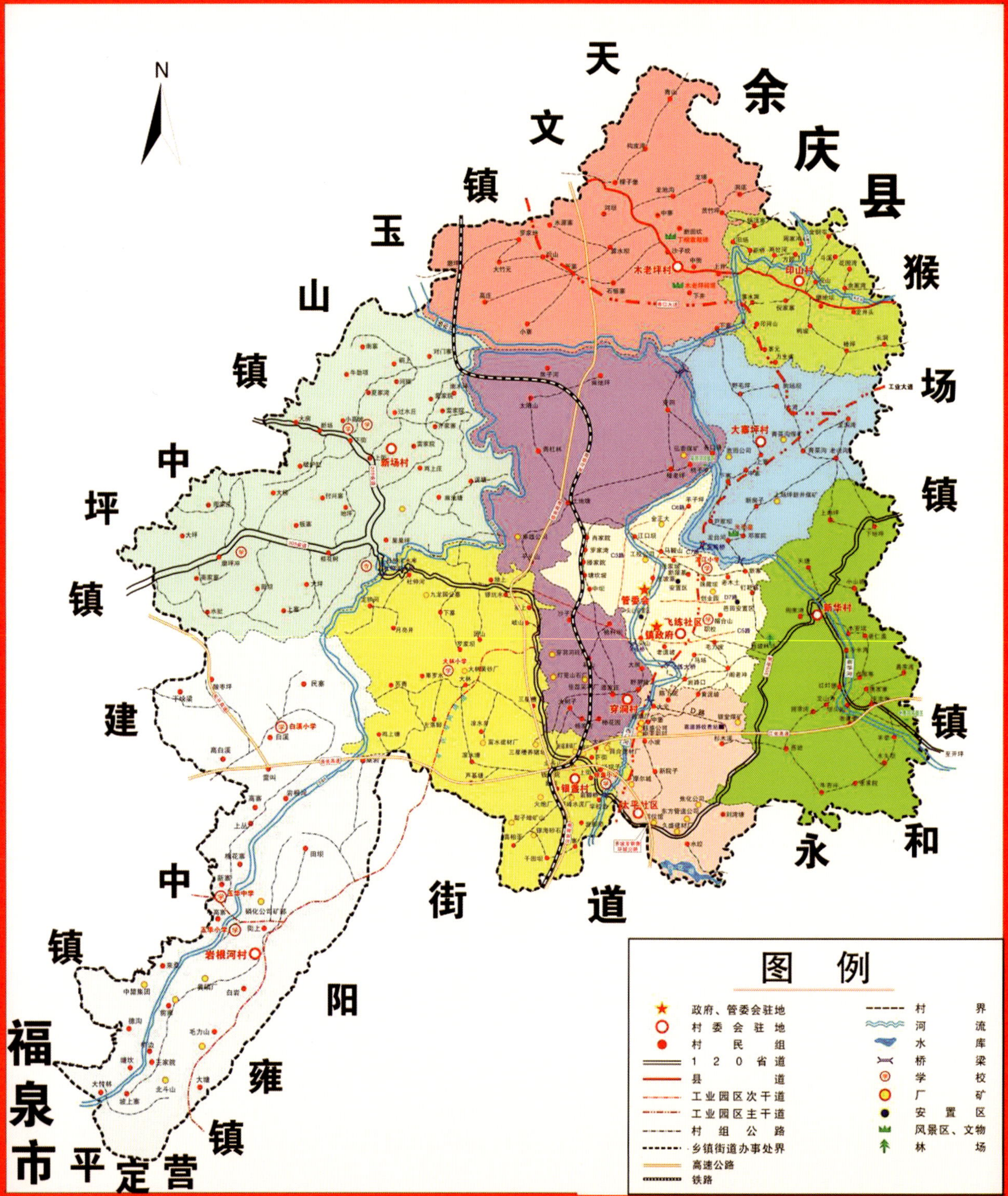
N
天文镇
余庆县
猴场镇
永和镇
街道
玉山镇
中坪镇
建中镇
阳雍镇
平定营
福泉市
管委会
镇政府
飞练社区
木老坪村
印山村
大寨坪村
新华村
新场村
穿洞村
银盏村
太平社区
岩根河村
图例
政府、管委会驻地
村委会驻地
村民组
120省道
县道
工业园区次干道
工业园区主干道
村组公路
乡镇街道办事处界
高速公路
铁路
村界
河流
水库
桥梁
学校
厂矿
安置区
风景区、文物
林场

## 万历二十八年（1600年）瓮安地理图

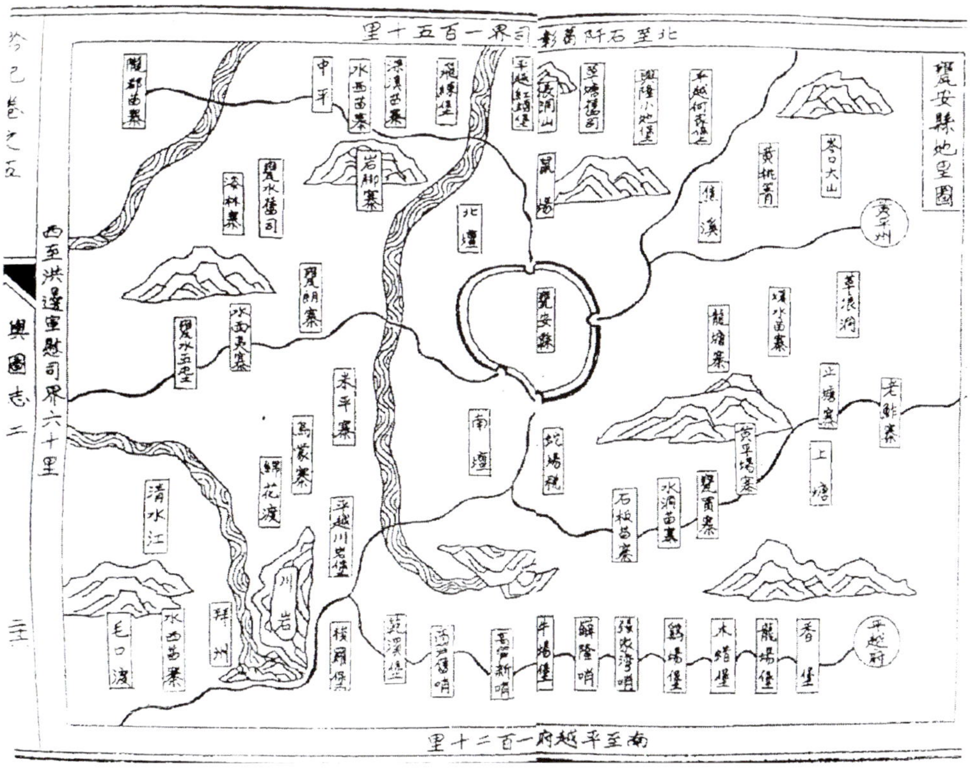


## 明朝岩脚寨（今银盏镇）

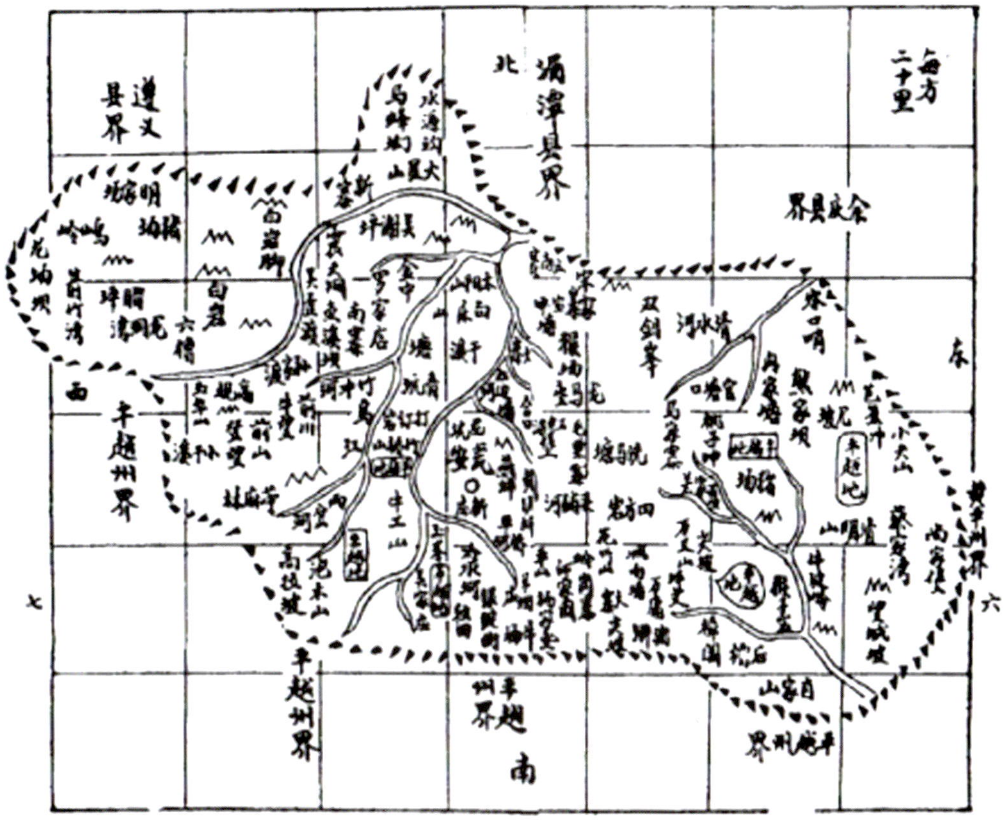

# 红军四过瓮安路线示意图

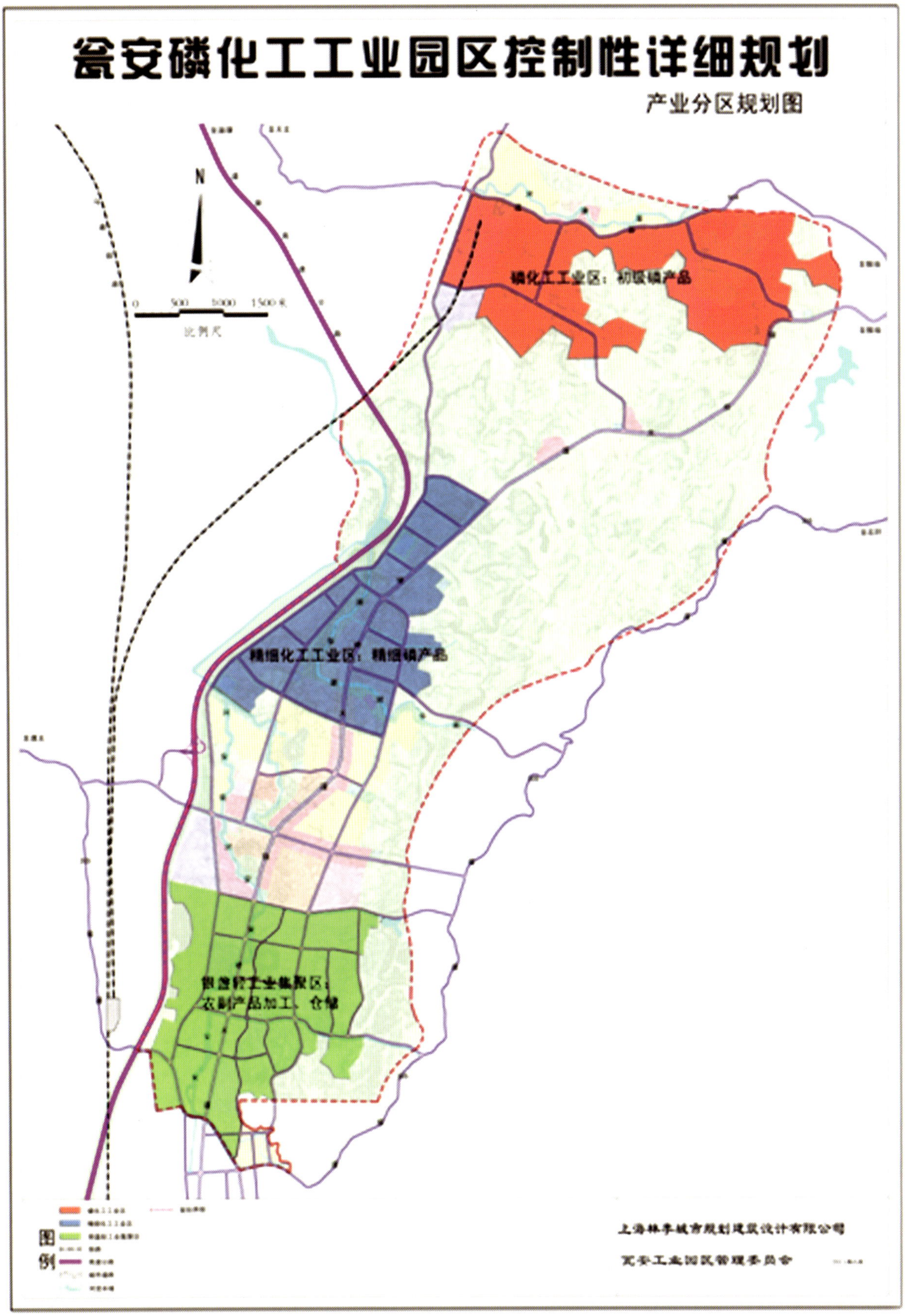
瓮安磷化工工业园区控制性详细规划
产业分区规划图
N
0 500 1000 1500米
比例尺
磷化工工业区：初级磷产品
精细化工工业区：精细磷产品
农副产品加工、仓储
图例

2015年12月建成投入使用的黔中大十字——银盏镇钱家院高速路互通

贵瓮高速路经银盏镇岩根河村，道瓮高速路经银盏镇木老坪村、穿洞村、银盏村，江瓮高速路经银盏镇新华村、太平社区、银盏村。

距今5.8亿年的古生物化石群（贵州“小春虫”）

# 领导关怀

2013年3月29日，国家主席习近平率中国企业家代表团赴南非约翰内斯堡出席金砖国家工商论坛（第二排右二为银盏镇企业家安之忠）

2012年9月，国务院总理温家宝、副总理刘延东接见全国“两基”先进个人（前排右〈二〉为贵州省瓮安第六中学党支部书记、校长高付全）

# 领导视察

2009年3月18日，国土资源部监察局局长张璞（前排左二）在玉华矿区调研

2011年4月4日，省委副书记、省长赵克志（前排右三）视察瓮安工业园区

2011年4月26日，县委副书记瓦标龙（左四）在瓮安工业园区调研

2011年7月21日，州委副书记、县委书记陈昌旭（右一）陪同省高级人民法院副院长李汉宇（右二）一行在园区调研

2012年4月20日，州委副书记、县委书记陈昌旭（右二）在园区调研

2012年4月23日，县政协副主席、管委会主任邓忠学（左一）在创业园工地督查工作

2012年4月28日，副省长谢庆生（前排右一）到工业园区调研

2012年5月8日，副省长慕德贵（前排右三）在瓮安调研白岩背斜磷矿整装勘查

2012年6月27日，副州长胡晓剑（左一）在园区视察

2012年7月3日，州委常委、组织部部长彭旭（右二）到园区调研

2012年8月17日，县委副书记、县长尹德俊（右）在园区调研项目落地建设情况

2012年10月24日，州委书记黄家培（右二）在园区调研

2013年1月18日，史丹利投资总监王树善（前排左三）在园区考察

2013年2月20日，县委副书记张宽（左四）在园区调研

2013年3月8日，副县长夏吉友（中）在园区调研

2013年4月27日，开发区管委会副主任陈廷高（左一）在企业建设工地听取情况汇报

2013年5月7日，副县长曾明康（左二）在岜田调研

2013年5月22日，州委常委、州政府副州长、县委书记蒋映生（前排左二）在工业园区调研

2013年7月28日，县委常委、宣传部部长曾薇（左一）在园区调研

2013年9月，省委副书记李军（前排左二），省委常委、省政府常务副省长谌贻琴（前排左三）在瓮安经济开发区视察工作

2013年10月，黔南州委书记龙长春（左一）在银盏工业园区视察

2013年12月31日，副省长慕德贵（前排右二）一行在芭田调研

2013年12月31日，贵州省副省长慕德贵（前排右一）一行到贵州金正大检查调研

2014年3月12日，副省长王江平（左二）在瓮安调研产业园建设情况

2014年3月26日，安顺市委书记周建琨（左二）、州委书记龙长春（左三）在瓮安职校调研

2014年4月2日，县委副书记、县长尹德俊（前排右一）调研瓮马高速公路工程建设进展情况

2014年4月18日，州委常委、县委书记蒋映生（左三）在园区调研

2014年4月23日，贵州省副省长蒙启良（右一）在贵州金正大调研

2014年4月，黔南州委书记龙长春（前排左二），州委副书记、州长向红琼（前排右一）在金正大诺泰尔公司调研

2014年4月23日，副省长蒙启良（左一）在瓮安职校调研

2014年4月27日，州委书记龙长春（右四）在银盏钱家院高速公路互通建设现场调研

2014年4月28日，黔南州第一次项目建设观摩会观摩团在瓮安观摩

2014年5月10日，副省长陈鸣明（左三）在瓮安职校调研

2014年5月14日，州委常委、副州长、县委书记蒋映生（右四）调研坝子禁止建设区和村民集中建设点划定工作

2014年8月，黔南州委书记龙长春（前排右二）在银盏工业园区视察

2014年10月，州委常委、副州长、瓮安县委书记蒋映生（左），县委副书记、县长尹德俊（右）在银盏镇工业园区检查工作

2014年10月16日，省委副书记、省长陈敏尔（左二）一行在贵州金正大磷资源循环经济产业项目建设点调研

2014年11月，黔南州委书记龙长春（左一）视察开发区农民工创业园

2015年1月19日，省水利厅厅长黄家培（前排左五）在金正大调研水利工程，并察看其产品

2015年3月6日，省环保厅副厅长姜平（前排左二）在金正大诺泰尔公司调研

2015年5月8日，县人大常委会副主任金正祥（右三）在返乡农民工创业园调研

2015年5月，县委副书记、县长黄桂林（左二）在银盏工业园区调研

2015年6月11日，国家财政部副部长、党组成员刘昆（前排左二）在金正大诺泰尔化学有限公司视察，省委常委、副省长慕德贵（前排左四）等省、州、县领导陪同视察，参观金正大诺泰尔化学有限公司展厅

2015年7月14日，州委书记龙长春（前排右三）在瓮安调研重点民生项目建设

2015年7月19日，副州长张全毅（右四）在瓮安经济开发区调研“百千万”工程企业

2015年7月，县委副书记、县长黄桂林（左一）在工业园区检查工作

2015年8月17日，省委常委、副省长秦如培（前排左六）带领2015年全省第二次项目建设现场观摩组在芭田观摩

2015年8月，省委副书记、省委政法委书记谌贻琴（前排左三）在园区考察指导

2015年8月27日，州委常委、县委书记张文强（左二），县委副书记、县长黄桂林（左三）在金正大诺泰尔公司调研

2015年9月15日，省国土资源厅厅长朱立军（右一）视察玉华地质灾害防治工作

2015年10月，副县长曾明康（右二），在农民工创业园检查工作

2015年10月，州委常委、县委书记张文强（前排右二），县委副书记、县长黄桂林（前排右一）一行在银盏参加观摩会

2015年12月，州委常委、县委书记张文强（中）一行检查园区安置房

2015年12月，县委常委、政法委书记、公安局局长黄成（左四）在经济开发区派出所调研工作

# 服务园区

贵州瓮安经济开发区企业服务中心办公区（一）

贵州瓮安经济开发区企业服务中心办公区（二）

瓮安县委党校、行政学校

贵州省瓮安职校

原瓮安第六中学，现银盏中心完全小学

瓮安县渡江小学

瓮安经济开发区创业园科技孵化服务中心

返乡农民工创业园

县第二幼儿园

瓮安思源中学（瓮安六中）

# 规划高标准

整体鸟瞰图

园区整体规划效果图

麒龙摩尔城规划效果图

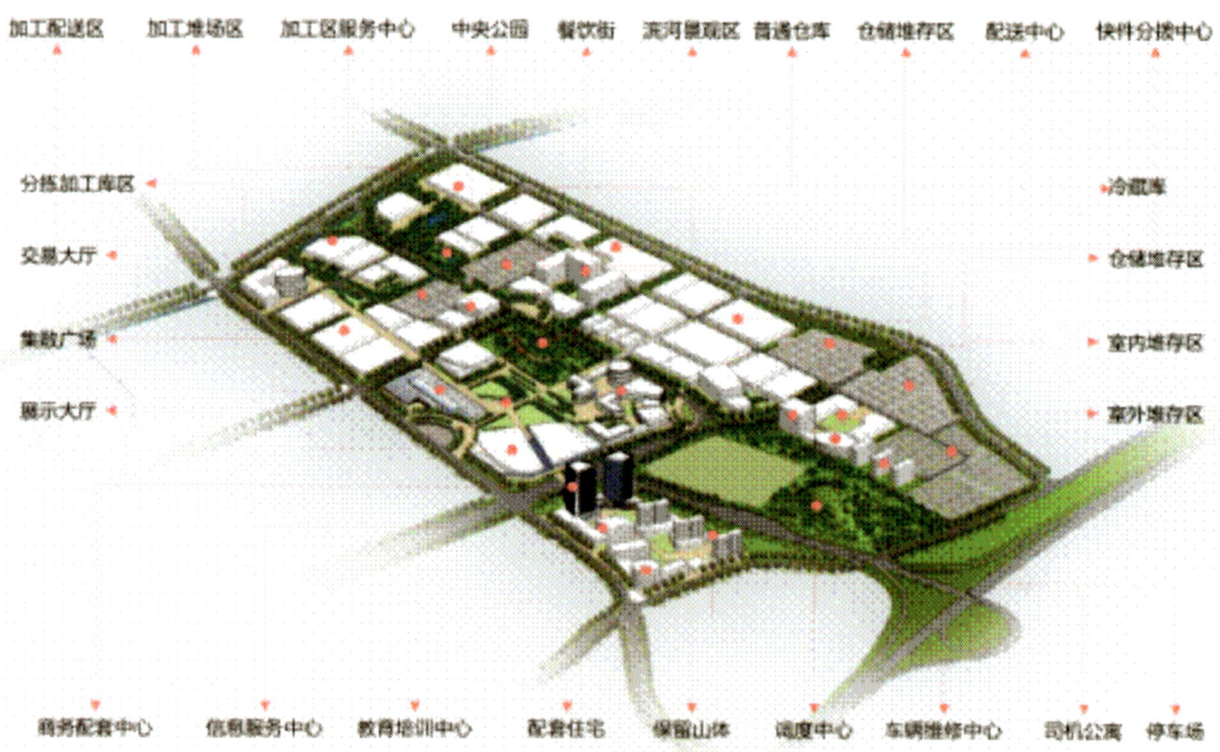


综合商贸物流区规划效果图

迎宾大道A1路与营盘山坡脚一带规划图

义乌小商品市场效果图

科技园与湿地公园规划效果图

马鞍山安置区规划效果图

芭田安置区规划效果图

瓮安工业园区鸟瞰图

标准厂房规划效果图

金正大项目规划效果图

芭田项目规划效果图

雅林花木园林项目效果图

尖山安置区

安置A区规划效果图

安置B区规划效果图

城北客车站效果图

帽合山安置区规划效果图

雍江商城规划效果图

金正大一期工程鸟瞰图

# 贵州芭田生态工程有限公司300万吨/年聚磷酸高效生态复合肥（一期）工程鸟瞰图

芭田一期工程鸟瞰图

市民化工程规划效果图

# 基础设施建设

贵州瓮安经济开发区工业大道

矿山专用通道

麒龙·摩尔城特色美食风情园

贵州瓮安经济开发区入口处

麒龙摩尔城一角

麒龙·摩尔城财富中心

返乡农民工创业园

开发区污水处理厂

正在建设中的钱家院高速互通

银盏工业园区一角

银盏变电站

钢材市场

正在建设的马瓮高速公路路基建设现场

瓮安颐高电商馆

玉华农贸市场

生猪定点屠宰场

瓮安站（高速路）

红灯堡白水河大桥

# 生产一线

瓮安职业学校培训车间

健宝童车厂生产车间

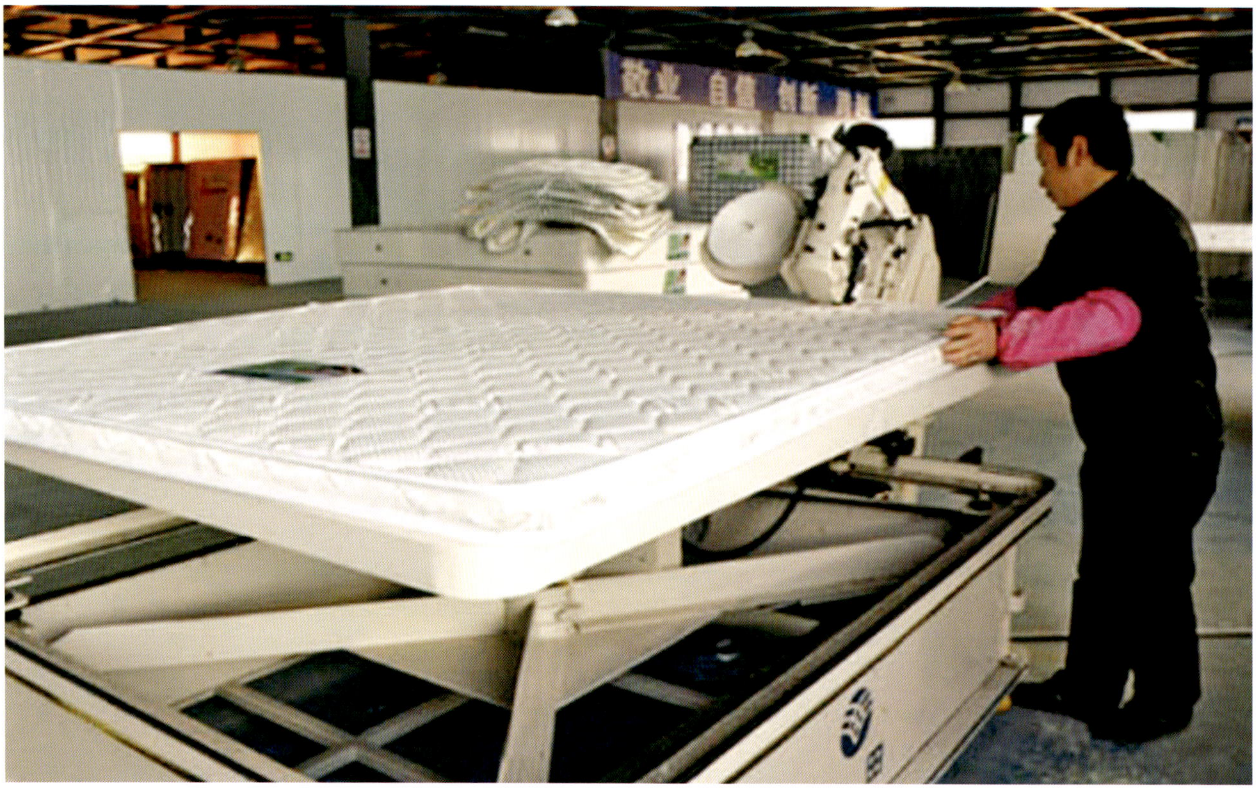


好梦宝家居生产车间

万鑫玩具厂生产车间

钰盛编织袋生产车间

清河堂科技塑业生产车间

宝坚鞋业生产车间

芭田调度室

宏鑫织造有限公司生产车间

众创空间内部工作室

# 企业建设

金正大公司

贵州芭田生态工程有限公司

文真公司

深安燃气公司

瓮之美管业

钰盛塑业

瓮福小野田化工

光辉玻璃

成功黄磷

腾达肥业

# 招商引资

2012年11月5日，镇党委书记梁健（右二）到昆明考察木材加工企业

2012年11月14日，园区组团参加跨国公司投资考察座谈会

2012年9月20日，毕节市招商团队赴瓮交流学习座谈会

2013年3月17日，瓮安重庆招商推介会，引进贵阳能源

瓮安重庆招商推介会现场

2013年7月16日，四川省工商联牛仔服装行业商会赴瓮安考察

2013年9月8日，园区组队到厦门参加“西洽会”

2013年10月，园区参加西博会签约仪式

2013年10月27日，四川欣盛集团赴瓮安考察座谈

2013年11月15日，镇长张林才率队到广州开展小分队招商活动

2013年11月27日，县政府副县长曾明康参加广东省惠州市品宝包装材料有限公司签约仪式

2014年7月4日，园区组团在广东投资项目洽谈会上招进裕豐纸业

广东投资项目洽谈会现场

2014年8月31日，云南鑫宝油品3万吨中转油库签约仪式

2014年11月28日，园区在广州花都区举行广州花都产业园签约仪式

2014年11月，瓮安经济开发区管委会副主任郭锐（前左）与昆明污水处理厂签订框架协议

2015年7月，瓮安经济开发区管委会副主任郭锐（右）参加深圳市招商引资签约会

# 重大项目开工

2011年8月4日，园区在玉华举行白岩背斜磷矿整装勘查启动仪式

2011年9月16日，州委副书记、县委书记陈昌旭，副州长王勇参加杜仲河水库综合利用工程开工仪式

2011年11月23日，途经银盏镇的道瓮高速开工仪式在正安举行

2011年12月18日，在银盏飞练村举行金正大开工仪式

2012年5月29日，在园区举行瓮安县53个项目集中签约开工仪式

2012年6月11日，参加第17届国际寒武系内部再划分会议的美、德、俄、日等12国的70多位专家考察瓮安北斗山动物群化石

2013年4月18日，在银盏大寨坪村举行芭田公司开工建设仪式

2013年7月，银盏镇召开高速路房屋拆迁动员会

2014年4月4日，瓮安举行2014年第二季度重大项目（10个，其中银盏5个）开工仪式

2015年9月28日，举行瓮马铁路开工仪式

2015年3月11日，县委书记蒋映生、县长黄桂林在花都产业园参加黔南州第一批重大工程项目开工仪式

# 党建扶贫

2014年7月，镇党委副书记犹和兴（右三）在鑫源驾校党支部指导党建工作

2015年9月，银盏镇党委副书记王芳（左二）走访慰问困难群众

区镇领导郭锐、王芳等走访贫困户

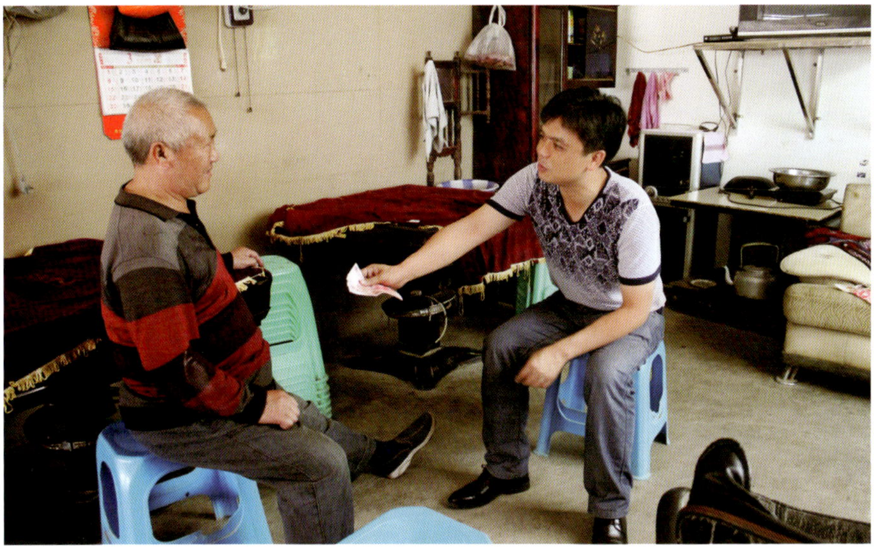

镇党委副书记、镇长张林才（右）慰问困难群众

区办公室副主任犹和兴（右）慰问困难党员

# 农业产业

银盏镇旱育秧现场会

水稻育秧

插秧时节

机械插秧

优良稻田基地

优良水稻品种

辣椒种植基地

优质辣椒

西红柿大棚种植基地

蔬菜种植

印山村果园

茶 园

# 林业绿化

机关干部植树造林动员

机关干部植树

绿化山坡

县委副书记、县长
黄桂林查看森林覆盖面

组织机关小
分队绿化山坡

山区绿树成荫

# 旧貌换新颜

## 2013年木老坪村中寨组一事一议道路硬化项目对照图

施工前

施工中

施工后

## 2013年穿洞村桅杆坝组一事一议施工前、中、后对照图

施工前

施工中

施工后

## 2014年新场村大坪组一事一议前、中、后对照图

施工前

施工中

施工后

## 2014年新场村雷家院、蒙家寨组一事一议前、中、后对照图

施工前

施工中

施工后

白水河大桥建设前原貌

白水河大桥现状

银盏钱家院高速路互通建设前原貌

银盏钱家院高速路互通现状

席子河大桥建设前原貌

席子河大桥现状

芭田建设前原貌

正在建设中的芭田

芭田现状

建设中的金正大

金正大现状

浦峰水泥厂建设前原貌

浦峰水泥厂现状

日升建材厂建设前原貌

日升建材厂现状

尖山安置区建设时原貌

尖山安置区现状

C5路建设时原貌

正在建设中的C5路东段

C5路现状

园区工业大道建设前原貌

园区工业大道现状

管委会办公区至银盏政府段建设前原貌

管委会办公区至银盏政府段现状

环境优美的乡村

玉华新村

# 农民安置房

尖山安置区

木老坪村生态移民安置房

安置A区

玉华地质灾害点移居安置房（2014年摄）

高速路安置小区

麒龙摩尔城D1区

马鞍山安置区

保障房安置区

摩尔城生态移民安置区

市民化工程安置区

# 旅游文化

下司石林

石林一角

全国十大天然水帘洞瀑布之——穿洞河瀑布

穿洞河水帘景色

老鹰洞内石钟乳

贵州省级森林公园西坡森林公园

木老坪古砖塔

石鹅对石笋

杜仲河水库

玉华山咸同农民遗址

古树

石林欢乐谷

花灯

职工健身房

拔河比赛

玩龙灯

书画展

象棋比赛

摄影展

2013年6月13日，两办两镇一乡文艺汇演

县第二幼儿园学生文艺排练

岩根河村健身场所

木老坪中学图书馆

银盏梦之声文艺汇演

反腐倡廉文艺汇演

# 银盏乡人民政府

银盏乡第十四届人大代表合影

银盏乡第十三次党代表大会代表合影

银盏乡第十三届党委、第十届政府领导班子合影

领导班子成员会议

银盏镇第十五届人大代表

银盏镇第十四届党委、第十五届政府班子成员

# 银盏镇志审稿会

2016年9月7日，银盏镇党委政府召开审稿会

2016年9月7日，银盏镇党委政府召开审稿会

2016年9月7日，银盏镇党委政府召开审稿会

2019年1月28-31日，县地方志办公室主任范祖贵（右二）、副主任谢兴贵（右一），《瓮安县银盏镇志》主编犹和兴（左二）、审稿人员吴成军（左一），在昆明鹰达印刷有限公司对志稿作印刷出版前的最终修改定稿

# 目 录

## 概 述



## 大事记



## 第一篇 建置沿革

## 第二篇　自然地理



## 第三篇　资源管理与开发

# 第四篇 人口 民情



# 第五篇 农业

## 第六篇　工业



## 第七篇　瓮安工业园区

# 第八篇　商业贸易

# 第九篇　交通运输　镇村建设与管理



# 第十篇　综合经济

## 第十一篇　党政群团

## 第十二篇　政务

# 第十三篇　法治　武装



# 第十四篇　文旅　教育

# 第十五篇 卫生 体育

# 人 物

# 附 录

# 概述

WENGANXIANYINZHAN ZHENZHI
瓮安县银盏镇志（620–2015）

一

银盏，草塘安抚司发祥地，瓮安工业集聚区，工业重镇，经济强镇，物华天宝，人杰地灵。

翻开今瓮安县地形图，银盏镇像一炬熊熊燃烧的火焰，将瓮安县划分为东西两部分。火焰象征着温暖、阳光、激情、希望的崇高精神，激励一代代银盏人为之奋斗。银盏镇位于瓮安县城北部，镇政府驻地距县城7公里，东与猴场镇、永和镇接壤；南至福泉市道坪镇、县内平定营镇、雍阳街道办事处、瓮水街道办事处、永和镇；西与天文镇、玉山镇、中坪镇、建中镇相连；北抵余庆县构皮滩镇。国土面积197.5平方公里，耕地面积37748.33亩。境内以磷矿为依托的瓮安工业园区，先期规划面积35.04平方公里，拓展区规划67.77平方公里，总规划面积达102.81平方公里，其中2012年5月省政府批复成立的贵州瓮安经济开发区位于银盏镇辖区内，首期开发建设面积10平方公里，起步期面积3平方公里，与福泉工业园区成为全省首批3个重点培育的“511”千亿级产业园区之一，成为带动全县经济发展的发动机、核心增长极。

## 二

银盏境域行政区划几经变革。商朝，银盏地属鬼方。春秋、隋朝，银盏地属牂牁。唐初，银盏地为牂牁州治所。宋开宝八年（975年）至明万历二十六年（1598年），银盏大房为宋安抚司衙门。明万历二十九年（1601年），设置瓮安县，银盏属县城附郭。康熙二十六年（1687年）六月，建银盏团，辖1寨，隶属附郭里。民国4年（1915年），撤销银盏团改建银盏保。民国20年（1931年），撤销银盏保建立银盏乡，隶属第一区。民国25年（1936年）1月，银盏乡并入雍阳建雍阳保，隶属第一区。民国31年（1942年）3月，撤销雍阳保建银盏保。1950年1月，沿用旧保甲建置，银盏保隶属雍阳镇。1953年3月，银盏并入飞练建飞练乡，隶属第一区。同年5月，银盏、玉竹2村合并建银盏乡，隶属第一区。1956年9月，银盏隶属雍阳区。1959年2月，银盏乡改为银盏生产管理区。1961年8月，飞练生产管理区并入银盏。1962年5月，银盏生产管理区由县直辖。1963年2月，银盏生产管理区改为银盏人民公社。1967年8月，银盏人民公社改为银盏人民公社革命委员会。1980年2月，银盏人民公社革命委员会改为银盏人民公社管理委员会。1984年3月，银盏公社管理委员会改为银盏乡人民政府。1991年，全县撤区并乡，银盏乡为独立乡。2012年3月、2013年7月，经两次行政区划调整，银盏镇行政区域基本固定。至2015年12月，全镇下辖2个社区、8个村、180个村民组、17103户56450人，是汉族人口聚居区，境内居住有苗族、布依族、仡佬族、侗族等少数民族，平均每平方公里285人。

## 三

银盏镇属典型的喀斯特地貌。地势从东南向西北倾斜，地貌以山地、丘陵、盆地为主，森林覆盖率达45.79%，平均海拔1040米，年平均气温13.9℃，全年日照时数1106.3小时，无霜期266～300天左右，年降水量1100毫米左右，气候温和，雨量充沛，冬无严寒，夏无酷暑，是典型的亚热带季风性气候湿润区。大自然为银盏的动、植物生殖繁衍提供了较好的条件。农作物一年两熟，农业耕地主要出产水稻、玉米、小麦、马铃薯、番茄、番薯、烤烟、油菜、花生、茶叶、金银花、中药材等；经果林有李树、桃树、葡萄、杨梅、梨树等，野生蕨菜、食用菌、竹笋等自然资源丰富，土地复垦率高，农业综合开发潜力大。

境内水资源较为丰富。主要河流有西门河、岩根河、新华河、两岔河、大堰河、杜仲河、板布河、席子河等，有小（二）型以上水库4座（天邦水库、梅花堰水库、杜仲河水库、各口塘水库），已开发建设3座，大小山塘15口。地下水能丰富，水质优良，完全能满足当地人畜饮水需要。20世纪50年代起，国家高度重视水利建设，兴修山塘水库、提灌站、引水渠、拦河坝，增灌了一大批农田。70年代起，国家先后建起了珠藏坝大队水电站、民寨河水电站，装机容量共15.5千瓦。2006—2015年，实施农村饮水安全工程项目45个，投入建设资金1899.54万元，受益人口40448人。镇境各村受国家大电网覆盖，已建成110千伏变电站4座（青坑、金正大、芭田、银盏变电站），220千伏变电站1座（果果坪变电站），形成了可靠的供电网络。

区位优势明显。镇区域与县城相临、相融，成为“一城四区”规划的重要组成部分，同城化、产城化、城郊化等区位优势明显。境内公路四通八达，马遵公路和久铜公路贯穿全境，南下两广，北上重庆，西临省会贵阳，周边有都匀、凯里等中小城市，道瓮、江瓮、贵瓮、马瓮四条高速公路及玉华至银盏矿山专用公路在这里交会，已开工建设的瓮马铁路将助推物流业的大发展。1975年实现村村通公路，90%的组通公路。2010年起，相继开通1路、2路、3路、4路、5路公交车；2015年10月，开通瓮安至玉华、瓮安至中坪、瓮安至建中等农村中巴客运。国内、国际程控电话均开通并网，无线移动电话均投入使用，所有村组都受程控电话覆盖，在新场村建有北斗卫星基站一座。

境内蕴藏着各种矿产资源，已探明的有磷矿、煤矿、铝土矿、铜矿、硅石、钼矿、硫铁矿等。磷矿最为丰富，2014年1月，已探明储量达29.85亿吨，价值近6000亿元，有“亚洲磷都”之美誉，主要分布于岩根河村的北斗山、大塘、牛宫、玉华、白岩一带。煤矿的储量为8000万～9000万吨，分布于穿洞、银盏、新华、木老坪、大寨坪、新场等村寨。铝矿储量为5000万吨，主要分布于牛宫、白岩、岩根河一带。分布在白岩、玉华境内的硅石品位高、储量大，且宜于露天开采。印山村一带的稀有矿镍、钒储量不少，砂、石更是随处可见。

旅游资源丰富，开发潜力巨大。境内有距今5.8亿年的北斗山单细胞古生物化石群，又名“贵州小春虫”，成为20世纪世界十大科学发现之一；有“脚踏岩根河，石笋对石鹅，谁能说得破，金银用马驮”的通灵石头石笋、石鹅；有著名的风神洞，洞内有十二梯田，传说能预示每年的雨水；还有一夫当关，万夫莫开的望天洞，洞口只能容一人进出，洞内却有1000多平方米，高大晶莹的钟乳石悬挂洞中，犹如舞池中的彩灯闪闪发光；席子河风光无限，两岸奇峰怪石，瀑布飞流，清泉潺潺，林间鸟语花香，沿途有杀人洞、板布河温泉、板布河溶洞群等景点；有两岸杨柳轻垂，野花飘香的两岔河，可供人垂钓、游玩；有形状像印的天然奇观——印合山；有风景宜人的被列为中国十大水帘洞之一的穿洞河瀑布，被誉为“水晶河府”“神鹰天宫”的老鹰洞，像云南石林般迷幻的山石风光——下司石林，国家级原始生态森林公园——西坡原始森林；有休闲胜地梅花堰、杜仲河、岩根河流域等自然风光，已初步开发建设下司石林、老鹰洞、西坡原始森林、穿洞河瀑布、玉龙温泉等旅游景区。

商贸发达，城镇建设亮点纷呈。早在民国时期，银盏宋家坝一带就兴起市场赶集。解放前后，木老坪、鱼河兴起赶乡场。20世纪60年代，新华、木老坪兴起赶乡场。1978年以前，各国营代销商铺、粮食收购站、食品站尽量满足当地农民及政府机关工作人员日用品所需。20世纪80年代后，木老坪、玉华、鱼河、新华已建起农贸市场、超市等，市场逐步繁荣，集镇建设初具规模。解放前，以五里街为市贸中心的商铺有10多家。解放后，银盏相继建起了百货供销社、公私合营饮食店。至2015年，饮食业从1954年的6家增至70家，从业人员500多人；个体商业从1947年的7家飙升至1270家，从业人员达5000余人。1996年3月，银盏境内第一家加油站—瓮安县南天加油站建成运营。至2015年，境内共有加油站4家，天然气购销、供销销售网点、农产品收购、废旧物资收购、农资供销、烟草购销方兴未艾。从解放后至2010年，银盏的城镇建设仅限于五里街及银盏街上。2011年县工业园区开工建设，随着交通设施、公用设施和市政工程的逐步完善，一事一议、危房改造、村寨饮水工程，农村能源建设及扶贫开发的大力实施，企业服务中心、银盏镇政府办公楼、新党校、职校、农民工创业园的相继竣工，麒龙摩尔城的投入运营，各安置区、生态移民工程、市民化工程、房地产的建成，渡江小学、第六中学、县第二幼儿园等的布局调整，极大地促进了银盏镇的城镇建设。至2015年，一个宜业、宜居、宜游的城市新区的雏形已形成。

## 四

古往今来，银盏人才荟萃。数百年间，她以悠久的历史、璀璨的文化和丰富的宝藏哺育过代代子孙和吸引过众多的著名人物，其中有政治家、军事家、社会名流及革命干部、文人墨客。他们或服务、造福于乡梓，或贡献于国家的建设事业，或牺牲于对敌斗争的疆场。唐光宅元年（684年），唐朝散大夫，郏城令牛腾谪为牂牁建安县丞，笃敬佛道，置道场，教化乡民，推广佛教。宋开宝年间至明万历二十六年（1598年），水东宋氏历届长官司，安抚司平蛮夷，重教化，开创水东宋氏之盛。嘉靖元年，贵州巡抚汤沐上《治苗三议》。嘉靖年间，平越卫指挥王之臣建玉华山庙宇，武略将军建朱臣桥。万历年间，银盏人李万春修建岩脚桥，张霖修建红灯堡大桥，取名万寿桥。明万历二十四年（1596年），发生杨应龙之乱。明万历二十六年（1598年），宋光鸾及何承恩殉节于偏桥卫，宋光鷟战死洪头堡，宋光鸷战死干溪堡。明万历二十七年（1599年）二月，贵州巡抚江东之令都司杨国柱，指挥李廷栋率兵三千剿杨应龙，大战于飞练，以官军失败，土司兵全胜而告终。贵州巡抚郭子章令李化成于万历二十八年（1600年）六月平播成功，在“改土归流”，设置瓮安县时到瓮安，触景生情，赋诗一首《过仙桥山有感》。清人肖庭芝捐3万两白银，并率领乡人修建飞练大石桥。民国时期，银盏人邱兆书成为远征军，后开赴云南、缅甸作战，官至远征军36师一〇八团一营一连连长。20世纪60年代末至80年代初，秦发军、刘大康、谷声洋等77名上山下乡青年，到银盏公社的太平、大林、川洞、尖山、珠藏坝、大房等大队，接受贫下中农的再教育。20世纪50年代以来，各级党组织及党员干部发扬不怕苦、不怕累的精神，战天斗地，多快好省地建起了山塘水库、引水渠、提灌站、人饮工程等，灌溉万余亩，受益上万人，许多战斗在各条战线，为银盏的建设流血流汗的志士仁人，他们一心为民，舍生忘死的丰功伟绩，将永载史册，彪炳千古。

银盏人民具有光荣的革命传统。清咸丰年间，银盏木老坪人何得胜率“黄号军”抗暴反清，坚持斗争十余年，在玉华山与官兵打过4次大仗，攻克周边县城，杀死官兵无数，影响十分深远。民国中期，中国工农红军长征3次过镇境，红迹遍及境内的银盏、新场、新华、印山、木老坪、岩根河等村，老一辈无产阶级革命家毛泽东、朱德、周恩来、贺龙、任弼时、萧克、王震等均在银盏这片土地上留下了坚实的足迹。红军播下的革命火种，一直照耀着银盏人民在革命大道上奋勇前进。1951年，响应中共中央“抗美援朝，保家卫国”的号召，39名青年入朝作战。20世纪70年代末有59名青年在祖国南疆洒热血、抛头颅，为捍卫国家主权和领土完整谱写了一曲曲悲壮而光辉的战歌。

银盏自古以来就是改革创新的试验田。明初，水东宋氏实行军屯制，士兵自耕自种，实现军队的自我供给。1953年8月，梅花堰等16处较大灌溉工程，实行“一把锄头放水的统一灌溉方法”，后为贵定专署全面推广使用。中共十一届三中全会后，实行家庭联产承包责任制，在短短的两个月，落实了耕地和山林按人口划分承包到户，耕牛、大农具等生产用具折价按人口均摊到户，国家征购定购任务、集体提留等按分田土人口落到户，农户生产积极性空前高涨。2009年开始谋划银盏工业园区，大力实施工业强镇战略。2011年获省经信委〔2011〕886号文件批复，成立瓮安工业园区。2012年5月获省政府批复，升格为省级经济开发区。2014年9月，瓮安经济开发区与银盏镇实行“区镇合一”管理体制，对机构、职能、领导、编制、人员、工作进行有效整合，解决“两张皮”现象，焕发新活力。2015年6月，瓮安县投资促进局与瓮安经济开发区招商引资局合并，对外实施统一招商。2011年，社会爱心人士卢继勇在木老坪中学投入资金40万元，开创学生营养餐之先河。9月，在银盏召开全县“平安建设”经验交流会，实施矛盾纠纷统一分流化解。2013年，实施矛盾纠纷化解对等奖励制度，强化了社会治安综合治理。在园区建设过程中，全区（镇）上下坚持“5+2”“白+黑”的工作方式，咬定发展不放松，铸就了“团结、跨越、务实、创新”的开发区精神，不论是大路网、大安置、大征拆、大绿化，还是园区主干道、高速路大会战、项目建设、项目观摩会等均创造了建设速度的奇迹。修建标准化厂房“筑巢引凤”，为回乡青年创业提供平台，推进以商招商、区域合作招商、载体招商、驻点招商、专业平台招商，演好招商引资“重头戏”。创新“征地拆迁大会战”模式，依靠基层领导挂点指导，实现“以情拆迁、和谐拆迁、依法拆迁”。创新失地农民安置模式，规范安置程序，为失地农民缴纳养老保险，解除其后顾之忧。组建投融资平台，用活国有资产，多方筹措资金，立足产出效益，夯实建设基础。企业订单，职校照单培训，强化校企合作，为企业培训所需人才。

## 五

银盏的经济建设，经历了从弱到强、从慢到快的渐变跨越式发展过程，演绎了从纯农业为主到工业重镇、经济强镇的神话奇迹。解放前，大多数农民租地主土地耕种，产量低下，经济发展缓慢。 解放后，经济发展经历曲折过程。解放初期，经过民主革命和社会主义改造，大力恢复和发展工农业生产，人民生活有了明显改善。1958年掀起的“大跃进”和人民公社化运动，导致国民经济遭到严重挫折，工农业生产急剧下降，市场供应十分紧张，人民生活非常困难。1962年以后，经过三年调整，生产逐步回升，人民生活逐渐好转。“文化大革命”十年，以“阶级斗争”为纲，农村经济徘徊不前，人民生活又陷困境。尽管在20世纪70年代，经广大干部和群众的共同努力和斗争，兴建了一批水利设施和工业企业，但未充分发挥作用，经济效益较差。1976年“文化大革命”结束后，群众生产积极性提高，迅速恢复了工农业生产，但由于受“左”的错误思想影响而未转到以经济建设为中心的轨道上来。中共十一届三中全会后，银盏人民公社逐步冲破“左”的思想束缚，把工作重心转移到经济建设上来，认真贯彻执行改革开放的方针，坚持“三个有利于”标准，带领全公社（乡）人民勤劳致富，摆脱贫困。在具体工作中，以农业为基础，以发展乡镇企业为重点，以改善民生为基本要求，依靠科技，发展农村商品经济，让群众摆脱贫困，逐步走上富裕；加快交通、水利、通讯等基础设施建设，增强发展后劲；加大招商引资力度，强化外引内联，大力开发矿产资源、非耕地资源和旅游资源，集聚发展要素，推动一、二、三产业有序发展，使全乡（镇）经济发展取得长足进步，人民生活水平逐步提高，向小康生活迈进。全公社（乡）粮食总产量从1978年的2843吨提高到1990年的3777.8吨，增产32.8%。1991年撤区并乡建镇后，乡党委、政府组织干部群众认真学习邓小平南方谈话精神，进一步解放思想，实事求是，敢闯敢试，调整农业产业结构，发展农村商品经济，特别是2009年谋划银盏工业园区，2011年园区开工建设，2012年5月升格为省级经济开发区后，银盏镇党委、政府加快园区基础设施建设，加大招商引资力度，扶持非公经济发展，促进产业聚集、同业聚集、资金聚集，经济优势互补，做大蛋糕，提升水平，使镇域经济步入发展快车道。2015年年底，完成工业总产值164.17亿元，比2011年的31.959亿元增长413.68%；完成工业增加值53.42亿元，比2011年的11.05亿元增长383.4%；完成固定资产投资58.48亿元，比2011年的17.7867亿元增长228.78%，其中完成基础设施投资12.69亿元，产业项目投资45.79亿元；完成营业收入128.27亿元，比2011年的36.7944亿元增长248.61%；实现招商引资签约资金246.14亿元，比2011年的215.28亿元增长14.33%；实现招商引资到位资金120.77亿元，比2011年的39亿元增长209.66%；融资17.92亿元，到位资金13.92亿元，其中支付工程款6.99亿元，同比增长305%；偿还债务5.99亿元，同比增长160%；支付征地拆迁0.65亿元，同比增长14.56%；完成财政收入3.0772亿元，比2011年的1.46亿元增长110.76%；累计入驻企业153家，投产企业108家，其中500万元以上规模企业66家，2000万元以上规模企业42家，2015年新入驻企业30家，其中投产19家；农业总产值达3.15725亿元，粮食总产量12310吨，人均占有粮食468公斤，农民人均纯收入达9900元，新增就业2186人，就业总人数达10478人。

“十二五”期间，累计完成工业总产值467.45亿元，营业收入475.8596亿元，固定资产投资307.05亿元，其中基础设施建设投资90.55亿元，产业项目投资216.5亿元，招商引资签约资金726.22亿元，到位资金342.9101亿元，财政税收9.35亿元。

## 六

教育、卫生、文化、体育、社会保障事业随着经济建设的发展而发展。2015年，小学学校从1949年的1所发展到20所，在校学生由120人增加到2915人，6～11周岁儿童毛入学率达99.80%。1978年在中心小学开设“戴帽班”。1989年，在银盏小学初中“戴帽班”组建“雍阳中学”。到2015年有中学4所，在校学生1652人，初中生毛入学率98.8%。2009年全乡基本普及九年义务教育，基本扫除青壮年文盲，“两基”建设经国家级检查达标，验收合格。医疗卫生机构从无到有。1978年建银盏公社卫生所，至2015年全镇有中心卫生计生院1所，片区卫生院3所，部门卫生院1所，村卫生室18所，卫生技术人员由1978年的2人增至23人，病床从1978年的2张增至40张。除国家机关、企事业单位职工全部享有基本医疗保险外，农村新型合作医疗参保率达96.1%。一些长期危害人民健康的传染病、地方病基本被消除。10个村（社区）全部建有计划生育室，“村为主”工作得到有序推进，计划生育家庭奖励、保障、救助、优惠“四项制度”得到全面落实。2015年，综合节育率为86.28%，人口出生率为9.53‰，人口自然增长率为4.43‰，符合政策生育率为98.24%，死亡率为5.1‰，出生人口性别比为102.37。参加新型农村社会养老保险累计14544人，失地农民养老保险累计2556户5421人。

文化艺术源远流长。明朝傅亿著有《游玉华山记》、江东之的《六英传》，清朝蒙珍的《宋民倚将军传》、唐炯的《援黔议》、田雯的《奢香论》，到1989年，银盏人安之忠与林锋合著的夜郎史诗小说《走出夜郎国》等，民间多以对联的表现形式出现在祠堂、庙宇、牌坊、墓碑等处。新中国成立后，坚持“百花齐放，百家争鸣”的方针，文化事业得到了大力发展。对联、诗歌、绘画、书法、摄影、曲艺等如雨后春笋般发展起来，民间花灯、龙灯、舞狮、灯夹戏、杂技、歌谣、谚语、编织、刺绣、棋类、舞蹈等深受群众欢迎。文化演出、图书室走入乡村，电视、移动电话覆盖率达100%。体育事业也有一定的发展，体育设施得到进一步完善，体育活动得到如期举行，学校体育和群众体育运动的开展也比较广泛。文物保护工作得到有序开展。

据民国《瓮安县志·土官》载，自银盏地在唐初时为牂州治所起，迄今已有1300多年。在一千多年的历史长河中，银盏人民弘扬了“团结、追赶、跨越、领先、创新”的精神，谱写了自强不息的历史篇章，创造了瑰丽的物质文明和精神文明，演绎了从弱到强、从落后到繁荣的华丽转身，群众的衣、食、住、行、娱都发生了翻天覆地的变化，生产、生活水平显著提高，改革红利不断显现，人民幸福指数不断提升，实现全面小康指日可待。发展与进步是社会的主流。我们相信，银盏各族人民在县委、县政府和镇党委、镇政府的领导下，紧紧围绕“环境立镇、工业强镇、农业稳镇、商贸活镇、文化名镇”的发展定位，坚守“五大发展理念”，谋篇布局，凝聚要素，强本固基，压实责任，统筹兼顾，不忘初心，继续前进，努力实现弯道超车，跨越发展，以背水一战的决心，挂图作战的斗志，一线征战的作风，时不我待的使命感，舍我其谁的责任感，助推工业重镇、经济强镇目标的顺利实现，谱写新时代发展新篇章。

银盏，前程似锦！银盏的明天会更加美好！

# 大事记

WENGANXIANYINZHAN ZHENZHI
瓮安县银盏镇志（620-2015）

## 唐

### 武德三年（620年）

牂牁首领谢龙羽派遣使者朝贡，唐朝廷授谢龙羽为刺史，封夜郎郡公，以其地置牂州，治所为建安县。州衙位于草塘，银盏属于州城附郭。牂州领建安、宾化、新兴三县。

### 光宅元年（684年）

朝散大夫、郏城令牛腾受舅父河东侯裴炎牵连，被贬谪为牂牁建安县县丞。牛腾至建安，大力推广佛教，为贵州佛教传入之始。

### 垂拱三年（687年）

庄州僚人造反，攻入牂牁郡，当地人杀长吏响应，建安大豪也起兵配合。乱军劫持牛腾，绑在大树下欲加害，有夷人感念牛腾仁惠，持刀斩监守者，将其救出。唐朝廷闻知，诏令许其还归。牛腾后为几处郡县的守官，清正廉洁。后弃官精研佛教，甚有心得。

## 北 宋

### 开宝八年（975年）

开宝八年（975年）后，宋朝廷以宋存悌为草堂平夷宣抚司第一任土官，后裔世袭，隶属水东宋氏大万谷落总管府，镇守今瓮安县一带，建衙门在银盏镇大房，号为土城寨，是为“前草塘时期”。宋存悌为景阳次子，后晋丙午岁（946年）同堂兄存亮先后征战河东、湖南有功，授武德郎。

### 雍熙元年（984年）

朝廷诏宋宗显之子其相为翰林学士。宋其相，字白，著有《宋白集》，《文苑英华》一千卷。累官授参知政事，后诏征南，平楚甸，封爵镇远侯。

### 雍熙二年（985年3月）

宋存悌之子宋宗显承袭草堂平夷宣抚司一职。

### 端拱二年（989年）

诏宋宗显征伐西域回族，累立战功，授封明远将军。

## 天禧五年（1021年）

宋其相之子宋祥宣承袭草堂平夷宣抚司一职。

## 乾兴元年（1022年）

调令宋祥宣征战河南商丘，复征云南、缅甸、嵩明等处，授武威将军。

## 庆历七年（1047年）

宋祥宣长子宋诚政承袭草堂平夷宣抚司土官。是年，调征江西新昌，征伐江苏、攻克宁江、吴江，因战功显著授封武卿侯。

## 嘉祐三年（1058年）

宋诚政之子恩顺袭职草堂平夷宣抚司土官。

## 嘉佑五年（1060年）

诏宋恩顺征战江西，攻克南昌，克平，授封广西兵备道。

## 建中靖国元年（1101年）

宋恩顺之子宋定基承袭草堂平夷宣抚司土官。

## 崇宁二年（1103年）

宋定基因开拓疆土有功，授封监察御史。

## 政和八年（1118年3月）

宋定基长子宋建握承袭草堂平夷宣抚司土官。次年，调征广南，因战功授将士郎。

## 靖康元年（1126年）

宋建握之子宋钦佯承袭草堂平夷宣抚司土官。

## 靖康二年（1127年）

六月，宋钦佯征战黔南有功，仍授爵守土。

## 南 宋

## 绍兴十三年（1143年6月）

宋钦佯长子宋受园承袭土官。

## 绍兴二十年（1150年）

5月，宋受园长子宋锡定奉诏征讨仁德夷，平定后因军功授赏。

## 绍兴二十一年（1151年）

6月，宋朝廷兵部授予宋锡定印信一枚，授宋存悌后裔宋锡定为草堂平夷宣抚使，治所仍在今银盏大房。成为“水东宋氏八司”之一。当时草堂平夷宣抚司势力扩张，设有分司在今正安县境内锡林及上下观音。

## 绍兴二十七年，即金正隆二年（1157年5月）

宋锡定承袭祖职，仍定制为草堂平夷宣抚司，管理司事。

## 绍兴三十年（1160年）

诏宋受园征伐江西，攻克南昌、新昌等地，因功授兵部侍郎。

## 隆兴元年（1163年）

5月，宋锡定奉诏再征仁德，因军功授赏，诰封光禄大夫。

光禄大夫宋锡定长子宋长由承袭父职。同年，奉诏征服云远，因军功授赏印信一枚。

## 嘉泰元年（1201年）

水东宋氏长房喇平司宋永高（字基舆）崛起黔中，入贡朝廷，升任贵州经略安抚使，势力东渐，出兵征服麦新、平月，号称黎峨里等寨。又举兵征服思南、石阡、镇远、光拐、底窝、乖西、大小平伐等处之不服者。

## 嘉泰二年（1202年）

宋朝廷授宋长由彰议大夫，仍管理草堂平夷宣抚司事。

## 淳熙十三年（1186年）

宋长由之子开鸿（字贡生）承袭父职。同年5月奉诏征服南坳，因军功授赏旧印信一枚，封平蛮大夫，管理司事。

## 嘉定四年（1211年）

开鸿长子宋基兴承袭草堂平夷宣抚司。

## 嘉定十五年（1222年）

宋氏喇平司宋永高新建新添遏蛮军民安抚司，治所麦新（今贵定县），以三子宋胜管理九州九十长官司，其中包括草堂平夷宣抚司，将六子分派各地任宋氏各司都司监。宋永高次子都裕为草堂都司监（副宣抚使），此即草堂司设副使之始，副使治所建于今猴场镇三百闹大坝古草塘旁，因此亦名草塘草坪司。水东宋氏最显赫的一个支派，由宋都裕肇始，生三子，为盛崔、盛密、盛岚。

## 嘉定十七年（1224年）

宋基兴长子宋都迁承袭草堂平夷宣抚司土官。

## 嘉熙四年（1240年）

宋都迁长子宋盛岑承袭草堂平夷宣抚司。因膝下无传，收长房盛密嫡子（永高曾孙）万璋（字阿重，一名阿蛮）为嗣，以承接宗祧，位传嗣子万璋。至此，二房存悌后裔职衔被长房存孝喇平司后裔取代，前草塘宋氏时代结束，后草塘宋氏时代自此始。

## 淳祐十二年（1252年）

都裕长子宋盛崔承袭草堂平夷宣抚司副使。

## 元

### 至元十二年（1275年）

蒙古军平西蜀、南诏。

### 至元十三年（1276年）

元兵南下开拓贵州，宋草堂宣抚使宋阿重佩剑归顺，元朝廷改草堂平夷宣抚司为草塘平蛮安抚司，迁至副使三百闹衙署办公，拜阿重为安抚。至此，治所银盏大房转移至草塘，原飞练大房衙署成为附属。

### 至元十五年（1278年）

宋阿重奉诏伐磡州。元主给予筵席等丰厚赏赐，晋升阿重为武略将军，为草塘平蛮安抚司，先后守草塘、曾竹、新添各地。

### 至元二十八年（1291年）

杨汉英为绍庆、珍州、南平等处沿边宣慰使，降草塘平蛮安抚为旧州草塘等处长官司，由水东宋氏之地改属播州管辖，宋氏仍世有其地。

### 大德五年（1301年）

水东宋氏大平伐司雍真葛蛮长官宋隆济（本名盛蚩，宋氏七房都萌次子）与水西土官之妻奢节联兵叛元。是年六月，隆济率苗僚、紫江蛮四千人攻陷贵州，征行万户张宏纲、贵州知州张怀德先后战死。

### 大德五年（1301年）

十月，元朝廷命湖广、河南、四川三省守臣刘国杰（蒙古名刘二拔都）会同云南省出兵讨伐宋隆济。宋阿重恐隆济之变累及族人和民族，离家直上京师，面陈灭贼大计。皇帝赐宫衣，其长子为顺元宣抚同知，与顺元路宣慰宋盛幕（一名宋光）随军征伐。

### 大德六年（1302年）

刘国杰将军派遣宋光、阿重、杨汉英等在乌江南岸大败奢节，次年又在墨特川（今省会西北隅）打败奢节，四月，奢节出降，被元军杀死，贷蛇节养子阿阙抚本境民。宋阿重离开乌撒、乌蒙，进入叙永水东木楼之地（今四川境内），生擒族叔宋隆济献给元军，宋隆济被杀。

## 大德七年（1303）

平宋隆济之变后，朝廷令宋阿重代隆济之职，在贵州置顺元等处宣抚司，始革大万谷落总管府，改原隆济之地为靖江路，以阿重为总管，佩三珠金虎符，官阶为昭毅大将军、荣禄大夫。先后赐封为顺元宣抚司同知、云南平章政事、大柱国、顺元侯。病故，赠为贵国公，葬开阳，谥号“忠宣”。万璋徙离草塘，由弟万璠次子居混独理草塘司。

# 明

## 洪武五年（1372年）

正月，播州宣慰使杨铿归附，其黄平府、旧州草塘等处长官司仍由播州管辖，属四川行省。银盏地仍属旧州草塘等处长官司。

## 洪武十四年（1381年）

设平越卫军民指挥使司，管五所、三站、七十二屯。明末瓮安之附郭及牛场、干溪三里，皆右所乾平堡地。

明初平黔，在平越、瓮安两地设十八堡，由延安侯唐胜宗分军屯田，隶属平越卫。瓮邑境内共十五堡，时镇境内有洪头堡即今新华红灯堡。小坡中堡在今银盏工业园区小坡，今地名尚存未变。飞练三堡（飞练屯堡、岩头堡、小坡中堡）原址当在今银盏岩脚桥旁，明代万历年间称为“岩脚寨”。

征南大将军颍国公傅友德由湖广辰、沅出兵征伐贵州，宋永高三传至宋明訔（字朝美）之子宋阳瓒（字邦佐，宋钦之堂弟）迎接，跟从征战滇、黔等地，回乡仍居草塘，平定飞练、旧州等处。阳瓒独理草塘正副使司，永为世袭。

## 洪武十七年（1384年）

过去以“牂州”而得名的“旧州”，仍隶播州宣慰使，升旧州草塘等处蛮夷军民长官司为草塘安抚司，宋邦佐因功加授草塘安抚使。邦佐以江、罗、蔡、陆四姓酋长为土千总，充当游兵，势力渐雄。

洪武十七年，贵州宣慰使奢香朝贡，朝命贵州都督马烨还京，马烨怪罪奢香。奢香归，遂立龙场九驿。贵州宣慰副使宋钦之妻刘淑贞负责修建自修文龙场至四川驿路，其中乾平堡（今瓮安县城）至洪头堡（今红灯堡）至飞练再至余庆的驿路位于银盏境内。

## 洪武二十三年（1390年）

朝廷命延安侯唐胜宗往黄平、平越、镇远、贵州诸处训练军士，提督屯田，相机剿寇。

## 洪武二十四年（1391年）

景川侯曹震、播州宣慰使杨铺（疑为铿之误）除治贵、播驿路。

## 明英宗正统十四年（1449年）

春二月，草塘苗黄隆、韦保攻陷石阡府，知府胡信战死。黄、韦继而攻陷平越卫、黄平所、思南府。银盏也在风云波动中。

## 嘉靖年间（1522—1566年）

平越卫指挥王之臣建玉华山庙宇。

武略将军宋乔建木桥于飞练境内瓮安河上，名为朱臣桥。

## 明隆庆间（1567—1571年）

播州宣慰杨应龙夺播州所辖沙溪宋氏田庄，并伤人命。草塘安抚暗助沙溪宋氏状告杨应龙，因此结怨。

## 明万历（1572—1620年）

万历初年，草塘安抚使宋光鸞及宗人宋廷璇改建朱臣桥为石桥。

万历时，银盏人李万春修建岩脚桥。张霖修建红灯堡大桥，取名万寿桥。

## 万历十九年（1591年）

贵州巡抚叶梦熊主张播州所辖五司改土归流，悉属重庆，与总督李化龙的意见相左。李化龙避嫌，请求离开。杨应龙为人狡诈多疑，好以诛杀立威，所辖五司七姓悉叛离，听信嬖妾田雌凤杀妻张氏及岳母。于是妻叔张时照与所部何恩、宋世臣等上变告应龙谋反。梦熊请发兵剿伐，而蜀中官员不同意，提出“蜀三面邻近播州，播州属下土司以十百数，皆听从其弹压，且士兵骁勇善战，数次听从征调有功，剪除不是长久之策的建议”，主张安抚。朝廷不同意征伐，命川、黔两地抚臣会同勘问，应龙愿赴蜀，不赴黔。

## 万历二十三年（1595年）

杨应龙之次子杨可栋死于重庆府狱中，丧子之疼导致播州宣慰使杨应龙公开造反。

## 万历二十四年（1596年）

杨应龙残杀余庆，抢掠大阡、都坝，焚劫草塘、余庆二司，战火遍及兴隆、都匀各卫，随即遣弟兆龙围黄平，戮重安长官家，声势浩大。又遣部目卢阿凡、谢朝俸深入草塘、飞练，仇杀宋氏，宋氏土司族属被迫流亡省内各地。

## 万历二十五年（1597年）

十一月，播州宣慰使杨应龙流劫合江，磔刑袁子升，宋世臣之父宋銮、罗承恩及子女匿于偏桥卫。

## 万历二十六年（1598年）

冬，杨应龙同弟杨兆龙再次统苗兵袭拢偏桥、黄平、重安、草塘、红头、飞练、干溪等处，宋光鸾殉节偏桥卫，后赠都司、左参军，荫其子世臣，灵柩移葬草塘之新土（今草塘宋家寨）；宋光鸳战死红头堡；宋光鸷战死干溪堡，各有墓在其处。后荫光鸷子世荣为千总，守江界河。安抚使宋光鸑守卫草塘，仅以身免。应龙又侵犯湖广四十八屯，阻碍驿站畅通。瓮安苗族，因杨应龙之变亦几乎被杀尽，宋氏土司初治飞练，三百闸、飞练土司衙署因应龙之乱悉被焚毁，宋氏避居猴场，治下司。

## 万历二十七年（1599年）

二月，贵州巡抚江东之令都司杨国柱、指挥李廷栋部兵三千，会同平越卫官兵及宋光鸑、杨义等土司兵共二万人剿杨应龙。

三月初，新添卫经历潘汝资筹资招兵买马，扎营于平越卫近境，阻击播州兵。播州部目卢阿凡交战失利，几被擒缚，乘机遁逃。潘汝资欲乘胜进拔播州江外五牌（即今草塘、银盏境内），江东之怀疑有诈，下令退军保午场（今银盏马场）。

三月中旬，杨应龙派遣子朝栋，弟兆龙，提调董鳌、何汉良等领四牌苗将阿万等出关迎敌，以余庆副长官杨正边父子为先锋，迎战官军于银盏飞练堡，佯装败走三百闹。官兵攻下三百闹大寨，播州兵假装败走天邦屯，诱敌深入。

三月，李化龙被启用恢复原职，总督湖广、川、贵军务兼巡四川，征讨播州叛臣杨应龙。

三月二十三日拂晓，播州兵数万突袭杨国柱大营，官兵大败。贵州指挥杨国材、李廷栋，新添卫经历潘汝资父子及把总于思忠、莫天赐、王嘉臣，指挥贾安国、百户周维新、张举、姜履忠、陈大才全被乱军杀死，官兵悉数战死，损失上万人，史称“飞练之役”。自此，飞练、草塘、黄母、徐姚、烂桥一带哨堡军兵四处逃散，人烟尽绝。江东之因打败仗被罢免，郭子章代之为贵州巡抚，调东征朝鲜诸将刘綎、麻贵、陈璘、董一元等南征播州。

## 万历二十八年（1600年）

总督李化龙，贵州巡抚郭子章，湖广巡抚支可大誓师分兵八路讨伐播州。六月，官军攻克海龙囤，杨应龙自杀身亡。

裁土改流，屯军尽废。今地属银盏的洪头堡（今红灯堡）、小坡中堡、飞练三堡，岩头堡均被废除。

十二月庚辰，督抚李化龙、郭子章、江铎押送战俘杨朝栋等到京城，丙寅，神宗上御楼受降，群臣朝贺。杨朝栋等在西市被五马分尸，释放贵州宣慰宋承恩。

## 万历二十九年（1601年）

四月二十九日，朝廷下令改土归流，以瓮水、草塘二安抚土司及平越卫右所乾平堡地合置瓮安县，隶平越府。银盏属县城附郭。治所原定设于银盏飞练三坝。乾平堡、冷家堡等指挥百户力争，久议未定。贵州巡抚郭子章命各称土地重量而定。乾平堡指挥即以水银掺杂泥土中，泥土重过它地，因此获建县治于乾平堡。

## 天启元年（1621年）

乡民在岩脚桥下游400米处，用乱石堆堰一道，开沟3里引瓮安江水到中堡，灌田260亩，这条引水沟是时为举人朱应徵主持创修，乡民为纪念他，取名朱家堰，以资纪念。

## 天启二年（1622年）

安邦彦自统水西军及苗仲数万，东渡陆广河直趋贵阳，别遣王伦等下瓮安，袭偏桥以断援兵，银盏因此也遭兵燹。

## 崇祯甲戌年（1634年）

银盏人宋德洪、宋时升复修朱臣桥。

修建梅花堰，该堰分上下两堰。上堰筑在耐古石处，灌商家院农田220亩。下堰就是梅花堰，灌宋家坝等9个村寨农田1400亩。因凿石为四孔，如梅花形，听水自流，故名。

## 桂王永历元年（1647年）

苗族首领蓝二造反，攻克瓮安城，烧草塘司，劫杀甚惨，银盏也遭兵火，其时黔地未入清朝版图。

# 清

## 顺治十五年（1658年）

清兵平定贵州，宋时升仍任瓮安土县丞。

## 顺治十六年（1659年）

上奏世袭各土司

## 康熙八年（1669年）

十月，请定土司考成。

## 康熙二十一年（1682年）

十二月，总督蔡毓荣奏请禁止民间人士及土司携藏兵器。不允。

## 康熙二十二年（1683年）

准许贵州土司族属子弟应试。

## 康熙年间（1662—1722年）

岩脚桥被洪水冲毁，原任山西徐沟县知县商基振出资重修。

## 雍正四年（1726年）

十一月，分别流、土官考成。

## 雍正十一年（1733年）

六月丙寅，议处安插土司办理不善官员。

## 嘉庆十九年（1814年）

何得胜生于木老坪皂角树一个贫苦农民家庭（时隶属黄平），本姓刘。

## 道光年间（1821—1851年）

杨怀清游银盏岩脚寺，作《岩脚寺》诗。朵云人赵本敖游穿洞河，作《穿洞河》诗。其人在咸丰年间任福建海澄知县，著有《朵园续钞》传世。

## 道光二年（1822年）

由肖庭芝从四川请工匠建飞练大桥，又名万寿桥。

## 道光二十六年（1846年）

今银盏所属木老坪人何得胜打家劫舍，被瓮安县令祝个园缉获，以木笼囚禁，在烈日下暴晒。何得胜数日不死，因其妻黎金妹买通衙役，假报死亡，得以脱身。黎金妹请郎中救活。

## 咸丰元年（1851年）

下游苗乱之始黄平（镇远府属西北五里），瓮安（平越州属北九十里），时称榔匪，以齐榔为名敛财，聚众抗拒不法。虽不久旋定，然萌芽颇多。

## 咸丰四年（1854年）

官府解决梅花堰纠纷，按受益面积，将原四孔梅花洞改为5孔，上沟用2孔水，下沟用3孔水，争水纠纷方见平息。

## 咸丰五年（1855年）

六月，瓮安榔民余党何德胜、王廷英、谭光前、向宗庆、宋三元等跟从刘义顺在瓮安天文发动起义。县令吴德容派遣团兵击散。

九月，何得胜据平越鸡场，清平驿道绝。

## 咸丰七年（1857年）

正月，高本仁、丁宝桢等在太平哨、毛栗树击败何得胜等，毁其寨垒。宝桢在鸡场（杨老附近五里）进剿不利。何得胜乘瓮安空虚，分党北窜兔场（瓮安南十五里）。署知县刘升平派遣土平（州西北二十余里）、太文（县西南三十七里）各团御守。何得胜等同时由鸡场进犯罗坳（州东二十里，由鸡场、芦平入州要道。），黄平团首、都匀把总刘文魁将之打败，逃往贵定北牌（县东二十里，界州西六十里），被忠义团首庭中瑜打败。在朵罗被多土乡团刘绍益等再次击败。随后，何得胜等由木姜卡内犯，窥清水江，宝桢再败之。平瓮团亦攻克箐口，旋回大枫塘，清水江路畅通。

闰五月，何得胜与贺昌明率号军万余人攻克罗背、罗坳、牛场，围攻瓮安城，索要宋三元。县城危急，知县刘升平不得不释放宋三元，六里团兵、荆竹里（今永和一带）团首方万春、王治等所率团兵百余人被全歼，教谕杜芳坛战死。

六月，何得胜等败走黄平，结识新州苗军，出两岔河，分据柿花土、云雾山。署黄平知州陈世镳率团练在松洞、堕丁关打败黄号军。而新州苗军乘陈世镳外出，打算进犯旧州。张文标等在大翁铺抵御，旋回守。陈世镳刚追逐何得胜等回瓮安，围城的黄号军多散走。于是帮办王敬烈率团首萧明士、王士秀始赴援，在红灯堡击败黄号军，后与世镳、瓮安县令刘升平在白果寨合击黄号军。黄号军撤围，退至牛场。

七月，贺昌明与沈中和、陈明忠、何得胜、王廷英、谭光前、向宗庆等万余人，突袭攻克平越州的罗背、罗坳。直捣牛场，入围瓮安。

八月中旬，江炳琳与游击贾玉美追至营上塘，石阡降将王大仙一军扎营于北斗山。瓮安围解，贺昌明、何得胜等退据崇且（今玉华牛宫境内），分扎三营：崇且、高楼、大燕山。炳琳分兵进捣，贺昌明围久粮绝，退大冷水转黄平金坑。不到半月，贺昌明病卒，嘱立何得胜为武安王，陈明忠为文定王，进犯余庆县。平越知州高本仁派团赴援击退，解围。何得胜等遁匿余庆古佛山。

## 咸丰八年（1858年）

正月，黄号军石、马二将军占据猴场，抄掠至飞练、小坡一带，将攻县城。城中岌岌可危，县令刘升平调干溪里、牛场里、荆竹里三里团练剿杀。至飞练，黄号军败走，沿途杀戮。团练追至猴场，攻下猴场。

七月，天印义军被官军围攻，何得胜挑选精兵亲自率领前往增援，留陈绍虞、王廷英等镇守古佛。总兵巴扬阿率官军围攻古佛，陈绍虞、王廷英等诈降，求归原籍，被遣回瓮安，上玉华山驻扎，知县刘升平派遣存城把总白万春运粮接济，不到两个月，绍虞等召集旧党逾万人。何得胜从天印山率部返回，绍虞、廷英等出数里迎接，告之原委，请何得胜上山主持，何得胜大喜，与廷英等共杀白万春及运粮兵丁。

十一月，何得胜、王廷英等占据瓮安玉华山为根据地。

十二月，升平因平越被收复，请奖给五品顶戴。绍虞既降，平、瓮团不堪其虐，升平坚信不疑，转遣外委柏占元前往慰问，柏占元及从兵4人皆遇害。升平不设防，等到战事发生，是因为平越团首李树德告发贾佛保谋反。蒋霨远革除玉美职务，以石虎臣督办瓮安军务。虎臣率军队驻扎中坪，黄号军退守玉华山。千总贾佛保（本姓何，名添源，贾玉美养子）因后父玉美无辜被戮而叛变，勾结陈绍虞等袭陷瓮安县城，署知县刘升平逃到平越。

## 咸丰九年（1859年）

正月，开州知府石虎臣率把总谢欣恩、团首佘士举、周国璋、刘同二、李树德部2000余人攻玉华山，何得胜率部夹击，官兵400余人毙命。石虎臣、谢欣恩、刘同二在十二拐地方战死。

正月二十一日，贾佛保烧瓮安城，投奔玉华山。平越州牧高本仁率王敬烈、刘升平、汪尚埙等率团练乘虚收复瓮安城。

二月十三日，瓮安三甲团冷官保叛变，勾结玉华山黄号袭破木老坪，把总王德安阵亡。

三月，贾佛保会同黄平苗军，掠瓮里七甲。六品军功龚德胜及李春华相继击败苗军。玉华山黄号分别来到平越黄土哨，陷杨家林、马场河。马鞍山黄号亦来到两岔河西北，烧箐口、后坝，共同阻拦平越官军饷道。

五月，何得胜占据上大坪，逼王卡，炮击陷唐猫水营，候补知县容德慎中炮身亡。

是月，云贵总督张亮基奏请仿行坚壁清野之法。瓮安六里绅民皆筑寨自守，共四十八屯，且战且耕，共推商景阳为六里总团首。

六月，何得胜攻陷王卡，阻拦官军饷道。

七月，谭光前诈降于商景阳，引得胜等人袭，执商景阳逼降。陈绍虞、王廷英、向宗庆留守玉华山，何得胜经营上大坪，谭光前经营天鹅屯，形成犄角之势。赵款扎高贞观，罗、刘二酋扎高家营，王老冒扎儿马屯，熊百户扎夏家坡，高将军扎龙潭台，星罗棋布，钳制干溪、梭罗一带，且禁止人民迁移。

八月三日，赵德昌约高本仁、王敬烈等设伏牛滚荡、青杠坡，自率军出光沙，图王卡。何得胜刚回上大坪，被赵德昌击败，擒斩黄号将领许殿英、杨宗保等。贾佛保来援，熊枉等邀击败之，追至三十三湾，何、贾败走阳平。

六日，何得胜再次攻陷瓮安县城。

是月，何得胜移据上大坪。赵德昌等处光沙，破王卡。

张宝山、刘义顺、何得胜、陈绍虞、王廷英、向宗庆、谭光前、石七公、马文品等各称王、将军、元帅名号。

十月七日，何得胜进犯开州，首陷小牙屯，官兵自青蛇坡败退白沙双山，再退老鸦山。何得胜来到高陇、金水竹、茶寨，数次攻陷团营。

十一月十四日，杀人王王廷英斩江炳琳于两路口。杀人王至南河，暗通李建洪偷渡河，营于猪场东二十里河坪山，数万乡民踊跃参加号军。

二十三日，向宗庆率数千黄号至深溪水，围攻营盘。李成锦随即督队出击，黄号大败溃逃，向宗庆亦被砍死。

二十五日，何、贾至白马洞，团首晏汉章、黄永成在修文三板桥（县东北一百二十五里）抵御。何得胜再次攻陷开州白马洞团营，团首晏昆生战死。玉华山黄号军势力扩大到修文安清（县东北一百四十五里），丁宝桢练退扎佐，震惊省城。

是月，平越黄号攻陷杨义司，攻克白马屯，出入武胜关。何得胜、贾佛保由定扒过大两岔河围攻团营，被赵德光击败。

十二月一日，何、贾据守开州羊场，瓮安猪场黄号渡清水江，出侧溪、龙坑，蔓延扎佐、修文，土贼响应，省城戒严。

## 咸丰十年（1860年）

正月二十七日，何得胜攻陷平越州城，署游击张杰、把总李正同、署酉阳汛千总杜玉周、杨老汛把总黎民安、外委郭进修、世袭云骑尉李攀龙皆战死。

三月，开州知州戴鹿芝单骑赴何得胜营寨说降。得胜不从，念鹿芝是好官，以肩舆送鹿芝还开州。

是月，黄号军围泡江河，副将赵德昌拒绝。十三日，贾佛保转陷扎佐，据巴香，会同潘名杰等苗军击溃鸡场坝、元保寨团营，官兵溃败。

五月十七日，何得胜先锋贾佛保在内应颜大妹、尹二、费神、陈双应等帮助下攻陷修文，署知县韩梦琦、训导吴观乐等战死，外委卢文明自杀，卢妻殉节，典史张聪兰逃走。

是月，黄号军袭破飞云屯，谭光前捉拿瓮安总团首商景阳。贾佛保攻陷水田营，守备戴雨先战死。

六月，遵义官军连败号军于河坪、鸡母园，杀人王王廷英逃往玉华山。

八月，钦差大臣田兴恕大败黄号军于松坪，攻克瓮安县城，遂围玉华山。

九月，田兴恕方督军连破松坪、猴场黄号军，进军瓮安，李成锦由袁家渡过河接应。

十月十三日，田兴恕再次攻下瓮安县城，围困玉华山。十五日，田兴恕遣杨岩宝同副将吕得科、毛克宽、梁正秀，守备田兴发等先攻克黄龙屯，沈鸿富、罗孝连再攻克黄金屯，兴恕率军攻克仙桥屯，斩杀黄号首领谭正明等。吕得科先登，欲斩杀守屯黄号将领谭光元，谭光元中枪被黄号军救回，随后去世。黄号余党败走玉华山、上大坪。

十一月，赵德光在羊场打败贾佛保，佛保从江上到上大坪。记名提督沈鸿富在天鹅屯击败谭光前。

## 同治三年（1864年）

何得胜据守清镇东山，与据守川心堡的许大八勾结。六月，合围平坝城。副将张梁来援，许大八败走。何得胜为之增兵，转由乐平、石头寨绕出石板房，自清镇至石板房百余里间，何、许两人想一鼓作气攻下清镇、安顺。安顺知府毕大锡在三铺击败许大八，总兵林自清在清镇击败何得胜，黄号军势气受挫。

## 同治四年（1865年）

十月，何得胜攻陷清镇县城，署知县笪佐尧逃走，赵德昌等随后收复。

十一月五日，潘名杰、杨三王等自镇西卫来，驻十字路。平坝知县王度逃走，团首曾文兴巷战死，城被攻陷。十二日，提督赵德光前来支援。十四日，何得胜奔回干沟，平坝城被收复。

川军统领刘岳昭围攻绥阳县城，吴元彪害怕，向黄号王超凡、安擂钵等求援，分掠投诚各村寨，以牵制官军。宋三元被何行保所斩杀，刘岳昭遂进军围绥阳。

## 同治五年（1866年）

正月，何得胜分党再陷清镇县城，署知县孙允中逃走，副将邓明胜不知所往。

二月，援黔川军统领刘岳昭在绥阳打败何得胜之子天宝。

八月，何得胜、潘名杰攻陷安平县城，署知县江煦和、千总陈万清逃走。

## 同治六年（1867年）

九月二十七日，黄号军武安王何得胜从开州回上大坪，病死轿顶山，其妻黎金妹继统黄号军。

## 光绪十年（1884年）

张文模重建新华红灯堡万寿桥。桥头对竖木枋，中间建亭阁三重，出水十余丈，桥长七八丈，为当时瓮安桥梁建筑的巨作。

## 光绪二十一年（1895年）

木老坪街修建碑记，丁粮章程碑。

## 光绪三十四年（1908年）

商基振为岩脚桥立碑“永垂不朽”，记述补修岩脚桥的过程。

## 宣统三年（1911年）

县丞田兴培在穿洞河旁处崖壁上用竖向楷书阴刻“禁止打鱼、如违重究”8字。

是年，县丞田兴培在大寨坪朱陈桥处崖壁上用竖向楷书阴刻“禁止打鱼、如违重究”，范围是“上至大桥、下至穿洞”。

## 中华民国
## 民国元年（1912年）

1月，沿袭清制，银盏团隶属附郭里。

## 民国4年（公元1915年）

2月，县撤银盏团，建银盏保。

## 民国13年（1924年）

5月下旬至7月上旬，发生普遍干旱，谷物歉收。次年春荒发生，米价大涨，民大饥。

## 民国20年（1931年）

4月，县撤银盏保，建银盏乡。

## 民国23年（1934年）

第一方面军（中央红军）左纵队第1军团2师、第3军团、第5军团和军委纵队于12月28日攻占黄平县城及旧州。在旧州分兵，右路1军团2师、军委纵队、5军团，由梭洞（今松洞）进入瓮安蔡家湾、老坟嘴。途经观塘、擦耳岩、各水坝、陈家寨、金竹庄、猴场下司、木老坪（今银盏镇）、天文，后到江界河渡口。左路3军团于12月28日由梭洞进入蔡家湾、老坟嘴，经木孔、深溪沟、垛丁关、黄泥凼、磨石坡、打石冲、县城。于民国24年1月1日，经银盏、杜仲河、黔川，到中坪兵分两路经北进抵清水口渡，向西进抵开阳花梨。

## 民国25年（1936年）

1月22日，2军团5师经余庆杨家坝进入瓮安上高粱坪、余家嘴、松坪。23日，经新川进至猴场。是日，2军团4师由余庆龙溪进至猴场，2军团6师由余庆阎家屯、麻溪河进抵松坪，2军团直队由余庆袁家桥、草灰坪、木叶顶一线进抵猴场，后分别经红灯堡、西坡、水绞、五里街、县城、茅坡场、中心槽、营定街，出境到牛场。

是月，县实行保甲制，银盏乡并入雍阳建雍阳保。

5月25—27日连续大雨，瓮安江河水猛涨。5月25日深夜，银盏岩脚桥陈皇太家5口人与房屋被洪水卷走，媳妇带孙子外出幸免于难。

## 民国26年（1937年）

遵义人晏相全开办玉华乡造纸厂。

## 民国31年（1942年）

3月，推行新县制，撤销雍阳保，银盏建保。

## 民国35年（1946年）

周卓夫、吴劲农兴办“玉华白岩烤烟农场”和“朵云烤烟农场”，收购烟叶8.5吨，远销武汉、广州。

## 民国38年（1949年）

1月，银盏保改为银盏街。

## 中华人民共和国<br>1950年

1月，银盏沿用旧县制，仍保留保甲制。

6月，银盏村建立银盏村农民协会，取代保甲制

10月，银盏村农协会发动群众减租、退押、征粮运动。

11月，组织农村积极分子参加县委第一期农民积极分子训练班。

## 1951年

2月，银盏村农协会在农村开展“抗美援朝、保家卫国”宣传工作。

是月，烤烟等级实行六级制。

6月，银盏村在人民群众中开始发动土地改革运动。

10月，组织农村中的积极分子，广泛宣传《中华人民共和国婚姻法》，教育群众摒弃旧的婚姻观念。

## 1952年

4月，银盏村在农村按照《中华人民共和国婚姻法》规定，开展婚姻登记和调解婚姻工作。

5月，银盏村建立中国新民主主义青年团支部。

7月，组织群众参加雍阳举办的物资交流会，交易土特产品。

12月，银盏村组织互助组，解决农村缺少耕牛、大农具和劳动力的困难。

是月，烤烟等级改六级制为九级制，附加等外烟。

## 1953年

3月，全县合并行政村（街），银盏并入飞练，建立飞练乡。

4月，石绍芝（苗族）任银盏乡人民政府乡长。

5月，全县调整乡镇，银盏村、玉竹村合建银盏乡。

7月18日，梅花堰两沟争水数百人斗殴，县选举工作组配合乡村干部，与上下两沟代表协商，按受益面积计算分水量，重新安了分水闸门，平息了纠纷。

7月，银盏乡第一届人民代表大会召开。

是月，组织干部群众参加全国第一次人口普查工作。

8月，梅花堰等16处较大灌溉工程，实行“一把锄头放水的统一灌溉方法”，后为贵定专署全面推广使用。

11月，珠场坝、十二闹两条水沟建成，增加灌溉面积2379亩。

12月，乡人民政府在农村宣传实行粮食油料统购统销政策。

是年，进行烤房改革，改明炕为阴炕。

## 1954年

3月，银盏乡人民政府在农村宣传中共中央《关于发展农业生产合作社的决定》，试办初级社试点。

7月，乡人民政府重点试办农业生产合作社。

是月，发生水灾，雨量高达483.8毫米。

10月，完成乡的建社建党建团试点工作。

11月，乡以自然村寨建立初级农业生产合作社，以村建立高级农业生产合作社。

12月，乡政府在农村推销国家经济建设公债。

## 1955年

3月，在农村贯彻党中央关于粮食定产、定购、定销政策。

10月，对农村余粮户的粮食实行收购。

11月，银盏乡人民政府改为银盏乡人民委员会。

## 1956年

3月，县委、县人委在银盏乡银水寺举办乡干部文化扫盲班，共办5期，有200人参加学习。

9月，全县调整乡镇，同时召开银盏乡第二届人民代表大会，选举刘远芳为银盏乡政府乡长。

是月，石绍芝（苗族）任银盏乡党总支部书记。

## 1957年

8月，银盏乡人委在全乡农村开展社会主义教育运动。

9月5日，银盏乡改隶城关镇。

10月，在农村开展整党整风的“大鸣、大放、大争论、大辩论”运动。

11月，梅花堰、天邦、新华大沟等骨干水利工程动工修建。

## 1958年

2月，银盏公社梅花堰水库建成蓄水。

3月，在瓮安至开阳公路沿线的杜仲河处，设第一个饮食服务点。

4月，县公安机关将银盏郭某藏在地下窖20多年的74斤大烟收走。

3—4月，发生干旱，溪河断流，塘库干枯。

6月，以生产队为单位，办农村公共食堂。

9月，经安顺地委批准，银盏、飞练两乡从雍阳区划出合并建立城关区级镇，下辖飞练、银盏人民公社。

12月，在生产管理区建民兵营，生产大队建民兵连。

## 1959年

1月，银盏乡人民委员会改为银盏生产管理区。

是月，赵显华任银盏生产管理区党总支部书记。

2月，石绍芝（苗族）任银盏生产管理区主任。

3月，在农村试行社队分权所有制，粮食按比例分配。

是月，州属新华铁厂建立。

是月，发生春旱，塘库无水，溪河断流。

11月，在农村试行“一亩地一头猪”畜牧发展。

12月，在农村开展整风整社，纠正“一平二调”。

是年，县西门铁厂并入新华铁厂。

## 1960年

5月，彭昌奎任银盏生产管理区党总支部书记。

7月，石绍芝（苗族）任银盏生产管理区党总支部书记。

8月，倪继贤任银盏生产管理区主任。

11月，在农村总结“大跃进”的经验教训，核实粮食产量，清退“一平二调”。

是年，发生春夏秋连续干旱，3月发生春旱。4—5月只降水50.8毫米，严重影响春播。从8月3日起，连续77天无雨，旱象严重。

## 1961年

3月，银盏农村出现包产到户，将土地按劳力平均划到户生产经营。

4月，银盏生产大队进行“三包一奖四固定”（即包工、包产、包成本，超产奖励，固定劳动力、土地、耕牛、大农具）试算分配试点工作。

是月，县公安局在新华铁厂破获一起准备在“五一”或“七一”暴动名为“劳动党”的反革命预谋暴动案，有成员59人，其中为首分子7人，破案后拘捕为首成员10人。

7月，在农村取消粮食供给制，实行“人劳结合”的粮食分配办法。

10月，县委工作组在银盏公社太平大队进行“分配大包干”试点。

12月，银盏、飞练管理区合并，建立银盏人民公社管理委员会。

是月，石绍芝（苗族）任银盏人民公社党委书记，王德昌任银盏人民公社社长。

是年，卷烟实行按行政级别，定数量和牌号凭票供应。

## 1962年

1月，银盏公社在农村全面推行“分配包干”，安排社员生活。

4月1日，进口卷烟实行高价销售。

4月，公社按照中央关于改变农村人民公社基本核算单位问题的指示，改原以生产大队为基本核算单位为以生产队为基本核算单位。

5月，景频任银盏人民公社党委书记。

是月，张明志任银盏人民公社社长。

## 1963年

1月，张世明任银盏人民公社党委书记。
2月，银盏生产管理区改为银盏人民公社。
3月，银盏人民公社第三届人民代表大会召开。
4月8日，所有卷烟实行高价销售。
4月，各大队、生产队分别建立贫下中农协会、贫协小组。
8月，朱朝阶任银盏人民公社社长。
9月，中共银盏人民公社委员会第一次代表大会召开。
12月，石绍芝（苗族）任银盏人民公社社长。
是年，遭旱、水、风、虫灾，尤其旱灾严重。

## 1964年

3月，公社在各大队抓科学实验、抓生产、抓财务管理工作。
7月，银盏公社组织干部群众参加全国第二次人口普查工作。
12月，在各大队、生产队开展“四清”（清工分、清账目、清财物、清库）工作。

## 1965年

2月，银盏公社在农村纠正“单干”和“变相单干”，巩固公社集体经济。
3月，公社在农村试行大办农业、大办粮食，改变农民吃粮问题。

## 1966年

4月，银盏人民公社管理委员会第四届人民代表大会召开。
5月，张世明任中共银盏人民公社管理委员会书记。
是月，石绍芝任银盏人民公社管理委员会主任。
7月，银盏人民公社贫下中农协会建立。

## 1967年

3月，新的县革委派遣毛泽东思想宣传队到银盏公社进行“支左”。
6月17日，发生暴雨，农作物、房屋受损。
8月，银盏人民公社管委会被“夺权”，建立银盏人民公社革命委员会。

## 1968年

5月，由武装部长饶国禄任银盏公社革委会主任。

12月，派进贫下中农代表管理银盏各小学。

## 1970年

5月，公社革委通过补台，调整革委班子，并重新任命领导干部。

是月，银盏人民公社革命委员会第五届人民代表大会召开。

6月，银盏公社贫下中农协会停止活动。

12月，席子河水电站动工兴建。瓮安铁厂破土动工。

## 1971年

1月，建立银盏公社革委党的核心领导小组，张世明任组长，石绍芝（苗族）任副组长。

12月，经过整建党，银盏人民公社第二次党员代表大会召开。

## 1972年

3月，袁正懿任银盏公社革委会主任。

5月，刘远芳任银盏公社革委会副主任。

## 1973年

年初，瓮安铁厂竣工投产。

## 1974年

4月8日，烤烟等级实行15级制。

6月9日，梅花堰电力提灌站建成试水，县委第一书记冯传经，亲临现场剪彩。

## 1975年

4月，赵显华任银盏公社革委会主任。

6月，恢复基层党支部，银盏公社党委下辖6个大队党支部。

## 1976年

1月，省属新华磷肥厂和北斗山瓮安磷矿建立。

10月，召开银盏公社委员会第三次党员代表大会。

是月，赵显华任银盏公社党委书记。

## 1977年

8月，夏德兴任银盏人民公社党委书记。

10月，投资169.85万元的席子河水电站投产。

## 1978年

1月16日，瓮安县革委决定，发电和供电分开管理，火电厂和席子河电站负责发电，供电所负责两厂站输电线路管理，行使电力调度权。

11月，开展畜禽疫病普查。

## 1979年

4月，在全公社农村推行“一对夫妇只生一个孩子”的奖励政策。

6月，中共银盏公社委员会第四次党员代表大会召开。

9月，在全公社支持各大队、生产队由社员选择各种形式的生产责任制。

10月，在农村实行包干到户联产承包生产责任制。

## 1980年

2月，银盏人民公社革命委员会改为银盏公社管委会。

是月，银盏公社管委会第六届人民代表大会召开。朱建伦任银盏公社管委会主任。

6月10日，新华公社上场坪煤厂瓦斯爆炸死亡10人，直接损失13000多元。

## 1981年

1月，银盏遭受凝冻灾害，自来水表冻坏，公路交通中断近半月。

3月17日，县农办批准，火电厂与席子河电站合并，成立瓮安发电厂。火电厂与席子河各为发电厂的一个车间。

4—8月，银盏境内遭受旱灾，组织群众抗灾救灾。

8月，林业部门配合大队、生产队干部确定山林所有权，划定农民自留地，制定集体山林管理责任制。

## 1982年

1月，组织公社、大队干部在农村群众中宣传《瓮安县计划生育暂行办法》并执行。

2月23日，玉华山咸同农民起义（营垒）遗址被列为省级重点文物保护单位。

6月，中共银盏公社委员会第五次党员代表大会召开。

7月，以1日零时为准，进行第三次人口普查。

10月，金秉福任银盏公社党委书记。

11月，银盏公社对农村烈军属、伤残军人、带病回乡复员军人每户每年补助150元。

## 1983年

2月，银盏公社对农村滥占耕地建房进行处理，实行占田还田、占土还土、搬房还田等措施。

6月，周锡利任银盏公社党委书记。

是月，张赐荣任银盏公社管理委员会主任。

8月5—7日，全民统一行动，使用A型麦粒杀鼠剂灭鼠，效果显著。

## 1984年

3月，中共银盏公社委员会第六次党员代表大会召开。

是月，银盏公社召开第七届人民代表大会，将银盏公社管委会改为银盏乡人民政府，下辖的大队改为村，生产队改为村民组。选举张赐荣为银盏乡人民政府乡长。

12月4日，席子河水电站被评为全国小水电站先进集体，获得国家水电站奖牌，陈显华代表电站出席了大会。

## 1985年

2月，乡党委和政府在农村宣传中共中央、国务院《关于进一步活跃农村经济的十项政策》。

3月，郭崇华任银盏乡党委书记。

9月10日，庆祝第一个教师节。

9月，李复祥任银盏乡人民政府乡长。

10月，杨树明任银盏乡党委书记。

## 1986年

1月18—19日，省委书记胡锦涛到瓮安铁厂、水泥厂等视察工作；县水泥厂获省政府授予职工福利先进单位称号。

5月，州土地管理部门在两岔河召开现场会，重点处理占田建房问题。

11月，朱吉祥任银盏乡党委书记。

是月，李水涛任银盏乡人民政府乡长。

是年，瓮安县烟草公司在果果坪进行中美合作改进中国烟叶质量试验，面积100亩，亩产140公斤，百公斤均价340元。

## 1987年

4月，召开中共银盏乡第七次党员代表大会。

6月，银盏乡第八届人民代表大会召开。

10月，组织青年运动员参加瓮安县首届农民篮球运动会。

是年，黔川村支部书记穆志华牵头联合11户烟农采取育苗、资金、化肥供应、技术指导、交售烟叶“五统一”办法，成为全县第一个烤烟生产联户协作组。

## 1988年

4月，吴昌德（女）任银盏乡人民政府乡长。

5月18日，银盏乡麻地坪农民集资投劳，在席子河段上修建平桥竣工通行。

## 1989年

2月，县公安局批准在银盏乡西坡林场成立治安队。

7月，银盏乡妇联在农村组织妇女开展学文化、学技术活动。

12月，袁天喜任银盏乡党委书记。

## 1990年

2月，对城镇房屋所有权进行清理登记，明确权属，颁发证书。

6月16日至8月31日，持续77天高温无雨，发生大面积旱灾。

7月，以1日零时为准，进行第四次人口普查。

8月8日，县委、县政府、县政协领导，农业、科技部门，区乡干部及群众200余人，现场验收原玉华乡岩根河村农民龚光恒在23亩坡土上栽种的“克新2号”马铃薯，平均亩产达2188公斤。

9月11日，县黄磷厂建成，试产成功，质量达国家标准。

## 1991年

5月22日，新华大寨坪仓边煤厂发生瓦斯爆炸特大事故，死亡10人，重伤1人。

7月17日，省、州烟草公司决定，烤烟收购在19个烟叶收购站试行中华人民共和国国家标准“40

级制”。

9月20日，“撤区并乡建镇”，银盏乡人民政府升格为正科级机构。

11月，中共银盏乡委员会第八次党员代表大会召开。皮明义任银盏乡党委书记，朱吉祥任银盏乡纪律检查委员会书记。

是月，召开第九届人民代表大会。金炳祥任银盏乡人大主席团常务主席。

## 1992年

3月，县政协常委会任命袁天喜为政协银盏乡联络组组长。

7月，银盏乡遭受旱灾，农作物受灾严重。

8月10日，县政府确定对全县国有企业、城镇集体企业、私营企业的职工（含临时工）实行基本养老保险社会统筹。

是月，原木老坪乡农民郑雨书投资80多万元新建装机容量320千瓦的个体水电站正式发电。

## 1993年

3月，宋锡异任银盏乡人民政府乡长。

是月，陈历仲任银盏乡人大主席团主席。

8月31日，银盏乡西坡林场成立森林消防队。

11月，开始普及九年义务教育。

12月23日，石家寨红岩煤厂发生瓦斯爆炸事故，死亡10人，重伤1人。

## 1994年

7月3日，银盏乡境内遭受特大雹灾，部分农作物受灾。

11月，银盏乡党委在8个村党支部开展“四个一”（配备一个坚强的领导班子，选好一个支部书记，找准一条好的致富路子，制定一套切实的工作制度和乡规民约）为内容的组织建设活动。

12月，中共银盏乡委员会第九次党员代表大会召开。

是月，银盏乡第十届人民代表大会召开。

## 1995年

5月21日，银盏乡8个村遭受特大水灾。

9月26日，省计委、化工厅在瓮安召开《瓮安黄磷厂可行性研究报告》评审会。

是日，县法院依法对县化肥厂无力偿还县工商银行借款本息933万元一案作出裁定，宣告该厂破产还债。

## 1996年

1月5日，县政府批准《瓮安县化肥厂破产后职工安置方案》，对该厂职工作妥善安置。

1月，银盏乡第十一届人民代表大会召开，选举罗惠平为银盏乡人民政府乡长，陈历仲为银盏乡人大主席团主席。

7月1—3日，连降暴雨近50小时，发生大面积洪涝灾害。

9月19日，天安磷业有限公司在银盏举行黄磷投产典礼。省委常委李万禄、省政协副主席邱耀国及州县领导参加典礼剪彩。

10月18日，县委发出《关于加强党委政法委员会工作的通知》，要求建立乡镇党委政法委员会，提高政法部门的整体效能。

## 1997年

1月1—31日，开展第一次农业普查。

7月11日，银盏乡雷家槽煤厂发生透水事故，致7人遇难，直接经济损失118500元。

7月，银盏乡党委被州委评为“五个好”党委。

8月，中国科学院南京地质古生物研究所教授陈均远、台湾清华大学细胞生物学家李家维教授在玉华岩根河发现瓮安古生物化石群，称“贵州小春虫”。

是月，天安磷业有限公司被农业部定为大（二）型乡镇企业。

9月11日至10月中旬，省政府抽调省检察院、公安厅、地质矿产厅组成联合工作组，对瓮安玉华磷矿开采秩序进行整顿。

12月，中共银盏乡委员会第十次党员代表大会召开。

## 1998年

2月5日，中央电视台《新闻联播》报道，在瓮安发现距今5.8亿年前的动物化石群。

6月17日，省委、省人民政府决定瓮安县划为革命老区县，银盏乡列为革命老区乡镇。

6月23日，县卫生部门在新场村开展农村合作医疗试点工作。

6月，县人民政府授予银盏乡人民政府“全县科技示范乡”称号。

8月，银盏乡武装部获成都军区授予“红旗单位”称号。

11月，刘平菊（女）任银盏乡党委书记。

是月，州政府授予银盏乡人民政府“全州文明乡”称号。

是年，瓮安水泥厂改制为股份制企业。

## 1999年

1月13日，银盏乡第十二届人民代表大会召开，选举杨忠华为银盏乡人民政府乡长。

3月，县政协常委会任命袁天喜为银盏乡政协联络组组长。

4月，银盏乡党委被县委组织部评为二等奖。

12月，县政府授予银盏乡人民政府“全县文明乡”称号。

## 2000年

2月，银盏乡在全乡党员干部中开展“三讲”（讲学习、讲政治、讲正气）专题教育活动。

4月13日，银盏乡境内农村遭特大风雹袭击，农作物受灾。

8月，银盏境内的西坡林场建西坡森林公园。

是月，都习军分区授予银盏乡人武部“全州抗洪抢险先进单位”称号。

12月13日，县西坡森林公园总体规划通过专家组评审。

## 2001年

1月8日，召开中共银盏乡第十一次党员代表大会。

1月13日，银盏乡第十二届二次人民代表大会召开。

1月，杨胜乾任中共银盏乡纪律检查委员会书记。

2月，犹健任银盏乡党委书记。

3月，戎毅生任银盏乡人民政府乡长。

4月，县统计局公布全县第五次人口普查结果，银盏乡本地登记人口为13904人。

7月24—27日，省煤矿安全监察局副局长柏则智等一行17人到瓮安对银盏等产煤乡镇煤矿煤炭生产许可证进行年审验收。

9月13—17日，由德国工业大学埃德曼教授、中科院南京地质古生物研究所李国禅博士及两国古生物、地球化学、沉积地质、古冰川专家一行13人，到北斗山古生物化石群进行考察。

## 2002年

1月16日，银盏乡召开第十二届三次人民代表大会，选举陈博（女，仡佬族）为银盏乡人民政府乡长。

4月，乡党委、政府为全乡第一批农村独生子女户、二子结扎户颁发计生养老保险证，每户领取400元养老金。

## 2003年

3月，王大勇任银盏乡党委书记。

5月，孙华（女）任银盏乡人民政府乡长。

12月7日，省委副书记、省长石秀诗到瓮安考察，参观银盏乡水皎生态示范村等工农业建设。

## 2004年

1月，中共银盏乡第十二次党员代表大会召开。

是月，银盏乡召开第十三次人民代表大会。

6月，宏福公司收购海南大信集团瓮安大信北斗山磷矿、贵信黄磷厂股份。

7月28日，召开瓮福灌区梅花堰片区用水户代表大会，成立了用水协会，选举产生执委主席、副主席及委员，选举任正涌为执委主席，刘登禄、吴昌德为副主席。

## 2005年

5月13日，中国古生物学家袁训来、肖书海和美国古植物学家托马斯-泰勒在美国《科学》杂志发表最新研究成果，在贵州瓮安生物群化石中发现了3块类似地衣的化石，表明地衣结构出现在6亿年前，为探索海洋生命向陆地转移提供重要的实物依据。

6月，浙江浦峰集团贵州省瓮安水泥厂有限公司所生产的银桥牌P.032.5、P.042.5、P.C32.5水泥获国家质监水泥产品认证。

## 2006年

7月，银盏乡第十三次党员代表大会召开。

是月，罗强任中共银盏乡纪律检查委员会书记。

11月，银盏乡第十四届人民代表大会召开。

12月，银盏乡太平村水皎村民组获全县新农村建设优秀奖。

## 2007年

1月，银盏乡政府组织8个村的村委会干部，在各村、组广泛宣传《瓮安县农村合作医疗实施方案》的惠民政策，标志《瓮安县农村合作医疗实施方案（试行）》正式实施。

5月，省国土资源厅在瓮安主持召开古生物化石群保护工作现场会，中科院南京地质古生物研究所教授陈均远、袁训来，省司法厅、文化厅、环保局、监狱管理局以及州政府等有关负责人参加。

8月，乡党委、纪委在干部职工中宣传严禁利用各种名目大操大办酒席的规定。

## 2008年

1月，银盏乡境内遭受长达34天的雨雪冰冻灾害，8个村停电近1个月。

5月，乡党委、政府倡议“献爱心，支援四川地震灾区”，各单位、村、学校、驻乡企业、广大职工群众积极响应，共筹集资金3.2万元。

7月，乡党委、政府组织各单位干部开展“6·28”警示教育活动，整顿机关作风。

10月，龚凤萍（女）任中共银盏乡纪律检查委员会书记。

## 2009年

3月，桂国全任银盏乡人民政府乡长。

是月，乡党委召开有党员干部参加的学习实践科学发展观活动动员大会。

9月27日，上海美辰星矿业投资控股有限公司、县国有资产营运投资有限公司、县磷化有限责任公司三方在贵阳就增资扩股签约，上海美辰星矿业投资控股有限公司增资9987.2万元，获得61%的股权。此次签约由海南星华等投资集团以增资扩股的方式注入资金，与县磷化公司组建股份公司，共同打造精细磷化工产业。

9月至12月，发生夏秋冬干旱天气。

11月，开展撤并村工作，银盏乡由原来的8个村合并为太平、银盏、飞练、穿洞4个村。

12月，瓮安磷化工循环经济工业园区规划经省经信委批复。

## 2010年

1月至4月，发生春旱天气。

5月，受香港慈善基金会的委托，州智力支边办副主任朱惠兰带领香港人士到银盏乡飞练小学、大园小学为贫困学生发放助学金。

是月，刘华龙任瓮安县循环经济工业园区管委会主任。

9月17日，贵州省经济和信息化委员会对《瓮安工业园区发展规划（2010—2020）》评审通过。

12月，瓮安磷化工循环经济工业园区规划经省经信委批复。

## 2011年

1月，启动瓮安工业园区主干道建设，东升物流公司物流园等11个项目在银盏境内正式开工，总投资12.08亿元。

3月，《瓮安工业园区控制性详细规划》通过省、州评审。县政府批复《瓮安银盏轻工业聚集区控制性详细规划》，面积为6.542平方公里。

4月15日，银盏杜仲河水库综合使用林地可研报告通过县级审查，县委副书记、县长尹德俊、县人大常委会副主任李丰祥参加评审。

7月14日，贵州瓮福小野田化工有限公司在瓮安举行授牌仪式，标志年产5万吨的TCP国外合资企业正式落户瓮安银盏。

7月，中共银盏乡委员会第十四次党员代表大会召开。

8月26日，县政府批复《瓮安磷化工工业园区控制性详细规划》，用地面积3852.54公顷。

8月，刘兴祥任银盏乡纪委书记。

9月，谢晓东任瓮安银盏工业园区党组书记。

是月，刘华龙任瓮安银盏工业园区管委会主任。

10月，召开银盏乡第十五届人民代表大会第一次会议。

是月，邓忠学任瓮安银盏工业园区管委会主任。

是月，邓忠学任瓮安银盏工业园区党组书记。

11月15日，州林业局副局长唐军带队到银盏片区木材加工厂调研。

12月，贵州黔新企业集团、上海盛源集团分别与贵州瓮安煤矿、瓮安磷矿签订国有产权整体转让协议。

## 2012年

3月6日，副省长孙国强率省政府办公厅、发改委、经信委、交通运输厅、国土资源厅、环保厅、商务厅、财政厅、住建厅、能源局等部门有关负责人深入瓮安、福泉两地，就落实国发2号文件精神，建设煤、电、磷一体化基地进行调研。

27日，省人民政府批复，撤销银盏乡，建立瓮安县银盏镇。

4月8日，副省长慕德贵到银盏工业园区实地调研。县委政法委在县工业园区举行平安和谐产业园区创建活动启动仪式。

12日，国家司法部副部长张苏军到瓮安银盏司法所调研。

15日，王芳、陈康、吴明富、周凤超、犹永立到村任村党支部书记。

26日，省委常委、政法委书记、公安厅厅长崔亚东实地考察瓮安工业园区建设，陈昌旭、王健伍、吴智贤等州、县领导陪同考察。

28日，副省长谢庆生到银盏工业园区调研。

30日，补选产生7名镇人大代表。

4月，梁健任银盏镇党委书记。

是月，县政协常委会任命犹和兴为政协银盏镇联络组组长。

5月，银盏镇第十五届人民代表大会第二次会议召开，严军当选银盏镇人民政府镇长。

7日，实施规范农村群众滥办、操办酒席，同时开展“五好”基层党组织创建及党支部、党员分类定级工作。

16日，省政协副主席班程农到银盏工业园区调研。

21日，县政府在工业园区举行建材、房地产、石材加工、木材加工、开工企业、企业返乡创业等53家，投资25亿元的整体签约仪式。贵州省政府批准成立贵州瓮安经济开发区，为正县级机构。

6月5日，州委书记黄家培到银盏工业园区调研。

11日，来自美国、德国、加拿大、意大利、瑞典、捷克、波兰、英国、俄罗斯、日本、韩国等十几个国家的考古专家深入瓮安“贵州小春虫”古生物群化石保护区实地考察。

18日，省经信委将瓮安工业园区与福泉工业园区共同列为省委、省政府重点打造的千亿级工业园区之一。

25日，中国贸易投资促进会副会长张伟到银盏工业园区调研。

28日，银盏组织曲艺节目《大姨大妈夸瓮安》，参加全县反腐倡廉曲艺大赛，获三等奖。

30日，举办“学党章见行动，党在我心中”暨庆“七·一”活动。

7月2日，全镇掀起“解放思想，推动跨越”大讨论活动。

10日，省人大副主任周忠良一行对瓮安经济开发区、返乡农民工创业园、贵州金正大考察调研。

12日，召开银盏镇联乡驻村干部工作座谈会，扎实推进驻村工作有序开展。

7月，银盏工业园区列入瓮安“一城三区”建设。

8月5日，州委书记黄家培、州长向红琼到银盏麒龙物流园参观。

17日，县委副书记、县长尹德俊到贵州瓮安经济开发区调研。

28日，县委书记沙先贵到贵州瓮安经济开发区调研。

9月26—30日，开发区在十三次中国博览会上与上海重工业实业投资有限公司签约投资协议80亿元。

9月，投资140万元改造梅花堰至太平、新华至大寨坪的人畜饮水工程。

10月24日，州委书记黄家培到贵州瓮安经济开发区调研。

11月8日，芭田公司举行开工仪式。

28日，银盏商会第一次会员大会在县会展中心7号会议室举行，成立并选举商会领导班子。

12月31日，经省委讲师团、省政府发展中心论证，瓮安工业园区规划面积由原35.04平方公里增至102.81平方公里。

12月，谭怀坤任银盏镇党委副书记。

是月，银盏镇党委选派王芳等5名副科级干部到村（社区）任第一书记。

是月，全镇完成“一事一议”财政补奖5个示范点工程建设，财政奖补189.36万元。

## 2013年

1月，贵州金正大生态工程有限公司投资1.333亿元建设烟气脱硫装置，其配套3.7万土/a硫酸铵浓缩分离装置，40万吨硫磺制酸装置余热发电项目开工。

2月1日，银盏镇召开2012年度年终总结暨表彰大会，对先进集体和先进个人进行表彰。

是月，沙先贵兼任贵州瓮安经济开发区党工委书记，尹德俊兼任贵州瓮安经济开发区管委会主任。

是月，贵州金正大、深圳芭田、贵州麒龙置业等80家省内外企业参加全县春晖行动大型招聘会，提供5000个就业岗位。

3月8日，召开银盏镇“三八”国际劳动妇女节103周年活动座谈会。

12日，聘请有关专家对银盏镇境内下司石林景观规划进行评审。

3月，贵州芭田工程股份有限公司投资68亿元聚磷酸等高新复合肥，配套磷化工项目开工。

是月，瓮安磷矿投资3000万元，磷矿尾矿充填建设项目开工。瓮安渡江食品有限公司投资1200万元，500吨灰焙板菜、300吨泡椒项目开工。

4月，县委副书记、县长尹德俊到银盏至玉华矿山专用公路征地拆迁工作现场指导工作。

5月13日，县委常委、常务副县长钟旻到银盏镇开展行政区划后的工作调研。

17日，召开银盏镇第十五届人大三次会议，补选谭怀坤任银盏镇人民政府镇长。

19日，银盏至玉华矿区专用公路工程举行开工仪式，总投资2.6亿元。

25日，召开银盏镇深入推进解放思想大讨论活动动员大会。

5月，瓮安工业园区被贵州省知识产权局认定为贵州省知识产权试点园区。

是月，蒋映生兼任贵州瓮安经济开发区党工委书记。

6月2日，州委常委、副州长、瓮安县委书记蒋映生到贵州瓮安经济开发区调研。

4日，召开深入开展解放思想大讨论活动转入第二阶段动员会。

24日，共青团银盏镇委员会第十四届第一次代表大会召开。

30日，举办银盏镇庆“七·一”感党恩，推发展，促跨越暨“两镇两办一区”联谊活动。

6月，岩根河村、新场村并入银盏镇。

是月，银盏镇飞练社区主任助理王吉洪被县委评为优秀社区工作者，镇干部陈康、徐德辉被评为全县优秀共产党员。

7月1日，银堂煤矿30万吨矿井建设顺利通过省级验收。

18日，产能年20万头，生产冷鲜肉年1.5万吨的瓮安生猪屠宰场升级改造竣工投入运营。

8月15日，召开银盏镇工会“两个普遍”工作会，推进企业工会组建，启动工资集体协商。

22日，省、州领导参加文真公司点火仪式。

27日，盘县考察组到银盏镇调研行政区划调整工作。

29日，县委副书记、县长尹德俊到银盏镇调研包保乡镇工作。

9月4日，县委常委、组织部长杨华祥到返乡农民工创业园调研。

是月，银盏镇财政所升级为副科级单位。

是月，贵州瓮安经济开发区管委会副主任张林才带领招商引资局参加第十七届中国国际投资贸易洽谈会，进行招商引资。

10月1日，召开银盏镇村支“两委”换届选举动员会。

16日，召开银盏镇开展保持党的纯洁性教育活动动员会。

11月6日，召开银盏镇第九届村级党组织换届选举总结会暨村委会换届选举动员会。

11日，召开镇计生协会第二次会员代表大会，袁常开当选为专职副会长。

11日，贵州瓮安经济开发区管委会副主任陈廷高、张林才参加2013年度招商引资36个项目集中签约仪式，签约资金68.3亿元。

12月2日，县委常委、组织部长杨华祥到经济开发区就“区镇合一”体制改革工作开展调研。

11日，召开镇领导干部民主生活会，县委副书记、县长尹德俊参加。

是年，瓮安工业园区被国家科技部认定为黔南国家磷煤化工高新技术产业化基地。

## 2014年

1月，贵州瓮安经济开发区管委会被县委、县人民政府授予“瓮安县2013年度招商引资工作先进集体二等奖”。

25日，银盏镇召开2013年度年终总结会暨表彰会，对先进集体和先进个人进行表彰。

2月12日，召开银盏镇深入开展党的群众路线教育实践活动部署会，整个活动分学习教育、听取意见；查摆问题、开展批评与整改落实、建章立制三个环节进行。

24日，贵州源翼集团投资的磷系阻燃剂项目正式签约瓮安。

3月11日，补选11名镇人大代表。

13日，组织全体机关党员到冷少农、舒葆初烈士故居开展革命传统教育活动。

同日，副省长王江平到工业园区调研产业园区建设。

26日，州委书记龙长春、安顺市委书记周建琨到瓮安职业技术学校调研。

3月，县委、县人民政府作出《关于贵州瓮安经济开发区与银盏镇实行区镇合一管理体制的通知》，将贵州瓮安经济开发区党工委、管委会与银盏镇党委、政府实行区镇合一，两块牌子、一套班子。

4月20日，州委常委、副州长、瓮安县委书记蒋映生到经济开发区调研。

23日，副省长蒙启良到瓮安职业技术学校调研。

25日，贵州瓮安经济开发区管委会副主任郭锐及有关部门负责人到广州花都区对接共建“花都产业园”。

5月10日，副省长陈鸣明到瓮安职业技术学校调研。

15日，重庆川九建设有限责任公司贵州黔南分公司党支部在岩根河村开展“扶贫、济困、送温暖”活动，梁健、谭怀坤、犹和兴等镇领导参加。

20日，召开银盏镇档案工作培训会，对各村档案进行规范。

23日，县委副书记、县长尹德俊到大寨坪村调研。

6月13日，州经信委领导吴晓森到芭田调研。

14日，贵州瓮安经济开发区管委会副主任张林才带队到山东、浙江考察义乌商贸城，开展招商工作。

18日，州政协常委视察团到工业园区考察。

7月19日，金正大公司第一期项目正式点火运营。

25日，县委书记蒋映生到金正大现场办公，解决企业实际问题。

28日，省商务厅商贸服务处副处长张玲、贵州省物流行业协会秘书长张愈江等一行7人，到瓮安经济开发区考察商贸物流及城市综合体项目。

29日，县委组织部长杨华祥到大寨坪村就软弱涣散党组织开展调研。

8月11日，召开银盏镇专题民主生活会，县长尹德俊、县人大副主任罗惠平参加会议。

9月1日，召开银盏镇党委班子民主生活会情况通报会。

9日，举办第三十个教师节庆祝表彰会，500名教师参加会议。

12日，在开发区1号会议室召开全县支持经济开发区建设暨“区镇合一”大会。

16日，浙江浦峰集团贵州瓮安水泥有限公司100万吨水泥粉磨站项目试产成功。

25日，召开银盏镇第十五届人大四次会议，张林才当选银盏镇人民政府镇长。

是月，廖斌任贵州瓮安经济开发区纪律检查工作委员会书记。

10月，范祖林任贵州瓮安经济开发区党工委副书记。

是月，范祖林任中共银盏委员会书记。

是月，迎接全省第三次项目观摩会。

12月24日，省经信委总工程师周仕飞到园区企业调研。

是年，经济开发区科技孵化中心成功升级为贵州省省级科技型企业孵化器；是年获得贵州省人社厅贵州省省级就业创业孵化器。

## 2015年

1月13日，瓮安经济开发区考察团到贵安新区考察园区管理、经营模式经验。

19日，省水利厅厅长黄家培到贵州金正大、贵州芭田等公司调研水利设施配套建设。

是月，黄桂林兼任贵州瓮安经济开发区党工委副书记、管委会主任。

是月，州委书记龙长春到银盏麒龙物流园城市综合体风情园调研。

是月，县委副书记、县长尹德俊到银盏镇对小城镇建设、农业产业发展和农村人饮安全工程建设调研。

是月，开发区被省商务厅认定为贵州省第四批省级外贸转型升级示范基地。

2月6日，县委副书记、代理县长黄桂林到经济开发区调研。

3月8日，州委常委、副州长、县委书记蒋映生到银盏镇调研果果坪温泉旅游度假山庄、杜仲河水库饮水项目。

9日，县委副书记、县长黄桂林到银盏镇集中安置小区项目建设点调研。

9日，州工信委常务副主任王美华率队到贵州保健儿童用品、武江隆塑业等公司考察。

11日，举行花都产业园区第一批计划投资55.81亿元，项目11个集中开工仪式。

4月9日，遵义经济开发区到瓮安经济开发区调研，瓮安经济开发区管委会副主任郭锐陪同调研。

11日，龙里县到瓮安经济开发区考察，瓮安经济开发区管委会副主任郭锐陪同考察。

24日，银盏镇木老坪中学邀请县关工委、县公安消防大队到学校开展安全教育工作。

24日，召开银盏镇第十五届人大五次会议，补选张安忠为副镇长。

25日，县委书记蒋映生到瓮安经济开发区调研。

28日，召开瓮安县创业园科技孵化服务有限公司建立供应链平台交接及上线仪式，副县长曾明康、夏吉友、开发区各副主任、各局领导参加会议。

5月10日，全县2015年度半年观摩会观摩团到新场村观摩核桃基地。

19日，县委副书记、县长黄桂林到经济开发区返乡农民工创业园调研。

是月，福泉经济开发区考察组到瓮安经济开发区考察“区镇合一”管理体制，管委会副主任郭锐、周后强等领导陪同考察。

6月4日，州政协主席高金林带队到银盏农民转移人口市民化集中建房小区调研。

6日，省安监局局长田德明、副县长曾明康、贵州兴瓮集团董事长余登志、贵州麒龙置业有限公司负责人参加瓮安众创空间——安青创业社挂牌活动。

10日，黔南州人大副主任、总工会主席符晓钢一行到瓮安县创业园孵化服务有限公司检查全省工会现场会观摩点打造工作，银盏镇党委副书记、镇长张林才，县总工会副主席邱兴兰陪同检查。

15日，省科技厅副巡视员苏庆率调研组到瓮安安青创业社调研，县人大副主任张远军、副县长夏吉友陪同调研。

30日，贵州瓮安经济开发区总工会第一届委员会召开。

7月1日，贵州瓮安经济开发区党工委召开“七一”表彰大会，对机关、村级、教育、非公有制企业的先进党支部、先进党员进行表彰。

2日，省委改革办督查处处长陈成一行到瓮安返乡农民工创业园调研。县委办、县工信局、开发区产业发展局、瓮安创业园科技孵化服务有限公司有关领导陪同调研。

17日，瓮安经济开发区荣获“贵州省清洁生产试点示范区”称号。

19日，副州长张全毅到金正大、芭田、文真公司的工艺流程、原材料供应、中间产品控制、质量管理、科研开发等进行调研，副县长曾明康陪同考察。

24日，州委常委、副州长、县委书记蒋映生到高速公路瓮安北互通、城北客运站、贵州芭田生态工程有限公司等地调研，县领导张远军、曾明康、杨昌勇参加调研。

25日，瓮安县返乡农民工创业园庆祝建园三周年联谊活动在渡江小学举行。瓮安经济开发区管委会副主任、区总工会主席郭锐、银盏镇党委书记范祖林参加活动。

8月1日，州委常委、副州长、县委书记蒋映生率队到瓮安经济开发区调研城市重点项目建设情况。县委副书记、县长黄桂林，县人大常委会主任潘玉华、县政协主席陈博、县委副书记钟旻参加调研。

4日，县委副书记、县长黄桂林到贵州金正大诺泰尔化学有限公司和贵州芭田生态工程有限公司调研，副县长曾明康参加调研。

5日，县委副书记、县长黄桂林到银盏镇印山村调研村级集体经济、农村产业结构调整和基层党建开展情况，副县长姚明风陪同调研。

5日，副州长张全毅一行视察芭田观摩建设情况。

11日，州长向红琼一行到芭田视察。

11日，县委副书记、县长黄桂林到全省第二次项目建设现场观摩会瓮安观摩点（芭田公司）查看筹备情况。

14日，省政府副秘书长冯仕文、州政府副州长张全毅一行到金正大等企业督查安全生产工作，副县长曾明康陪同。

17日，省委常委、常务副省长秦如培与副省长王江平等一行在第二次观摩会芭田观摩点进行视察指导。

18日，省委书记、省长陈敏尔率全省2015年第二次项目建设第一组代表到芭田公司观摩。

19日，省委副书记、省政法委书记谌贻琴和副省长刘远坤率第二组观摩团观摩贵州芭田生态工程有限公司磷化工循环经济产业项目。

27日，州委常委、县委书记张文强到金正大、芭田调研，副县长曾明康陪同调研。

是月，张文强兼任贵州瓮安经济开发区党工委书记。

是月，县委副书记、县长黄桂林到经济开发区了解企业生产规模、公司运营情况。

9月4日，州委常委、县委书记张文强到银盏调研小城镇建设和农业产业化发展工作，并调研走访了玉华矿区及部分工业企业，县委副书记、县长黄桂林和副县长曾明康陪同调研。

21日，县委副书记、县长黄桂林率县公安局、民政局、卫计局、督查考核局有关负责同志到银盏镇调研指导殡葬改革、人口计生、秋收秋种、烤烟收购等工作。

22日，县委副书记、县长黄桂林到钱家院高速路互通连接线调研。

10月30日，瓮安县召开2015年第二次亮点观摩会，张文强、黄桂林、潘玉华、陈博等州县领导对银盏镇飞练社区马鞍山安置区农业转移人口市民化安置点的亮点工作进行现场观摩，详细了解安置点的工作。

是月，瓮安工业园区荣获“贵州省新型工业化产业示范基地”称号。

11月15日，瓮福黄磷5万吨黄磷节能环保磷化一体化项目开工。

19日，县委副书记、县长黄桂林到银盏镇印山村、木老坪村遍访贫困村、贫困户。

20日，县委副书记、县长黄桂林到D4路（迎宾大道）调研项目建设推进情况。

21日，工信部肥料产业转型升级暨资源综合利用专题研讨会在瓮安金正大举行。

11月，省商务厅认定贵州瓮安经济开发区为贵州省省级电子商务示范基地培育点，颐高集团瓮安电子商务运营公司和贵州兴瓮实业有限责任公司被认定为贵州省省级电子商务示范企业培育点。

是月，贵州瓮安经济开发区内金正大诺泰尔化学有限公司与贵州大学共同申报的“贵州省磷化工清洁生产工程技术研究中心”获贵州省科技厅立项批复。

12月1日，贵州省招商项目排查组到瓮安开展项目排查工作，先后实地察看了瓮安县诚翔置业有限公司雍江商城建设项目、瓮安县兴堂石材建设项目、塑料包装编织袋生产及销售项目。

2日，全省举行新一轮易地扶贫搬迁项目集中开工仪式。瓮安县分会场在银盏镇2016年易地扶贫搬迁工程项目现场举行了集中开工仪式。县委副书记、县长黄桂林、县委副书记钟旻、县人大常委会副主任李丰祥、县政协副主席王建军参加开工仪式。

同日，黔南州发改委纪检组长张英率督查组到瓮安督查重大民生政策落实情况。督查组一行来到瓮安经济开发区市民公共租赁住房项目部，详细了解各项目的建设进度、资金投入和使用情况，县委常委、常务副县长张宗良陪同。

10—11日，贵州省评估验收组到瓮安县银盏镇开展国家级卫生乡镇验收工作。县委常委、宣传部部长、统战部部长曾薇参加验收。

是年银盏工业园区、青坑工业园区被州人民政府认定为州级工业园区。

是年，瓮安安青创业社以“大众创业，万众创新”搭建瓮安众创空间，并被授予州级“黔南州众创空间”和省级“贵州众创空间”。

# 第一篇 建置沿革

# 第一章　行政区划

## 第一节　新中国成立前行政区划

银盏境域行政区划几经变更。商王武丁征讨鬼方，时银盏地属鬼方。周襄王元年，牂牁始朝于齐。时银盏地属牂牁。炀帝大业末年，谢龙羽据守夜郎地。时银盏地属牂牁。唐初时银盏地为牂州治所。宋开宝八年（975年）至明万历二十六年（1598年），银盏大房为宋安抚司正司衙门。明万历二十九年（1601年），设置瓮安县，银盏属县城附郭。康熙二十六年（1687年）六月，县下置里，里下置团。银盏团辖1寨，隶属附郭里。

民国初年，沿袭清制，置团不变，银盏团隶属附郭里。

民国4年（1915年）撤里、团；建区、保、甲、牌。银盏团改建银盏保，隶属第一区。

民国20年（1931年）四月，县将区以下撤保、甲、牌，建乡、闾、邻。银盏保撤销，建立银盏乡，隶属第一区。

民国25年（1936年）1月，县对区以下实行保甲制，撤乡、闾、邻，建联保、保、甲。银盏乡并入雍阳建雍阳保，隶属第一区。

民国31年（1942年）3月，推行新县制，撤销雍阳保，银盏建保。

民国38年（1949年）1月，县辖乡（镇）、保、甲，银盏街隶属雍阳镇。

**民国初年银盏境内置团情况**

银盏团：在城西北，领寨一：石宝寨。

果落水团：在城北，领寨三：滚水塘、祖山、竹冲河。

干塘团：在城北，领寨三：钟家寨、漆家寨、地坪。

小坡团：在城北，领寨三：杉木溪、中堡、龙坡屯。

飞练团：在城西北，领寨十九：柿花园、格老冲、金竹函、毛栗坡、大房、桅杆坝、尖山屯、太阳山、匾山、中坝、麻地坪、丫老坪、合口塘、老木冲、漫底、羊子坪、猪肠坝、老土木、干口坝。

**民国时期保辖自然村寨统计表**

表1—1

| | |
|---|---|
| 一保 | 宋家坝、小坡、中堡、大园、龙家煸、黄泥坡、杉木溪 |
| 二保 | 钱家院、银盏、岩脚桥、小堡、西北垭、柿花园、石宝寨 |
| 三保 | 杨子坪、桅杆坝、大房、谭家庄、楼底下、野毛坡、穿洞、麻地坪、太阳山 |

注：一保（太平）、二保（银盏）、三保（飞练）

## 第二节　新中国成立后行政区划

1950年1月，区以下暂时沿用旧乡（镇）、保、甲建置。银盏隶属雍阳镇。

是年8月，撤销乡（镇），合并部分行政村（街），太平村并入银盏街建立银盏村，隶属第一区。

1953年3月，全县合并行政村（街），建乡（镇）。银盏并入飞练，建立飞练乡，隶属第一区。

1953年5月，全县调整乡镇，银盏、玉竹村合并建立银盏乡，隶属第一区。

1956年9月，全县调整乡镇，银盏乡隶属雍阳区。

1959年2月，以原有乡（镇）为基础，将乡（镇）改建生产管理区，银盏乡改为银盏生产管理区，隶属雍阳区。

1961年8月，飞练管理区并入银盏，合并建银盏生产管理区，隶属雍阳区。

1962年5月，银盏生产管理区由县直辖。

1963年2月，黔南州人民委员会批准，全县将生产管理区调整为人民公社。银盏生产管理区改为银盏人民公社，隶属雍阳区。

1978年，银盏人民公社辖太平、大元、银盏、大林、大房、尖山、珠藏坝、穿洞8个生产大队。

1984年3月，全县将人民公社改为人民政府，银盏人民公社改为银盏乡人民政府，生产大队改为村民委员会，银盏乡下辖8个村112个村民组。

1991年，“撤区并乡建镇”后，银盏乡为独立乡，全乡辖8村。

2009年3月，全县撤并村，银盏乡由原来的8个村合并为太平（原太平村和大元村组建）、银盏（银盏村和大林村组建）、飞练（尖山村和珠藏坝村组建）、穿洞（大房村和穿洞村合并）4个村。

2012年3月，行政区划调整，建银盏镇，由银盏乡（原辖太平村宋家坝、小椿湾、马路边、青龙嘴、三叉坡村民组除外），木老坪乡的木老坪村、新寨村、印山村、天堂村的斗溪、花园坡、观山、余家湾村民组，猴场镇大寨坪村、新华村等组建。

是年，银盏镇行政区划调整，下辖太平社区、飞练社区、银盏村、穿洞村、印山村（原印山村、天堂村的斗溪、花园坡、观山、余家湾村民组）、木老坪村（原木老坪村、新寨村）、新华村、大寨坪村等2个社区6个村114个村民组。

2013年7月，全县第二次行政区划调整，将原玉华乡的岩根河村、原鱼河乡的新场村并入银盏镇。全镇辖2个社区（太平社区、飞练社区）、8个村（银盏村、大寨坪村、木老坪村、穿洞村、岩根河村、新场村、印山村、新华村），180个村民组、13182户、54279人。2015年，银盏镇总户数17103户，总人口56450人。

# 第二章　村级概况

## 第一节　村（居）概况

### 一、银盏村

图1-2-1　银盏村办公楼

银盏村位于镇境内西南部，东接穿洞村、太平社区，南与雍阳街道办事处相连，西接岩根河村，北连新场村、穿洞村，总面积17.2平方公里，村委会所在地上街组，距镇政府5公里。全村17个村民组，1356户，3968人。耕地面积2427.68亩，其中田1416.33亩、土1011.35亩，人均耕地0.64亩，可灌溉面积1385亩。从2011年7月至2015年12月，全村参加新型农村合作医疗2049人，新型农村社会养老保险3210人。

村境地形南高北低，地貌属于山区沟壑地，平均海拔1040米，最高处鸡上塘海拔1273.3米，最低处西北部杜仲河出水洞海拔815.9米，平均气温13.9℃，最冷月3.2℃，最热月23.5℃，无霜期266天，年降雨量1119.8毫米，属于亚热带湿润季风气候。森林覆盖率34.6%。

1950年8月，太平村并入银盏街，建立银盏村，隶属第一区。1953年3月，银盏村并入飞练村，建飞练乡。5月，银盏村与玉竹村合并建银盏乡。1959年2月，银盏村改为银盏大队。1967年，银盏大队改为大队革委会。1980年3月，银盏大队革委会改为大队管委会，隶属银盏人民公社。1984年3月，银盏大队管委会改为村民委员会，隶属银盏乡人民政府。2009年，银盏村和大林村组建银盏村。

境内交通便利，马遵、铜修公路从境内横穿而过，贵瓮、道瓮、江瓮、马瓮四条高速在钱家院互通，组组通公路。水资源丰富，西门河、杜仲河流经境内，大林大沟、岩脚桥大沟、银盏大沟、岩水洞沟、三吉龙等沟渠纵横交错。农民收入主要以种养殖业加务工收入为主，农业总产值1140万元。境内储藏着丰富的铁矿、铝矿、石灰石、高岭土等矿产资源，有砂石厂4个、石料建材加工厂5个，有浙江浦峰集团水泥厂、瓮福黄磷厂、瓮福小野田、省属北斗山黄磷厂等大型厂矿，大小驻村企业20多家。在村内有餐馆15家，百货小超市11家，村卫生服务室2处。瓮安县九龙园公墓、污水处理厂在村境内。新建工业园区涉及该村11个村民小组，随着园区的迅猛发展，银盏村已形成集农业、工业、饮食、石矿开采等服务行业于一体的多元化发展的典型城郊新村。

村委会驻所位于上街组，有办公场所510平方米，建有村级图书室1个，公办小学2所，校舍占地面积21864平方米，在校生600余人。

# 银盏镇银盏村行政区域示意图

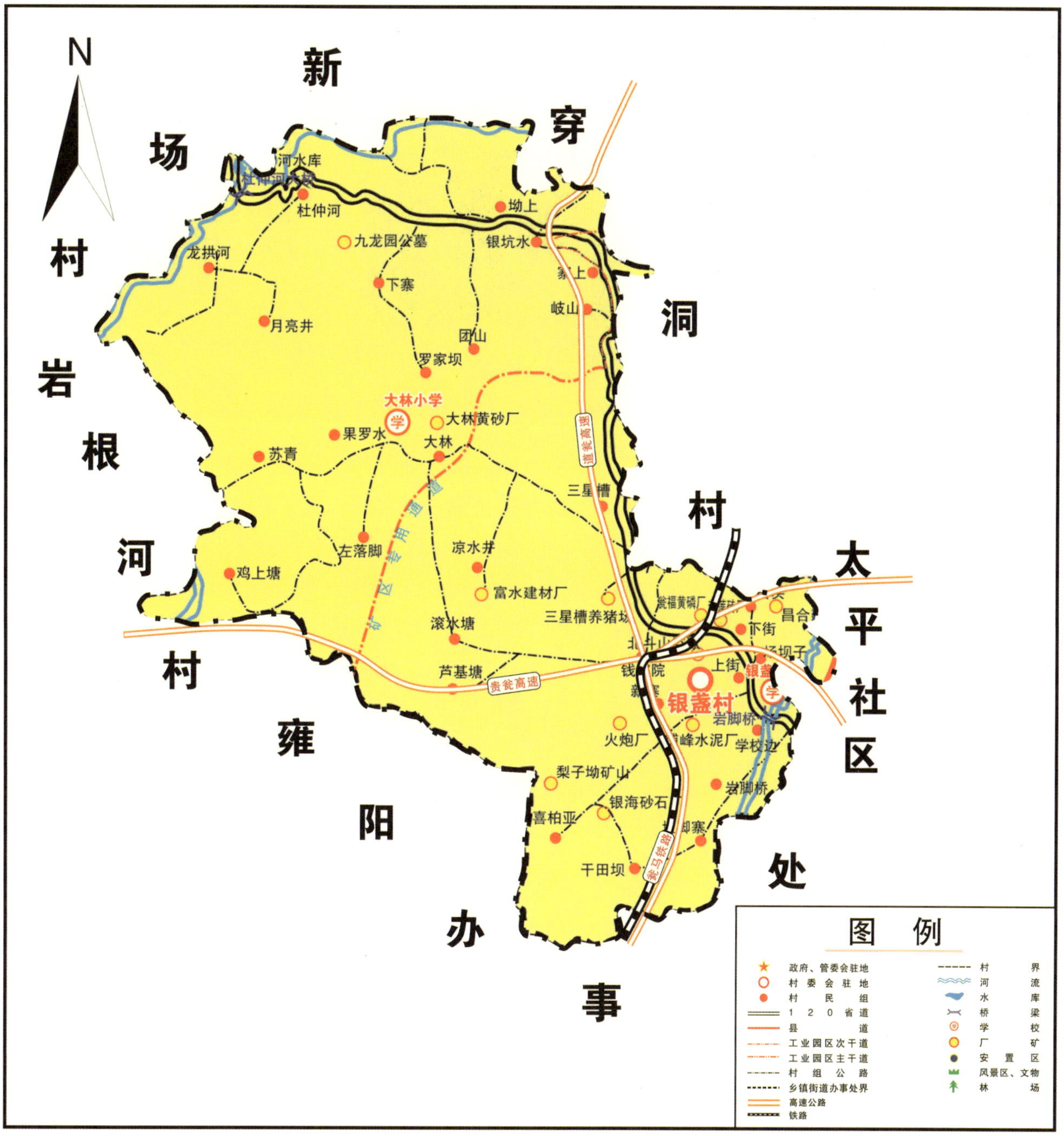


图1-2-2　银盏村行政区域

## 二、穿洞村

图1-2-3　穿洞村办公楼

穿洞村位于镇境中部，东临飞练社区、大寨坪村，南与银盏村、太平社区相连，西接新场村、银盏村，北连木老坪村，总面积18.61平方公里，村委会所在地桅杆坝组，距镇政府1公里。全村14个村民组889户，总人口4128人，居住着汉族、苗族、仡佬族、毛南族、布依族、藏族等民族。耕地面积4047亩，人均耕地0.98亩。农民收入以种养殖业为主，有专业户56户，全村人均收入6000余元。从2011年7月至2015年12月，全村参加新型农村合作医疗1611人，新型农村社会养老保险3229人。

村境地形南高北低，地貌以喀斯特为主，中、高山较多，平均海拔1040米，平均气温13.9℃，年降雨量约1119.8毫米，属亚热带湿润季风气候。

1950年11月，以穿洞村建立玉屏村政府，设村长。1951年8月，玉屏村由玉山划归飞练建村，隶属第1区。1961年7月，银盏人民公社建川洞大队。1967年，川洞大队改为穿洞河大队革委会。1980年3月，穿洞河革委会改为穿洞生产大队管委会。1984年3月，穿洞生产大队管委会改为穿洞村民委员会，生产小组改为村民组，隶属银盏乡。2009年撤并村，穿洞村和大房2个村合并为穿洞村。2012年3月，穿洞村隶属银盏镇。

村境内煤矿、水资源丰富，具有开发价值。旅游资源有穿洞河瀑布，被誉为“飞练泉”“飞练飘霞”，为全国十大天然水帘洞之一。境内有穿洞砂石场、瓮安县鼎盛建材有限公司、宏泰煤矿、中盟集团等企业。

村委会驻所位于桅杆坝组，有办公场所400平方米，建有村级图书室1个，原有公办小学1所，校舍占地面积1200平方米，在校生100余人，2013年撤销并入渡江小学。

# 银盏镇穿洞村行政区域示意图

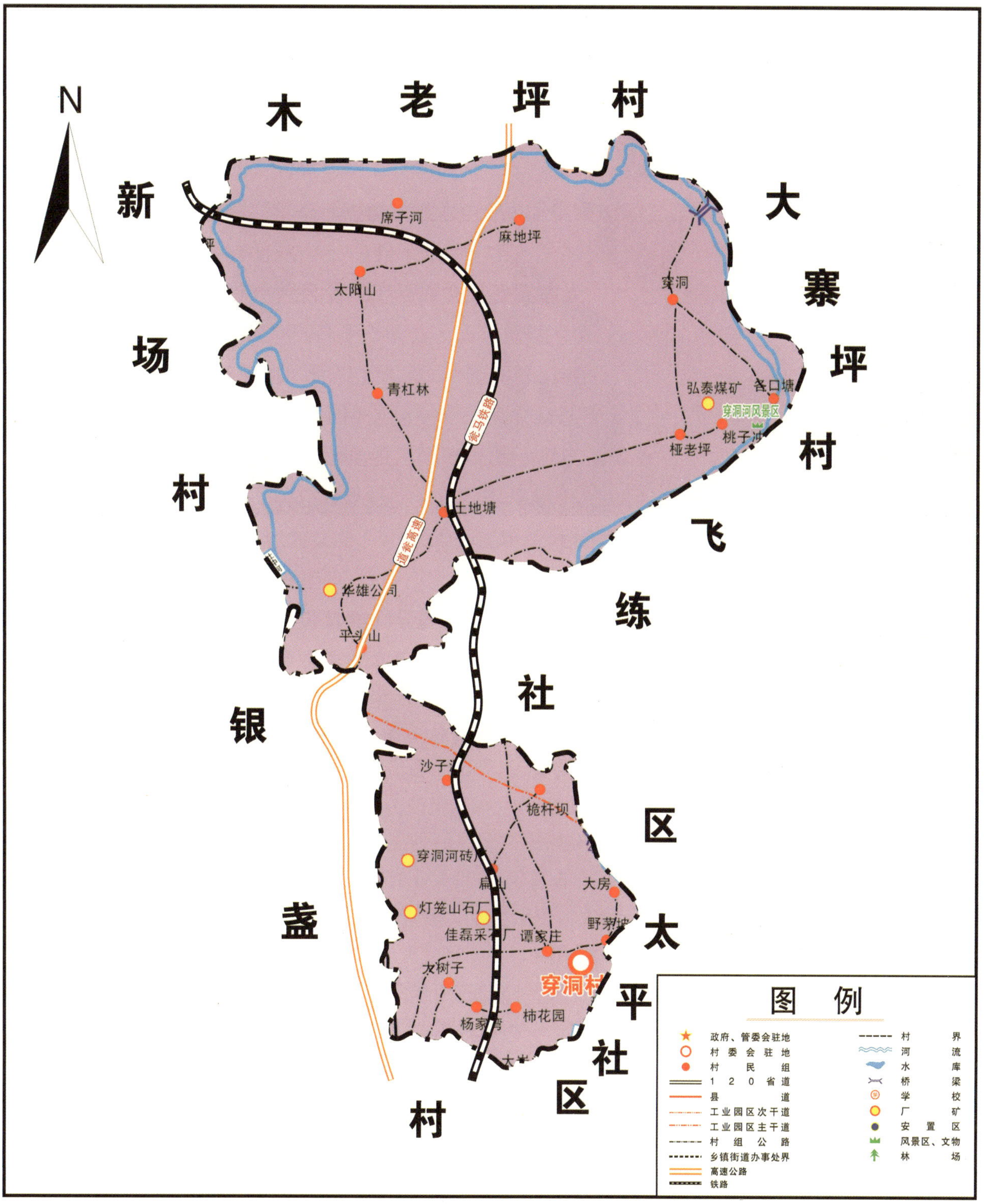


图1-2-4　穿洞村行政区域

## 三、新华村

图1-2-5　新华村办公楼

新华村位于镇境东部，瓮安县城至猴场镇305省道中段，东接猴场镇、永和镇，南与雍阳街道办事处、太平社区相连，西接飞练社区，北连大寨坪村，总面积20.5平方公里，距镇政府4公里。全村下辖21个村民组1256户，6013人。有耕地面积4608亩，人均占地0.76亩。从2011年7月至2015年12月，全村参加新型农村合作医疗2962人，新型农村社会养老保险3811人。

村境地形南高北低，集高山丘陵坝子于一体，平均海拔1140米，年平均气温18.4℃，年平均降雨量1130～1160毫米，无霜期266天，属亚热带季风湿润气候。

1950年8月，建立石家寨（今新华）村农协会，取代保甲制。1951年11月，红灯堡村并入石家寨（今新华）村，设村长。1952年4月，石家寨村改为新华村，隶属第2区。1961年8月，新华村改为新华大队。1967年，新华大队改为大队革委会。1980年3月，新华大队革委会改为生产大队管委会。1984年3月，新华大队管委会改为村民委员会，生产小组改为村民组。2009年，红灯堡村、石家寨村合并组建新华村。2012年3月，新华村从猴场镇行政区域划出并入银盏镇。

村境内有省级劳改企业新华磷肥厂、瓮安县润和木业有限公司、瓮安县鑫源驾校、瓮安县连祥磷肥有限公司等多家企业，极大的带动农村剩余劳动力就业。店铺有30余户。

县旅游景点老鹰洞，被誉为“水晶洞府”。

该村交通便捷，水资源丰富，土地肥沃。S305省道横穿境内，新华河从东向西流入各口塘，沿途地势平缓，田土辽阔，现已形成以蔬菜、中药材种植为主，畜牧养殖为辅的绿色产业带，通过一系列示范带动，着力引导群众参与产业结构调整，积极发展农业专业合作社。全村以种植水稻、玉米为主，以辣椒、中药材为经济作物。2013年全村种植水稻2100亩、玉米及杂粮1300亩；种植中药材太子参300亩、辣椒150亩、种茶树600亩；养鱼50亩。

村委会办公楼位于石家寨组，有办公场所650平方米，交通便利。全村共有图书室两个，分别位于红灯堡组和石家寨组。公办小学两所，校舍占地面积11600平方米，在校生700余人。

# 银盏镇新华村行政区域示意图

图1-2-6　新华村行政区域

## 四、大寨坪村

图1-2-7 大寨坪村办公楼

大寨坪村位于镇境东北部，东接猴场镇，南与飞练社区、新华村相连，西接穿洞村，北连印山村、木老坪村，总面积19.5平方公里，距镇政府1公里。全村13个村民组741户，总人口3433人。有耕地面积2804亩，其中田1309亩、土1495亩。从2011年7月至2015年12月，全村参加新型农村合作医疗1304人，新型社会养老保险2750人。

村境地形南高北低，集高山丘陵坝子于一体，平均海拔1140米，年平均气温18.4℃，年平均降雨量1130～1160毫米，无霜期266天，属亚热带季风湿润气候。

1950年8月，建立大寨坪村农协会，取代原保甲制。1951年下半年，建立大寨坪村，设村长。11月，大寨坪村并入两岔河村，隶属第2区。1961年8月，大寨坪大队划入新华公社。1967年，大寨坪生产大队改为大队革委会，设革委主任。1980年3月，生产大队革委会改为生产大队管委会。1984年3月，大寨坪管委会改为村民委员会，生产小组改为村民小组。2012年3月，大寨坪村从猴场镇行政区域划出并入银盏镇。

境内交通便捷，工业园区大道、港口大道横穿境内。全村现有大、小客、货运车辆88辆，摩托车168辆，村境内有青菜沟、上场坪、万灵、福兴4家煤矿企业，其中省级9万吨/年技改验收的2家。外出务工人员528人，2008年农民人均纯收入2380元，人均动物性食品消费量达到36公斤，木、砖木和钢木结构住房比重85%，电视机普及率达90%，劳动力平均受教育程度6年，现组组通公路率达90%，适龄儿童入学率、巩固率达99%。

该村风景优美，西有穿洞河瀑布，北有下司石林。物产丰富，地下煤矿质量较好，是吸引外资开发的好场所。投资68亿元深圳芭田集团项目落户在大寨坪村境内，一期项目已建成并投入生产。建设面积约60万平方米的花都产业园与广州花都区创新开展区域合作，至2015年已入驻5家企业。

村委会驻地位于芭田安置区，有办公场所400平方米。公办小学1所，校舍占地面积1600平方米，在校生100余人，2013年7月撤并到渡江小学。

# 银盏镇大寨坪村行政区域示意图

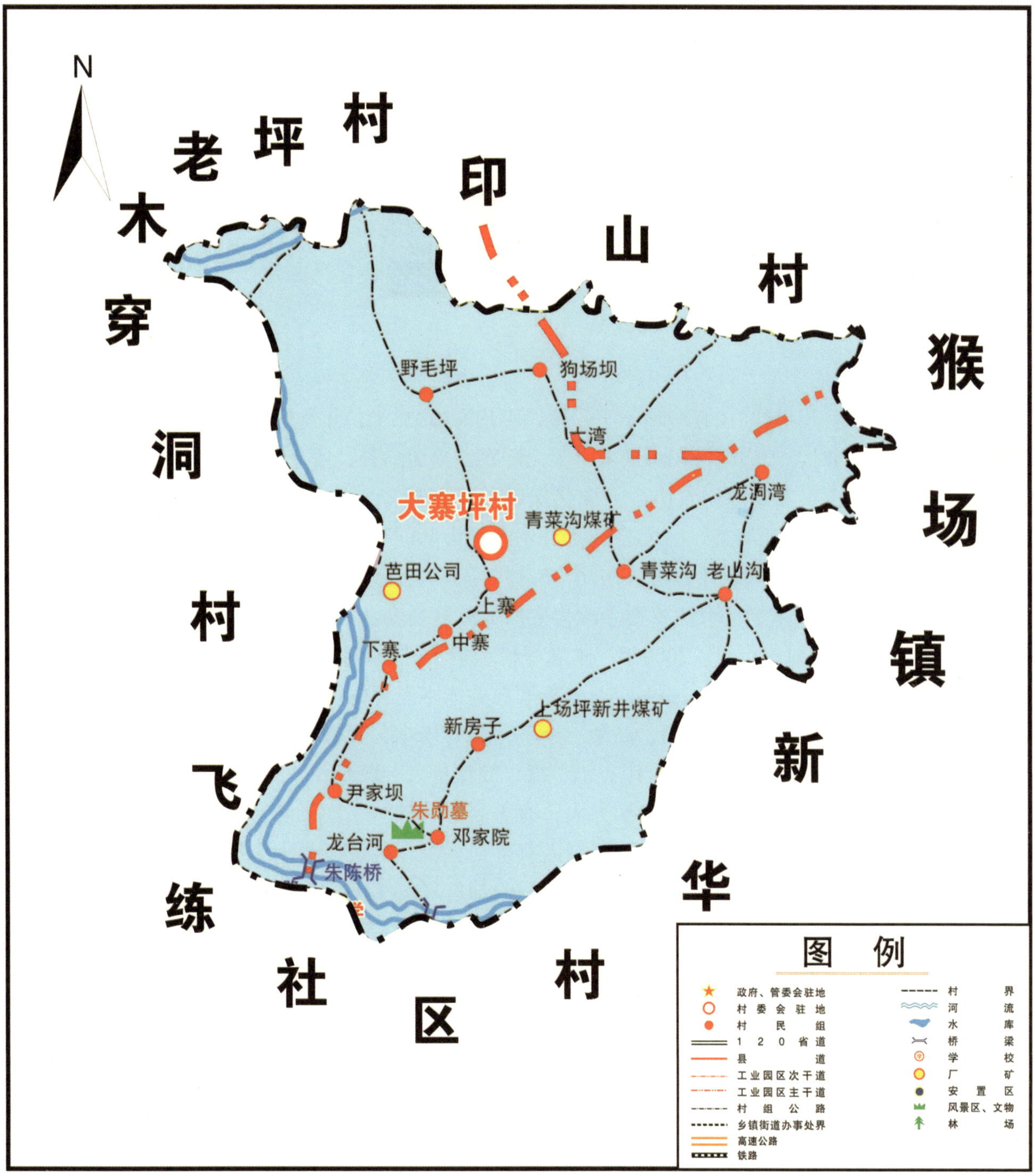


图1-2-8　大寨坪村行政区域

## 五、木老坪村

图1-2-9　木老坪村办公楼

木老坪村位于镇境北部，东接印山村，南与穿洞村、大寨坪村、新场村相连，西接天文镇，北连余庆县，总面积23.94平方公里，距镇政府17公里。全村10个村民组1893户，总人口6208人，居住着苗族、布依族、仡佬族等民族。农用地面积3284.95亩，林地面积10412.2亩，耕地面积5496.22亩，其中田3352.69亩、土2143.53亩。从2011年7月至2015年12月，全村参加新型农村合作医疗2902人，新型农村社会养老保险4512人。

村境地形北高南低，集高山丘陵坝子于一体，平均海拔955米，年均气温16.6℃，无霜期长达280天，日照时数1650小时，年降雨量1080毫米，冬无严寒，夏无酷暑，属亚热带季风性湿润气候。

1950年10月，建立木老坪村农协会，取代保甲制。1951年7月，将新寨、华严2个村合并，建立木老坪村，设村长，隶属第2区。1961年8月，木老坪大队同下司管理区的宋家寨大队合并建乡。1963年2月，宋家寨大队从木老坪划出。1976年5月将新寨村石板寨划归木老坪，木老坪大队改为大队革委会。1980年3月，木老坪大队革委会改为生产大队管委会。1984年4月，木老坪管委会改为村民委员会，生产队改为村民小组。2009年，木老坪村和华严村合并组建木老坪村。2012年3月，行政区划调整，木老坪村并入银盏镇。2013年5月，新寨村并入木老坪村。

主要农作物有水稻、玉米、烤烟、油菜。经济作物有烤烟、辣椒、茶叶、金银花等。矿产资源丰富，有煤、硫铁矿等普矿，稀有矿有钼、钒、镍，储藏量大，埋藏浅，易于开采。

全村地下溶洞群多，旅游资源开发潜力大，有著名的风神洞、望天洞、字库塔、丁粮章程碑、板布河温泉、板布河溶洞群等景点。风神洞洞内有十二梯田，传说能预示每年的雨水。还有一夫当关、万夫莫开的望天洞，洞口只能容一人进出，洞内却有1000多平方米，高大晶莹的钟乳石悬挂洞中，犹如舞池中的彩灯闪闪发光。字库塔位于木老坪村委会所在地西南方向100米处（木老坪村下井村民组），该塔已有200多年的历史，被列为县、镇两级历史建筑保护文物。席子河风光无限，两岸奇峰怪石，瀑布飞流，清泉潺潺，林间鸟语花香，让人流连忘返，是夏季漂流的好去处。除此之外，还有可供人垂钓、游玩的兰家河，河的两岸杨柳轻垂，野花飘香。

村委会驻地位于木老坪街上，有办公场所800平方米。公办小学2所，校舍占地面积5600平方米，在校生400余人；公办中学1所，校舍占地面积13698平方米，在校生200余人。

该村在稳定粮食生产的基础上大力发展特色农业，突出壮大“烤烟、辣椒、茶叶、畜牧”四大产业。2015年，烤烟种植 760亩，辣椒种植面积达200亩，完成茶叶种植 120亩。畜牧业得到迅猛发展，年出栏生猪达0.3万头，存栏0. 2万头，商品牛出栏50头。随着工业园区的发展，木老坪村将成为瓮安工业园区的后花园。

# 银盏镇木老坪村行政区域示意图

图1-2-10　木老坪村行政区域

## 六、印山村

印山村位于镇境北部，东面与猴场镇接壤，南与大寨坪村相邻，西抵木老坪村，北面与余庆县构皮滩镇相连，总面积15.7平方公里，距镇政府15公里。全村下辖9个村民组1358户，总人口5135人。有耕地面积3725亩，其中田1500亩、土2225亩。森林面积5100亩，森林覆盖率达到45.3%。从2011年7月至2015年12月，全村参加新型农村合作医疗2594人，新型农村社会养老保险3835人。

村境地形东高西低，地貌属丘陵地，土地肥沃，平均海拔955米，最高处斗溪组海拔1050米，最低处落水洞组海拔860米，年均气温16.6℃， 最冷月3.2℃，最热月24℃，无霜期长达280天，日照时数1650小时，年降雨量1080毫米，冬无严寒，夏无酷暑，属亚热带季风性湿润气候。

1950年8月，建立印山村农协会，取代保甲制。1951年11月，印山村并入两岔河村，隶属第2区。1959年1月，印山村隶属木老坪公社。1963年2月，印山大队划入两岔河公社。1991年4月，印山村隶属木老坪乡。2012年3月，印山村划入银盏镇。

该村水源丰富，交通便捷，草天线公路从村东至村西穿过，农民收入主要以外出务工和种植业为主。主要经济作物有烤烟、辣椒、中药材等，粮食作物主要以玉米和水稻为主。

村委会驻地位于倪家寨组，有办公场所800平方米。有公办小学1所，校舍占地面积5039.5平方米，在校学生223人。

图1-2-11　印山村办公楼

# 银盏镇印山村行政区域示意图

图1-2-12　印山村行政区域

## 七、岩根河村

图1-2-13　岩根河村办公楼

岩根河村位于镇境西南部，东临雍阳街道办事处、银盏村，南与福泉市道坪镇、县内平定营镇相连，西接建中镇，北连新场村，总面积40平方公里，距镇政府11公里。全村共有26个村民组，2586户，9180人。有耕地面积6058.79亩，其中田面积2509.02亩、土面积3449.77亩，人均耕地0.66亩，退耕还林1666.8亩。从2011年7月至2015年12月，全村参加新型农村合作医疗4803人，新型农村社会养老保险6738人。

村境地形南高北低，集高山丘陵于一体，平均海拔1102米，年平均气温13.9℃，年平均降雨量111～41163毫米，无霜期266天，属亚热带季风性湿润气候。

1950年8月，建立岩根河村农协会，取代保甲制。1951年11月，建立岩根河村，设村长。1959年1月，岩根河大队隶属玉华公社。1967年，岩根河大队改为大队革委会，设革委主任。1980年3月，岩根河大队革委会改为大队管委会。1984年3月，岩根河生产大队管理委员会改为村民委员会，隶属玉华乡。2009年6月，由牛宫村、白岩村、岩根河村3村组建岩根河村，后将原白溪村并入岩根河村。2013年6月，行政区划调整，将岩根河村并入银盏镇。

该村是重点打造的瓮安磷化工原材料基地，水、电、路、移动通讯全覆盖。境内交通便利，贵瓮高速、快速通道横穿而过。农民收入主要以务工收入、种养殖业为主。粮食作物有水稻、玉米、马铃薯等，主要经济产业有烤烟、蔬菜、油菜、辣椒、养殖业、运输等，辖区有磷矿运输车队两个，运输车辆近400余辆。2011年，中盟集团有限公司、盛源集团有限公司落户入驻岩根河村，累计有大小企业20余家。

村内矿产资源和可开发的旅游资源丰富。境内有丰富的磷、硅、锌、钼、钾矿、硫铁矿、重晶石、海绿石等矿产资源，尤以分布在牛宫、白岩、岩根河的磷矿最为丰富，藏量达29.85亿吨；分布在牛宫、白岩、岩根河的钼矿红5000万吨；分布在白岩境内的硅石品位高、藏量多且便于露天开采；分布在白溪的硫铁矿开采呈现强劲势头。村辖区内有距今5.8亿年的北斗山单细胞古生物化石群，有风光旖旎的岩根河小流域等自然风景和玉华山咸同农民起义遗址、李至善故居、石笋对石鹅等人文环境，旅游业潜力巨大。

村委会驻地位于玉华街上，有办公场所1300平方米。有公办中学1所、公办小学3所，校舍总占地面积19800余平方米，在校学生450余人。

# 银盏镇岩根河村行政区域示意图

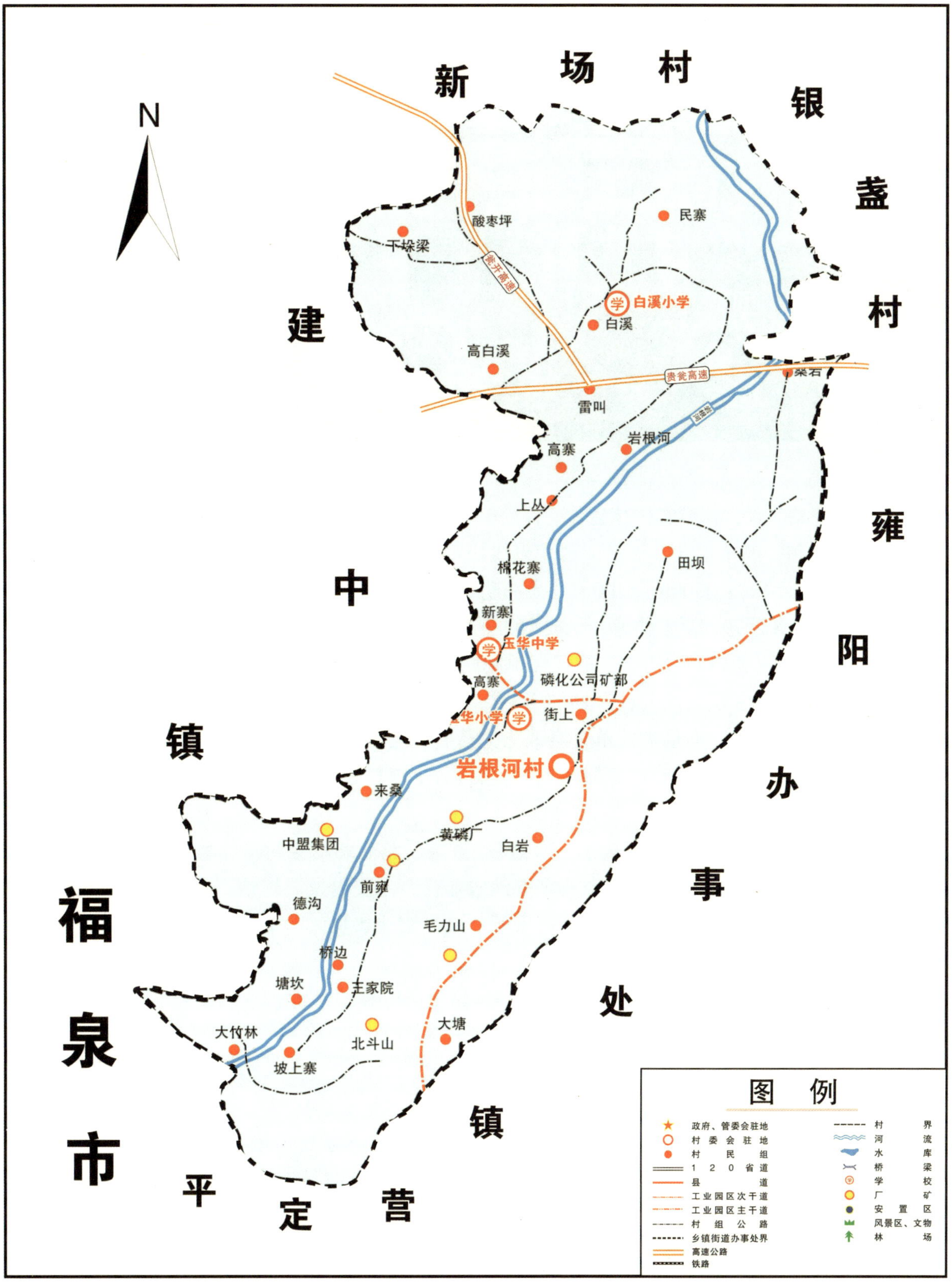


图1-2-14　岩根河村行政区域

## 八、新场村

图1-2-15　新场村办公楼

新场村位于镇境西部，东接穿洞村，南与银盏村、岩根河村相连，西接玉山镇、中坪镇，北连天文镇、境内的木老坪村，总面积16.65平方公里，距镇政府10公里。全村39个村民组，2119户，8173人。耕地面积6951.7亩，人均耕地0.85亩。退耕还林面积1666.8亩。有山塘5口。从2011年7月至2015年12月，全村参加新型农村合作医疗4276人，新型农村社会养老保险6589人。

该村地势平坦，属中山丘陵地带，地貌以浅切割低中山、浅丘陵地为主，平均海拔1186米，年平均气温14.5℃，年积温为5000～5200℃，无霜期260～300天左右，年降水量1100毫米左右，气候温和，雨量充沛，冬无严寒，夏无酷暑，是典型的亚热带湿润季风气候。

1950年8月，建立新场村农协会，取代保甲制。1951年11月，建立新场行政村，设村长。1959年1月，新场大队隶属鱼溪坝人民公社。1963年3月，新场大队隶属鱼河公社。1967年，新场大队改为大队革委会。1980年3月，新场大队革委会改为大队管委会。1984年3月，新场大队管委会改为村民委员会，隶属鱼河乡。2009年3月，高松村、黔川村、干塘村合并组建新场村。2013年6月，行政区划调整，将新场村并入银盏镇。

新场村交通便捷，通信发达，久铜、马遵2条省级公路南北贯穿村境，境内全部实现通信信息全覆盖。全村农业生产水平高，是一个典型的纯农业村，主要以发展烤烟、茶叶、蔬菜和畜牧业为主。村境内有煤矿、钒矿、铝矾土矿等矿产资源。文真铝业、贵州味道茶叶有限公司等企业相继入驻，玉龙原生态温泉城正在建设中。

2011年，新场村建有新场、黔川、天安、养马4个茶叶种植基地，茶园面积3000亩，茶叶苗圃200亩。

2013年，新场村有茶叶814.3亩，核桃663.7亩，油菜4478亩，无公害蔬菜种植450亩，种植辣椒4500亩，种植中药材706亩，种植精品水果80亩。

新场村以“三抓二增一推动”为发展思路，即着力抓以支部为重点的基层组织建设，抓以“3+1”为主的产业结构调整，抓村级集体经济的发展和壮大，增强支部凝聚力，增加农民收入，全面推进新场发展。

村委会驻地位于鱼河街上，有办公场所1200平方米。建有老年幸福院1所，公办中学1所、公办小学1所，校舍占地面积15800余平方米，在校学生450余人。

# 银盏镇新场村行政区域示意图

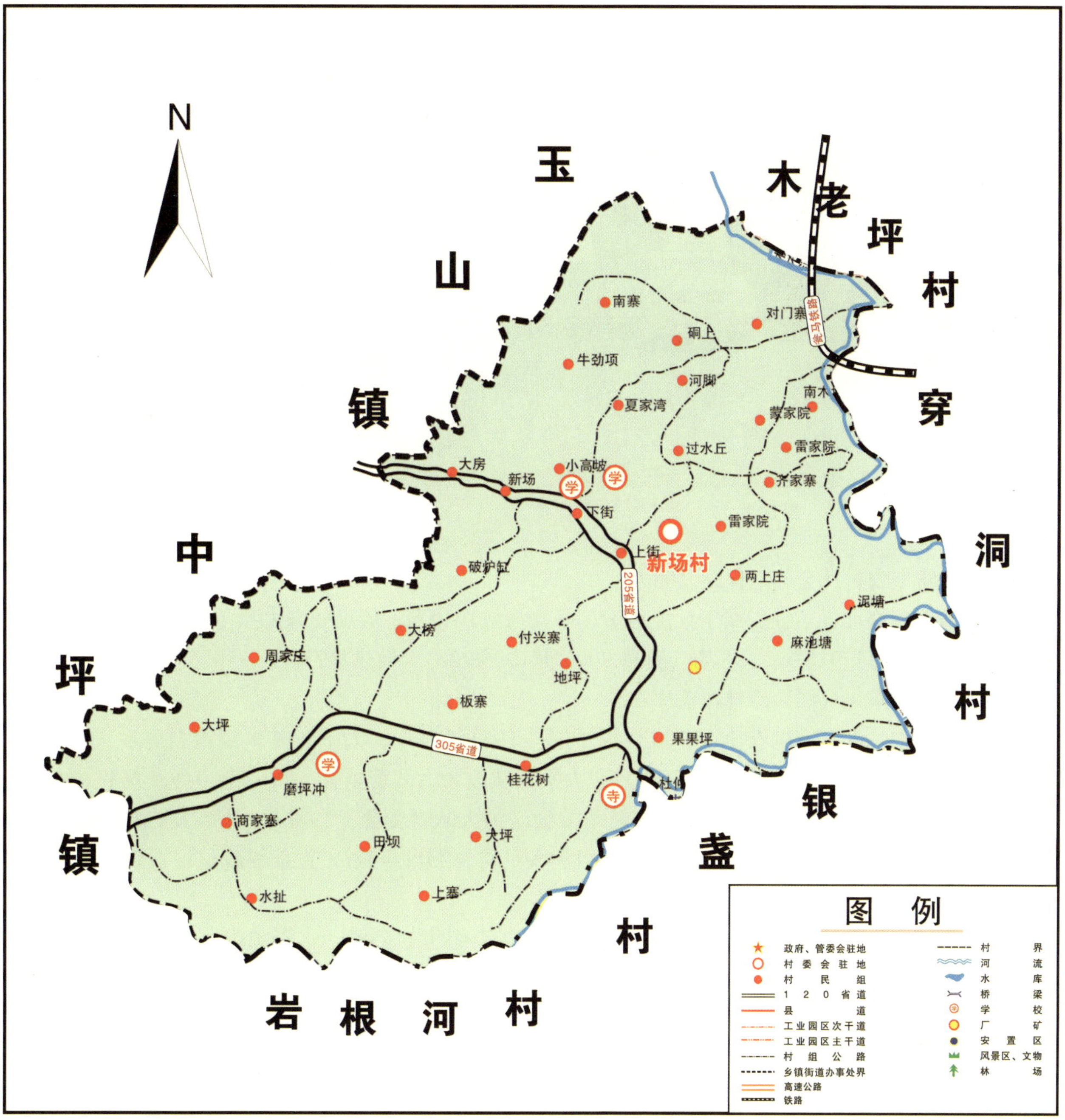


图1-2-16　新场村行政区域

## 九、太平社区

图1-2-17　太平社区办公楼

太平社区位于镇境南部，工业园区入口处，东抵新华村、雍阳街道办事处桐木村，南与雍阳街道办事处相连，西接银盏村，北连飞练社区，总面积10.6平方公里，距镇政府5公里。社区辖9个村民组831户，总人口3544人。耕地面积915.245亩，其中田780亩、土135.245亩。从2011年7月至2015年12月，全社区参加新型农村合作医疗1435人，新型农村社会养老保险2505人。

社区地形南高北低，地貌属于丘陵地带，平均海拔1040米，最高处东南燕子岩海拔1273.3米，最低处南北陈下院海拔915.9米，平均气温13.9℃，最冷月3.2℃，最热月23.5℃，年降雨量1119.8毫米，属于亚热带湿润季风气候，森林覆盖率26.5%。

1950年8月，建太平村农协会，取代保甲制。1951年11月，太平村并入银盏村建乡。1959年2月，太平村改为太平生产大队。1963年2月，太平大队改为大队管委会。1967年10月，太平大队管委会改为大队革委会。1980年2月，太平大队革委会改为大队管委会。1984年3月，太平大队管委会改为村民委员会。2009年，原太平村和大元村组建太平村。2012年3月，银盏乡改建银盏镇，太平村改为太平社区。

境内交通便利，马遵、铜修公路从境内横穿而过，组组通公路，水资源丰富，农民收入主要以种养殖业和务工收入为主。境内储藏着丰富的煤矿、石灰石等矿产资源，石料建材加工厂8个，拥有贵州省龙腾焦化有限公司、银堂煤矿等大、中、小型企业20余家，有休闲度假村——梅花堰，瓮安县殡仪馆建在村境内，坐拥城市综合体——麒龙摩尔城。社区内有餐馆29家，百货小超市15家，社区卫生服务室1处，建工业园区涉及太平社区5个村民组，随着园区的迅猛发展，太平社区已形成集农业、工业、饮食、煤矿开采等服务行业于一体的多元化发展的典型城郊新村。

社区驻地位于银盏食府街，办公场所90平方米。有公办小学1所，校舍占地面积800余平方米，在校学生80余人。

# 银盏镇太平社区行政区域示意图

图1-2-18 太平社区行政区域

## 十、飞练社区

图1-2-19　飞练社区办公楼

飞练社区位于镇境中部，地处瓮安经济开发区中心地段，东接新华村，南与太平社区相连，西接穿洞村，北连大寨坪村、穿洞村，总面积14.8平方公里，距镇政府1公里。全社区22个村民组1423户，总人口5129人，主要居住着汉族、苗族、布依族等民族。耕地面积5033.77亩，其中田2015.12亩、土3018.65亩。从2011年7月至2015年12月，全社区参加新型农村合作医疗1877人，新型农村社会养老保险4311人。

社区地形南高北低，集高山丘陵坝子于一体，平均海拔1040米，平均气温13.9℃，年降雨量约1119.8毫米，属亚热带湿润季风气候。

1950年8月，建飞练村农协会，取代原保甲制。1951年11月，玉屏（今穿洞）并入飞练村。1953年3月，飞练村并入银盏村。1959年1月，飞练村改为飞练乡。1961年8月，飞练管理区并入银盏管理区。2009年，尖山村和珠藏坝村合并建飞练村。2012年3月，银盏乡改为银盏镇，经过区划调整，飞练村改为飞练社区。

该社区区位优势明显，交通便利，商贸发达。园区工业大道横穿境内，“三纵三横”的路网骨架基本形成，马鞍山安置区、芭田安置区、尖山安置区、帽合山安置区、市民化工程、城北客车站等聚集了大量的人气，带来了商机。社区境内有大型企业金正大，创业孵化平台——返乡农民工创业园。瓮安县委党校、瓮安职校、渡江小学、县第二幼儿园、思源中学坐落境内。银盏镇政府及其下属机构、开发区管委会、黔南州公安局瓮安经济开发区分局、派出所、医院、物资公司等均设在飞练社区。

社区驻地位于谷基寨组，办公场所900平方米。有公办小学1所（2014年飞练小学、尖山小学合并于渡江小学），校舍占地面积45495平方米，在校学生456人；公办中学1所（县第六中学），校舍占地面积19000平方米，在校学生560人。

# 银盏镇飞练社区行政区域示意图

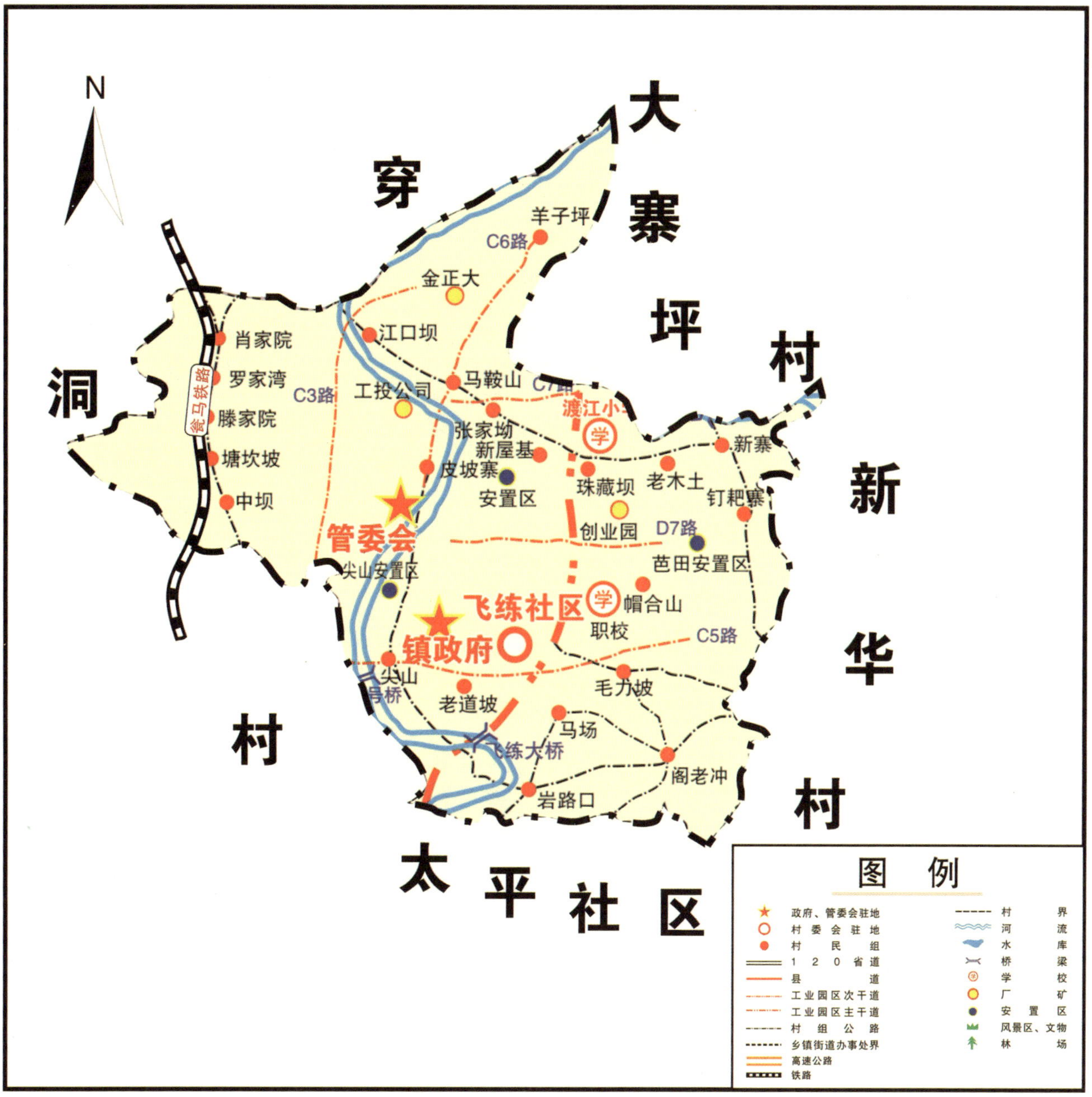


图1-2-20 飞练社区行政区域

## 第二节 自然村寨

至2009年镇域内23个村，辖291个自然村寨，其中：太平村11个、大园村8个、银盏村14个、大房村8个、大林村24个、尖山村11个、珠藏坝村10个、穿洞村9个、木老坪村2个、华严村9个、新寨窖村10个、印山村17个、岩根河村18个、白岩村20个、牛宫村19个、白溪村13个、高松村5个、新场村9个、干塘村19个、黔川村9个、新华村（石家寨村）13个、红灯堡村13个、大寨坪村20个。

**银盏镇自然村寨统计表**

表1—2

| 村名 | 自然村寨 |
|---|---|
| 太平村 | 银水寺、宋家坝（村委会驻地）、灯笼山、小坡、小冲湾、水绞、梅花堰、牛湾塘、青龙嘴、新院子、三岔坡11个村寨 |
| 大园村 | 陈下院（村委会驻地）、中堡、杉木溪、大坪、大园、黄泥坡、龙家片、新地坝8个村寨 |
| 银盏村 | 银盏（村委会驻地）、场坝子、岩脚桥、喜柏垭、岩背后、干田坝、长冲、干壕沟、大岩头、新寨、钱家院、芦基塘、烂泥沟、高水田14个村寨 |
| 大房村 | 柿花园（村委会驻地）、谭家庄、大房、扁山、桅杆坝、垭口塘、彭家湾、土城寨8个村寨 |
| 大林村 | 大林（村委会驻地）、滚水塘、左落脚、果落水、基上塘、苏青、月亮井、龙拱河、三星槽、岐山、银坑水、杜仲河、罗家坝、下寨、木瓜、泡木冲、凉水井、葛麻冲、周家坡、团山、坳上、杨湾、扁坡、丁家坡24个村寨 |
| 尖山村 | 尖山（村委会驻地）、岩路口、阁老冲、毛栗坡、马场、车边、中坝、皮坡寨、滕家院、毛家坟、金竹凼11个村寨 |
| 珠藏坝村 | 飞练坝．珠藏坝（村委会驻地）、新屋基、马鞍山、江口坝、羊子坪、帽合山、老木土、新寨、钉耙寨、宋家湾10个村寨 |
| 穿洞村 | 垭老坪（村委会驻地）、土地堂、青冈林、太阳山、桃子冲、毛粟庄、合口塘、麻地坪、大屋基9个村寨 |
| 木老坪村 | 木老坪、下寨 |
| 华严村 | 中寨（村委会驻地）、刺竹坪、桂家湾、龙塘、龙地沟、河坝、檬梓堡、构皮湾、青山9个村寨 |
| 新寨窖村 | 厚山（村委会驻地）、小寨、新寨、高庄、大竹园、罗家地、磨坪、蒜水坝、水源寨、石板寨10个村寨 |
| 印山村 | 倪家寨（村委会驻地）、鸭坡、周家冲、金钢藤、两岔河、旧场、新桥、方元、落水洞、岩脚、棒坪、长洞、龙井头、磨地坝、茶园、印盒山、锅顶寨17个村寨 |

续表1—2

| 村名 | 自然村寨 |
|---|---|
| 岩根河村 | 岩根河（村委会驻地）、大茅、雷醮、高寨坡、高寨、大寨、上重、田坝、高家林、转背岩、对门坡、桑岩、后冲、老虎洞、水泡林、水晶洞、大面坡、大冲18个村寨 |
| 白岩村 | 街上（村委会驻地）、白岩、花京、棉花寨、新寨、高小寨、牛栏坪、三岔塘、地开、江溪、毛粟山、大塘、老山田、大土边、来桑、吹角岩、瓦厂、陡沙坡、对门寨、孔龙冲20个村寨 |
| 牛宫村 | 赵家院（村委会驻地）、得沟、半坡田、大坡、马鞍山、蔡家院、王家院、塘坎、坡上寨、竹林沟、早米田、大竹林、躲旁、炉子边、斗山、山冲、黄土坎、环路、小河19个村寨 |
| 白溪村 | 白溪（村委会驻地）、高白溪、下躲粮、酸枣坪、民寨、羊二头、大田边、白岩槽、关牛圈、茶村、麻池坝、岩坪、大坪山13个村寨 |
| 高松村 | 河脚（村委会驻地）、洞上、对门寨、南寨、牛颈项5个村寨 |
| 新场村 | 鱼河（村委会驻地）、大房、新场、破卢缸、大膀、板寨、桂花树、地坪、小高坡9个村寨 |
| 干塘村 | 干塘．井水（村委会驻地）、钟家寨、宋家湾、蒙家寨、落水洞、楠木坪、夏家湾、大落凼、雷家院、过水丘、漆家寨、老鸹岩、泥塘、老山、岩底河、果果坪、风吹岭、煤炭坑、两上庄19个村寨 |
| 黔川村 | 磨坪冲（村委会驻地）、黔川、周家庄、雷家膀、傅兴寨、米果坪、水扯、大坪、田坝9个村寨 |
| 新华村（石家寨村） | 石家寨（村委会驻地）、小山坡、下长坪、上长坪、天塘、周家岩、相子溪、冷水湾、新仁寨、西金坳、花草溪、苏家塘、旧寨13个村寨 |
| 红灯堡村 | 红灯堡（村委会驻地）宋家堡、水头坝、张家堡、张家院、牛市冲、西坡、简家湾、地灰坝、唐家寨、塘湾、猫洞湾、马家湾13个村寨 |
| 大寨坪村 | 大寨坪．上寨（村委会驻地）、中寨、下寨、新房子、尹家坝、邓家院、龙台河、老山沟、青菜沟、大湾、龙洞湾、野茅坡、狗场坝、水车坝、凉水井、柴家寨、猴子寨、老水沟、长洞、小山寺20个村寨 |

## 银盏镇行政村（含合并村）1990年人口统计表

表1—3　　单位：户、人

| 村名 | 总户数 | 总人口 | 男 | 女 |
|---|---|---|---|---|
| 太平村 | 348 | 1557 | 772 | 785 |
| 大园村 | 256 | 1197 | 611 | 586 |

续表1—3

| 村名 | 总户数 | 总人口 | 男 | 女 |
|---|---|---|---|---|
| 银盏村 | 299 | 1341 | 689 | 652 |
| 大房村 | 316 | 1592 | 787 | 805 |
| 大林村 | 366 | 1619 | 838 | 781 |
| 尖山村 | 396 | 1825 | 922 | 903 |
| 珠藏坝村 | 416 | 1973 | 1010 | 963 |
| 穿洞村 | 270 | 1293 | 648 | 645 |
| 木老坪村 | 304 | 1153 | 590 | 563 |
| 华严村 | 387 | 1606 | 808 | 798 |
| 新寨村 | 452 | 1964 | 992 | 972 |
| 印山村 | 668 | 2812 | 1424 | 1388 |
| 岩根河村 | 380 | 1757 | 910 | 847 |
| 白岩村 | 571 | 2543 | 1292 | 1251 |
| 牛宫村 | 377 | 1813 | 947 | 866 |
| 白溪村 | 228 | 1031 | 528 | 503 |
| 新场村 | 521 | 2449 | 1257 | 1192 |
| 干塘村 | 408 | 1965 | 1022 | 943 |
| 高松村 | 142 | 689 | 349 | 340 |
| 黔川村 | 312 | 1413 | 745 | 668 |
| 新华村 | 411 | 1838 | 913 | 925 |
| 红灯堡村 | 462 | 2130 | 1083 | 1047 |
| 大寨坪村 | 523 | 2373 | 1194 | 1179 |
| 合计 | 8813 | 39933 | 20331 | 19602 |

## 第三节　村级组织演变

1950年年初，银盏仍保留保甲制。8月，废除保甲制，以村建立农协会，取代原保甲。1951年下半年，建立行政村，设村长。1952年4月，村政府改为村民委员会，村长改为村主任。1958年12月，村民委员会改为生产大队委员会，主任改为大队长，下设生产队，辖银盏、太平、大林3个生产大队。1961年12月，银盏生产管理区改为银盏人民公社，下辖银盏、太平、大林、尖山、珠藏坝、川洞6个大队。1976—1980年，生产大队改为大队革委会，设主任。1980年3月，生产大队革委会改为生产大队管委会，设主任。1984年3月，生产大队管委会改为村民委员会，设主任。生产小队改为村民小组，设组长。全乡下辖太平、大元、银盏、大林、穿洞、大房、尖山、珠藏坝8个村民委员会，112个村民组。2009年撤并村，由原来的8个村合并为太平（太平和大元两村合并）、银盏（银盏和大林两村合并）、穿洞（穿洞和大房两村合并）、飞练（尖山和珠藏坝两村合并）4个村。2012年3月，撤销银盏乡和木老坪乡，组建银盏镇，将木老坪乡的木老坪村、新寨村、印山村、天堂村的斗溪、花园坡、观山、余家湾4个村民组及猴场镇的大寨坪村、新华村划入新组建的银盏镇，下辖太平社区、飞练社区、银盏村、穿洞村、印山村、木老坪村、大寨坪村、新华村等2个社区6个村114个村民组。2013年6月，原鱼河乡的新场村、原玉华乡的岩根河村并入银盏镇。2015年，辖2个社区8个村180个村民组17103户56450人。

**1990年原银盏乡各村人口基本情况统计表**

表1—4

| 村名 | 户数（户） | 人数（人） | 男（人） | 女（人） | 少数民族（人） | 高中以上文化（人） |
|---|---|---|---|---|---|---|
| 银盏村 | 299 | 1341 | 689 | 652 | 16 | 41 |
| 太平村 | 348 | 1557 | 772 | 785 | 103 | 51 |
| 大林村 | 366 | 1619 | 838 | 781 | 18 | 11 |
| 尖山村 | 396 | 1825 | 922 | 903 | 96 | 29 |
| 珠藏坝村 | 416 | 1973 | 1010 | 963 | 128 | 29 |
| 穿洞村 | 270 | 1293 | 648 | 645 | 39 | 23 |
| 大房村 | 316 | 1592 | 787 | 805 | 60 | 29 |
| 大园村 | 256 | 1197 | 611 | 586 | 7 | 22 |
| 合计 | 2667 | 12397 | 6277 | 6120 | 467 | 235 |

## 2013年第二次行政区划调整后村级行政区划基本情况统计表

表1—5

| 村 名 | 并组前村民组（个） | 并组后村民组（个） | 人口数（人） | 耕地面积（亩） |
|---|---|---|---|---|
| 太平社区 | 37 | 9 | 3544 | 915.245 |
| 飞练社区 | 32 | 22 | 5129 | 5033.77 |
| 银盏村 | 31 | 17 | 3968 | 2427.68 |
| 穿洞村 | 21 | 14 | 4128 | 4047.65 |
| 大寨坪村 | 20 | 13 | 3433 | 2804 |
| 新华村 | 21 | 21 | 6013 | 4608 |
| 新场村 | 39 | 39 | 8173 | 6951.7 |
| 岩根河村 | 50 | 26 | 9180 | 5958.79 |
| 印山村 | 9 | 9 | 5135 | 3725 |
| 木老坪村 | 25 | 10 | 6208 | 5496.22 |
| 合计 | 285 | 180 | 54911 | 41968.055 |

# 第二篇　自然地理

WENGANXIANYINZHAN ZHENZHI
瓮安县银盏镇志（620-2015）

# 第一章 地质 地貌

## 第一节 地质

银盏属贵州瓮安北斗山震旦系陡山沱组，瓮安生物群沉积微相特征，由下到上经历了3次潮下坪—中潮坪—潮上坪的水动力能量强弱交替，海水向上变浅的古地理环境。在地质年代的所谓震旦系前期，这里是一片内浅海，适宜于大量浮游微生物生长繁殖，后来海水抬升，地质演变，堆积的大量微生物被埋藏，形成今天境内有距今5.8亿年的北斗山单细胞古生物化石群，并蕴藏由微生物演变而成的大量磷矿。

境内玉华、白岩有震旦系岩石象征，即白岩背斜有断续分布，为灰绿夹紫红色冰碛砾石，下部常带夹1～2层数米厚的板岩或含砾变余砂、岩。厚度1米以下，这是下统时期状况，在上统时期的特征，上为紫红、灰绿色状页岩与灰黄色泥云岩互层；下为角砾状磷质硅质岩，多在白岩背斜，为磷块岩及含磷白云岩，厚度一般在10～52米；下部为灰白色厚层夹块状细致微粒白云岩，局部具砾状构造，富产球状藻类化石，在玉华白岩一带，厚度一般在100米左右。

地质构造同属瓮安地质构造，即属于贵州东部南北向构造带与东西向构造的黔中隆起横跨、反接、重叠地区。银盏镇南北走向地质构造居多，呈复背斜趋势和复向斜态，背斜向斜交错，有斜窄陡峭势，属隔槽型的褶皱，如牛宫、玉华、岩根河、新华一带。

银盏大致为南北走向型构造，瓮安河穿境而过。岩根河自白斗山麓经牛宫、玉华、桑岩，两岸群山蜿蜒流淌，地势呈横跨、反接、重叠、隐伏和断层扭曲状。

中国科学院南京古生物研究所在贵州瓮安银盏镇岩根河村的北斗山兰堡矿区发现一枚6亿多年前的原始海绵动物化石，被专家称为“贵州始杯海绵”。蕴含在这块原始海绵动物化石中的“时间密码”和“生命密码”，殷博士和他的同事们破解道：“地球板块并非一成不变，现在我们看到的山峦和陆地，在很久以前可能是一片汪洋，瓮安银盏等地就是一个例证”。瓮安银盏北斗山“生物群”因其种类丰富和保存完整，在全世界都是独一无二的。

## 第二节 地貌

**特征** 境内地处贵州高原第二梯级地带，黔中北部溶丘洼地高原区——瓮安县北部地段，东与猴场镇、永和镇接壤，南至福泉市道坪镇，县内与平定营镇、雍阳街道、永和镇毗邻，西与天文镇、玉山镇、中坪镇、建中镇相连，北抵余庆县构皮滩镇。瓮安河穿境而过，地域面积197.5平方公里，耕地面积37748.33亩，有2个社区、8个村。地貌以山地、丘陵、盆地3种主要地形为其基本特征。

## 一、山地

境内山地切割深浅与地表物质情况，主要为浅切割低中山为主。主要分布在玉华、新华、鱼河、木老坪等地，面积约40平方公里，占全境面积的20%左右，海拔在800～1400米左右，其中马路山海拔1462米，北斗山1440米。切割深度相对为200～500米，坡度一般在15～25度左右。地表构成主要有碳酸盐岩、夹层岩、水沉岩、页岩、砂页岩等。镇境整体呈南高北低状，山体大部呈南北走势。白斗山、玉华白岩一带山体抬升较高，浅海微生物形成的磷矿含量极其丰富。全境山体形状多样，地形复杂，山体造型一般多呈带状和线状分布，岩石成份不同，山势有明显差异。或因河流浸蚀切割，地势起伏落差较大，裸岩风化，使山体破碎，常于交界处现悬崖陡壁。两山峡谷水流湍急，在坡度平缓处，常有土石风化残积冲淀物，土质厚薄不等。山麓及溶蚀低洼处土壤较厚，土质肥沃，适宜农耕，在页岩和黏土岩分布较广的地带，母岩为不透水层，土壤质地黏性重，保水性能高，适宜水稻耕作，故有“山路弯弯，梯田层层”之说。

## 二、丘陵

镇境丘陵地貌分布广，海拔一般800～1200米，属于浅中丘陵地势，主要分布于镇东西两侧的新华、木老坪、鱼河等处，南北走势，面积约16平方公里，占全境总面积的8.1%左右。这类地区相对高度在100米左右，坡度缓和，地表土层较厚，丘体之间地势起伏不大，水流平缓，水源丰富，日照时间长，稻田多，土质肥沃，旱地亦宜杂粮种植。丘峁顶、腰多植被覆盖，常有松树连片、荆棘丛生、荒草盖地。

## 三、盆地

自平定营镇到银盏镇约20公里长轴椭圆形瓮安盆地，银盏镇地处下半盆，银盏几乎占了半个盆底。银盏镇盆地属中浅丘陵盆地，面积约7平方公里，占全境面积的3.5%左右。

除了银盏村、飞练社区、太平社区为境内最大的盆地外，还有玉华河、岩根河、两岔河等河流在水流平缓处冲积沉淀形成较小谷洼盆地。境内大小盆地及地势低洼喇叭形地带，经河水长期浸蚀，砂、泥腐质堆积，土地厚实，水源丰富，肥力增强，适宜农耕，这些地方大多稻田成片，阡陌相连。

玉华河流域由于两岸山体多含磷矿，流域沿岸土质肥沃，春天油菜满坝，秋天稻谷遍地。

**银盏镇境内主要山峰名录表**

表2—1

| 山峰名称 | 所在地 | 海拔高度（米） |
| --- | --- | --- |
| 大树椏 | 岩根河村 | 1344.2 |
| 燕子岩 | 银盏村 | 1273.3 |
| 石　笋 | 岩根河村 | 1315 |
| 马路山 | 岩根河村 | 1462 |

续表2—1

| 山峰名称 | 所在地 | 海拔高度（米） |
|---|---|---|
| 北斗山 | 岩根河村 | 1440 |
| 马鞍山 | 岩根河村 | 1312 |
| 白 岩 | 岩根河村 | 1394 |
| 雷打坡 | 岩根河村 | 1356 |
| 和尚关 | 岩根河村 | 1381 |
| 尖山坡 | 飞练社区 | 1411.7 |
| 营盘顶 | 太平社区 | 1330 |
| 玉华山 | 岩根河村 | 1166 |
| 鸡爬坎 | 木老坪村 | 1119.4 |
| 营盘坡 | 木老坪村 | 1359 |
| 青山 | 木老坪村 | 1215.3 |

# 第二章　气象　灾害

## 第一节　气候

境内气候就总体而言，同属县境亚热带湿润季风气候，但又独具某些特点，春天稍早，阴雨多，夏季炎热、日照较长、热量充足。夏无酷暑，冬无严寒，秋凉多绵雨。境内河流纵横，对气候有调节作用，年平均气温13.9℃，全年日照时数1108.3小时，无霜期266～300天左右。据瓮安县气象站调查统计，境内累年平均气温为13.6℃，最高年平均气温14.5℃（1963年），最低年平均气温12.8℃（1984年）；最热月（7月），平均气温23.1℃，极端最高气温34.3℃（1971年7月27日），最冷月（1月）平均气温2.9℃，极端最低气温-9.2℃（1970年1月6日）。由于受河流的影响，在境内各地气候有所差异，相对而言，玉华在冬季则比新华、银盏周围气候温度偏低。

境内常年平均地表温度为15.9℃，年平均地表最高温度为27.8℃，年平均最低地表温度9.6℃。年降雨量约1119.8毫米，比县境累年平均降雨量1148.2毫米少28.4毫米，累年平均降雨量与年降雨量变化幅度不大，属年降雨量比较稳定的地区。

降雨量受季节的影响较大，春夏两季降雨充沛，秋冬较少。尤其是夏季，各月平均降雨量最大，最高日降雨量可达150毫米左右。

风向一般以偏南风居多，次为偏北风。风速不大，西风甚少。无论何种风向，一般均不超过七级，累年平均风速在2.1米/秒。7月份最大风速为26米/秒。据《瓮安县志》记载，境内在1973年3月27

日出现历史上最大的风速28米/秒，风向为偏南风。

境内累年平均无霜期在266天，初霜日一般出现于11月20日左右，终霜日平均出现于每年的3月3日左右。除海拔较低地带及低洼河谷处少有积雪外，其它各处在冬寒时节皆有积雪凝冻，积雪深度与地势分布紧密关联，一般积雪为6～7厘米，极端年份有深达20厘米左右。

## 第二节　自然灾害

**旱情**　在银盏镇这块土地上，根据有关史料记载和民间传说，曾发生过几次旱灾。

据《瓮安县志》记载，民国期间就有18年遭受较大的自然灾害，其中最严重的是民国13年（1924年）、民国14年（1925年）特大旱灾。头年夏，80天不下雨，粮食大减产，次年“入夏复抗旱，米货日涨，斗米售至五元有奇，穷民掘食草根树皮搜括罄尽，饿殍满目”。

1933年3—4月，久晴不雨，许多小水源干涸断流，特别是靠两山的望天水田，基本改种旱地作物，就是水源较丰富的坝子，也有不少田干涸开大裂缝，农作物大幅度减产或绝收，境内耄耋老人每每谈及，还记忆犹新，说烈日天天高挂，持续月余，连打阴天气亦极少，出现因饥荒外逃者。

1972年和1981年两年旱情严重，同样先为春旱后遭夏旱，粮食产量锐减，有的甚至绝收，山塘水库干枯，山涧溪水断流。

1966—2015年49年间，共发生大小旱灾116余次，其中春旱39次、夏旱28次、秋旱21次、冬旱28次。轻旱几乎年年有，而发生较大旱情的1958年春旱，全乡15000余亩水稻脱水，500亩秧苗干枯，对农业生产影响较大。从旱情所发生的时间看，春、冬旱较多，旱灾具有明显的连续性，即在一年内发生两次或两次以上干旱现象。如1966年、1972年、1981年、1992年、2003年为中旱和轻旱交替出现，而重旱则周期性较为明显，均在10年左右出现一次。1949年以来，1958年、1962年、1972年、1992年、2001年分别出现重旱，其余大多数年份以轻旱、中旱为主。

**冰雹**　农民俗称“雪弹子”。出现的时间一般在每年的3—5月，累年平均出现1.5次左右。

1979年4月27日下午，瓮安县城周围和银盏地区发生一次冰雹灾害，冰雹一粒最重达20克，冰雹在地面堆积足有33厘米之厚。油菜、小麦、洋芋等作物被打烂，有的民房被打坏，没有进牛圈的耕牛被打死，山间鸟兽不少也被雪弹子砸死。

**暴雨**　暴雨一般出现于每年的4—10月。从20世纪50年代到2014年的60余年里，发生暴雨达60多次，累年平均出现1次左右，多发生在6—7月。

1960年5月18日，降水量达130.8毫米。

1967年6月17日，降水量达146毫米。

1998年7月21—23日，普降暴雨，这次暴雨导致境内部分道路被冲毁，农田被淹，部分村民居民的房屋受到不同程度的损失。

2013年5月26—27日，银盏镇遭到罕见的大暴雨，沿河两岸农田被淹，山路冲断，某些公路被泥石流冲断，中央电视台朝闻天下新闻频道播放水灾实况。

2014年7月1日凌晨，银盏镇普降暴雨，据瓮安气象自动监测站显示，雨量为130毫米左右，引起省气象部门和省州县各级领导的重视，中央新闻频道曾播放水灾实况。2015年6月10日10点至15点，银盏镇普降暴雨，短时间内雨量达82毫米。

**凝冻** 2008年1月10日至2月15日，一场百年不遇的雨雪冰冻灾害突然降临黔中大地，全县无一乡镇幸免，凝冻使银盏乡的交通中断、供水中断、电力中断，整个银盏成了瓮安县孤岛中的孤岛。

**倒春寒** 境内亦不时出现倒春寒气候，即返春。每年的9—11月，常出现阴雨连绵天气。

# 第三章 自然资源

## 第一节 土地资源

**土地类型分布** 经两次行政区划调整后，2014年，镇内国土总面积为197.5平方公里，按农村土地利用现状一级分类标准，分为耕地、园地、林地、草地、城镇村及工矿用地、运输地、水域及水利设施用地和其他用地共8类。

### 一、耕地和园地

耕地分为可利用耕地和实际耕种地。可利用耕地为121585亩，实际耕种地37748.33亩，占可利用耕地的31%；园地4577.65亩，占可利用耕地的3.76%。

### 二、林地、草地

林地，在权属上分国有林地和农村集体所有林地两类。镇内国有林地678亩，集体林地126439.5亩。

草地面积12578.75亩。

### 三、城镇村及工矿用地、交通用地

镇村及工矿用地，国家所有的为881亩，集体所有的为10078.78亩。交通运输地，国家所有的为1096亩，集体所有的为2002亩。

### 四、水域及水利设施用地和其他地

水域及水利设施用地，国家所有的为2946.4亩，集体所有的为963.4亩。其他土地集体所有的为2406.2亩（含难利用地、砾、石滩等）。

按照农村土地利用现状二级分类标准，有水田28695亩，旱地45647.7亩，果园地2370亩，主要分布在岩根河村、新华村、穿洞村、飞练社区、银盏村和太平社区等地；茶园地3270亩，主要分布在岩根河村、新场村、银盏村和印山村；林地127232亩，其中有林地为68700亩、灌木林地25740亩、其他林地32792亩；草地12590亩；城镇、村及工矿用地11100亩，其中建制镇占地171.9亩、村庄地7230亩、采矿用地3510亩、风景名胜及特殊用地57.75亩、农村道路用地1365亩；水域3515.95亩，其中河流水面2980亩、水库水面114.45亩、坑塘水面315亩、沟渠106.5亩。

## 农村土地利用现状一级分类面积按权属性质汇总表

表2—2　　　　　　　　　　　　　　　　　　　　　　单位：平方米

| 行政区域 | | 合计 | 国家所有（G） | 集体所有（j） | 其中 | | | | | |
|---|---|---|---|---|---|---|---|---|---|---|
| | | | | | 耕地（01） | | | 园地（02） | | |
| 名称 | 代码 | | | | 小计 | 国家所有（G） | 集体所有（j） | 小计 | 国家所有（G） | 集体所有（j） |
| 银盏镇 | 522725109 | 190852928.36 | 3734629.55 | 187118298.81 | 81097653.31 | — | 81097653.31 | 3051466.53 | — | 3051466.53 |
| 飞练社区 | 522725109001 | 9531615.02 | 175213.01 | 9365402.01 | 5279647.71 | — | 5279647.71 | 161587.69 | — | 161587.69 |
| 太平社区 | 522725109002 | 7764684.08 | 70954.04 | 7693730.04 | 3599186.92 | — | 3599186.92 | 96253.49 | — | 96253.49 |
| 银盏村 | 522725109200 | 18387851.97 | 221946.81 | 18165905.16 | 7875321.99 | — | 7875321.99 | 1323.66 | — | 1323.66 |
| 穿洞村 | 522725109201 | 17732117.42 | 271058.25 | 17461059.17 | 5632353.12 | — | 5632353.12 | 86512.57 | — | 86512.57 |
| 大寨坪村 | 522725109202 | 10413695.27 | 260337.65 | 10153357.62 | 5067931.41 | — | 5067931.41 | — | — | — |
| 新华村 | 522725109203 | 15863857.81 | 660898.87 | 15202958.94 | 8465203.72 | — | 8465203.72 | 11373.90 | — | 11373.90 |
| 印山村 | 522725109204 | 8518128.75 | 37618.17 | 8480510.58 | 5673718.84 | — | 5673718.84 | 16762.17 | — | 16762.17 |
| 木老坪村 | 522725109205 | 23964457.70 | 280857.28 | 23683600.42 | 10239521.64 | — | 10239521.64 | 19069.83 | — | 19069.83 |
| 新场村 | 522725109206 | 39094964.18 | 520880.50 | 38574083.68 | 15293769.41 | — | 15293769.41 | 1434142.59 | — | 1434142.59 |
| 岩根河村 | 522725109207 | 39581556.16 | 1234864.97 | 38346691.19 | 13970998.55 | — | 13970998.55 | 1224440.63 | — | 1224440.63 |

## 农村土地利用现状一级分类面积按权属性质汇总表

续表2—2

单位：平方米

| 其中 | | | | | | | | |
|---|---|---|---|---|---|---|---|---|
| 林地（03） | | | 草地（04） | | | 城镇村及工矿用地（20） | | |
| 小计 | 国家所有（G） | 集体所有（j） | 小计 | 国家所有（G） | 集体所有（j） | 小计 | 国家所有（G） | 集体所有（j） |
| 84736740.69 | 752195.77 | 84284544.92 | 8384996.29 | — | 8384996.29 | 7306260.07 | 587744.67 | 6718515.40 |
| 2328581.66 | — | 2328581.66 | 483768.29 | — | 483768.29 | 564098.58 | — | 564098.58 |
| 2482356.54 | — | 2482356.54 | 424108.51 | — | 424108.51 | 729618.11 | — | 729618.11 |
| 8594327.30 | — | 8594327.30 | 550692.58 | — | 550692.58 | 702356.73 | — | 702356.73 |
| 10503955.31 | — | 10503955.31 | 374106.47 | — | 374106.47 | 386485.82 | — | 386485.82 |
| 4498877.98 | — | 4498877.98 | 121888.11 | — | 121888.11 | 274504.04 | — | 274504.04 |
| 5607999.71 | 367068.48 | 5240931.23 | 512845.68 | — | 512845.68 | 817301.52 | 114617.68 | 702683.84 |
| 2013322.16 | — | 2013322.16 | 279295.41 | — | 279295.41 | 363698.00 | — | 363698.00 |
| 12087894.10 | 74364.18 | 12013529.92 | 577343.86 | — | 577343.86 | 568680.15 | — | 568680.15 |
| 17566893.59 | — | 17566893.59 | 2403959.54 | — | 2403959.54 | 1352140.56 | — | 1352140.56 |
| 19052532.34 | 10763.11 | 19041769.23 | 2646987.81 | — | 2646987.81 | 1547376.56 | 473126.99 | 1074249.57 |

## 农村土地利用现状一级分类面积按权属性质汇总表

续表2—2

单位：平方米

| 其中 | | | | | | | | |
|---|---|---|---|---|---|---|---|---|
| 交通运输用地（10） | | | 水域及水利设施用地（11） | | | 其他土地（12） | | |
| 小计 | 国家所有（G） | 集体所有（j） | 小计 | 国家所有（G） | 集体所有（j） | 小计 | 国家所有（G） | 集体所有（j） |
| 2065552.21 | 730622.66 | 1334929.55 | 2606275.20 | 1964066.45 | 642208.75 | 1603984.06 | — | 1603984.06 |
| 159776.10 | 25952.25 | 133823.85 | 166417.46 | 149260.76 | 17156.70 | 387737.53 | — | 387737.53 |
| 124733.94 | 31685.25 | 93048.69 | 226277.82 | 39268.79 | 187009.03 | 82148.75 | — | 82148.75 |
| 190030.64 | 65322.00 | 124708.64 | 168012.36 | 156624.81 | 11387.55 | 305786.71 | — | 305786.71 |
| 158478.80 | 10670.25 | 147808.55 | 275449.67 | 260388.00 | 15061.67 | 314775.66 | — | 314775.66 |
| 240349.22 | 161038.16 | 79311.06 | 100545.71 | 99299.49 | 1246.22 | 109598.80 | — | 109598.80 |
| 191732.53 | 99861.00 | 91871.53 | 126037.70 | 79351.71 | 46685.99 | 131363.05 | — | 131363.05 |
| 109376.21 | 17201.25 | 92174.96 | 25027.47 | 20416.92 | 4610.55 | 36928.49 | — | 36928.49 |
| 203973.96 | 40601.25 | 193372.71 | 195857.63 | 165891.85 | 29965.78 | 62116.53 | — | 62116.53 |
| 311589.18 | 130824.00 | 180765.18 | 650568.02 | 390056.50 | 260511.52 | 81901.29 | — | 81901.29 |
| 375511.63 | 147467.25 | 228044.38 | 672081.36 | 603507.62 | 68573.74 | 91627.25 | — | 91627.25 |

**土壤类型** 地处贵州高原黔中高原腹地丘陵黄土地带，国土面积197.5平方公里，可耕种面积为121585亩，占土地总面积的41%。土质以黄土为主，间有石灰土、紫色土、潮土和水稻土等5种土类。

黄土类，主要分布于飞练社区、太平社区、银盏村、印山村、新华村、木老坪村等村寨。

紫色土、石灰土，主要分布于岩根河村部分区域。

潮土、水稻土，大部分布于丘陵低洼处及河谷、盆地一带。玉华岩根河一带土壤含磷量较高。

土壤多数分布在丘陵、盆地、河谷处，海拔平均在1000米左右，最低海拔杜仲河一带为800米左右。全镇宜于耕种多种农作物，以种植水稻、玉米为主，也适宜种植油菜、小麦、洋芋及各种蔬菜。

## 第二节 矿产资源

境内矿产资源极其丰富，尤以磷矿著称，现已探明磷矿储量为29.85亿吨，有“亚洲磷都”之美誉，主要分布于岩根河村的北斗山、大塘、牛宫、玉华、白岩一带，其特点是储量大，品位高，易开采。还富藏铝土、煤、硅石、钼、铜、硫、铁等矿石，现已探明铝矿储量为5000万吨，主要分布于牛宫、白岩、岩根河一带；分布在白岩、玉华境内的硅石品位高，储量大，且适宜露天开采；印山、银盏、新华的煤储量亦大，硫铁矿也颇丰富。稀有矿镍、钒储量不少，埋藏浅、易于开采，分布于印山村一带。砂、石更是随处可见，储量丰富。

## 第三节 水资源

### 一、地表水

境内河流均属乌江水系，地表水有西门河、岩根河、新华河、草塘河、羊岔河、大堰河、板布河、两岔河等主要河流，在镇境内纵横交错，水利资源颇为丰富。

**西门河** 发源于瓮安县平定营镇，在瓮安县雍阳街道办事处体育馆处注入境内，流经镇属飞练社区、太平社区、银盏村、穿洞村，与新华河交汇于各口塘。两河交汇后流经穿洞注入席子河，西门河在镇境内流长约25公里，流域两岸宽3～5公里，为南北流向，沿河两岸公路宽阔，高楼林立，工厂、企业星罗棋布，村落聚集，沃野连片，公路上车流滚滚，流域面积约70平方公里。

**岩根河** 发源于福泉市道坪镇岩头村，流经北斗山、牛宫、玉华、白岩、桑岩，与杜仲河交汇于两河口，镇境内流长约15公里，岩根河不少地段山势陡峭，水流湍急，或遇暴雨，浊浪滔滔。沿岸河谷低洼平缓处，土质含磷较高，土壤肥沃。

**杜仲河** 发源于中坪镇高枧黄丝槽养马、龙过河、五道河，在龙过河处与岩根河相汇，水量较大，与瓮安西门河水量相当。沿河两岸群峰挺立，蜿蜒起伏，水流湍急。镇境内流长约14.5公里，在鱼河新场楠木坪处的两河口流入板布河。

**新华河** 发源于永和镇白水河水库，为东西向河流，在镇境内流长约15公里，流域面积约30平方公里，流域内地势平缓，田土辽阔，便于灌溉，在穿洞村的各口塘与西门河交汇。

**草塘河** 发源于草塘镇的小河山盖头山，境内流长约7公里，与大堰河交汇于两岔河。

**大堰河** 发源于草塘镇松坪小岔，经余庆瓮脚红旗村注入境内，为南北流向，在两岔河与草塘河汇合，境内流长约2公里。

**羊岔河** 发源于天文镇九洞水，境内流长约4.5公里，在两河口处注入席子河。

**板布河** 系指席子河下游至江界河镇接壤处，流经地山峦起伏，水量较大，河水湍急，境内流长约3公里。

**席子河** 系指穿洞河下游至板布河一带水域，长8公里左右。在1997年9月筑坝蓄水发电，年发电量约500万千瓦时，曾一度缓解瓮安县城供电紧缺难题。

镇内有大小二型水库4座，即梅花堰水库、杜仲河水库、天邦水库、各口塘水库。

**杜仲河水库** 始建于2012年4月8日，经省、州、县水利专家勘查设计，由瓮安水利局与银盏镇水管所共同实施的一项民生饮水灌溉工程，库容量为1380万立方米，最大坝高69.70米，主河道长34.03公里，宽4米，混凝土石砌双曲拱坝，积水面积225平方公里，灌溉面积1.78万亩，是集防洪、饮水、灌溉于一身的益民工程，可向瓮安县城年供水1539万立方米，已于2015年年底全部竣工，总投资2.63亿元。杜仲河水库综合利用工程是省政府确定的“滋黔”二期工程之一，是县内第一个中型水利工程。

**天邦水库** 1956年开工修建，1958年6月竣工，库容量为104万立方米，灌溉面积3000余亩，现可供3000余人畜饮水，是集防洪、饮水、灌溉于一身的综合性水利工程。

**梅花堰水库** 始建于1958年10月，1960年1月竣工，库容量为143.5万立方米，灌溉面积为3400亩，现可供1.5万人畜饮水。

**2015年银盏河流特征记录表**

表2—3

| 水系 | 河流名称 | 流域面积（平方公里） | 平均流量（立方米/秒） | 自然落差（米） | 水能藏量（万公里） | 河长（公里） | 备注 |
|---|---|---|---|---|---|---|---|
| 乌江水系 | 瓮安河 | 776 | 14 | 695 | 5.38 | 62.2 | 乌江支流 |
| 乌江水系 | 鱼溪坝河 | 20 | 0.32 | 346 | 0.057 | 13.2 | 瓮安河支流 |
| 乌江水系 | 岩根河 | 195.4 | 4.12 | 263 | 0.857 | 30.2 | 瓮安河支流 |
| 乌江水系 | 青坑河 | 24.5 | 0.39 | 359 | 0.07 | 15.5 | 杜仲河支流 |
| 乌江水系 | 高枧河 | 42.5 | 0.66 | 311 | 0.101 | 10.2 | 杜仲河支流 |
| 乌江水系 | 白溪河 | 22.5 | 0.36 | 241 | 0.043 | 7.6 | 杜仲河支流 |
| 乌江水系 | 九洞水河 | 18.6 | 0.46 | 210 | 0.047 | 7.4 | 瓮安河支流 |
| 乌江水系 | 草塘河 | 119.2 | 2.16 | 117 | 0.124 | 19.5 | 瓮安河支流 |

## 二、地下水

境内地下水亦极其丰富，每个村寨几乎都有一口水井，有的寨子有三、四口水井，还有不少的山涧清泉。由于地势地质结构复杂多样，地下水大小不一，主要存在于地面以下岩石空隙中，当岩石空隙饱和之后便自浸流出地面，岩石空隙地势低矮，形成地下水库，岩石空隙积水饱和流向低处，形成所谓阴河，在遇大旱年头可以抽取灌溉。比较大的地下水源有：新华村兴仁寨龙塘水井，水量可供4000～5000人畜饮水；新华村西坡塘湾水井，可供3000～5000人畜饮水；新场村水扯水井，水质较好，可供4000～5000人畜饮水；印山村的力生坡水井，地下水质好，水量丰富，可供4000～5000人畜饮水；穿洞村有穿洞水井、丫口坪水井、太阳山水井，其中穿洞水井出水量较大；飞练社区羊子坪半山泉水较大，可以冲转民间碾房，流入新华河，注入各口塘，与瓮安西门河相汇；银盏村大林凉水井，水从地下喷涌，俗称冒股井；大林滚水塘，泉出该处，涌泉翻滚，如大小珍珠滚动，其景颇具观赏价值，令人流连忘返，除可供4000～5000人畜饮用外，还可灌溉良田；太平社区水绞组水井，地下水位较低，水质较好，冬暖夏凉，可供2000～3000人畜饮用；岩根河村的转背岩，经人工开发，水系温泉，可供沐浴；岩根河村的明寨水井，水量较大，但水位低，冬暖夏凉。

总之，地下水源丰富，而且水质优良，在偏僻边远地方，地下水也无处不在，且山高水亦高，有些奇观，令人不解，如木老坪村水源寨的鱼塘堰，石洞口涌水，时有大小鱼从洞内涌出，若见人影晃动，即刻返回洞内，如出其不意将洞口封住，常可捕获活鱼数百斤，涌出的地下水可冲转民间碾房，泉水冬暖夏凉。

**2015年银盏镇水资源特征统计表**

表2—4

| 乡 | 流域面积（平方公里） | 多年平均值 | | | |
|---|---|---|---|---|---|
| | | 降雨量（毫米） | 径流深（毫米） | 降雨总量（万立方米） | 除蒸发损耗径流量（万立方米） |
| 银盏 | 53.16 | 1080 | 505 | 5750 | 2690 |
| 玉华 | 40.68 | 1065 | 502 | 4470 | 2110 |
| 新华 | 35.13 | 1100 | 508 | 3300 | 1520 |
| 鱼河 | 44.92 | 1050 | 502 | 4350 | 2050 |
| 木老坪 | 25.45 | 1080 | 505 | 2920 | 1360 |
| 两岔河 | 15.5 | 1053 | 490 | 2110 | 950 |

# 第四节　植物资源

## 一、森林

境内属北亚热带季风湿润气候，森林植被种类繁多。乔木树种有30余科80多种，灌木树种约120余种，阔叶树种有35科60余种。阔叶树有樟木、枫香、板栗、青杠、杜仲、椿树、桑树、漆树、银杏、梨、皂荚、马桑、梧桐、桂花、核桃、油茶、冬青树、桃、李、樱桃、花红、石榴、柿子、毛栗等数十种。经济林木有漆树，在全镇范围内均有分布，主要分布于岩根河村、木老坪村、穿洞村一带，一棵碗口粗的漆树，一年可割两次漆，可产生漆500克左右，价值50～60元。20世纪60、70年代，玉华、白岩、牛宫、桑岩、穿洞等地有专门割漆为生的工人。境内有药用价值极高的杜仲、茶叶及珍贵林木银杏、雪松、桂花、红豆杉等。

20世纪50年代末期，“大跃进”伐木炼钢，许多成片古树木毁于一旦。60年代初期，农村一度出现毁林开荒，大种粮食，以解燃眉之急。十年“文化大革命”时期，农村自留山、自留地及房前屋后的树木亦被视作资本主义的尾巴而“割掉”。80年代初，农村山林划分到户，部分地方再一次乱砍滥伐、毁林开荒，使森林资源遭到极大的破坏。

随着土地联产承包责任制的落实，农村实行林业“三定”（确定山林所有权、划定农民自留山、制定集体山林管理责任制）和谁造谁有，50年不变，有继承权、转让权等一系列相关林业资源保护性政策的出台与实施，森林资源从而得到了保护。

根据调查统计，境内林地总面积为12704.15亩，其中国有林地678亩、集体林地126364亩。

1980年以后，银盏实行分山到户，荒山变绿，土地实行租赁、承包、转租、出让等多种形式，国家实行林业三定50年不变的政策，农民吃了定心丸，人均植树100余株以上，人均享有成材林木料50余棵，许多荒山变茶山、金果山、竹林山、经济林山。1982年，银盏公社林业“三定”工作结束，向农户颁发“三证”。

1990年，实行退耕还林有关补偿政策，使森林的覆盖率从20世纪70年代的25.3%提高到2014年的45.79%。至2015年年底，全镇有茶园5000多亩，核桃6000多亩，金银花3000多亩，猕猴桃3000多亩。

银盏镇的森林资源主要有用材木、经济林木、灌木和松树、竹林。

1991年，银盏乡造林2500亩，其中工程造林1340亩、人工造林1160亩；原玉华乡造林3500亩，其中工程造林1900亩；原鱼河乡造林6000亩，其中工程造林3250亩、人工造林2750亩；原木老坪乡造林1500亩，其中工程造林800亩、人工造林700亩。

图2-3-1　银盏森林覆盖一角

## 二、古树名木

图2-3-2　西坡木荚红豆

古树大多分布在岩根河村，有珍贵的红豆杉、银杏，树龄均在数百年以上。除1958年大炼钢铁运动，部分古树被毁外，县、镇政府已实行挂牌保护。

银盏地形多样，雨量充沛，适宜多种树木生长，千山万壑树木葱茏，其中生长着许多古树名木。

**国家一级古树**　新场村桂花树村民组有银杏树1株，树龄约800年，树高15.65米，胸围5.2米；岩根河村吹角岩村民组有樟树1株，树龄500年，树高20米，胸围6.75米。

**国家二级古树**　岩根河村大田边村民组有青冈栎1株，树龄约300年，树高19米，胸围3.3米。

**国家三级古树**　印山村新桥村民组有罗汉松1株，树龄约80年，树高5米，胸围0.75米，枝下高3.5米；飞练社区江口坝村民组有椤木石楠1株，树龄约250年，树高16.5米，胸围3.8米，枝下高1.6米；木老坪村新田坝村民组有皂荚树1株，树龄约150年，树高18米，胸围2.1米，枝下高2米；西坡林场有木荚红豆1株，树龄100年，树高19米，胸围1.56米，枝下高4.5米；岩根河村桥边村民组有槐树1株，树龄约280年，树高12.8米，胸围3.4米；木老坪村新寨村民组有细叶青冈1株，树龄约240年，树高25.5米，胸围2.7米，枝下高5米；西坡林场有红豆杉1株，树龄约150年，树高13米，胸围1.35米。

图2-3-3　岩根河古树

岩根河有1株古树，长于庙宇旁，树龄在100年以上，每年农历的6月19日，许多村民都要给树挂红（给树挂红布），烧香纸，许心愿，求吉祥。

树龄在七八十年的不计其数，有长势缓慢的枇杷、柏香、刺柏香、华杉松、硬壳老等品种。

## 三、植物

植物种类繁多，形态各异。稻田里或水沟边有藻类植物，潮湿阴暗的岩石流水边长着苔藓植物，农民们称之为“青苔”。玉华、岩根河、木老坪、新华、穿洞等山上的蕨类植物，人们俗称“蕨菜”。那高大的乔木、松树、杉树等之类的裸子植物，还有那形形色色的被子植物，更引人注目的为双子叶植物和单子叶植物，它们几乎占了植物王国里的大部分领域，而且又有不少是农、林、牧中的重要植物。这些植物种类包含如乔木、灌木、藤条类、青草、蕨类、藻类、苔藓等生物群体，是庞大的复杂的生态系统，占据着生物圈内面积的绝大部分，按植被、粮食作物、经济作物分类简述。

**（一）植被**

经估算和测算，在境内被植物覆盖的土地占70%左右。即使在35.04平方公里的银盏工业园区内，不少地带绿树成荫，草坪四处，就是公路两旁也是树丛相连，花池紧挨，银盏千山万壑，不是森林成片，就是青草覆盖，灌林丛生，农家屋前房后，也是林阴树影，走进村舍邻寨，除道路及农户房屋院坝，到处都被植物覆盖，尤其是国家实行退耕还林政策以来（1990年实施退耕还林），进山小路大多已被植物封堵，难以通行，在岩根河村、木老坪村、印山村及穿洞村靠山一带尤其明显。

蕨类植物在地质史上的石炭纪前，是一种高大的乔木本植物，一般高达30～50米，树干粗大，据地质专家考证，现在煤层大部为此类植物因地壳运动深埋演变而成，现代蕨类是石炭纪前期幸存蕨类的变种，属低矮植物。在境内山坡上普遍分布，人们俗称"蕨菜"或"蕨苔"，又称"龙爪菜"，这种植物生命力极强，以块茎繁殖，每年春暖花开时节，人们上山采掐嫩苔，或自食或上市出售，在餐桌上是一道味美的山珍佳肴，在园区内有一家颇负盛名的"瓮安县丑妹绿色风味食品有限公司"，专门生产加工风味龙爪蕨，产能达500万瓶/年，产品远销省内外。

**（二）粮食作物**

粮食作物主要有水稻、玉米、马铃薯、红薯、高粱、小麦、豆类等。20世纪70年代前后，粮食作物均为传统品种，高秆，易倒伏，产量低。1980年以后，逐步引进水稻矮稻、玉米杂交品种，同时采用先进耕作方式，产量得以逐步提高，解决了人们的温饱问题。据调查，2015年银盏镇水稻杂交品种的产量已达亩产700公斤以上，玉米已达亩产400公斤以上。引进脱毒洋芋、油菜等优良品种，产量也都翻番。

**（三）经济作物**

经济作物主要有油菜、烤烟、蔬菜、辣椒、水果、中药材、茶叶等。

油菜在镇境大部分地方均适宜栽培，特别是在境内河流两岸流域及地势平缓处，栽种广泛。自引进新的油菜品种之后，产量大幅提高，农户们乐于栽种，而且不耽误大季，榨出的菜油油质环保，市场价可卖到每斤10元左右，越来越受到人们的青睐。烤烟经济价值颇高，在木老坪村、新华村、穿洞村、印山村等地栽种量较大。据统计，每年有200～300户种烟户，种植面积5000余亩。不少农户自家栽培核桃、猕猴桃、葡萄、金秋梨、桃等水果，在发展中还涌现一批种植大户。龙发金银花种植专业合作社，隆鑫中药材种植专业合作社（新华村），这些专业合作社年产值均在100万元以上。

## 第五节　动物资源

镇境动物种类繁多，科属组成较复杂，形形色色，数量庞大，形态各异，有的已被家养驯化。一般常见野生动物有鱼类、两栖类、爬行动物、飞禽类、哺乳类、家禽类、昆虫类等。

### 一、鱼类

按《瓮安县志》记载，县境内鱼类动物共有57种，分属4目9科。其中鲤形目46种，占鱼类动物种数的80.7%，在银盏镇纵横交错的河流里，也不乏这些鱼类。银盏水系均为乌江水系，下游河道较宽，有蓄水面达225平方公里的杜仲河水库，渔业资源日益丰富，20世纪50、60年代的河流尚未被污染，河中鱼虾可谓四处可见，伸手可捉，现在是深藏不露，难觅踪影。随着环保加强，鱼类又出现，一般有鲤鱼、草鱼、鳝鱼、鲫鱼等，还有虾、蟹等水产动物。

## 二、两栖类

据《瓮安县志》记载，县境两栖类动物共为8种，分属2目5科。其中大鲵、虎纹蛙属于国家三类保护动物，两栖类动物捕寻鞘翅目、直翅目、膜翅目的成虫、幼虫、卵和蜗牛、蛞蝓软体动物为食，对农作物起保护作用，大鲵、刺腹蛙、刺胸蛙为珍稀美味，蟾蜍的蟾酥为中药材，经调查这些两栖动物在银盏镇均存在。

## 三、爬行动物

据《瓮安县志》记载，爬行动物在县境为19种，分属3目7科。龟、鳖、蛇肉可食用，龟板鳖甲、蛇胆、蛇毒、蛇砂、蛇蜕皮可入药，一般蛇捕食鼠类，可抑鼠患。据调查，县境的19种爬行动物，在银盏镇境内均有分布。

## 四、飞禽类

据《瓮安县志》资料显示，县境鸟类动物共70种，分属13目26科。其中冬候鸟3种，夏候鸟6种，繁殖鸟67种。白鹇、红腹锦鸡是国家二类保护鸟；雀鹰、金雕、鹭属国家三类保护动物，环颈雉、长尾雉、红腹锦鸡、鹌鹑、竹鸡、麻斑鸠、珠颈斑鸠、灰斑鸠、大雁、凫、黄鸭、大眼照、麻雀等。环颈雉、长尾雉、红腹锦鸡、黄鹂、白鹇、翠鸟、红嘴蓝鸽羽毛缤纷。燕子、杜鹃、啄木鸟、棕背白芳、黄鹂、大山雀、白脊鸰、老鹳、麻雀等，大量捕食鞘翅目、鳞翅目、膜翅目、直翅目等农作物和树木上的昆虫。县境所计鸟类，经调查，在银盏镇境内亦皆有之。

## 五、 哺乳类

哺乳类动物，是动物世界进化最高级的动物，一般均为胎生，有性繁殖。据《瓮安县志》记载，县境哺乳类动物共48种，分属7目11科。斑羚（俗称岩羊），苏门羚（俗称野牛），为国家一类保护动物。羚（又叫獐子），短毛猴、水獭、穿山甲属二类保护动物；豹猫、大灵猫（俗称九节狸）、小灵猫属三类保护动物。蝙蝠大量捕食蝇、蚊蛾等昆虫。穿山甲以蚁类为主食，尤喜嗜噬白蚁。狐、豹猫、黄鼬、貉、大灵猫等专捕老鼠，水獭毛皮珍贵，果子狸、小鹿、斑羚、刺猪、刺扁、草兔、山兔、竹鼠等为山珍美味。大小灵猫、果子狸、水獭貉、黄鼬等毛皮珍贵，制褥上品，青鹿、小鹿、苏门羚、野猪等，其肉鲜美，其皮厚韧可制革，穿山甲、羚麝的麝香均可入药，其中麝香为名贵中药材。根据调查，除豹、香菇狼、松狼、小灵猫、猕猴、短尾猴、马耳驹、水獭、田猫等哺乳动物外，县境哺乳动物在银盏镇境内大部均有分布。

# 第三篇　资源管理与开发

WENGANXIANYINZHAN ZHENZHI
瓮安县银盏镇志（620-2015）

# 第一章　土地资源管理

## 第一节　土地管理

中国土地管理制度可以追溯到春秋战国时期的井田制，土地为王室所有，周王把田地分配给庶民使用，领主不得买卖和转让井田，要交贡赋，农民终生不得离开土地，亦不能转让。

魏晋时期的屯田管理制，隋唐时期的均田制，明清时期，由户部掌管全国疆土、田地、户籍、赋税，行使土地管理职能。

民国时期，土地集中在大小地主、官绅富豪及自耕农民手中，土地为私有制，可进行买卖。

自新中国成立以来，农村土地的管理政策发生几次重大变化，根据不同时期的土地管理制，大致可以划分为土地改革、农业合作化、人民公社和家庭联产承包责任制四个时期。

### 一、1950—1952年时期土地管理

在中国近代半殖民地、半封建社会中，土地管理体制和存在形式大致为：占农村人口不到10%的地主、富农占据着70%～80%的土地；而占农村人口90%的贫雇农和自耕中农却只占有20%～30%的土地。

1950年6月，中央人民政府委员会通过和颁布了《中华人民共和国土地改革法》，其中规定："废除地主阶级封建剥削的土地所有制，实行农民的土地所有制"。居住在银盏境域的农民每家每户都按照当时所在村寨土地情况，分到了当时人均应分的土地份额，包括荒山林地。据记载：银盏村当时人均所分土地约2～3亩。

### 二、1953—1957年时期土地管理

1953年12月，中共中央作出《关于发展农业生产合作社的决议》。

1955年7月31日，毛泽东在省、市、自治区党委书记会议上作《关于农业合作化问题》的报告。

1956年6月30日，第一届全国人民代表大会第3次全体会议通过并颁布《高级农业生产合作社示范章程》。

1953—1957年，土地管理权利基本上握在农民手中。但是后来动员农民加入合作社，农民对土地管理权的主动性受到干预。从开始的各村寨农业互助组，发展到初级社、高级社，这其中入股土地的分配形式有两种：一是按照土地的多少进行分红；二是按在大家入股的土地上劳动的多少进行分红。

### 三、1958—1978年时期土地管理

1958年8月，中共中央在北戴河召开政治局扩大会议，通过《关于农村建立人民公社的决定》。

至此，分到农民手中的土地管理权宣布取消，农民土地私有制宣告结束。

1959年2月27日至3月5日，中共中央在郑州举行以解决人民公社所有制和纠正“共产风”问题为主题的政治局扩大会议，规定人民公社实行“队为基础，三级所有”的管理体制，恢复社员的自留地制度，为解决农户吃蔬菜问题，每户在自家住宅地附近留一丈或2～3分土地。当时各村寨按照银盏生产管理区的统一规定，由各大、小队的队长把土地丈量给每户农民，基本上按照人均4丈土地给农民作自留地。1960年，每户增加2～3分土地作饲料地。

1960年11月3日，中共中央发出《关于农村人民公社当前政策问题的紧急指示信》（即十二条），要求各地彻底纠正“一平二调”的共产风以及浮夸风、命令风、干部特殊化和瞎指挥风，允许社员经营少量自留地和小规模的家庭副业，恢复农村集市贸易。

1966年，“文化大革命”开始，自留地又被当作资本主义尾巴“割掉”了。

1958—1978年，银盏生产管理区（人民公社）农民的纯收入由80元左右增加到110元左右，年平均增长不足3元。粮食产量自1958年之后一直减产，土地管理集体化，农民出工一窝蜂，收工抢头功，结果吃饭成了大问题。

### 四、1979—2009年家庭联产土地承包时期

1978年年底，安徽省凤阳县小岗村的18户农民冒着风险搞起了大包干，给集体土地管理制度捅开了缺口。

1980年9月，中共中央召开了省、市、自治区党委第一书记座谈会。会后，下发《关于进一步加强和完善农业生产责任制的几个问题》的通知，允许土地承包到户。各村各户按照县政府的相关文件规定，进行土地承包，每户根据所在村寨的土地、山林、荒坡等情况，分到田土山林和坡地。

1982—1986年，中央连续五年下发五个1号文件，对家庭联产承包经营责任制不断完善。1993年4月，八届全国人大常委会再次对《中华人民共和国宪法》进行修改，将“家庭承包经营”写入《中华人民共和国宪法》。

1986年8月1日，国家土地管理局成立。1987年县乡土地管理机构建立，银盏建立土地管理所。

1998年，根据瓮安县人民政府土地承包法的有关具体规定，各村组进行第二轮土地承包工作，农户、村民组与村委、乡政府签订《土地承包合同书》。

《土地承包合同书》的土地发包方为乡、村，承包方为农户、村组。《土地承包合同书》一式四份，土地发包方、承包方、签证单位、合同管理部门各持一份。

《土地承包合同书》分列10项：（一）承包土地类型、数量。（二）承包期限：耕地承包期限为50年（1994年1月1日至2043年12月31日），非耕地承包期限为60年（1994年1月1日至2053年12月31日）。（三）发包方的权利和义务。（四）承包方的权利和义务。（五）其他：增人不增地，减人不减地，土地不准买卖。（六）违约责任。（七）合同纠纷。（八）合同未尽事宜。（九）合同一式四份。（十）签字生效。

各村各组土地面积大小不一，人口多少不等，故每户承包的土地存在多寡之分。如穿洞村的耕地面积为2103亩，人均耕地0.6亩；银盏村人均耕地0.64亩；岩根河村人均耕地约0.66亩；印山村人均耕地0.73亩。

1998年10月，中共中央召开十五届三中全会，决定将农民的土地承包期再延长30年。

镇政府对个人建房建设用地、乡村建设用地、建设工程用地均实行建设用地规划审批制，其流程为：审核、受理—提出规划许可初审意见—办理—分管副乡（镇）长签字—乡（镇）长签字—校发证书—县局存档备案。对完全符合条件的申请在30个工作日内办结，对建设工程还实行竣工验收。

1987—2015年，银盏对土地的管理遵章有序。首先，建立土地专门管理机构—银盏土地管理所；其次，对各种类型的土地管理、公共设施建设用地管理、工业园区用地管理、农民耕地保护管理，都严格按照国家土管部门及相关部门的规章办事；第三，严格执行《中华人民共和国土地管理法》，特别是在镇境内的矿山开采及工业园区建设方面，都与省、州、县有关部门积极配合，严格执行土地管理的相关政策。

### 1991-2015年瓮安县银盏镇国土资源主管部门干部任职表

表3—1

| 姓名 | 任职机构 | 职务 | 任职时间 |
|---|---|---|---|
| 余洪全 | 银盏乡土地管理所 | 所 长 | 1991.11—2003.3 |
| 江　浩 | 银盏乡国土资源所 | 所 长 | 2003.4—2012.11 |
| 顾中娥 | 银盏镇国土资源所 | 所 长 | 2012.4—2013.8 |
| 吴文松 | 银盏镇国土资源所 | 所 长 | 2013.10— |
| 张开发 | 原木老坪乡土地管理所 | 副所长 | 1991.11—1993.10 |
| 邓安辉 | 原木老坪乡土地管理所 | 负责人 | 1993.10—1996.3 |
| 邓安辉 | 原木老坪乡土地管理所 | 副科长 | 1996.3—1999.4 |
| 陈远黔 | 原木老坪乡土地管理所 | 负责人 | 1996.4—1999.4 |
| 陈廷友 | 原木老坪乡土地管理所 | 负责人 | 1998.3—1999.4 |
| 陈廷友 | 原木老坪乡土地管理所 | 所 长 | 1994.4—2001.12 |
| 陈廷友 | 原木老坪乡国土资源所 | 所 长 | 2003.4—2006.4 |
| 顾中娥 | 原木老坪乡国土资源所 | 负责人 | 2009.2—2009.11 |
| 顾中娥 | 原木老坪乡国土资源所 | 所 长 | 2009.11—2012.4 |
| 严志忠 | 原木老坪乡国土资源所 | 所 长 | 2006.4—2012.2 |
| 王太军 | 原木老坪乡国土资源所 | 所 长 | 2012.2—2013.3 |
| 莫承禄 | 原玉华乡土地管理所 | 所 长 | 1991.11—1999.4 |
| 黄碧勇 | 原玉华乡土地管理所 | 所 长 | 1999.4—2001.12 |

续表3—1

| 姓名 | 任职机构 | 职务 | 任职时间 |
|---|---|---|---|
| 黄碧勇 | 原玉华乡国土资源所 | 所 长 | 2003.4—2009.2 |
| 吴文松 | 原玉华乡国土资源所 | 所 长 | 2009.2—2013.10 |
| 陈应书 | 原鱼河乡土地管理所 | 所 长 | 1991.11—1993.10 |
| 黄朝忠 | 原鱼河乡土地管理所 | 所 长 | 1993.10—1996.3 |
| 吴文松 | 原鱼河乡土地管理所 | 副所长 | 1996.3—1999.4 |
| 兰成尧 | 原鱼河乡土地管理所 | 所 长 | 1999.4—2001.12 |
| 兰成尧 | 原鱼河乡国土资源所 | 所 长 | 2003.4—2009.2 |

## 第二节　土地开发与利用

新中国成立前，对土地的开发与利用是初浅型的，那时土地集中在大地主、富农及官商富豪手中，对土地的开发与利用的步伐极其缓慢。

新中国成立以后，广大农民分到田土山林，土地改革使农民能在自己的土地上自主经营，最大限度地进行开发、种粮食、栽烤烟、栽果树、养鱼等。

1950—1958年，为农民自由开发与利用土地的时期，虽然生产技术比较落后，但提高了人民劳动生产的积极性，粮食产量增加，极大满足人民的物质需求。

1958—1978年，土地实行集体化，社员只留极少的土地，一般每人留3分地作自留地，以解决吃菜问题。1966年5月“文化大革命”开始，自留地被当作是资本主义的“尾巴”割掉。

1980年之后，随着农村土地承包制的不断完善，以及改革开放一系列政策的出台，对土地开发与利用的步伐逐步加快，土地开发利用出现转型升级的态势，农业开发、商业开发渐成趋势。

### 一、土地在农业领域的开发与利用

20世纪80年代，国家高度重视农业综合开发与利用，银盏建立农科所、农牧站，帮助农民对土壤施肥进行临场指导，提高土壤肥力，增加单位面积产量，改良品种，改进耕作技术，实行科学的田间管理，重点对土壤的氮磷钾含量进行分析、比对，实行配方施肥。根据资料显示，1986年银盏公社化肥用量为237.5吨，土壤的肥力解决了，可是水稻与玉米在快成熟期间因风雨吹打容易倒伏，高秆水稻一经倒伏，几乎减产一半或更多，玉米倒伏后减产也非常严重，银盏农牧站到外地选购良种或与瓮安农场进行联系，培育抗倒伏高产品种。源自20世纪70年代的抗倒伏的籼型杂交水稻，虽能抗倒伏，产量略有提高，但是成熟期较晚，农民戏称“冬不老”，且不容易脱粒，村民们称粳稻，吃起有点糯，又叫珍珠矮，此品种仍不受欢迎。

据1986年银盏公社农村农业年度报表情况显示，全公社水稻种植面积7191.5亩，产量为2105.8吨，平均亩产293公斤；玉米种植面积为2012亩，总产量369.5吨，平均亩产183.65公斤；油菜种植面积4375亩，总产量300.7吨，平均亩产68.75公斤。

2000年之后，水稻、玉米、油菜优良品种大面积推广与种植，银盏乡的土地种植开发利用率迅速提高。

2006—2011年，瓮安县农村工作局农业技术推广服务中心在印山村、岩根河村（原白岩村）两村进行水稻3414肥效试验。2006年，在印山村选取14个实验点开展肥效试验，产量（千克/667平方米）分别为：297、367、449.6、436.8、475.6、479.7、489.6、406.8、478.6、465.8、503.8、450.7、442.8、470.2。

2007年对印山村的14处实验点进行水稻肥效试验，产量（千克/667平方米）分别为：252.8、324、423.1、331、480.2、505.1、473.5、390.7、486、451.1、506、403.7、408.6、439.6。2008年又在岩根河村选14处试验点，各点产量（千克/667平方米）分别为：399.1、550.9、652.7、547.9、643.7、625.4、629、605.5、578.9、608.2。

这是银盏乡农推站配合2006—2011年瓮安实施农业部、财政部测土配方施肥补贴项目，配套进行19个水稻氮磷钾3414肥效实验，探讨不同产量水平水稻氮磷钾最佳施肥量，为银盏乡测土配方施肥技术的推广应用提供依据。从此，杂交水稻、玉米在银盏乡的种植不宜而动，农推站技术人员时时到田边土角临场指导。水稻亩产已过千斤大关，玉米亩产已在350～400公斤。水稻、玉米抗伏能力增强，天旱实行人工浇灌，不遇极端天气，完全可以旱涝保收。全乡各村寨拥有的抽水机、提灌站、塑料水管在抗旱中帮了大忙。

银盏海拔高度较低，丘陵、盆地、河谷较多，宜于农耕，农民们尽量使人闲地不闲，收了小季种大季，还在旱地上进行套种，如在玉米地里种黄豆、高粱、红薯、巴山豆、饭豆等作物，使土地的亩产值达到最高值，收了油菜、小麦又打田栽秧。水田中兼养鱼，土地盘活了，土地的最大潜能被农民们发挥到极致。

## 二、土地在商业领域的开发与利用

### （一）土地经济作物开发与利用

银盏镇盆地、丘陵、河谷沿岸极适宜种植油菜，在土地承包之前，受品种及田间管理等因素影响，油菜的产量一直保持在亩产50～65公斤。自土地实行家庭联产承包以后，改种新的油菜品种，农民俗称“东北油菜”，再加上农户的精耕细作，科学的田间管理，合理施肥，使油菜的亩产量翻番，一般能达到亩产100～150公斤，且不误大季，在一亩田地上一年两熟，水稻与油菜一年亩产价值达到3000元左右。

茶叶种植，2010年全乡种植茶叶1248.48亩，2012年新种植茶叶176.03亩，两年种植1424.51亩。蔬菜种植常年保持在2.77万亩左右。优质核桃种植4500亩，烤烟种植常年保持在4000亩左右，全镇种植烤烟大小户常年保持在200户左右。2012年在印山村成立龙发金银花种植专业合作社，种植金银花150亩，年产值100万元左右。2012年在新华村建立隆鑫中药材种植专业合作社，种植中药材300亩，年产值100万元左右。

### （二）土地商业性开发利用

瓮安经济开发区坐落于银盏镇，给银盏镇的土地开发与利用带来无限商机。瓮安经济开发区先期规划35.04平方公里，按照土地补偿标准43.55元/平方米计算，土地价值约为15.26亿元。土地经过国家征用，成为一级开发，然后进入县土地储备中心。县国土资源局、银盏镇土地管理所根据国家有关土地管理、开发利用相关政策，在当地政府对经济发展的总体布局、规划下，对土地实行挂牌出让、租赁、交易等形式，使土地的开发利用价值达到最佳状态。

据调查统计，截至2015年，已有大小企业共计153家在园区入驻。银盏镇的农户，凡土地被征用者，按照相关规定，给予土地补偿费、安置费、购买养老保险和失业保险，并在企业中打工。

2010—2015年，银盏工业园区的固定资产投资已达193亿元，工业总产值为225亿元，工业增加值达70亿元，实现税收 16.50亿元，解决了2万多人的就业。

园区土地商业性开发分为商业用地和工业用地，主要为全区、镇基础设施建设用地、企业入驻建设用地、安置房建设用地、房地产、其他配套设施建设用地及其他商业开发用地。截至2015年年底，共征收土地16524.85亩，支付土地补偿款4.917亿元。

**2014年银盏镇各村土地利用现状表**

表3—2　　　　单位：公顷

| 村名 | 耕地 | 其中水田 | 园地 | 林地 | 草地 | 城镇村及工矿用地 | 交通运输用地 | 水域及水利设施用地 | 其他土地 |
|---|---|---|---|---|---|---|---|---|---|
| 太平社区 | 229.88 | 121.94 | 9.63 | 232.66 | 39.76 | 131.18 | 40.44 | 21.68 | 71.24 |
| 银盏村 | 567.92 | 179.15 | 0.13 | 850.68 | 54.24 | 83.34 | 66.07 | 16.48 | 199.92 |
| 飞练社区 | 275.11 | 145.32 | 16.18 | 206.55 | 37.88 | 261.41 | 27.75 | 16.33 | 111.96 |
| 穿洞村 | 410.03 | 148.24 | 8.62 | 1039.02 | 35.40 | 58.00 | 50.57 | 27.35 | 144.23 |
| 岩根河村 | 926.82 | 251.89 | 122.18 | 1399.77 | 176.93 | 150.76 | 44.84 | 49.13 | 310.54 |
| 新华村 | 647.95 | 282.27 | 1.14 | 556.74 | 51.31 | 84.61 | 28.70 | 12.37 | 203.55 |
| 大寨坪村 | 333.40 | 177.90 | — | 424.08 | 10.22 | 87.56 | 28.29 | 10.05 | 147.76 |
| 新寨村 | 337.23 | 152.13 | 0.67 | 688.92 | 17.20 | 22.88 | 21.83 | 9.53 | 102.94 |
| 印山村 | 450.83 | 204.29 | 1.68 | 201.06 | 27.92 | 36.75 | 11.83 | 2.50 | 119.24 |
| 木老坪村 | 453.46 | 153.50 | 1.19 | 514.54 | 41.13 | 34.16 | 13.46 | 10.03 | 127.28 |
| 新场村 | 1215.69 | 576.88 | 141.72 | 1764.65 | 240.34 | 129.75 | 31.34 | 65.05 | 320.96 |
| 合计 | 5848.32 | 2393.51 | 303.14 | 7878.67 | 732.33 | 1080.40 | 365.12 | 240.50 | 1661.10 |

# 第二章　矿产资源管理

## 第一节　矿产管理

矿产管理形式多种多样，例如解放前，磷矿的开采根本没有，而煤、铁矿、砂、石的开采比较频繁。当某些矿藏对社会的生产、人们的生活起推动促进作用，就被开发利用，政府及相关部门就会制定一些相关的管理措施。

1984年5月15—18日，贵州省经委罗仲贤、虞兴南，省地质矿产局的熊文涛，省劳改局余子才，黔南州社队企业公司杨启贵，省化工厅任其框等按照省长王朝文的指示，在瓮安召集瓮安县政府、经委、乡村工业公司、雍阳区、玉华乡以及玉华联合磷矿和省劳改局瓮安磷矿的负责同志，就合理划分磷矿开采范围实地勘查了现场，最后由县政府与瓮安磷矿对磷矿开采的范围达成书面协议。

1986年以前，瓮安国土资源管理无独立常设机构，一直处于多头管理和兼管状态；1986年以后，根据国家土地资源的相关指示精神，瓮安县土地管理局和瓮安县矿业管理机构分别组建；2001年年底，撤销县土地管理局与县地质矿产局，组建瓮安县国土资源局。到此，全县国土资源专职管理机构从无到有，各乡镇也同时建立乡镇国土资源所，实行对矿产资源的有效管理。

1986年，《中华人民共和国矿产资源法》颁布，瓮安县国土资源局同银盏乡国土资源所围绕银盏境内矿产资源保护、勘察、开采、储量管理、资源规划等方面进行了大量工作，经过10多年的努力，矿产资源的勘察、开采和管理从混乱走向有序，从私挖乱采、各自为政到依法规范。2012年以来，银盏镇国土资源所对磷矿资源丰富的银盏镇不时进行实地勘察、调查，获取第一手资料，为矿产资源的管理提供科学依据。

**磷矿管理**　瓮安磷矿始建于1976年，原为贵州省监狱管理局直属企业贵州黔新企业集团有限公司的控股子公司，是一家集磷矿石开采、选矿的国有矿山企业，这是国家对磷矿的直接管理，矿山地址位于原玉华乡北斗山（现岩根河村）。

2011年，因企业改制被上海源翼实业有限公司收购，并成立贵州源翼矿业集团有限公司，公司旗下有4个子公司，贵州省瓮安磷矿是其中之一，这是省直属国企北斗山劳改监狱在银盏境内对矿山实行公司股份制管理的开始。

地方上也逐步实施矿山公司制的改制，瓮安县磷化有限责任公司对始建于1976年的玉华磷矿（现岩根河村）进行重组。1989年，县政府对玉华、梅子冲、牛宫矿产公司以及当地的一些零星矿点合并、整合，组建瓮安县磷化公司。2000年年底完成改制。2006年与瓮福大信合作，建设年产20万吨浮选磷矿石的企业。

对磷矿的开采和加工管理，均实行企业公司股份制。国家只对公司、企业（无论国企还是民企）实行宏观调控，出台激发增效节能环保机制。这种管理机制是以市场为导向，以经济建设为中心。而银盏镇国土资源所与环保安监等多家部门合作协同对矿山进行安全隐患的检查、督查。这种公司制的管理模式使磷矿的开发、加工逐步走向科学、合理、规范有序的轨道。到2008年，瓮福集团公司已做大做强，发展成一个跨国企业。公司的注册资本已达40多亿元人民币，参股的有瓮福国际贸易股份有限公司、瓮福达州化工有限公司、瓮福澳大利亚公司、瓮福阿拉伯有限公司（沙特阿拉伯王国）等10余家合资和控股公司。以瓮福（集团）有限责任公司为核心的企业，是以多家公司和其它成员企业共同组成的企业法人联合体，这种管理体制使磷矿开采量大、加工精细、品种繁多、质地优良，深受国内外客商青睐，产品热销国内外。

**煤矿管理**　在新中国成立前，无任何单位管理煤矿，即使有农户偶尔取之，也是采之表皮。新中国成立后，浅层煤逐渐被发现，有的几人合伙开采，除自家取用，还可出售。银盏境内的几处煤厂，在20世纪50、60年代，时开时停，在大集体时期，以村、队或公社集体组织开采过，那时的管理大体上是以农民外出搞副业的形式出现，采煤的农民用钱换工分，参加社队的分配分红。20世纪60—80年代，银盏公社成立企业办公室，管理煤矿。

1991年3月，原木老坪乡政府对无证煤厂——角州煤厂收缴违规费1000元，对无证煤厂每吨收取资源补偿费15元。

1992年3月，原木老坪乡政府与各煤厂签约，厂方与开票员、企管站签订生产合同。

1993年，原木老坪乡对无证煤厂每月检查一次，对无证煤厂责令关停，如发现一次罚款1000元，责令相关责任人进学习班，进行普法教育学习。在检查中，发现大湾田、梅子湾、柿花田、老七林、青杠林、牛角口等8个无证煤窑。对无证煤厂进行罚款和封洞处理。

自1986年国家及地方均成立国土资源局后，银盏乡（镇）的煤矿资源也同磷矿资源一样，经过集体企业管理、私人承包、合股开采，最后以公司股份制走规范化管理，禁止煤矿资源私挖乱采，使银盏乡（镇）的煤矿安全生产、规范管理走上正轨，从而保障人民生命财产的安全。

**砂石矿管理**　1950－1980年，银盏砂石矿开采量小，管理不规范，砂石矿的管理主要是乡、村、企办等组织指定管理。

1981年，银盏公社出台砂石开采暂行办法，规定砂石开采无论单位或个人都必须持证开采，爆破物资必须专人管理，严禁自制炸药（因当时有人将硝铵烘炒，加其它原料制炸药）。

2012年，银盏镇出台《银盏镇砂石、页岩矿矿山企业整合实施方案》，将全镇16个砂石矿山整合为7个，其余全部关闭。

银盏村内的穿洞砂石矿与灯笼山石厂整合，保留穿洞砂石矿，关闭灯笼山石厂，规定统一销售价为每立方55元。

银盏村钱家院黄沙厂与惠成城建材、大林砂石场两个生产黄沙企业进行重组，规定统一销售价为每立方55元。

2014年，对沙石矿涨价进行调控，允许价额涨幅不超过10%。

2015年，根据《贵州省人民政府办公厅关于加强砂石土资源开发管理的通知》精神，银盏镇国土资源管理所配合有关部门对镇境内砂石土资源的开发管理、规划布局作了相关调整，严格控制砂、石矿山数量，对过去境内关闭的砂、石厂严禁再开采。对经整合保留的7个砂、石场（厂）进一步做到统一规划，合理布局，实现资源、环境、生态、安全和经济效益相统一。

银盏镇国土资源管理所对留存的7个砂、石场（厂）的环境、安全等问题，每个季度进行一次检查督促，发现重大问题及时协调相关部门处置。

## 第二节　矿产开发

矿产开发最早是岩石、砂石，其开发形式是取石、砌坎、筑坝、烧石灰，主要用于生产生活，量较少。煤矿开采始于清末民国时期，如杉木溪煤厂、新华煤厂。磷矿开发始于20世纪60年代初。

### 一、磷矿开发

境内矿产以磷矿著称，开采时间较晚，始于20世纪 50年代末期60年代初，以北斗山监狱开始开采磷矿为标志，随后开采逐渐增大，由开始的露天开采到转入全面地下开采。开始为粗加工，将原矿煅烧，球磨成粉，作为农肥，装袋销往各地农村。

1976年1月6日，雍阳区玉华磷矿采矿队对磷矿开采经营管理进行细化，对矿井进行划界开采，玉华公社民兵排50人开采老虎洞，太文公社民兵排50人开采桂花村，城关办事处民兵排50人开采马坡、牛耳冲；区建筑民兵30人开采地开；平定营公社民兵排50人开采棉花寨、滥蒲塘；城关公社民兵排50人开采新寨、小高寨，划分出各排的矿区，由排组织劳力进行生产。全年生产计划171980吨，其中太文完成3158吨；玉华完成47376吨；平定营完成31584吨；城关完成33688吨；区建筑社完成18816吨；城关办事处完成18950吨。实行每超过一个班口奖励2.5元，完不成任务按班口扣发工资。对民兵按定额班口完成任务的每月每人工资45元。雍阳区玉华采矿队以党支部和民兵连的组织形式进行管理，规定因违犯安全条款而造成伤亡事故的，组织上一律不负责，医药、住院、安葬等一切费用都由自己承担。

1976年3月19日，玉华矿山交利润320元给雍阳区革委会。

20世纪90年代，全国司法制度改革，停止劳教人员进行高危作业，磷矿的开采逐渐从国企到民营，再到公司股份制，公司兼并、重组等形式进行整合，最终磷矿的开采以公司股份制形式进行。

1998年，瓮安大信北斗山磷矿由海南大信集团投资兴建，成为年产15万吨的较大型企业。2004年6月，宏福实业开发有限公司实施低成本扩张战略，收购海南大信集团在矿山的全部股权。从此，瓮安大信北斗山磷矿成为宏福实业开发有限公司旗下的一个子公司，公司与政府相关部门签约采矿，采期10年，到2020年止。

图3-2-1　玉华磷矿开采区

2008年，宏福实业开发有限公司更名为瓮福（集团）有限责任公司，注册资本40.88亿元人民币。以瓮福（集团）有限责任公司为核心企业，组建包括瓮福国际贸易股份有限公司、瓮福达州化工有限责任公司、瓮福紫金化工股份有限公司、甘肃瓮福化工有限责任公司、贵州瓮福贸易有限责任公司、贵州瓮福蓝天氟化工股份有限公司、新加坡美陆实业有限公司、瓮福澳大利亚公司、瓮福阿拉伯有限公司（沙特阿拉伯王国）等10余家合资和控股公司，以及参股公司，其它成员企业共同组成的企业法人联合体。公司已达到年开采500万吨磷矿的生产规模，磷矿进入大规模开采期。磷矿经过深、精加工，制成工农业及国防所需的各类产品。

入驻境内的金正大诺泰尔化学有限公司对磷矿进行精深加工，生产60万吨/年磷酸一铵，60万吨/年磷酸二铵，40万吨/年磷酸二氢钙，60万吨/年硝基复合肥，20万吨/年磷酸二氢钾，2万吨/年氟化盐，80万吨/年模具石膏。贵州芭田生态工程有限公司年产70万吨聚磷酸高新磷复肥以及配套的磷化深加工等项目，这些产品的主要原料均为磷矿，对磷矿储量丰富的银盏镇经济腾飞注入强大活力。

**2012年银盏镇在册磷矿山一览表**

表3—3

| 矿山名称 | 企业性质 | 矿区面积（平方公里） | 探明储量（万吨） | 设计生产规模（万吨/年） | 矿山建设投资规模（万元） | 出让价款（万元） |
|---|---|---|---|---|---|---|
| 老虎洞磷矿 | 有限责任公司 | 1.2988 | 581.42 | 20 | 950 | — |
| 瓮福磷矿大塘矿段 | 国有企业 | 3.3029 | 10794.9 | 100 | 57304 | 4729.1 |
| 磷化公司玉华磷矿 | 国有独资公司 | 0.4596 | 659.07 | 30 | 1319.4 | 4731.5 |
| 磷化公司玉华矿段 | 国有独资公司 | 1.6768 | 1852.1 | 30 | 2343.3 | 605.41 |
| 大信北斗山磷矿 | 有限责任公司 | 0.0831 | 1399.9 | 15 | 2900 | — |
| 白岩磷矿 | 有限责任公司 | 5.1169 | 3990.6 | 60 | 2000 | 2001 |
| 瓮安磷矿 | 国有企业 | 0.4273 | 2761.2 | 60 | 5000 | 4767.2 |

## 二、煤矿开发

新中国成立前，银盏境内仅有3处零星小煤窑，如杉木溪、老古井等处，不但采煤方式落后，而且还有极大的安全隐患。解放后，虽然开采量较之过去大得多，但因技术不成熟，批量生产还达不到，许多煤厂开开停停。2000年以后，国家对煤矿资源进行保护性开采，经几次整合整改，才形成一定规模的开采。

1969年3月，穿洞煤厂打洞建厂。1972年正式投产，当年产原煤4000吨，毛收入4000元。1982年产原煤21000吨，毛收入30余万元。1984年10月停产。1986年恢复生产。

1976年大黄沟煤厂开始生产，后以村委会名义承包。

2008年，穿洞村弘泰煤矿实行整合技改，到2011年，生产能力已达9万吨/年，销售金额达1450万元。弘泰煤矿系原河边煤矿、桃子冲煤矿、皂角树煤矿整合而成，矿区面积1.5956平方公里，煤矿地质储量为113.22万吨。

**银堂煤矿**　位于太平社区大黄沟组，距县城3公里，隶属贵州双龙实业集团，原年生产能力3万吨。2008年，技改后，矿区面积11.44平方公里，资源储量2383万吨，总投资1.3亿元，为30万吨/年产企业，实现工业总产值1.5亿元。

**万灵煤矿**　位于银盏镇大寨坪村，东距县城25公里，占地面积9.1亩，矿区面积为1.32平方公里。煤矿由原猴场镇大湾田煤矿和大湾煤矿整合而成，2008年经整合后年设计生产能力9万吨，8月动工建设，10月进行联合式运转。2011年3月，通过煤矿安全许可证和煤矿生产许可证验收。资产总额3784.46万元，其中固定资产1878.68万元。

**福兴煤矿**　位于银盏镇大寨坪村，矿井系原银盏乡老古井煤矿（3万吨/年）和草塘镇园门口煤矿（3万吨/年）整合而成，矿区面积1.6565平方公里，2009年，动工建设，经扩能技改后产能为9万吨/年，服务期限8.4年，利润达1964万元，解决就业35人。

**上场坪新井煤矿**　位于银盏镇大寨坪村，企业前身为瓮安县草塘镇集体企业，2001年由私人承包。2009年4月1日至2010年11月16日，矿井经扩能技改达9万吨/年。技改后井田面积为0.9329平方公里，工业储量113.2万吨，保有资源量164万吨，可采储量80.24万吨，服务期限6.4年，总投资1305.92万元。2012年矿井生产原煤2.5万吨，完成产值1800万元，销售收入1800万元，纳税总额600万元，利润400万元。是年，完成技改，通过煤矿安全许可证和煤矿生产许可证验收。

**青菜沟煤矿**　位于银盏镇大寨坪村，2009年扩能扩界技改，产能已达9万吨/年，矿区面积为1.6609平方公里，探明储量为124.81万吨，服务期限7.7年，利润达355万元。

**弘泰煤矿**　位于银盏镇穿洞村，矿区面积1.6平方公里，煤矿地质储量113.22万吨。由原河边煤矿、桃子冲煤矿、皂角树煤矿整合而成，年生产能力9万吨。2008年动工建设。2012年，完成技改，通过煤矿安全许可证和煤矿生产许可证验收。

**2012年银盏镇在册煤矿山一览表**

表3—4

| 矿山名称 | 企业性质 | 矿区面积（平方公里） | 探明储量（万吨） | 设计生产规模（万吨/年） | 矿山建设投资规模（万元） | 出让价款（万元） |
|---|---|---|---|---|---|---|
| 福兴煤矿 | 私营合伙企业 | 1.6565 | 259.68 | 9 | 2032.2 | 352.3 |
| 万灵煤矿 | 私营合伙企业 | 1.3247 | 253.97 | 9 | 3236 | 325.1 |
| 青菜沟煤矿 | 集体企业 | 1.6609 | 176.94 | 9 | 1850 | 197.5 |
| 上场坪新井煤矿 | 集体企业 | 0.933 | 164.00 | 9 | 2124 | — |
| 弘泰煤矿 | 私营合伙企业 | 1.5956 | 272.40 | 9 | 4500 | — |

续表3—4

| 矿山名称 | 企业性质 | 矿区面积（平方公里） | 探明储量（万吨） | 设计生产规模（万吨/年） | 矿山建设投资规模（万元） | 出让价款（万元） |
|---|---|---|---|---|---|---|
| 银堂煤矿 | 有限责任公司 | 11.4435 | 2365 | 30 | 12000 | 3704 |
| 穿洞河煤矿 | 私营合伙企业 | 2.2364 | 517 | 9 | 1487 | 731.6 |
| 龙泉煤矿 | 私营合伙企业 | 1.1510 | 163.17 | 9 | 1261 | 237.6 |

### 三、砂、石矿开发

镇境内砂、石储量巨大，又多为露天开采。新中国成立前，银盏对砂、石的开采量较小，且开采技术落后，一般仅为修造民房作基石，烧石灰作粉刷和浆之用，在农业上亦仅作砌沟渠筑拦河坝等运用。新中国成立后，特别是国家实行改革开放（1978年）之后，砂石成为各种建材的重要资源，修筑道路、桥梁、各种基础设施的建设，城镇化战略计划的实施，砂石逐渐取代过去的木质材料，大大小小的采石场如雨后春笋般冒出来。为规范建材生产和建材市场，国家相关部门对采石场进行整顿，取缔各种非法采石加工点、场。

1981年，由浙江浦峰集团收购的原瓮安水泥厂组建为瓮安水泥有限公司，公司占地83亩。公司经技改扩能后生产普通硅酸盐水泥，产能为15万吨/年。2013年，公司投资2.65亿元人民币，同时配套建设存量5000万吨以上化工级石灰石矿山一座，新征土地200亩，建设100万吨/年水泥粉磨站及配套60万立方米/年商砼搅拌站。

2001年，兴建投资木老坪村老虎洞砂石场，砂石产能为10万立方米/年。

2005年，兴建投资玉华兴长湾砂石场，产能为5万立方米/年。

2007年，总投资300万元的太平社区西坡采石场，产能为7000吨/年砂石，1万立方米/年石灰，产值300万元。

2011年，兴建投产的穿洞村砂石场，产能为50万立方米/年。

2012年，建立岩根河砂石厂，该厂有一条现代化砂石生产线，产能为15万立方米/年，产值约500万元，利润约180万元。

境内所产砂石经加工，除供应本镇建设所需外，还销往县内外。

# 第三章　水资源管理

## 第一节　水资源管理

无论地表水还是地下水，都是国家和集体的共同资源，对于水资源的管理，可以追溯到遥远的古代大禹治水。银盏镇人民对水资源管理总是与生俱来，小到疏通自家的房屋檐沟，引水入厕，在山坡土角挖坑凼蓄水浇地，大到修沟渠、筑坝拦水建水库，引水浇灌，都是对水资源的管理。

随着社会的发展，水在人们的生活、生产中的用处越来越大。20世纪50年代，县区成立水利管理专门机构，县成立水利局，区、公社成立水管所，开始对水资源进行管理。1956年开工修建的天邦水库，就作为农田灌溉和民众饮水的水利工程；1958年修建的梅花堰水库也是人饮及灌溉工程；2012年开工修建的杜仲河同样是人饮、灌溉和防洪工程，国家对水资源的管理投入经费日趋增大，杜仲河水库投资2.63亿元，已竣工。2000年前后，银盏乡9家小煤窑被叫停，不但是对煤矿资源的保护，也是对水资源的保护。煤矿资源的私挖乱采，造成地下水的严重流失，直接影响居民的生产生活。银盏镇水管所对镇境内的水资源（含空中水、地表水、地下水）进行实地勘查、调研，取得第一手水资源资料，与瓮安县水利局共同绘制水资源在银盏镇内的分布状况图，给镇政府水资源的管理提供科学决策，为抗旱取水提供有力的依据。

## 第二节　水资源利用

银盏镇地表水、地下水资源颇为丰富。在解放以前，对水资源的利用率极低，除基本的农田灌溉外，人畜饮水主要靠遍布于各村寨的自然水井解决，一般情况村寨离水井较近，清晨到水井用木桶抬水，若离水井较远者，取水比较困难。居住在偏僻山区的人家，离水井较远，抬一挑水要耗时20余分钟或半小时以上，有的抬起就爬坡，十分吃力。村寨合理利用水资源最普遍的是修筑碾米房，用水冲转水车，水车再带动石碾把稻谷去壳成米，银盏镇境内的较大河流沿岸一般均建有碾房。这种对水资源的利用，自秦汉以来到20世纪70、80年代。随着科技的进步，打米机的出现和普及，银盏境内的碾房销声匿迹，成为历史。

对水资源利用率最高为农田基本灌溉，镇境内的2万多亩水稻田一般均用地表水、地下水及空中水。解放以后，对水资源的利用率大面积提高，政府组织民众修筑较大的水库和拦河坝，如天邦水库、梅花堰水库、杜仲河水库等，还修筑一些大小山塘，蓄积天上降水。由于科技的进步，水泵、汽、柴油机及塑料水管的广泛应用，水资源的利用不断提高。据调查统计，20世纪80年代以来，许多农户均购置二厢抽水泵、抽水机，不少人家应用塑料管取用地下水或山涧清泉，太平社区、飞练社区及工业园区的居民均用上了由瓮安自来水公司提供的自来水，价额一般在2～3元/立方米。

为解决电力不足的困难，从20世纪70年代起，集中力量转入骨干电站建设，同时依靠社队集体经济发展小型电站，如席子河国营电站，珠藏坝、穿洞河、岩根河等7个集体电站。

对水资源的开发利用，银盏镇自2006年以来，实施农村饮水安全工程项目，揭开银盏镇农村水资源利用的新篇章，银盏乡（镇）从2006年开始实施农村饮水安全工程项目，到2015年，解决农村饮水困难人口40448人，投入建设资金1899.54万元，工程项目均分布各村各组。水资源利用最大工程当数杜仲河水库，该水库坝址以上的集雨面积达225平方公里，正常蓄水位为927.8米，死水位为912.50米，库容容量1380万立方米，正常蓄水相应库容935万立方米，灌溉耕地面积1.7861万亩，向县城年供水1539万立方米。

## 2006年以来银盏镇实施农村饮水安全工程项目统计表

表3—5

| 实施年份 | 实施地点 | 项目名称 | 总投资（万元） | 受益人口（人） | 备注 |
|---|---|---|---|---|---|
| 2006 | 新场村 | 人饮工程 | 15.23 | 428 | |
| 2007 | 太平社区 | 人饮工程 | 13.1 | 300 | |
| 2009 | 新场村 | 饮水安全工程 | 18.54 | 368 | |
| 2009 | 印山村 | 人饮工程 | 27.76 | 551 | |
| 2009 | 大寨坪村 | 人饮工程 | 35 | 700 | |
| 2010 | 银盏镇 | 饮水工程 | 222.10 | 4409 | |
| 2010 | 岩根河村 | 人饮工程 | 28.46 | 565 | |
| 2010 | 木老坪村 | 人饮工程 | 34.76 | 609 | |
| 2010 | 新华村 | 饮水安全工程 | 9.75 | 195 | |
| 2010 | 穿洞村 | 饮水安全工程 | 3.85 | 77 | |
| 2010 | 穿洞小学 | 饮水安全工程 | 4.2 | 139 | |
| 2010 | 大林小学 | 饮水安全工程 | 15 | 300 | 省级财政资金第一批 |
| 2010 | 木老坪村 | 饮水安全工程 | 18 | 360 | |
| 2010 | 岩根河村牛宫组 | 饮水安全工程 | 31.5 | 630 | |
| 2010 | 岩根河村 | 饮水安全工程 | 25.69 | 510 | 中央财政资金第一批 |
| 2011 | 银盏村罗家坝 | 饮水安全工程 | 25.2 | 500 | |
| 2011 | 新场村大坪 | 饮水安全工程 | 21.16 | 420 | |
| 2011 | 新场村、田坎、水扯 | 饮水安全工程 | 42.85 | 850 | |
| 2011 | 新场村 | 饮水安全工程 | 14.11 | 280 | |
| 2011 | 新华村红灯堡 | 农村饮水工程 | 52.24 | 2044 | |

续表3—5

| 实施年份 | 实施地点 | 项目名称 | 总投资（万元） | 受益人口（人） | 备注 |
|---|---|---|---|---|---|
| 2011 | 鱼河中学 | 学校饮水工程 | 42.79 | 850 | 第一批省级财政资金 |
| 2011 | 太平社区 | 农村饮水工程 | 44.88 | 891 | |
| 2011 | 新场村干塘 | 农村饮水工程 | 157.26 | 3120 | |
| 2012 | 新场村上下街组 | 农村饮水工程 | 114.65 | 2276 | |
| 2012 | 大寨坪村 | 农村饮水工程 | 49.52 | 983 | 第一批中央财政资金 |
| 2012 | 穿洞村大房 | 农村饮水工程 | 72.04 | 1430 | |
| 2012 | 飞练社区大林 | 农村饮水工程 | 57.43 | 1140 | |
| 2013 | 大寨坪村邓家院尹家坝 | 农村饮水工程 | 18.62 | 348 | 2013年中央预算内资金 |
| 2013 | 木老坪村新寨 | 农村饮水工程 | 117.59 | 2198 | |
| 2013 | 岩根河村白溪 | 农村饮水工程 | 40.07 | 749 | |
| 2013 | 岩根河村牛栏坪 | 农村饮水工程 | 97.37 | 1820 | |
| 2013 | 岩根河村田坎 | 农村饮水工程 | 10.70 | 200 | |
| 2013 | 木老坪新寨小学 | 饮水安全工程 | 29.05 | 905 | |
| 2013 | 木老坪中学 | 饮水安全工程 | 19.32 | 602 | |
| 2013 | 银盏乡小学 | 饮水安全工程 | 15.73 | 490 | |
| 2013 | 银盏学校 | 饮水安全工程 | 42.10 | 1312 | |
| 2014 | 木老坪村华严 | 人饮工程 | 6.96 | 130 | |
| 2014 | 木老坪村龙塘 | 饮水安全工程 | 17.12 | 320 | |
| 2014 | 印山村斗溪 | 饮水安全工程 | 26.75 | 500 | |
| 2014 | 岩根河村躲旁 | 饮水安全工程 | 85.60 | 1600 | |
| 2014 | 穿洞村穿洞 | 饮水安全工程 | 111.28 | 2080 | |
| 2014 | 西坡林场 | 饮水安全工程 | 10.59 | 198 | |
| 2015 | 印山村长洞 | 饮水安全工程 | 39.06 | 730 | |

# 第四章　森林资源管理

## 第一节　森林保护

### 一、森林管护

1953年，银盏农村试办初级农业合作社，农户入社的山林权属统一归集体所有。

1956年，林业部门在西坡开荒育苗13亩，其育苗用于国家山林造林外，还无偿发给农民栽种。

1957年12月，银盏农村从初级社转为高级社，入社的农户除房前屋后树木外，其余山林折价入社，私有林全部转归集体。幼林、苗圃、成片的经济林，根据材质作价转为合作社所有。

1958年，“大跃进”烧木炭大炼钢铁，森林资源遭到严重破坏。1960年年初，农民生活困难，毁林开荒，大种粮食，造成银盏农村森林遭到第二次毁损。

1966—1976年的“文化大革命”时期，银盏农村农民的自留山、自留地和房前屋后的林木视为“资本主义的尾巴”被割掉，森林得不到保护，造成第三次毁林。

1978年，银盏农村山林均属集体所有，生产大队有专业组管理，生产小队有专业户管理。

1980年12月至1983年年底，在农村实行“林业三定”（确定山林所有权、划定农民自留山、制定集体山林管理责任制）和“谁造谁有，五十年不变，有继承转让权”等林业政策，制止乱砍滥伐，森林保护逐步走上正轨。

1984年以后，银盏乡划定自留山林，农民可以在自留山、自留地、房前屋后种植树木、竹林、经济林木，允许继承和经营。

1987年，各村制定保护山林村规民约，对偷盗伐、破坏山林树木的严重行为送县林业公安、综合执法部门处理，对轻微行为按村规民约处理。

1988—2006年，各村集体山林的林权仍属集体所有。山林划为各农户的责任山，由农户负责管理。

2007年，实施集体林权制度改革。涉及8个村2671户，12425人。林地面积6634.5亩，纳入林改的面积6634.5亩，共发放林权证2671本。7月中旬，全乡完成林改工作，村（组）明晰了林权，定权发证，农户并持有“林权证”，实现“山定权、人定心、树定根”的森林保护发展目标。

2014年，银盏镇林地面积2973.35亩，其中有林地2124.33亩、灌木林地598.73亩、其他林地250.29亩，森林覆盖率达到45.3%。

2015年，银盏全镇林业总面积304500亩，活立木蓄积量1355423.25亩，森林覆盖率45.79%。乔木林地115049.55亩，纯林114186.3亩，混交林863.25亩，竹林6411.45亩，疏林地2036.1亩。国家特别规定灌木4031.1亩，其中灌木经济林803.4亩、其他灌木林20351.55亩、非林地上的森林832.05亩。

**银盏镇国家级公益林地面积统计表**

表3—6 单位：亩

| 公益林/林种 | 国家公益林地 | | | 规划公益林地 | | |
|---|---|---|---|---|---|---|
| | 一级保护 | 二级保护 | 三级保护 | 一级保护 | 二级保护 | 三级保护 |
| 公益林/小计 | 6093.15 | 775.35 | 6817.8 | 0 | 4359.45 | 1733.7 |
| 公益林/防护林 | 4546.2 | 759.3 | 5286.9 | 0 | 4343.4 | 202.8 |
| 公益林/特用林 | 1546.95 | 16.05 | 1530.9 | 0 | 16.05 | 1530.9 |

**银盏镇林地确权面积汇总表**

表3—7

| 村（社区）名 | 总户数（户） | 林地确权面积（亩） | 经营林地面积（亩） |
|---|---|---|---|
| 银盏村 | 654 | 14563.0561 | 14563.0561 |
| 穿洞村 | 756 | 14417.7846 | 144417.7816 |
| 大寨坪村 | 521 | 740 | 740 |
| 木老坪村 | 1315 | 17152 | 17152 |
| 印山村 | 936 | 2754.437 | 2754.437 |
| 新华村 | 1021 | 2053.5 | 2053.5 |
| 岩根河村 | 2018 | 38344.5983 | 38344.5983 |
| 新场村 | 1678 | 24354.2855 | 1359.2825 |
| 太平社区 | 587 | 1896.58 | 1318.68 |
| 飞练社区 | 684 | 2179.98 | 2089.28 |
| 合　计 | 10171 | 117716.2215 | 94052.6185 |

## 二、森林病虫害防治

1980年，重视森林病虫害防治，主要进行人工防治，采用药效喷施。杨家湾林区的树木、梓木、刺楸和泡桐受到二星叶甲虫的危害，二星叶甲虫具有传播快、危害大，危害面积达5800亩。乡人民政府组织农民施用一些土农药进行防治，挽救虫害面积3200亩。1984年，对森林病虫害防治采取“防重于治、积极消灭”的方针。1986年，农村大力宣传“三分造、七分管、一时造、长期管”的保护森林原则，雍阳区林业站配制石硫合剂发到大队，做好森林虫害防治。1994年，开展病虫害防治监测工作。1998—1999年，原鱼河乡境内山林发生螽斯、云斑天牛2种病虫危害，省林业厅、州林业局无偿提供防治药品和器械，组织人员及时防治、扑灭害虫。2005年，发放松褐天牛诱捕器，建立由交通、工商、邮政等10部门参加的松材线虫病防控防御体系。2012年，对松材线虫病、松赤枯病、经济林病虫害、松褐天牛、小蠹虫、思茅松毛虫、云南松毛虫、银杏大蚕蛾等森林进行监测和防治，对种子、苗木和木材进行产地检疫。

### 三、森林防火

1983年以前，每年各联防区都要召开防区内区、公社、大队、生产队干部和群众代表参加的森林防火会议，制定联防公约，明确责任，宣传护林防火政策规定，在集市、学校、街道、公路旁书写张贴护林防火宣传标语，教育群众不在林内和林绿地带铲灰积肥，不在大风天和没有备好打火工具情况下烧田土坎和作物秸秆。1984年12月后，森林火灾案件交由林业公安派出所处理。1988年起，每年县乡政府都要下发文件部署森林防火工作，县与乡（镇）、乡（镇）与村签订森林防火责任状，成立扑火队，购置消防器材，开展森林防火演练。2001年，大力宣传新修订的《森林防火条例》，定期到学校开展森林防火安全教育课。同时学校将“禁火令”发给每个学生，开展“小手牵大手”活动，杜绝野外用火。2012年，县为乡（镇）配置风力灭火器机、油锯、风力灭火枪、柴刀、防火服、强光电筒等，发放《黔南州人民政府禁火令》，在中小学校开展以写一篇森林防火作文、出一期森林防火“黑板报”、给家长写一封森林防火信、写一条森林防火标语、上一堂森林防火课为内容的“五个一”森林防火宣传教育活动。到重点防火单位开展森林防火知识培训，提倡鲜花祭祀，树立文明新风。12月，县政府出台《瓮安县人民政府禁止野外用火管理办法》和《瓮安县人民政府野外禁火令》，森林火灾得到有效防治。

## 第二节　森林开发与利用

### 一、旅游开发利用

西坡省级森林公园位于银盏镇境内，距瓮安县城6公里，离银盏镇新华村1公里，海拔1000～1600米，景区森林覆盖面积4102.5亩，主要以森林、果园、溶洞为一体的自然景观。

1997年起，瓮安县林业局、银盏乡人民政府开始对西坡森林公园规划建设与开发，编制《瓮安县西坡森林公园可行性研究报告》，2000年10月，经贵州省林业厅组织有关专家评审通过“瓮安县西坡省级森林公园”评审意见。2004年，瓮安县西坡省级森林公园开始编制建设详规。2005年，经省、州批准投资128.4万元进行建设。

瓮安县西坡省级森林公园在景点建设投资10万元；服务管理设施建设投资36万元；基础设施建设投资35.4万元；景区保护与绿化工程投资47万元。其中建梨花楼一座，300平方米景区接待站1个，建筑线路1000米，游览古道整修1.7公里，停车场600平方米，游客容量约2万人次。属于朱家山国家森林公园景区之一。

### 二、林副产品开发与利用

**林地养殖**　2006年，在省林业厅的支持下，在国有林场西坡分场的大黄沟选址建立养猪场。采取干部、职工集资入股方式筹集资金，购买仔猪进行饲养。后饲养能繁母猪，县畜牧局无偿赠送种公猪2头，开始自繁自养，成为具有一定规模的县直机关示范养猪场。

**木材加工与经营** 1978年以后，木材生产及销售由林业局下设的木材生产股负责。1993年起，木材加工销售发展较快，木材加工商人到境内办家具厂，所需木材从县木材公司和国有林场购进，严禁购买无证“黑材”。1998—1999年，商品材生产仍按州林业局下达的年度计划采伐，但乡林业站不再参与组织生产，由木材公司到乡落实计划，申请办理采伐许可证后组织生产，自行经营管理和销售。2000年，开始实施天然林保护工程，划定天然林保护区，严禁采伐，实行天然林禁伐。2000—2011年，商品材生产基本停止，仅对雪压木、风倒木和病虫危害的枯木进行采伐。2015年，境内有3家木材加工厂。

# 第四篇　人口　民情

WENGANXIANYINZHAN ZHENZHI

瓮安县银盏镇志（620-2015）

# 第一章　人　口

## 第一节　数量

新中国成立前，境内人口出生率高，死亡率亦高，增长缓慢。男女结婚，无计划生育，多数生育七八个孩子，但成活只有三四个。新中国成立后，随着人民生活和医疗卫生条件的改善，人口数量逐步转变为“高出生、低死亡、高增长”的态势。

1953年，全国第一次人口普查，原银盏乡境内总人口数2903人，其中男1488人、女1415人。1964年，全国第二次人口普查，银盏人民公社总人口数5633人，其中男2867人、女2766人，比第一次人口普查增加2730人，增长94%。由于人口自然增长较快，1975年计划生育政策逐步推行，到1979年，开始执行计划生育政策。1982年全国第三次人口普查，原银盏人民公社总人口数10913人（男5479人、女5434人），比第二次人口普查增加5280人，增长93.73%。1990年全国第四次人口普查，原银盏乡总人口12425人，比1982年（第三次人口普查）增加1512人，增长13.85%。在此以后，党和政府高度重视人口的发展，加大了宣传力度，采取各种措施，控制人口增长，实行计划生育。到2000年，机关单位职工、广大农村村民大部分生育观念转变。2000年11月1日，第五次人口普查，原银盏乡总人口数13638人（男7001人、女6637人）比第四次人口普查增加1213人，增长9.76%。2010年11月1日，第六次全国人口普查，原银盏乡总人数16836人，其中男8870人、女7966人，比第五次人口普查增加3198人，增长23.45%。

**1953—2009年银盏乡（公社）行政区域人口统计表**

表4—1　　单位：户、人

| 人口普查次序 | 年份 | 总户数 | 总人口数 | 男 | 女 |
|---|---|---|---|---|---|
| 一次 | 1953 | 680 | 2903 | 1488 | 1415 |
| 二次 | 1964 | 1226 | 5633 | 2867 | 2766 |
| 三次 | 1982 | 2111 | 10913 | 5479 | 5434 |
| | 1983 | 2027 | 11007 | 5516 | 5491 |
| | 1984 | 2012 | 11201 | 5664 | 5537 |
| | 1985 | 2060 | 11298 | 5761 | 5537 |
| | 1986 | 2231 | 11375 | 5766 | 5609 |

续表4—1

| 人口普查次序 | 年份 | 总户数 | 总人口数 | 男 | 女 |
|---|---|---|---|---|---|
| | 1987 | 2483 | 11551 | 5794 | 5757 |
| | 1988 | 2500 | 11664 | 5886 | 5778 |
| | 1989 | 2515 | 11766 | 5936 | 5830 |
| 四次 | 1990 | 2671 | 12425 | 6296 | 6129 |
| | 1991 | 2779 | 12726 | 6519 | 6207 |
| | 1992 | 2859 | 12807 | 6449 | 6358 |
| | 1993 | 2939 | 12843 | 6476 | 6367 |
| | 1994 | 2003 | 12881 | 6495 | 6386 |
| | 1995 | 3096 | 12935 | 6516 | 6419 |
| | 1996 | 3507 | 13194 | 6734 | 6460 |
| | 1997 | 3362 | 13329 | 6710 | 6619 |
| | 1998 | 3370 | 13352 | 6750 | 6602 |
| | 1999 | 3545 | 13420 | 6773 | 6647 |
| 五次 | 2000 | 3571 | 13638 | 7001 | 6637 |
| | 2001 | 3610 | 13904 | 7174 | 6730 |
| | 2002 | 3630 | 14144 | 7294 | 6850 |
| | 2003 | 3630 | 14129 | 7008 | 7061 |
| | 2004 | 3696 | 14180 | 7189 | 6991 |
| | 2005 | 3737 | 14310 | 7247 | 7063 |
| | 2006 | 3876 | 14631 | 7426 | 7205 |
| | 2007 | 3910 | 14786 | 7505 | 7281 |
| | 2008 | 4131 | 14902 | 7594 | 7308 |
| | 2009 | 4431 | 15146 | 7786 | 7360 |
| 六次 | 2010 | 4290 | 16836 | 8870 | 7966 |
| | 2011 | 4864 | 15828 | 8030 | 7798 |

2012—2015年银盏镇行政区划内人口统计表

表4—2　　单位：户、人

| 年份 | 总户数 | 总人口数 | 男 | 女 |
|---|---|---|---|---|
| 2012 | 11085 | 33906 | 17342 | 16564 |
| 2013 | 11221 | 34284 | 17561 | 16723 |
| 2014 | 11302 | 34609 | 17714 | 16895 |
| 2015 | 17103 | 56450 | 29270 | 27180 |

## 第二节　分布与构成

### 一、人口分布

境内人口主要集中居住在坝子、丘陵地带，边远山区居住较分散，人口较少。2015年，银盏镇8个村2个社区共180个村民组，总人口56450人。其中银盏村4264人，占总人口的7.85%；太平社区 3729人，占总人口的6.87%；穿洞村3234人，占总人口的5.95%；飞练社区4468人，占总人口的8.23%；木老坪村3248人，占总人口的5.98%；印山村3570人，占总人口的6.57%；大寨坪村2878人，占总人口的5.33%；新华村4608人，占总人口的8.48%；岩根河村9053人，占总人口的16.67%；新场村8806人，占总人口的16.22%。2015年人口密度较大的是太平社区、飞练社区，分别为每平方公里396人和301人，其它村（社区）均在300人以内。

2013年银盏镇各村人口分布、密度一览表

表4—3

| 村名 | 面积（平方公里） | 人口（人） | 密度（人/平方公里） | 占总人数% |
|---|---|---|---|---|
| 银盏 | 17.2 | 4264 | 246 | 7.85 |
| 太平 | 10.6 | 3729 | 396 | 6.87 |
| 穿洞 | 18.61 | 3234 | 231 | 5.95 |
| 飞练 | 14.8 | 4468 | 301 | 8.23 |
| 木老坪 | 23.94 | 3248 | 254 | 5.98 |
| 印山 | 15.7 | 3570 | 227 | 6.57 |
| 大寨坪 | 19.5 | 2898 | 155 | 5.33 |
| 新华 | 20.5 | 4608 | 253 | 8.48 |
| 岩根河 | 40 | 9053 | 226 | 16.67 |

续表4—3

| 村名 | 面积（平方公里） | 人口（人） | 密度（人/平方公里） | 占总人数% |
|---|---|---|---|---|
| 新场 | 16.65 | 8806 | 191 | 16.22 |
| 合计 | 197.5 | 47878 | 242 | — |

## 二、性别构成

新中国成立前，由于经济、文化、医疗卫生等条件差，重男轻女的封建观念较深，女婴和妇女死亡率较高，境内人口性别比趋于失调。

新中国成立后，人口性别比构成逐渐平衡。1953年，全国第一次人口普查银盏乡境内总人口数2903人，以女性人口数为100与男性人口数对比计算的男性人口数性别比为105.15%，亦在正常范围内。1964年第二次人口普查，性别比为103.65%。1982年第三次人口普查，性别比为100.82%。1990年第四次人口普查性别比为102.72%。2000年第五次人口普查，性别比为105.48%，属正常范围。2010年第六次人口普查，性别比为111.34%，趋于失调。到2015年，全镇性别比为106.33，属正常范围。

### 1953—2015年银盏镇（乡、公社）人口性别比统计表

表4—4　　单位：户、人

| 年份 | 总户数 | 总人口数 | 男 | 女 | 性别比（女=100） |
|---|---|---|---|---|---|
| 1953 | 680 | 2903 | 1488 | 1415 | 105.15 |
| 1964 | 1226 | 5633 | 2867 | 2766 | 103.6 |
| 1982 | 2111 | 10913 | 5479 | 5434 | 100.8 |
| 1983 | 2027 | 11007 | 5516 | 5491 | 100.45 |
| 1984 | 2012 | 11201 | 5664 | 5537 | 102.29 |
| 1985 | 2060 | 11298 | 5761 | 5537 | 104.04 |
| 1986 | 2231 | 11375 | 5766 | 5609 | 102.79 |
| 1987 | 2483 | 11551 | 5794 | 5757 | 100.64 |
| 1988 | 2500 | 11664 | 5886 | 5778 | 101.86 |
| 1989 | 2515 | 11766 | 5936 | 5830 | 101.81 |
| 1990 | 2671 | 12425 | 6296 | 6129 | 102.72 |
| 1991 | 2779 | 12726 | 6519 | 6207 | 102.48 |

续表4—4

| 年份 | 总户数 | 总人口数 | 男 | 女 | 性别比（女=100） |
|---|---|---|---|---|---|
| 1992 | 2859 | 12807 | 6449 | 6358 | 101.43 |
| 1993 | 2939 | 12843 | 6476 | 6367 | 101.71 |
| 1994 | 2003 | 12881 | 6495 | 6386 | 101.70 |
| 1995 | 3096 | 12935 | 6516 | 6419 | 101.51 |
| 1996 | 3507 | 13194 | 6734 | 6460 | 104.24 |
| 1997 | 3362 | 13329 | 6710 | 6619 | 101.37 |
| 1998 | 3370 | 13352 | 6750 | 6602 | 102.24 |
| 1999 | 3545 | 13420 | 6773 | 6647 | 101.89 |
| 2000 | 3571 | 13638 | 7001 | 6637 | 105.48 |
| 2001 | 3610 | 13904 | 7174 | 6730 | 106.59 |
| 2002 | 3630 | 14144 | 7294 | 6850 | 106.48 |
| 2003 | 3630 | 14129 | 7008 | 7061 | 99.24 |
| 2004 | 3696 | 14180 | 7189 | 6991 | 102.83 |
| 2005 | 3737 | 14310 | 7247 | 7063 | 102.60 |
| 2006 | 3876 | 14631 | 7426 | 7205 | 103.06 |
| 2007 | 3910 | 14786 | 7505 | 7281 | 103.07 |
| 2008 | 4131 | 14902 | 7594 | 7308 | 103.91 |
| 2009 | 4431 | 15146 | 7786 | 7360 | 105.78 |
| 2010 | 4290 | 16836 | 8870 | 7966 | 111.34 |
| 2011 | 4864 | 15828 | 8030 | 7798 | 102.97 |
| 2012 | 11085 | 33906 | 17342 | 16564 | 104.69 |
| 2013 | 11221 | 34284 | 17561 | 16723 | 105.01 |
| 2014 | 11302 | 34609 | 17714 | 16895 | 104.84 |
| 2015 | 17103 | 56450 | 29270 | 27180 | 106.33 |

## 三、民族构成

1990年全国第四次人口普查，银盏乡境内总人口12425人，有6个民族，其中汉族11864人、少数民族561人（布依族4人、苗族508人、壮族40人、彝族6人、回族3人），少数民族占总人口的4.51%。2000年第五次人口普查，总人口数13638人，其中汉族12911人、布依族12人、苗族655人、水族19人、土家族20人、回族15人、满族6人，少数民族占总人口的5.32%。

2010年第六次人口普查，全乡总人口16836人，其中布依族26人、苗族716人、水族25人、侗族1人、土家族30人、仡佬族53人、满族1人、藏族13人、哈尼族3人，少数民族占总人口的5.16%。至2015年年底，经两次行政区划调整后的银盏镇人口数量增加，民族组成发生变化，全镇总人口56450人，少数民族3405人，少数民族占总人口的6.03%，其中布依族占总人口的0.46%、苗族占总人口的4.43%、水族占总人口0.11%、侗族占总人口的0.16%、瑶族占总人口的0.015%、壮族占总人口的0.031%、彝族占总人口的0.11%、土家族占总人口的0.23%、仡佬族占总人口的0.29%、满族占总人口的0.01%、白族占总人口的0.01%、黎族占总人口的0.01%。

### 1988—2015年银盏镇（乡）各族人口统计表

表4—5　　　　　　　　　　　　　　　　　　　　　　　　单位：人

| 年份 | 总人口数 | 少数民族 | 布依族 | 苗族 | 水族 | 侗族 | 毛南族 | 瑶族 | 壮族 | 彝族 | 土家族 | 回族 | 仡佬族 | 满族 | 白族 | 藏族 | 哈尼族 | 黎族 | 朝鲜族 |
|---|---|---|---|---|---|---|---|---|---|---|---|---|---|---|---|---|---|---|---|
| 1988 | 11664 | 442 | 5 | 425 | — | — | — | — | — | — | — | — | 12 | — | — | — | — | — | — |
| 1990 | 12425 | 561 | 4 | 508 | — | — | — | — | 40 | 6 | — | 3 | — | — | — | — | — | — | — |
| 1991 | 12592 | 572 | 4 | 518 | — | — | — | — | 40 | 6 | — | 3 | 1 | — | — | — | — | — | — |
| 1992 | 12807 | 547 | 4 | 509 | — | — | — | — | 30 | 5 | 5 | 2 | 1 | — | — | — | — | — | — |
| 1993 | 12843 | 560 | 5 | 510 | — | — | — | — | 30 | 5 | 5 | 4 | 1 | — | — | — | — | — | — |
| 1994 | 12915 | 501 | — | 482 | — | 1 | — | — | — | — | 13 | 4 | 1 | — | — | — | — | — | — |
| 1995 | 13089 | 538 | 13 | 506 | 2 | — | — | — | — | — | 12 | 4 | 1 | — | — | — | — | — | — |
| 1996 | 13302 | 562 | 2 | 514 | 20 | 1 | — | — | — | — | 15 | 6 | 1 | 3 | — | — | — | — | — |
| 1997 | 13450 | 590 | 4 | 539 | 20 | 1 | — | — | — | — | 15 | 6 | 1 | 3 | — | — | — | — | — |
| 1998 | 13508 | 662 | 6 | 601 | 23 | — | — | — | — | — | 20 | 7 | 1 | 4 | — | — | — | — | — |
| 1999 | 13680 | 691 | 9 | 628 | 18 | 1 | — | — | — | — | 20 | 9 | 1 | 5 | — | — | — | — | — |
| 2000 | 13638 | 727 | 12 | 655 | 19 | — | — | — | — | — | 20 | 15 | — | 6 | — | — | — | — | — |
| 2001 | 13904 | 742 | 13 | 658 | 22 | — | — | 4 | — | — | 20 | 15 | 4 | 6 | — | — | — | — | — |
| 2002 | 14001 | 758 | 13 | 669 | 23 | — | — | 5 | — | — | 21 | 16 | 5 | 6 | — | — | — | — | — |

续表4—5

| 年份 | 总人口数 | 少数民族 | 布依族 | 苗族 | 水族 | 侗族 | 毛南族 | 瑶族 | 壮族 | 彝族 | 土家族 | 回族 | 仡佬族 | 满族 | 白族 | 藏族 | 哈尼族 | 黎族 | 朝鲜族 |
|---|---|---|---|---|---|---|---|---|---|---|---|---|---|---|---|---|---|---|---|
| 2003 | 14201 | 761 | 39 | 631 | 9 | — | — | — | 10 | 2 | 3 | 30 | 17 | 6 | 14 | — | — | — | — |
| 2004 | 14421 | 780 | 6 | 667 | 19 | 1 | — | — | — | 4 | 20 | 2 | 47 | 1 | 1 | 12 | — | — | — |
| 2005 | 14501 | 782 | 6 | 669 | 19 | 1 | — | — | — | 4 | 20 | 2 | 47 | 1 | 1 | 12 | — | — | — |
| 2006 | 14711 | 782 | 6 | 669 | 19 | 1 | — | — | — | — | 21 | 2 | 47 | 1 | 1 | 12 | 3 | — | — |
| 2007 | 14901 | 786 | 5 | 676 | 19 | 1 | — | — | — | — | 21 | 2 | 47 | 1 | — | 12 | 3 | — | — |
| 2008 | 15012 | 803 | 9 | 686 | 19 | — | — | — | — | — | 23 | — | 50 | 1 | — | 12 | 3 | — | — |
| 2009 | 15209 | 826 | 15 | 693 | 23 | — | — | — | — | — | 26 | — | 52 | 1 | — | 13 | 3 | — | — |
| 2010 | 16836 | 869 | 26 | 716 | 25 | 1 | — | — | — | — | 30 | — | 53 | 1 | 1 | 13 | 3 | — | — |
| 2011 | 15828 | 1027 | 40 | 814 | 27 | 11 | 2 | 2 | 4 | 4 | 36 | 4 | 63 | 1 | 1 | 13 | 5 | — | — |
| 2012 | 33906 | 1964 | 111 | 1504 | 49 | 39 | 4 | 5 | 4 | 33 | 80 | 7 | 100 | 5 | 5 | 13 | 5 | — | — |
| 2013 | 34284 | 2075 | 127 | 1562 | 51 | 41 | 4 | 6 | 6 | 37 | 95 | 6 | 111 | 5 | 6 | 13 | 5 | — | — |
| 2014 | 34609 | 2120 | 132 | 1584 | 45 | 51 | 2 | 7 | 7 | 33 | 99 | 6 | 117 | 6 | 6 | 12 | 5 | 6 | 2 |
| 2015 | 56450 | 3405 | 269 | 2526 | 66 | 91 | 8 | 9 | 18 | 66 | 134 | 9 | 168 | 6 | 9 | 13 | 5 | 6 | 2 |

# 第二章　计划生育

1978年，为控制人口过快增长，贯彻落实计划生育政策，银盏公社设立计划生育专职干部1人，负责全社计划生育工作。1991年11月，“撤区建乡”更名为“银盏乡计划生育股”。1998年，设立为“乡计划生育办公室”。2014年，“区镇合一”后，成立“银盏镇卫生和计划生育办公室”。

## 第一节　政策宣传

1962年,中共中央和国务院《关于认真提倡计划生育的指示》下达后，银盏公社党委、管委会按照瓮安县委、县人委的安排开始了节制生育、控制人口增长的宣传。1971 年7月，国务院批转《关于做好计划生育的报告》，银盏公社党委、管委会组织宣传“一个不少,两个正好，三个多了”的生育政策，教育群众节制生育。1974 年，宣传“晚、稀、少”的生育原则。1979 年,开始执行计划生育政策，宣传“晚婚、晚育、少生、优生”和“奖一罚三”（只生一胎者奖，生三胎及以上者罚）的规定。1980 年9月，贯彻中共中央《关于控制我国人口增长问题致全体共产党员、共青团员的公开信》，号召党团员带头只生一个孩子，严格控制第二胎，坚决刹住第三胎，把人口出生率降下来。1982年，贯彻“计划生育是我国的一项基本国策”和“三无”（无计划外生育，不准生育的育龄夫妇无不落实节育措施，无大月份引产）措施。1983年以后，贯彻“普遍提倡和推行一对夫妇只生一个孩子，有两个孩子以上的育龄夫妇要落实永久性结扎措施”，坚决把多胎生育率大幅度降下来的生育政策。1984年，贯彻人口自然增长率控制在10‰以下的决定。1988年宣传贯彻“一胎上环，二胎结扎，三胎又扎又罚”，严肃处理破坏计划生育的案件和违反计划生育政策的人和事。1999年,宣传贯彻“两种生产一齐抓”（一手抓工农业生产，一手抓人口再生产），使计生工作走向经常化和制度化。1995年，宣传落实计划生育“三结合”(农村计划生育工作同发展经济、帮助农民勤劳致富奔小康、建设文明幸福家庭相结合)“三为主”(以宣传教育为主、避孕为主、经常性工作为主)方针。2000年,进行计划生有工作“村为主”（计划生育工作主要由村党支部、村委会及村级网络主动经常抓)的宣传落实。2002年9月起，《中华人民共和国人口与计划生育法》施行，对计划生育工作进行综合改革宣传教育，计划生育工作步入属地管理、依法管理的轨道。同时，宣传落实《贵州省人口与计划生育条例》。按照综合改革的精神，2003年，全面启动计划生育村民自治，制定乡规民约、自我管理、自我约束，育龄夫妇与政府签订计划生育合同，将计划生育纳入法制化管理。2004年，乡党委制定《关于开展计划生育优质服务创建活动的实施方案》，乡政府制定《银盏乡“出生缺陷干预”方案实施意见》。 坚持以人为本、全面发展为中心，以改进计划生育管理与服务为重点，以最大限度满足人民群众需要为目标，把有效限制人口过快增长，实现优生优育，提高人口素质与增进群众生殖健康和家庭幸福统一起来，以优质服务的理念和运作方式推进新的管理机制的建立和落实，使人口与计划生育工作真正成为造福于人民群众的事业。2009年宣传《中共中央、国务院关于全面加强人口与计划生育工作统筹解决人口问题的决定》和《中共贵州省委、贵州省人民政府关于全面加强人口与计划生育工作统筹解决人口问题的意见》，坚持用科学发展观统筹人口与计生工作，建立人口与计生工作长效机制，解决人口与计生工作存在的问题，使人口与计生工作协调发展。2009年9月，宣传《贵州省人口与计划生育条例修正案》，落实取消生育间隔年限政策。2014年5月，宣传“单独二孩”政策。2015年10月，宣传全面放开二孩政策。

## 第二节　人口管理与服务

### 一、人口计生管理

1950年至20世纪60年代，生育还处于无节制状态，20世纪60年代中期才开始进行计划生育工作，但人口自然增长仍持续居于高峰位置。1971年，卫生部、商业部、燃化部《关于做好计划生育工作的报告》，动员有三个小孩以上的育龄夫妇一方采取节育措施。1979年7月，贯彻《贵州省计划生育暂行办法》，提倡一对夫妇只生育一个孩子，限制生育第三胎政策，采取多种形式宣传，改变群众的生育观念。

2008年，乡卫生院配备2台电脑，实行网络化信息传输管理。2013年，更新配置相应的设备，计算机增至20台，提高信息完整率、准确率。

1978—1998年，实行行政执法，主要利用行政措施推动计划生育工作。1999—2011年，以宣传贯彻人口与计划生育政策、法规为主，创新机制稳定低生育水平。建立健全各项规章制度，规范计生干部行为。

2000—2015年，推行计划生育村（居）民自治。各村制定《村规民约》和《村民自治章程》。按照县委、县政府《关于全面加强人口和计划生育工作确保实现“双降”目标的实施意见》，进行人口计生基层群众自治，实现群众计划生育自我教育、自我管理、自我服务。

## 二、计生奖励规定

从1982年1月1日起，行政、企事业单位职工达到晚婚年龄的，给予延长婚假10天的照顾。晚婚后生育的，产假从56天延长到80天。产假期间，工资照发，不影响提职提薪。农村社员晚婚、晚育的应予表扬，有条件的社队也可以给予适当物质奖励。

行政、企事业单位（含集体所有制）职工的独生子女（不包括收养子女），每月奖励保健费4元，产假期间领取独生子女证的，另增加产假100天。农村社员的独生子女每年发给保健费48元，并划分两份责任地。保健费发至小孩年满14周岁止。独生子女入托、入学、就医、住房分配，以及招工、招干、招生，在同等条件下予以优先照顾。

2006年，对年满60周岁而不符合国家奖励扶助制度的农村独生子女户和二女结扎户夫妇实行奖励扶助，每人每月发给40元的养老扶助金。农村独生子女户、二女结扎户夫妇不满60周岁死亡的，死亡一方一次性补助1000元。子女不满18周岁死亡的，一次性补助2000元。农村独生子女户、二女结扎户的农村合作医疗费由政府全额缴纳，报销比例提高10%。

2008年，对节育并发症对象按月发放救助金，分别是四等200元、三等300元、二等400元。

2009年，对实行计划生育的家庭、手术并发症对象的补助进行规范和完善。把城镇居民零就业计生“两户”家庭纳入同农村计生“两户”家庭同等对待。

2012年9月起，全面落实计划生育家庭奖励、保障、救助、优惠“四项制度”。

### （一）计划生育家庭奖励制度

子女2011年1月1日以后出生，按规定落实长效避孕节育措施，子女在十八周岁前办理并获得“独生子女父母光荣证”（“独生子女证”）的家庭，独生子女父母一次性奖励费从100元至500元，提高到500元至1000元。

子女2011年1月1日以前出生，在十八周岁前办理“独生子女父母光荣证”或“独生子女证”家庭仍然享受原奖励标准。

凡获得“独生子女证”，并按规定落实长效避孕节育措施的，均可领取独生子女保健费至子女在14周岁为止，标准从每月不低于5元，提高到每月不低于10元。

夫妻双方均为农业户口，依法可以生育两个子女（含依法生育两个子女后死亡一个子女的家庭，根据现行政策可再生育一个子女的家庭。），并自愿放弃政策内二孩生育并夫妻一方在49周岁前，落实长效避孕节育措施的一次性奖励6000元。

2011年1月1日以后出生并办理“独生子女父母光荣证”，符合上述条件的家庭，自愿放弃政策内二孩生育的独子户和独女户均统一按照6000元的标准执行。

夫妻双方均为农业户口的计生“两户”（含“半边户”中农业户口的一方）；按规定落实长效避孕节育措施的，按规定时间参加生殖健康检查服务的，未满60周岁的夫妻双方或一方，每人每年领取不低于300元计划生育节育费。

### （二）计划生育家庭保障制度

1933年1月1日以后出生，1973年以来依法生育或收养子女；现存一个子女或两个女孩或子女死亡现无子女；夫妻双方为农业户口（含“半边户”中农业户口的夫妻一方），且年满60周岁的，每人每年领取农村部分计划生育家庭奖励扶助金从720元提高到不低于1200元。

夫妻双方均为农业户口的“两户”夫妻和子女死亡的计生无孩户（含“半边户”中农业户口的一方）及16周岁至22周岁的农业户口未婚子女（不含在校生）；按规定落实长效避孕节育措施的，每年给予不低于70元的缴费补贴。

夫妻双方均为农业户口的计生“两户”和子女死亡的计生无孩户（含“半边户”中农业户口的一方）；夫妻年满60周岁的，基础养老金月补贴不低于120元。

农村低保家庭成员在其享受基本保障金的基础上，每年按照不低于当地农村低保保障标准20%的比例增发补助。

夫妻年满60周岁后，优先入住老年公寓或敬老院，并给予每人年均不低于3000元的补贴。

城镇独生子女家庭，纳入最低生活保障的，夫妻双方年满60周岁，每人每年领取不低于1200元的奖励扶助金。

夫妻双方均为农业户口的计生“两户”和子女死亡的计生无孩户夫妻（含“半边户”中农业户口的一方），按规定落实长效避孕节育措施的，在城镇工作一定年限且有稳定收入的，可申请租赁或者购买工作地保障性住房并给优先照顾。

### （三）计划生育家庭救助制度

独生子女户夫妻，子女伤残三级以上或确认死亡；妻子年满49周岁的，每人每年领取1200元，提高到不低于2000元。

达三级以上对应等级的节育并发症受术者，从每人每年领取1200元，提高到一级3600元、二级2400元、三级2000元。

独生子女死亡的，一次性发放抚慰金3万元；独生子女伤残等级3级及以上的，一次性发放抚慰金2万元；独生子女伤残等级4级，一次性发放抚慰金1万元。

### （四）计划生育家庭优惠制度

夫妻双方均为农业户口的计生“两户”　和子女死亡的计生无孩户夫妻（含“半边户”中农业户口的一方），按规定落实长效避孕节育措施，居住房屋属于危房的，优先优惠。

夫妻双方均为农业户口的计生“两户”和子女死亡的计生无孩户夫妻（含“半边户”中农业户口的一方）及其18周岁以下的未成年子女，按规定落实长效避孕节育措施的，凡子女在18周岁前，子女学前教育入学优先、适度减免费用，高中教育优先享受国家助学金每年不低于1500元；子女进入普通高校学习的应给予一次性奖励。扶贫开发提供的资金和物资在帮扶标准基础上提高30%；种粮、农机、牲畜繁育、家电下乡等在基本直接补贴标准上提高不低于30%；饮水安全工程免入户材料费和安装费；划拨宅基地、征地拆迁补偿、分配集体资产和福利时增加一人份额优惠。

夫妻双方及子女均为农业户口，按规定落实长效避孕节育措施；计生独女户和二女户中的女孩考生，在参加全国普通高考报考省内院校时给予加10分的照顾，参加全省中考时给予加10分的照顾。

### 三、出生人口性别比综合管理

1999年，出生人口性别比出现高峰，达到性别比的126.86，通过整治，回落到正常范围。2009年又出现上升趋势，乡开展集中整治活动，进行查处与处罚，出生人口性别比从121.21下降到2015的108.25，在正常范围之内。

2005年，开始开展综合治理出生人口性别比工作。2010年5月1日，遵照县委常委会议落实专项经费、配备办公等设备，制定关爱女孩行动，打击“非医学需要的胎儿性别鉴定和选择性别的人工终止妊娠行为”等一系列工作措施，把治理性别比工作纳入人口和计划生育目标管理考核。2011年4月，出台《瓮安县综合治理出生人口性别比管理规定》，落实相关管理制度，加强终止妊娠手术和妊娠药品管理与孕情全程包保制度，防止非法鉴定胎儿性别和选择性别人工终止妊娠，孕情消失，遗弃女婴的事件发生。

#### 1950—2015年银盏镇（乡）出生人口性别比一览表

表4—6　　单位：人

| 年份 | 出生总数 | 男 | 女 | 性别比 | 年份 | 出生总数 | 男 | 女 | 性别比 |
|---|---|---|---|---|---|---|---|---|---|
| 1950 | 457 | 213 | 244 | 87.30 | 1963 | 848 | 426 | 422 | 100.95 |
| 1951 | 434 | 218 | 216 | 100.93 | 1964 | 741 | 355 | 386 | 91.97 |
| 1952 | 617 | 296 | 321 | 92.21 | 1965 | 873 | 459 | 414 | 110.87 |
| 1953 | 561 | 262 | 299 | 87.63 | 1966 | 877 | 474 | 403 | 117.62 |
| 1954 | 595 | 295 | 300 | 98.33 | 1967 | 846 | 449 | 397 | 118.47 |
| 1955 | 631 | 315 | 316 | 99.68 | 1968 | 1009 | 530 | 479 | 110.65 |
| 1956 | 495 | 248 | 247 | 100.40 | 1969 | 901 | 456 | 445 | 102.47 |
| 1957 | 545 | 283 | 262 | 108.02 | 1970 | 988 | 516 | 472 | 109.32 |
| 1958 | 495 | 242 | 253 | 95.65 | 1971 | 946 | 504 | 442 | 114.03 |
| 1959 | 333 | 189 | 144 | 131.25 | 1972 | 1056 | 528 | 528 | 100.00 |
| 1960 | 289 | 133 | 156 | 85.26 | 1973 | 1070 | 544 | 526 | 103.42 |
| 1961 | 234 | 114 | 120 | 95.00 | 1974 | 1189 | 587 | 602 | 97.51 |
| 1962 | 776 | 387 | 389 | 99.49 | 1975 | 1203 | 591 | 612 | 96.57 |

续表4—6

| 年份 | 出生总数 | 男 | 女 | 性别比 |
|---|---|---|---|---|
| 1976 | 1004 | 487 | 517 | 94.20 |
| 1977 | 784 | 372 | 412 | 90.29 |
| 1978 | 951 | 459 | 492 | 93.29 |
| 1979 | 1111 | 517 | 594 | 87.04 |
| 1980 | 1078 | 488 | 590 | 82.71 |
| 1981 | 1379 | 617 | 762 | 80.97 |
| 1982 | 1291 | 558 | 733 | 76.13 |
| 1983 | 1125 | 497 | 628 | 79.14 |
| 1984 | 1200 | 482 | 718 | 67.13 |
| 1985 | 1114 | 531 | 583 | 91.08 |
| 1986 | 1384 | 568 | 816 | 69.61 |
| 1987 | 1582 | 658 | 924 | 71.21 |
| 1988 | 1479 | 635 | 844 | 75.24 |
| 1989 | 1417 | 635 | 782 | 81.20 |
| 1990 | 1323 | 614 | 709 | 86.60 |
| 1991 | 1053 | 488 | 565 | 86.37 |
| 1992 | 1050 | 508 | 542 | 91.73 |
| 1993 | 1020 | 500 | 520 | 96.15 |
| 1994 | 872 | 454 | 418 | 108.61 |
| 1995 | 952 | 478 | 474 | 100.84 |
| 1996 | 879 | 424 | 455 | 91.50 |
| 1997 | 937 | 516 | 421 | 122.57 |
| 1998 | 785 | 402 | 383 | 104.96 |
| 1999 | 701 | 392 | 309 | 126.86 |
| 2000 | 719 | 379 | 340 | 111.47 |
| 2001 | 752 | 394 | 358 | 110.06 |
| 2002 | 695 | 379 | 316 | 119.94 |
| 2003 | 656 | 351 | 305 | 115.08 |
| 2004 | 710 | 376 | 334 | 112.57 |
| 2005 | 711 | 368 | 343 | 107.29 |
| 2006 | 788 | 404 | 384 | 105.21 |
| 2007 | 843 | 448 | 395 | 113.42 |
| 2008 | 962 | 523 | 439 | 119.03 |
| 2009 | 918 | 503 | 415 | 121.21 |
| 2010 | 937 | 504 | 433 | 116.40 |
| 2011 | 971 | 530 | 441 | 120.18 |
| 2012 | 1055 | 559 | 496 | 112.71 |
| 2013 | 918 | 506 | 412 | 112.82 |
| 2014 | 825 | 442 | 383 | 115.40 |
| 2015 | 429 | 223 | 206 | 108.25 |

## 四、技术与生育服务

1975年以前，采取节育措施的妇女很少，技术服务工作相对薄弱。20世纪70年代中期开始计划生育后，银盏公社党委、管委会把技术指导服务作为推进计划生育的重要工作来抓。采取的主要技术措施是输精管结扎（男扎）、输卵管结扎（女扎）、放置宫内节育器（上环）、人流引产（人流）。初期，技术服务主要由公社卫生院承担。1991年11月，建立银盏计划生育宣传技术指导站，自此，计划生育技术服务主要由计生指导站承担，乡卫生院配合。站内技术人员通过培训，均能实施男女结扎、上环、人流、取环等手术，服务质量得到保证。

计划生育从以前的行政手段、强制措施向“以人为本，优质服务”的理念转变，推动人口和计划生育工作向“服务亲情化、管理精细化、跟踪全程化”发展。1995年，开始推行避孕方法知情选择。2000年，开始实施出生缺陷干预服务工程，大力推行生育妇女服用“福施福”“叶酸”营养素，完善乡（镇）村二级出生缺陷一级预防干预体系。2001年6月，国务院颁发《计划生育技术服务管理条例》，规定公民享有避孕方法知情选择权。2002年，全面开展避孕节育方法知情选择，让育龄夫妇充分了解生育政策和避孕节育知识。2003年，大力开展生殖健康服务，提高公民生殖健康水平，免费为育龄对象进行B超、白带常规、电子阴道镜、乳透等项目的生殖健康检查。2005年，开始推行计划生育全程管理服务，落实各部门的职责和任务。2012年，全镇包括流动人口在内的已婚育龄妇女建立生殖健康档案卡，实行免费孕前优先健康检查。

# 第三章　人民生活

## 第一节　收入

解放初，银盏人民也同全县人民一样，打土豪、分田地，农民每人分得了1～3亩的田土，开始在自己的土地上耕种庄稼，过上了自给自足的生活，除食盐、布料到市场购买外，粮食收获除少部分交售国家公余粮外，均可满足一年或一年多的食用粮食，经济收入一般可卖多余的粮食或蔬菜、辣椒、油菜籽等，家庭收入比较微薄，大部分农民一年卖一头猪，自家宰杀一头过年。1950—1959年，人均年收入不足200元。

1958年下半年搞人民公社化，办了八、九个大食堂，把农民家中所有食物、粮食收归大食堂内，安排几个人煮饭，过了几个月的“共产主义社会”生活。后来每个生产小队办集体食堂，开始还能吃饱，随后粮食定量，每人每顿限量3～4两大米，蒸罐罐饭，最后这点粮食也发不起，两三个月后，食堂垮台。由于食物缺乏，部分农民出现浮肿，农民叫粮食关。1961年，允许农民开荒种荞麦自救。1962年，粮食好转，又坚持集体化，以生产小队为核算单位，集体耕种粮食，一个生产小队生产的粮食，除上交国家公余粮，生产队留少量储备粮，生产大队提存一点，剩余的粮食按人七劳三分配，即人口基本口粮分配占70%，用于劳动工分分配占30%，生产队如有富余劳动力，可外出搞副业收入或本队搞副业创收。生产队的余粮钱（统一卖给国家）和各种副业收入，按劳动工分进行分红，各村各小队的经济收入有区别，所以劳动工分的分值有多有少，一个劳动日（10分，全勤劳作记10分）的分值有6～8角，也有1元左右的，也有2～3角的。

1968年以后，银盏的社队企业逐步兴起，到1970年以后，社队企业的效益有些好转，集体开煤厂、砖厂、砂石厂等方兴未艾，烤烟、油菜等经济作物种植面积大增，经济逐步复苏，人均年收入300元左右。

1962—1979年，由于处于计划经济时代，物资匮乏，买布凭布票，每人每年发3.3尺，买粮食需要粮票，人民生活不宽裕，不少人家的穿戴都是新三年，旧三年，缝缝补补又三年。

1980年土地承包，农民的生产积极性空前高涨，由于粮食连续几年丰收，带动了其它行业，为改善居住条件，砖、瓦、砂石厂如雨后春笋般兴起，物资交流渠道增多，市场开放，经济日趋活跃，磷、煤等矿产受到市场青睐。

实行土地承包，国家几次调整农副产品收购价，引进优良品种，合理安排富余劳动力进入各行业，经济收入不断增长。

根据1990年对银盏农村100户529人的定点实地调查，人均收入798.94元，人均总支出721.15元，年末人均存现金120元左右，户均使用房屋面积100平方米以上，人均粮食400公斤左右。

1990—2014年，银盏人民生活接近小康水平。根据2014年的调查统计，人均年收入为8250元，人均使用房屋面积为50平方米左右，人均年消费约6500元。

2010年以后，银盏农民已逐步享受合作医疗，生活实在困难的有低保，失地农民有社保，人民群众生活有了保障。

## 第二节　消费

1950—1980年，农民生活物质消费水平低下，生产技术落后。20世纪50年代，人均年消费水平不足200元。60年代，人均年消费也在400元左右。到70年代有所增长，一般在600元左右，到1990年人均年消费维持在800元左右。到2014年，人均年消费在7000元左右，较之20世纪50年代的消费水平提高30多倍，人们消费的领域扩大，不仅仅是生活水平大幅度提高，而且生活质量也大大提高。

20世纪80年代前，长期困扰人们的是吃饭问题。20世纪80年代后，由于土地承包制的实施，粮食优良品种的出现、推广，肥料的施用及农业生产技术的改进，解决了吃饭问题。在此基础上，人们开始将多余的钱用在衣、食、住、行、玩、乐方面。

2014年，人均年收入8250元，农民们把钱用在改善居住环境，改善生活条件，提高生活质量方面。

消费有两个重要的阶段，1976年国家恢复高考制度之后，根据统计90%以上的家庭都把多年的积蓄用于孩子读书方面。20世纪90年代后，人们又将消费转移到建房购房方面。2000年小轿车逐步进入家庭。根据统计，到2015年，全镇17103户中拥有小车的家庭为5140户，占总户数的30%，有40%的人家有交通运输车，70%的人家有摩托车。

银盏地势得天独厚，在岩根河矿山区，以磷矿为依托，民众收入颇丰，一般人家年收入都在十几万元以上，在县城购房的较多。在国家大力推进城镇化建设中，边远山区的农户或有地质隐患的村庄均搬迁到集市街道周围。人均消费从2000年的4000元上升至2015年7000多元。

## 第三节　服饰与日常用品

### 一、服饰

新中国成立前，境内民众大多穿木机编织土布染色的双兰布、单兰布和硫化兰布，衣、裤、鞋、袜均用手工缝制。男子穿布扣对襟上衣，女子穿布侧扣父母装。少数讲究的人家男穿布侧扣长衫，女穿长过膝的父母装。无论男女均以黑色丝帕或白布帕包头。富裕人家，男子均穿布鞋，贫穷人家，多穿草鞋或打赤脚。

20世纪50年代，机关干部中流行穿机制中山装，学生中流行穿机制学生装，社会上仍流行老款式。1954年，棉布凭票供应，人年均15尺。1958年以后，机织棉布取代了土布。1959—1961年3年困难时期，年人均只发布票3尺1寸。1964年，人均发布票增至1丈5尺7寸。1966 年以后，受“红卫兵”着装的影响，年轻人喜欢穿草绿色战士服，头戴黄军帽，脚穿黄军鞋。机关干部则喜欢穿有四个暗兜的军干服（或称干部服），少数人穿毛线衣。穿胶鞋（球鞋、水胶鞋）的人增多，少数人穿皮鞋。衣料以各色平纹布、斜纹卡机布、灯芯绒为主。70年代，部分男青年喜欢穿大翻领、小裤脚或喇叭裤，但被视为奇装异服，唯春秋衫、夹克衫为全社会接受。这一时期，衣料除棉布外，流行涤棉、涤确良、涤卡等化纤品。1984年，国家废除了棉布凭票供应。化纤织品越来越多，品种有涤卡、涤棉、涤确良、凡立丁等。毛线衣、皮鞋、呢绒、毛料衣服逐步进入城乡家庭。男子春夏秋三季多穿中山服、军干服、西式套装、各色衬衫、运动服等，冬季穿毛线衣、棉衣、军大衣、呢制服、呢大衣、哔叽大衣、羽绒服等。女子多穿各式春秋衫、西式套装、连衣裙及其他流行服装。鞋类流行穿各种皮鞋、塑料凉鞋、旅游鞋、运动鞋、网球鞋、保暖鞋等。据调查，1990年，人均消费棉布0.7米，化纤布0. 78米，增加化纤和呢绒装0.48件，名种胶鞋、皮鞋0.78双。2005年以后，民众多以穿化纤、呢绒服装为主，普遍备有四季衣裤鞋袜，着装款式逐渐新潮、时尚。农民于农活时穿胶鞋，不干活时多穿皮鞋。2010年以后，民众多以穿纯棉、涤棉、化纤、呢绒服装为主，品牌服装、休闲服装、运动装、西式套装等进入寻常百姓家，花色多样，款式新颖。

## 二、用具

民国末年至解放初，境内一般农民和街道居民家庭只有简易的木制床、凳、桌、箱、柜等家具，炊具多为砂锅、铁锅、木盆、木桶、木勺、土巴碗等，雨具多为粗篾尖顶斗笠,稍富裕人家才用细篾平顶斗笠和油纸伞。中产以上家庭有橱柜、八仙桌、靠背椅、瓷餐具，个别富裕之家有怀表、壁钟。普通人家寝卧以草席、篾席、棉被为主，富裕之家有布垫单和蚊帐，极贫者滚草窝，盖秧被。

20世纪50年代，保温瓶、搪瓷脸盆、搪瓷口杯、瓷碗、玻璃器皿、手电筒、肥皂等首先进入机关干部、教师、街道居民家庭，继后逐步进入农村家庭。60年代，购置手表、自行车者增多。70年代，较富裕人家除手表外，有缝纫机、自行车、收音机（称三转一响）。70 年代后期，制作成套家具的人家增多。80年代，“四大件”（电视机、电冰箱、洗衣机、收录机）开始进入机关干部和街道居民家庭，部分农民购置电视机、录音机、洗衣机。90年代，电视机普遍由彩色代替黑白，规格由12寸、14寸、18寸改为21寸以上，洗衣机由单缸变为双缸，电冰箱容量增大，收录机先后为CD、VCD，DVD机所代替。2005年以后，电饭锅、电磁炉、微波炉、大铁烤火炉、电热毯.太阳能热水器、成套组合柜、沙发（木质、布质、皮质）等高档用具普遍进入城镇和农村家庭。少数富裕者还自备有轿车、电脑、空调。2010年以后，家用电器节能化、家居智能化，全自动洗衣机、摩托车、高档自行车、轿车、电脑、空调、投影仪等逐步进入城镇和农村家庭。

### 三、通信

民国32年（1943年），贵阳防空电话线路架达瓮安；瓮安至银盏乡乡公所电话单线架通，主要用于政务。民国时期，设木老坪邮政代办所，办理邮政业务。辟县间3条邮路之一的瓮安—中坪—花犁—开阳就经过境内，属人力步行邮运，为间日班。民国33年（1944年），县内邮路2条：瓮安—玉山—珠藏，瓮安—木老坪—天文均经过境内，属人力步行邮运。解放初期，一度沿用旧邮政、电信机构。20世纪50年代，单位电话相继开通。80年代.公务电话普及。1988年，省属瓮安磷矿、新华磷肥厂中继线接入长话交换机。1990年，境内有新华、木老坪邮电所，经过境内的邮路有4条：瓮安—银盏—高枧—中坪—柏香，瓮安—鱼河—玉山—龙塘—铜锣—珠藏，瓮安—新华—草塘—下司街—两岔河—木老坪—天文，瓮安—玉华—白斗山—平定营—夹山—营定—茅坡。1995年程控电话开通后，公务话机进一步增多。部分干部、职工和街道居民开始使用BP机，少数人开始使用移动电话（大哥大、手机）。2001年，实现了村村通电话。2009 年，移动电话（手机）通讯已普及，大部分人家装有固定电话，每户人家至少拥有手机1部，有的人家除小孩外，几乎人人拥有手机，通话范围、质量大大提高。2015年以后，达到人人拥有1部手机。

# 第四章 民情习俗

元代以来，各色人等因战事、贬官流放、躲避灾荒、商旅或移民从四面八方逐渐汇集到银盏这片土地上筑巢栖息，繁衍生存。由于不同族别，地域文化、生活方式的差异，各族人民在长期的历史发展过程中，形成了一系列独具特色的礼俗文化和民情习俗，代代相传。有的是社会交往的礼仪和规矩，有的是对自然的敬畏与尊崇，有的是对美好愿望的憧憬和期待，有的是对亲情、友情的尊重和关爱。这些礼俗、习俗，体现人与人、人与自然和谐共生的关系，是先辈创造和遗留的宝贵文化财富。

## 第一节 岁时习俗

**春节** 是一年中最隆重的传统节日，农历腊月的最后一天叫“除夕”俗称“过年”，正月十五元宵节叫“大年”。本地有俗语说“大人望团圆，小娃盼过年”。进入腊月，杀年猪、炕腊肉、装香肠、推豆腐做血豆腐、霉豆腐、灌血灌粑、打糍粑、二块粑、蒸黄粑、春粑粑面（汤圆面）、煮甜酒、买年货、添新衣，家家户户忙得不亦乐乎。年三十晚，家人团聚，吃团年饭，饭后将炉火烧得旺旺的，家人围坐守夜。新春伊始，走亲访友，玩花灯，耍龙灯……正月十五日，早早吃罢大年夜饭，家家户户上山给去世的老人上坟亮灯，故本地有“三十夜的火，十五夜的灯”之说。

（一）打粑粑

腊月十几，家家户户打糍粑、二块粑。再穷的人家也要打上十斤、八斤米的二块粑，富裕人家打几十斤、上百斤很是平常。小孩晚上睡觉磨牙，大人们会叫小孩啃打糍粑的棒棒。80年代前，打粑粑全凭手工，现在虽用机械制作，但作坊前，常常排成长龙。二块粑历来是本地特产，常常作为馈赠亲友的礼品。

（二）杀年猪

一般冬至过后，开始杀年猪。镇内风俗是杀单日不杀双日，年猪头不砍破，年三十要用整猪头祭神祭祖。杀年猪的人家要请亲朋好友吃“刨汤”，有时一天中有数家人杀年猪，相互要约定安排请刨汤的时间，情意浓浓。请刨汤至今延续，也成为一种社交活动。

（三）炕腊肉、熏香肠

腊肉、香肠都是本地土特产，是馈赠亲友的佳品。熏制必须用柴火，最好是红炭火。柴禾最佳的是青杠、柏枝丫，忌用漆树、松树、苦楝树。

（四）送灶王菩萨升天

腊月二十三日，白天打扫卫生，屋里屋外，彻底打扫，意在除去一年污秽（俗称打扬尘）。晚上，在灶台上焚香秉烛，摆放糖食果品，送灶王菩萨返回天庭。供糖食，旨在甜灶王爷的嘴，希望灶王爷“上界言好事，下界保平安”。

（五）赶“轿场”

每年腊月二十八日，无论是否逢场期，人们都要到集市补办年货（俗称赶轿场）。这一天是一年中赶最后一个场，常常人山人海，热闹非凡。

（六）安香火，贴对联、门神、年画

有孝服（为尊长服丧的时期）的人家安香火、贴对联时，第一年用绿纸，第二年用黄纸，第三年方可用红纸，且对联内容多与守孝相关。无孝服人家对联多是迎新春的内容。门神左贴秦叔宝，右贴尉迟恭（胡敬德），门框上沿贴“雕钱”。现在某些人家贴门神换成贴“福”字，且将福字倒贴，喻“福到”。年画多为“鱼”“松”“鹤”等，意在祈求吉庆有余，祝福家人益寿延年。

（七）祭祀

年夜饭前，先祭祀神灵，供奉祖先。要将煮熟的整个猪头并猪脚、猪尾，放在堂屋神龛前，秉烛焚香，供奉天地神灵、祖宗，祈求全家平安。然后到牲畜圈门前，供奉“四官菩萨”，祈求六畜兴旺。没有杀猪的人家，用“刀头”代替猪头，祭祀程序相同。供完猪头后供饭，供饭时先供酒，再供饭，然后烧钱纸。供饭毕，燃放鞭炮。

（八）吃年夜饭

又叫“团年”，家人无论天涯海角，都要赶来团圆。年夜饭要煮得比平时多，饭后要有剩余，菜肴鸡鸭鱼肉必备，象征年年有鱼（余）。煮整匹青菜或白菜，象征长命百岁、清清白白。吃年饭前三碗不能泡汤，以免来年出门办事或干活遭雨淋。席间推杯换盏，其乐融融。饭后长辈要给晚辈发“压岁钱”。

（九）守夜

又叫守“田坎土坎”。这一夜，张灯结彩，家里的水缸要装满水，各种容器要放满东西，磨眼里要灌满粮食，以示丰足。房屋要打扫干净，各种绳索要收捡藏好。炉火要烧得旺旺的（三十夜的火），家人围坐，品干果、水果、糖食，喜酒者小酌，聊天拉家常（现多看中央台春晚节目）。子时一到，备香案、供品接灶神爷。零点放鞭炮、烟花迎新岁。刹时，千声万声爆竹响，千朵万朵礼花开，夜空一片璀璨。放鞭炮烟花时间长达半小时左右。此时，有人备上香蜡纸烛、鞭炮，到井边挑“金银水”。现在多用上自来水，只有农村袭此旧俗。

### （十）度新春

正月初一早上，全家人穿新装，忌说不吉利的话，不扫地，不倒垃圾，不往门外倒水，不动用砧板、菜刀，不揭甑盖。早餐吃汤圆。早餐后，安排祭品，合家到老人的坟茔拜年。然后，新婚夫妇回娘家拜新年。大人小孩逛街串寨，处处一派喜庆。旧时，正月初一至初十为人与各种家畜和农作物的生日（头荞二麦三猪四羊五牛六马七人八谷九豆十棉花），当日气候好坏，预示当年人有无病灾，家畜是否易于饲养，庄稼丰歉等情况。在其生日还有所忌讳，如初八日不煮饭等。初三日后，人们走亲访友，相互拜年，祝福新年快乐，增进感情，直至正月十五方息。初五日或初九日起玩花灯，玩花灯一直持续到正月十五日夜。正月十五过大年（汉族正月十四日），合家早早吃罢晚饭，到祖坟上“亮灯”（十五的灯）。这一夜，漫山遍野，星星点点，闪闪烁烁，极为壮观。

“文化大革命”时期，供奉祖宗都被视为搞封建迷信活动，一度禁止。改革开放后，过春节又逐渐趋向隆重，但许多习俗渐次淡忘。不过，热闹、喜庆的气氛依旧，尤其是餐桌上的菜肴越来越丰盛，拜年的礼品更加琳琅满目，孩子们的“压岁钱”一年更比一年多。

**清明节**　“清明”以农历清明为节，节前1天为“寒食节”，旧时这一天给祖坟垒土、立碑不用择期。清明节前后，家家户户上坟“挂青”（称作给老人换衣服），本地有“新坟不过社，老坟挂到三十夜”之说。较大的家族，清明节这一天还要举办清明会，阖族祭祖，悼念先人。以达追本溯源，不忘同根同枝同气，增进族人团结之目的。人数较少的家族，虽无力操办清明会，各家各户也要上坟挂青，晚上做一桌饭菜，供奉先人。2008年，清明节定为国家法定节日，机关、学校放假1天，以便上坟挂青祭扫。

**端午节**　农历五月初五日，又称端阳节。端午节在镇境是较为隆重的传统节日，有俗话说“庄稼老二只望端午不望年”，因为端午后即是遍地流金的夏收季节，辛勤耕耘将见成效。节前一天，家家要买酒买肉、包粽子。母亲要给未成年孩子做布猴儿（花布缝制，据说小孩戴上可辟邪）。姐姐要给小弟小妹织菱角（笋叶折成菱角形，用五彩丝线精心编织）。节日清晨，家家窗户、门头挂菖蒲、艾蒿，合家吃粽子，吃鸡蛋，吃大蒜（消暑解毒）。吃粽子后，未婚青年带上粽子等礼品到未婚妻家送节，余者相邀“游百病”（本地习俗，端午节游山玩水，能祛病消灾），途中顺便采回中草药（据说端午日百草皆药）。晚饭备丰盛菜肴，全家欢聚、喝雄黄酒。饭后以雄黄酒洒房屋四周，擦抹大人小孩手足（防蚊虫）。2008年，端午节定为法定节日，全国放假1天。

**七月半**　是镇境较为隆重的祭祀活动日，大多数人家过农历七月十三日，也有过十四日的。月半节要给老人烧符包，一般要提前写包，包上写明某某老人冥中收用。节日当晚，供饭时要秉烛焚香，供酒供饭。现在，有些礼仪逐渐淡化，烧符包多改为烧散钱纸。

**中秋节**　自古就有赏月的习俗。《礼记》中就记载有“秋暮夕月”，即祭拜月神。周代，每逢中秋夜，都要举行迎寒和祭月。唐代，中秋赏月、玩月盛行。宋代，中秋赏月之风更盛。明清后，中秋赏月之风民间更为盛行。镇境过中秋节历史悠久，农历八月十五日，入夜后月亮升起，全家人在院子里的月光下，摆上月饼、瓜果，合家团聚赏月。以月之圆寄托思念故乡，思念亲人之情。在中秋夜供奉祖先、神灵，祈盼丰收、幸福。本地旧时有八月中秋偷老瓜的习俗。现在，人们相互赠送月饼，增进感情。2008年，中秋节被定为法定节日，全国放假1天。

**冬至** 农历二十四节气之一。每年农历十一月到冬至日，开始数九，天气寒冷，需加衣防寒。境内人们有冬至吃狗肉、羊肉御寒的习惯。

除上述较隆重的节日外，九月初九是“重阳节”，通常要打新糯米糍粑，庆贺丰收。

## 第二节 婚丧禁忌习俗

婚姻大事，媒妁之言。女家既许，行纳彩礼。吉月吉日，新婚备礼。拜谒父母，谓之叫喜。士有启书，媒妁之言。谓之插定，或曰订香。将婚请期，尚有礼节。鸡酒绸缎，讨庚送日。三回九转，随俗过礼。六礼周到，方能迎娶。大喜之日，儿不亲迎。遣子随往，谓之押轿。未入洞房，先闭大门。叩揖宗祖，谓之拜堂。婚毕谢亲，携手回门。娶之为妇，宴于婚后。出嫁小女，宴于笄期，如有生子，宴于三朝。

丧事初终，先烧纸钱。柏枝煎水，沐浴故人。整容更衣，清棺入殓。戚邻咸集，具酒食供。夜幕降临，众亲聚集。围坐棺木，孝歌守灵。七七设殿，求佛开道。撒钱买路，送至墓所。祭葬三日，族戚祭冢。招山买地，谓之护山。时至七日，告慰亡灵。烧钱祈祷，谓之头七。

风俗虽繁，亦有禁忌，有违规者，视无家教。与人说话，忌带把子。面见长者，忌呼其名。接见宾客，忌打哈欠。围桌待餐，忌敲碗筷。与人说话，忌筷指人。既吃又言，对人不尊。饭菜未到，莫拍桌子。用餐完毕，勿舔碗碟。父母健在，忌穿白鞋。闲在屋中，不唱孝歌。

忌坐他人门槛，忌在别家啼哭。清晨忌说梦中事，戊日莫做门外活。忌猪牛进堂，忌煤洞言炸。忌娘在女家死亡，忌女在娘家生孩。忌胯越灶井，忌裤晾过道。忌男女八字相克，忌夫君佩戴绿帽。忌除夕之夜说病，忌正月初一挑煤。忌产妇缺月走亲，忌无乳之母探产。忌元旦伊始女动针，忌开春初日女动土。

如此云云，禁忌繁多。亦有糟粕，不失精华。沿至今日，习以为常。但凡迷信，多已淡化。待人接物，仍有所用。

## 第三节 方言俚语

银盏人杰地灵，物华天宝，习俗古朴，人勤春早。千百年来在生活、生产中形成富含哲理的语言——谚语。经世代流传，魅力永恒，含蓄隽永，是民间一文化瑰宝。像江河川流不息，传承文明，启迪智慧。是老百姓田间劳作，茶余饭后的精神佳肴，又教育熏陶后世子孙。

## 一、谚语

谚语是在民众中广泛流传的固定语句，句式简练，通俗易懂，含义深刻，富有哲理，脍炙人口，涉及说事理、农事、养生等。

### 1.事理谚

人好教出来，树直育出来。
树小扶不正，大来扳不伸。
水有源头树有根，不认爹娘乃畜牲。
家中有金银，隔壁有戥秤。
烧火要空心，办事要忠心。
汽泡虽大无斤两，秤砣虽小压千斤。
不要千样会，只要一样精。
学艺不精，要误终身。
吃菜吃心，听话听音。
人能处处行，草能处处生。
火要空心，人要忠心。
水不搅不浑，人不走不亲。
酒肉面上知己假，患难之中弟兄真。
天上无云不下雨，地上无媒不成亲。
吃饭要知牛辛苦，穿衣要晓织布人。
雀往高处飞，人往利边行。
儿不嫌母丑，狗不嫌家贫。
马上摔死英雄汉，河中淹死会水人。
街上无空地，世上无闲人。
说得脱走得脱，说不脱挂倒一只脚。
人在世上走，刀在石上磨。
百草怕霜打，好汉怕病磨。
色是剐骨刀，酒是穿肝药。
藤子绕树长，树倒藤子落。
量体裁衣，对症下药。
生儿不教难成人，栽树不护难成林。
软绳能套猛虎，小塘能养大鱼。
不是你家人，不上你家门。
要得人不知，除非己莫为。
人心隔肚皮，饭甑隔筲箕。
要听当面锣，莫敲背后鼓。
好马不用鞭子打，好鼓何须重锤敲。
人凭志气，虎凭威风。
不怕年老，就怕病倒。
不是乌骨鸡，染都染不黑。
真是乌骨鸡，洗都洗不白。
天知地知，你知我知。
善有善报，恶有恶报。
不是不报，时辰未到。
手艺是个宝，走遍天下饿不倒。
台上几分钟，台下十年功。
人无千日好，花无百日红。
仓中无粮妻吵夫，槽中无食猪拱猪。
生不带来，死不带去。
天上不落，地下不生。
庄稼不好是一季，老婆不好是一世。
家有一坡菜，不愁吃来不愁花。
吃哪窝瓜，护哪窝瓜。
要与人家比种田，不和人家比过年。
金窝银窝不如自家的狗窝。
寡酒难喝，寡妇难当。
搭伙喂牛，牛瘦，搭伙住房，房漏。
坛口封得住，人口封不住。
老锅底子黑，装倒认不得。
是哪个菩萨，上哪个颜料。
是哪个将军，扯哪个旗号。
再会走夜路，都会撞回鬼。
顺风只要几桡片，背时不要一早晨。
棋错一着，全盘皆输。
有志不在年高，无志空长百岁。
酒醉聪明人，饭胀傻脓包。
留得青山在，不怕没柴烧。
张起嘴巴说黄话，睁起眼睛跳悬崖。
为人不怕错，就怕不改过。
上梁不正下梁歪，下梁不正倒下来。
根深不怕风摇摆，树正何愁影子歪。
心中无冷病，哪怕吃西瓜。
丝乱理丝，麻乱理麻。
人老才乖，姜老才辣。

狗仗人势，狐假虎威。
出门看天，进门看脸。
三千与你好，八百与他交。
碰倒癞子不谈疮，遇着和尚不说光。
水清石头现，鱼烂刺出来。
三个臭皮匠，胜过诸葛亮。
男人有志，婆娘逞势。
妻贤夫祸少，子孝父心安。
从师莫护短，护短莫从师。
忍气家不败，忍口不拖债。
路湿早换鞋，事到早安排。
有事问大哥，有风吹大坡。
聪明一世，糊涂一时。
山中无老虎，猴子称霸王。
好人怕裹，蓑衣怕火。
人横有法，马横有缰。
无风不起浪，无巧不成书。
气大不养家，胆大能过渡。
打蛇打七寸，讲理拿把柄。
有麝自然香，何必站得高。
没有学爬，就要学走。
置物不穷，卖物不富。
树大分桠，儿大分家。
人是桩桩，全靠衣裳。
手是人的脸，钱是人的胆。
耳听为虚，眼见为实。
先有交接，后有买卖。
杀不尽的猪，读不完的书。
人靠衣裳，马靠鞍。
人亲财不亲，买卖要当真。
误了一年春，十年理不伸。
树怕剥皮，人怕伤心。
钱要自有，儿要亲生。
不怕欺人，只怕欺心。
一籽一苗，万籽千孙。
扯得鸡毛鸡骨痛，事不关己不劳心。
只许州官放火，不许百姓点灯。
掌舵一人，船载千斤。
心中有事心中惊，心中无事冷冰冰。
过得媒人眼，上得亲家门。
会打三班鼓，需要六个人。
蚊虫遭扇打，只为嘴伤人。
鼓不打不响，理不讲不明。
有事才登三宝殿，无事不登宝殿门。
哪里都有水饭鬼，哪朝没有贪财人。
人不要脸，百事可为。
人不正己，焉正他人。
不会说话得罪人，不会烧香得罪神。
儿女不教不成人，庄稼不管无收成。
跟好人学好人，跟着端公学跳神。
油盐出好菜，棍棒出好人。
正人先正己，律人先律亲。
一屋两头坐，生意各做各。
大路不走草成窝，坐立不正背要驼。
好酒好肉待远亲，大物小事靠寨邻。
只说千声好，不说一声无。
麻雀虽小，五脏俱全。
你有你自有，我穷我自守。
你是你来我是我，羊子不和狗搭伙。
喂猪养蚕真君子，赌钱打牌皆小人。
细娃（小孩）看极小，牛马看蹄爪。
小时偷钉，长大偷金，少时偷油，长大偷牛。
龙生龙，凤生凤，耗子养儿打地洞。
人怕老来穷，谷怕午时风。
酒肉穿肠过，佛祖心中留。
好女不嫁二夫，好马不配双鞍。
吃在脸上，穿在身上。
好马不吃回头草。
不听老人言，吃亏在眼前。
好男不吃分家饭，好女不穿嫁时衣。
在家千日好，出门时时难。
火车不用推，牛皮不用吹。
吃人三餐，还人一席。
当面是人，背后是鬼。

胆大漂洋过海，胆小寸步难行。
十个梅子九个酸，十个当官九个贪。
死人不知抬丧苦，当官哪晓百姓穷。
豆腐多了是水，官当久了变鬼。
吃屎的狗不知饱，受贿的官不知足。
人爱有钱人，狗爱拉屎汉。
不想锅巴饭，何必锅边转。
三个屠夫谈猪，三个书生谈书。
水不平要流，理不正要纠。
生来只有舅子命，想当外公难上难。
人在屋檐下，不得不低头。
没有财运，那怕展劲。
书到用时方恨少，事没经过不知难。
没有斩龙剑，哪敢下东海。
死猪不怕滚水烫，真金不怕烈火烧。
有药敷在痛处，有话说在明处。
家人不和外人欺，邻里不和多是非。
吃得亏，打得堆。
亲兄弟，明算账。
久病成太医。
吃不穷，穿不穷，不会计算一世穷。
疑人不用，用人不疑。
有理胆壮，无理心慌。
会打不离手，会唱不离口。
捡得便宜柴，烧烂夹底锅。
有钱打得天穿眼，无钱有眼难打穿。
公不离婆，秤不离砣。
祸从口出，病从口入。
人多好种田，人少好过年。
手不摸红，红不染手。
有那个肚，吃那碗醋。
只要身子正，不怕影子歪。
愿吃香桃一口，不吃烂杏一筐。
穿不尽的布，走不完的路。
天干造谣言，口空说闲话。
满堂儿女，比不上半路夫妻。
早不忙夜慌张，半夜起来补裤裆。
十个手指有长短，山中树木有高低。
打肿脸充胖子，踮起脚充高汉。
人是铁，饭是钢，一顿不吃饿得慌。
口是江湖脚是路，何愁前途无去处。
生意不成仁义在，河中无鱼市上有。
独子难教，独柴难烧。
白来田地水推沙，拐来的婆娘不贯家。
欺阳不欺阴。
人为财死，鸟为食亡。
艺多不养家，话多如粪渣。
大家礼仪训弟子，小家棍棒教儿郎。
三十年前看父，三十年后看子。
家有千口，主事一人。
穷不离猪，富不离书。
积钱积谷不如积德，买田买土不如买书。
人善被人欺，马善被人骑。
外贼好看，家贼难防。
叫花子也要留三分养命钱。
只有人敬人，哪有人怕人。
宁嫁一升米尖子（聪明人），不嫁一斗米傻子。
赌钱人是个猪，不吃不穿拿去输。
一颗耗子屎，坏了一锅汤。
一回遭蛇咬，十年怕绳索。
丢了棒棒受狗的气。
成龙上天，成蛇钻草。
人是三节草，不知哪节好。

### 2.农谚

银盏地区的农谚，是集中广大群众，在日常生活中的长期实践总结，作为推测天地宇宙，大自然风云变幻，它包括星占、物占、雨占等，可供试测。

立夏不下，犁耙高挂。
小满不满，芒种不管。
芒种忙忙栽，夏至谷怀胎。
芒种打田不坐水，夏至栽秧少一腿。
有秧不栽一把，无秧不栽一根。

拉绳插秧，谷子满仓。

谷雨打田当碗桩，立夏栽秧像高粱。

荞盖深，麦盖浅，黄豆只盖半边脸。

打田不用巧，只要周围搅得好。

头道搅浑水，二道薅得眼见鬼。

头道薅秧，二道薅草，三道四道跟着行行跑。

三犁三耙，天干不怕。

要得庄稼好，一天三挑草。

下雨涟涟，焦心烂麦天。

六月不涨水，劳力难敷嘴。

雨顺秋，小米收。

处暑晴，早谷成。

白露早，寒露迟，秋风栽麦正当时。

该热不热，五谷不结。

白露清且凉，晚谷共登仓，秋分三日米焦黄。

九月不起霜，湿米难上仓，小春太冷，麦空忙。

雪一出，雨一犁，雪一寸，水一溪，金岁不寒来岁饥。

雪满天，冰在田，烧煤煮酒卜丰年。

正月雷打雪，二月雨不歇，三月无秧水，四月秧上节。

四月初一晴一天，高山平地可种田。

立夏小满正栽秧。

夏至逢端阳，扫尽万年仓。

夏至五月中，耽搁挑米翁。

夏至五月尾，禾熟米价起。

六月秋，减半收。

七月秋，般般收。

中秋月不明，雨打上元灯。

重阳无雨看十三，十三无雨一冬干。

十月初一晴，柴碳不用银。

十月无霜，碓头无糠。

一雪蝗子踪，二雪来年丰。

早上火烧云，晚上雨淋淋，早上云成堡，大雨就来了。

乌云接落日，不落今日落明日。

山不明，雨淋淋。

天黄有雨，人黄有病。

有雨山载帽，无雨云遮腰。

云走东，一场空，云走南，雨成潭，云走西，披蓑衣，云走北，好晒麦。

春雾雨，夏雾热，秋雾凉风，冬雾雪。

冬季大雾不见人，不久就有大雪临。

夏季北风不下雨，冬季北风不晴天。

早风连夜雨，晚风大晴天。

秋冬西北风，天空开笑容。

风大雨不来，随你巧安排。

雨前刮风风不久，雨后刮风雨不停。

先下牛毛无大雨，后下牛毛无晴天。

雷公先唱歌，有雨也不多。

先雷后雨雨不久，先雨后雷水长流。

雷声绕圈走，下雨不会久。

西北起雷带，大风大雨过得快。

日落西山胭脂红，不是下雨便是风。

虹高太阳低，赶快披蓑衣。

虹低太阳高，明日晒痛腰。

星星稀，好洗衣，星星稠，满地流。

星星眨眼，有雨不远。

立春天气晴，百物好收成。

隔年翻田一碗油，春来赶急光骨头。

惊蛰有雨好撒秧，惊蛰无雨不要忙。

立春后下雪，一百二十天雨不歇。

田头有水庄稼好，大春小春一片宝。

立春雨淋淋，阴阴湿湿到清明。

腰酸腿痛疮疤痒，大雨快到不用讲。

天热人心闷，有雨不用问。

燕子高飞，老蛇出洞，蚂蚁搬家，蚯蚓滚沙，老牛大叫，大雨就到。

雷打惊蛰前，春雨下绵绵。

头伏芝麻二伏荞，三伏四伏栽红苕。

白露不低头，割来喂老牛。

清明要明，谷雨要淋。

清明不明烂早种，谷雨不淋烂早秧。

人哄地皮，地哄肚皮。

大寒不冻，冷到芒种。

五月二十三，大落大干，小落小干。

夏刮南风井底干，秋刮南风水淹山。

夏至有雨十八河，夏至无雨干断河。

凌夹雪，落不绝，雪夹凌，一阵阵。

腊月无霜雪，来年干六月。

天发白，要下雪。

一九二九怀中插手；三九四九，冻死猪狗；五九六九，沿河看柳；七九河开，八九雁来。九九加一九，耕牛遍地走。

### 3.养生谚

天怕乌云地怕荒，人怕生病草怕霜。

三天不吃酸，走路打捞蹿。

暴食暴饮生病，定食定量安宁。

每餐八成饱，保你身体好。

愁多伤心，食多伤胃。

夏不睡石，秋不睡板，感冒少发，风湿少染。

春不露脐，冬不露头，疾病少生，可耍风流。

白天多动，夜里少梦。

早晚温脚，胜吃补药。

夜里磨牙，肚中虫爬。

睡觉开窗，有益健康。

贪睡不盖，不病才怪。

早睡早起，精神百倍；贪淫贪睡，多病减岁。

财物本是草，身体才是宝。

饭后百步走，能活九十九。

天天不发愁，能活发白头。

天天练跑步，不进补药铺。

一天三乐，不吃补药。

有病早治，无病早防。

大病要养，小病要抗，无病要防。

脑不怕用，身不怕动。

冬吃萝卜夏吃姜，不劳医生开药方。

劳动好比灵芝草，何必去把仙方找。

## 二、方言

在外面有很多让人听起来很搞笑，因为方言差不多的人都听不懂。只有在一起时间长了才会明白银盏人说的是什么，在瓮安银盏：

有一种插头发的叫插针

有一种街头小吃叫洋芋陀陀

有一种惊讶叫妈矣

有一种蛮不讲理叫横得很

有一种杀头叫砍脑壳的

有一种丢失叫打落了

有一种加油叫斩劲点

有一种武功叫一窝脚

有一种部位叫手倒拐

有一种死亡叫翘脚

有一种野味叫八一瓜

有一种AA制叫打平伙

有一种闭嘴叫阴倒起

有一种食品叫糟海椒

有一种鬼怪叫麻猫

有一种用来垫鞋垫的叫鞋垫躺底，

有一种情绪叫老火

有一种台阶叫坎坎

有一种回忆叫哪些年生

有一种未来叫二天

有一种形容叫怪迷日眼

有一种欺骗叫你豁我

有种丑陋叫鬼头刀霸

有一种悲剧叫拐了

有一种开心叫把老子笑惨了

有一种糊涂叫脑壳头进水了

有一种气叫鬼火戳

有一种蟑螂叫偷油婆

有一种糯米饼叫油炸粑

有一种不要叫兮奇

### 1.称谓

老祖祖—曾祖父

公—祖父
老丈人—岳父
保爷—干爹
老者者—男性老人
家头边—妻子
太—祖母
姑娘—女儿
娃儿—孩子
盗贼—强盗
偷儿、三只手—扒手　男人、外边的—丈夫
隔壁家—左右邻居
亲妈—岳母
保妈—干妈
老奶奶—女性老人
崽—儿子
俩个人、俩口子—夫妻俩
后老子—后父
姑爷—女婿
继母—后妈
两爷崽—父子俩

2.天地时令

天狗吃月—月蚀
天河—银河
扛—彩虹
雪弹子—冰雹
河沙坝—河滩
门年—明年
港港、哈哈——一会儿
兹港、兹息、兹哈—现在
星秀—星星
泡雪—雪
星秀屙屎—流星
去年—上年

3.动物

牛崽—牛犊
豺狗—狼
鬼灯科—猫头鹰
羊点灯—蜻蜓
尖嘴蚊—蚊
老梭—蛇
连巴郎—鲶鱼
猫三—猫
土狗儿、土老虎—土蚕
折蛛—蜘蛛
客妈、蛐麻—青蛙
岩鹰—老鹰
盘海—螃蟹
八二、八哥—鹦鹉
曲蟮—蚯蚓
骚牯—公牛
草狗—母狗
耗子—老鼠

4.植物

谷子—稻谷
苕—番薯
篱笆豆—扁豆
杨咪—杨梅
阳桃—猕猴桃
洋芋—马铃薯
包谷—玉米
茄子—番茄
粳米—粳稻

5.物品

陶屋—堂屋
铺盖、背窝—被子
瓢羹—汤匙
纽子—纽扣
手巾帕—手巾
扫把—扫帚
灶房—厨房

茅厮、茅房—厕所
坝单—床单
汗衫—衬衣
单车—自行车
洋火—火柴

### 6.身躯 行为

夹肢孔—腋下
臁耳杆—小腿胫骨
膈食—消化不良
夹舌子、结巴—口迟
董嘴—嘟嘴
抠—抓
耳什—理睬
冲气—生气
打伙—合伙
喽得、念得—唠叨
咪咪—乳房
客西头—膝盖
拉肚子—腹泻
打摆子—疟疾
吹壳子—说假话
角力—吵架
卷—弯腰
闷顿—愚蠢
翻花—背地议论人
打广子—贪玩好耍
贱皮子—下贱
枉道—霸道
叹话—说话
打瞌睡—打盹
哄—骗
杀角—扫尾

### 7.人情世故

夹壳、老抠—吝啬
摆龙门阵—闲谈
冲壳子—说闲话
舔肥、捧泡—拍马屁
着冤枉—受委屈
冲祸—挑拨
掰嘴巴—辩论
翻汤—事情弄糟
惯什—放纵、溺爱
发迹—兴旺
夹疑—怀疑
弯酸—不爽快
估额—估计

### 8.其他

卡壳—受阻
蔫—植物萎缩
过早—早餐
酽—稠
牢实—坚固
刁做—故意
跟倒—随着
挖苦—讲刻薄话
拢共—总计
塞炮眼—送死
蔫巴屁臭—萎靡不振
低低点—少一点
以头—里面
一哈—全部
白胆猪—没有感觉、白痴
阴倒—暗中
撇托—爽快
先二—说敷衍话
朗个—怎样
周吴郑王—体面周正
稀饭—粥
耿数—整数　　扫把星—彗星
火闪—闪电
火烧天—彩霞

山包包—山坡
三十夜—除夕
天麻麻亮—拂晓
架势—开始
擦黑—傍晚
那会些—过去
二天—以后
等会些—将来
来暗了—迟到
蚊子—苍蝇
偷油婆、余抓—蟑螂
叫居—蟋蟀
螺丝壳—河蚌
雷公虫—蜈蚣
亮火虫—萤火虫
吹米虫—蝉
牙狗—公狗
女猫—母猫
脚猪—公猪
虼蚤—跳蚤
男猫—公猫
盐耗子—蝙蝠
老鸹—乌鸦
癞疙宝—蛤蟆
钢蚯—泥鳅
胡豆—蚕豆
艳山红—杜鹃花
海椒—辣椒
叶子烟—土烟
白果—银杏
酱茄—西红柿
萝卜苕—红薯
虫树—松树
木莣—棺材
抵针—顶针
开山—斧头
房圈—寝室
火炮—爆竹
摇裤—短裤
拐棍—手杖
罐罐—煨缸
闹药—毒药
瓢瓢—勺子
渣渣—垃圾
收拾—打扮、整理
蛮—肥胖
发丹—皮肤过敏
凫水—游泳
眼扎毛—眼睫毛
肚脐眼—肚脐
不安逸—成人生病或不高兴
凉倒、着凉—感冒
憨包、哈包—傻瓜
扯扑汗—打鼾
黄腔—骂人
冒火—愤怒
打落—遗失
单筋—瘦
衣胞—胎盘
麻皴—皮肤开裂
扒黄—不认账
日诀—骂
牙欠—说闲话
挺人—打人
估倒—强迫
玄脸—脸皮厚
踏削—贬低
筲箕—非圆指纹
瞀—眼睛看不清东西
垮杆—垮台
接烂摊子—收拾残局
犟拐拐—倔强
护累—谢谢
搅精—精明

拽筋头—失败
默倒—认为
飞叉叉—泼辣
心厚—贪心
张花二—扯谎
裹搅—纠缠不清
扎劲—扎实
背时—倒霉
费、千番—调皮
团转—周围附近
嘿什、展劲—用力、使劲
不消—不用
少饱—很多
括毒、歹毒—狠毒
吊儿郎当—生活散漫
总成—撮合
大得意—精心或不合情理言行
归一—完了
雄不雄—喜不喜欢
好角色—好汉
跳梭梭—活跃
渣壳—脏
承头—带头
月黑头—无月光
简省—节约
虚火—害怕
蛇相务—蛇交配
母猪打圈—母猪发情
受福—妇女坐月子
儿马婆—言行怪异的人
松活—容易

## 三、歇后语

歇后语，镇内称“展言子”，也叫俏皮话，由两部分组成，前部分像谜面，后部分像谜底。

### 1.物

半夜回娘家——黑逃（核桃）
瞎子打架——胡斗（胡豆）
叫花子谈婆娘——话搞（桦树）
叫花子嫖婆娘——白裹（白果）
驼背子打架——弯斗（豌豆）

### 2.地名

船上磕头——跪舟（贵州）
烙锅焖饭——糊煎（福建）
稀饭冒烟——糊粥（福州）
烂田埋坟——稀葬（西藏）
赌钱不扳——干输（甘肃）
丑女强奸美男子——古隆
肚皮上盖章——印度（肚）
海上无浪——宁（零）波
圆规画鸡蛋——太原（圆）
寡妇结婚——重庆
皮鞋绽线——落帮（邦）
公公打屁——太文（闻）
雷公菩萨打屁——天文（闻）
儿打老子——雷教
老子打儿——白岩（挨）

### 3.说事理

光脚板踩刺——试着来
矮子过河——安心
八十岁老太太打哈欠——望无涯（牙）
瞎子进烟馆——摸打（摩登）
外公死儿——无舅（救）
外甥打灯笼——照舅（旧）
瞎子打婆娘——松不得手
瞎子见鬼——听说
瞎子点灯——白费油
夹肢孔长毛——老手
挖煤老二踢飞脚——黑（吓）人一跳
稀饭加水——清（亲）上加清
开口的花椒——心黑
王大妈的裹脚——又长又臭

老母猪吃南瓜——跟倒滚
王婆卖瓜——自卖自夸
猪八戒照镜子——里外不是人
猪八戒过河——倒打一钉耙
和尚的木梳——无用
茅厕头的蛆——肥虫
茅厕头划船——粪涌（奋勇）前进
大老爷坐花轿——男女不分
蚊子叮菩萨——认错人
头上生疮脚下化脓——坏透顶了
豆渣倒水饭——哄鬼
门缝里看人——把人看扁了
门槛上的鸡蛋——不晓得滚进滚出
瞎子看戏——净听好音
麻子的脸——点子多
麻子打喝氦（哈欠）——全盘动圆（员）
歪嘴吹牛角——两将就
锅里煮娃儿——熟人
大肚子踩钢丝——挺（铤）而走险
黄鼠狼给鸡拜年——没安好心
老虎挂佛珠——假慈悲
鸡毛掸子脱光毛——光棍一条
席梦思床——不用草（不用吵）
马屁股上钉掌——离蹄（题）太远
磨子做枕头——想转了（想通了）
铁沙人碾槽——不要碾（不要脸）
六月间斑鸠——不知春秋
奶娃娃的衣服——小件（眼光看不开）
拿大喇叭打电话——口气太大
刷子脱毛——板眼多
拖扒写字——太粗
沟头吃草——两边捞
大姑娘的头发——自辦（自便）
麻雀子吃胡豆——屁眼没得这样大
蛇蚤跳鼓——咚（懂）都不咚（懂）
癞疙宝（蟾蜍）鼓气——装魁
扛竹竿进城——直来直去
癞子修拐棍——越修越癞
癞子吃老母猪肉——以癞得癞
瞎子见钱——眼开
瞎子养儿——无望
和尚的脑壳——无发（法）
和尚当大姑爷——哪里打这种好事
和尚脑壳上的虱子——明摆着的
和尚打伞——无发（法）无天
坛子里捉乌龟——稳拿
茅厕板上瞌睡——隔屎（死）不远
叫花子遇酒席——求之不得
薄刀打豆腐——二面讨光生
木棍敲金钟——不配套
关山上卖布——鬼扯
牛角上擦油——又尖（奸）又滑
爱叫的狗——不咬人
白墙写黑字——清楚
屁股上吊沙罐——等屎（死）
芭蕉树剥皮——见真心
尖脑壳戴草帽——摇儿晃荡（办事不可靠）
筛子当门——眼睛多
十八岁进孤老院——福气来早了
金弹子打鸟——不合算
校场坝的桅杆——独一挺（独自一人）
瞎子打飞机——乱放炮（乱说话）
老鸹站在猪背上——只看到别人黑，看不到自己黑
狗吃牛屎——图多
老奶奶坐拖拉机——讨抖
灯草做粑索——犁不得（离不得）
老者唱戏——过说
老虎屁股——摸不得
老莲花白——不收心
死人眼睛——定了
老妈妈的胡子——稀稀的
公鸡的脚杆——拐的
水中打条子——各路归各路（是非分明，功

过分开）
南天门外挂口袋——装风（疯）
观音菩萨坐石崖——自愿成佛
大门头上挂枷担——枷（家）门
口袋装茄子——叽叽咕咕
口袋装刺猬——拿不出手
三十夜的砧板——不得空
虾子过河——牵须（谦虚）
扯着胡子上船——谦虚过渡（度）
老公公背媳妇看戏——力又费，丑又丢
黄连树上吹箫——苦中作乐
叫花子玩鹦哥——苦中作乐
皇帝娘娘死男人——无二嫁（价）
猪尿包打人——不痛但气胀人
对着窗户吹喇叭——鸣（名）声在外
一丈二尺长的烟杆——摸不到斗斗
一支筷子吃汤粑——连吃带夺
百天的猫儿——正捉（着）
背鼓上门——讨打
毛钱上长耳朵——听进心了
扯文章揩屁眼——糟蹋圣贤
坟旮旯撒花椒——麻鬼
原始人来月经——草包皮
叫化子烧钱纸——钱少话多
缺牙巴打呵害（哈欠）——一望无牙（涯）
癞疙宝（蟾蜍）穿套裤——蹬打不开
癞疙宝吃豇豆——悬吊吊的
癞疙宝塞床脚——死挨
癞疙宝爬砧板——挨刀样
扁担挑缸钵——两头都滑脱
茅厕里的石头——又臭又硬
青冈树雕菩萨——硬神（撑）
两个汤圆下锅——二冲二冲的
野猫拉牛——大干
六月间的毛栗——开不了口
鸭子的脚板——连起的
鼻子插大葱——装象（相）
泥菩萨过河——自身难保
上茅厕不带纸——想不揩（开）
屁股夹扫把——尾（伟）大
屁股夹干屎——自己心明白
吃了秤砣——铁了心
耗子添猫皮——找死
耗子打架——争一颗米（差点儿）
耗子爬秤钩——自称
高射炮打蚊子——大材小用
半空中挂灯笼——高明
岩鹰下地——灰都要抓一把
油黑人的脸——不受粉打
大姑娘屙尿——顺槽（潮）流
大姑娘上花轿——头一回
小姑娘的头发——随辫（便）
脱裤子放屁——多此一举
飞蛾扑火——自取灭亡
脚踏烟锅巴——差火
野鸡钻刺芭笼——顾头不顾尾
米汤洗脸——糊里糊涂
米汤泡饭——还原
汤粑打狗——有去无回
猫儿抓糍粑——脱不了爪爪
狗咬吕洞宾——不识好人心
狗咬耗子——多管闲事
狗咬刺猪——无处下口
孔夫子搬家——尽是书（输）
楼梯上打架——阶级斗争
两个哑巴睡一头——无话可说
癞疙宝背簸箕——款天磕地（自我吹嘘）
叫花子占干檐坎——得寸进尺
牙猪儿翻门槛——尿都款出来（自我吹嘘）
火柴疙蔸修磨子——走一路黑一路
黄泥巴沾裤裆——不是屎也是屎
猴子掰包谷——只剩最后一个（掰一个，抛一个）
豌豆滚屁眼——遇圆（缘）

耗子钻风箱——两头受气
木匠戴枷——自作自受
蚂蟥嘴——两头吃
半夜吃桃子——按倒耙的捏
穿钉鞋，拄拐棍——把稳行事
烂田头摇篱笆桩——越摇越深
瞎子戴眼镜——多余的圈圈
光屁股坐田埂——夹泥（怀疑）心重
脱光裤子打老虎——脸不要命不要
鬼登哥仰起飞——抓天无路
撮箕端狗崽——不服抬举（尊敬）
光屁股朝天——有眼无珠
皇帝家姑娘——难说

## 四、茶歌俚语

“好看不如素打扮，好吃不如茶泡饭”

——茶泡饭清香、清淡，十分开胃，尤其是小孩饮食不好时最受欢迎的饭，故有此语。

“冷水泡茶慢慢浓”

——一般用以比喻遇事要有耐心。

“卖茶讲茶香，卖花讲花红”

——意同“王婆卖瓜自卖自夸”。

“明前是宝，明后是草”

——意为清明前的茶叶品质最高。

“喝酒要爽，喝茶要讲”

——意为喝酒时要爽快，有豪气，不要要赖，这是酒品；喝茶时要一边聊天一边细细品尝，要细啜慢饮，要雅。

“喝酒喝气氛，吃茶吃心情”

——贵州人认为朋友聚会喝酒注重气氛要好，喝茶讲究心情要好。

“高山云雾出好茶”

——民间认为优质茶叶必须的地理条件。

“二胡是拉的，笛子是吹的，茶叶是‘炒’的”

——意为做生意要多宣传，要“广而告之”。

长在山里、死在锅里、埋在壶里、活在杯里。

——意是茶从采制饮的全过程

茶仙仙，酒仙仙，茶酒相交几千年

——茶歌

韭菜开花细茸茸，有心恋郎不怕穷，只要两人情意好，冷水泡茶慢慢浓。

——茶歌

客来之时茶为贵，客去之时酒为先。

——茶歌

无酒不成席，无茶不交友

——茶歌

推磨嘎，押磨嘎，推粑粑，熬些茶，公一碗，婆一碗，磨子旮旯还有碗，猫打倒，狗舔碗，幺儿媳妇没得吃，心心慌慌脚打闪。

——喝汤茶儿歌

开门七件事：油盐柴米酱醋茶。

——老百姓的生活

开门七件虽在后，客来之时茶为先。

——接待礼仪

# 第五篇 农业

# 第一章　农业基础

1972年，建雍阳区农业技术推广站，负责全区的农业技术推广工作。1991年，在木老坪乡设立农机管理站，并配备农机管理员。1991年9月“撤并建”后，雍阳区农业技术推广站“撤销”，组建银盏乡农业技术推广站。农业技术人员增加到8人，主要职责是负责全乡农业技术推广，农业生产经营管理服务。2003年，机构改革，撤农机站和畜牧兽医站，合并成立银盏乡农业技术综合服务中心，负责全镇的农业、农机、畜牧工作。

**银盏镇农业技术服务中心历届负责人统计表**

表5—1

| 姓名 | 职务 | 任职时间 | 单位名称 |
|---|---|---|---|
| 杨举元 | 站　长 | 1991.10—1993.12 | 农业技术推广站 |
| 赵福全 | 副站长 | 1991.2—1995.6 | 农业技术推广站 |
| 夏玉忠 | 站　长 | 1993.12—1998.7 | 农业技术推广站 |
| 王光先 | 副站长 | 1995.6—1998.10 | 农业技术推广站 |
| 宋泽龙 | 站　长 | 1998.7—2001.10 | 农业技术推广站 |
| 王光先 | 副站长 | 1998.10—2001.10 | 农业技术推广站 |
| 陈永超 | 站　长 | 2001.10—2005.10 | 农业技术服务中心 |
| 王光先 | 副站长 | 2001.11—2011.10 | 农业技术服务中心 |
| 甘立忠 | 负责人 | 2005.10—2011.9 | 农业技术服务中心 |
| 王祖林 | 站　长 | 2011.9—2014.11 | 农业技术服务中心 |
| 陈　举 | 副站长 | 2011.11— | 农业技术服务中心 |
| 景明常 | 站　长 | 2014.11— | 农业技术服务中心 |

# 第一节　农业生产要素

## 一、耕地

耕地是人类赖以生存的基础，是不可再生的稀奇自然资源。根据耕地的水利条件，可分为水田和旱地。银盏镇拥有耕地面积37748.33亩，田少土多，随人口增长和经济的发展逐年减少。新中国成立之后到20世纪80年代初，通过开荒、坡改梯、治水改土等措施，耕地曾大幅度增加，农民仅修房占有部分土地。20世纪80年代后，大办乡镇企业，建设项目增多，特别工业园区建设影响，耕地曾一度减少。但坚持向山要地、坚持耕地红线，做好耕地利用与经济建设的协调发展。

### （一）土地开垦

清初，朝廷重农抑商，明令垦地种植，丘陵地带逐渐辟为耕地。民国时期，住户增加，大量垦荒，耕地增加。

新中国成立后，人民安居乐业，耕地、人口并增，虽经1959—1961年三年天灾人祸，人口锐减，1962年经济好转后人口回升。到1965年，耕地达11217亩，农业人口增至5932人，人均耕地1.89亩。“文化大革命”时期，人口生育管理松散，人口增多，人均耕地逐年减少。1980年以后，大办乡镇企业，建设项目增多，人口仍呈上升趋势，乱占耕地现象时有发生。从1977—1987年10年间，乡镇企业兴起，非农业建设用地242亩，占耕地总面积的2.06%。从20世纪80年代起乡政府致力于治水改土，90年代又严禁非农业用地审批。2010年，全乡年末耕地10002亩，农业人口15473人，农业人口人均占有耕地0.64亩。

耕地面积统计表

表5—2　　　　单位：亩

| 年份 | 耕地面积 | | | | | |
|---|---|---|---|---|---|---|
| | 年初面积 | 当年减少 | 当年增加 | 年末实有面积 | 水田 | 旱地 |
| 1949 | 7228 | — | — | 7228 | 4826.5 | 2401.5 |
| 1950 | 7228 | — | 195 | 7423 | 5009.5 | 2413.5 |
| 1951 | 7423 | — | 413 | 7836 | 5214.5 | 2621.5 |
| 1952 | 7836 | — | 170 | 8006 | 5377.5 | 2628.5 |
| 1953 | 8006 | — | 100 | 8106 | 5460.5 | 2645.5 |
| 1954 | 8106 | — | 252 | 8358 | 5573.5 | 2784.5 |
| 1955 | 8358 | — | 260 | 8615 | 5678.5 | 2936.5 |
| 1956 | 8615 | — | 617 | 9232 | 6207.5 | 3207.5 |
| 1957 | 9235 | — | 512 | 9747 | 6364.5 | 3382.5 |

续表5—2

| 年份 | 耕地面积 | | | | | |
| --- | --- | --- | --- | --- | --- | --- |
| | 年初面积 | 当年减少 | 当年增加 | 年末实有面积 | 水田 | 旱地 |
| 1958 | 9747 | 106 | — | 9641 | 6520.5 | 3120.5 |
| 1959 | 9641 | 87 | — | 9554 | 6789 | 2765 |
| 1960 | 9554 | 5 | — | 9549 | 6789 | 2760 |
| 1961 | 9549 | — | 461 | 9920 | 6789 | 3131 |
| 1962 | 9920 | — | 482 | 10402 | 6789 | 3613 |
| 1963 | 10402 | — | — | 10402 | 7025 | 3377 |
| 1964 | 10402 | — | 815 | 11217 | 7325 | 3892 |
| 1965 | 11217 | — | 915 | 12132 | 7430 | 4702 |
| 1966 | 12132 | — | 498 | 12630 | 7430 | 5200 |
| 1967 | 12630 | — | — | 12630 | 7430 | 5200 |
| 1968 | 12630 | — | 280 | 12910 | 7549 | 5451 |
| 1969 | 12910 | — | — | 12910 | 7549 | 5451 |
| 1970 | 12910 | — | 63 | 12973 | 7452 | 5521 |
| 1971 | 12973 | 167 | — | 12806 | 7452 | 5354 |
| 1972 | 12806 | 117 | — | 12689 | 7368 | 5321 |
| 1973 | 12689 | 137 | — | 12552 | 7328 | 5224 |
| 1974 | 12552 | 201 | — | 12351 | 7317 | 5034 |
| 1975 | 12351 | 105 | — | 12246 | 7317 | 4929 |
| 1976 | 12246 | 115 | — | 12131 | 7301 | 4830 |
| 1977 | 12131 | 151.5 | — | 11979.5 | 7300 | 4679.5 |
| 1978 | 11979.5 | 83 | — | 11896.5 | 7300 | 4596.5 |
| 1979 | 11896.5 | — | 34 | 11930.5 | 7334 | 4596.5 |
| 1980 | 11930.5 | — | 55.5 | 11986 | 7424 | 4562 |
| 1981 | 11986 | 262.5 | — | 11723.5 | 7390.5 | 4333 |
| 1982 | 11723.5 | — | — | 11723.5 | 7390.5 | 4333 |
| 1983 | 11723.5 | 18 | — | 11705.5 | 7390.5 | 4315 |

续表5—2

| 年份 | 耕地面积 | | | | | |
| --- | --- | --- | --- | --- | --- | --- |
| | 年初面积 | 当年减少 | 当年增加 | 年末实有面积 | 水田 | 旱地 |
| 1984 | 11705.5 | 8 | — | 11697.5 | 7382.5 | 4315 |
| 1985 | 11697.5 | — | — | 11697.5 | 7382.5 | 4315 |
| 1986 | 11697.5 | — | — | 11697.5 | 7382.5 | 4315 |
| 1987 | 11697.5 | 90.5 | — | 11607 | 7371 | 4236 |
| 1988 | 11607 | 3 | — | 11604 | 7368 | 4236 |
| 1989 | 11604 | — | — | 11604 | 7368 | 4236 |
| 1990 | 11604 | — | — | 11604 | 7368 | 4236 |
| 1991 | 11604 | — | — | 11604 | 7368 | 4236 |
| 1992 | 11604 | 84 | — | 11520 | 7350 | 4170 |
| 1993 | 11520 | — | — | 11520 | 7350 | 4170 |
| 1994 | 11520 | — | — | 11520 | 7350 | 4170 |
| 1995 | 11520 | — | — | 11520 | 7350 | 4170 |
| 1996 | 11520 | — | — | 11520 | 7350 | 4170 |
| 1997 | 11520 | — | — | 11520 | 7335 | 4185 |
| 1998 | 11520 | — | — | 11520 | 7350 | 4170 |
| 1999 | 11520 | — | — | 11520 | 7350 | 4170 |
| 2000 | 11520 | — | — | 11520 | 7350 | 4170 |
| 2001 | 11520 | 15 | — | 11505 | 7335 | 4170 |
| 2002 | 11505 | 1480.5 | — | 10024.5 | 6982.5 | 3042 |
| 2003 | 10024.5 | 22.5 | — | 10002 | 6961.5 | 3040.5 |
| 2004 | 10002 | — | — | 10002 | 6961.5 | 3040.5 |
| 2005 | 10002 | — | — | 10002 | 6961.5 | 3040.5 |
| 2006 | 10002 | — | — | 10002 | 6961.5 | 3040.5 |
| 2007 | 10002 | — | — | 10002 | 6961.5 | 3040.5 |
| 2008 | 10002 | — | — | 10002 | 6961.5 | 3040.5 |
| 2009 | 10002 | — | — | 10002 | 6961.5 | 3040.5 |

续表5—2

| 年份 | 耕地面积 | | | | | |
|---|---|---|---|---|---|---|
| | 年初面积 | 当年减少 | 当年增加 | 年末实有面积 | 水田 | 旱地 |
| 2010 | 10002 | — | — | 10002 | 6961.5 | 3040.5 |
| 2011 | 10002 | 4200 | — | 5802 | 3961.5 | 1840.5 |
| 2012 | 5802 | — | 13698 | 19500 | 10855.5 | 8644.5 |
| 2013 | 32200.5 | 3495 | — | 28705.5 | 14001 | 14704.5 |
| 2014 | 29705.5 | 30 | — | 28675.5 | 9945.5 | 18730 |
| 2015 | 28675.5 | 500 | 3500 | 31675.5 | 11856.5 | 19819 |

### （二）土壤改良

新中国成立前，封建土地所有制束缚生产力发展，农田仅施以有限的农家肥，致使耕地瘦薄，农作物产量很低。

新中国成立后，政府重视农田基本建设，投入大量资金，改良耕地，提高地力，增加产出，土地逐渐得到充分利用，潜力倍增。

**配方施肥** 20世纪90年代前，农民为了增加粮食产量，盲目大量施用化肥，使大批土壤板结，肥力减退。为了均衡施用化肥，合理配比含量，20世纪90年代后，县农业局抽调农技人员与乡农推站深入乡、村、寨，逐块逐丘提取样本化验分析，并对分析出的各项指标含量数据建档登记，现场指导。帮助农民科学施用化肥，增施农家肥，合理搭配，保持肥力，增加产出。

**改土造田** 1951年，土地改革结束，贯彻西南局关于恢复整理小型塘堰工程的指示，对原有山塘河堰、引水渠和拦山沟等工程进行维修，并开展土变田工作，致水田面积逐年增多。到1958年，水田达6520.5亩。1958年，县水电局在银盏公社太平大队（今太平社区水绞组）水绞生产队兴修梅花堰水库，在原鱼河乡黔川大队（今新场村）兴修天邦水库，各大队、生产队又在有条件的小水源地方修山塘蓄水，为改土造田创造了条件。此后，每年冬春都开展以治水改土为中心的农田基本建设，灌区群众改土造田的热情高涨。至1968年，全公社水田猛增到7549亩，占耕地面积的58.4%。

**坡土改梯田** 镇境山峦起伏，坡地较多。新中国成立后，农民曾一度开荒垦地，使部分新耕地扩大到25度坡地。加上常年铲草积肥和1958年乱砍滥伐林木“大炼钢铁”，致使植被遭到破坏，造成水土流失，耕地肥力大减，农作物产量逐年下降。1962年，全公社平均亩产粮食仅200公斤，比1955年230公斤减少8.69%。1963年，中共中央《农村人民公社工作条例（修正草案）》（简称《六十条》）和中共中央《关于农村人民公社当前问题的紧急指示信》（即《十二条》）出台，开展治山治水，砌石埂拦土保肥，至1968年6年间，全公社坡土改梯田面积2722.5亩。“文化大革命”期间，坡土改梯土工作基本停滞，又一轮毁林开荒，水土流失再度加重。

1977年，贯彻全国农田基本建设会议精神，开展山、水、田、林、路综合治理。采用专业队与大会战和常修与突击相结合的办法，1950—1980年，全公社坡土改梯土，梯土改良田面积6380亩，占耕地面积的51.75%。

**改瘦地为肥地**　新中国成立初，境内耕地多为跑水、跑肥、跑土的“三跑地”。随着国家资金大量的投入，除普遍实行深耕和亩施肥千斤以上进行改良外，还对黄泥地和矿质土进行改良。20世纪50年代，又发动群众烧灰积肥，收集牲畜圈外散粪和青草制作堆肥，经发酵后施于田土，对土壤进行改良。1987年推行开排水沟积水，放水和施用腐熟牲畜肥，秧青、石灰、钙镁磷肥等改良冷、烂、锈水田。1989年又在烂泥田中试验半旱式栽培技术，改传统平田湿润灌溉。从20世纪80年代开始，广种绿肥，用以培肥地力。90年代大量推广旱地分带轮作种绿肥，以绿肥养地肥土，使粮食产量不断提高。至2010年，全乡已改瘦地为肥地9312亩，占耕地面积的93.1%。

## 二、劳力

新中国成立前，农村生产的劳力多是贫困农民，农民租赁地主的土地耕种，部分自耕农则自耕自管。广大农民世世代代“面朝黄土背朝天”为封建地主耕地，终年劳动，粗放耕作，产量低下。

新中国成立后，经过土地改革，农民分得了土地，自己经营、自己管理，农村劳力发生极大的变化，农民当家作主。1953年，农业走合作化道路，农民成为合作社社员；1958年，又成为人民公社社员。从此，土地渐为集体所有，由集体经营管理，在合作社和人民公社内实行计划、劳动、财务、分配四大管理制度，执行“多劳多得，少劳少得，不劳不得”的分配原则，采用评工记分、年终决算、按总分分红的办法，即“人七劳三”，按劳分配；1968年以后，每年又有一定数量的高初中生上山下乡参加农业生产，劳动队伍增大，素质也有极大提高，采用良种良法，农业生产很快得到恢复和发展。1982年，实行家庭联产承包责任制后，土地落实到户，国家征购任务，税收及各种提留分配落实到户，由政府下达计划性指标，农民自主经营、自主管理，开始学习文化和科学知识，人力地力都不断得到充分的释放，涌现一批专业户、重点户和科技户，致使农业迅速发展。

20世纪90年代后，各级政府致力于科技兴农，加大对农民的科技培训力度和农业生产的投入，组织各类种植专业培训班，提高农民的科技知识，每年培训上千人次，提高了农民的生产技能。随着现代化、机械化行业的普及，农村劳动力的增长和劳动技能的提高，农村剩余劳动力增加，从20世纪90年代中期，政府就有计划地组织农村剩余劳动力到全国经济较发达地区务工，借此增加农民收入，年外出务工劳动力在2500人左右，每年人均创收55000元；2005年，全乡有劳动力9314人，其中长期外出务工1882人，在乡务农7432人，共创农业总产值1430.1万元，每个劳动力创产值1924.2元，与瓮安解放前比较，劳动人口增长5.45 %，所创农业总产值增长8倍，每个劳动力创产值增长7.51倍。

2001年，全乡农村从业人员8372人，其中男4521人、女3851人。按劳动行业分类，从事农林牧渔业7702人、乡村工业55人、乡村建筑业254人、乡村交通运输业92人、批发零售餐饮业112人、其他行业157人，创农林牧渔业总产值1006万元，生产粮食5198吨。

## 三、耕畜

新中国成立前，贫困农民多缺耕牛，牛少耕地多，耕牛负担过重。1951年，实行土地改革，没收地主和征收富农多余的耕牛分给缺牛农民。1953年，办农业生产合作社，耕牛折价入社，高级社时又增购耕牛，仍由农户分散饲养。1957年，全公社拥有耕牛1150头，牛均负担耕地约10亩。

三年生活困难时期（1959—1961年），群众因生活困难无力饲养耕牛。1962年划给农民饲料地，集体的耕牛仍由一家一户喂养。1967年全公社饲养耕牛1212头，1978年，实行家庭联产承包制后，耕牛评价承包到户，未承包到耕牛的农民争购耕牛耕地。1985年，全乡耕牛发展至1630头。1995年，国家推广小型拖拉机，但仍以牛耕为主。2000年，全乡有耕牛1950头，2005年有2150头，2007年达4621头。2008年以后，随着农村经济的发展，拖拉机逐年增多，机耕面积随之增加，耕牛逐年减少。2010年有耕牛1818头，2015年7860头。

### 四、农业机具

#### （一）耕作农机具

锄头，传统的旱地播种、中耕农具，屡兴不衰，至今仍盛行。本地有薅锄、挖锄等锄头。

木犁，是传统的农耕具，用耕牛牵引犁水田和旱地，一般一头牛每天可耕地1.5～2亩。农业合作化后，开始使用铁制双轮双铧犁、山地犁，但社员嫌铁犁笨重，山地石头多，易损铧口，不久即废，耕地仍以老式木犁为主。2005年以后，对犁不断改进，至2009年，多用铁制单铧铁犁耕地。

钉耙，传统的水田农耕具，或用于抓草粪、杂草等，至今仍盛行。

图5-5-1　小型耕地拖拉机

拖拉机，1972年雍阳区农机站分配给银盏公社配套挂犁及旋耕机装置的35型拖拉机1台，手扶式拖拉机3台，开始少量试用耕犁田土，年耕地205亩，占乡总耕地面积的1.6 %；1979年，实行拖拉机承包。承包人为追求经济效益，用拖拉机搞运输，很少用于耕地。

继后，又因实现家庭联产承包经营责任制，耕地分户经营，农户皆置耕牛自耕，机耕面积骤减。是时拖拉机虽有发展，但多作运输用。1987年以后，农村多种经营发展，有的农户外出务工、经商，其责任地有条件机耕的多雇拖拉机代耕，部分拖拉机又下地耕作，耕地面积有所回升。1995年，针对贵州山区特点，国家推广小型拖拉机，采取财政补贴政策，鼓励农民购买小型拖拉机耕地。当年全乡有55户农民先后购买拖拉机55台，年均耕地1890亩。2005年，全乡拥有各式拖拉机127台，是年耕地4500亩，占全乡耕地总面积44.9%。2010年，全乡有各式拖拉机307台，耕地8500亩，占全乡耕地总面积的84.9%。至2015年，全镇有各式拖拉机697台，耕地29500亩，占全镇耕地总面积的78.1%。

#### （二）收割机

银盏收割谷物历为挞斗挞稻谷，连枷打豆子、玉米，或手工脱粒玉米。1968年以后，公社购进脚踏式打谷机8台，玉米脱粒机5台供应农村，提高工效，减轻劳动强度。1980年以后，全乡又购进电动打谷机95台。20世纪90年代，加快农业机械化步伐，机械收割普遍兴起。随着农村产业结构调整，大批农村劳动力向非农转移，外出打工人员增多，从事农业生产劳力减少，机械收割愈益发展。2010年，全乡有玉米脱粒机135台，脚踏打谷机110台，机动打谷机200台。至2015年，全镇有玉米脱粒机735台，脚踏打谷机910台，机动打谷机820台。

#### （三）运输机具

新中国成立前和解放初期，农业运输多是人背马驮。1950年以后，农村成立合作社，修筑简易公路，改用马车、牛车从事运输，坝子田间运用鸡公车搬运。1958年以后，马车运输更是占据重要地位。此后，拖拉机运输逐步发展。1980年以后，各种运输机具发展很快。2010年，全乡拥有胶轮手推车500辆左右，胶轮马车3辆，货运汽车36辆，货运拖拉机48台。至2015年，全镇拥有胶轮手推车1300辆左右，胶轮马车23辆，货运汽车656辆，货运拖拉机588台。农村中，短途运输基本实现车辆化，特别是随着农村道路的硬化，在田间地头或农村建房中，铁制汽轮鸡公车盛行，极大地减轻农民的劳动强度，提高劳动效益。

#### （四）加工机具

新中国成立前，加工谷物多使用石磨、石碾、石槽、木榨等原始器具，加工食品则靠手工操作。新中国成立后，随着电力开发利用和农副产品加工的需要，谷物加工机械得到发展。20世纪60年代，国民经济落后，农业机械发展缓慢，当时的碎米脱壳、磨面、榨油和饲料加工仍沿袭旧式加工方法。70年代，有少量购进打米机、淀粉加工以及食品加工机械。进入80年代，加工机械遍及乡村。90年代，粮食加工、食品加工、饲料加工机械更加普及，且逐渐小型化，以适应农户家庭使用，传统的榨油、食品加工、饲料加工逐步被机械取代。至2015年，全镇拥有各种型号的粮食加工机324台，油料加工机90台，饲料加工机150台，米粉加工机280台，集镇乡村已不再使用传统的谷物加工机具。

#### （五）植保机械

新中国成立前，农业无植物保护设施，一旦发生农作物病虫害，采用手工捕杀或土法灭虫，收效甚微。20世纪50年代中后期，开始使用单管喷雾器灭虫。60年代，圆筒压缩喷雾器在乡村普及，少量的动力喷雾器已开始进入农村，主要用于大面积喷杀使用，工效提高，灭虫效果甚佳。70年代，背负式喷雾器开始盛行。90年代后，采用机械喷雾器对病虫害进行捕杀，工效比手工喷雾器提高20倍，而且捕杀效果好。机械喷雾器一般都在农作物大面积遭到病虫害后由植保部门和农防部门提供使用。

## 第二节　土地所有制

### 一、土地私有制

元代，土司领主占有全部土地。明代，土司领主和卫堡占有绝大部分土地。在土司土地和卫堡屯田（“军屯”）之外，有部分“民屯”（地主、自耕农田土）。明万历二十九年（1601年），明王朝平息杨应龙之乱，废土司、卫堡置县后，将无主田土“另行招人承种，纳粮当差”，新产生一批佃农。清代，允许“军屯”买卖，升为“科田”（私田），又产生一批地主、自耕农。清末，赋税加重，一些自耕农、小地主破产，而一些官绅和富商借官府势力、高利贷和商品不等价交换收买典当土地。民国时期，土地买卖典当频繁。1951年6—10月，进行土地改革，人民政府将依法没收征收的土地分给无地少地的农民，按土改政策分给地主一份土地，实行“耕者有其田”。土地改革结束后，全乡共有898户3660人，贫雇农分得土地7228亩，人均耕地1.97亩。

### 二、土地公有制

土地改革中依法没收地主全部土地，征收富农多余的土地，小地主出租者的土地，除大多数分配给农民外，少量留作公共用地。这部分公地由全民所有制或集体所有制单位经营管理。

1952年，在农村开展互助合作运动。1954年，试办初级农业合作社。1956年，试办高级农业合作社，改土地私有制为集体所有制。1958年9月，实现人民公社化，原高级社的所有财物和社员的自留地全部交给公社，由公社统一安排使用。1982年，全公社实行家庭联产承包责任制，将生产队原有的全部耕地按人平均落实到户，土地所有权归国家和集体，使用权归承包农户。

## 第三节　农业生产经营体制

### 一、个体经营

新中国成立前，土地属私人所有，极少数的地主、富农占有绝大部分土地，而农村绝大多数农民，反而只有极少部分土地，农业生产为一家一户经营。由于缺乏农业机械、水利基础设施，加上社会分配不公，封建的生产关系束缚生产力的发展，刀耕火种的粗放式耕作方式，致使多数农民佃耕地主、富农的土地缴纳高额地租，地租分为活租和定租两种形式。一般多为活租，即按当年实际收入以“主五佃五”或“主六佃四”，土地较为边远的地区、山区，也有倒“四六”倒“三七”分成的方式定租，即按年初双方拟定的租额，不管收成如何，秋后必须无条件按年初议定的租额交租。有的佃农除交租外，还要交缴佃耕押金，或给地主做一定短工，也称“帮工”或代替地主缴部分田赋，称为“帮粮”。正常年景，佃农一年收入的粮食，交租后只能维持全家吃三、五月或半年左右，如遇自然灾害，导致佃农借印子钱，典当房产或出卖土地交租金，佃农流离失所，逃荒要饭。

1950年，推行减租、退押（退帮工帮粮）政策后，农民从地主、富农手中分得了耕地，所收粮食除缴纳公余粮外，全部归农民所有，收入比土地改革前增长很多，生活基本维持。

1951年冬，组织农业生产互助组。少则四五户，多则十来户自愿组合。1954年春，互助组基本普及。实行“自愿、互利、民主管理”的原则，土地和收入归私人所有，劳动力、耕牛、家具调剂使用，采用互相等价交换。由于互助组人多、力量大，比单干户收入要多一些。

### 二、合作社经营

1953年冬到1954年春，试办初级农业生产合作社，入合作社农户占农户的98%以上，基本实现初级农业合作化。初级社实行集体经营，土地、耕牛、家具等入社，由合作社统一分配使用，劳动力也统一安排，分组劳动，采用每天记工分的方式评记工分，按月累计年终分配，实行劳动分红与土地分红相结合的分红制度。除国家税收和集体提留必要的生产费、公积金、公益金外，剩余部分按“劳七地三”或“劳六地四”或“劳五地五”等比例分配。对耕牛、大型农具由合作社以租金形式支付农民报酬。

1955年到1958年秋，全县试办高级农业生产合作社，在此期间，高级农业生产合作社取消土地分红制度，农户的山林、耕地、耕牛、大农具折价入社。劳力统一组合，农活统一安排，收入统一分配，取消初级社“劳土”结合的分配方案，实行按劳分配制度。

### 瓮安县高级农业生产合作社名录一览表

表5—3　　单位：户

| 区名 | 社名 | 户数 | 区名 | 社名 | 户数 |
|---|---|---|---|---|---|
| 雍阳 | 太平 | 300 | 雍阳 | 银盏 | 384 |
| 草塘 | 新华 | 476 | 雍阳 | 白溪 | 107 |

### 瓮安县银盏镇境内试办初级社名录一览表

表5—4　　单位：户、人

| 社名 | 社长或社主任 | 建社日期（1954年） | | 所在区乡 | | 户数 | 人口 | 社员 | 入社土地 | | 备注 |
|---|---|---|---|---|---|---|---|---|---|---|---|
| | | 月 | 日 | 区 | 乡 | | | | 田（市斤） | 田（市斤） | |
| 光明 | 李显明 | 2 | 29 | 2 | 新华 | 14 | 59 | 28 | 38430 | 2325 | 自发社 |
| 胜利 | 董欲斌 | 3 | 5 | 2 | 新华 | 21 | 100 | 41 | 53640 | 5780 | 自发社 |
| 大寨 | 何国祥 | 3 | 6 | 2 | 两岔 | 11 | 53 | 24 | 28680 | 2377 | 自发社 |

## 三、人民公社经营

1958年秋后，全县试办人民公社，实行“区为公社化”。

1958年仲秋，实现人民公社化。先后实行集体大食堂、大炼钢铁，社员全家吃饭不开钱，年终决算分级发给劳动报酬，继而缩小公社规模，改公社核算为生产大队核算，社员劳动又恢复评工记分，随后又以生产队为基本核算单位。实现人民公社化集体大生产，出现“劳动一窝蜂”，分配“一拉平”现象，集体大生产、核算持续20余年。在这个阶段，“政社合一”，撤销区建生产管理区，建立人民公社初期，采用“一平二调”办法，实行组织军事化、行动战斗化，采用大兵团作战方式；生活集体化、吃饭食堂化，吃饭不用付钱，劳动不付计酬，分配平均，调拨无偿，搞生产高指标。造成瞎指挥，浮夸风盛行。1962年，全县推行生产包干，完成上交征购任务和公社大队提留，以后再进行分配的“大包干”办法，对社员实行“三基本”制度，按劳动工分分配现金，按“人劳结合”的办法进行粮食分配（多数地区执行的“人七劳三”的比例）。由于评工记分只计工天，不讲工效，甚至有的地方推行所谓“政治工分”，只要“政治好、表现好”，干多干少干好干差均得同等工分，因而出现工分多、分值低，有的地方每个劳动日或每10分工分仅分几角钱，收入低，超支户，困难户增多，严重挫伤农民生产的积极性，生产发展缓慢，吃粮也格外紧张。在这困难关头，一些生产队冒着走“资本主义的道路”，挨批斗的危险，带头采取“明集体而暗包产到户”，但被视为走资本主义道路，严加禁止，强行纠正。

## 四、家庭联产经营

1980年，中央放宽农业生产政策，放松对农业生产的诸多限制，全县实行联产责任制和产业结构调整（人们俗称为“包产到户”“分田土到户”或“单干”），受到广大农民的拥护和欢迎。在短短的两个月时间，全镇112个生产队立即行动，耕地和山林按人口划分承包到户，耕牛、大农具等生产用具折价按人口均摊固定到户，作价找补，国家征购定购任务，集体提留生猪任务，按分田土人口落实到户，由生产队和社员按三至五年不等签订承包合同。下户当年，农村发生了非常大的变化，农民生产积极性空前高涨，粮食产量骤增，多种经营迅速发展。1980年，粮食总产量达2899吨，人均占有粮食288.7公斤，分别比1949年增长13.9%。1984年5月，中央将土地承包期延长为20年，并规定“增人不增地，减人不减地”的原则，将承包到户这种形式固定下来，让广大农民吃了定心丸，并发给承包户土地使用证。1993年，中央又出台土地承包期延长至50年不变政策，使广大农民如鱼得水，欢天喜地，各级政府紧紧把握时机，总结经验教训，把中央对“三农”政策落到实处。

## 第四节　农业经营改革

新中国成立之初，面对基础薄弱，内外交困，百废待兴的基本国情， 国家实行了高度统一的计划经济管理体制，农村从土地改革、林权制度改革后短暂土地、林地私有到互助组、初级农业生产合作社、高级农业生产合作社，随后迅速完成社会主义改造，实行了土地、山林等生产资料归集体经济所有，集中统一经营的人民公社体制，这为国家集中调配商品粮及工业原料，快速建立独立的工业体系，强化农田水利基本设施建设，推进农业机械化，发挥了农村经营管理的重要作用，但“一大二公，一平二调”等僵化的管理机制日益暴露出效率低下的弊病。1951年4月政务院在《关于适当地处理林权，明确管理保护责任的指示》中指出：在确定林权归属的基础上，由县级人民政府发给林权证书。1955年11月《农业生产合作社示范章程》对农村各类山林、果园、竹林等的经营形式作出原则规定。1961年《中共中央关于确定林权保护山林和发展林业的若干政策规定（试行草案）》，针对确定山林权属，提出必须坚持“谁种谁有”的原则。1966年开始的“文化大革命”，再次将房前屋后及自留山的林木全部归集体所有。中共十一届三中全会以后，开始了史无前例的农村经营体制改革，推行家庭联产承包责任制，将生产队原有的全部耕地按人口平均落实到户，土地所有权归集体，使用权归承包农户，由农户自主经营，收益除交国家公余粮和生产队公益金外，其余由农户自己支配。自此，农业生产获得生机，粮食产量连年递增，多种经营迅速发展。但是，随着农村改革的深入，生产进一步向深度和广度进军，需要在生产实践中加以进一步发展和完善。1980年9月，中共中央印发了省、市、自治区第一书记关于讨论农村农业生产责任制的“纪要”和1983年1月2日中共中央印发政治局关于《当前农村经济政策的若干问题》即中共中央1983年1号文件。文件提出，对实行家庭承包责任制的“思想更解放一点，改革更大胆一点，工作更扎实一点”。要求各地放开手脚，大胆地进行改革，对家庭联产承包责任制即以家庭为核心的私人经营模式加以肯定。1981年8月，中共中央国务院作出《关于保护森林发展林业若干问题的决定》，全乡开展“稳定山林权，划定自留山，确定林业生产责任制”，在中共中央一系列政策的鼓舞下，全乡8个大队、115个生产队纷纷行动起来，不到半年时间，将集体的山林6624.5亩按人口比例划分，全部分配到社员手中，并由县统一印制发放“林权所有证”2671本，通过“三定”，重新确立了林地所有权归国家、集体所有，而经营权、使用权归国家、集体、个人三级所有的林权制度。尔后，广大社员在自己的责任山、荒坡、荒山上植树造林。据统计，在短短的两年时间内，全乡共植树造林2834.1亩，退耕还林1824.1亩，精品水果264.74亩。1984年，中央明确土地承包期为20年，1993年提出再延长土地承包期30年。1997年1月，开始实施第二轮土地延包工作。2000年，中央启动以“减轻、规范、稳定”为目标的农村税费改革试点工作。2005年，贵州省全面取消农业税，较全国取消农业税提前了一年。2003年3月1日，《中华人民共和国农村土地承包法》施行，承认了第二轮土地承包合同的效力。从2004年起，对粮食主产区种粮农民实行直接补贴，对部分地区农民进行良种补贴和购置大型农机具补贴，2006年首次实施农业生产资料综合补贴。2006年和2007年连续两年中央1号文件都将集体林权制度改革确定为深化农村改革的重要内容和重大举措。2008年6月8日，国家颁布《国务院关于全面推进集体林权制度改革意见》，明晰林地使用权和林木所有权、放活经营权、落实处置权、保障收益权。2015年中共中央一号文件《关于加大改革创新力度加快农业现代化建设的若干意见》，对农村集体土地承包经营权方面出台了最新的政策，明确土地所有权、承包权、经营权三权分离，稳定承包权，开始赋予农民对承包地占有、使用、收益、流转及承包经营权抵押、担保权能，允许农村集体经营性建设用地出让、租赁、入股，实行与国有土地同等入市、同权同价，慎重稳妥推进农村宅基地财产权抵押、担保、转让，盘活农村宅基地财富。

## 第五节　农业产业结构调整

通过三十多年农业生产的经验教训，要想从根本上解决“三农”问题，必须要进行农业产业结构调整，由原来单一的靠种粮食、养殖生产模式向多元化高效益的农业生产方式转变。

20世纪90年代以来，历届镇党委、镇政府均高度重视“三农”工作，始终坚持“以增加农民收入为核心，以提高农业综合效益为目标，以产业结构调整为总线，以规划生产为重点，以发展现代农业为方向”的总体要求，把“种养攻特、创牌增效、培育特色经济”作为主攻方向，带动全镇人民向农业规模化、标准化、区域化迈进，最终实现农业产业化、现代化，推动农业和农村经济发展迈向新台阶。

以“185”工程为突破口，重点推进500亩经果林，500亩优质辣椒，200亩西红柿，2000亩优质烤烟基地以及10万头生猪养殖。本着“做强生猪、辣椒、精品水果” 等优质特色农业产业，引领银盏现代农业发展，率先实现全面建成小康社会的总体目标。

2010年，全乡共种优质辣椒500亩，收鲜辣椒100吨，收入20万元，优质烤烟基地1800亩，收烟叶27.2吨，收入达368万元，精品水果500亩，茶树移栽500亩，现已初见规模，效益显现。

2015年，全镇种植烤烟6000亩，收烟叶90吨，收入1217万元；种植辣椒2000亩，收鲜椒400吨，精品水果2000亩，茶树3000亩。

# 第二章　种植

## 第一节　粮食作物

新中国成立前，耕作方法简单落后，广种薄收。新中国成立后，实行集约经营，粮食和多种经济不断增长。中共十一届三中全会后，重视科学种田，推广农业适用技术，推广优良品种，使农业生产由单一的种植粮食作物逐渐转化为多元化种植，向高效益、高科技、种植规范化、品种优良化、农业机械化的标准化方向发展。

**水稻**　银盏镇地势平坦，阳光照射充足，水源较好，以种植水稻为主。

水稻生产主要是育苗—栽插—田间管理—收割等种植过程。1953年以前，采用浸种催芽，直接播撒大田水秧。之后采用泥盐水选种，药物浸泡，开沟分箱式稻秧田。1964年以后，推广湿润秧田、薄膜育秧、再借插在大田中。1979年，开始采用温室或旱地两段育秧，干旱式地膜育秧。1991年以后，全部采用温室旱地两段育秧法，合理密植，拉绳插秧，旱育浅植，旱育稀植，水稻叶龄模式栽培等技术，以便于通风和光线照射，由于采用新式的良种良法，合理施肥，适时收割，亩产由1953年的50～75公斤猛增到700～750公斤左右。1995年，全乡种植水稻4155亩，产量5895吨；2005年种植水稻7710亩，产量3316吨；2015年全镇种植水稻11800亩，产量7240吨，平均亩产613公斤。

**玉米**　俗称包谷。1960年以前，大多沿用小黄包谷，大白包谷等高秆老品种，因植株较高，不宜密植，农民在地里常套种大豆、巴山豆、葵花等其他农作物。

玉米一般在旱地种植，也有少数水源差的山区稻田用于栽培玉米。1953年以后，人们采用“稀大窝”点播发展为单株或双株密植，规范化拉绳点播，产量不高。20世纪80年代后，开始尝试用薄膜育秧和营养块营养袋育苗，之后又发展为大窝，拉绳定向移栽，合理密植。90年以后，采用薄膜定向移栽法，亩产达450～500公斤左右，玉米一般与马铃薯、豆类套种。1995年，全乡种植玉米3495亩，产量1509吨；2005年种植玉米5805亩，产量2089.8吨；2015年全镇种植玉米13730亩，产量6178.5吨，平均亩产450公斤。

**大豆**　俗称黄豆。解放初期，沿用旧法耕作，撒播套种在玉米行间，每亩用种3～4公斤。其品种有：大黄豆、小黄豆、黑豆等。20世纪70年代，因密植杂交玉米，施放的氮化肥反致套种在玉米窝间的大豆产量下降。1980年以后，农民在承包地里和田边地角采用窝播种植方式，避免大豆遭受氮肥的侵害，产量得到恢复和提高。2015年，全镇种植大豆1650亩，总产63.5吨，亩产38.5公斤，全镇均有分布。

**薯类**　镇内薯类有红苕、马铃薯两种。红苕在1950年以前，主要是白心苕。1950年以后，逐步引进白水苕、蓝水苕、枫香苕、水果苕等品种。20世纪70年代，镇境红苕种植较为普遍。进入80年代，种植较少，主要用作饲料。1990—2000年，农户少有种植。偶尔种植都以枫香苕、红心苕、水果苕为主。2015年，全镇农户偶尔种植，数量不多。

马铃薯俗称洋芋、土豆。20世纪50—60年代有红花洋芋、白花洋芋、耗儿洋芋等品种，产量均不高，一般亩产300～400公斤。70年代引进东北洋芋、威宁洋芋等品种，亩产超过500公斤。镇境的高山地区盛产洋芋，但由于品种退化严重，必须隔年更新种子。2006年，政府引进脱毒洋芋品种在镇内试种成功。2015年，全镇种植7500亩，产量1762吨。

**小麦**　新中国成立初期，农民顾虑“种麦瘦土，影响大季”，仅在旱地上少量种植。播种期一般在寒露霜降间，稀沟点播，每亩用种2.5～3公斤。1953年，贯彻全国农业会议“发展农业生产，扩大小麦、油菜耕种面积”的决定精神，改旱地一年一熟制为一年二熟制，秋耕增种小麦，仍沿用旧法播种。1958年公社化后，农村粮食紧缺，小麦逐步升为主粮，号召“小麦下田，开沟排水”，每亩以草木灰肥1500～2000公斤拌磷肥60～80公斤作基肥，禾苗生产期间注重田间管理，使产量不断提高。1965年，全公社种小麦800 亩，总产52.8吨，亩产66公斤。1981年，农村实行联产承包责任制，并大力发展农村多种经营，农户引进“贵龙1号”“绵阳2号、26号”等优良品种，农户精耕细作，产量大增。1990年，全乡种小麦1800亩，总产149.94吨，亩产达83.3公斤。由于农民耕作技术提高及农作物粮种技术的引进等，农村粮食增多，农民调整农村产业结构，秋耕多改为种蔬菜、豆、薯类，以适应市场需求增加现金收入，小麦种植呈下降趋势。2015年全镇只有少量种植。

**杂粮**　分夏、秋两大类作物，夏杂粮有大麦、春荞、豌豆、蚕豆（俗称胡豆）等，秋杂粮有高粱、红苕、小米、红稗、饭豆、四季豆等，产量都不多，大多采用套种后复种。随着市场经济的变化，粮食产量大幅度提高，农村种植结构调整，大麦、红稗、高粱等作物现已不再大面积种植。

**1981—2015年银盏镇农业总产值统计表**

表5—5　　　　单位：万元

| 年份 | 产值 | 年份 | 产值 |
|---|---|---|---|
| 1981 | 727.0811 | 1991 | 341.14 |
| 1982 | 563.21 | 1992 | 523.19 |
| 1983 | 469.012 | 1993 | 498.63 |
| 1984 | 521.41 | 1994 | 573.17 |
| 1985 | 575.4299 | 1995 | 685.47 |
| 1986 | 519.28 | 1996 | 717.2 |
| 1987 | 574.323 | 1997 | 764.5 |
| 1988 | 312.22 | 1998 | 900 |
| 1989 | 418.77 | 1999 | 3850 |
| 1990 | 900 | 2000 | 1090 |

续表5—5

| 年份 | 产值 | 年份 | 产值 |
|---|---|---|---|
| 2001 | 1006 | 2009 | 1410.8 |
| 2002 | 941 | 2010 | 1424.5 |
| 2003 | 1017.4 | 2011 | 7789.7 |
| 2004 | 2851 | 2012 | 14605.9 |
| 2005 | 1430.1 | 2013 | 25068 |
| 2006 | 1456.7 | 2014 | 30921.3 |
| 2007 | 1229.5 | 2015 | 42277.3 |
| 2008 | 1373.6 | | |

### 1949—2015年银盏镇粮食作物面积产量统计表

表5—6　　单位：亩、吨

| 年份 | 全年粮食合计 | | 其中：稻谷 | | 玉米 | |
|---|---|---|---|---|---|---|
| | 面积 | 产量 | 面积 | 产量 | 面积 | 产量 |
| 1949 | 6846 | 1298 | 4433 | 550 | 1695 | 491 |
| 1950 | 7102 | 1366 | 4655 | 547 | 1728 | 534 |
| 1951 | 7212 | 1457 | 4675 | 575 | 1740 | 558 |
| 1952 | 7460 | 1483 | 4962 | 590 | 1725 | 520 |
| 1953 | 7671 | 1522 | 5042 | 578 | 1746 | 538 |
| 1954 | 8137 | 1561 | 5360 | 587 | 1830 | 570 |
| 1955 | 8634 | 1713 | 5660 | 591 | 2005 | 600 |
| 1956 | 9493 | 1853 | 6220 | 695 | 2008 | 645 |
| 1957 | 10237 | 2203 | 6500 | 743 | 2106 | 734 |
| 1958 | 11017 | 2075 | 6413 | 738 | 2107 | 701 |
| 1959 | 10881 | 1995 | 6571 | 763 | 2298 | 372 |
| 1960 | 10641 | 1773 | 5980 | 659 | 3560 | 900 |
| 1961 | 11614 | 1686 | 6918 | 690 | 3600 | 980 |
| 1962 | 13326 | 1967 | 7320 | 750 | 3800 | 960 |

续表5—6

| 年份 | 全年粮食合计 | | 其中：稻谷 | | 玉米 | |
|---|---|---|---|---|---|---|
| | 面积 | 产量 | 面积 | 产量 | 面积 | 产量 |
| 1963 | 12508 | 1939 | 7130 | 808 | 3860 | 980 |
| 1964 | 12340 | 1706 | 7430 | 850 | 2600 | 800 |
| 1965 | 12050 | 2158 | 7410 | 820 | 2600 | 830 |
| 1966 | 12187 | 1942 | 6908 | 793 | 3002 | 932 |
| 1967 | 17047 | 2113 | 6931 | 825 | 22554 | 800 |
| 1968 | 11890 | 2107 | 7120 | 920 | 2590 | 1030 |
| 1969 | 12235 | 2391 | 7280 | 952 | 2719 | 1270 |
| 1970 | 12239 | 2695 | 7430 | 1032 | 2866 | 1312 |
| 1971 | 13242 | 2549 | 7025 | 1011 | 2682 | 1190 |
| 1972 | 12295 | 2103 | 7336 | 816 | 2586 | 930 |
| 1973 | 12123 | 2995 | 7120 | 1151 | 2793 | 1550 |
| 1974 | 12214 | 2649 | 7359 | 1032 | 2609 | 1455 |
| 1975 | 11323 | 2777 | 7422 | 1179 | 2060 | 1047 |
| 1976 | 14879 | 2818 | 7499 | 1096 | 2636 | 1541 |
| 1977 | 13901 | 3223 | 7421 | 1248 | 2589 | 1470 |
| 1978 | 14508 | 2843 | 7365 | 1196 | 2380 | 1390 |
| 1979 | 12737 | 2881 | 7334 | 1178 | 2683 | 1555 |
| 1980 | 12373 | 2899 | 7424 | 1148 | 3095 | 2014 |
| 1981 | 12150 | 2882 | 7354 | 933 | 2894 | 1651 |
| 1982 | 11721 | 3052 | 7381 | 1277 | 2479 | 1177 |
| 1983 | 12125 | 3196 | 7290 | 1430 | 2500 | 1220 |
| 1984 | 12152.5 | 3092 | 7287.5 | 1231 | 2445 | 1290 |
| 1985 | 11658.5 | 2590 | 7251.5 | 1140 | 2338 | 1120 |
| 1986 | 13262.5 | 3350 | 7191.5 | 2010 | 3965 | 600 |
| 1987 | 11986 | 3095.8 | 7081 | 2066 | 1131 | 3770 |
| 1988 | 11862 | 2344 | 6000 | 1447 | 2290 | 2640 |

续表5—6

| 年份 | 全年粮食合计 | | 其中：稻谷 | | 玉米 | |
|---|---|---|---|---|---|---|
| | 面积 | 产量 | 面积 | 产量 | 面积 | 产量 |
| 1989 | 14707 | 3400 | 6980 | 2300 | 2100 | 4500 |
| 1990 | 22632 | 3777.8 | 6980 | 2250 | 2365 | 3300 |
| 1991 | 13680 | 4583 | 6980 | 3002 | 2100 | 1865 |
| 1992 | 14403 | 4234 | 6868 | 2790 | 2100 | 1758 |
| 1993 | 25000 | 32130 | 6660 | 2497 | 2205 | 3760 |
| 1994 | 15225 | 4632 | 4995 | 2526 | 3705 | 1036 |
| 1995 | 16530 | 4594 | 4155 | 5895 | 3495 | 1509 |
| 1996 | 16515 | 4155 | 5895 | 2655 | 3495 | 1595 |
| 1997 | 16325 | 4013 | 5631 | 2613 | 3614 | 1671 |
| 1998 | 18675 | 5263 | 7167 | 2865 | 4305 | 10130 |
| 1999 | 19350 | 5155 | 7155 | 2862 | 4290 | 9630 |
| 2000 | 18735 | 5381 | 7400 | 3939 | 5200 | 3061 |
| 2001 | 17100 | 5198 | 7155 | 2949.5 | 4515 | 6406 |
| 2002 | 16059 | 7579 | 6930 | 4867 | 3195 | 6770 |
| 2003 | 12586 | 5517 | 7399.5 | 3478 | 3499.5 | 1220 |
| 2004 | 14700 | 10101 | 7410 | 6450 | 3210 | 1155.6 |
| 2005 | 15930 | 9670 | 7710 | 3316 | 5805 | 2089.8 |
| 2006 | 13790 | 6549.4 | 6410 | 3098 | 6345 | 2221 |
| 2007 | 13530 | 6976.3 | 6495 | 2901.3 | 6300 | 2516 |
| 2008 | 14676 | 7892.8 | 6810 | 3599.8 | 4950 | 2450 |
| 2009 | 15230 | 7920 | 6755 | 3600 | 6055 | 2650 |
| 2010 | 15796 | 8202.4 | 6805 | 3576.4 | 6114 | 2788 |
| 2011 | 15930 | 3674 | 6750 | 2123 | 6843 | 1485 |
| 2012 | 22660 | 9073.3 | 10500 | 4054 | 11500.5 | 3115 |
| 2013 | 36060.6 | 13426.7 | 10400 | 5725 | 11960.6 | 4555 |
| 2014 | 34010 | 12215 | 12000 | 7371 | 14265 | 4618 |
| 2015 | 34150 | 12310 | 11800 | 7240 | 13730 | 6178.5 |

## 第二节　经济作物

**烤烟**　民国29年（1940年），湖南邵阳建家坝人刘平衡到贵州企业公司任经济专员兼技师。是年，中坪艾州人商文立与贵州企业公司洽谈获美烟（烤烟）种1斤带回瓮安，散发亲友试种，成为瓮安烤烟生产引种第一人。

民国31年（1942年），刘平衡辞去企业公司工作，携带美烟（烤烟）种一斤来到瓮安，与人合伙在银盏五里街租地10亩，雇工10余人，试种烤烟。从播种、育苗、移栽到烘烤等各个环节无不亲自掌握。当年收干烟1000多公斤，效益颇佳。第二年，办起花竹美烟农场，规模扩大，带动雍阳、中坪、草塘、珠藏等地种植烤烟。

新中国成立后，为提高人民生活水平，增加经济收入，人民政府提倡多种经营，发动农民种植烤烟，但发展速度较为缓慢。1958年，全公社仅种植563亩，总产42.4吨，亩产75.3公斤。1973年，为贯彻国务院关于各级党政组织要加强农业领导，全面发展农、林、牧、副、渔业和粮、棉、麻、茶、菜、烟、果、药、杂等项生产的指示，县从外地聘请烤烟技术人员，分片区包干指导种烟，从此烤烟生产不断发展。1982年，全公社种植982亩，总产108.2吨，亩产110公斤。是年，把烤烟生产作为全县的一项支柱产业和财政的主要收入来发展。按照"计划种植，主攻质量，优质高产"的要求，狠抓"种植区域化，种子良种化，管理科学化和烟叶标准化"。与此同时，烟草部门、乡政府各指派技术人员和包村干部驻村指导，发展烤烟生产，并作为乡村干部年终考核的一项重要内容。为此，原珠藏坝、穿洞、大林、尖山等村作为烤烟连片种植的示范基地，向全乡辐射推广。1983年，全公社种植770亩，总产量81.4吨，亩产105公斤。20世纪90年代，县委、县政府把发展烤烟生产作为增加地方财政收入、富裕农民的一项重要工作来抓，大力推广营养袋（块）假植移栽和单行起垄等新技术，政府还在政策和资金上予以扶持和帮助，实行商品化肥供应和化肥奖售等办法，鼓励农民种植烤烟。1990年收购烟叶140吨。1996年，随着农村产业结构调整，农民增收致富门路拓宽，加上个别收购人员压级压价，损害和挫伤烟农种烟积极性，烤烟种植面积大幅度减少，至2011年全乡烤烟种植仅600亩，2012—2013年，行政区划调整，岩根河、新场、印山、新华等村并入银盏镇，2013年，全镇烤烟种植面积4642亩，收购烟叶506吨。2015年，全镇种植6000亩，收购烟叶650吨。

**油菜**　是银盏镇主要经济作物之一。解放前，油菜种植很少，产量极低，主要用于榨油照明。

新中国成立后，油菜生产发展较快。1953年贯彻全国农业会议"扩大冬季作物种植面积"的决议，改一年一熟为一年二熟，在稻田中推行水稻和油菜交替种植，改行距为40～50厘米和窝距27～33厘

图5-2-1　优质油菜

米，每亩达3500～4000窝，每窝定苗2～4株，增施基肥，推广育苗移栽，种植面积逐年扩大。1958年，全公社种856亩，总产33.7吨，亩产39.3公斤。

1959—1961年，人民群众生活困难。“文化大革命”时期，以“阶级斗争为纲”，群众无心搞生产，油菜种植面积减少。1971年以后逐年回升，种植面积达1570亩，总产45吨，亩产28.6公斤。1980年，国家提高油菜籽收购价格，引进“黔农4号”良种，采取育苗移栽，按照“早育苗，早移栽，勤除草，适时施肥”的要求，使生产稳步发展，亩产不断提高。2010年，种植6000亩，总产540吨，亩产90公斤。2015年，种植14850亩，产量1600吨，亩产107.7公斤。

**茶叶**　镇境内过去均有茶叶种植，但只在房前屋后，田边地角零星栽种，产量甚微，采摘加工也是个体，成品自用或赠亲朋好友。

合作社时期，社队联办新场、黔川茶场1250亩。1992年，国家加大农业综合开发力度，县委、政府决定把茶叶基地作为重点工作来抓，先后购进茶苗，在穿洞、大林、珠藏坝、尖山、太平、银盏等村建茶园基地，将科技注入茶园管理和生产过程中，提高效益，推动茶叶发展。2011年以来，由于园区建设，飞练、太平、银盏等村的茶园被征收占用，茶园基地被取消，2015年全镇有茶山约3000亩。

**中药材**　全镇种植中药材时间不长，面积不多，只有少数的农户种植。2012年，飞练、太平、印山等村少量种植，主要种植太子参、金银花等品种，种植面积300亩，总产量5吨。

**其他**　瓜果是一个新兴产业。2013年，太平村大园组引进精品西瓜5亩，试种获得丰收，总产10吨。2008年，太平村、穿洞村精品果园（金秋梨）500亩，由于科学管理，初见成效，总产达15吨，收入0.5万余元。2014年，落实新场村磨坪冲组猕猴桃种植基地270亩。2015年，全镇有精品果园1500亩，产量达45吨，收入1.3万元。

**1949—2015年银盏镇经济作物统计表**

表5—7　　　　单位：亩、吨

| 年份 | 烤烟 | | 油菜 | | 蔬菜 |
|---|---|---|---|---|---|
| | 面积 | 产量 | 面积 | 产量 | 面积 |
| 1949 | 171 | 13.5 | 361 | 17.9 | 71 |
| 1950 | 185 | 12.4 | 413 | 16.3 | 86 |
| 1951 | 244 | 20.1 | 428 | 19.3 | 95 |
| 1952 | 278 | 22.4 | 451 | 17.2 | 103 |
| 1953 | 312 | 23.6 | 356 | 15.1 | 117 |
| 1954 | 330 | 26.5 | 440 | 16.3 | 125 |
| 1955 | 340 | 27.5 | 538 | 20.1 | 128 |
| 1956 | 415 | 35.8 | 690 | 27.3 | 119 |

续表5—7

| 年份 | 烤 烟 | | 油 菜 | | 蔬菜 |
|---|---|---|---|---|---|
| | 面积 | 产量 | 面积 | 产量 | 面积 |
| 1957 | 500 | 54.9 | 751 | 29.1 | 128 |
| 1958 | 563 | 42.4 | 856 | 33.7 | 205 |
| 1959 | 577 | 32 | 742 | 23.3 | 512 |
| 1960 | 205 | 9 | 632 | 26.3 | 787 |
| 1961 | 309 | 15.6 | 624 | 27.4 | 613 |
| 1962 | 355 | 18.2 | 493 | 9.1 | 407 |
| 1963 | 836 | 40 | 1240 | 26.6 | 309 |
| 1964 | 940 | 55 | 2428 | 40.6 | 507 |
| 1965 | 900 | 44.5 | 2210 | 45.6 | 397 |
| 1966 | 950 | 42.1 | 2180 | 53 | 466 |
| 1967 | 679 | 25 | 1560 | 43.2 | 118 |
| 1968 | 485 | 23.5 | 1026 | 40.6 | 127 |
| 1969 | 705 | 46.1 | 1104 | 42.8 | 134 |
| 1970 | 259 | 97.5 | 813 | 24.8 | 155 |
| 1971 | 564 | 23.8 | 1570 | 45 | 159 |
| 1972 | 611 | 22.5 | 1774 | 61 | 171 |
| 1973 | 504 | 27.5 | 1154 | 41.2 | 169 |
| 1974 | 828 | 95.5 | 1692 | 55 | 183 |
| 1975 | 1014 | 82 | 1732 | 62.1 | 167 |
| 1976 | 1019 | 58.1 | 2149 | 88.9 | 493 |
| 1977 | 818 | 51.8 | 1007 | 20.8 | 477 |
| 1978 | 850 | 67.2 | 2135 | 78.2 | 371 |
| 1979 | 798 | 76.5 | 2044 | 76.2 | 340 |
| 1980 | 426 | 24.8 | 2055 | 97.4 | 450 |
| 1981 | 510 | 26.5 | 3400 | 152.5 | 457 |

续表5—7

| 年份 | 烤烟 | | 油菜 | | 蔬菜 |
| --- | --- | --- | --- | --- | --- |
| | 面积 | 产量 | 面积 | 产量 | 面积 |
| 1982 | 982 | 108.2 | 5395 | 405.9 | 407 |
| 1983 | 770 | 81.4 | 3500 | 161.8 | 483.5 |
| 1984 | 917 | 95.6 | 3193 | 204 | 420 |
| 1985 | 1170 | 110 | 2841 | 109 | 724 |
| 1986 | 1530 | 591 | 4375 | 300.7 | 180 |
| 1987 | 1800 | 150 | 4498 | 350 | 180 |
| 1988 | 1920 | 135 | 5500 | 350 | 190 |
| 1989 | 2000 | 180 | 4500 | 230 | 560 |
| 1990 | 1902 | 140 | 5500 | 450 | 500 |
| 1991 | 2000 | 176 | 5650 | 463 | 613 |
| 1992 | 2100 | 185 | 3940 | 280 | 627 |
| 1993 | 2370 | 377 | 3500 | 198 | 71 |
| 1994 | 1890 | 214 | 3720 | 470 | 225 |
| 1995 | 2115 | 254 | 4305 | 52 | 310 |
| 1996 | 1305 | 167 | 4132 | 510 | 330 |
| 1997 | 1320 | 124 | 4350 | 548 | 287 |
| 1998 | 1320 | 124 | 4260 | 375 | 300 |
| 1999 | 1530 | 187 | 4500 | 495 | 310 |
| 2000 | 1305 | 114 | 4500 | 449 | 320 |
| 2001 | 1320 | 105.6 | 5250 | 570 | 315 |
| 2002 | 1219.5 | 60.3 | 5730 | 601.8 | 298 |
| 2003 | 900 | 60 | 5265 | 480 | 285 |
| 2004 | 3000 | 156 | 5505 | 468 | 332 |
| 2005 | 495 | 50.5 | 7200 | 648 | 355 |
| 2006 | 150 | 18.8 | 7204.5 | 768 | 450 |

续表5—7

| 年份 | 烤　烟 | | 油　菜 | | 蔬菜 |
| --- | --- | --- | --- | --- | --- |
| | 面积 | 产量 | 面积 | 产量 | 面积 |
| 2007 | 216 | 28.3 | 5700 | 698 | 485 |
| 2008 | 349.5 | 38.4 | 6000 | 485 | 455 |
| 2009 | 249 | 30.1 | 6000 | 583.5 | 398 |
| 2010 | 225 | 27.2 | 6000 | 540 | 425 |
| 2011 | 600 | 50 | 5250 | 430 | 430 |
| 2012 | 2175 | 260 | 6750 | 700 | 785 |
| 2013 | 4642.5 | 506 | 12000 | 1264 | 950 |
| 2014 | 5085 | 600 | 15000 | 1650 | 1080 |
| 2015 | 6000 | 650 | 14850 | 1600 | 1100 |

## 第三节　农业适用新技术

### 一、耕作制度改革

清代前期，耕地多为一年一熟制，半年辛苦半年闲。解放初期，沿用旧耕作制度。1953年以后，以调整农作物布局和提高复种指数为核心，大力推行“一年两熟制”。

#### （一）稻田一年两熟制

20 世纪50年代，推行“水稻—油菜”“水稻—小麦”“水稻—豆类”（或蔬菜）等类型。60年代起，又推行“水稻—绿肥”。种植类型推行“两熟制”。1985年，全乡水田推行一年两熟制种植的总面积为5018亩。2001年以后，全乡（镇）基本上稻田采用“水稻—油菜”“水稻—小麦”种植模式。

#### （二）旱地一年两熟制

在20世纪50年代，盛行旱地一年两熟制“玉米—马铃薯”“玉米—小麦”“烤烟—小麦”“玉米—豆类”（或蔬菜）等类型。90年代，旱地一年两熟制多推行“玉米—油菜”“玉米—马铃薯”“玉米—豆类”（或蔬菜）。2005年以后，多种马铃薯和破季豌豆。

#### （三）旱地分带轮作多熟制

20世纪80年代后期，开始推行旱地分带轮作多熟制。类型主要有“玉米—红苕（或蔬菜）—马铃薯”“玉米—红苕（或蔬菜）—小麦”“烤烟—小麦—红苕（或蔬菜）”“玉米—小麦—马铃薯”“玉米—红苕（或蔬菜）—油菜”“玉米—大豆（或蔬菜）—油菜”等。

提高复种指数，可充分发挥耕地资源效益。20世纪80年代，一年两熟制和一年多熟制发展很快。2005年，全年农作物播种面积为34496.5亩，其中复种面积为29496.5亩，复种指数为119%。2010

年，全年农作物播种总面积为23594亩，其中复种面积为9811亩，复种指数为98%。

## 二、良种推广

民国时期，农民任其喜好在耕地小范围内轮换种植，种子混杂老化，产量极低。新中国成立后，政府提倡更新种子，引进良种供应农村，进行推广，许多优良品种在全乡得以大面积种植，有效促进农业增产增收。

**水稻** 1964年，引进“黔农2号、28号”和“川大粳”，比同等条件种的“大岩粘”增产11%以上，继后又逐年推广种植。1978年6月，鱼河公社农科站在水稻良种项目上获得“贵州省科学大会科技成果奖”。20世纪80年代初，推广种植“威优64”“汕优64”“汕优63”，均获高产。1989年推广种植6700亩，占水稻面积的90.9%。90年代，普遍推广杂交水稻，先后引进种植“金优三”“金优413”“汕优838”“湘优63”等，亩产达600～650公斤。至2009年，全乡基本实现水稻种植杂交化，亩产600～800公斤。

**玉米** 1965年，推广外国“双交”种，各生产队害怕减产，多以瘦地和坡地种植，且耕作粗糙，造成减产。1977年以后，引进杂交玉米“中单2号”“黔单4号”“京杂6号”等种植，亩产300～350公斤，比同等条件的夹黄玉米增产50%以上，翌年开始大面积推广。20世纪80年代起，又先后引进“黔兴4号”“贵毕301号”、七三单交、雅玉二号、三北二号、临奥1号、奥玉二号等品种，亩产400公斤以上。至2015年，全镇玉米种植全部实现杂交化、优良化。

**小麦** 新中国成立后，小麦品种属常规高杆品种，产量极低。1970年更换新品种，先后引进“丰产3号”“郑引1号”“内乡5号”多个良种试验成功，皆大面积推广。1988年引进“贵龙10号”，平均亩产138～150公斤，此后，“贵龙10号”成为本地当家品种。20世纪90年代，先后引进“贵龙1号”“绵阳2号”等品种，皆获高产。至2011年，乡境小麦种植400亩以上，2012年种植87亩。2012年建镇后，种植209.3亩，2015年种植144.5亩。

## 三、农作物保护

### （一）病虫害种类

镇境内农作物病虫害种类较多，水稻主要有叶斑病、二化螟、三化螟、稻纵卷叶螟、飞虱、稻蝗等。玉米主要有斑病、黑穗病、玉米螟、黏虫等。小麦主要有锈病、麦蚜、白粉病等，另外还有地老虎、黄蚂蚁、蝼蛄、蟋蟀等。

### （二）病虫害防治

新中国成立前，农村迷信鬼神，农作物遭到病虫害，多求神免灾，用药极少。新中国成立后，农作物病虫害防治主要由县农业局负责，组织群众采用“全面防治，土洋结合，全面消灭”的方法，对农作物病虫害严加防治。

**药物防治** 新中国成立初期，农民多用土农药。用石灰、山烟骨头研成粉末放置于秧根下，毒死小豆虫；用耗子头、苦参根研细加石灰水，滴入玉米苗心，或用油菜研细加草木灰洒入玉米苗心，毒死钻心虫；用马桑叶、野棉花熬水冷却，淋在植株上杀虫；用石灰、桐油拌玉米下种，防地老虎食种；用食盐浸谷种杀菌。

**化学防治** 1954年，使用“六六六”和“滴滴涕”化学药物灭虫，成效显著，深受农民欢迎。

继后，使用的农药有六六六、滴滴涕、硫化锌、杀虫剂、乐果、杀虫脒、稻瘟净、敌百虫、托布津、扑草净、异稻瘟净、氧化乐果、鱼藤精、敌杀死、速灭杀丁、双敌杀虫剂、杀菌剂等，同时引进各型喷雾器供应农村喷洒农药。20世纪90年代，农药的大量使用，致农产品质量受影响，特别是蔬菜、水果高残留现象严重。进入21世纪，国家提倡无公害生产，农作物尽量少施或不施化学药物，禁施高残留、高毒效化学药品。2009年，乡政府在太平宋家坝、青龙嘴等村组建无公害大棚蔬菜基地。2005年以后，全县市场上已不再出售高残留、高毒效等国家禁用药品，无公害生产正逐步推行。一般年景农药施用量5～10吨，特殊年景农药施用量10～20吨。

### 四、施用肥料

**农家肥料** 新中国成立初期，农业生产全用农家肥，以圈肥、草皮灰、嫩草叶作基肥，以人畜粪便兑水作基肥，也有用油饼作追肥的，因积肥设备简陋，肥源少，方法单一，肥效差。

农村养牛户不多，栽种多靠草皮灰，即使有牛户，大多因牛圈通风漏雨，积水跑肥，严重制约农村粮食生产。尔后，组织群众发展耕牛，生猪养殖，动员农民割草垫圈，增加圈肥。1955年，亩施基肥稻田达1500～2000公斤，旱地达500～700公斤。1956年，国家提出“人有厕所畜有圈，粪尿有池灰有棚”和“勤收灰渣勤捡粪，勤割小草勤垫圈”的号召，全乡掀起积肥热潮，机关、学校以及农村社员、男女老少齐动手，家家户户勤积肥，铲净田边角草，搜完房前屋后灰，做到土中有堆肥，道旁有粪池。1957年全乡积制的自然肥增多，平均亩施肥2500公斤以上。三年困难时期，农民为填饱肚子而奔忙，无暇顾及积肥，亩施肥不足1000公斤，粮食大量减产。“文化大革命”前期，广大农民参加阶级斗争，生产涣散，肥料不足，粮食造成大量歉收。1970年，加大对农业生产的投入，耕地施肥量开始增加。到1977年，每亩稻田施肥在2500公斤左右，旱地1800～2000公斤。20世纪80年代末90年代初，普遍推行旱地分带轮作多熟制，耕地复种指数增加，需肥量增大，农业生产采用农家有机肥和化学肥料混施，不施化学肥料即无好收成的状况出现。进入21世纪，为改变村容村貌和缓解农村自然资源日趋减少的状况，国家出资补贴农民修建沼气池，沼液肥质好，既能追肥提苗，又能改良土壤，很受农民的欢迎。至2010年全乡修建沼气池500个，使肥源得以补充。2012—2015年，玉华、鱼河、木老坪以及新华村的并入，全镇沼气池增加到2200个。

**绿肥** 20世纪60年代，全乡先后引进苕子和紫云英绿肥种植，促进粮食增产。70年代，绿肥种植面积增加，稻田种植居多。80年代，田坝平坦地区冬季多在未种农作物的田里播撒绿肥，全乡种植面积在1100亩以上，占耕地面积的7.3%。90年代，绿肥种植仍保持在1000亩左右。2005年以后，绿肥种植面积为2150亩。至2015年，全镇绿肥种植面积达7000亩以上。

**化学肥料** 新中国成立后不久，国家开始生产化学肥料，镇境内开始尝试使用硫酸铵、硝酸铵、磷酸钙和钙镁磷肥等。20世纪60年代中后期增加使用碳酸氢铵、氨水，以氮肥为主。随着氨水用量增加，多数生产队都修有氨水储存池，容量4吨左右。70年代后，增加使用尿素、复合肥、微量元素化肥、磷酸二氢钾、氯化钾等，化肥施用量1000吨左右，80年代增加施用量达1700吨，90年代达2339吨，2000年农业技术部门开展平衡配方，合理施肥，扩大农家有机肥施用量，农用化肥施用量略有减少。至2010年，全镇共施用化肥1100吨。2012年建镇后，耕地面积增加，农用化肥施用量达7000吨左右。2015年，全镇化肥施用量7200吨。

## 五、育秧管理

**大田育秧**　20世纪50、60年代，大多采取大田育秧法。即选择土质松软、光照充足、便于排灌和管理的田作秧田，隔年翻犁炕冬，翌年惊蛰至春分之间按照“育密秧、播稀秧”的习惯，以种植面积与秧田面积的一定比例平整秧田，施足腐熟圈肥作基肥，经过翻犁后用扁担淌平田泥后，在清明前浸泡，催发芽整齐的谷芽撒播田中。晴天灌浅水、阴天灌深水、雨天开缺口放水，以便秧苗生长。根据秧苗的长势，中途还要数次施腐熟人畜粪水作追肥。大田育秧无法预防“倒春寒”等自然灾害，极容易烂秧死苗。

**旱地育秧**　20世纪50年代，在缺水打秧田的地方采用。利用地势高，不易积水的向阳旱地作秧地，以柴草烧土后，再碎土开厢，宽度80～100厘米之间，垄高20厘米左右，长度随地势而定，厢面每亩施腐熟人畜粪水1500公斤左右。种子经催芽后播撒厢面，用木板轻压，使种子与泥土结合，然后再盖上一层细灰，以杉枝遮盖，此法育秧具有抗寒，保温的优点，能减少烂秧。银盏大部分农村属丘陵地带，地势较为平坦，水源充足，光照时间长，大多数农村仍采用大田育秧法，仅有个别地势较高山区才采用旱地育秧。

**厢式湿润秧田育秧**　将育秧的大田开沟作厢，厢宽90～120厘米，垄高10～15厘米，厢长随田而定。用浅水铺平厢面，然后排水晒干至皱皮时，再糊上一层薄泥浆并撒上人畜粪水，将经过催芽后的种子撒播厢面，播后木板轻压种籽，再用草木灰、土灰或绿肥覆盖，平常在沟内淹水，让厢面长期保持湿润，其优点在于可培育壮苗，减少烂秧。

**地膜覆盖育秧**　20世纪80年代，在湿润秧田基础上播种后，先撒放腐熟牛粪渣，然后覆盖地膜，用泥土压住四周边缘，地膜育秧能保持厢内湿度，适时播种，防寒保苗，合理密植，培育壮秧，减少人力。

图5—2—2　水稻薄膜育苗

**两段育秧**　1989年，在银盏建设半机械化温室1个，开展两段育秧。育秧分为两个阶段，第一阶段在温室、地坑或场坝撒播催芽种子育头道小苗，待苗龄5～7天，片叶2～3片时即移植。第二阶段是将小苗带土单株栽于秧田中，20~25天后培育成3～4个蘖壮秧，然后再移植到稻田中去。此法育苗能从根本上解决“倒春寒”带来烂秧的危害且少费种子，秧苗分蘖早，成穗率高，穗粒大，早成熟和获取高产，其产量比其他育秧方法高，且不误农时，农民乐意接受，此法在全镇农村普遍推广采用。至2015年，广大农民仍继续沿用此法育秧，效果极佳。

## 六、栽培技术

**水稻高产栽培技术**　新中国成立后至1955年以前，栽插水稻一般是大田插线秧，小田插顺田弯或满天星。窝行距肥田35～40厘米，瘦田25～35厘米，每窝基本苗8～10片，少数瘦田达12～15片，称之为“火把秧”，稻田面积利用率低，产量不高。

20世纪60年代，推行因地制宜，合理密植，制止大稀窝。70年代，实行“拉绳插秧”，要求1人插5行，5行为一厢，使栽插水稻逐步走向规范化。1975年，实行拉绳插秧面积6130亩，占稻田面积83.8%，亩产440公斤，高于历年平均水平。90年代，在推行“拉绳插秧”的基础上，又引进“东西向”“宽窄行”插秧法，其优点是利用秧苗通风采光，便于除草追肥，产量亦高，农民乐于接受，便于推广。90年代中后期，普遍推行“东西向、宽窄行”插秧法，此种方法沿用至今，占水稻面积的98%以上。2005年，机械化插秧技术在木老坪、鱼河试验成功。2012年，鱼河实现机械化插秧800亩。

**玉米高产栽培技术**　玉米种植历史悠久，产量仅次于水稻，是人类仅次于水稻的主食之一。新中国成立后，不断进行种植技术改革。农业合作化期间，改沟播为窝播，改窄行距，缩短窝距，提倡窝播。1958—1978年，先后提倡栽“大窝玉米”，产量高于沟播，但因不利于套种其它粮食作物和耗力、耗肥未继续推广。1980年起，推广旱地分带轮作多熟制，主要有小麦、玉米、红苕“三熟制”和洋芋、玉米“两熟制”。继后，又推行“营养块”“营养袋”“营养球”“营养钵”“玉米轴”育苗移栽，产量都比直播提高。随后又推行育苗定向移栽，并实行单株密植，采光好、光照足、通风好、产量高，同时还推广地膜覆盖种植玉米，提前播种，使收获期提前。由于不断改革实践，玉米产量不断提高，2009年，全乡种植6055亩，总产2650吨，亩产437.6公斤。至2015年，全镇采用新技术、新品种种植13730亩，产量达6178.5吨，亩产450公斤。

图5—2—3　玉米移栽

**烤烟高产栽培技术**　解放前，镇境内有少量烤烟种植。新中国成立后，人民政府提倡多种经营，发动农民种植烤烟，增加经济收入，但发展较缓慢。

1.育苗　旱地育苗采用土地肥沃、光照充足、通风好的旱地和干田内开厢育苗，每年播种前翻犁1～2次，深度在13～17厘米，然后碎土开厢，厢宽80～100厘米，高15～20厘米，长度随地而定。沟宽20～25厘米，以柴草熏土后用木板轻压，使泥土平整，便于播撒种子，用细柴灰或细泥土拌合种子后撒入厢内，以杉树枝覆盖，翌年烟苗出土后，将覆盖的杉树枝取出，除草后及时施追腐熟后的人畜粪水数次，待烟苗长至10厘米左右再进行大土移栽。

2.薄膜覆盖育苗　1975年以后引进，选择土地肥沃、土质松软、肥力好、向阳的旱地和干田育苗，在播种前，将播种田、土翻犁数次后开厢挖沟，厢宽80～100厘米，沟宽17～20厘米，平整后，撒上一层细土或细灰，随后播撒种子，盖上薄膜，四周用泥块压严，防止漏气和透风。翌年烟苗出土后，及时掀开薄膜，用数十个竹片加工成半圆拱型插入厢边，成为50～60厘米高的空洞，做到保灌保温，助烟苗生长。烟苗8厘米左右时，移栽到营养袋（块）里，每袋（块）1株，继续覆盖薄膜，适时追肥和喷洒农药，预防病虫害。烟苗10～12厘米左右时，迅速移栽到大土大田里。按照每亩50公斤钙镁磷肥，50公斤烟草专用复合肥的比例施底肥，然后按40～50厘米宽，长度随地而定，高30～35厘米开厢，覆盖地膜。每亩移栽800～1200株，窝距一般保持80～90厘米，移栽时将株距处地膜挖一小孔，把烟苗连同营养袋（块）一并植入土内。4月中旬假植，5月10日前移栽，保证烟叶旺长错过伏旱，中部叶片最热月成熟烘烤。

3.烤烟栽培

**（1）单厢起垄、等距移栽** 2006年开始实施，起垄时间为每年3月下旬至4月上旬。稻田行距为100～110厘米，旱地100厘米单厢起垄，稻田株距60～70厘米，旱地55～67厘米，苗栽1000~1100株，横、列、斜成行，通风透光，县烟草公司统一组织专用化肥供应，并实行差价扶持补贴，部分营养肥、微量元素肥无偿供应。

**①地膜烟栽培及推广** 2006年全乡开始推广实施，由于烟区常干旱缺水，气温偏低，倒春寒频发，影响烤烟移栽后正常生长发育，利用地膜覆盖具有保温、保湿、保肥的特点，减少病虫害，利于烤烟生长。

**②麦套烟种植** 为解决种粮种烟争地问题，烟草公司组织麦种无偿供应，推广麦套烟，改变烟田小气候，提高移栽成活率，提高产量、质量，山区烟农还在无水打田里改种烤烟面积450～500亩。

**（2）适时移栽、合理施肥** 每年4月上旬假植，4月25日至5月5日前移栽，根据烟地肥力状况，合理施肥。亩施纯氮6~7公斤，氮、磷、钾比例为1：2：3-1：1.5：2.5。实行有机无机混合施用，重施底肥，早施追肥，巧施提苗肥。除施足底肥外，在移栽后20天内需施烤烟专用肥，保证烟株生长。

**（3）病虫害防治，多元化防治病、虫、草害** 重点防治烟地易发生的炭疽病、花叶病、青枯病、黑胫病和地老虎、烟芽虫。

**（4）合理留叶、适时打顶、成熟采烤** 2006年开始实施盛花期一次性打顶，云烟85留叶20～21片，K326有效留叶18～20片，WA-2号留叶22～24片，下部烟叶去脚叶适时采烤，中部烟叶成熟采烤，上部4～6片叶成熟后一次性带茎砍烤。

图5—2—4 优质烤烟生产基地

4.田间管理 烟苗移栽后，用腐熟人畜粪水浇淋烟苗根部及时追肥和喷洒农药，防止病虫害。2006年开始实施综合防治，重点防治烟区易发生炭疽病、花叶病、青枯病、黑胫病、赤醒病、地老虎、烟蚜虫、烟青虫，苗高80～90厘米时，要及时打顶抹芽，合理留叶，成熟采烤，每株只留18～20片烟叶，以利于烟叶增厚，质量提升。

5.烟叶烘烤

**（1）烘房**　域内早期烘烤房，大多采用泥土构筑而成。一般规格为3.3×3.3米，成正方型，房顶盖草。1975年，烘房经历土改砖，小改大，上升改下降历程，多为卧式炉灶，三路火管。1985年，土坯房改为砖瓦房，三路火管改为五路火管，楼层3层改为5层。2004年，推广“EB–1”智能烘房，挂竿改为散叶等烘烤技术，改卧式炉灶为立式火炉，增设热风洞，增加温湿度控制仪，排湿风机、热控设备等。至2015年，域内已建成大型密集型智能烘房4处，106间，烘烤能力达2000亩以上。

图5—2—5　烟叶标准烤房

**（2）烘烤**　早期烟叶烘烤多采用旧民房或泥土构筑的烘房，房内不设炉灶、火管，用木炭火对烟叶进行直接烘烤。1975年，烘房改三路火管卧式炉灶烘烤。通过温度计、湿度计对烘房内温度、干湿度进行测试。但在烘烤过程中，普遍不能正确掌握，仍凭眼看手摸，鼻闻操作。1985年仍沿用三路火管卧式炉灶烘烤。1990年以后，采用“长短长、三表一对照”和“三定、三看、三严、三灵活”的烘烤技术。“长短长”即吊火时间长，定色时间短，干筋时间长。“三表一对照”即技术图表，钟表、记载表和干湿温度计对照以掌握火候的烘烤时间。“三定、三看、三严、三灵活”即根据烟叶变化程度定火候，看温度定排温，看烟叶变化定温度，掌握烟叶变化特征要严，掌握湿度要严，掌握温度要严，变黄时间长要灵活，火力大小要灵活，天空地洞开关要灵活。

2004年，推广使用气流上升、气流下降、气流直排式烘烤技术，具有节能、节省劳力等优点，且能保证烟叶的烘烤质量，成为域内推广发展新模式。

**（3）烟叶烘烤**　烟叶成熟后，要及时采摘烘烤，每株采摘1～2片烟叶，用麻绳或塑料线固定在专用烟杆上，放入烘炕房内，每个烘炕房一次烘烤生烟叶400～500公斤。首先用小火烘烤，待80%左右的烟叶成金黄色时再用中大火烘烤，直至烟叶水分完全炕干后才能下炕解绳存放，先将烟叶平整地放入已铺垫干稻草的木板上，然后在烟叶上面放置一定数量的干稻草，将烟叶完全覆盖住，以免掉色。

6.烟水配套工程　启动于1998年，烟草部门有计划地在所规划的烤烟种植区域投资修建小水池，防止3—4月烤烟移栽时的春旱和6—7月烟株生长时的伏旱。至2015年，全镇共有小水池500口，基本解决烤烟生产用水。

7.分级扎把　按照颜色、等级、长短分级扎把，烟叶颜色、质量分为若干等级，烟农要按照国家收购标准要求，分别将烟叶同等颜色分为小把捆扎，以便于收购人员验级验价，以提高烟叶收购质量和等级合格率。

油菜高产栽培技术

**1.选种育苗**　油菜有多个品种。20世纪80年代，人们常选用甘兰型和芥菜型两种，甘兰型居多。90年代后，推广秦油二号。

将土地松软、肥力足、向阳透风的大田或大土翻犁后，再碎土开厢，厢宽100～120厘米，长度随地而定，高30厘米，用木板轻压，整平后，撒播种子，覆盖薄膜。菜苗出土后，要除草追肥，并用小树条或竹片制成拱形，便于覆盖薄膜。待油菜苗生长10厘米后，根据气候变化随时掀开薄膜透风透气，吸收阳光，便于油菜苗生长，以免因气温高，将油菜闷死。

**2.移栽** 小苗长至1～5厘米时，移栽到大田大土里，每亩施农家肥1500公斤和化肥80公斤，每亩3000窝以上，移栽定苗后，要松土除草和追肥1～2次，以利于菜苗生长，丰产增收。

## 第四节 蔬菜种植

新中国成立后，农业逐步实现集体生产，强调以粮食为主，社员只在自留地中沿用旧法栽培蔬菜，产量极低。20世纪60年代后，种植面积虽有所增加，但品种单一，种植技术落后，很难满足城乡人口需求，大多是自种自食。80年代后，发展农业多种经营，农户将发展蔬菜生产作为增加收入，摆脱贫困的主要途径，大量种植蔬菜。1985年，全乡种植蔬菜500亩，总产2500吨，亩产500公斤。进入20世纪90年代，由于农业适用技术的推广和粮食优良品种的引进，农村粮食产量大幅提高，农民粮食自给有余，在稳定粮食生产的同时，着眼于发展蔬菜生产，增加现金收入，银盏地处城郊结合部，马遵公路、久铜公路相继在境内通过，广大农户充分利用地域优势，引进外地蔬菜生产技术和优良品种发展生产，供应瓮安县城和附近城乡企业。2009年，太平村（今太平社区）建蔬菜大棚3个，生产无公害蔬菜，供应县城，主要生产白菜、萝卜、莲花白、辣椒、西红柿等特色蔬菜，产量达20吨，收入6万余元。

2013年，建成印山、新华700亩地膜覆盖辣椒连片种植示范点，辐射带动4500亩，实现产值1350万元；依托城郊优势发展蔬菜种植3.45万亩，其中示范点面积950亩。

2014年，办辣椒连片种植点2个1100亩，其中在新场村桂花、板寨一线500亩，新华村红灯堡600亩，全年完成以辣椒为主的商品蔬菜3.45万亩，其中示范点面积1080亩。

2015年，发展蔬菜种植2.77万亩，其中示范点面积1100亩，实现总产量5.1万吨，总产值3324万元。

# 第三章 养殖业

## 第一节 畜牧养殖

有史以来，境内即有家庭养殖。在新中国成立前，穷苦人家只能饲养少量的鸡、鸭、猪等家禽家畜，靠母鸡母鸭生蛋变卖换取油、盐、针线。养猪则是为了捡食家庭残羹剩饭，年末岁尾宰杀食用。故有“养鸡得换盐，喂猪得过年”之说，再穷的农家都要想法喂养一头猪。大牲畜因食量过大，购价高，只有少数富裕人家才有能力饲养。养牛主要用于耕地，养马用于驮运，富裕人家出门骑乘代步。

新中国成立后，没收地主的土地、大牲畜分给贫雇农。猪、鸡、牛、鸭、马等畜禽饲养得到发展，逐步成为农村家庭主要的经济来源。1953年，将农民家庭饲养的牛马折价入高级社所有，仍由农户分散饲养。至1957年，全社出栏生猪1600头，养牛1150头，马35匹，鸡鸭11500只。1958年，掀起“人民公社化”运动，将社员家庭饲养的畜禽全部折价收归人民公社。1959－1961年，因群众生活困难，无力喂养畜禽。1962年，划给农民饲料地，鼓励农民发展养殖业，农村经济开始好转，农民家庭又兴起喂猪、养鸡，牛马等大牲畜虽由一家一户饲养，但仍属集体所有。至1967年，全社饲养牛1024头，马19匹，出栏生猪1964头。

1975年秋，将集体部分荒地和零星地划给农户作为饲料地，凡上交国家60公斤以上肥猪者按斤折粮给予奖励销售，调动和提高农民养猪的积极性。1978年，掀起农业学大寨新高潮，大力发展养猪事业，各生产大队纷纷办起养猪场，在穿洞划拨土地50亩建养猪场，饲养母猪12头，存栏64头，但私养仍占主体。是年出栏肥猪3047头，年末生猪存栏2397头。

1978年以后，农村经济体制改革，实行联产承包责任制，国家又取消生猪派购任务政策，放开猪肉价格，鼓励私人发展养猪，农民的养殖积极性进一步提高。1985年，实施《畜牧资源调查与区划》，摸清畜牧业资源。是年全乡养牛1630头，马34匹，肥猪出栏6180头，1985年年末，生猪存栏5474头。随着农村商品生产的发展，农村养殖专业户、重点户相继涌现。银盏村委会从四川引进“二元杂交”良种母猪20头，培育良种猪在本地推广；珠藏坝村舒富俭、王芝英、刘兰华等以酿酒带动养殖业，成为全县有名的“酿酒—养猪”专业户，每年养猪上百头。

1987年，国家实施“87扶贫攻坚计划”，鼓励农民发展商品生产，勤劳致富，摆脱贫困，农民养殖积极性高涨。1990年，全乡大牲畜年末存栏2056头，生猪年末存栏5510头，产值达223.92万元。2000年，全乡养殖又上新台阶，大牲畜年末存栏2070头匹，生猪年末存栏5685头，肥猪出栏3604头。2002年，县委、县政府出台《关于加快畜牧水产养殖业发展的决定》。2003年，县政府相继出台动物防疫规定、种猪管理令、兽药管理令等规章制度，并印发《关于实施千户牛改项目的通知》《饲养母畜享受优惠的通知》等文件，畜牧业发展逐步实现规范化管理。2004年，成立畜牧业发展基金，出台《瓮安县畜牧业发展基金管理办法》，对养殖大户进行贴息补助。县委、县政府出台《关于鼓励党政群机关、事业单位人员到农村助民增收、带民致富创办种植园、养殖场、农副产品加工业的意见》。2005年，县委、县政府出台《瓮安县畜牧业发展基金使用管理办法》，同时调整农村产业结构，鼓励农民从事专业化、规模化的商品生产经营，在支持农民继续发展传统养猪、养牛、养禽的同时，发展养鸡、养羊。当年发展生猪养殖大户（30～50头）21户，养禽大户（1000～5000只）7户。帮助13户养殖大户贷款49.7万元，补助水泥199吨。是年出栏生猪15049头，年末存栏10280头，户均3.75头，家禽存栏62337只。

2006年，县委、县政府完善《瓮安县畜牧业发展基金使用管理办法》，提高对能繁母猪补助标准。对常年饲养外二元母猪6头以上的每头补助80元，饲养杂交繁殖母牛5头以上的每头补助300元，饲养繁殖母羊50只以上的每只补助20元；对新购进纯种杜洛克、长白、大约克种公猪50公斤以上的每头分别补助200元、200元、100元，纯种母猪每头补助150元；西门塔尔、利木赞、安格斯、摩拉公牛每头补助2000元，纯种外源肉用母牛每头补助1500元；纯种波尔山羊、南江黄羊每只公羊补助200元，纯种波尔山羊、南江黄羊母羊每只补助150元。对新建规模养殖场500平方米以上的，每平方米补助10元。

2007年，实施良种母猪推广项目。3月，金盛蛋鸡养殖公司落户银盏村，鸡场占地25亩，建鸡舍5间3000平方米，次年养鸡30000羽，年产蛋535吨。

2008年，补充修订《瓮安县畜牧业发展基金使用管理办法》，对常年饲养畜禽的养殖户每年给予补贴。饲养经产外二元母猪6头以上的每头补助100元；饲养经产杂交繁殖母牛5头以上的每头补助600元；饲养经产繁殖母羊50只以上的每只补助50元；饲养种、蛋禽500只以上的每只补助1元。对经批准、完善引种手续后引进的纯种家畜给予补贴，其中50公斤以上的纯种杜洛克、长白、大约克公猪每头补助500元，纯种杜洛克、长白、大约克母猪每头补助200元，纯种西门塔尔、利木赞、安格斯、摩拉公牛每头补助3000元，纯种西门塔尔、利木赞、安格斯、摩拉母牛每头补助2000元，纯种波尔山公羊每只补助200元，纯种波尔山母羊每只补助150元，纯种南江黄羊、大耳羊公羊每只补助100元，母羊每只补助150元。新建规模养殖场补贴在200平方米以上的，按母猪每头12平方米、公猪每头20平方米、母牛每头20平方米、公牛每头50平方米、羊每只2平方米、禽每羽0.1平方米设计标准养殖畜禽的补助每平方米20元。对每年人工输配产仔300窝以上的生猪人工授精点，每个点每年补助800元。对连片种植牧草10亩以上并草畜配套利用的每亩补助200元，对修建青贮、氨化池20立方米以上并配套利用的每立方米补助80元。是年，从河南招商引进银兴黄牛养殖公司，投资100万元，修建牛舍3000余平方米，牲畜活动场所1000平方米，人工授精室20平方米，仓储以及办公用房和生活用房等共10间2200平方米，引进优质黄牛300余头。经营三年后，2012年因贵瓮高速公路建设征用被关停。

2009年，实施木老坪特色产业化科技扶贫二元母猪养殖项目建设，总投资287.05万元，其中省级财政扶贫资金100万元。

2011年，县委、县政府出台《瓮安县畜牧业发展扶持奖励管理办法》，连续实施2年，对养殖大户和未发生重大疫病的乡镇进行扶持奖励。2013年，建成大林养牛、三星槽养鸡等规模养殖小区。2014年，出栏生猪4.02万头，大牲畜0.74万头，种植优质牧草2160亩，青贮氨化饲料2800吨，推广工业饲料1600吨，完成畜牧业总产值3.4亿元，比上年增长2.3%，实现农牧渔业总产值11.3亿元。

2015年，通过加强动物疫病防控，建立畜产品质量可追溯体系，强化病死畜禽无害化处理，切实提高畜禽养殖场污染物治理和资源化利用水平。全年推广品种改良技术，完成杂交猪改2万头、牛改200头、羊改50只、良种禽7万羽；推广饲草饲料技术，完成牧草种植2000亩青贮2600吨，氨化200吨。新增100头规模以上的生猪养殖场4个，200头规模以上的山羊养殖场2个，新增千羽养禽场2个，动物免疫工作4个目标达100%。全年出栏生猪5.3万头、牛0.78万头、羊0.5万只，肉类总产量6654吨。

## 1950—2015年银盏镇（乡）畜牧业发展统计表

表5—8　　单位：头、匹、只

| 年份 | 生猪 | | 大牲畜 | | | | |
|---|---|---|---|---|---|---|---|
| | 出栏 | 年末存栏 | 合计 | 牛 | 马 | 骡 | 山羊 |
| 1950 | 1055 | 541 | 594 | 584 | 10 | — | — |
| 1951 | 1116 | 637 | 583 | 573 | 10 | — | — |
| 1952 | 1268 | 698 | 558 | 547 | 11 | — | — |
| 1953 | 1305 | 727 | 702 | 691 | 11 | — | — |
| 1954 | 1352 | 749 | 735 | 724 | 11 | — | — |
| 1955 | 1439 | 791 | 868 | 856 | 12 | — | — |
| 1956 | 1579 | 1005 | 911 | 496 | 15 | — | — |
| 1957 | 1600 | 1117 | 1240 | 1150 | 35 | — | 55 |
| 1958 | 1759 | 1185 | 861 | 836 | 25 | — | — |
| 1959 | 1611 | 220 | 924 | 897 | 27 | — | — |
| 1960 | 156 | 13 | 885 | 867 | 18 | — | — |
| 1961 | 296 | 29 | 809 | 790 | 19 | — | — |
| 1962 | 1400 | 132 | 749 | 722 | 22 | — | 5 |
| 1963 | 1917 | 941 | 1400 | 999 | 16 | — | 25 |
| 1964 | 2173 | 1178 | 1027 | 1005 | 17 | — | 2 |
| 1965 | 3214 | 1242 | 1042 | 1024 | 18 | — | — |
| 1966 | 2726 | 1333 | 1231 | 1212 | 19 | — | — |
| 1967 | 1964 | 1373 | 1233 | 1212 | 13 | — | 8 |
| 1968 | 2120 | 1550 | 1280 | 1244 | 13 | — | 23 |
| 1969 | 2451 | 1778 | 1286 | 1270 | 16 | — | — |
| 1970 | 4280 | 1756 | 1336 | 1319 | 17 | — | — |
| 1971 | 3272 | 1769 | 1295 | 1270 | 25 | — | — |
| 1972 | 1632 | 1149 | 1795 | 1772 | 23 | — | — |
| 1973 | 2689 | 2307 | 1493 | 1467 | 26 | — | — |
| 1974 | 2454 | 2170 | 1477 | 1446 | 31 | — | — |

续表5—8

| 年份 | 生猪 | | 大牲畜 | | | | |
|---|---|---|---|---|---|---|---|
| | 出栏 | 年末存栏 | 合计 | 牛 | 马 | 骡 | 山羊 |
| 1975 | 3822 | 2150 | 1595 | 1560 | 35 | — | — |
| 1976 | 3123 | 2397 | 1602 | 1498 | 24 | — | 80 |
| 1977 | 2918 | 2219 | 1402 | 1364 | 38 | — | — |
| 1978 | 3047 | 2397 | 1737 | 1612 | 25 | — | 100 |
| 1979 | 3032 | 1999 | 1842 | 1724 | 18 | — | 100 |
| 1980 | 1530 | 1089 | 1928 | 1572 | 60 | — | 296 |
| 1981 | 2143 | 1879 | 1682 | 1621 | 61 | — | — |
| 1982 | 3551 | 2799 | 8798 | 8629 | 67 | — | 102 |
| 1983 | 4145 | 2833 | 1595 | 1492 | 78 | — | 25 |
| 1984 | 4594 | 2864 | 1634 | 1545 | 75 | — | 14 |
| 1985 | 6180 | 5474 | 1665 | 1630 | 34 | — | 1 |
| 1986 | 4918 | 3443 | 2582 | 2554 | 28 | — | — |
| 1987 | 8097 | 5964 | 2586 | 2561 | 25 | — | — |
| 1988 | 6170 | 6100 | 2600 | 2570 | 30 | — | — |
| 1989 | 6350 | 7400 | 3084 | 3030 | 54 | — | — |
| 1990 | 8001 | 5510 | 2056 | 1980 | 31 | — | 45 |
| 1991 | 7263 | 6134 | 2351 | 2320 | 31 | — | — |
| 1992 | 5068 | 6165 | 2139 | 2091 | 43 | — | 15 |
| 1993 | 6105 | 5640 | 2140 | 2113 | 27 | — | — |
| 1994 | 4160 | 8432 | — | 2118 | — | — | — |
| 1995 | 8921 | 8565 | — | 2158 | — | — | — |
| 1996 | 8710 | 8751 | — | 1391 | — | — | — |
| 1997 | 9633 | 10040 | — | 2282 | — | — | — |
| 1998 | 6180 | 9123 | — | 2014 | — | — | — |
| 1999 | 6642 | 7749 | — | 1187 | — | — | 113 |

续表5—8

| 年份 | 生猪 | | 大牲畜 | | | | |
|---|---|---|---|---|---|---|---|
| | 出栏 | 年末存栏 | 合计 | 牛 | 马 | 骡 | 山羊 |
| 2000 | 3604 | 5685 | 2070 | 1950 | — | — | 120 |
| 2001 | 4101 | 5245 | 2083 | 2059 | — | — | 24 |
| 2002 | 4422 | 6175 | 1955 | 1924 | — | — | 31 |
| 2003 | 10020 | 6275 | 2433 | 1933 | — | — | 500 |
| 2004 | 7000 | 8700 | 2467 | 2081 | — | — | 386 |
| 2005 | 15047 | 10280 | 2167 | 2150 | — | — | 17 |
| 2006 | 15507 | 1998 | 4807 | 4205 | — | — | 602 |
| 2007 | 7502 | 11166 | 4730 | 4621 | — | — | 109 |
| 2008 | 10671 | 9784 | 796 | 728 | — | — | 68 |
| 2009 | 1179 | 834 | 800 | 731 | — | — | 69 |
| 2010 | 10892 | 7451 | 2496 | 1818 | — | — | 678 |
| 2011 | 10120 | 8542 | 915 | 863 | — | — | 52 |
| 2012 | 1108 | 17760 | 1958 | 848 | — | — | 1110 |
| 2013 | 45800 | 33710 | 4972 | 3372 | — | — | 1600 |
| 2014 | 40200 | 33120 | 7428 | 4828 | — | — | 2600 |
| 2015 | 53000 | 48760 | 13140 | 7860 | 260 | 20 | 5000 |

## 第二节　疫病防治

### 一、疫病种类

1978年，瓮安开展疫病普查，查出畜禽疫病62种，其中猪病23种、牛病18种、羊病8种、马病2种、禽病8种。最严重最流行的是猪瘟、猪丹毒、牛出败。

**猪病**　猪的传染病有猪瘟、猪丹毒、猪肺疫、仔猪副伤寒、传染性肠胃炎、破伤风、哮气病、流感、猪痘和仔猪白痢等，其中以猪瘟、猪丹毒、猪肺炎、仔猪副伤寒和白痢等传染病最为严重。猪瘟对生猪危害最大，发病率、死亡率最高。猪的寄生虫病有疥癣虫、猪蛔虫、鞭毛虫、钩虫、结节虫、肺丝虫、类圆线虫、胃线虫、肝片吸虫和大肠线虫等，其中猪蛔虫、大肠线虫、结节虫 、类园线虫最为普遍和严重。农药、敌敌畏、磷化锌、敌百虫、尿素、甘薯黑斑病、霉饲料和魔芋等可引起猪中毒。

**牛病** 牛传染病有牛出败、口蹄疫、炭疽、恶性水肿、破伤风、传染性胃肠类和流感等。其中牛出败较普遍，发病率和死亡率最高。牛极易患疥癣病、牛皮蝇、前后盘吸虫、肝片吸虫、蛔虫、捻转胃虫、结节虫、肺丝虫和胰润盘吸虫等寄生虫病。青风叶、甘薯黑斑、农药（敌敌畏、六六六）、尿素和霉饲料可引起牛中毒，其中食青杠叶中毒较为普遍及常见。

**马病** 马传染病有马腺疫和破伤风2种。马寄生虫病有马胃蝇和内圆线虫。

**羊病** 羊寄生虫病有肝片吸虫、口线虫、捻转胃虫和肺丝虫等，羊中毒病有农药中毒。

**鸡鸭鹅病** 鸡传染病有鸡瘟、鸡白痢和鸡霍乱，其中鸡瘟发病率最普遍，死亡率最高。鸡寄生虫病有鸡蛔虫、华首毛细线虫、鸡绦虫和鸡胃线虫等。

鸭鹅传染病有霍乱，中毒病有农药中毒。

**鱼** 鱼传染病有出血病、白头、白嘴病、打印病和赤皮病5种。寄生虫病有烂腮病、肠炎病、小瓜虫病、车轮虫病和锚头病5种。

## 二、防疫管理机构

新中国成立前和解放初期，境内无畜禽疫病防治机构。

1978年，雍阳区农业技术推广站中配备1名专职畜牧兽医技术干部。公社成立兽医站，设置为集体性质，民办公助，由4名经过培训的民间兽医组成，曾孝忠为负责人。每个大队配备1名防疫员，负责所辖区域生产队的防疫工作。逐步健全村级防疫网络，基层兽医人员每月领取财政补贴工资15元，加口粮15公斤。

1979年12月，各区畜牧兽医从农业技术推广站中分离出来成立区畜牧站，负责畜牧兽医、水产技术推广工作。1984年，雍阳区畜牧兽医站与雍阳区农业技术推广站合并为区农牧技术推广站。

1989年，乡兽医站改称畜牧站，兽医人员实行“免疫证管理”办法。在发放免疫证收取的费用中，除提县区管理费以外，其余费用作为基层兽医人员的工资，取消财政补贴及口粮。

1991年“撤并建”后，建立乡畜牧站，专职兽医技术人员3人，培训和指导村级兽医人员、防治域内畜禽疫病、检疫域内畜牧及其产品。1998年4月，成立乡畜牧水产站。

2011年10月畜牧站与农业服务中心合并，成立农业综合服务中心。

**银盏镇畜牧站历任负责人名单一览表**

表5—9

| 姓名 | 职务 | 任职时间 | 备 注 |
|---|---|---|---|
| 曾孝忠 | 负责人 | 1972.5—1975.8 | |
| 廖光海 | 站 长 | 1975.—1988.12 | |
| 赵福全 | 站 长 | 1988.12—1995.7 | |
| 王光先 | 站 长 | 1995.7—2011.10 | 2011年10月畜牧站与农业服务中心合并，成立农业综合服务中心 |

## 三、村级防疫网络

1978年，逐步建立健全村级防疫网络，由原公社兽医站人员划转为村兽医，或经民间兽医申请、县畜牧事业管理局考核进行临时聘用为村兽医，负责辖区内的动物医疗及防疫工作。

2004年，乡兽医站人员划归村防疫员，实行免疫“目标考核及档案管理制”，取消“免疫证管理”，负责完成所辖区域畜禽防疫工作。

2008年，村防疫员在实行免疫“目标考核及档案管理制”的基础上，提高福利待遇，并配半脱产畜牧防疫员，实行预防注射国家奖励办法，给公社防疫员发给奖金，标准为注射1头猪奖励0.05元，注射1头大牲畜奖励0.10元，家禽每只0.05元，分队划片包干进行预防，效果很好，各种畜病得到充分的治疗和控制。

2012年，选聘补足村级动物防疫员，签订动物防疫工作承包协议，明确工作职责、权利、义务、考核办法，实现村村有1名防疫员开展动物免疫工作。

## 四、动物防疫与防控

新中国成立前和解放初期，畜禽生病，找民间兽医医治，多采用煎熬中药汤灌治或针刺疗法，对普通病症有一定疗效，重大疾病无法防治，任其蔓延、死亡。

20世纪50—70年代末，县畜牧兽医部门积极贯彻“以防为主、防重于治”的方针，每年春秋各开一次全县公社兽医防疫会议，通过短期培训和领取防疫物资的方式进行，全面开展畜禽防疫，猪牛市场检疫，大牲畜出入境检疫和食品卫生检疫等工作。

80年代，养殖业快速发展，畜牧部门加大疫病预防力度，建立春、秋两季集中预防制度。县政府每年从屠宰税中提出15%用于补助兽防经费的不足。同时，一年发放一次兽医补贴费，实行包防、包治、包片的“三包”责任制，疫病逐步得到控制。

1989年，对动物防疫实行“免疫证管理”。

1990年在春季预防工作中，全乡注射猪瘟疫苗7861头，大牲畜（牛、马）注射炭疽疫苗1200头（匹），出败疫苗1200头（匹）。在秋季预防中，注射猪瘟病苗7925头，大牲畜炭疽疫苗1300头（匹），家禽15137只。

1994年，实施冷链建设项目，乡镇配备冰箱、冷藏箱。同时推行春秋“两防为主、三检跟上、常年补针”的免疫接种制度，并实行“双轨目标管理责任制”。

1998年，按照县政府要求，对畜禽疾病防治实行免费服务。重点对猪瘟、牛出败等常见重大畜病疫进行预防。

1999年，免疫重点以强制免疫口蹄疫、猪瘟、炭疽、鸡新城疫为主。是年，鱼河新场村发生O型口蹄疫疫情，均进行无害化处理。

2000年，改畜禽疫防治免费服务为有偿服务，对重大流行性疫病仍实行无偿强制预防，是年还对牲畜市场及运输和肉类市场进行检疫，检疫大牲畜150头（匹），检疫猪2000头（次），并对运输过境的1087头大牲畜和猪进行检疫，对232辆过境运输畜禽车辆进行消毒。

2004年，禽流感列为禽类强制免疫病种。

2006年，实施村兽医室建设项目，给每个村兽医配备冷藏箱、冷藏包、办公桌椅、金属注射器、出诊箱、听诊器等。

2007年，银盏乡太平村发生猪繁殖与呼吸综合征（蓝耳病）疫情，对发病猪进行无害化处理。

2007—2009年，分别实施乡镇兽医站基础设施建设项目。对玉华、木老坪、鱼河等17个乡镇畜牧水产站基础设施进行改建，配备办公桌椅、冰箱、电脑、数码相机、显微镜、电动消毒器、恒温箱、采样箱、检疫箱、摩托车、离心机等仪器设备。新建玉华、木老坪等9个乡镇畜牧水产站办公业务用房，改善办公条件。

2008年，高致病性猪蓝耳病列为强制免疫病种。推行常年防疫，加强产地检疫和市场检疫监管工作，提高重大动物疫病如口蹄疫、猪瘟、高致病性猪蓝耳病、禽流感等的免疫注射密度。

2012—2015年，全面开展春秋防工作，并建立免疫档案，确保防疫面积达100%。至2015年年底，全镇未出现重大疫情，畜牧业稳步发展。

## 第三节　动物检疫

1980年，《贵州省市场检疫试行办法》颁布后，全公社市场检疫步入正轨。

1981年，各区牲畜市场检疫工作逐步移交公社兽医站办理，新华、鱼河等市场开展了生猪交易市场检疫。

1985年2月14日，国务院颁布《家畜家禽防疫条例》。是年，在全乡范围内开展动物及其产品检疫检验工作。

1986年，委托乡镇畜牧兽医参加肉品卫生检验工作。

1987年，开展肉品卫生检验工作的有木老坪等6个市场。

1988年，对调运出县境的牲畜由商业部门、县畜牧兽医站出具检疫证明，办理公路转铁路运输手续。是年，由县农牧局、工商局联合下发《关于发放兽医卫生合格证管理办法的通知》，对经营屠宰、加工动物产品的国营、集体单位和个体户实行兽医卫生合格证管理办法。

1989年，由县兽医防治检疫站负责交通运输检疫。

1990年，对新华等4个市场开展肉品卫生检验。

1991年，加强全县城乡集市贸易动物及动物产品的检疫检验。

1994年，对鱼河、银盏等3个场开展肉品卫生检验。

1997年7月3日，颁布《中华人民共和国动物防疫法》，进一步明确动物防疫监督机构职责，行使职权，采取措施，全乡防疫、检疫、检验工作步入正轨。是年8月1日，县政府颁发《关于加强生猪定点屠宰管理的通告》。

1998年，由县兽医卫生监督检验所负责交通运输检疫。

2002年5月24日，按照农业部《动物免疫标识管理办法》《动物检疫管理办法》，全乡开始实施动物标识管理，规范畜牧业生产经营行为，建立畜禽及畜禽产品可追溯制度，有效防控重大动物疫病，保障畜禽产品质量安全。

2008年，启动追溯体系建设。2010年，开展动物疫病防治、检疫、检验。

2009年4月13日，县政府下发《关于强化动物产地检疫、保障畜产品安全的通告》，动物检疫转向产地检疫和屠宰检疫。动物产地检疫依法实行检疫申报制度，严格按照报检——临栏检疫合格开具初检证明——报检点检疫合格后出证的检疫程序。

2011年6月1日起，启用新的动物检疫合格证明，原动物检疫合格证明同时废止，新证分为动物A（出省用）、动物产品A（出省用）、动物B（省内用）、动物产品B（省内用）。

### 第四节　水产养殖

本地有鲤鱼、鲫鱼、草鱼、白条（飘）鱼。新中国成立前，无人养鱼，鱼均野生在河塘之中，产量极低。1958年，修建梅花堰水库后，先后投放鱼苗1万尾，但放而不养，无人专管，任其自然生长。改革开放后，农村发展多种经营，挖鱼塘养鱼，稻田养鱼之风兴起。1986年，开展“千斤稻、百斤鱼”养殖示范工程，在新华村红灯堡开展“垄稻沟鱼”养殖技术试验示范，经现场验收，平均亩产稻谷525公斤，产鱼60公斤，达到试验指标。1998年以后，由于梅花堰水库确定为县城饮用水源，不能大批量投放鱼苗和饲料喂养，产量很低。稻田养鱼由于管理差，经济效益不高，未形成规模效应，只有少面积喂养。

2005年，县委、县政府出台政策，鼓励发展水产业，对修建2亩以上的标准池塘每亩补助金额1400元。

2006年，修订《瓮安县畜牧业发展基金使用管理办法》，对新修建的标准池塘每亩补助资金1200元，补助池塘养殖鱼种费200元。2007年，对新建池塘补助资金按每亩1000元进行补助，保留标准池塘养殖鱼种每亩200元的补助标准。

2009年7月24日，由县第十五届人大常委会第二十次会议审议通过《瓮安县养殖水域规划》。

2010年，全乡水面养鱼面积达505亩，其中稻田养鱼150亩、池塘养鱼35亩、水库养鱼320亩、水产品产量达11.3吨。2012年行政区划调整后，原玉华乡的白岩、岩根河、牛宫、白溪4个行政小村，原鱼河乡黔川、高松、干塘、新场4个行政小村，猴场镇新华、大寨坪、红灯堡3个行政小村，原木老坪乡的新寨、华严、木老坪3个行政小村的并入，耕地面积和人口增加，天邦水库划归银盏管辖，杜仲河水库建成蓄水，为水产养殖提供了有利条件。至2015年年末，全镇水产养殖面积达7000亩。

## 第四章　林　业

### 第一节　机构管理

1958年，雍阳区林材收购组改为雍阳区林业站，银盏人民公社隶属雍阳区，林业工作属于雍阳区林业站管理。1991年，根据瓮安县林业局《关于建镇并乡撤区后人事安排方案的通知》（瓮林人〔1991〕06号），成立银盏乡林业站。2012年3月，第一行政区划调整，撤销银盏乡，建立银盏镇，银盏乡林业工作站更名为银盏镇林业站，同时撤销木老坪乡林业站。2013年7月，第二次行政区划调整，撤销鱼河乡林业站、玉华乡林业站。林业工作站属于县林业局、乡（镇）人民政府双重管理。

## 一、林业工作站建设

银盏林业工作站从1991年建站以来，在抓好职工思想教育和职业道德教育的同时，制定站长岗位责任制、营林员岗位责任制、林政资源员岗位责任制、目标管理责任制、档案管理制度。制作森林资源分布图、年度生产进度表、林业基本情况统计表，做到制度、图表上墙，使林业工作站逐步走上规范化、制度化。其人、财、物由县林业主管部门直接管理。

## 二、林业工作站职责范围

银盏林业工作站在历年的工作中，配合县林业局的林业综合行政执法大队、林业有害生物检疫防治站、林业开发总公司、营业工作站、森林防火指挥部、林权交易中心等林政管理工作部门，在退耕还林、天然林保护、封山育林、森林资源保护、打击破坏森林资源违法犯罪行为及服务林农等方面做出贡献。

**银盏林业工作站负责人任职更迭情况一览表**

表5—10

| 职务 | 姓名 | 任职时间 |
|---|---|---|
| 站 长 | 樊云光 | 1991.1—1995.3 |
| 副站长 | 王平忠 | 1992.6—1996.12 |
| 副站长 | 夏琴琴（女） | 1994.6—1995.3 |
| 负责人 | 龙海燕（女） | 1995.3—1996.11 |
| 副站长 | 龙海燕（女） | 1996.12—1999.11 |
| 副站长 | 娄义信 | 1999.11—2002.12 |
| 站 长 | 龙海燕（女） | 2002.12—2008.7 |
| 负责人 | 尤德凤（女） | 2008.7—2009.7 |
| 站 长 | 尤德凤（女） | 2009.7—2012.4 |
| 站 长 | 吴荣华 | 2012.4—2012.12 |
| 站 长 | 吴应达 | 2012.12— |

## 第二节　植树造林

1956年，县人民委员会召开全县第一次造林大会，参会人员散会后带红青松种子5公斤，种在自家空地上，从此，社会各界开始造林。县人委配发杉木种子20公斤给银盏乡育苗。

1957年，银盏乡育苗面积19亩，育苗60万株，其中杉苗24万株，松苗8万株，柏苗16万株，楸树苗19万株，分发到各村植树造林。

1958年3月，贵州森林工业局瓮安支局，将育苗、植树任务下达给银盏人民公社。

1959年，上级要求造“卫星林”，造林面积每亩植2000株，行距50厘米，株距33厘米，要在4—5年成材25厘米大。银盏公社造林任务为用材林20亩、经济林10亩、其他林40亩。

1960年，县人委提出“大扶、大育、大搞林粮间作”，银盏公社把林粮间作任务落实到大队，采取包山头、定任务，大搞豆类山、烤烟山、蔬菜山、苞谷山、红薯山等，对郁闭林地种植药材。

1961年，在农村开展保护幼林，划分农、牧、林用地，不准乱放牛马糟踏幼林。大队将植树任务分配到户。

1963年2月，银盏农村农民在各家房前屋后、自留地上植树造林，实际完成造幼林613亩。

1966年，建银盏公社林场，林场面积950亩，宜地林10亩，林工10人，是年造林150亩、育苗2亩。

1966年，受“文化大革命”影响，农村植树造林减少，保持自然林生长。

1970年，银盏公社开始社队办林场，固定人员7人，有林地面积1700亩，扩大造林面积20亩，新造幼林面积170亩。大队办林场3个，固定人员19人，林地面积550亩。

1972年，银盏公社学兰考县精神，在农村一抓林业、二抓水利、三抓积肥三头并进，绿化大小山头，造林面积2050亩。

1973—1996年，除常年植树季节植树外，按上级提出的“近山区种经济林，远山区种用材林”的要求，银盏公社（乡）要求各大队（村）植树造林造一片活一片，成林一片，片片有人负责管理。

1996—1997年，银盏农村四旁植树20万株，幼林抚育作业面积1500亩。

1998年，银盏乡农村以“四旁”植树为主，全年植“四旁”树5万株。

2003年，银盏全乡造林面积1824亩，竹林面积1635亩，人工造林1824亩，速生丰产林地364.5亩，经济林1459.5亩，封山育林面积3255亩，育苗109300株。

2004年，全年造林面积1062亩，造经济林345亩，防护林717亩，封山育林面积750亩，“四旁”植树面积3300亩，苗木1.2万株，幼林抚育作业面积1635亩。

2005年，全乡人工造林面积112.5亩，防护林300亩，迹地更新面积270亩，封山育林面积750亩，“四旁”植树750亩，幼林抚育作业面积1636.5亩。

2010年，银盏乡在荒山荒地造林面积1605亩，公有经济造林面积1605亩，非公有经济造林面积1290亩，速生丰产林面积315亩，迹地更新面积195亩。

2012年，银盏镇在荒山荒地造林面积810亩，造乔木林面积750亩，国有经济造林面积810亩，经济林面积405亩，特种用途林面积405亩，有林地造林面积450亩，“四旁”植树面积28.5万亩。

2013年，全镇造经济林面积2070亩，造特种用林面积390亩，“四旁”植树面积22.5万亩，在荒山荒地造林面积2250亩，有林地和灌木林地新封面积2625亩。

2014年，全镇未成林造林地1342.05亩，人工造林未成林地1342.05亩，封育未成林地1342.05亩，“四旁”树占地9207.9亩，林木绿化率51.19%。

2015年，全镇完成人工造林35亩，封山育林1426亩，人工造林成活率87%，封山育林合格率达100%。

## 第三节　区镇绿化

至2015年年底，已入驻企业153家，投产108家。为了让入驻企业、办事机构、学校、医院有一个好的工作、生产、生活环境，镇投入大量资金进行绿化建设。

2012年，投入资金2800万元，绿化面积175000平方米，其中植香樟2334株、植红叶石楠15000平方米、小叶女贞20000平方米。

2013年，投入资金4880万元，绿化面积305000平方米，其中植香樟500株、银杏3066株、红叶石楠5200平方米、小叶女贞4600平方米、杜鹃1800平方米、桂花600平方米。

2014年，在园区的厂区投入资金500万元，绿化面积87500平方米，其中桂花2000株、小叶女贞5500平方米、红叶石楠7000平方米。

2015年3月，投资240万元，在区镇机关办公区绿化面积12000平方米，其中植银杏20株、茶花8株、广玉兰40株、梅花80株、桂花200株、香樟60株、竹子1200平方米、小叶女贞3800平方米、红叶石楠1000平方米、小桂花1000平方米、草地5000平方米。

# 第五章　水利

## 第一节　农田灌溉

新中国成立前，银盏境内有少量山塘、水库，还有少数围堰，农民用肩挑或靠筒车、龙骨车、扯水筒、扯水筧等工具引水灌溉农田。

新中国成立后，人民政府重视水利建设。经过土地改革，农民迸发兴修水利的积极性，区、乡、村党政及时引导，把农民的积极性引到筑塘开渠、引水灌田上来，修成了一批山塘，增灌了一批农田。1958年，县、区在乡境内原太平村水绞组动工修建蓄水工程——梅花堰水库，总库容145.5万立方米，防洪库容41万立方米，设计灌溉面积3450余亩，保证灌溉面积2000亩。继后，兴修水利蓄水灌田相继在乡境展开，发展群众性的小型农田水利，开挖小山塘12处和大批拦山沟。1994年，梅花堰水库溢洪道被洪水冲毁后，于1996年由州级冬修水利资金125万元进行修复。2004年，利用瓮福灌区改造基金150万元，整修防渗渠道14.3公里，并对马尔关塘进行整修，新增、改善和恢复灌溉面积450亩。

1962年起，经过三年经济困难时期后，水利建设转向机电工程。本着因地制宜的原则，境内有河流、溪流的大队，生产队利用本地资源，修建小型不用油、电的水轮泵站，提水灌溉农田。1968—1979年，由县水电局设计，国家投资，农民投工投劳修建的穿洞河、太阳山、马场等电力提灌站，提穿洞河水、杜仲河河水、新华河水灌溉农田，装机容量220千瓦，灌溉面积660亩。

进入20世纪80年代，水利建设主要抓蓄、引和电力提灌工程的渠系配套，同时解决水源匮乏地区的人畜饮水。在此期间，由国家投资，群众投工投劳，加固和完善梅花堰水库引水渠道配套工程，兴建银盏、太平等村以及县城人畜饮水工程。农村则掀起修建水窑、小水池的热潮，有条件的村组纷纷安装自流水、自来水以解决人畜饮水问题。

2005年，投入水泥225吨、资金5.1万元，群众投工投劳5000余个，完成干渠清淤70公里，埋石混凝土防渗1.3公里，支渠防渗17公里。岩脚桥大沟沟底消洞埋石混凝土处理12立方米，投入资金7000元，恢复穿洞河堤灌站，争取项目资金125万元，完成瓮福灌区梅花堰水库右干渠7.8公里，马尔关塘田间支渠5.1公里，埋石混凝土防渗工程，新增和改善灌溉面积1100亩。

2010年，全乡有小（二）型水库2座，山塘2处，小型电力提灌站40多个，11000人用上了自来（流）水，促进了农村经济的发展。至2015年，利用水利设施灌溉面积12500亩以上，为粮食生产、发展经济发挥了作用。

## 第二节　水利工程建设

新中国成立前，修筑三吉龙引水工程灌溉农田，为镇境兴修水利之始。新中国成立后，全公社大兴治山治水，兴修蓄水、引水、提水相结合的水利建设。1952—1990年，建成各种水利工程4处（其中水库2座），引水工程１２处，电力提灌站、水轮泵40余处。在水资源较为缺乏的穿洞村修建电力提灌站8处，1964年修建大林大沟，筑坝引水，确保农田灌溉，2015年，引水灌溉面积达630亩。

在修建梅花堰水库、天邦水库、马尔关塘的同时，充分利用西门河穿境而过的地域水源优势，先后修建拦河坝7处，修建引水沟渠572公里，将西门河水引入到农田内灌溉。

### 一、引水工程

元末明初，红灯堡的农民引用老鹰洞的泉水灌溉农田。明天启一年（1621年），创修朱家堰。在飞练河段，用乱石筑堰一道长4丈5尺，高3尺，挖沟一条经银水寺到中堡长3公里，灌田260亩，成为最早建成的引水沟。崇祯三年（1630年），修筑梅花堰。上堰高5尺，长1丈5尺，开沟9丈，灌田220亩。下堰（梅花堰）离上堰半里余，高1丈5尺，长4丈5尺。放水洞在堰首左岸，用石板凿成4孔如梅花形放水，后因熊、饶、袁、宋四族发生争水纠纷，清咸丰四年（1854年）改为5孔放水，上沟两孔水，灌宋家坝等5个村寨农田800亩，下沟用孔水，灌小坡、中堡等地1400亩，争水纠纷才得以解决。光绪三十一年（1906年），先后开毛栗山、三吉龙等水沟。到瓮安解放时，镇境内有引水工程2处，有效灌溉面积1120亩。

1952年冬至1953年夏，建成珠藏坝堰及水沟，瓮安十二闹堰及水沟，分别灌田1265亩和1229亩。

1957—1958年，建成新华、水头坝大沟。1964年，经济复苏，修建大林大沟。1966年起，修建银盏、华严、岩脚桥、牛宫大沟。到2015年年底，全镇共有引水工程12处，有效灌溉面积13969亩。

**2015年银盏镇300亩以上引水工程统计表**

表5—11

| 管理单位 | 渠道名称 | 所在村 | 长度（公里） | 引水流量（立方米/秒） | 灌溉效益（亩） | | | 建成年份 |
|---|---|---|---|---|---|---|---|---|
| | | | | | 设计 | 有效 | 保证 | |
| 梅花堰灌区 | 大林大沟 | 银盏村 | 3 | 0.05 | 450 | 450 | 380 | 1964 |
| | 三吉龙 | 银盏村 | 4 | 0.04 | 320 | 320 | 250 | 解放前 |
| | 十二闹大沟 | 太平社区 | 5.2 | 0.15 | 1320 | 1229 | 1229 | 1952 |
| | 岩脚桥大沟 | 银盏村 | 8 | 0.15 | 1390 | 1260 | 1130 | 1971 |
| | 珠藏坝大沟 | 珠藏坝村 | 5 | 0.15 | 1400 | 1265 | 1100 | 1952 |
| | 银盏大沟 | 银盏村 | 18 | 0.2 | 1540 | 1200 | 1200 | 1966 |
| | 新华大沟 | 新华 | 22 | 0.81 | 2500 | 2500 | 2300 | 1957 |
| | 华严大沟 | 木老坪村 | 3.5 | 0.06 | 500 | 500 | 370 | 1967 |
| | 水头坝大沟 | 新华村 | 4 | 0.08 | 700 | 700 | 700 | 1958 |
| | 毛栗山大沟 | 岩根河村 | 2.5 | 0.08 | 800 | 800 | 630 | 解放前 |
| | 岩水洞沟 | 银盏村 | 2 | 0.05 | 300 | 300 | 220 | 解放前 |
| | 牛宫水沟 | 岩根河村 | 4 | 0.03 | 300 | 300 | 150 | 1978 |

**新华大沟**　又名百里大沟，位于瓮安县城东北12公里的新华村境内，主要拦新华河，同时利用苦李坑、老鹰洞泉水调剂使用。沿新华河右岸开干渠1条，支渠2条，全长50公里，木老坪、新华、印山、大寨坪等村5000亩受益。

修建新华大沟，因技术力量缺乏，没有正规设计，在新华河梅花山脚筑堰1道，开干渠1条，从新华引水到木老坪村的牛角口，全长22公里，控制农田灌溉面积2500亩。在牛角口分左右支渠，左支渠到木老坪岩家钵，全长11公里，控制农田灌溉面积1000亩。右支渠到印山村棒坪，全长17公里，控制农田灌溉面积1500亩。

此工程于1957年11月动工，由原新华、木老坪、两岔河受益乡调集5000余人，实行划段包干，突击修建。至1958年8月投工24.5万个，投资5万元，完成土石方开挖14.45立方米，用去粮食12万公斤，自制火药85吨，自烧石灰730吨，培养青年石工250余人，征服1100余米的悬岩峭壁，建成拦河堰1道，底宽2.5米，长30米，顶宽1米，堰顶海拔高1045米。挖通干支渠3条，全长28.5公里，沿途实际灌农田2500亩。

左支渠从牛角口分水0.3秒立方米到两岔河，长3.5公里，沟宽1米，沟深0.8米，比降1/1000，沿途实灌面积200亩。右支渠从牛角口分水0.2秒立方米到原木老坪乡上寨，全长3公里，沟宽0.8米，沟深0.6米，比降1/1000，沿途实际灌溉农田面积100亩。

**岩脚桥大沟**　在原银盏、大房、尖山、穿洞村内。1965年11月，先调集劳力300人，在瓮安河上修筑拦河堰。之后，分段修沟。1971年4月，全面竣工。共投资4.50万元（其中自筹2万元），投工5.21万个，完成土石方4.67万立方米。建成石砌拦河堰1座，高1.40米，长5米；主渠1条，长8公里，引水流量0.15立方米/秒；倒虹管1座，长200米；支渠6条，共长8公里；电灌站3个。大沟建成，引水灌田1200亩，干湿两季旱涝保收。

## 二、提水工程

新中国成立初期，农村沿用龙骨车、竹龙、戽斗水桶、筒车等简易提水工具。新中国成立后，提水工具从低级向高级发展。20世纪60年代开始用水轮泵、汽油泵、柴油泵提水，并发展以电力带动水泵提水灌溉。

1964年，在两岔河倪家寨安装280型内燃泵1台使用。因故障多、扬程低、效益差、耗费大而被淘汰。1965年，随着席子河水电站的建成，又新建了一大批电灌站。1967年，安装20–18型、40–17型、60–17型水轮泵，使银坑水、穿洞河、马颈河、麻地坪等地扬程百米以上农田得以灌溉。1977年席子河水电站发电，1978年建成麻地坪电灌站。1979年建成的龙滩坎电灌站和上场坪电灌站，装机各为100千瓦，成为单机容量最大的电灌站。

2015年年底，全镇小（二）型电力提灌站40个，装机总容量941千瓦，实灌面积6518亩。

**麻地坪电灌站**　位于席子河左岸，扬程117米，成为扬程最高的电灌站。1978年麻地坪生产队自筹资金0.45万元，国家补助1.8万元，架设6千伏变压线1公里，安装BD10–15水泵1台，装机40千瓦，当年受益113亩。

**穿洞河水轮泵站**　穿洞河生产队位于席子河左岸斜坡上，有耕地260亩，其中田140亩，全是望天水田。1964年因旱情影响，粮食作物大量减产，人均分得口粮90公斤，全队90%以上的户缺粮。1965年该队自筹资金0.8万元，国家补助1.1万元，用30–18型水轮泵2台串联，水头3米，扬程106米，1966年4月建成投产，除原有稻田得到灌溉外，还新开了土变田66亩，当年获得丰收。1967年冬，该队又投资2.1万元，增加两台水轮泵串联，成为4台两组双管水轮泵站。又新开土变田75亩。1972年又自筹2.02万元，国家补助0.4万元，又建成河上沟水轮泵站，用30–18型水轮泵3台串联，扬程176米，灌溉稻田49亩。用7年时间，投资6.3万元，投工6.42万个，完成土石方3.16万立方米，建成2站7台水轮泵站，成为全县水泵台数最多的水轮泵站。

## 银盏镇小（二）型以上电灌站（含水轮泵站）统计表

表5—12

| 所在村、社区 | 站名 | 提水扬程（米） | 型号 | 装机（站/台/千瓦） | 实灌面积（亩） | 建成时间 |
|---|---|---|---|---|---|---|
| 穿洞村 | 阁口塘 | 100 | — | — | 150 | — |
| | 穿 洞 | 210 | D25×30×7 | — | 210 | — |
| | 椏老坪 | 50 | 4B-54 | 1/1/30 | 147 | 1979 |
| | 麻地坪 | 117 | SP10-15 | 1/1/40 | 173 | 1978 |
| | 柿花园 | 49 | 4K-54 | 1/1/30 | 175 | 1977 |
| | 沙子坎 | 65 | 6 s h -6 | 1/1/55 | 21 6 | 1977 |
| | 穿 洞 | 176 | 30-18/7 | — | 330 | 1972.6 |
| | 扁 山 | 90 | — | — | 90 | — |
| 飞练社区 | 珠藏坝 | 40 | — | — | 300 | — |
| | 新屋基 | 40 | — | — | 350 | — |
| | 老木土 | 50 | — | — | 50 | — |
| | 羊子坪 | 50 | — | — | 200 | — |
| | 江口坝 | 25 | — | — | 100 | — |
| | 新 寨 | 50 | — | — | 150 | — |
| | 马 场 | 2 8 | 6 K — 3 3 | 1/1/30 | 170 | 1978 |
| 新华村 | 上场坪 | 73 | 6sn-6 | 1/1/100 | 442 | 1979 |
| | 周家岩 | 75 | 6sn-6 | 1/1/55 | 186 | 1978 |
| | 冷水湾 | 55 | 6sn-6 | 1/1/55 | 93 | 1978 |
| | 野猫坪 | 80 | 30-18/2 | — | — | 1981 |
| 印山村 | 磨底坝 | 31 | 4B-12 | 1/1/17 | 139 | 1977 |
| | 余家湾 | 44 | 4B-54 | 1/1/30 | 147 | 1977 |
| | 观 山 | 31 | 4B-35 | 1/1/22 | 110 | 1978 |
| | 倪家寨 | 31 | 4n-9 | 1/1/30 | 110 | 1980 |
| | 两岔河 | 40 | 6AbA | 1/1/40 | 140 | 1979 |
| | 落水洞 | 32 | 4B-12 | 1/1/17 | 147 | 1980 |
| | 周家冲 | 35 | 6AB | 1/1/55 | 147 | 1981 |
| 木老坪村 | 下 寨 | 51 | 6H6A | 1/1/40 | 18 4 | 1981 |
| | 上 井 | 52 | 6H6A | 1/1/40 | 147 | 1982 |
| | 高 庄 | 110 | 6H6A | 1/1/80 | 221 | 1981.5 |

续表5—12

| 所在村、社区 | 站名 | 提水扬程（米） | 型号 | 装机（站/台/千瓦） | 实灌面积（亩） | 建成时间 |
| --- | --- | --- | --- | --- | --- | --- |
| 新场村 | 老 山 | 105 | 30–18/2 | — | 50 | 1977.3 |
| | 泥 塘 | 120 | — | — | 160 | — |
| | 小凹坑 | 100 | — | — | 180 | — |
| | 果果坪 | 115 | 30–18/2 | — | 50 | 1978.5 |
| | 兰木坪 | 117 | 30–18/2 | — | 50 | 1977.6 |
| 岩根河村 | 小高寨 | 50 | — | — | 50 | — |
| | 民 寨 | 100 | — | — | 60 | — |
| | 棉花寨 | 55 | — | — | 100 | — |
| | 桑 岩 | 180 | — | — | 300 | — |
| 太平社区 | 梅花堰 | 51 | 8s n –9 | 1/1/75 | 315 | 1977 |
| 银盏村 | 龙滩坎 | 69 | 8s n –6 | 1/1/100 | 283 | 1979 |

## 三、蓄水工程

1958年，全县掀起兴修水利运动，到年底，已建成梅花堰，天邦水库。2015年11月，建成杜仲河水库。截至2015年年底，全镇有小（二）型以上蓄水工程3处，蓄水1613.5万立方米，灌田4104亩。

**梅花堰水库**　位于境内太平社区与雍阳街道城北社区交界处，距县城3公里，集雨面积8.9平方公里，坝高23.5米，顶长87米，总库容量143.5万立方米，大坝均质土坝，小（二）型以上引水沟8条，灌溉渠道50公里，设计灌溉面积1.2万余亩，可供5.5万人畜饮水，属小（一）型水库。1957年开始动工修建，1958年4月竣工。由县水电局作技术指导，雍阳区组织各公社民众集中修建。1994年，梅花堰水库溢洪道被洪水冲毁，是年，被县确定为县城人畜饮水供水工程。1996年由州级冬修水利补助资金125万元进行修复。2004年国家投资150万元，修建防渗渠道14.3公里，并对马尔关塘进行整修。2011年4月，国家投资375万元开工建设梅花堰水库除险加固工程，新增改善和恢复灌溉面积1450亩。

梅花堰水库是集灌溉、供水为一体的多功能综合水利工程。随着工业园区建设进程加快，园区内大量土地被征收，灌溉面积大量减少，梅花堰水库主要用于人畜饮水蓄水和工业用水。

**天邦水库**　位于银盏镇新场村（原鱼河乡黔川村），距县城约12公里，1957年动工修建，1958年底竣工，集雨面积4平方公里，坝高14.8米，有效灌溉面积1500亩，保证1200亩。2010年12月，天邦水库经库容复核，从小（二）型升级为小（一）型。2010年9月，经黔南州水利水电勘测设计研究院设计，对水库除险加固工程报告省有关部门。2010年12月，省水利厅审批通过，总投资453万元，由贵州省通用水利电力工程处承建，于2011年5月8日动工，2011年11月17日完工，通过验收投入运行，工程到位资金375万元。

## 天邦水库灌区管理所历任负责人名单一览表

表5—13

| 姓名 | 职务 | 任职时间 |
|---|---|---|
| 田大忠 | 负责人代管 | 1992.3—1993.4 |
| 胡仕祥 | 所 长 | 1993.4—1997.10 |
| 姚安义 | 所 长 | 1997.10—2002.3 |
| 杨小洪 | 所 长 | 2002.3—2005.7 |
| 胡仕祥 | 所 长 | 2005.7—2012.11 |
| 蔡大元 | 所 长 | 2012.11— |

**杜仲河水库** 位于贵州省瓮安县城北部，银盏镇境内的杜仲河上游，距县城9公里，该水库由贵州省水利水电勘察设计院设计，贵州省瓮安县水务投资有限责任公司建设，贵州智龙水利监理有限公司监理，贵州普华工程建设有限公司（大坝标），贵州实业有限公司（供水标），河南中原黄河工程有限公司（灌溉标）施工，2010年开始选址、钻勘、库区内移民搬迁、山林、土地征用，2012年开始建设施工，2015年11月竣工。

水库坝址以上集水面积225平方公里，正常蓄水位924.50米，在水位912.50米，水库校核洪水位929.91米，总库容1380万立方米，正常蓄水库相应库容935万立方米，死库容277万立方米，兴利库容658万立方米。

工程规模为中型，工程等别为Ⅲ等，工程建设任务为农田灌溉及供水。设计灌溉面积1.7861万亩，向县城供水量1539万立方米。其中主要建筑物有大坝、溢洪道、底孔、供水及灌溉提水泵站、供水输水管道等。

主要建筑物的设计供水标准：大坝、溢洪道、底孔、提水泵站等建筑物按50年一遇洪水设计，500年一遇洪水校核，消防设施按30年一遇洪水设计，渠道、渠系建筑物按10年一遇洪水设计。

新建C15砼砌石双曲拱坝一座，最大坝高49.7米，坝顶宽4米，坝顶高程930.7米，坝顶弧长121.278米，溢洪道溢流堰净宽18米，堰顶高程902.0米，设计最大下泄流量560立方米/秒，底孔进口地板高程902.0米，生态放水管径0.25米，坝后布置闸阀，管中心高程908.375米。

灌区渠系工程，库区左岸新建泵站1座，提水管线采取单管布置，长0.673公里；灌区干支渠全长20.548公里，其中干渠1条长1.6公里，东西北支渠共3条，全长18.948公里，渠系建筑物15座，其中渡槽3座、隧道1座、导洪管4座、跌水5座、陡坡2座。

图5—5—1 新建成的杜仲河水库

县城供水工程，库区右岸新建泵站1座，输水管线全长13.908公里，其中库区泵站至前端高位水池提水管线全长 0.538公里，单管布置，干田坝水厂至后端高位水池提水管线长0.30公里，单管布置，第一输水管线长6.29公里，双管输水，第二段输水管线长6.78公里，单管输水。

该水库工程总投资26236万元，施工总工期36个月，是集灌溉供水养殖为一体的综合性水利工程。

**银盏小（二）型以上蓄水工程统计表**

表5—14

| 管理单位 | 水库名称 | 所在村 | 集雨面积（平方公里） | 大坝 | | | 蓄水（万立方米） | | | | 灌溉效益（亩） | | | 建成年月 |
|---|---|---|---|---|---|---|---|---|---|---|---|---|---|---|
| | | | | 坝型 | 坝高（米） | 顶长（米） | 总库容 | 死库容 | 兴利库容 | 防洪库容 | 设计 | 有效 | 保证 | |
| 梅花堰灌区 | 梅花堰 | 大平社区 | 8.9 | 土坝 | 23.5 | 87 | 143.5 | 5 | 97.5 | 41 | 3450 | 2604 | 2500 | 1958.4 |
| 中火灌区管理所 | 天邦 | 新场村 | 5.4 | 土坝 | 14.8 | 172 | 90 | 5 | 85 | 15 | 1600 | 1500 | 1200 | 1958.3 |
| | 杜仲河 | 新场银盏村 | 225 | 水泥 | 902 | 121.278 | 1380 | 277 | 658 | — | 17861 | — | — | 2015.11 |

## 第三节　防汛抗旱

银盏地处县城北部，地形复杂，气候多变，年年都有不同程度遭受涝、旱灾害。水灾主要是短时间内由比较集中的暴雨所形成，往往带有强烈的暴风，加剧了灾害的严重性，但洪涝灾害远比旱灾发生次数少，旱灾发生较多，平均三年一次中旱，轻旱一年四季均不同程度发生，镇境内主要是春旱和伏旱较为严重，受影响较大的主要有岩根河村、新华、穿洞等村，该村水资源奇缺，大部分耕地都在15~25度之间，土层瘦薄，连续10天以上高温天气连人畜饮水都比较困难。在水灾方面，镇境内突出的是银盏村，穿洞村部分临河较近的、地势较低洼的地带，年年都有数百亩良田好土受洪流淹没，只能从事夏季作物生产。

新中国成立前，没有防患措施，也无抗灾机构，一般视灾害为天命，由群众出钱，设七星坛，请道师披发仗剑，祈求神灵保佑。银盏等地活动较多。

民国13年（1924年）夏旱，由银盏袁良成发起300余户农民出钱“打雨焦”。抬着“水龙”和“拔旱神”沿途求雨，由道师领唱，“天干天干，百姓可怜，黄天下雨，救活秧田，大雨落在田中间，小雨落在后花园，保佑人民吃白米，感谢神仙救凡间”。先后游了三天三夜，回到大庙枪毙“拔旱神”，火化水龙。最后还是滴雨未下。

新中国成立后，党和政府高度重视防汛抗旱工作，兴修水利、植树造林、整治河道、进行水土流失治理，一有灾害发生，立即启动防洪预案和抗旱预案，及时从各方面调集人力、物力、财力进行抗灾、救灾，把旱涝灾害带来的损失降到最低限度。

原大林村银坑水村民组（今银盏村银坑水组）位于马遵公路旁，三面环山，东低西高，低处有一自然消洞，用于排放洪水。每遇洪水暴发，下泄能力受限，大量洪水囤积在稻田里，象山塘水库一样淹坏农作物，淹没马遵公路，阻断交通，车辆行人难以通过，造成灾害，严重威胁当地居民的生命财产安全，每年该组都因受灾要求政府减免征定购粮3500公斤。

2006年，政府和当地村民采用爆破方式，将消洞下泄口扩大，清除堵塞物，增加洪水下泄能力。2006—2015年，均未再出现洪水淹没公路和稻田现象。

2008年1月12日，全乡遭遇历史上罕见的特大凝冻灾害，一夜之间，雪凝封山、封路，一连几天桐油凝夹泡雪一层覆盖一层，温度降到摄氏零下2～4℃，最低降到摄氏5.5℃。大地普遍堆积冰凝5～20厘米，架设在野外的高压输电线、通讯电线上普遍结冰粗达5～12厘米，多处杆倒线断，埋设在地底的人畜饮水管道大多冻结，多处破裂，造成电停、水断、路封、通讯不通局面。这场罕见的凝冻灾害，因持续时间长，多数农户家庭因停电有谷物无法加工缺米下锅，夜间无照明，水管冻爆或堵塞，无水可供；因为交通、通讯中断、雪凝封山，导致购物困难，无法与外界联系，柴煤无法运入，取暖和生火做饭出现困难。据不完全统计，受灾群众达1.3万人，占全乡总人口的87.2%，压断输电杆47根，输电线8.5公里，全乡8个村停电，通讯中断，交通受阻，公路全部封闭，1.3万名群众饮水困难，9000亩农作物绝收，万亩森林受损，冻死牲畜850头，受灾房屋1200间，直接经济损失达1300万元。

乡党委、政府精心安排抗凝冻，保民生工作。组织乡村干部、党员300余人次参加抢险救灾工作，共发放救济粮15000公斤，救灾款10000元，棉衣、被100床（件）。慰问困难群众、高龄老人、残疾人186户。

## 第四节　水土保持

**水土流失**　新中国成立后，全民造林，镇境内森林覆盖率高，水土流失量不大。1958年大炼钢铁，林木被乱砍滥伐，加上铲草皮烧灰积肥，放火烧山，陡坡开荒，植被遭严重破坏。1965年，全乡森林覆盖率为46%，水土流失加剧，山塘水库因泥沙淤积而致蓄水量减少，严重影响农业生产的发展。

**水土流失治理**　从1962年开始，在兴修水利的同时，也进行水土流失治理。之后，在每年的冬春季，全乡干部、学校师生、农村劳动力都要参加义务植树，加强植被保护，提高森林覆盖率，保持水土平衡。至1980年，共植树造林约50亩。

1986年，根据县政府的要求，采取严明法纪，保护植被，禁止毁林开荒和乱砍滥伐林木等措施，限制林木采伐。陡坡种粮要退耕还林还草，大力植树造林、封山育林。1999年，全镇退耕还林2000亩。2002年，国家对退耕还林实行粮款补贴政策，鼓励农民将25°以上坡耕地全部退耕还林，到2015年，全镇累计退耕还林面积达5500亩。

## 第五节　水利管理

**机构**　新中国成立前和建国初期，乡境内无水利管理机构。

1978年，银盏公社配备1名水利辅导员，以区为单位集中使用，负责全区内农田基本建设，兴修水利以及防洪灌溉管理的技术指导，业务上归县水电局领导。

1990年，正式成立梅花堰水库为灌区管理所，负责梅花堰灌区水利管理，行政上归乡政府领导，业务上由县水电局指导，历任站长有刘登禄、熊峰、龚胜平、蔡大元。

**银盏镇梅花堰水库灌区历任负责人名单一览表**

表5—15

| 姓名 | 职务 | 任职时间 |
| --- | --- | --- |
| 刘登禄 | 所　长 | 1990.11—2001.10 |
| 熊　峰 | 副所长 | 1998.10—2001.10 |
| 熊　峰 | 所　长 | 2001.10—2010.12 |
| 龚胜平 | 所　长 | 2010.12—2012.11 |
| 蔡大元 | 所　长 | 2012.11— |

2001年以前，镇域内的水库、山塘、渠道、水轮提灌、电力提灌的管理维修工作由梅花堰水库灌区管理所负责。

2002年，成立银盏乡水利站，属乡镇下设机构，负责全乡山塘、拦河坝以及除梅花堰水库、天邦水库灌区配系工程外的沟渠管理和维护，首任站长叶贞祥，全站共有工作人员2名，至2015年共维修沟渠1500余米。

**银盏镇水利站负责人名单一览表**

表5—16

| 姓名 | 职务 | 任职时间 |
| --- | --- | --- |
| 叶贞祥 | 站　长 | 2002.7—2009.8 |
| 王　辉 | 站　长 | 2009.8—2012.7 |
| 袁　成 | 站　长 | 2012.7— |

**管理**　新中国成立后，兴建的水利工程，其管理办法系按工程规模和灌区分布情况，由县水电局和区、乡、村以及村民组分级管理，具体划分是：国家投资灌区工程2个（梅花堰水库、天邦水库），由县水电局直接管理，乡政府代管，管理人员报酬由乡支付。跨村的工程，由乡管理。跨村民组的小山塘、电灌站、引水渠由所在村委会或村民组自行管理。由村民组按中等劳力评记工分，年终参加分配。

农业合作化和人民公社化时期，不存在劳力、土地权属和互争灌溉等问题，水利工程资金由国家划拨或集体出资，受益社队组织劳力，划分片段，自行施工，工程管理由社队专人负责。每年年尾和来年春耕时节前，社队组织群众清淤补渠，保证农田灌溉，检修提水机具设备，以备春灌使用。实行家庭联产承包责任制后，每年冬春农闲时节，国家出资，群众投工投劳组织渠道清淤，防渗维修，确保灌溉。取消义务工后，由政府出资维护修缮。

2002年，成立银盏乡水利站后，全乡的山塘、引水渠、拦河坝、提灌站等水利设施，由水利站负责管理和维护。

## 第六节　库区移民

梅花堰水库修建时，库区只有个别移民需搬迁，由当地乡村干部作妥善处理，就地安置。

2012年，杜仲河水库淹没区涉及全镇3个村4个村民组，淹没面积约7平方公里，其中陆地面积2平方公里，水域面积约5平方公里，库岸线长约11公里，淹没土地总面积1158.38亩，其中耕地519.16亩，河滩地7.4亩，林地639.22亩，搬迁各类房屋面积约10000平方米，搬迁寺庙一座。库区涉及移民搬迁安置38户138人。因搬迁安置人员多，地域繁杂，镇政府随即成立杜仲河水库移民安置工作领导小组，分别下到银盏、白溪、新场等村组进行移民个人实物指标分解核实登记工作，并按国家重点建设构皮滩水电站工程建设征占用地补偿标准对移民进行补偿，切实解决移民在搬迁安置中遇到的实际困难和问题，减轻移民负担，落实移民安置"前期补偿，后期扶持"的优惠政策，处处为移民着想，使库区移民高兴地接受搬迁。至2015年，库区内应该搬迁的移民全部撤离搬迁，共安置38户138人，使水库工程建设得以顺利开展，已全面完工。

在国家重点水利工程构皮滩水电站库区移民安置中，还积极协助县移民局安置移民103户499人。并在移民新村兴建新村食府门坊2个，硬化道路800米，硬化进户路2700平方米，道路两旁安放果皮箱36个，以便移民安居乐业。2012年建镇后，移民新村划归雍阳街道办事处管辖。

# 第六章　农业综合开发

## 第一节　农业产业化

调整农业产业结构，实现农业产业化发展，是党中央作出的重大战略决策。改革开放以来，农村发生根本性的变化，农业生产条件有了明显改善，粮食产量连年增长，群众吃饭问题基本解决，并有一定数量的社会储备。在保持传统农业持续增长的同时，导入产业化生产理念，促进农业产业结构调整。坚持以市场为导向，以资源为依托，以科技为动力，紧紧围绕提高农业和农村经济质量及效益，狠抓农业产业化发展。

1998年以后，全乡农业产业化经济出现多种经济成份，不同经济类型，多种生产经营方式联合开发的局面。农业产业化经营品种以名、特、优、稀、珍为主。如原太平村水绞组饲养奶牛，大元村、穿洞村发展经果林基地，银盏村开办生猪养殖场，珠藏坝村以酿酒业带动养殖业。至2015年，全镇农业产业化经营组织发展20余个，总产值达800余万元。

## 第二节　农副产品加工

民国时期，开始有家庭作坊加工制造农具及桐油、菜油、白酒等到集市出售。新中国成立前及新中国成立初期，民间用石磨、石碓磨面、舂米，供家庭食用。1958年以后，农具、食品及生活用品等加工门类拓展，加工机具、动力、程序逐步改进，加工能力及质量不断提高。

1978年以后，全公社农副产品加工开始使用电动机械化，用电动机械逐步取代原始的水碾、石磨等手工操作，但仍有少量石磨、水碾继续使用。1980—2000年，随着改革开放和发展多种经营，全社（乡）各类农副产品加工作坊发展较快，加工品种从稻谷、玉米到豆类、油料、饲料、药材、蔬菜、肉类、酿酒等，产值达数千余万元。2001—2010年，农村产业结构调整，农副产品加工网络逐步形成，加工产品呈现产业化、规范化、规模化，产值翻番达千余万元，企业达20余家。

**酿酒** 民国时期，酿酒多以玉米为原料，因生产工艺简单落后，无冷却器，产出的白酒酒精浓度不高，产量低，俗称“小桌酒”。

新中国成立后，国家实行粮食统购统销，民间无多余粮食，酿酒曾一度绝迹。1951年，国家实行酒类专卖政策，民间酿酒停止，镇境内仅有木老坪供销社酒厂。1956年，划归县酒厂（1953年建立）管理。1958年，木老坪供销社酒厂划归所在地公社管理，1961年停产，1964年恢复生产。20世纪80年代后，国家实行改革开放，百业俱兴，酿酒业应运而生。太平村饶绍禄、大元村曾庆刚、珠藏坝村舒富俭、舒富志、刘兰华等成为当地的酿酒专业户，最高年产值达550万元。这些专业户不但酿酒，而且还以酒糟为饲料，发展生猪养殖，成为以酿酒养殖为主奔小康的经济增长点，全乡酒厂最多时达7个，白酒的年生产量达230吨。2005年以后，由于粮价、燃煤价格偏高，利润减少，大部分酒厂停产。至2011年，全乡酒厂仅存3家。随着园区建设步伐加快，大批农户搬迁，土地被征用。至2015年年底，全镇经营性酒厂全部停产。

**米面加工** 新中国成立前，民间粮食加工多为石磨推玉米、石碓舂谷子，个别经济宽裕人家谷物送到碾房加工，用米冲抵加工费。民国38年（1949年），境内有水碾12家，多用于碾米。1958年，区在粮管所内建米厂，使用电动打米机加工大米，但不对外经营，仅限内部加工。20世纪60年代，国家号召社队办副业，增加集体收入。大队办起大米、面粉加工房，安装电动打米机，磨面机加工大米和面粉。继后，生产队也办起大米、面粉加工房。1980年，有粮食加工房18个，全部采用机械电动加工，年收入总计150余万元。进入2000年，随着农村经济的不断发展，动力机械进入家庭，米、面加工向家庭自备加工方向发展。继后，乡、村及个体办粮食加工企业开始向专业化方向发展，年加工大米、玉米面粉450吨。随着家庭自备加工机械的普及，专门从事粮食加工的个体户不再从事加工，而只作为附带产业为无动力机械的农户进行零星加工。至2015年，全镇虽还有数十家米、面加工个体，但年仅加工大米1200余吨，加工面粉130余吨。

**植物油加工** 新中国成立前，太平、银盏、飞练、穿洞、岩根河、新华、新场、印山、木老坪、大寨坪等地均有碾房，多数用于碾米，少数作为油房的配套设施，加工植物油。是时，食用植物油较少，农户家所产菜油、桐油多用于点灯照明和勾兑木漆刷木制家具、棺木等。加工方式以油菜籽、桐子做原料，砌大灶用大铁锅或大砂锅将原料炒熟，用碾子碾碎，经甑蒸透后用铁箍固定以草包饼，包好的饼成排装榨，用撞杆或木锤加椎挤榨即出油脂。20世纪70年代，原大房、珠藏坝等村各开办油坊5间，为农民加工菜油。80年代后，国家逐步放开粮油政策，允许个体办油坊代人加工食油，集体、个体办油坊增多，并开始采用动力机械压榨。1995年，境内有各类油坊4个，油坊不但代加工，还经营原料及成品油。随着国家粮油流通体制改革不断深入，市场食用油供应充足，境内油房逐步减少。2015年，全镇仅有油房2间，主要从事菜油加工，均采用电动机械榨油，油碾、油榨相继退出历史舞台。

**面条、粉条加工** 民国时期，用洋芋、豌豆作原料加工粉条在县城周边及本地销售，味鲜美，时为餐桌上的佳肴。解放初期，不准个体加工粮油食品，粉条加工一度中断。1958年，允许集体办企业，有生产大队、生产队办起粉条、面条加工作坊，但原材料短缺、产量不多。1960年以后，粮油食品生产、购销均由国家粮食部门独家经营，统购统销，遂被中断。2000年以后，境内多以生产米粉、面条为主，均采用电动机械加工，年产量35吨。

## 第三节 扶贫开发

新中国成立后，各级政府一直致力于发展生产、消除贫困的工作。但真正严格意义上的扶贫，是在改革开放以后提出并大规模实施的。从1978年到2000年，扶贫开发大致经过了三个阶段。

第一阶段：体制改革推动扶贫阶段（1978—1985年）。这一阶段主要是土地经营制度的改革，即以家庭联产承包经营制度取代人民公社的集体经营制度，极大地激发了农民的劳动热情，解放了生产力，提高了土地产出率。与此同时，通过农产品价格的提升，农业产业结构间附加值更高的产业转化以及农村劳动在非农领域就业三个方面的渠道，将利益传递到贫困人口，农村贫困现象大幅度缓解。

1985年，国家确定人均年纯收入200元作为贫困线，后根据物价指数，逐年微调。贫困线之下，还设置了收入更低的绝对贫困线。

第二阶段：大规模开发式扶贫阶段（1986—1993年）。银盏乡也成立专门的扶贫开发工作领导小组，认真落实国家的扶贫开发政策，经过8年的不懈努力，银盏农民人均纯收入大幅度增加，农村贫困人口大幅度减少，扶贫工作取得了一定的成效。

第三阶段：扶贫攻坚阶段（1994—2000年）。1994年3月《国家“八七”扶贫攻坚计划》颁布实施，标志全国的扶贫开发进入了攻坚阶段。银盏乡积极争取上级项目资金，改善农村的基础设施条件，用活用好扶贫开发政策，到2000年年底，国家“八七”扶贫攻坚目标基本实现，解决了贫困人口的温饱问题。

2008年，中国绝对贫困线标准为人均纯收入785元以下，低收入贫困线标准为人均纯收入786~1067元，同意使用1067元作为扶贫标准。2010年贫困线标准为1196元。2011年，中央决定，将农民年人均纯收入2300元（2010年不变价）作为新的国家扶贫标准，这一标准比2009年提高了92%，更多低收入人口被纳入扶贫范围。

2001年，《中国农村扶贫开发纲要（2001—2010年）》十年规划颁布并实施。银盏乡通过发展种养业，推进农业产业化经营，改善生产生活条件，加大科学扶贫，强化劳务输出，有序推进移民搬迁等措施，逐步改变了落后状况，巩固了温饱成果，为达到小康水平创造了条件。2001—2004年，利用财政贴息资金，开发经果林示范基地600亩，实施脱毒马铃薯种植800亩，辣椒种植3000亩。2005—2009年，实施农网改造和修建小水池等项目，原珠藏坝、大元2个村被列入全县重点扶贫村摘帽范围，建猪舍4000平方米，引进外地二元母猪20头，每户发放财政贴息资金和小额贷款200元，培训干部群众3400人次，完成扶贫开发与农村低保贫困户信息管理系统和资料采集录取工作，完成脱贫人口4200人。

2010—2015年，政府高度重视和超前谋划部署脱贫攻坚工作，乡（镇）、村（社区）建立了强有力的组织机构，落实了精准扶贫办公室、作战室、档案室等阵地建设，成立了扶贫工作站，安排8名专职扶贫工作人员专抓扶贫工作，对全镇4个贫困村，1631户精准贫困户和5217人贫困人口，均明确了4名副县级以上领导和275名镇、村干部进行包保帮扶，投入资金43.39万元用于精准扶贫户的识别、宣传、培训、购置办公设备、“一户一档”资料和解决贫困户生产生活困难等，确保了精准扶贫工作的有力推进。同时，建立健全相关制度，在道路交通、水利基础设施、教育教学、环境保护等方面增加投入，协调多种资源形成合力进行“N+1”结户、对村帮扶，增加群众脱贫途径和缩短脱贫时间。通过解决贫困人口就业926人，投入各类产业扶贫资金384.5万元，120户376人贫困人口直接受益。投入发展资金1200万元，实施村庄整治等项目，230户800余名贫困人口直接受益。办理贫困户特惠贷861户4016.8万元。投入资金130万元实施入股保本分红项目，壮大村集体经济，使4个贫困村集体经济年收入达24.5万元。

# 第六篇　工业

WENGANXIANYINZHAN ZHENZHI
瓮安县银盏镇志（620-2015）

# 第一章　乡镇工业

## 第一节　乡镇企业发展

新中国成立前，银盏境内农村仅有铁匠、篾匠、石匠、泥水匠等一些专职或兼职人员。还有一些小作坊，如碾坊、油坊、酒坊、染坊、纸坊、陶瓷坊、铁锅坊及一些小煤窑。这些手工匠坊人员以其独特的技艺谋生，有的以独立身份四处揽活，有的几人合伙开行，本小利微，艰难营生。

随着农业、手工业合作化的发展，许多作坊匠人进入集体经营。1958年搞“大跃进”、人民公社化运动，银盏公社开办了煤厂、砖瓦厂、家具修配厂、粮油加工厂和林场、茶场、养猪场等企业。开始热情高，干劲足，红火几月。后遇大炼钢铁运动，导致“粮食关”，许多企业开始一哄而起，后又一哄而散，留存下来的较少。据统计，当时银盏公社有大大小小的企业100余家，其中乡镇企业1家。1959年企业总产值为985万元，固定资产3568万元，企业人员516人，管理比较混乱。

1963年，与民生关系甚紧的企业很快恢复生产，如煤厂（青菜沟煤厂、穿洞煤厂、老古井煤厂）、粮油加工厂、农具修配厂、铁厂等。之后的企业管理为集体化管理，即从生产队抽全劳力人员到厂、场干活，经济收入为公社或大队所有，社队企业将收入的一部分返还给生产小队。小队给进厂、场的人员评记工分，最后在小队年终分红。1965年，境内有大小企业45个，从业人员359人，企业总产值1050万元，固定资产1.2亿元。“文化大革命”运动期间，农民从事副业生产被视为“资本主义”遭制止，自由市场一度被取缔。1976年，银盏乡镇企业总产值394.47万元。

1977年，建立社队企业办公室（简称企办），具体管理社队各种企业。社队企业的收入（公社办的称公社企业，大队办的称大队企业）作为社队集体经济的主要支柱，用作基础设施建设和公益事业建设费用。1980年之后，银盏乡镇企业逐步发展起来，原玉华乡以磷矿开采，原木老坪乡、鱼河乡、银盏乡、新华乡大多以煤矿开采为主。1977—1984年，境内社队（公社和大队）两级企业累计生产总值为1450万元左右（年均300万元），实现利润80万元左右。1991年，有煤厂4个，石场4个，多数厂（场）生产不够正常，乡镇企业出现赤字6000多元。乡镇企办采取“两步走”的办法，第一步，通过清理整顿和转包，理顺了乡政府和各厂（场）的关系，使各厂（场）走上了正常生产、安全生产的轨道。其中，龙井坎和黄泥坡两个煤厂经整顿后，1992年扭亏增盈7万多元。第二步，挖掘潜力，四处引资办企业，经过一年多的招商引资，引资60多万元，新办皂角树、青杠树、西坡等6个煤厂，新办大房、岩脚桥、青龙嘴等3个石场，新建加油站1个，新建石粉加工厂和预制厂。1992年企业生产总值达704万元，向国家缴纳税款10多万元，实现政府收入11万元。

### 1973—1992年银盏乡镇企业负责人更迭情况一览表

表6—1

| 职务 | 姓名 | 任职起止时间 |
|---|---|---|
| 负责人 | 刘江奎 | 1973—1979 |
| 负责人 | 田维春 | 1979—1985 |
| 站　长 | 丁常志 | 1985—1992 |

至20世纪90年代，境内大大小小的煤厂有近20余个，较大型的煤厂有银堂煤厂，现仍在生产；杉木溪煤厂于2000年政策性关闭；小黄沟煤厂、大黄沟煤厂、河边煤厂、穿洞河煤厂、弘泰煤厂，由外商接管，现仍在生产；土地塘煤厂2000年因安全事故关闭。

1992年，原木老坪乡对无证的角州煤厂收违规费1000元，对其它无证煤厂每吨收资源补偿费15元。是年3月与各煤厂的厂长、开票员、企管站签订工作合同，对所有无证煤厂每月检查一次，对偷挖乱采者罚款1000元，并开办学习培训班，对责任人进行普法教育。检查中发现大湾田、梅子湾、柿花园、长七林、青杠林、牛角口等8处煤厂非法开采，并对其采取封洞处理。

为加快乡镇企业的壮大发展，乡政府制定出台一系列宽松优惠的企业政策，集资、引资、引技术、引人才、引项目办企业，不断改善生产条件，扩大原煤生产，对原煤加工，鼓励各石厂加大石料产量，提高石料品位，拓宽石料销路。1993年企业生产总值达到1000多万元，实现政府收入达20万元以上。

1993年，银盏乡政府将大井坎煤厂对外承包，承包期限5年，每年上交乡政府14800元。是年，银盏乡政府同意村民合资兴办长冲煤厂，每年收取管理费1000元；同意村民合资开办大林硫铁矿，每年上交管理费2000元。

1995年以后，乡镇企业经过重组、转让、兼并等，逐步走入公司股份制的经营模式。1997年以后，各煤厂开始进行整合、承包、租赁，最后进入股份制的公司管理模式，乡镇企办被公司代替，其利税直接由公司向国家税务机关缴纳。

1998年，银盏乡镇企业总产值已达78893万元，比1997年增加776万元，其中建材工业占40%左右。2004年，银盏乡镇企业固定资产5892万元，营业收入2.5183亿元，乡镇企业总产值2.5443亿元，增加值5466万元，利润3340万元，上缴税金525万元，从业人员1060人。其中乡镇企业营业收入1亿元以上的村，全县只有银盏乡的银盏村，营业收入为1.6349亿元。2008年，有乡镇企业80余家，从业人员3000余人。2014年，乡镇企业营业收入123.5亿元，产值136亿元，税金4.92亿元。2015年银盏镇有大小企业180余家。

## 1977—2004年银盏乡镇企业管理人员一览表

表6—2

| 企办主任负责人 | 姓名 | 任职起止时间（年） |
|---|---|---|
| 负责人 | 何元亮 | 1977—1989 |
| 企办主任 | 秦明金 | 1990—1995 |
| 企办主任 | 丁常志 | 1996—2004 |

## 2004年乡镇企业营业收入1亿元及以上的村

表6—3　　单位：个、人、万元

| 村名 | 营业收入 | 总产值 | 增加值 | 利润总额 | 上缴税金 | 其中所得税 | 劳动者报酬 | 从业人员 | 固定资产 |
|---|---|---|---|---|---|---|---|---|---|
| 瓮安县银盏镇银盏村 | 16349 | 16410 | 2882 | 1718 | 375 | 75 | 245 | 559 | 3610 |

## 2004年乡镇企业营业收入1亿元及以上乡镇

表6—4　　单位：个、人、万元

| 乡（镇）名 | 营业收入 | 总产值 | 增加值 | 利润总额 | 上缴税金 | 其中所得税 | 劳动者报酬 | 从业人员 | 固定资产 |
|---|---|---|---|---|---|---|---|---|---|
| 瓮安县银盏乡 | 25183 | 25443 | 5466 | 3340 | 525 | 105 | 531 | 1060 | 5892 |

## 瓮安县银盏乡（公社、镇）乡镇企业发展情况一览表

表6—5　　单位：个、人、万元

| 年限 | 企业名称 | 营业收入 | 总产值 | 利润 | 上缴税金 | 从业人数 |
|---|---|---|---|---|---|---|
| 1964 | 新华煤厂 | 3.70 | 3.70 | 0.6 | — | 27 |
| 1973 | 银盏珠藏坝集体水电站 | 4.24 | 4.24 | 0.60 | — | 5 |
| 1983 | 鱼河水电站 | 7.70 | 7.70 | 0.90 | — | 9 |
| 1981 | 玉华磷矿 | 15 | 14.5 | 1.60 | 0.90 | 30 |
| 1988 | 玉华公社联办磷肥厂 | 30 | 30 | 5.6 | 1.5 | 93 |
| 1990 | 青菜沟煤厂 | 80 | 80 | 15 | 2.5 | 50 |
| 1991 | 乡镇企业 | 630 | 630 | 37 | 7.5 | — |
| 1991 | 银盏村办企业 | 35 | 35 | 28 | 5 | — |

续表6—5

| 年限 | 企业名称 | 营业收入 | 总产值 | 利润 | 上缴税金 | 从业人数 |
|---|---|---|---|---|---|---|
| 1997 | 玉华磷矿 | 84.98 | 84.98 | 14 | 2.3 | — |
| 1997 | 瓮安磷矿 | 419.50 | 419.50 | 162.10 | 7.5 | 498 |
| 1997 | 新华磷肥厂 | 508.77 | 508.77 | 99.07 | 4.7 | 848 |
| 1997 | 瓮安铁厂 | 60.20 | 60.20 | -73.65 | — | — |
| 2002 | 青菜沟煤厂 | 120 | 120 | 55 | 21 | 60 |
| 2002 | 上场坪煤厂 | 108 | 108 | 35 | 20 | 55 |
| 2002 | 新华焦化厂 | 264 | 165 | 65 | 26 | 108 |
| 2002 | 皂角树煤厂 | 104 | 120 | 8 | 2 | 25 |
| 2002 | 河边川洞河煤厂 | 103 | 110 | 8 | 3 | — |
| 2002 | 银堂煤厂 | 104 | 120 | 9 | 2 | — |
| 2002 | 老古井煤厂 | 110 | 130 | 11 | 3 | — |
| 2002 | 湾田煤厂 | 112 | 117 | 10 | 3 | — |
| 2002 | 弘扬公司 | 280 | 280 | 20 | 10 | — |
| 2002 | 先明纸厂 | 200 | 200 | 18 | 10 | — |
| 2002 | 天安公司 | 5400 | 5400 | 215 | 50 | — |
| 2002 | 大信公司 | 5400 | 5430 | 210 | 50 | — |
| 2002 | 龙腾焦化厂 | 442 | 442 | 50 | 30 | — |
| 2004 | 青菜沟煤厂 | 154 | 120 | 55 | 27 | 70 |
| 2004 | 上场坪煤厂 | 140 | 109 | 35 | 26 | 63 |
| 2004 | 浙江浦峰水泥有限责任公司 | 2092 | 2092 | 263 | 87 | 180 |
| 2004 | 瓮安县弘扬有限责任公司 | 590 | 590 | 44 | 6 | 45 |
| 2004 | 川洞硫铁矿厂 | 204 | 207 | 1 | 43 | 25 |
| 2004 | 三联化工有限责任公司 | 101 | 133 | -28 | 5 | 150 |
| 2004 | 瓮安县老古井煤矿 | 239 | 250 | 28 | 13 | 40 |
| 2004 | 瓮安县河边煤厂 | 387 | 387 | 13 | 7 | 80 |
| 2005 | 瓮安县黔南交运有限公司 | 980 | 980 | 86 | 40 | 50 |

续表6—5

| 年限 | 企业名称 | 营业收入 | 总产值 | 利润 | 上缴税金 | 从业人数 |
|---|---|---|---|---|---|---|
| 2005 | 浙江浦峰水泥有限责任公司 | 2092 | 2092 | 263 | 87 | 180 |
| 2005 | 瓮安县弘扬有限责任公司 | 579 | 590 | 44 | 6 | 75 |
| 2005 | 川洞硫铁矿厂 | 204 | 207 | 20 | 2 | 43 |

## 银盏镇集体水电站统计表

表6—6

| 站名 | 装机台/千瓦 | 规模 | | | 投资（万元） | | | 投产年月 | 管理人数 | 备注 |
|---|---|---|---|---|---|---|---|---|---|---|
| | | 坝高（米） | 水头（米） | 渠长（千米） | 合计 | 集中 | | | | |
| | | | | | | 国家补助 | 自筹 | | | |
| 珠藏坝 | 2×55 | 1.5 | 21 | 1.5 | 9.5 | 7 | 2.5 | 1973.3 | 4 | 雷击 |
| 穿洞河 | 1×20 | — | 4 | 0.05 | 3 | 2.3 | 0.7 | 1974.12 | 1 | 水轮泵动力 |
| 岩根河 | 1×20 | 3 | 5 | — | 2.5 | 2.5 | — | 1969.10 | 1 | — |
| 白 岩 | 1×20 | 4 | 4 | 0.6 | 2.7 | 2.7 | — | 1968.9 | 1 | — |
| 新 场 | 1×75 | 1 | 74 | 0.3 | 9 | 8 | 1 | 1979.2 | 3 | 机组损坏 |
| 高 松 | 1×100 | 2.5 | 5 | — | 17.9 | 14 | 3.9 | 1883.1 | 8 | — |
| 民寨河 | 1×100 | — | — | — | — | — | — | — | — | — |

## 银盏镇集体水电站收入年表

表6—7

| 站名 | 投产年月 | 运行年数 | 累计发电（万千瓦时） | 累计收入（万元） | 累计利润（万元） | 平均发电（小时） | 备注 |
|---|---|---|---|---|---|---|---|
| 珠藏坝 | 1973.3 | 11 | 96.07 | 4.24 | 1.66 | 1975 | 机组损坏 |
| 穿洞河 | 1974.12 | 16 | 26.21 | 1.95 | 0.48 | 1261 | — |
| 岩根河 | 1969.10 | 21 | 32.72 | 2.33 | 0.33 | 1250 | — |
| 白 岩 | 1968.9 | 21 | 31.74 | 3.53 | 0.55 | 1025 | — |
| 新 场 | 1979.2 | 5 | 13.37 | 1.24 | 0.77 | 1350 | 机组损坏 |
| 高 松 | 1983.1 | 7 | 63 | 7.7 | 2.25 | 2775 | 电费收不齐 |
| 民寨河 | 1972.2 | 26 | — | — | — | — | — |

## 第二节　乡镇企业选介

新中国成立前境内企业只有零星的私人作坊，如铁匠坊、染坊、砖瓦窑等。解放后成立合作社，1958年成立人民公社，各种企业进入集体化，企业规模小，生产方式落后。1963年以后，国民经济稍有好转，有些企业逐步恢复。改革开放后，境内的企业相继发展起来。

**瓮安铁厂**　是银盏境内的最早企业。早在民国18年（1929年）开始冶铁，瓮安有5个炼铁厂，土地堂铁窑月产铁15万公斤，瓮水司铁窑11.5万公斤，花竹山铁窑11万公斤，陡山槽铁窑9万公斤，高楼铁窑0.75万公斤。到民国38年（1949年），瓮安仅剩鸭屁股铁厂1家，年产毛铁15万公斤。新中国成立后，鸭屁股铁厂改由供销社经营。1956年改由县工业部门经营，更名为瓮安县铁厂。1958年5月，县工业部门在县城西建西门铁厂，建有半机械化小高炉1座，“土洋结合”高炉3座，土高炉9座，共产生铁30吨，熟铁4.50吨，1959年并入新华铁厂。1959年3月，建新华铁厂。先后将西门铁厂、福泉罗卜寨铁厂和大洞口、鱼河、新华煤厂并入，1961年停产。1972年，瓮安县铁厂（县属国营企业，坐落在银盏镇银盏村岩脚桥）建成试产，建有13立方米高炉1座，拷贝式热风炉3座，焦炭等主要原材料均取于县内。1973年正式投产，年产生铁3536吨。1972—1980年，共生产生铁26848吨，铸铁管183吨，水泥1665吨。1980年，因工业调整取消政策性补贴及产品滞销而致停产。

1981年，所属水泥车间、拉管车间分建水泥厂和拉管厂，高炉车间并入县磷肥厂为其银盏车间。1983年，县磷肥厂银盏车间与县拉管厂合建成县化肥厂，生产钙镁磷肥。1985年5月，铁厂恢复炼铁生产，焦炭取于六枝盘县，铁矿石仍取于县内。1986年，产生铁7463吨，比1949年、1958年分别增长48.75倍、3.26倍，比1978年增加86.93%。是年12月，瓮安铁厂得到国家冶金部、四川攀枝花钢铁公司、贵州省冶金厅、黔南州重工业局的支持，被列入“扶贫”项目，共投资122.90万元，新建28万立方米高炉1座，拷贝式热风炉3座，对高炉、原料车间部分设备进行技术改造。1987年10月，铁厂正式投产，技术设计年产能力1.20万吨，经运行1年，由于炼铁成本走高，亏损增大（已欠银行贷款522.60万元），时遇磷肥市场走好，于1988年10月被迫停止炼铁，转产磷肥。

瓮安县铁厂所用铁矿石资源，在县境内人工开采，汽车运输。玉山深溪矿点1971—1977年开采铁矿石4万吨；拓石、珠藏矿点1974—1979年分别开采4.50万吨和3万吨；木老坪矿点1976—1988年开采3.50万吨。

**瓮安县水泥厂**　位于银盏镇银盏村岩脚桥，属于县国营企业，曾为县铁厂水泥车间。1973年6月以炼铁废渣为主要原料试产无熟料矿渣水泥。由于技术和设备比较落后，产品质量较差，生产不正常，时产时停。1974年生产水泥233吨，于1975年停产1年，1976年又产水泥1432吨，1977—1980年又停止生产。1981年改为县水泥厂，有职工102人，固定资产79万元。1981—1983年，生产水泥10798吨，总产值61.10万元，亏损1.39万元。1983年12月至1986年7月，投资484万元进行技术改造。1986年，水泥厂获贵州省人民政府授予“职工福利先进单位”称号，黔南州总工会授予“先进职工之家”称号。

1987年，水泥厂占地8万多平方米，建筑面积6927.65平方米，有职工219人，固定资产347.90万元，机器设备有YF机立窑一座、Φ1.83米球磨机2台、1.2×1.2米烘干机1台、200立方米1分钟风机1台、鄂式破碎机1台、容量250吨水泥圆库8座、生料库5座、原料库4座、100吨钢库1座。实行承包经营责任制，生产水泥17200吨，实现产值180万元，利润35万元，上缴税金41.30万元。1988年，水泥厂领导出席全国企业政治思想工作研讨会。1990年，水泥厂有职工216人，固定资产已达447万元，产水泥21100吨，实现产值292万元，利润41万元，上缴税款10万元。2002年企业改制由浙江浦峰集团公司收购，组建瓮安水泥有限公司，公司占地83亩。公司经技改，产能为普通硅酸盐水泥15万吨/年。2012年，生产水泥13万吨，完成产值2829万元，销售收入2829万元，纳税总额152万元，有工程师4人，经济师5人，会计师5人，中初级技术人员38人，职工165人，其中大学文凭以上职工21人。

2013年公司投资2.65亿元在园区内建设4个项目，分别为配套建设储量5000万立方米以上化工级石灰矿山1座；新征地200亩，总投资1.2亿元人民币，建设100万吨1年水粉磨站及配套60万立方米/年商砼搅拌机；总投资4200万元人民币，新征地100亩，建20万立方米/年粉煤灰（磷渣）加气混凝土块生产线项目；总投资1.05亿元人民币，新征地150亩，建年产20万吨碳酸钙系列产品。

**珠藏坝大队水电站** 该电站位于珠藏坝大队新寨小队，1970年由县水电局勘测设计，珠藏坝大队组织群众投工投劳，1972年5月动工修建，1973年竣工投人运行，总投资9.5万元，装机容量为55千瓦水轮发电机2台，交替运营发电，单机输出电压1万伏，经过升压器变压后，日夜输送到全大队10个小队，供群众照明和农副产品加工，大队还在大队部安装四号电动打米机1台，3个千瓦电动磨面机1台，江口坝安装3号电动打米机1台，供全大队群众加工大米和面条，年加工大米25余万公斤，面条2.5万余公斤，电站所有权属珠藏坝大队集体所有。电站由王贵祥、滕代学、杨光碧三人负责管理，王贵祥为负责人，杨光碧任会计，负责电站的财务管理。在保障本大队全体群众照明和加工农副产品用电的同时，还向尖山大队的尖山、肖家院、滕家院、阁老冲、毛栗坡、马场以及新华公社的大寨坪上寨、中寨、下寨、尹家坝、邓家院、龙台河、新房子等外社大队输送电源，供其照明。输送电源线路长15公里，覆盖1000余户5000余人，从此改变该大队无电照明的历史。

1973—1975年，由于电站发电稳定、充足，还在珠藏坝、新屋基、羊子坪、江口坝、新寨、老木土等小队安装电动水泵5个，功率达27.5千伏安，总管线长620米，灌溉面积达800余亩。该电站5.5千瓦的水轮发电机2台，升压器1台，变压器4台均由国家提供。至1984年，该电站运行11年，累计完成发电量96.07万千瓦时，收入4.24万元，1984年被雷击坏停止发电。该大队群众生活、生产用电改为国家电网供应。

**民寨河水电站** 该电站位于原太文公社白溪大队民寨生产队。1968年冬，民寨生产队群众投工投劳开始在岩根河修筑拦河坝和修筑沟渠，1972年2月竣工发电。安装水轮发电机1台，容量100千瓦，卢益华为电站管理人员，所有权属民寨生产队集体所有。

该电站水流量大，所发电除供应白溪大队10个小队450余户用电外，还供应原银盏公社大林大队的左落脚、果落水、鸡上塘、苏青等4个生产队120余户人家照明用电。1977年10月，该电站由白溪大队经营管理。管理人员仍由民寨生产队的卢益华负责，电费按每盏灯（限25瓦以内）月收费0.5元。由于管理不善，出现亏损，大队将经营权归还给生产队。1983年1月，民寨生产队又将电站经营权承包给本队社员吕武进、吕武魁2人，经过维修，电站恢复营运，直至1999年国家实施农村电网改造后，该水电站才彻底关闭，停止发电。

**高松电站** 该站在原鱼河乡（现银盏镇）境内，以高松大队而得名。1974年11月，由高松大队组织兴建，投资17.9万元，装机1×100千瓦，1981年建成投产。到1990年累计发电量63万千瓦时，销售收入7.7万元，为当时高松村集体所有。

## 第三节　企业转型改制

银盏镇禀赋得天独厚的资源和地理优势，吸引了以磷化工业、建材、运输、加工等为主的大小企业153家入驻。境内企业经历着从无到有，从小到大，从弱到强的发展历程，企业的管理从原始简单、杂乱无章到科学合理、规范有序的过程。

银盏境内的企业从1958年到1978年为集体企业时期和国营时期。20世纪50年代中期，农村运输多为个体经营，50年代后期至70年代中期为集体经营，后部分转向个体运输或专业运输。自20世纪80年代初开始，尤其在90年代，以企业的改型转制为标志的经济体制改革，在全国已形成以公有制为主体的混合经济。随着市场经济的确立，政府已在逐步退出市场，利益集团多元化格局已基本形成，公司股份制已成为企业转型改制的主要方向。

1981年，对集体企业逐步推行适量承包责任制，对农村“五匠”等零星分布项目、农村建材建筑业、粮食加工企业、商业饮食服务企业等，多改为个体经营或部分转为个体经营。1981年，县社队企业管理局与玉华公社联办玉华磷矿，1989年3月划归县磷化公司经营。青菜沟煤矿、上场坪煤矿原属集体企业，2011年转为个体经营。1996年入驻的天安黄磷厂后被大信公司收购。随着企业承包经营制的推行，企业经营权与管理权已逐步从政府手中脱离，政府及职能部门仅仅为监管，管安全、管质量，按照相关规定，企业交纳相关税费，个人承包使企业充满活力，但是个人受诸多因素制约，如资金、技术等，于是企业逐步走向兼并、收购、转让、重组、合股、参股的形式，最后成为公司格局，公司成立董事会或理事会，公司推选法人代表，其中最具代表性的是瓮福集团和上海盛源集团。2011年国企改革，北斗山监狱磷矿和白水河监狱煤矿均被上海盛源集团收购，2012年公司又经过重组、收购、兼并、整合等方式，建立以瓮福（集团）为主，多家参股、控股和有一定经济实力且有资质的法人联合体。镇境内的各种企业同样以相关形式，无论国有企业还是集体企业，都走上公司合伙且有法人代表的企业管理模式。

1997年8月，建在银盏境内的瓮福黄磷厂，在2004年6月被宏福总公司以股权转让的形式予以收购。

2011年，国企改制。是年11月1日，瓮安银盏乡磷矿国有整体产权转让给上海盛源集团。贵州黔新企业集团与上海盛源集团有限公司董事长曹云平，贵州省监狱管理局政委刘建平、副局长吴道明，省经信委副主任邝继宇及省司法厅、省监狱管理局、贵州黔新企业集团相关部门负责人，上海盛源集团董事局主席兼总裁黄平，董事局副主席罗发勤、张常英、副总裁余涛、徐子平及盛源集团，贵州阳光产权交易所，北斗山监狱，瓮安磷矿等单位和企业相关负责人出席签字仪式。瓮安县县领导谢晓东、姚中贞、尹德俊、刘华龙、曾明康出席签字仪式。至此，磷矿的开采量持续攀升。盛源集团（公司）产能已达30万吨/年。2012年公司又经过重组、收购、兼并、整合等形式，建立以瓮福（集团）为主多家控股、参股及有一定经济实力且有资质的法人企业的联合体，成为一家跨国公司，磷矿的开采量急速攀升，从原来的开采量数万吨/年猛升至产能为500万吨以上/年，磷矿生产企业、采矿的机械化水平大大提高，已形成集开采传输、装卸、运输、加工为一体的生产线。

据统计，2015年，银盏镇境内的磷矿年开采量已达1000万余吨，按8.3亿吨的储量可持续开采80年。

# 第二章 电 力

## 第一节 发电

### 一、火力发电

**贵州省新华磷肥厂动力车间** 银盏镇的电力在解放前是一片空白。最早的电力为1959年3月建成投产的新华铁厂动力火电发电房，安装125、208千瓦机组发电。1961年铁厂倒闭，停止发电。1966年6月，新华磷肥厂接管铁厂，设动力车间，修复125千瓦机组发电。1967年1月安装1500千瓦机组发电，125千瓦机组停用。1972年增装1000千瓦机组发电，装机容量为2500千瓦。

### 二、水力发电

**席子河水力发电站** 位于木老坪村，1970年12月动工修建，1977年10月投产使用，属瓮安河干流水能资源第二梯级电站，为栏河筑坝引水式水能发电，属州级基建项目。投资169.85万元，投工31.20万个，开挖土石方18.23万立方米，装机2台，共1000千瓦机组发电。电站筑高7.7米，坝顶长40米栏河溢流坝1座；矩形断面宽1.8米，深1.7米，全长3.5公里砌石动力引水渠1条。建砖混结构243平方米主厂房1栋，办公、职工住房5栋912平方米，有职工38人。到1990年年底，累计发电6811.11万千瓦时，收入499.44万元，盈利289.45万元。1984年席子河水力发电站被评为全国小水电站先进集体。1987年评为全省“先进电站”，获省水电厅红旗一面。同年被县委、县政府评为全县“两个文明建设先进单位”。12月评为全国“小水电优秀电站”，获水利部奖状一块。1988年评为黔南州“小水电利用小时第一名”，获黔南州水电局奖旗一面。同年荣获县委、县政府“双文明红旗单位”表彰。1989年被县委、县政府评为瓮安县“两个文明建设红旗单位”，同年为水电系统“先进单位”，获县水电局奖旗一面。随后又被电力公司评为 “先进单位”。2003—2013年，年均发电量为1461.2万千瓦时。

**农村集体电站** 1990年，银盏先后建成岩根河水电站、高松水电站、珠藏坝水电站、民寨河水电站、白岩水电站、穿洞河水电站和新场水电站，总装机8台425千瓦发电机组发电，其中高松、珠藏坝水电站装机100～320千瓦，到2000年累计发电2250万千瓦小时。

**个体水电站** 1992年，原木老坪乡农民郑雨书投资80多万元新建装机容量320千瓦的个体水电站正式发电。

1964年以后，随着水轮泵建设的推广，在白岩等地建小型水电站，开始解决部份农村照明和农副加工。2000年之后，小型水电站逐步淘汰，电力供应与管理由南方电网贵州电网公司瓮安供电局负责。2002年，银盏乡开始进行农网改造，电力开始进入银盏乡的千家万户。

## 第二节 供电

1959年3月，建成的新华铁厂动力煤炭火力发电房，除给该厂提供电力外，还为当地附近村民提供照明。1966年新华磷肥厂向厂区周边农民提供电源安装电灯，使周边数百户农民告别靠煤油照明的历史。

1979年，席子河水电站设1800千伏安变压器，升压到35千伏后，以35千伏线路接入瓮安中心变电站联网，接入变电站联网后，变电站以10千伏配电线路8条分别接达雍阳区、永和等地区。6千伏线路接达磷肥厂。升压为10千瓦线路接达玉华磷矿后，10千伏线路接达银盏水泥厂（原属县国企），新华磷肥厂以35千伏线路接达瓮安县城和玉华磷矿区。1980年新华村已有3户农户安装动力为电力的打米机，结束打米靠烧油的历史，同时使周边碾房渐失市场。1990年，银盏境内的岩根河、白岩、新场、穿洞河等处的水电站先后建成，主要供附近村寨照明，简单家用电器的用电及打米。

2000年以前，各村、社（社区）由于未联网，电费收取标准不尽相同，有的地方高达1.5元/千瓦时，农网改造后，电费降到0.45元/千瓦时，营业性用电0.88元/千瓦时。

2000年以后，国家对农村进行电网改造，供电逐步转由南方电网贵州电网公司瓮安供电局负责，具体由银盏供电所操作。2002年，再次实施增容技改，完成五里街中心增容改造，增容至2×12500千伏安。2009年，35千伏县中心变电站将负荷分别转入110千伏的瓮安变电站和青坑110变电站，结束了县城北郊五里街运行35年的变电运行历史。

2005年5月12日，县供电局自筹资金1500万元，建设容量1×63兆伏安，110千伏青坑工业园变电站，采取110千伏、35千伏、10千伏接线方式均单母线分段接线工艺。有110千伏安进线2回，35千伏安出线5回，10千伏安出线7回。有1台80千伏安，1台100千伏安站用变压器，4组4500千伏电容器投产运行。同时，连接草塘至永和35千伏输电线开始投运，增加了草塘、永和变电能力，保障了用电需求。

2010年7月，果果坪220千伏变电站开工建设，该站位于瓮安县至开阳县公路旁的新场村果果坪，距瓮安县城约15公里，占地面积1万平方米，建筑面积1329平方米，挖方总量3万立方米，填方仅2.5万立方米，变压器总层高12.5米，总建筑高度16.6米。结构采用框架结构，地震设防烈度为六度，地势较高，不受百年一遇洪水影响，2011年12月投入运营。

2012年8月，金正大公司建设的输变电工程共分为三期，主变容量为103万千伏安，2013年底投运的一期变电工程是110千伏果金I回、果金II回间隔工程，总容量为315000千伏安，为公司一期生产建设提供用电保障。

2013年，银盏110千伏变电站开工建设，建设工期3年，占地面积5800平方米，地震设防烈度为六度。全站大量采用光纤、智能终端等新技术和新设备，能够自动完成信息采集、测量、控制、保护、检测等功能，更为人性化，计划于2016年年底投入运营。

至2015年，银盏供电所管理电网线路12条，配电变压器485台，容量49320千伏安，其中公变225台，容量11635千伏安；专变260台，容量37685千伏安。

## 第三节　用电服务

银盏境内电力经1959年新华铁厂火力发电、1966年新华磷肥厂的火力发电、1972年席子河的水力发电、1990年岩根河、白岩、新华、穿洞河水电站生产电力以来，用电服务主要为两类，一是照明、民用电器；二是动力用电服务。由于工农业生产受体制方面的制约，用电服务的范围较小，民用电和工业农业方面的用电量呈螺旋式上升趋势，到1978年改革开放后，特别是1980年起，电力生产和用电服务的范围一路攀升，电力生产部门逐步进入市场，落后的生产方式和管理模式逐步被淘汰，电力企业也走向重组、兼并的道路，南方电网以其丰富的资源优势占领市场，国务院及地方政府的各项惠民政策出台，瓮安供电局银盏供电所对用电服务系统工程进行具体实施。

### 一、线路及变压器安装

20世纪80、90年代的高压电杆大部分采用木质杉树，为防止高压电杆入土部分的木质腐朽，往往用泥青烤热粘糊。90年代后期改用水泥电杆，大大提高安全系数。

变压器将上千上万伏的高压电流变压成220伏照明等用电和380伏动力用电。据统计，银盏镇村（社区）均有3～5台变压器，在山区变压器相对要多些。

### 二、线路管理与维护

银盏供电所在各村配有电管协助员，负责一户一表的查表收费及用电安全方面的检测，对用户进行用电安全知识的宣传，配合供电所对供电线路检查维修，使千家万户用上安全放心的电。

### 三、电费收取与便民服务

为方便广大群众交纳电费，供电所与农村信用社协议，将电费绑在居民的信用卡上，实行定时交纳或自动扣款。

对需要动力服务用户实行报审制度，在使用动力电之前，填写申报表，供电部门实地考察，以配备适宜变压器，合理安全安排电力资源，对入驻在工业园区内的各种企业，实行高效率的服务原则。对于大型企业用电，供电所对它们实行专门供电，架设专线。

银盏供电所对用电户均张贴“95598”客户服务热线，凡有问题拨打“95598”电话，可对辖区内所有用电客户提供电力故障报修、业务咨询、信息查询、电费交纳和投诉举报等服务。客户服务热线24小时值班，搭建起与客户交流的平台，不但缩短企业与客户距离，及时处理客户所反映的问题，还大大排除了用电的安全隐患。

## 第四节　电网建设

2000年以前，国家未进行农网改造，银盏所用电一般由各村自行解决，在有水力资源的村修建小型水电站，如岩根河、白岩、穿洞、新场等，但仅能满足周围村寨照明和小型用电。较偏远山区，由于居住分散，线路远，电耗大，资金困难，尚有极少数群众一时未用上电。

20世纪90年代，瓮安县联网电源主要来自瓮安电厂、白水河火力发电厂、新华火电厂、席子河水电站，银盏境内的大部农村未享受县联网电源。1999年9月，组建国有企业——瓮安供电局，属南方电网贵州供电局，是年底各乡镇建立供电所。2006年4月11日，以黔发改能源〔2006〕372号文下达6.76亿元资金，对农村电网进行改造（简称农网改造）。2007年，银盏境内农网改造完毕，全部实行一户一表制，农户均用上由贵州电网瓮安供电局所提供的电源。农网改造共建10千伏线路13条，其中专线6条，公线7条，10千伏线路总长444.03公里，有配电压器940台，供电容量为192190千伏安

（其中公变279台，容量53970千伏安；专变用户503台，配变643台，容量138220千伏安）。经过农网改造，银盏供电所对供电辖区的线路、配电设施进行逐一改造建设，使境内的10个村（社区）每一户家庭用上安全、稳定、放心的电。

2015年8月31日，完成供电量13310万千瓦时，售电量12323万千瓦时，电力销售金额5389.5221万元，售电平均单价673.30元/千千瓦时。

2009—2015年，对3条10千伏线路进行大面积的改造，新增数十台公用配变器（容量17780千伏安），解决数千户城乡居民用电，有效地解决电压质量问题。

## 第五节　用电管理

2000年之前，由于电力尚未入网，各地用电管理不尽相同，小型水电站对于村民用电实行包干制，规定每户安装一定数量和一定功率的电灯泡，按灯泡盏数交钱，后逐步实行以电表计量进行收费，村民组或连寨安总表，每户安装分表，由于电耗损或极少数用户“偷电”，致使电价有的村寨高达1元以上/千瓦时，再加上抄表人员的报酬，民众对电费过高甚有抱怨。

农网改造后，电源由供电所统一供给，每户安装实行一户一表，对用电户进行安全用电宣传教育和国家有关用电法律法规宣传、解释工作，对蓄意破坏电力设施的行为进行举报，并依法打击。

凡用电户的电表皆由供电所派人统一安装，安装费及电表和相关设施费用一律按县物价局统一核定价支付，确保用电户安全用电。2005年成立“95598”用电客户热线，对用电管理提供帮助。

银盏电力管理机构始建于2009年4月，机构名称为银盏供电所，第一任所长郭猛；第二任所长李进；第三任所长胡声明；第四任所长陈泽敏。

银盏供电所位于瓮安县银盏工业园内，服务范围为瓮水办事处、雍阳办事处、银盏镇、平定营镇等19个村（社区）。具体为：云星村、仙桥村、新庄社区、花桥社区、茅坡村、大寨坪村、平定营村、细沙村、营定街村、三合村、梭椤村、建中镇太文村、永和镇悦来村。供电面积313平方公里，用电户24812户。

2010年以来，供电服务区内由于瓮安工业园区建设加快，规模扩大，高速公路建设和人民生活用电需求逐渐增加，供电的管理和服务处在改革与改进中。

用电管理逐步进入微机管理时代，将用电户的基本信息录入微机，抄表人员将用电户的用电信息输入计算机，自动生成用电户信息，用户交纳电费足不出户，快捷方便。

# 第三章　其他工业

## 第一节　铁矿石冶炼

银盏境内的铁矿石冶炼，最早为1958年的“大跃进”时期，全民投身“大炼钢铁”运动，学校实行半日制，师生参与抬矿石，大修土高炉炼铁，焦炭满足不了高炉炼铁，转为伐木烧木炭炼铁，根据七、八十岁老人亲历目睹回忆，各村均建有土高炉数座，许多大树，甚至古树都难逃厄运，伐木烧炭炼铁，大部分高炉所炼之铁质量差，杂质多，形状怪，取名土狗儿，派不上什么用途，成为废物。

**国有生铁冶炼**　1959年3月，瓮安县在石家寨开办新华铁厂，先后将瓮安西门铁厂、福泉萝卜寨铁厂和永和白水河大洞口煤厂、玉山鱼河煤厂、新华煤厂并入，时有职工1700余人，有6.55立方米炼铁小高炉4座，小煤窑1座，炼焦炉1座，火力发电机组2台（装机容量为125+208千瓦），汽车3辆，马车60余辆，年终产生铁1480余吨。下半年土高炉炼铁下马。1961年停产。

1972年，瓮安县铁厂在银盏乡岩脚桥建成试生产，有13立方米高炉1座，拷贝式热风炉3座，铁矿石主要取自瓮安杉树坳、玉山龙蟠、岚关等地，焦炭主要取自玉山龙蟠煤矿（无烟煤）、永和白水河焦场、新井和陡山槽焦场。经过1年的调试，于1973年正式投产，年产生铁3500余吨。1980年因产品滞销及工业调整导致停产，其间共产生铁26848吨，铸铁管183吨，水泥1665吨。

1981年，建在银盏乡岩脚桥的县铁厂所属水泥车间，拉管车间分建县水泥厂和拉管厂，高炉车间并入县磷肥厂为其银盏车间。1985年5月，银盏乡岩脚桥边的县铁厂恢复炼铁生产，焦炭大部来自盘县，部分取自瓮安白水河监狱劳改焦场。是年底，得到国家冶金部、四川攀枝花钢铁公司、贵州省冶金厅、黔南州重工业局的扶持，投资122.9万元进行改扩建，新建28立方米高炉1座，拷贝式热风炉子3座，对原高炉、原料车间的部分老旧设备进行技术更新改造。1986年产生铁7403吨，创产生铁历史记录之最。1987年10月改扩建项目正式投产。所购铁矿石成本较高，其主要原因为铁矿石基本是人工开采，汽车运输，路途较远，矿石来自玉山深溪，珠藏及木老坪等矿点。1988年10月，铁厂因产品滞销，炼铁成本增高，生产亏损，负债增多，导致铁厂倒闭、转产，炼铁停止。当时磷肥市场景气，从而转产磷肥。

**民营生铁冶炼**　1996年，位于银盏乡水绞处的三联化工有限公司由生产钙镁磷肥转产冶炼生铁，设计年生产能力2万吨，并利用炼磷高炉，是年12月投产，时有职工200余人。建成投产后，由于市场波动，其中4年未生产，一直不能正常运营，仅生产生铁6032吨。2009年国家淘汰落后产能而关闭。

2003年，福乐工贸有限公司在原鱼河乡甘塘村建现代化100立方米高炉1座，设计能力6万吨，投资2000万元，2004年3月投产后，生产极不正常，高炉利用系数仅达30%左右，生产4年，总生产生铁25086.3吨，2009年国家淘汰落后产能而关闭。

## 第二节　建材工业

新中国成立前，境内的建材工业规模较小，且大部分多系用木材，民用多，公益建筑极少，自给自足居多，村民居住简陋，只有极少的砖瓦窑、石灰窑。

新中国成立后到1978年期间，建材工业虽然有很大的发展，但发展速度还是比较迟缓。建筑结构不断由木质向砖木结构型转变，再以砖木混结构向钢筋混凝土转变，建材工业也跟随发生变化，水泥、钢筋、玻璃、有色金属及塑料化纤制品尾随跟进。

1980年以后，建材工业以加速度的方式发展起来，先后建立以砂、石、水泥、水泥制品、石材制品等数十家建材企业，其工艺和产品种类繁多。

**砖瓦砂石预制建材** 农民新建房屋或因屋漏所需砖瓦，均来自境内砖瓦厂、砂石场。解放前只有4～5家，且均为个体经营，主要取石烧石灰，建造木房所用墩子石及垫地络檐的条石，均为手工开采，开采量不大，有的还是预约生产。解放后，石灰厂生产逐渐增大，到1952年，境内建材生产仍为个体民营。高级合作社和人民公社化的建立，个体民营建材业全部纳入集体，成为农村副业和集体企业。1952—1970年，境内的大小砖瓦厂有30家左右，每个村有3～4个，在土地集体化期间，有大队、小队或大小队联办砖瓦厂，主要解决农民修屋盖房所需，也是解决农村富余劳力的捷径，在满足本村民众建筑之需外，还可外销。特别是1958年“大跃进”开始，大力提倡兴修山塘水库，砂、石生产逐年走好。除1959—1961年砂、石生产基本停止外，到1962年又逐步恢复生产，农村砖瓦厂成为农民建筑材料的主要来源地。据统计，在改革开放前夕，银盏乡有大小砂、石场10余家，均为集体经营。1977年乡镇企业局建立后，特别是中共十一届三中全会后，小砖瓦厂、小石灰厂、小碎石厂等不断朝个体民营转变。

此外境内还有年产15万立方米砂石的岩根河砂石场、穿洞河砂石厂、西坡采石场、岩根河村长湾砂厂等建材工业企业。

1998年，相继兴建了一些规模较大的建材公司（厂）：

1.新华耐火砖厂。1998年，由陈大国在新华石家寨村兴办，年产3万块耐火砖，2011年转产生产炉芯。

2.昌和建筑材料有限公司。主要生产环保加气砖块，年产能达8万立方米，公司成立于2007年9月。并已成功研制成轻质、环保的加气混凝土建筑材料，年处理磷煤工业废渣10万吨。年销售收入750万元，利税50万元。2011年，固定资产原值1200万元，职工30人。2011年，生产加气混凝土砖块3.5万立方米，产值1015万元。2012年生产砖块2.8万立方米。

3.久盛建材有限公司。建于2010年，入驻在银盏乡太平社区水绞组，公司占地20亩，建筑面积3000平方米，年生产40万立方米混凝土砂浆，有自动搅拌机系统，是境内唯一商品搅拌混凝土加工企业。内设专门混凝土实验室，配置15辆10立方米混凝土运输车，3辆粉粒物料运输车，1台装载机和5台施工联系公务车。2011年4月投产。是年，搅拌混凝土18850立方米，产值548万元，固定资产1260万元，从业人员62人。2012年，生产搅拌混凝土75000立方米，产值2250万元。

4.日升新型环保建材有限责任公司。2010年，在县城西郊建成环保磷渣砖厂，占地20余亩，投资2900万元，设计年生产25万立方米（折合标砖1.5万块）磷渣砖砌块，2011年4月27日正式投产。该厂磷渣砖砌块主要包括标砖、空心砖、彩色地砖等10多个品种。是年，生产磷渣砖5000万块，产值600万元，固定资产原值3350万元。2012年，生产标砖7000万块，创产值2100万元。

5.宏达商品混凝土有限公司。专门生产混凝土砂浆，年产能为30万立方米，年产值9000万元左右，利润1800万元。

6.弘鑫石材有限公司。成立于2012年7月，公司主要从事各类石材生产加工，公司年产各类石材50万立方米，人造大理石50万立方米，年销售收入8000万元，纳税1300万元。

7.贵州文真铝业有限公司。2013年8月投产，年产18000万块铝土矿矿渣免烧砖。

8.昌友环保材料有限公司。2015年4月投产，建设一条30万立方米加气混凝土砌块生产线。

9.浙江浦峰集团瓮安县水泥有限公司。建有一条年产20万立方米粉煤灰或磷渣蒸压加气砖生产线。

10.瓮安兴城建材有限公司。2015年3月投产，建成年产60万立方米商品混凝土。

**水泥建材**　1973年6月，瓮安县铁厂为利用炼铁矿渣兴建水泥车间，试产无熟料硅酸盐矿渣水泥，1974年初试车运行。由于设备简陋和生产工艺落后，不但水泥标号低，且成本高，1974年生产水泥233吨。1975年停产技改，增扩立窑容量和安装1.500×6000球磨机，并改革生产工艺，1976年生产合格水泥1432吨。1977—1980年，随铁厂技改而再次停产。

1981年4月从县铁厂分离改建为瓮安县水泥厂，时有职工102人，固定资产原值79万元。1981—1983年，产水泥10798吨，总产值61.1万元，亏损1.39万元。1983年12月至1986年7月，再投资484万元进行技术改造，对烧结立窑、圆库相对扩容。1987年占地8万平方米，修建生产车间、办公楼、职工宿舍共建筑面积6927.25平方米，职工219人，固定资产原值347.9万元，建YF机立窑一座、Φ1.83米球磨机2台、1.2×1.2米烘干机1台、200立方米1分钟风机1台、鄂式破碎机1台、容量250吨水泥圆库8座、生料库5座、原料库4座、100吨钢库1座，年设计生产能力4万吨。1987年实行承包经营责任制，产425号水泥17200吨，实现产值80万元，利润35万元，上缴利税41.3万元。1990年有职工216人，固定资产447万元，产水泥21100吨，实现产值292万元，利润41万元，上缴利税50万元。1998年随改制大潮，被浙江浦峰集团收购，结束国有建材工业使命。

1998年改制后为瓮安水泥银桥公司，2002年更名为浙江浦峰集团瓮安水泥有限责任公司，占地83亩，年产普通硅酸盐水泥15万吨。2012年生产水泥13万吨，完成产值2829万元，销售收入2829万元，纳税总额152万元，利润总额86万元，有职工165人。2015年，年生产能力达100万吨。

**木材建材生产**　1956年以前，境内无木材采运加工工业。1956年1月，省森林工业局开阳支局在瓮安设作业组，下辖木老坪等5个制材站和苟家庄松脂厂。1957年改作业组为支局，同年支局并入瓮安县林业局。下设木材公司和各区林业站组织木材生产和加工。

生产木结构的房屋建筑配件企业东方木业有限公司，公司流转荒山造林5000亩，年加工木结构建材50000立方米，木结构房屋配件30000平方米，人造板10000平方米。

还有年产5000平方米门窗的瓮安县雅安窗业有限公司，2013年11月投产；年产2万立方胶合板、1万立方接成板、1万亩用材基地林的瓮安县润和木业有限公司，2015年3月投产。

**其他建材生产**　东方管道制造有限公司建立于2009年12月，专门生产排水用柔性接口铸铁管。产能为年生产15万吨新型柔性抗震铸铁管道及管件，年产值20000万元，利润3000万元，税收1000万元。

境内还有年产20万平方米节能安全玻璃的瓮安光辉玻璃有限公司；年产40万吨磷渣微粉的瓮安巨鑫建材；年产10万吨磷渣超微粉的瓮安洪源建材；年产10万吨矿渣微粉的瓮福黄磷有限公司等10个建材项目。并发展年产6000吨PPR管材塑料的武江隆塑业有限责任公司；年产200吨吸塑的瓮隆吸塑有限公司；生产涌塑快装智能管件系列的清河堂塑业有限公司；2013年11月投产年产1500万米各类电线电缆的信达高温线缆有限公司等。

## 第三节　其他工业

银盏境内的其他工业企业，粮油加工、五金机械、烟花爆竹、缝纫制革、造纸、印刷、小型电站等其他行业，多数均在80年代前后发展起来的。1990年，全乡有上述各种企业大小共27家，从业人员198人，实现产值84万元，人均3800元左右，比1976年增加7～8倍。

1990—2015年，入驻在银盏境内的大小企业有200余家，涉及饮食、娱乐、商贸、物流、建材加工、雕刻、花卉到磷化工等，从而使银盏镇的相关其他行业应运而生。

麒龙物流商贸综合产业园和民族旅游文化风情园是市场经济的新生儿。麒龙是集家居、建材、车辆销售、五金机电、农副产品综合批发为一体的大型物流商贸综合园，又取名摩尔城。有雅林花木园林，主要生产仿真花和塑料花，年销售收入达680万元，上缴税金140万元，利润93万元，解决300人就业。中亚印务有限公司为一家设计、制版、胶印、印后加工为一体的综合性生产企业，年销售总产值达556万元，在2012年县委政府组织开展的“同心谋发展，赤子报春晖”助学行动中，公司荣获“先进集体奖”。除此之外，镇境内还有专门从事汽车销售、维修服务的润通有限公司，专门生产家私的恒康家私有限公司、小玲珑家具厂，专门生产香制品的华健香厂，远发五金加工有限公司等几十家其他加工企业或服务公司，这些企业涵盖第二、三产业的许多领域，是产业转型和升级的其他工业之一。

烟花爆竹企业，1983年境内仅有1家烟花生产企业，从湖南隆回县引进生产工艺、技术。有员工7名，由于在市场整顿中，安全生产达不到相关要求，于2012年停止生产。

造纸业，始于民国初年，时沿白水河两岸的石家寨等地有少数农民单家独户手工生产草纸，产量甚微。民国26年（1937年），遵义人晏相全在玉华山兴办造纸厂，规模稍大，设舀槽3架，焙笼3座，雇工15人。民国29年（1940年）投产，年产毛边纸5000刀。解放初期，玉华山纸厂关闭，大部分技术工人转到县纸厂工作。

1996年，瓮安人杨先明，在原大房村柿花园（今穿洞村柿花园组）办光明造纸厂，原材料主要是竹子，经石灰及化学药水浸泡后，用机械粉碎，沉淀后加工成纸。年生产规模为0.6万吨生活用纸和包装用纸，有企业管理人员和职工68人。2009年，生产各种用纸0.47万吨，实现年销售收入176余万元。2011年国家实施节能减排，淘汰落后产业，该造纸厂被淘汰关闭。

# 第四章　磷煤化工

## 第一节　磷矿开采

银盏境内的磷矿，根据《贵州省瓮安县白岩背斜磷矿整装勘查》，其储量与品位均排亚洲第一。磷矿开采最早为1958年，时值“大跃进”年代，当时瓮安县重工业科组织县工业中学师生与瓮安县原玉华公社白岩、牛宫等（现岩根河村）一带的农民共同开采磷矿，那时用大锤钢钎、撮箕钉钯进行人工开采，实行人挑马驮，日产矿石30～40吨，开采量达1万余吨，所产矿石交供销社统一运销省外。1959年并入县磷肥厂成其矿山车间，后逐步采用爆破进行开采，日产磷矿石100余吨。

1965年，福泉磷肥厂在玉华北斗山（现岩根河村）设矿山车间（后改为瓮安磷矿），开始半机械化开采磷矿。1966年，磷矿开采量已达20余万吨。1976年1月独立建厂，更名为瓮安磷矿，为省劳改局所属北斗山监狱国营企业。1987年，与省外厂家签订40余万吨的磷矿供货合同。1990年，矿区面积为61.92万平方米，建筑面积5.19万平方米，固定资产已达695万元。时有挖掘机7台、装载机5台、推土机2台、凿岩机8台、汽车13辆、职工300余人。磷矿产量7万吨/年，实现产值114.90万元，利润62.22万元，上缴税款27.64万元。所产磷矿除保障福泉、新华磷肥厂所需之外，其余均销往省外。远销全国17个省区，磷矿石多为露天开采，生产投资小，效益颇丰，年产量最高时达30余万吨。

1976年，玉华磷矿建立，以爆破和人力开采磷矿。由于受交通条件的影响和技术因素的制约，磷矿的开采与加工发展极其缓慢。在1978年之前，磷矿石一直处于“以运定销、以销定运”的生产格局。1980年以后，生产工艺有了一定的改进，增加混配复合肥、黄磷、普通过磷酸钙、硫酸等产品生产，磷化工业有了新的发展势头。

自1978年国家实行改革开放后，在玉华、牛宫、白岩一带曾出现私挖乱采磷矿的现象，部分群众在自家有矿的屋前屋后，自留山、地及责任山地开采矿石，运到外地出售或外地人来收购。

1978年，磷矿开采量已达40余万吨。到1983年，磷矿开采量跌至30余万吨。到1985年跌至6万吨。1990年生产磷矿27.64万吨。（其中全民所有制企业16.64万吨，集体所有制企业11万吨）。运销29.63万吨（全民所有制运销18.63万吨，集体所有制企业运销11万吨。）

1989年3月，瓮福磷矿被列入国家规划项目，第一期工程开工，白岩矿区被列为第三期工程，玉华磷矿划归磷化公司经营。

1990年，岩根河村的北斗山、白岩、牛宫、玉华一带所产的磷矿，生产总值已突破1000万元，磷矿占全县工业总产值的14.58%，比1981年、1985年分别增长4.53%和19%，磷化工业总产值最高的1983年达1514.40万元，占全县工业总产值的43.31%。

1997年，瓮福黄磷厂建立，1998年产磷矿12万吨，1999年开采量为19.97万吨，2000年为38.77万吨，2001年为53.78万吨，2002年达50.02万吨，2003年攀升到82.77万吨。

## 第二节　磷矿加工

银盏境内的磷矿从20世纪的60—90年代，都是粗加工形式，将开采出来的磷矿进行锻烧碎细球磨装袋出售，供农民施撒入田地，这种加工对磷资源造成极大浪费。

1958年秋，开办的国营企业瓮安县磷肥厂，位于岩根河村。1982年4月，在玉华南堡矿区设矿山车间（1989年移交县磷化公司经营）。1958—1989年，共产磷肥28658吨，混配复合肥1066吨，磷矿粉33311吨，磷矿石364754吨，实现总产值2404.81万元，利润210.39万元，上缴税利435.24万元。

1967年，省属新华磷肥厂投产。1967—1990年，共生产磷肥162745吨，年均6781.04吨，最高的1987年12365吨，最低的1968年165.30吨；实现利润1166.52万元，年均48.61万元。

1983年，在岩脚桥开办瓮安县化肥厂，县属国营企业。在玉华梅子冲矿区设矿山车间（1989年移交县磷化公司经营）。1983—1989年，共产磷肥2300吨，磷肥粉5900吨。

1986年以后，集体、个体联营的玉华磷肥（化工）厂投产。

位于银盏水绞处的雍阳磷肥厂，于1989年5月建成投产，1990年实现产值181.50万元，上缴税利22.50万元。

1989年8月建成投产的玉华化工厂，属个人承包企业，位于岩根河村，1989年产普钙976吨，实现产值50万元，利润3万元，1990年停产。

1996年入驻的天安黄磷厂，主要加工黄磷，后被大信公司收购。

2011年8月，入驻在银盏工业园区的金正大诺泰尔化学有限公司是一家专门从事磷矿加工的企业，对银盏境内出产的磷矿进行深加工。该公司围绕磷矿资源高效开发利用、磷精细化工及其伴生资源高效分离提取技术以及磷石膏作为建筑主材与辅材的建筑节能低、中、高层住宅研究与开发应用等方面的工艺生产。可以将磷矿加工分离成硝基复合肥、水溶肥、专用肥、硫酸钾、磷酸铵镁、冲施肥、土壤调理剂、弱碱性肥料、氟硅酸钾、高纯石膏等工艺产品，公司所开发加工生产的硝基肥、水溶肥、生物肥、叶面肥都是磷化工的高端产品，公司对磷矿的加工采取“湿法磷酸分级利用”“氟回收”等较为先进的加工技术，所加工的硝基复合肥和水溶肥配方技术较为先进。

入驻在银盏镇境内的贵州芭田生态工程有限公司，是一家深加工磷矿的大型企业。公司采用较为先进的“湿法磷酸装置分级利用”及“氟回收”装置，将磷矿进行深加工，磷产品为合成氨、稀硝酸、磷酸、硝酸磷营养母粒、聚磷酸高效生态母粒、硫酸、氟硅酸钠、聚磷酸铵、精制磷酸盐、纸面石膏板、磷石膏、碘氟制品等。公司对磷矿加工实行生态循环生产工序，将磷加工的附产品变废为宝，实行煤、电、磷优势资源一体化，把磷矿加工成多种产品，目前已能将磷矿深加工为：合成氨、硝酸、硝铵、半水湿法磷酸、净化磷酸、精细磷酸盐、硝酸磷营养母粒、硝酸钙营养母粒、聚磷酸高效生态母粒等产品。公司对磷矿实行榨干挤尽的办法，实行生态产业链，把磷残渣加工成纸面石膏板和磷石膏，将在加工过程中产生的碘氟进行回收，采用湿法磷酸工艺选用半水工艺，通过磷酸梯级利用，硫酸工艺采用中低位热能回收硫酸等工艺过程的热能，磷石膏采用磷石膏制酸技术，实现磷资源的循环利用和磷石膏100%综合利用。

## 第三节　煤矿生产

### 一、煤矿企业的发展

银盏境内煤矿储量比较丰富，根据贵州地质队2000年到境内对磷、煤、铝等矿藏资源的勘查，煤的储量为8000万～9000万吨，分布于穿洞、银盏、新华、木老坪、大寨坪、新场等村寨，与永和镇的洗马、白水河、岚关等处构成瓮安煤田。

新中国成立前，只有青菜沟、老古井、大黄沟、小黄沟、银堂、穿洞、水绞等处进行时断时续的小规模开采，安全隐患大，时有水仓、瓦斯、塌方事故发生，常造成挖煤工人死亡。

新中国成立后，开采量有所增加，特别是1958年“大跃进”时期，大炼钢铁运动，对原煤开采量大增，但炼钢铁需要的是焦炭，还须将原煤加工成焦炭，方可炼钢铁，当时炼焦技术落后，被开采出来的煤堆积，没有用木炭炼钢铁方便，所以原煤的开采停滞。1963年国民经济有所好转，煤矿的开采逐渐恢复。到1965年，青菜沟、老古井、银堂、穿洞等煤厂恢复生产，有几家煤厂还将原煤加工成焦煤，销往外地。

1980年，随着改革的深入，国民经济逐步走上恢复发展，健康快速的轨道，公社成立的企办机构对煤矿的开发管理进行实质性管理。1963—1980年，煤厂开采为集体化管理，根据统计，到1980

年，银盏公社所产原煤为1100万吨左右，开采呈逐年递增态势。

1986年，国家建立国土资源部，地方建立相关国土资源管理局，对煤矿资源开采进行整治，质检、安监等部门对煤矿开采进行安全检查。后来煤厂由集体管理逐步转入个体承包，紧接着体制改革，煤厂由集体、个人承包转向重组、转让、整合、股份、公司法人代表的改制格局。

1990年，较大的县有独立核算的采爆企业，全县有24个，其中银盏有青菜沟、上场坪、周家冲煤厂。

1997年，银盏乡政府将金富煤厂发包给玉山镇新卫村一村民，承包期限5年，承包款每年3.6万元，年产能近1万吨，产值300万元，利税12万元。

几经变革改制，银盏最后成立几家煤矿企业公司，关闭15家不具资质的小煤窑，取得资质的六证齐全的煤矿先后投产经营。据统计，技改前银盏境内煤矿开采后每年为60万吨左右；技改之后每年50万吨左右。

经整改后的几家大中型煤厂，开采出来的原煤，除供应群众生活生产用煤（冬天取暖煮饭烤烟用煤）外，其余均进行煤矿深加工，加工成焦炭、煤焦油、煤粉、煤液气，大大提高煤炭及附属产品的价值，也大大提高煤炭的综合利用率。

## 二、煤矿企业简介

**弘泰煤矿** 坐落在银盏穿洞村，是一家产能为9万吨/年的中型煤厂，弘泰煤矿由原河边煤厂、桃子冲煤厂、皂角树煤厂3家煤厂整合而成，2008年8月开工建设，经过3年多的改造于2012年投产，矿区面积达1.5956平方公里，煤矿地质储量为113.22万吨，弘泰煤矿经整合后资产总额已达4200万元。

**银堂煤矿** 地处银盏镇银盏村，隶属于贵州双龙实业集团，是一家较大型煤厂，产能为30万吨/年，开采方式为半机械化，对开采出来的原煤进行深加工，拥有炼焦生产一条线，矿区面积11.4434平方公里，公司投资1.3亿元对原矿井进行技改扩能，实现产值1.5亿元。

**福兴煤矿** 是一家中型煤厂，开采方式为半机械化，产能为9万吨原煤/年。矿井由原银盏乡老古井煤矿（原产能为3万吨/年），草塘镇园门口煤矿（原产能3万吨/年）整合而成，矿区面积1.6665平方公里，技改总投资1964.5万元，销售收入3600万元。

**青菜沟煤厂** 是一家产能为9万吨/年的中型煤矿，2009年3月至2010年9月煤矿投资1485万元扩能技改，矿区面积1.6609平方公里。

**上场坪新井煤矿** 原系草塘镇集体企业，2001年由私人承包。2009年4月1日至2010年11月16日，矿井经技改为9万吨/年，矿井面积为0.9329平方公里，是一家中型煤矿，生产方式为半机械化采煤。

# 第七篇　瓮安工业园区

# 第一章　园区规划与布局

瓮安工业园区位于银盏镇境内，源于2009年启动规划的银盏工业园区。2010年12月，《瓮安工业园区发展规划（2010—2020）》获省经信委批复，成为贵州省批复的第一个园区规划，是“黔中经济开发区规划”和“贵州省十大产业振兴规划”中的重要产业园之一，贵州“十五”规划十三个重点产业园之一。先期规划面积35.04平方公里，后拓展区规划67.77平方公里，总规划面积达102.81平方公里，形成“一区六园”（即综合配套服务区、商贸物流园、科技职教园、返乡农民工创业园、广州（花都）产业园、磷化工循环经济产业园）规划定位和发展。

## 第一节　园区规划

2009年5月，县委、县人民政府提出以发展工业，实施工业强县，推动融入贵阳城市经济发展圈，促进全县新型工业和农业产业化，推动县域经济发展的宏伟蓝图。是年5月，县委、县人民政府邀请贵州省发展改革委对瓮安的工业、农业、城镇化建设和旅游业进行考察。考察结束后，提出了发展工业园区是工业发展的必经之路和有效载体，县委、县政府决定大力发展精细磷化工产业。9月，瓮安工业园区规划工作启动，由省政府发展研究中心、省发展改革委、省社会科学院、省化工设计院、省轻纺设计院、省商专、贵州大学、贵阳市经济学会北京蓝图工程设计有限公司组成专家组，对瓮安工业园区规划开展工作。

2010年7月，《瓮安工业园区发展规划（2010—2020）》经专家组多次论证并几经修改形成，上报州、省有关部门审批，将规划的瓮安工业园区一分为二，分为轻工园区、磷化工循环经济园区。是年9月17日，贵州省经济和信息化委员会对《瓮安工业园区发展规划（2010—2020）》进行评审，并原则通过。12月19日，省经济和信息化委员会以黔经信办〔2010〕868号文件正式批复，该规划成为全省第一个批准的园区规划。与此同时，国家发展改革委同意将瓮安工业园区列入黔中经济区。

2011年3月，完成瓮安工业园区的控制性详细规划，该规划通过省、州有关部门的评审，县人民政府分别以瓮府函〔2011〕56号和瓮府函〔2011〕277号文件批复了轻工业聚集区、瓮安磷化工工业园区控制性详细规划。瓮安银盏轻工业聚集区控制性详细规划面积为6.542平方公里，瓮安磷化工工业园区控制性详细规划用地面积为57788.1亩。

2012年5月，贵州省人民政府同意设立贵州瓮安经济开发区，升格为省级经济开发区，规划选址位于银盏镇，首期开发面积10平方公里，起步期面积3平方公里。7月，完成了开发区拓展区规划，规划面积为67.77平方公里。12月，县机构编制委将瓮安银盏工业园区管理委员会和贵州瓮安经济开发区管理委员会整合，设立贵州瓮安经济开发区管理委员会。管理范围包含精细磷化工区、基础磷化工区、轻工区、拓展区四部分，规划总面积102.81平方公里。

2014年7月，贵州瓮安经济开发区规划面积，从原来的35.04平方公里增加到102.81平方公里，形成“一区六园”，即综合配套服务区、商贸物流园、科技职教园、返乡农民工创业园、广州（花都）产业园、磷化工循环经济产业园。

园区规划总投资450亿元以上，规划期为2010—2020年，2010—2015年建成面积达12.5平方公里以上，固定资产投资累计达193亿元以上，工业总产值225亿元以上，工业增加值达70亿元以上，实现税收16.50亿元以上，解决就业2万人以上；2016—2020年工业总产值达450亿元以上，工业增加值达到147亿元以上，实现税收29亿元以上，带动城乡就业4万人以上。工业园区管委会围绕加速发展，加快转型，推动跨越，按照“城乡统筹、三化同步、科学发展、强县升位”的目标，推动工业园区建设发展。聘请专家编制了园区“城在园中，园在城中”规划。2011年8月，完成园区控制性详细规划；将北部新城融入到工业园区统一规划建设，实现园区和城镇建设同步推进；建设可容纳8000～12000人的职校，为园区企业发展培养技术人才，企业和学校互惠；规划2平方公里建“返乡农民工创业园”，其中核心区已开始建设，为农民工提供创业平台。

## 第二节　农民安置

瓮安工业园区是贵州省“十二五”规划的30个重点产业园之一，规划总面积为102.81平方公里。瓮安经济开发区先期规划面积为35.04平方公里，核心区面积10.00平方公里，土地利用面积数据来源于2009年第二次土地调查，涉及到银盏镇境内的农民用地，农民住房搬迁补偿安置，解决民生工程。

**住房集中安置**　规划安置区7个，总投资约4.5亿元。分别为农业人口市民化公租房，安置A区、安置B区、尖山安置区、马鞍山安置区、梨子坪安置区、芭田安置区等规划安置区。2013年，启动位于麒龙摩尔城的生态扶贫移民房可安置486户2000余人，太平社区小坡可安置71户。2014年，启动建设2000套农民市民化住房，1000套保障性住房已建成。规划集中安置房1067套，已交付使用563套；规划的划地安置房共1311户宅基地，已完成723户，完成总投资约3亿元。

**就业安置**　瓮安工业园区对农用地被征用和房屋被拆迁的农民，采取农村富余劳动力转移输出，解决就业增加经济收入。与返乡农民工创业园及入驻园区多家大型企业联系，在用工招聘时，同等条件下，优先录用被拆迁人员。每年转移输出农村劳动力约1万多人，各类培训3000人以上。2011年园区解决就业2927人，2012年园区解决3680人，2013年，园区解决就业5473人，2014年园区解决就业8292人。为就业人员免费培训电脑、家政、车工、电焊、美容、美发、机修、农村实用技术培训、创业培训、餐饮服务、服装等，提高被征用土地农民的素质。2015年，新增加就业2186人，占年初州计划2000人的109.3%。

**社保安置**　又称失地农民社会保险，2010年启动。园区对被征地农民人均不足0.5亩耕地的实行失地农民养老保险制度，规定个人只缴总额的40%，其余60%由征地单位缴纳，企业对被征地农民的就业优先录用。园区在2011年办理失地农民养老保险1420人，2012年为失地农民办理养老保险1341人，2013年为失地农民办理养老保险1170人，2014年为失地农民办理养老保险1069人，2015年为失地农民办理养老保险421人。至2015年，累计失地农民2556户，办理失地养老保险5421人，已领取待遇人数2318人。

**货币补偿安置**　征地拆迁中，把群众利益放在首位，坚持公开、公平、公正的原则，充分考虑群众利益。在实施“拆一还一，结构陈新不补差”拆迁政策的基础上，为失地农民办理“三保”，解决后顾之忧。至2015年年底，已完成土地征收16524.85亩，支付土地征收费用4.917亿元；房屋征收面积298194平方米，已搬迁2200户，支付费用2.6亿元；支付苗木等补偿资金8000万元；迁坟4868座，支付费用768.88万元；为失地率低于0.50亩的拆迁户办理养老保险5421人，支付养老保险金38749万元。

## 瓮安工业园区征地拆迁农民补偿安置统计表

表7—1　　　　　　　　　　　　　　　　　　　　　　　　　　单位：户、亩、元

| 名　称 | 1. 零星林木补偿（2011—2015年） | | 2. 林地（2011—2015年） | | 3. 附属物（2011—2015年） | | |
|---|---|---|---|---|---|---|---|
| | 户数 | 补偿金额 | 补偿面积 | 补偿金额 | 户数 | 补偿金额 | 总丈量户数 |
| 猴场段主干道 | 209 | 1085970.75 | 94550.59 | 2188716.57 | 97 | 995236.18 | 104 |
| 银盏段主干道（道路一期） | 56 | 319194.05 | — | — | 64 | 976695.77 | 110 |
| 猴场下司至红军街 | — | — | — | — | — | — | 28 |
| 北部新城 | 209 | 2133119.57 | 297.10 | 12938.71 | 11 | 20573.41 | 14 |
| 北部新城水泥厂宿舍 | — | — | — | — | — | — | 23 |
| 马鞍山安置区 | 44 | 403842.97 | 6864.73 | 156014.79 | 26 | 266479.59 | 45 |
| 工业大道涉及安全补征 | — | — | — | — | — | — | 13 |
| 云中大道（港口大道） | 7 | 22017.86 | 48197.32 | 1088355.48 | 13 | 153016.90 | 1 |
| 港口大道砌土场 | 2 | 1500.62 | 3922.70 | 95812.67 | — | — | — |
| C2路（按照老） | — | — | — | — | — | — | — |
| C3路 | 25 | 27653.19 | 8300.42 | 177556.95 | — | — | — |
| D4路 | 70 | 97450.14 | 58570.08 | 1311862.70 | — | — | 4 |
| 丰安公司 | — | — | — | — | — | — | — |
| 美丽乡村（中堡）安置点 | — | — | — | — | — | — | — |
| C5路及支路 | 130 | 349744.14 | 58467.51 | 1771378.51 | 93 | 522970.77 | 30 |
| F1路 | — | — | — | — | — | — | 3 |
| 物流中转站 | — | — | 26334.80 | 507708.50 | — | — | — |
| 砂石场 | 23 | 13829.95 | — | — | — | — | — |
| 安置B区 | 9 | 13413.00 | — | — | 3 | 4436.30 | 6 |
| 企业服务中心（管委会） | 97 | 421004.78 | 10707.72 | 298268.86 | 132 | 1328405.63 | 43 |
| 企业服务中心安置区（尖山安置区） | 4 | 8131.12 | — | — | 41 | 417093.33 | — |

4. 房屋补偿（2011—2015年）

| 丈量房屋面积 | 丈量附属物面积 | 搬家费 | 过渡费 | 已签合同补偿金额（打款金额） | 已签合同户数（含分户） | 选择拆一还一户数 | 选择划地安置户数 |
|---|---|---|---|---|---|---|---|
| 23286.87 | 7261.01 | 113622.80 | 1888810.56 | 14615995.42 | 148 | 60 | 88 |
| 24199.05 | 7000.00 | 89705.04 | 997634.04 | 12623214.31 | 120 | 23 | 97 |
| 10107.02 | 393.12 | 55586.95 | 755911.92 | 13840673.08 | 28 | — | 28 |
| 2882.38 | 214.45 | 14411.90 | 311297.04 | 1542933.94 | 8 | 8 | — |
| 1496.65 | — | — | — | 1398343.33 | — | — | — |
| 11058.90 | 4180.87 | 55294.50 | 705078.90 | 8358932.92 | 99 | 26 | 73 |
| 3393.74 | 1068.52 | 16969.2 | 324866.88 | 1343794.86 | 27 | 11 | 13 |
| — | 98.86 | — | — | 38672.62 | — | — | — |
| — | — | — | — | — | — | — | — |
| — | — | — | — | — | — | — | — |
| — | — | — | — | — | — | — | — |
| 3432.31 | 563.35 | 17161.55 | 274696.6 | 5993961.61 | 16 | — | — |
| 2605.3 | 168.78 | 13026.55 | 140597.64 | 3470407.43 | 12 | — | — |
| 256.8 | 81.4 | 1284 | 27734.4 | 700646.14 | 1 | — | — |
| 5719.82 | 2913.80 | 28598.95 | 350131.34 | 5198363.03 | 48 | 10 | 38 |
| 541.72 | 221.15 | 2708.60 | 15163.92 | 445046.60 | 3 | 1 | 2 |
| — | — | — | — | — | — | — | — |
| — | — | — | — | — | — | — | — |
| 1500 | — | — | — | — | — | — | — |
| 8663.87 | 5787.12 | 43319.35 | 641238.42 | 6725559.99 | 72 | 20 | 52 |
| — | — | — | — | — | — | — | — |

续表7—1

| 名 称 | 1. 零星林木补偿（2011—2015年） | | 2. 林地（2011—2015年） | | 3. 附属物（2011—2015年） | | |
|---|---|---|---|---|---|---|---|
| | 户数 | 补偿金额 | 补偿面积 | 补偿金额 | 户数 | 补偿金额 | 总丈量户数 |
| 花都产业园 | — | — | — | — | — | — | 12 |
| 中交公司（思源中学） | 65 | 286987.76 | 4511.06 | 130622.13 | 8 | 76773.30 | 28 |
| 思源中学 | — | — | — | — | — | — | 2 |
| 担保公司 | — | — | — | — | — | — | 1 |
| 酒厂 | 6 | 30580.73 | — | — | — | — | 9 |
| 风管处 | 9 | 46102.92 | 10584.25 | 492397.01 | — | — | 4 |
| 渡江小学 | 12 | 12005.87 | — | — | — | — | 5 |
| 物流园 | 16 | 49501.04 | — | — | 19 | 534072.44 | 17 |
| 职校 | 108 | 309096.17 | 5897.39 | 164501.09 | 101 | 393198.91 | 43 |
| 职校二期 | — | — | — | — | — | — | 6 |
| 金正大一期 | 171 | 1402483.26 | 179988.71 | 4176625.87 | — | 1626842.18 | 138 |
| 金正大二期 | 27 | 186365.91 | 57725.23 | 1347403.76 | 13 | 61608.98 | 11 |
| 金正大生活区 | 6 | 22892.89 | — | — | — | 2256.30 | 76 |
| 金正大尾矿库 | 15 | 70008.88 | 21939.80 | 542969.50 | — | — | 4 |
| 芭田一期 | 128 | 847145.65 | 203003.33 | 4051793.44 | 195 | 1891172.11 | 154 |
| 芭田二期 | 57 | 493263.20 | 107038.04 | 2568714.05 | 49 | — | 38 |
| 芭田三期 | 27 | 311979.75 | 194637.74 | 3498903.83 | — | — | 26 |
| 芭田安置区 | 50 | 249980.98 | 23998.23 | 606792.89 | 30 | 127980.78 | 27 |
| 芭田安置二期 | 26 | 116367.86 | — | — | — | — | 30 |
| 电子厂 | — | — | 17139.90 | 362056.75 | — | — | — |
| 佳鑫采石场（雷国均） | 7 | 4190.41 | 62312.07 | 1335451.60 | — | — | — |
| 浦峰水泥厂 | 1 | 150.00 | 77427.36 | 2028402.64 | — | — | — |

4. 房屋补偿（2011—2015年）

| | 丈量房屋面积 | 丈量附属物面积 | 搬家费 | 过渡费 | 已签合同补偿金额（打款金额） | 已签合同户数（含分户） | 选择拆一还一户数 | 选择划地安置户数 |
|---|---|---|---|---|---|---|---|---|
| | 3666.46 | 1607.82 | 18332.30 | 395977.68 | 10297340.67 | 12 | — | — |
| | 5151.96 | 5465.60 | 25759.80 | 365788.08 | 5238702.97 | 48 | 10 | 38 |
| | 349.30 | 367.47 | 1746.50 | 37724.40 | 209999.21 | 1 | 1 | — |
| | 161.43 | 63.69 | 807.15 | 5811.48 | 11954.20 | 1 | — | 1 |
| | 2909.61 | 885.42 | 14805.65 | 107893.02 | 2770470.89 | 15 | 2 | 13 |
| | 839.35 | 170.83 | 4196.75 | 70137 | 488047.07 | 6 | 2 | 4 |
| | 516.74 | 555.07 | 2583.7 | 18602.64 | 683882.35 | 4 | — | 4 |
| | 3381.23 | 794.26 | 16906.15 | 120569.76 | 2818033.73 | 27 | 4 | 23 |
| | 7629.31 | 4596.84 | 38146.05 | 585860.04 | 5996829.19 | 68 | 23 | 45 |
| | — | — | — | — | — | — | — | — |
| | 36420.16 | 10000.00 | 181544.91 | 2752391.73 | 23883481.01 | 251 | 78 | 173 |
| | 2935.43 | 1616.43 | 14677.25 | 239553.72 | 1837517.25 | 24 | 7 | 17 |
| | 17500 | — | — | — | 40196.65 | — | — | — |
| | 494.75 | 257.75 | 2473.75 | 17811 | 453125.29 | 4 | — | 4 |
| | 30949.59 | 16453.00 | 154659.00 | 1931034.24 | 19356417.71 | 257 | 73 | 184 |
| | 10234.6 | 4055.88 | 52135.12 | 715979.96 | 6875389.66 | 85 | 21 | 64 |
| | 2949.1 | 868.54 | 14745.5 | 257812.56 | 1684598.34 | 25 | 7 | 18 |
| | 5028.31 | 4735.61 | 24607.75 | 199573.8 | 5518897.55 | 57 | 8 | 49 |
| | 3440.42 | 4181.39 | 16113.3 | 153126 | 4240341.49 | 40 | 2 | 38 |
| | — | — | — | — | — | — | — | — |
| | — | — | — | — | — | — | — | — |
| | — | — | — | — | — | — | — | — |

续表7—1

| 名称 | 1. 零星林木补偿（2011—2015年） | | 2. 林地（2011—2015年） | | 3. 附属物（2011—2015年） | | |
|---|---|---|---|---|---|---|---|
| | 户数 | 补偿金额 | 补偿面积 | 补偿金额 | 户数 | 补偿金额 | 总丈量户数 |
| 无主坟占地 | — | — | 3439.60 | 68671.61 | — | — | — |
| 永丰驾校 | 7 | 34316.81 | — | — | — | — | 4 |
| 农贸市场 | 2 | 7164.03 | — | — | — | — | 2 |
| 岳阳鸿泰公司 | — | — | — | — | — | — | 1 |
| 康太生物公司 | 2 | 31494.85 | — | — | — | — | 2 |
| 粮食储备库 | 11 | 10599.86 | — | — | — | — | — |
| 尚品石材厂 | 8 | 5373.22 | — | — | — | — | — |
| 幼儿园 | 3 | 13258.40 | — | — | — | — | 2 |
| 信用社 | 1 | 2327.92 | — | — | — | — | 1 |
| 华建香厂 | 3 | 820.00 | — | — | — | — | — |
| 河道治理 | 44 | 16892.36 | — | — | 2 | 55221.60 | — |
| 加油库 | 3 | 5913.15 | — | — | — | — | — |
| 钰盛编织厂 | 4 | 16324.95 | — | — | — | — | — |
| 变电站 | — | — | — | — | 10 | 9605.30 | — |
| 屠宰场 | 4 | 844.84 | — | — | 2 | 17600.40 | 5 |
| 双闽燃气公司 | 9 | 2191.00 | — | — | — | — | — |
| 殡仪馆 | 1 | 1247.00 | — | — | — | — | 3 |
| 城北客车站 | — | — | — | — | — | — | 31 |
| 中港物流园 | — | — | — | — | — | — | 13 |
| 其它预计要丈量户数 | — | — | — | — | — | — | 90 |
| 合计 | 1866 | 9936115.40 | 1297021.78 | 29300332.01 | — | 10186577.28 | 1301 |

4. 房屋补偿（2011—2015年）

| 丈量房屋面积 | 丈量附属物面积 | 搬家费 | 过渡费 | 已签合同补偿金额（打款金额） | 已签合同户数（含分户） | 选择拆一还一户数 | 选择划地安置户数 |
|---|---|---|---|---|---|---|---|
| — | — | — | — | — | — | — | — |
| 800.77 | 143.73 | 4003.85 | 28827.72 | 782021.01 | 6 | — | 6 |
| 488.56 | 266.48 | 2442.8 | 52764.48 | 205139.68 | 2 | 2 | — |
| — | — | — | — | — | — | — | — |
| 413.79 | 118.60 | 2068.95 | 8168.4 | 284664.59 | 4 | 2 | 2 |
| — | — | — | — | — | — | — | — |
| — | — | — | — | — | — | — | — |
| — | — | — | — | — | — | — | — |
| 250 | — | — | — | — | — | — | — |
| — | — | — | — | — | — | — | — |
| — | — | — | — | — | — | — | — |
| — | — | — | — | — | — | — | — |
| — | — | — | — | — | — | — | — |
| — | — | — | — | — | — | — | — |
| 404.23 | 290.23 | — | — | 1061031.68 | — | — | — |
| — | — | — | — | — | — | — | — |
| 750.00 | 223.66 | — | — | 138057.68 | — | — | — |
| 9253.32 | 856.69 | — | — | — | — | — | — |
| — | — | — | — | — | — | — | — |
| 22500.00 | — | — | — | — | — | — | — |
| 284249.79 | — | 1123914.47 | 15574880.33 | 182619159.76 | 1651 | 435 | 1172 |

## 第三节　产业布局

瓮安工业园区围绕融入贵阳城市经济圈，连接成渝，面向珠三角发展进行产业布局。

2010年7月，瓮安工业园区产业布局为轻工业园区，磷化工循环经济园区。12月，《瓮安磷化工工业园区发展规划》获省经信委〔2010〕868号批复。瓮安磷化工循环经济型工业聚集区包括银盏至羊子坪至木老坪片区，县城西面的青坑片区，总面积28.5平方公里，产业布局为精细化工区、基础磷化工区、轻工区三大部分。

2014年7月，瓮安县委、县人民政府下发了《中共瓮安县委、瓮安县人民政府关于支持和促进贵州瓮安经济开发区（银盏工业园区）又好又快发展的实施意见》，开发区和银盏镇实行“区镇合一”管理模式，形成“一区六园”的产业布局。

**商贸物流园**　是瓮安规划的“一区六园”之一，以麒龙摩尔城、中港物流园、云中港口物流园为中心，以现代信息技术为依托，以公路、铁路、水路多式联运为特色，集物资集散、仓储加工、多式联运、批发交易、城市配送、信息处理、配套休闲旅游、商业地产、商品交易、购物、餐饮、商务酒店等产业项目服务等功能于一体的现代化、系统化、生态化的综合性商贸物流园区。

**科教产业园**　2011—2015年，入驻企业153家，投产108家，规模企业66家。按照省委、省人民政府提出的“9+3”进园区的要求，2012年3月，瓮安县委、县人民政府决定将瓮安县职业技术学校、中共瓮安县委党校迁进产业园区，作为园区企业技术人才培训基地。规划建设投资2.5亿元，总建筑面积13万平方米，占地面积373亩。职校、党校两校共有教职工180人，学员5600人，新建校园可容纳学生8000～12000人。针对园区企业人才需求，设置电子工业、轻纺、加工制造、酒店管理、计算机网络技术、机械制造技术、电子电工应用与维修技术等专业，采取定单式培训，为企业培养综合职业技能型人才。2015年年底，已为园区企业培训技术人才2000多人。

**返乡农民工创业园**　为给瓮安在外创业和务工人员返乡创业搭建创业平台，园区决定创办返乡农民工创业园。划地570亩，规划面积2平方公里，核心区362亩，一期投资3.42亿元，建成1至3期标准化厂房53.22万平方米。在孵企业25户，已孵化成功3户。生产产品有童车、皮鞋、家具、高温电缆、吸塑制品、五金、纸箱等。福安贸易公司生产的运动鞋和万鑫玩具厂生产的玩具出口东南亚地区，健宝儿童用品公司童车生产项目填补了西南地区同类产品系统化生产的空白。返乡农民工创业园，被国家发改委列入“西南地区促进农民创业试点工程”，被贵州省评为“省级中小型企业科技孵化器”，是新兴产业的培育基地。

**花都产业园**　广州（花都）产业园，是广州花都区帮扶对接项目，采取园中园方式组建花都产业园，开展区域合作，承接外延、优化承接空间布局，引进莫顿润滑油、欣意电缆等5家企业入驻，建设面积约60万平方米。

**磷化工循环经济园**　磷化工循环经济园，包含有精细磷化工区、基础磷化工区，以瓮安磷、煤、铝、重晶石等资源优势，按照“减量化、再利用、再循环”和“低消耗、低排放、高效率”发展“资源-产品-再生资源”循环经济。瓮安县委、县人民政府、贵州瓮安经济开发区采取招商引资，承接东部沿海产业转移，成功引进了山东金正大生态工程股份有限公司投资59.6亿元在工业园区建设全国最大的硝基肥和水溶肥单体生产基地，全球最大的缓控释肥生产基地。引进了深圳芭田生态工程股份有限公司，投资102.78亿元在园区建设聚磷酸等高新磷复肥，配套磷化工项目。同时，贵州中盟集团、瓮福集团、文真等入驻磷化工循环经济园。

# 第二章　园区建设

## 第一节　企业用地

工业园区用地执行国家产业（供地）政策。2011—2015年，挂牌出让的土地57宗，总面积3346.86亩。园区范围内已供土地中，工业用地占比70%左右，已供土地建成率为80%，工业用地综合容积率1.08，工业用地综合建筑密度37.8%，投资强度312.26万元/亩，产出强度293.3万元/亩。

入园企业生产性质项目建设所需工业用地规模，按固定资产投资强度确定。轻工产业投资强度不低于80万元/亩；重化工及精细化工产业投资强度不低于120万元/亩。工业园区内出让土地的使用年限一般为50年，期满后申请延长使用年限。国土资源部门对园区项目建设用地给予优先安排，入园企业工业用地一律实行划拨土地的“成本价”挂牌出让。

**2011—2015年瓮安工业园区国有土地挂牌出让土地情况统计表**

表7—2

| 编号 | 年份 | 出让土地宗数 | | | 出让面积（平方米） | | | 备注 |
|---|---|---|---|---|---|---|---|---|
| | | 商业用地（宗） | 工业用地（宗） | 合计 | 商业用地 | 工业用地 | 合计 | |
| 1 | 2011 | — | 4 | 4 | — | 82264 | 82264 | — |
| 2 | 2012 | 2 | 21 | 23 | 164187 | 524456.37 | 688643.37 | — |
| 3 | 2013 | — | 12 | 12 | — | 907635.7 | 907635.7 | — |
| 4 | 2014 | 3 | 12 | 15 | 72293 | 424844 | 497137 | — |
| 5 | 2015 | 1 | 2 | 3 | 6022 | 49516.4 | 55538.4 | — |
| 合计 | | 6 | 51 | 57 | 242502 | 1988716.47 | 2231218.47 | 折合3346.86（亩） |

**开发区土地利用现状**　瓮安经济开发区先期规划面积为35.04平方公里，核心区面积10平方公里，起步区3平方公里，瓮安经济开发区土地利用现状面积数据来源于2009年第二次土地调查。

### 瓮安经济开发区规划区、核心区、起步区土地利用现状面积表

表7—3　　　　单位：亩、%

| 范围 | | | 规划区 | 比例 | 核心区 | 比例 | 起步区 | 比例 |
|---|---|---|---|---|---|---|---|---|
| 土地总面积 | | | 52563.6 | 100.00 | 15001.2 | 100.00 | 4505.1 | 100.00 |
| 农用地 | | 耕地 | 31362.3 | 59.67 | 10249.05 | 68.32 | 3317.7 | 73.64 |
| | | 园地 | 408.75 | 0.78 | 127.05 | 0.85 | 1.95 | 0.04 |
| | | 林地 | 15864 | 30.18 | 2236.05 | 14.91 | 406.35 | 9.02 |
| | | 其他农用地 | 48.15 | 0.09 | 14.4 | 0.10 | 0.00 | 0.00 |
| | | 农用地合计 | 47683.2 | 90.72 | 12626.55 | 84.17 | 3726 | 82.71 |
| 建设用地 | 城乡建设用地 | 农村居民点 | 2058.15 | 3.92 | 1010.7 | 6.74 | 377.1 | 8.37 |
| | | 采矿用地 | 230.55 | 0.44 | 169.2 | 1.13 | 141 | 3.13 |
| | | 小计 | 2288.7 | 4.35 | 1179.9 | 7.87 | 518.1 | 11.50 |
| | 其他建设用地 | 特殊用地 | 6.3 | 0.01 | 6.3 | 0.04 | 1.8 | 0.04 |
| | | 小计 | 6.3 | 0.01 | 6.3 | 0.04 | 1.8 | 0.04 |
| | 建设用地合计 | | 2295 | 4.37 | 1186.2 | 7.91 | 519.9 | 11.54 |
| 其他土地 | 水域 | | 363.9 | 0.69 | 227.7 | 1.52 | 60.45 | 1.34 |
| | 自然保留地 | | 2221.5 | 4.23 | 960.75 | 6.40 | 198.75 | 4.41 |
| | 其他土地合计 | | 2585.4 | 4.92 | 1188.45 | 7.92 | 259.2 | 5.75 |

**开发区建设用地管制分区**　为保证瓮安经济开发区用地，核心区及起步区范围主要布局在允许建设区和有条件建设区内。到2020年，瓮安经济开发区规划区总面积52563.6亩，其中允许建设区面积4851.6亩，有条件建设区面积36483.9亩，限制建设区面积11228.1亩；核心区总面积15001.2亩，其中允许建设区面积3183.3亩，有条件建设区面积9646.8亩，限制建设区面积2171.1亩；起步区总面积4505.1亩，其中允许建设区面积2456.25亩，有条件建设区面积1729.2亩，限制建设区面积319.65亩。

**瓮安经济开发区建设用地管制分区表**

表7—4　　单位：亩、%

| 开发区名称 | 行政区名称 | 土地总面积 | 允许建设区 | | 有条件建设区 | | 限制建设区 | |
|---|---|---|---|---|---|---|---|---|
| | | | 面积 | 比例 | 面积 | 比例 | 面积 | 比例 |
| 起步区 | 银盏乡<br>猴场镇 | 4505.1 | 2456.25 | 54.52 | 1729.2 | 38.38 | 319.65 | 7.10 |
| 核心区 | 银盏乡<br>猴场镇 | 15001.2 | 3183.3 | 21.22 | 9646.8 | 64.31 | 2171.1 | 14.47 |
| 规划区 | 银盏乡<br>猴场镇<br>木老坪乡 | 52563.6 | 4851.6 | 9.23 | 36483.9 | 69.41 | 11228.1 | 21.36 |

**开发区建设用地征收土地**　2011年征用土地6588.10亩；2012年征用土地3378.35亩；2013年征用土地2807.61亩；2014年征用土地800.26亩；2015年征地土地2950.53亩。

## 第二节　招商引资

瓮安县委、县人民政府按照《贵州省招商引资奖励办法》，分别于2009年9月、2010年12月和2011年4月制定《中共瓮安县委、瓮安县人民政府关于进一步完善招商引资优惠政策的若干规定》《瓮安县关于奖励在瓮安工业园区投资的若干规定》《瓮安县招商引资奖励办法》的招商引资政策。具体有项目建设用地优惠；扶持精加工工业企业；扶持农业产业；扶持农业产业化龙头企业；扶持鼓励发展服务业；招商引资奖励政策；入驻园区企业优惠政策及鼓励措施；支持民营医疗机构发展等招商政策。截至2015年年底，开发区招商引资项目81个，引进153家企业入驻，总投资307.05亿元，招商引资726.22亿元，到位资金342.9101亿元。其中，2011年招商引资到位资金7.762亿元；2012年到位资金50.2802亿元，比2011年增长548.9%；2013年到位资金67.3479亿元，比2012年增长27.98%；2014年招商引资181.8亿元，比2013年增长141%；到位资金101.31亿元，比2013年增长57.44%，比2011年增长13倍；2015年招商引资到总资金116.21亿，比2011年增长1397.16 %。瓮安经济开发区，在2013年1月，被瓮安县委、瓮安县人民政府授予“瓮安县2012年度招商引资工作先进集体一等奖”；2014年1月，被县委、县人民政府授予“瓮安县2013年度招商引资工作先进集体二等奖”；2015年1月，被县委、县人民政府授予“2014年度全县招商引资工作二等奖”。

## 贵州瓮安经济开发区招商引资项目统计表

表7—5

| 年份 | 入驻企业（家） | 总投资（亿元） | 到位资金（亿元） | 招商引资（亿元） |
|---|---|---|---|---|
| 2011 | 20 | 19.03 | 7.762 | 35 |
| 2012 | 14 | 48.61 | 50.2802 | 477.17 |
| 2013 | 64 | 82.97 | 67.3479 | 67.21 |
| 2014 | 21 | 71.04 | 101.31 | 47.98 |
| 2015 | 34 | 85.40 | 116.21 | 98.86 |
| 合计 | 153 | 307.05 | 342.9101 | 726.22 |

## 瓮安工业园区入驻企业到位资金统计表

表7—6

| 名称 | 签约引资额(万元) | 项目建设内容 | 上年度累计到位资金（万元） | 经营状况 |
|---|---|---|---|---|
| 2011年 | | | | |
| 瓮安县磷化公司 | 6500 | 磷矿石60万吨 | 6600 | 投产 |
| 瓮安县安信矿业有限公司 | 5200 | 磷精矿20万吨 | 5600 | 投产 |
| 瓮安县大信北斗山磷矿 | 6000 | 磷矿石50万吨 | 7000 | 投产 |
| 贵州省瓮安磷矿 | 20000 | 磷矿石50万吨 | — | — |
| 黄磷1.8万吨 | — | — | — | — |
| 磷精矿9万吨 | 22000 | — | — | 投产 |
| 瓮安县南洋矿产品加工厂 | 5600 | 煤、磷矿40万吨 | 5200 | 投产 |
| 瓮安县冬秀嬢酸辣食品有限公司 | 5400 | 年产泡酸辣8000吨 | 5400 | 投产 |
| 瓮安县柴姨妈风味食品有限公司 | 3500 | 年产特色食品共计3000余吨 | 3600 | 投产 |
| 瓮安县阿乡食品有限责任公司 | 3800 | 年产3000吨特色食品 | 3950 | 投产 |
| 昌和建设有限公司 | 1200 | 8万立方米/年加气砌块 | 1300 | 投产 |
| 日升建材（二二期5131） | 2900+5131 | 年产25万立方磷渣砌块 | 10580 | 投产 |
| 瓮安县久盛商砼建材 | 3500 | 日产2000立方米混凝土 | 3500 | 投产 |
| 华雄磷业商贸责任有限公司 | 6000 | 年产20万吨硫金矿 | 7000 | 投产 |

续表7—6

| 名称 | 签约引资额(万元) | 项目建设内容 | 上年度累计到位资金（万元） | 经营状况 |
|---|---|---|---|---|
| 瓮安县龙马磷业有限公司 | 19916.67 | 50kt/a工业黄磷 | — | — |
| 25kt/a食品级磷酸 | — | — | — | — |
| 20kt/a食品级六偏磷酸钠生产线 | 34803 | — | — | 投产 |
| 合计 | 94647 | — | — | — |
| | | 2012年 | | |
| 贵州麒龙实业有限责任公司 | 118000 | 建建材市场、仓储物流、农产品加工及交易市场 | 123744 | 投入运营 |
| 瓮安县中亚印务有限公司 | 1644 | 建设彩色印刷包装生产线 | 1743 | 2012年3月投产 |
| 贵州腾达肥业公司 | 3768 | 30万吨/年硫酸 | — | — |
| 10万吨/年似莫来石 | 3476 | — | — | 2014年4月投产 |
| 瓮安县恒康家私加工有限责任公司 | 1260 | 年产2000套家具 | — | — |
| 2500套沙发 | 1467 | — | — | 投产 |
| 瓮安县任九妹黄粑加工厂 | 1260 | 黄粑加工 | 1441 | 2014年4月投产 |
| 瓮安县财莲食品有限公司 | 620 | 凉粉加工项目 | 228 | 2014年9月投产 |
| 瓮安县老满血灌粑有限责任公司 | 1120 | 年产100吨富硒血灌粑 | 664 | 2014年8月投产 |
| 瓮安县光辉玻璃有限公司 | 1500 | 总投资1500万元，年产20万平方安全节能玻璃 | 1061 | 投产 |
| 贵州省瓮安县满姐食品有限公司 | 500 | 总投入500万元，年产黄粑、黔中三宝、豆油皮2100吨 | 1474 | 2014年5月投产 |
| 贵州省瓮安县钰盛塑料编织袋有限公司（二期） | 2300 | 总投资2980万元，年产塑料纺织袋3000万条。二期年产塑料纺织袋1.4亿条 | 3321 | 投产 |
| 贵州龙腾实业集团有限公司 | 9600 | 10万吨/年脱氟磷酸三钙 | 11352 | 投产 |
| 成功黄磷有限责任公司 | 3500 | 3000吨/年硅酸钠（黄磷）尾气利用 | 4271 | 投产 |
| 瓮福小野田有限公司 | 21000 | 总投资21000万元，10吨/年脱氟磷酸三钙及超纯黄磷生产 | 21943 | 2012年4月投产 |
| 贵州省瓮安县东方管道制造有限责任公司 | 12000 | 总投资6000万元，生产柔韧抗震管项目 | 13603 | — |
| 瓮安县天农饲料有限公司 | 5200 | 总投资5200万元，年产饲料生产项目 | 7090 | 投产 |
| 贵州省瓮安县元生保健品开发有限公司 | 700 | 总投资700万元，年产100吨天麻、绞股蓝 | 1071 | — |

续表7—6

| 名称 | 签约引资额(万元) | 项目建设内容 | 上年度累计到位资金（万元） | 经营状况 |
|---|---|---|---|---|
| 瓮安县润通有限公司 | 3089 | 建4S汽车修理厂及4S销售店 | 2975 | — |
| 瓮安县华建香厂 | 800 | 香制品1800吨/年生产线及生产厂房 | 868 | 2012年7月投产 |
| 江苏双闽能源集团 | 48000 | 建加气站两座、车辆改装厂 | 50569 | 投产 |
| 山东金正大生态工程股份有限公司 | 596000 | 600万吨/年硝基复合肥，60万吨/年磷酸一铵，60万吨/年磷酸二铵，40万吨/年磷酸二氢钙，20万吨/年磷酸二氢钾及其他磷化工产品的生产能力。其中一期项目建设规模为60万吨/年磷酸一铵、2万吨/所氢化盐、80万吨/年模具石膏、10万吨/年磷酸二氢钾及20万吨/年磷酸二氢钙 | 534195 | 2012年9月投产 |
| 贵州省开磷剑江化肥有限责任公司 | 600000 | 合成氨、硝酸铵、硝基系列复合胺 | — | 拟建 |
| 川恒集团 | 150960 | 肥料级、饲料级、工业级、食品级磷酸盐的磷化工项目 | — | 拟建 |
| 武汉凯油控股投资有限公司 | 570000 | 2×3兆瓦生物质电厂 | — | — |
| 10万吨有机肥加工 | | — | — | — |
| 5万吨生物质燃油汽化、液化加工厂 | | — | — | 拟建 |
| 贵州省味道茶业有限公司 | 8000 | 茶叶加工 | — | 投产 |
| 茶文化展厅 | 1644 | — | — | — |
| 瓮安康态生物科技有限公司 | 1350 | 年产天麻、绞股蓝各500吨的生产线及厂房等 | 1231 | — |
| 瓮安县（尚品）弘鑫石材有限公司 | 5000 | 年产各类石材（板材）80万平方米 | 5374 | 2012年7月投产 |
| 贵州省瓮安县曾馋嘴食品有限公司 | 3000 | 年产方便凉粉1500万盒，油辣椒1000万瓶 | 3129 | 投产 |
| 贵州省瓮安丑妹绿色食品有限公司 | 1100 | 年产风味大头菜500万瓶，乡土龙爪蕨500瓶 | 2313 | 投产 |
| 瓮安县小玲珑家具厂 | 700 | 家具加工 | 513 | 2014年9月投产 |
| 浙江浦峰集团贵州省瓮安县水泥有限公司 | 2570 | 公司拟建三个项目:1、建一个年产15万吨轻质碳酸钙生产线，二期建年产5万吨高科技纳米碳酸钙。2、建一个年产20万立方米粉煤灰或磷渣蒸压加气砖生产线。3、建一个年产100万吨水泥粉磨站和一条60万方搅拌站生产线 | 18700 | 投产 |

续表7—6

| 名称 | 签约引资额(万元) | 项目建设内容 | 上年度累计到位资金(万元) | 经营状况 |
|---|---|---|---|---|
| 深圳芭田生态工程有限公司 | 680000 | 年产120万吨聚磷酸等高新磷复肥及配套磷化工 | 345062 | — |
| 瓮安县雅林花木园林有限公司 | 2600 | 鲜花及仿真花的生产加工 | 2950 | — |
| 县屠宰场 | 1200 | 生猪加工 | 2052 | 2014年4月投产 |
| 兴邦节能炉具加工厂 | 250 | 节能炉具2000套 | 415 | 2014年8月投产 |
| 瓮安县花卉盆景交易市场 | 3000 | 建17631平方米的花卉交易市场、六角亭5个、市场商业用房1200平方米，市场环境绿化5000平方米，长廊600米 | 3814 | — |
| 瓮隆吸塑有限公司 | 30 | 年产200吨吸塑，年产值250万。硬片塑料，加毛绒片，多彩片料吸塑加工 | 50 | 投产 |
| 远发五金加工有限公司 | 200 | 年产1800吨圆钉 | 320 | 投产 |
| 武江隆塑业有限责任公司 | 500 | 年产6000吨PP-R管材及各种塑料 | 800 | 投产 |
| 瓮安利安食品加工厂 | 2000 | 加工糟辣椒、豆腐乳、水豆豉 | 2084 | — |
| 瓮安县猴场镇百姓食品有限公司 | 3000 | 日速冻肉禽类产品30吨，日熟制品深加工10吨 | 3179 | 拟建 |
| 上海重工实业投资有限公司 | 40000 | 建设年产80万吨氧化铝、40万吨电解铝、2×350MW热电联产煤矸石发电、年产20万吨铝型材加工 | — | 拟建 |
| 合计 | 3478963 | — | — | — |
| 2013年 | | | | |
| 瓮安县信达高温线缆有限公司 | 2000 | 年产1500万米各类电线电缆 | 4325 | 11月投产 |
| 瓮安县雅安门窗 | 30 | 年产5000平方米门窗 | 35 | 11月投产 |
| 瓮安县家和家私 | 1800 | 年产沙发2000套，生产皮床1500套 | 2090 | 11月投产 |
| 瓮安县清河堂科技塑业有限公司 | 500 | 涌塑快装智能管件系列 | 550 | 6月投产 |
| 瓮安利源鞋业有限公司 | 700 | 年产10000万双鞋 | 704 | 5月投产 |
| 瓮安县创新包装有限责任公司 | 120 | 年产200万个纸箱 | 145 | 6月投产 |
| 瓮安县友谊电子厂 | 20 | 年产30万个火机 | 32 | 5月投产 |
| 瓮安县百合纺织装饰品厂 | 100 | 年产220吨纱线 | 120 | 6月投产 |
| 瓮安县勇祥服装厂 | 30 | 年产10万套服装 | 40 | 5月投产 |

续表7—6

| 名称 | 签约引资额(万元) | 项目建设内容 | 上年度累计到位资金（万元） | 经营状况 |
|---|---|---|---|---|
| 瓮安县好梦宝家居厂 | 80 | 年产10000床床垫 | 120 | 6月投产 |
| 贵州省瓮安县酒厂有限公司 | 30000 | 年产10000吨优质白酒 | 13610 | — |
| 瓮安县鑫源服饰有限公司 | 50 | 年产20万套服装 | 55 | 6月投产 |
| 瓮安福安贸易公司 | 300 | 年产100万双运动鞋 | 450 | 6月投产 |
| 瓮安县文真高铝矾土基均质料有限责任公司 | 12000 | 年产5万吨高铝矾土基均质料 | 15860 | 8月投产 |
| 瓮安县润和木业有限公司 | 8300 | 年产2万立方胶合板、1万立方接成板、1万亩用材基地林 | 11840 | 2015年3月投产 |
| 瓮安县万鑫玩具制品有限公司 | 100 | 年产80万个布玩具 | 120 | 6月投产 |
| 瓮安县雅韵有限公司 | 60 | 年产20万套服装 | 80 | 6月投产 |
| 瓮安县雅韵印花公司 | 50 | 年印250万件 | 20 | 8月投产 |
| 贵州省瓮安县香源农业综合开发有限公司 | 3000 | 无公害粮食生产加工项目 | 4232 | 2015年4月投产 |
| 贵州省瓮安县兴农磷化工有限责任公司 | 2400 | 黄磷废渣资源综合利用 | 4800 | 11月投产 |
| 上海源翼实业有限公司 | 291000 | 瓮安煤矿、磷矿技改扩能 | 287150 | 11月投产 |
| 龙腾焦化整合项目 | 20000 | 投资控股与瓮安龙腾焦化进行整合 | 195123 | 11月投产 |
| 青菜沟煤矿 | 6000 | 技改 | 6255 | 2014年9月投产 |
| 瓮安县文真高铝矾土基均质料有限责任公司 | 50000 | 建设年产400万吨浮选铝精矿工程项目生产线及其配套设施设备 | 46300 | 2015年4月投产 |
| 瓮安县深安燃气有限责任公司 | 4800 | 计划总投资4800万元，建设30万立方天然气综合利用项目 | 12692 | 11月投产 |
| 瓮安县瑞丰贸易有限公司 | 5000 | 总投资5000万元，年产3万吨硅酸钠 | 5172 | 2014年5月投产 |
| 瓮安县洪源保温建材有限公司 | 16000 | 保温材料，磷渣微粉生产 | 16550 | 2014年5月投产 |
| 贵阳中盟磷业有限公司 | 30000 | 建设公司总部综合办公楼及职工生活用房 | 0 | 拟建 |
| 瓮安县鑫盛超市连锁有限公司 | 5000 | 购物中心 | 0 | 拟建 |
| 瓮安鑫源磷业有限责任公司 | 5000 | 建设办公大楼 | 0 | 拟建 |
| 青山煤矿 | 2700 | 技改 | 3585 | 2014年5月投产 |
| 瓮安县双狮电器厂 | 200 | 年产50万套各种插板 | 125 | 8月投产 |

续表7—6

| 名称 | 签约引资额(万元) | 项目建设内容 | 上年度累计到位资金(万元) | 经营状况 |
|---|---|---|---|---|
| 小博士幼儿园 | 900 | 新建幼儿园 | 180 | 2014年9月投产 |
| 贵州瓮安弘坤投资管理有限公司 | 3000 | 建立办公楼 | 1620 | 拟建 |
| 贵州健宝儿童用品有限公司 | 30000 | 建设6条生产流水线，年产50万台童车 | 15000 | 2014年5月投产 |
| | | 2014年 | | |
| 贵州华科实业有限公司 | 7000 | 数据连接线、冲压五金、塑胶注塑、塑胶五金烤漆、电解电容、包装材料等6个类别 | 13600 | 2015年4月投产 |
| 瓮安永丰驾驶培训有限公司 | 3500 | 驾驶培训A1、A2、A3；B1、B3;C1、C2、C3；危险品运输资格证、故障排降及一般维修 | 5382 | 2015年4月投产 |
| 瓮安县佳鑫采石场 | 3000 | 年产15万吨沙石场 | 100 | — |
| 瓮安县贵山农资有限公司 | 1762 | 建占地面积15亩的茶叶加工厂 | 1576 | 2015年3月投产 |
| 益沁园农业开发有限公司 | 3911 | 建占地面积30亩的农副产品加工及保鲜厂 | 3829 | 2015年4月投产 |
| 江沣机动车尾气检测有限公司 | 3000 | 建占地面积20亩汽车检测站 | 2858 | 2015年4月投产 |
| 瓮安县经济开发区尖山加油站 | 2500 | 建设二级加油站 | 1500 | 拟建 |
| 瓮安县华泰废旧回收加工有限公司 | 2000 | 华泰废旧回收加工 | 500 | 拟建 |
| 诺泰尔(中国)化学有限公司 | 93500 | 从事磷矿的深加工及综合利用，生产以食品级电子磷酸、氟化盐等精细化工产品 | 64000 | 拟建 |
| 瓮安县昌明物流有限公司 | 6000 | 昌明仓储物流 | | 运营 |
| 瓮安县物资供应有限公司 | 5600 | 建设一个集商贸物流、电子信息服务、酒店、商业等一体的商业综合体，用地面积17亩，建筑面积36000平方米 | 1000 | 拟建 |
| 贵州昌友环保材料有限公司 | 5000 | 建设一条年产30万$m^3$粉煤灰蒸压加气混凝土砌块生产线配套设备设施 | 3600 | 2015年4月投产 |
| 重庆翱霆游乐有限责任公司 | 12000 | 建设占地30亩、建筑面积20000平方米的游乐场及配套实施工程项目 | 11700 | 2015年4月投产 |
| 贵州瑞鹏电子科技有限公司 | 15000 | 占地60亩，建设7000万条电子连续线 | 2700 | 2015年4月投产 |

续表7—6

| 名称 | 签约引资额（万元） | 项目建设内容 | 上年度累计到位资金（万元） | 经营状况 |
|---|---|---|---|---|
| 上海环境百玛士投资有限公司 | 50000 | 该项目特许经营权3500万元，投资、改造续建、扩建、运营、维护瓮安县生活垃圾填埋场设施，从事垃圾填埋处理服务 | 52365 | 2015年4月投产 |
| 瓮福（集团）有限公司 | 190000 | 瓮福磷矿二期接替工程，年产450万吨磷精矿 | 126148 | 拟建 |
| 瓮安县弘辉实业有限公司 | 16600 | 占地80亩，总投资1.66亿元，建设瓮安经济开发区钢材物流市场 | 6000 | 拟建 |
| 2015年 | | | | |
| 贵州通源工程路料有限责任公司 | 10000 | 地上建筑面积约1.2万平方米，酒店约70套客房（酒店客房面积按50~80平方米/间计算，包含客房面积及所有的酒店配套服务设施等共建部的面积） | | 2015年1月投产 |
| 贵州通源工程路料有限责任公司 | 16000 | 位于老乡寨、下坝、老鹰坝，湖面最低调和1014.50米，占地面积约450亩，淹没粮田约450亩，投入资金1.6亿元 | | 2015年1月投产 |
| 瓮安雲鑫胶粘制品有限公司 | 200 | 建设瓮安县雲鑫胶粘制品 | | 2015年2月投产 |
| 瓮安诚翔置业有限公司 | 45000 | 建设瓮安县雍江商贸城 | | 2015年2月投产 |
| 贵州金驰成润滑油科技商贸有限公司 | 52000 | 建设年产20万吨高清润滑油及8万吨硼酸脂添加剂项目 | | 2015年2月投产 |
| 瓮安县和平氧气厂 | 4600 | 西坡林场氧气厂建设项目 | | 2015年2月投产 |
| 瓮安县亨特斯服饰股份有限公司 | 4000 | 建设生产工作服、校服、西服、运动服等，年产100万件项目 | | 2015年2月投产 |
| 贵州渝安黔置业有限公司 | 9000 | 建设包括现代化购物超市、商业、住宅及其他配套设施 | | 2015年2月投产 |
| 贵州林栖森林生态旅游发展有限公司 | 50000 | 建设森林风情酒店、度假木质房屋、旅游开发及配套设施 | | 2015年2月投产 |
| 贵州文真铝业有限公司 | 59000 | 年产30万吨矾土基莫来石 | | 2015年2月投产 |
| 贵州瓮安巨鑫建材发展有限公司 | 6000 | 年产40万吨磷渣超细微粉生产线两条 | | 2015年2月投产 |
| 贵州瓮安兴城建材有限公司 | 12200 | 建设年产60万立方米商品混凝土 | | 2015年2月投产 |
| 瓮安县倪峰钢结构有限公司 | 3000 | 建设年产20万吨电焊条及钢结构加工 | | 2015年2月投产 |

## 第三节　产业发展

瓮安经济开发区和瓮安工业园区，已列入全省首批打造瓮福千亿级产业园，按照走新型工业化、发展产业集群、发展新技术的循环经济，形成资源开发—基础加工—精细加工的循环型产业链，走科技含量高，经济效益好，资源消耗低，环境污染少的新型工业化道路。2014年获“省级外贸转型升级示范基地”荣誉称号。

**一、发展定位**　工业园区成立之初，将功能定位为全省十大振兴产业规划，黔南州工业带动发展增长极和全县优势产业的集中区，对外开放的窗口。2012年5月，升格为省级经济开发区，瓮安县委、县政府对开发区的定位：通过“小政府，大服务”，把开发区重点建设成为瓮安磷化工循环经济型工业聚集区，作为瓮安县新时期加快推进工业化和转变发展方式的战略重点，打造贵州新型工业示范区和发展磷化工的工业经济增长极，瓮安融入贵阳城市经济圈发展和承接产业转移的重要平台，贵州息（烽）开（阳）瓮（安）福（泉）磷及磷化工产业带的重要工业聚集区和产业集群，并力争成为全省乃至西南地区重要的大型磷化工和精细化工工业聚集区和全国资源综合利用或循环经济工业示范基地。

2014年7月2日，县委、县政府下发了《关于支持和促进贵州瓮安经济开发区（银盏工业园区）又好又快发展的实施意见》，进一步明确了开发区的发展定位：通过加大开发建设力度，把开发区建成全省开放发展的先行区；建成环境优美、宜居宜业宜商的生态型产业园区和循环经济示范区；围绕打造瓮安发展新高地、构筑黔南北部经济增长极目标，建成全国磷化工循环经济示范基地和黔中经济区重要的装备制造、特色轻工、承接产业转移基地。

**二、产业分布**　经过几年的快速发展，2015年，已基本形成以商贸物流园、科教产业园、返乡农民工创业园、花都产业园、磷化工循环经济园等为载体，以精细磷化工、装备制造、特色轻工、新型建材、商贸物流的主导产业。园区已聚集了153家企业，其中高新技术企业9家。

**资源深加工产业**　依托瓮安磷、煤、铝等优势矿产资源开发，重点发展磷化工，配套发展煤化工，争取发展铝及铝加工，加快实施“煤电磷、煤电铝”一体化，系统集成各产业工艺流程，整合产品链和产业链，实现清洁化循环生产，构建以磷化工为主导的共生耦合的资源深加工产业链。

**精细磷化工产业**　以初级磷矿石开发为基础，采用国内外的先进技术，推进磷化工与煤、氟化工横向耦合并向下游延伸，最终形成以磷化工“磷矿—磷酸—精细磷化工系列产品、高效复合肥—废弃物综合利用”为主线，以磷化工为主体的一体化完整产业链。因此，磷化工产业链设计为：

1.磷矿—磷酸—合成氨—磷复肥和硝基复合肥产业链

以生产高浓度复肥为基础平台发展精制湿法磷酸，结合煤化工产业中合成氨装置提供的液氨生产磷铵和硝酸，发展磷铵下游系列产品，可延伸发展稀硝酸、改性硝酸铵、硝基复合肥等下游产品；以合成氨联产甲醇，作为发展下游化学工业等众多精细化工产品的基础原料；依托现有黄磷产能，生产热法磷酸，同时发展精制湿法磷酸为下游精细磷化工产品提供原材料；产业链生产过程中产生的废渣可以作为原料进行硫酸铵的生产，并副产碳酸钙作为建材工业原料生产墙体材料或水泥，最终实现资源的综合利用。

2.煤制合成氨—碳酸铵—硫酸铵产业链

利用液氨与二氧化碳反应生产碳酸铵，碳酸铵再与磷石膏生产硫酸铵产品，同时副产碳酸钙，形成煤制合成氨—碳酸铵—硫酸铵产业链。

3.精细磷化工产业链

精细磷化工方面主要重点发展中间产品及食品级、电子级专用产品，包括赤磷、食品级磷酸、电子级磷酸、多种磷酸盐、工业磷酸等产品。发展以湿法磷酸为原料的磷酸盐系列产品；以氟化氢为原料的精细化工产品；以甲醇为基础的精细化工产品，包括精制磷酸、磷酸钠类、食品级磷酸盐、氟橡胶、含氟制冷剂、甲醛、醋酸/醋酐、碳酸二甲酯等下游化工产品。

（1）黄磷—赤磷—热法磷酸—精细磷酸盐和黄磷—磷化物—有机磷化工产业链

即以黄磷为基础原料，在发展形成黄磷—磷酸—精细磷酸盐产业链的同时，大力发展黄磷—磷化物（包括三氯化磷、五氧化二磷等）—亚磷酸酯、磷酸酯等有机磷化工产业链。

（2）湿法磷酸—精制磷酸—磷酸钠类、食品级磷酸盐产业链

即以湿法磷酸为基础，以净化湿法磷酸部分取代热法磷酸生产磷酸盐，以净化湿法磷酸制工业磷酸铵，以尿素净化并进一步制磷酸脲，在此基础上进一步发展高聚合度聚磷酸铵等产品。

（3）无水氟化氢—氟化工产业链

即以磷矿伴生氟资源为依托，以湿法磷酸生产装置尾气回收氟化氢为基础原料，配置氟化工产业链，发展氟工业。通过生产二氟一氯甲烷及四氟乙烯为中间产品，延伸产业链，进一步发展高附加值精细氟化工产品。

（4）甲醇—精细煤化工产业链

即以甲醇为基础原料，采用羧基合成制醋酸、甲醛合成等新技术，形成精细化的下游产品。利用黄磷炉尾气合成甲酸、醋酸、草酸、碳酸二甲酯等高附加值的化学品。

**特色轻工产业**　依托瓮安丰富的农产品资源和承接产业转移，重点发展特色食品及农产品加工产业，积极发展加工制造产业，配套发展包装印刷产业，推进有机废弃物的综合开发利用，构建以特色食品工业为主导的特色轻工业产业链。

**装备制造产业**　结合黔中经济区装备制造业发展和瓮安化工、能矿、船舶发展需要，积极发展以化工设备、能矿设备、船舶、农机装备制造为重点的装备制造业，构建以设备制造、船舶制造为主导的装备制造产业链。

**三、产业发展**　突出以磷煤等矿产资源为主导的综合发展，形成资源开发－基础加工－精细加工的循环经济型产业链，以招商引资、融资为抓手，以体制机制创新为推手，狠抓基础设施、项目建设，科学规划建设瓮安磷化工循环经济型工业聚集区。

**产值与出口**　2011年实现工业总产值31.595亿元；2012年完成工业总产值40.7661亿元，比2011年增长27.56%；2013年完成工业总产值94.4968亿元，比2012年增长131.8%；完成出进口总额0.0813亿美元。2014年实现工业总产值136.0531亿元，比2013年增长43.98%，比2011年增长4.2倍。完成进出口总额0.25亿美元，其中直接出口721.2万美元，比2013年增长207.5%。上规模工业企业62家，产值130.92亿元，比2013年增长41.5%，工业增加值比2013年增长83.48%。2015年，实现工业总产值164.1745亿元，完成进出口总额239万美元。

**投资与营业**　2011年，外商投资2.292亿美元，开发区完成固定资产投资17.7867亿元，实现营业收入36.7944亿元。2012年，外商投资1.2772亿美元，完成固定资产投资48.6093亿元，比2011年增长

173.29%；实现营业总收入46.7944亿元，比2011年增长25.45%。2013年，外商投资0.5493亿美元，完成固定资产投资82.9628亿元，比2012年增长70.67%；实现营业总收入94.2914亿元，比2012年增长104.27%。2014年，外商投资5.9万美元，完成固定资产投资71.0474亿元，占州下达任务的101.5%，比2011年增长4倍；实现营业总收入133.0094亿元，比2013年增长41.06%，比2011年增长3.5倍。2015年，完成固定资产投资58.4867亿元，实现营业总收入164.97亿元。

### 瓮安县2015年12月工业园区生产企业主要经济指标产值表

表7—7

| 企业名称 | 主要产品产能 | 联系人 | 完成情况（万元） | | | | | | |
|---|---|---|---|---|---|---|---|---|---|
| | | | 本月产值 | 本月增加值 | 累计产值 | 累计增加值 | 税收 | 利润 | 从业人数（人） |
| 瓮安县磷化公司 | 磷矿石60万吨 | 高 洁 | 30235.20 | 11891.50 | 283312.70 | 111585.27 | 39201.9 | 28331.27 | 80 |
| 瓮安县安信矿业有限公司 | 磷精矿20万吨 | 刘汉春 | 1763.50 | 693.58 | 17987.80 | 7104.34 | 2443.0 | 1798.78 | 85 |
| 瓮安县大信北斗山磷矿 | 磷矿石50万吨 | 陈筑勋 | 1930.00 | 759.07 | 18719.60 | 7310.27 | 2610.0 | 1871.96 | 85 |
| 瓮安县龙马磷业有限责任公司 | 黄磷2.5万吨 | 刘进涛 | 8623.50 | 1071.04 | 92798.40 | 11543.28 | 3711.9 | 9279.84 | 110 |
| 瓮安县成功磷化有限公司 | 黄磷1.8万吨 | 管晓东 | 2130.30 | 264.58 | 22790.40 | 2784.78 | 911.6 | 2279.04 | 110 |
| 瓮安县龙腾磷化有限公司 | 黄磷1万吨 | 周昭戎 | 0.00 | 0.00 | 1488.10 | 184.82 | 59.5 | 148.81 | 98 |
| 瓮安县日升新型建材有限责任公司 | 建筑材料20万方 | 马 钰 | 725.10 | 99.92 | 6065.40 | 829.13 | 242.6 | 606.54 | 45 |
| 浙江浦峰集团瓮安水泥有限责任公司 | 水泥15万吨 | 邹本宪 | 1563.00 | 383.55 | 14705.30 | 3585.16 | 735.3 | 1470.53 | 115 |
| 贵州省瓮安磷矿 | 磷矿石50万吨，黄磷1.8万吨，磷精矿9万吨 | 邹孔生 | 3162.50 | 1243.81 | 26811.20 | 10703.11 | 3738.2 | 2681.12 | 250 |
| 贵州省瓮安县瓮福黄磷有限责任公司 | 黄磷1.2万吨，超微粉10万吨，超纯黄磷1000吨 | 甘 维 | 1123.10 | 139.49 | 13210.70 | 1636.63 | 528.4 | 1321.07 | 115 |
| 瓮安县昌和建材有限责任公司 | 建筑材料20万方 | 王昌友 | 521.00 | 71.79 | 4954.70 | 675.94 | 198.2 | 495.47 | 47 |
| 瓮安县久盛建材有限责任公司 | 混凝土10万方 | 陈 华 | 526.30 | 72.52 | 5125.70 | 703.03 | 205.0 | 512.57 | 50 |
| 瓮安县弘扬公司 | 普钙8万吨 | 杨定会 | 86.80 | 18.90 | 935.20 | 202.57 | 37.4 | 93.52 | 40 |
| 瓮安县龙腾焦化有限责任公司银塘煤矿 | 原煤30万吨 | 周昭戎 | 7965.20 | 3589.92 | 90503.50 | 40990.67 | 7305.8 | 9050.35 | 250 |
| 瓮安县弘泰煤矿 | 原煤 9万吨 | 黄合影 | 1821.30 | 820.86 | 15164.90 | 6789.89 | 1325.1 | 1516.49 | 150 |
| 瓮安县青菜沟煤矿 | 原煤 9万吨 | 曾明超 | 1655.20 | 746.00 | 15276.80 | 6829.14 | 1588.9 | 1527.68 | 160 |
| 瓮安县上场坪煤矿 | 原煤 9万吨 | 周治刚 | 1655.90 | 746.31 | 15165.50 | 6788.58 | 1577.4 | 1516.55 | 155 |

续表7—7

| 企业名称 | 主要产品产能 | 联系人 | 完成情况（万元） | | | | | | |
|---|---|---|---|---|---|---|---|---|---|
| | | | 本月产值 | 本月增加值 | 累计产值 | 累计增加值 | 税收 | 利润 | 从业人数（人） |
| 瓮安县万灵煤矿 | 原煤 9万吨 | 段修保 | 1721.20 | 775.74 | 15874.20 | 7165.36 | 1099.0 | 1584.72 | 155 |
| 瓮安县兴农磷化工有限责任公司 | 钙镁磷肥10万吨 | 陈远芳 | 856.00 | 186.35 | 8154.20 | 1753.55 | 326.2 | 815.42 | 98 |
| 瓮安县南洋矿产品加工厂 | 规格矿40万吨 | 赵明昌 | 3762.10 | 1479.63 | 40563.90 | 15913.67 | 5655.8 | 4056.39 | 55 |
| 瓮安县建辉保温材料有限责任公司 | 磷渣超微粉10万吨 | 李伦军 | 561.40 | 137.71 | 4416.70 | 1070.98 | 176.7 | 441.67 | 60 |
| 园区砂石厂3个 | — | 余 波 | 2764.30 | 892.59 | 29962.40 | 9654.68 | 1498.1 | 2996.24 | 30 |
| 瓮安县光辉玻璃有限公司 | 加工玻璃30万平方米 | 左光秋 | 89.00 | 14.69 | 996.50 | 162.97 | 49.8 | 99.65 | 30 |
| 瓮安县天龙饲料有限公司 | 年生产饲料30万吨 | 卢继勇 | 326.30 | 71.75 | 3429.70 | 750.25 | 205.8 | 342.97 | 35 |
| 瓮安县钰盛塑料编织袋有限公司 | 年产3000万条塑料编织袋 | 雷国钧 | 921.50 | 172.50 | 6981.00 | 1278.88 | 349.1 | 698.1 | 130 |
| 贵州省瓮安县远发五金加工有限公司 | 生产各种钉子、各种建筑异型材料、各种家具弹簧 | 康国富 | 203.20 | 44.46 | 1922.90 | 414.93 | 96.1 | 192.29 | 10 |
| 贵州武江隆塑业有限公司 | 年产150吨PPR塑料管件加工 | 彭国武 | 298.60 | 51.27 | 3369.00 | 578.10 | 168.5 | 336.9 | 8 |
| 瓮安县瓮隆吸塑有限公司 | 年产200吨经营范围电子、电器、五金、工具、食品医药化妆品等塑模型 | 冯泽松 | 177.60 | 30.49 | 1698.00 | 288.28 | 84.9 | 169.8 | 8 |
| 瓮安华雄物流有限公司 | — | 韦 盛 | 596.70 | 161.23 | 5864.20 | 1581.26 | 293.2 | 586.42 | 80 |
| 瓮安县恒康木业有限公司 | 年产2500套家具、2000套沙发生产线及厂房等 | 王远康 | 198.20 | 41.78 | 1897.90 | 404.70 | 94.9 | 189.79 | 20 |
| 瓮安县中亚彩印有限责任公司 | 年产200万册书刊画册，3000万个彩印包装箱项目 | 鄢家龙 | 377.60 | 164.07 | 3722.80 | 1609.00 | 186.1 | 372.28 | 30 |
| 瓮安县家和家私 | 沙发2000套、生产皮床1500套 | 苏朝华 | 184.60 | 38.91 | 1968.70 | 411.54 | 98.4 | 196.87 | 25 |
| 瓮安县信达高温电线电缆有限公司 | 年产1500万米各类电线 | 刘廷邦 | 178.40 | 8.83 | 1853.50 | 91.40 | — | — | — |
| 瓮安煤矿（永和） | 原煤65万吨 | 游岚峰 | 3564.20 | 1606.38 | 41101.00 | 18433.31 | — | — | — |
| 洗马煤矿有限责任公司（永和） | 原煤9万吨 | 陈益展 | 1566.30 | 705.93 | 16031.40 | 7267.90 | — | — | — |

续表7—7

| 企业名称 | 主要产品产能 | 联系人 | 完成情况（万元） | | | | | | |
| --- | --- | --- | --- | --- | --- | --- | --- | --- | --- |
| | | | 本月产值 | 本月增加值 | 累计产值 | 累计增加值 | 税收 | 利润 | 从业人数（人） |
| 瓮安县泰丰煤矿（永和） | 原煤15万吨 | 姚 念 | 1721.60 | 775.93 | 18087.00 | 8124.90 | — | — | — |
| 瓮安县万鑫煤矿（永和） | 原煤15万吨 | 况明会 | 1499.20 | 675.69 | 17186.30 | 7710.94 | — | — | — |
| 瓮安县袁山煤矿（永和） | 原煤15万吨 | 黎忠祥 | 1522.10 | 686.01 | 17705.00 | 8029.45 | 2047.6 | 1770.5 | 48 |
| 大洞口煤矿（永和） | 原煤9万吨 | 万乾东 | 1566.30 | 705.93 | 16197.00 | 7349.16 | 1873.2 | 1619.7 | 314 |
| 瓮安县东发煤矿（永和） | 原煤9万吨 | 朱仕东 | 1675.20 | 755.01 | 16477.00 | 7406.04 | 1905.7 | 1647.79 | 320 |
| 永安煤矿（永和） | 原煤9万吨 | 阮曲林 | 1421.90 | 640.85 | 15375.00 | 6948.26 | 1778.2 | 1537.5 | 120 |
| 贵州省成黔冶金辅料有限责任公司(永和) | 焦炭30万吨、10万吨石油压裂支撑剂 | 杨春保 | 3655.10 | 1545.01 | 39393.20 | 16692.51 | 3304.8 | 3939.32 | 520 |
| 贵州省瓮安县兴成煤矿（永和） | 原煤15万吨 | 袁付峰 | 1725.80 | 777.82 | 18182.30 | 8157.62 | 2102.8 | 1818.23 | 370 |
| 瓮安县冬秀孃酸辣食品有限公司 | 年产泡酸辣8000吨年产值5500万元 | 黄 波 | 568.30 | 91.38 | 5884.40 | 940.97 | 58.8 | 588.44 | 102 |
| 瓮安县柴姨妈风味食品有限公司 | 年产特色食品共计3000余吨，产值3500万元，利税1000万元 | 柴崇梅 | 592.10 | 120.08 | 5666.60 | 1143.16 | 56.7 | 566.66 | 80 |
| 瓮安县阿乡食品有限责任公司 | 年产能3000吨农特 | 何 艳 | 432.60 | 87.73 | 4226.60 | 852.73 | 42.3 | 422.66 | 13 |
| 草塘青山煤矿 | 原煤9万吨 | 吴大州 | 0.00 | 0.00 | 0.00 | 0.00 | 0.00 | 0 | 190 |
| 瓮安县利源鞋厂 | 年产10000双鞋 | 张道风 | 85.20 | 17.70 | 960.50 | 198.42 | 19.2 | 96.05 | 10 |
| 瓮安县友谊电子厂 | 年产火机30万个 | 吴兴友 | 81.30 | 20.72 | 980.40 | 249.55 | 19.6 | 98.04 | 50 |
| 南通仙客来纺织装饰品有限公司瓮安分公司 | 年产220吨纱线 | 吴正阳 | 78.60 | 11.48 | 913.20 | 132.94 | 18.3 | 91.32 | 18 |
| 瓮安县勇祥服装厂 | 年产10万套服装 | 宋泽勇 | 86.30 | 22.27 | 1034.00 | 266.26 | 20.7 | 103.4 | 10 |
| 瓮安县好梦宝家居厂 | 年产10000床床垫 | 周平华 | 149.10 | 40.38 | 1482.60 | 395.91 | 29.7 | 148.26 | 30 |
| 瓮安县鑫源服饰有限公司 | 投资50万元，年产服装20万件 | 刘支军 | 162.30 | 43.93 | 1661.90 | 447.06 | 33.2 | 166.19 | 50 |
| 瓮安县福安贸易有限公司 | 年产100万双运动鞋 | 简正坤 | 352.60 | 50.35 | 3620.10 | 513.68 | 72.4 | 362.01 | 37 |

续表7—7

| 企业名称 | 主要产品产能 | 联系人 | 完成情况（万元） | | | | | | |
|---|---|---|---|---|---|---|---|---|---|
| | | | 本月产值 | 本月增加值 | 累计产值 | 累计增加值 | 税收 | 利润 | 从业人数（人） |
| 贵州省瓮安县弘鑫石材有限公司 | 总建筑面积5500平方米的石材加工厂 | 夏同贵 | 178.60 | 42.13 | 2097.20 | 493.64 | 62.9 | 209.72 | 85 |
| 瓮安县华健香厂 | 年产香制品1800吨 | 张显伦 | 89.60 | 21.78 | 984.40 | 236.90 | 9.8 | 98.44 | 10 |
| 瓮安县雅安窗业有限公司 | 年产5000平方米门窗 | 王忠方 | 88.20 | 23.88 | 1145.80 | 308.47 | 22.9 | 114.58 | 6 |
| 瓮安清河堂科技有限公司 | 涌塑快装智能管件系列 | 张福忠 | 166.30 | 24.01 | 1977.80 | 287.15 | 39.6 | 197.78 | 100 |
| 瓮安县华超纸品有限公司 | 年产200万个纸箱 | 陈美军 | 139.20 | 60.48 | 1233.60 | 529.92 | 24.7 | 123.36 | 10 |
| 瓮安县雅韵有限公司 | 年产20万套服装 | 刘安全 | 122.50 | 33.16 | 1058.00 | 283.37 | 31.7 | 105.8 | 20 |
| 瓮安县万鑫玩具制品有限公司 | 年产80万个布玩具 | 贾朝松 | 192.10 | 59.67 | 1921.70 | 596.13 | 57.7 | 192.17 | 120 |
| 瓮安县双狮电器厂 | 年产50万套电器 | 袁小英 | 92.00 | 31.57 | 1045.70 | 361.97 | 31.4 | 104.57 | 30 |
| 贵州金正大生态工程有限公司 | 年产36万吨高塔硝基复合肥、24万吨喷浆复混肥、40万吨水溶性肥料、20万吨复混肥、40万吨硫磺制酸、60万吨磷石膏、150万吨选矿、15万吨硝酸、25万吨氟回收、20万吨磷酸铵镁及30万吨冲肥 | 万连步 | 27336.50 | 6443.21 | 229493.80 | 54486.04 | 11474.7 | 22949.38 | 1300 |
| 瓮安供电局 | 电力供应 | 办公室 | 7856.30 | 1390.57 | 91363.60 | 16299.51 | 4568.2 | 9136.36 | 549 |
| 瓮福小野田化工有限公司 | 年产5万吨脱氟磷酸三钙（TCP） | 王飞 | 0.00 | 0.00 | 0.00 | 0.00 | 0.00 | 0.00 | 0 |
| 贵州省瓮安县猴场左氏食品有限公司 | 年产松花皮蛋1000万枚，豆油皮（腐竹）200吨，淀粉200吨 | 左德容 | 577.90 | 117.20 | 5467.40 | 1105.34 | 54.7 | 546.74 | 58 |

续表7—7

| 企业名称 | 主要产品产能 | 联系人 | 完成情况（万元） | | | | | | |
|---|---|---|---|---|---|---|---|---|---|
| | | | 本月产值 | 本月增加值 | 累计产值 | 累计增加值 | 税收 | 利润 | 从业人数（人） |
| 瓮安县宏达商品混凝土有限公司 | 年产30万立方米符合国家标准的普通预拌混凝土及防水、防碱早强、膨胀等特殊预拌混凝土 | 邓明田 | 522.10 | 121.96 | 5013.00 | 1175.87 | 250.7 | 501.3 | 42 |
| 瓮安县曹钢家私厂 | 年耗木材1500立方米加工家具，装饰材料 | 王远康 | 91.50 | 19.29 | 1017.60 | 215.92 | 20.4 | 101.76 | 15 |
| 瓮安县腾达肥业有限责任公司 | 年产10万吨专用复混有 | 房德恩 | 610.10 | 132.82 | 6070.30 | 1327.01 | 242.8 | 607.03 | 14 |
| 瓮安县任九妹食品有限责任公司 | 年产黄粑2000吨，甜酒500吨 | 任明俊 | 267.30 | 54.21 | 2124.70 | 428.66 | 21.2 | 212.47 | 11 |
| 瓮安县百信食品有限责任公司 | 年加工优质牛肉2850吨 | 谢 寒 | 520.60 | 68.62 | 4727.20 | 620.49 | 47.3 | 472.72 | 10 |
| 兴邦节能炉具加工厂 | 年加工节能炉具2000套 | 吴邦兴 | 199.50 | 46.86 | 1545.50 | 360.36 | 30.9 | 154.55 | 10 |
| 瓮安县满姐食品有限公司 | 年产2100吨农特食品 | 黎碧荣 | 386.30 | 78.34 | 4418.20 | 899.58 | 44.2 | 441.82 | 14 |
| 瓮安县泰安建材有限公司 | 年产50万立方米混凝土 | 卢 渝 | 361.50 | 84.45 | 3845.10 | 905.25 | 192.3 | 384.51 | 30 |
| 贵州省瓮安县中鑫煤业有限责任公司 | 年产9万吨原煤 | 李阳俊 | 1566.20 | 705.89 | 14181.30 | 6433.83 | 983.4 | 1418.13 | 50 |
| 瓮安县连强磷肥有限公司 | 年产钙镁磷肥10万吨 | 顾连强 | 365.30 | 86.10 | 2855.80 | 669.95 | 142.8 | 285.58 | 35 |
| 瓮安县洪源保温建材有限公司 | 年产10万吨磷渣微粉 | 张 念 | 266.10 | 62.16 | 2061.40 | 474.00 | 103.1 | 206.14 | 25 |
| 贵州省凯润建材有限公司 | 80万方预拌混凝土 | 黄小明 | 386.30 | 90.24 | 3274.90 | 757.38 | 163.7 | 327.49 | 60 |
| 贵州省瓮安县供水有限公司 | 自来水供应 | 胡少华 | 256.30 | 117.56 | 3032.00 | 1376.83 | 30.3 | 303.2 | 80 |
| 瓮安县打石冲煤矿 | 年产原煤9万吨 | 李继华 | 1522.60 | 686.24 | 14877.70 | 6692.62 | 1031.7 | 1487.77 | 50 |
| 瓮安县老满血灌粑食品有限责任公司 | 年产血灌粑1000吨及系列产品 | 郭世菊 | 220.40 | 44.70 | 2159.00 | 436.45 | 21.6 | 215.9 | 40 |
| 瓮安县财莲食品有限公司 | 年产1000吨凉粉、1000吨辣椒生产 | 王小莲 | 169.80 | 34.44 | 2060.40 | 416.25 | 20.6 | 206.04 | 15 |
| 瓮安县小玲珑家具厂 | 家具生产 | 曹 凯 | 155.20 | 42.03 | 1207.90 | 318.87 | 24.2 | 120.79 | 16 |
| 瓮安县文真高铝矾土基均质料有限责任公司 | 年产11万吨高铝矾土基均质料工程 | 林文深 | 721.30 | 150.03 | 6696.60 | 1396.10 | 67.0 | 669.66 | 80 |

续表7—7

| 企业名称 | 主要产品产能 | 联系人 | 完成情况（万元） | | | | | | |
|---|---|---|---|---|---|---|---|---|---|
| | | | 本月产值 | 本月增加值 | 累计产值 | 累计增加值 | 税收 | 利润 | 从业人数（人） |
| 贵州健宝儿童用品有限公司 | 儿童用品及童车制造生产线项目 | 秦 勇 | 756.90 | 193.16 | 6232.70 | 1586.27 | 62.3 | 623.27 | 210 |
| 贵州中盟磷业有限公司 | 磷矿开采 | 韦 盛 | 11658.60 | 4585.33 | 130157.10 | 51531.90 | 18147.6 | 13015.71 | 110 |
| 贵州省新华磷肥厂 | 30万吨钙镁磷肥 | 张红秀 | 221.30 | 52.16 | 2173.90 | 510.60 | 108.7 | 217.39 | 15 |
| 瓮安县贵山茶叶有限责任公司 | 茶叶加工 | 王 实 | 355.40 | 84.30 | 3412.40 | 805.65 | 34.1 | 341.24 | 17 |
| 瓮安县渡江食品有限公司 | 年产500吨灰焙豆腐、500吨板菜、300吨泡椒生产 | 杨 锐 | 123.60 | 25.07 | 1047.50 | 211.24 | 10.5 | 104.75 | 10 |
| 贵州瓮安润和木业有限公司 | 年产2万立方米胶合板、1万立方米接成材 | 师 泽 | 598.60 | 139.23 | 4413.00 | 1019.32 | 551.6 | 441.3 | 15 |
| 瓮安县金农农业有限公司 | 年产1000养心菜生产线 | 李 刚 | 133.60 | 27.09 | 1003.30 | 202.62 | 10.0 | 100.33 | 15 |
| 贵州省瓮安县宏福煤业有限责任公司 | 15万吨/年煤炭 | 林 海 | 1563.10 | 704.49 | 12507.70 | 5591.47 | 867.4 | 1250.77 | 40 |
| 瓮安县黄氏松花皮蛋 | 500万枚皮蛋/年 | 黄华国 | 265.30 | 53.80 | 2849.90 | 819.60 | 28.5 | 284.99 | 15 |
| 瓮安县猴春辣食品有限公司 | 年产1000吨香辣食品 | 刘盛达 | 165.30 | 33.52 | 1528.20 | 312.25 | 15.3 | 152.82 | 10 |
| 瓮安县瓮水食品有限公司 | 年产1500吨食品 | 王文松 | 115.60 | 23.44 | 980.69 | 198.07 | 9.8 | 98.069 | 15 |
| 瓮安县清新茶业有限公司 | 茶叶加工 | 杨建忠 | 296.50 | 70.33 | 2208.70 | 520.82 | 22.1 | 220.87 | 20 |
| 瓮安县香米源米业有限公司 | 年产2万吨优质大米生产线项目 | 王文琴 | 120.80 | 24.50 | 904.30 | 177.13 | 9.0 | 90.43 | 15 |
| 贵州华科实业有限公司 | 数据连接线、冲压五金、塑胶注塑、塑胶五金烤漆、电解电容、包装材料等6个类别 | 王大全 | 786.50 | 165.32 | 6639.60 | 1390.52 | 332.0 | 663.96 | 60 |
| 溢沁园农业开发有限公司 | 建占地面积30亩的农副产品加工及保鲜厂 | 李八林 | 769.20 | 155.99 | 5895.70 | 1191.65 | 59.0 | 589.57 | 18 |
| 贵州瑞鹏电子 科技有限公司 | 建设7000万条电子连接线 | 姚志坤 | 550.30 | 30.71 | 4323.70 | 239.92 | 43.2 | 432.37 | 70 |

续表7—7

| 企业名称 | 主要产品产能 | 联系人 | 完成情况（万元） | | | | | | |
|---|---|---|---|---|---|---|---|---|---|
| | | | 本月产值 | 本月增加值 | 累计产值 | 累计增加值 | 税收 | 利润 | 从业人数（人） |
| 贵州昌友环保材料有限公司 | 建设一条生产30万$m^3$粉煤灰蒸压加气混凝土砌块生产线高大设施 | 王昌友 | 496.70 | 68.45 | 4254.20 | 583.07 | 170.2 | 425.42 | 25 |
| 瓮安县忆念食品有限公司 | 100万枚皮蛋、50万枚盐蛋、50吨腐乳生产线用配套设施 | 贺小毅 | 188.50 | 38.23 | 1005.60 | 201.81 | 10.1 | 100.55 | 15 |
| 瓮安县谭祖兰食品有限责任公司 | 150万枚皮蛋/年、30万枚盐蛋生产线 | 谭祖兰 | 154.30 | 31.29 | 859.60 | 172.04 | 8.6 | 85.96 | 12 |
| 贵州芭田生态工程股份有限公司 | 年产120万吨聚磷复混肥 | 邓　鑫 | 421.00 | 99.23 | 5844.10 | 1377.45 | 292.2 | 584.41 | 900 |
| 瓮安县倪峰钢结构有限公司 | 扩建年产3120吨焊条、铁钉项目 | 倪健全 | 699.20 | 146.97 | 1387.50 | 291.65 | 69.4 | 138.75 | 8 |
| 瓮安县宏仁劳保工贸有限公司 | 该项目所需标准化厂房2000平方米，年产帆布50万米、帆布手套100万双、棉纱手套50万双、劳保口罩100万条及相关用品 | 向逸琴 | 521.30 | 76.16 | 1044.10 | 152.54 | 20.9 | 104.41 | 30 |
| 瓮安县宏亮制造有限公司 | 该项目所需标准化厂房2000平方米，年产1万吨所排钉、钢排灯 | 韩继华 | 469.30 | 145.45 | 955.00 | 296.62 | 28.7 | 95.5 | 15 |
| 贵州省瓮安县富翔食品有限公司 | 年产2000吨土豆食品，产值120万元 | 蒙德斌 | 665.10 | 134.88 | 1328.80 | 269.48 | 13.3 | 132.88 | 8 |
| 合计 | — | — | 168733.90 | 54248.16 | 1641745.69 | 534181.46 | 142006.48 | 164174.57 | 9834 |

## 第四节　入园企业

瓮安工业园区是贵州省“十二五”规划的三十个重点产业园之一。经过四年多的建设，主体定位明确、工业布局合理、入园企业对发展环境与区位优势满意。到2015年12月，入驻企业153家，投产108家，达产71家；规模企业66家，在建项目29个，拟建项目19个。

**2011—2015年瓮安工业园区投资情况统计表**

表7—8

| 年份 | 基础设施投资（亿元） | 产业项目投资（亿元） | 工业总产值（亿元） | 规模以上工业总产值（亿元） |
|---|---|---|---|---|
| 2011 | 9.04 | 9.99 | 31.96 | 0 |
| 2012 | 14.77 | 33.84 | 40.77 | 10.5075 |
| 2013 | 22.96 | 60.01 | 94.5 | 87.0264 |
| 2014 | 20.1 | 50.94 | 136.05 | 131.1052 |
| 2015 | 23.68 | 61.72 | 164.17 | 135.8037 |
| 合计 | 90.55 | 216.5 | 467.45 | 364.4428 |

**2011—2015年瓮安工业园区入园企业一览表**

表7—9

| 序号 | 企业（公司）名称 | 建设规模或产品及产能 |
|---|---|---|
| 1 | 瓮安县龙腾磷化工有限公司 | 年产10万吨饲料及脱氟磷酸三钙 |
| 2 | 贵州天龙饲料有限责任公司 | 年产10万吨饲料 |
| 3 | 上海东方管道有限公司 | 年产5万吨柔性抗震管 |
| 4 | 瓮安县腾达肥业有限公司 | 年产10万吨专用复混肥 |
| 5 | 瓮安县恒康木业有限公司 | 年产2500套家具、沙发 |
| 6 | 贵州麒龙实业有限公司 | 物流交易中心、农副产品加工批发市场、仓储式建材市场 |
| 7 | 瓮安县中亚印务有限公司 | 彩色印刷包装 |

续表7—9

| 序号 | 企业（公司）名称 | 建设规模或产品及产能 |
|---|---|---|
| 8 | 瓮安县光辉玻璃有限公司 | 年产销20万平方米玻璃 |
| 9 | 瓮安县双闽新能源有限公司 | 建车辆改装厂及年销售12776万立方天然气及储备库 |
| 10 | 瓮安县钰盛塑料编织袋有限公司 | 年产3000万条塑料编织袋 |
| 11 | 瓮安县润通有限责任公司 | 汽车维护 |
| 12 | 瓮安县任九妹食品有限公司 | 年产黄粑2000吨，甜酒500吨 |
| 13 | 瓮安县满姐食品有限公司 | 年产2100吨农特食品 |
| 14 | 瓮安县华健香厂 | 年产1800吨香制品 |
| 15 | 山东金正大有限公司 | 年产60万吨硝基复合肥、磷酸一铵、磷酸二铵及其他磷化工产品 |
| 16 | 瓮安县元生保健品开发有限公司 | 年产100吨绞股蓝、天麻保健制品 |
| 17 | 瓮安县财莲食品有限公司 | 年产1000吨凉粉、1000吨辣椒生产 |
| 18 | 贵州味道茶叶有限公司 | 年加工精制茶1000吨 |
| 19 | 瓮安康泰生物科技有限公司 | 年产天麻、绞股蓝各500吨的生产线及厂房 |
| 20 | 小玲珑家具 | 家具生产 |
| 21 | 深圳芭田生态工程股份有限公司 | 聚磷酸 |
| 22 | 瓮安县商贸公司 | 加工生猪 |
| 23 | 瓮安县丑妹食品有限责任公司 | 加工食口 |
| 24 | 贵州省瓮安县远发五金加工有限公司 | 加工五金 |
| 25 | 贵州武江隆塑业有限公司 | 加工PPR管件 |
| 26 | 瓮隆吸塑有限公司 | 吸塑模加工 |
| 27 | 瓮安县弘鑫石材有限公司 | 石材 |
| 28 | 兴邦节能炉具加工厂 | 其它 |
| 29 | 贵州省瓮安县曾馋嘴食品有限公司 | 油辣椒及凉粉 |
| 30 | 瓮安华雄磷业商贸有限公司 | 年产20万吨硫精矿选 |

续表7—9

| 序号 | 企业（公司）名称 | 建设规模或产品及产能 |
|---|---|---|
| 31 | 瓮安县利农食品厂 | 年产腐乳、泡椒、番茄500吨 |
| 32 | 瓮安县猴场百信食品有限公司 | 年加工优质牛肉2850吨 |
| 33 | 瓮安县家和家私 | 沙发2000套、生产皮床1500套 |
| 34 | 瓮安县黔江电线厂 | 年产1500万米各类电线 |
| 35 | 瓮安县文真高铝矾土基均质料有限责任公司 | 年产11万吨高铝矾土基均质料工程 |
| 36 | 瓮安县成功磷化有限公司 | 年产10万吨矿渣微粉配套设施设备 |
| 37 | 瓮安县利源鞋厂 | 年产10000万双鞋 |
| 38 | 南通仙客来纺织装饰品有限公司瓮安分公司 | 年 产220吨纱线 |
| 39 | 瓮安县勇祥服装厂 | 年产10万套服装 |
| 40 | 瓮安县好梦宝家居厂 | 年产10000床床垫，产值400万元 |
| 41 | 瓮安县鑫源服饰有限公司 | 投资50万元，年产服装20万件衣服 |
| 42 | 瓮安县滕达贸易有限公司 | 年产100万双运动鞋 |
| 43 | 瓮安县连强磷肥有限公司 | 年产钙镁磷肥10万吨（新增产量6万吨），新征用地10亩 |
| 44 | 贵州省瓮安煤矿 | 矿井技改为30万吨/年，服务年限14.5年 |
| 45 | 贵州瓮安润和木业有限公司 | 年产2万立方米胶合板、1万立方米接成材 |
| 46 | 瓮安县雅安窗业有限公司 | 年产5000平方米门窗 |
| 47 | 瓮安县清河堂科技塑业有限公司 | 塑料管件 |
| 48 | 瓮安县华超纸品有限责任公司 | 年产200万个纸箱 |
| 49 | 瓮安县雅韵有限公司 | 年产20万套服装 |
| 50 | 瓮安县万鑫玩具制品有限公司 | 年产80万个布玩具 |
| 51 | 瓮安县双狮电器厂 | 年产50万套电器 |
| 52 | 瓮安县雅韵有限公司分公司 | 为创业园服装企业做印花 |

续表7—9

| 序号 | 企业（公司）名称 | 建设规模或产品及产能 |
|---|---|---|
| 53 | 贵州省瓮安县酒厂 | 年产10000吨优质白酒 |
| 54 | 瓮安县建辉保温材料有限公司 | 年产15万吨（最终形成规模25万吨）磷渣超微粉生产线设备及其配套设施 |
| 55 | 瓮安县益沁园农业开发有限公司 | 年产2000吨大头菜、保鲜果蔬等生产线 |
| 56 | 贵州省瓮安县花竹绿色食品有限责任公司 | 年产泡大蒜1000吨、腐乳1000吨、蕨菜1000吨 |
| 57 | 瓮安县富水源食品有限公司 | 年产700吨水豆豉、300吨干豆豉、500吨辣椒制品 |
| 58 | 瓮安县金龙农业有限公司 | 年产1000养心菜生产线 |
| 59 | 浙江浦峰集团瓮安水泥厂有限责任公司 | 一、一期建设年产15万吨轻质碳酸钙生产线及其配套设施设备；二期建设年产5万吨高科技纳米碳酸钙。二、建设一条年产 20万立方米粉煤灰（磷渣）蒸压加气砼砌块生产线及其配套设施设备。三、年产60万立方米商品混凝土；总建筑面积20000平方米 |
| 60 | 贵州健宝儿童用品有限公司 | 年生产100万台童车及相关产品 |
| 61 | 上海源翼实业有限公司 | 煤炭产能达到年产4500万吨 |
| 62 | 瓮安风华驾驶培训有限公司 | 驾驶培训A1、A2、A3；B1、B3；C1、C2、C3；危险品运输资格证、故障排降及一般维修 |
| 63 | 瓮安县工业园区投资开发有限责任公司 | 项目占地面积约80亩，总建筑面积19.68万平方米（其中：厂房1.18万平方米，交易、展示厅2.14万平方米，加上场地硬化面积1.23万平方米，商业门面4.60万平方米，加工场地硬化10.18万平方米，配套公共建筑0.35万平方米） |
| 64 | 瓮安县贵山农资有限公司 | 年加工茶叶2000吨 |
| 65 | 瓮安县经济开区尖山加油站 | 该加油站征地10亩，建设罩棚面积1000m$^2$，配置6台双枪加机，共计12支加油枪，储油罐配置180m$^2$（其中93#汽油菜30m$^3$X2=60m$^3$，97#汽油30m$^3$X2=60m$^3$ ，0#柴油30m$^3$X2=60m$^3$ |
| 66 | 瓮安县华泰废旧品回收加工有限公司 | — |
| 67 | 瓮安县昌明物流有限公司 | — |
| 68 | 诺泰尔（中国）化学有限公司 | — |
| 69 | 贵州昌友环保材料有限公司 | 建设一条年产30万m$^3$粉煤灰蒸压加气混凝土砌块生产线配套设备设施 |
| 70 | 瓮安县物资供应有限公司 | 建设一个集商贸物流、电子信息服务、酒店、商业等一体的商业综合体，用地面积17亩，建筑面积36000平方米 |
| 71 | 瓮安县江洋机动车尾气检测站 | — |

续表7—9

| 序号 | 企业（公司）名称 | 建设规模或产品及产能 |
|---|---|---|
| 72 | 贵州瑞鹏电子科技有限公司 | 一期进驻科技孵化园（或创业园），租用标准厂房7000余平方米；二期在广州花都产业园区规划用地60亩，自建生产厂房15000平方米、员工宿舍6000平方米、办公用房4000平方米及其配套设施 |
| 73 | 瓮安县石林欢乐谷游乐有限公司 | 占地20000平方米，购置大摆锤、海盗船、跳楼机等游乐设施 |
| 74 | 贵州华科实业有限公司 | 数据连接线、冲压五金、塑胶注塑、塑胶五金烤漆、电解电容、包装材料等6个类别 |
| 75 | 上海环境百玛士投资有限公司 | 投资、改造续建、扩建、运营、维护瓮安县生活垃圾填埋场设施，从事垃圾填埋处理服务 |
| 76 | 瓮安县和平氧气厂 | 项目占地面积约23亩，建设内容包括氢气、氧气、乙炔等工业气体生产车间，现代化数字配送设施、储备库及其它配送设施等 |
| 77 | 贵州鼎鑫电子科技有限公司 | 项目拟新增用地40亩，新建智能电风扇车间一座，节能灯具车间一座，成品及原料库一座，办公室一座，宿舍一座；同时引进国内先进生产设备164台（套） |
| 78 | 瓮安县磷化公司 | 磷矿石60万吨 |
| 79 | 瓮安县安信矿业有限公司 | 磷精矿20万吨 |
| 80 | 瓮安县大信北斗山磷矿 | 磷矿石50万吨 |
| 81 | 瓮安县龙马磷业有限责任公司 | 黄磷2.5万吨 |
| 82 | 瓮安县龙腾磷化有限公司 | 黄磷1万吨 |
| 83 | 瓮安县日升新型建材有限责任公司 | 建筑材料20万立方米 |
| 84 | 贵州省瓮安磷矿 | 磷矿石50万吨，黄磷1.8万吨，磷精矿9万吨 |
| 85 | 贵州省瓮安县瓮福黄磷有限责任公司 | 黄磷1.2万吨，超微粉10万吨，超纯黄磷1000吨 |
| 86 | 瓮安县昌和建材有限责任公司 | 建筑材料20万立方米 |
| 87 | 瓮安县久盛建材有限责任公司 | 混凝土10万立方米 |
| 88 | 瓮安县弘扬公司 | 普钙8万吨 |
| 89 | 瓮安县龙腾焦化有限责任公司银堂煤矿 | 原煤30万吨 |
| 90 | 瓮安县弘泰煤矿 | 原煤9万吨 |
| 91 | 瓮安县青菜沟煤矿 | 原煤9万吨 |

续表7—9

| 序号 | 企业（公司）名称 | 建设规模或产品及产能 |
| --- | --- | --- |
| 92 | 瓮安县上场坪煤矿 | 原煤9万吨 |
| 93 | 瓮安县万灵煤矿 | 原煤9万吨 |
| 94 | 瓮安县兴农磷化工有限责任公司 | 钙镁磷肥10万吨 |
| 95 | 瓮安县南洋矿产品加工厂 | 规格矿40万吨 |
| 96 | 瓮安煤矿（永和） | 原煤65万吨 |
| 97 | 洗马煤矿有限责任公司(永和） | 原煤9万吨 |
| 98 | 瓮安县泰丰煤矿（永和） | 原煤15万吨 |
| 99 | 瓮安县万鑫煤矿（永和） | 原煤15万吨 |
| 100 | 瓮安县袁山煤矿（永和） | 原煤15万吨 |
| 101 | 大洞口煤矿（永和） | 原煤9万吨 |
| 102 | 瓮安县东发煤矿（永和） | 原煤9万吨 |
| 103 | 永安煤矿（永和 ） | 原煤9万吨 |
| 104 | 贵州省成黔冶金辅料有限责任公司（永和） | 焦炭30万吨、10万吨石油压裂支撑剂 |
| 105 | 贵州省瓮安县兴成煤矿（永和） | 原煤15万吨 |
| 106 | 瓮安县冬秀孃酸辣食品有限公司 | 年产泡酸辣8000吨，年产值5500万元 |
| 107 | 瓮安县柴姨妈风味食品有限公司 | 年产特色食品共计3000余吨，产值3500万元，利税1000万元 |
| 108 | 瓮安县阿乡食品有限责任公司 | 年产能3000吨农特 |
| 109 | 草塘青山煤矿 | 原煤9万吨 |
| 110 | 瓮安供电局 | 电力供应 |
| 111 | 瓮福小野田化工有限公司 | 年产5万吨脱氟磷酸三钙（TCP） |
| 112 | 贵州省瓮安县猴场左氏食品有限公司 | 年产松花皮蛋1000万枚，豆油波（腐竹）200吨，淀粉200吨 |
| 113 | 瓮安县宏达商品混凝土有限公司 | 年产30万立方米符合国家标准的普通预拌混凝土及防水、防碱早强、膨胀等特殊预拌混凝土 |

续表7—9

| 序号 | 企业（公司）名称 | 建设规模或产品及产能 |
|---|---|---|
| 114 | 瓮安县泰安建材有限公司 | 年产50万立方米混凝土 |
| 115 | 贵州省瓮安县中鑫煤业有限责任公司 | 年产9万吨原煤 |
| 116 | 瓮安县洪源保温建材有限公司 | 年产10万吨磷渣微粉 |
| 117 | 贵州省凯润建材有限公司 | 80万方预拌混凝土 |
| 118 | 贵州省瓮安县供水有限公司 | 自来水供应 |
| 119 | 瓮安县打石冲煤矿 | 年产原煤9万吨 |
| 120 | 瓮安县老满血灌粑食品有限责任公司 | 年产血灌粑1000吨及系列产品 |
| 121 | 贵州中盟磷业有限公司 | 磷矿开采 |
| 122 | 贵州省新华磷肥厂 | 30万吨钙镁磷肥 |
| 123 | 瓮安县贵山茶叶有限责任公司 | 茶叶加工 |
| 124 | 瓮安县渡江食品有限公司 | 年产500吨灰焙豆腐、500吨板菜、300吨泡椒生产 |
| 125 | 瓮安县金龙农业有限公司 | 年产1000养心菜生产线 |
| 126 | 贵州省瓮安县宏福煤业有限责任公司 | 15万吨/年煤炭 |
| 127 | 瓮安县黄氏松花皮蛋厂 | 500万枚皮蛋/年 |
| 128 | 瓮安县猴春辣食品有限公司 | 年产1000吨香辣食品 |
| 129 | 瓮安县瓮水食品有限责任公司 | 年产1500吨食品 |
| 130 | 瓮安县清新茶业有限公司 | 茶叶加工 |
| 131 | 瓮安县香米源米业有限公司 | 年产2万吨优质大米生产线项目 |
| 132 | 益沁园农业开发有限公司 | 建占地面积30亩的农副产品加工及保鲜厂 |
| 133 | 瓮安县忆念食品有限公司 | 100万枚皮蛋、50万枚盐蛋、50吨腐乳生产线用配套设施 |
| 134 | 瓮安县谭祖兰食品有限责任公司 | 150万枚皮蛋/年、30万枚盐蛋生产线 |
| 135 | 瓮安县倪峰钢结构有限公司 | 扩建年产3120吨焊条、铁钉项目 |

续表7—9

| 序号 | 企业（公司）名称 | 建设规模或产品及产能 |
| --- | --- | --- |
| 136 | 瓮安县宏仁劳保工贸有限公司 | 该项目所需标准化厂房2000平方米，年产帆布50万米、帆布手套100万双、棉纱手套50万双、劳保口罩100万个及相关劳保用品 |
| 137 | 瓮安县宏亮制造有限公司 | 该项目所需标准化厂房2000平方米，年产1万吨气排钉、钢排钉 |
| 138 | 贵州省瓮安县富翔食品有限公司 | 年产2000吨土豆食品，产值120万元 |
| 139 | 贵州通源工程路料有限责任公司 | 瓮安县世外桃源四星级酒店建设项目\瓮安县猴场镇兴隆湖湿地公园项目 |
| 140 | 瓮安雲鑫胶粘制品有限公司 | 瓮安雲鑫胶粘制品项目 |
| 141 | 瓮安诚翔置业有限公司 | 瓮安诚翔置业有限公司雍江商城建设项目 |
| 142 | 贵州金弛成润滑油科技商贸有限公司 | 贵州金弛成润滑油项目 |
| 143 | 瓮安县亨特斯服饰股份有限公司 | 瓮安县亨特斯服饰项目 |
| 144 | 贵州林栖森林生态旅游发展有限公司 | 瓮安县林栖国际森林生态旅游度假区项目 |
| 145 | 贵州瓮安巨鑫建材发展有限公司 | 年产40万吨磷渣超细微粉生产销售项目 |
| 146 | 瓮安县倪峰钢结构有限公司 | 扩建年产3120吨焊条、铁钉项目 |
| 147 | 贵州盛港置业有限公司 | 瓮安・中港商贸物流城建设项目 |
| 148 | 瓮安县兴堂石材建设有限公司 | 瓮安县兴堂石材建设项目 |
| 149 | 瓮安县宏亮制造有限公司 | 年产1万吨气排钉、钢排钉项目 |
| 150 | 贵州绿盛实业有限公司 | 贵州绿盛实业有限公司(高硫铝土矿项目) |
| 151 | 贵州省瓮安县中交集团贵州省瓮安县分公司 | 贵州省瓮安县中交山水茗城建设项目 |
| 152 | 瓮福集团（二期）项目 | 瓮安县玉华乡老虎洞磷矿采选项目 |
| 153 | 瓮安鑫源环保建材有限公司 | 年产10万吨平方米轻质隔墙板、钢筋混凝土管道及各类预制构件 |

## 第五节　企业选介

### 一、国有企业

**新华磷肥厂**　是省属国营企业，原系州属新华铁厂，在银盏镇的新华村石家寨。1966年更名为福泉磷肥厂新华分厂，接收固定资产228.60万元。1967年1月，安装1台1500千瓦火力发电机组及输电线路。是年7月，完成23.5立方米高炉及配套工程改造和安装2台1.5×5.7米球磨机并投产。1969年10月，完成蚂蚁坟—大塘—瓮安25公里运矿公路的修建。1972年，完成1000千瓦火力发电机组和新华—瓮安35千伏输电线路（总长8.90公里）的安装。1975年，完成1.83×6.4米球磨机的安装。1976年1月，独立设厂，更名新华磷肥厂。1978年，完成1号球磨机水力吸尘设备安装，减少对环境污染并回收部分磷肥。1979年9月，开始推行经济责任制。1985年，完成动力车间排渣工程建设。1986年，被评为全国污染源调查优秀企业，并获省经委、卫生厅、劳动局、总工会联合颁发的工业卫生职工健康档建卡工作先进单位证书。1987年，完成1号高炉节能降耗技术改造（共投资200多万元）和混配复合肥工艺生产线开发。1967—1990年，共生产磷肥162745吨，年均生产6781.04吨，最高年产（1987年）12365吨，最低年产（1968年）165.30吨。实现利润1166.52万元，年均利润48.61万元，最高年（1988年）利润206.53万元，亏损最多的1985年为54.87万元（因全国性磷肥严重滞销，停产105天）。1990年，全厂占地面积为20万平方米，建筑面积8.97万平方米，有固定职工及合同制职工665人（其中工程师以上技术人员6人），固定资产原值1353.69万元，大型设备40座（台）。生产磷肥9966吨，实现产值631.59万元，利润28.24万元。2006年，承包给私人。2007—2011年，生产磷肥212722吨。

图7—2—1　新华磷肥厂办公楼

**瓮安县殡葬服务有限责任公司**　坐落在银盏镇太平社区的瓮安县殡葬服务有限责任公司，为国家控股企业，创建于2009年10月26日，注册资金2000万元人民币。2010年10月10日零时，瓮安县正式实施了殡葬改革工作，全县国家财政、社保供养人员死亡的，经公安部门认定的无名尸体一律到太平山殡仪馆火化，在县城规划区内死亡的居民一律到太平山殡仪馆实行集中丧治。2015年10月10日零时起，对全县所有居民死亡后遗体进行火化，各乡镇实行集中治丧，骨灰集中入公墓。2010—2015年，累计投资6200万元修建殡仪馆、火葬场，承担全县所有居民死亡人员遗体的火化工作。

**贵州兴瓮实业有限责任公司**　是经瓮安县人民政府批准设立的国有独资有限责任公司。2014年8月注册成立，注册资本为40亿元，公司（含子公司）现有职工127人。有子公司6个，即瓮安县工业园区投资开发有限责任公司、瓮安县创业园科技孵化服务有限公司、瓮安县工业园区物资贸易有限公司、瓮安县立信会计咨询有限公司、贵州黔中建安置业投资有限责任公司、瓮安兴新资产运营投资管理有限公司。公司经营范围：国有资产管理；政府允许范围内的土地储备收储、开发经营；县域内项目投资（不含金融、证券、期货）、房地产开发与经营、物业管理（凭资质证书执业）；政府公共设施（含城市供热、燃气、给排水、城市广告、城市出租车）特许经营；物流服务；水环境治理；绿化建设；建筑材料、装饰材料销售；矿产品投资（国家限制的除外）；企业孵化服务；项目咨询服务。

图7—2—2　兴瓮公司总部

2011年，全年完成筹融资金2.84亿元，配合国资公司融贷款3.8亿元，用于工业园区基础设施建设。公司对县政府授权范围内国有资产进行开发和管理，全年创收资金137.64万元。投资1.7亿元，建设主干道工程。投资787.32万元，建设北部新城大道工程。投资2133.45万元，建安置房工程。投资65.7万元，建设物流园道路工程。2012年，共筹融资资金84201.79万元。全年又筹集资金75197.93万元。对政府授权范围内国有资产进行开发和管理，共创收资金503.86万元。投资56213.17万元，建设主干道一纵路基础工程共计13.436992公里。投资1312万元，建成北部新城大道并投入使用。投资1021.41万元，建设创业园道路工程。投资372万元，建设物流园道路工程。投资783.48万元，建设集中安置房工程。投资464.08万元，建设安置房小区道路。投资1621.22万元，建设安置房小区河道及桥涵工程。2014年，投资16.68亿元，建设园区道路71.6公里。投资771万元，建设集中安置房B区共29栋。投资15800万元，建设划地安置250户。投资6700万元，建设3万平方米标准化厂房。全年筹资50192万元。2015年，融资13.39亿元，到位资金2.54亿元，完成筹资39266万元。

**2015年贵州兴瓮实业有限责任公司及子公司情况统计表**

表7—10

| 公司名称 | 总人数（人） | 管理人员（人） | 专业人员（人） | 大专文化（人） |
|---|---|---|---|---|
| 兴瓮集团 | 29 | 20 | 25 | 24 |
| 工投公司 | 37 | 28 | 27 | 29 |
| 孵化公司 | 12 | 11 | 9 | 10 |
| 贸易公司 | 18 | 14 | 12 | 15 |
| 立信公司 | 4 | 3 | 4 | 4 |
| 建安公司 | 15 | 14 | 15 | 15 |
| 兴新公司 | 12 | 10 | 9 | 10 |
| 合计 | 127 | 100 | 101 | 107 |

**瓮安县工业园区投资开发有限责任公司** 入驻在银盏镇上的瓮安县工业园区投资开发有限责任公司，成立于2011年3月29日，注册资金3.514亿元。2014年8月，成为贵州兴瓮实业（集团）有限责任公司属下的一个子公司，国营控股企业，是工业园区招商引资的平台，为园区各入园公司融资提供无限连带担保。公司经营范围：法律、法规、国务院决定规定禁止的不得经营；法律、法规、国务院决定应当许可（审批）的，经审批机关批准后凭许可（审批的）文件经营，法律、法规、国务院决定规定无需许可（审批）的，市场主体自主选择经营。一般经营范围：工业园区建设项目的投资与开发；国有资产的管理与经营；土地及房地产投资；物业管理、经营代理、仓储物流、信息咨询服务；建材购销；河道治理（以上经营范围中涉及国家法律、行政法规规定的专项审批，按审批的项目和时限开展经营活动）。

**瓮安县科技孵化服务有限责任公司** 成立于2014年5月15日，位于瓮安经济开发区，规划建设总面积46万平方米，核心园占地面积38万平方米，具备为100家企业提供高效孵化场地及配套服务的能力。2014年6月，成功申办为省级科技企业孵化器。为入孵企业提供孵化场地、创业指导、项目咨询、科技融资、人才团队本地化培养、技术转移、政策咨询、综合协调等科技服务，帮助和支持入孵企业降低创业成本，提高创业成功率。2015年4月，与广州花都区科信局共同建"企业孵化供应链信息平台"，并邀华南理工大学经济与贸易学院副院长桂寿平教授作技术指导，以花都区高新技术创业服务中心为依托，应用华南理工研发的"现代服务信息化平台"等成果，构建"供应链信息网络平台"。平台立足瓮安，辐射整个黔南州乃至全省的中小企业。公司充分利用返乡农民工创业园这个创业平台，用活县委、县政府制定的入园优惠政策，创造性为企业开展服务。2015年，入驻创业园企业 25家，成功孵化3家。

图7—2—3 企业备案培训

贵州省众创空间——安青创业社是以瓮安县创业园科技孵化器的服务体系为主要依托，在省、州科技部门、县人民政府大力支持下，于2015年4月20日正式挂牌成立。创业社由瓮安县创业园科技孵化服务有限公司团队运营，旨在为瓮安县返乡有志青年及毕业大学生提供创新创业服务和企业孵化培训服务。内设路演厅、实操实训室、创业培训室、创业导师咨询室、投融资平台、网络信息平台等多个功能服务区共1000平方米，现已聘请创业导师6人，成功孵化创业者5人。

**贵州源翼矿业瓮安磷矿** 瓮安磷矿位于瓮安县城南西部，距县城10公里，矿山属瓮安县原玉华乡管辖。瓮安磷矿始建于1976年，原隶属于贵州省监狱管理局的直属企业贵州黔新企业集团有限公司,是一家集磷矿石开采、选矿的国有矿山企业。2011年企业改制被上海源翼实业有限公司收购，并成立了贵州源翼矿业集团有限公司，公司下属有4个子公司，贵州省瓮安磷矿是其中的1个子公司。

瓮安磷矿现拥有磷矿石资源储量2200多万吨，矿井设计生产能力为60万吨/年。为提高回采率和资源回收率，公司拟投资7000万元建设磷矿尾矿充填系统工程项目，以逐步消除采空区造成地质灾害隐患，同时将选矿厂产生的尾矿和黄磷生产产生的磷渣及矿山生产产生的废石进行综合利用，并对矿山开采以来产生的地质灾害进行治理，从而达到安全、效益、环境治理三效合一的良好局面。

**瓮安县玉华磷矿**　厂址在瓮安县原玉华乡白岩（现银盏镇岩根河村），原为县磷肥厂的矿山车间，1976年1月改建玉华磷矿，为县办“五小”工业。1981年1月改为县、社（乡）联办。

1976—1988年，产磷矿石107.88万吨，年均8.30万吨；销矿石85.01万吨，年均6.54万吨。实现产值1708.70万元，年均131.44万元。创利润289.32万元，年均22.26万元。1988年矿区面积达4.90平方公里，建筑面积1400平方米，固定资产40余万元，有职工600余人。该矿制定的“磷矿石标准”获省批准向国内发布。

**瓮安县磷化有限责任公司**　前身是玉华磷矿，始建于1976年，当时为乡镇企业。1989年3月，瓮安县人民政府实施对玉华地区磷矿资源的统一管理，组建瓮安县磷化公司，接管玉华磷矿和县磷肥厂、化肥厂矿山经营，系国营企业。1990年，有职工56人，资产达62万元，实现产值217.90万元，利润70万元，税金38万元。

2000年底实行企业改革制，更名为瓮安县磷化有限责任公司，注册为国有独资企业。2006年，与瓮福大信合作，建设年产20万吨浮选磷矿石项目。2007年实行“增资重组”，引入上海美辰星矿业投资控制有限公司，年产磷矿石50万吨，年生产能力磷精矿20万吨。企业有职工59人，固定资产为1892.8万元。2012年3月，为集中资源，增强合力，加速精细磷化工产品的开发，引进贵阳中盟磷业加盟，名称继续沿用，企业性质为民营控制的“其他有限责任公司”。企业现注册资金为2564万元，公司设置有综合部、财务部、市场部、采供部、协调部、技术部、生产安环部7个部门。

企业持证管辖玉华磷矿、白岩矿区玉华矿段2个独立采矿权，截至2011年12月月底，地质总储量为4621.19万吨。其中，玉华磷矿矿区面积0.3113平方公里，磷矿层厚度2.09～36.90米，含磷品位16.22%～30.07%，平均品位25.15%，地质储量2856.82万吨，（111b、2470.52万吨，112b、386.30万吨），核定控制标高为830～1256米；玉华矿段矿区面积1.6767 平方公里，磷矿层厚度11.05～14.53米，含磷品位16.22%～30.07%，平均品位26.14%，地质储量1764.37万吨，核定控制标高为850～1130米。玉华磷矿海拔标高830米以下，玉华矿段海拔标高850米以下均有磷矿层继续延伸，地质储量暂未核定。经技术部门测算，仅玉华磷矿海拔830米以下地质储量可达3400万吨以上。公司现有矿井8个，其中，玉华磷矿布置有2个开采矿硐（4×4米），玉华矿段布置有6个开采矿井（3×3米），设计年生产能力为60万吨，实际生产能力经采掘规划调整后可达80万吨。2010年，企业增资重组后产量为70.2万吨，销售收入为10058万元，上缴国家各项税费为4202万元，企业实现税后利润为2056.6万元。2011年，产量为381.94万吨，含税收入13621.65万元，上缴国家各项税费5496.05万元，企业实现税后利润为3853.62万元。2012年，生产磷矿369.99万吨。

公司在2007年与瓮福磷矿合资筹建了安信选矿厂（公司控股60%），设计年入选磷矿25万吨，生产磷精矿16万吨。2009年开始试生产，2011年实际处理原矿18.48万吨，生产磷精矿12.38万吨，实现销售收入5187.61万元，选矿厂首次实现盈利，税后利润为237.41万元。

**瓮安县磷肥厂**　位于银盏镇岩根河村，县属国营企业。1958年秋开办，有职工223人（多为农工），接收县工业中学采矿点作矿山车间，以土炉10余座配套手拉风箱生产磷肥，年产磷肥5吨。1959年，产磷肥7吨。1960年，建成3立方米高炉1座，安装0.9×3米球磨机2台投产，年产磷肥42吨。1961年，产磷肥191吨。之后，工厂下马，农工返乡。1966年，完成高炉改造（容积增为4立方米），建成拷贝式热风炉2座，安装1.2×1.2米球磨机2台，招收合同工、亦工亦农工110人。是年产磷肥360吨，比1961年增长88.48%。1967年，建成6立方米高炉、管式热风炉各1座投产，原高炉及配套热风炉报废。1968年，安装1.2×4.5米球磨机、0.9×7米烘干机各1台投产，由于“文化大革命”的干扰，磷肥产量逐年下降，1970年降到115吨，为1966年的31.94%。1971年，建成8立方米高炉、拷贝式热风炉各1座投产，原高炉及配套热风炉报废。1972年，产磷肥922吨，比1966年增长1.56倍。1976年，投资50万元，建成13立方米高炉1座、配套拷贝式热风炉3座投产，原高炉及配套热风炉报废，矿山车间移交玉华磷矿经营。1977年，产磷肥1661吨，比1972年增长80.15%。1979年，安装1.5×12米烘干机投产。1981年3月，县铁厂高炉车间并入为其银盏车间，产销磷矿粉（1983年分出建县化肥厂）。1982年4月，在玉华南堡矿区设矿山车间（1989年移交县磷化公司经营）。1984年，建成30米烟囱1座，安装1.5×3米球磨机1台投产，15米烟囱报废。5月起，进口磷肥冲击国内市场，地产磷肥销路受阻，工厂处于困境。1985年磷肥产量下降到231吨，为1977年的13.91%。1986年将13立方米高炉改造为20立方米高炉，相应扩大30米烟囱的内径。1987年，实行招标承包，建成混配复合肥生产车间，是年产磷肥2714吨，比1977年增长63.40%，为历史最高水平。

1958—1989年，固定资产总投资304.80万元，产磷肥28658吨、混配复合肥1066吨、磷矿粉33311吨、磷矿石364754吨，实现总产值2404.81万元，利润210.39万元，上缴税利435.24万元。1990年，全厂占地2.50万平方米，建筑面积1.04万平方米，有职工267人（其中工程师以上技术员2人），固定资产原值294.09万元，大型设备37座（台）。生产磷肥920吨，实现产值78.07万元，亏损34.70万元。1991年，开始企业改制，停止生产。2010年，县城新区规划拆除该厂。

**瓮安县化肥厂**　位于银盏乡岩脚桥，县属国营企业，原为县磷肥厂车间和县拉管厂，1983年合建县化肥厂，生产磷肥。在玉华梅子冲矿区设矿山车间（1989年移交县磷化公司经营）。1985年5月，因磷肥滞销积压而转产生铁。1988年10月，因生产生铁亏损大，磷肥市场看好而转产磷肥。1983—1989年，共产磷肥2300吨、磷矿粉5900吨。1990年，全厂占地7.14万平方米，建筑面积10168平方米，有职工269人（其中工程师以上技术人员3人），固定资产原值370.50万元，28立方米高炉1座，配套拷贝式热风炉3座，1.5×3米、1.5×5.7米球磨机各1台，生产磷肥1147吨，实现产值70.01万元，亏损58.30万元。1995年破产。

**瓮福黄磷有限责任公司**　位于银盏镇银盏村，隶属于贵州宏福总公司，属国有企业。始建于1997年8月，前身是贵州瓮安大信黄磷（厂）有限公司。2004年6月，贵州宏福总公司以股权转让形式予以收购，公司占地83.7亩，年产黄磷1.2万吨，年产磷渣超微粉10万吨，建设年产10万吨脱氟磷酸三钙和年产1000吨超纯黄磷，固定资产原值1340.87万元，职工人数76人。2011年，生产黄磷5573吨，实现产值8248.5万元。2012年，生产黄磷6747.8吨。

## 二、非公企业

**贵州金正大诺泰尔化学有限公司**　是全球最大的缓控释肥生产商——山东金正大生态工程股份有限公司在贵州瓮安投资成立的子公司，成立于2011年8月26日，注册资金22.3亿元，集团公司于2010年成为上市公司。兴建的磷化工循环项目总投资59.6亿元，占地2200亩，拥有全国最大的硝基肥和水溶肥单体生产装置。公司项目按照循环经济的理念进行规划和设计，致力于环境友好、资源的综合利用和高效利用，实现企业的可持续发展。公司从最初的矿石选取、原料深加工、中间品、主

图7—2—4　金正大公司

产品到三废的处理，努力打造国家级磷资源综合利用和循环经济示范园区。一期项目已于2015年顺利投产，二期项目顺利推进，项目全面投产后将实现年销售收入超100亿元。

公司建设的“60万吨/年硝基复合肥及40万吨/年水溶性肥料项目”被贵州省列为“百千万工程”项目、“四个一体化”项目，公司建有贵州省省级企业技术中心、贵州省磷化工清洁生产工程技术研究中心、贵州省磷钾养分高效利用工程研究中心等科研平台，被贵州省科技厅知识产权局列为知识产权优势企业培育企业名录。

金正大在快速发展的同时，不断创新人才工作机制，健全员工薪酬体系，完善员工晋升通道，为员工提供丰富的培训机会和广阔的发展平台。此外，金正大一直致力于建设与打造和谐的企业文化，为员工创造和谐的生活与工作氛围，让员工健康地生活，快乐地工作;通过对员工的工作健康、生活、职业规划引导，让员工生活得更有尊严，不断增强员工的归属感凝聚力。2011年以来，公司倾力打造健康工程、快乐工程、培训工程、助学工程、帮扶工程、安居工程、亲情工资、生日祝福等八大工程，通过各种文化工程的开展营造出浓厚的家文化氛围，打造起和谐温暖的“金正大之家”。

**瓮安大信北斗山磷矿**　位于岩根河村，前身是1996年引进海南大信公司建立的黄磷厂。2004年6月，由瓮福公司收购，更名为瓮安大信北斗山磷矿，年总产能达45万吨。2011年12月，有职工53人，固定资产1169万元。是年生产磷矿907596吨，产值34524.5万元。2012年，生产磷矿831674吨。

**雍阳磷肥厂**　省建委三联集团公司、成套设备局和个体联办企业，位于银盏乡水绞。1989年5月，建成投产，有职工370人。1990年实现产值181.50万元，上缴税利22.50万元，固定资产原值320万元。1992年，改为贵州省瓮安三联化工有限责任公司，生产生铁。

**玉华化工厂**　个人承包企业，位于原玉华乡老虎洞，有职工200人。1989年8月，建成投产。是年产普钙976吨，实现产值50万元，利润3万元。固定资产原值146万元，占地8000平方米，建筑面积2000平方米。1991年停产。

**贵州芭田生态工程有限公司**　成立于2012年6月，是深圳市芭田生态工程股份有限公司的全资子公司。深圳市芭田生态工程股份有限公司集科研、生产、销售为一体，以生产控释肥、灌溉用肥、绿色生态肥为主，开发利用工农业废弃物变废为辅的环保型国家高新技术企业、国家科技创新型星火龙头企业。2007年9月，芭田公司在深交所上市，是中国复合肥行业的首家上市公司。

贵州芭田磷化工循环经济生态产业园项目于2013年开始建设，分三期进行，其中一期工程项目总投资23.86亿元；一期产能120万吨（其中高塔聚磷酸高效生态母粒60万吨、硝酸磷营养母粒40万吨、氨化硝酸钙营养母粒20万吨），建成投产后可实现工业总产值28亿元，年销售收入30亿元，利税3.8亿元，解决近1000人就业，拟在2016年10月进入试运营；二、三期工程项目总投资41.75亿元，计划2016年启动建设，将在2017年以前全部建成投产。项目全部建成以后，可实现工业总产值100亿元，年销售收入100亿元，利税18.34亿元，解决2500人就业。

图7—2—5　芭田公司一期项目

芭田公司的发展目标是“成为行业内最佳价值型企业”。作为“大投入、大发展”的重要布局，公司秉承持续创新和可持续发展理念，坚持低碳、节能、环保、生态、循环经济、资源综合利用的目标，坚定走循环经济的道路，在贵州芭田瓮安项目中大量使用了近几年自主创新和国外引进技术消化吸收再创新的新技术和新工艺。这些技术的利用，将彻底解决磷化工生产中废渣排放、将磷矿中的碘、氟、钙、镁等元素最大程度回收利用，达到倾力开发磷化工循环经济、资源综合利用、节能环保的目的。提高单位磷矿附加值和利税贡献率。

当好“食物链营养专家”是公司坚持不懈追求的方向。

**瓮安县华雄磷业商贸有限责任公司**　是贵阳中盟磷业有限公司全资子公司，成立于2009年12月，主要经营磷化工、硫化工、农资、煤炭、运输、矿山采选等。2010年公司与瓮福（集团）有限公司结成长期战略合作伙伴，其宗旨是在瓮安县建设成集磷矿采选、硫铁矿采选、磷复肥、磷煤化工、精细化工、氟碘化工生产、科研、贸易为一体的大型磷硫化工企业。2010年被中共瓮安县委、瓮安县人民政府评为“先进企业”。2011年被中共瓮安县委、瓮安县人民政府评为“十佳民营企业”。2012年被黔南州人民政府评为“优秀外来投资企业”。

2011年5月1日由贵州省委政府组织公司与香港瑞银公司签订合作协议，在香港上市。公司计划在瓮安投资10亿元建设：玉华60万吨/年白岩磷矿项目、银盏20万吨/年硫铁矿选厂项目、玉华250万吨/年来桑选矿厂及配套窄山口尾矿库项目三个磷硫化工系列项目。项目建成后预计每年可增加销售收入9.6亿元，实现税收1.2亿元，同时解决160人就业。

**贵州双龙实业集团**　是在母公司贵州双龙实业发展有限公司基础上发展而成的多元化综合性民营企业集团，集团涉足的领域有煤炭、磷化工、绿色食品、贸易及文化产业和海外贵金属（金矿、铜矿、钽铌矿）产业。集团在立足于煤炭和磷化工两大支柱产业的同时，还涉足海外事业、绿色食品、商业贸易及文化投资等产业。绿色食品经过多年经营已成为省级农业产业化龙头企业，以“万康乐”原生态食品品牌代表贵州本土特色走向全国。商业贸易从危化品、煤焦、磷矿石等多种矿品的经营，发展到海外贸易，并成为首家从日本进口大宗原木的国内企业。文化投资也从管理咨询、教育到影视行业。安之忠董事长在贵州双龙实业集团倡导“让员工快乐工作“，成为推动社会进步力量的企业核心价值观。截至2013年，集团在社会捐赠和慈善事业方面捐资逾3000万元，物质、产品等捐赠近亿元。双龙集团诚信经营，集团下属企业连续多年被贵州省、黔南州、瓮安县授予“重合同守信用企业”“优秀民营企业”“纳税大户”“非公有制经济企业之星”“投资之星”“先进乡镇企业”“两个文明”建设先进集体等荣誉称号，累计获奖近20次。贵州双龙实业集团2008年荣获“中国商业文化建设贡献奖”。2010年5月被贵州省信用促进会等十余家单位评为“诚实守信单位”。企业董事长安之忠多次获得省、州、县的各种奖励，2007年被评为“贵州省建设社会主义先进分子”，2009年3月被评为“黔南州科技兴州荣誉奖”，2009年9月评为“优秀政协委员”，获荣誉奖章一枚。2013年3月29日，安之忠作为中国企业家代表团成员,随习近平主席赴南非约翰内斯堡，出席金砖国家工商论坛。2015年，董事长安之忠被评为瓮安县道德模范。

**瓮安县鑫源驾驶培训学校**　于2006年经黔南州交通运输管理处批准（黔交运管许可黔南（驾培）字522725000001号）成立的瓮安县第一家个人独资民营驾驶培训机构，法人代表及校长由周鉴担任，总经理为周万仁。驾校经营范围：二级普通机动车驾驶员培训、道路客货运输驾驶员从业资格培训（大型货车B2、小型汽车C1），还开设了出租车资格证、公交车资格证培训。

驾校现有位于银盏镇新华村训练基地及科目二智能化考场各一处，训练基地的训练场地面积达3万平方米，设置了大型货车（B2）、小型汽车（C1），科目二期训练项目。科目二智能化考场面积达6000平方米。驾校2015年有教练员95人，其中专、兼职理论教员17人，均接受过严格、正规的培训，持有全国统一的实操和理论教练员证，全体教练均具有高中以上文化程度，80%以上具有十年以上安全驾驶经历，经验丰富、技术过硬、纪律严明。驾校现有大货教练车（B2）9台，小货教练车（C1）75台，电教设备先进齐全，有多媒体教室、排故室、汽车模拟驾驶室各1间，科目一及安全文明驾驶理论知识培训室1间，电脑22台，现年平均招收及毕业人数均在3000人以上。2007年8月，获黔南公路运输管理处授予“贵州省第二届机动车驾驶培训教练员比武大赛组织奖”。2008年12月，中共贵州省委宣传部、贵州省公安厅、贵州省司法厅、贵州省教育厅、贵州省安全生产监督管理局授予“瓮安县鑫源驾校省级交通安全文明单位”。2011年6月，中共猴场镇委员会授予鑫源驾校党支部“先进党支部”称号。2012年7月，中共瓮安县委、瓮安县人民政府授予“同心谋发展，赤子报春晖”助学行动先进集体。2013年7月，中共瓮安县

图7—2—6　鑫源驾校训练基地

委党建工作领导小组授予鑫源驾校党支部为“先进基层党组织”。2013年7月，中共黔南州委党的建设工作领导小组授予其为黔南州2013年第一轮州级“五好”基层党组织称号。2013年3月，全国实施“文明交通行动计划”领导小组授予瓮安县鑫源驾驶培训学校“文明交通示范单位”。2014年5月，黔南州机动车驾驶培训协会批准瓮安县鑫源驾驶培训学校为会员单位。

**贵州麒龙置业有限公司** 是由位于贵阳的贵州麒龙地产开发集团有限公司与瓮安本土优秀企业为瓮安县银盏轻工业聚集区物流商贸综合产业园及红色旅游文化风情园项目的开发建设和运营而共同投资设立的企业，属股份制公司性质。于2010年12月24日成立，法定代表人顾吉萍，公司注册资本为人民币3000万元。已取得瓮安县工商行政管理局核发的522725000053963号“企业法人营业执照”。贵州省住房和城乡建设厅核发的“房地产企业开发资质证书”（黔房开字G0168号）资质。有从业人员48人，其中管理人员12人、财务人员5人，拥有高级职称1人、中级职称6人、专业技术人员5人，大专以上文化占全部人员的95%以上。

贵州麒龙置业有限公司开发建设的瓮安麒龙物流城市综合体是贵州100个城市综合体先期启动项目之一，它将城市中的商业、办公、居住、酒店、展览、餐饮、会议、文娱和交通等城市生活空间进行组合，并在各部分间建立一种相互依存、相互助益的能动关系，从而形成一个多功能、高效率的城市综合体。引领县城新兴专业市场和商业模式时代消费新潮流，填补县城没有现代大型专业市场的空白，增强瓮安县城和经济开发区的商业服务功能，满足各个层次消费者专业化、一体化的需求。其建设的麒龙摩尔城一期项目投资4.8亿元，建设期2年；二期项目建设投资4.7亿元，建设期2年；三期项目建设投资1.6亿元，建设期2年。2012年，荣获黔南州“守合同、重信用”单位称号。

**贵州鑫一名居地产开发有限公司** 2011年4月14日成立，属股份制性质，注册资金1000万元。开发项目位于银盏乡，项目全称为“瓮安县工业园区，A/B安置区、马鞍山安置区”，总用地面积10万平方米，总规划建筑面积14万平方米，其中商业面积2万平方米、住宅1000套12万平方米，总投资3亿元。从业人员11人，其中管理人员4人、财务人员2人、专业技术人员2人（中级职称1人）。

**贵州省瓮安县钰盛塑料编织袋有限公司** 位于瓮安经济开发区，于2011年10月在瓮安县工商局注册成立，注册资本2500万元，公司占地19.8亩，产能5000万条/年。

**贵州瓮福小野田化工有限公司** 是瓮福（集团）有限责任公司与日本小野田化学工业株式会社共同注资组建成立的中日合资公司，公司成立于2011年6月，注册资本8523.4万元，项目占地面积54719平方米，是一家以生产、销售饲料级磷酸三钙为主的企业。拥有10万吨/年脱氟磷酸三钙及超黄磷生产线，增加饲料级磷酸三钙产量，通过氟回收技术带来氟化物进行开发和研究。

**贵州文真铝业有限公司** 是一家专门从事矿业开发和进行矿产品深加工的民营企业。于2010年12月入驻银盏工业园区，2011年8月正式开工建设，建设“铝化工”资源一体化产业项目。公司项目有：年产11万吨高铝钒土基质料、年处理400万吨铝土矿废渣、年产6亿块尾矿渣制砖、年产30万吨人工合成莫来石、年产60万吨铝基阻燃剂、年产20万吨铝铁净水剂、年吞吐量1000万吨物流园等项目。

**贵州健宝儿童用品有限公司** 1998年在广东深圳成立，名称为“深圳市年丰塑胶制品厂”。2010年搬迁至广东惠州市惠阳区新圩镇塘吓工业区，名称为“广东惠州新圩健宝童车制品厂”。2013年12月在贵州瓮安经济开发区成立，下设开发部、模具部、业务部、采购部、生管部、财务部、针车部、组装部、冲压部、焊接部、烤漆部。公司经营范围：童车、童床、儿童用品（不含食品）婴儿用品研发生产及销售。现有6个生产车间，包括注塑车间、冲压车间、车缝车间、模具车间、烤漆车间、组装车间等，拥有职工200余人，其中高级管理及研发销售人员20人，年产能6万台童车，年营业额1000万元。公司发展规划是1~5年发展成为全国知名品牌，年产值为4亿~5亿人民币；5~10年发展成为全国首脑品牌，年产值为10亿以上；15年后发展成为世界品牌，年产值在50亿以上。

**瓮隆吸塑有限公司** 位于银盏工业园区，公司总投资50万元，2013年3月，建成投产，年产200吨吸塑材料，销售收入280万元，上缴利税20万元，利润50万元，解决就业20人。

**瓮安县远发五金加工有限公司** 位于银盏工业园区，总投资200万元，2013年1月，建成投产，年产1800吨圆钉，销售收入800万元，上缴税金100万元，利润200万元，解决就业20人。

图7—2—7 远发五金加工车间

**瓮安县武江隆塑业有限公司** 位于银盏工业园区，于2012年8月注册成立，注册资本3000万元，从业人员17人，租用厂房800平方米，总投资500万元，2012年11月，建成投产，年产150吨PPR塑料管件及各种塑料。年实现销售收入2300万元，年缴税金100万元，年获利455万元，解决就业25人。

图7—2—8 武江隆塑业加工车间

**兴邦节能炉具加工厂** 位于银盏工业园区，成立于2012年，总投资300万元，占地2.2亩，建筑面积1600平方米，产能2000套节能炉具/年，销售收入400万元，上缴税金40万元，利润80万元，解决就业10人。

**瓮安县华健香厂** 位于银盏工业园区，总投资500万元，占地5亩，产能1800吨香制品/年，销售收入1800万元，年缴税金100万元，年获利250万元，解决就业25人。

**瓮安县小玲珑家具厂** 位于银盏工业园区，2011年建成投产，年产能为2000套沙发、办公桌等家具，销售收入800万元，利润500万元，税收80万元，解决就业30人。

**瓮安县光辉玻璃有限公司** 位于银盏工业园区，成立于2011年，总投资500万元，占地5亩，总建筑面积3000平方米，产能为20万平方米节能安全玻璃生产线及配套设施。2012年，建成投产，年销售收入1500万元，上缴税金100万元，获利200万元，解决就业25人。

**瓮安县恒康木业有限公司** 位于银盏工业园区，于2011年5月注册成立。2013年，建成投产，注册资本50万元，总投资1260万元，占地11亩，产能为2000套家具/年，2500套沙发/年，销售收入1800万元，利润300万元，税金100万元，就业50人。

**瓮安福安贸易有限公司** 成立于2013年，位于瓮安县经济开发区返乡农民创业园内。总投资500万，有职工200余人,占有厂房面积4500平方米。于2013年5月中旬入驻创业园，6月8日正式投入生产，2015年已投入400余万元。年产100万双运动鞋，产品主要出口销往东南亚国家。

图7—2—9 福安贸易加工车间

**瓮安县华超纸品有限公司** 成立于2013年，位于瓮安县经济开发区返乡农民创业园内，总投资150万元，租用厂房200平方米。用工20人。是21世纪瓮安第一家制造加工纸品有限公司。以优良的质量和上层的服务作为公司发展的理念，召集了多名有技术经验的返乡农民工加入公司建设队伍中来。公司租用瓮安县经济开发区返乡农民工创业园二期厂房1500平方米，实现年产1500万个纸箱，产值300万元。

图7—2—10 华超纸品加工车间

**家和家私有限公司** 始建于2007年，是一家专业从事软体家居生产、销售及服务一体的现代化企业。企业拥有一批精锐的管理、开发、生产、营销、市场调研人员，能准确的把握时代潮流，并将多元、灵活、实用、美观、典雅、安全、环保、健康等消费理念融为一体。以集广思源为出发点，以市场为导向，独立开发了独特新颖、最完美的软体

图7—2—11 家和家私产品展示厅

家具，深受广大消费者信赖和青睐。2012年9月，入驻创业园，总投资2000万元，租用厂房1200平方米，年产沙发2000套，皮床1500套。

**瓮安县清河堂科技塑业有限责任公司**　是云贵高原一家专注于绿色环保快装智能塑料管件、水龙头、球阀领域集研发、生产、销售为一体的民营新型高新科技企业。公司主要生产拥有自主知识产权的“涌塑”牌智能快装管件系列产品，该产品获得国家15项专利，其中外观设计专利4项，实用新型专利11项；申请已受理的专利14项，其中实用新型专利12项，发明专利2项。公司生产的“涌塑”牌给水快装管件、球阀、水龙头系列产品，彻底结束了管道“跑、冒、涌、漏”的历史。永远告别了200多年来，管件连接需要“铰丝、缠麻、电熔、热熔、粘胶”的时代。2013年5月，入驻创业园。6月11日，正式投产。总投资500万元，租用厂房2000平方米，年产730吨管件，

图7—2—12　清河堂科技塑业产品展示厅

**贵州中亚彩印包装有限公司**　位于银盏工业园区，于2011年8月注册成立，注册资本200万元，是瓮安县及周边市县唯一一家设计、制版、胶印、印后加工等为一体的综合性生产企业。2011年，公司投资1660万元，占地11亩，新建各类印刷品生产项目，主要生产礼品盒、瓦楞纸箱、纸杯、书本、台历、挂历、商标、标签、宣传册、海报、手提袋、不干胶等产品，职工人数20人，技术人员5名，2012年，生产礼品包装盒70万个，其他印刷品90万份，销售总产值556万元。是年公司获“同心谋发展、赤子报春晖”助学行动先进集体称号。

**贵州好梦宝家居有限公司**　2013年创建，厂房面积700平方米，公司员工5人。入驻瓮安县返乡农民工创业园科技孵化器后，公司扩大规模，发展迅速。拥有标准化厂房面积2500平方米。公司员工17人，年销售总额589万元，申请专利27项。公司生产设备国内一流，省内领先，产品定位中高端。专业生产各类民用、宾馆用席梦思及各类纯山棕、椰棕、3D椰棕床垫。年设计生产2.2万床席梦思，产值超过1000万。好梦宝将秉持“自信、务实、创新、跨越”的企业精神，

图7—2—13　好梦宝家居产品展示厅

全力打造贵州席梦思第一品牌。

**瓮安县雅林花木园林** 位于银盏工业园区，成立于2012年，总投资2665万元，占地20亩，总建筑面积8500平方米，附属道路及厂区绿化4000平方米，主要生产仿真花和塑料花，年销售收入6810万元，上缴税金140万元，利润930万元，解决就业265人。

**瓮安县润通有限公司** 位于银盏工业园区，成立于2011年，总投资3089万元，总建筑面积6924.63平方米，包括汽车销售用房1863平方米，车库及职工宿舍1375平方米，公司主要从事汽车销售、维修等服务，年销售收入6500万元，上缴税金100万元，获利1050万元，解决就业60人。

**贵州瓮安天安磷业有限公司** 1996年入驻在银盏乡岩脚桥的瓮安天安磷业有限公司，1999年4月成立，注册资本5500万元，主要加工黄磷，为一家私人企业，后因资金问题，被大信公司收购。

## 三、社会化组织企业

图7—2—14 北斗山矿业装运公司

**瓮安县北斗山矿业装运有限责任公司** 2003年4月，成立玉华车队，由瓮安县人民政府授权挂牌，规范玉华地区运输秩序。2008年4月，玉华车队申报成立瓮安县玉华汽车货物运输有限责任公司，由赵明镜任公司经理。2009年7月，村委会按照省委〔2007〕28号文件关于构建和谐矿区的建议案，政协黔南州委员会〔2009〕9号文件关于推进构建和谐矿区的实施方案，由党支部书记张有富到华西村考察，村委会主任李水洋、村人口主任舒迦华，文书毛钲玮分别到辽宁、大连、山东的青岛、烟台、蓬莱等地考察，回来召开村委会和村民代表会，决定学华西村走集体化道路，成立瓮安县玉华汽车货物运输有限责任公司。2010年9月，拟定公司章程，经大会讨论决定成立瓮安县北斗山矿业装运有限责任公司，舒迦华任公司经理。是年年底，公司赢利40多万元，给2个组的128户、486人的股民增加了经济收入。2011年6月，建立了中共瓮安县北斗山矿业装运有限责任公司支部委员会，舒迦华任支部书记，以党建带群建，以群建促公司发展。2015年公司拥有车辆119台，管理人员8名，其中有党员4名。

**瓮安县诚信水果专业合作社** 位于银盏镇摩尔城水果批发市场内，于2014年5月注册登记成立，注册资金450万元，项目占地23亩，总投资6500万元，社员15人，成员总人数30人，主要从事水果中转、采购、代销、批发等业务，要求社员各自种植水果130亩，或与种植大户联合，提供技术、资金和销售平台，在摩尔城水果批发市场内拥有不小于35平方米的门面一间，从业人员2人，自带入股资金不少于10万元，每股自带胶筐500个以上。每户入股的门面全面纳入专业合作社范围，同意调配，所有权归合作社，后门面入股的业主不得以任何理由或附加条件拒绝堆放货物经营，除合作社监控室和办公室电费由合作社统一交纳外，门面所产生的电费、水费、物业管理费，摩尔城门面房租费、业主电话费、门面维修费，全部由门面入股业主自己交纳。合作社产生的利润，实行股东平均分配制，留30%用于合作社生产与发展，剩余70%按季度分红，但每季度每股最多能分1万元以下利润，年终结总账。每年销售水果12000吨以上，平均每天30吨左右，每天营业额在15～20万元，2015年度盈利389万元。合作社拥有专业运输车辆30辆，销售人员300余人，带动农户500户，水果销售到瓮安周边县市及全国各地，带动了一大批人员就业、脱贫，每个社员都有了房子、小车等，生活已达到小康水平。

## 第六节　重大项目选介

**麒龙物流园城市综合体项目**　瓮安麒龙物流城市综合体是瓮安县委县政府对外招商引资的重点项目，是麒龙集团在瓮安开发建设的大型物流商贸综合体。该项目位于瓮安县经济开发区最前端，属城市规划扩展区，南接瓮安行政中心至开发区36米宽城市干道和S205省道交汇口，北距江瓮高速瓮安北部匝道口3公里，西临规划中的瓮安客货混运及快铁火车总站，是原县城城区和经济开发区的重要节点。

该项目总占地450亩，总投资11.8亿元，总建筑面积42.8万平方米。主要建设内容分为五大板块：一是瓮安县“北部新城中心写字楼及公寓配套”建筑面积90000平方米；二是麒龙摩尔城（一期）建设面积39109平方米；MALL商贸专业市场（二期）50000平方米；三是酒店及风情文化园建设面积60000平方米；四是风情园及旅游文化生活配套60000平方米；五是物流综合产业园建筑面积70000平方米。工程于2011年5月开工建设，截至2015年8月，已完成投资近9亿元，完成税收5804万元，实现就业1373人次。

A1区一期专业市场4万平方米综合市场已于2011年10月全面动工，2012年10月26日开始运营，建成商铺557间，市场招商率实现100%，入驻商户140家。

A4区财富中心写字楼总建筑面积6.2万平方米，其中包括3.8万平方米写字楼及1万平方米商务酒店。写字楼分A、B两栋，26层的双子楼建筑，现两栋写字楼已于2015年7月正式投入使用，工程进入内外装饰阶段，意向入驻企业46家，财富中心写字楼开创了贵州88个县的先河。

A3区1.2万平方米特色美食风情园工程，层高4.2米以上，栋距24米宽，2014年完工，内外装饰已经全部完成。以聚集瓮安特色餐饮为主导，主内兼外，满招商户20家，招商率100%。2014年9月30日开始试营业。风情园结合瓮安当地餐饮消费习惯及现代餐饮经营模式，以先进设计理念，构造合理的空间布局，构筑以文化、旅游、服务为一体的特色服务性项目，从建筑风格上看一层文化石贴面，古朴与现代相容，立面三层退台式结构，复古窗体，外扩连廊彰显瓮安朴素大方的人居生活，是体现瓮安人文、餐饮文化特色的主要场所。美食风情园，广阔风情内街，搭配装饰小品，民族元素雕配，处处体现风情园简朴得体。

B2区二期专业市场与6000平方米B3区会议会展中心，已经完成全部规划设计与施工设计，主体工程于2015年动工建设，预计2016年5月竣工试运营。

园区配套住宅已经全面动工，首先竣工的住宅小区于2014年9月29日交付使用。

在由省住房和城乡建设厅与省财政会同省发改委、省国土资源厅、省交通运输厅等相关部门及专家组成的对全省100个城市综合体2013年建设工作进行的绩效考评中，取得了全省第17名，黔南州第1名的好成绩。麒龙城市综合体于2014年5月被贵州省促进100个城市综合体健康发展工作联席会议办公室授予全省第一批9个城市综合体授牌示范项目，是黔南州唯一的1个。

关于项目建设，2014年完成文化风情园及配套住宅的建设；2015年完成写字楼、商务酒店及三期C区与B区配套住宅的建设；2014年启动D区高速公路安置房、会议会展中心、大型购物中心（缤纷摩尔）的建设；2014年完成四星级酒店、物流仓储中心的建设，届时项目将全面投入运营，带动周边就业5000多人次，年实现税收上亿元。

**诚翔雍江商城项目** 诚翔雍江商城是一家集房地产开发、商业运作的项目。项目规划用地面积37889.82平方米，总投资约2.2亿元，规划总建筑面积148075.29平方米。其中，住房建筑面积92955.82平方米，商业建筑面积23906.08平方米，商业综合体面积16922.91平方米，商住楼面积12384.65平方米，建筑容积为3.59。住宅建筑以3+12层、3+13层建筑为主，部分以2+23层及2+20层为辅，并配备1栋3+17层的商业综合体，建设滨河小吃一条街及一栋5楼临街商住楼，可入住848户，提供停车位805个（地下车库面积10472.77平方米）。

2014年，瓮安诚翔职业有限公司投资修建的瓮安雍江大酒店是一家准五星级酒店，拥有依山傍水的地理优势，预计2016年6月月底竣工投入使用。该酒店设有餐饮、娱乐、会议、客房等设施。内设总统套房、商务套房和豪华单间共250间，大、小会议室3个，有可容纳300余位宾客的中餐宴会厅及容纳600余位参会人员多功能会议中心，是举办各种会议和宴会的理想场所。

**返乡农民工创业园项目** 位于瓮安经济开发区，占地面积570余亩，规划建设标准化厂房总面积46万平方米，其中，标准化厂房38万平方米、综合配套设施8万平方米，解决就业2万人。2015年底，已建成标准化厂房26万平方米，入驻企业25家，月产值960余万元，促进就业2000余人，已孵化成功3家，还有38家企业等待入驻。生产产品有童车、紧固件、线束连接器、服装、运动鞋、皮鞋、家具、高温电缆、吸塑制品、五金、纸箱等。其中，福安贸易公司生产的运动鞋和万鑫玩具厂生产的玩具主要出口东南亚地区；健宝儿童用品公司童车系统化生产项目填补了西南地区同类产品系统化生产的空白。项目全部建成后，预计年产值可达10亿元以上，解决就业10000余人以上。

瓮安返乡农民工创业园已被国家发改委列入“西部地区促进农民创业试点工程”，是贵州省认定的“省级中小企业科技孵化器”，是瓮安在外创业和务工人员返乡创业的平台，是中微小企业的孵化中心，更是新兴产业的培育基地。县委、县政府凭借着这“一平台一中心一基地”，并辅以“租金优惠、贷款贴息、奖补扶持、员工培训、科技人才支撑”等优惠政策，吸引了众多中小企业集群集聚，涌入一批新兴产业在此培育成长。

为推动国内企业健康发展，县委、县政府成立“万名返乡农民工创业带富工程”工作领导小组，帮助返乡创业农民工解决实际困难；建立领导挂点联系制度，采取“一帮一”的形式，与返乡创业农民工建立联系帮扶制度；建立返乡创业农民工信息登记制度，摸清返乡创业农民工的人数、技能、创业愿望等并做好登记，切实掌握返乡创业农民工动态；建立入驻园区小型企业“孵化”机制，制定奖励扶持办法；采取资金扶持，夯实基础，从2011年起，瓮安县财政每年预算3000万元建立“创业带富工程”基金，并逐年适度增加。主要用于创业园基础设施建设、标准化厂房建设、贷款贴息、奖补扶持等方面；奖励扶持，鼓励提高，凡入驻“返乡农民工创业园”的企业，对达到一定规模，有一定的经济效益和社会效益的企业，给予资金扶持奖励。

**贵州瓮安国际电子商务产业园项目**　该项目位于经济开发区摩尔城处，设计工程造价30000万元,总占地面积为133985平方米,包括电子商务大厦、网商培训基地、网商创业大厦、网货博览城、网货特色馆、人才智慧公寓等，其中贵州瓮安颐高电商馆是贵州瓮安国际电子商务产业园的重要组成部分，于2015年11月动工建设，电商馆内的工、农业产品有数百种，产品企业商标注册近100个，物流企业数十家，总面积5000平方米，主要涵盖电子商务体验展示中心、颐居草塘、瓮安旅游服务与城市资源展示中心、众创空间四大板块，共设立了企业展示、媒体文化展示、大学生实践基地、创业培训基地等9大功能区块，致力于打造贵州地区首个集特色产业、电子商务、商贸物流、农村电商、众创空间为一体的大型O2O（ou tu ou）产业园区，是瓮安城市电子商务产业规划、旅游展示中心，城市居民新生活时尚中心和一站式城市文化体验中心。

图7—2—15　颐高电商馆

**金正大诺泰尔磷资源循环经济产业园项目**　项目总投资59.6亿元，占地2200亩，拥有全国最大的硝基肥和水溶肥单体生产装置。建设内容包括：年产60万吨硝基复合肥、40万吨水溶性肥料、20万吨专用肥、30万吨磷酸铵镁、30万吨冲施肥、30万吨磷酸二氢钾、15万吨硫酸钾、60万吨土壤调理剂（硅钙钾肥）、4.5万吨氟硅酸钾、10万吨石膏材料、150万吨磷矿浮选、30万吨湿法磷酸、25万吨硝酸磷肥、40万吨硫磺制酸、15万吨硝酸、60万吨磷石膏制酸。项目分两期实施，两期工程全部建成后，可实现产值102亿元，利税14亿元，就业3000人。

项目是“四个一 体化”的省级重点项目，是全国最大的硝基肥和水溶肥单体生产基地和全球最大的缓控释肥生产基地。项目依托国家缓控释肥工程研究中心和复合肥料国家工程中心两大国家研发平台，全面导入挪威先进技术，凭借缓释肥料目录标准起草单位，通过科研创新与引进吸收，集成创新多项硝基复合肥和水溶性肥料生产技术，集合了多项自主研发技术，在质量成本、节能减排、环境保护等方面技术水平已达到世界一流，成为肥业科技先导者。

项目按照“循环经济”理念进行规划和设计，打造全产业链项目。磷酸装置中的氟回收技术成为公司自主研发出的循环经济技术。磷石膏制酸联产水泥/碱性肥料技术将彻底解决磷化工生产中的废渣排放的难题，从而形成一个全国领先的完善产业链条，彻底解决了困扰磷化工行业多年的“三废”排放问题。

20万吨专用肥生产线于2013年8月8日建成投产，15万吨硝酸生产线于2014年2月28日建成投产，25万吨硝酸磷肥生产线于2014年3月5日建成投产，磷石膏制酸于2014年年底建成投产，硝基复合肥生产线2015年4月份进入生产调试。水溶肥生产线完成了选矿、磷酸、氟回收，磷酸二氢钾、冲施肥工程量的100%，主要产品装置进入安装冲刺阶段，2015年10月进入调试阶段。

金正大诺泰尔磷资源循环经济产业园项目将中低品位磷矿资源最大化利用，实现“煤电磷一体化”循环发展，成为磷化工行业转型升级、跨越发展的新样板，促进瓮安千亿级示范园区的发展。

**贵州芭田磷化工循环经济生态产业园项目** 该项目充分依托瓮安磷矿资源和贵州煤炭资源，重点建设“煤电磷”“煤电化”资源一体化。项目规划用地2500亩，建设内容包括：60万吨/年合成氨装置、3×27万吨/年稀硝酸装置、3×15万吨/年硝铵装置、3×45万吨/年硝酸磷营养母粒装置、3×25万吨/年硝酸钙营养母粒装置、60万吨/年硫酸装置、30万吨/年湿法磷酸装置、65万吨/年聚磷酸高效生态母粒装置、2万吨/年氟硅酸钠装置、3万吨/年聚磷酸铵装置、10万吨净化磷酸装置、20万吨精制磷酸盐装置、3000万平方米/年纸面石膏板装置、碘、氟等回收装置以及配套的公用工程及辅助设施。总投资68亿元，分三期建设。项目全部建成以后，可实现工业总产值100亿元，年销售收入100亿元，利税18.34亿元，解决就业2500人。

项目依托集团公司拥有的“国家钙镁磷酸复肥研究中心博士后工作站研发机构和89项专利技术成果”，当好“食物链营养专家”。选择冷冻法硝酸磷肥生产技术，用硝酸分解磷矿，采用间接冷冻法除钙，既利用了硝酸的化学能分解磷矿，同时硝酸的氮元素作为植物养分留在产品中；硝酸磷肥工艺中冷冻分离出的四水硝钙生产成一种高效水溶性钙肥和工业产品；磷矿中的氟、碘等元素加以回收和利用，生产氟、碘产品。该技术坚持低碳、节能、环保、生态、循环经济、资源综合利用的目标，坚定走循环经济的道路，项目中大量使用了近几年自主创新和国内引进消化吸收再创新的新技术和新工艺。

项目共完成投资18亿元。2014年，高塔项目进入试运行，110千伏总降安装完成正在调试；锅炉土建完成、设备安装在扫尾；硝酸土建、设备安装完成；其他装置土建进入扫尾、开始进入设备安装阶段，2014年年底一期项目建设全部完成，进入试运行阶段。

贵州芭田磷化工循环经济生态产业园项目的建设将会促进贵州磷化工行业乃至国家磷化工产业的发展，成为“行业内最佳价值型企业”。

## 2011—2014年贵州瓮安经济开发区已建成重点项目一览表

表7—11

| 项目名称 | 投资来源地 | 项目投资总额(万元) | 建成投产时间(年月) | 2014年底产品名称和产量(吨) | 产品销售国家和地区 | 2014年工业总产值(万元) | 2014年销售总收入(万元) | 进出口总额(海关数、万美元) | 备注 |
|---|---|---|---|---|---|---|---|---|---|
| 复合肥生产项目 | 山东 | 596000 | 2013.8 | 60万吨硝基复合肥、磷酸一铵、磷酸二铵 | 云南、广西等地 | 64787 | 59000 | — | 高新技术企业，中国500强 |
| 猴场百信食品 | 瓮安 | 3000 | 2014.2 | 优质牛肉及深加工牛肉食品，年产2850吨 | 全国 | 1976 | 1976 | — | |
| 年产11万吨高铝矾土基均质料工程项目 | 广西 | 51200 | 2013.8 | 年产11万吨高铝矾土基均质料 | 全国及东南亚 | 6525 | 6500 | — | |

续表7—11

| 项目名称 | 投资来源地 | 项目投资总额(万元) | 建成投产时间(年月) | 2014年底产品名称和产量(吨) | 产品销售国家和地区 | 2014年工业总产值(万元) | 2014年销售总收入(万元) | 进出口总额(海关数、万美元) | 备注 |
|---|---|---|---|---|---|---|---|---|---|
| 儿童用品及童车制造生产线项目 | 瓮安 | 53000 | 2014.4 | 年产100万台童车及相关产品 | 全国 | 4335 | 4000 | — | |
| 瓮福黄磷有限责任公司 | 瓮安 | 2000 | 2012.2 | 黄磷1.2万吨，超微粉10万吨，超纯黄磷1000吨 | 中国<br>日本 | 1700 | 1700 | 46.656 | 部分出口 |
| 贵州天龙饲料有限公司年产6万吨配合饲料 | 瓮安 | 4153 | 2012.10 | 年产饲料30万吨 | 全国 | 4412 | 4000 | — | |
| 龙马磷业有限公司50KT/A工业黄磷产品深加工项目 | 湖北<br>江西 | 19917 | 2011.8 | 黄磷2.5万吨 | 全国 | 36911 | 36911 | — | |
| 年产25万立方米磷渣砌块生产线技术改造项目 | 瓮安 | 5136 | — | 年产25万立方米磷渣砌块 | 瓮安 | 6880 | 6880 | — | |
| 瓮水奢香茶叶加工厂及茶博园文化综合体验馆建设项目 | 瓮安 | 8000 | 214.6 | 茶叶及茶博园 | 全国 | 1886 | 1886 | — | |
| 年产20万吨浮选硫酸矿工程项目 | 瓮安 | 5402 | 2014.7 | 年产20万吨浮选硫酸矿 | 全国 | 4549 | 4400 | — | |
| 成黔焦炭30万吨、10万吨石油压裂支撑剂 | 贵州 | 29000 | 2013.6 | 焦炭30万吨、10万吨石油压裂支撑剂 | 中国<br>美国 | 42059 | 42000 | 958 | 部分出口 |
| 瓮安县钰盛塑料纺织袋有限公司 | 瓮安 | 2300 | 2013.8 | 年产3000万条塑料纺织袋 | 全国 | 7145 | 7000 | — | |
| 瓮安县腾达肥业有限责任公司 | 瓮安 | — | 2013.1 | 年产10万吨专用复混肥 | 全国 | 4893 | 4500 | — | |
| 瓮福小野田化工有限公司 | 中国<br>日本 | 8523 | 2013.1 | 瓮安县年产20万吨脱氟磷酸三钙项目 | 日本 | 2201 | 2000 | 327 | 中日合资产品出口 |

## 第七节　企业产品

开发区自2011年开工建设以来，在高度重视招商引资和融资工作的同时，也非常重视企业的发展，采取政策扶持、资金扶持、领导挂帮、项目观摩、重点会诊等措施帮助企业解决发展中的难题，以“保姆式”服务推进企业实现持续、永续发展，增强发展后劲，开发区初步形成了大企业“顶天立地”、小企业“铺天盖地”和大、中、小企业成龙配套发展的良好局面，企业产品以质取胜，深受客户欢迎。磷及磷化工企业产品有磷矿、黄磷、化肥等，特别是金正大、芭田公司生产的产品远销国内外。煤及煤化工企业产品有焦煤、陶粒、原煤等。食品加工企业产品包括茶叶、黄粑、大米、肉食制品、皮蛋、各种辣椒制品、豆制品等。建材行业企业产品有水泥、加气砖、塑料管等。返乡农民工创业园企业，主要产品有童车、纸箱、服装、运动鞋、皮鞋、家具、高温电线、紧固件、数据连接线、五金、塑料制品等系列产品500余种，其中，运动鞋、玩具系列产品出口东南亚地区和韩国，高温电线、数据连接线、紧固件、童车等系列产品质量已达国内先进水平，紧固件、童车生产项目填补了贵州地区生产同类产品的空白。

金正大集团贵州基地主要产品：

### 一、金正大系列

1.产品类别：金正大普通硫酸钾型复合肥
含量：45%，（15-15-15）
规格：25千克/袋
造粒形式：喷浆造粒

2.产品类别：金正大普通硫酸钾型复合肥
含量：51%，（3*17s）
规格：50千克/袋
造粒形式：滚筒造粒

图7—2—16　金正大复合肥

图7—2—17　金正大复合肥

3.产品类别：金正大3+三高塔硝硫基

含量：45%，（15–5–25）

规格：40千克/袋

造粒形式：高塔造粒

图7—2—18　金正大硝基肥

4.产品类别：金正大底施型硝硫基双效肥

含量：45%，（3*15）

规格：40千克/袋

造粒形式：掺混造粒

颗粒颜色：无固定颜色

图7—2—19　金正大掺混肥料

5.产品类别：金正大含氯控释肥（含氯）

含量：42%，（21–10–11）

规格：40千克/袋

造粒形式：掺混造粒

颗粒颜色：无固定颜色

图7—2—20　金正大控释肥

6.产品类别：金正大菌肥

含量：微生物菌剂

规格：40千克/袋

造粒形式：滚筒造粒

图7—2—21　金正大菌肥

7.产品类别：金正大水溶肥
含量：58% 16-8-34
规格：5千克/袋

8.产品类别：金正大液体肥
含量：液体肥3号桶贴
规格：5升/10升桶

图7—2—22 金正大水溶肥

图7—2—23 金正大液体肥

9.产品类别：金正大299套施宝
含量：15-5-22+16-8-34+叶面肥
规格：40千克+10千克+50毫升
造粒形式：高塔造粒+水溶肥+叶面肥

10.产品类别：金正大399套施宝
含量：15-5-25+16-8-34+液体肥+叶面肥
规格：40千克+2*5千克+2*5l升+50毫升
造粒形式：高塔造粒+水溶肥+液体肥+叶面肥

图7—2—24 金正大套施宝

图7—2—25 金正大套施宝

## 二、沃夫特系列

1.产品类别：沃夫特硫酸钾复合肥
含量：45%，（15–15–15）
规格：50千克
造粒形式：喷浆造粒

图7—2—26　沃夫特复合肥

2.产品类别：沃夫特黑珍珠含氯复合肥（低氯）
含量：51%，（17–17–17）
规格：40千克/50千克
造粒形式：滚筒造粒

图7—2—27　沃夫特复合肥

3.产品类别：沃夫特高塔硝硫基
含量：45%，（15–15–15）
规格：40千克
造粒形式：高塔造粒

图7—2—28　沃夫特硝硫基

4.产品类别：沃夫特中氯复合肥
含量：40%，（15–10–15）
规格：40千克
造粒形式：喷浆造粒

图7—2—29　沃夫特硝基肥

5.产品类别：沃夫特硝基双效肥（含氯）

含量：45%，（27–9–9）

规格：40千克

造粒形式：掺混造粒

图7—2—30　沃夫特硝基双效肥

6.产品类别：沃夫特控释肥

含量：42%，（22–8–12）

规格：40千克

造粒形式：掺混造粒

图7—2—31　沃夫特控释肥

7.产品类别：沃夫特硅钙钾镁肥

含量：

规格：50千克

图7—2—32　沃夫特硅钙镁肥

8.产品类别：沃夫特菌肥

含量：微生物菌剂

规格：40千克

造粒形式：滚筒

图7—2—33　沃夫特菌肥

9.产品类别：沃夫特硝铵磷
含量：39%；（26-13-0）
规格：50千克
造粒形式：喷浆造粒

10.产品类别：沃夫特爆品水溶肥
含量：54%（28-8-18）
规格：40千克/袋

图7—2—34　沃夫特硝铵磷

图7—2—35　沃夫特

11.产品类别：沃夫特液体肥
含量：液体肥5号桶贴
规格：5升/桶

12.产品类别：沃夫特299套施宝
含量：15-15-15+16-6-36+叶面肥
规格：40千克+10千克+50毫升
造粒形式：高塔造粒+水溶肥+叶面肥

图7—2—36　沃夫特液体肥

图7—2—37　沃夫特299套施宝

13.产品类别：沃夫特套施宝
含量15-5-25+16-6-36+液体肥+叶面肥
规格：40千克+5千克+5升+50毫升
造粒形式：高塔造粒+水溶肥+液体肥+叶面肥

图7—2—38　沃夫特套施宝

14.产品类别：沃夫特套施宝
含量399/699通用16-6-36包装
规格：5千克
造粒形式：水溶肥

图7—2—39　沃夫特套施宝水溶肥

## 三、奥磷丹系系列

1.产品类别：奥磷丹硫酸钾复合肥
含量：45%；（15-15-15）
规格：50千克
造粒形式：喷浆造粒

图7—2—40　奥磷丹硫酸钾复合肥

2.产品类别：奥磷丹含氯复合肥（中氯）
含量：40%；（15-10-15）
规格：40千克
造粒形式：喷浆造粒

图7—2—41　奥磷丹含氯复合肥

3.产品类别：奥磷丹硅钙钾镁肥
含量：硅钙钾镁肥
规格：50千克

图7—2—42　奥磷丹硅钙钾镁肥

4.产品类别：奥磷丹高塔硝硫基
含量：41%；（17–7–17）
规格：40千克
造粒形式：高塔造粒

图7—2—43　奥磷丹高塔硝硫基

5.产品类别：奥磷丹控释肥
含量：42%；（22–8–12 s）
规格：40千克
造粒形式：掺混造粒

图7—2—44　奥磷丹控释掺混肥

6.产品类别：奥磷丹299套施宝
含量：15–5–22+16–6–36+叶面肥
规格：40千克+10千克+50毫升
造粒形式：高塔造粒+水溶肥+叶面肥

图7—2—45　奥磷丹299套施宝

7.产品类别：力康农套施宝
含量：58%；（16-6-36）
规格：5千克
造粒形式：水溶肥

8.产品类别：力康农套施宝
含量：壮力康液体肥桶贴及纸箱
规格：5升
造粒形式：液体肥

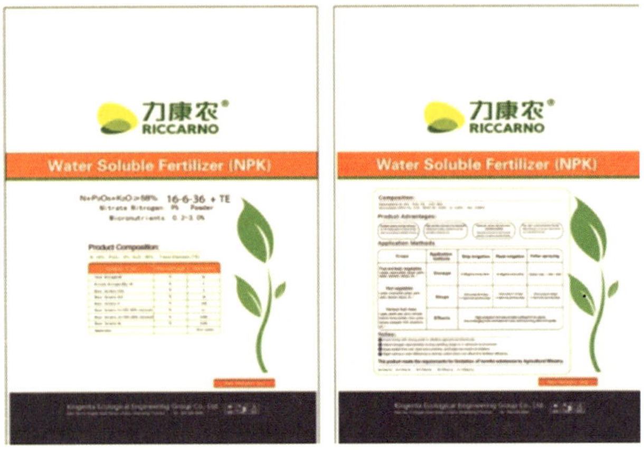


图7—2—46　力康农套施宝水溶肥

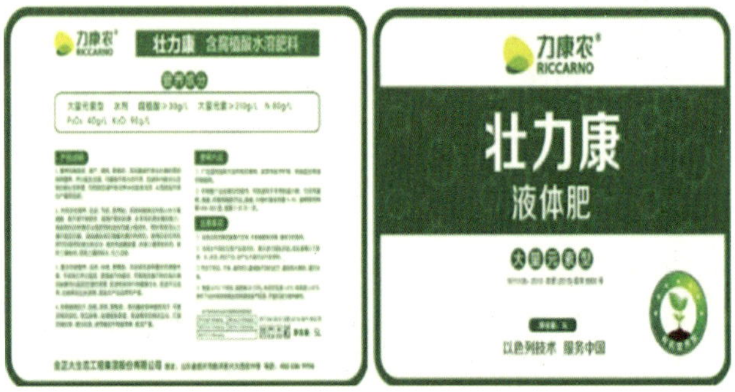


图7—2—47　力康农套施宝液体肥

## 四、诺泰尔系列

1.产品类别：诺泰尔高塔硝硫基
含量：48%；（16-16-16）
规格：40千克
造粒形式：高塔造粒

2.产品类别：诺泰尔高塔硝硫基
含量：46%；（15-5-26）
规格：40千克
造粒形式：高塔造粒

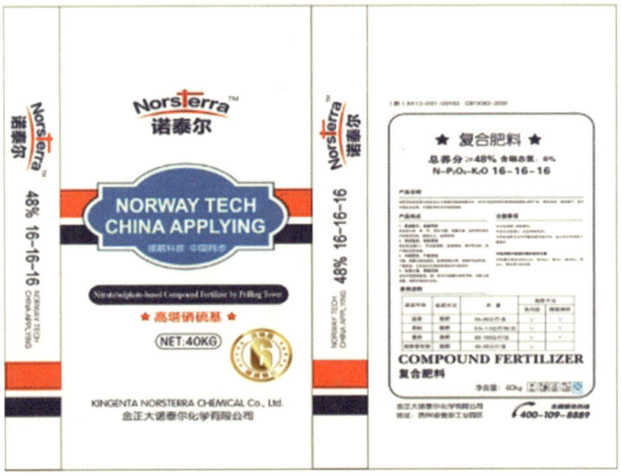


图7—2—48　诺泰尔高塔硝硫基

图7—2—49　诺泰尔高塔硝硫基

3.产品类别：诺泰尔菌肥
含量：微生物菌剂
规格：40千克
造粒形式：滚筒造粒

图7—2—50　诺泰尔菌肥

4.产品类别：诺泰尔水溶肥
含量：58%（16-6-36）
规格：5千克/10千克/25千克/袋

图7—2—51　诺泰尔水溶肥

五、富朗系列

5.产品类别：诺泰尔液体肥
含量：液体肥3号桶贴
规格：5升/10升/桶

图7—2—52　诺泰尔液体肥

产品类别：富朗硅钙钾镁肥
含量：硅钙钾镁肥
规格：50千克/袋

图7—2—53　富朗硅钙钾镁肥

## 贵州瑞鹏电子科技有限公司产品

专业制造与销售Wire Harness、LVDS线、汽车线束、铁氟龙等精密焊接线。公司产品广泛用于液晶电视、家用电器、汽车、电子、电脑、手机、工矿、医疗设备连接线等。

图7—2—54　LVDS线

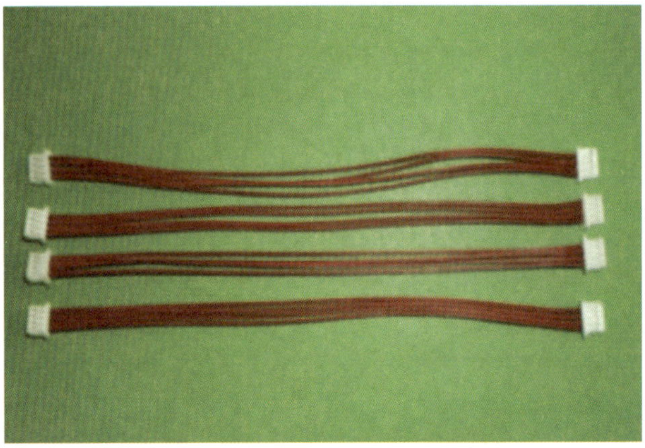

图7—2—55　端子线

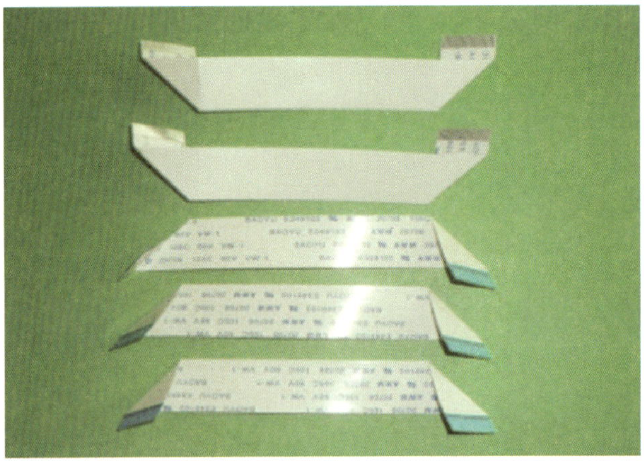

图7—2—56　（FFC）扁平线

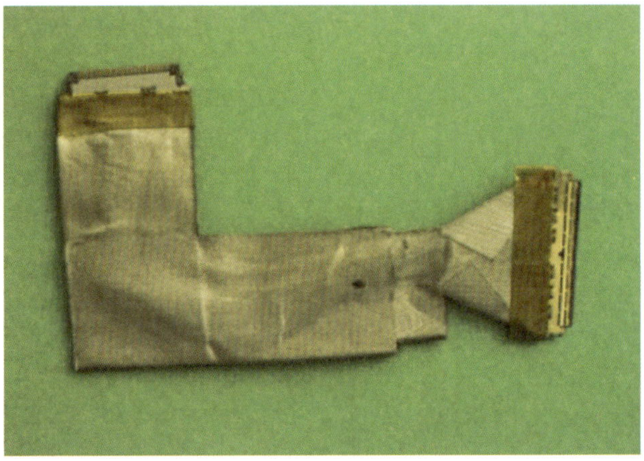

图7—2—57　造型线

## 贵州宏鑫织造有限公司产品图片及介绍

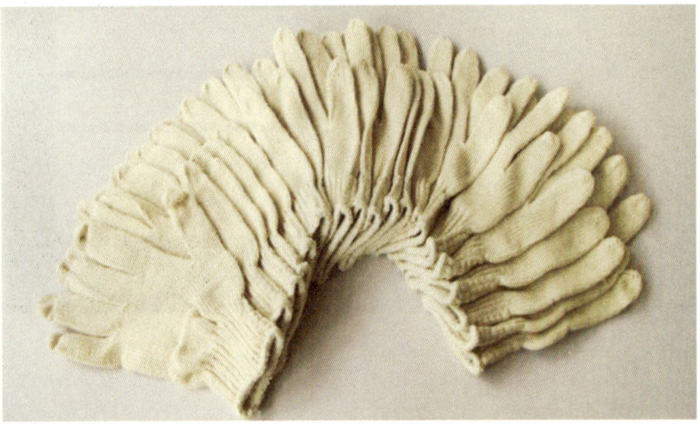

图7—2—58　棉纱手套

棉纱手套

材质：纯棉纱

用途：适用于机械制造、驾驶、冶金、林业、港口、矿山、建筑、消防装卸等无油作业场所的手部安全保护。

特点：戴着轻便，透气性能好、舒适，具有防滑耐磨作用

电焊手套

用途：适合建筑、石矿、钢结构、造船、电焊、打磨、五金铸造、制药、电子、物料处理及打磨等作业。对手部有良好的防护作用。

图7—2—59　电焊手套

## 武江隆塑业有限责任公司产品

PE管是由单体乙烯的聚合而成的，由于聚合因压力，温度和其他聚合条件不同，可以从不同密度的树脂提取出，所以有高密度聚乙烯，中密度聚乙烯和低密度聚-乙烯基区别。在PE管的不同类型的处理，按照适用的条件是不同的树脂等级不同的选择，而挤出机和模具的要求是不同的。

| 规 格 | 包装定量 |
|---|---|
| 20X1.6MPa | 200 |
| 25X1.6MPa | 200 |
| 32X1.6MPa | 100 |
| 40X1.6MPa | 100 |
| 50X1.25MPa | 50 |

图7—2—60　PE盘管

管材管件

管件是将管子连接成管路的零件。根据连接方法可分为承插式管件、曲弹双熔管件、螺纹管件、法兰管件和焊接管件。多用与管子相同的材料制成。有弯头（肘管）、三通管、四通管（十字头）和异径管（大小头）等。弯头用于管道转弯的地方；三通管用于三根管子汇集的地方；四通管用于四根管子汇集的地方；异径管用于不同管径的两根管子相连接的地方。

异径直接（承插式）

| 规　格 |
|---|
| 25X20 |
| 32X20 |
| 32X25 |
| 40X20 |
| 40X25 |
| 40X32 |
| 50X20 |
| 50X25 |
| 50X32 |

外弯头（承接式）

| 规　格 |
|---|
| 20X1/2" |
| 25X1/2" |
| 25X3/4" |
| 32X3/4" |
| 32X1 |

内丝直接（承接式）

| 规　格 |
|---|
| 20X1/2" |
| 20X3/4" |
| 25X1/2" |
| 25X3/4" |
| 32X1/2" |
| 32X3/4" |
| 32X1" |
| 40X5/4" |
| 50X3/2" |
| 63X2" |
| 75X5/2" |

截止阀（承插式）

| 规　格 |
|---|
| 20 |
| 25 |
| 32 |
| 40 |
| 50 |
| 63 |

图7—2—61　管材管件

贵州健宝儿童用品有限公司产品

产品名称：铝管PU轮口袋儿童车

图7—2—62 儿童车

图7—2—63 儿童车

瓮安县好梦宝家居厂产品

产品名称：床垫

特点：高端针织面料，采用单个独立弹簧连锁串组而成，具有超弹性，完全符合人体工学，回弹力能依照体型伸缩，保持脊骨曲线自然。缓解精神压力、消除疲劳，让你尽情享受宁静无声的睡眠。

图7—2—64 床垫

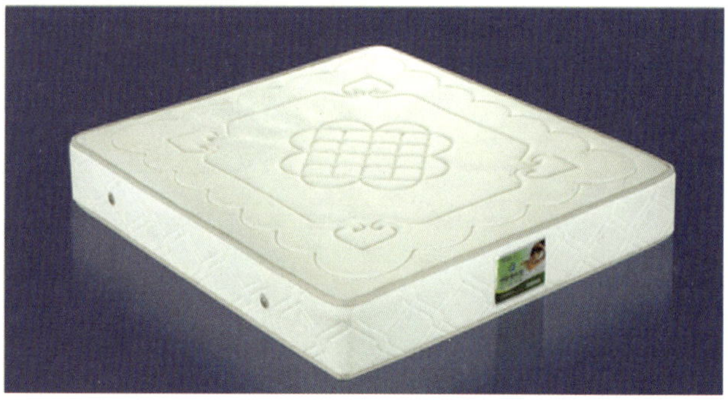
图7—2—65 床垫

# 第八篇　商业贸易

WENGANXIANYINZHAN ZHENZHI
瓮安县银盏镇志（620–2015）

# 第一章 商业

银盏地处瓮安县城郊区，县城称银盏一带为五里街，市贸往来较其他乡镇无论时间和地理均处优势，解放前以五里街为市贸中心，设有商铺10来家，主要经营民众生活日用品、布匹、粮油、食盐、烟酒类及生产物资类，同时也是农副产品的交易市场。由于离县城近，较其他较大的建中、草塘、平定营、岚关等乡场颇为逊色。多数买卖还是在城中交易，五里街可谓过路场，市场萧条，1949年全年商品零售总额为3.8万元。

新中国成立后，城镇驻地得到快速发展，经济逐渐恢复。经过国家第一个五年计划，基本完成对工商业的社会主义改造，形成以国营商业企业、供销合作社和公私合营的经营格局，商业起步发展，银盏相继建立百货供销社、公私合营饮食店。1957年社会商品零售总额已达18.5万元，比1949年增长5倍左右。1958—1960年，开展“大跃进，总路线，人民公社化”运动实行预付赊销，一平二调，使国营供销社商品受损。1962年在“调整、巩固、充实、提高”八字方针下，商业逐步恢复发展，社会商品零售额渐趋回升。1965—1978年，商业受到干扰，市场萧条，社会商品零售总额增长缓慢，1968年社会商品零售总额24.5万元。1980年，中央对国民经济实行“调整、改革、整顿、提高”的八字方针，逐步对商业进行体制改革，推行多种经济成份，实行多样经营方式，多渠道、少环节的商品流通政策，商业逐步兴旺，商铺增多，市场日趋繁荣。到1990年，社会商品零售总额已达258万元，比1957年增加14倍左右。

自改革开放后，随着企业的体制变革，商业一路走好，商业在市场经济中逐步显出其强大的生命力。

## 第一节 饮食服务

解放前，在银盏境内就有为他人提供饮食方便，从中收取一定的服务费，此服务费亦称食物加工手续费。饮食服务行业，在境内人员流动较多的银盏五里街、木老坪街上、新华石家寨等地曾开设3～5家餐馆，有的还有宿舍。解放后，饮食业也纳入社会主义工商业改造的范围，实行公私合营。公私合营人数根据人员流动情况而定，如遇赶集天，可适当增加服务人员，经营利润和服务人员开支由当地供销社统一负责管理。

饮食服务讲究食物的色、香、味和烹调工艺。银盏境内的食物味型以黔味、川味相兼，即麻、辣适宜，木老坪的烤米皮、辣鸡汤糯米饭较出名。

1954年，银盏饮食业有6家，服务人员20人。饮食服务业发展不平衡，从1958年至20世纪80年代中期，粮食均处在紧张阶段，饮食业的发展一直缓慢。到1990年，由于土地承包和粮食品种的改良带来粮油丰收，饮食服务业发展迅速，银盏五里街、木老坪街上、新华、玉华等处的餐馆有20余家，木老坪还设3家旅社，从事饮食服务人员超过100余人。各处饮食服务业出现欣欣向荣的景象，包子、馒头、蒸饺、小笼包、泡粑、油条、烙锅、豆腐、米粉、糕点，以粮油为原料加工的食品，在餐馆或赶集场所，应有尽有。

2000年以后，随着市场经济的健康发展，银盏乡的饮食服务业犹如异军突起。据统计，2000—2015年，有个体经营户270户，其中饮食服务业就有70余户，有饮食一条街、银盏食府，特别是入驻在工业园区内的摩尔城特色美食风情园，是黔南规模最大的饮食城，是集西南众多民族传统与现代风味为一体的时尚餐饮场所。内有豆花火锅店、陕北铁锅羊肉餐馆、余庆羊肉粉馆、君隆食府、苗家黔味餐馆、誉满黔川的辣鸡粉馆等，餐饮从业人员500余人，主厨、烹调师均由专业学校毕业或经专业培训，并持相关证件上岗。美食的色、香、味吸引八方宾朋，餐馆每逢旺季，招聘许多临时工，临时工工资一般在2000～3000元，饮食服务业年产值2000万元左右。

## 第二节　个体商业

新中国成立前，银盏的个体商业本小利微，为数不多。主要经营百姓日常生活用品，集中在境内的五里街、玉华街、木老坪街、新华、鱼河等地。据统计，1947年仅有个体商户7户。解放初期，政府对个体工商业实行“利用、限制、改造、合营”的政策。1954年国家对个体商业和资本主义工商业进行社会主义改造，使个体手工业户、商业户加入手工业生产合作社和合作商店进行公私合营经营，个体商业受到限制。1963年恢复自由市场，个体工商户又在市场上活跃。1966年进行“文化大革命”运动，个体商户被视为资本主义的毒草遭铲除，对小商小贩进行七不准限制：不准经营批发业务、不准超过批准的经营范围、不准超过规定的活动地区、不准任意增设场点、不准任意增加人员、不准违反国家价格政策、不准在集市上和到外地采购非经批准的商品。1973年，瓮安工商局对个体工商户进行清理整顿，全公社只有2户换发“个体工商业许可证”。

1978年以后，国家对个体工商户实行扶持、发展的政策。到1980年，个体工商户逐渐增加，时有个体工商户21户。1984年国务院先后出台《关于城镇非农业个体经济若干政策规定》《关于农村个体工商业的若干规定》和《关于农民个人或联户购置机动车船和拖拉机经营运输业的若干规定》。1985年，国家统一制发营业执照，个体工商业户数迅速发展到168户。1995年，有个体工商户298户。到2015年，个体工商户飙升到1270户。个体工商业涵盖饮食、建材、交通、建筑、修理、五金加工、农副产品加工等各个行业，从业人数达5000余人，还有17家旅行社、5家比较著名的火锅店、8家饭庄、70多家餐馆，麒龙摩尔城个体商户就有248户。

## 第三节　市场建设

清代，境内有木瓜（原大林村）、宋家湾、羊子坪（原珠藏坝村）、桃子冲（穿洞村）、棒坪（印山村）、宋家湾（原干塘村）、大寨坪、老山沟（大寨坪村）、高松（新场村）等集市。

民国初期，瓮安行政区为6个里25团，其中附郭里银盏团有集市银盏场，是全县26个集市之一，赶场日期为卯（兔）、酉（鸡）日。银盏场离雍阳市场5华里，市场演变为五里街，由于离雍阳市场较近，赶集日趋萧条，固定场期消失，人们纷纷到县城赶集。

银盏的市场有岩根河村的玉华街，木老坪村的木老坪街，新场村的鱼河街，新华村的新华街，太平社区的摩尔城物流中心。

摩尔城是继五里街市场后兴起的物流中心，是2011年入驻在银盏境上的集四星级酒店、甲级写字楼、建材家具城、汽摩城、农副产品批发加工于一体的交易市场，是集多种经济为一体的城市综合体。

岩根河村的玉华街作为农村市场，是从20世纪80年代中期开始的，在此之前，玉华街上国营供销商铺、粮食收购站、食品站，向当地农民及政府机关工作人员提供日用品需求。

1980年玉华已有初步的集贸市场，农产品与工业品种类增多，街道拓宽，商铺已有近20家，集贸市场以公路两边为主。2013年7月，岩根河村并入银盏镇，场天赶集曾一度中止，2014年10月又恢复了场天赶集制。

木老坪街、鱼河乡场和兴起于60年代的新华街场，到1980年以后，市场逐步繁荣起来，当地政府对街道进行整治，其中木老坪、鱼河、新华分别建起农贸市场。2000年已有超市，通过土地转让及招商引资，农贸市场的建立和超市的兴起，乡场更显繁荣，各市场建立市管会，2000年以后改为工商管理所。木老坪、鱼河、新华由两次行政区划调整前的当地政府投资建设的农贸市场，耗资约10余万元，建设摊位100余个，街道两旁的商铺数百家，市场经销的许多物资在1980年之前是凭票供应的，如布匹需要布票，油类需要油票，粮食需要粮票。经过改革开放30余年的市场建设，乡场已成为人们交换物资的中心。每逢赶集天，市场上的狗肉汤锅摊子上，经常围坐一些须发皆白的老翁，吃狗肉饮酒言欢，如遇佳节前赶场，只见人头攒动，热闹非凡，尤以木老坪街突出，鱼河亦如此。

**民国初年银盏集市一览表**

表8—1

| 里 | 团 | 集市名称 | 赶场日期 |
|---|---|---|---|
| 附郭里 | 银盏团 | 银盏场 | 卯（兔）、酉（鸡）日 |
| 草塘里 | 全贵团 | 鱼溪坝（鱼河） | 卯（兔）、酉（鸡）日 |
| 荆竹里 | 红灯堡团 | 红灯堡 | |

**1990年银盏市集一览表**

表8—2

| 区（镇） | 乡（镇） | 集市名称 | 集市面积（平方米） | 赶场日期（星期） | 赶场人数（人） |
|---|---|---|---|---|---|
| 草塘区 | 新华乡 | 新华（石家寨） | 2000 | 6 | 1000 |
| 玉山区 | 鱼河乡 | 鱼河 | 5000 | 4 | 3000 |
| 天文区 | 木老坪乡 | 木老坪 | 5000 | 3 | 3000 |

## 第四节　石油购销

煤油购销域内始于民国中期。1965年以前，银盏的绝大部分村落，照明一般均用煤油，少数人家用菜油、蜡烛或松枝。在计划经济时代，由当地供销社统一供应给每户农民，按季度或月定量供应煤油。1970年以后，煤油供应有所松动。1990年以后，煤油逐渐退出市场，取而代之的是电力。

汽油、柴油均作为动力机车使用，由于汽油容易着火，用作照明极危险，柴油烟雾大，亦不适照明用。改革开放前，银盏的汽油、柴油购销一般由县农机站经营（或农机局），当地供销社在20世纪60年代也代销柴油和汽油。1978年以前，公社或大队需用汽油、柴油，由行政部门向县工业科申请批准，到县加油站提取，用作抗旱或集体机动车辆用油，用油量小，乡镇未成立专门销售网点。1980年以后，随着农机的普及以及抗旱所需，汽油、柴油的购销比较频繁。柴油由本地供销社代销，汽油由专门加油站销售。1981—2000年，机动车辆增多，石油购销量增大，石油购销主要由中国石油公司设在瓮安的各个点进行销售。

1996年3月，银盏乡境内第一家加油站—瓮安县南天加油站建成运营，法人代表朱金祥，该加油站位于银盏村，经营面积达2000平方米以上，主要购销汽柴油等成品油。2007年11月，为维护成品油市场价格秩序，保证成品油市场供应，国家发展和改革委员会在全国范围内组织开展成品油市场价格检查，11月28日，公布六起加油站价格违法案件名单，南天加油站名列其中。

2001年3月，注册成立瓮安鱼河加油站，位于马遵公路边鱼河街上，注册资本40万元，主要经营汽油、柴油、润滑油，有在职员工4名，资产总额27.285万元，年销售总额87.27万元，上缴利税2.4万元。

2015年4月30日，注册成立的瓮安经济开发区尖山加油站，位于飞练社区尖山组，注册资本1200万元，法人代表黄寿清，属个人独资企业，主要经营汽油、柴油、润滑油、食品零售等，占地面积4520平方米，有在职员工10名。

2005—2015年，银盏境内的大小机动车辆有万余辆，汽油、柴油购销均由石油公司设点购销，单价一般在6～7元/升，价额随市场价波动。

## 第五节　天然气购销

天然气作为一种清洁新能源，在银盏的发展历史短暂。在1999年之前，民众使用天然气是以铁罐装的液化气为主，配备液化燃具（灶、炉）供民众使用，用完一桶又到液化气销售点更换或加气。20世纪80年代每桶价格在50元左右，90年代60元左右，到2000年每桶涨到100元左右。20世纪80、90年代液化气用户不多，据统计全乡有100余户，用户一般都集中在原乡镇驻地周围或有集市的地方。到2000年，液化气用户激增，全乡有300余户。

2000年农村兴起沼气池，运用人畜粪便和腐质物作发酵产生沼气的原料，农户自筹资金，政府补贴修建沼气池，全乡共建10余个沼气池，在相关科技人员指导下，少部分农民用上新能源—沼气，修一个沼气池一般在3000～5000元。

随着社会和经济的发展，为满足广大民众的需求，县政府通过招商引资，于1999年9月引进深安燃气公司，2012年入驻银盏工业园区。2000年1月17日，深安燃气公司投资兴建管道煤气工程正式开工，是年10月正式投入运营。公司向瓮安县城和银盏镇政府所在地周围社村安装天然气管道，向居民提供天然气。公司在重庆天然气公司进货，储藏于深安燃气厂内，修筑燃气管道，再分别送到千家万户。燃气的价格每立方4元左右。据统计，银盏镇有12000户用上液化天然气，在燃气管道未进入的村寨，农户一般使用罐装液化气。村民月用天然气120000立方左右，消费额为480000元左右，年消费5760000元左右（含园区）。

深安燃气是瓮安唯一一家有资质的大型燃气供应商，公司管理严格，有员工74人，有工程师及各种专职技术员工38人。

# 第二章　供销合作社

## 第一节　体制改革

1953年国家对农业、手工业和资本主义工商业进行大规模的社会主义改造。1958年实行人民公社化，商业经济实行计划性，商品由各级供销社统购统销，许多商品不仅需要人民币，还须购物凭证—各种相关票证，如粮票、布票、油票等，价额由国家相关机构统一规定。即使有钱，没有购物凭证，也只能眼巴巴看到，不能将所需物品购到。农民某些土特产也只能到供销社指定收购站出售。

1978年中共十一届三中全会后，县供销社根据上级相关文件和指示精神，对部分土特产品的收购价作出调整，平均提高40%左右。1980年，县供销社根据省供销社及物价局《关于三类农副产品议购议销的品种范围，定价原则和价格管理的意见》，对二类产品中的花生、核桃、芝麻、黑木耳、香菇实行平、议两种价，生漆、蜂蜜在完成国家计划后，开展议购议销，实行浮动价，对三类物资中的南瓜子、葵花子、白果、干姜片、家花椒等开展议购，实行浮动价。1982年，县供销社恢复社员代表大会制度。1983年，进行人事制度改革，将任命制改为选举制，由社员代表大会选举产生供销社理事会、监事会。1984年，烟草管理从供销分出，烤烟生产和收购工作由县烟草局统管，各公社成立烟叶站，对烤烟收购和生产进行管理。1985年，国家改革统购政策，农副产品随行入市，供销社引进市场竞争机制。1989年，县供销联社和各基层社不再设监事会，改设监察员，对社内经营业务进行监督。1992年，各基层供销社主任由县联合社任命，报县人事局备案。

1993年，计划经济体制开始过渡为社会主义市场经济体制，供销社收购的范围逐步缩小，出台社有民营承包方案，将所有权与经营权分开，把经营权利下放给职工，使企业与市场接轨。1995年2月，中共中央国务院出台《关于深化供销合作社改革的决定》，县供销社调整经营方式，对各处供销社进行柜组承包经营，供销社逐步扭亏为盈。1998年，国务院对化肥流通体制进行改革。2000

年，县供销社深化改革，采取目标管理责任制，股份合作制承包经营，柜组承包经营，风险抵押承包，内部转让经营，租赁经营，对某些店门进行转租或拍卖。对全县各级供销社进行改革，实行增效减员措施，清退冗繁人员。2005年，瓮安县供销社根据《瓮安县供销社改革改制实施方案》，对各企业的资产进行清理核资和对资产进行评估，理清债权债务，对职工的工作时间、工龄按照相关规定计算，根据补偿政策安置职工。2009年12月，全县供销社企业改革改制结束。

## 第二节　销售网点

销售网点作为工农业产品的交易集散地，其发展源远流长。在1949年以前，银盏的销售网点是境内的各乡场。凡是能赶集的地方，均成为销售网点，五里街、玉华、白岩、木老坪街、鱼河、新华石家寨等地，都有销售网点。

1950年7月后，供销合作社得到迅速发展，从城市到农村建立了批发和零售机构，形成了上下相连、纵横交错的商品流通网络。1953年，先后由雍阳镇供销社建立银盏、玉华、木老坪、鱼河供销点，本地人称供销社，具体对工农业产品（农产品主要是副产品）进行销售、收购。1958—1994年，供销网点处于繁荣阶段，尤其是1990年之前，供销社网点处于独家经营的特殊地位。银盏境内的各销售网点，自成立到进入市场经济前，对工农副产品的流通曾起到积极作用。供销合作社的销售网点，随着市场经济的发展，在2000年左右悄然退出历史舞台，随之而起的是竞争激烈的市场经济，最具体的是大小超市，购物中心。

1980年之前境内只有四五家供销社销售网点。至2015年镇上的大小超市共有数十家，个体经营户达1270余户。

## 第三节　农产品收购

1950—1980年，工农业生产在计划经济原则内严格运行，粮食、棉花、钢铁等均为统购统销物资，农村的农副产品也由各处供销部门统一管理。1951年，县供销社成立，开始面向社会大量收购农副产品。1953年，国家将粮食、油料、棉花列为统购统销物资。1953年先后建立玉华、木老坪、银盏、鱼河、新华等供销社，具体负责收购调运农副产品事宜，收购的产品有茶叶、生漆、花生、油菜、五倍子、棕片、天麻、牛皮、麻、烤烟、桐油、中药材等物品，价格由县供销社统一制定，收购的物品统一运送到县或区供销社，再由县供销社统一外调。1958年，实行“大购大销”，开展“四包”（包收购区域、包收购任务、包生产安排、包技术指导）、“四边”（边收购、边供应、边宣传政策、边参加生产劳动）、“五带”（带样品、带价格、带秤、带钱、带服务）、“八收”（大小收、干生收、多少收、早晚收、门市收、入场收、下乡收、到户收）活动，收购品种增加到531个。1961年，国家将农副产品分为三类：即第一类为统购物资，包括粮食、油料、棉花；第二类为通过合同进行派购的物资，包括麻类、茶叶、棕片、皮张、蚕茧、油桐、生漆、土纸、中药材等，还有生猪、菜牛、羊、蛋禽；第三类为自己销售物资。1962年恢复自由市场，当时部分农副产品实行派购，群众在完成派购任务之外的可以在市场出售。1963年1月22日，棉花收购改按自留棉办法办理，即生产队或社员自愿出售皮棉0.5公斤给供销社，供销社奖励布票5尺。12月，县供销社、县商业局、县粮食局联合通知，向社员收购棉花仍实行奖售政策，每收购50公斤棉花奖售粮食15斤，化肥85斤，棉布10尺。1966年，州人委根据国务院精神，决定增加对花生、芝麻、木薯、蚕茧的奖售标准，降低对蓖麻油、松脂等品种的奖售标准。1970年以后，供销社改为全民所有制后，扩大了购销经营范围。

1967—1976年，有玉华、木老坪两处收购站对土特产生漆、五倍子、油菜籽实行预付定金合同收购，即与当地的生漆、五倍子、油茶籽的交售人员签订预购合同，给付合同收购总价10%左右的预付资金，预付收购定金随后延伸到某些收购品种领域，如烤烟，这种办法能保证收购任务的完成，又可缓解某些农副产品种植农户的资金周转。

1978—1982年，境内有供销社收购网点5个，员工12人，有部分收购站采取预约定金合同收购方式，一般均为预约，合同或议购等形式进行收购。1979年，完成商品流转购进869.23万元，比1978年增长0.5%左右，农副产品收购比1978年增长10%左右，盈利60余万元，1980年，商品购进总额1102.48万元，全年盈利73.77万元。

1983年计划经济体制改革，农副产品和农业生产资料由县社各基层社及农资公司统购统销。1983—1993年，市场上的各种农副产品等农业生产资料均由各级供销社统购统销，化肥（主要为尿素）也实行平价和议价进行销售。1987年，采取购销并举，扩大农副土特产品收购范围。

1991年，收购流通体制改革，农副产品收购政策开放，收购网点和形式变化，供销社收购业务逐渐缩小。1993年，逐步改宽农副产品收购经营，改为个体承包经营。

1995—2012年，经济体制改革，农副产品在市场上自由买卖，供销社农副产品收购使命结束，农副产品收购业务被个体经营户取代。

## 第四节　废旧物资收购

废旧物资收购属于供销社（点）农副产品收购中的附属业务。1952—1984年，瓮安县只设立一个废旧物资回收公司，其余站点分别设在各区、乡、村（点）供销社内，银盏境内有玉华、银盏、木老坪、新华等处，收购的主要废旧物资有金属、橡胶、玻璃、纸、布等100余种，在这些废旧物资中，以废钢废铁居多，其次为废纸，第三为杂骨，废塑料、橡胶为最少。各种废旧物资价格由县供销社统一定价。在计划经济时代，人民生活本来就不富裕，所产生的废旧物资原本不多，所以废旧物资收购业务稀疏。

1984年之后，国家经济体制改革，废旧有色金属归供销社和物资局交叉经营，其它废旧物资收购全部放开，国家、集体、个体均可收购，实行竞争购销。1991—1994年，流通体制进一步改革，废旧物资收购的网点租赁给个体经营。1995年，废旧物资收购业务进入市场化，个体经营取代各收购点。

2015年，银盏镇的废旧物资收购，相对于其他乡镇收购，略高于县的平均水平。

## 第五节 农资供销

银盏镇农业生产资料的供应销售可以追溯到20世纪的60年代。1953年开始对农业、手工业和资本主义工商业进行社会主义改造。1958年成立人民公社，一切生产资料，大件实行国有化，农业生产资料一般均由上级统一调进，统一核定价额，凭票供应，尤其自1977年以后，这种管理模式高度完善，由各供销社（点）具体负责。

境内银盏、玉华、木老坪、鱼河、新华各供销社为农资供应销售网点，各处从业人员3～4人，如遇赶集可临时聘请人员协助。1961年，县农资部门和各基层供销社组织人员到外县购买部分农机具，购进材料自己加工铧口、钉耙、锄头及铁制农具。1974年，农资部门统一调拨，基层供销社零售，农村开始使用塑料薄膜。1979年以后，化肥、农药、农业地膜由供销社专营。1980年以后，供销社经营的农药有敌杀死、钾铵灵、敌敌畏、六六粉等10多种，农具有手扶式拖拉机、挞谷机等。1981年，银盏公社与其它公社一样，实行土地家庭承包制。生产资料由原来的供应到小队改成供应到每家每户，当时化肥最为畅销，以尿素最为抢手，其次是硝酸铵、碳酸氢铵、复合肥、普钙、磷肥，许多农民不看好钾肥。

1986年，州内化肥厂家直接与基层供销社签订购销合同，银盏乡购进化肥1495.6吨。1987年，银盏乡化肥销量2240.6吨，比1986年增加50%左右。1988年，由于化肥生产供不应求，供销社统一发放化肥购买凭证，农民到供销社凭票购买肥料（一般为尿素、硝铵），当时尿素有平价和议价两种价格，一包40公斤的平价尿素23.2元，议价尿素46.2元。1989年，农资由供销社独家经营，主要是化肥尿素、硝铵，化肥按计划进行奖售供应，专项供应和救灾救济供应，由于农民对化肥的需求量大，当时还由供销社与政府部门共同制定一些化肥管理规定，如不准平转议（即不准将平价化肥暗中转成议价化肥），不准乱抬价，不准优亲厚友等，农民买到化肥尿素、硝铵、复合肥就等于粮食增产有保障。1990年，实行粮、烟生产奖售，即完成烤烟任务和公余粮任务的农户有一定数量的化肥奖售，乡境各供销社向农户兑现奖售化肥100余吨。

1991年，化肥供应市场全面开放，价格由物价局统一核准，化肥不再为供销社独家经营。1993年，整顿化肥市场，按照国发〔1992〕60号文件相关规定要求，办理农资经营许可证，即农资营业执照，整顿和净化农资市场，从而保证农资销售产品质量。1994年，雍阳供销社向银盏乡供应化肥3404吨，其中尿素683.2吨、硝铵648吨、碳酸铵60吨、磷肥557.6吨、各种小化肥920吨、烤烟专用肥580吨，完成农资销售425337元。1997年，烤烟专用肥全部由供销社组织供应，采取现金购买、赊销和农行现金结算，保障烤烟肥供应。

1998年，化肥经营流通体制进行改革，化肥逐步市场化。2000年，县供销社对所辖农资公司进行改制，对部分职工实行买断工龄，即进行一次性经济补偿后自谋出路，全县农业生产资料由农资公司自行组建经营。2001年，改变经营方式，将现金购买与赊销兼营。2003年，银盏、玉华、木老坪、鱼河供销分社购进总额426.8万元，比上年增长26%，商品销售总额完成545.6万元，比上年增长6.95%，其中农业生产资料销售172.24万元，比上年增长8%，全年总盈利720万元，实现扭亏为盈。

2006年，搞好“万村千乡市场工程”，构建农村现代商品流通体系，新建商业网点。2009年，巩固完善“万村千乡市场工程”和“新网工程建设”，着力发展新型供销流通网络。是年，瓮安县农资公司在银盏乡新建农业生产资料农资产品批发市场综合大楼，总面积达7600平方米。2010年，银盏乡购进商品总额2603.84万元，商品销售总额301.44万元，其中农业生产资料销售额247.52万元，全年盈利12880元。2011年，瓮安建成新网工程配送中心和日用品配送中心，网点经营户只需电话告之，物资即到店门，且配送网点直达村级综合服务站。2012年，瓮安建成配送半径60公里物资配送中心，银盏镇境所有销售点均不需进城购货，一个电话，欲进之货须臾上架，农民在当地销售网点便可购到所需之物。2015年8月，推进商贸和物流的大发展。银盏镇内各村（社区）的许多农户所需农业生产资料，各网点已做到送货上门。

## 第六节　电子商务

图8—2—1　电子商务培训会

2012年，瓮安县在银盏工业园区筹划电子商务服务中心。2014年，完成电商服务中心各项服务平台建设。2015年，入驻瓮安经济开发区的瓮安颐高电子商务产业园动工建设。是年11月17日，瓮安县召开电子商务发展暨培训大会。12月，瓮安经济开发区电商服务中心、贵州电商云瓮安馆、淘宝·特色中国瓮安馆、OTO线下体验馆装修完毕。馆内设有交通旅游展示区、农产品展示区、工艺品展示区、工业品展示区、农村电商服务区、办公区、媒体文化展示区、智能硬件展示区、颐高万创平台等十大板块。其中颐居草堂线下体验馆是瓮安名、优、特产品展示和销售的窗口。瓮安颐高电子商务产业园主体为电子商务大厦、网商培训基地、网商创业大厦、网货博览城、网货特色馆、人才智慧公寓等模块。电商服务中心颐高电商馆占地6500平方米，建筑面积4500平方米。

电子商务开展以来，以服务全县中小企业从传统销售模式向电商销售模式转型升级为目标。电子商务中心借力贵州电商平台瓮安馆、淘宝·特色中国瓮安馆电子商务交易平台、淘宝古邑臻品店铺、阿里巴巴店铺等，致力于销售瓮安县名、优、特产品，馆内汇聚瓮安县50多家企业的110多个产品，还扩容贵州省其它地方特色产品50余个，通过线上、线下销往全国各地。全县建成的5个农村电商综合服务站，银盏镇的新华村、印山村已捷足先登,成为农村电商综合服务站，电商已成功通过阿里巴巴集团审批并上线运营。

# 第三章　烟草经营

## 第一节　经营机构

烟草是国家统购统销产品，除国家专门机构经营外，不允许任何单位和个人经营。

新中国成立前，境内无烟草经营机构，但有少量烟叶种植。1950年以后，烤烟由雍阳供销社、鱼河分销店、木老坪分销店、玉华分销店分别组织人员统一收购。1951年1月,县成立贸易组,统管卷烟业务。1954年8月，建立农林科，主管烤烟生产。1958年5月，烤烟生产改由农业局领导。1960年2月，成立经济作物局，兼管烤烟生产。1961年8月，撤销经济作物局，烤烟生产又回归农业局主管，直到1984年2月。1980年，国家为发展烤烟生产，增加产量，提高质量，成立经营机构—烟叶收购站，人员全部从供销社分流出来，与供销社脱钩，由县烟草公司直接管理。1983年9月，国务院发布《烟草专卖条例》，对烟草行业实行专卖。1984年4月，商业部门将卷烟业务全部移交给县烟草局（公司），实行产、供、销融为一体的管理体制。区、乡设立烟草收购站和分站。银盏烟叶分站设在太平村宋家坝组，到2013年8月，迁建到穿洞村桅杆坝组。至2015年年底，境内有银盏烟叶分站、木老坪烟叶分站、鱼河烟叶分站等3个烟叶分站。

**银盏镇（乡）烟叶站负责人更迭情况一览表**

表8—3

| 序号 | 职务 | 姓名 | 任职年限 | 备注 |
|---|---|---|---|---|
| 1 | 站长 | 朱秀国 | 1988—1993 | |
| 2 | 站长 | 陈友祥 | 1994—1997 | |
| 3 | 站长 | 黎明菊 | 1998—2004 | |
| 4 | 站长 | 无 | 2004—2010 | 撤站，停收烟叶 |
| 5 | 站长 | 姚吉昌 | 2011— | |

## 第二节　烟草购销

**卷烟购销**　新中国成立前，烟类消费以土烟为主，丝烟为辅。新中国成立后，卷烟是国家统购统销产品，不允许私营和生产卷烟产品。卷烟由供销部门统一销售，卷烟产品由贵定卷烟厂统一生产。20世纪50年代，经营的卷烟品种有大前门、红金龙、长征、红炮台等16种。60—70年代，卷烟供应紧张。1961年实行“定级别、定品种、定数量”的“三定”办法，凭票供应。供应标准是：区级干部，每人每月供应“清定桥”5包；区助级干部每人每月供应“兰雁”5包；一般干部，每人每月供应“文峰塔”或“向阳花”5包；城镇居民每人每月供应“向阳花”等低次烟2包；县和县以上干部，列入特殊供应。1963年4月起，凡卷烟普遍实行高价销售。1965年3月，卷烟生产有所好转，取消高价，并对离退休老干部、教授、高级工程师、华侨等以高档次的甲级烟供应。20世纪70年代后，经营的卷烟品种主要有贵烟、遵义、云雾山、黄果树、花溪、天麻、杜仲、清定桥、朝阳桥、兰雁、乌江、甲秀、芦笙等牌名。随着改革开放不断深入，国家允许个体商户销售卷烟产品，还可销售省外卷烟，价格、品牌由国家制定。其间，市场出现仿制卷烟产品，扰乱经济秩序，坑害消费者。1984年以后，经营的卷烟品种达50余种。1985年1月，县设立卷烟批发站和专卖股，商户销售卷烟产品，必须到县烟草公司办理卷烟专卖许可证，持证销售卷烟产品。在打击假烟同时，国家实行卷烟产品统一进货制度，由县卷烟经营部门统一到指定的卷烟生产厂家定购进货。商户将所需经营产品告知卷烟经营部门，开始所需资金汇入卷烟经营部门指定帐户后，卷烟经营部门定期向商户送达定购的品种、数量。严禁私人批发卷烟，并不定期对市场经营情况进行执法检查，净化销售市场，从而达到防止假烟流入市场。

**烟叶购销**　新中国成立前，烤烟收购均为私人经营。其经营方式，一是外商坐庄收购；二是货栈代客收购；三是小商小贩赶场收和下乡串寨收购。新中国成立初期，烟草购销由国家统一收购和销售。政府提倡种植烤烟，但由于种植技术水平不高，产量有限，收购站将烟农生产的黄烟、青烟以及脚叶烟全额收购。1951年4月，由县贸易组收购。11月，成立县供销社，建立国营市场，开始面向社会收购烤烟。1952年10月，省商业厅、省合作联社联合通知，烤烟属合作社国营商业代购的农产品，代购资金由国营商业按计划拨给，代购手续费为2%。同时，农业部门成立烤烟技术指导小组与供销社配合，从事指导烤烟生产。1956年3月，烤烟划归各级农产品采购局经营，各区供销社相继成立烟叶站，通过签订产销合同，实行计划统购，不准私人经营。1957年2月，农产品采购局撤销，烤烟的收购、调拨、分配任务仍属供销社负责。1959年，各区烟叶站成立烤烟收购评级委员会，实行样品到队，技术指导到队。1965年，烤烟收购改为由烟草托拉斯管理和垂直领导。1969年以后，种植面积有所增加，但幅度不大，全公社仅种植705亩，产量46.1吨，比1950年增加520亩，产量增加33.7吨。20世纪70年代，学习河南乔庄经营管理经验，实行合同定购，集体交售烟叶。1972年以后，烤烟种植面积逐渐扩大，1979年收购烟叶76.5吨，进入20世纪80年代，烤烟生产大幅增加。1984年，供销社与县烟草部门分家，烤烟收购由烟草部门负责。1989年收购烟叶180吨，是1950年的145.1倍。20世纪90年代，烟叶生产重视质量，要求中、上等烟叶要达到85%，下等烟叶限在10%~15%。1995年，收购烟叶254吨，是1989年的1.4倍。2000年以后，烟叶收购有所回落，为114吨，2009年收购烟叶30.1吨。2010年烤烟种植面积大量减少，部分烟叶站被关闭，仅收购烟叶27.2吨。2012年4月、2013年7月两次行政区划调整，木老坪、印山、新寨、新华、新场、岩根河等村并入，种植面积迅速增加，2014年收购烟叶519.52吨，2015年，全镇共收购烟叶600吨，是1950年的480.3倍。

1980年以前，农民种植的烟叶经烘烤分级扎把后运送到县城雍阳烟叶站进行销售。1990年以后种植面积扩大，县烟草公司在境内宋家坝设收购点收购烟叶。烟叶收购结束后，收购站将烟叶分等级打包后，销售到贵定烟叶复烤厂。除此之外，外省烟厂还与收购点签订种植合同，按合同规定，收购站向湖南、广西销售一定数量的烟叶，但数量有限。

烤烟等级、价格，几经调整，逐步趋向合理。1949—1951年实行6级制。1952—1955年实行9级制，并加收等外烟。1956年实行16级制，另外加2个等级，执行青烟变黄后等级定计价。1974年实行17级制收购；1975年恢复1950年颁布的16级等级制；1976—1979年，废除17级制，恢复16级制；1980年，烤烟收购等级制又恢复到15级制，放宽验收细节，取消正黄，改用桔黄，增加成熟度，等级价格趋向合理。在15个级别中，中下部黄烟6个级、上部黄烟5个级、青黄烟3个级、末级烟1个级。1991年经省、州烟草公司批准在珠藏、木老坪等19个烤烟收购站（点）试行中华人民共和国国家标准40级等级制。1996年以后，烟叶收购从原来的15个级别改为40个级别。在收购期间，烟叶站坚持按计划、按合同、按标准对样收购烟叶。

### 1951年瓮安县部分月份烤烟等级价格表

表8—4　　　　单位：元

| 金额＼等级<br>月份＼单位 | | 提庄 | | 上庄 | | 上 中庄 | | 中庄 | | 中下庄 | | 下庄 |
|---|---|---|---|---|---|---|---|---|---|---|---|---|
| | | 牌价 | 市价 | 牌价 | 市价 | 牌价 | 市价 | 牌价 | 市价 | 牌价 | 市价 | 市价 |
| 2 | 100公斤 | 103 | 103 | 93 | 90 | 77 | 78 | 61 | 61 | 45 | 44 | 20 |
| 5 | 100公斤 | 142 | 142 | 136 | 138 | 112 | 112 | 76 | 76 | 54 | 54 | 30 |
| 10 | 100公斤 | 162 | 162 | 135 | 135 | 107 | 107 | 85 | 85 | 58 | 58 | 30 |
| 12 | 100公斤 | 133 | 133 | 117 | 101 | 101 | 101 | 85 | 85 | 70 | 70 | 30 |

### 1952—1955年瓮安县烤烟等级价格表

表8—5　　　　单位：元

| 年季度 | 单位 | 一级 | 二级 | 三级 | 四级 | 五级 | 六级 | 七级 | 八级 | 九级 | 等外 |
|---|---|---|---|---|---|---|---|---|---|---|---|
| 1952年四季度 | 100公斤 | — | 129 | 107 | 80 | 65 | 45 | 30 | 19 | 11.20 | — |
| 1953年四季度 | 100公斤 | 148 | 130 | 108 | 81 | 68.4 | 55.8 | 39 | 26.4 | 13.8 | — |
| 1954年四季度 | 100公斤 | 161.2 | 141.2 | 117.2 | 88.2 | 78.6 | 61 | 42.8 | 29.2 | 16.2 | 10 |

### 1956年瓮安县16级制烤烟等级价格表

表8—6　　　　单位：元/50公斤

| 等级＼年份 | 中 下 部 | | | | | | | 上 部 | | | | | 青 黄 | | | | 等 外 | |
|---|---|---|---|---|---|---|---|---|---|---|---|---|---|---|---|---|---|---|
| | 一级 | 二级 | 三级 | 四级 | 五级 | 六级 | 七级 | 一级 | 二级 | 三级 | 四级 | 五级 | 一级 | 二级 | 三级 | 四级 | 一级 | 二级 |
| 1958 | 84.5 | 75.2 | 65.6 | 56.9 | 48.2 | 36.2 | 25.1 | 65.6 | 54 | 44.3 | 32.8 | 22.2 | 45.8 | 33.2 | 23.1 | 13.5 | 12 | — |
| 1976 | 117.6 | 104.2 | 90.9 | 78.8 | 66.8 | 50.1 | 34.7 | 90.9 | 74.8 | 61.5 | 45.4 | 30.7 | 63.5 | 46.8 | 32.1 | 18.7 | 14 | 8.4 |

## 1974年瓮安县17级制烤烟等级价格表

表8—7　　　　　　　　　　　　　　　　　　单位：元/50公斤

| 等级 \ 价格 \ 地区 | | 城关 | 营定街 | 平定营玉华草塘新华 | 太平、松坪、青池、永和、岚关、鱼井、章阁、高枧、木老坪 | 中坪老坟嘴龙塘 | 小河山、白沙、珠藏、牛场坝、木引槽、青龙山、峰岩、天文、建中、茶店、铜锣、高水、平坝 | 玉山 | 鱼河 |
|---|---|---|---|---|---|---|---|---|---|
| 中下部黄烟 | 一级 | 117.6 | 117.7 | 117 | 115.8 | 114.4 | 113.7 | 115.4 | 116.3 |
| | 二级 | 104.2 | 104.4 | 103.1 | 120.6 | 101.4 | 100.8 | 102.2 | 103.0 |
| | 三级 | 90 | 91 | 90.4 | 89.5 | 88.4 | 87.9 | 89 | 89.9 |
| | 四级 | 78.8 | 79 | 78.5 | 77.6 | 76.7 | 76.2 | 77.3 | 78 |
| | 五级 | 66.8 | 66.9 | 66.5 | 65.8 | 65 | 64.6 | 65.5 | 66.1 |
| | 六级 | 50.1 | 50.3 | 49.8 | 49.4 | 48.8 | 48.5 | 49.1 | 49 |
| | 七级 | 34.7 | 34.9 | 34.6 | 34.2 | 33.8 | 33.6 | 34 | 34.3 |
| 上部黄烟 | 一级 | 90.09 | 91 | 90.4 | 89.5 | 88.4 | 87.9 | 89 | 89.9 |
| | 二级 | 74.8 | 74.5 | 74.5 | 73.7 | 72.8 | 72.4 | 73.4 | 74.1 |
| | 三级 | 61.5 | 61.2 | 61.2 | 60.5 | 59.8 | 59.4 | 60.3 | 60.8 |
| | 四级 | 45.4 | 45.2 | 45.2 | 44.7 | 44.2 | 43.9 | 44.5 | 44.9 |
| | 五级 | 30.7 | 30.6 | 30.6 | 30.3 | 29.2 | 29.7 | 30.1 | 30.4 |
| 青烟 | 一级 | 63.5 | 63.6 | 63.1 | 62.5 | 61.8 | 61.4 | 62.2 | 62.7 |
| | 二级 | 46.8 | 46.9 | 46.6 | 46.1 | 45.5 | 45.2 | 49.6 | 46.2 |
| | 三级 | 32.1 | 32.1 | 31.9 | 31.6 | 31.2 | 31 | 31.5 | 31.8 |
| | 四级 | 18.7 | 18.8 | 18.6 | 18.4 | 18.2 | 18.1 | 18.3 | 18.5 |
| 末 级 | | 14 | 14 | 14 | 12.6 | 12.6 | 12.6 | 12.6 | 12.6 |
| 等外级 | | 8.4 | 8.4 | 8.4 | 7 | 7 | 7 | 7 | 7 |
| 烟 末 | | 5 | 5 | 5 | 5 | 5 | 5 | 5 | 5 |

## 1980—1990年瓮安县15级制烤烟等级价格表

表8—8 单位:元/50公斤

| 等级 | | 1980 | 1981—1983 | 1984 | 1985—1986 | 1987—1988 | 1989 | 1990 |
|---|---|---|---|---|---|---|---|---|
| 中下部 | 一级 | 180 | 200 | 200 | 240 | 280 | 280 | 280 |
| | 二级 | 140 | 158 | 160 | 180 | 215 | 215 | 215 |
| | 三级 | 95 | 118 | 123 | 129 | 142 | 160 | 160 |
| | 四级 | 72 | 87 | 87 | 87 | 90 | 105 | 105 |
| | 五级 | 56 | 67 | 67 | 65 | 60 | 65 | 65 |
| | 六级 | 36 | 46 | 46 | 43 | 35 | 38 | 38 |
| 上部 | 一级 | 120 | 148 | 151 | 170 | 205 | 205 | 205 |
| | 二级 | 90 | 107 | 107 | 116 | 145 | 145 | 145 |
| | 三级 | 66 | 80 | 80 | 80 | 80 | 95 | 95 |
| | 四级 | 50 | 61 | 61 | 58 | 50 | 60 | 60 |
| | 五级 | 31 | 40 | 40 | 35 | 25 | 25 | 25 |
| 青烟 | 一级 | 64 | 73 | 65 | 60 | 60 | 60 | 60 |
| | 二级 | 47 | 50 | 39 | 35 | 25 | 25 | 25 |
| | 三级 | 32 | 30 | 19 | 15 | 10 | 12 | 12 |
| 末级 | | 16 | 15 | 15 | 10 | 5 | 8 | 8 |

## 中华人民共和国国家标准40级制黔南地区等级价格表

表8-9

| 组别 | | 级别 | 代号 | 单价 元/50公斤 |
|---|---|---|---|---|
| 下部（X） | 柠檬黄（L） | 1 | X1L | 165 |
| | | 2 | X2L | 135 |
| | | 3 | X3L | 105 |
| | | 4 | X4L | 70 |
| | 桔黄（F） | 1 | X1F | 180 |
| | | 2 | X2F | 150 |
| | | 3 | X3F | 120 |
| | | 4 | X4F | 80 |
| 中部（C） | 柠檬黄（L） | 1 | C1L | 240 |
| | | 2 | C2L | 200 |
| | | 3 | C3L | 160 |
| | 桔黄（F） | 1 | C1F | 280 |
| | | 2 | C2F | 250 |
| | | 3 | C3F | 220 |
| 微带青（V） | 下二棚 | — | X2C | 120 |
| | 中部 | — | C3V | 160 |
| | 上二棚 | — | B2V | 140 |
| | | — | B3V | 110 |
| 青黄色（GY） | | 1 | GY1 | 60 |
| | | 2 | GY2 | 30 |

| 组别 | | 级别 | 代号 | 单价 元/50公斤 |
|---|---|---|---|---|
| 下部（B） | 柠檬黄（L） | 1 | B1L | 195 |
| | | 2 | B2L | 150 |
| | | 3 | B3L | 110 |
| | | 4 | B4L | 70 |
| | 桔黄（F） | 1 | B1F | 260 |
| | | 2 | B2F | 210 |
| | | 3 | B3F | 170 |
| | | 4 | B4F | 130 |
| | 柠檬黄（R） | 1 | B1R | 200 |
| | | 2 | B2R | 160 |
| | | 3 | B3R | 120 |
| 完熟叶（H） | | 1 | H1F | 225 |
| | | 2 | H2F | 175 |
| 杂色（K） | 中下部（CX） | 1 | CX1K | 100 |
| | | 2 | CX2K | 60 |
| | 上部（B） | 1 | B1K | 105 |
| | | 2 | B2K | 80 |
| | | 3 | B3K | 50 |
| 光滑叶（S） | | 1 | S1 | 115 |
| | | 2 | S2 | 75 |

# 第九篇　交通运输　镇村建设与管理

WENGANXIANYINZHAN ZHENZHI
瓮安县银盏镇志（620-2015）

# 第一章　交通

新中国成立前，镇境无通车公路，交通运输靠人扛马驮。新中国成立后，随着国家对公路建设的重视，大量资金投入公路建设,交通得以快速发展，乡村石板路逐渐被公路取代。中共十一届三中全会后，政策放开，个体、民营交通运输业迅速发展，境内客、货运输车辆逐渐增多。20世纪80年代中期始，国家更加重视公路建设，倡导“要想富、先修路”，基层组织及广大人民群众纷纷响应，多渠道筹集资金，投工投劳，掀起修桥筑路高潮。至1995年，基本实现村（行政村）村通公路，98%的组通公路，公路建设催生运输业的发展。

## 第一节　交通设施

银盏历史悠久，历代为交通要冲，境内古道纵横交错，四通八达，步旅、驮运方便。

### 一、古驿道

明、清时期，由瓮安北出经银盏、天文、玉山，横渡江界河再经珠藏到遵义，驿道路线长，需数日才能到达，路途艰险，江界河水深浪急，横渡往往需要借助竹筏、小木船等辅助工具才能过江。

瓮安经银盏、红灯堡至草塘（今猴场），约32公里。

瓮安经银盏、中坪、开阳至贵阳驿道，约165公里。

黄平经猴场、银盏至遵义，约210公里。

雍阳—白沙路（经银盏、高枧、果水）、雍阳—天文路（经大寨坪、木老坪）、营定—玉华路（经平定营）、草塘—木老坪路。解放后，随着公路建设的迅速发展，古驿道逐渐被公路取代。

### 二、公路

民国31年（1942年）修建的瓮安至草塘的公路全长20公里，民国33年（1944年）建成通车，为瓮安县最早到乡镇公路之一。新中国成立后，人民政府重视公路建设，20世纪60年代，农村社队将原只通马车的道路改建成公路，通行汽车。80年代改革开放，农村经济体制改革，乡镇企业崛起，有条件开办企业的乡村，修筑企业所在地至主干道公路，继而又将公路延伸到村到组。

20世纪70年代，人民政府把加快农村基础设施建设，实现村村通公路作为农村脱贫致富奔小康的大事来抓，发动群众修筑乡村公路。为适应发展需要，乡村对公路几经改造，把部分乡村公路升级为县级公路。至1995年，银盏原8个村实现村村通公路，98%的村民组通公路。2010年，全乡乡村公路共12条，总里程为24.579公里。至2015年，全镇98%的村民组通公路，总里程超过100公里。

**省道**　1978年，境内有2条省道，即省道马遵线（2002年改名为S205马遵线）、省道久铜线（2002年改名为S305铜修线），2条省道里程612.6公里（砼路面12.77公里、沥青路面599.83公里），境内长37公里。其中，省道马遵线，即马场坪经瓮安至遵义路段，全长227公里，境内长约14公里，其中2级公路8公里，经银盏、鱼河等地。1953年11月，动工修建雍阳—银盏—玉山段29公里，1954年12月通车。1978年，将独田—银盏段20.50公里铺为柏油路。省道久铜线，即贵阳经开阳至过江屯路，1958年10月通车，全长385.6公里，境内长23公里（其中马遵公路复线11公里），为2级公路。经境内鱼河、银盏、新华等地，宋家坝至果果坪段11公里为复线。

1991年，由国家投资80万元改建马遵线果果坪路段，全长5公里。公路管理段投资6万元，新华磷肥厂出资1万元，改造久铜线K126+900m-K127+900m（126公里900米至127公里900米）处（泥路碎石）。2000年，省公路局投资约7000万元，县政府负责沿线土地、林木、房屋拆迁赔偿，改造福泉市牛场镇至境内银坑水路段，公路全长18公里，2001年11月竣工通车，公路为2级水泥路面。2003年，利用国债资金项目改造马遵线银坑水至鲤鱼塘路段，设计标准为3级油路改造，总投资2500万元，由省公路局组织施工，2004年竣工通车。

**县道**　域内有县道2条，全长17公里。

营定经白斗山、玉华至县城，全长30公里，域内长约8公里，1963年全线通车，1976年全县新测重建，1978年建成通车，1979年升级为油路，为磷矿石运输专线。

草塘至洞水，全长43公里，境内长9公里。1956年，草塘—木老坪段通车。1964年，木老坪—天文段通车。1972年1月全线通车。2002年对路面平整和加宽，2007年铺筑油路，2014年进行大修，升级为3级油路。

**乡道**　境内有乡道1条，主要是玉华—白沙路、全长28.6公里，宽4米左右，经玉华、太文、建中、青龙山、白沙等地。1972年玉华—建中段通车。

**磷矿石专用运输公路**　营定经白斗山、玉华至县城，为磷矿石运输专线。2013年，由于园区运输需要，修建银坑水至玉华专线公路，全长12公里，双车道，沥青铺面，为磷矿石运输专线。其中银坑水至青坑4.5公里为新建，青坑至玉华段为扩建，2015年5月竣工通车。

图9—1—1　*磷矿石专用运输路*

**电力器材运输道**　境内有1条，即木老坪—席子河水电站。

**煤矿运输道**　境内有下司—青菜沟煤厂、新华—上场坪煤厂、两岔河—棒坪煤厂。

**磷矿运输道**　境内有玉华—牛宫、岩根河各矿点1条。

**其他运输道**　境内有2条，即银坑水—穿洞河瀑布、新华—老鹰洞旅游点。

通村公路

### 2003—2015年银盏境内实施通村工程统计表

表9—1

| 初建年份 | 改造年月 | 线路名称 | 建成规模（公里） | 通达乡镇名称 | 投资金额（万元） |
|---|---|---|---|---|---|
| 1965 | 2004 | 白溪至大林 | 15 | 银盏、玉华 | 60 |
| 1967 | 2005 | 宋家坝至大寨坪 | 20 | 宋家坝、大寨坪（银盏） | 95 |
| | 2005 | 银坑水至印山 | 15 | 银盏乡 | 75 |
| 2006 | — | 鱼河至新寨 | 5 | 原鱼河乡 | 20 |
| | — | 玉华至岩根河 | 4 | 原玉华乡 | 16 |
| | — | 太文经白溪至大林 | 15 | 玉华、银盏 | 60 |
| 2007 | — | 三背槽至翁超 | 7 | 原鱼河乡 | 46 |
| | 2014 | 草塘至平坝 | 9 | 原木老坪乡 | 110 |
| 2008 | — | 玉华至牛宫 | 10 | 原玉华乡 | 75 |
| | — | 马岩井至小龙坑至巴岩井 | 10 | 原鱼河乡 | 75 |
| | — | 白水河至石家寨 | 20 | 银盏镇、永和镇 | 150 |
| | — | 木老坪至新寨 | 8 | 原木老坪乡 | 60 |
| | — | 小山坳至甘塘 | 5 | 原鱼河乡 | 38 |
| | — | 水淹塘至毛菇 | 10 | 原鱼河乡 | 75 |
| | — | 新桥至杨梅 | 6 | 原木老坪乡 | 45 |
| | — | 磨地坝至天堂 | 5 | 原木老坪乡 | 38 |
| | 1967 | 场坝子至大房 | 6 | 银盏 | 45 |
| 2012 | — | 中堡至大元龙门口 | 1.5 | 银盏镇 | 83.57 |
| | — | 玉华至建中通乡油路 | 20.6 | — | 2100 |
| 合计 | — | — | 192.1 | — | 3266.57 |

瓮安—银盏—鱼河—中坪路，全长35公里，境内约15公里，1957年开工建设，1958年竣工通车，泥沙结构，该路运行近50年后，于2004年国家投资对公路进行改造升级，镶边铺油，其中宋家坝至果果坪段约11公里为久铜复线。

瓮安—银盏—玉山—珠藏路，全长65公里，镇内长约14公里，其中宋家坝至果果坪11公里为久铜线复线。

瓮安—银盏—新华—草塘路，全长19公里，镇内长6公里，1957年开工建设，1958年竣工通车，其中宋家坝至草塘段12公里为久铜路复线。

**乡村道路**　1972年起，村道主要是农村群众集资投工投劳，自修自养自用，多是拓宽修筑连接主干道的进村公路和进自然村寨的进寨路，至1982年，境内有10余村道，多为泥沙结构，晴通雨阻，路面宽3～4米，分别是太文—白溪、宋家坝—珠藏坝、宋家坝—尖山；新华—大寨坪、新华—杉树坳、新华—红灯堡；鱼河—高松、鱼河—黔川；木老坪—新寨窑、两岔河—杨梅。1995年实现村（行政村）村通公路。至2015年，全镇有乡村公路16条，总里程为145公里，进寨路里程61公里，极大地改善了农村的交通运输条件。

**高等级公路（高速公路）**　贵阳至瓮安高速公路，全长89公里，总投资111.8亿元，路线起于贵阳乌当区水田镇李资村，连接贵阳环城高速公路，终点位于银盏镇钱家院，与道真至瓮安高速公路成“十”字交叉，向东顺接江口至瓮安高速公路，2012年10月20日，贵瓮高速投资协议签字仪式在贵阳举行，2013年7月动工，2015年年底建成通车，镇境内长约6公里。

道真至瓮安高速公路是国家高速公路网规划中的重要组成部分，是《贵州高速公路网规划》“678”高速路网中的北段，北与重庆南川至大有高速相接，南接瓮安至马场坪高速公路，项目贯穿贵州北部地区，是成渝经济区与东盟自由贸易之间的一条重要交通纽带，是完善贵州高速公路路网，推动黔北、黔中经济区建设形成新的北上、南下大通道的重要公路，线路全长248公里，总投资240亿元，2013年9月动工修建，2015年年底建成通车，镇境内长约4公里。

江口至瓮安高速公路是贵州省高速公路骨架规划“678”高速路网第三条横线的东段，是一条连接铜仁、遵义、黔东南、黔南四地（州、市）的大动脉，是黔中经济区与铜仁乃至华中地区联系的最便捷通道，是推动黔北、黔中、黔东经济区建设的重要公路，此高速公路起点位于江口县闵孝镇岳家寨，连接杭瑞高速公路，与杭瑞高速大兴至思南段T型枢纽交叉，终点至银盏镇钱家院，顺接贵阳至瓮安高速公路，与道瓮高速公路成十字交叉。线路全长144.35公里，总投资134亿元，2013年9月动工，2015年年底建成通车，镇域内长约5.5公里。

## 三、铁路

瓮安至福泉支线铁路全长86公里，设计总投资49.93亿元，是全国首个PPP模式下自建自营的地方资源型货运铁路，线路从沪昆铁路福泉车站增设姜家坪车站引出，北至瓮安银盏镇。2014年4月项目预可行性研究报告通过中国铁路总公司审查，省发改委于2014年8月19日批准本项目立项建设。可行性研究报告于2014年11月5日编制完成，项目支撑性文件和土地预审报告、环境评估和水土保持以及节能评估报告、地灾评估报告已委托相关部门编制和审查，2015年9月28日开工建设，建成后它将拉动瓮安经济的快速发展，结束瓮安没有铁路的历史。

## 四、桥梁

明、清时期，境内河道、沟渠上修建有连接道路的桥梁7座，即岩脚桥、飞练大桥、杜仲河大桥、万寿桥、两岔河平桥、青山踏板桥、朱陈桥，除朱陈桥（毁于崇祯七年即公元1634年，现仅存桥基）外，其它6座至今尚存。新中国成立后，政府重视公路建设，跨越的河道、山沟多，架设的桥梁亦多，至2015年，全镇共有桥梁29座，其中公路桥梁24座，人行桥5座，最长1212米，最短10米。

**省道桥** 马场坪—瓮安—遵义，镇内有岩脚桥、杜仲河一桥、杜仲河二桥、鱼河桥；贵阳—开阳—瓮安—铜仁，境内有高枧桥、杜仲河一桥、二桥、新华桥，均为国家拨款修建和改造。载重为汽车13吨，拖车60吨，桥宽6～7米，高10米以下。岩脚桥、杜仲河二桥、新华桥长30～40米，跨径10～20米，新华桥为三孔石拱桥，岩脚桥、杜仲河二桥、高枧桥为双孔石拱桥，杜仲河一桥为单孔石拱桥。

**县道桥** 营定—白斗山—玉华—县城，域内有岩根河桥长20～30米，白水桥长约10米。

草塘—平坝，域内有两岔河桥、鸡爬坎桥。

磷矿石专用运输公路桥 玉华—银坑水有大林桥、滚水塘桥、卢基塘桥。

**乡道桥** 瓮安—白沙，域内有玉华桥。

**专用道桥** 玉华—牛宫路有乾雍桥、牛宫桥；新华—老鹰洞路有万寿桥。

**村道桥** 宋家坝—大寨坪有朱陈桥，三岔塘—岩根河有岩根河桥，大林—白溪有民寨桥，鱼河至新寨有板布河桥，银坑水至印山有穿洞河桥，白水河至石家寨有红灯堡桥。

**高等级公路桥** 贵阳至瓮安有岩根河大桥，长670米，宽41米，于2012年9月动工修建，2015年12月建成通车。

贵阳至江口高等级公路桥新华白水河大桥，全长1212米，宽41米，于2012年9月动工修建，2015年12月建成通车。

### 2015年银盏镇公路桥梁统计表

表9—2

| 桥梁名称 | 桥梁所在线路 | 按性质及跨径大小分类 | 桥长（米） | 修建年份 |
|---|---|---|---|---|
| 茅坪坝桥 | 玉华至牛宫公路C162 | 小桥 | 40 | 1998 |
| 得沟桥 | 玉华至牛宫C162 | 小桥 | 35 | 1998 |
| 岩根河桥 | 三岔塘至岩根河C161 | 小桥 | 55 | 1981 |
| 民寨桥 | 大林至白溪C251 | 中桥 | 35 | 2007 |
| 朱陈桥 | 宋家坝至大寨坪C567 | 小桥 | 36 | 1983 |
| 穿洞河桥 | 银坑水至穿洞河C265 | 小桥 | 60 | 2007 |
| 两岔河桥 | 草塘至平坝X934 | 小桥 | 30.55 | 2008 |
| 玉华桥 | 三支岩至玉华 | 中桥 | 50 | 1973 |
| 牛宫桥 | 玉华至牛宫C162 | 小桥 | 44 | 2009 |

续表9—2

| 桥梁名称 | 桥梁所在线路 | 按性质及跨径大小分类 | 桥长（米） | 修建年份 |
|---|---|---|---|---|
| 磨地坝桥 | 磨地坝至天堂C254 | 小桥 | 14 | 1965 |
| 岩脚桥 | 马遵线 | 中桥 | 40 | 1957 |
| 杜仲河一桥 | 马遵线 | 小桥 | 10 | 1957 |
| 杜仲河二桥 | 马遵线 | 中桥 | 40 | 1957 |
| 新华桥 | 久铜线 | 中桥 | 60 | 1957 |
| 鱼河桥 | 马遵线 | 小桥 | 25 | 1957 |
| 鸡爬坎桥 | 草塘至平坝 | 小桥 | 33 | 2008 |
| 板布河桥 | 鱼河至新寨 | 小桥 | 41 | 2006 |
| 红灯堡桥 | 白水河至石家寨 | 小桥 | 35 | 1968 |
| 尖山桥 | 园区大道 | 中桥 | 75 | 2012 |
| 银水桥 | 园区大道 | 中桥 | 80 | 2012 |
| 岩根河大桥 | 贵阳至瓮安（高等级） | 大桥 | 670 | 2014 |
| 新华白水河大桥 | 贵阳至江口（高等级） | 大桥 | 1212 | 2014 |
| 白水桥 | 白斗山至县城 | 小桥 | 10 | 1957 |
| 大林桥 | 磷矿石运输专线 | 小桥 | 12 | 2015 |
| 滚水塘桥 | 磷矿石运输专线 | 小桥 | 15 | 2015 |
| 卢基塘桥 | 磷矿石运输专线 | 小桥 | 13 | 2015 |

## 五、隧道

瓮安至江口高速公路杉木溪隧道长668米，于2012年9月动工修建，于2015年年底建成通车。

贵阳至瓮安高速公路大坳隧道全长1240米，2015年12月25日建成通车。

图9—1—2　岩根河隧道

山岔塘至岩根河通村公路转背岩处有一天然隧道—岩根河隧道，高约8米，宽约15米，长30米，上窄下宽，是原白溪村、岩根河村村民出行和赶集的必经之路。1972年修建通村公路时，将洞口上部凿宽凿高，铺筑公路，可通行汽车和拖拉机等运输车辆。

## 六、大路渡口

境内瓮安河设有大路渡口，多为明、清以来开设，主要有板布河渡，因1987年大桥建成后停渡。

## 第二节　公路运输

### 一、客运

**人力运送**　明清时期，境内虽也辟有驿道，但不能行驶车辆。是时，达官显贵路经镇境，皆乘4人肩抬大轿。乡里有钱人家出行，其中尊者妇孺雇乘2人抬小轿或滑竿。迎娶新妇，用4人抬花轿，主送亲乘2人抬花轿，其余迎送人等骑马或步行。新中国成立后，婚娶仍有寨邻弟兄抬花轿迎亲，直至1966年“文化大革命”破“四旧”革除。

**兽力负送**　清代，境内富裕户多饲养骡马，配有鞍凳，出门就骑马。新中国成立后，随着客运汽车开通，骡马逐渐减少，80年代末绝迹。

**专线汽车客运**　新中国成立后，马遵公路、贵瓮公路开通后，始有汽车过境，乘客可乘坐过境汽车往返贵阳、遵义。20世纪50年代，贵阳客运站发往瓮安方向的客车往返经银盏，允许乘客上下车。每天发往贵阳、遵义各1班，第二天返回。1978年中共十一届三中全会后，实行改革开放，外出经商、旅游人数急剧增加，县内各地乘车拥挤，出行难现象凸显，交通部门逐渐增加客运车辆，缓解乘车难、出行难问题。1985年，政策放宽，允许个体户和企事业单位购置客运汽车从事营运。随后，个体户参与汽车客运日渐增多，除过境客运车辆骤增外，银盏至茅坡农村公交线开通，先后有24辆中巴参与营运往返，票价为每人次1元，大大减少出行压力，方便群众乘坐。2005年以后，经济发展迅速，外出务工、经商人数与日俱增，推动交通运输业的发展。2010年大型城市公交车开通后，该线中巴全部停止营运。现已开通的1路、2路公交车终点分别是银盏黄磷厂、水绞。4路、5路公交车往返途经银盏。2015年10月又开通瓮安至玉华、瓮安至建中、瓮安至中坪不定线农村中巴客运，群众出行十分方便。

**不定线机动车客运**　20世纪60年代，因境内公路畅通，五里街及马遵久铜公路沿线村多有购自行车代步者。90年代，群众生活水平提高，自行车逐步为摩托车取代，但多为自用。90年代中期，五里街、鱼河、新华、玉华、木老坪街上开始出现摩托车载客运营，不定线运送客人，依里程收费。2000年，开始有小轿车当街载客营运。同时还出现残疾人专用车，残疾人在方便自己的同时，亦顺便载客营运，2014年，政府对残疾人专用车进行审核，取缔140多辆，有效安置残疾人。

### 二、货运

**人力运输**　民国时期，商贩运货多为肩挑，生意兴旺的商人雇人挑货，受雇者称为“挑夫”或“脚夫”。每个商贩或受雇挑夫挑粮食、木炭、鸡鸭或油脂等货物40～50公斤，每日行程30～40公里，将货物运到指定的集市出售后，又在集市买布匹、盐巴或其他日杂百货，肩挑返回。新中国成立后，逐渐有木制独轮车（俗称鸡公车）、双轮手推车运货。1971年掀起“农业学大寨”运动，农村社队多以胶轮手推车搬运土、石进行房屋建筑、农田基本建设和水利设施建设。农村实行土地承包，农民拥有生产经营自主权，运送农用物资，运销农产品等多使用胶轮手推车。20世纪80年代后开始推广农用机械，机动车运输兴起，胶轮手推车逐渐减少。但因手推车价廉省力，到2015年，尚有部分农户使用手推车运输，特别是修建房屋，胶轮手推车是不可替代的运输工具，极大地减轻农民和建筑工人的劳动强度。

**畜力运输**　境内自明代起，即为交通要冲。北出贵阳、遵义、东越草塘（今猴场镇）达湄潭、余庆、石阡等地。清代，过境干道多靠马匹驮运。新中国成立后，“大跃进”时期，土建工程上马，亟需大量运力，农村社队添置马车参与工地运输，域内马车发展迅猛达100余辆。20世纪80年代，农村推行家庭联产承包责任制后，农民拥有生产经营自主权，农户多有自备小型拖拉机、马车，从事短途运输，进入20世纪90年代，机动车辆运输发展迅猛，马车运输日渐减少，2000年以后不再使用马车。

**汽车运输**　新中国成立初期，境内单位或个人均不拥有汽车，只有境外货运汽车经马遵公路过境。1967年县铁厂入驻，有4辆货车从事铁厂货运，是为境内单位有货运汽车之始。继后县水泥厂入驻，有3辆货车从事水泥厂货运。1982年，个体户朱金祥购进一辆解放牌汽车从事货物运输，是为境内个体汽车货运之始。1984年，经济体制改革，开放营运，运输市场呈现国家、集体、个人一起上的局面，个体汽车迅速发展。至2015年，全镇有货运汽车约115辆，货运三轮车104辆，方便镇境内生产生活物资等长短途运输。

**拖拉机运输**　民国及瓮安解放初期，境内无拖拉机。20世纪70年代早期，倡导社办企业，原银盏公社购进35型拖拉机2台，既从事货运，又作培训农村拖拉机手用。之后，各大队先后购进小型和手扶拖拉机10余台，主要用作本队农用物资、公余粮及农田基本建设材料运输，农闲时从事货运增加集体收入。1980年，刘德伦等个体户购进17台盘式和手扶式拖拉机从事货运。1985年，国家政策放开，更加促进拖拉机营运的发展。至2015年，全镇有拖拉机73台从事营运。

## 第三节　专业运输

民国时期，富裕商人雇人挑货，挑夫或脚夫专门从事运输，靠劳力获取报酬。民国34年（1945年）3月，县城成立运输合作社营运。1951年3月成立县驿运站联营社（后更名为群众运输站），辖运输大队3个、分队24个、小队72个，从业人员7499人，其中专业人员2160人。20世纪50年代，各供销合作社的商品运输，由县运输站和农村副业承运。供销社置大马车15辆，马33匹自运。1958年，县粮食局建马车队担负部分粮食运输任务。60年代，供销社、粮食局的商品运输多由汽运公司承运。1967年，县铁厂购置4辆货车从事本厂货运，后县水泥厂购置3辆货车从事水泥运输。70年代，县供销社、县粮食局曾组建汽车队、银盏公社购进35型拖拉机2台从事本系统、本单位商品运输，解决运输难的问题。1982年，个体户朱金祥购置一辆解放牌汽车从事货物运输，成为境内个体汽车货运之始。1984年，国家开放营运市场，呈现国家、集体、个人多种经营的局面，特别是园区的开发建设，促进了商品经济和物流业的大发展，专业运输得到更大的发展。2003年4月，成立玉华车队，专业从事磷矿石运输。2008年4月，更名为瓮安县玉华汽车货物运输有限责任公司，取得专业运输经营权。2010年5月，更名为瓮安县北斗山矿业装运有限责任公司，拥有汽车143辆。是年，在玉华成立朝阳车队、大堂车队，分别拥有汽车120辆、28辆。2011年4月，在玉华成立瓮安县玉华乡华雄物流运输装卸有限责任公司，注册资本50万元人民币，主要从事道路运输，拥有125辆汽车。2014年6月，杨昌明在飞练社区成立瓮安县昌明物流有限公司，注册资本6000万元人民币，主要从事道路运输，拥有的士车94辆。至2015年，有个体货运汽车115辆、货运三轮车104辆、货运拖拉机73辆，专门从事长短途货物运输。

附：因地制宜，创新思路，大力推进专业运输健康有序发展

岩根河村境内有着丰富的矿产资源，主要有磷、钼、硅矿等产品，其中磷矿较为丰富，有着亚洲第一“磷仓”之称，是瓮安经济开发区金正大、芭田等磷化工企业的原材料基地。但因为地理环境的特殊性，田土山林崎岖不平，部分村组不利于种养殖发展，加上因矿山开采流失了部分耕地和劳动力，虽然坐拥矿山，村民们却很难从中致富脱贫。经村支两委研究，本着“靠山吃山靠水吃水”原则，组织成立了玉华农企合作运输，实施“磷矿运输项目”。以北斗山装运公司、朝阳车队、大塘车队、华雄车队共400多辆货运车为主导，解决辖区857人劳动就业。北斗山装运公司就是开展专业运输工作的一个缩影。

瓮安县北斗山矿业装运有限责任公司位于银盏镇岩根河村得沟、坡上寨组，紧邻国家大型磷肥基地—瓮福磷矿矿区，距县城14公里，是一家专业从事运输磷矿石粉的集体股份制企业。

该公司的前身是玉华车队，成立于2003年4月13日，赵明镜为车队负责人。

车队成立前，当地开采的磷矿石运输主要依靠福泉、龙昌、牛场等外县市的车辆运输，大量的物力、财力资源外流，严重制约和影响当地的发展。少数农民购买汽车运输磷矿石被外地车队阻拦，困难重重。当时原玉华乡政府、牛宫村民委员会出面协调，效果不佳。为此，当地的有识之士提议组建车队，把已经买有车辆的人员统一组织起来，成立玉华车队，挂靠瓮安交运公司，每运输1吨矿石向公司交纳管理费1元。

经过几年的试运行，车队积累了一些经验和政策上的认知，车队要发展壮大，必须独立行使经营权。经申报并获批准后，于2008年4月13日将玉华车队更名为瓮安县玉华汽车货物运输有限责任公司，终于争取到专业货物运输的经营权，赵明镜出任公司经理。当地村民积极响应，纷纷购买汽车以入股的形式加入到公司，车辆由初建时的十几辆增加到60余辆，企业规模不断扩大，效益猛增。

2009年7月，公司委派张有富到华西村考察学习，随后又委派李水洋、舒洳华、毛钲玮到大连、青岛、烟台、蓬莱等地考察学习，把外地成功的先进经验带回来，同时召开村民代表大会，决定成立集体股份制公司，走集团化发展道路，解决当地失地农民后顾之忧。

图9—1—3 专业运输车队

2010年2月18日和3月15日，公司先后在坡上寨组和得沟组召开动员会，发动村民入股，每股收取股金2500元，年终按股分红，极大地鼓舞和调动村民入股积极性。

依照国家法律法规和计划生育政策，因计划外生育的孩子未能在当地派出所入户口的人员不得入股，婚出人口当年年终退

股。根据这一规定，5月18日、19日两天共收取股金1215000元，并将玉华汽车租赁运输有限公司更名为瓮安县北斗山矿业装运有限责任公司，由舒迦华担任公司经理、法人代表，公司共拥有143辆汽车，8名行管人员。2010年年终，公司仅经营四个月，就赢利40多万元，每股分红利788.23元，得到上级政府的肯定和股民的赞扬。

公司赢利后，不忘周边困难群众、留守儿童和空巢老人，先后拿出约5万元资金和物资，资助贫困学生和学校发展。公司的经营模式和发展理念，得到当地政府的褒奖和肯定。贵州电视台和贵州日报社先后予以采访和报道，向全省推广。

# 第二章　小城镇建设与管理

## 第一节　集镇规划

新中国成立后，行政、企事业单位办公建筑，由上级审批后，自行建设自行管理，私人住宅自建自管，无规划设计，农户选址建房，原则上不占好田好土，不在国家重点建设规划范围内，荒坡荒地均可建房，无需规划。1986年，颁布《中华人民共和国土地管理法》，单位及私人建设用地，经土地管理部门批准，方能获得使用权。1991年，设立银盏乡村镇建设管理所，负责全乡村镇建设管理工作。农户建房用地，须经村镇建设管理所规划方能动工修建。1991年，贯彻《贵州省乡镇规划管理暂行办法》，县建设局作出《关于整顿村镇规划建设管理收费的通知》，规定对村镇建设管理机构和提供服务的集镇、村寨范围内的居民、农民、各单位进行各类工程建设项目时，单位必须持计委批准的基建文件，居民、农民持乡镇政府和村、居委会有关建设申请表向所在地的村镇建设管理所办理建房审批手续，并缴纳相应的规划建设管理费，每平方米收取0.3元。2010年，县规划局对银盏进行整体规划，按高规划水平、高标准和符合本地实际的要求，强调可操作性和可持续发展，对2005—2020年的乡域及建设项目作规划，后因县工业园区规划建设被废止。

## 第二节　集镇建设

新中国成立前，银盏街上（银盏今村委会驻地）仅有数10户人家，居住分散。新中国成立后，随着马遵公路（马场坪—遵义）、久铜公路（久长—铜仁）先后建成通车，厂矿建设和居民建筑如火如荼。1989年以后，国家农网改造，自来水开通，银盏村委会搬迁，街道道路铺筑混凝土进行硬化，继后铺设沥青路，加快完善通水、供电、通信、环卫等基础设施建设，有专职环卫工人对街道进行清扫和垃圾运送，环境卫生明显改善，集镇雏形展现。

岩根河村白岩街，在瓮安至建中公路旁，是原玉华乡政府所在地。1985年国家电网覆盖，80年代，投资160万元修建公社，财政所、信用社、卫生院、玉华小学、粮管所、烟叶站、食品站等公

图9—2—1　玉华安置区农贸市场

房，共1500平方米，均为砖混结构楼房，供销合作社有2栋木房（楼房）和2栋仓库共400平方米。有21户住宅共27000平方米专用房，多为一楼一底，临街住宅底楼为商铺，供销社使用，上层为居室。集镇原饮用井水，无法满足。2006年，集资25万元将泥结碎石路面改铺成混凝土路面，宽4米，长500米。2010年以后，用电普及率100%。2013年7月并入银盏镇，现为岩根河村民委员会所在地。

鱼河街，原名渔溪坝，原鱼河乡政府所在地。面积约0.2平方公里。有“马遵”“久铜”两条省级公路南北贯穿村境。境内实现通讯信息全覆盖，主街道住户151户，建筑结构为砖混结构，多为一楼一底，一楼为商业门面，二楼为居室。1991年，撤区并乡建镇时，新建鱼河乡政府办公大楼，砖混结构，共三层，面积约5500平方米。1992年，修建马遵公路时，完成乡行政区主街道的硬化。1996年以后，建乡财政大楼、计划生育服务大楼。2011年，用电普及率达100%。现为银盏镇鱼河办事处和新场村委会办公所在地，2013年7月并入银盏镇。

木老坪街面积约0.1平方公里，草塘至天文公路自街心穿行而过。1978年，原木老坪公社居民开始用1975年建成投产的席子河水电站供给的电。1992年将街道改为7米宽的混凝土道路，长500余米，排水沟300余米。2010年在军田坝流转土地39.8亩，修建计生服务新村，建成三至五层楼房25栋，建筑面积达13257平方米，新建街道450米，排污沟1500余米，经2004年和2009年两次农网改造，已实现电网全覆盖，2012年3月并入银盏镇。

新华街，又名石家寨，省属国营企业新华磷肥厂所在地，有主街一条，属久铜公路瓮安至余庆前段，宽7.58米，混结碎石路面，1978年，集镇上房屋多为1959年建新华磷肥厂后修建，靠本厂1000千瓦机组发电照明，总装机容量达2500千瓦，厂内外用电普及率100%。1990年12月，磷肥厂建筑面积达7.49万平方米。按建筑时间分，20世纪70年代以前占42.46%，80年代占57.54%；按建筑结构分，钢筋混凝土结构占13.22%，砖混结构占47.80%，砖木结构占35.51%，其他结构占3.47%；按房屋用途分，其中厂房、办公等用房占57.44%，住宅占38.05%。集镇上邮电所、供销社、工商银行办事处、卫生所、小学、烟叶收购站等公用房屋陆续建成，私人住宅不断增多。集镇居民原饮用河水。随着工业污染严重，磷肥厂修建日产水3吨的水厂供水。是年，增抽地下水饮用，至2011年，自来水普及率达100%，2012年3月并入银盏镇。

## 第三节　集镇公用设施

**公房**　民国后期，公房有银水寺庙宇一处，面积约500平方米。1950年以后，管理区、公社、乡政府机关曾在此办公。随着机构的变迁与增设，修建了一批公房。1964—1968年，先后在玉华、鱼河、木老坪修建仓库，面积约5000平方米，修建分销店砖木结构房约900平方米。1972—1992年又先后修建原银盏、玉华、鱼河、木老坪乡政府办公楼约5500平方米。

20世纪70年代，原银盏公社投资修建一楼一底砖木结构办公用房，面积约1000平方米，投入使用后，发现所建办公房基础下沉，房面墙体开裂，人员不能进入，属危房。

1980年，县财政拨款修建原银盏乡办公楼，面积约3000平方米，一、二楼作办公用房，顶楼为会议室。

1991年"撤并建"后，随着机构增加，办公场所拥挤，办公用房远远不能满足乡政府以及"七所八站"的需要。1994年，县财政拨款约50万元，征地38亩，在宋家坝三岔路口修建办公楼，面积约5000平方米。

2011年，工业园区成立。2012年9月，开发区管委会和银盏镇政府相继在尖山修建办公大楼。管委会办公楼规模面积36642.5平方米，建筑面积1.9万平方米，投入建设资金5430万元。2014年8月底竣工，9月园区管委会、镇政府以及园区纪工委、县投资促进局、市场监督管理局银盏分局、瓮安县人民检察院经济开发区检察室、兴瓮集团、黔南州公安局瓮安经济开发区分局等16个行政和事业单位入驻。

**教育设施**　1972—1992年修建银盏、玉华、鱼河、木老坪中学教学楼、小学教学楼，公房建筑面积约60000平方米，总投资上亿元。

2012年3月立项，将瓮安职校整体搬迁至工业园区帽合山、马场处，校园占地373亩，总建筑面积8.3万平方米，总投资2.5亿元，建有综合楼、教学楼、实训楼、学生食堂、学生宿舍、教职工周转房等共18栋。

中共瓮安县委党校于2013年搬迁到银盏镇，校园占地42亩，总建筑面积16000余平方米，其中综合教学楼5100平方米，学员宿舍楼4500平方米，食堂915平方米；图书馆2300平方米和教师宿舍楼3000平方米，可容纳400余名学员同时在校学习和生活。

2013年11月将银盏学校初中部和三所独立中学进行优化整合，在瓮安工业园区修建瓮安第六中学。学校占地面积53607平方米，校舍建筑面积29796平方米，运动场地场馆总面积22580平方米。

渡江小学位于瓮安工业园区，2013年年底工程竣工，2014年3月开始招生，由建校历史悠久的飞练、尖山、大寨坪、穿洞几个片区小学合并而成。渡江小学占地面积45495平方米，其中运动场面积2652平方米，建筑面积8382平方米（其中教学及教学辅助用房3890平方米，办公用房580平方米，生活用房3912平方米，学生宿舍1678平方米），绿化面积22743平方米，拥有网络教室46间。

位于银盏镇飞练社区C5路东段，瓮安职校后，县委党校旁的瓮安县第二幼儿园，2014年9月建设竣工，2015年3月正式招生。全园占地面积11512平方米，建筑面积3960.5平方米。

**医疗保健设施**　1950年以前，境内没有医疗机构，仅有民间中、草医为民治病。1950年以后，政府重视医疗卫生工作，加强对卫生、防疫工作的领导。

**（一）卫生院设施**　1970年，域内相继始建银盏、玉华、鱼河、木老坪卫生所。1978年先后修建卫生院业务用房。1982年更名为公社卫生院。2007年利用国家项目款和修缮资金在原太平村宋家坝三岔路口处修建乡卫生院业务用房，2008年竣工投入使用，2012年行政区划调整后划归雍阳办事处管辖。

2014年11月，镇卫生院与镇计划生育服务站整合，并在尖山处修建银盏镇卫生计生院，总建筑面积约2200平方米，编制床位40张。

**（二）村卫生室设施** 全镇又新建卫生室3个，总建筑面积200平方米。至2015年，全镇8个行政村，2个社区均设置有卫生室。

**（三）贵州省北斗山监狱医院设施** 1978—1983年，系贵州省新华磷肥厂医务所，1984年更名贵州省新华磷肥厂职工医院。2005年，贵州省新华磷肥厂职工医院与北斗山监狱医院合并，更名为贵州省北斗山监狱医院。2011年年末，床位30张，职工26人，固定资产512万元，建筑面积1200平方米。

**集贸市场** 1950年以后，鱼河、木老坪、新华均设置有集贸市场。场天由政府统一规定，除当地群众交易土特产外，还经营饮食、布匹、小百货、五金产品等，木老坪集市还经营牛、马、生猪等大牲畜，规模不断扩大。

2015年，政府在太平社区宋家坝安置新区修建银盏农贸市场，面积约550平方米，设有摊位114个，于2015年12月15日投入使用。

**道路** 2010年，构皮滩水库部分库区移民安置在小春湾，县投资48万元对小春湾900米道路及农户院坝进行硬化改造，安装垃圾回收箱18个，美化部分沿街房屋，建成“银盏食府”和两块进出食府牌坊，精心打造“饮食一条街”。

2011年县工业园区开工建设以来，高度重视道路基础设施建设。2013年，建成园区至猴场17.43公里主干道，扩展区主干道——港口大道25.69公里一标段工程于2014年启动建设。至2015年年底，园区完成道路总长约34公里，形成“三纵三横”路网骨架。

**桥涵** 清代末年，境内河道、沟渠上修建有连接道路的桥梁2座，至今犹存。新中国成立后，修筑马遵公路、久铜公路，在杜仲河建桥2座，岩脚桥架桥1座，新华架桥1座，高枧架桥1座。1979年，在修建通村公路时又在穿洞河架桥1座，玉华、牛宫、民寨、岩根河通村公路上架设桥梁。2010年以后，工业园区建飞练桥和银水桥等9座桥梁。

**排水** 新中国成立前，广大农民饮水均采取水质较好的地面水、山泉水及地下水，生活污水作农灌，无任何排水排污设备设施。新中国成立后，逐步实现村组供水区域共享，水处理工艺采用小型分离或净水设备处理。2000年，县政府在境内岩脚桥建造现代污水处理厂一座，日处理污水6000吨，为全县最大的污水处理厂。2013年，工业园区已启动建设日处理4000吨污水处理厂。按照园区统一规划，园区内的大、中、小型厂矿、企业、房屋建筑、道路，都采用埋设地下排污管道，修建排污池对污水进行净化处理，地表水经过地下管道排放，园区内河道均采用石块、混凝土加宽加高治

图9—2—2 尖山桥

理，以利排水，避免造成洪涝灾害。

## 第四节　房地产

### 一、房地产开发

2010年以前，由于土地受国家严格控制，农民只能在本地自建自住房屋，很少出售。工业园区成立后，大批的企业和单位入驻，构皮滩水电站移民安置和工业园区内的农户搬迁，先后入驻贵州麒龙置业有限公司、鑫一名居地产有限公司、诚翔雍江置业有限公司、丰安地产等房地产开发公司。

**商住楼房产开发**　2010年以前，境内旧房屋均为农民自建自住，拆旧建新多为砖木结构，边远山区为纯木料结构，少数富裕户修建三至五楼砖混结构楼房，内外装饰。

2011年，贵州麒龙置业有限公司、鑫一名居、诚翔雍江商城置业有限公司、丰安等房地产开发公司开发房地产。

2011—2015年，贵州麒龙置业有限公司先后开发商品楼房1573套，总建筑面积153289.34平方米。商业用房和写字楼、商铺1013间，总建筑面积71704.68平方米。其中4、5、7、9、10号楼风情园132套，总建筑面积12073.86平方米；生态移民安置楼房总建筑面积45420平方米，共486套；瓮安县高速公路建设指挥部在D区购安置房总建筑面积44567.86平方米，共407套；铺面和商业用房总建筑面积71704.68平方米，共1013间。2015年2月，修建的缤纷摩尔购物中心总建筑面积60090.99平方米，其中住房建筑面积27090.59平方米，共264套；商业用房建筑面积52640.93平方米，共562间，车位137个。2015年8月，修建投入使用的专业市场和会展中心，总建筑面积25143.69平方米，共473间；2015年12月竣工的A区财富中心和写字楼总建筑面积62024.08平方米，共1124间。

雍江商城新建3.79万平方米，投资45亿元，建设年限2年。2015年8月开盘，建筑面积151000平方米，分两期建设，主体为框架—剪力墙结构，包含一幢20层高的四星级酒店，设有100多间客房，八幢15~23层高的商住楼，数百个地下停车位，容积率3.59。

**集中划地安置和安置房建设**　2010年以前，境内居民因地制宜，修建木房和砖木结构房，式样各异。园区成立后，划地安置的农户由园区管委会集中划地，绘制图案，统一式样，修建四楼一底楼房。至2015年年底，先期安置在马鞍山、太平的划地安置拆迁户，全部按照园区规划，统一式样修建住宅楼，已搬迁入驻的占90%以上。

园区内所安置的农户分为集中划地安置和安置房安置两种。现已启动安置区7个，总投资约4.5亿元，规划集中安置房1067套。至2015年年底，已交付使用563套，规划的集中划地安置1311户宅基地，至2015年年底，已完成723户，完成总投资约3亿元。

安置区水、电、路、网络、通讯已全覆盖，道路、绿化等基础设施建设正在建设完善中。

**办公及住房建设**　2012年9月，园区管理委员会办公楼启动建设，建设资金5430万元，总建筑面积1.9万平方米，2014年8月竣工并投入使用，园区管理委员会及所属11个事业单位、区纪工委、兴瓮集团、工投公司入驻，服务于园区企业，保障区内经济、社会事业发展。

2011年工业园区开工建设以来，共建设11个公租房即殡仪馆公租房、银盏廉租房（配套公租房）、银盏公租房、党校公租房、职校公租房、企业服务中心公租房、公检法公租房、农业市民化公租房、创业园公租房、金正大公租房、芭田公租房。

2014年，完成生态移民安置236户，建筑面积28000平方米，有农贸市场和客车站台等。2015年启动建设2000套农民转移市民化工程，1000套保障性住房。

**标准化厂房建设** 园区标准厂房建设从2012年开始，规划总建筑面积约46万平方米，总投资约5亿元。至2015年已建成标准厂房53.22万平方米。2012年建成标准厂房4万平方米，2013年建成 12.96万平方米，比2012年增长224%。2014年建成28.66万平方米，比2013年增长121.14%，比2011年增长7倍，完成总投资约2.5亿元，第三期标准化厂房已完成90%工程量。2015年建成标准厂房7.6万平方米，占州下达6万平方米的126.7%，入驻率达90.18%。

### 二、物业管理

全镇首家物业公司——贵阳双诚，入驻麒龙摩尔城，有管理人员27人，对小区内的道路、房屋建筑及其设施、供电、电梯、供水进行修缮、维护和管理。2014年，经济开发区管委会办公大楼竣工，开发区管委会、县工业投资开发有限责任公司以及银盏镇政府相继搬入大楼办公。同年雍江商城竣工投入运营。瓮安县雍阳镇盛世物业有限责任公司中标负责园区管委会楼房、办公室、大厅、会议室、厕所以及公共场所的环境卫生打扫、人饮矿泉水的提供和整个园区办公楼的安全保卫等物业管理，该公司现有职工29人，其中行管3人、保安14人、工程技术维修4人、客服3人、保洁员8人。公司配有大量维修设备（含水电、电梯、空调、绿化、电脑网络系统等）、仪器表和专用工具，有先进的智能化管理系统和完善的管理制度。该公司实行保安24小时全方位巡逻制，24小时监控中心值守制，确保经济开发区办公大楼安全。

## 第五节　集镇供水

新中国成立前，居民饮用井水，以人挑为主，多数井水水量不足，遇枯水季节或遇持续干旱，井水干涸，山泉水断流，群众饮水困难。1959年，省级企业新华磷肥厂入驻新华，居民用水依靠磷肥厂提供，新华街上自来水普及率达100%。

1972年，随着县铁厂（1981年改为县磷肥厂）、县水泥厂入驻，用水量增加。1972年，县水泥厂在厂房后山坡上修建蓄水池，从岩脚桥河里取水，用电动机将河水抽入蓄水池，安装供水管道，供水泥厂以及附近学校和居民用水，但因装机容量小，不能满足附近居民用水之需。

1992年，县自来水供给延伸到银盏、太平，两个村2000余户居民用上自来水。

1992年，原木老坪乡修建容积为300立方米的蓄水池，铺设引水管道2500米，解决学校师生和集镇居民2500人用水。1993年，原鱼河乡修建容积40立方米蓄水池，安装水管入户，解决集镇居民、学校、机关用水，自来水普及率达98%。1996年，投资15万元，在印山村黎家寨四龙进处修建60立方米蓄水池，铺设引水管2850米，将水引入木老坪街上，彻底解决集镇用水。后国家又投入270万元在印山村茶园修建人饮工程，该工程解决木老坪街上、印山村新桥和两岔河共4000多人的人畜饮水。2008年，梅花堰水库纳入县城饮水工程，与县东郊水厂、西郊水厂联网，形成联合供水网络格局，机关、学校、厂矿企业以及居民用上了自来水，彻底结束居民用水肩挑手提、缸装桶盛的历史，供水质量得到提高，供水量亦可满足集镇发展。2009年，原玉华乡小河修建自来水，安装到户水管4000米，解决乡政府、学校师生以及附近居民人畜饮水，自来水普及率达100%。2010年，在小春湾改造供水管网1000米。总投资2.63亿元的杜仲河水库，于2012年动工，2015年竣工，向县城、园区年供水1539万立方米。工业园区规划在镇域修建塘坎上小（二）型水库一座，解决园区企业工业用水。

## 第六节　生态环境保护与治理

### 一、环境污染

北斗山、白岩、岩根河等一带的磷矿开采，形成的大小坑凼、洞穴及废弃物堆积，以及城镇化建设步伐的加快、工业园区的建设等，致使环境受到一定程度的污染。

1985年，瓮安县建设局对新华磷肥厂、瓮安铁厂进行抽样调查，对2家企业的年排放固体废弃物进行测算，发现新华磷肥厂年排放的尾矿和煤石粉末在2万～3万吨。排放严重超标，固体废弃物对环境造成严重污染。

1986年，瓮安县建设局对银盏境内的新华磷肥厂、银盏铁厂对水污染情况进行调查，发现铁厂对瓮安河中下游水的污染最为严重。是年，瓮安县建设局对新华磷肥厂、瓮安铁厂大气污染情况进行调查，发现新华磷肥厂对新华村一带大气污染最严重，大气遭受二氧化硫等有害物质的污染，造成酸雨灾害。

1990年，瓮安县建设局对银盏乡境内的瓮安县水泥厂的水体污染情况进行调查，发现水泥厂对银盏水域（瓮安河流经银盏境内）污染严重。

### 二、环保执法

1987年，经瓮安县建设局审查，提出瓮安铁厂不宜在原址生产，如新建黄磷厂，厂地须远离城区另辟新址的意见。

1988年2月，瓮安县建设局设环境保护办公室与瓮安县建设环境保护委员会，在全县开展环境保护的相关工作，进行环保宣传教育，推广治理环境污染新技术，征收排污费和处理环境污染事故。是年，瓮安县建设局审查新建玉华磷肥厂污水处理及新华磷肥厂尾矿处理方案，审查通过予以实施。同年，瓮安县建设局对银盏境内的企业连续征收3年排污费，1990年返还给企业用于排污处理和废弃物综合开发利用。

新华磷肥厂原年排废水量824万吨，粉尘度1个标准立方米5313.08毫克，粉尘排放量1小时131.90公斤，经处理后水质已基本符合标准，高炉车间建成废水封闭循环水池，把废水净化循环利用，既减少了废水污染，又节约水源，年节约用水270万吨左右。

1989年，新华磷肥厂球磨车间2号、3号炉安装除尘器后，经测定，粉尘浓度降到1立方米1111.90毫克，粉尘排放量降到1小时60公斤左右。

2015年2月26日，黔南州环境监察大队到银盏镇玉华片区检查磷矿山开采情况，对境内存在严重影响环保问题的磷矿开采企业进行了督办。是年3月6日，贵州省环保厅领导一行到银盏镇开展磷矿山环境保护专项工作检查，对县环保局就各企业开展磷矿引起的环境污染问题提出督办要求。5月，入驻银盏镇岩根河村的大信北斗山磷矿企业污染物处理设施运行不正常，瓮安县环保局对该企业处以22800元的行政处罚，并责令其限期整改。6月4日，贵州省环保厅到银盏镇工业园区开展环保工作检查，对金正大诺泰尔化学有限公司、芭田生态工程有限公司建设项目及环保设施建设使用情况进行现场检查，提出如下要求：一是责令工业园区要按工业园区规划环保要求尽快落实园区配套设施建设；二是对金正大诺泰尔化学有限公司的磷石膏临时渣场防渗漏措施不到位，堆放不规范及事故应急池等存在的环境隐患提出相应严格的要求，确保污染物处理达标排放；三是对贵州芭田生态工程有限公司存在的试生产不正常，环境管理队伍薄弱，生产中污染防治设施运行不正常等问题给予严厉的批评，并责令限期整改。是年6月，瓮安县环保局到银盏镇境内的大信北斗山磷矿、华雄白岩磷矿、瓮福大塘磷矿等6家磷矿开采情况进行重点检查，对存在的污染及污染隐患等问题，责令限期整改，并要求各企业建立环保安全长效机制。

### 三、环境治理

园区规划建设统一的污水管网，收集后分别排入南、北两个污水处理厂。产业园区规划在南北各建1座垃圾转运站，将园区公共区域和各企业设置分类垃圾箱，收集满后由园区环卫工人运送转运站，统一由瓮安县公用事业局填埋处置。

2010年4月，坐落在银盏乡银盏村岩脚桥，日处理污水量为0.60万立方米的污水处理厂开始运行。

瓮安县磷化工工业园区发展规划环境影响评价编制由国家总装备部工程设计研究总院承担。2012年2月，贵州省环境保护厅审查作出《关于瓮安磷化工业园区发展规划环境影响报告书的审查意见》并通过。

银盏镇党委政府对环保工作高度重视，要求入驻工业园区所有厂矿企业对废气的处理率达到100%，使园区的空气质量标准达到二级标准。园区各企业在生产中使用高效燃煤工艺和设备进行废气废热综合利用，减轻污染物排放给大气层造成的污染。在主干道路两侧预留一定绿化区域，栽花种草，减少噪音，购置洒水车、除尘车、生活垃圾车。园区内的工业固废和生活垃圾收集率要求达到100%，工业聚集区内危险固废收集达到100%。规划的产业链，上游磷化工、精细磷化工、轻工业园区企业的工业固废，在下游产业链中可得到有效综合利用。

建立城镇综合执法队，招聘环保工人，负责园区范围内环境卫生，有环保工人20～30人。

图9—2—3　矿山治理

磷化工业排放的气体污染源和废水对食品行业会产生不同程度的影响，银盏工业园区限制食品类行业入园。着重发展绿色生态型产业，走节能减排，低碳经济道路，严格控制污染物排放总量，推动企业实现清洁生产，资源循环利用。

实行殡葬制度改革，全镇建公益性公墓10个，墓穴4589个。

加强矿山地质灾害治理,建设绿色矿区。对矿山地质脆弱区域内的村民实行移民搬迁，对环境实行整治。

### 四、生态建设

瓮安县磷化工工业园区，在园区规划时，主要基于周边未见有国家重点保护野生动植物分布，也没有国家和省、州、县划定的各类自然保护区；穿洞河景区和猴场会议会址景区，与园区规划范围有少量区域界定交汇。园区建设把穿洞河瀑布的保护，规划为河滨生态景观带，猴场会议会址景区的下司石林景点位于规划区范围内，对石林景点周边留出一定的保护范围。园区规划的重点工业、重污染区域主要分布于北侧，远离瓮安县城，不会对县城造成空气污染；园区生态建设总体布局较为合理。不同功能区域布置，重污染行业向北靠拢，与精细化工区域之间设置隔离带。

# 第三章 村庄建设

## 第一节 民宅

民国时期，境内仅有少数地主和富裕户是木架瓦顶住房，多数农民的住房是土墙茅草房，一些极贫户则是住窝棚或岩洞。1950年以后，村民住房条件逐步改善，新建房屋数量少，所建之房，多数是土墙茅草房，少数经济宽裕人家建木架房，盖草或小青瓦。一般为一楼一底，底层相对高，作人居，楼层较矮，堆放粮食或贮藏器具杂物。20世纪60年代，木架瓦房增多，经济拮据人家仍沿用旧法，筑土墙或砌砂墙房。70年代，时兴用石棉水泥瓦盖房，部分人家开始建造砖木结构房。1978年中共十一届三中全会后，实行农村土地联产承包责任制，农民收入增加，发展较快。至1980年，境内木架瓦房总量占农户居住房的85%以上，砖混结构房开始出现。一层平房居多，二层楼房数量极少。之后， 单位、厂矿、集体多建砖木结构房，土墙房、木架房逐步被改建和淘汰。2005年以后，2～3层楼房比比皆是。5层房屋渐次增多，造型、结构、装修日趋现代。特别是2008年以后，政府实施危房改造项目及易地扶贫搬迁工程，对贫困户建房予以补助，部分分散户、地质灾害户搬迁至村集中地建房居住，形成新农居点，原人畜同室、厨房居室混用、住茅草房等情况已成历史，兴建了一批钢混结构平房和二层至五层的楼房。2010年工业园区成立后，入驻单位、企业、搬迁农户所建楼房均在5层以上，而且大多采用框架结构和外墙装饰，户均住房面积100～120平方米。至2015年，全镇有14000余户人家建有二楼一底楼房3200栋，三楼一底4720栋，四楼一底1320栋，还有部分农民进城购房居住，住房面积增加，居住环境改善。

## 第二节 危房改造

20世纪90年代前，境内存在一定数量的旧房、危房，多数村民无力承担危房改造和修建砖瓦房的巨额资金，帮助贫困农户改造危房是一项“民心工程”，是加快脱贫致富和新农村建设的重大举措。

2008年，乡启动农村危房改造工作。经摸排统计建档，按照轻、重、缓、急和困难程度，分步实施的原则，对贫困户危房改造分别给予2万、1万、5000、3000、2000元资金补助，危房改造竣工后，政府组织人员验收。至2015年年底，全镇已完成危房改造2500户，建筑面积300000平方米。完成自然灾害安置45户，建筑面积20000平方米。

## 第三节　新农村建设

**“一事一议”财政奖补**　2011—2015年，财政投入大量资金，改善域内道路等基础设施建设，先后投资1275.4893万元对阁老冲、长洞、磨底坝、高庄等进寨道路、篮球场、农民娱乐场所等基础设施建设，硬化进寨道路68530.2米，1452户5929人受益。

**村庄整治**　民国时期，人民生活困难，忙于生计，无力整治居住环境，有钱人家只追求室内摆设布置，对环境整治很少过问。

1958年，贯彻中共中央《关于农村建立人民公社问题的决定》，提出“赶英超美”跑步进入共产主义社会的口号，号召群众整治村寨环境，过“楼上楼下，电灯电话”的“共产主义”生活，但无实际行动。实行改革开放，农村经济发展，人民生活水平不断提高，“吃得饱，穿得暖”的观念，开始向“吃得好，穿得靓，住得舒服”转变，重视环境整治成为自觉行动。2000年，由国家补助每户3000～5000元，在农村建沼气池，对厕所进行改造。至2014年，全镇共建沼气池2221口。2002年，推行“两改一气”（改厕、改圈、建沼气池），厕所安装蹲便器，粪便直接进入沼气池，猪、牛圈不挖粪坑，改为平底圈，猪、牛粪便经清扫由预埋沟、孔进入沼气池。后又将“两改一气”增加改造厨房为“三改一气”，将厨房灶台进行改造，取消明火煤灶、柴灶，改用沼气炉灶。农村改厕改圈、改灶和建沼气池，改变了敞厕敞圈粪便暴露，环境污染，滋生蚊蝇，传播疾病的状况。使用沼气，既可节约能源，还可避免氟污染，减少室内粉尘，而且沼液肥效好，还可供生猪饮用。随着农村农网改造和电器的普及，广大农民夏天烧水煮饭基本用电饭锅、电磁炉等，方便快捷。2008年，全县启动整脏治乱工作，重点在集镇、公路沿线，要求干净整洁，无白色垃圾；在农村倡导对白色垃圾进行掩埋和焚烧。2008年，启动太平村水绞、小春湾新农村示范点建设，改造房屋外墙装饰，道路硬化，院坝前建花池，公路边建花池和垃圾池，安放垃圾箱，便于垃圾收集、存放。2010年，投资48万元在小春湾精心打造“饮食一条街”。2010年在木老坪军田坝流转土地39.8亩，修建计生服务新村，建成三至五层楼房25栋，建筑面积达13257平方米，新建街道450米，排污沟1500余米。2011年，投资150余万元对飞练村阁老冲、茶林山进行新农村建设，硬化道路1600米，改造集体广场和修建篮球、乒乓球场等娱乐场所及基础设施建设。2013年，投资47.45万元，完成水绞、小坡房屋立面改造10000平方米，修建垃圾池198个，维修排水沟和安装路灯等基础设施。

玉华地灾安置新区由县政府、县磷化公司共同投资2200万元，于2011年动工修建，2013年竣工投入使用，建筑面积20000平方米，110套。2014年1月棉花寨、新寨自然灾害区居民110户，550人全部入住（含45户45套居民自建房在内）。政府投资修建了广场、农贸市场，栽行道树，修花池，安装了路灯，新区环境优美，大大改善了地灾自然村寨居民的人居环境。

## 2011—2015年银盏镇“一事一议”财政奖补统计表

表9—3

| 组 名 | 实施年份 | 财政奖补(万元) | 群众投工投劳 | | 工 程 项 目 | | | | | 其他设施（米） |
|---|---|---|---|---|---|---|---|---|---|---|
| | | | 投工（个） | 以劳折资(万元) | 道路硬化（米） | 道路宽(米) | 建筑池垃圾池（个） | 受益户数 | 受益人数 | |
| 飞练社区阁老冲、茶林山组 | 2011 | 207.31 | — | 4.3330 | 2921.2 | — | — | 89 | 378 | 保坎、会车道2792.2平方米；挡土墙17628.48平方米 |
| 印山村高庄组 | 2011 | 63.8170 | 7226 | 14.4520 | — | — | — | 128 | 495 | — |
| 印山村磨坪组 | 2011 | 16.74 | 2500 | 12.5 | 1550 | — | — | 58 | 265 | — |
| 穿洞村穿洞组 | 2011 | 32.2298 | 2150 | 10.7500 | 5933 | — | — | 51 | 265 | — |
| 银盏村鸡上塘 | 2011 | 31.4625 | 1960 | 9.800 | 2381 | — | — | 38 | 154 | — |
| 飞练皮坡寨 | 2011 | 17.10 | 1650 | 8.25 | 4950 | — | — | 103 | 415 | — |
| 银盏村罗家坝 | 2011 | 18.2 | 1665 | 8.325 | 1920 | — | — | 132 | 528 | — |
| 新华村红灯堡 | 2012 | 44.06 | 3874 | 19.37 | 2232 | — | — | 177 | 724 | — |
| 飞练桅杆坝 | 2013 | 125.49 | 3370 | 16.85 | 5903 | — | — | 85 | 255 | — |
| 飞练中坝、肖家院 | 2013 | 65.51 | 1966 | 9.83 | 1345 | — | — | 70 | 284 | — |
| 印山村中寨 | 2013 | 69.88 | 2100 | 10.5 | 5184 | — | — | 85 | 326 | — |
| 银盏村大林 | 2013 | 29.19 | 720 | 3.6 | 1649 | — | — | 40 | 163 | — |
| 新场村大坪 | 2014 | 81.28 | 1200 | 6.0 | 4281 | — | — | 52 | 243 | — |
| 飞练腾家院 | — | — | — | — | — | — | — | — | — | — |
| 黄泥坡 | 2014 | 52.55 | 1200 | 6.0 | 3444 | — | — | 61 | 266 | — |
| 银盏村左落脚果落水 | 2015 | 80.88 | 1747 | 8.74 | 5189 | — | — | 51 | 204 | — |
| 新华村兴仁寨、冷水沟 | 2015 | 52.08 | 1082 | 5.41 | 2977 | — | — | 56 | 252 | — |
| 印山村周家冲 | 2015 | 9.89 | 245 | 1.22 | 732 | — | — | 12 | 56 | — |
| 印山村长洞、磨地坝 | 2015 | 151.41 | 3185 | 15.93 | 8382 | — | — | 88 | 352 | — |
| 印山村棒坪、鸭坡 | 2015 | 126.41 | 4109 | 20.55 | 7557 | — | — | 76 | 304 | — |
| 岩根河移民安置点 | 2014 | 47.45 | 160 | — | — | — | 198 | — | — | 排水沟、路灯等 |

## 第四节　村寨饮水工程

清代及民国时期，民众选择柴草多，水源丰富之处而居，饮用水多为人工取用井泉、溪流、河渠之水。

解放初，饮用水依旧法。随着人口逐渐增加，居住集中，村寨扩大，一些村寨原有水源不能满足居民饮用，逐步显现人畜饮水困难。1970年，县铁厂、水泥厂入驻银盏村，邻厂区农户接通厂供水管道，开始饮用自来水。1998年，大信黄磷厂入驻银盏村，修建蓄水池，电动取水，使附近居民和牲畜饮用自来水。继后，原尖山村的尖山村民组，原大房村的桅杆坝、大房等村民组村民自筹资金，寻找水源，集资投劳铺设地下管道，安装自流水到各家各户，成为全乡第一批饮用自流水的村寨。之后，有条件的村组纷纷效仿，集资投劳安装自流水入户饮用。

继后，国家又投入270万元在印山村修建人饮工程，解决印山、两岔河等村组4000多人用水。

2006年，“大地之爱·母亲水窖”项目工程实施，全乡共有150户村民受益，共修建母亲水窖150口，使人畜饮水困难基本得到解决。

2008年，随着太平、银盏两村安装自来水管道，全乡除地势较高的穿洞、大林部分村民仍饮用自流水外，其他村组均已先后安装自来水，覆盖率达83%。

自2006年以来，实施农村饮水安全工程项目43个，到2015年解决农村饮水困难人口40448人，投入建设资金1899.54万元。

## 第五节　村寨公共设施

**村办公楼**　1950年以前，保、甲无公房，有的在庙宇或祠堂办公，无庙宇和祠堂的保、甲则谁当保、甲长就在谁家办公。1950年以后，逐步兴建了大队（村）办公房，生产队（组）修集体保管室、会议室。至1980年农村实行土地联产承包责任制后，集体保管室、会议室折价卖给农户和分给农户，队（组）均无集体公房。大队（村）则采取一平二调的方式，修建办公用房。1998年以后，一些村在县帮扶单位的帮扶下，扩建村办公楼。2004年政府补助部分村建党员活动室。2014年，县长尹德俊帮扶印山村，投资48万元扩建村办公楼。至2015年，全镇10个村（社区）有8个建有二层以上办公楼，办公条件不断改善。

**人畜饮水设施**　1950年以前，村民的饮用水多由人挑或马驮井水、河流、溪流水。1950年以后，人口逐渐增加，住房集中、村寨扩大，原有水源不能满足村民饮用。有的地方遇冬春干旱时，要到几公里外昼夜排队挑水。为解决村民人畜饮水困难，1970—2015年，由政府投资，群众集资投劳，整修水井，修蓄水池、小水窖，兴建饮水工程，较大的工程有新场、木老坪、岩根河等处，总投资超过千万元，村民饮水困难得以解决。

**供电**　1950年以前，村民照明多用桐油、菜油灯盏，贫困人家做事则用葵花杆、干竹片火把照明，无事就早吃晚饭早上床睡觉。1950年以后，普遍改用煤油灯照明。1971—1989年，部分居民采用小型水轮发电机发电照明，由于电量不足，电灯时亮时暗。1999年，实现农村电网改造，安装一户一表。2009年，完成银盏村、穿洞村的农网改造工程10千伏线路0.6公里，400千伏线路和220千伏线路18.37公里，涉及两村13个村民组556户，3088人。至2015年，全镇8个村，2个社区，180个村民组通电，村通率100%，户通率100%，用电率100%。

**乡村道路**　1950年以前，村寨多是小路通行。1970—1990年，陆续修筑乡村公路，进寨公路16条，形成以大林至白溪，印山至银坑水，鱼河至新寨，草塘至平坝县乡公路主干道为骨架的交通网络遍布8个行政村、2个社区。进入21世纪，开始对原有道路进行升级改造。2010年，县投资48万元对小春湾900米道路及农户院坝进行硬化改造。2011年，投资150余万元对飞练阁老冲、茶林山组1600米道路进行硬化；投资30万元对飞练社区珠藏坝至羊子坪2600米进村路进行改造硬化。2014年，投资45万元对场坝子至大房5953米进村道路进行硬化；投资75万元对银坑水至印山11369米道路铺设沥青；投资38万元对磨地坝至天堂1700米道路进行硬化；投资45万元对新桥至杨梅1500米道路进行硬化。2015年国家投资60万元对大林至白溪、鱼河至新寨、小山坳至甘塘、甘塘至银坑水、玉华至牛宫等道路进行改造。2015年累计通车里程145公里，油铺硬化145公里，实现村村通油路。

## 第六节　农村能源建设

农村的能源建设起步于20世纪70年代。广大农村开始使用原煤、焦炭烧水、做饭、取暖、加工油料、饲料、烘炕烟叶等。80年代末90年代初，开始使用沼气、燃气。2000年以后，逐步使用电能和燃气。

### 一、能源改造

新中国成立前，域内农村均使用柴、草、竹、农作物桔秆等烧水、做饭、取暖。由于山林树木均归地主、富农所有，贫雇农进山捡拾柴草，需征得地主、富农同意，否则就要受处罚，轻则做工换抵，重则挨打受骂。

新中国成立后，农民分得了山林，农户可自由地在自己的山林内捡拾柴草、竹子、树枝和砍伐小杂树，用于烧水、做饭、取暖和加工饲料。1953年，成立农村合作社，1957年成立人民公社，山林树木收归集体，但农民的日常生活燃料仍以柴草为主，每户年均使用柴草、农作物桔秆等约2500～3000公斤。

20世纪70年代，县区开始办煤厂生产原煤，除供应厂矿外，可销售给集体和农户。少数生产队开始试用原煤烘炕烤烟、加工油料、饲料和家庭烧水、做饭、取暖等日常生活，使用原煤要比使用柴草节约时间，烧水快、火力猛、燃烧时间长，被农民广为接受。域内边远山区因受交通运输等因素影响，日常生活仍以柴草为主要燃料。

80年代，乡办及个体煤厂迅速发展，原煤产量猛增，而且价格低，使用方便。每吨平均价格40～50元，被域内农民广泛接受和使用，烧水、做饭、取暖、饲料加工、油料加工等基本上都使用原煤作燃料，尤其是烘炕烤烟98%使用原煤，每吨干烟叶需用原煤800～1000公斤，既节能又省工，每户农民平均年使用原煤1～1.5吨。因原煤燃烧产生的大量烟雾及二氧化碳有害气体造成污染环境，对人体有害，1997年被县政府明文禁止。但现农村烘炕烤烟和边远山区农户仍有少量在继续使用。

县政府明文禁止在县城及周边使用原煤后，即组织人员从遵义地区引进无烟煤供应市场，价格要比有烟煤高一些，但无烟煤无烟雾，对环境污染小，况且燃烧时间长，便于使用，农村主要用于烧水、做饭，每户年均使用500～800公斤，柴草只用于发火之用。至2015年镇域内95%的农户均使用无烟煤、电能取暖。

90年代后，农村个体经商户开始使用罐装的液化气，每桶60元，2000年每桶涨到100元，用户一般都集中在原乡政府驻地周围和有集市的地方，至2000年，全乡有300余户使用。

1999年9月，深安燃气公司入驻银盏工业园区。公司不但向园区居民、企业及厂矿提供天然气，而且还向县城居民提供燃气服务，价格为每立方4元，既清洁安全，又方便快捷，解决了人民群众生活燃料所需，现已成为镇域内居民生活的主要热能资源，至2015年年底，全镇12000余户居民使用天然气140万立方米左右，年消费达560万元。

2006年4月至2009年12月，域内农村电网改造完毕，居民用电更为方便。用电烧水、做饭、打米、加工农副产品等，人民用电需求逐渐增加，用电规模和范围逐渐扩大，现全镇100%居民基本实现电气化，彻底改变生活燃料使用柴草的历史。

## 二、其他能源建设

天然气、沼气作为一种清洁的新型能源，逐渐被人们认识和接受。1990年以前，农村习惯用柴草、煤作为燃料烧水做饭。因环境污染问题，被政府严令取缔和禁止。尔后使用无烟煤作燃料，供人们使用，少数富裕家庭和商户开始使用罐装天然气，山区农村开始修建沼气池，用人畜粪便和青草作腐质气的原材料，经过发酵后产生的沼气作为照明、生活能源供人们使用。

**天然气** 使用天然气在域内时间不长，用量少，未能普及。2000年以前，少数农户、商户开始使用，多以罐装为主。用完更换或加气，一般三人家庭每月用气1桶，用于烧水、做饭。2000年以后，天然气使用逐步辐射到农村，由2000年以前的300余户发展到500余户。2006年，原太平小春湾引进一座小型加气站，月销售液化天然气2.5万立方米左右。2012年，深安燃气公司落户银盏，修建供气储藏罐和铺设管道，向园区企业和附近居民提供天然气，年销售天然气140万立方米。

**沼气** 2000年以后，政府补贴农户修建沼气池，每个沼气池农户投工投劳，政府补贴3000～5000元，运用人畜粪便和腐质作物发酵产气的原理修建沼气池，每个沼气池产生的气体可供2～4人户烧水、做饭、照明。2005年，沼气池被作为一个扶贫开发项目引进银盏。先后在原大林、尖山、珠藏坝等村实施。农户自筹资金，政府补贴修建沼气池100个，每修一个沼气池需5000元，政府无偿提供引气管、气压表和沼气燃具炉以及燃具灯等。至2014年，全镇共建沼气池2221口，随着农村电网改造，用电普及，广大农户用电做饭、烧水和取暖，沼气使用率极低，现存量和使用不多。

**太阳能** 随着科技不断进步，太阳能作为一种新型清洁能源已逐渐进入人们生活，主要用于热水器、路灯以及监控视频等。至2015年，域内玉华岩根河生态移民安置点路灯全部使用太阳能发电。

# 第十篇　综合经济

WENGANXIANYINZHAN ZHENZHI
瓮安县银盏镇志（620-2015）

# 第一章 财 政

## 第一节 管理机构

1950—1985年，财政事务由雍阳区财政所负责。1985年8月，银盏乡设财政员1名。1991年11月撤区并乡，成立银盏乡财政所（正股级）。2012年4月，银盏乡与木老坪乡及猴场镇的新华村、大寨坪村合并为银盏镇，银盏乡财政所更名为银盏镇财政所，所长犹家贸（2012年4月至2013年6月）。2013年7月，银盏镇又与玉华乡的岩根河村、鱼河乡的新场村合并成为新的银盏镇，银盏镇财政所所长犹家贸。2013年9月，银盏镇财政所由正股级升格副科级，所长犹家贸（副科级）。2014年9月"区镇合一"，银盏镇财政所与工业园区财政局合并为贵州省瓮安经济开发区财政局（正科级），局长潘飞，副局长犹家贸。

**银盏镇（乡）财政所历任领导更迭情况一览表**

表10—1

| 姓名 | 职务 | 任职时间 |
|---|---|---|
| 郭崇华 | 所长 | 1991.11—1996.6 |
| 邓　评 | 所长 | 1996.7—2001.9 |
| 马云中 | 所长 | 2001.10—2007.9 |
| 犹家贸 | 所长 | 2007.10— |

## 第二节 财政体制改革

### 一、财政体制

1979年，屠宰税下放公社征收，固定分成。1980年，全额管理的单位实行预算包干、结余留用、超支不补制，差额预算的单位实行定收定支、定额补助、结余留用制。1985年，在区、乡镇实行"划分税种，收支包干，超收分成，结余留用"的财政体制。1986年，实行以收定支，超收分成制。1988年，试行编制财政预算，超收分成办法。工商税超预算收入部分（不含烤烟税）实行县四、区六分成。烤烟税超收部分（扣除应上解数）全部留成，同时按产品税的1%返还。对清收1985

年以前的农业税尾欠款，调整为县四、区三、乡三的分成办法。1989年，对超预算收入部分实行县七、区三分成办法。烤烟税超上年入库数，超过部分扣除应上解中央40%后按县七、区三分成。县政府规定超收分成资金的51%以上用于发展经济和改善办学条件、发展社会公益事业等。1990年，将乡镇划分为3类。第一类是经济基础较好，财源较多的乡镇，实行“核定收支，定额上解，超收分成”财政体制；第二类是预算收支持平的乡镇，实行“核定收支，超收分成，减收（超支）不补”财政体制；第三类是经济欠发达的少数民族乡和高寒边远乡，实行“定额收支，定额补助，超收全留”财政体制。

1991年，撤区并乡建镇后，试行编制本级预决算，执行《瓮安县乡镇财政包干管理试行办法》，原则上以1992年各乡镇的收支决算为基数，对收大于支的乡镇，实行“比例上解”或“定额上解”；对支大于收的乡镇实行“定额补助”，农业税附加上解州37.5%后，余下部分实行县、乡对半分成。控制新增财政供养人员，除新分配到教育系统的大、中专毕业生由县财政追加预算外，其他人员由乡镇财政自行消化解决。1994年，乡镇财政体制调整为“划分税种，核定收支，超收分成，结余留用”。规定属于中央的税收部分，扣除应上解中央的部分后再计算分成。

2008年，实行“乡财县管乡用”体制。乡镇财政结合本级经济和社会事业发展编制预算，会计核算业务由县财政局代理，所有收费票据全部由县财政局统一管理，实行票款同行，依票管收；取消乡镇政府及所属部门、单位的所有银行账户，在各乡镇农村信用社统一开设；乡镇组织的预算内收入全部汇缴县国库，预算外收入缴入县财政预算外资金专户，支出由县、乡总预算会计审核批准后，拨付到各乡镇设在农村信用社的有关专户。乡镇工作人员工资采取工资统发方式集中支付，对农民各项补贴按照“一折通”方式直接兑现到农户个人。纳入政府集中采购的，乡镇提出计划申请由县财政局审批后，由县政府采购办统一采购。乡镇财政与县财政联网，财政支出实行网上申报、网上审批、网上查询。

2009—2011年，实行“收入全额上缴，完成收入基数保支出基数，超收实行以奖代补”的财政管理办法。

2012年，采取“预算统编、收入上缴、支出包干、超支不补、结余留用”的办法，统筹兼顾，区别对待，确保平衡。按各乡镇经济发展水平确定收支基数，制定激励约束机制，促进乡镇发展财源，确保财政收支平衡。

## 二、农村税费改革

清代和民国时期，银盏地区依照当时的制度，向农户征收“田赋”。解放后，废除田赋旧制，依法征收农业税（又称公粮）。农业税的纳税人是有农业收入的个人或集体，实行合理负担，按规定和实际情况减征、缓征、免征。以粮食交纳、货币结算、依质论价等政策缴纳农业税。

1950年，实行以户为单位，按人年均收入粮食确定税率的金额累进税制。人均年收入60公斤以下免征。对照军属和孤老病残等生活困难户，进行减缓免征。1951年，实行“查田评产，依率计征，依法减免”的办法，继续执行累进税制，起征点提高到75公斤。1952年，实行“调整产量，纠正畸高畸低，依率计征，依法减免，取消附加”的办法。1953—1955年，实行“按耕地计产，依率计征，依法减免，增产不增税”的办法征收。1956年以高级农业生产合作社为单位，按1955年各户平均税率计征。1958年，以生产队为单位，以1957年的产量为基础，统一执行州布置的平均税率14.65%征收。1981—1984年，农业税纳税依据以第一轮土地承包为主。1985年以后，恢复“一定五年”征收任务不变，1986年实行“依率计征，依法减免，稳定负担，增产不增税”的办法。乡政府在农业税征收时由农户以实物上交粮食部门，乡财政所与粮食部门结算。2002年，根据《省人民政府办公厅关于印发贵州省2002年扩大农村税费改革试点方案的通知》（黔府办发〔2002〕43号）精神，县开展了税费改革工作，取消了劳动积累工和劳动义务工及“三提五统”。农业税附加是正税的20%。从2002年起，农业税计税价格为每公斤中等稻谷1.04元，一定三年不变。2004年实行农业税率降低一个百分点，由7%降为6%。2005年，根据党中央国务院的指示，贵州省全面取消农业税，比国家原计划提前了一年。从此，农民不再上缴公余粮。2006年，中央一号文件出台了在全国范围内取消农业税的政策，十届全国人大常委会第十九次会议作出了自2006年1月1日起，废止《中华人民共和国农业税条例》的决定。2006—2015年，除不再征收农业税外，还对种粮农户进行良种补贴和种粮补贴，补贴依据是根据每年中央财政确定的标准进行发放，将补助金额打入农户“一卡通”存折账户上。从2009年起，种粮补贴由省财政厅通过农村信用社专户直接发放到农户的“一卡通”账户上。

## 第三节　财政收支

瓮安解放以来至20世纪80年代，银盏经济基础薄弱，财政收支规模小，人均收支水平处于低下水平，职工工资和机构运转靠县财政补贴。80年至90年代，重点以特色科技示范园区培植财源。90年代，除上级财政补贴外，有烤烟产品税、农业税以及农业特产税、耕地占用税等其它收入。90年代末，受烤烟特产税率下调，煤矿企业关停、取缔等政策因素影响，到1998年下半年开始取消职工“三费”（交通费、报刊费、洗理费），只发职工基本工资。2003年，财政进入良性发展时期。2004年，积极建设“粮油烟、畜牧、煤及煤化工、磷及磷化工、建筑建材、农副产品加工”等财源。乡财政加大向上对接协调和征收力度，做到应收尽收。2007年县下达财政收入任务393万元，收入完成444.2万元，支出88.6万元。2010年，县政府出台《瓮安县金融部门支持地方经济发展考核办法》，是年，财政收入任务750万元，收入完成932万元，支出133.4万元。2011年，银盏工业园区开工建设，加大招商引资力度，入驻企业逐年增多。是年，收入任务1100万元，收入完成1540万元，支出264.67万元。2012年3月，第一次行政区划调整，原木老坪乡的木老坪村、新寨村、印山村及猴场镇的大寨坪村、新华村划入银盏镇，行政区域面积大大增加。是年，财政收入任务2681万元，收入完成4120万元，支出611.56万元。2013年7月，第二次行政区划调整，原玉华乡的岩根河村和原鱼河乡的新场村划入银盏镇，区域面积增至197.5平方公里，资源富集。是年，财政收入任务7200万元，收入完成8864.1万元，支出1709.4万元。2014年，园区与银盏镇实行“区镇合一”管理体制，迸发出新的活力。是年，财政收入任务47200万元，收入完成48243万元，支出1965.69万元。2015年财政收入任务30764万元，收入完成30772万元，支出16095.16万元。

2007—2015年银盏镇（乡）财政收支情况统计表

表10—2　　单位：万元

| 年度 | 收入任务数 | 收入完成数 | 支出 |
|---|---|---|---|
| 2007 | 393 | 444.2 | 88.6 |
| 2008 | 433.4 | 590.2 | 105.8 |
| 2009 | 470 | 579 | 117.5 |
| 2010 | 750 | 932 | 133.4 |
| 2011 | 1100 | 1540 | 264.67 |
| 2012 | 2681 | 4120 | 611.56 |
| 2013 | 7200 | 8864.1 | 1709.4 |
| 2014 | 47200 | 48243 | 1965.69 |
| 2015 | 30764 | 30772 | 16095.16 |

## 第四节　国有资产管理

### 一、管理机构

1950—1990年，国有资产管理由银盏公社（后改为乡）负责管理。1991年11月，银盏乡成立财政所，国有资产由财政所管理。2012年行政区划调整，2014年实行“区镇合一”管理体制，贵州瓮安经济开发区财政局负责国有资产的配置、处置、报损、报废等工作。

2009年10月，国资公司组建全资子公司殡葬服务有限责任公司。2011年3月成立瓮安县工业园区投资开发有限责任公司。2012年11月，将国有独资的县粮食局粮食储备库和县粮油购销有限公司建成县粮油储备库，属国资公司全资子公司，现位于开发区钢材市场处。2014年8月成立贵州兴瓮实业有限责任公司，先后组建6个子公司，即瓮安县工业园区投资开发有限责任公司、瓮安县创业园科技孵化服务有限公司、瓮安县工业园区物资贸易有限公司、瓮安县立信会计咨询有限公司、贵州黔中建安置业投资有限责任公司、瓮安兴新资产运营投资管理有限公司。

### 二、资产管理

**清产核资**　1993年，开始国有企业清产核资工作。清理内容有固定资产、流动资产、专用资金、无形资产等。1995年，细化国有资产清理事项。通过资产清查、产权界定、固定资产价值重估、土地估价、资金核实等工作，基本摸清国有企业资产情况。

2007年，对行政事业单位进行全面资产清查登记，包括账面资产、账面负债、账面净资产。2008年，县经营性国有资产及闲置国有资产清理领导小组对行政事业单位闲置性资产进行清理，并移交县国有资产营运投资有限责任公司管理。2010年，开展行政事业单位资产管理信息系统培训和基础数据的审核上报工作。县政府出台《关于机构改革中加强国有资产管理的意见》，防止政府机构改革造成国有资产流失。2015年，再次开展“区镇合一”后清产核资工作。2015年，银盏镇行政单位用地12728.5平方米，价值 103429元；房屋16134.25平方米，其中办公用房14814.25平方米，价值5208965.87元，车辆29辆，价值2094192元；通用设备238台套，价值 1088482.79元，专用设备35台套，价值 259970.86元，家具、用具、装具共532件，价值268360元；通用设施软件7件，价值44570元，图书、档案等，价值77504.26元。

**产权登记** 1993年，开始对国有资产实行产权登记。1995年，对行政事业单位实行产权登记。1998年，对占有使用国有资产的单位在产权登记年检时进行报表审计和验资。

**资产处置** 1993年，开始资产处置工作，对县化肥厂进行处置，收入680万元。2004年，对县水泥厂进行资产处置，收入508万元。2012年，完成行政事业单位公务用车清理。

### 三、国有资产运营

1978—2002年，国有资产运营由县政府统一管理。

2003年6月，国资公司在县政府授权范围内对县级国有资产进行接管和营运。至2004年7月，国资公司接管境内国有投资的县银桥建材有限责任公司剩余资产及债权债务；获得大寨坪煤矿资源探矿权。2006年，申报获得鱼河高松4.19平方公里的钒、钼、镍等多金属矿探矿权。2007年，对煤矿企业进行扩能扩界，将所属煤炭资源有偿划给扩能扩界企业。2007年8月至2008年12月，对鱼河高松钒、钼、镍等多金属矿勘查进行招商引资。接管境内的殡葬服务中心殡仪馆、公墓建设项目。

2009年11月，接管县磷化公司，引进上海美辰星矿业投资控股有限公司入股县磷化公司，完成增资扩股9987.2万元，占增资后的磷化公司39%股权。县安信矿业有限公司为县磷化公司与瓮福磷矿的合资企业，磷化公司增资扩股后，国资公司占安信矿业有限公司23.4%股权。

2010年，资产抵押为县殡仪馆及公墓项目建设融入资金1900万元。10月10日，太平山殡仪馆、九龙园公墓竣工，县城区集中治丧和火化启动。13日，完成县磷肥厂搬拆迁工作。2011年，解决对县银桥水泥厂24户下岗职工住国有公房的房屋产权历史遗留问题。经县政府批准，放弃招商引资开发未果的高松钒、钼、镍矿矿权。2012年，殡葬服务有限公司投入620.5万元完善基础设施建设。2014年，兴瓮公司筹资50192万元，投资16.68亿元，建设园区道路71.6公里；投资771万元，建设集中安置房B区共29栋；投资15800万元，建设划地安置250户；投资6700万元，建设3万平方米标准化厂房。2015年，融资13.39亿元，到位资金2.54亿元，完成筹资39266万元，主要用于完善园区基础设施建设。

## 2015年银盏镇国有资产统计表

表10—3

| 名 称 | 数量/面积 | 价 值（元） |
|---|---|---|
| 合计 | | 9145474.78 |
| 土地（平方米） | 12728.50 | 103429.00 |
| 房屋（平方米） | 16134.25 | 5208965.87 |
| 车辆（辆） | 29 | 2094192.00 |
| 通用设备（台） | 238 | 1088482.79 |
| 专用设备（台） | 35 | 259970.86 |
| 图书、档案（个） | 1 | 77504.26 |
| 家具、用具、装具（件） | 532 | 268360.00 |
| 通用设施、软件（件） | 7 | 44570.00 |

## 2015年银盏镇固定资产统计表

表10—4

| 资产分类 | 数量/面积 | 价 值（元） |
|---|---|---|
| 合计 | | 9145474.78 |
| 行政单位用地（亩） | 28.50 | 103429.00 |
| 办公用房（平方米） | 14814.25 | 4758965.87 |
| 医卫慈善用房（平方米） | 120 | 50000.00 |
| 居住用房（平方米） | 1200 | 400000.00 |
| 小型机（台） | 16 | 86151.00 |
| 台式机（台） | 52 | 344179.00 |
| 便携式计算机（台） | 8 | 38719.00 |
| 其他计算机设备（台） | 1 | 1500.00 |
| 移动存储设备（个） | 2 | 2540.00 |
| 打印设备（台） | 53 | 121698.79 |
| 扫描仪（台） | 1 | 1450.00 |

续表10—4

| 资产分类 | 数量/面积 | 价 值（元） |
|---|---|---|
| 应用软件（个） | 7 | 44570.00 |
| 复印机（台） | 3 | 19500.00 |
| 投影仪（台） | 1 | 19800.00 |
| 照相机及器材（台） | 8 | 36590.00 |
| LED显示屏（块） | 2 | 2910.00 |
| 载货汽车（含自卸汽车）（辆） | 1 | 108872.00 |
| 轿车（辆） | 9 | 1049205.00 |
| 其他乘用车（轿车）（辆） | 2 | 90158.00 |
| 其他客车（辆） | 11 | 777277.00 |
| 清洁卫生车辆（辆） | 1 | 44800.00 |
| 两轮摩托车（辆） | 4 | 20800.00 |
| 车辆附属设施及零部件（件） | 1 | 3000.00 |
| 柴油内燃机（台） | 1 | 4600.00 |
| 离心泵（台） | 1 | 6800.00 |
| 冷藏箱柜（台） | 7 | 13310.00 |
| 空调机组（个） | 8 | 50440.00 |
| 变压器（台） | 1 | 17000.00 |
| 制冷电器（台） | 3 | 4850.00 |
| 空气调节电器（台） | 2 | 3870.00 |
| 清洁卫生电器（台） | 5 | 8440.00 |
| 烹调电器（台） | 2 | 2815.00 |
| 饮水器（台） | 11 | 2800.00 |
| 热水器（台） | 1 | 2200.00 |

续表10—4

| 资产分类 | 数量/面积 | 价 值（元） |
|---|---|---|
| 其他生活用电器（台） | 4 | 5555.00 |
| 其他卫星通信设备（台） | 1 | 1050.00 |
| 固定电话机（门） | 1 | 50000.00 |
| 传真通信设备（台） | 4 | 7250.00 |
| 电视信号同步设备（台） | 1 | 500.00 |
| 普及型卫星广播电视（台） | 1 | 73130.00 |
| 其他卫星广播电视（台） | 2 | 9750.00 |
| 普通电视设备（电视）（台） | 5 | 5422.00 |
| 其他电视设备（台） | 2 | 41200.00 |
| 录像机（台） | 2 | 6900.00 |
| 摄像机（台） | 15 | 63763.00 |
| 其他视频设备（台） | 1 | 1800.00 |
| 录放音机（台） | 3 | 2490.00 |
| 音频功率放大器设备（台） | 4 | 18880.00 |
| 其他广播、电视（台） | 3 | 8610.00 |
| 脑电诊断仪器（台） | 5 | 72200.00 |
| 手术显微镜及放大镜（台） | 4 | 30707.00 |
| 超声诊断仪器（台） | 1 | 14500.00 |
| 生化分析设备（台） | 1 | 1148.86 |
| 通用手术台床（台） | 3 | 10279.00 |
| 手术照明设备（台） | 5 | 15224.00 |
| 器械台、柜等器具（具） | 2 | 2598.00 |
| 其他病房护理及医院（个） | 3 | 1750.00 |

续表10—4

| 资产分类 | 数量/面积 | 价 值（元） |
| --- | --- | --- |
| 煮沸消毒设备（台） | 4 | 6287.00 |
| 其他消毒灭菌设备（台） | 1 | 54509.00 |
| 其他医疗设备（台） | 1 | 975.00 |
| 家用清洁卫生器具（具） | 1 | 600.00 |
| 消防灭火设备（个） | 1 | 1300.00 |
| 消防人员防护设备（具） | 1 | 7400.00 |
| 其他农林牧渔专用（具） | 1 | 22043.00 |
| 显示器（个） | 1 | 18000.00 |
| 普通图书（台） | 1 | 77504.26 |
| 床类（间） | 1 | 790.00 |
| 台、桌类（个） | 121 | 31978.00 |
| 椅凳类（把） | 33 | 49222.00 |
| 沙发类（把） | 47 | 19139.00 |
| 文件柜（个） | 29 | 14700.00 |
| 其他柜（个） | 33 | 20540.00 |
| 架类（个） | 9 | 5360.00 |
| 其他家用家具（个） | 259 | 126631.00 |

# 第二章　金融

## 第一节　金融机构

解放后，农村信用合作事业发展较快。1956年，银盏建立了乡信用合作社。1958年，更名为人民公社信用部。1961年恢复信用合作社，仍由公社管理，当时信用社的业务办理地点设在银盏公社（银水寺）内，共有人员2人。1978年搬迁到宋家坝三叉路处，由唐庭华负责，共职工2人。1991年，撤区并乡建镇，搬迁到雍阳镇境内三中右侧处。2012年3月、2013年7月，经两次行政区划调整，原木老坪乡的木老坪村、新寨村、印山村，猴场镇的大寨坪村、新华村，原玉华乡的岩根河村，原鱼河乡的新场村划入银盏镇。2013年10月，银盏信用社更名为瓮安县银盏镇农村商业银行，共有职工14人。2015年年底，搬迁到摩尔城办公、开展业务。同时，境内还有木老坪信用社、新华信用社、玉华信用社、鱼河信用社。

## 第二节　金融业务

**存款**　新中国成立初期，由于农村经济发展较困难，金融部门就采取上门服务，组织动员农户、互助组、合作社存款。1958—1999年，对生产队实行转账结算。社队购买生产生活资料的款价，实行限额结算。1980年实行家庭联产承包责任制后，根据农户意愿进行转账结算或支付现金。

2002年银盏信用社存款644.18万元；2003年存款776.31万元；2004年存款1248.14万元；2005年存款1552.47万元；2006年存款2140.26万元；2007年存款2853.02万元；2008年存款3784.74万元；2009年存款6368.58万元；2010年存款8624.21万元；2011年存款16776.05万元；2012年存款23000.38万元；2013年存款30298.79万元；2014年存款34171.46万元；2015年存款64140.06万元。

**贷款**　民国时期，民间已有货币借贷，但利率高，有的月利率高达30%，并有利滚利者，还盛行信用集资性质的“银会”“基金会”。参加者议定每人每月集资额，分月集资摇骰以点数多者“接会”（使用当月集资），轮流“接会”完毕为止。合作金库曾对信用合作社贷款，对农村发放生产贷款和救济贷款，信用合作社曾对社员发放生产资金，食盐抵押，农产品运销抵押，集体经营等贷款。

解放后，人民政府禁止高利贷，规定存款、贷款由银行和信用合作社办理。重点支持“两高一优”（高产、高效、优质）农业的发展，扶持一批养殖户、种植户和个体民营业户。2009年，出台《瓮安县林权抵押贷款实施细则暂行办法》，拓宽农户的贷款率。同时，针对农民工外出务工多的情况，采取一户一卡的方式开办惠农卡。2002年发放信贷资金605.72万元；2003年发放信贷资金817.77万元；2004年发放1094.63万元，2005年发放1373.62万元；2006年发放资金1910.29万元；2007年发放2229.65万元；2008年发放资金2550.27万元；2009年发放3941.03万元；2010年发放6845.3万元；2011年发放8713.32万元；2012年发放15833.92万元；2013年发放24045.54万元；2014年发放30631.36万元；2015年共发放资金41149.87万元。

**2002—2015年银盏镇（乡）存贷款统计表**

表10—5

| 年份 | 贷款（万元） | 存款（万元） |
|---|---|---|
| 2002 | 605.72 | 644.18 |
| 2003 | 817.77 | 776.31 |
| 2004 | 1094.63 | 1248.14 |
| 2005 | 1373.62 | 1552.47 |
| 2006 | 1910.29 | 2140.26 |
| 2007 | 2229.65 | 2853.02 |
| 2008 | 2550.27 | 3784.74 |
| 2009 | 3941.03 | 6368.58 |
| 2010 | 6845.3 | 8624.21 |
| 2011 | 8713.32 | 16776.05 |
| 2012 | 15833.92 | 23000.38 |
| 2013 | 24045.54 | 30298.79 |
| 2014 | 30631.36 | 34171.46 |
| 2015 | 41149.87 | 64140.06 |

# 第十一篇 党政群团

# 第一章　中共银盏镇委员会

## 第一节　组织机构沿革

1953年4月，建立中共银盏乡支部委员会（驻银水寺）。1956年9月，中共银盏乡支部委员会改为中共银盏乡总支部委员会。1957年9月，中共银盏乡总支部委员会划隶中共城关镇委员会。1959年1月，中共银盏乡总支部委员会改建为中共银盏生产管理区总支部委员会，隶属中共雍阳公社委员会，下辖银盏、太平、大林3个生产大队党支部。1961年8月，人民公社体制和行政区划调整，将银盏、飞练生产管理区合并建立银盏人民公社。12月，建立中共银盏人民公社委员会（驻银水寺），隶属中共雍阳区委员会，下辖银盏、太平、大林、穿洞、珠藏坝、尖山6个大队党支部。1963年9月，中共银盏人民公社委员会召开第一次党代表大会，选举中共银盏人民公社委员会领导成员。1966年5月，“文化大革命”开始，人民公社党委照常工作，后逐渐处于瘫痪状态。1967年11月，中共银盏人民公社委员会被“夺权”，由人民公社革命委员会所取代，下辖的银盏、太平、大林、穿洞、珠藏坝、尖山6个大队党支部完全停止党组织活动。1971年1月，银盏人民公社革委会建立党的核心领导小组，领导党的组织活动，开展整党、建党工作。完成整党建党后，党的组织活动基本恢复。12月，恢复中共银盏人民公社委员会，并召开第二次党代表大会，选举中共银盏人民公社委员会成员。1972—1979年，共召开党员代表大会2次，下辖6个大队党支部。1982年6月，召开第五次党员代表大会，选举产生中共银盏公社委员会。1984年3月，农村进行体制改革，实行政社分开，中共银盏人民公社委员会召开第六次党代表大会，选举产生中共银盏乡委员会，隶属中共雍阳区委员会，下辖银盏、太平、大元、大林、大房、尖山、穿洞河、珠藏坝8个党支部。1987年4月，中共银盏乡委员会召开第七次党代表大会，选举委员会领导成员。1991年11月，中共银盏乡委员会召开第八次党代表大会，选举委员会领导成员。同年撤区并乡后，银盏乡为独立乡，中共银盏乡委员会下辖8个村级党支部。2009年，撤并村，银盏乡由原来的8个村党支部，合并为太平、银盏、穿洞、飞练4个村党支部。2012年3月，经贵州省人民政府批准，撤销银盏乡、木老坪乡组建银盏镇，同时，经中共瓮安县委员会同意，建立中共银盏镇委员会。1992年至2011年7月，中共银盏乡委员会召开党员代表大会6次。2014年，中共银盏镇委员会下辖太平社区、飞练社区、银盏村、穿洞村、印山村、木老坪村、新华村、大寨坪村、岩根河村、新场村10个党支部（党总支部）。2015年，中共银盏镇委员会下辖党支部31个，其中农村党支部（党总支部）10个，机关党支部9个，非公有制企业党支部12个，共有党员1061名，其中农村党员743名。

**中共银盏乡（镇）委员会历届领导人任职一览表**

表11—1

| 基层党组织名称 | 职务 | 姓名 | 族别 | 任职年限 |
|---|---|---|---|---|
| 中共银盏乡支部委员会 | 支　书 | 石绍芝 | 苗族 | 1953.4—1956.9 |
| | 总支书 | 石绍芝 | 苗族 | 1956.9—1958.12 |
| | 副支书 | 肖正友 | 汉族 | 1958.1—1958.12 |
| 中共银盏管理区总支委员会 | 总支书 | 赵显华 | 汉族 | 1959.1—1960.5 |
| | 总支书 | 彭昌奎 | 汉族 | 1960.5—1960.7 |
| | 总支书 | 石绍芝 | 苗族 | 1960.7—1961.12 |
| | 副支书 | 石绍芝 | 苗族 | 1959.1—1960.4 |
| | 副支书 | 肖光宗 | 汉族 | 1959.2—1960.1 |
| 中共银盏人民公社委员会 | 书　记 | 石绍芝 | 苗族 | 1961.12—1962.5 |
| | 书　记 | 景　频 | 汉族 | 1962.5—1962.12 |
| | 书　记 | 张世明 | 汉族 | 1963.1—1967.8 |
| | 副书记 | 王德昌 | 汉族 | 1961.12—1967.8 |
| | 副书记 | 石绍芝 | 苗族 | 1962.5—1967.8 |
| 中共银盏人民公社革委核心领导小组 | 组　长 | 张世明 | 汉族 | 1971.1—1971.12 |
| | 副组长 | 石绍芝 | 苗族 | 1971.1—1971.12 |
| 中共银盏人民公社委员会 | 书　记 | 张世明 | 汉族 | 1971.12—1972.3 |
| | 书　记 | 袁正懿 | 汉族 | 1972.3—1975.4 |
| | 书　记 | 赵显华 | 汉族 | 1975.4—1976.10 |
| | 书　记 | 夏德兴 | 汉族 | 1977.8—1982.10 |
| | 书　记 | 金秉福 | 汉族 | 1982.10—1983.6 |
| | 书　记 | 周锡利 | 汉族 | 1983.6—1984.4 |

续表11—1

| 基层党组织名称 | 职务 | 姓名 | 族别 | 任职年限 |
| --- | --- | --- | --- | --- |
| 中共银盏人民公社委员会 | 副书记 | 李复学 | 汉族 | 1971.12—1976.10 |
| | 副书记 | 石绍芝 | 苗族 | 1971.12—1976.10 |
| | 副书记 | 饶国禄 | 汉族 | 1972.5—1976.10 |
| | 副书记 | 王奇平 | 汉族 | 1974.12—1976.10 |
| 中共银盏乡委员会 | 书 记 | 周锡利 | 汉族 | 1984.4—1985.3 |
| | 书 记 | 郭崇华 | 汉族 | 1985.3—1985.9 |
| | 书 记 | 杨树明 | 汉族 | 1985.10—1986.11 |
| | 书 记 | 朱吉祥 | 汉族 | 1986.11—1989.12 |
| | 书 记 | 袁天喜 | 汉族 | 1989.12—1991.11 |
| 中共银盏乡委员会 | 书 记 | 皮明义 | 汉族 | 1991.11—1998.11 |
| | 书 记 | 刘平菊（女） | 汉族 | 1998.11—2001.2 |
| | 书 记 | 犹　建 | 汉族 | 2001.2—2003.5 |
| | 书 记 | 王大勇 | 汉族 | 2003.5—2006.6 |
| | 书 记 | 梁 建 | 汉族 | 2006.6—2012.3 |
| | 副书记 | 宋锡异 | 汉族 | 1991.11—1998.11 |
| | 副书记 | 袁天喜 | 汉族 | 1991.11—1998.11 |
| | 副书记 | 冷国辉 | 汉族 | 1993.10—1994.12 |
| | 副书记 | 罗惠平 | 汉族 | 1995.11—1997.12 |
| | 副书记 | 兰才举 | 苗族 | 1995.11—1998.1 |
| | 副书记 | 犹永芬（女） | 汉族 | 1997.1-1997.12（挂职） |
| | 副书记 | 刘　蓉（女） | 汉族 | 1997.1—1997.12（挂职） |
| | 副书记 | 杨忠华 | 汉族 | 1999.1—2000.12 |

续表11—1

| 基层党组织名称 | 职务 | 姓名 | 族别 | 任职年限 |
| --- | --- | --- | --- | --- |
| 中共银盏乡委员会 | 副书记 | 杨大权 | 汉族 | 1998.11—2003.12 |
| | 副书记 | 代永林 | 汉族 | 1998.11—2006.11 |
| | 副书记 | 孙　红（女） | 汉族 | 1999.3—2001.3（挂职） |
| | 副书记 | 郑舟华 | 汉族 | 2000.11—2002.1 |
| | 副书记 | 戎毅生 | 汉族 | 2001.8—2003.12 |
| | 副书记 | 陈博(女) | 仡佬族 | 2002.1—2003.5 |
| | 副书记 | 孙　华（女） | 汉族 | 2003.5—2009.3 |
| | 副书记 | 洪　湖 | 汉族 | 2004.1—2006.6 |
| | 副书记 | 罗　强 | 汉族 | 2006.6—2008.11 |
| | 副书记 | 桂国全 | 汉族 | 2008.11—2012.4 |
| | 副书记 | 龚凤平（女） | 汉族 | 2008.11—2012.4 |
| | 副书记 | 兰华丽（女） | 汉族 | 2009年党建扶贫挂职 |
| 中共银盏镇委员会 | 书记 | 梁　健 | | 2012.4—2014.10 |
| | 书记 | 范祖林 | | 2014.10— |
| | 副书记 | 严　军 | | 2012.4—2012.11 |
| | 副书记 | 犹和兴 | | 2012.4—2014.9 |
| | 副书记 | 吴明富 | | 2012.4—2013.7 |
| | 副书记 | 谭怀坤 | | 2012.12—2014.9 |
| | 副书记 | 张林才 | | 2014.9— |
| | 副书记 | 王　芳（女） | | 2014.9— |

## 中共飞练乡总支部委员会

1953年3月，建立中共飞练乡支部委员会（驻尖山屯），隶属第一区委。1956年9月，改为乡党总支部。1957年9月，划隶中共城关镇委。1958年12月撤销。

### 中共飞练乡总支部委员会领导人任职一览表

表11—2

| | | |
|---|---|---|
| 支 书 | 余银昌 | 1953.3—1956.5 |
| 支 书 | 王德昌 | 1956.5—1956.9 |
| 总支书 | 张义尧 | 1956.9—1957.3 |
| 总支书 | 秦绍品 | 1957.3—1958.3 |
| 总支书 | 吴锦伦 | 1958.4—1958.12 |
| 副支书 | 王德昌 | 1956.9—1958.12 |

1959年1月，飞练人民公社党总支部改为飞练管理区党总支部，隶属中共雍阳公社党委，下辖尖山、珠藏坝、穿洞3大队党支部。1961年12月，同银盏管理区合并建立中共银盏公社委员会。

### 中共飞练管理区总支部委员会领导人任职一览表

表11—3

| | | |
|---|---|---|
| 总支书 | 吴锦伦 | 1959.1—1960.1 |
| 总支书 | 李德举 | 1960.1—1960.6 |
| 总支书 | 杨光银 | 1960.8—1961.12 |
| 副支书 | 王德昌 | 1959.1—1961.12 |
| 副支书 | 杨光银 | 1960.1—1960.8 |
| 副支书 | 石绍芝(苗族) | 1960.4—1960.7 |

## 党委工作机构

1991年10月，全县完成“撤区并乡建镇”体制改革工作，原区党委、政府所设工作机构被撤销，新建的银盏乡党委升格为正科级机构，党委工作机构设置：党委办公室、团委、妇联、武装部。

1997年6月，全县乡镇机构编制调整，银盏乡党委工作机构设置：纪律检查委员会（含监察室）、党政办公室（既是党委的机构，又是政府的机构）、政法委员会（含社会治安综合治理办公室）、人民武装部。

2001年12月，全县乡镇机构设置、职能配置和人员编制调整，银盏乡党委工作机构设置：纪律检查委员会（含监察室）、党政办公室、政法委员会（含综治办）、人民武装部。

2011年10月，按瓮安县乡（镇）主要职责机构设置和人员编制规定，银盏乡党委工作机构设置：党政办公室、社会治安综合治理办公室、信访维稳办公室。

2012年4月，全县调整乡镇（街道办事处）机构编制，银盏镇党委工作机构设置：党政办公室、社会管理综合办公室（含 信访维稳办公室）。

2014年9月，全县乡镇机构设置和人员编制调整，银盏镇党委工作机构设置：党政办公室（含法制办公室）、社会治安综合治理办公室（含信访维稳办公室）。瓮安县银盏镇领导职数设置14人，其中党委领导职数8人，分别为书记1人、人大主席1人、专职副书记1人、纪委书记1人、组织部部长1人、政法委书记1人、人武部部长1人、宣传委员、统战委员（政协工作联络员）1人。

**银盏镇党委系列工作机构设置情况统计表**

表11—4

| 工作机构名称 | 级别 | 领导职数 | 编制类型 |
|---|---|---|---|
| 纪 委 | 副科级 | 2（1正副科，1副股级） | 行政编制 |
| 组织部 | 副科级 | 1 | 行政编制 |
| 武装部 | 副科级 | 1 | 行政编制 |
| 工 会 | 副科级 | 1 | 行政编制 |
| 团 委 | 股 级 | 1 | 行政编制 |
| 妇 联 | 股 级 | 1 | 行政编制 |
| 政法委 | 副科级 | 2（1正副科，1副股级） | 行政编制 |
| 监察室 | 股 级 | 1 | 行政编制 |
| 党政办公室 | 股 级 | 1正1副 | 行政编制 |

## 第二节 党员代表大会

**第一次党员代表大会** 1963年9月8日在银盏公社银水寺召开，参加会议代表40名，干部代表8名，先进人物代表8名，妇女代表6名，少数民族代表4名。会议传达学习中共八届九中全会，决定对国民经济建设实行“调整、巩固、充实、提高”的方针，党的组织随着进行整顿。会议选举产生中共银盏公社委员会领导成员。

**第二次党员代表大会** 1971年12月18日在银盏公社银水寺召开，参加会议代表88名，其中先进模范代表7名，干部代表29名，妇女代表7名，少数民族代表5名。会议总结整党建党工作，选举产生中共银盏人民公社委员会，隶属中共雍阳区革委核心领导小组。

**第三次党员代表大会** 1976年10月12日在银盏人民公社召开，参加会议代表55名，干部代表8名，妇女代表8名，少数民族代表5名，并选举产生中共银盏人民公社委员会领导成员。

**第四次党员代表大会** 1979年6月12日在银盏人民公社召开，参加会议代表57名，其中各条战线先进人物代表9名，干部代表10名，妇女代表8名，少数民族代表5名。大会代表开展“实践是检查真理的唯一标准”讨论，批判“两个凡是”的错误方针，提倡解放思想、实事求是。会议选举产生中共银盏人民公社委员会领导成员。

**第五次党员代表大会** 1982年6月2日在银盏人民公社召开，参加会议代表57名，其中干部代表11名，先进人物代表14名，妇女代表7名，少数民族代表4名。大会代表在讨论中赞同停止使用“以阶级斗争为纲”的口号，集中力量搞好经济建设，宣传社会主义初级阶段理论。大会选举产生中共银盏人民公社委员会成员。

**第六次党员代表大会** 1984年3月8日在银盏乡召开，参加会议代表38名，其中各条战线先进代表16名，干部代表27名，妇女代表5名，少数民族代表2名。大会代表讨论国民经济实行“调整、改革、整顿、提高”的八字方针和“对内搞活，对外开放”的经济政策，对国民经济实行全面改革表示拥护，选举产生中共银盏乡委员会领导成员。

**第七次党员代表大会** 1987年4月2在银盏乡召开，参加会议代表45名，其中干部代表27名，先进人物代表6名，妇女代表9名，少数民族代表3名。大会讨论主题是“一个中心、两个基本点”（以经济建设为中心，坚持四项基本原则，坚持改革开放的基本路线），使代表们了解建设具有中国特色社会主义的根据和基本方针。大会代表选举产生中共银盏乡委员会成员。

**第八次党员代表大会** 1991年11月召开，参加会议代表46名，其中干部代表9名，先进人物代表25名，妇女代表7名，少数民族代表5名。大会代表学习和讨论邓小平南方谈话，开展生产力标准大讨论，充分认识贫穷不是社会主义，社会主义初级阶段的根本任务就是发展生产力。大会选举中共银盏乡委员会领导成员。

**第九次党员代表大会** 1994年12月8日召开，参加会议代表43名，其中干部代表21名，先进人物代表11名，妇女代表7名，少数民族代表4名。代表们在讨论加快经济发展的同时，坚持物质文明建设和精神文明建设两手抓、两手都要硬，有利于提高人民生活水平。大会选举书记、副书记、纪委书记。

**第十次党员代表大会** 1997年12月召开，参加会议代表42名，其中先进人物代表、科技人员代表11名，干部代表18名，妇女代表8名，少数民族代表5名。大会代表学习中共十五大召开的文件，学习邓小平理论，听取党委和纪委的工作报告。大会选举中共银盏乡委员会书记、副书记、纪委书记。

**第十一次党员代表大会** 2001年1月8日召开，参加会议代表38名，其中干部代表21名，科技人员、先进人物代表6名，妇女代表7名，少数民族代表4名。大会代表听取党委和纪委的工作报告。大会选举中共银盏乡委员会书记、副书记、纪委书记。

**第十二次党员代表大会** 2004年1月召开，参加会议代表38名，其中干部代表20名，科技人员代表3名，妇女代表10名，少数民族代表5名。大会代表听取党委的工作报告和纪委的工作报告，学习十六届三中全会（2003年10月召开）有关文件精神，大会选举书记、副书记、纪委书记。

**第十三次党员代表大会** 2006年7月18日召开，参加会议代表39名，其中科技人员代表3名，干部代表24名，妇女代表8名，少数民族代表4名。大会总结全乡机关、企事业单位、农村、中小学校开展的以实践“三个代表”重要思想为主要内容的“保持共产党员先进性教育活动”工作。听取党委和纪委的工作报告。会议选举书记、副书记、纪委书记。

**第十四次党员代表大会** 2011年7月2日召开，参加会议代表48名，其中各类专业技术人员代表24名，干部代表12名，妇女代表7名，少数民族代表5名。大会听取中共银盏乡委员会工作报告，银盏乡纪委工作报告，讨论党风廉政建设实施意见。大会选举产生党委班子领导成员、纪委班子成员。

**银盏镇（乡）历次党员代表大会代表统计表**

表11—5

| 次 | 会议时间 | 代表总数（人） | 其中 | | |
|---|---|---|---|---|---|
| | | | 干部代表（人） | 妇女代表（人） | 少数民族代表（人） |
| 一 | 1963.9 | 40 | 8 | 6 | 4 |
| 二 | 1971.12 | 88 | 29 | 7 | 5 |
| 三 | 1976.10 | 55 | 8 | 8 | 5 |
| 四 | 1979.6 | 57 | 10 | 8 | 5 |
| 五 | 1982.6 | 57 | 17 | 6 | 5 |
| 六 | 1984.3 | 38 | 27 | 5 | 2 |
| 七 | 1987.4 | 45 | 27 | 9 | 3 |
| 八 | 1991.11 | 46 | 9 | 7 | 5 |
| 九 | 1994.12 | 43 | 21 | 7 | 4 |
| 十 | 1997.12 | 42 | 18 | 8 | 5 |
| 十一 | 2001.1 | 38 | 21 | 7 | 4 |
| 十二 | 2004.1 | 38 | 20 | 10 | 5 |
| 十三 | 2006.7 | 39 | 24 | 8 | 4 |
| 十四 | 2011.7 | 48 | 12 | 7 | 5 |

## 第三节　党务工作

1953年4月，建立中共银盏乡支部委员会。按照县委和第一区区委的要求，在农村培养积极分子，听取群众意见，接收新党员。

1955年，在农村互助合作社运动中，培养吸收觉悟高的积极分子为党员。

1956年，按照县委的要求，在机关、学校、手工业、公私合营中培养积极分子入党，银盏乡设党总支部。

1958年，在人民公社化运动中，培养积极分子入党，扩大党组织队伍。

1959年，银盏乡党总支部改为银盏管理区党总支部，银盏、太平、大林3个生产大队分别建立了生产大队党支部。

20世纪60年代初期，农村党支部把支委会变成行政会，未很好坚持“三会一课”制度。“文化大革命”期间，踢开党组织闹革命，公社党委、大队党支部、党的组织活动中断。

1971年，农村开展整党建党工作，又新建立尖山、珠藏坝、穿洞3个大队党支部。

1978年，中共十一届三中全会后，党的工作重点抓经济建设，党的组织发展着重在知识分子、妇女和少数民族先进分子中吸收党员。

1979—1980年，乡机关党支部和农村大队党支部组织党员学习《关于党内政治生活的若干准则》，要求各级党组织和党员维护党规党纪，坚持党的优良传统和作风。

1982年，中共十二大召开，乡党委要求全乡党员与党中央保持政治上、思想上的高度一致，团结党内外群众共同促进社会繁荣。

1983年，按照上级党委对党务工作安排，乡、村党组织教育党员，严格遵守党的纪律，坚持党性，根除派性，要讲真话，言行一致，接受党和群众监督，不搞特权，发扬党内民主，正确对待不同意见。

1984年，乡、村党组织党务工作重点是教育广大党员从政治纪律、民主集中制和不搞以权谋私等3个方面，发现问题及时纠正，以促进党风好转。

1985—1989年，乡村党组织把党务工作放在对党员进行坚持四项基本原则的教育，建立民主评议党员制度，每年对党员进行一次民主评议，由党支部召开党员大会，每名党员在会上对照党内有关规定，对自己一年的工作、学习、生活情况进行自我总结评价，党员之间开展批评与自我批评，增强党组织的凝聚力，建立严格的“三会一课”制度。在党员中开展“争做合格党员”活动。

1990年，乡党委重视在农村发展科技致富能手中的优秀分子入党，改变农村党员年龄老化问题，还注重培养农村青年积极分子入党。

1991年，银盏乡党委下辖10个党支部，其中8个村级党支部。

1992年，乡党委组织乡全体党员干部、各村党支部书记、村委会主任学习讨论邓小平南方谈话精神，充分认识贫穷不是社会主义，社会主义初级阶段的根本任务就是发展生产力。只要有利于发展社会主义社会的生产力，有利于增强社会主义国家的综合国力，有利于提高人民生活水平，就要大胆尝试，抓住时机，加快经济发展，在农村开展帮扶活动。

1993—1997年，乡党委在机关党支部、各村级党支部开展“四个一”为内容的组织建设活动，建立“三会一课” 制度和党员民主评议制度。乡党委班子建立党员领导干部专题民主生活会制度，每年至少一次，由党委组织召开，上级党组织派员参加，重点查找执行县委、政府重大部署的落实情况，廉洁自律、思想、生活作风是否符合党的规定，有无违反上级党组织禁令行为。银盏乡党建工作达到“五好”，受到中共黔南州委表彰。

1998年，银盏乡党委以农村8个党支部为重点，开展基层组织建设活动，总结从1993年以来农村党的建设工作成功做法及存在的问题。建立从1953年以后农村入党的党员和历任党支部正副书记、支委成员的花名册。

2000年，全乡所有支部开展“讲学习、讲政治、讲正气”为主要内容的党性党风教育活动。

2001年，银盏乡党委以文件《关于2001—2003年发展党员工作规划》（银党发〔2001〕24号）下发各村党支部、机关支部、乡各工作部门。要求制定好发展党员工作年度计划，在非公有制组织、农村生产一线、青年、妇女、知识分子中做好培养发展党员工作。

2002年，按照农村经济发展要求，坚持能者上、平者让、庸者下的原则，调整村级班子8个，充实村干部15名。

2003—2004年，乡党委分别制定下发《关于实行发展党员公示制度的通知》《关于召开2004年度党员领导干部民主生活会的通知》，要求各党支部推行发展党员公示制度。在党支部大会讨论通过预备党员的决议形成后，报请乡党委审批之前，由党支部进行公示，广泛听取党内外群众对预备党员的意见。召开党员领导干部民主生活会，广泛听取和征求党内外群众对领导班子成员的意见和建议。

2005年，银盏乡党委以文件《中共银盏乡委员会2005年基层组织建设工作计划》（银党发〔2005〕8号）下发各党支部。要求加强对党员的培训和管理，组织党员学习有关党建知识，做好发展党员工作，加强远程教育接收点的建设、管理，加强民主政治建设、强化制度落实。7月9日，启动开展以“三个代表”重要思想为主要内容的保持共产党员先进性教育活动，全乡共11个党支部，123名党员参加先进性教育活动。

2006年，乡党委筹备和召开第十三次党员代表大会，选举产生中共银盏乡第十三届委员会和中共银盏乡纪律检查委员会。印发文件《关于开展2006年度民主评议党员的通知》（银党发〔2006〕2号），要求以党支部为单位按步骤进行，评议党员分为优秀、合格、不合格三个档次，对评议的优秀党员进行表彰。

2007年，银盏乡党委印发文件《中共银盏乡委员会2007年度党员发展工作计划》（银党发〔2007〕7号），要求每个党支部发展1～2名，并按照党员数1：5的比例充实入党积极分子储备库，使全乡入党积极分子储备达90名。又印发文件《关于在全乡基层党组织和党员中开展主题实践活动的实施方案》（银党发〔2007〕17号），要求农村党员干部围绕“生产发展”争当带头发展创业的先锋，开展以“党建带团建”“党建带妇建”工作。

2008年，乡党委定期召开党委会，专题研究党建工作，明确党员干部联系点，与各党支部签订党建工作责任状；并定期进行工作督查。把党费收缴和党员管理，严格党员发展工作程序列入年终党务工作考核。严格执行关于转发《中共瓮安县委关于进一步加强发展党员工作的意见》的通知（银党发〔2008〕70号）和关于转发《瓮安县发展党员公示制、票决制和责任追究制试行办法》的通知（银党发〔2008〕71号），要求党支部认真落实。

2009年，银盏乡党委为做好党务工作，制定《银盏乡2009年党建工作计划》（银党发〔2009〕18号），下发各村党支部、乡属各机关党支部，要求加强党的制度建设，严格规范党员干部行为，开展好学习实践科学发展观活动。

2010年，乡党委以文件《关于表彰2009年度先进集体、优秀共产党员的决定》（银党发〔2010〕5号），共评出2009年度先进集体8个、先进企业3个、优秀共产党员28名、致富带头人3名。开展“忠实践行宗旨”教育活动，并召开民主生活会。

2011年，银盏乡党委以文件《关于表彰优秀共产党员、优秀党务工作者和先进基层党组织的决定》（银党发〔2011〕02号），表彰优秀党务工作者3名，先进党总支1个，先进党支部1个，优秀共产党员31名。乡机关围绕“作风建设年”和“创先争优”开展活动。

2012年，是党的基层组织建设年，银盏镇党委选派5名副科级党员干部到村（社区）担任党总支（党支部）第一书记。并以文件《关于认真开展基层党组织和党员分类定级“回头看”工作的通知》（银党发〔2012〕11号），要求各党总支部（党支部）、各非公企业党组织认真组织开展调查摸底、整改落实、分类定级“回头看”工作。有9个行政村党总支部，4个机关事业单位党支部，3个学校党支部670名党员参加评级。

2013年，银盏镇党委开展干部理论学习活动，重点开展干部“晚八点”读书活动，同时制定各党支部（党总支部）党建工作目标考核细则，做出公开承诺，接受监督。建立基层党建协调会制度，每季度召开一次，每次会议解决一两个问题，并明确分管领导亲自抓落实。建立领导联系、挂村、镇干部包村制度，制定《包村工作量化考核实施细则》，要求联系、挂村领导、包村干部定期进村入户，开展调查研究，帮助村党组织、村委会理清工作思路，制定党建计划，帮助解决具体困难和问题。下派党建指导员，协助村级党组织建立完善和落实规范村级党组织生活，指导开展“三级联创”活动。镇党委与包村干部、党建指导员、各支部书记签订工作责任书。

是年，镇党委开展组织工作规范化建设工作，对干部考察、阵地建设、党员发展等组织工作进行了规范，编写《党员发展培训资料》发给下设31个党（总）支部。党员发展培训材料分为：发展党员流程图、发展党员工作授课提纲、发展党员工作环节、发展党员的有关政策和规定、入党积极分子培养教育考察登记、预备党员考察、发展对象的审批等。银盏镇党委编写的《党员发展培训资料》得到中共瓮安县委组织部的好评和推荐。区镇合一后，镇党委下设31个党支部，其中农村党（总）支部10个，机关党支部10个，国有企业党支部1个，学校党支部8个，非公党支部13个，社会党组织1个，共有党员1242名，其中农村党员743名。

2014年2月12日，全镇32个基层党组织开展党的群众路线教育实践活动，按照学习教育、听取意见；查摆问题、开展批评；整改落实、建章立制三个环节开展工作，着力解决形式主义、官僚主义、享乐主义和奢靡之风这“四风”问题。

2015年，贵州瓮安经济开发区党工委完善干部选拔任用和干部管理制度，对开发区下属各部、办、委、局、中心共53名股级干部进行考察任用。完善后备干部库，完成7名科级领导干部的推荐考察工作。对10个村（社区）764名党员的基本情况、致富能力和收入情况建立台账。对开发区下设10个党支部重新划分，全年开展各类培训6场（次），参训人员500余人。派出8个驻村工作组，40名驻村工作队员，其中省级驻村队员1名，州级驻村队员1名，县级驻村队员30名；农村知识青年8名。

"第一书记"和驻村队员每月驻村不少于20个工作日。为辖区764名农村党员上门订党员户牌子，亮明党员身份，对无职党员设岗定责，发挥党员示范作用。

## 第四节　党员教育

1953—1956年，中共银盏乡党总支部，在党员中进行党的纲领、党员义务和党的优良传统教育。

1957—1962年，中共银盏乡党总支部、中共银盏人民公社委员会按照上级党委的要求，对全体党员进行阶级教育和"反修防修"教育。

1963—1966年，中共银盏人民公社委员会下发相关文件，要求各大队党支部、机关党支部以兰考县县委书记焦裕禄同志为榜样，教育党员做党的民主文化路线模范执行者，保持谦虚谨慎、戒骄戒躁的工作作风，富于自我批评精神、勇于改正自己工作中的缺点和错误。

1976年粉碎"江青反革命集团"后，党的各级组织恢复，对党员进行"三要三不要"的教育。

1978年，中共银盏人民公社委员会召开党员大会，对全体党员进行"实践是检验真理的唯一标准"教育，停止使用"以阶级斗争为纲"口号，集中力量搞好经济建设。

1980年，银盏公社党委、各大队党支部组织党员学习《关于党内政治生活的若干准则》，教育党员要维护党的党规党纪，坚持党的优良传统和作风。

1981—1984年，党委和党支部对干部党员和农村党员进行实现四个现代化的教育，在政治上、思想上与党中央保持高度一致。

1985年，党委和党支部教育党员带头劳动致富，带领群众共同致富。

1986年，各级党组织教育党员建设有中国特色社会主义的共同理想，动员和团结各族人民建设精神和物质文明。

1987年，银盏公社党委和大队党支部，教育党员坚持建设中国特色社会主义的路线、方针、政策，团结各族人民以经济建设为中心，坚持四项基本原则。

1989年，公社党委在全公社党员中开展"争做合格党员"学习教育活动。要求按照党员条件严格自己，保持党员的先进性。

1992年，在全公社党员中开展生产力标准大讨论教育活动，引导广大党员坚定"发展才是硬道理"，认清姓"社"姓"资"的问题，教育党员要坚持实事求是，一切从实际出发，理论与实践相结合，只要有利于发展社会生产力，提高人民生活水平，就要大胆试。

1993—1998年，乡党委把加强党风廉政建设、反对腐败作为教育全体党员的重要任务，对党员、干部进行党纪、政纪教育，做到清正廉洁，执政为民。

1999年，乡党委、政府作出实行村务公开的规定，要求各村党支部和全体党员带头执行，将村事关人民群众利益事项的办理依据、办理情况及结果，用设立公开栏的方式向村民公开，教育党员干部接受人民群众监督。

2000年，乡、村党组织开展"讲学习、讲政治、讲正气"为主要内容的党性党纪教育活动，教育党员坚定共产主义信念，立党为公，执政为民。

2002年，按照上级党委要求，在全乡党员干部和党员中进行党的十六大学习活动。调整村级班子8个，充实村干部15名。

2005年，中共中央决定，用一年半左右时间在全党开展以实践“三个代表”重要思想为主要内容的保持共产党员先进性教育活动。中共银盏乡委员会以《关于开展保持共产党员先进性教育活动工作方案》（银党发〔2005〕22号）下发各党支部，在全乡党员中广泛开展保持先进性教育活动。

2006年，乡、村党组织教育党员履行党章赋予的职责，维护党的纪律，开展党风廉政建设和反腐败斗争。教育党员发扬艰苦奋斗、勤俭节约精神。

2007年，银盏乡党委分别以《关于推进党的基层组织先进性建设工程的实施意见》（银党发〔2007〕12号）和《关于加强基层党员经常性教育的规划》（银党发〔2007〕16号）下发各党支部。各党支部对开展党员经常性教育负有直接责任。做好流动党员、退休党员和年老体弱党员工作，保证党员教育的效果和覆盖面。

2008年，乡党委以《关于银盏乡机关干部作风教育整顿工作安排的实施意见》（银党发〔2008〕51号）下发各党支部、村委会、乡直各工作部门。全乡有64名干部职工参加这次机关作风整顿教育活动。

2009年，乡、村党组织党员开展实践科学发展观活动，围绕群众关心、关注的焦点、难点问题，教育全体党员多办一些好事实事。

2010年，银盏乡党委以《关于二○一○年度党风廉政建设实施意见的通知》（银党发〔2010〕21号）发各村党支部，乡直各工作部门。要求各党支部、七所八站负责人，要把党风廉政宣传教育纳入教育工作的年终考核，实行党风廉政建设责任制。

2012年，按照县党建办、瓮党建办通〔2012〕10号文件，银盏镇党委在各党（总）支部、各非公企业党组织开展基层党组织和党员分类定级“回头看”工作，在全镇21个基层党支部开展分类定级“回头看”工作。共有9个行政村党支部、4个机关事业单位党支部、3个学校党支部670名党员参加评级并受教育。

2013年，银盏镇党委关于印发《银盏镇2013年党风廉政建设责任制和惩防体系建设工作任务》的通知（银党发〔2013〕37号），下发各村（社区）、镇直各工作部门，在全体党员干部、农村党员开展党性党风党纪和廉洁从政教育，开展示范教育，警示教育和岗位廉政教育，确保党员干部作风纯洁。

2014年，经济开发区党工委（镇党委）在全区32个党支部、11个党总支部、1242名党员中开展党的群众路线教育活动。开展革命传统教育、廉政教育、警示教育、责任意识教育和忧患意识教育“五项教育”活动。全镇182名干部共与546户结对，走访慰问群众1941人次，发放慰问金3.89万元，发放价值4.9万元的慰问物资，提供技术帮扶2335人次，开展群众性节目活动5次，解决实际困难399件，化解矛盾纠纷452件。

2015年，开发区党工委（镇党委）按照《关于在县级以上领导干部中开展“三严三实”专题教育的实施方案》的通知（瓮党办发〔2015〕17号）和《瓮安县领导干部“三严三实”专题教育党课工作方案》的通知（瓮党办〔2015〕46号）要求，贵州瓮安经济开发区党工委（银盏镇党委）在60多名副科级以上党员领导干部中开展“三严三实”专题教育活动。6月5日，贵州瓮安经济开发区党工委副书记、管委会副主任、银盏镇党委书记范祖林在全体机关党员大会上作《认真践行“三严三实”，深入贯彻“四个全面”，全力谱写经济社会更好更快发展新篇章》专题教育党课。贵州瓮安经济开发区管委会副主任郭锐、朱洋奎分别到穿洞村、新华村给全体党员上“三严三实”专题教育党课。

**2012年—2015年银盏镇党组织发展党员统计表**

表11—6

| 年份 | 预备党员 | 男党员 | 女党员 | 按期转正党员 |
|---|---|---|---|---|
| 2012 | 16 | 10 | 6 | 24 |
| 2013 | 21 | 12 | 9 | 28 |
| 2014 | 24 | 16 | 8 | 42 |
| 2015 | 25 | 21 | 4 | 43 |

## 第五节　纪律检查

**组织机构**　1991年10月，全县“撤并建”后，设立中共银盏乡纪律检查委员会，受中共银盏乡委员会和中共瓮安县纪律检查委员会双重领导，规格为副科级。2012年4月，中共银盏乡纪律检查委员会改为中共银盏镇纪律检查委员会。2014年3月，贵州瓮安经济开发区和银盏镇实行“区镇合一”管理体制，设立中共贵州瓮安经济开发区纪律检查工作委员会，受中共贵州瓮安经济开发区工作委员会和中共瓮安县纪律检查委员会双重领导，规格为正科级机构。从2001年1月起，纪律检查委员会书记由镇党委副书记、监察审计局局长等兼职。2011年9月，乡镇纪委书记不再由乡镇党委副书记兼任。

**中共银盏镇（乡）（瓮安经济开发区）纪律检查委员会领导人任职一览表**

表11—7

| 基层组织名称 | 职务 | 姓名 | 任职年限 |
|---|---|---|---|
| 中共银盏乡纪律检查委员会 | 书　记 | 朱吉祥 | 1991.11—2001.1 |
| | 书　记 | 杨胜乾 | 2001.1—2006.7（政法委书记） |
| | 书　记 | 罗　强 | 2006.6—2008.11（党委副书记兼） |
| | 书　记 | 龚凤萍（女） | 2008.11—2012.4（党委副书记兼） |
| | 副书记 | 王绪凯 | 2007.2—2011.11 |

续表11—7

| 基层组织名称 | 职务 | 姓名 | 任职年限 |
|---|---|---|---|
| 中共银盏镇纪律检查委员会 | 书　记 | 刘兴祥 | 2012.4— |
| | 副书记 | 李秀芳 | 2012.4—2013.7 |
| | 副书记 | 陆　洪 | 2014.4— |
| 中共贵州瓮安经济开发区纪律检查工作委员会 | 书　记 | 廖　斌 | 2014.9—（监察审计局局长） |

**党风廉政建设**　1991年10月，从设立银盏乡纪律检查委员会起，建立民主评议党员制度，年终对党员进行一次民主评议，由党支部召开党员大会，每名党员在会上对照一年的工作、学习、生活情况进行自我总结评价，党员之间开展批评与自我批评，检查组织及个人有没有违反党纪政纪和党员标准的行为。

1992年10月，中共十四大召开，提出把反腐败作为党的重要任务。乡纪委组织党员干部学习领会十四大有关反腐败的精神。银盏乡党委和政府按照上级要求，制定《银盏乡实行村务公开的决定》，纪委要求各村设置公开栏，将事关人民群众利益事项办理情况及办理依据向全村人民群众公开。

2000年年初，银盏乡纪委在乡党委领导下，按上级要求开展政务公开工作，要求政府部门和所辖各站、所单位公开执法、办事程序，方便群众、密切干群关系。采取长期、经常性、定期公开等形式，接受群众民主监督。

2002年，在实施政务公开的同时，推行村务、校务、院务、厂务公开，设立意见箱，广泛听取人民群众和社会各界的意见和建议。

2003年，纪委部门对乡党委、乡人民政府、各村党支部、村委会、乡所辖各单位的廉洁状况进行监督检查，并将检查的情况进行公开通报。

2004年，银盏纪委按照县纪委的要求，组织各机关党员、各村党支部书记学习《中国共产党纪律处分条例》《中国共产党党内监督条例》，教育党员干部带头执行党的纪律，自觉接受党的监督。

2005年，按照上级要求，全乡各级党组织在党员中开展保持共产党员先进性教育活动。教育党员做遵纪守法的模范、发展经济的带头人，永葆共产党员的先进性。

2008年，乡纪委配合乡党委在全乡各级党组织中，认真落实《建立健全教育、制度、监督并重的预防和惩治腐败体系实施纲要》，在群众中宣传《村规民约》《村民自治章程》，开展以廉为荣，以贪为耻的教育活动。

2009年2月，银盏乡党委下发《关于深入学习党的十七届三中全会精神，进一步加快农村党风廉政建设若干问题的意见》的学习方案，明确每一项任务的时间进度、工作要求和具体责任。

2010年，由乡纪委牵头，组织人员对全乡救灾救济物资、农村低保资金等专项资金使用情况开展监督检查，检查结果显示，各项资金都落实到位，没有发现专项资金被挪用、私分和截留现象。

2011年，乡纪委组织人员对全乡医药部门的医药购销、医疗服务中的不正之风开展专项检查。从医疗机构单病种质量和费用综合管理制度的落实；从处方点评、单品种药品用量的落实；从人均门诊费用和人均住院费用的控制；从科室和医务人员进行综合绩效考核制度落实等几个方面进行检查。

2012年，镇纪委制发《关于建立村务监督委员会的实施意见》，要求各村、社区设立村务监督委员会，设主任1名，成员2～5名，由具有财会、管理知识的人员担任。村务监督委员会主任可由村(社区)党支部（党总支部）纪检员兼任，或德高望重的村民担任，成员由村民代表担任。镇纪委制定《村务监督委员会工作职责》《村务监督委员会工作流程》《村务监督委员会主任岗位职责》。

2013年，镇纪委制定《中共银盏镇纪律检查委员会2013年度工作计划》，建立健全纪检负责人谈话制度，纪委信访工作制度；加强对党务、政务、村务、财务公开的监督力度；加大对党员干部教育，制定教育计划，推进廉政文化建设。

2014年，贵州瓮安经济开发区纪律检查工作委员会建立，与银盏镇纪委合署办公。一年来，严格执行中央八项规定、省委十项、州委九项、县委八项规定和《党政领导干部廉洁从政若干准则》有关规定，全区没有出现党政领导干部受党纪政纪处分的现象。共查处违规操办酒席8起，处罚3家，处理3人，没收礼金13583元。

2015年，纪工委对各局财务开展监督检查，督查乱发加班费、津补贴，清理近几年家属慰问金、下乡补贴、电话费等补贴35.2万元。开展违纪党员的调查取证工作，共办结案件4起，严重警告2人、行政警告1人、开除党籍2人。对各局、办、部、委副科级以上领导干部进行约谈，约谈45人，查摆问题，对轻微违纪行为进行教育、整改。领导干部填写个人财产申报表250余份。

## 第六节　基层党组织

1958年7月，按照中共瓮安县委的统一部署，决定在有党员的生产大队建立农村基层党支部。1959年1月，银盏、太平、大林3个大队隶属银盏管理区党总支部，建立3个生产大队党支部。尖山、珠藏坝、川洞（后改为穿洞）3个大队隶属飞练管理区党总支部，建立3个生产大队党支部。岩根河生产大队隶属玉华管理区党总支部，建立岩根河生产大队党支部。新场生产大队隶属鱼溪坝（今鱼河）管理区党总支部，建立新场生产大队党支部。石家寨（今新华）隶属新华管理区党总支部，建立石家寨生产大队党支部。印山、大寨坪2个生产大队隶属木老坪管理区党总支部，建立印山、大寨坪2个生产大队党支部。1960年2月，大元、大房2个生产大队隶属银盏公社党委，建立2个生产大队党支部。1963年2月，大寨坪生产大队从木老坪公社划入新华公社，大队党支部隶属新华公社党委。1984年3月，县委将各公社党委改为乡党委，银盏、太平、大林、尖山、珠藏坝、穿洞、岩根河、新华、新场、印山、木老坪、大寨坪、大园、大房14个生产大队党支部改为14个村党支部。2009年撤并村，银盏和大林两个村合并，党支部改为银盏村党支部；太平和大园两个村合并，党支部改为太平村党支部；穿洞和大房两个村合并，党支部改为穿洞村党支部；尖山和珠藏坝两个村合并，党支部改为飞练村党支部。2012年3月，猴场镇的大寨坪、新华两个村划入银盏镇，党支部隶属银盏镇党委。2013年6月，原鱼河乡的新场村、原玉华乡的岩根河两个村党支部划隶属银盏镇党委。9月，根据县委组织部《关于印发〈瓮安县第九届村级党组织换届选举工作实施方案〉的通知》（瓮组通〔2013〕30号）精神，规定党员超过50名的村（社区）设立党总支部；党员人数在50名以下的则设立党支部。银盏镇的银盏村、穿洞村、飞练社区、新华村、木老坪村、印山村、新场村、岩根河村8个村（社区）设立党总支部，大寨坪村、太平社区2个村（社区）建立党支部。2015年，银盏镇有农村党支部（党总支部）10个，农村党员743名。

### 1959—2015年银盏镇各村党（总）支部书记、副书记任职一览表

表11—8

| 村名 | 支部名称 | 职务 | 姓名 | 性别 | 任职年限 | 备注 |
|---|---|---|---|---|---|---|
| 银盏村 | 银盏村（大队）党支部 | 书 记 | 龚维碧 | 女 | 1959.1—1961.7 | |
| | | 书 记 | 王廷辉 | 男 | 1961.7—1963.5 | |
| | | 书 记 | 龚维碧 | 女 | 1963.3—1964.1 | |
| | | 书 记 | 杨可珍 | 女 | 1964.1—1973.9 | |
| | | 书 记 | 王元清 | 男 | 1973.9—1975.5 | |
| | | 书 记 | 杨可珍 | 女 | 1975.5—1980.1 | |
| | | 书 记 | 刘开华 | 男 | 1980.1—1986.12 | |
| | | 副书记 | 刘太平 | 男 | 1972.3—1980.1 | |
| | | 副书记 | 杨可珍 | 女 | 1976.3—1984.1 | |
| | | 书 记 | 刘太平 | 男 | 1980.1—1992.1 | |
| | | 副书记 | 钱发经 | 男 | 1987.7—1995.3 | |
| | | 书 记 | 刘德伦 | 男 | 1992.1—2008.9 | |
| | | 副书记 | 李大全 | 男 | 1998.7—2008.8 | |
| | | 书 记 | 李大全 | 男 | 2008.9—2013.9 | |

续表11—8

| 村名 | 支部名称 | 职务 | 姓名 | 性别 | 任职年限 | 备注 |
|---|---|---|---|---|---|---|
| 银盏村 | 大林村（大队）党支部 | 书 记 | 刘继明 | 男 | 1959.1—1975.9 | |
| | | 书 记 | 刘开华 | 男 | 1975.9—1980.1 | |
| | | 书 记 | 胡有学 | 男 | 1980.1—1986.12 | |
| | | 副书记 | 冷德碧 | 女 | 1971.7—1975.12 | |
| | | 副书记 | 王再云 | 男 | 1975.12—1976.7 | |
| | | 副书记 | 胡有学 | 男 | 1976.7—1980.1 | |
| | | 副书记 | 周如云 | 男 | 1980.1—1984.4 | |
| | | 副书记 | 周如平 | 男 | 1984.4—1986.8 | |
| | | 书 记 | 杨廷江 | 男 | 1987.1—1989.5 | |
| | | 书 记 | 徐显忠 | 男 | 1989.5—1992.12 | |
| | | 书 记 | 胡友学 | 男 | 1992.12—2004.1 | |
| | | 书 记 | 杨廷江 | 男 | 2004.2—2008.9 | |
| 银盏村 | 银盏村党总支部 | 书 记 | 李大全 | 男 | 2013.9— | |
| 太平社区 | 太平社区（大队）党支部 | 书 记 | 唐兴隆 | 男 | 1959.1—1962.9 | |
| | | 书 记 | 饶学良 | 男 | 1962.9—1976.9 | |
| | | 书 记 | 李明学 | 男 | 1976.9—1980.1 | |
| | | 书 记 | 钱必书 | 男 | 1980.1—1986.12 | |
| | | 副书记 | 饶学良 | 男 | 1959.1—1962.10 | |
| | | 副书记 | 唐兴隆 | 男 | 1962.10—1974.5 | |
| | | 副书记 | 杨应碧 | 女 | 1974.5—1975.6 | |
| | | 副书记 | 陈有元 | 男 | 1975.6—1980.1 | |
| | | 书 记 | 石仲书 | 男 | 1987.1—2002.2 | |
| | | 书 记 | 杨昌明 | 男 | 2002.2—2011.4 | |
| 太平社区 | 大园村（大队）党支部 | 书 记 | 唐兴农 | 男 | 1961.3—1975.2 | |
| | | 书 记 | 李明学 | 男 | 1980.1—1984.1 | |
| | | 书 记 | 谢绍章 | 男 | 1984.4—1991.4 | |
| | | 书 记 | 陈克学 | 男 | 1991.4—2004.1 | |
| | | 书 记 | 陈家华 | 男 | 2004.1—2011.4 | |

续表11—8

| 村名 | 支部名称 | 职务 | 姓名 | 性别 | 任职年限 | 备注 |
|---|---|---|---|---|---|---|
| 太平社区 | 太平社区党总支部 | 第一书记 | 王　芳 | 女 | 2011.11—2012.4 | |
| | | 第一书记 | 周凤超 | 男 | 2012.4—2013.1 | |
| | | 第一书记 | 王　芳 | 女 | 2013.1—2014.9 | |
| | | 第一书记 | 邓学军 | 男 | 2014.9—2015.7 | |
| | | 书　记 | 陈家华 | 男 | 2011.4— | 2013.09后任总支书记 |
| 飞练社区 | 尖山村（大队）党支部 | 书　记 | 黄银开 | 男 | 1959.1—1963.8 | |
| | | 书　记 | 李永隆 | 男 | 1963.8—1967.8 | |
| | | 书　记 | 晏乐君 | 男 | 1971.10—1976.8 | |
| | | 书　记 | 杨树清 | 男 | 1976.8—1984.4 | |
| 飞练社区 | | 副书记 | 向中国 | 男 | 1974.6—1980.1 | |
| | | 副书记 | 韩忠全 | 男 | 1980.1—1984.4 | |
| | | 副书记 | 倪583志 | 男 | 1984.4—1985.10 | |
| | | 书　记 | 韩忠全 | 男 | 1984.4—1987.2 | |
| | | 书　记 | 刘树清 | 男 | 1987.2—1990.1 | |
| | | 书　记 | 张久刚 | 男 | 1990.1—1996.6 | |
| | | 书　记 | 李衡生 | 男 | 1996.7—2009.3 | |
| 飞练社区 | 珠藏坝村（大队）党支部 | 书　记 | 况行彬 | 男 | 1959.1—1980.1 | |
| | | 书　记 | 杨光银 | 男 | 1980.1—1984.4 | |
| | | 书　记 | 陈邦贵 | 男 | 1984.4 —1986.12 | |
| | | 副书记 | 杨光银 | 男 | 1971.10—1980.1 | |
| | | 书　记 | 张大伦 | 男 | 1987.1—1995.1 | |
| | | 书　记 | 李孝元 | 男 | 1994.7—2002.1 | |
| | | 书　记 | 杨昌凉 | 男 | 2002.1—2005.1 | |
| | | 书　记 | 滕久朝 | 男 | 2005.2—2009.3 | |
| 飞练社区 | 飞练村党支部 | 书　记 | 滕久朝 | 男 | 2009.5—2013.5 | |

续表11—8

| 村名 | 支部名称 | 职务 | 姓名 | 性别 | 任职年限 | 备注 |
|---|---|---|---|---|---|---|
| 飞练社区 | 飞练社区党总支部 | 书 记 | 卢怡利 | 男 | 2014.10— | |
| | | 书 记 | 刘兴祥 | 男 | 2011.11—2012.4 | |
| | | 第一书记 | 王 芳 | 女 | 2012.4—2012.12 | |
| | | 第一书记 | 罗云松 | 男 | 2013.7—2014.9 | |
| | | 第一书记 | 卢 刚 | 男 | 2013.1—2013.7 | |
| 穿洞村 | 大房村（大队）党支部 | 书 记 | 龚维碧 | 女 | 1960.2—1960.12 | |
| | | 书 记 | 王廷辉 | 男 | 1960.12—1964.2 | |
| | | 书 记 | 杨可珍 | 女 | 1964.2—1967.7 | |
| | | 副书记 | 刘太平 | 男 | 1980.1—1984.4 | |
| | | 书 记 | 王元清 | 男 | 1967.8—1972.4 | |
| | | 书 记 | 杨可珍 | 女 | 1980.1—1984.1 | |
| | | 书 记 | 刘太平 | 男 | 1984.4—1994.3 | |
| | | 书 记 | 肖维贵 | 男 | 1994.3—1999.7 | |
| | | 书 记 | 谢启仁 | 男 | 1999.7—2002.2 | |
| | | 书 记 | 周子学 | 男 | 2002.3—2009.10 | |
| 穿洞村 | 穿洞村（大队）党支部 | 书 记 | 何玉厚 | 男 | 1959.1—1963.5 | |
| | | 书 记 | 李忠碧 | 女 | 1963.5—1967.8 | |
| | | 书 记 | 何玉厚 | 男 | 1971.7—1984.1 | |
| | | 书 记 | 彭德远 | 男 | 1984.1—1984.9 | |
| | | 书 记 | 龙兴忠 | 男 | 1984.10—1986.12 | |
| | | 副书记 | 李忠诚 | 男 | 1971.7—1980.1 | |
| | | 副书记 | 张元奎 | 男 | 1980.1—1986.12 | |
| | | 书 记 | 王清云 | 男 | 1980.6—1987.2 | |
| | | 书 记 | 龙兴忠 | 男 | 1987.2—1997.1 | |
| | | 书 记 | 李君贵 | 男 | 1997.2—2008.1 | |
| | | 书 记 | 周春林 | 男 | 2002.2—2008.1 | |

续表11—8

| 村名 | 支部名称 | 职务 | 姓名 | 性别 | 任职年限 | 备注 |
|---|---|---|---|---|---|---|
| 穿洞村 | 穿洞村（大队）党支部 | 书 记 | 敖昌华 | 男 | 2008.1—2009.5 | |
| | | 书 记 | 周子发 | 男 | 2009.5—2013.6 | |
| 穿洞村 | 穿洞村党总支部 | 书 记 | 敖昌华 | 男 | 2013.6— | |
| 木老坪村 | 木老坪村（大队）党支部 | 书 记 | 黄应昌 | 男 | 1961.8—1976.5 | |
| | | 书 记 | 李秀方 | 男 | 1976.6—1982.2 | |
| | | 副书记 | 黄应昌 | 男 | 1976.6—1981.12 | |
| | | 书 记 | 陈明亮 | 男 | 1980.2—1980.7 | |
| | | 书 记 | 兰永常 | 男 | 1980.7—1984.4 | |
| | | 书 记 | 陈明亮 | 男 | 1984.4—1987.2 | |
| | | 书 记 | 吴约高 | 男 | 1987.3—1988.10 | |
| | | 书 记 | 王兴碧 | 女 | 1988.11—1989.12 | |
| | | 书 记 | 何兆芬 | 女 | 1990.1—2009.3 | |
| | | 书 记 | 唐朝安 | 男 | 2009.4—2010.6 | |
| | | 书 记 | 李泽法 | 男 | 2010.6—2013.10 | |
| 木老坪村 | 木老坪村党总支部 | 书 记 | 李泽法 | 男 | 2013.10— | |
| | | 第一书记 | 吴明富 | 男 | 2014.9— | |
| 木老坪村 | 老街村党支部 | 书记 | 谭国忠 | 男 | 1962.2—1968.1 | |
| | | 书记 | 张银华 | 男 | 1971.3—1977.12 | |
| | | 书记 | 朱义模 | 男 | 1978.1—1984.2 | |
| | | 书记 | 贺文学 | 男 | 1984.3—1986.12 | |
| 木老坪村 | 华严村（大队）党支部 | 书 记 | 郑德明 | 男 | 1961.2—1968.12 | |
| | | 书 记 | 郑德明 | 男 | 1972.3—1975.12 | |
| | | 书 记 | 陈廷祥 | 男 | 1976.2—1987.3 | |
| | | 副书记 | 丁传书 | 男 | 1972.3 —1984.4 | |
| | | 书 记 | 唐朝安 | 男 | 1998.3—2010.6 | |

续表11—8

| 村名 | 支部名称 | 职务 | 姓名 | 性别 | 任职年限 | 备注 |
|---|---|---|---|---|---|---|
| 木老坪村 | 新寨村（大队）党支部 | 书 记 | 王永才 | 男 | 1961.2—1963.10 | |
| | | 书 记 | 张鼎祥 | 男 | 1963.11—1975.7 | |
| | | 书 记 | 李秀方 | 男 | 1975.8—1976.5 | |
| | | 书 记 | 方言刚 | 男 | 1976.5—1978.1 | |
| | | 副书记 | 吴章义 | 男 | 1976.5—1977.12 | |
| | | 书 记 | 吴章义 | 男 | 1978.1—1984.4 | |
| | | 副书记 | 兰光忠 | 男 | 1984.4—1986.12 | |
| | | 副书记 | 赵祖伦 | 男 | 1984.4—1986.12 | |
| | | 书 记 | 兰光忠 | 男 | 1984.12—1988.3 | |
| | | 副书记 | 宋永富 | 男 | 1988.3—1991.12 | |
| | | 书 记 | 袁常平 | 男 | 1991.12—2001.3 | |
| | | 书 记 | 杨虎国 | 男 | 2001.3—2008.4 | |
| | | 书 记 | 杨洪江 | 男 | 2008.4—2013.5 | |
| 印山村 | 印山村（大队）党支部 | 书 记 | 郑德成 | 男 | 1962.12—1967.1 | |
| | | 副书记 | 杨泽俊 | 男 | 1962.1—1967.12 | |
| | | 书记 | 郑德成 | 男 | 1972.3—1974.4 | |
| | | 书 记 | 王成荣 | 男 | 1975.3—1976.2 | |
| | | 书 记 | 江明全 | 男 | 1976.3—1987.3 | |
| | | 副书记 | 刘昌刚 | 男 | 1976.3—1983.3 | |
| | | 副书记 | 李庆光 | 男 | 1986.8—1986.12 | |
| | | 书 记 | 尹子贵 | 男 | 1987.4—1998.3 | |
| | | 书 记 | 刘开远 | 男 | 1998.3—1999.11 | |
| | | 书 记 | 江显禄 | 男 | 1999.11—2004.6 | |
| | | 书 记 | 鲜德才 | 男 | 2004.6—2010.3 | |
| | | 书 记 | 李　镇 | 男 | 2010.3—2012.6 | |
| 印山村 | 印山村党总支部 | 书 记 | 鲜德才 | 男 | 2013.10— | |

续表11—8

| 村名 | 支部名称 | 职务 | 姓名 | 性别 | 任职年限 | 备注 |
| --- | --- | --- | --- | --- | --- | --- |
| 岩根河村 | 岩根河村（大队）党支部 | 书 记 | 张登祥 | 男 | 1959.1—1961.7 | |
| | | 书 记 | 宋明高 | 男 | 1961.7—1981.7 | |
| | | 书 记 | 严代祥 | 男 | 1981.7—2001.3 | |
| | | 书 记 | 张登奇 | 男 | 2001.12—2009.12 | |
| | | 书 记 | 张友富 | 男 | 2009.12—2013.10 | |
| 岩根河村 | 党总支部 | 书 记 | 张友富 | 男 | 2013.10— | |
| | | 副书记 | 毛钲玮 | 男 | 2013.10— | |
| 岩根河村 | 白岩村（大队）党支部 | 书 记 | 兰光前 | 男 | 1959.1—1960.1 | |
| | | 书 记 | 洪顺邦 | 男 | 1960.1—1960.7 | |
| | | 书 记 | 兰光前 | 男 | 1960.7—1980.1 | |
| | | 书 记 | 王焕碧 | 女 | 1980.1—1984.4 | |
| | | 书 记 | 兰光前 | 男 | 1984.4—1987.3 | |
| | | 副书记 | 李明亮 | 男 | 1959.1—1962.10 | |
| | | 副书记 | 洪顺才 | 男 | 1972.1—1981.1 | |
| | | 书 记 | 陈昌广 | 男 | 1993.4—1997.5 | |
| | | 书 记 | 李顺贤 | 男 | 1997.5—2009.6 | |
| 岩根河村 | 牛宫村（大队）党支部 | 书 记 | 苟天明 | 男 | 1959.1—1960.1 | |
| | | 书 记 | 易国荣 | 男 | 1961.1—1962.5 | |
| | | 副书记 | 潘忠书 | 男 | 1961.7—1980.1 | |
| | | 书 记 | 尚仲元 | 男 | 1962.5—1980.1 | |
| | | 书 记 | 李亮普 | 男 | 1980.1—1986.7 | |
| | | 书 记 | 罗国文 | 男 | 1986.7—1991.3 | |
| | | 书 记 | 兰银书 | 男 | 1991.4—2009.5 | |
| 岩根河村 | 白溪村（大队）党支部 | 书 记 | 梅占帮 | 男 | 1969.12—1986.9 | |
| | | 书 记 | 卢伦学 | 男 | 1986.10—1996.11 | |
| | | 书 记 | 卢怡利 | 男 | 1996.12—2009.6 | |

续表11—8

| 村名 | 支部名称 | 职务 | 姓名 | 性别 | 任职年限 | 备注 |
|---|---|---|---|---|---|---|
| 新场村 | 新场村（大队）党支部 | 书 记 | 郑邦栋 | 男 | 1959.1—1961.12 | |
| | | 书 记 | 徐银芳 | 男 | 1962.1—1968.8 | |
| | | 书 记 | 黄树成 | 男 | 1971.6—1979.1 | |
| | | 书 记 | 徐银芳 | 男 | 1971.6—1978.8 | |
| | | 副书记 | 安永禄 | 男 | 1974.9—1978.8 | |
| | | 书 记 | 安永禄 | 男 | 1978.9—1980.5 | |
| | | 书 记 | 兰兴友 | 男 | 1980.6—1984.4 | |
| | | 书 记 | 安永禄 | 男 | 1984.4—1986.12 | |
| | | 副书记 | 刘英珍 | 女 | 1984.4—1985.4 | |
| | | 书 记 | 谢泽州 | 男 | 1986.12—1996.3 | |
| | | 副书记 | 兰兴友 | 男 | 1982.3—1987.3 | |
| | | 副书记 | 穆志华 | 男 | 1982.3—2009.5 | |
| | | 书 记 | 喻泽权 | 男 | 1996.3—2013.9 | |
| | | 副书记 | 张佰军 | 男 | 2008.9—2013.6 | |
| 新场村 | 新场村党总支部 | 书 记 | 喻泽权 | 男 | 2013.10— | |
| | | 副书记 | 张佰军 | 男 | 2013.10— | |
| 新场村 | 黔川村（大队）党支部 | 书 记 | 王少华 | 男 | 1959.10—1961.8 | |
| | | 副书记 | 黄维兴 | 男 | 1961.8—1963.7 | |
| | | 书 记 | 黄维兴 | 男 | 1963.7—1967.7 | |
| | | 书 记 | 卢永才 | 男 | 1971.3—1976.9 | |
| | | 副书记 | 张国恩 | 男 | 1972.6—1976.9 | |
| | | 书 记 | 张国恩 | 男 | 1976.9—1983.9 | |
| | | 副书记 | 牟志华 | 男 | 1976.9—1983.12 | |
| | | 书 记 | 牟志华 | 男 | 1983.12—1987.3 | |
| | | 书 记 | 张友财 | 男 | 1983.9—2000.4 | |
| | | 书 记 | 杨涪中 | 男 | 2000.4—2005.3 | |
| | | 书 记 | 喻德祥 | 男 | 2005.3—2008.5 | |
| | | 书 记 | 杜选会 | 男 | 2008.5—2009.3 | |

续表11—8

| 村名 | 支部名称 | 职务 | 姓名 | 性别 | 任职年限 | 备注 |
|---|---|---|---|---|---|---|
| 新场村 | 高松村（大队）党支部 | 书 记 | 袁以坤 | 男 | 1962.1—1968.8 | |
| | | 书 记 | 袁飞燕 | 男 | 1971.8—1972.12 | |
| | | 书 记 | 杨光贵 | 男 | 1973.1—1987.3 | |
| | | 副书记 | 袁飞燕 | 男 | 1972.12—1978.3 | |
| | | 书 记 | 袁飞华 | 男 | 1987.3—1988.3 | |
| | | 书 记 | 郑朝伦 | 男 | 1988.4—2002.12 | |
| | | 书 记 | 罗贤军 | 男 | 2002.12—2005.4 | |
| | | 书 记 | 袁以坤 | 男 | 2005.4—2007.3 | |
| | | 书 记 | 古昌文 | 男 | 2007.4—2009.3 | |
| 新场村 | 干塘村（大队）党支部 | 书 记 | 徐树臣 | 男 | 1959.1—1961.12 | |
| | | 书 记 | 杨光华 | 男 | 1962.1—1964.1 | |
| | | 书 记 | 将龙方 | 男 | 1964.1—1968.2 | |
| | | 书 记 | 吴尚习 | 男 | 1971.9—1973.8 | |
| | | 书 记 | 杨光兴 | 男 | 1973.8—1984.3 | |
| | | 书 记 | 熊远富 | 男 | 1984.4—1987.3 | |
| | | 副书记 | 杨光兴 | 男 | 1984.4—1987.3 | |
| | | 书 记 | 张佰军 | 男 | 1987.3—1994.1 | |
| | | 书 记 | 聂正义 | 男 | 1994.1—1997.3 | |
| | | 副书记 | 王家模 | 男 | 1994.1—1997.3 | |
| | | 书 记 | 荣怀禄 | 男 | 1997.3—2004.7 | |
| 新华村 | 新华村（大队）党支部 | 书 记 | 黄义后 | 男 | 1961.12—1962.6 | |
| | | 书 记 | 龙一发 | 男 | 1962.7—1972.3 | |
| | | 副书记 | 胡继德 | 男 | 1961.12—1972.3 | |
| | | 书 记 | 兰中碧 | 女 | 1972.4—1976.12 | |
| | | 副书记 | 胡少奎 | 男 | 1972.4—1976.12 | |
| | | 副书记 | 兰中碧 | 女 | 1977.1—1983.12 | |

续表11—8

| 村名 | 支部名称 | 职务 | 姓名 | 性别 | 任职年限 | 备注 |
|---|---|---|---|---|---|---|
| | | 书 记 | 龙正海 | 男 | 1977.1—1986.12 | |
| | | 书 记 | 石让明 | 男 | 1986.3—2002.12 | |
| | | 书 记 | 顾吉云 | 男 | 2003.1—2013.10 | |
| 新华村 | 党总支部 | 书 记 | 顾吉云 | 男 | 2013.10— | |
| 新华村 | 红灯堡村（大队）党支部 | 书 记 | 顾连义 | 男 | 1961.12—1976.12 | |
| | | 副书记 | 罗福均 | 男 | 1972.3—1976.12 | |
| | | 书 记 | 罗福均 | 男 | 1977.1—1982.10 | |
| | | 副书记 | 顾连义 | 男 | 1977.1—1983.12 | |
| | | 副书记 | 董育良 | 男 | 1976.12—1977.12 | |
| | | 副书记 | 陈邦富 | 男 | 1978.10—1982.10 | |
| | | 副书记 | 任光荣 | 男 | 1982.10—1986.12 | |
| | | 书 记 | 陈帮富 | 男 | 1982.12—1986.12 | |
| | | 书 记 | 樊佑军 | 男 | 1986.12—2001.12 | |
| | | 书 记 | 宋锡建 | 男 | 2001.12—2004.12 | |
| | | 书 记 | 黎仕祥 | 男 | 2004.12—2009.12 | |
| 大寨坪村 | 大寨坪村（大队）党支部 | 书 记 | 孙弟发 | 男 | 1962.3—1967.9 | |
| | | 书 记 | 孙弟云 | 男 | 1967 .7—1972.12 | |
| | | 书 记 | 陈德明 | 男 | 1972.1—1984.10 | |
| | | 副书记 | 孙弟云 | 男 | 1972.12—1986.12 | |
| | | 书 记 | 邓志宽 | 男 | 1985.11—1987.3 | |
| | | 书 记 | 杨　燕 | 女 | 2005.3—2013.10 | |
| | | 副书记 | 王廷照 | 男 | 2005.5— | |
| | | 书 记 | 张　林 | 男 | 2013.10—2015.5 | 驻村干部 |
| | | 第一书记 | 陈　康 | 男 | 2011.11—2014.9 | 副镇长兼 |
| | | 第一书记 | 杨思英 | 男 | 2015.1— | 挂职 |

# 第二章 群团

## 第一节 工会

2012年7月，银盏镇工会工作委员会成立。

2012年7月19日，银盏镇召开“工会组建、工资集体协商”推进会，组建13个基层工会组织，完成企业工会组建32个，发展工会会员125人，工资集体协商28家。

2013年7月，银盏镇工会联合会成立，升格为副科级机构。

2015年5月，贵州瓮安经济开发区成立总工会，与银盏镇工会合署办公。总工会设主席1人、专职副主席1人、兼职副主席2人、常委7人、委员11人。

贵州瓮安经济开发区总工会，下设经费审查委员会3人，女职工委员会5人。至2015年年底组建基层工会组织78个，其中企业工会组织66个、机关工会1个、事业工会1个、村（社区）工会组织10个。建有经费审查组织68个、女职工组织68个。发展职工会员5691人，其中女职工会员2938人。

### 2012—2013年银盏镇工会工作委员会负责人一览表

表11—9

| | | |
|---|---|---|
| 主 席 | 王志军 | 2012.7—2013.11 |

### 2013—2015年银盏镇工会联合会负责人一览表

表11—10

| | | |
|---|---|---|
| 主 席 | 吴明富 | 2013.11—2015.5 |
| 副主席 | 王志军 | 2013.11—2015.5 |

### 2015年贵州瓮安经济开发区总工会负责人一览表

表11—11

| | | |
|---|---|---|
| 主 席 | 郭 锐 | 2015.5— |
| 副主席 | 吴明富 | 2015.5— |
| 副主席 | 王志军 | 2015.5— |
| 副主席 | 卜金荣 | 2015.5— |

## 2013—2015年经费审查委员会负责人一览表

表11—12

| | | |
|---|---|---|
| 主 任 | 王志军 | 2013.9— |
| 委 员 | 犹家贸 | 2013.9— |
| 委 员 | 陆　洪 | 2013.9— |

## 2013—2015年女职工委员会负责人一览表

表11—13

| | | |
|---|---|---|
| 主 任 | 吴　敏 | 2013.9—2015.5 |
| 主 任 | 谢福英 | 2015.5— |
| 委 员 | 刘　燕 | 2013.9— |
| 委 员 | 叶含梅 | 2013.9—2015.5 |
| 委 员 | 杨裕丹 | 2015.5— |

## 2015年贵州瓮安经济开发区总工会企业工会负责人一览表

表11—14

| 企业工会名称 | 姓名 | 职务 | 任期 |
|---|---|---|---|
| 贵州金正大生态工程有限公司 | 王正军 | 主席 | 2015.5— |
| 浙江浦峰集团贵州瓮安水泥有限公司 | 王永平 | 主 席 | 2015.5— |
| 贵州中盛环保工程有限公司 | 李志军 | 主 席 | 2015.5— |
| 贵州太平洋建设有限公司 | 唐俊昌 | 主 席 | 2015.5— |
| 贵州车来车往汽车服务有限公司 | 贺　睿 | 主 席 | 2015.5— |
| 贵州瓮安县麒龙置业有限公司 | 邓正书 | 主 席 | 2015.5— |
| 贵州华科实业有限公司 | 胡祥林 | 主 席 | 2015.5— |
| 贵州健宝儿童用品有限公司 | 段秀波 | 主席 | 2015.5— |
| 贵州瑞鹏电子科技有限公司 | 王松先 | 主 席 | 2015.5— |
| 贵州兴瓮实业有限公司 | 卜金荣 | 主 席 | 2015.5— |
| 贵州省瓮安职校 | 王远军 | 主 席 | 2015.5— |

续表11—14

| 企业工会名称 | 姓名 | 职务 | 任期 |
| --- | --- | --- | --- |
| 贵州天农饲料有限公司 | 丁荣明 | 主 席 | 2015.5— |
| 贵州新华磷肥厂 | 罗永光 | 主 席 | 2015.5— |
| 贵州省宏福石化有限公司瓮安气库 | 周正海 | 主 席 | 2015.5— |
| 贵州省瓮安县瓮福黄磷有限公司 | 韦国祖 | 主 席 | 2015.5— |
| 贵州瓮安县俄罗斯矿业有限责任公司 | 吴洪科 | 主 席 | 2015.5— |
| 贵州省瓮安县龙腾焦化有限公司银堂煤矿 | 徐东升 | 主 席 | 2015.5— |
| 贵州省瓮安县久盛有限公司 | 陈 华 | 主 席 | 2015.5— |
| 贵州省瓮安县满姐食品有限责任公司 | 段天碧 | 主 席 | 2015.5— |
| 瓮安县北斗山矿业装运有限责任公司 | 舒迦华 | 主 席 | 2015.5— |
| 瓮安县银盏镇华雄物流运输装卸有限公司 | 钱发光 | 主 席 | 2015.5— |
| 瓮安县万灵煤矿 | 杨兆情 | 主 席 | 2015.5— |
| 瓮安县福兴煤矿 | 朱正银 | 主 席 | 2015.5— |
| 瓮安县草塘青菜沟煤矿 | 江显芳 | 主 席 | 2015.5— |
| 瓮安县上场坪新井煤矿 | 周子刚 | 主 席 | 2015.5— |
| 瓮安县银盏镇弘泰煤矿 | 丁 勇 | 主 席 | 2015.5— |
| 瓮安大信北斗山磷矿 | 周玉华 | 主 席 | 2015.5— |
| 瓮安县诚安化工有限公司 | 刘正新 | 主 席 | 2015.5— |
| 瓮安县海铭磷矿石销售部 | 林建林 | 主 席 | 2015.5— |
| 瓮安县九龙石材制品有限公司 | 李文胜 | 主 席 | 2015.5— |
| 瓮安县云阳肉牛养殖场 | 张明山 | 主 席 | 2015.5— |
| 瓮安县高山矿业有限责任公司 | 李银高 | 主 席 | 2015.5— |
| 瓮安县文真公司 | 江可明 | 主 席 | 2015.5— |
| 银盏镇穿洞砂石厂 | 李荣芳 | 主 席 | 2015.5— |
| 惠城成建筑有限责任公司 | 吴 勇 | 主 席 | 2015.5— |
| 瓮安光辉玻璃有限公司 | 李 梅 | 主 席 | 2015.5— |
| 连强磷肥有限责任公司 | 李朝珍 | 主 席 | 2015.5— |

续表11—14

| 企业工会名称 | 姓名 | 职务 | 任期 |
| --- | --- | --- | --- |
| 瓮安县灯笼山石厂 | 徐 闻 | 主 席 | 2015.5— |
| 瓮安县银水砖厂 | 陈胜飞 | 主 席 | 2015.5— |
| 瓮安县昌和建筑材料有限公司 | 荀贤忠 | 主 席 | 2015.5— |
| 瓮安县海发汽车销售有限责任公司 | 叶含梅 | 主 席 | 2015.5— |
| 瓮安县钰盛塑料编织袋有限公司 | 童 超 | 主 席 | 2015.5— |
| 瓮安县清河堂科技塑业有限公司 | 张忠福 | 主 席 | 2015.5— |
| 瓮安福安贸易公司 | 黄贤松 | 主 席 | 2015.5— |
| 瓮安县信达高温线缆有限公司 | 刘廷邦 | 主 席 | 2015.5— |
| 瓮安雅韵服饰有限公司 | 刘朝梅 | 主 席 | 2015.5— |
| 瓮安利源鞋厂 | 张道凤 | 主 席 | 2015.5— |
| 瓮安县勇祥服装厂 | 宋泽勇 | 主 席 | 2015.5— |
| 武汉隆塑业有限责任公司 | 余 江 | 主 席 | 2015.5— |
| 瓮安县雅安门窗公司 | 王忠芳 | 主 席 | 2015.5— |
| 瓮安县家和家俬公司 | 苏期华 | 主 席 | 2015.5— |
| 瓮安县万鑫玩具制品有限公司 | 贾朝松 | 主 席 | 2015.5— |
| 瓮安县福庆矿业有限责任公司 | 陈 武 | 主 席 | 2015.5— |
| 瓮安县殡葬服务有限公司 | 李东全 | 主 席 | 2015.5— |
| 瓮安县鑫源驾驶培训学校 | 刘 燕 | 主 席 | 2015.5— |
| 南通仙客来纺织装饰品有限公司 | 兰 琴 | 主 席 | 2015.5— |
| 瓮安县鑫源服饰有限公司 | 刘支军 | 主 席 | 2015.5— |
| 远发五金加工有限公司 | 杜远发 | 主 席 | 2015.5— |
| 瓮安县好梦宝家居有限公司 | 周正华 | 主 席 | 2015.5— |
| 瓮安县双狮电器有限公司 | 黄和平 | 主 席 | 2015.5— |
| 瓮安县雅韵印花有限公司 | 王传菊 | 主 席 | 2015.5— |
| 岩根河水电站有限责任公司 | 李金明 | 主 席 | 2015.5— |
| 瓮安县安信矿业开发有限公司 | 刘 春 | 主 席 | 2015.5— |

续表11—14

| 企业工会名称 | 姓名 | 职务 | 任期 |
|---|---|---|---|
| 瓮安县工业园区投资开发有限责任公司 | 饶　军 | 主 席 | 2015.5— |
| 瓮安县猴场百信食品有限责任公司 | 李继学 | 主 席 | 2015.5— |
| 瓮安县华雄磷业商贸有限公司 | 雷清云 | 主 席 | 2015.5— |
| 瓮安县银盏镇富水建材厂 | 龙泽礼 | 主 席 | 2015.5— |
| 瓮安县百合纺织有限公司 | 吴正阳 | 主 席 | 2015.5— |

## 第二节　共青团

1951年，雍阳区建立共青团工作委员会及区机关支部。1952年，各村先后建立支部。1956年，建立共青团银盏乡总支部，农业生产合作社建支部。1963年，银盏人民公社改总支部为委员会。1966年冬，由于“文化大革命”的影响，各级团组织停止活动。1971年起，团的组织及活动陆续恢复。

1991年12月，全县撤区并乡建镇，银盏乡团委改建为共青团银盏乡委员会。2012年3月，共青团银盏乡委员会改为共青团银盏镇委员会。至2013年6月，共召开过十四次团员代表大会。2015年，有4个学校团委、10个村团支部。

### 1991—2012年共青团银盏乡委员会负责人一览表

表11—15

| | | |
|---|---|---|
| 书 记 | 陈光富 | 1991.10—1993.9 |
| 副书记 | 杜　玲（女） | 1991.10—1993.9 |
| 书 记 | 张　弘 | 1993.9—2003.9 |
| 书 记 | 李　静（女） | 2003.9—2009.2 |
| 副书记 | 李　力 | 2003.9—2009.2 |
| 副书记 | 吴吉荣（女） | 2003.9—2009.2 |
| 书 记 | 何建敏（女） | 2009.2—2011.1 |
| 书 记 | 陆　洪 | 2011.1—2011.9 |
| 书 记 | 李映锦（女） | 2011.9—2012.4 |

### 2012—2015年共青团银盏镇委员会负责人一览表

表11—16

| | | |
|---|---|---|
| 书 记 | 李映锦（女） | 2012.4—2013.3 |
| 书 记 | 丁泳崴 | 2013.3— |

**团组织活动**

20世纪50年代初期，发动广大青年积极参加清匪、反霸、减租、退押、征粮和土地改革、镇压反革命、抗美援朝运动，在运动中发展团员，建立团的组织。

50年代中期，动员广大团员和青年积极参加爱国增产、互助合作运动。学习和推广先进农业技术，组织各种形式的青年突击队除“四害”（苍蝇、蚊子、老鼠、麻雀）、积肥、造林、修水利。在“大跃进”中，动员广大团员和青年积极参加大兵团作战，大炼钢铁、大办丰产坝、深翻土地、工具改革。

60年代初期，动员团员和青年认真贯彻执行《农村人民公社工作条例（草案）》，积极参加学习雷锋活动和社会主义教育活动。后期，在“文化大革命”影响下，团的活动中断。

70年代初期，陆续恢复团的组织及活动，开展整团建团，办理超龄团员离团手续，举办团员、青年学习班和政治夜校。

中共十一届三中全会以后，拨乱反正，团的活动走上正常轨道。在学雷锋、树新风、争当新长征突击手活动中，鱼河公社新场大队团支部获团中央授予的新长征突击队称号。1988年，团省委组织开展“火炬一百”活动，于1989年1月表彰100个先进团支部，其中鱼河乡新场村团支部获三等奖。

1991年12月，“撤区并乡建镇”前，银盏乡的团组织发展和组织活动，受雍阳区团委领导。

1992年，乡团委组织农村团员、青年参加乡农技部门组织的农业适用技术培训，参加人数2500人次，要求掌握1～2门农业适用技术，带头创办种植示范基地。

1996年，乡团委组织各学校团组织，配合教育辅导站在各学校开展“文明学校”“文明教师”“文明班级”“文明学生”活动。

2001年，乡团委组织村级团组织、学校团组织，开展对青少年社会道德、尊老爱幼、互助友爱、扶贫济困的教育活动。

2002年，乡团委配合乡民兵工作，完成8个村民兵组织整顿；向部队输送10名合格兵员。配合公安派出所对4名违法青年的帮教工作。

2003年，乡团委组织各村团组织，号召团员青年参加“自愿服务，推进婚育新风”活动。

2005年，乡团委组织乡卫生院医务人员、学校爱好书法的老师，开展“三下乡”活动，义务为农民看病、书写春联。

2007年，配合县团委在学校、农村开展“春晖行动”活动，春晖话家务，我与家乡共发展，发挥“亲情、乡情、友情”作用。

2008年，乡团委配合公安派出所、村委会，对参与“6·28”事件违法青少年进行“一帮一”的帮教，开展挽救和教育，取保7名违法青年。

2009年，筹备和召开共青团银盏乡第十三次团员代表大会。出席团员代表40人，选举何建敏为银盏乡团委书记。

2010年，乡团委制定《银盏乡团委工作职责》，下发给各学校团支部和村级团支部，要求建立健全组织生活，对团员进行教育和管理，做好对青年的培养教育和经常性发展团员工作。

2012年，召开实体化“大团委”建设工作动员会，团县委要求建团组织20个，完成23个，其中示范点2个，非公有制企业组建4个。

2013年，筹备和召开共青团银盏镇委员会第十四次团员代表大会，出席团员代表62人，选举丁泳崴为团委书记。

2015年,进一步加强团员管理，做好优秀团员加入党组织和干部任用的推荐工作；对于留守儿童，建立“三知、三多、三沟通”制度，中小学团支部开展了篮球和乒乓球比赛及校园集体舞、书画展、作文比赛等，全面收集留守儿童信息，建立台账和结对帮扶机制，突出开展志愿服务和节日慰问活动。

## 第三节　妇女联合会

**组织机构**　1951年10月，建县民主妇女联合会。1956年，银盏乡（后为公社）建民主妇女联合会，农业生产合作社（后为生产大队、村）建妇女代表会。1958年3月，民主妇女联合会更名妇女联合会。

1966年冬，由于“文化大革命”的影响，各级妇女组织停止活动。

1972年，妇女组织及活动陆续恢复。

1991年12月，全县“撤区并乡建镇”，建立银盏乡妇女联合会，下辖各村妇代会。2012年3月，银盏乡改为银盏镇，银盏乡妇女联合会改为银盏镇妇女联合会，下辖8个村妇女组织。2013年7月，下辖10个村妇女组织。至2015年，共召开过14次妇女代表大会。

**1991—2012年银盏乡妇女联合会负责人一览表**

表11—17

| 职　务 | 姓　名 | 任职年限 |
|---|---|---|
| 主　任 | 张绍群 | 1991.11—1995.8 |
| 主　席 | 李家琴 | 1995.8—2002.3 |
| 主　席 | 邓嫦娥 | 2002.3—2008.12 |
| 主　席 | 王　芳 | 2008.12—2009.2 |
| 主　席 | 孙家琴 | 2009.2—2012.4 |

**2012—2015年银盏镇妇女联合会负责人一览表**

表11—18

| 职　务 | 姓　名 | 任职年限 |
|---|---|---|
| 主 席 | 孙家琴 | 2012.4—2012.9 |
| 主 任 | 林国群 | 2012.9—2013.3 |
| 主 席 | 李映锦 | 2013.3— |

**妇女工作**　自妇女组织成立以来，其主要活动是积极组织广大妇女学习和贯彻执行党的路线、方针、政策，学习文化科学知识，参加各项政治运动和生产建设；宣传贯彻《中华人民共和国婚姻

法》和计划生育政策；进行妇幼保健工作；开展创“三八”红旗集体、“三八”红旗手、“五好”家庭活动。中共十一届三中全会后，妇女工作更有起色，太平公社妇联主任雷安英、鱼河公社农民李碧珍被评为全国“三八”红旗手，木老坪公社农民丁传书被评为全国“五好”家庭。1989年7月起，在农村妇女中开展“双学双比”（学文化、学技术、比成绩、比贡献）竞赛活动。1991年，原鱼河乡农民杨通荣被评为全省先进女能手。

1991年12月，“撤区并乡建镇”前，银盏乡的妇女组织建设和妇女工作，受雍阳区妇女联合会领导。

1992年，银盏乡妇联、各村妇女组织在农村开展“双学双比”活动。

1996年，乡妇联配合乡计生部门，建立乡、村、组三级服务网络，常年开展计生工作宣传和咨询活动，完成四术任务376例。

2001年，乡妇联组织各村妇女开展“十星级文明户”创建活动，银盏乡被县委、政府授予为“全县文明乡”称号。

2002年，乡妇联配合乡计生部门在各村创建村级计生服务室工作，得到县计生局、县人民政府的表彰。

2003年，乡妇联在太平村水绞村民组创办“美德在农家”办点活动，水绞村民组被党委、政府评为全乡生态文明村。在乡内投入5万元为20户特困户修建住房、投入3万元建人饮工程、投入1.3万元帮助困难户建圈舍。

2004年，妇联组织农村10名妇女种养殖能手，到县委党校学习畜牧养殖和无公害蔬菜栽培技术知识，并组织到雍阳镇参观学习。

2006年，在太平村水绞村民组开展对户实行“一帮一”试点，在2006年度县的考核评比中，太平村水绞村民组荣获全县优秀奖。

2007年，乡妇联组织学校、村级妇女宣传《中华人民共和国妇女儿童权益保护法》，妇女儿童的合法权益得到落实。

2009年，组织学校妇女宣传《中华人民共和国未成年人保护法》《中国妇女儿童发展纲要》等法律法规。

2013年，镇妇联接待妇女来访6人，接受妇女咨询40人次。配合司法部门为妇女挽回经济损失3万余元。

2014年，镇妇联为36名妇女申办贴息贷款253万元；帮扶困难妇女43名，慰问留守儿童20名，发放慰问金2万元。组织妇女1300余人参加农村实用技术培训。

2015年，镇妇联大力宣传男女平等基本国策，引导妇女同胞倡导和发扬“四自四有”精神，进一步健全妇女儿童利益协调、诉求表达、矛盾调处和权益保障机制，开展妇女信访代理员培训2次，成功代理信访案件6件，走访慰问留守儿童20名，困难妇女103人。“六一”期间，出资4.2万元为14所学校留守儿童购买学习用品、体育用品。开展农村实用技术培训4次，参训妇女200余人；开展“巾帼志愿者”服务活动10次，发放宣传资料2000余册，充实、完善“妇女之家”阵地建设，协助24名妇女群众成功申办妇女小额贴息贷款182万元；组织千余名妇女开展“两癌”筛查，协助2名“两癌”患者成功申报“两癌”救助金各1万元。

### 2009—2015年银盏镇村级妇代会（社区妇委会）负责人一览表

表11—19

| 村级妇代会名称 | 姓名 | 职务 | 性别 | 任职年限 |
|---|---|---|---|---|
| 飞练社区 | 李　会 | 主 任 | 女 | 2011.1— |
| 太平社区 | 梁　敏 | 主 任 | 女 | 2011.1— |
| 银盏村 | 敖国芬 | 主 任 | 女 | 2010.1—2015.3 |
| | 兰成慧 | 主 任 | 女 | 2015.3— |
| 穿洞村 | 李泽珍 | 主 任 | 女 | 2008.1— |
| 木老坪村 | 龙再群 | 主 任 | 女 | 2009.1—2015.3 |
| | 涂江荣 | 主 任 | 女 | 2015.3— |
| 印山村 | 朱贵香 | 主 任 | 女 | 2010.5— |
| 大寨坪村 | 顾吉凤 | 主 任 | 女 | 2011.1— |
| 新华村 | 朱光莲 | 主 任 | 女 | 2010.12—2015.3 |
| | 杨　梅 | 主 任 | 女 | 2015.3— |
| 新场村 | 帅中伶 | 主 任 | 女 | 2015.3— |
| 岩根河村 | 兰绍琴 | 主 任 | 女 | 2015.3— |

## 第四节　商会

2003年8月，木老坪商会第一届理事会成立。2012年县行政区划调整，木老坪村、印山村划入银盏镇管辖，木老坪商会会员划转银盏镇。按照县委统战部、县工商联的要求，2012年11月召开银盏镇商会第一次会员大会，选举产生银盏镇第一届商会会长、常务副会长、秘书长、理事，还聘请了2名名誉会长。

### 瓮安县银盏镇第一届商会班子成员名录表

表11—20

| | | |
|---|---|---|
| 会 长 | 顾吉萍 | 2012.11— |
| 常务副会长 | 肖兴河 | 2012.11— |
| 副会长 | 叶贞祥 | 2012.11— |
| 副会长 | 杨　锐 | 2012.11— |
| 副会长 | 雷国均 | 2012.11— |

续表11—20

| | | |
|---|---|---|
| 副会长 | 顾连祥 | 2012.11— |
| 副会长 | 罗永立 | 2012.11— |
| 副会长 | 李　明 | 2012.11— |
| 副会长 | 陈清志 | 2012.11— |
| 副会长 | 杨光华 | 2012.11— |
| 副会长 | 黎　静 | 2012.11— |
| 秘书长 | 童　超 | 2012.11— |
| 理 事 | 仇　涛 | 2012.11— |
| 理 事 | 周志钢 | 2012.11— |
| 理 事 | 樊启坤 | 2012.11— |
| 理 事 | 况　磊 | 2012.11— |
| 理 事 | 毛木林 | 2012.11— |
| 名誉会长 | 犹和兴 | 2012.11— |
| 名誉会长 | 吴明富 | 2012.11— |

2012年11月，银盏镇商会根据《中华全国工商业联合会章程》，依照民政部《社会团体章程示范本》制定《银盏镇商会章程》。

## 第五节　经济科学合作社

1991年，建立银盏乡科普协会。1995年10月，各村成立经济科学合作社。合作社组织参与农业生产、加工、销售一体化经营，为社员提供信贷、保险、培训等服务，改变农户势单力薄的地位、增强市场竞争能力，推动农业产业化发展。全乡成立合作社7个，每村3名领导成员。

**银盏乡村级经济科学合作社名录表**

表11—21

| 村名 | 职务 | 姓名 | 性别 | 任职年限 |
|---|---|---|---|---|
| 银盏村 | 主 任 | 李大权 | 男 | 1995.10—2009.3 |
| | 副主任 | 况正国 | 男 | 1995.10—2009.3 |
| | 副主任 | 刘开明 | 男 | 1995.10—2009.3 |

续表11—21

| 村名 | 职务 | 姓名 | 性别 | 任职年限 |
| --- | --- | --- | --- | --- |
| 太平村 | 主 任 | 徐显忠 | 男 | 1995.10—2009.3 |
| | 副主任 | 梅成学 | 男 | 1995.10—2009.3 |
| | 副主任 | 刘福明 | 男 | 1995.10—2009.3 |
| 穿洞村 | 主 任 | 晏　宣 | 男 | 1995.10—2009.3 |
| | 副主任 | 李君贵 | 男 | 1995.10—2009.3 |
| | 副主任 | 龙光才 | 男 | 1995.10—2009.3 |
| 大房村 | 主 任 | 刘平先 | 女 | 1995.10—2009.3 |
| | 副主任 | 杨帮平 | 男 | 1995.10—2009.3 |
| | 副主任 | 商崇宽 | 男 | 1995.10—2009.3 |
| 珠藏坝村 | 主 任 | 杨昌琼 | 女 | 1995.10—2009.3 |
| | 副主任 | 陈永华 | 男 | 1995.10—2009.3 |
| | 副主任 | 王芝英 | 女 | 1995.10—2009.3 |
| 尖山村 | 主 任 | 王善琴 | 女 | 1995.10—2009.3 |
| | 副主任 | 韦　刚 | 男 | 1995.10—2009.3 |
| | 副主任 | 张正禄 | 男 | 1995.10—2009.3 |
| 大元村 | 主 任 | 胡继碧 | 男 | 1995.10—2009.3 |
| | 副主任 | 宋志良 | 男 | 1995.10—2009.3 |
| | 副主任 | 宋泽伦 | 男 | 1995.10—2009.3 |

# 第三章　银盏镇人民政府

## 第一节　政府机构沿革

1950年年初，暂时沿用民国时期的乡公所，作为区人民政府的派出机关。8月，废除保甲制，建立行政村（街），同时建立银盏街。1953年3月，撤销银盏村，建立银盏乡人民政府，隶属第一区。7月，银盏乡召开第一届人民代表大会，选举乡长、副乡长。1955年11月，银盏乡人民政府改为银盏乡人民委员会，隶属第一区。1956年9月，银盏乡人民委员会召开第二届人民代表大会，选举人委会领导成员。1957年9月，银盏乡隶属城关镇。1959年1月，银盏乡人民委员会改为银盏生产管理区，辖银盏、太平、大林3个大队。1961年12月，银盏、飞练生产管理区合并，组建银盏人民公社管理委员会，下辖银盏、太平、大林、尖山、珠藏坝、穿（川）洞6个大队，隶属雍阳区。1963年3月，银盏人民公社管理委员会召开第三届人民代表大会，选举管委会领导成员。1966年4月，银盏人民公社管理委员会召开第四届人民代表大会，选举管委会领导成员。1967年8月，银盏人民公社管委会被“夺权”，建立银盏人民公社革命委员会，下辖银盏、太平、大林、尖山、穿洞、珠藏坝6个大队革委会。1970年5月，银盏公社革命委会通过补台，调整革委会领导成员。1980年2月，银盏人民公社革委会改为银盏人民公社管理委员会。同时召开第六届人民代表大会，选举公社管委会领导成员。下辖太平、大元、银盏、大房、大林、珠藏坝、尖山、穿洞8个生产大队管理委员会。1984年3月，银盏公社管理委员会召开第七届人民代表大会，将银盏公社管理委员会改为银盏乡人民政府，并选举乡人民政府乡长、副乡长。下辖8个生产大队，管委会改为8个村民委员会。1987年6月，银盏乡人民政府召开第八届人民代表大会，选举乡人民政府领导成员。1991年，撤区并乡后，银盏乡为独立乡，乡人民政府驻地灯笼寺，全乡辖8个村112个村民组。2009年，全县撤并村，银盏乡由原来的8个村合并为太平（原太平村和大元村组建）、银盏（银盏村和大林村组建）、飞练（尖山村和珠藏坝村组建）、穿洞（穿洞村和大房村组建）4个村。2012年3月，建银盏镇人民政府。由银盏乡（原辖太平村宋家坝、小椿湾、马路边、青龙嘴、三叉坡村民组除外），木老坪乡的木老坪村、新寨村、印山村、天堂村的斗溪、花园坡、观山、余家湾村民组，猴场镇大寨坪村、新华村等组建。是年，银盏镇行政区划调整，下辖太平社区、飞练社区、银盏村、穿洞村、印山村（原印山村、天堂村的斗溪、花园坡、观山、余家湾村民组）、木老坪村（原木老坪村、新寨村）、新华、大寨坪村等2个社区6个村114个村民组。2013年7月，由原玉华乡的岩根河村，原鱼河乡的新场村并入银盏镇。全镇辖2个社区（太平社区、飞练社区）、8个村（银盏村、大寨坪村、木老坪村、穿洞河村、岩根河村、新场村、印山村、新华村），共180个村民组、13182户、54279人。

## 第二节　办事机构

1950年，沿用民国时的乡公所，人员编制为：乡（镇）长1人、民政干事、生产干事、武装委员、调解委员、文书等3～7人。先后建行政村（街）人民政府、乡人民政府、乡人民委员会、人民公社、生产管理区管理委员会、人民公社管理委员会、公社革命委员会、公社管理委员会、乡人民政府，乡（镇）设正副党委书记、乡（镇）长，配备组织、宣传、青年、妇女、武装、民政、教育、财粮、计划生育等专职干部。

1991年10月，全县完成“撤区并乡建镇”体制改革工作，原区党委、政府所设办事机构被撤销，银盏乡政府升格为正科级机构，政府办事机构设置：政府办公室、经济科技办公室、计划生育股、民政福利股、文教卫生股、社会治安综合治理办公室6个，均为股级。

银盏乡政府（升格为正科级机构）管理的事业机构14个。

1.执法监督机构1个：公安派出所。

2.管理服务机构7个：财政所、土地管理所、村镇建设管理所、乡镇企业管理站、交通运输管理站、文化广播电视站、教育辅导站。

3.技术服务机构6个：计划生育技术服务站，农牧技术经营管理综合服务站、林业站、水利站、农机站、卫生院。

### 1991年银盏乡政府机构设置统计表

表11—22

| 机构名称 | 级别 | 领导职数 | 编制类型 |
| --- | --- | --- | --- |
| 政府办公室 | 正股级 | 1 | 行政编制 |
| 经济科技办 | 正股级 | 1 | 行政编制 |
| 社会治安综合治理办公室 | 正股级 | 1 | 行政编制 |
| 文教卫生股 | 正股级 | 1 | 行政编制 |
| 民政福利股 | 正股级 | 1 | 行政编制 |
| 计划生育股 | 正股级 | 1 | 行政编制 |
| 水利站 | 正股级 | 1 | 事业编制（技术服务机构） |
| 土地管理所 | 正股级 | 1 | 事业编制（管理服务机构） |
| 文化广播电视站 | 正股级 | 1 | 事业编制（管理服务机构） |
| 计划生育技术服务站 | 正股级 | 1 | 事业编制（技术服务机构） |
| 教育辅导站 | 正股级 | 1 | 事业编制（管理服务机构） |
| 农机站 | 正股级 | 1 | 事业编制（技术服务机构） |
| 农牧技术经营管理综合服务站 | 正股级 | 1 | 事业编制（技术服务机构） |
| 公安派出所 | 正股级 | 1 | 事业编制（执法监督机构） |
| 乡镇企业管理站 | 正股级 | 1 | 事业编制（管理服务机构） |
| 林业站 | 正股级 | 1 | 事业编制（技术服务机构） |
| 财政所 | 正股级 | 1 | 事业编制（管理服务机构） |
| 村镇建设管理所 | 正股级 | 1 | 事业编制（管理服务机构） |
| 交通运输管理站 | 正股级 | 1 | 事业编制（管理服务机构） |
| 卫生院 | 正股级 | 1 | 事业编制（技术服务机构） |

1997年6月20日，中共瓮安县委办公室、瓮安县人民政府办公室印发《关于批转瓮安县乡镇机构编制调整方案的通知》（瓮办发〔1997〕32号），明确乡政府机构设置：教科文卫办公室、民政办公室、农村经济办公室、计划生育办公室。

人员编制：此次重新核定下达乡镇机关行政编制的使用范围是除使用专项编制的公安派出所、法庭、司法助理员、税务所、工商所之外的乡镇党的工作机构、政府工作机构 、人大主席团和工、青、妇等群团组织。

2001年12月12日，中共瓮安县委办公室、瓮安县人民政府办公室《关于印发瓮安县乡镇机构设置、职能配置和人员编制方案的通知》，银盏乡人民政府工作机构：社会事务办公室、计划生育办公室、经济发展办公室。

乡镇人大主席团机构：乡镇人大主席团为正科级机构。

乡镇事业单位的机构：站、所、中心为股级事业单位。

2011年10月19日，瓮安县委办公室、瓮安县人民政府办公室《关于印发瓮安县乡（镇）主要职责机构设置和人员编制规定的通知》（瓮党办发〔2011〕12号），乡（镇）党政办事机构设置5个：党政办公室、社会事务办公室、经济发展办公室（加挂规划建设环保办公室）、人口和计划生育办公室（加挂流动人口管理办公室）、社会治安综合治理办公室（加挂信访维稳办公室）。政府管理的事业机构9个：农业服务中心（加挂农业技术综合服务中心畜牧兽医站）、人力资源和社会保障服务中心、科技宣教文化信息服务中心、村镇建设服务中心、人口和计划生育技术服务站、水利站、林业站、财政所、安全生产监督管理站。法律法规明确上级政府部门设在乡的机构4个：公安派出所、司法所、瓮安县国土资源局城区分局（按区域雍阳镇和银盏乡设立）、卫生院。

## 2011年银盏乡政府机构设置统计表

表11—23

| 机构名称 | 级别 | 领导职数 | 编制类型 |
|---|---|---|---|
| 社会事务办公室 | 正股级 | 1 | 行政编制 |
| 经济发展办公室 | 正股级 | 1 | 行政编制 |
| 党政办公室 | 正股级 | 1正1副 | 行政编制 |
| 人口和计划生育办公室 | 正股级 | 1 | 行政编制 |
| 社会治安综合治理办公室 | 正股级 | 1 | 行政编制 |
| 农业服务中心 | 正股级 | 1正1副 | 事业编制 |
| 人力资源和社会保障服务中心 | 正股级 | 1正1副 | 事业编制 |
| 科技宣教文化信息服务中心 | 正股级 | 1 | 事业编制 |
| 村镇建设服务中心 | 正股级 | 1 | 事业编制 |

续表11—23

| 机构名称 | 级别 | 领导职数 | 编制类型 |
| --- | --- | --- | --- |
| 人口和计划生育技术服务站 | 正股级 | 1 | 事业编制 |
| 水利站 | 正股级 | 1 | 事业编制 |
| 林业站 | 正股级 | 1 | 事业编制 |
| 财政所 | 正股级 | 1 | 事业编制 |
| 安全生产监督管理站 | 正股级 | 1 | 事业编制 |
| 卫生院 | 正股级 | 1 | 事业编制 |
| 瓮安县国土资源局城区分局 | 副科级 | 1正1副 | 事业编制 |
| 公安派出所 | 副科级 | 2 | 事业编制 |
| 司法所 | 正股级 | 1 | 事业编制 |

2012年4月8日，瓮安县机构编制委员会印发《关于调整瓮安县乡镇（街道办事处）机构编制事宜的通知》（瓮编〔2012〕57号），明确机构设置：乡镇党政内设机构按原机构设置为5个。银盏镇人民政府设置：党政办公室、社会事务办公室、经济发展办公室（加挂规划建设环保办公室牌子）、人口和计划生育办公室（加挂流动人口管理办公室牌子）、社会管理综合治理办公室（加挂信访维稳办公室牌子）。

事业机构设置按原乡（镇）事业机构设置：农业服务中心（农业技术综合服务中心、畜牧兽医站）、人力资源和社会保障服务中心、科技宣教文化信息服务中心（加挂综合文化站牌子）、村镇建设服务中心、人口和计划生育技术服务站、水利站、林业站、财政所、安全生产监督管理站等9个事业单位。

法律法规明确上级政府部门设在乡镇的机构：公安派出所、司法所、国土资源管理所、卫生院、中小学校。

乡镇卫生院布局不调整，银盏乡卫生院更名为银盏镇中心卫生院，木老坪乡卫生院更名为木老坪卫生院，由银盏镇协管。

银盏镇行政编制34人，事业编制86人，工勤编制2人。

2014年9月14日，瓮安县机构编制委员会《关于瓮安县乡镇机构设置和人员编制事宜的通知》（瓮编〔2014〕54号），规定瓮安县乡镇党政内设机构设置为9个：银盏镇人民政府设置：党政办公室（法制办公室）、经济发展办公室、社会事务管理办公室、社会治安综合治理办公室（信访维稳办公室）、安全生产监督管理办公室、卫生和计划生育办公室（流动人口管理办公室）、综合行政执法办公室（综合行政执法队）、国土资源和规划建设环保办公室、财政所。

事业机构设置8个，机构规格均为正股级。设农业综合服务中心（畜牧兽医站、农产品质量安全监管站、动物卫生监督分所）、人力资源和社会保障服务中心（农民工综合服务所）、科技宣教文化信息服务中心（综合文化站）、水利站、林业站、政务服务中心（群众工作中心）、敬老院（福利院）、卫生计生院。将玉华、木老坪、鱼河卫生院更名为卫生计生院，机构规格为正股级，按居所地原则由银盏镇管理。

瓮安县银盏镇领导职数设置14人，其中政府领导职数6人，分别为镇长1人、副镇长5人。

银盏镇党政内设机构人员行政编制64人：领导班子职数14人、党政办公室（法制办公室）10人、经济发展办公室6人、社会事务管理办公室7人、社会治安综合治理办公室6人、安全生产监督管理办公室3人、卫生和计划生育办公室8人、综合行政执法办公室（综合行政执法队）6人、国土资源和规划建设环保办公室2人、财政所2人、工勤编制2人。事业编制175人，其中农业综合服务中心20人、人力资源和社会保障服务中心13人、科宣教文化信息服务中心5人、卫生计生院76人、水利站5人、林业站6人、政务服务中心48人、敬老院2人。

**银盏镇（乡）人民政府历届领导人名录表**

表11—24

| 组织名称 | 职务 | 姓名 | 任职年限 |
| --- | --- | --- | --- |
| 银盏乡人民政府（乡人民委员会） | 乡　长 | 石绍芝（苗族） | 1953.4—1956.9 |
| | 乡　长 | 刘远芳（女） | 1956.9—1958.12 |
| | 副乡长 | 刘远芳（女） | 1953.3—1956.9 |
| | 副乡长 | 刘启明 | 1954.5—1956.2 |
| | 副乡长 | 戴仕全 | 1956.2—1958.12 |
| 银盏生产管理区 | 主　任 | 石绍芝（苗族） | 1959.2—1960.8 |
| | 主　任 | 倪继贤 | 1960.8—1961.12 |
| | 副主任 | 刘远芳（女） | 1959.1—1960.6 |
| | 副主任 | 胡朝相 | 1960.1—1961.12 |
| 银盏人民公社管理委员会 | 社　长 | 王德昌 | 1961.12—1962.5 |
| | 社　长 | 张明志 | 1962.5—1963.1 |
| | 社　长 | 朱朝阶 | 1963.8—1963.12 |
| | 社　长 | 石绍芝（苗族） | 1963.12—1967.8 |
| | 副社长 | 杨光银 | 1961.12—1962.5 |

续表11—24

| 组织名称 | 职务 | 姓名 | 任职年限 |
|---|---|---|---|
| | 副社长 | 王德昌 | 1962.5—1967.8 |
| | 副社长 | 刘远芳（女） | 1963.8—1967.8 |
| 银盏公社革命委员会 | 主 任 | 饶国禄 | 1968.5—1970.5 |
| | 副主任 | 张世明 | 1968.5—1970.5 |
| | 副主任 | 李复学 | 1968.5—1970.5 |
| 1970年5月，公社革委通过补台，调整领导班子 | 主 任 | 张世明 | 1970.5—1972.3 |
| | 主 任 | 袁正懿 | 1972.3—1975.4 |
| | 主 任 | 赵显华 | 1975.4—1976.10 |
| | 主 任 | 夏德兴 | 1977.8—1980.2 |
| | 副主任 | 李复学 | 1970.5—1976.10 |
| | 副主任 | 石绍芝（苗族） | 1970.5—1976.10 |
| | 副主任 | 刘远芳（女） | 1972.5—1975.12 |
| | 副主任 | 王福光 | 1979.12—1980.2 |
| | 副主任 | 张万伦 | 1979.12—1980.2 |
| 银盏公社管理委员会 | 主 任 | 朱建伦 | 1980.2—1983.6 |
| | 主 任 | 张赐荣 | 1983.6—1984.3 |
| | 副主任 | 王福光 | 1980.2—1984.3 |
| | 副主任 | 张万伦 | 1980.2—1984.3 |
| | 副主任 | 罗朝忠（苗族） | 1983.6—1984.3 |
| 银盏乡人民政府 | 乡 长 | 张赐荣 | 1984.3—1985.9 |
| | 乡 长 | 李复祥 | 1985.9—1986.11 |
| | 乡 长 | 李水涛 | 1986.11—1988.4 |
| | 乡 长 | 吴昌德（女） | 1988.4—1991.11 |
| | 副乡长 | 熊华嫡（女） | 1984.3—1987.6 |
| | 副乡长 | 罗朝忠（苗族） | 1984.3—1985.9 |
| | 副乡长 | 刘定兴 | 1987.6—1987.12 |

续表11—24

| 组织名称 | 职务 | 姓名 | 任职年限 |
|---|---|---|---|
| | 副乡长 | 刘银才 | 1988.1—1991.10 |
| 银盏乡人民政府 | 乡　长 | 吴昌德（女） | 1991.11—1993.4 |
| | 乡　长 | 宋锡异 | 1993.4—1996.1 |
| | 乡　长 | 罗惠平 | 1996.1—1998.12 |
| | 乡　长 | 杨忠华 | 1999.1—2001.3 |
| | 乡　长 | 戎毅生 | 2001.3—2002.1 |
| | 乡　长 | 陈　博（女仡佬族） | 2002.1—2003.5 |
| | 乡　长 | 孙　华（女） | 2003.5—2009.3 |
| | 乡　长 | 桂国全 | 2009.3—2012.4 |
| | 副乡长 | 郑舟华 | 1991.11—2002.1 |
| | 副乡长 | 卢达琴（女） | 1993.3—2002.1 |
| | 副乡长 | 刘朝英（女） | 1996.1—1999.1 |
| | 副乡长 | 陈安源 | 1996.1—1999.1 |
| | 副乡长 | 邓小林 | 1996.1—1997.2（挂职） |
| | 副乡长 | 张远军 | 1996.1—1999.1（挂职） |
| | 副乡长 | 王　华（苗族） | 1996.1—2002.1 |
| | 副乡长 | 林小珊（女） | 1999.1—2002.1 |
| | 副乡长 | 郑　超 | 2002.1—2011.8 |
| | 副乡长 | 王　燕（女） | 2002.1—2012.4 |
| | 副乡长 | 田　川 | 2002.1—2011.8 |
| | 副乡长 | 王　芳（女） | 2006.11—2012.4 |
| | 副乡长 | 犹永立 | 2011.8—2012.4 |
| | 副乡长 | 卢　刚 | 2011.8—2012.4 |

续表11—24

| 组织名称 | 职务 | 姓名 | 任职年限 |
|---|---|---|---|
| 银盏镇人民政府 | 镇　长 | 严　军 | 2012.5—2012.11 |
| | 镇　长 | 谭怀坤 | 2013.5—2014.9 |
| | 镇　长 | 张林才 | 2014.9— |
| | 副镇长 | 卢　刚 | 2012.4—2013.7 |
| | 副镇长 | 犹永立 | 2012.4—（正科级） |
| | 副镇长 | 王芳（女） | 2012.4— |
| | 副镇长 | 陈　康 | 2012.4— |
| | 副镇长 | 周凤超 | 2012.4—2013.7 |
| | 副镇长 | 罗柒玖 | 2012.4—2015.1 |
| | 副镇长 | 刘人毅 | 2012.4— |
| | 副镇长 | 余　波 | 2014.9— |
| | 副镇长 | 张安忠 | 2015.4— |

## 飞练乡人民政府（人委会）

1953年3月，建立飞练乡政府。1955年11月，飞练乡人民政府改为飞练乡人民委员会，隶属第一区。1957年9月，划隶城关镇。1959年1月，飞练人民公社改为飞练管理区，隶属雍阳公社，下辖尖山、珠藏坝、穿洞3个生产大队。1961年12月，飞练生产管理区同银盏生产管理区合并建立银盏人民公社管理委员会。

### 飞练乡人民政府（人委会）负责人一览表

表11—25

| 职务 | 姓名 | 任职年限 |
|---|---|---|
| 乡　长 | 王德珍 | 1953.3—1956.9 |
| 乡　长 | 李忠碧(女) | 1956.9—1958.12 |
| 副乡长 | 王德昌 | 1953.3—1956.5 |
| 副乡长 | 陈文开 | 1953.3—1958.12 |
| 主　任 | 王德昌 | 1959.1—1961.1 |
| 主　任 | 李忠碧(女) | 1961.1—1961.12 |
| 副主任 | 肖正友 | 1959.1—1961.12 |
| 副主任 | 饶学良 | 1960.4—1961.12 |

# 第四章　区镇合一管理体制

2014年9月，实行“区镇合一”管理体制，以区为主、以区带镇、以镇促区，融合发展。

## 第一节　机构设置

2010年10月，瓮安县人民政府决定从相关部门及涉及乡镇临时抽调相关人员（原工资待遇不变）成立瓮安县循环经济工业园区管委会，下设综合发展办公室、招商引资办公室、规划建设办公室、征地拆迁办公室4个内设机构。

2011年8月，瓮安县人民政府建立瓮安银盏工业园区管理委员会，为瓮安县人民政府管理的副县级事业单位。下设办公室、产业发展局、招商引资局、规划建设局、综合协调局、财政局6个正科级内设机构。

2012年12月，瓮安县委、瓮安县人民政府将瓮安银盏工业园区管理委员会和贵州瓮安经济开发区管理委员会整合，设立贵州瓮安经济开发区管理委员会，为瓮安县委、瓮安县人民政府的派出机构，正县级规格。下设党政办公室、产业发展局、招商引资局、规划建设局、综合协调局、财政审计局6个内设机构。

2014年3月，瓮安县委、瓮安县人民政府发展总体思路，以区为主、以区带镇、以镇促区、融合发展，将贵州瓮安经济开发区党工委、管委会与瓮安县银盏镇党委、银盏镇人民政府实行“区镇合一”管理体制，两块牌子，一套班子，以区运作，合署办公。下设办公室、党群工作部、产业发展局、招商引资局、财政局、规划建设局、城镇综合执法局、农村工作局、社会事业局、政法综治局、政务服务中心11个内设机构，均为科级规格。设立区纪工委、监察审计局，纪工委为县纪委派出机构，为科级规格。纪工委与监察审计局合署办公，与银盏镇纪委实行两块牌子，一套班子。

贵州瓮安经济开发区设党工委书记、管委会主任各1名（由县委、县政府主要领导兼任）；党工委副书记、管委会副主任共3名；正科长级管委会副主任3名。

办公室、党群工作部、产业发展局、招商引资局、财政局、规划建设局、城镇综合执法局、农村工作局、社会事业局、政法综治局10个下设机构领导职数分别设局长（主任、部长）1名（正科长级）、副局长（副主任、副部长）2名（副科长级）。政务服务中心设主任1名（正科长级），副主任4名（副科长级）；纪工委设书记1名（正科长级，兼任监察审计局局长）、监察审计局副局长2名（副科长级）。

领导职数共设44名，其中，副县长级3名，正科长级15名，副科长级26名。

人员编制数为经济开发区行政编制3人，2015年有2人，事业编制60人，2015年有60人；银盏镇行政编制69人（其中，有5名工勤人员），2015年有57人（其中，有3名工勤人员）；事业编制175人（其中，卫生计生服务站共76人），2015年有132人（计卫差23人，其他事业差20人）。

### 2014—2015年区镇合一办事机构情况统计表

表11—26 单位：人

| 机构名称 | 级别 | 领导编制数 | 2015年实有领导数 | 编制类型 |
|---|---|---|---|---|
| 办公室 | 正科级 | 3 | 2 | 事业编制 |
| 党群工作部 | 正科级 | 3 | 3 | 事业编制 |
| 产业发展局 | 正科级 | 3 | 3 | 事业编制 |
| 招商引资局 | 正科级 | 3 | 3 | 事业编制 |
| 财政局 | 正科级 | 3 | 2 | 事业编制 |
| 规划建设局 | 正科级 | 3 | 2 | 事业编制 |
| 城镇综合执法局 | 正科级 | 3 | 3 | 事业编制 |
| 农村工作局 | 正科级 | 3 | 3 | 事业编制 |
| 社会事业局 | 正科级 | 3 | 2 | 事业编制 |
| 政法综治局 | 正科级 | 3 | 3 | 事业编制 |
| 政务服务中心 | 正科级 | 5 | 5 | 事业编制 |
| 纪工委 | 正科级 | 1 | 1 | 事业编制 |
| 监察审计局 | 正科级 | 3 | 3 | 事业编制 |

### 2014—2015年区镇合一各机构内设科室一览表

表11—27

| 机构名称 | 内设科室 | 备注 |
|---|---|---|
| 办公室 | 综合科、信息科、秘书科、督查科 | 4个科室 |
| 党群工作部 | 综合科、组织科、宣传科、群团科 | 4个科室 |
| 产业发展局 | 综合科、经济运行科、产业发展科、科技科、安监科、商贸物流科、环资科 | 7个科室 |

续表11—27

| 机构名称 | 内设科室 | 备注 |
| --- | --- | --- |
| 招商引资局 | 综合科、招商科、投资促进科、督察科 | 4个科室 |
| 财政局 | 综合科、预算科、非税收入管理科、国库集中支付中心、资产管理科 | 5个科室 |
| 规划建设局 | 综合科、规划建设科、国土资源管理科、环境保护科、建筑工程质监科、征收安置科、政策法规科 | 7个科室 |
| 城镇综合执法局 | 综合科、执法中队、市政管理科、环境卫生管理科 | 4个科室 |
| 农村工作局 | 综合科、农业科、水利科、林业科 | 4个科室 |
| 社会事业局 | 综合科、民政科、社会保障科、卫生和计划生育管理科、文化和教育管理科、残疾人与老龄科 | 6个科室 |
| 政法综治局 | 综合科、综治科、维稳科、防范科、群众诉求办理科 | 5个科室 |
| 政务服务中心 | 综合科、督查科、电子政务科、窗口管理科 | 4个科室 |
| 纪工委 | 综合科、纪检监察科、审计科 | 3个科室 |

## 2011—2013年瓮安县银盏工业园区党组书记、副书记名录表

表11—28

| 职务 | 姓名 | 任职年限 |
| --- | --- | --- |
| 书　记 | 谢晓东 | 2011.9—2011.10 |
| 副书记 | 邓忠学 | 2011.9—2011.10 |
| 副书记 | 刘华龙 | 2011.9—2011.10 |
| 书　记 | 邓忠学 | 2011.10—2013.2 |
| 副书记 | 王大勇 | 2011.10—2013.2 |

## 2013—2015年贵州瓮安经济开发区党工委书记、副书记及支部负责人名录表

表11—29

| 组织名称 | 职务 | 姓名 | 任职年限 |
| --- | --- | --- | --- |
| 区党工委 | 书 记 | 沙先贵（兼任） | 2013.2—2013.5 |
| | 书 记 | 蒋映生（兼任） | 2013.5—2015.7 |
| | 书 记 | 张文强（兼任） | 2015.8— |
| | 副书记 | 尹德俊（兼任） | 2013.2—2015.1 |
| | 副书记 | 黄桂林（兼任） | 2015.1— |
| | 副书记 | 王大勇 | 2013.2—2014.3 |
| | 副书记 | 范祖林 | 2014.10— |
| 第一党支部 | 书 记 | 杨思英（女） | 2015.2— |
| 第二党支部 | 书 记 | 犹家贸 | 2015.2— |
| 第三党支部 | 书 记 | 蔡海云（女） | 2015.2— |
| 第四党支部 | 书 记 | 余 波 | 2015.2— |
| 第五党支部 | 书 记 | 叶贞祥 | 2015.2— |
| 第六党支部 | 书 记 | 吴明富 | 2015.2—2015.6 |
| | 书 记 | 张安忠 | 2015.7— |
| 第七党支部 | 书 记 | 徐德辉 | 2015.3— |
| 第八党支部 | 书 记 | 田德才 | 2015.2— |
| 第九党支部 | 书 记 | 王星力 | 2015.2— |
| 第十党支部 | 书 记 | 沈 刚 | 2015.2— |
| 经济开发区红色网络培训党支部 | 书 记 | 王 芳（女） | 2014.9—2015.4 |
| | 书 记 | 陈大兴 | 2015.5— |
| 金正大有限责任公司党支部 | 书 记 | 宋国发 | 2013.2— |
| 浙江浦峰集团贵州省瓮安水泥有限公司党支部 | 书 记 | 顾小平 | 2011.11— |

续表11—29

| 组织名称 | 职务 | 姓名 | 任职年限 |
|---|---|---|---|
| 贵州麒龙置业有限公司党支部 | 书 记 | 张　毅 | 2012.3—2013.3 |
| 北斗山矿业装运有限公司党支部 | 书 记 | 舒迦华 | 2013.3— |
| 华雄磷业有限公司党支部 | 书 记 | 张　杰 | 2008.6—2014.6 |
| 高山矿业有限公司党支部 | 书 记 | 李银高 | 2013.3— |
| 龙腾焦化有限公司银堂煤矿党支部 | 书 记 | 徐东升 | 2012.11— |
| 瓮安县武江隆塑业有限公司党支部 | 书 记 | 彭国武 | 2013.2— |
| 银盏镇鑫源驾校党支部 | 书 记 | 卢清静 | 2011.12—2014.2 |
| | 书 记 | 董维刚 | 2014.2— |
| 渡江食品有限公司党支部 | 书 记 | 冷　军 | 2011.5—2013.2 |
| | 书 记 | 杨　锐 | 2013.3—2014.2 |
| | 书 记 | 王世村 | 2014.3— |
| 银盏镇富水建材厂党支部 | 书记 | 龙泽礼 | 2013.4— |
| 满姐食品有限公司党支部 | 书记 | 林国群（女） | 2013.4— |
| 文真公司党支部 | 书记 | 江可明 | 2012.1— |

## 2010—2011年瓮安县循环经济工业园区管委会负责人一览表

表11—30

| 职务 | 姓名 | 任职年限 |
|---|---|---|
| 主　任 | 刘华龙 | 2010.10—2011.8 |
| 常务副主任 | 邓忠学 | 2010.10—2011.8 |
| 副主任 | 兰胜宇 | 2010.10—2011.8 |
| 副主任 | 范祖林 | 2010.10—2011.8 |
| 副主任 | 梁　健 | 2010.10—2011.8 |
| 主任助理 | 符清和 | 2010.10—2011.8 |

## 2011—2015年瓮安银盏工业园区管理委员会负责人一览表

表11—31

| 职务 | 姓名 | 任职年限 |
|---|---|---|
| 主　任 | 刘华龙 | 2011.9—2011.10 |
| 主　任 | 邓忠学 | 2011.10—2013.2 |
| 常务副主任 | 王大勇 | 2011.10—2013.2 |
| 副主任 | 陈廷高 | 2011.9—2013.2 |
| 副主任 | 罗成建（兼任） | 2011.9—2012.7 |
| 副主任 | 肖福勇（兼任） | 2011.9—2012.4 |
| 副主任 | 郭　锐 | 2011.9—2013.2 |
| 副主任 | 雷江林（兼任） | 2012.11—2013.8 |
| 副主任 | 黄吉斌（兼任） | 2012.11— |
| 副主任 | 梁健（兼任） | 2011.9—2014.9 |

## 2012—2015年贵州瓮安经济开发区管理委员会负责人一览表

表11—32

| 职称 | 姓名 | 任职年限 |
|---|---|---|
| 主　任 | 尹德俊（兼任） | 2013.2—2015.1 |
| 主　任 | 黄桂林（兼任） | 2015.1— |
| 副主任 | 王大勇 | 2013.2—2014.3 |
| 副主任 | 陈廷高 | 2013.2—2014.8 |
| 副主任 | 郭　锐 | 2013.2— |
| 副主任 | 周后强（正科级） | 2013.9— |
| 副主任 | 张林才（正科级） | 2013.9— |

续表11—32

| 职称 | 姓名 | 任职年限 |
| --- | --- | --- |
| 副主任 | 曾明康 | 2014.9— |
| 副主任 | 梁　健 | 2014.9—2014.10 |
| 副主任 | 范祖林 | 2014.10— |
| 副主任 | 朱洋奎 | 2015.1— |
| 主任助理 | 周后强 | 2013.2—2013.9 |
| 主任助理 | 张林才 | 2013.7—2013.9 |
| 主任助理 | 任声奎 | 2013.2— |
| 主任助理 | 刘汉乾 | 2013.2—2014.9 |

## 2010—2011年瓮安县循环经济工业园区管委会内设机构负责人名录表

表11—33

| 机构名称 | 职务 | 姓名 | 任职年限 |
| --- | --- | --- | --- |
| 综合发展办公室 | 主　任 | 任声奎 | 2010.10—2011.8 |
| | 副主任 | 何　军 | 2010.10—2011.8 |
| | 副主任 | 胡德模 | 2010.10—2011.8 |
| 招商引资办公室 | 主　任 | 兰华丽（女） | 2010.10—2011.3 |
| 规划建设办公室 | 主　任 | 邓　辉 | 2010.10—2011.8 |
| | 副主任 | 江　浩 | 2010.10—2011.8 |
| 征地拆迁办公室 | 主　任 | 贺太忠 | 2010.10—2011.8 |
| | 副主任 | 贺国敏 | 2010.10—2011.8 |
| | 副主任 | 彭正华 | 2010.10—2011.8 |
| | 副主任 | 王晓安 | 2010.10—2011.8 |

## 2011—2014年瓮安经济开发区（含银盏工业园区）管委会内设机构负责人名录表

表11—34

<table>
<tr><th>内设机构名称</th><th>职务</th><th>姓名</th><th>性别</th><th>任职年限</th><th>备注</th></tr>
<tr><td rowspan="3">办公室（党政办公室）</td><td rowspan="2">主　任</td><td>胡德模</td><td>男</td><td>2011.9—2013.9</td><td rowspan="3">2011年8月至2012年12月名称为办公室，2012年12月至2014年9月为党政办</td></tr>
<tr><td>兰华丽</td><td>女</td><td>2013.9—2014.9</td></tr>
<tr><td>副主任</td><td>兰华丽</td><td>女</td><td>2011.10—2013.8</td></tr>
<tr><td rowspan="2">产业发展局</td><td>局　长</td><td>任声奎</td><td>男</td><td>2011.10—2014.9</td><td rowspan="2"></td></tr>
<tr><td>副局长</td><td>余　波</td><td>男</td><td>2012.3—2014.9</td></tr>
<tr><td rowspan="4">招商引资局</td><td>局　长</td><td>刘汉乾</td><td>男</td><td>2011.10—2012.3</td><td></td></tr>
<tr><td>局　长</td><td>黄　梅</td><td>女</td><td>2012.3—2014.9</td><td rowspan="3"></td></tr>
<tr><td>副局长</td><td>刘　洁</td><td>女</td><td></td></tr>
<tr><td>副局长</td><td>蔡海云</td><td>女</td><td>2013.8—2014.9</td></tr>
<tr><td>规划建设局</td><td>副局长</td><td>陈发伟</td><td>男</td><td>2012.4—2014.9</td><td></td></tr>
<tr><td rowspan="2">综合协调局</td><td>局　长</td><td>刘汉乾</td><td>男</td><td>2012.3—2014.9</td><td rowspan="2"></td></tr>
<tr><td>副局长</td><td>王晓安</td><td>男</td><td>2012.4—2014.9</td></tr>
<tr><td rowspan="3">财政审计局（财政局）</td><td>局　长</td><td>潘　飞</td><td>男</td><td>2011.10—2014.9</td><td rowspan="3">2011年8月至2012年12月名称为财政局，2012年12月至2014年9月为财政审计局</td></tr>
<tr><td>副局长</td><td>潘　飞</td><td>男</td><td>2011.3—2011.10</td></tr>
<tr><td>副局长</td><td>柏开全</td><td>男</td><td>2013.9—2014.8</td></tr>
</table>

## 2014年9月区镇合一后贵州瓮安经济开发区管委会内设机构负责人名录表

表11—35

<table>
<tr><th>内设机构名称</th><th>职务</th><th>姓名</th><th>性别</th><th>任职年限</th></tr>
<tr><td rowspan="2">办公室</td><td>主　任</td><td>兰华丽</td><td>女</td><td>2014.9—</td></tr>
<tr><td>副主任</td><td>犹和兴</td><td>男</td><td>2014.9—</td></tr>
<tr><td rowspan="3">党群工作部</td><td>部　长</td><td>王　芳</td><td>女</td><td>2014.9—</td></tr>
<tr><td rowspan="2">副部长</td><td>杨思英</td><td>女</td><td>2014.9—</td></tr>
<tr><td>范兴林</td><td>男</td><td>2015.3—</td></tr>
</table>

续表11—35

| 内设机构名称 | 职务 | 姓名 | 性别 | 任职年限 |
|---|---|---|---|---|
| 产业发展局 | 局　长 | 任声奎 | 男 | 2014.9— |
| | 副局长 | 邱成云 | 男 | 2014.9— |
| | | 罗云松 | 男 | 2015.7— |
| 招商引资局 | 局 长 | 黄　梅 | 女 | 2014.9— |
| | 副局长 | 蔡海云 | 女 | 2014.9— |
| | | 华小咏 | 男 | 2015.3— |
| 财政局 | 局　长 | 潘　飞 | 男 | 2014.9— |
| | 副局长 | 犹家贸 | 男 | 2014.9— |
| 规划建设局 | 局　长 | 余　波 | 男 | 2014.9— |
| | 副局长 | 陈发伟 | 男 | 2014.9— |
| 城镇综合执法局 | 局　长 | 王晓安 | 男 | 2015.3— |
| | 副局长 | 王晓安 | 男 | 2014.9—2015.3 |
| | | 黎长华 | 男 | 2015.3— |
| | | 叶贞祥 | 男 | 2015.3— |
| 农村工作局 | 局　长 | 罗柒玖 | 女 | 2014.9—2015.3 |
| | | 杨忠远 | 男 | 2015.3— |
| | 副局长 | 吴明富 | 男 | 2014.9— |
| 农村工作局 | 副局长 | 罗云松 | 男 | 2014.9—2015.7 |
| | | 张安忠 | 男 | 2015.3— |
| 社会事业局 | 局　长 | 刘人毅 | 男 | 2014.9— |
| | 副局长 | 袁常开 | 男 | 2014.9— |
| | | 徐德辉 | 男 | 2015.3— |
| 政法综治局 | 局　长 | 兰仕华 | 男 | 2014.9— |
| | 副局长 | 田德才 | 男 | 2014.9— |
| | | 犹永立 | 男 | 2014.9— |

续表11—35

| 内设机构名称 | 职务 | 姓名 | 性别 | 任职年限 |
|---|---|---|---|---|
| 政务服务中心 | 主　任 | 陈　康 | 男 | 2014.9— |
| | 副主任 | 邱兴群 | 女 | 2014.9— |
| | | 田仁富 | 男 | 2014.9— |
| | | 彭正华 | 男 | 2014.9— |
| | | 陈天祥 | 男 | 2014.9—2015.9 |
| 纪工委 | 书　记 | 廖　斌 | 男 | 2014.9— |
| 监察审计局 | 局　长 | 廖　斌 | 男 | 2014.9— |
| | 副局长 | 刘兴祥 | 男 | 2014.9— |
| | | 刘元康 | 男 | 2015.3— |

**黔南州公安局瓮安经济开发区分局**　根据黔南州机构编制委员会办公室黔南编办〔2013〕245号文件，设立黔南州公安局瓮安经济开发区分局，为州公安局派出机构，由州公安局委托瓮安县公安局代管。

其主要职责是掌握治安情况，预防制止和侦察违法犯罪活动，执行刑罚、监督、考察“两释”人员，依法管理社会治安、户政、国籍、出入境事务、外国人在开发区内居留事务、枪支弹药、管制械具、易燃易爆、剧毒、放射性等危险物品、特种行业等，组织实施消防、交通安全工作及安全管理工作，依法指导和监督机关、团体、企事业单位的治安保卫工作。指导治保等群众性组织建设及治安防范工作，监督计算机、信息系统安全，承办县公安局指派的其他事项及法律法规的其他职责。

领导职数和人员编制为局长1名（正科级）、政委1名（正科级）、副局长3名（副科级）。

黔南州公安局瓮安经济开发区分局设6个内设机构为指挥中心、法制室、刑侦大队、治安大队、巡特警大队、经侦大队。

内设机构设主任（大队长）、教导员各1名（副科级）、副主任（副大队长）各1～3名（股级）。机构办公楼设在贵州瓮安经济开发区银盏镇政府大楼。

**（一）指挥中心**

掌握经济开发区分局工作情况、接报警和指挥处警工作；县公安局授权的警务指挥及协调工作；经济开发区重大事项的组织协调、督查督办工作；经济开发区调查研究和起草重要文件工作、机要工作；经济开发区情报信息的收集、汇总和研判工作；处理、完成县公安局指派的其他工作任务。

**（二）法制室**

负责经济开发区分局法制建设；开展法制教育、法制宣传及培训；承办经济开发区分局执法监督、执法过错责任追究、行政复议、听证、应诉、国家赔偿工作的审核报批工作；处理、完成县公安局指派的其他工作任务。

### （三）刑侦大队

负责经济开发区分局刑事侦察、反恐怖、打黑除恶、刑事科学技术工作；收集分析刑事犯罪、情报动态、规律、特点和发展趋势、制定对策；协助外省、外地及县局各类刑事案件的侦察工作；处理、完成县公安局指派的其他工作任务。

### （四）治安大队

负责经济开发区分局治安管理、户政管理、出入境管理等工作；对公共场所、特种行业管理、承担群体性治安事件处置等工作；对重点建设工程和要害场所的安全防范工作以及大型活动的安全保卫工作；处理、完成县公安局指派的其他工作任务。

### （五）巡特警大队

负责经济开发区分局范围内的巡逻防控工作；预防处置群体性治安事件、突发事件、重大灾害事故、重大治安事件和暴力恐怖事件等；处理、完成县公安局指派的其他工作任务。

### （六）经侦大队

负责经济开发区分局经济犯罪动态，分析、研究经济犯罪的规律、特点和发展趋势、拟定预防和打击对策；负责经济开发区分局管辖的经济犯罪侦察工作和上级交办的案件；协助外省、外地区及县公安局各类经济犯罪案件的侦察工作；处理、完成县公安局指派的其他工作任务。

**2014—2015年黔南州公安局瓮安经济开发区分局负责人名录表**

表11—36

| 职务 | 姓名 | 任职年限 |
|---|---|---|
| 局　长 | 李文奎（县公安局副局长） | 2014.6— |
| 副局长 | 邓森林 | 2014.12— |
| 副局长 | 陈胜学 | 2015.11— |
| 指挥中心主任 | 帅敏芳 | 2015.11— |
| 刑侦大队大队长 | 段世全 | 2015.11— |
| 刑侦大队教导员 | 张永祥 | 2015.11— |
| 经济犯罪侦察大队大队长 | 文朝洪 | 2015.11— |
| 经济犯罪侦察大队教导员 | 罗邦平 | 2015.11— |
| 治安大队大队长 | 吴仕臣 | 2015.11— |
| 治安大队教导员 | 黄华宏 | 2015.11— |
| 巡警大队大队长 | 罗成林 | 2015.11— |

**瓮安县人民检察院经济开发区检察室** 根据瓮委〔2014〕9号文件精神及省州有关要求，设立瓮安县人民检察院经济开发区检察室。

**瓮安县人民检察院经济开发区检察室负责人名录表**

表11—37

| 职务 | 姓名 | 任职年限 | 备注 |
| --- | --- | --- | --- |
| 主任 | 汪开才 | 2015.3— | |
| 副主任 | 杨庆福 | 2015.3— | |

**瓮安县投资促进局与瓮安经济开发区招商引资局合并办公** 根据瓮安县县委办公室、瓮安县人民政府办公室关于印发《瓮安县投资促进局与瓮安经济开发区招商引资局合并办公实施方案》的通知（瓮委办字〔2015〕56号）精神，按照“精简、统一、高效”原则，2015年6月将县投资促进局与开发区招商引资局进行合并办公，实行一套人马，两块牌子，对外以县投资促进局开展工作。现有领导职数不变，合并后的县投资促进局设局长1名（由合并前的县投资促进局局长任），常务副局长1名（由合并前的开发区招商引资局局长任），副局长4名（由合并前的县投资促进局、开发区招商引资局副局长任），县项目代办中心主任1名。合并后下设7个内设机构，即综合科、招商引资科、项目督察办科、经济合作科、投资环境监察科、北京招商引资联络处和广州招商引资联络处，其下设机构分别设科长（主任）或副科长（副主任）1名。合并前由县投资促进局管理的副科级事业单位瓮安县招商引资项目代办服务中心下设的3个内设机构不变，即办公室、行政审批代办科、接待服务科，设副主任1名、科长（主任）3名。合并后办公地点设在瓮安经济开发区行政办公楼内，车辆、资金统筹调度、使用，实现机构、人员、工作整合。

**瓮安县投资促进局与区招商局合署办公后领导人员名录表**

表11—38

| 职务 | 姓名 | 任职年限 |
| --- | --- | --- |
| 局　长 | 谭怀坤 | 2014.9— |
| 常务副局长 | 黄　梅（女） | 2015.9— |
| 副局长 | 李春梅（女） | 2012.8— |
| 副局长 | 蔡海云（女） | 2015.9— |
| 副局长 | 黄明忠 | 2015.2— |
| 副局长 | 华小咏 | 2015.3— |

续表11—38

| 职务 | 姓名 | 任职年限 |
|---|---|---|
| 副局长 | 刘爱军（挂职） | 2015.7— |
| 代办中心主任 | 钟仁琴（女） | 2013.12— |

## 第二节　综合政务

20世纪50年代，银盏乡人民政府设文书1人，负责乡人民政府的文件、报告起草，首次选民登记，土改人口统计，婚姻登记等政务工作。并负责1953年7月、1956年9月两次乡人民代表大会召开的筹备工作，会期的服务和选举工作。

60年代，银盏人民公社、管理区、管理委员会都只设秘书1人，负责为县、区下发文件，要求统计各种指标完成任务数，起草各种文件、报告，指导各大队会计做好各种账和上报县、区统计工作。为1963年3月、1966年4月二次召开的公社、管委会人民代表大会的筹备工作和会期服务工作；为1963年9月召开的第一次党员代表大会做好会前会后的服务工作。

70年代，银盏人民公社仍然只设秘书1人，负责上传下达的日常政务工作，处理人民群众来信来访；负责县、区要求各年上报的各种统计年报表，起草各种文件和报告，为1971年12月召开的第二次党员代表大会做好筹备和会期服务工作。为公社党委会、管委会召开的各次例会服务，做好各大队历年年终上报统计指导工作。

1980年2月，银盏公社召开第六届人民代表大会，政务工作主要为做好会期的政府工作报告，会议决议的起草工作和会期服务。并负责接待人民群众来信来访，参与组织、人事调查落实在“反右”和“文革”中被错误处理的干部和人民群众的政策落实工作。开始建立公社的文书档案立卷工作，并要求各大队建立文书档案保存。

1984年，全县机构改革，银盏人民公社改为银盏乡人民政府，设立人民政府办公室，设主任1人，秘书、工作员各1人，参与乡人民政府管理政务、事务活动，搞好协调联系、上传下达，保证乡人民政府的正常运转，搞好为乡设立的机构和县直属部门驻乡机构的协调工作，做好乡人民政府制定的各种任务计划指标下发工作和年终统计；做好县委、县人民政府和县直各部门要求乡统计和下发的各种任务数据落实工作。为1984年3月召开乡第七届人民代表大会做好筹备工作和会期服务。指导各村文书按时完成县直各工作部门要求的工作任务，按时上报各种年报表。配合驻乡机构做好年终工作总结，为乡党委和政府制订下年工作计划作决策参考。

1987年6月，银盏乡召开第八届人民代表大会，政务工作主要为大会筹备起草政府工作报告、会议决议和代表们讨论政府工作报告的简报。负责协调乡直各部门的工作，负责接洽人大代表、政协委员的调查、视察活动。

1991年，以乡政府办公室牵头，按照《中华人民共和国档案法》规定，组织各部门清理1951—

1991年档案，共立卷档案卷宗190卷，其中永久卷109卷，长期卷81卷，送县档案局（档案馆）存放查阅。做好11月召开的第八次党员代表大会的会务工作。

1994年，政务工作主要是做好乡第十届人民代表大会和第九次党员代表大会的筹备和会期服务工作。指导各村按时上报县有关部门要求的年终各种数据统计工作。

1996年，协助财税部门调节、分配、监督和综合服务，对群众实行收费明白卡制度。对各村的账务做到乡管村用，做好乡第十一届人代会筹备工作和会期服务工作。

1997年，政务工作主要做好第十次党员代表大会工作文件起草，做好会期服务，保证党代会顺利闭幕。起草学习党的十五大文件通知和反馈学习情况，办好简报5期。协助驻乡部门按时上报县直工作部门要求上报的数据及材料。

2000年，按照县委安排部署，在农村开展“三个代表”重要思想学习教育活动，乡的政务工作着重起草学习活动相关文件、办好学习简报，按阶段和步骤收集学习情况。在教育活动中做好群众的来信来访工作，做好乡第十一次党员代表大会的会前会中各种服务工作。

2001年，按照乡人民政府《关于推行政务、村务、站（所）务公开的实施意见》，在各村委会、乡直各工作部门推行政务公开，推行行政机关依法行政和政务服务，遏制以权谋私，密切党和政府同人民群众关系的措施。公开与部门、单位的职责相关的法律、法规、规章、政策和其他规定，包括办事依据、办事职责、办事条件、办事程序、办事纪律、办事结果。

2002年，做好银盏乡第十二届人民代表大会第三次会议筹备工作和会期服务工作。全年接待和解决群众来信来访23件（人），办理政协委员提案9件。协助做好政务、村务、站（所）务公开，接受社会和群众的监督。完成乡第十二届人民代表大会第三次会议代表所提议案的办理工作。

2003年，认真办理人大代表建议和群众来信来访118人次，来信10件。协助乡直工作部门、村委会做好政务公开、村务公开，接受群众监督。

2004年，做好乡第十二次党员代表大会、第十三届人民代表大会的会前筹备及会期服务工作，协调各单位清理违规设置账外账、公款私存、私设“小金库”、预算外资金“收支两条线”管理执行不严格、坐收坐支、巧立名目滥发钱物等工作。

2005年，启动保持共产党员先进性教育活动，做好乡、村活动开展，起草各种文件、收集活动情况、办好教育活动简报。保证机关及乡直部门、学校、退休干部、农村共11个党支部123名党员参加了这次保持共产党员先进性教育活动。

2006年，认真做好银盏乡第十三次党员代表大会和第十四届人民代表大会的筹备及服务工作。协调县电力部门为全乡8个村实施农网改造工程，解决农业农村用电问题。配合乡纪委对“七所八站”银行账户进行清理，对全乡中小学收费进行检查。全年接待人民群众来信来访115件次，调解民事纠纷98件。

2007年，协助村级做好农村低保统计工作，按照“村组开会、民主推荐、实地察看、乡审核”的原则，确定全乡809户1236人纳入农村低保，并将低保金107990元发放到农户。全年共接待群众来信来访32件次，调解民事纠纷16件。

2008年，做好全乡站所开展面向监管服务对象述职评议工作。起草相关文件和民主评议表格，并完成计生、财政、文化、林业、水利、企管、卫生、建管、公安、水管等站所的述职评议工作。做好为乡人大代表到广西、荔波、惠水考察桑蚕基地、猕猴桃种植、中低产田改造项目服务。

在“书记、乡长大接访”活动中接待群众上访46件（人），县下转矛盾纠纷26件，共化解矛盾纠纷65件。

2009年，政务工作着重做好科学发展观学习活动的筹备和会期服务工作。为党委在全乡开展学习实践科学发展观活动草拟各种文件资料。协助村级财务管理，全面推行“村财乡管村使用”制度，实行财政代管、报账审批、公开公示制度等办法。

2010年，乡综合政务工作主要围绕《银盏乡第八届村委会换届选举工作实施方案》做好筹备工作和选举期间服务工作。按照县委办、政府办的要求，清理规范性文件登记，做好县直各部门要求乡镇年终报送的各种统计数据和年终工作总结。

2011年，按照县委办、县政府办《瓮安县乡（镇）主要职责机构设置和人员编制规定》（瓮党办发〔2011〕12号）做好综合政务工作。设立党政办公室，负责各部门综合协调、上传下达、文秘、档案、计划、保密、会务和机关事务、后勤保障等工作。做好银盏乡第十四次党员代表大会、第十五届人民代表大会第一次会议召开的筹备和会期的服务工作。五年来专题听取“七所八站”工作报告15次，组织138人次人大代表视察、检查，对184人次提出的建议、意见和批评进行督办，接待人大代表和群众来信来访347人次。

2012年，政务工作着重为瓮安县工业园区管理委员会与贵州瓮安经济开发区管理委员会整合工作服务，起草有关文件，接待省、州领导视察开发区。筹备银盏镇建镇工作，报送并入银盏镇村级有关区划调整资料。协助并入村上报县直有关部门要求报送的年终各类报表和资料。全年共接待群众来信来访78人次，办理群众来信7件。

2013年，贵州瓮安经济开发区管理委员会下设6个正科级机构，政务服务工作增加工作范围，既要为科级单位服务，又要为镇下设站、所、院、村做好服务。瓮安经济开发区、银盏镇分别制定《公车使用管理规定》《服务承诺制》，综合做好政务工作。接待群众来信来访120人次。

2014年，县委、县人民政府出台《关于贵州瓮安经济开发区与银盏镇实行区镇合一管理体制的通知》，“区镇合一”后下设11个内设机构，另设纪工委、监察审计局共13个正科级单位（57个科室）；按时完成县委、政府及县直工作部门要求承办的各项工作任务。全年接待群众来信来访153人次，办理群众来信来访信件8件。

2015年，按照《中共贵州瓮安经济开发区工作委员会关于贵州瓮安经济开发区（银盏镇）主要职责、机构设置和人员编制的通知》（瓮经党委发〔2015〕2号），要求做好综合政务工作。负责区（镇）日常事务的综合协调，负责区（镇）重大活动、重要会议的组织、协调和服务，负责合作交流、对外联络和对外接待工作，负责承办人大代表建议和政协委员提案办理，负责政策调研、信息上报和应急管理工作，负责区（镇）文秘、信息、档案、机要、会务、电子政务、接待、后勤事务等工作。完成外宣信息37期，政务信息11期。共调处化解各类矛盾纠纷832起，调处率达100%。完成原木老坪乡、银盏镇、开发区1992—2014年档案卷宗2536卷，送瓮安县档案局（馆）保存供查阅，方便人民群众查阅所需档案资料，为社会服务。

**2015年贵州瓮安经济开发区政务服务中心服务情况表**

表11—39

| 单位 | 行政村 | 村民组 | 户数 | 人口数 | 新农合 | 新农保 |
|---|---|---|---|---|---|---|
| 玉华政务服务中心 | 1 | 26 | 2076 | 12005 | 6783 | 2486 |
| 鱼河政务服务中心 | 1 | 39 | 2120 | 8172 | 6589 | 1933 |
| 木老坪政务服务中心 | 2 | 19 | 3227 | 13206 | 4512 | 4416 |

# 第五章　人大、政协

## 第一节　人大主席团

1991年12月，全国调整行政区划，“撤区并乡建镇”，银盏乡为独立乡，升格为正科级，驻地不变。1991年11月15日，银盏乡召开第九届人民代表大会第一次会议，决定设立银盏乡人大主席团。至2011年，银盏乡人大主席团历任6届。

**1991—2015年银盏镇（乡）人大主席团历届主席、副主席名录表**

表11—40

| 组织名称 | 职务 | 姓名 | 任职时限 |
|---|---|---|---|
| 银盏乡人大主席团主席 | 常务主席 | 金炳祥 | 1991.11—1996.1 |
| | 主　席 | 陈历仲 | 1996.1—1998.3 |
| | 主　席 | 宋锡异 | 1998.3—2002.1 |
| | 主　席 | 郑舟华 | 2002.1—2009.1 |
| | 主　席 | 梁　健 | 2009.1—2011.12 |
| | 副主席 | 代永林 | 2009.1—2011.12 |
| | 主　席 | 兰仕华 | 2011.12—2012.3 |
| 银盏镇人大主席团主席 | 主　席 | 兰仕华 | 2012.4— |

## 第二节　人民代表大会

1953年7月，银盏乡普选工作结束，召开第一届人民代表大会，参加会议代表22名，其中各界人士代表8名、干部代表10名、妇女代表3名、少数民族代表2名。会议选举产生银盏乡人民政府乡长、副乡长。

1956年9月，银盏人民公社召开第二届人民代表大会，参加会议代表31名，其中干部代表9名、各界人士代表6名、妇女代表6名、少数民族代表2名。选举产生银盏人民公社管理区主任、副主任。

1963年3月，银盏人民公社管理委员会召开第三届人民代表大会，参加会议代表40名，其中各界代表11名、干部代表18名、妇女代表7名、少数民族代表2名。会议选举产生社长、副社长。

1966年4月，银盏公社管理委员会召开第四届人民代表大会，参加会议代表40名，其中干部代表10名、各界代表7名、妇女代表5名、少数民族代表2名。选举公社管理委员会社长、副社长。

1970年5月，银盏公社管理委员会召开第五届人民代表大会。参加会议代表110名，其中各界代表10名、干部代表21名、妇女代表26名、少数民族代表4名。会议选举社长、副社长。

1980年2月，银盏公社管理委员会召开第六届人民代表大会，参加代表75名，其中干部代表12名、各界代表10名、妇女代表14名、少数民族代表2名。选举产生社长、副社长。

1984年3月，银盏乡召开第七届人民代表大会，会议代表49名，其中各界代表14名、干部代表11名、妇女代表8名、少数民族代表4名。会议选举产生银盏乡人民政府乡长、副乡长。

1987年6月，银盏乡人民政府召开第八届人民代表大会，参加会议代表37名，其中各级领导干部10名、各条战线先进模范代表15名、妇女代表6名、少数民族代表2名。会议选举乡长、副乡长。

1991年11月，银盏乡人民政府召开第九届人民代表大会，参加会议代表43名，其中各条战线先进代表人物22名、各级干部9名、妇女代表7名、少数民族代表5名。大会选举正副乡长、人大主席。

1994年12月，银盏乡人民政府召开第十届人民代表大会，参加会议代表44名，其中干部11名、各条战线先进模范人物代表21名、妇女代表8名、少数民族代表4名。会议选举人大主席团主席、乡长、副乡长。

1996年1月，银盏乡人民政府召开第十一届人民代表大会，参加会议代表44名，其中各界先进人物代表20名、干部12名、妇女代表7名、少数民族代表5名。大会选举人大主席团主席、乡长、副乡长。

1999年1月，银盏乡人民政府召开第十二届人民代表大会，参加会议代表48名，其中干部16名、各条战线先进人物代表16名、妇女代表11名、少数民族代表5名。大会选举乡人大主席、正副乡长。

2004年1月，银盏乡人民政府召开第十三届人民代表大会，参加会议代表49名，其中各条战线先进人物代表17名、干部16名、妇女代表11名、少数民族代表5名。大会选举乡人大主席团主席、乡长、副乡长。

2006年11月，银盏乡召开第十四届人民代表大会，出席代表大会代表49名，其中干部14名、各条战线先进人物代表19名、妇女代表11名、少数民族代表5名。大会选举乡人大主席团主席、乡人民政府乡长、副乡长。

2011年10月，银盏乡召开第十五届人民代表大会第一次会议，出席代表大会代表49名，其中干部16名、各条战线先进人物代表16名、少数民族代表5名、妇女代表12名。大会选举人大主席团主席，正副乡长。

从2011年10月召开第十五届人民代表大会第一次会议，到2015年4月，共召开五次会议。在2012年5月第二次会议中，选举镇人大主席团主席、镇人民政府镇长、副镇长。在2013年5月第三次会议中补选谭怀坤为镇长，在2014年9月第四次会议中补选张林才为镇长，在2015年4月第五次会议中补选张安忠、余波为副镇长。

### 银盏乡（镇）历届县人大代表统计表

表11—41

| 届 次 | 代表姓名 |
| --- | --- |
| 第三届人民代表大会代表 | 景频 |
| 第五届人民代表大会代表 | 朱朝阶 |
| 第六届人民代表大会代表 | 石绍芝（苗族） |
| 第七届人民代表大会代表 | 张世明 |
| 第八届人民代表大会代表 | 朱建伦 |
| 第九届人民代表大会代表 | 张赐荣 |
| 第十届人民代表大会代表 | 袁天喜 |
| 第十一届人民代表大会代表 | 袁天喜 石仲书（苗族） |
| 第十二届人民代表大会代表 | 刘晓红 王芝英（女） 皮明义 陈历仲 刘太平 肖兴民 宋锡异（苗族） |
| 第十三届人民代表大会代表 | 刘大慷 皮明义<br>宋锡异（苗族）杨廷江 王芝英 冯亚琴（女） |
| 第十四届人民代表大会代表 | 何 莉（女） 犹 建 郑舟华 王芝英（女） 蒋 进 刘德伦 |
| 第十五届人民代表大会代表 | 潘玉华（苗族） 梁 健 代永林 杨光华（仡佬） 周子发 敖国芬 |
| 第十六届人民代表大会代表 | 金正祥 梁 健 兰仕华 王昌友 梁敏（女）<br>李会（女） |

### 银盏镇（乡）历届人民代表大会情况统计表

表11—42

| 届 | 会议时间 | 代表总数（人） | 干部代表（人） | 妇女代表（人） | 少数民族代表（人） |
| --- | --- | --- | --- | --- | --- |
| 一 | 1953.7 | 22 | 10 | 3 | 2 |
| 二 | 1956.9 | 31 | 9 | 6 | 2 |

表11—42

| 届 | 会议时间 | 代表总数（人） | 干部代表（人） | 妇女代表（人） | 少数民族代表（人） |
|---|---|---|---|---|---|
| 三 | 1963.3 | 40 | 18 | 7 | 2 |
| 四 | 1966.4 | 40 | 10 | 5 | 2 |
| 五 | 1970.5 | 110 | 21 | 26 | 4 |
| 六 | 1980.2 | 75 | 12 | 14 | 2 |
| 七 | 1984.3 | 49 | 11 | 8 | 4 |
| 八 | 1987.6 | 37 | 10 | 6 | 2 |
| 九 | 1991.11 | 43 | 9 | 7 | 5 |
| 十 | 1994.12 | 44 | 11 | 8 | 4 |
| 十一 | 1996.1 | 44 | 12 | 7 | 5 |
| 十二 | 1999.1 | 48 | 16 | 11 | 5 |
| 十三 | 2004.1 | 49 | 16 | 11 | 5 |
| 十四 | 2006.11 | 49 | 14 | 11 | 5 |
| 十五 | 2011.11 | 49 | 16 | 12 | 5 |

## 第三节　视察调研与法律监督

1992年，乡人大主席团组织在乡的人大代表深入各村，就春耕备耕、土地有偿承包进行视察，并提出一些好的建议和意见。

1992年，乡人大主席团组织在乡的人大代表到银盏烟叶站，就群众反映的烟叶收购、认定等级和价格问题进行视察，并同烟草职工进行座谈，对收购、划等级问题提出意见和建议，保护群众种烟的利益。

1993年，乡人大主席团按照县人大常委会的安排，组织县人大代表、部分群众，对驻乡的七所八站服务工作情况进行评议，提出建议和意见。

1996年，乡人大主席团围绕县委、县政府提出的大力发展乡镇企业的决策，组织在乡人大代表对乡内的乡镇企业进行视察，对乡镇企业的生产、安全、税收等情况进行调查，并将调查情况向乡党委、政府和县乡镇企业局反馈。

1999年，乡人大主席团对减轻农民负担情况进行视察，组织人大代表到各村农户中，对减轻农民负担问题收集一些意见和建议，用书面视察报告向有关部门反映，建议取消不合理收费。

2001年，乡人大主席团依照《贵州省乡镇人大主席团工作条例》规定和法律赋予的职权，对“七所八站”的工作依法给予工作监督，对干部和群众反映的热点问题进行调查，既推进依法治乡，又促进部门为农村经济发展服好务。全年协助乡人民政府调解民事纠纷13件。

2002年，乡人大主席团组织县、乡人大代表对乡的政务、村务、站（所）务公开及接受社会和人民群众的监督情况进行视察，对做得好的单位进行鼓励，对做得不好的单位提出建议。

2003年，乡人大主席团组织县、乡人大代表对派出所、卫生院、农业服务中心、畜牧站等单位进行评议，改变“门难进、脸难看、话难听、事难办”的现象。

2004年，乡人大主席团组织县、乡人大代表分组到8个村对农村电网改造、退耕还林工作开展视察，提出了综合性意见和建议，并向县供电局、县林业局反馈视察报告。

2005年，乡人大主席团围绕乡党委、政府发展乡镇企业的思路，组织县、乡人大代表到页岩砖厂、弘欣食品厂、焦化厂、赤铁矿厂、兴隆铁业有限公司等来乡投资兴业的企业视察，协助解决企业在生产中遇到的各种困难和问题，为投资企业提供服务。以投资企业带动乡内经济发展，实现乡镇企业总收入20648万元，税费1172万元，解决剩余劳动力就业1142人。

2006年，组织县、乡人大代表对新农村建设进行视察。全乡共投入水泥407.3吨（乡投入161.3吨、县补助150吨、群众自筹96吨），投入资金3.58万元，群众自筹19.72万元，完成村组道路硬化8.6公里、农户院坝硬化5621平方米、房屋室内硬化1873平方米、院内花池硬化780平方米，推动全乡新农村建设工作。

2007年，乡人大主席团召集在乡人大代表到各村宣传移民安置政策，对移民集中安置点规划实施基础设施建设和一个移民新村建设提出建议和意见。对接移民96户473人。已有93户449人领取2007年移民搬迁后期扶持费。投资30万元建设移民新村。

2008年，组织县、乡人大代表，就全乡实行新型农村合作医疗工作进行调查。2008年，全乡3264户11876人参加新型农村合作医疗，参合率达87.3%，参合资金11.876万元，补偿人次5761人次，补偿金额75.3万元，其中门诊4599人次，补偿金额11.69万元；住院1037人次，补偿金额62.6万元；门诊特殊疾病125人次，补偿金额1.55万元。在乡定点医院看病、门诊5375人次，补偿金额11.68万元；住院571人次，补偿金额8.98万元，减轻农民看病的医疗负担。

2009年，乡人大主席团组织乡人大代表就农村公益事业“一事一议”财政以奖代补工作和工业园区建设征地搬迁农民安置问题进行视察，并提出意见和建议，向县财政部门和县土地管理局、城乡住建局反馈建议。

2010年，组织县、乡人大代表对政府和“七所八站”的工作开展评议监督，对涉及农业、民政、教育、计生、乡村公路建设等方面提出意见和建议，汇总后提交乡人大主席团审议，并督促有关部门办理和解决。

2011年，组织人大代表对政府工作及政府乡长、副乡长述职开展评议，特别对人民群众普遍关心、反映强烈的“热点”问题进行评议，转变工作作风，扎实工作。做好银盏乡第十五届人大、政府的换届选举工作，选举产生银盏乡新一届县、乡人民代表、乡人大主席团和乡长、副乡长。

2012年，召开主席团会议，通过镇行政区划调整，审议镇政府工作报告，专题听取“七所八站”工作报告3次；组织人大代表23人进行执法检查和视察。接待人大代表和群众来信来访78人次，办理群众来信7件。

2013年，镇人大主席团组织镇人大代表视察工业园区项目建设。并到镇内7所中学、中心小学进行视察，代表们建议优化教育资源，规范教育管理和师资队伍建设，提高教学质量。协助省、州、县有关部门对农村合作医疗、农村低保、食品卫生安全开展调研，听取群众的意见和建议。

2014年，镇人大主席团协调和推进园区重大项目建设，做好群众工作，完成征地2907亩，征收房屋895户，拆迁房屋573栋，迁坟1316座，化解矛盾纠纷752件。专题听取“七所八站”工作报告6次，依法作出决定决议1件。组织人大代表32人进行执法检查和视察，接待人大代表和群众来信来访153人次，办理群众来信8件。

2015年，镇人大对辖区74名人大代表培训一次，提高履行人大代表综合素质和政治理论水平。组织县、镇人大代表71名，联系走访农户（企业）860家，走访选民2300余人，征求群众意见50余条，解决实际问题23件。帮助67户困难群众申请医疗救助，组织38人参加城乡技能培训班，为16名学生争取助学金。全年协助解决各类矛盾纠纷133件，其中矿群纠纷12件、征地拆迁28件、库区移民11件、山林水事22件、土地纠纷24件、劳资纠纷32件、其他纠纷4件，已调处124件，其余9件正在调处中。

## 第四节　政协联络组

1992年1月，政协银盏乡联络组建立，为瓮安县政协在乡的派出机构。政协联络组组长由县政协常委会协商任命。政协联络组其职责主要是加强与乡镇内的县政协委员和各界人士的联络，在县政协的指导和乡镇党委的领导下，组织政协委员进行视察、调查，对重大事项履行“参政议政、民主监督”的职能。2014年4月，政协瓮安县委员会根据《中共瓮安县委关于充分发挥人民政协作为协商民主重要渠道作用的实施意见》，在银盏镇设立政协联络员，由县政协常委会协商任命。

**1992—2012年政协银盏乡联络组组长更迭情况一览表**

表11—43

| 届次 | 职务 | 姓名 | 任职年限 | 备注 |
|---|---|---|---|---|
| 六、七 | 组 长 | 袁天喜 | 1992.2—2003.3 | 党委副书记 |
| 八 | 组 长 | 代永林 | 2003.3—2006.7 | 党委副书记 |
| 九 | 组 长 | 罗　强 | 2006.7—2008.10 | 党委副书记 |
| 九 | 组 长 | 龚凤萍 | 2007.1—2012.4 | 党委副书记 |

**2012—2015年政协银盏镇联络组组长更迭情况一览表**

表11—44

| 届次 | 职称 | 姓名 | 任职年限 | 备注 |
|---|---|---|---|---|
| 十 | 组 长 | 犹和兴 | 2012.4—2015.3 | （2012.4—2014.9）党委副书记 |
| 十 | 联络员 | 范兴林 | 2015.4— | 党群工作部副部长 |

**县政协历届委员驻银盏乡（镇）委员统计表**

表11—45

| 届次 | 时间 | 委员数（人） | 其中 | |
|---|---|---|---|---|
| | | | 特邀界别人士（人） | 各界别人士（人） |
| 一 | 1960.12 | 5 | 1 | 4 |
| 二 | 1982.11 | 6 | 1 | 5 |
| 三 | 1984.11 | 8 | 1 | 7 |
| 四 | 1987.9 | 7 | 1 | 6 |
| 五 | 1990.4 | 9 | 1 | 8 |
| 六 | 1993.4 | 10 | 1 | 9 |
| 七 | 1998.4 | 11 | 1 | 10 |
| 八 | 2003.3 | 13 | 1 | 12 |
| 九 | 2007.1 | 14 | 1 | 13 |
| 十 | 2012.1 | 14 | 3 | 11 |

## 第五节　调研视察

1992年，按照县政协常委会对乡镇政协联合组关于开展调查、视察活动的安排意见，银盏政协联络组组织县政协委员、公安派出所、计划生育服务部门对计划生育、社会治安综合治理问题进行调查。调查结束后进行座谈，委员们提出建议和中肯的意见，并形成书面调查报告，为乡党委、乡人民政府提供决策参考。

1993年，银盏乡政协联络组组织在乡的政协委员、部分各界人士学习《中共中央关于坚持和完善中国共产党领导的多党合作和政治协商制度的意见》，并座谈，为政协委员每人订一份《贵州政协报》。

1994—1995年，银盏乡政协联络组组织在乡的政协委员、部分农村致富带头人，按照县政协常委会提出的在委员中开展“三带四个一”活动，即带头学法守法执法，做精神文明的模范；带头推广科学技术、发家致富；带领群众走双文明建设之路；一年至少提一条有价值的建议，推广一项适用技术；办成一件公益事情，帮助一户贫困户找到脱贫致富的路子，开展调查、视察活动。

1996年，在乡政协委员按照县政协常委会要求“说委员话、办委员事，成为名副其实的委员，不空背其名”的要求履行参政议政职能。

1997年，政协联络组组织委员到穿洞河瀑布进行视察，针对穿洞河景区开采煤厂带来的污染和景区破坏，提出关闭煤矿的建议，得到乡党委、政府、县有关部门的采纳和支持。

1998年，因县水泥厂生产造成空气污染，影响附近银盏小学师生健康。政协联络组组织委员、学校正副校长对县水泥厂生产车间及厂区进行视察，提出对空气污染校区的整改建议和意见，得到县教育局和学校的好评。

1999—2000年，政协联络组在拟订联络组开展活动计划中，把银盏、太平两村群众看“雪花”电视问题作为提案办理。组织委员到2个村征求意见，由群众集资，单位和个人赞助，筹集资金3万余元，为银盏、太平两村90多户人家安上有线电视、收视五套节目，结束了群众看“雪花”电视的历史。

2001—2002年，银盏乡政协联络组组织在乡政协委员、驻乡的农技服务部门，围绕乡党委、政府实施的“二线三坝八点”的公路工程和示范工程的中心工作开展调查、视察。围绕“培养科技示范户、建立科技示范点、建设科技示范村、创建科技示范乡”活动开展相关工作，两年来，培养科技示范户1250户，建立科技示范点24个，示范村6个。

2003年，政协联络组引进投资100万元建梅花堰度假村，成为全县第一家休闲度假村。

2004年，构皮滩水电站动工建设，政协联络组组织委员到村与农户签订购房和田土的移民54户227人。其中已搬迁银盏乡定居落户有20户93人，超额完成县委、政府下达的安置任务。

2004—2005年，围绕乡党委、政府提出的“把提高人民群众生活水平作为开展工作的第一职责；把让群众满意作为衡量工作的第一标准”开展工作。组织政协委员和驻乡的部分办事机构负责人进行座谈，要求做农民的“眼睛”去看社会，做农民的“耳朵”去听信息，做农民的“腿脚”去经营，帮助农民发展生产、增加收入。

2006年，政协联络组组织农技部门的政协委员和农技人员对全乡养殖大户进行培训23次，培训骨干600余人次，并发放养殖书籍400余册，以养殖大户带动养殖农户。

2007年，银盏乡政协联络组组织在乡的政协委员、当地有影响的各界人士，对银盏乡人民政府制定的《银盏乡国民经济和社会发展第十一个五年规划纲要（草案）》进行讨论座谈，政府主要负责人认真听取政协委员、各界人士的意见和建议。

2008年，政协联络组组织在乡委员配合国土资源和环境保护部门对黄磷厂、水泥厂等重点区域污染治理工作进行视察，对治理取得的成效给予肯定。

2009年，政协联络组围绕人民群众最关心的看病难问题，组织委员配合各村开展新型农村合作医疗工作。调查统计，全乡有10905人参加合作医疗，参合资金10.9万元，参合率为85.4%，门诊报销4.28万元，住院报销22.64万元，特殊疾病报销0.67万元。全年共报销群众医疗费27.59万元，解决人民群众看病难问题。

2010年，银盏乡政协联络组围绕县委、政府提出的“工业强县、城镇带县、文化兴县、生态立县”的发展思路，积极配合县委、政府在银盏境域建立银盏工业园区，组织委员做好被搬迁、征地群众的思想工作，及时化解矛盾和纠纷，让农民得到失地安置、补偿、养老保险的交纳等具体实惠。

2012年，政协联络组积极配合县民政、国资公司部门在太平社区水绞组开展殡葬服务工作，使全县殡葬服务工作顺利开展。

2013年，政协联络组组长、银盏镇党委副书记犹和兴参加由县人大、县政协牵头组织相关部门负责人先后到开阳、余庆、福泉等县，对当地殡葬改革工作进行实地考察和调研，为瓮安实行全民遗体火化和骨灰统一入公墓打下基础。

2014年，政协联络组组织政协委员和开发区管委会部分机构负责人座谈，提出《关于行政区划调整后急需配套改革事项的建议》，向县委、县政府书面汇报总体运行情况，存在困难和问题，并得到支持和解决。

2015年，政协联络组对全镇24所学校的教育资源情况进行调查，对全镇2所中学、2所九年一贯制、11所村级小学、2所公办幼儿园、7所民办幼儿园的教育资源情况进行调查，并写出书面调查报告，为镇党委、政府管理学校教育工作提供参考。

# 第十二篇 政务

WENGANXIANYINZHAN ZHENZHI
瓮安县银盏镇志（620-2015）

# 第一章 民政

## 第一节 基层自治

基层自治工作按照《中华人民共和国村民委员会组织法（试行）》和1998年新颁发的《中华人民共和国村民委员会组织法》规定，指导村（居）民委员会的组织建设和制度建设，培训乡镇干部和村（居）委会主任，发挥基层自治组织在政府和人民群众之间的桥梁和纽带作用。

1978—1984年，全国人民代表大会两次对宪法作出修改，进一步加强完善地方人民代表大会制度，明确规定乡人民代表大会的职能和组织制度。同时，县民政部门加强村（居）民主自治宣传教育工作，调动广大人民群众的积极性，发挥村（居）民委员会的自我管理、自我教育、自我服务的作用。1987年11月24日，第六届全国人大常务委员会第23次会议审议通过《中华人民共和国村民委员会组织法（试行）》，1988年6月1日起在全国试行。1989年7月26日，贵州省第七届人大常委会第8次会议审议通过《贵州省实施中华人民共和国村民委员会组织法（试行）办法》并颁布实施。1991年，“撤区并乡建镇”后，银盏乡为独立乡，建乡镇人民政府，同时实行乡镇人民代表大会制度。是年进行第一届村（居）委会选举，选举产生的村干部在县进行三至五天的学习培训，并颁发证书，成立村委会。1992—1993年，开展村民自治活动，瓮安县委、县政府下发《关于在全县农村普遍实行村务公开和民主管理制度的意见》，各村建立起政务公开、财务公开制度。1994—1999年，第二届、第三届、第四届村委会换届工作是根据1998年《中华人民共和国村民委员会组织法》第一次由村民直选。2000年继续贯彻《中华人民共和国村民委员会组织法》，以村务公开、民主管理为重点，以村民自治组织建设为主，全乡实行村务公开，健全村民代表会、村民议事会等，制定村规民约，增加公开内容，特别是群众最关心的“热点”问题，及时给予公布。2002年开展第五届村委会换届选举工作。2001—2003年，县对村委会主任进行业务学习培训，提高村委会干部依法办事的能力。2007年，按照《瓮安县第七届村（居）委员会换届选举工作实施方案》，银盏乡完成第七届村（居）民委员会换届选举工作。全县“撤并村”工作从2008年11月开始，到2009年5月结束，撤并村后，村干部待遇得到提高，从以前每人每月100余元提高到600元以上，并实行坐班制。2010年，按照县委、县政府的统一部署，银盏乡第八届村（居）民委员会换届选举工作6月17日启动，8月22日结束。

2011年，银盏乡将基层民主政治建设工作作为重要议事日程，成立领导协调小组，各村成立相应协调机构，明确专人负责具体办公。通过村务公开，增强村务透明度，银盏村被创建为县级村务公开民主管理示范村。2012年，全镇有社区2个、行政村6个，其中3个村（社区）已成功创建农村示范社区单位。2013年，银盏镇创建2个社区服务站（银盏社区服务中心站、木老坪社区服务站），并开展“村务公开民主管理示范村”工作。2013年10—12月，银盏镇第九届村（居）民委员会换届选举圆满完成。其中制定了第九届村（居）民委员会换届选举“海选”实施方案，对银盏村、飞练社区、穿洞村、大寨坪村、新华村、木老坪村、印山村、新场村实施了“海选”。其中主任、副主任、委员见统计表。

**银盏乡第八届村民委员会成员花名册**

表12—1

| 村委会 | 姓名 | 性别 | 职务 | 年龄（岁） | 民族 | 政治面貌 | 文化程度 | 上届职务 |
|---|---|---|---|---|---|---|---|---|
| 穿洞村 | 敖昌华 | 男 | 主任 | 45 | 汉 | 党员 | 初中 | 支书 |
| | 付正邦 | 男 | 副主任 | 46 | 汉 | 党员 | 初中 | 文书 |
| | 周庆华 | 男 | 委员 | 35 | 汉 | 党员 | 高中 | 文书 |
| | 李泽珍 | 女 | 委员 | 46 | 汉 | 党员 | 初中 | 委员 |
| | 汪国芳 | 男 | 委员 | 33 | 汉 | 党员 | 初中 | — |
| 飞练村 | 肖兴建 | 男 | 主任 | 31 | 汉 | 预备党员 | 大专 | — |
| | 张　燕 | 女 | 副主任 | 27 | 汉 | 党员 | 大专 | — |
| | 陈洪谅 | 男 | 副主任 | 24 | 汉 | 团员 | 大专 | — |
| | 王善琴 | 女 | 委员 | 48 | 汉 | 党员 | 初中 | — |
| | 李仁军 | 男 | 委员 | 38 | 汉 | — | 高中 | 文书 |
| | 张兴文 | 男 | 委员 | 48 | 汉 | — | 初中 | 主任 |
| | 谭仕军 | 男 | 委员 | 40 | 汉 | — | 初中 | — |
| 银盏村 | 李吉方 | 男 | 主任 | 40 | 汉 | 党员 | 高中 | — |
| | 侯伶燕 | 女 | 副主任 | 25 | 汉 | 党员 | 大专 | — |
| | 敖国芬 | 女 | 委员 | 36 | 汉 | 党员 | 大专 | 文书 |
| | 王清明 | 男 | 委员 | 46 | 汉 | 党员 | 初中 | — |
| | 杨　刚 | 男 | 委员 | 42 | 汉 | 党员 | 高中 | 委员 |
| | 梅贵龙 | 男 | 委员 | 44 | 汉 | 党员 | 高中 | 主任 |
| 太平村 | 李　力 | 男 | 主任 | 32 | 汉 | 党员 | 大专 | 文书 |
| | 罗佩莹 | 女 | 副主任 | 23 | 汉 | 团员 | 大专 | — |
| | 梁　敏 | 女 | 委员 | 34 | 汉 | 党员 | 初中 | — |
| | 杨昌明 | 男 | 委员 | 46 | 汉 | 党员 | 初中 | 文书 |
| | 罗启明 | 男 | 委员 | 46 | 汉 | 党员 | 初中 | — |
| | 卢　宏 | 男 | 委员 | 36 | 汉 | 党员 | 初中 | — |

## 瓮安县银盏镇第九届村（居）民委员会主任基本情况统计表

表12—2

| 村（居）名称 | 选民数（名） | 参选选民数（名） | 村（居）民委员会主任基本情况 | | | | | | |
|---|---|---|---|---|---|---|---|---|---|
| | | | 姓名 | 其　中 | | | | | |
| | | | | 政治面貌 | 族别 | 性别 | 文化程度 | 年龄（岁） | 上届是否当选 |
| 木老坪村 | 4601 | 4547 | 兰远益 | 中共党员 | 汉 | 男 | 初中 | 44 | 否 |
| 新场村 | 6079 | 4988 | 李兴斌 | 中共党员 | 汉 | 男 | 初中 | 51 | 是 |
| 岩根河村 | 6590 | 6107 | 李水洋 | 群众 | 汉 | 男 | 初中 | 46 | 是 |
| 太平社区 | 2486 | 2486 | 宋泽芬 | 群众 | 汉 | 女 | 高中 | 41 | 否 |
| 飞练社区 | 3196 | 2929 | 王吉洪 | 中共党员 | 汉 | 男 | 中专 | 46 | 否 |
| 银盏村 | 2500 | 2294 | 李吉方 | 中共党员 | 汉 | 男 | 高中 | 43 | 是 |
| 印山村 | 3458 | 2911 | 李　镇 | 中共党员 | 汉 | 男 | 初中 | 45 | 是 |
| 新华村 | 3712 | 2985 | 徐大友 | 中共党员 | 汉 | 男 | 高中 | 44 | 否 |
| 大寨坪村 | 2565 | 2340 | 陈佑权 | 群众 | 汉 | 男 | 高中 | 43 | 否 |
| 穿洞村 | 3037 | 2862 | 周庆华 | 中共党员 | 汉 | 男 | 高中 | 38 | 否 |

## 瓮安县银盏镇第九届村（居）民委员会副主任情况统计表

表12—3

| 村（居）名称 | 选民数（名） | 参选选民数（名） | 村（居）民委员会副主任基本情况 | | | | | | |
|---|---|---|---|---|---|---|---|---|---|
| | | | 姓名 | 其　中 | | | | | |
| | | | | 政治面貌 | 族别 | 性别 | 文化程度 | 年龄（岁） | 上届是否当选 |
| 木老坪村 | 4601 | 4547 | 杨洪江 | 中共党员 | 汉 | 男 | 高中 | 48 | 否 |
| | | | 唐廷军 | 中共党员 | 汉 | 男 | 中专 | 38 | 否 |
| 新场村 | 6079 | 4988 | 兰树宇 | 中共党员 | 汉 | 男 | 大专 | 35 | 否 |
| | | | 杜选会 | 中共党员 | 汉 | 男 | 高中 | 51 | 否 |

续表12—3

| 村（居）名称 | 选民数（名） | 参选选民数（名） | 村（居）民委员会副主任基本情况 | | | | | | |
|---|---|---|---|---|---|---|---|---|---|
| | | | 姓名 | 其　中 | | | | | |
| | | | | 政治面貌 | 族别 | 性别 | 文化程度 | 年龄（岁） | 上届是否当选 |
| 岩根河村 | 6590 | 6107 | 张有刚 | 中共党员 | 汉 | 男 | 初中 | 46 | 否 |
| | | | 常裔行 | 中共党员 | 汉 | 男 | 初中 | 48 | 否 |
| 太平社区 | 2486 | 2486 | 唐　华 | 中共党员 | 汉 | 男 | 高中 | 32 | 否 |
| 飞练社区 | 3196 | 2929 | 李　会 | 中共党员 | 汉 | 女 | 初中 | 43 | 否 |
| | | | 滕建平 | 中共党员 | 汉 | 男 | 大专 | 30 | 否 |
| 银盏村 | 2500 | 2294 | 张　华 | 中共党员 | 汉 | 男 | 高中 | 42 | 否 |
| | | | 赵　江 | 中共党员 | 汉 | 男 | 大专 | 31 | 否 |
| 印山村 | 3458 | 2911 | 刘　飞 | 群众 | 汉 | 男 | 高中 | 31 | 否 |
| 新华村 | 3712 | 2985 | 顾吉超 | 中共党员 | 汉 | 男 | 大专 | 32 | 否 |
| | | | 樊启育 | 群众 | 汉 | 男 | 高中 | 57 | 是 |
| 大寨坪村 | 2565 | 2340 | 王廷照 | 中共党员 | 汉 | 男 | 大专 | 25 | 否 |
| 穿洞村 | 3037 | 2862 | 肖大刚 | 中共党员 | 汉 | 男 | 高中 | 34 | 否 |

### 瓮安县银盏镇第九届村（居）民委员会委员基本情况统计表

表12—4

| 村（居）名称 | 选民数（名） | 参选选民数（名） | 村（居）民委员会委员基本情况 | | | | | | |
|---|---|---|---|---|---|---|---|---|---|
| | | | 姓名 | 其　中 | | | | | |
| | | | | 政治面貌 | 族别 | 性别 | 文化程度 | 年龄（岁） | 上届是否当选 |
| 木老坪村 | 4601 | 4547 | 李泽法 | 中共党员 | 汉 | 男 | 大专 | 40 | 是 |
| | | | 李传林 | 中共党员 | 汉 | 男 | 高中 | 47 | 是 |
| | | | 杨仲金 | 中共党员 | 汉 | 男 | 中专 | 33 | 否 |
| | | | 涂江荣 | 中共党员 | 汉 | 女 | 初中 | 42 | 否 |

续表12—4

| 村（居）名称 | 选民数（名） | 参选选民数（名） | 村（居）民委员会委员基本情况 | | | | | | |
|---|---|---|---|---|---|---|---|---|---|
| | | | 姓名 | 其中 | | | | | |
| | | | | 政治面貌 | 族别 | 性别 | 文化程度 | 年龄（岁） | 上届是否当选 |
| 新场村 | 6079 | 4988 | 张佰军 | 中共党员 | 汉 | 男 | 高中 | 57 | 否 |
| | | | 任仕先 | 中共党员 | 汉 | 女 | 初中 | 49 | 否 |
| | | | 袁家松 | 中共党员 | 汉 | 男 | 高中 | 34 | 否 |
| | | | 帅中玲 | 中共党员 | 汉 | 女 | 中专 | 26 | 否 |
| 岩根河村 | 6590 | 6107 | 王佳林 | 中共党员 | 汉 | 男 | 初中 | 45 | 否 |
| | | | 毛钲玮 | 中共党员 | 汉 | 男 | 大专 | 28 | 否 |
| | | | 兰绍琴 | 中共党员 | 汉 | 女 | 初中 | 39 | 否 |
| | | | 舒迦华 | 中共党员 | 汉 | 男 | 初中 | 56 | 否 |
| 太平社区 | 2486 | 2486 | 陈忠亮 | 群众 | 汉 | 男 | 初中 | 39 | 否 |
| | | | 梁　敏 | 中共党员 | 汉 | 女 | 高中 | 37 | 否 |
| | | | 黄　松 | 群众 | 汉 | 男 | 中专 | 28 | 否 |
| 飞练社区 | 3196 | 2929 | 冷先碧 | 群众 | 汉 | 女 | 初中 | 50 | 否 |
| | | | 张正勇 | 群众 | 汉 | 男 | 初中 | 26 | 否 |
| | | | 潘显明 | 群众 | 汉 | 男 | 初中 | 43 | 否 |
| | | | 滕明周 | 中共党员 | 汉 | 男 | 初中 | 47 | 否 |
| 银盏村 | 2500 | 2294 | 兰成慧 | 中共党员 | 汉 | 女 | 高中 | 31 | 否 |
| | | | 杨　刚 | 中共党员 | 汉 | 男 | 高中 | 43 | 否 |
| | | | 杨廷明 | 中共党员 | 汉 | 男 | 初中 | 56 | 否 |
| | | | 陈廷元 | 群众 | 汉 | 男 | 初中 | 44 | 否 |

续表12—4

| 村（居）名称 | 选民数（名） | 参选选民数（名） | 村（居）民委员会委员基本情况 | | | | | | |
|---|---|---|---|---|---|---|---|---|---|
| | | | 姓名 | 其　中 | | | | | |
| | | | | 政治面貌 | 族别 | 性别 | 文化程度 | 年龄（岁） | 上届是否当选 |
| 印山村 | 3458 | 2911 | 李　军 | 中共党员 | 汉 | 男 | 高中 | 37 | 否 |
| | | | 朱贵香 | 群众 | 汉 | 女 | 高中 | 59 | 否 |
| | | | 蒋凤明 | 群众 | 汉 | 男 | 初中 | 49 | 否 |
| 新华村 | 3712 | 2985 | 付召全 | 群众 | 汉 | 男 | 初中 | 42 | 否 |
| | | | 龙思宇 | 中共党员 | 汉 | 男 | 初中 | 26 | 否 |
| | | | 石仕松 | 群众 | 汉 | 男 | 高中 | 28 | 否 |
| | | | 杨　梅 | 群众 | 汉 | 女 | 高中 | 28 | 否 |
| 大寨坪村 | 2565 | 2340 | 张永新 | 群众 | 汉 | 男 | 大专 | 38 | 否 |
| | | | 顾吉凤 | 中共党员 | 汉 | 女 | 大专 | 44 | 否 |
| | | | 徐　琴 | 群众 | 汉 | 女 | 高中 | 33 | 否 |
| 穿洞村 | 3037 | 2862 | 王先贵 | 群众 | 汉 | 男 | 初中 | 36 | 否 |
| | | | 付正邦 | 中共党员 | 汉 | 男 | 初中 | 49 | 否 |
| | | | 李太群 | 群众 | 汉 | 女 | 初中 | 35 | 否 |

## 银盏镇各村（社区）正副主任（正副大队长）名录表

表12—5

| 村　名 | 原村名 | 职　务 | 姓　名 | 任职年限 |
| --- | --- | --- | --- | --- |
| 银盏村 | | 农协主席 | 况明学 | 1950.11—1951.8 |
| | | 主　席 | 石绍芝（苗族） | 1950.8—1953.3 |
| | | 副主席 | 肖洪亮 | 1950.11—1953.3 |
| | | 村　长 | 刘远芳（女） | 1950.11—1951.8 |
| | | 村　长 | 况明学 | 1951.8—1953.3 |
| | | 副村长 | 刘远芳（女） | 1951.8—1953.3 |
| | | 大队长 | 吴少清 | 1959.3—1963.3 |
| | | 大队长 | 刘太平 | 1963.3—1967.8 |
| | | 副大队长 | 王元清 | 1963.1—1973.9 |
| | | 管委会主任 | 刘太平 | 1968.8—1980.1 |
| | | 主　任 | 刘昌贤 | 1980.1—1984.3 |
| | | 主　任 | 唐顺海 | 1984.4—1987.6 |
| | | 主　任 | 钱发经 | 1987.7—1995.3 |
| | | 主　任 | 李大全 | 1995.3—1998.3 |
| | | 主　任 | 王光忠 | 1998.3—2008.9 |
| | | 主　任 | 刘德伦 | 2008.9—2010.3 |
| | | 主任助理 | 李吉方 | 2010.3—2010.8 |
| | | 主　任 | 李吉方 | 2010.8— |
| | | 副主任 | 赵　江 | 2013.12— |
| | | 副主任 | 张　华 | 2013.12— |
| 银盏村 | 原大林村（玉竹村） | 农协主席 | 周钖彬 | 1950.11—1951.5 |
| | | 主　席 | 李文彬 | 1951.5—1951.8 |
| | | 村　长 | 芦方贵 | 1950.11—1951.5 |
| | | 村　长 | 徐明修 | 1951.5—1951.8 |
| | | 大队长 | 刘开华 | 1960.7—1975.9 |
| | | 革委会主任 | 胡有学 | 1975.9—1980.1 |
| | | 管委会主任 | 杨廷顶 | 1980.1—1988.3 |
| | | 主　任 | 杨廷华 | 1988.3—1992.3 |
| | | 主　任 | 刘福明 | 1992.3—1997.2 |
| | | 主　任 | 梅贵龙 | 1997.3—2008.9 |

续表12—5

| 村　名 | 原村名 | 职　务 | 姓　名 | 任职年限 |
|---|---|---|---|---|
| 太平社区 | 原太平村 | 农协会主席 | 梁绍清 | 1950.11—1951.3 |
| | | 主　席 | 石绍芝（苗族） | 1951.3—1951.8 |
| | | 副主席 | 席中华 | 1950.11—1951.8 |
| | | 村　长 | 曾绍彬 | 1950.11—1951.8 |
| | | 副村长 | 代忠贵 | 1950.11—1951.8 |
| | | 大队长 | 代忠富 | 1959.3—1962.5 |
| | | 副大队长 | 饶学良 | 1959.3—1962.5 |
| | | 大队长 | 饶学良 | 1962.5—1967.7 |
| | | 副大队长 | 杨成章 | 1962.5—1978.1 |
| | | 革委会主任 | 李明学 | 1971.11—1976.9 |
| | | 主　任 | 饶学良 | 1976.9—1980.1 |
| | | 管委会主任 | 周玉章 | 1980.1—1984.1 |
| | | 村委主任 | 周玉章 | 1984.1—1987.3 |
| 太平社区 | 原太平村 | 副主任 | 陈友元 | 1981.6—1984.7 |
| | | 副主任 | 肖兴明 | 1984.8—1986.3 |
| | | 主　任 | 肖兴明 | 1987.9—2001.10 |
| | | 主　任 | 夏洪才 | 2001.11—2009.9 |
| | 现太平社区 | 主　任 | 宋泽芬（女） | 2013.12— |
| | | 副主任 | 唐　华 | 2013.12— |
| 太平社区 | 原大园村 | 副主任 | 谢绍章 | 1980.1—1984.1 |
| | | 主　任 | 刘盛忠 | 1984.1—1987.3 |
| | | 主　任 | 胡继碧（女） | 1987.3—2004.3 |
| | | 主　任 | 陈家华 | 2004.4—2009.7 |
| | | 主　任 | 杨昌明 | 2009.7—2012.4 |
| | | 主　任 | 李立 | 2012.5—2013.11 |
| 飞练社区 | 原尖山村 | 主　任 | 王吉洪 | 2009.5— |
| | | 副主任 | 滕建平 | 2010.5— |
| | | 副主任 | 李　会（女） | 2012.8— |
| | | 村　长 | 王德珍 | 1951.8—1953.3 |
| | | 农协副主席 | 杨树清 | 1951.5—1953.5 |
| | | 副村长 | 朱国才 | 1951.8—1953.5 |
| | | 大队长 | 晏乐君 | 1959.3—1967.7 |
| | | 革委主任 | 杨树清 | 1968.6—1980.1 |
| | | 副大队长 | 李永隆 | 1963.5—1967.7 |
| | | 管委会副主任 | 张久刚 | 1980.1—1984.1 |

续表12— 5

| 村　名 | 原村名 | 职　务 | 姓　名 | 任职年限 |
|---|---|---|---|---|
| 飞练社区 | 原尖山村 | 村委会副主任 | 张久刚 | 1984.1—1987.3 |
| | | 代主任 | 李衡生 | 1987.3—1988.8 |
| | | 主　任 | 赵正华 | 1979.3—1990.2 |
| | | 代主任 | 韩忠伦 | 1990.2—1993.3 |
| | | 主　任 | 王善琴（女） | 1993.3—1999.2 |
| | | 主　任 | 向开喜 | 1999.2—2007.3 |
| | | 主　任 | 蒋　进 | 2007.3—2009.10 |
| 飞练社区 | 原珠藏坝村 | 大队长 | 王贵祥 | 1959.3—1963.5 |
| | | 村　长 | 滕代学 | 1963.5—1967.7 |
| | | 大队长 | 杨光银 | 1971.7—1984.4 |
| | | 大队长 | 王永富 | 1984.4—1985.5 |
| | | 大队长 | 滕久华 | 1985.5—1987.3 |
| | | 主　任 | 杨昌凉 | 1987.3—1992.1 |
| | | 主　任 | 陈帮贵 | 1992.2—1996.1 |
| | | 主　任 | 龙飞宏 | 1996.2—1999.1 |
| | | 主　任 | 赵福海 | 1999.1—2002.1 |
| | | 主　任 | 张举文 | 2002.2—2007.1 |
| | | 主　任 | 唐可元 | 2007.2—2009.10 |
| 穿洞村 | 原穿洞村 | 农协主席 | 吴应忠 | 1950.11—1951.5 |
| | | 副主席 | 景　频 | 1950.11—1951.5 |
| | | 主　席 | 赵炳奎 | 1951.5—1951.8 |
| | | 村　长 | 吴银臣 | 1950.11—1951.5 |
| | | 副村长 | 刘布卅 | 1950.11—1951.8 |
| 穿洞村 | 原穿洞村 | 大队长 | 李忠碧（女） | 1961.7—1963.5 |
| | | 副大队长 | 张大伦 | 1959.3—1963.5 |
| | | 大队长 | 何玉厚 | 1963.5—1967.7 |
| | | 副大队长 | 张元奎 | 1963.5—1967.5 |
| | | 革委会主任 | 张元奎 | 1967.7—1980.1 |
| | | 管委会主任 | 张元奎 | 1980.1—1984.1 |
| | | 村委会主任 | 龙兴忠 | 1984.1—1984.8 |
| | | 主　任 | 张元奎 | 1984.9—1985.12 |
| | | 副主任 | 李君林 | 1984.3—1989.3 |
| | | 主　任 | 李君贵 | 1985.12—1995.2 |
| | | 主　任 | 景　轩 | 1995.3—2001.12 |
| | | 副主任 | 康　健 | 1996.3—2002.1 |
| | | 主　任 | 敖昌华 | 2001.12—2013.3 |
| | | 主任助理 | 周庆华 | 2013.3—2013.12 |

续表12— 5

| 村 名 | 原村名 | 职 务 | 姓 名 | 任职年限 |
|---|---|---|---|---|
| 穿洞村 | 原穿洞村 | 主 任 | 周庆华 | 2013.12— |
| | | 副主任 | 肖大刚 | 2013.12— |
| 穿洞村 | 原大房村 | 主 任 | 王元清 | 1980.1—1984.1 |
| | | 主 任 | 肖维贵 | 1984.1—1987.3 |
| | | 主 任 | 唐顺海 | 1987.4—1990.3 |
| | | 主 任 | 肖维贵 | 1990.4—1994.1 |
| | | 主 任 | 刘平先（女） | 1994.2—1997.2 |
| | | 主 任 | 刘平华 | 1997.2—2002.3 |
| | | 主 任 | 王忠明 | 2001.3—2009.9 |
| 木老坪村 | | 农协会主席 | 陈德文 | 1950.6—1952.6 |
| | | 副主席 | 徐官富 | 1950.6—1952.6 |
| | | 主 席 | 张绍清 | 1952.7—1953.3 |
| | | 村 长 | 刘昌碧（女） | 1950.6—1953.6 |
| | | 副村长 | 张子奎 | 1952.7—1953.3 |
| | | 大队长 | 张天碧（女） | 1961.1—1967.12 |
| | | 革委主任 | 张天碧 | 1968.1—1975.12 |
| | | 村长（老街村） | 刘家奇 | 1984.4—1985.12 |
| | | 村长或主任（木老坪村） | 刘家奇 | 1985.12—2004.12 |
| | | 副村长 | 兰绍波 | 1984.4—1985.12 |
| | | 主 任 | 兰 平 | 2005.1—2006.1 |
| | | 主 任 | 刘文成 | 2006.10—2007.5 |
| | | 主 任 | 徐德辉 | 2007.6—2011.3 |
| | | 主任助理 | 兰远益 | 2011.3—2014.1 |
| | | 主 任 | 兰远益 | 2014.1— |
| | | 副主任 | 杨洪江 | 2014.1— |
| | | 副主任 | 唐廷军 | 2014.1— |
| 木老坪村 | 原华严村 | 农协会主席 | 张绍清 | 1950.6—1952.6 |
| | | 副主席 | 罗树清 | 1950.6—1952.6 |
| | | 村 长 | 卢君成 | 1950.6—1952.6 |
| | | 副村长 | 肖银成 | 1950.6—1952.6 |
| | | 大队长 | 肖银成 | 1961.1—1967.12 |

续表12—5

| 村　名 | 原村名 | 职　务 | 姓　名 | 任职年限 |
|---|---|---|---|---|
| 木老坪村 | 原华严村 | 副大队长 | 熊有开 | 1961.1—1966.11 |
| | | 副大队长 | 丁传书（女） | 1961.1—1963.4 |
| | | 革委会主任 | 肖银成 | 1968.2—1975.10 |
| | | 主　任 | 龙怀武 | 1976.1—1982.4 |
| | | 大队长 | 周永茳 | 1982.4—1984.4 |
| | | 村　长 | 唐转安 | 1984.4—1985.12 |
| | | 副村长 | 丁银全 | 1984.4—1985.12 |
| | | 副主任 | 丁传书（女） | 2006.10—2007.12 |
| 木老坪村 | 原新寨村 | 农协会主席 | 王宇久 | 1950.6—1952.6 |
| | | 副主席 | 汤吉成 | 1950.6—1952.6 |
| | | 主　席 | 杨明亮 | 1951.2—1952.6 |
| | | 副主席 | 王宇久 | 1951.2—1952.6 |
| | | 副主席 | 文思忠 | 1951.2—1953.3 |
| | | 村　长 | 卢仕德 | 1951.2—1961.1 |
| | | 副村长 | 彭相甫 | 1952.1—1961.1 |
| | | 大队长 | 邓志伦 | 1961.2—1967.12 |
| | | 副大队长 | 倪崇书（女） | 1961.2—1967.12 |
| | | 大队长 | 刘华长 | 1964.7—1967.12 |
| | | 副大队长 | 任华清 | 1964.7—1975 |
| | | 副大队长 | 何贤碧（女） | 1964.7—1970 |
| | | 大队长 | 邓志伦 | 1967—1968 |
| | | 革委会主任 | 邓志伦 | 1968—1970 |
| | | 主　任 | 任华清 | 1970—1983.1 |
| | | 副主任 | 兰德轩 | 1976—1984.4 |
| 木老坪村 | 原新寨村 | 主　任 | 邓志伦 | 1983.1—1984.4 |
| | | 村　长 | 邓志伦 | 1984.4—1985.12 |
| | | 副村长 | 宋永富 | 1984.4—1985.12 |
| | | 主　任 | 杨虎国 | 1985.12—2001.3 |
| | | 主　任 | 兰德轩 | 1982.2—1986.8 |
| | | 主　任 | 何天全 | 2001.3—2004.5 |
| | | 主　任 | 王国君 | 2004.5—2010.7 |
| | | 主任助理 | 刘文程 | 2006.10—2007.12 |
| | | 主　任 | 邓　芳 | 2010.7—2012.9 |

续表12— 5

| 村　名 | 原村名 | 职　务 | 姓　名 | 任职年限 |
| --- | --- | --- | --- | --- |
| 印山村 | | 村　长 | 黄金忠 | 1956.6—1952.6 |
| | | 副村长 | 李少清 | 1950.6—1952.6 |
| | | 大队长 | 刘昌国 | 1960.1—1962.12 |
| | | 副大队长 | 谢正发 | 1960.1—1962.12 |
| | | 大队长 | 何超元 | 1963.1—1963.12 |
| | | 大队长 | 杨泽俊 | 1964.1—1974.12 |
| | | 革委主任 | 江明全 | 1975.1—1976.12 |
| | | 主　任 | 赵付吉 | 1977.1—1983.2 |
| | | 村　长 | 李庆光 | 1983.3—1985.12 |
| | | 副村长 | 吴安亮 | 1983.3—1985.12 |
| | | 主　任 | 李孝禄 | 1985.12—1991.10 |
| | | 主　任 | 尹子贵 | 1991.11—1996.11 |
| | | 主　任 | 李远学 | 1996.12—1999.11 |
| | | 主　任 | 尹子贵 | 1999.12—2004.6 |
| | | 主　任 | 李　镇 | 2004.6— |
| | | 副主任 | 刘　飞 | 2013.12— |
| 新华村 | 原石家寨村 | 大队长 | 胡少奎 | 1961.12—1967.9 |
| | | 主任 | 胡少奎 | 1967.9—1972.3 |
| | | 副大队长 | 陈国凡 | 1961.12—1962.6 |
| | | 村长 | 兰中碧（女） | 1984.1—1987.3 |
| | | 副村长 | 叶邦才 | 1984.1—1987.3 |
| | | 副村长 | 石让明 | 1984.1—1987.3 |
| | | 主　任 | 顾吉云 | 1987.4—2002.12 |
| | | 主　任 | 徐大友 | 2003.1—2010.12 |
| | | 主任助理 | 付召全 | 2005.12—2009.12 |
| | 现新华村 | 主　任 | 樊启育 | 2011.1—2013.11 |
| | | 主　任 | 徐大友 | 2013.12— |
| | | 副主任 | 樊启育 | 2013.12— |
| | | 副主任 | 顾吉超 | 2013.12— |

续表12— 5

| 村 名 | 原村名 | 职 务 | 姓 名 | 任职年限 |
| --- | --- | --- | --- | --- |
| 新华村 | 原红灯堡村 | 大队长 | 王国清 | 1961.12—1976.12 |
| | | 副大队长 | 肖兴发 | 1968.2—1969.1 |
| | | 主任 | 顾连义 | 1976.12—1984.1 |
| | | 副主任 | 顾连义 | 1984.1—1986.12 |
| | | 主 任 | 任光荣 | 1984.1—1996.12 |
| | | 主 任 | 任福荣 | 1996.12—2004.12 |
| | | 主 任 | 廖春明 | 2004.12—2009.12 |
| 大寨坪村 | | 大队长 | 付学礼 | 1961.12—1962.10 |
| | | 大队长 | 陈德明 | 1961.12—1967.9 |
| | | 主任 | 陈德明 | 1967.9—1974.6 |
| | | 副主任 | 蔡大明 | 1967.12—1972.3 |
| | | 副主任 | 孙弟云 | 1968.3—1984.1 |
| | | 村长 | 孙弟云 | 1984.1—1987.3 |
| | | 副主任 | 宋德基 | 1979.10—1984.1 |
| | | 副村长 | 宋德基 | 1984.1—1987.3 |
| | | 副主任 | 马永宽 | 1989.3—1992.2 |
| | | 主 任 | 马永宽 | 1992.3—1995.2 |
| | | 副主任 | 孙弟云 | 1992.3—1996.4 |
| | | 副主任 | 马永宽 | 1995.3—2002.3 |
| | | 主 任 | 周友义 | 1995.3—2002.3 |
| | | 主 任 | 马 兵 | 2002.3—2004.2 |
| | | 主 任 | 孙应祥 | 2004.3—2012.3 |
| | | 副主任 | 王 平 | 2008.3—2010.2 |
| | | 主任助理 | 陈佑权 | 2012.7—2013.3 |
| | | 副主任 | 王廷照 | 2013.3—2015.3 |
| | | 主 任 | 陈佑权 | 2013.3— |
| | | 主任助理 | 徐 琴（女） | 2013.12— |

续表12— 5

| 村　名 | 原村名 | 职　务 | 姓　名 | 任职年限 |
|---|---|---|---|---|
| 岩根河村 | 岩根河 | 农协会主席 | 谭银章 | 1950.11—1951.8 |
| | | 主　席 | 唐绍华 | 1951.8—1953.3 |
| | | 村　长 | 唐绍华 | 1950.11—1951.8 |
| | | 副村长 | 柏锡芝 | 1950.11—1951.8 |
| | | 村　长 | 兰跃忠 | 1951.8—1953.3 |
| | | 副村长 | 王永书（女） | 1951.8—1953.3 |
| | | 大队长 | 宋明高 | 1959.1—1961.7 |
| | | 大队长 | 罗治祥 | 1961.7—1964.5 |
| | | 大队长 | 严代祥 | 1964.5—1967.7 |
| | | 革委会主任 | 严代祥 | 1968.6—1980.1 |
| | | 管委会主任 | 兰家齐 | 1980.1—1984.4 |
| | | 村委会主任 | 兰家齐 | 1984.4—1994.4 |
| | | 副主任 | 覃义仲 | 1964.5—1967.7 |
| | | 副主任 | 赵久书 | 1984.4—1987.3 |
| | | 主　任 | 张登奇 | 1994.4—2001.12 |
| | | 主任助理 | 常裔行 | 2002.3—2003.3 |
| | | 主　任 | 卢克江 | 2002.3—2004.3 |
| | | 副主任 | 常裔行 | 2002.3—2004.3 |
| | | 主　任 | 余洪亮 | 2004.3—2009.3 |
| | | 主　任 | 李水洋 | 2009.3— |
| | | 副主任 | 常裔行 | 2010.3— |
| | | 副主任 | 张有刚 | 2010.3— |
| 岩根河村 | 原白岩村 | 农协会主席 | 兰光照 | 1950.11—1951.8 |
| | | 村　长 | 兰跃忠 | 1950.1—1951.8 |
| | | 大队长 | 洪顺才 | 1959.1—1960.5 |
| | | 大队长 | 冉太明 | 1961.5—1961.7 |
| | | 大队长 | 洪顺才 | 1961.7—1967.7 |
| | | 革委会主任 | 洪顺才 | 1961.7—1967.7 |
| | | 副主任 | 李明亮 | 1978.3—1980.1 |
| | | 管委会主任 | 兰先前 | 1980.1—1984.4 |
| | | 村委会主任 | 陈昌广 | 1984.4—1993.3 |
| | | 主　任 | 李顺贤 | 1993.4—1997.4 |
| | | 主　任 | 李天洪 | 1997.5—1998.4 |
| | | 主　任 | 洪家进 | 1998.5—2003.3 |
| | | 主　任 | 李水洋 | 2003.4—2009.6 |

续表12— 5

| 村　名 | 原村名 | 职　务 | 姓　名 | 任职年限 |
| --- | --- | --- | --- | --- |
| 岩根河村 | 原牛宫村 | 农协会主席 | 吴成章 | 1950.11—1951.8 |
| | | 主　席 | 湛志会 | 1951.8—1953.3 |
| | | 副主席 | 尚仲元 | 1951.3—1953.3 |
| | | 村　长 | 赵泽奎 | 1950.11—1951.5 |
| | | 村　长 | 唐全华 | 1951.5—1951.10 |
| | | 大队长 | 赵先碧 | 1959.1—1963.2 |
| | | 大队长 | 李亮甫 | 1963.2—1967.7 |
| | | 革委会主任 | 李亮甫 | 1968.6—1980.1 |
| | | 管委会主任 | 尚仲元 | 1980.1—1981.4 |
| | | 主　任 | 兰绍奎 | 1981.4—1984.4 |
| 岩根河村 | 原牛宫村 | 主　任 | 赵明尧 | 1984.4—1984.8 |
| | | 主　任 | 兰银书 | 1984.8—1987.3 |
| | | 大队长 | 晏国荣 | 1960.3—1978.2 |
| | | 主　任 | 兰银书 | 1978.3—1991.10 |
| | | 主　任 | 张登权 | 1991.10—1998.9 |
| | | 主　任 | 张有富 | 1998.10—2009.6 |
| 岩根河村 | 原白溪村 | 村　长 | 卢明书 | 1953.8—1964.11 |
| | | 大队长 | 孔庆文 | 1964.12—1977.3 |
| | | 主　任 | 卢伦学 | 1977.4—1986.2 |
| | | 主　任 | 卢怡利 | 1986.3—1996.11 |
| | | 主　任 | 董　龙 | 1996.11—1997.2 |
| | | 主　任 | 卢伦进 | 1997.3—1999.2 |
| | | 主　任 | 卢克高 | 1999.3—2003.3 |
| | | 主　任 | 吴国洪 | 2003.3—2009.6 |
| 新场村 | | 农协会主席 | 刘清合 | 1951.1—1953.4 |
| | | 村　长 | 倪绍华 | 1953.4—1955.7 |
| | | 高级社主任 | 倪绍华 | 1955.8—1958.9 |
| | | 副主任 | 郑邦栋 | 1957.6—1958.9 |
| | | 大队长 | 袁以坤 | 1959.1—1961.4 |
| | | 大队长 | 黄树成 | 1961.5—1968.8 |
| | | 革委会主任 | 黄树成 | 1968.9—1972.4 |
| | | 主　任 | 徐银方 | 1972.5—1974.6 |
| | | 主　任 | 姚大宽 | 1974.6—1979.11 |

续表12— 5

| 村　名 | 原村名 | 职　务 | 姓　名 | 任职年限 |
|---|---|---|---|---|
| 新场村 | 新场村 | 管委会主任 | 姚大宽 | 1979.12—1989.12 |
| | | 副主任 | 谢泽舟 | 1979.12—1987.3 |
| | | 副主任 | 张建明 | 1970.1—1981.3 |
| | | 主　任 | 喻泽权 | 1989.12—1996.3 |
| | | 主　任 | 张建明 | 1981.3—2005.1 |
| | | 主　任 | 李兴斌 | 2005.1—2009.6 |
| | | 主任 | 李兴斌 | 2009.6— |
| | | 副主任 | 杜选会 | 2009.6— |
| | | 副主任 | 兰树宇 | 2013.4— |
| 新场村 | 原黔川村 | 村　长 | 戎少章 | 1950.11—1952.7 |
| | | 村　长 | 赢少甫 | 1952.7—1953.3 |
| | | 农协会主席 | 苏华伍 | 1951.9—1953.3 |
| | | 副主席 | 冯志和 | 1951.9—1953.3 |
| | | 高级社主任 | 赢少甫 | 1955.10—1958.9 |
| | | 大队长 | 李德伦 | 1958.10—1961.12 |
| | | 副队长 | 余天才 | 1958.10—1961.12 |
| | | 大队长 | 黄维兴 | 1962.1—1967.7 |
| | | 革委会主任 | 刘占云 | 1967.8—1972.6 |
| | | 主　任 | 张国思 | 1972.7—1976.9 |
| | | 主　任 | 牟志华 | 1976.9—1979.12 |
| | | 管委会主任 | 牟志华 | 1980.1—1984.3 |
| | | 村委会主任 | 李忠权 | 1984.3—1985.12 |
| | | 副主任 | 胡大明 | 1984.3—1998.3 |
| | | 副主任 | 杨福中 | 1998.3—2003.4 |
| | | 主　任 | 江方平 | 2003.4—2009.3 |
| 新场村 | 原高松村 | 大队长 | 兰立忠 | 1962.1—1968.8 |
| | | 革委会主任 | 袁以礼 | 1968.8—1973.12 |
| | | 主　任 | 袁飞燕 | 1974.1—1979.11 |
| | | 管委会主任 | 杨光贵 | 1979.12—1984.4 |
| | | 村委会主任 | 袁正华 | 1984.4—1987.12 |
| | | 主　任 | 郑朝伦 | 1988.1—1998.3 |
| | | 主　任 | 袁常芳 | 1998.4—2001.3 |
| | | 主　任 | 古昌文 | 2001.3—2007.3 |

续表12— 5

| 村　名 | 原村名 | 职　务 | 姓　名 | 任职年限 |
| --- | --- | --- | --- | --- |
| 新场村 | 原干塘村 | 大队长 | 戎绍臣 | 1959.1—1961.12 |
| | | 大队长 | 蒋龙方 | 1962.1—1963.12 |
| | | 大队长 | 杨光兴 | 1964.1—1967.5 |
| | | 革委会主任 | 蒋龙方 | 1967.8—1977.4 |
| | | 主　任 | 杨光兴 | 1977.5—1979.11 |
| | | 管委会主任 | 杨光兴 | 1979.12—1984.3 |
| | | 村委会主任 | 徐树华 | 1984.4—1988.3 |
| | | 主　任 | 刘成万 | 1988.4—1994.3 |
| | | 主　任 | 张佰军 | 1994.3—1998.1 |
| | | 副主任 | 聂正方 | 1994.3—1998.1 |
| | | 主　任 | 江以安 | 1998.1—2009.3 |

## 第二节　双拥优抚

1950年起，按照国家抚恤规定，对牺牲、病故的现役军人、国家工作人员和参战牺牲的民兵、民工发放抚恤金。10月，县政府和有关部门负责人组成复退军人安置委员会领导小组及办公室，在民政科（局）办公，具体进行安置工作。

1951年，县、区、乡、村成立拥军优属委员会，开展拥军优属工作。每年元旦、春节、建军节采取各种形式开展拥军优属活动，宣传人民军队的功绩和残疾军人、复员退伍军人为国家作出的贡献，对烈军属的田土进行代耕包耕。1950—1957年，主要安置志愿军复员军人，按照国务院《关于安置复员退伍军人工作的决议》，本着原籍安置、行业归口、妥善安置、各得其所的原则进行。

1958年起，主要安置义务兵退役军人和部分志愿兵复员军人，按照国务院《关于处理义务兵退伍的暂行规定》，本着“从哪里来，回哪里去”的原则进行，把安置的重点放在农村。对城镇入伍的退伍军人，从1981年起，按系统分配包干安置。从1982年起，对服役期间父母被批准迁入城镇的，在对越自卫还击战中牺牲的烈士弟妹顶替参军的，立二等功以上的伤残军人和转志愿兵的退伍军人，照顾安置在企事业单位工作。1959—1990年，在群众优待的基础上，政府对孤老烈属、烈士的未成年子女、带病回乡生活困难的复退军人等，实行定期定量补助。1962年、1979年、1980年，对补助标准作三次调整，从每人每月2～4元提高到15～25元；政府对在生产、生活上临时发生困难的优抚对象及时给予临时补助。

**1973年银盏公社对复员退伍、残疾军人补助情况统计表**

表12—6

| 姓 名 | 补助金额（元） | 姓 名 | 补助金额（元） | 姓 名 | 补助金额（元） |
|---|---|---|---|---|---|
| 况行周 | 15 | 李跃辉 | 15 | 李银方 | 20 |
| 田明高 | 20 | 聂正昌 | 25 | 聂正华 | 20 |
| 李文德 | 15 | 何玉学 | 20 | 唐仲荣 | 15 |
| 周文德 | 10 | 康德林 | 10 | 李国兴 | 15 |
| 毛文清 | 15 | 李恒忠 | 15 | 宋子明 | 20 |

1974年雍阳区安置复员退伍军人到银盏公社人员4人，分别是王再云、梁正学、李福明、李吉华。

1985年3月22日，雍阳区安置复员退伍军人到银盏公社企事业单位人员5人，分别是李均全、陈文华、杨奎书、何光元、杨恩才。

1995年，实行的是乡统筹制度，已不能适应社会的发展，从1996年开始，实行全民集资优待以县统筹制度，优待军属每户300元，在乡老复员军人定补标准为每人每年90元，在（职）乡伤残军人按文件发放抚恤金。

1996年，建立“双拥工作领导小组”，由县委、县政府主要领导任组长、副组长，相关部门负责人为成员，领导小组下设办公室在民政局，专人负责具体办公。进一步明确职责，完善双拥工作制度。

1997年，在乡老复员军人定补标准为每人每年432元。

1998年，在乡老复员军人定补标准为每人每年450元，进行义务兵家庭优待金的发放。在乡革命伤残军人伤残抚恤金在1996年标准的基础上，特等、一等每人每年提高300元；二等、三等每人每年提高120元；“三属”定期抚恤金在1996年的基础上每人每年提高8元。对荣立一等功的奖励500元、二等功300元、三等功100元。

2000年，现役军人家庭优待金发放标准为农业军属每户1302元/年，非农业军属每户300元/年，在乡老复员军人定补标准每人每年720元。

2001年，实行农村税费改革，农村户口现役军人家庭优待金每户每年1302元，非农户口现役军人家庭每户每年300元，在乡复员军人定补每人每年792元。财政还为特、一等伤残军人每户每月补助生活困难费100元，每户大米40公斤。

2002年，农村户口现役军人家庭优抚金每年户均标准为1484元，非农业户口现役军人家庭优抚金每年户均标准为300元，在乡老复员军人补助标准为每年每人900元。

2003年，农村户口现役军人家庭优待金标准达到上年农民纯收入的105%，城镇户口现役军人家庭优待金每年户均标准300元，在乡复员老军人定补提高到每人每年1080元，达到一般群众生活水平。

2004年，根据县人民政府办公室《关于建立优抚对象抚恤补助标准与人民生活水平同步提高自然增长机制的通知》（瓮府办发〔2014〕102号），农村现役军人家庭优待金每年每户达到1688元，城镇户口现役军人家庭优待金标准每户每年300元，在乡老复员军人定补标准每人每年1152元。伤残军人抚恤金发放标准不分在职在乡，从2004年10月1日起统一按省州文件发放伤残抚恤金。

2005年银盏乡根据省、州要求，将老伤残证统一换成新伤残证，伤残等级为一至十级。在乡老复员军人定补标准每人每年1660元，农村义务兵家庭优待金标准每户每年1790元。

2006年，农村现役军人家庭优待金发放标准每年每户2007元，非农业现役军人家庭优待金每户每年300元，在乡老复员军人定补发放标准每户每年1895元。

2007年，银盏乡有参战退役人员6人，从8月10日起每月每人发放100元。

2008年，农村现役军人家庭优待金发放标准每户每年2520元，非农业现役军人家庭优待金每户每年300元。在乡老复员军人定补发放标准每户每年2600元，参战退役人员困难生活补助标准每人每月130元。

2009年，银盏乡带病回乡军人8人，老复员军人23人，伤残军人23人，对1992—1998年购买蓝印户口退伍军人未安置的退伍军人一律采取退还本金及利息，就业年龄放宽到37周岁以下。现役军人家庭不分城镇和农村，优待金发放标准一律按每户每年 3015元发放，在乡老复员军人定补发放标准每户每年3080元，参战退役人员困难生活标准每人每月200元。

2010年，现役军人家庭优待金发放标准一律按每户每年3425元发放，在乡老复员军人23人定补发放标准每户每年4346元，参战退役人员困难生活补助标准每人每月220元。

2011年16户现役军人家庭优待金发放标准按每户每年4050元发放，在乡老复员军人23人定补发放标准每户每年4646元，参战退役人员23人困难生活补助标准每人每月250元。

2012年春节前夕，召开全镇复员军人、参战退役人员、带病回镇退伍军人和现役军人家庭优抚对象座谈会，每人发放挂历1份，慰问金300元。8月1日，召开部分拥军优属对象座谈会。对因病导致家庭困难的优抚对象及时给予医疗救助，共发放重点优抚医疗金46000元（在乡老复员军人医疗费），救助重点优抚对象22人16300元，利用城乡医疗救助金帮助121位优抚对象缴纳新型农村合作医疗6540元。

2013年8月1日上午，银盏镇党委、政府邀请部分老复员军人、参战退役军人、伤残退役军人及现役军人家属进行拥军优属座谈会，庆祝中国人民解放军建军86周年，共发放慰问金2000元，给3名优秀士兵发放600元的奖金及奖状，上半年对29名优抚对象进行医疗补助共14200元。

2014年9月30日，首个烈士纪念日，银盏镇对烈士家属进行慰问，发放慰问金1500元，对优抚对象进行医疗补助40人次，共救助47299.35元。

2015年，充分利用赶集日、课堂、群众会等形式开展双拥工作宣传，召开座谈会，做好节日慰问走访工作，为新优抚对象申报优抚待遇，发放重点优抚对象医疗救助金14人9500元，培训复员退伍军人9人。切实解决复员退伍军人在生产、生活、工作中问题，将其纳入最低生活保障36户62人，采取临时生活救助等方式帮扶40人5万余元，为其申报保障性住房23户，医疗救助36人5万元，资助医疗保险152人25830元。

## 2012年银盏镇优抚对象名单一览表

表12—7

| 姓　名 | 住　址 | 所属对象 |
| --- | --- | --- |
| 李声瑞 | 木老坪村街道居委会 | 在乡伤残军人 |
| 秦金富 | 木老坪村洞底 | 在乡老复员军人 |
| 谢远华 | 木老坪村蒙子堡 | 在乡老复员军人 |
| 冯中佑 | 木老坪村蒙子堡 | 在乡老复员军人 |
| 陈少品 | 木老坪村中寨 | 在乡老复员军人 |
| 郑显云 | 木老坪村龙池沟 | 参战退役军人 |
| 唐朝国 | 木老坪村龙池沟 | 参战退役军人 |
| 黄华勇 | 木老坪村沙子坎 | 参战退役军人 |
| 黄可明 | 木老坪村沙子坎 | 参战退役军人 |
| 兰　平 | 木老坪村上井 | 参战退役军人 |
| 李显峰 | 木老坪村新田坎 | 参战退役军人 |
| 郑雨权 | 木老坪村新田坎 | 参战退役军人 |
| 罗来富 | 木老坪村新田坎 | 参战退役军人 |
| 兰远贵 | 木老坪村上井 | 带病回乡退伍军人 |
| 秦安坤 | 木老坪村洞底 | 现役军人 |
| 黄忠亮 | 木老坪村洞底 | 现役军人 |
| 徐　亮 | 木老坪村上井 | 现役军人 |
| 彭子斌 | 天堂村升子山 | 在乡老复员军人 |
| 何贤富 | 天堂村天堂 | 在乡老复员军人 |
| 余秀祥 | 天堂村余家湾 | 在乡老复员军人 |
| 罗正友 | 天堂村大窝凼 | 参战退役人员 |
| 吴奎志 | 天堂村斗溪 | 参战退役人员 |
| 杨树林 | 天堂村交水 | 参战退役人员 |
| 白明高 | 天堂村天堂 | 参战退役人员 |
| 黄忠贵 | 天堂村余家湾 | 参战退役人员 |
| 温坤明 | 天堂村杨梅 | 现役军人 |
| 乔应书 | 新寨村石板寨 | 病故军人家庭 |
| 卢仕坤 | 新寨村大竹园 | 在乡老复员军人 |
| 吴章义 | 新寨村磨坪 | 在乡老复员军人 |
| 卢贞贵 | 新寨村石板寨 | 在乡老复员军人 |
| 李太云 | 新寨村小寨 | 在乡老复员军人 |
| 任华才 | 新寨村新寨 | 在乡老复员军人 |
| 卢怡海 | 新寨村磨坪 | 参战退役人员 |
| 陈贵方 | 新寨村磨坪 | 参战退役人员 |

续表12—7

| 姓　名 | 住　址 | 所属对象 |
|---|---|---|
| 卢锡贵 | 新寨村石板寨 | 参战退役人员 |
| 文绍奎 | 新寨村算水坝 | 带病回乡退伍军人 |
| 陈贵武 | 新寨村大竹园 | 现役军人 |
| 林国安 | 印山村茶元 | 在乡老复员军人 |
| 邱亨志 | 印山村黎家寨 | 在乡老复员军人 |
| 张德明 | 印山村鸭坡 | 在乡老复员军人 |
| 郑金富 | 印山村棒坪 | 参战退役人员 |
| 尹子贵 | 印山村棒坪 | 参战退役人员 |
| 李庆华 | 印山村茶元 | 参战退役人员 |
| 范忠成 | 印山村长洞 | 参战退役人员 |
| 刘开成 | 印山村方圆 | 参战退役人员 |
| 李孝禄 | 印山村黎家院 | 参战退役人员 |
| 邱兴祥 | 印山村黎家院 | 参战退役人员 |
| 刘　忠 | 印山村两岔河 | 参战退役人员 |
| 王国利 | 印山村磨地坝 | 参战退役人员 |
| 赵建光 | 印山村鸭坡 | 参战退役人员 |
| 朱德宽 | 印山村周家冲 | 参战退役人员 |
| 娄义云 | 印山村长洞 | 带病回乡退伍军人 |
| 刘科才 | 印山村两岔河 | 带病回乡退伍军人 |
| 刘祖友 | 印山村龙井头 | 带病回乡退伍军人 |
| 苏　德 | 印山村旧场 | 现役军人 |
| 韦开富 | 印山村茶园 | 现役军人 |
| 赵立刚 | 西坡 | 老复员军人 |
| 王明超 | 牛市冲 | 老复员军人 |
| 谭厚奎 | 张家院 | 老复员军人 |
| 聂启荣 | 水头坝 | 老复员军人 |
| 温银珍 | 地灰坝 | 烈属 |
| 陈喜荣 | 地灰坝 | 病故军人家属 |
| 赵久明 | 大寨坪村青菜沟 | 老复员军人 |
| 钟朝贵 | 青菜沟 | 老复员军人 |
| 马清明 | 青菜沟 | 老复员军人 |
| 熊华琴 | 青菜沟 | 病故军人家属 |
| 孙应祥 | 龙洞湾 | 参战人员 |
| 樊佑兴 | 龙洞湾 | 参战人员 |
| 罗庆兵 | 红灯堡 | 参战人员 |
| 任福荣 | 红灯堡 | 参战人员 |

续表12—7

| 姓　名 | 住 址 | 所属对象 |
| --- | --- | --- |
| 肖兴全 | 红灯堡 | 参战人员 |
| 何　龙 | 红灯堡 | 参战人员 |
| 罗寿洪 | 水井边 | 参战人员 |
| 穆云发 | 天堂 | 参战人员 |
| 赵志祥 | 小山坡 | 参战人员 |
| 陈国林 | 张家堡 | 参战人员 |
| 刘顺刚 | 张家堡 | 五保 |
| 朱世界 | 张家堡 | 五保 |
| 黄军章 | 张家堡 | 五保 |
| 陈泽中 | 猫洞湾 | 五保 |
| 杨福林 | 宋家堡 | 五保 |
| 刘绍华 | 小山坡 | 五保 |
| 龙益厚 | 兴仁寨 | 五保 |
| 谭富荣 | 上场坪 | 五保 |
| 董毓祥 | 张家院 | 带病回乡军人 |
| 倪应忠 | 冷水湾 | 带病回乡军人 |
| 石仕友 | 石家寨 | 带病回乡军人 |
| 宋锡首 | 宋家堡 | 带病回乡军人 |
| 蔡文宇 | 宋家堡 | 带病回乡军人 |
| 吴明科 | 新华磷肥厂 | 伤残军人因战六级 |
| 兰　凡 | 新华磷肥厂 | 在乡老复员军人 |
| 李国彬 | 岐山 | 老复员军人 |
| 康德林 | 桃子冲 | 老复员军人 |
| 张元顶 | 麻地坪 | 老复员军人 |
| 李恒忠 | 太阳山 | 老复员军人 |
| 肖兴林 | 谭家庄 | 老复员军人 |
| 李安明 | 沙子洞 | 老复员军人 |
| 罗进华 | 谭家庄 | 老复员军人 |
| 周文昌 | 谭家庄 | 老复员军人 |
| 周文权 | 扁山 | 老复员军人 |
| 张少维 | 马场 | 老复员军人 |
| 聂正昌 | 毛力坡 | 老复员军人 |
| 聂正华 | 岩路口 | 老复员军人 |
| 杨应权 | 毛力坡 | 老复员军人 |
| 滕代学 | 谷基寨 | 老复员军人 |
| 余德友 | 谷基寨 | 老复员军人 |

续表12—7

| 姓 名 | 住 址 | 所属对象 |
|---|---|---|
| 陈光耀 | 江口坝 | 老复员军人 |
| 蒋忠贵 | 太阳山 | 参战人员 |
| 王 贵 | 青龙嘴 | 参战人员 |
| 钱仕华 | 青龙嘴 | 参战人员 |
| 饶绍祥 | 牛湾塘 | 参战人员 |
| 余天祥 | 新屋基 | 参战人员 |
| 王永伦 | 新屋基 | 参战人员 |
| 康 平 | 桃子冲 | 参战人员 |
| 况仕水 | 帽合山 | 参战人员 |
| 何少全 | 场坝子 | 参战人员 |
| 石仲林 | 山岔坡 | 参战人员 |
| 肖光富 | 大元 | 参战人员 |
| 杨正榜 | 上街 | 参战人员 |
| 饶绍伦 | 水饺 | 参战人员 |
| 杨昌杰 | 羊子坪 | 参战人员 |
| 王开兴 | 小春湾 | 参战人员 |
| 袁富华 | 新田 | 参战人员 |
| 冉茂桥 | 银坑水 | 参战人员 |
| 邹天贵 | 牛湾塘 | 参战人员 |
| 张 俊 | 马场 | 参战人员 |
| 李文德 | 背崽石 | 参战人员 |
| 刘德伦 | 岩脚桥 | 参战人员 |
| 李国兴 | 岐山 | 参战人员 |
| 蒋龙孝 | 林场 | 带病回乡军人 |
| 周太书 | 谭家庄 | 带病回乡军人 |
| 黄可金 | 廖家湾 | 带病回乡军人 |
| 刘文松 | 寨上 | 带病回乡军人 |
| 夏洪富 | 背崽石 | 带病回乡军人 |
| 李泽伦 | 新寨 | 带病回乡军人 |
| 毛洪发 | 月亮井 | 带病回乡军人 |
| 杨举华 | 中堡 | 带病回乡军人 |

## 第三节　婚姻登记

民国时期，婚姻多为包办婚姻，男婚女嫁遵从“父母之命、媒妁之言”。男人有钱有势可为一夫多妻，有买卖婚姻、童养媳婚姻，妇女受“三从四德”“三纲五常”等封建礼教和婚姻制度的束缚。女人若丈夫去世寡居守节，再嫁遭人非议、嘲笑。早婚现象较为普遍，有的十一二岁就结婚，夫妻不和男方提出离婚被视为天经地义，女方若提出离婚，视为有悖纲常伦理。五四运动以后，提倡“文明结婚”礼仪，但仅在少数官绅富商人家举行，广大居民仍行旧俗。

1951年，贯彻执行1950年5月1日公布施行的《中华人民共和国婚姻法》，废除封建婚姻制度，实行男女婚姻自由、一夫一妻、男女平等、保护妇女和子女合法权益的新婚姻制度。废除包办强迫、男尊妇卑、漠视妇女权益的封建婚姻制度，禁止重婚纳妾，禁止童养媳，禁止干涉寡妇婚姻自由，禁止任何人借婚姻关系索取财物。结婚年龄分别为：男20周岁，女18周岁；结婚、离婚依法进行登记，婚姻登记工作由民政部门负责。对结婚（夫妻间权利义务、父母子女间的关系等）和离婚（离婚后子女的抚养和教育、离婚后的财产和生活等）都作具体规定。

1980年9月10日，第五届全国人民代表大会第三次会议通过新的《中华人民共和国婚姻法》，自1981年1月1日起执行新婚姻法，禁止直系血亲和三代以内的旁系血亲结婚，禁止患有医学上认为不应当结婚的疾病人结婚。结婚年龄，男22周岁，女20周岁。县境城镇居民多在22～25周岁结婚，部分机关企事业单位工作人员在26～28周岁结婚。农村多数在规定年龄内结婚。1994年，严格依法登记，规范执政行为，实行婚前检查和咨询教育相结合。

2003年，以“规范管理，强化服务”为目标提升婚姻登记规范化建设，县民政局在各乡镇设下属机构，成立婚姻登记管理处和婚姻登记服务中心，加大对新婚姻登记条例的宣传，改革婚姻登记办法，简化程序，方便群众。2008年，全县23个乡镇婚姻档案管理达到规范化标准，年内婚姻登记档案评比平均达到96分以上的乡镇21个，银盏乡为最高分。

2012年，银盏镇婚姻登记处办理结婚登记377对，补办结婚登记12对。2013年办理结婚登记468对，补办结婚登记372对。2014年，办理结婚登记574对，补办结婚登记299对，离婚登记164对。2015年，办理结婚登记919对，离婚登记184对，出具婚姻状况记录证明171份。

## 第四节　老龄工作

### 一、组织机构建设

全镇境内老年人逐年增多，但老少两代在居住上形成“分而不离，离而不分”的局面，“三代同堂”是老年人养老追求的目标，“养儿防老”观念根深蒂固。2013年，银盏镇60岁以上的老年人口6036人，占全镇人口总数的11.16%，其中，五保户老年人90人。

1987年5月21日，成立瓮安县老龄问题委员会，属县二级机构（瓮改〔1987〕25号）。7月10日，根据县政府办公室〔1987〕35号文件，启用“瓮安县老龄问题委员会”印章。1990年2月2日，

“瓮安县老龄问题委员会”更名为“瓮安县老龄委员会”。乡镇明确了一名分管领导，由社会事务办履行老龄工作职责，开展具体工作。2014年9月14日，县机构编制委员会下发《关于瓮安县乡镇机构设置和人员编制事宜的通知》（瓮编〔2014〕54号），规定敬老院（福利院）成为镇政府下辖的8个事业机构之一，李顺先成为首任院长。

## 二、敬老院建设

银盏镇以公共服务为重点，以人为本，为民服务，确保党的政策落实到位，为解决银盏镇老龄化问题，党和政府进行“敬老院”建设。

在银盏镇飞练社区阁老冲组规划建设银盏敬老院，总投资800万元，建设用地总规模约12641平方米，总建筑面积4600平方米，床位200张。其中，餐厅50平方米、活动室50平方米、阅览室 40平方米、电教室40平方米、会议室60平方米、办公室30平方米、服务休息室30平方米、卧室1200平方米、活动场地2000平方米，绿化率15%。

## 三、老有所养

1990年，根据黔民〔1990〕246号文件，给100岁以上老年人每月发放10元人民币的生活费。1998年，给离休干部和70岁以上老年人办理优待证。2009年给90～99岁社会老年人每月发放生活补贴100元，100岁以上社会老年人每月发放200元生活补贴。2012年，银盏镇60岁以上老年人4147人，按季度为90岁以上的老年人兑现长寿生活补贴，共发放高龄补贴9300元，为80岁以上的353位老年人缴纳新型农村合作医疗费。2013年，全镇共有60岁以上老年人4147人，其中，60～69岁2363人，70～79岁1218人、80～89岁511人、90岁以上35人。有14人享受国家老龄补贴，其中，90～99岁老年人13人，生活补贴7800元；100岁以上老龄人1人，发放高额补贴1200元，共发放高龄老年人生活补贴9000元。

2013年10月13日是重阳节，也是第一个法定的“老年节”。

10月12日，县政协副主席、银盏镇党委书记梁健、镇党委副书记（镇长）谭怀坤、镇党委副书记犹和兴、镇党委组织部部长杨思英等领导组织团委、工会、妇联、民政、关工委等部门深入各村（社区），走访慰问五保户和高龄老人，为他们送去慰问物品。为老人们讲解《中华人民共和国老年人权益保障法》。告知新的惠老优待政策，让老年人知道自己应有哪些权利。明确“老年人养老以居家为基础，家庭成员应当尊重、关心和照料老年人”。与老年人分开居住的家庭人员，应当经常看望或者问候老年人，真正实现老有所养、老有所医、老有所学、老有所为、老有所乐。

2014年，共有60岁以上老年人4307人，其中，60～69岁2453人、70～79岁1236人、80～89岁570人、90岁以上48人，享受国家高龄补贴48人，共发放高龄老人生活补贴40200元。2014年，建立80周岁以上高龄老年人和困难老人补贴 制度，从7月起实施。根据省、州、县老龄委要求，全镇建设3所农村幸福院，分别是10间床位的木老坪村老年幸福院、4间床位的新场村老年幸福院、4间床位的岩根河老年幸福院。老年幸福院配置麻将机、象棋、电视、生活炊具等娱乐和生活用品。

根据中共贵州省委办公厅、贵州省人民政府办公厅（黔委厅字〔2005〕23号）文件规定，60岁以上的老龄人办理“老年人优待证”，在全省范围内享受以下优待。1.半价或免购门票进入公园；2.半价或免购门票参观书画、花卉、文物、摄影、关心下一代、革命题材、传统教育方面的展览（博览、会展）活动；3.到收费的老年活动中心（站、室）活动，半价交费；4.免费进入公共厕所；5.购买火车票、飞机票、船票优先照顾；6.到各级各类医疗机构就医（挂号、就诊、化验、检查、交费、取药、住院）等，给予优先照顾。

2015年4月，共有90～99岁老年人41人，其中男8人、女33人，享受国家高龄补贴41人，90～99岁社会老年人每月生活补贴100元，100岁及以上每月发放200元生活补贴，80～89岁每月发放50元生活补贴，均按季度发放。

**2015年4月银盏镇90～100岁老人及高龄补贴发放汇总表**

表12—8

| 乡镇村组 | 姓名 | 性别 | 民族 | 出生年月 | 发放金额（元） |
|---|---|---|---|---|---|
| 银盏镇飞练村帽合山组 | 赵显碧 | 女 | 汉 | 1920.6.2 | 300 |
| 银盏镇飞练村新屋基组 | 刘如碧 | 女 | 汉 | 1920.3.20 | 300 |
| 银盏镇红灯堡村 | 陈恩碧 | 女 | 汉 | 1920.10.18 | 300 |
| 银盏镇新华村 | 胡定坤 | 女 | 汉 | 1919.12.21 | 300 |
| 银盏镇新华村 | 伍龙珍 | 女 | 汉 | 1914.10.9 | 300 |
| 银盏镇木老坪村小寨组 | 兰会方 | 女 | 汉 | 1921.3.7 | 300 |
| 银盏镇大寨坪村上寨组 | 杨光珍 | 女 | 汉 | 1922.10.25 | 300 |
| 银盏镇印山村新桥组 | 王友珍 | 女 | 汉 | 1921.9.17 | 300 |
| 银盏镇印山村两岔河组 | 杨喜碧 | 女 | 汉 | 1921.10.30 | 300 |
| 银盏镇银盏村场坝子组 | 商从珍 | 女 | 汉 | 1922.9.29 | 300 |
| 银盏镇木老坪村青山组 | 李金荣 | 女 | 汉 | 1922.6.18 | 300 |
| 银盏镇飞练社区营盘组 | 景光先 | 女 | 汉 | 1922.11.4 | 300 |
| 银盏镇新华村兴仁寨组 | 温昌荣 | 女 | 汉 | 1922.12.13 | 300 |
| 银盏镇穿洞村谭家庄组 | 朱朝珍 | 女 | 汉 | 1923.3.20 | 300 |
| 银盏镇印山村旧场组 | 郑德方 | 女 | 汉 | 1923.1.3 | 300 |
| 银盏镇太平社区龙家扁组 | 宋锡英 | 女 | 汉 | 1923.4.23 | 300 |
| 银盏镇木老坪村罗家地组 | 刘文长 | 男 | 汉 | 1923.4.9 | 300 |
| 银盏镇银盏村大岩头组 | 陈跃碧 | 女 | 汉 | 1923.3.5 | 300 |
| 银盏镇银盏村鸡上塘组 | 麻少奇 | 男 | 汉 | 1923.6.16 | 300 |
| 银盏镇新场村钟家寨组 | 陈廷碧 | 女 | 汉 | 1922.12.21 | 300 |
| 银盏镇岩根河村吹角岩组 | 蔡泽荣 | 女 | 汉 | 1922.6.18 | 300 |
| 银盏镇岩根河村早米田组 | 彭发英 | 女 | 汉 | 1922.12.17 | 300 |
| 银盏镇印山村两岔河组 | 宋锡珍 | 女 | 汉 | 1923.5.8 | 300 |
| 银盏镇银盏村团山组 | 蒋银碧 | 女 | 汉 | 1923.4.4 | 300 |
| 银盏镇穿洞村杨梅组 | 石德芳 | 女 | 汉 | 1923.1.1 | 300 |
| 银盏镇新华村红灯堡组 | 胡显碧 | 女 | 汉 | 1923.9.19 | 300 |
| 银盏镇新场村齐家寨组 | 陈青山 | 男 | 汉 | 1924.1.24 | 300 |

续表12—8

| 乡镇村组 | 姓名 | 性别 | 民族 | 出生年月 | 发放金额（元） |
|---|---|---|---|---|---|
| 银盏镇新场村地平组 | 龙万珍 | 女 | 汉 | 1924.3.7 | 300 |
| 银盏镇新华磷肥厂 | 吴明科 | 男 | 汉 | 1924.3.10 | 300 |
| 银盏镇银盏村新寨组 | 张德明 | 男 | 汉 | 1923.2.16 | 300 |
| 银盏镇岩根河村岩根河组 | 彭荣珍 | 女 | 汉 | 1923.10.24 | 300 |
| 银盏镇穿洞村茶叶坡组 | 宋泽学 | 女 | 汉 | 1924.8.17 | 300 |
| 银盏镇木老坪村高庄组 | 吕仲碧 | 女 | 汉 | 1924.7.18 | 300 |
| 银盏镇木老坪村井上组 | 徐官富 | 男 | 汉 | 1924.10.11 | 300 |
| 银盏镇木老坪村龙池沟组 | 杨光荣 | 女 | 汉 | 1924.12.7 | 300 |
| 银盏镇新场村井水组 | 杨万福 | 女 | 汉 | 1924.12.28 | 300 |
| 银盏镇印山村方圆组 | 李初英 | 女 | 汉 | 1924.10.16 | 300 |
| 银盏镇印山村两岔河组 | 刘志昌 | 男 | 汉 | 1925.1.1 | 300 |
| 银盏镇大寨坪村店子边组 | 马大先 | 女 | 汉 | 1925.1.1 | 300 |
| 银盏镇大寨坪村下寨组 | 张会已 | 女 | 汉 | 1924.12.10 | 300 |
| 银盏镇飞练社区农场组 | 梁少轩 | 男 | 汉 | 1925.1.19 | 300 |

### 四、老有所医

机关、企事业单位老年人治病，实行公费和劳保医疗制。1952年开始实行，行政事业单位正式职工（含离休、退休职工）、在乡二等乙级以上伤残军人，均享受公费医疗待遇，门诊、住院、治疗、药品、手术、健康检查等，全部由公费医疗经费开支，由县卫生科统一管理。1987年，改由财政局代管，门诊医药费每月按每人3.5元发给个人包干使用。住院经费每年按每人18元拨给单位包干使用。职工住院经费国家付80%，个人付20%，解放前参加工作的职工和因公负伤的职工，住院经费由国家支付，特殊情况由财政局审定进行专项补助。1990年，改为每人每月发给基础门诊医药费2.5元，按工龄每年增发0.2元计算作补助。2013年，在《瓮安县城乡医疗救助实施办法》中明确规定，对生病住院困难老年人除合医报销外，自付部分按不低于40%的比例给予补助。

## 第五节　社会救助

### 一、社会救济

清康熙年间，朝廷颁旨地方官，劝谕百姓按户量力捐输米谷储存，以备救荒，常常是春荒贷出，秋收加息回收。民国时期，沿用清时办法，而积谷已多采用硬性摊派。但多数皆入官绅私囊，饥患贫民得济甚微。解放后，县委、政府把救济列为民政重要工作之一，民政部门认真贯彻“依靠群众、依靠集体、生产自救、互助互济，辅之国家必要的救济与支持”方针，把救济与救灾紧密结合起来，对灾民和困难家庭采取发展生产、生产自救、国家扶持的办法，以期战胜灾害，摆脱贫困。

1950—2015年，虽有各种不同程度的灾害，但由于政府大力组织群众防灾、抗灾、救灾，使灾情大为缓解，县委、政府将社会救助列为关心群众生活，解决群众疾苦的一项重要工作。

1978年，第一次救济太平大队14户人家65人150元，尖山大队11户87人120元，珠场坝大队100元，川洞大队10户43人80元，银盏大队11户34人100元。同年6月25日，银盏公社对个别困难户进行救助，其中钱家院3户、三星槽4户、鸡上塘3户、下寨1户，共计11户78人补助150元。8月1日，对果落水2户、左落脚2户、大林3户、罗家坝1户、下寨2户、新寨3户、钱家院5户、三星槽7户、银坑水1户、鸡上塘3户，补助救济款300元。8月6日发放救济款527元（其中川洞大队180元、尖山大队137元、银盏大队210元）。补助各大队回销粮2950公斤，救济款560元。发放棉衣为大林14件、银盏11件。棉絮为大林3床、银盏2床。1984年，银盏乡第二次救济粮4000公斤（大米800公斤、玉米3200公斤）。1989年，银盏乡救济困难户300户，无偿救济82户451人，大米500公斤、玉米2200公斤。1998年，改变原来救济粮发放方式，采取有偿救助和无偿救助相结合的方式，取消救济粮有偿救助形式，实现救济粮无偿救助。2012年，全镇发放救济粮120210公斤、棉衣33件、棉被74床，救济1965户7324人。6月10日，大寨坪村青菜沟组发生山体滑坡，面积达40余亩土地，造成16户62人受灾。镇党委、政府立即组织人员赶赴现场，进行抢险救援，并对受灾群众进行安抚慰问。因突发性暴雨袭击，4—6月镇境内14户房屋受损，1户103只鸭被水冲走，5个村道路沟渠垮塌36处共1662立方米，银盏村卫生室遭泥石流冲灌。6月20日，镇政府将救灾资金3万元分别发放到受灾户手中。7月1日，镇党委副书记犹和兴、镇社会事务办主任、镇机关支部书记徐德辉到镇新中国成立前老党员、困难党员家进行走访慰问。此次慰问包含县级慰问的困难党员8名，每人给予慰问金1000元；新中国成立前入党的老党员1名，慰问金1500元；困难党员16名，每人给予200元，共发放慰问金12700元。犹和兴还专程到因病瘫痪在床的飞练村困难老党员张久刚家进行慰问。

2013年3月19日晚，银盏镇遭受罕见暴雨及冰雹袭击，全镇油菜绝收800余亩，蔬菜成灾130余亩，房屋受损370间，涉及人口1020户2963人，经济直接损失80余万元。截至6月底，救助受灾群众5280人次，大米79200公斤，发放救灾金13万元。

2014年2月18日，全县范围内突降暴雪，积雪厚度达20厘米。县政协副主席、银盏镇党委书记梁健，镇长谭怀坤立即组织镇干部20余人到境内省道久铜公路积雪较深的西坡林场陡坡路段清扫积雪，确保过往车辆安全通过该路段。2月18日中午，县政协副主席、镇党委书记梁健对穿洞村姚平

图12-1-1　2014年6月12日，银盏镇副镇长罗柒玖带领社会事务办、村支两委干部到印山村力生坡组村民程银厚家送救济金、衣物等

方、王元奎等五保户进行走访慰问，为他们送去粮、油、炭、棉被、棉衣等及200元现金。6月12日，印山村力生坡组村民程银厚家因电线老化引发火灾，家中粮食主物等全部烧毁，银盏镇副镇长罗柒玖带领社会事务办、村支两委干部到程银厚家送去救济金2000元，大米、棉被、衣物等临时过渡物资。2014年解决生活困难110户350人，救助224户780人，发放粮食18690公斤，救助资金50200元。

2015年，解决268户800余人生活困难，救助712户2100余人，发放救灾金257512元、粮食35430公斤、棉衣133件、棉被140床；受突发性自然灾害128户，发放救助金95410元。

## 二、最低生活保障

1950—1955年，政府对农村无依无靠无生活来源的鳏寡孤独“五保户”给予定期救济。1956年农业合作化后，按照《高级农业生产合作社示范章程》规定，对农村缺乏劳动力或丧失劳动能力，生活没有依靠的老、弱、孤、寡、残疾社员，在生产上、生活上给予安排和照顾，保证他们的吃、穿，保证年幼者受到教育和年老者死后的安葬。按照不低于当地一般社员生活水平的标准，由集体公益金或从总人数中提成开支，实行分散供养。1981年，农村实行家庭联产承包责任制后，对“五保户”的供养形式相应改变。

1998年，建立城乡居民最低生活保障制度，制定《瓮安县城乡居民最低生活保障制度暂行办法》，确定城市居民最低生活保障标准每人每月70元，农村居民最低生活标准每人每月45元。2007年，县政府办公室下发《关于抓好全县农村居民最低生活保障工作通知》，按照“核查明显收入，民主评议，分类划档，按档救助”的要求，确定低保对象，按每户每人一年700元的保障标准来发放农村低保金。城市低保保障标准由月150元提高到170元，城市的低保资金专户管理，专款专用，并从8月起每月每人增发20～30元的物价动态补贴。银盏乡农村低保809户1236人。2008年7月，根据省政府提高农村低保保障标准和扩大保障面的要求，新增农村低保对象，将年人均纯收入在785元以下的群众纳入农村低保范围。保障标准从2007年的年人均补助360元提高到460元，农村低保按家庭贫困程度，分五类五档按季度进行补助，其中，一类一档150元/季/人、二类二档125元/季/人、三类三档100元/季/人、四类四档75元/季/人、五类五档55元/季/人。全乡947户1334人。2009年，根据《关于做好农村低保对象年度审核调整工作的通知》，将年人均补助水平从460元提高到580元，一、二类农村低保对象年补助金额分别达到820元和720元，并从第一季度起将农村低保金打入财政的农业专

图12-1-2　2012年，县政协副主席、镇党委书记梁健对穿洞村的姚平方、王元奎等五保户进行走访慰问，为他们送去粮、油、炭、棉被、棉衣等及200元现金

用补贴“一卡通”存折发放。银盏乡农村低保1130户1334人，按每年每人785元发放。2010年，银盏乡农村低保对象1065户1360人，保障标准为1600元/年/人，但根据家庭贫困程度分五类补差救助。即一类400元/季/人；二类362.5元/季/人；三类287.5元/季/人；四类212.5元/季/人；五类137.3元/季/人；六类50元/季/人来发放低保金。城市低保人均月补助164元。2011年，全乡低保对象1093户1360人，农村低保保障标准为1600元/年/人，根据家庭贫困程度按季补差救助。城市低保保障标准为每人每月270元。2012年，行政区划调整后，5月14日，银盏镇遭特大暴雨袭击，镇长严军同飞练村支部书记王芳到毛粟坡组特困低保户王贵先家慰问，并送去慰问金500元。全镇低保对象2395户2726人，低保保障为1700元/年/人，城市低保保障标准为310元。2013年，全镇低保对象2398户2666人，低保保障金1870元/年/人。城市低保对象因区划调整有所增加，原新华磷肥厂的低保对象从4月开始划入银盏镇，其中，1—3月原银盏镇保障人口25户26人，保障金5835元/月。4月保障人口132户201人，保障金额78923元（其中补发1—3月补差金额27135元）。5月保障人口132户201人，保障金额52128元。6月保障人口132户201人，保障金额52128元；第一季度发放农村最低生活保障金2447户2728人696607元；第二季度发放农村最低生活保障金2445户2725人695252.5元。2014年1—2月城市低保保障人口157户234人，发放城镇低保金173810元；3月保障人口152户227人，保障金额66023元；4月保障人口154户229人，保障金额66663元；5—6月保障人口155户230人，保障金额134746元；7—8月保障人口154户229人，保障金额133026元；9—10月保障人口154户229人，保障金额133506元；截至10月发放保障金额707774元。农村低保，银盏镇第一季度发放农村最低生活保障金3137户3340人1068498.5元；第二季度3103户3307人1055898元；第三季度3085户3287人1048856.5元；第四季度3074户3287人1046046元。

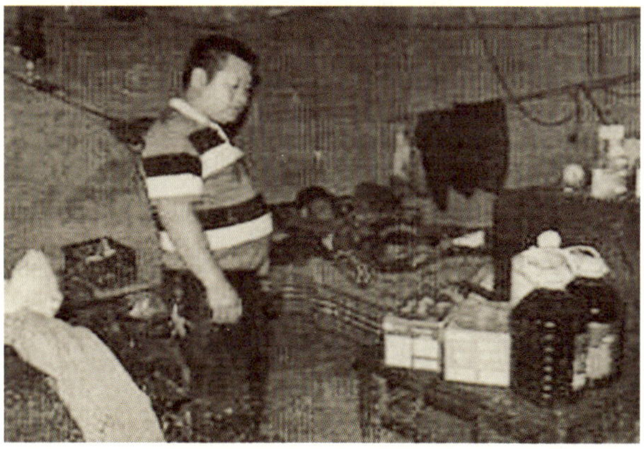

图12-1-3　社会事务办主任徐德辉在重阳节看望高龄老人

2015年城市低保，1—3月保障人口135户180人，保障金额173736元；4月保障人口135户181人，保障金额58294元；5月保障人口135户181人，保障金额57444元；6月保障人口136户182人，保障金额57844元；7月保障人口181人，保障金额54124元；8月保障人口24人，保障金额7972元；9月保障人口24人，保

图12-1-4　2013年10月12日，县政协副主席、银盏镇党委书记梁健、镇党委副书记（镇长）谭怀坤、副书记犹和兴、组织部部长杨思英等领导组织团委、工会、妇联、民政、关工委等部门深入各村（社区），走访慰问五保户和高龄老人，为他们送去慰问物品

障金额7972元；9月保障人口24人，保障金额7972元；10月保障人口24人，保障金额7972元；11月保障人口24人，保障金额7972元。

2015年农村低保，1—2月保障人口385户756人，保障金额213221.8元；3月保障人口384户755人，保障金106440.1元；4月保障人口384户753人，保障金106175.9元；5月保障人口384户753人，保障金额 113390.9元；6月保障人口384户753人，保障金额 113390.9元；7月保障人口383户749人，保障金额 128347.5元；8月保障人口380户740人，保障金额 126613.6元；9月保障人口380户737人，保障金额 126096.3元；10月保障人口380户737人，保障金额 126096.3元；11月保障人口380户737人，保障金额 126096.3元。

**2015年银盏镇“五保”花名册**

表12—9

| 姓名 | 村 | 组 | 性别 |
| --- | --- | --- | --- |
| 宋聚志 | 飞练 | 茶林山 | 男 |
| 聂正刚 | 银盏 | 月亮井 | 男 |
| 张正华 | 银盏 | 喜柏椏 | 女 |
| 袁云和 | 太平 | 小　坡 | 男 |
| 杨昌祥 | 穿洞 | 穿　洞 | 男 |
| 石登华 | 穿洞 | 各口塘 | 男 |
| 周庆喜 | 穿洞 | 野毛坡 | 男 |
| 王元奎 | 穿洞 | 柿花园 | 男 |
| 姚平方 | 穿洞 | 柿花园 | 男 |
| 宋和基 | 穿洞 | 穿　洞 | 男 |
| 龙益厚 | 新华村 | 兴仁寨组 | 男 |
| 陈泽忠 | 新华村 | 猫洞湾 | 男 |
| 杨福林 | 新华村 | 张家堡 | 男 |
| 朱世界 | 大寨坪 | 上　寨 | 男 |
| 文兴才 | 大寨坪 | 狗场坝 | 男 |
| 刘顺刚 | 大寨坪 | 上　寨 | 男 |
| 王大丰 | 大寨坪 | 下　寨 | 男 |
| 黄军章 | 大寨坪 | 下　寨 | 男 |
| 刘绍华 | 新华村 | 小山坡组 | 男 |
| 刘家元 | 大寨坪 | 尹家坝 | 男 |
| 柴　杰 | 大寨坪 | 新房子组 | 男 |
| 石德斌 | 新华村 | 猫洞湾组 | 男 |
| 谭富荣 | 新华村 | 上场坪组 | 男 |
| 姚学伦 | 新华村 | 上场坪组 | 男 |
| 沈德祥 | 新华村 | 简家湾组 | 男 |

续表12—9

| 姓名 | 村 | 组 | 性别 |
|---|---|---|---|
| 黎应国 | 新华村 | 冷水湾组 | 男 |
| 陈永富 | 新华村 | 下场坪组 | 男 |
| 丁增延 | 木老坪村 | 沙子坎 | 男 |
| 唐朝凯 | 木老坪村 | 新田坎 | 男 |
| 李仕怀 | 木老坪村 | 中　寨 | 男 |
| 刘禄兵 | 木老坪村 | 中　寨 | 男 |
| 方言华 | 木老坪村 | 河　坝 | 男 |
| 罗华高 | 新寨村 | 罗家地 | 男 |
| 池成文 | 新寨村 | 水源寨 | 男 |
| 兰孝全 | 新寨村 | 算水坝 | 男 |
| 王永伦 | 新寨村 | 磨坪组 | 男 |
| 胡亨国 | 印山村 | 观山组 | 男 |
| 袁清明 | 印山村 | 黎家寨 | 男 |
| 周继祥 | 印山村 | 棒　坪 | 男 |
| 周继华 | 印山村 | 棒　坪 | 男 |
| 何光宪 | 印山村 | 长　洞 | 男 |
| 周继文 | 印山村 | 力生坡 | 男 |
| 康银盏 | 印山村 | 长　洞 | 男 |
| 李孝华 | 印山村 | 黎家寨 | 男 |
| 粟顺国 | 印山村 | 鸭　坡 | 男 |
| 周世明 | 印山村 | 印山组 | 男 |

## 第六节 殡葬改革

解放前，人死入土葬，坟茔累累，占地无数，请阴阳先生择风水寻宝地，以求殷泽后世，子孙发达，家族兴盛。大开祭奠，请端公道士超度亡灵三天、五天、七天等，结果是人死饭甑开，忙坏四邻，吃垮丧家。

解放后，提倡“厚养薄葬，节俭治丧”，倡导简化丧葬礼仪，禁止封建迷信活动，悼念采取追悼会、献花圈、戴青纱、佩白花。1954年4月，毛泽东亲自签署“关于将遗体火化，不建坟墓的倡议”，但当时受封建思想的影响，火葬甚微，“文化大革命”时期，没有倡导。1978年以后，“厚葬”再度风行，形成相互攀比，大操大办，修大坟，立大碑，墓地占用耕地、林地，与活人争地现象严重，没有统一规划，随地安葬，特别是公路沿线和一些风景名胜区可视范围内坟头林立，不但有碍观瞻，也对旅游业及其他行业的发展造成一定影响。为了破除这一封建陋习，本着厚养薄葬，文明节俭办丧的原则，随着民政部、省、州民政等部门关于殡葬改革相关法律、法规的颁布和实

图12-1-5　水皎殡仪馆

施，从2003年起经反复论证通过，太平山殡仪馆建在银盏镇太平社区水皎处，九龙园公墓建在银盏镇杜仲河处，太平山殡仪馆和九龙园规划面积700余亩，投入资金6200余万元。

殡仪馆项目于2009年8月动工，2010年9月竣工，占地面积48.37亩，建成综合办公楼1栋、公墓业务大厅1栋、餐厅1栋、大、中、小型悼念灵堂8栋、火化车间、殡殓、遗体解剖室、骨灰寄存及遗体冷藏室1栋。其他附属设施有捡灰、平板火化炉各2台，配有玻晶棺10台、遗体冷藏柜2台（可同时冷藏8具遗体）、接运遗体车3辆等设备和丧葬祭祀用品，门面4间、临时板房5间（治丧及就餐用），于2010年10月起开馆运行。九龙园公墓工程建设规划占地面积400亩，分四期开发建设，一、二期共征地216亩，一期开发建设113亩，于2010年5月动工建设，2010年10月经省、州、县相关部门验收合格。建造紫荆园、茶花园、桂花园这三个园区，建成一、二、三类墓，个性墓及经济墓位共6100余穴。墓穴严格按照《贵州省公墓管理实施办法》规定，不超过1平方米进行建造，于2010年10月投入试运行。

千年的传统丧葬虽饱受诟病，但破除这一封建陋习确非易事，需要百姓意识的转变。为此，县委、政府提出“先易后难，分段实施，逐步推进”的殡葬改革工作思路。先后出台《瓮安县殡葬管理办法》《瓮安县殡葬改革工作实施方案》《瓮安县惠民殡葬实施办法》和《瓮安县党员干部违反殡葬管理规定行为党政纪处理办法（试行）》等文件，从2010年10月10日零时起，县城规划区内死亡的，一律到太平山殡仪馆实行集中治丧，县行政区域内国家机关、国有企事业单位在职、离退休及驻瓮企事业单位人员死亡的，经公安部门认定的无名尸体，一律到太平山殡仪馆火化。

2013年7月，县政协组织部分政协委员到余庆、福泉、湄潭等地考察和调研殡葬改革工作，提出了全民遗体火化和骨灰统一入公墓的设想。

2015年10月10日零时，全面实施殡葬改革工作，全县行政区域（11个乡镇、2个街道办事处）内的公民（含外来人口和暂住人口）死亡后遗体一律到县城殡仪馆实行火化。火化后的骨灰集中安葬于经营性公墓和各乡镇街道办事处的农村公益性公墓。提倡骨灰抛洒、土葬地表植树、骨灰花葬、树葬、草坪葬、海、河葬或寄存骨灰堂。为推进殡葬改革工作，国家已出台了《殡葬管理条例》等法规，省、州、县也相继制定了殡葬改革的有关政策，倡导和号召广大人民群众转变传统殡葬观念，树立文明、节俭、绿色的殡葬新理念。倡导和引导广大人民群众树立移风易俗、文明办丧，节约土地资源，保护秀丽山川。银盏镇遵照国家、省、州、县政策，结合本镇乡土民情，从2015年10月10日零时起，在全镇行政区域内公民死亡后一律实行火化和集中安葬公墓。对违规下葬、偷埋偷葬、违反治丧、妨碍公务执法、扰乱社会秩序的，一律依法严办。

经瓮安县民政民宗局备案，银盏镇成立了“瓮安道教协会银盏分会”，分会会员83人。其中，穿洞村2人、飞练社区21人、新场村26人、新华村3人、岩根河村12人、银盏村4人、大寨坪村1人、太平社区5人、印山村3人、木老村6人。这些道教从业人员在当地党委、政府和人民群众之间发挥桥梁纽带作用，切实引导群众参加全镇殡葬改革工作。

在银盏镇内，实行惠民殡葬的办法，凡具有瓮安县户籍的城乡居民，与在用人单位签订劳动合同并按规定缴纳养老保险金1年以上，在瓮安居住的外来从业人员，经公安部门认定的其他死亡人员，在辖区殡仪馆办理火化事宜的，免除殡葬基本服务项目费用。已享受死亡丧葬补助费的国家机关、企事业单位职工（员工）及离退休人员不得免除殡葬基本服务项目费用。免费殡葬基本服务的项目有以下几种，即遗体接运使用普通接尸车辆接运遗体；殡仪馆内遗体冷藏存放费（存放期限3天以内）；遗体火化费（使用平板炉火化）；骨灰寄存费（存放期限一年以内）；目的地抬遗体费；灵堂租用费（三天以内，中、小号灵堂）；遗物处理和卫生费。由太平山殡仪馆按照价格主管部门核定的标准，在结算殡仪服务费时直接予以免除；超出普通车辆接尸费、普通火化标准费、灵堂租用费的由丧户支付。城乡低保、农村五保户、城市“三无”人员、二级以上残疾人、60年代精减职工、计划生育对象（农村独生子女领证户和二女结扎户）为重点（救助）对象。在免除殡葬基本服务项目费用的基础上免费提供价值200元以内的骨灰盒1个。严格执行奖励标准，即自愿选择骨灰花葬、树葬、草坪葬的，在免除殡葬基本服务项目费用后一次性奖励500元；自愿选择骨灰江、河葬的，在免除殡葬基本服务项目费用后一次性奖励1000元。绿色生态殡葬奖励由殡仪馆直接代为发放。

为有效预防，及时控制和消除殡葬改革中引发的各类突发性公共事件产生的危害和不良影响，切实维护公共安全和社会稳定，促进社会协调、健康发展。根据国务院《殡葬管理条例》《贵州省殡葬管理条例》《贵州省突发性公共事件总体应急预案》《瓮安县殡葬改革突发性公共事件应急预案》等法律法规，银盏镇成立“银盏镇2015年殡葬改革应急指挥部”。

总指挥：范祖林

副总指挥：郭锐 朱洋奎 张林才

指挥部成员单位：开发区办公室、党群工作部、纪工委、县投资促进局、财政局、规划建设局、产业发展局、政法综治局、社会事业局、农村工作局、城镇综合执法局、政务服务中心、公安分局、检察室、市场监督管理局银盏分局、执法大队、各村（社区）。

应急指挥部下设办公室在社会事业局，张林才兼任办公室主任，刘人毅兼任办公室副主任。

按照“一事一议”的方式，坚持以村自筹为主，县财政和镇财政给予适当补助的原则修建农村公益性公墓，建设资金主要由村民委员会自行筹集，经费的收支情况要向村民公示，纳入村务公开民主管理范围。鼓励民间资本参与投入农村公益性公墓建设。经验收合格，县财政给予每所规范型公益性公墓补助15万元，标志型公益性公墓每所补助10万元。

银盏镇行政区域内共8个村、2个社区，建设农村公益性公墓10个。即新场村公墓2个，其中富贵山建设面积6亩，墓位722个；玉龙山建设面积5亩，墓位449个；岩根河村公墓2个，其中文化陵园建设面积3亩，墓位170个；富贵陵园建设面积5亩，墓位450个；银盏村永陵公墓，建设面积7亩，墓

图12-1-6 九龙园公墓全貌

图12-1-7　九龙园公墓

位663个；穿洞村晒米坡公墓建设面积7亩，墓位589个；大寨坪村王家山公墓建设面积8亩，墓位560个；木老坪村金龙山公墓建设面积7亩，墓位720个；新华村、太平社区、飞练社区合建西坡公墓1个，建设面积15亩，墓位1600个；印山村石鹅山公墓建设面积5亩，墓位500个。

2015年1月1日至10月9日，镇内共死亡195例；10月10日至12月31日共69例。各村（社区）在规定的时间内上报了死亡信息，并做好了相关工作，一律进行了火化安葬。

### （一）殡仪馆运行情况

表12—10

| 年　份 | 接运遗体（具） | 非正常死亡（具） | 集中治丧（具） | 火化遗体（具） | 带棺土葬（具） |
|---|---|---|---|---|---|
| 2010 | 76 | 16 | 57 | 48 | 28 |
| 2011 | 351 | 54 | 253 | 217 | 150 |
| 2012 | 393 | 80 | 268 | 283 | 182 |
| 2013 | 469 | 92 | 309 | 299 | 157 |
| 2014 | 470 | 106 | 316 | 329 | 234 |
| 2015（1-6月） | 235 | 40 | 165 | 184 | 98 |

### （二）九龙园公墓运行情况

自2010年10月10日至2015年6月30日止，九龙园公墓骨灰入葬723穴（外地火化骨灰44穴，本地火化骨灰534穴，工业园区建设迁坟145穴）。其中，2010年20穴、2011年139穴、2012年131穴、2013年161穴、2014年165穴、2015年1—6月107穴。

## 瓮安县银盏镇农村公益性公墓建设费用及拟定销售价格统计表

表12—11

| 村（居、社区） | 公墓名称 | 建设面积（亩） | 建设墓位（穴） | 建设费用 | | | | | | | | 拟定销售价格（元/穴） | 备注 |
|---|---|---|---|---|---|---|---|---|---|---|---|---|---|
| | | | | 征地拆迁补偿费（元） | 墓位建设费（元） | 墓园道路建设费（元） | 墓园绿化费（元） | 停车场建设费（元） | 焚化池建设费（元） | 其他费用（元） | 合计（元） | | |
| 岩根河村 | 三佰文公墓（宝贵陵园） | 4.6 | 450 | 133611 | 135000 | 8000 | 25000 | 12000 | 3000 | 45000 | 361611 | 1200 | |
| 岩根河村 | 张保寨公墓（文化陵园） | 2 | 180 | 57901 | 54000 | 2000 | 6000 | 12000 | 3000 | 30000 | 164901 | 1200 | |
| 大寨坪村 | 王家山公墓 | 8 | 1120 | 5000 | 185000 | 6500 | 21000 | 15000 | 3500 | 60000 | 297120 | 1000 | |
| 新场村 | 玉龙山公墓 | 10 | 722 | 46760 | 129960 | 11000 | 30000 | 42000 | 3000 | 3000 | 265720 | 1200 | 待绿化道路、停车场 |
| 新场村 | 富贵山公墓 | 6.5 | 449 | 5000 | 80822 | 25000 | 20000 | 12000 | 3000 | 3000 | 148822 | 1200 | |
| 银盏村 | 永宁公墓 | 6 | 680 | — | 12620 | 30000 | 32000 | 18000 | 5800 | 8000 | 220000 | 1200 | |
| 木老坪村 | 金龙山公墓 | 28 | 850 | 300000 | 130000 | 150000 | 54000 | 37000 | 6000 | 50000 | 727000 | 1200 | |
| 穿洞村 | 晒米坡公墓 | 6.8 | 589 | — | 340 | 35850 | 21793 | 45000 | 900 | 63000 | 167472 | 1200 | |
| 印山村 | 石鹅山公墓 | 12 | 500 | 24800 | 52000 | 37000 | 37000 | 3000 | 1000 | 12000 | 166800 | 1200 | |
| 新华、太平、飞练 | 西坡公墓 | — | — | — | — | — | — | — | — | — | — | — | 另选址 |

# 第二章 人事

## 第一节 干部管理

1950—1977年，银盏的干部管理，由瓮安县民政科兼管。1951年9月，始设人事科（后改为人事劳动科、劳动人事局）。“文化大革命”时期，由瓮安县革命委员会组织办公室管理。银盏街设组织干事协助县劳动人事局对辖区内干部进行管理，干部管理分权属管理。

1953年银盏乡召开第一届人民代表大会，选举产生首任乡长。

银盏（乡）公社主要领导干部由县委、县政府直接管理。

镇对辖区村（大队）干部进行直接管理，拥有直接任免、选拔管理权。1960年各大队设党支部，支部书记由公社管委会下文直接任命，大队文书由支部书记选聘，各村民组组长（生产小队长）由支部提名，群众推选。

1978—1990年，银盏（公社、乡）分别召开党代会、人代会，选举产生党政主要领导干部，对干部仍分权属进行管理。

1978年10月，县设人事局。2001年，县人事机构更名为人事劳动和社会保障局，对干部进行管理。

2010年12月，县人事机构改名为人力资源与社会保障局，银盏乡由一名副书记分管组织人事工作。

2013年，银盏镇增设镇组织部，由副书记、镇组织部长对干部进行管理。

新中国成立初期，银盏乡只有5名干部，2014年增到246名干部，如果把镇境内机关事业单位人员合并计算，已逾800余人。

1950—2012年，银盏未设专门人事干部管理机构，在境内工作的所有机关干部的考核、任免、调配均由县委组织部和县人事部门进行管理，镇提供相关考核资料。

2013年9月，银盏镇召开中层干部竞争上岗动员大会，此次设置竞争中层正职位13名、中层副职位4名，在干部竞争上岗动员大会上宣布竞争上岗实施方案。

中层干部竞争上岗坚持党管干部原则；民主、公平、公正、公开竞争，择优录用原则；任人唯贤、德才兼备原则；群众公认、民主集中原则。

对竞争上岗干部进行考察，组织部长书写考察报告，镇党委书记、副书记和纪委书记对上岗人员进行廉政谈话，新提拔的干部作承诺、表态发言、就职宣誓。

银盏镇对每一位进入领导岗位的干部均实行拟任、民主测评、无记名投票表决、竞争上岗演讲（施政演说）、任前公示、追踪考察。

2014年，银盏镇与银盏工业园区实行“区镇合一”管理体制，设立专门人事干部管理机构——

瓮安经济开发区党群工作部。

银盏镇相关干部机构建立之后，对干部管理实行竞争上岗和民主推荐选拔机制。

2015年实行民主推荐、个别谈话、民主测评、重点谈话、党工委讨论、公示等，任命57名股级干部。

银盏镇根据2005年全国人大常委会颁布的《中华人民共和国公务员法》，对全镇公务员以及参照公务员法管理单位人员进行一年一度的考核。2010年度对干部考核为优秀等次的有3名；2011年考核为优秀等次的干部为3人；2012年考核为优秀等次的为9人。

对所辖村干部有直接管理选拔任免权利。《中华人民共和国村民委员会组织法》尚未公布之前（1998年），村干部均由乡党政领导集体提名讨论，在党政会议上民主通过，再召开村组大会上宣布任命名单。村支部书记报经县委组织部备案，镇党委下文任命，村主任（一度时期称谓为大队长、村长）由镇政府下文。自村民委员会组织法出台后，村主任须经该村全体村民民主选举产生，村选举委员会主持选举工作。村主任候选人一般由政党、团体提名，或由村民10名以上联名提名可作候选人。

1984年，银盏公社改为银盏乡，乡长经乡人民代表大会选举产生。

2014年实行“区镇合一”管理体制，对干部均实行凡进必考、上岗必竞的管理机制。

2014年，银盏镇（区）推行干部扁平化管理，最大程度压缩中间管理环节，将“人、事、权、责”四者进行统一，具体措施为设岗定责，明确工作职责；建立制度，加强干部管理；精简机构，实行集团承包制。

为加强对干部的强化管理，银盏镇建立干部培训基地、干部考察制度。

**银盏镇（经济开发区）2015年机关事业人员年龄结构统计表**

表12—12

| 序号 | 身份类型 | 总人数 | 年龄段 | 人数 | 所占百分比 |
|---|---|---|---|---|---|
| 1 | 公务员（含机关工勤3人） | 59 | 20—29 | 3 | 5.08 |
| | | | 30—39 | 16 | 27.12 |
| | | | 40—49 | 22 | 37.29 |
| | | | 50—59 | 18 | 30.51 |
| 2 | 园区事业人员（含工勤1人） | 58 | 20—29 | 7 | 12.07 |
| | | | 30—39 | 24 | 41.38 |
| | | | 40—49 | 20 | 34.48 |
| | | | 50—59 | 7 | 12.07 |
| 3 | 银盏事业人员（含工勤人员7人） | 124 | 20—29 | 30 | 24.19 |
| | | | 30—39 | 26 | 20.97 |
| | | | 40—49 | 55 | 44.35 |
| | | | 50—59 | 12 | 9.68 |
| | | | 60—69 | 1 | 0.81 |

**干部任免**　1950—2015年，干部任免一般为两种形式，一是通过民主选举产生；二是组织任免、选派。

1955年之前，银盏乡的主要领导干部由上级任命，再由乡的主要领导任命各村各级干部。

1955年5月至1967年3月，银盏乡的主要领导由上级组织部门提名，实行等额选举产生，由乡领导组织村民选举产生村级领导班子。

1967年4月至1980年4月，银盏公社革命委员会主任、副主任由县革委任命。公社革委主任任命各村领导人员。

1980年4月，银盏公社行政领导由县委组织部提名选举公社社长，公社党委书记由县委组织部提名，在党内进行投票选举。村干部由公社书记和社长组织村民选举产生。

党的各级领导由党组织任命，在党内进行等额或差额选举。

对干部的罢免也由上级相关会议研究决定，一般干部均由县组织人事部门考察任免。

银盏镇的干部任免，根据党管干部的总体原则，主要进行两方面的工作，一是镇境内国家公务员和机关事业单位人员的任免，向组织人事部门提供考察考核有关信息；二是对镇所辖行政村支部书记、副书记直接行使任免权。截至2015年5月，银盏镇已完成8村2社区村级干部的考核任免工作。全镇各村（社区）干部，通过选举、选聘任用共57名，免去97人（被免的有因年龄、文化、素质、编制等诸多因素）。

2011年以前，银盏乡对股级干部进行直接管理任免。一般程序为推荐、竞争、考察、公示、上级组织批复，再下文任免。2011年以后，由乡（镇）党委直接考察批复下文任免，报组织部门备案。

银盏乡（镇）对村干部的选聘，各村（社区）支部书记首先由乡（镇）党委提名推荐，召开党委会进行表决，表决通过后再将候选人在全村党员代表大会上表决。表决票数过半后，报镇党委批复。村主任根据村民委员会组织法相关条款规定选举产生，其余村干部亦经过选聘程序产生。

2015年，镇党委、政府经过相关程序，对57名村干部履职情况进行考核。村干部任职最长的为39年，最短的2年。全镇57名村干部中，35岁以下的16人，占28.1%；35～50岁28人，占49.1%；50岁以上的13人，占22.8%。初中文化22人，占38.6%；高中文化27人，占47.9%；大专及以上文化8人，占14%。

**干部考核** 银盏的干部考核工作，自新中国成立以来便开始，镇（乡、公社）党政正副领导均由县委组织部考察考核下文任命，一般干部由组织部、人事局安排调进调出，其工作均由党政领导直接考核或分管领导考核，由一名领导兼管。

1950—1977年，以阶级斗争为纲，干部考核以政治思想、政治表现为主要考核内容。

1960年以后，区（乡、公社、镇）设组织干事，协助县委组织部和县人事劳动局对干部进行考核。

1978—2015年，对干部考核的重心放在发展经济、解放生产力、精神物质文明奔小康、促和谐等社会、经济、文化建设方面，对干部的综合素质进行考核。

1950—2015年，党政领导干部的考核工作均由县委组织部负责，一般干部及国家事业单位工作人员由人事劳动局负责考核，单位分管干部人事的领导具体实施考核细则工作。组织考核组填写考核内容，审查考核具体内容，报送考核表。

村级干部的考核、推荐、任免由乡党政领导负责。

2013年，银盏镇建立组织部，对股级干部、一般干部和村级干部进行考核任免，对干部的考核主要从德、能、勤、绩、廉五个方面进行。

银盏镇在干部考核中，采取形式多样的考核，一是民主评议，二是走访调查，群众评议，三是问卷评议，四是无记名投票评议。

银盏镇党政领导会同组织部，参照国家公务员法每年对辖区干部进行一次考评考核，定出优秀、称职、基本称职、不称职、不定等次五个等次，对连续三年获优秀等次的干部给予三等功奖励，对考核为不称职的干部也有相关处罚。

对干部考核考察实行公示制度，公示期为一个星期，且在人员集中处张榜公示，设有举报电话。对任期和试用期干部均实行跟踪考察，特别是对试用期干部的考察，规定相关细则。

银盏镇组织部、园区党群工作部对园区管理人员和专业技术人员及技术工人实行岗位考核制，定出优秀、合格、不合格等次类别，对各等次的岗位人员进行相应奖惩。

银盏镇对村干部的考核主要采取走访群众，到群众中来到群众中去，实行民主评议，对村支部书记采用党委提名，在党委会上投票表决，全村党员代表民主选举；对村主任、文书、人口主任，镇根据村民委员会组织法相关规定，进行村民大会民主选举，候选人一般采取群众10人以上联名推荐，进行直接选举或海选。

在村支部换届期间，村支部书记、委员由所在支部党员大会选举产生，平时则由党委提名考核，召开党委会，在党委会上发选票进行无记名投票选举。票数过半者当选，党委书记签字，发文任命，在全村党员大会上宣布。村文书、村人口主任实行村党支部提名推荐，党委聘任表决制，程序与选村支书相同，最后发文任命，在全村村民大会上宣布。

银盏镇的干部考核工作，已建立健全一整套考核措施、方案，每天各办公室主任负责干部签到签离，对其工作去向，均作记载，根据干部管理的权限，建立常态评议制度、月考核、季度考核、年终考核，考核方案中着重以勤、德、才、能、绩、廉等方面进行量化考核，根据考核结果，年终实行对干部的奖惩。

2010—2012年，银盏镇对公务员进行考核，分优秀、称职、基本称职、不称职等次，2010年，2011年各有3人考核为优秀等次，2012年有9人考核为优秀等次，连续3年考核为优秀等次的1人，因此获三等功奖励。

2014年对全镇一般干部208人进行考核，30人考核为优秀等次，其余均为合格。

对科级干部主要进行德、能、勤、绩、廉五个方面的考核，其考核方法主要实行民主测评，2014年银盏镇对37名科级干部进行考核，除7名优秀外，其余均为称职或合格等次。

2015年，对干部主要进行德、能、勤、绩、廉五个方面的考核，其考核方法主要实行民主测评。科级干部39人，被评为优秀的10名；科员及以下公务员15人，被评为优秀的3名；事业人员178人，被评为优秀的32名，其余均为称职或合格等次。

## 第二节　人员招录

1950—1960年，银盏为雍阳镇下辖的一个乡，到1958年改为银盏公社，当时的干部人员招录，乡（公社）主要领导干部由县委及组织部招录、考核、委任、派遣，一般干部由组织部与人事劳动局安排（招录、考核、调遣）。人员比较少的乡（公社）只有5～7人，机关人员、教师相对较多些，整个银盏乡不足25人，只有穿洞、太平、大林、大园、大房、尖山、珠藏坝、银盏8个村，一个村村干部在3～4人，村干部的招录都是在本地农民中选任。

1960—1970年，银盏公社的人员招录仍以县委组织部、人事劳动局招录安排为主，干部人员有所增加。但主要领导仍由县委组织部与人事劳动局招录安排，一般干部、工作人员则由县委组织部、人事劳动局统一调进调出，根据工作需要安排，这段时期，银盏公社人员30人左右，含教师。大队干部则由公社党委招录选任。

1991—2011年，银盏乡为正科级单位，人员招录由县委组织部、人事劳动局按照国家相关政策，招考公务员、工勤人员、民校教师转为公办教师等形式进行招收录用，有平级调动12人，事改政8人（即事业单位改调从政），银盏镇公务员、事业单位工作人员增200余人（含教师）。

2012—2013年，银盏镇两次行政区划调整，地域扩大，机构增多。2014年9月，实行“区镇合一”管理体制，人员招录选聘基本上沿袭县组织部、县人事劳动局招录选聘，根据工作需要进行安排。“区镇合一”后建立的银盏镇组织部，区党群工作部在县委组织部及人事劳动局的领导下，对技术人员、管理人员及工勤人员、国家公务员进行招录选聘，从外地引进人才，国家公务员招录由国家统一考试招聘。

2015年镇区召开大型招聘会，100多家企业通过招聘会，招收数千名各式人才（各类工人）。

至2015年，银盏镇（区镇合一）共有管理人员89人、专业技术人员92人、技术工人7人、国家公务员56人、村干部57人、中小学教师500余人、职中教师205人。

银盏镇（区）按照国家有关规定，招录各类人才计500余人。

在招录的500余人中，95%以上均为大专以上学历，在57名村干部中，初中文化22人、高中文化27人、大专及以上文化8人。

银盏镇的干部招录，在2000年以前，绝大部分为大中专毕业生分配而来。2000年以后实行凡进必考的原则，根据国家《中华人民共和国公务员法》及《国家公务员暂行条例》，1998年瓮安县政府制定《行政机关参公管理单位主要职责，内设机构和人员编制方案》，拟定职位说明书，机关干部参加公务员过渡培训和考试，干部身份转变为国家公务员。2015年，银盏镇（区）被确认为公务员身份的有56名。

2015年引进研究生3人。是年，银盏镇（区）在编人员246人，按编制尚缺55人。

## 第三节　职称管理

1987年，开始职称评聘，银盏乡参加职称评聘的有教育、卫生、农技等系统，首先各系统主管部门成立职称领导小组及职称评审委员会，各中小学均成立职称领导小组，各系统根据上级有关职称评聘的相关文件和主要精神，制定本系统、本单位考核方案。按照职称评聘的相关规定，职称分为高级、中级、初级三个主要级别。高级又分为正高和副高两个档次；初级分为一、二、三级三个档次。

1988年，第一轮次评聘职称工作结束，评出中级34人（包括玉华、木老坪、新华、鱼河、银盏），其余均为初级职称，即一、二、三级，是年9月职称与工资挂钩。

2000年开始实行评聘结合的职称政策，卫生、农技系统中的中、初级职称亦实行考评结合的职称评聘制度。是年，银盏乡有中级职称人员73名。2013年，银盏镇（开发区）共有副高级职称人才15名、中级职称169人、初级职称325人（含教育、卫生、农技系统）。专业技术人员职称自1988年评聘结合，到2004年评聘分离，再到2010年评聘结合，又到2012年的评聘待岗，竞岗的发展变化过程，每次都是对优秀知识分子的奖励、鼓励，对懒、散、混者的鞭策和“吃大锅饭”的挑战。职称经评聘，发给被评聘者相关证件（经省州审查发给职称资格认定书，县人事劳动局及主管单位发放聘任证书），每三年审核一次，每年用人单位考核一次，主管部门要求必须持证上岗。职称经评聘后，年终考核在单位领导下进行，首先由县组织部、人事劳动局制定相关工作考核细则，各单位考核小组根据各级职称人员在年度应完成的工作情况逐项考核，每项均设有考核项目分值，按照勤、德、才、能、绩五个设置总分为100分，考核90分以上者为优秀等次，80分以上至89分者为合格等次，60～79分者为基本合格，59分以下者为不合格，对考核为不合格等次人员要到主管部门指定的地方学习。

## 第四节　工资

瓮安解放初期，干部职工的工资以食物为主，月薪一般在50～90公斤大米（教师亦如此），后又钱米相结合（过渡时期使用旧币），旧币月薪在15～20万元（1万元相当人民币1元左右）。

1953年发行人民币，旧币停用，干部职工工资平均25元左右，最高为40元，最低为18元。

1960年以后，干部职工工资逐渐增加，月平均工资40元左右。

1962年起，瓮安县实行工资基金管理，机关、团体、企事业单位按时编制工资基金使用情况计划。1963年，调升部分职工工资，其中14～17级的行政干部升级工资面占35%。

1978年，中国共产党第十一届三中全会提出改革开放政策，党的中心工作转向以经济建设为中心，经济形势逐步好转，国家对机关干部、职工及企事业单位人员每年按一定的比例调整工资。对工资制度进行改革，对企业的分配方式实行计件工资制和浮动工资制，重点对少数工作成绩优异，工资又特别低的职工工资进行调整，此次调整，月人均增资5元。职工人均月工资40元左右，最高55元，最低27元。

1985年，机关事业单位进行第二次工资制度改革，建立以职务工资为主的结构工资制，将基本工资分为基础工资、职务工资、工龄工资和奖励工资四个部分，机关、企事业单位工作人员的工资都普遍提高，人均月增资22.18元，经过这次调资，职工工资已达到月人均109.63元，最高150元，最低83元。

1987年，企事业单位推行专业技术职称评聘制度。1988年实行职称与工资挂钩，以专业技术职称为主的工资套改以技术级别拉开收入差距，中级与初级技术职称相差100元左右，人均月增资87.6元。

1993年，国家机关、企事业单位进行第三次工资改革，公务员工资实行职级工资制，全镇职工月平均增资342元，人均净增77.6元。

1996年，对年度考核为称职（含合格）以上人员，工作年限达到一定级别年限，连续3年考核为优秀等次或连续5年考核为称职等次（含合格等次）以上的工作人员，晋升级别工资一档。

1997年，对机关、事业单位工作人员工资标准进行调整，人均净增21元。

1999年，国家对机关、事业单位工作人员工资标准进行调整，人均净增121.40元。

2001年1月，国家对机关、事业单位工作人员工资进行调整，人均净增108元，同年10月再次进行调整，人均净增75元。

2003年7月，国家对机关、事业单位工作人员工资进行调整，此次调资人员月均净增48.2元。

2006年，国家进行第四次工资改革，此次工资改革，明确国家行政机关工作人员以职务工资为主，事业单位人员以专业技术职称工资为主，以技术职务区分，以专业技术职别工资、岗位工资、艺术结构工资、体育津贴、奖金工资等工资制，并根据财政全额拨款、差额拨款和自筹部分等工资来源渠道，采用不同的标准。是年人均净增工资305元。

2006年取消连续3年获评优秀人员晋升级别工资规定。

2008年1月，规范公务员津贴。是年，义务教育和基层卫生机构执行绩效工资制，月人均净增工资500元。2009年职工月平均工资已达3215元。

2012年6月，机关事业单位的在职人员住房增量补贴计提比例从原来的20%调至30%（按月发放25%，年底补发5%），退休人员住房补贴计提比例从20%提高至40%，且按月发放。对退休人员的退休生活补贴亦按比例进行调整。

经过两次调整，公务员与事业单位人员“规范津补贴”工资已达人年均2.4万元。

2014—2015年，国家实行工资改革，实行人均增资1000元左右的标准，实行政企并轨职工退休金养老保险机制。按照职工总基本工资的24%标准月扣缴养老保险金，实施扣缴职工职业年金养老机制。将养老保险和职业年金合并为职工退休后的养老金，此次调资，经扣缴养老保险后，职工实际到手工资月人均增资450元左右。经过此次工资调整，银盏镇（区）干部职工工资人均月达5000元以上，在246人在职干部职工中，最高可达7500元，最低已是4643元。

退休干部职工也按相关规定调资、增资。54名退休人员中，最高的月领6346元，最低的月领4812元，人均月工资已达5000元以上。

## 第五节　离退休人员管理

新中国成立以来，中国实行干部离退休和企事业单位人员退休制度。

实行退休的总体原则为公务员（国家干部）、事业单位人员，凡男性年满60周岁，女性年满55周岁，可以退休，其退休后的工资待遇、福利待遇按照级别、工龄等相关规定，按照一定的比例领取。企业单位人员（即工人）按男性年满55周岁，女性年满50周岁可退休，其退休之后的工资待遇按照国家相关规定执行。

对所有退休人员建立相关信息档案，退休后的具体住址、电话号码、身体状况、家庭状况（发放体检手册、填写体检信息一年一度体检、均一一记录在案）、生活及自理情况，指定专人负责，重要节假日组织工会会员对退休人员进行慰问，并带上慰问品、慰问金、发放相关资料和文件，给予“精神营养品”，召开党政重要会议，邀请退休老干部列席，并征求治镇安民的良方。建立工会组织，建创职工之家，为防止老干部退休人员思想僵化，定时或不定时邀请他们参加座谈会，宣讲时事政治，参观县内、镇内改革开放后的辉煌成果，组织退休人员外出旅游，观赏祖国的大好河山和今昔巨变的辉煌成果。按时寄发工资，在未建网之前，离退休干部有的离镇较远，领取工资颇为不便，镇财政工资股财会室都会按时将其工资寄出，自网络开通后，镇财务室均按月将退休人员工资输入其工资卡。银盏镇财务室还将每次增资情况向离退休干部们转述。镇每次重大规划建设蓝图讨论时，均邀请曾经担任领导职务的退休老干部前来列席会议，向他们广泛征求意见和建议。在银盏镇拆迁难度较大，拆迁频繁的困难面前，老干部们纷纷发挥余热，积极出谋划策。离退休人员生病住院，党政领导都要指派专人前去看望慰问，如不幸逝世，要派专人送葬悼念。银盏镇尚健在的退休人员共有54名，是解放以来历年健在人数最多的年份。

退休人员的退休养老金平均月工资在5000元以上。

自1978年改革开放到2015年12月，银盏镇组织退休人员在县境内外参观游览13次，出省外旅游观光学习9次。

2001年6月29日，银盏镇召开退休人员座谈会，庆祝中国共产党建党80周年。

2011年7月1日，银盏镇召开退休人员座谈会，庆祝中国共产党成立90周年。

2015年9月3日，银盏镇召开退休人员座谈会，收看纪念中国人民抗日战争及世界反法西斯战争胜利70周年首都阅兵式，老干部们收看阅兵式后，畅谈新中国成立后革命和建设所取得的伟大成就，特别是自1978—2015年改革开放带来的巨大变化和辉煌成果，令他们兴奋不已，对瓮安自2008—2015年六七年的发展，特别是瓮安工业园区的崛起更让他们感慨万千。

按照上级有关文件规定，对自新中国成立以来到2014年所有离任的村干部，根据其工作年限，每年均发放一定金额补贴。

银盏镇党委、政府、工会、民政部门对生活困难的离任村干部进行节日慰问。

54名退休人员中，有党员49人，已建立退干支部，退干支部组织退休党员每月召开一次组织生活会。同时退休支部以琴棋书画摄影为载体开展活动，以银盏镇活动中心作为身心健康的锻炼场所，利用各种健身器材、卡拉OK歌咏室开展有益身心健康的活动。

# 第三章　劳动和社会保障

## 第一节　基础养老保险

### 一、新型农村社会养老保险

即以保障农村居民年老时的基本生活为目的，建立个人缴费、集体补助、政府补贴相结合的筹资模式，由政府组织实施的一项社会养老保险制度。2009年国家开始试点，2010年10月1日正式实施，瓮安县2011年启动，规定凡年满16周岁（不含在校学生）、未参加城镇职工基本养老保险的农村居民均可自愿参加新农保。采取按年缴费的方式缴纳，个人缴费标准为每人每年缴纳100元、200

元、300元、400元、500元五个档次，财政对应给予30元、40元、50元、60元、70元的标准补贴。2014年2月21日，国务院印发《关于建立统一的城乡居民基本养老保险制度的意见》（国发〔2014〕8号），决定将新农保和城居保两项制度合并实施，在全国范围内建立统一的城乡居民基本养老保险制度。个人缴费标准调整为每人每年缴纳100元、200元、300元、400元、500元、600元、700元、800元、900元、1000元、1200元、1500元12个档次，政府对100～800元缴费档次分别按每人每年30元、40元、50元、55元、60元、65元、70元、75元进行补贴，对900～1500元缴费档次统一按每人每年80元进行补贴。2015年 1月，增加2000元缴费档次，共13个缴费档次，对选择100～400元档次标准缴费的，按每人每年30元给予补贴；对选择500～900元档次标准缴费的，按每人每年60元给予补贴；对选择1000～2000元档次标准缴费的，按每人每年90元给予补贴。持有一级残疾证的免缴，国家全额出资参保。新农保实施时，已年满60周岁的老人每月可领取基础养老金55元，2015年1月提高到70元。新农保实施时，已年满45周岁、未满60周岁，按年缴费的；未年满45周岁，累计缴费15年以上的，年满60周岁时均可领取城乡居民基本养老金。养老金=基础养老金+个人账户养老金÷139计发。全镇（包括经济开发区）符合参加新型农村社会养老保险的人数为36801人，2011年参保人数为1228人；2012年参保人数1938人；2013年参保人数3834人；2014年参保人数2853人；2015年参保人数4682人。2011—2015年参保人数为14544人。

**2011—2015年银盏镇参加新型农村社会养老保险人数统计表**

表12—13

| 年　份 | 参保人数（人） |
|---|---|
| 2011 | 1228 |
| 2012 | 1938 |
| 2013 | 3843 |
| 2014 | 2853 |
| 2015 | 4682 |
| 总　计 | 14544 |

## 二、城镇居民社会养老保险

2010年，启动被征地农民社会保障工作。2011年7月，与新型农村社会养老保险同时启动，规定年满16周岁（不含在校学生）、不符合职工基本养老保险参保条件的城镇非从业居民均可自愿参加城镇居民养老保险。缴费标准为5个缴费档次，补贴标准为30元不等。2014年2月21日，国务院决定将新农保和城居保两项制度合并实施，后缴费标准、档次与新农保相同。

## 三、城镇职工社会保险

1986年起对合同制工人实行养老保险。养老保险金，企业按合同制工人工资总额的15%提取，合同制工人按本人标准工资的3%缴纳，由县劳动人事部门统筹管理。是年起，对辞退职工和破产企业职工实行待业保险。企业按全部职工标准工资总额的1%提取待业保险金。职工在待业期间，可以根据工龄和待业时间的长短，按本人标准工资的50%和75%领取待业保险金。待业期为1～2年。待业保险金统筹业务由县劳动就业办公室主办。1998年，启动国营、集体企业职工基本养老保险和失业保险，所有正常经营有缴费能力的国营企业和集体企业均缴纳职工基本养老保险费和失业保险费。2000年，启动城镇事业单位职工失业保险。2002年，启动职工基本医疗保险。2005年，启动城镇职工工伤保险。2007年，启动城镇职工生育保险和煤炭行业工伤保险。2008年，启动城镇居民医疗保险，居民医保实行州统筹，居民学生医保实行由学校统一办理参保。2009年，开展居委会干部参加城镇职工基本养老保险，将村（居、社区）支部书记、主任纳入城镇职工基本养老保险范畴，按灵活就业人员方式参保，财政补贴12%，个人承担8%。村级卫生人员、机关、事业单位编制外人员按28%缴纳养老保险费。2010年，职工基本医疗保险实行州级统筹。2014年2月24日，人社部、财政部印发《城乡养老保险制度衔接暂行办法》，于2014年7月1日起实施。首次明确城乡居民养老保险和城镇职工养老保险之间可以转移衔接，但要在参保人达到法定退休年龄后进行。2014年10月1日，全国范围启动机关事业单位人员养老保险制度改革，职工养老保险统一调整为单位缴纳基数的20%，个人缴纳8%。为保障退休待遇，增加职业年金，单位缴纳缴费基数的8%，个人缴费比例为4%。临聘人员仅参加社会养老保险，单位缴纳基数的19%，个人缴纳8%。银盏镇从2011—2015年共参保2114人，参保人员每年按一定标准缴纳养老保险金，在60周岁以前缴满15年，就可以在60周岁开始享受养老保险（女55周岁），满60周岁（女55周岁）及以上的人员，按当年缴纳保险金标准为基数，就可享受养老待遇。

## 第二节 劳动就业

1979年以前，以劳动部门介绍全民所有制、集体所有制单位就业为主。之后，实行劳动部门介绍就业、自愿组织起来就业和自谋职业的就业方针。就业渠道一是国家下达招工指标，二是技工学校、职业学校招生，三是参军，四是乡镇企业、私营企业招工和个体劳动。

从1986年起，实行合同劳动制，公开招收，择优录取。机关企事业单位根据工作需要招聘临时工。此外，放开劳务市场，组织劳务输出，特别工业园区迅速发展，为劳务输出提供了发展平台。

镇党委政府、园区管委会与农民工创业园及园区多家大型企业联合，举办大型用工招聘会，使每年转移输出1万多人，通过瓮安职校举办电脑、家政、车工、电焊、美容、美发、机修、农村实用技术培训、餐饮业服务、服装等培训班，政府为创业者给予贴息贷款2年，到2014年，为创业群众办理贴息贷款400余万元。2011年解决就业人员1200人，2012年解决1400人，比2011年增长1.17%；2013年1700人，比2012年增长1.21%；2014年解决就业人员2000人，比2013年增长1.18%；2015年就业2500人，比2014年增长1.25%，比2011年增长2.08倍。是年，瓮安职校给厦门天马徽电子有限公司订培训就业人员电子电工班61人、计算机网络技术84人，为金正大定单培训2500人。从2012—2015年培训“劳动者就业技能”人员2743人。

## 2012—2015年瓮安职校劳动者就业技能培训统计表

表12—14

| 年份＼工种 | 维修电工 | 焊工班 | 计算机操作工 | 缝纫工 | 家政服务员 | 医疗临床辅助员 | 农村实用技术 | 合计 | 备注 |
|---|---|---|---|---|---|---|---|---|---|
| 2012 | 98 | 58 | 297 | 347 | — | — | 180 | 980 | 培训工种班数：计算机操作工7、电工2、焊工1、缝纫工6，农村实用技术：药材培训：桔梗2，金银花1 |
| 2013 | 174 | 76 | 112 | 65 | 99 | — | 118 | 644 | 培训工种班数：计算机操作工2、电工3、焊工2、缝纫工2，餐厅服务员2，农村实用技术：蔬菜栽培1，太子参1 |
| 2014 | 81 | 48 | 135 | — | — | — | 452 | 716 | 培训工种班数：计算机操作工3、电工2、焊工1、家政服务员2；农村实用技术：中药材2石斛2，蔬菜栽培2，金银花1 |
| 2015 | 47 | — | 76 | 26 | — | 134 | 120 | 403 | 培训工种班数：计算机操作工2、电工1、缝纫工1；农村实用技术：现代专业养殖1，茶叶种植加工1 |
| 合　计 | 400 | 182 | 620 | 438 | 99 | 134 | 870 | 2743 | — |

## 2011—2015年银盏（开发区）解决就业人员统计表

表12—15　　单位：人、元

| 项　目 | 2011年 | 2012年 | 2012年比2011年增长% | 2013年 | 2013年比2012年增长% | 2014年 | 2014年比2013年增长% | 2015年 | 2015年比2014年增长% | 2015年比2011年增长几倍 |
|---|---|---|---|---|---|---|---|---|---|---|
| 就业人数 | 1200 | 1400 | 1.17 | 1700 | 1.21 | 2000 | 1.18 | 2500 | 1.25 | 2.08 |
| 年均工资 | 960 | 13200 | — | 18000 | — | 25000 | — | 28000 | — | — |

# 第四章 安全生产管理

境内的安全生产管理以煤矿、非煤矿山、危化物品以及交通安全、消防、地灾和防火防水为主。

## 第一节 监督管理

1992年以前，企业安全生产监督管理由乡政府负责，乡政府成立企业管理站，负责全乡企业的生产监督管理和各种税费收取，定期或不定期亲临企业车间、矿井对安全生产进行监督检查，重点检查安全生产设备设施以及器械使用情况，安全措施落实情况、安全技术人员工作情况、发现安全隐患和安全问题立即下达停产整改书，限期整改到位，否则，将按有关规定予以处理。

1993年，县乡镇企业局下派企管站管理人员，取代原乡企业管理站，秦明金为首任站长。

企管站管理人员由财政全额拨发工资，属集体所有制性质。

乡党委、政府明确一名领导分管安全工作，指导企管站加大对煤矿企业的安全生产监督管理，每周都要配戴安全帽亲临煤矿企业监督检查，下井检查安全生产设施工作和使用情况，对照明线路陈旧老化、吹风机工作状况，抽水机以及轨道，煤、车使用情况一一进行检查登记，对检查中查出的安全隐患，及时向企业负责人通报，同时下达整改意见书，限期整改。

2009年，各乡镇成立安全生产监督管理站。2011年10月，安全生产监督管理站正式成为政府管理的9个事业单位之一。2012年4月，行政区划调整，银盏乡安全生产监督管理站更名为银盏镇安全生产监督管理站。2014年9月机构改革，银盏镇安全生产监督管理办公室成为银盏镇9个党政内设机构之一。

**2009—2015年银盏乡（镇）安全生产监督管理站（办）负责人一览表**

表12—16

| 姓　名 | 性　别 | 职　务 | 任职年限 |
|---|---|---|---|
| 叶贞祥 | 男 | 站长、主任 | 2009.7—2015.3 |
| 邓　松 | 男 | 主　任 | 2015.3— |
| 杨湘军 | 男 | 副站长 | 2012.6—2013.3 |
| 邓　松 | 男 | 副站长 | 2013.3—2015.3 |
| 罗洪军 | 男 | 副站长 | 2015.3— |

**煤矿安全生产监督管理**　域内皂角树、土地塘、大井坑三个煤厂是原雍阳区公所区办企业，是

20世纪60年代率先在银盏境内开办的企业之一。1973年，区公所将以上三个煤厂的经营权、管理权下放给银盏公社，由银盏公社经营管理。在经营管理中，由于管理不善，收入甚微，于1975年相继承包给个体经营者，皂角树、大井坎煤厂出现亏损，承包费和各种税费不能按时交纳，于1995年被政府关闭。

1980年，新华上场坪煤厂发生瓦斯爆炸，死伤14人。

1992年，土地塘煤厂发生安全事故，死亡1人后被政府关闭，因此社办煤厂（原区下放的三个煤厂）已全部关闭。

随着改革开放的不断深入，政策允许个体经营煤矿企业，开办煤厂。1975—1990年，先后有雷小波、饶绍奎、韩忠全、宋锡良、宋泽基等个体老板兴办煤厂，数量达14个。由于私营煤矿井下全是自然通风，生产工艺落后，原始的全手镐挖煤，安全生产设施设备缺乏落后，个别企业负责人安全生产意识淡薄，只注重生产，忽视安全生产，导致安全事故时有发生。

1992年私营小黄沟煤厂发生透水事故，死亡4人；土地塘煤厂发生垮塌事故，死亡1人的安全事故，造成经济损失和社会影响，两次重大事故共造成直接经济损失300余万元，严重影响企业的发展和社会稳定。

1997年3月，金富煤厂发生瓦斯爆炸，死亡1人，向遇难家属赔偿1万元。

1997年7月11日，银盏乡雷家槽煤厂发生透水事故，7人遇难，经过30天奋力抢救，将7名遇难者尸体拖出井外，直接经济损失118500元。7人中有4人是外县人，其余为本乡人，遇难家属补助8000元。

据统计，企管站成立的1993年共下井检查202人次，检查出安全问题和隐患83起，下发安全生产整改意见书11份，占企业总数的77%，更换安全设备31台，照明线路143米，有效地遏制重大安全事故的发生。

**非煤矿山的监督管理**　非煤矿山的监督管理，主要是石块厂、石沙厂以及磷矿厂。70年代末80年代初，境内相继出现个体石厂、石沙厂、磷矿石厂，石厂最初出现在原太平村青龙嘴、小坡一带，后又集中在银盏村钱家院、三星槽马遵公路沿线一带，主要供应县水泥厂（现浙江浦峰水泥有限公司），少量农户建房也在此购买。石沙厂主要在原大林村罗家坝、银盏村的干田坝和原大房村的柿花园，产品主要供应建筑市场以及公路建设，磷矿石主要在岩根河村开挖生产。

1977年以后，境内沙石厂、煤厂和各种农业机械应运而生。特别是马遵公路银盏村钱家院至银坑水路段沿线，块石厂、沙石厂一度发展到数10家，每天需放100余炮，对山石进行爆破，严重影响过往车辆和行人安全。成立安全生产监管领导小组，专门负责全镇安全生产监督管理，发现安全隐患，及时处理，常抓不懈。

1991—1995年，大林沙石厂、钱家院三星槽石厂相继发生滑坡、塌方，造成施工人员死亡事故，直接经济损失150余万元。针对重大安全事故时有发生的状况，乡政府对事故厂进行停产整顿，对可能发生安全事故的苗头、隐患限期整改，对安全生产不达标、安全生产措施不得力的厂进行关闭，在此期间共关闭石厂2个，暂停生产限期整改的厂4个，同时对负责人和安全人员进行业务指导，制定安全防范措施，限时爆破，启爆前对公路行驶的车辆和行人划定区域距离进行拦截，防止飞石伤及车辆和行人。

1991年以后成立安全监督管理巡视组（3人组成），每周对各厂进行监督检查，对巡视人员实行工资与安全生产挂钩，定岗定责，责任到人。

**农用运输车辆的安全监督管理** 20世纪80年代后，国家允许个体经营汽车、拖拉机等农用机械，但同时也给安全生产带来很多安全隐患。汽车货厢载人、拖拉机拖斗载人以及人货混载等安全隐患，特别是摩托车超载超速，安全事故频发，给人民群众的生命财产造成很大损失，严重影响和制约农村的发展。

针对农用车辆频发事故的现象，乡政府组织农机安检站、农村公路管理站对在公路上行驶的车辆逐一进行登记检查，制止和纠正货厢载人，人货混载，摩托车超载超速的严重违章现象，并对相关人员进行严厉批评教育。据统计，共检查汽车、拖拉机300余辆（台），摩托车200余辆，查处违章93辆（台）次，纠正违章现象114起，有效地遏制重大交通安全事故的发生。

**火灾、水害的安全监督管理** 夏、秋季节是水害、水灾的频发时间段，夏季，气候炎热，人们时常下河或水库洗澡，溺水死亡现象频频发生。秋冬季，气候干燥，草木干枯，容易引发森林火灾。针对乡情实际，乡政府制定切实可行的防范措施，一是针对特殊群体，学校师生进行安全防范教育；二是在河道、水库显眼位置书写永久性警示标语，严禁下河游泳和洗澡；三是严禁携带火源进山，野外生火；四是炕腊肉时，要有照看，防止因无人照看而引发火灾，造成损失；五是利用广播、电视、墙报、印发宣传资料等宣传形式，教育学生和人民群众（户均1份），使安全教育深入人心，人人知晓。据统计，1992—2010年，每年度发放防水防火安全知识教育资料6000～10000份，书写永久警示标语50条，出墙报112期，安全知识普及和受教育人数达10000人次以上，实行动态管理，动态预防。

## 第二节 宣传培训

境内煤矿和非煤矿山较多，点面广，加强宣传培训，实现安全生产是政府一项义不容辞的重要职责。

1973年以后，雍阳区公所将域内的3个区办企业下放给银盏公社经营管理后，政府强化了对煤矿、非煤矿山等的安全生产管理，重视对厂长、技术、安全以及行管人员的安全生产知识培训。

**煤矿、非煤矿山培训** 1973年，雍阳区公所下放原区属皂角树、土地塘、大井坎给银盏公社后，党委、政府就一直重视安全生产，重视对相关人员的管理和培训。规定每月对矿（厂）长培训一次，安全检查员、技术员每月培训3次，行管人员每月培训2次。培训内容是：安全生产知识、安全生产技术要求、安全生产的预防和处置。通过培训，使厂（矿）长认识安全生产的重要性和必要性，使安全检查人员、技术员掌握安全生产技能，预防和处理生产中出现的问题，发现和排除安全隐患，预防重大事故发生。

1973—1990年，共培训厂（矿）长961人次，安全检查、技术人员2000余人次，行管人员5500余人次。至2015年年底，全镇共培训厂（矿）长1800余人次，培训技术人员8000余人次，行管人员10000余人次，有效地预防重大安全事故发生。

**驾驶员培训** 1980年以后，随着汽车、农用车的迅速增多，安全事故也在增加。为提高驾驶员和拖拉机手的驾驶技术及安全防范意识，政府每年都要聘请专业人员进行业务培训，以道路交通法规内容为教材，年平均培训1～2次，培训人数80～110人次。

至2015年，全镇共有各类型号摩托车1000余辆，在给用户带来方便快捷的同时，但安全事故和隐患突出，给用户和行人造成一定的经济损失。对此，政府针对摩托车特点，对驾驶员进行培训和教育，年平均培训人数300～500人次，严禁超速超载，无证驾驶。

在培训专业人员的同时，还对学校师生进行安全教育，内容是道路交通安全、行人靠右行走、不横穿公路、不随便玩火、进山林不带火种、不下河洗澡等。据统计，从1975年开始，每年培训师生达1500余人次，有效地预防和遏制各种安全事故的发生。

# 第十三篇　法治　武装

# 第一章　公安

## 第一节　机构

解放后，县人民政府于1950年1月成立公安局。1952年县公安局逐步设置内设机构。1952年年末设有秘书股、侦审股、治安股、公安队等，区设公安助理员，同年9月，区公安助理员改为公安干事。1958年12月，瓮安县与福泉县合并，公安局设在瓮安县城。1959年，雍阳设公安派出所，银盏公社设政法公安部，区公安干事改为政法公安部长。1961年8月，瓮安县与福泉县分县，公社政法公安部撤销，设公安特派员。1966年，“文化大革命”开始，由军代表统管公安，基层自保组织被“造反”组织取代，各行各业陷入无序状态。1973年3月，撤销军管，恢复公安局，并逐步设置内设机构。1976年设新华派出所，1979年撤销新华派出所。1987年，监理站由公安管理。1988年，监理站改成交通警察队，5月建公安道路安全检查站。1989年9月，设户政科。1991年，瓮安县撤区并乡建镇，按省公安厅要求“一乡一镇建立一所”的原则，银盏设立派出所机构，其队伍建设、工作、人事管理等由县公安局统一管理和领导。2008年 3 月16日，根据瓮编〔2008〕6 号文件，银盏等23个派出所均为副科级机构。2012年 4 月，行政区划调整，境内有银盏派出所，撤销木老坪派出所。2013年7月，第二次行政区划调整，境内有银盏派出所、玉华派出所、鱼河派出所。

图13-1-1　玉华派出所办公楼

**1990—2015年银盏派出所负责人一览表**

表13—1

| 姓　名 | 行政职务 | 任职时间 | 党内职务 | 任职时间 | 备　注 |
|---|---|---|---|---|---|
| 肖堂斌 | 所　长 | 1990.10—1991.10 | — | — | — |
| 宋忠华 | 所　长 | 1991.10—1994.4 | — | — | — |
| 兰绍波 | 所　长 | 1994.4—2002.6 | — | — | — |
| 吕　克 | 指导员 | 1998.6—2002.1 | 书　记 | 2002.2—2007.10 | 党支部 |
| 吕　克 | 所　长 | 2002.7—2007.10 | — | — | — |
| 官剑升 | 所　长 | 2007.11—2010.5 | — | — | — |

续表13-1

| 姓　名 | 行政职务 | 任职时间 | 党内职务 | 任职时间 | 备　注 |
| --- | --- | --- | --- | --- | --- |
| 陈　田 | 所　长 | 2010.5—2012.4 | — | — | — |
| 何玉旭 | 副所长 | 2012.10— | — | — | 主持工作 |
| 龚相云 | 教导员 | 2012.9— | — | — | — |

## 1990—2015年玉华派出所负责人一览表

表13—2

| 姓名 | 行政职务 | 任职时间 | 党内职务 | 任职时间 | 备注 |
| --- | --- | --- | --- | --- | --- |
| 王华成 | 副所长 | 1991—1994 | — | — | 主持工作 |
| 张太平 | 所长 | 1994—1997.5 | — | — | — |
| 周君伦 | 所长 | 1998.6—2007.11 | — | — | — |
| 陈胜学 | 所长 | 2007.11—2012.5 | — | — | — |
| 冷友权 | 教导员 | 2010.5—2012.4 | — | — | — |
| 冷友权 | 所长 | 2012.4— | — | — | — |
| 罗邦平 | 教导员 | 2012.4—2015.11 | — | — | — |

## 1990—2012年木老坪派出所负责人一览表

表13—3

| 姓名 | 行政职务 | 任职时间 | 党内职务 | 任职时间 | 备注 |
| --- | --- | --- | --- | --- | --- |
| 陈明亮 | 副所长 | 1991.1—1994.5 | — | — | 主持工作 |
| 李伟 | 副所长 | 1994.5—1998.6 | — | — | 主持工作 |
| 旦光业 | 副所长 | 1998.6—2000.4 | — | — | 主持工作 |
| 李登康 | 所长 | 2000.4—2007.10 | — | — | — |
| 刘如键 | 所长 | 2007.11—2010.5 | — | — | — |
| 黄吉伟 | 所长 | 2010.5—2012.5 | — | — | — |

## 1990-2015年鱼河派出所负责人一览表

表13—4

| 姓　名 | 行政职务 | 任职时间 | 党内职务 | 任职时间 | 备　注 |
|---|---|---|---|---|---|
| 赵文贵 | 所长 | 1991.10—1992.11 | — | — | — |
| 彭林忠 | 副所长 | 1992.11—2000.4 | — | — | 主持工作 |
| 闵文华 | 副所长 | 2000.4—2002.7 | — | — | 主持工作 |
| 王文军 | 副所长 | 2002.7—2007.11 | — | — | 主持工作 |
| 李登康 | 所长 | 2007.10—2012.9 | — | — | — |
| 帅敏芳 | 所长 | 2012.9—2015.11 | — | — | — |
| 张永祥 | 教导员 | 2012.9—2015.11 | — | — | — |

## 1975—1982年新华派出所负责人一览表

表13—5

| 姓　名 | 行政职务 | 任职时间 | 党内职务 | 任职时间 | 备　注 |
|---|---|---|---|---|---|
| 刘凤祥 | 所　长 | 1975.1—1982.12 | — | — | — |

2013年8月1日，黔南州公安局在银盏镇成立“黔南州公安局瓮安经济开发区分局”，为州公安局派出机构，由州公安局委托瓮安县公安局代管。将银盏派出所调整为黔南州公安局瓮安经济开发区分局管理，银盏派出所行使第一治安管理权、处罚权，对治安案件和一般刑事案件具有第一调查权、行政强制权。

图13-1-2　2015年6月24日，银盏片区派出所党支部全体党员合影

图13-1-3　2015年6月区公安局局长李文奎在银盏片区派出所党支部成立大会上讲话

图13-1-4　2015年9月，县委常委、政法委书记，公安局局长黄成（中）到银盏派出所检查工作，副局长邓森林（左）、龚相云教导员（右）陪同

## 第二节 侦察破案

刑侦工作是国家法律赋予公安机关的一项权力，按照国家法律行使侦察权，包括技术侦察在内的跟踪、盯梢、堵截、守候等公开和秘密手段，同各种刑事犯罪分子作斗争。解放后，严格按照国家法律，采取专门机关与群众路线相结合的办法，针对各个时期刑事犯罪分子活动的不同特点进行刑事侦察。20世纪50年代，烟毒、盗窃案件较多；60年代初期，盗窃、偷牛盗马、抢劫案件较多；“文化大革命”时期，盗窃、强奸、诈骗、抢劫案件较多；70年代，盗窃、强奸、诈骗案件时常发生；80年代，盗窃、强奸、抢劫、伤害、凶杀、诈骗、拐卖人口案件较多。1950—1960年，贯彻“有案即破，露头就打，专案专办，打防结合”的方针，及时打击各种刑事犯罪活动，使社会治安秩序有了好转。1961年4月27日，在新华铁厂破获一起准备在“五一”和“七一”名为“劳动党”的反革命预谋暴动案，为首分子7人，成员59人，破案后拘捕为首人员10名。1977年，在全县范围内开展三次打击刑事犯罪统一行动，银盏查出刑事案件1起，处罚5人。1987年8月29日，中共贵州省委书记胡锦涛到瓮安视察工作，在中共黔南州委书记邱跃国、中共瓮安县委书记谢邦全的陪同下，途经银盏去玉山区小开洲乡烤烟生产大户访问，银盏派出所全体公安人员进行全方位的安全保卫工作。1990年，发生刑事案件2件，侦破1件。1991年发生刑事案件3件，破案2件。1992年发生刑事案件5件，侦破4件。1993年，银盏乡发生刑讯逼供致人死亡案件，同时开展整纪刹风，反腐倡廉活动，破获刑事案件1件。1994年，刑事案件发案1件，破获1件。1995—1997年，共发生刑事案件4件，侦破2件。1998—1999年，破获刑事案件3件。2000年12月13日，县公安局侦破租住西坡林场宿舍的张光明与石家寨村卢先海绑架杀死谢瑞菊案，经审理，挖出案中案，张光明于1999年8月杀死姜元菊并砍成肉浆，倒入河中，将头和脚骨埋藏在租住附近的茗洞内。2001年7月13日，银盏派出所兰绍波所长带领全体干警在太平村小春湾村民潘某某处收缴假币11000元。2002—2003年，发生刑事案件3件，破获2件；2004—2005年，发生刑事案件5件，破获2件。2006年8月，破获西坡林场“8・6”田兴友、卢子平抢劫客车乘客一案。2007—2009年，共发生刑事案件16件，侦破5件。2010年11月30日，抓获抢劫犯陈开阳。2011年刑事案件发案8件，破获2件。2012年发生刑事案件19件，侦破9件。2013年1月14日，破获吴先荣、吴光彪、苏恋、李家顺、陈祖军暴力抢劫公私财产案件，共破获刑事案件14件，所长何玉旭被银盏镇政府评为“先进个人”。2014年5月4日，抓获李代坤绑架儿童案。10月6

图13-1-5　公安分局局长李文奎（左二）、副局长邓森林（左一）到穿洞村桠老坪了解社情民意

图13-1-6　2015年7月，群众送锦旗到公安分局

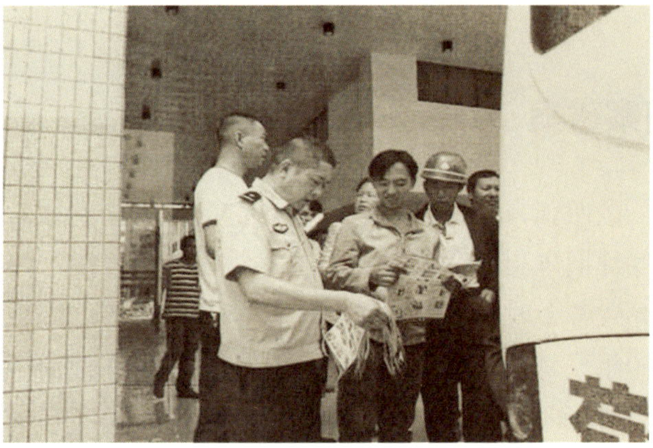
图13-1-7　2015年8月，银盏派出所所长何玉旭（左一）到辖区检查工作

日，乡派出所民警梁小兵破获一起撬锁盗窃一辆红色踏板车，价值3000元的案件。9月28日，破获太平社区朱某某故意杀人一案。朱某某因为受丈夫钱某某的家庭暴力且加之2014年9月12日与钱某某离婚，因此，朱怀恨在心，意欲报复钱某某，蓄意杀害钱某某与前妻所生育的一男孩。后朱某某于2014年9月26日12时至2014年9月27日15时期间，将小孩带到瓮安县雍阳办事处云星村小学附近的一废弃煤洞口，后用随身携带的白布带勒住其小孩的脖子将其窒息。在此后再用手、鞋跟殴打孩子脸部，造成小孩脸部血肿并窒息不能动弹。朱某某将小孩的躯体丢弃在小煤洞口后逃离。后经抢救，小孩脱离生命危险，经鉴定，孩子身体损伤程度为重伤二级。是年，发生刑事案件19件，破获16件。2015年，发生刑事案件50件，已侦破26件。是年2月，经济开发区管委会授予派出所所长何玉旭为“先进个人”称号。1990—2015年，共查处刑事案件发案数164件，破案95件。

## 第三节　治安管理

**治安组织建设**　1950年建立村农民协会，设治安委员。1951年，各村设治安小组。1953年，银盏设治安保卫委员会，配备正、副主任和委员3人。1958年，公社设治保委员会，各村设治保小组。1980年，建立银盏乡治安办公室，编制3人，各村成立治保会。治保会主任集中到县进行为期三天的学习培训，并制订执行乡规民约、村规民约，严格各种规章制度。1986年，在雍阳区建立治安巡逻队。到1990年，治保组织在各个时期协助公安机关侦察破案、巡逻值班，共同捕捉流窜犯罪分子。2009年，县公安局为银盏派出所民警配发350m集群寻呼，提升县公安局指挥调度、快速反应能力，并在银盏安装公安专网，确保派出所网上办公，搭建宣传网站，保障公安通信系统网络安全及正常运行。1990年，治安案件发案10起，查处10起。1991—1995年，发案76件，查处76件。1996—2000年，治安案件发案64起，查处64起。2001—2005年，查处治安案件68起。2006年3月，查获冉孟刚、陈远奎在鱼河乡石马村水淹塘组盗走一头水母牛案件，价值2000余元。2007年，破获偷盗耕牛价值1260元案件一起，并将此案移送审查，依法起诉。2014年5月21日，破获在银盏镇银盏街上烟花店门口盗窃一部苹果牌手机，价值2200元一案，盗窃人闫明星已被逮捕，押于瓮安县看守所。查获2014年2月26日入室盗窃9500元现金案一起，调解婆媳之间的民事纠纷一起，银盏镇派出所结合社会治安综合治理，创建“平安工程”，加大刑事案件和治安案件的侦察力度，确保银盏镇工业园区一方平安。1990—2015年，在贯彻《中华人民共和国治安管理处罚法》，协助查处治安案件中，查处治安案件458件700余人。

**监督改造“四类分子”**　解放后，除少数罪行严重的反革命分子和刑事犯罪分子被依法进行惩处外，对绝大多数的地主、富农、反革命分子和坏分子（简称“四类分子”），依靠群众实行就地监督劳动，教育改造。1956年，接收部分表现好的“四类分子”加入高级农业生产合作社，后来对“四类分子”定期进行评审。1959年起，实行月考季评、年总评，对表现突出的（为第一类）报批摘掉“帽子”；表现好的和比较好的（为第二类）批准为正式社员和农业生产合作社候补社员；表现差的（为第三类）监督劳动和依靠管制。1979年，根据中共中央指示精神，采取群众评议、公安局审查、县委批准、张榜公布的方法，批准纠正错戴地、富、反、坏分子“帽子”和摘掉帽子，到1980年年末，已全部摘掉。

**禁毒**　解放初期，县人民政府发出严禁播种鸦片的告示，对毒品进行全面查禁。1950年9月，县建立禁毒委员会，设立戒毒所，在城关召开吸毒、贩毒人员会议，进行教育，发动群众参与查缴鸦片，没收烟具的禁毒活动。1951年，由村长、农协主席、治安委员召集烟贩人员开会，讲明政策，勒令缴出全部烟毒，并限期戒绝。通过教育，1958年，银盏乡银水寺老和尚郭明扬交出鸦片87.63公斤，政府给予表扬和鼓励，并按规定发给补偿。瓮安被评为全省“交毒运动”先进县。至此，种植、贩卖、吸食鸦片基本杜绝。

1992年，县侦破一件特大贩毒案的同时，乡派出所及乡政府利用“6·26”禁毒日举行大型宣传活动，各村书写禁毒标语一条，接受群众咨询900余人次，受教育群众2500余人。2000年以来，全乡各学校加强对青少年的法制思想教育，请法制宣传人员到校对学生进行禁毒知识的宣传，经群众举报，通过干警的侦察，2011年破获吸毒案一件。2012年抓获吸毒人员8人。2013年，“6·26”禁毒日，进行毒品危害图片宣传，制作“预防、远离”毒品横幅24条。2014年，抓获吸毒人员2人。2015年1月19日，在瓮水办事处卡特情侣酒店内抓获吸毒人员龚兵，由银盏派出所民警将其送至公安局行政拘留所执行拘留。8月6日，抓获吸毒人员王伟，将王伟送至瓮安县公安局行政拘留所执行拘留。

每年春秋两季，组织干警、治安人员到农村边远村寨、山区、房前屋后等隐蔽区域开展巡逻宣传，发现种植罂粟的，予以铲除和教育，种植数量大的，予以行政拘留。

**禁赌**　1950年进行严禁赌博宣传、社会治安整顿，严厉打击赌博行为。“文化大革命”时期，赌博时有发生。1990年以后，变相赌博严重，特别是打麻将为主，参赌人员大多为无业游民、农民、工矿职工。派出所按照区委、区公所和县公安局的要求，将抓赌、禁赌作为重要工作来抓落实。2011年11月16日，抓获用摇包谷子的赌博方式人员13人，当场收缴赌资及抽头营利9000余元。2014年1月18日，抓获唐纯林、钱仕洪等10人，赌资高达5万余元。

### 1990—2015年银盏镇案件侦察情况统计表

表13—6　　单位：件、%

| 年份 | 刑事案件 | | | 治安案件 | | |
|---|---|---|---|---|---|---|
| | 发案数 | 破案数 | 破案率 | 发案数 | 破案数 | 破案率 |
| 1990 | 2 | 1 | 50 | 10 | 10 | 100 |
| 1991 | 3 | 2 | 66.67 | 15 | 15 | 100 |
| 1992 | 5 | 4 | 80 | 12 | 12 | 100 |
| 1993 | 2 | 1 | 50 | 10 | 10 | 100 |

续表13-6

| 年份 | 刑事案件 | | | 治安案件 | | |
|---|---|---|---|---|---|---|
| | 发案数 | 破案数 | 破案率 | 发案数 | 破案数 | 破案率 |
| 1994 | 1 | 1 | 100 | 13 | 13 | 100 |
| 1995 | 1 | 0 | 0 | 11 | 11 | 100 |
| 1996 | 1 | 1 | 100 | 10 | 10 | 100 |
| 1997 | 2 | 1 | 50 | 14 | 14 | 100 |
| 1998 | 3 | 2 | 66.67 | 13 | 13 | 100 |
| 1999 | 2 | 1 | 50 | 12 | 12 | 100 |
| 2000 | 2 | 0 | 0 | 15 | 15 | 100 |
| 2001 | 3 | 2 | 66.67 | 14 | 14 | 100 |
| 2002 | 1 | 1 | 100 | 13 | 13 | 100 |
| 2003 | 2 | 1 | 50 | 11 | 11 | 100 |
| 2004 | 3 | 1 | 33.33 | 16 | 16 | 100 |
| 2005 | 2 | 1 | 50 | 14 | 14 | 100 |
| 2006 | 1 | 1 | 100 | 13 | 13 | 100 |
| 2007 | 2 | 1 | 50 | 14 | 14 | 100 |
| 2008 | 4 | 2 | 50 | 37 | 30 | 81.08 |
| 2009 | 4 | 2 | 50 | 37 | 30 | 81.08 |
| 2010 | 6 | 0 | 0 | 36 | 36 | 100 |
| 2011 | 7 | 2 | 28.57 | 40 | 40 | 100 |
| 2012 | 19 | 9 | 47.36 | 43 | 33 | 76.74 |
| 2013 | 16 | 14 | 87.5 | 14 | 12 | 78.57 |
| 2014 | 20 | 18 | 94.73 | 21 | 18 | 100 |
| 2015 | 50 | 26 | 50 | 36 | 22 | 52.38 |
| 合计 | 164 | 95 | 57.9 | 494 | 451 | 91.3 |

## 第四节 户籍管理

1951年始建户籍档案，办理出生、死亡、迁入、迁出人口变化登记。农村户口由乡、村两级管理，集体和暂住户口，包括机关、团体、学校 、企业、事业单位人员户口，由派出所登记管理。1952年农业户口转为非农业人口，由区派出所根据申报条件，报县公安机关配合有关部门按规定、比例批准。1953年7月，全国第一次人口普查，并对各户人口的姓名、年龄、职业、籍贯等进行核实，以乡（公社）为单位建立户口登记和人口变动登记制度，由乡文书负责办理。1955年建立机关、团体、学校、厂矿集体户口登记管理制度。1964年起，由公社秘书、大队（村）会计（文书）为户口管理员，负责办理户口变动登记手续。结合1964年全国第二次人口普查，每户人口进行第二次审核，户口簿册一式两份，建立出生、死亡、迁入、迁出四项异动登记制度，经核实填表上报。户籍分为“农业”“非农业”（居民）两类，凡从事农业生产的家庭，其家庭人员为农业户口，国家工作人员、企事业单位职工等其他从业人员及其家庭成员为居民户口，父母分别从事农业生产和其他职业的子女，随母入户，两种户口之间界线严明，居民户口可享受国家商品粮供应，且国家招工、录用工作人员多向居民户口人员倾斜。1979年，州公安局加印了城市户口登记簿发到各派出所，县公安局召开全县户籍人员会议，交流户口管理经验。1980年，县公安局对各派出所户籍员进行培训，为公社和大队购制户口簿，印制四种变动登记表，添置户口卡柜。1981—1982年，进一步加强户政建设，解决内迁职工家属农转非户口问题。1982年，全国第三次人口普查，1984年内迁职工农转非工作基本结束。是年，开展暂住人口登记工作，规定外地到境内居住一月以上者须办暂住户口证。1985年，对重点人口进行清理整顿和管理。1986年，全部由各区派出所管理，农业人口转非农业人口，由派出所申报，公安局与有关部门共同审查批准。1987年11月起，开展颁发居民身份证工作，由派出所负责辖区内常住户口居民身份证的申报、办理，至1990年9月结束。1991年，全国第四次人口普查对全乡的户口逐一进行审核，总户数2779户，总人口12592人，其中少数民族462人，出生136人、死亡57人、迁入58人、迁出52人。是年10月，县颁证机构获国家公安部授予全国颁发居民身份证“先进集体”称号。1992年，开始办理部分地方城镇有效的“蓝印户口”。1994—1995年，进行小城镇户口管理改革。1996年，农村户口城市化管理“四个一”工程全部完成。1998年3—10月，换发居民户口本2600个，填写新常住人口表12000余张。2001年，进行第五次全国人口普查，并对派出所配置微机对户口进行管理，将户口信息录入计算机，使管理规范化。2003年，乡派出所加强人口管理，计算机信息系统建设，录入常住人口14201人。2004年，对人口信息进行核对，开展公民身份证号码“重号”“错号”“项目差错”等网上全面清理和纠正。2005年，购买数码相机、扫描仪、人像采集系统等设备，对16周岁以上人口进行人像采集。2006年，全面启动换发第二代居民身份证工作，2008年换发第二代居民身份证工作结束。2009年，开展辖区人口基础信息采集和录入工作。2011年，开展信息纠错、查缺补漏、采集、录入、应用大会战，使“派基”系统数据能长期保持完整、准确、鲜活。启用户口迁移网上“一站式”办理，简化手续，提高效率。2013年，行政区划调整，强化对常住人口的管理，派出所民警分片包干，落实责任制，增加群众的见警率和入户率。是年，出生入户652人，死亡销户234人，迁入319人，迁出359人。2014年，全镇登记常住人口34609人，总户数11302户。2015年，全镇登记常住人口56450人，总户数17103户。

### 1991—2015年银盏镇（乡）常住人口统计表

表13-7　　单位：户、人

| 年份 | 总户数 | 总人口数 | 少数民族 | 出生 | 死亡 | 迁入 | 迁出 |
|---|---|---|---|---|---|---|---|
| 1991 | 2779 | 12592 | 572 | 136 | 57 | 58 | 52 |
| 1992 | 2859 | 12807 | 547 | 104 | 115 | 199 | 108 |
| 1993 | 2939 | 12843 | 560 | 118 | 62 | 70 | 90 |
| 1994 | 2989 | 12915 | 501 | 110 | 87 | 101 | 78 |
| 1995 | 3010 | 13089 | 538 | 120 | 80 | 180 | 98 |
| 1996 | 3129 | 13302 | 562 | 112 | 70 | 140 | 70 |
| 1997 | 3280 | 13450 | 590 | 180 | 112 | 110 | 45 |
| 1998 | 3340 | 13508 | 662 | 156 | 102 | 121 | 80 |
| 1999 | 3410 | 13680 | 691 | 170 | 90 | 110 | 70 |
| 2000 | 3490 | 13790 | 736 | 180 | 110 | 120 | 102 |
| 2001 | 3513 | 13904 | 742 | 175 | 102 | 118 | 90 |
| 2002 | 3540 | 14001 | 758 | 181 | 120 | 142 | 102 |
| 2003 | 3680 | 14201 | 761 | 150 | 101 | 164 | 105 |
| 2004 | 3711 | 14421 | 780 | 140 | 110 | 158 | 90 |
| 2005 | 3758 | 14501 | 782 | 150 | 120 | 132 | 90 |
| 2006 | 3820 | 14711 | 782 | 149 | 98 | 120 | 80 |
| 2007 | 3880 | 14901 | 786 | 180 | 119 | 132 | 95 |
| 2008 | 3971 | 15012 | 803 | 201 | 102 | 190 | 70 |
| 2009 | 4031 | 15209 | 826 | 190 | 101 | 175 | 90 |
| 2010 | 4578 | 15607 | 869 | 289 | 80 | 180 | 101 |
| 2011 | 4864 | 15828 | 1027 | 323 | 63 | 205 | 92 |
| 2012 | 11085 | 33906 | 1964 | 522 | 279 | 301 | 233 |
| 2013 | 11221 | 34284 | 2075 | 652 | 234 | 319 | 359 |
| 2014 | 11302 | 34609 | 2120 | 609 | 209 | 305 | 380 |
| 2015 | 17103 | 56450 | 3405 | 1409 | 218 | 308 | 187 |

## 第五节　道路交通管理

**交通安全管理机构**　1950—1973年，为县交通局（科）。1973年，建县车辆管理站，由州、县交通局管理。1987年4月，改由州、县公安部门领导。同时，组建城镇交通队维护雍阳、草塘两镇的道路交通秩序。1988年4月，撤销监督管理站、交通队，建立交通警察队。

**道路交通安全教育**　20世纪50—60年代，因当时国家贫穷、落后，开展交通安全的宣传教育不多。60年代后，国家摆脱贫困，科技越来越发达，日新月异，机动车数量逐渐增多，机动车管理就由县公安局、交通局（科）联合管理，并组织宣传组通过有线广播、图片展览、进校宣传、逢场期等形式进行宣传教育。在有车单位开展安全红旗竞赛，评选安全生产标兵。在主要交通点设交通安全员，从1974年起，交通安全管理部门定期举办驾驶员学习班，进行安全教育。乡派出所干警协同县公安局、交通局共同维护道路交通安全秩序。

**道路交通管理**　解放后到20世纪60年代，车辆和驾驶员管理主要通过有车单位制定安全行车制度进行。交通部门在车站、食宿站点不定期组织驾驶员学习安全行车规定和研讨交通事故。1974年起，乡派出所协同交通安全管理部门每年进行一次车辆检审和驾驶员审验登记，严格各种交通规章制度，落实安全措施，进行交通安全道路检查。2009年，县交通安全管理部门委托乡镇派出所实行县道、省道、村道的道路交通安全管理职责。1990—2011年，纠违4605起，死亡78人，2012年纠违180起，2013年纠违180起，2014年纠违180起，2015年纠违105起，2012—2015年交通死亡人数46人。

## 第六节　消防管理

解放后，城镇各街道逐步建立防火小组，备有火钩、水叉、水枪等简单的消防工具。消防工作坚持“以防为主，以消为辅”的方针。1954年5月，县成立防火检查委员会，各乡和机关单位明确一名治保人员担任防火检查员，制定防火检查制度，经常开展防火检查和消防知识宣传教育，提高干部、群众的消防意识。1975年9月，公安局设消防股，后改为消防科，专门负责全县的消防工作。1978年在35户以上的自然村寨建立义务消防队，修建消防池7个。1980年1月，县消防中队建立，有干警30人，并配消防车一辆。1985年，县消防中队配合派出所消防人员对机关、企事业31个重点单位进行检查，达到消防工作十项验收工作标准的有29个。同时，加强义务消防骨干人员培训，帮助重点单位制定制度，在重大节日前进行普遍检查，及时消除火灾隐患。1986年，乡派出所消防人员对银盏7个自然村寨进行检查，对

图13-1-8　1996年7月17日，银盏派出所所长兰绍波到天安公司调研污水排放问题

图13-1-9　1996年7月16日，银盏乡派出所所长兰绍波（左三）与民警倪兴祥（右一）到大信黄磷厂检查安全工作

图13-1-10　2015年12月，公安分局治安大队大队长吴仕臣（左二）在金正大检查、指导消防工作

图13-1-11　群众送锦旗

达标的发给合格证，对基本达标的共同研究改进措施。在银盏镇境内没有发生大的森林火灾，广大人民群众在生产季节铲土坎烧草灰，或在春节及清明节日期间上坟烧香烧纸，都自觉遵守村规民约中对消防的管理规定，尽量避免山林火灾事故的发生。

2010年，公安派出所制定消防安全职责。对建筑物及公众聚集场所制定了三条标准。①是否通过消防验收；②是否进行消防竣工验收备案；③公众聚集场所是否通过投入使用。营业前消防安全检查，制定消防安全管理五条。即健全消防安全制度；组织开展员工消防安全教育培训；组织开展防火检查；组织演练火灾和应急疏散预案；不得将生产、储存、经营易燃易爆危险品的场所与居住场所设置在同一建筑物内。建筑防火五条，即畅通消防车通道；畅通疏散通道，安全出口；防火门完好有效；疏散指示标志完好有效；应急照明完好有效。消防设施，即室内消火栓设置完好有效；设置灭火器完好有效；定期检查并记录建筑消防设施；物业服务企业对管理区域内共用消防设施是否维护管理。

村（居）民委员会履行消防安全职责情况：1.确定消防安全管理人；2.制定消防安全工作制度；3.有防火安全公约；4.开展消防安全教育；5.开展防火安全检查；6.维护管理消防水源，消防车通道及消防器材；7.建立各种形式消防组织。未达标，责令改正，下发《责令改正通知书》。

2008年，县人民政府第2号《野外禁火令》，消除各类火灾隐患。根据《中华人民共和国森林法》《中华人民共和国治安管理处罚法》国务院《森林防火条例》《农业部关于禁止焚烧秸秆的紧急通知》的规定，严禁在野外焚烧草坡开垦荒地、焚烧荒山采伐木材、焚烧田坎土坡、秸秆积肥、焚烧枯枝树叶、烧火取暖、燃放烟花爆竹、香蜡纸烛，在禁区吸烟，野炊烧烤等，将依照《森林防火条例》第五十条，对个人处以

200～3000元罚款，并按照《治安管理处罚法》之规定予以行政拘留；对单位处以10000～50000元罚款；对构成犯罪的依照《中华人民共和国刑法》追究刑事责任。对未成年人，精神病患者，智障人员玩火引起的森林及其他火灾，依法追究家长及监护人的相关责任。检查全镇333家（单位），发现火灾隐患243处，督促整改224处，下发责令整改通知书53份，下发行政处罚决定书16份，罚款8人、警告8人，罚款金额400元。

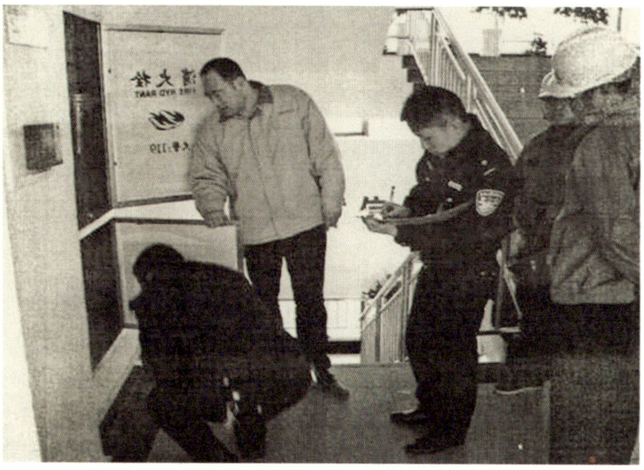

图13-1-12　消防检查

2009年，检查单位（家次）1598家，发现火灾隐患1202处，督促整改1149处，下发责令整改通知书568份，下发行政处罚决定书54份，罚款3人，警告51人，罚款金额150元。2014年，检查单位（家次）702家，发现火灾隐患340处，督促整改340处，下发责令整改通知书334份，下发行政处罚决定书48份、罚款26人、警告22人、罚款金额700元。2015年，检查单位（家次）1120家，发现火灾隐患197处，下发责令整改通知书120份，下发行政处罚决定书41份、罚款3人、警告38人、罚款金额150元。

### 银盏派出所消防单位汇总表

表13—8　　单位：个

| 消防机构 | 分类统计 | 重点单位（按类型） | | | | | 重点单位（按级别） | | | 重点单位 | 一般单位 | 九小场所 | 其他单位 | 合计 |
|---|---|---|---|---|---|---|---|---|---|---|---|---|---|---|
| | | 机关 | 团体 | 企业 | 事业 | 其他 | 一级 | 二级 | 三级 | | | | | |
| 银盏派出所 | 分类统计 | 4 | 0 | 28 | 10 | 23 | 0 | 0 | 65 | 65 | 42 | 0 | 28 | 135 |
| 合计 | 分类统计 | 4 | 0 | 28 | 10 | 23 | 0 | 0 | 65 | 65 | 42 | 0 | 28 | 135 |

### 2012—2015年银盏镇派出所开展消防检查情况统计表

表13—9

| 年份 | 检查单位（家次） | 发现火灾隐患（处） | 督促整改（处） | 下发责令整改通知书（份） | 下发行政处罚决定书（份） | 罚款（人） | 警告（人） | 罚金（元） |
|---|---|---|---|---|---|---|---|---|
| 2012 | 333 | 243 | 224 | 53 | 16 | 8 | 8 | 400 |
| 2013 | 1598 | 1202 | 1149 | 568 | 54 | 3 | 51 | 150 |
| 2014 | 702 | 340 | 340 | 334 | 48 | 26 | 22 | 700 |
| 2015 | 1120 | 197 | 180 | 120 | 41 | 3 | 38 | 150 |

# 第二章　社会治安综合治理

## 第一节　普法教育

1950—1980年，法制宣传、公证、律师、调解民事纠纷等工作由法院代理。1980年11月，建县司法局，设公证处、法律顾问处。1989年法律顾问处改为律师事务所。1984年5月，雍阳区建立法律事务所，配有司法助理员2人。1988年，设司法办公室。1989年改为法律事务所。从1981年起，采取各种形式先后宣传《中华人民共和国宪法》《中华人民共和国刑法》《中华人民共和国刑事诉讼法》《中华人民共和国民事诉讼法》《中华人民共和国婚姻法》《中华人民共和国森林法》《中华人民共和国继承法》《中华人民共和国社会治安处罚条例》和《中华人民共和国保护妇女儿童合法权益法》等法律法规。1983年，宣传中共中央《关于严厉打击刑事犯罪活动的决定》《关于打击经济领域中严重犯罪活动的决定》和《关于严惩严重危害治安的犯罪分子的决定》。1985年7月，县建立普法领导小组及办公室，制定"一五"普法规划，乡、村各单位分别建立相应组织，在9岁以上有接受能力的公民中进行"十一法一条例"的基本法律常识普及教育，培训乡村2名普法员。1986年，中组部、中宣部、司法部等六部委确定实施开展全民法制宣传教育第一个五年规划，每五年一次在全民中开展宣传教育活动。

一、"一五"普法。1986—1990年，"一五"普法在全民开展，进行宪法、民法通则、民事诉讼法、刑事诉讼法、婚姻法、继承法、经济合同法、森林法、中华人民共和国兵役法、民族区域自治法、治安管理处罚条例的普法教育，以各行业部门为单位组织学习，集中统一测试。

二、"二五"普法。1991—1995年，实施"二五"普法，通过实施开展"二五"普法，广大干部和人民群众法律意识、法制观念大有提高，农村社会经济发展、城乡社会稳定、人民安居乐业、依法行政、依法治理全面步入法制轨道。

图13-2-1　在木老坪开展"12·4"法制宣传

三、"三五"普法。1996—2000年，坚持以邓小平理论和中共十五大精神为指导，认真贯彻落实中央关于依法治国的战略决策，具体实施了"三五"普法的目标、对象和要求。经过准备启动、全面落实、考核总结三个阶段，完成了"三五"普法的目标任务和要求。

四、"四五"普法。2001—2005年，乡党委、政府与部门共同研讨，干部职工广泛参与，采取一系列措施，加强领导、健全机构、规范管理、制定规则、明确职责、开展形式多样、内容丰富、主题鲜明的法制宣传教育。司法所全体干部到各村校进行法制教育共5次，完成了工作目标任务。

五、“五五”普法。2006—2010年，深入学习与广大人民群众的生产生活密切相关的法律法规，整顿和规范市场经济秩序的法律法规，维护社会和谐稳定，促进社会公平正义的相关法律法规，坚持法制与普法相结合，加强对机关团体、乡镇、社区、学校的学习与宣传教育，进一步提高全民法制意识和法律责任，增强公务员社会法制理念，提高依法行政能力。乡镇、村依法治理的自觉性、管理和服务社会的水平有了极大的提高。

图13-2-2　2013年12月4日，开展法制宣传日活动

图13-2-3　2014年6月26日，在木老坪开展禁毒日宣传活动

六、“六五”普法。2011—2015年，银盏撤乡建镇后，及时调整充实依法治镇工作领导小组成员，建立健全工作机制，加强组织领导。

2011年，落实经费保障机制，“六五”期间的普法经费纳入财政预算。以各种“纪念日”为主题，“宣传日”为重点，围绕“12·4”全国法制日等活动，开展普法教育。五年来，大型集中法制宣传22场次，发放各种法制宣传材料10万余份，为群众解答法律咨询1万余人次。定期开展法制讲座70场次，直接受教育对象达3万余人次，成立镇普法放映队，深入农村、社区播放法制影片20场次。对法制宣传有关标语、标牌进行更新补充，共更新“六五”普法宣传标语20多块，各村（居）设立法制宣传栏。每年开展领导干部、公务员、职工学法用法大会2次以上，并不断增强青少年的法制教育，具体落实法制副校长制度，全镇10所中小学法制副校长聘任率达100%。全镇中小学法制教育做到“计划、教材、课时、师资”四落实。每年对规模以上企业的经营管理人员进行2次轮训，对个体、私营业主进行学习培训不少于3次。全镇干部职工参加的普法考试，合格率达100%，法制副校长进校讲法150场次，直接受教育学生23000多人次，镇政府聘请1名律师常年担任政府法律顾问，参与政府重大决策。结合银盏镇实际，先后进行中小学生普法讲课，机关干部、镇村负责人利用“三八”妇女节、“3·15”“6·26”等节点在木老坪、新华街道搭台进行普法咨询活动，共出普法板报60期次，悬挂普法横幅标语90条，开展系列普法活动11次，受教育人员在45000余人次以上。按照“六五”普法考核标准建立“六五”普法档案。“六五”普法期间，镇没有发生重大决策失误产生的严重事件。2015年年底，“民主法制示范村（居）”已全覆盖。

## 第二节 司法服务

司法所在镇辖村居委进行指导管理人民调解，参与调解疑难复杂的民间纠纷，承担社区矫正日常工作，组织开展对服刑人员的管理、教育和帮助。指导和管理村、居法律 服务、法律援助、普法宣传和法制教育工作。为镇人民政府依法行政、依法管理提供法律意见和建议，协助处理社会矛盾纠纷，参与社会治安综合治理工作，完成上级司法行政机关和镇人民政府交办的维护社会稳定的有关工作。1998年4月，银盏法律事务所建立。

1999—2000年，司法所的法律工作者，办理民事代理诉讼案、非诉讼调解在乡进行办理。2011年，法律工作者代写法律文书1件，法律咨询213人次。2012年，代写法律文书13件，法律咨询278人次。2013年代写法律文书69件，法律咨询315人次。法律援助24件，开庭24件，宣讲法律5次。2014年，法律援助代写108件，法律援助32件，开庭32件。法律咨询303人次，宣讲法律4次。是年9月，杨洪贵在陈小盆家修建房屋，从二楼摔下受伤，由司法所王代银代为应诉，赔偿了杨洪贵医疗费等共计人民币41221元。2015年，法律援助代书56件，法律援助15件，开庭15件，法律咨询325人次。是年8月，司法所王代银协同法院解决了一起被锅水烫伤，鉴定为九级伤残的案件。

**银盏司法所人员一览表**

表13—10

| 姓　名 | 性　别 | 职　务 | 任职时间 |
|---|---|---|---|
| 倪元梅 | 女 | 助理员 | 2009.3—2009.5 |
| 张　红 | 女 | 所　长 | 2009.5—2011.10 |
| 刘　敏 | 女 | 所　长 | 2011.11— |
| 李晓东 | 男 | 工作员 | 2011.2— |
| 王代银 | 男 | 助理员 | 2013.1— |
| 陈　姗 | 女 | 助理员 | 2013.9— |

## 第三节 民事纠纷调解

新中国成立初期，乡、村建立的农民协会设调解员，进行民间纠纷调解。1954年，实施政务院《人民调解委员会暂行组织通则》，银盏乡建立调解委员会，调解一般民事纠纷，通过调解工作进行政策法规宣传。“文化大革命”时期，调解组织被取消。1970年，恢复调解组织，公社、生产大队建调解委员会或调解领导小组，对一般民事人进行书面认错、赔礼道歉、赔偿损失等调解。1981年起，调解工作由司法局管理，每年对乡、村调解工作人员进行一次培训。培训的方式是“以会代训”的方式，提高调解员素质和调解能力。建立镇、村、警民、干群形式多样的运作方法，共同化解矛盾纠纷。到2000年，调解民事纠纷共4722件（婚姻800件、财产1243件、赡养抚养175件、伤害赔偿1040件、房屋、山林、土地、债务等1464件），成功率96.40%。2006年7月，乡镇领导班子中配置政法委书记，具体分管政法综治、维稳、调解等工作。2008年，县对矛盾纠纷化解实行以奖代补，一般矛盾纠纷80元/件，重大矛盾纠纷120元/件，疑难矛盾纠纷180元/件。2011年银盏乡“平安创建”工程规范运作，得到大力推广。2012年，银盏镇政府对全乡矛盾纠纷实行对等奖励。2013年获得“先进调解委员会”称号。2001—2011年，调解纠纷976件，涉及人数2000余人。2012年，镇化解各类矛盾542件，其中，化解重大群体矛盾纠纷17件，调处率达95%，接待群众来访32批次250人。2013年，化解各类矛盾952件，其中，化解重大群体矛盾纠纷38件，接待来访群众52批次450人。2014年，化解矛盾纠纷和信访问题942件。调解建筑房屋包工头何大江拖欠农民工工资18万多元。

2015年，以“5531”工程、“135”工程、“平安银盏”建设和“雷霆行动”为抓手，开展常规排查12次、预警排查2次、应急排查2次、专项排查4次、排查各类矛盾纠纷685件，其中，矿群纠纷39件、征地拆迁106件、库区移民37件、山林水事98件、土地纠纷93件、劳资纠纷234件、其他纠纷78件，成功调处675件，调处成功率96%。协助办好“书记县长群众直通交流平台”和“12345”热线，处理网民意见30条，回复率100%，网民满意率99.8%。

# 第三章　武装

## 第一节　人民武装

**组织机构**　明洪武十五年二月初八日（1382年3月23日），置平越卫。十七年二月十六日（1384年3月8日），升为平越卫军民指挥使司，辖左、右、中、前、后5守御千户所3站72屯堡（百户所）。今镇境是时有4堡，即洪头堡（今新华村红灯堡一带）、岩头堡、小坡中堡、飞练三堡（袁氏世袭，入瓮始祖袁仕，辖地为今银盏镇太平、珠藏坝一带），隶右守御千户所。每堡辖屯军100～300人。堡官为百户、总旗，均于洪武十五年随大将军傅友德南征至此，留守屯田，授予世职。万历二十九年四月二十九日（1601年5月30日）撤屯堡。明代屯堡配合朝廷重兵镇压黄隆、韦保等苗民起义，平息播州宣慰使杨应龙之乱。

1951年5月，建立瓮安县人民武装部，相继建立雍阳区人民武装部，为军队建制。1954年11月，撤区人民武装部后设武装助理员，军队编制。1959年，银盏公社、新华铁厂设人民武装部，设兼职武装干部1人（地方编制）。1961年，建立银盏人武部，设专职武装干部（地方编制）。在“文化大革命”中，人武部曾奉命“支左”，组建革命委员会。

1991年，武装部设部长1人，干事1人。1999年，进一步明确乡镇武装部为乡镇党委的军事部门和乡镇的兵役机关，主要负责本乡镇的民兵组织建设、政治教育、军事训练、武器装备管理；组织带领民兵完成战备执勤任务，配合公安机关维护社会治安，发动和组织民兵参加物质文明和精神文明建设；开展以劳养武活动，完成急、难、险任务；战时带领民兵参军参战，支援前线；会同有关部门进行战争潜力调查，做好相关动员准备工作；协同预备役部队落实参训人员，做好民兵管理，动员集结等工作；协助有关部门做好国防教育，做好退伍军人的安置工作和烈士军属优抚工作；协助军队做好军事基础设施的保护工作；完成地方党委、政府和上级军事机关布置的工作任务。

**银盏镇（公社、乡）武装部历任领导一览表**

表13—11

| 姓　名 | 职　务 | 任职年限 |
|---|---|---|
| 饶国禄 | 部　长 | 1961.8—1976.3 |
| 杨树明 | 部　长 | 1976.7—1978.8 |
| 杨树伦 | 部　长 | 1978.9—1981.9 |
| 刘银才 | 副部长 | 1981.9—1983.2 |
| 刘银才 | 部　长 | 1983.2—1985.7 |
| 李福祥 | 部　长 | 1986.6—1991.10 |
| 付臣松 | 部　长 | 1991.11—2002.12 |
| 杨攸平 | 武装部长 | 2002.12—2003.3 |
| 孙　造 | 武装部长 | 2003.3—2006.12 |
| 张兴权 | 武装部长 | 2007.1—2011.8 |
| 卢　刚 | 武装部长 | 2011.8—2013.7 |
| 罗云松 | 武装部长 | 2013.7— |
| 张　京 | 武装干事 | 2012.5— |

**兵役**　《中华人民共和国兵役法》实施后，从1955年起，征兵工作多在每年冬季进行，少数年份亦在春季开展。征兵工作由县统一组织布置，一般分三步进行。第一步，宣传动员，号召适龄青年报名登记，由乡（公社）武装干部和接兵人员进行目测初步审定、登记造册。第二步，体检、政审。由县统一组织进行体格检查和政治审查，合格者报县征兵领导小组审批，批准后即填发“入伍通知书”。第三步，交接起运，给应征青年佩戴大红花，由乡敲锣打鼓，鸣放鞭炮，送到区，由区送至县报到，由征兵小组逐人点名交给接兵部队，起运入伍。

1.元代至民国时期兵役

**世袭制**　元、明朝时期，土司士官、士兵均为世袭。明代堡兵及其家属为军户，屯田自养。堡兵农忙耕种，农闲训练，战时出征。正丁死亡，由次丁、余丁依次递补。

**募兵制**　明万历二十九年（1601年）废土司，置县后屯堡实行。地方武装驻军，过境军在县境内组建和补充兵员多张榜插旗招兵。

**征兵制**　民国26年（1937年）实施国民政府第一部《中华民国兵役法》。兵役分国民兵役和常备兵役。国民兵役年龄为18～45周岁，又分为义勇国民兵、甲种国民兵、乙种国民兵，以受过国民兵教育和备补兵教育的为义勇国民兵，以服常备兵役续役期满未超过45岁的为甲种国民兵，以未受过军事教育的为乙种国民兵，国民兵平时接受军事训练，战时应征入伍。常备兵役服役年龄为20～40岁，又分为现役、正役、续役。平时征兵在20～25岁男子中进行，经检查合格者入伍服现役，一般服役2年期满转为正役，服正役6年期满转为续役。正役、续役均不在营。

民国35年（1946年），实施国民政府第二部《中华民国兵役法》。兵役分常备兵役、补充兵役、国民兵役。常备兵役又分现役、预备役，征集入营服现役2～3年期满退营后服预备役至45岁。补充兵役又分现役、预备役，适合服常备兵现役的超额壮丁，根据需要征集入营服补充兵役现役，经4～6个月训练后退营服补充兵役预备役至46岁。国民兵役又分初期、甲种、乙种，年满18周岁的壮丁服2年初期国民兵役，期满后适合服常备兵役、补充兵役现役外的超额壮丁服甲种国民兵役，其余服乙种国民兵役。

**征兵办法** 1.壮丁调查；2.三步抽签；3.检定；4.送兵，并实行“三丁抽一，五丁抽二”的办法，这些办法和原则，貌似公正、缜密，实际弊端很多。有钱有势之人，用各种手段，取得缓役、免役、禁役资格，并可出钱“买兵”替代。役政人员视征兵为生财之道，贪赃枉法、敲诈勒索。许多地方采取各种方式逃避兵役，如白岩冯开寿弟兄3人，下田干活带利斧，上坡干活带火枪，抓兵的来了就拼命。民国23年（1934年）10月至民国25年（1935年）1月，中国工农红军三过县境，部分青壮年自愿参加红军。抗日战争时期，有部分青壮年从军抗日。

2.新中国成立后兵役

**志愿兵役制** 初期实行由青壮年自愿报名参军。1950—1953年，全乡有三批在政治、身体、年龄方面符合志愿兵条件的青壮年先后进入部队，并参加抗美援朝战争。

**义务兵役制** 1954年，政务院《征集补充兵员令》于是年冬季开始试行。征兵名额统一分配，县、乡组织实施，开展宣传动员、自愿报名，按目测、体检、政审程序进行。经县兵役委员会（后改为征兵领导小组）批准，下发入伍通知书，办理交兵手续，欢送入伍。1955年7月30日，颁布《中华人民共和国中华人民共和国兵役法》，正式实行义务兵役制，凡年满18～40周岁的男性公民都有服兵役的义务。兵役分现役、预备役。服现役期限，陆军3年、空军4年、海军5年。

**义务兵与志愿兵相结合的兵役制** 1978年3月7日，国务院《关于兵役制问题的决定》实施。根据部队需要和本人自愿，将部分义务兵改为志愿兵，以利保留技术骨干和保持战斗力。义务兵服役年限为陆军部队3年，空军、海军、陆勤部队和陆军特种技术部队战士4年，海军舰艇部队、陆军船泊部队战士5年。

**义务兵役制为主体的义务兵与志愿兵相结合，民兵与预备役相结合的兵役制** 于1984年10月1日起实施。义务兵服役期满，根据部队需要和本人自愿，可以超期服役，超期服役满5年，已成为专业技术骨干者，经批准转为志愿兵。志愿兵服务年限为8~12年，年龄不超过35岁。1954—2015年，共征兵62次。除1966—1967年未征外，每次征兵按时完成上级分配任务，多次受到县人民政府、县武装部的表彰。2012年镇应征入伍青年8人，2013年应征青年13人，2014年应征入伍12人，2015年应征入伍青年15人。1993—2001年复员退伍军人26人；2001—2005年复员退伍军人13人；2005—2009年复员退伍军人20人；2012年退伍军人10人；2013年退伍军人10人；2014年退伍军人3人；2015年退伍军人7人。

## 第二节　民兵

### 一、民兵组织

银盏乡的民兵组织在1950年夏剿匪斗争中始建，时称人民武装自卫队，由村农民协会武装委员会领导。1952年以行政村建立民兵中队，下设分队、小分队。1953年，乡建立民兵组织（民兵乡队），以农业生产互助组、初级合作社建民兵小分队，并开始建基干民兵组织。1958年，民兵、预备役合并编组。秋冬，贯彻落实“全民皆兵”的方针，工农商学兵结为一体，实行“组织军事化、生产战斗化、生活集体化”，接着“大办民兵师”，到1959年4月，建立民兵一个团。1961年，纠正民兵组织与行政、生产组织合一的作法，以生产大队建连，取消师、团、营建制。1962年6月，贯彻毛泽东关于“民兵工作要做到组织落实、政治落实、军事落实”的指示，进行民兵缩编，并陆续建武装民兵组织。此后，每年开展一次“三落实”活动。1967年，由于“文化大革命”的干扰，民兵正常活动停止。1971年3月，民兵组织恢复。1981年6月至1984年7月，根据中共中央国务院、中央军委关于调整民兵组织的指示精神，进行民兵体制改革。即缩小组织范围，重点放在公社、厂矿。机关、学校、街道平时不建民兵组织；压缩参加民兵的年龄，将原来规定的男性16～45周岁（基干民兵16～30岁）改为18～35周岁（基干民兵18～28岁），女性只编基干民兵；简化组织层次，将原来的武装民兵、基干民兵、普通民兵改为基干民兵、普通民兵。基干民兵为第一类预备役，普通民兵为第二类预备役。将符合民兵条件的28岁以下的退伍军人和通过军事训练的人员编入基干民兵，作为平时参战、执行各项任务的骨干。1985年，贯彻“减少数量、提高质量、抓好重点、打好基础”的方针，全乡建一个基干民兵连。1993年以后，基干民兵由退伍军人和通过军事训练的人员组成。2013年第二次行政区划调整进行民兵整组，共编为1个营，2个民兵连，1个排，30个班。应急分队63人，装备勤务保障分队7个班。人员编制：营2人，连4人，排长10人。

### 二、民兵装备

新中国成立初期，利用民间武器装备人民武装自卫队，时有步马枪、土枪、刀剑等，随着国防建设事业的发展，民兵武器装备逐渐更新。到1980年，已装备较新式的手枪、步枪、冲锋枪、重机枪、高射机枪等，装备有线、无线电讯设备。

在武器装备管理上，实行定人定枪（每枪确定第一、第二持枪手）、枪随人护、定期检查的制度。1982年9月，民兵武器装备集中到区保管，1985年11月集中到县保管。

### 三、民兵训练和活动

新中国成立初期，贯彻“军事政治并重”的方针，以村、乡为单位，每年组织冬训数天，主要进行队列、射击、投弹、刺杀等训练。1954年以后，训练以民兵干部和基干民兵为重点，以小型、就地分散的方法为主，每年利用生产空隙、农闲季节和业余时间训练一个星期左右，进行队列、实弹射击，利用地形地物，进行防原子、防化学、反空投、反空降等训练。1956年11月26—28日，县委、县人委召开全县民兵代表大会，太平乡民兵分队因执行民兵任务成绩显著而被表彰为模范分队。 1960—1977年，开展武装基干民兵的训练和演习。训练内容增加排雷、爆破、打坦克、对空射击和单兵、班战术动作等。同时在乡境内与乡政府进行治安联防工作。1978年起，每年组织民兵进行预防灾害、武器安全、处理突发性事件等演练，基干民兵主要以队列、单兵和班战术、射击、投弹等训练，协助公安机关抓捕罪犯活动。1985年，改革训练形式和方法，基干民兵到区集训，专人技术兵集中到县集训。1987年起，训练对象主要是基层民兵干部。训练的科目以射击、投弹、战术和八二迫击炮的操作与指挥。2012年，银盏镇武装干部到县进行封闭式训练5天的时间，是年，全镇有基干民兵50人，普通民兵1016人。2013年，县组织镇应急分队30人，在人武部进行一个星期的军事训练。此后，每年4—5月，对普通民兵、基干民兵进行整组及训练，训练主要科目有队列、射击等。对退伍军人进行核对登记，同时对适龄青年进行登记，为征兵工作打好基础。民兵的活动是在镇开展防洪抢险，突发事件的应急处理，在镇内的拆迁工作中，参与镇依法强征、强拆、参与中心工作、维护社会治安。镇先后组织民兵开展扶贫帮困，宣传政策法规，帮助特困群众抢收抢种等200余人次，抗旱救灾300余人次。2013年，基干民兵30人，普通民兵300人。2014年，基干民兵63人，普通民兵274人。2015年，基干民兵62人，普通民兵270人，应急分队30人，装备勤务保障分队60人。

## 第三节 国防教育

根据省机构编制精神，乡镇不设专门的国防教育机构，明确乡镇武装部部长或副部长为国防教育专职联络员，负责组织实施国防教育工作。国防教育围绕经济建设开展民兵工作。1991年，在民兵预备役人员中开展国防知识的教育。1992年，根据县制定的《全县全民国防教育工作意见》，在学校、乡企业单位进行全民国防教育。1993—2000年，国防教育工作围绕经济建设开展，并对联络员进行培训，培训期间播放国防教育片，参培人员为国防教育兼职联络员。对每年刚入伍的新战士进行革命人生观和光荣传统的教育。在征兵期间，在乡政府和学校播放"国防在我心中"，书写三至四幅大型标语，发放宣传资料5000余份，上国防教育课21余场次。2007年，开展纪念《中华人民共和国国防法》10周年，《中华人民共和国国防教育法》颁布实施6周年，纪念建军节80周年，县国防教育办公室在人武部会议室举办一期40人参加的国防教育宣传联络员培训。2007—2010年，每年清明节期间，武装部长张兴权组织各校教师、学生进行扫墓活动，对各校的师生进行"重温历史，缅怀先烈，不忘过去，增强国防观念，提高全民国防意识"的演讲，宣传第9个"国防教育日"。对银盏学校中学生在开学时进行军事训练和国防教育。武装部长和干事对预备役银盏乡炮兵连人员讲解《中华人民共和国国防教育法》和《贵州省国防教育条例》，并发放教材25本。2011年，纪念《中华人民共和国国防法》颁布14周年，建党90周年和《中华人民共和国国防教育法》10周年，乡武装部长、干事及乡的领导组织全乡干部到猴场会议会址进行爱国主义的教育。"九一八"事件80周年纪念日，国教办与人防战备办上午10时在县城进行预警、防空、解出三种警报的试鸣。是年，在学校上国防教育课4次，书写标语6幅，在征兵期间发放宣传资料140余份，书写宣传标语8幅。2013年，镇武装部部长、干事等人在职校进行国防教育。2014年，召开纪念《中华人民共和国国防教育法》颁布13周年座谈会。组织学校师生到塔坡烈士陵园为革命烈士扫墓。2015年，开展"送法进乡村、进企业"法制宣传活动。

## 第四节　境内战事

### 银盏飞练之战

据史料记载，明朝万历二十七年二月（1599年3月），在银盏境内的飞练发生一次明王朝官兵与播州土司兵的激烈战事。

杨应龙本是播州土司首领，明朝封为世袭播州宣慰使。由于杨应龙拥兵自重，生性猜忌，滥杀无辜，与五司七姓结怨，丧子之痛，肆意杀戮，激怒朝廷，派兵剿灭。

明朝万历二十七年二月（1599年3月），贵州巡抚江东之令都司杨国柱指挥李廷栋部兵三千剿杨应龙，因杨应龙早有准备，反把官军消灭。是年，官军再次发动对杨应龙的清剿，由于寡不敌众，飞练被攻破，土司兵残暴，杀戮无数。飞练大战不仅为史书记载，还在民间世代流传。

### 一、明代西南最大土司

贵州巡抚郭子章《题设府、州、县疏略》中说道："播州之地，东西相距两千余里，南北相距四百余里，虽云憝国，亦系乐土……"民国《贵州通志》载："东至偏桥卫（施秉），南至养龙坑（今息烽），黔楚二省界；西至泸州合江县，北至重庆綦江县，俱川省界，此今之播州也。"

"地方千里，西北堑山，东南俯江，称西北奥区。"

《利病书》说：明朝初兴，播州土酋杨铿审时度势，率众归附明廷，洪武帝朱元璋以其地为播州宣慰司，授杨铿宣慰使，"管领播州、余庆、白泥、容山、真州、重安六长官司，草塘、黄平、瓮水三安抚司。""宣慰统草塘、余庆、黄平、白泥、重安五司，七大姓头目，如汉法里甲，领生熟苗二十余万。"《遵义志》。

### 二、战功显赫

到了万历元年（1573年），杨应龙袭播州宣慰职，朝廷颁给敕书。十四年（1586年），以献大木之功，授都指挥使衔，获赐大红飞鱼服的荣耀。是年，调征松潘，杨应龙首先突破敌寨垒。十五年（1587年），随李应祥平越嶲，讨邛部。以从征喇嘛诸番九丝、腻乃、杨柳沟等，几度却敌先登，斩获无算，先后赐金币。由于战功显赫，多次获朝廷表彰，功封骠骑大将军。

这样一位志得意满的将军，难免会产生"知川兵脆弱，阴有据蜀志，屡出剽州县"的念头。性情"生而雄猜，尤阻兵嗜杀。所辖五司七姓悉叛离。""猜狠嗜杀，数从征调，恃功骄蹇。"

功高盖主的一方诸侯，如若不听约束，势必成为朝廷心腹之患，有尾大不掉之虞。即使杨应龙不公然对抗朝廷，朝廷也不会容忍他自由发展，长久在"卧榻之旁酣睡。"何况杨应龙平时的所作所为，已让明王朝感觉到了巨大的威胁。

万历十九年（1591年），叶梦熊（贵州巡抚）主议，播州所辖"五司改土归流，悉属重庆"这一主张，是与杨应龙的利益背道而驰的，也是导致杨应龙不服朝廷管束的根本原因。叶梦熊悉心为国，但有些操之过急，没有考虑到播州为四川近邻，而且拥兵自重，兵强马壮，作战经验丰富。一旦发生战争，四川首先遭难，蜀地官员是不愿意见到这个结局，遂提出了"四川之地三面邻近播州，播州属下土司以十百数，都是听从其弹压，而且士兵骁勇善战，数次听从征调立有战功，剪除恐怕不是长久之策”的建议。明王朝不得不对杨应龙一再容忍，在杨应龙超出了游戏规则之时，也不敢过于刺激，只能主张安抚、勘问而已。

### 三、联名告状埋祸根

万历十五年（1587年），杨应龙因嬖幸小妻田雌凤，听信谗言，杀害正房张氏，并将其母处以剐刑，用诛罚立威。张氏是江西龙虎山张真人的侄女，她被杀后，叔父张时照与播州宣慰司总管何恩、草塘安抚司安抚宋世臣等五司七姓之民联名到贵州省府上告。

宋世臣其人，据《宋氏渊源》一书记载："宋之仰，名世臣，光鸾长子，平杨应龙有功，封明威将军，袭草塘安抚司，葬落龙头。妻毛氏，生子合侯，字民倚。"

《利病书》提到："初，黄平、草塘、白泥、余庆、重安五司，凡承袭表笺，须宣慰司印文乃达，往往索贿无厌，此衅端所由起。又其地有七姓之民，应龙寄以腹心，七姓又藉龙为奇货，靡费金钱累巨万。久之，龙觉可欺，乃稍稍收其权，遂交仇。"

五司七姓，史称"江外五司"。考《通鉴辑览》注，"五司即黄平、草塘二安抚司，白泥、余庆、重安三长官司。"

"七姓即田、张、袁、卢、谭、罗、吴。"历代是杨氏宣慰的手下头目。

五司七姓因利益受损而联名上告，其结果是副都御使、巡抚叶梦熊在万历十八年（1590年）疏论杨应龙所作恶事，按察司陈效历数应龙二十四条大罪，请大军征伐，未得到朝廷许可，而是命川、黔两地抚臣会同勘问。应龙考虑到在四川的人际关系较好，愿赴重庆府听勘，不愿到贵州。可以看出，此时的杨应龙是不愿反叛朝廷的。然而以后的一系列事件，却将他推上反叛之路。

万历二十年（1592年）春，四川巡抚李尚智、巡按李化龙在会勘后，决定将杨应龙处以斩刑，同时罚银二万两。就在此时，日本国侵略明朝属国朝鲜，明廷发诏书征召天下兵马救援，杨应龙借机提出愿率兵五千征伐倭寇以自赎其罪，获得批准。回到播州，立即杀死押送的官军，自此抗命不出，采取一系列报复行动，攻打平越、东坡、龙泉、乌江等处。

二十一年（1593年），四川巡抚王继光到重庆，与总兵刘承嗣，参将郭成等商议分三路讨伐播州，到娄山关白石口，作战失利，全军覆没。这次战事大约损失三千人，"委弃辎重略尽"。李化龙在后来的奏章中提到："白石口民兵三千，积骸遍野"。此事过后，明王朝一直没有停止征剿杨应龙的步伐。

二十二年（1594年），命兵部侍郎邢玠总督川、贵两省，戡剿杨应龙。邢玠发檄文软硬兼施劝降说："来降可以免你不死，不然，国家悬赏万金购买你的人头。如若早作决断，我不会失信于你的。"邢玠的这一许诺，与五司七姓的利益相左，他们只怕杨应龙不死，就想方设法从中阻挠，"时七姓恐应龙出，得除罪；而四方亡命窜匿其间，又幸应龙反，因以为利，驿传文移，辄从中阻。"

杨应龙不愿正面对抗，愿到松坎听从审问。审判结果是将杨应龙手下黄元、阿羔等十二人案验斩首为杨应龙抵罪；罚银四万两作采伐大木之用；革其职，以长子杨朝栋代职；将次子杨可栋作为人质羁押在重庆府追缴赎金；设安边同知驻军松坎监视播州动向；以重庆太守王士琦为川东兵备使弹治之。

二十三年（1595年），杨可栋在羁押期间暴死于狱中，杨应龙闻讯悲痛万分。恰好川省派人索要赎金，杨应龙气急说道："我的儿子能活过来，银子就到了!"由此可见，丧子之疼是杨应龙明目张胆与朝廷对抗的直接诱因。

## 四、疯狂报复

《通志》载："拥兵驱千僧（为杨可栋）招魂而去，分遣土目置关据险，僭立巡警，搜戮仇民，劫掠屯堡，殆无虚日"，同时将五司七姓仇人的家财抄没，重金招募苗兵，用作先锋，名为"硬手"。

"益广招诸苗为羽翼，五司七姓之地并其妻子，尽以与苗，不足，侵湖、贵四十八屯益之。州人稍殷厚者，因事诛之，没其家以养苗，自是一州皆苗，精悍摧锋者无虑数万。其苗皆食粱肉，乘肥马，仆从自随，人人以为亲己，愿为之死无恨，以故用兵，所向克捷"。

杨应龙对草塘安抚宋世臣等状告他的仇人恨之入骨，报复手段更是令人发指：

"二十四年（1596年），应龙残余庆，掠大阡、都坝，焚劫草塘、余庆二司，遍及兴隆、都匀各卫，又遣兆龙围黄平，戮重安长官家，势复大炽……"

"总率苗兵，于二十四年，将五司七姓屠戮殆尽，川、贵抚按各奏闻于朝……"

"二十五年（1597年），杨应龙流劫江津及南川。（十一月）临合江，索其仇袁子升，缒城下，磔之……炯原奏仇民宋世臣父銮及罗承恩等挈家匿偏桥卫，袭执指挥陈天宠等，大索城中，得銮、承恩及子女，残戮以殉。令诸苗对父奸女，面夫淫妻。或裸体坐木，丛射笑乐；或烧蛇从阴入腹，人蛇俱毙。又掘坟墓焚尸，灰飞蔽天……"

宋銮，即宋鸾，又名光鸾，宋三文次子，袭草塘平夷宣抚司。妻罗氏，生二子，长子之仰，即是宋世臣；次子之聚。

《宋氏谱》说：二十六年（1598年）冬，杨应龙和弟弟杨兆龙统领苗兵大肆劫杀偏桥、黄平、重安、草塘、洪头、飞练、干溪等处。

在杨应龙之乱中，"草塘安抚司宋鷟弟鸾及何承恩殉节于偏桥卫，弟鷟战死洪头堡，副使鸷战死干溪堡"。

"按：洪头，即今瓮安县之红灯堡。高坪，即平越县之高坪司。飞练、干溪亦瓮安地。"

另一种说法是："（宋）鷟战死洪头堡，（宋）鸷战死干溪堡，（宋）鸾不得已，避居猴场下司"。

按：《桑梓述闻》载，杨应龙的疯狂报复导致瓮安境内苗民大量被斩杀，到清代嘉庆年间，瓮安"故所属苗，已尽于杨（应龙）、蓝（明末蓝二）之乱……"

这次劫掠烧毁了草塘安抚司署衙，宋氏不得不搬迁地点。宋氏初治飞练"土城寨，在城北十五里，为宋安抚至瓮始居之地，后迁草塘之下司，改此地名为官院。其土署为凤贞阁庙基，今其地为萧姓所有，更名为大房（即今瓮安银盏镇大房村）。"

## 五、飞练大劫

《桑梓述闻》载："白乐山，一名飞练屯。明播州叛酋败官军于此。"

杨应龙的肆意杀戮，终于激怒了明朝廷，遂出师征伐，飞练之战自此爆发。土司和官军双方都投入大量兵力。

“万历二十七年（1599年）二月，贵州巡抚江东之令都司杨国柱、指挥李廷栋部兵三千剿杨应龙……”

杨应龙遣子朝栋、弟兆龙、何汉良等迎敌于飞练堡。

“播兵强而狡，多败北……”“我师（指官军）夺三百落（按：三百落，即今瓮安猴场三百涝地，在飞练东）。”

播兵“佯逃，遂走，走入天邦屯。以诱罢我师……”“徼极而取之，我师乘胜直捣其营……”，“贼佯败走天邦囤，诱我师，伏发，残焉”。

川、贵、湖总督李化龙在奏章中说：“乃有逆贼杨应龙者……以疑似杀妻并害其家，以残暴殃民而尽绝其世。同知原系寅僚，斩杀俾无遗种；五司原同手足，剿灭尽作荒丘。继乃流毒三省。白石口民兵三千，积骸遍野；飞练堡官军二万，流血成渊。遂尔比戈称干，医之陷城杀将。”

飞练之战，以土司兵全胜，官军死数员大将，损失约二万人告终。

## 六、播州土司的消亡

飞练惨败后，明廷大怒，贵州巡抚江东之坐浪战（作战不得力）被罢免，起用郭子章代替。又诏令前都御使李化龙兼兵部侍郎，节制川、湖、贵州三省兵事。调集东征朝鲜的将领南征，刘綎督川兵先发，麻贵、陈璘、董一元相继回兵。号称五十万，讨伐杨应龙。《纪事本末》《明鉴》

“自飞练之役，杀人如麻，流血成渊，恶极罪盈，始有进剿之命……”《平播全书·褒荫将官疏》。

“照得播贼杨应龙，始于飞练，继之綦江，杀戮官兵，荼毒万姓，神人共愤，王法不原，至厪朝廷奋怒，调发天下兵马五十余万，即日进剿，灭在旦夕……”这次挫败，使官军士气大受打击，害怕苗军凶悍，几乎一蹶不振：“顷者飞练之役，卫军半覆可鉴已。苗军尽悍，堪以御敌……”《平播全书·条议贵州移帅、增府佐、募苗兵疏》

“播酋杨应龙上负国恩，横肆狂逞，一岁之中，在黔败劫于飞练，在蜀残破于綦江。”

“……乃今自播酋造孽，一破偏桥，枯骨遍野，再战飞练，流血成渊。至今驿路阻绝，人烟稀少，逆酋且狺狺思逞，急于烧眉……”《平播全书·请罢开矿疏》

李化龙自上任后，为鼓舞士气，不得不大力宣扬小胜利：“斩获小苗，功虽不多，然自飞练败丧之后，我军气不扬，而贼气日骄，九股、黄岑、寨胆、四牌、七牌诸苗助播为虐，往来充斥于偏桥、黄平之区，如入无人之境，莫敢谁何……”

万历二十七年“本月（六月）二十九日，又据平越卫申报：本卫管下水峒夷头阿亮等禀报，本年五月内，有飞练杀官反头卢阿反与我大架寨相杀，阿亮将卢阿反射着重伤，二箭未死，又杀他大老虎阿寅等小军六十余人等因……”

“自阿亮射中卢阿反，虽未即死，而魄已夺。此后梭洞斩获两起，黄平、家屯、重安江、草塘斩获四起，兵气大振。故阿亮、阿保等，与史良将、李朝阳、王嘉宾等，相应加赏，以作士气者也……”《平播全书·擒获奸细疏》

万历二十八年（1600年）六月，在各省八路大军的围困下，杨应龙于海龙囤自杀身死，李化龙率师平播成功，露布天下，将杨应龙家室及将官147名向朝廷献俘，处以死刑。自出师至灭播，共计

104天。西南最大的土司家破人亡，荣华富贵烟消云散。

## 何得胜黄号军起义

《瓮安县志》记载，清咸丰五年（1855年）六月，瓮安县木老坪农民何得胜（又名何安国，义军中称武安王、何二王），与活动于瓮安、余庆、湄潭一带的灯花教总教主刘仪顺（四川宜宾人）配合，在天文发动武装起义。参加起义者头缠黄巾，故称黄号军。领导起义的还有王廷英（一名王超凡，龙塘官塘人，称杀人王）、向宗庆（龙塘细沙人，称向大王）、谭光前（五季坪人，称谭二元帅）、宋三元（牛场上坝人）。由于起义准备不充分而被知县吴德容遣团兵击散。何得胜、刘仪顺等投奔麻哈岩下司号军统领贺昌明（又名贺洪恩，称昌明王）；王廷英、向宗庆、谭光前等隐蔽于县境。

六年二月，王廷英、向宗庆、王玉科在岩坑（今玉山）举行起义。吴德容率兵前往镇压，在葛家寺残杀号军200余人。

七年五月，宋三元奉何得胜令，秘密返瓮安准备起义，被知县刘升平捕获。闰五月，何得胜、贺昌明、陈明忠（一名陈绍虞，麻哈人，称文定王、陈三王）、王廷英、谭光前、沈中和（又名沈大六）等率号军万余人，攻下平越州属之罗背、罗坳，直捣牛场。十三日，进围瓮安县城，立大营于高家坳，声言“得三元即退”。刘升平“号泣无术，礼遣三元”。至夜，号军急攻县城。六里团兵来援皆败退。荆竹里（今永和一带）团首方万春、王治等率团兵百余人由铁厢寨进，被何得胜派兵抄桐木冲断其后路全歼。城中一片恐慌，教谕杜方坛率家属及门役跳入署前桂香池溺毙。号军围城10余天，城坚难破，粮饷困难，加之黄平知州陈世镳率兵来援，即主动撤往建中。之后，移至崇且山中分筑崇且、高楼、大燕山3大营固守。

七月十六日，何得胜率号军攻打平定营，击败龙泉（今凤冈）、石阡数百援兵。

八月中旬，平远州在籍翰林院庶吉士丁宝桢、遵义知县江秉琳、平越知州高本仁、开州知州石虎臣率兵会集崇且围攻号军。双方伤亡均重，号军首领王四喜牺牲。沈中和突围奔回麻哈，何得胜、贺昌明等转入大冷水山中。十月，官军围困大冷水，号军粮尽突围。转至黄平金坑，贺昌明病逝。何得胜等转扎余庆古佛山。

八年七月，何得胜率兵支援天印义军，留陈明忠、王廷英、向崇庆、谭光前等率三四百人守古佛山为后援。十月，总兵巴杨阿率重兵围攻古佛山。陈明忠等诈降，求归原籍。巴杨阿授旗二面，上书“投诚免死”，“各归乡村”，遣回瓮安。陈明忠等回到瓮安，托言就食玉华山，知县刘升平令把总白万春运粮接济。何得胜率部返回，陈明忠出数里迎接。告以原委，并请上山主持。何得胜斩白万春及运粮兵丁，上山设营筑关，筹粮练兵，号军很快发展逾万人。自此，玉华山成为号军大本营。

十二月十六日，瓮安千总贾佛保密约何得胜，自为内应，杀守城练目蔡老贵，接应号军入城，知县刘升平出逃。何得胜入城不久，仍回玉华山。九年正月二十一日，各乡团兵陆续进抵城下，贾佛保知孤城难守，乃烧城投奔玉华山。

九年正月，开州知府石虎臣率把总谢欣恩和团首佘士举、周国璋、刘同二、李树德部两千余人进攻玉华山。号军多处设伏，诱敌深入。十三日，号军在枫坪五道河十二拐处夹击官军。石虎臣、谢欣恩、刘同二以下400余人毙命，佘士举、李树德等率残部仓皇逃命。

五月，号军为巩固和扩大根据地，何得胜移驻上大坪（今福泉王卡附近），留陈明忠、王廷英、向宗庆守玉华山，派谭光前经营天鹅屯（今福泉英坪一带），赵款扎高真观，罗、刘部扎高家营，王老冒扎马儿屯，熊百户扎夏家坡，高将军扎龙潭台，互为犄角，钳制干溪、梭罗一带。八月初六日，再破县城，知县刘升平逃走。

九月，刘仪顺遣人迎王廷英部至湄潭偏刀水、水鸭子一带与张宝山（称秦王、朱王）部联合攻打遵义。向宗庆率部由开州来助。遵义知县江秉琳率兵到团溪两路口抵御。王廷英扮成乡民，持礼品进献，突然抽刀杀死江秉琳，官军大败。十月二十六日，王廷英、向宗庆率部移驻猪场（珠藏）河坪山，数万乡民踊跃参加号军。

十年正月，遵义协副将李荣率兵由羊岩关过河至猪场烂泥寺立营，派团首牟世忠率部攻河坪山号军不克，乃亲移营猪场，令牟世忠部回扎烂泥寺守护粮台。四月二十五日，王廷英派石廷士、马文祖率部袭击粮台，全歼牟世忠部。李荣增调管带邬慎斋、王国桢、甘俭侯和民团卢培祥、吴廷英等部于六月六日合攻河坪山。由于力量悬殊，号军牺牲万余人，退回玉华山。

八月二十四日，贵州提督（后为钦差大臣）田兴恕率重兵进扎余庆龙溪。何得胜、王廷英、向宗庆率号军3万余人于九月初四日分六路扑营，中官军埋伏，牺牲两千余人，退回玉华山。十一日，田兴恕率军攻陷松坪、猴场。十八日攻陷红岗（灯）堡和县城。

何得胜退到玉华山后，回上大坪保玉华粮道，令陈明忠、王廷英、向宗庆守玉华山，谭光前守天鹅屯，赵款扎高真观，与石、马、高、熊诸将相互策应。时太平军一部逼近贵阳，省城告急．田兴恕率兵赴援，留总兵沈宏富攻玉华山。屡攻不下，转逼干溪。赵、石、马部移入天鹅屯。沈宏富移攻天鹅屯，号军不支，牺牲逾万。何得胜获悉，率兵往救，遂将从天鹅屯撤出的号军接到上大坪。

十一月下旬，姚分统率兵由遵义进入县境，拟与沈宏富合攻玉华山。王廷英率部走间道围姚军于江家坪。沈宏富急撤对玉华山之围往救，退屯于猴场花山。号军增兵扎营白岩，与官军相峙。

十一年三月，团首商景阳率兵至花山，与沈宏富夹攻号军。号军失利退回玉华山。沈宏富移扎老鸹山，由遵义运粮接济。号军常在高枧、白泥坳、土地坪等处袭夺军粮。沈军乏粮，乃由猪场过遵义。五月四日，知县刘升平弃城逃走，号军再占领县城。

同治元年（1862年）八月，参将赵德光袭陷上大坪。闰八月，总兵沈宏富攻陷玉华山。不久，均为号军收复。

六年九月二十七日，何得胜率号军自开州回走，在小轿顶山病逝。七年，何得胜妻黎金妹（平越仙桥人，布依族）继统号军。刘仪顺、秦崽崽（称右丞相）因荆竹园、偏刀水根据地失陷，率余部转至上大坪。刘仪顺、黎金妹在上大坪领导号军进一步加固营垒，练兵屯粮，准备抗御官军。但是，号军内部因争权夺利而日趋分裂。谭光前在县城称帝，逼黎金妹为皇后，引起互相残杀，战斗力大大削弱。

七年四月十一日，清王朝命四川、湖南督抚派兵救助贵州官军“围剿”号军。六月，四川知府唐炯分兵三路进攻玉华山；同知邓锜由沿江渡过乌江，谭光前反戈以应，官军于十九日占领瓮安县城；总兵唐大有由龙坑过乌江，攻小轿顶山，取青冈寨，破麻池坝、岩坑、胜土；总兵刘鹤龄由江界河过乌江，于十七日进至二坡屯。唐炯继至，遣兵断绝号军汲道，命降将向程九等于十八日入玉华山长安营招降和策反。陈明忠向官军投降，并缚王廷英交唐炯残杀。

六月二十六日，唐炯会兵攻打上太坪，令参将唐天佑扼王卡，截断号军后路；令总兵唐大有出大板，遏抑号军前路，进而攻陷岩门关、平果要隘，逼近上大坪。唐炯又遣降将刘俊民等潜入上大坪诱降。在外有强敌猛攻、内有奸细煽惑等压力下，黎金妹等于二十八日应降。刘仪顺、秦崽崽拒降冲出重围，后在杨保河被官军捉住押解成都处死。

何得胜黄号军起义斗争，历时13年，在清政府重兵镇压下宣告失败。

# 第十四篇　文旅　教育

WENGANXIANYINZHAN ZHENZHI
瓮安县银盏镇志（620-2015）

# 第一章 文化

## 第一节 管理机构

1964年银盏公社在银盏大队建立文化室。1965年年底又在飞练建立一个文化室，主要工作为开办夜校和开展群众性文娱活动，属雍阳区文化站管理。1991年“撤并建”后，文化站设立在乡政府内，成立电影放映队等文化机构，当时由银盏大队何元亮负责放映，宣传党的方针、政策，教育、发动群众参加各种政治活动。1997年机构改革，撤销文化站、广播站，建立乡文化服务中心，编制1人。2011年10月，文化服务中心更名为科技宣教文化信息服务中心，编制增加到3人。2012年，撤乡建镇，新增文化站人员编制6人。

银盏乡（镇）文化站负责人一览表

表14-1

| 序　号 | 职　务 | 姓　名 | 任职年限 |
|---|---|---|---|
| 1 | 站　长 | 时庆林 | 1993—2010 |
| 2 | 站　长 | 孔祥义 | 2010—2014 |
| 3 | 站　长 | 江远霞 | 2014— |

## 第二节 文化艺术

中华文化艺术，兼收并蓄，海纳百川，与时俱进，五千年来的发展史源远流长。

旧时，银盏境内除少数文学艺术以外，多以对联的表现形式出现在民间，祠堂、庙宇、牌坊、墓碑等处。同时，也用口头传播一些神话故事。

明朝时期的傅亿，写有《游玉华山记》散文，贵州巡抚郭子章过仙桥山时就写了《过仙桥有感》的诗歌。新中国成立以后，政治生活与文化生活逐渐改善，群众性的文学创作活动日渐活跃。1989年，安之忠与林峰合著出版小说《走出夜郎国》《王阳明：一颗心的史诗》《商人的鼻祖：陶朱公大传》《迷失的商道：吕不韦大传》《复活的财神：沈万三大传》。2011年《瓮安文史》第一期就记载了王开宇（银盏镇岩根河人，1987年瓮安中学退休）的《学府春秋》等文章。

# 文艺作品选登

## 散文

### 游玉华山记

明·傅亿

瓮安之山，可观游者以十数。奇巧变谲，探之不穷者，莫如后岩。而清幽超旷，坐得胜概，则莫如玉华山。山在群峰间，自高瞰之，累累尔；自下眺之，丛丛尔，固不知孰为主客。取径而登，逾冈越涧，破荆棘而入云烟，则敞然开朗，不削而平。上有石泉仰出，停而为池，不规而圆。吾乡郭青螺先生名之曰“玉华捧月”。言池如月，而山气之佳如玉之华也。梵刹十数椽，指挥王公之臣所建。负山之凸，临池之涯，不必高阁深堂，雕绘绮丽而形势阔远。映带清绝，山水之助然也。天启乙丑秋，予与叶孝廉元胎、陈秀才惇五偕游于此。亭午，甫达山门，众峰拱揖。少憩而谛观之，有若尊罍彝鼎。端严而古朴者，有若笔颖剑铓。秀削而峭拔者，或如鸾鹤翔舞而下者，或如天马腾踏而上者，于此毕献其状，然后知其主峰也。于是入门，徘徊池畔，澄滢清冽，寒光逼人。夕阳倒影，桧栢扶疏，与瓴甓檽槛相隐现于空明之内。道家言，月中有广寒宫桂树，人不可至。倘其可至，亦若是则已矣。少顷日暝，山僧留客晚斋。既罢，下榻西楼，煮茗夜谈，四山烟雾排闼而入。水光月影，荡漾几席，又如身在蓬莱海上矣。乐而忘倦，不觉秋气之高，寒月既入，始就枕明月复沪连久之，然后去。归途追忆，赞不容口。然二子顾皆以僻处为山惜。予曰“不然，士之抱其奇者，人虽不知奇自若也；况山之抱奇于终古乎？”然则予三人之叹赏，犹赘于山回无加也。而又何惜乎？遂述而记之。

（傅亿，字大安，明代文人，祖籍江西金溪诸生，明末因避祸迁入瓮安草塘。此文见于民国《瓮安县志》文艺选录）

### 六英传

明·江东之

余读史至田强、钱镠之际，未尝不叹忠智之在人心，千载如新也。强当王莽之篡，思汉，不忘树兵拒莽。十年之间，兄弟同心御侮，日无宁夕。及莽败，而事汉益坚。是时，中原豪杰能如强者几人？莽岂敢逞问鼎之志，而贻投玺之悲哉！田强其忠矣。

宋室初兴，镠也识天人向背不难，委质于宋，卒保其国，而北面称孤，可谓不智乎？兹两人者，九原可作。余方为之执鞭，讵意代降而下，耳目睹记，于二氏中称智勇才贤者，得六人焉。

济火者，汉牂牁帅也，善抚其部落，能得众人心。建兴中，诸葛武侯南征通道，济火聚粮以进，武侯大悦，遂命为元帅，赞侯平西南诸夷，纵擒孟获，及归，克普里仡佬氏，所至争拓其境土。武侯以昭烈命为罗甸王。

其后，有霭翠者，元时为四川行中书省左丞，加镇国大将军，三珠虎符。我太祖高皇帝平定中原，翠先归附，乃进水西之乘数十匹，上喜，厚赏之，授怀远将军，世袭宣慰司。十三年，征讨云南，师次于筑。翠备马、粮、毡、刀弩、牛羊各以万计助军实。事平朝见，宴赐甚厚。

其后，有万钟者，正德间雄长一方，始多恣睢，不受羁维。时新建王先生守仁贬龙场驿丞，钟折节礼之，贶以金帛。鞍马不受，则令人继粟继囱。时以减驿、晋职二事为询，先生答书，谓："朝廷制度，诸侯无敢干易。使君之先，自汉唐以来独长久者，以能世守天子礼法耳。不然，使君之土地，人民富且盛矣！朝廷悉取而郡县之，谁曰不可？故驿可减也，亦可增也。驿可革也，司亦可革也。使君其未之思耶？至若划除寇盗，亦守土常职。今屡举以要赏，是干进不已，众将不堪。夫宣慰土臣，故得世守。若参政，则流官矣。东西南北惟上所使，迟则有方命之诛。是今日之参政，已非使君之福，其又可再乎？诸凡询谋，而绎绎，而改奉，而为韦弦蓍蔡，大都如此。"今其子孙即安宣慰云。

又有宋景阳者，故恒山人也。宋开宝间，景官宁远军节度使。时粤西诸夷作乱，诏景阳督兵征之，悉定广右，复进兵讨云贵、川中。西南以平，进授都总管，建帅府于大万谷。抚绥劳来，得远人之心，民多归附。卒赠太尉，谥忠成。

其后，有阿蒙者，元时加镇国将军，兼四川行中书省参知政事。洪武初，同霭翠归附，赐名钦，授怀远将军，有善政。子诚当袭，上御制诰文予之曰："黔中诸夷杂处，非德足化顽，勇足捍侮，则官守不宜。尔父当朕命将西南经理，首以义从，固膺是任。尔当抚恤诸夷，选能御侮，以安是方。"

其后有宋昂者，好学攻文，守廉持俭，爱民礼士，惟日不足。又多收致经史，以崇文教。时人称其循良化俗，如文翁焉。苗民有弄兵者，辄自咎于政，不加诛责。以故政治旁

洽，边徼合辑。今其子孙即宋宣慰云。

御史大夫曰："方今东南夷长如彭、如岑，先世皆云台名将，匡辅汉室，庆貤子孙，非夷而中国之，特以世官与夷习迷其灵根耳。"魏、吴之间，鼎足而王者，惟汉得正。故济火之事，武侯、田强之俦也。胡元以夷兼华，浊乱极矣。明兴，高皇帝为百王雪耻除凶，使民间复睹天日。而霭翠、阿蒙不烦一矢，相率而从之，如流水知大义矣。故两人之去邪归正，与钱镠之以小事大，后先一道，君子犹有取焉。宋昂之下士好文，后有忧慱士而欲坏黉序，相去远矣。安万钟少厉蠭气，一旦从儒纳诲，非复故吾，其人杰哉！阳明先生如大治红炉，遇铁皆铸，奈何敢望后尘。顾居异龙场，化愧师帅，孺子不听而溃家声，余先生罪人也。方省訾自责，犹日望之。作六英传。

（江东之，字长信，安徽歙县人，生年不详，卒于明万历二十七年，即公元1599年，明万历5年进士，官至御史。明万历二十四年，即公元1596年，为贵州巡抚，成为贵州封疆大吏，后因飞练之战被免职，著有《抚黔纪略》。《六英传》录于《万历贵州通志》）

## 宋民倚将军传

清·蒙珍

宋将军名民倚，其先为太尉景阳，宋开宝中为宁远军节度，黔粤皆其所辖。子孙为宣慰宋氏，而将军之祖为草塘安抚，佐播州宣慰杨氏，不知始自何时。明洪武中效顺，仍旧职。曰韬曰淮，皆著声中朝。

盖安抚，宁远之支，而将军又安抚之支也。少读书，多技能。及长，善刀槊，以劳绩为军官，战比有功，与士卒同甘苦，得其死力，又能出奇制胜。值黔苗屡叛，将军积功，屡迁至新添参将。尝解黄平之围，兼卫乡里州邑，人皆德之。在军中，步伐整齐，政令严肃，人莫敢犯。然不轻战，

战必胜。罢，则锥牛食士，与僚属习射，饮酒赋诗，有雅歌投壶之风。时黄平指挥李朝阳亦能军，黔中名将并称“宋李”云。

及中原失驭，孙、李之徒由蜀入黔，所至焚掠，民死者相枕籍。武弁主望风推陷，甚者受其鞭箠驱役。惜乎二将军

皆前死矣！不然，当不至糜烂若斯之甚也。

将军子某某官，孙几人，详其家乘，不具论。自平播后，安抚纳土设县，改土县丞。我朝定鼎，以效顺，仍世职。而将军之子孙，彬彬多文学之彦。予同年生如嵩，其一也。

（蒙珍，字席之，康熙二十三年甲子，蒙珍始举于乡，清瓮安人，著名学者，官至都习教授。《宋民倚将军传》见于傅玉书《桑梓述闻》）

## 援黔议

唐　炯

乌江自威宁州西来，东北流至酉、秀，入川境。其南岸为贵筑、修文、开州、平越、瓮安、余庆、石阡、思州、思南诸府、州、县，其北岸为黔西、大定、遵义、仁怀、绥阳、湄潭、龙泉、正安、务川诸府、州、县，而蜀之水泸江和綦南、涪、彭、酉、秀实与犬牙相错。黔之下游自龙、贵以达玉屏、清溪，旁及清江、古州、黎平皆为苗匪窟宅，而时往来定、广、麻哈、独山诸州，自开州、平越以达思州、思南，旁及石阡、铜仁皆为号匪盘踞，而时往来贵阳、安顺，既复渡乌江而北游，奕黔、大、遵义诸府、州。盖同治二年春以来，贵阳行省势成孤绝，而蜀东南不得安枕矣。然而，黔寇虽横，要皆起于官吏驱迫，又未见吾大将旗鼓，听其出没往来，是以蔓延。至于今日，今为蜀计，非大举渡江，以次扫荡，黔患终不得平，蜀防终不得撤。何者？黔无重兵厚饷，仅能自守贵阳一城。而牧令又多非人，不能抚绥保障。我军但于江北攻克一二城，遽尔班师，是根株未拔，萌蘖犹存。我军朝还，贼夕踵至，年复一年，无益于黔，而蜀已困脱，令有腹地震惊。何以御之，往者果后奉檄援黔，自仁怀达遵义，止七日程。其时绥、湄寇盗震于蜀军，延颈以待招抚。刘中丞不自仁怀急进，乃更折绕津、綦五越月而后达，而贼已轻其无能为矣。方其前军入黔，遵郡团民相率反正，乃贼攻寨，复不援救，团寨失望，贼遂鸱张。顿兵绥城，逾年后拔。然使其时乘胜渡江，直指瓮安，以与楚军犄角，则乌江南北都可次第划除。失此不赴，乃更拔还蜀边，迁延岁月，老师糜饷。黔、蜀大局所伤，实多前事之不忘后事之师也。谓，宜以兵二千驻陆广河，控扼黔、大，断贼钞略，毋使分我兵势。而重兵直趋湄、瓮，则正安、务川之贼必敛而归巢。蜀东不虞侵轶，湄、瓮扫荡席捲，而出荆竹园之背，与楚师并力，荆竹园必拔。既拔荆竹园，分道余庆、龙泉，鼓行而西，控扼黔、大之师由修文、开州横扫而东，更檄黔师，扼清水江以断苗匪声援，分别剿抚，以贼攻贼，不过数月，上大坪必破。既破上大坪，则苗匪之藩篱已抉，然后三省之师分道张翼合蹙龙、贵，潘名杰必授首，而黔之下游苗匪皆迎刃而解矣。故欲为蜀生财，莫如节用；欲节用，莫如撤防边之勇，莫如大举渡江，戡定黔乱，此其事势相因，利害明白，不待智者而决也。谨议，又会议，窃查清水江北岸为贵阳、龙里、贵定、平越、瓮安、都匀、麻哈、清平、黄平、施秉、镇远；南岸为八寨、凯里、丹江、清江、都江、台拱。楚师进镇、施为左路；川师进清、黄为中路；黔师进都匀为右路。自都匀不守，黔师复没，既不能战，又不能守，而龙、贵、平越，纵横数百里，益属空虚，我军不得不分兵驻守平、瓮，以顾后路粮运。兵力既分，即不能收聚进剿，是以炯前有调虎威

宝营之请。继因楚师进取，尚虚时日，深虑饷源支绌，若急求进攻，悬军深入，又虑前去后空，转运益艰。适奉宪批，饬议裁兵节饷，是以复有奏饬周提督率所部会剿之议。谓与其旷日持久，老师匮财，不若一举告成，罢兵省饷。诚以周提督所部十八营增此兵力，则纵横荡决，运掉自如，固无须坐待楚师同进也。今越西、川北既不能遽尔撤防，虎威宝营亦不能即时入黔，势不能不待楚师会剿。楚师四十余营，我军三十余营，一朝会合，连横而进，以我无前之师，击彼携贰之众，蕞尔苗疆，何难立碎。炯所以谓，但得饷需军火，无缺半年，亦可成功者在此。特不可知者，天数耳。然窃观黔省大局，涂炭十余年，人心既已思治，天心亦将悔祸。虽兵机暂顿于目前，而贼势终衰于曩日。失此不办，人民日益亡散，田土日益荒芜，后虽有十辈过人之才，聚千百万不匮之饷，恐亦不能如年来川、楚办理之得手。楚边之受苗害尤甚，于川饷源支绌，亦较川为甚。苗疆一日不定，楚边一日不得安枕。边境一日不得安枕，即民财、民力一日不得休息，其不能不力图进取，亦势所必然。愚见应请宪台剀切奏明，并咨商湖南抚宪，同顾大局，三省幸甚。是否有当，伏乞衡夺。

（唐炯，生于1829年，卒于1909年，字鄂生，贵州遵义人，唐训方之子。清道光二十九年举人，历任四川南溪知县、署绵州事、统安定营、云南巡抚。同治六年，率师入黔参与平定咸同战乱）

## 奢香论

清·田雯

奢香者，霭翠妻也。翠仕元为行省中书左丞。明洪武四年，与同知宋钦归附，以翠为贵州宣慰使，钦副之。翠死，奢香代立。钦死，妻刘氏亦代立。刘氏多智术。时马晔以都督镇守其地，政尚威严，欲尽灭诸罗，代以流官。乃以事裸挞奢香，欲激怒诸罗为兵端。诸罗果愤怒欲反。刘氏闻，止之，为走愬京师。上召问，令入宫见高皇后，复令折简召奢香至。询故，上曰：“汝诚苦马都督，吾为汝除之。然何以报我？’奢香叩头曰：”愿世世戢诸罗，令不敢为乱。“上曰：”此汝常职，何云报也。“奢香曰：“贵州东北有间道，可通四川。梗塞未治。愿刊山通道，以给驿使往来。”上许之，谓高皇后曰：“吾知马晔忠，无他肠。然何惜一人不以安一方也。”乃召晔，数其罪，斩之。遣奢香等归，诸罗大感服。为除赤水、乌撒道，立龙场九驿达蜀。今安氏，即霭翠后也。

论曰：乌罗之君长西土，非一日矣。一旦折而归我，岂其愿哉。终必为患。夫人而知之。即马晔之忠，明太祖亦谅之矣。乃不乘此而剪灭之，反自坏其长城，仅令置驿以为报者，计之非不审也。盖以诸蛮之强梗，由于山川之险阻，财力之富饶，则莫若置驿以通之且困之。通之，而险失矣；困之，而志驯矣。然后为我所制而无难。此胜算，亦远猷也。故除马晔，以为生事戒。而又以安远人之心。若奢、刘，则可谓奇女子矣。一乘间而远奔，一闻召而即至。先机之智，应变之勇，丈夫所不能。而谓遐方女子，能之乎？观其治驿开道，则又功过唐蒙矣。然驿置而事由此定，亦乱由此萌矣。何言之？壬戌之役，乘奢蔺之衅，连霭乌之党。虽潢池弄兵，悍性不驯，亦由置驿之后。当时之官斯土者，诛求暴虐，有激之而成也。安贵荣尝请减驿矣，王新建曾贻书以责之。固伐谋之道，然使当日稍宽恤之，恩威并用，亦何至挺而走险。

若是哉，此马晔之所以诛也。

（田雯，生于1635年，卒于1704年，字纶霞，号山姜又号漪亭，晚号蒙斋，清朝济南府德州

人，官至户部左侍郎，康熙二十七年，即公元1688年，奉旨巡抚贵州，清初著名诗人。《奢香论》录于《乾隆贵州通志》）

## 游玉华山记

犹法贤

汉之西南隅粤区，在今蜀之严道、沈黎、越雋、黚之思、播地，湄、瓮、黄、施之交，古且蘭国抑又奥也。玉华山崭然于其中，高朗入云，峻险不可游，游者惮之。予居旗山八载，赵直夫屡促游装，予老矣，倦于游，且不能步。旋以事牵，遂止。嘉庆二十一年暮春，月几望，直夫遽尔请往，竹舆已在门矣。饭罢即行，未至山五里许，山道逼仄，五步一折，上视青天，下临绝磵（涧），几千仞，倔礨巇巇，前冲后突，始及麓。家人先往者，遄而告曰：险极矣，不可往。予曰：顶寺有僧也未？有僧则有径，患虎且患云，虎则截其径，云则迷其径。今虎已去山，晚际月出，云始归。予固不恶乎险也，遂上七折而及山腰，小憩石凳，仰望垂笺缕缕。又一家人先往者，还奔而前，伫立以泣。予讶其何故。对曰：险极矣，不可往。稍进，俗呼为蛇倒退。又进，俗呼为鬼见愁。遇失足，恐枥蒸而不炊矣。予叱其妄。贾勇登二百四十五步。及山外门，闻犬吠声，则至矣。旁一山如月出状，所谓玉华捧月者。以此急跻其巅第，觉天风浪浪，海水茫茫。如乘崇明船，乱黄天荡，扬风撼海，杳不识潮头。尽处又如汉大将军张，左右翼绕单于，临瀚海禅，姑衍封狼居胥，万里尘沙漠漠。东北隅有猿猴数百蹲岩际，审视则皆石也。南有舶桅数百林立，审视则皆树也。山僧迎入，盛罗酒浆,熬脂烹鲜臛鹊，同人大醉。山险不可归，遂留宿于僧舍。

## 游西谿记

犹法贤

地之崭然层累而上援者为山。地之洼然低崩下陷而聚水者为谿。黔地多谿，而瓮安尤奇险不可具状。尝读柳州《东丘记》:旷如也，奥如也。大抵柳州诸山水，记不越此二语，柳之山水亦尽于是焉。去城西郭外二里许有谿焉，平田数顷，居人十数家，左右峭峰危立。好事者未至其地，任其荒废，灌莽不治。众诋为秽墟，独谿水蛇行可爱。水源于山隈中，积流成谿，广六尺。迅疾折而西行，抵山麓，大石不容水。水怒折而东，东亦大山麓也。巨石不容水，水怒，倒流南行。南地高，水遂喷漫北奔，过城西至龙池。底皆大石，亘绵十余里，水冒流其上，若瀑布，其奥可想也。滔谣北流，浩杳无际，远树栽云，居水之裔，粘天无咫，其旷不可言也。满谿之源，五盘九折。两岸植巨柳，交柯接叶，蒙络摇缀。凭高视之不见水，水委婉流人树洞。《 水经注》谓荥阳鱼子沟水，北与瑟水合。水上有连理，树其柞栎也。南北对生，凌空交合。水流二树之间，与此侔境矣。人踞树根垂纶，多得白鯈鱼。余与朱学博及二三子游玩其下，席地而坐，杯盘错陈。酒酣，夜色冥蒙、长须促归，相与缓步，踏月抵家。屋火照街，农人洗足，窗外主人询:西谿之游何如?余心游而目想曰：旷如也，奥如也。

## 圳洞记

犹法贤

青鸟家言，儒者弗道。近世唐荆川、储同人，深鄙其说。余谓不然，有至理存焉。且借此为山水之游，花竹山涌翠，群峰刺天若剑戟，迤里奔放，纵横百余里，至木老坪。环转十余里，至圳洞。瓮安西门河至此与小溪合。山麓顽硬，大石数十丈，横当其垠，水为所阻。水暴怒，腾山争峡，乘奔撇澥，疾急无声，矢冒流八丈余，赴于壑。水下空空然，所谓洞也。藤茨秽积，石浆、锺乳、璎珞杂错，塞其下，不可治。前有好事者用金令匠工斫去恶木，凿石锺乳二十丈，遇大石不可凿，遂止。近土人复命工旁凿之，乳石脆易凿，不匝旬，遂通。乃持畚除砂砾，伐石为阶，夷为坦途，不假舟硚。岩边唇棬二尺许，下衺，石栏倍之。水去地一丈五尺余，水浮驰空际，人经水下，天在水外。仰视，流星耀金，光彩散目，势急不可-漏，真奇观也。河汉亘天而不流，江河镇地而不空。兹独空而流，道元所未经，子厚所未历。宇宙谈灵绝者，无过此矣。南望花竹诸山，万笏朝天，去洞里许，山环水止，中有吉壤，可以安亲，此又唐、储二君之所未解矣。

## 赵本厚墓志铭

犹法贤

赵本宋宗室之后，远有代系。其子姓散寓于江南浙东西甚众。自赵吴兴归元，其属有黄冠入林者，挈家迁于蜀之蓬溪，遂为溪人。明嘉靖间有显于揆府者，自后浸其衰。至赵紫祥，遭张献贼之乱，逃祸窜黔遵义，由遵义徙瓮安朵园(即今朵云)，今为瓮安人也。由紫祥八世而生本厚，字培也，号柳州，县学生。曾祖秉鉴，母吴氏。祖荣宗，母顾氏。父安义，母陈氏。生子五人，长未晬而殇，君即承其长。母弟本敦，次本敖、本晋，俱博士弟子员。娶龙氏，生女一，无子。嘉庆十七年十月丙午卒。得年二十有三。褐葬于北郭北塘坳之新阡。尫弱，貌不胜衣，聪慧沉默。稍长，又复高旷清介，谢绝佚燕，潜心于一吟一咏之间，学大进。翛然尘塭之表，于势利益泊如矣。其父以赀雄于时，逋户委集。君几谏，悉焚其券。梓里称贤。父病，其药资寖桂，每剂不下千数文，君营治进养不恤也。与人有畛域，性褊，稍不如意则掉背去。赵氏自吴蜀入黔以来，八世皆不显。至君从祖兄本扬(歇)始登乡荐，而君继之，秀出侪辈，实为吾党畏友，乃偃蹇困踬于一病，肝气逆肺，率左腋下泄滋,必欲俾之颓堕，床褥胶戾.弗逆沉溺而不可挽。虽予长虑，却顾爱莫分，痛病之困人亦至于此。然又非不能谨疾者之所致然也。临诀，子亲执其手，君云无可如何，遂卒。将葬，其友人杨怀清讼言于予，非铭无以示诸幽。不及石，乃以丹书板而为之。铭日：

呜呼培也。命竟如是。谁之不如?而竟乃已。藐姑射之山，神人是居。餐风吸露兮，何有何无。刻露清奇兮，泯然太初。子之心境，与天为徒。子之诗境，与古为徒。子之病境，与鬼为符。南斗注生兮，北斗注死。自古圣贤兮，畴能长视。其人无恶，其诗孔霍。其气如云，其心如鹤。我剌其文，绝类离群。我铭其墓，莫知其处。神息西山兮，百世之度。

（犹法贤（1736–1825年），瓮安县江界河人，系瓮水土县丞犹赐璠之嫡长孙。清乾隆二十七年（1762年）中进士副榜，旋充镶黄旗教习。后任镇远县学训导、镇远府学教授，治学严谨，以诗文、品行名世。与傅玉书开创贵州乾隆年间古文之风，人称贵州高原上的两大诗宗。著有《酉樵房山诗文集》六卷，《黔史》四卷，《乾隆镇远府志》廿八卷）

## 学府春秋

王开宇

**七岁不能言居然成秀才，六旬仍赶考还是未中举**

傅龙光（1708—1781）字燕侯，号月川。黔南州瓮安县草塘人，到七岁还不会说话，父母都很着急，以为是个呆子，实在没得法，也只能听之任之。

其父石臣，少年施秉文学，就把龙光带起去。龙光在学堂里，成天坐着，呆若木鸡，连话都不会说，显然不是神童，自然不会分心去惹是生非。只是听别人读书，可谓专心专意，毫无杂念，甚至旁若无人，唯读书是听。听久了，成了习惯，成了他唯一的要事，居然出奇迹。他能说话的时候，拿书给他，一教就会，像过去读过一样。他有毅力，又爱学习，学作文，学作诗都是抓住就学，学不会一定不放手。又勤奋，又舍得花功夫，居然考上秀才。

他的诗文造诣都很高，著有《易经浅说》《学隐》。训诂学大家翰林侍读邵晋涵读了他的诗文都佩服赞叹："醇乎备哉！"后来还为他写墓表。他收集，丰富乡土史料给他的儿子，遗嘱编志，傅玉书因之编成《桑梓述闻》能使乡邦文献赖以不坠。朱一清编成民国《瓮安县志》是与他的搜集整理资料分不开的。他有这样卓越的巨大的成绩，而乡试总是落第，没有中举。无独有偶，联想到另一个杰出的人。王阳明五岁不能说话，难免有人小看他，但他没有心灰意冷，不苟言笑，以勤补拙，苦读苦练，弱冠中举，后来还中进士，深思苦学，明白了良知良能的深刻意义，倡知行合一的学说，成了明代大哲学家。影响及于扶桑。

爱因斯坦（1879—1955）三岁时，还不会说话，六岁入学后，老师说他是笨头笨脑的孩子，第一次参加大学考试时落榜。但他坚韧不拔，在科学道路上勇于探索，建立相对论原理，发现光学效应定律，人们称他为光芒巨星。

**自满阻碍进步，发愤取得成绩**

周锡源，乾里人，聪明伶俐，从小就很自负。小小的年纪考上秀才，自以为不得了，既不知天之高，也不知地之厚，更不知学问之大。以为自己什么都行，科考的文章不用再学了。虽然不是"歪嘴婆娘照镜子，当面就丢丑。"但确实是接着几场都未中举，有点聪明自误的可能，好在他知道自己的自满阻碍了自己的进步。没有固执到底，亡羊补牢还未为晚，及时回头当然可造。入贵山书院，从闽中张进士甄陶学习，闭门三年，不去郊游，学得三礼三传。乾隆三十九（1774）年甲午乡试中解元，为河北竹江知县。解元是全省第一名，贵州开科三百多年，瓮安人只夺了三个解元，第一个是周锡源，第二个是1861年辛酉科宋光发文解元，第三个1867年丁卯科任承绪是武解元。

**一帆风顺平步青云，聪明出众，十分可惜孤芳自赏，贡献平凡**

王茂松，字鹤亭，又字听涛，家住牛场堵浒，那时属于瓮安，现在属福泉。天资超迈，博通经史。嘉庆十年（1810）年庚午中举，十六年辛未中进士，联捷而又选为遮吉士，授编修。嘉庆二十一（1816）年丙午任顺天乡试同考官。接着掌江南道，京畿道监察御史，户科给事中，权重势大。一帆风顺，平步青云自满自足，不知道自己的弱点，也不会承认自己有弱点，目空一切，致政优游林下十余年，吟风弄月，无病呻吟，孤芳自赏，无所事是，在京时以词赋闻名海内，人称"具有袁牧之逸兴，而襟怀阔大过之"，沾沾自喜，成就则远不如袁枚，除《友竹斋诗文集》以外，再也找不出什么。其造诣远不如袁牧的高，袁枚（1716–1798）是著名的才子，清诗性灵派诗坛宗匠巨子。实在可惜，没有产生多大影响，几乎被人遗忘、忽略。

**王显经好办学鼓励学，任秉彝有志幕志赞美志**

王显经（1759—1839）字理臣，号焕堂。瓮安四区大路边人。刻苦用心，博闻强记，塾师任仪极为器重，乾隆四十三（1778）年入学。他致力于根本之学，喜欢研究易经，著有《无极太极绪论》《河洛图考》《先后天八卦图》。“快发明透”为人们推崇。

显经曾办义学一所于王氏祠堂右边，置田为义学学费，聘请塾师教族中子弟。他每逢初一和十五都去义学里检查，捐资奖励。主要是按时背诵，能背的有奖，鼓励勤学。培养王氏人才，他在世时，王氏族中入学中举的多到三十余人。

道光十八（1838）年戊戌是显经重逢入学之年。清代童生经过县试，府试和一省之学政主考的院试都合格者入学为生员，称“秀才”或“茂才”或“博士弟子员”。发榜要设宴以款待欢迎新科入学生员入学叫“入泮”。如果长寿过了六十又到入学的甲方，就特许参加新生入学的酒宴叫“重游泮水”。按例显经得重游泮水。这一年显经之子学溥考列优等，显经之孙崇昆、崇异、侄孙崇楷、崇植、崇鼎、崇光均同榜新进。祭孔子的时候，学溥穿起生员礼服扶着白发白须的显经，带着其孙子、侄孙一大群，入文庙参加典礼，礼毕出孔庙，县官又用仪仗队送显经回家，面泛红光白发苍苍，望之若神人，称赞的人很多。贵州学政（1837）王庆云（字雁汀）赠匾额云：“青缃世守”。上联：“泮水快重游，杖履康强携后辈”。下联：“黎峨看并峙，儿孙罗列悟前身”。任秉彝诗：“泮沼晴光好，携孙一再避。太公能有此，我辈熟为俦。瑞雪莹青简，金花炫白头。人生在适志，何必贵封侯？”

显经一贯喜欢修桥补路帮助人，按察使李复斋还赠了他“乐善不倦”的匾并详请入告天子赐八品冠服。道光十九（1839）年卒，享年八十一岁。

（王开宇，银盏镇岩根河人，1987年瓮安中学退休。此文载于《瓮安文史》2011年第一期）

## 登仙桥山赋

宋浒

维瓮邑之仙桥，实黔中之胜景。山高箐深，亏蔽日月。一日之间，乍寒乍暖。天井之下，故号漏天。巍然傲立，盘古（1）之壮骨；俯汲清流，夸父（2）之伟躯。属干溪（3）之尊主，接乾平（4）之芳邻。县城附郭（5），郡治龙脉。群岳独峙，腰绕青云。右傍平越（6），左靠紫江（7）。路通都凹（8），道达播川（9）。地接草塘(10)，波连瓮水(11)。近望玉华，书院弦诵；遥呼江界，雷鸣震天(12)。手揽青山(13)，指点飞练(14)。花竹喷泉(15)，龙池暗流(16)。半月署衙(17)，文峰培秀(18)。脚踏雍河，别号椒溪(19)。花桥、梭罗，明代遗堡；平定、高贞，清朝故名。

雁齿(20)序列，鹤舞峰巅。羊肠蜿蜒，鸟道萦迂。洞窦穿崖，悬镜含月。绝壁万仞，愁猿猱之奇娇；碧野千重，困鹰隼之羽目。广寒可遇嫦娥，松下又逢童子。张仙（21）鬼斧，凿石拱而银河通；中灵（22）妙笔，搭鹊桥而参商会。桥上危楼百尺，星辰在手；古寺欲分野色，梵音何处？暮鼓晨钟，棒喝拈花（23）。低语恐妨天人，喧哗忧惧厦倾。（24）雾笼瘴迷，凡间灵鹫（25）忽降；玉轮绣谷，海上蓬莱（26）不远。

其逢春雨初过，惠风和畅。虹跨碧落，邓林（27）娇色。黄雀闹枝，白鹭群飞。山色墨泼，含烟凝翠。若乃夏日新晴，群山铁铸。流云溢彩，长空万里。登高极目，三丰（28）授道。凌虚御风，涤虑尘岁；及夫秋黄叶老，层林红颜。黄粱（29）粥熟，今夕何年？瑶台相思，桥月同圆。魂萦梦牵，佳人在水（30）；待得冬雪一夜，岗岭白头。溪河冷冽，南国绢素。老酒不死，尚能饭否？（31）爆竹辞旧，豪情晚醉。

盛览作赋，韵律大开（32）。牛腾布教，文风再兴（33）。崇义（34）景阳（35），铜柱树勋。道明（36）宋钦（37），进士将军。奢香赎珠（38），巾帼驰声。黄隆韦宝（39），偏崖（40）镌名。还道郭公登临，建置瓮安，修筑方城。奋臂书丹，播南首景。只叹青螺远去，知音不再，落寞荒服。（41）继而大错（42）长啸后崖，别山（43））雅歌泮洞。玉书（44）曲谱桑梓，酉樵（45）竹编黔史。文定（46）武安（47），烽火燃向矩州（48）；林翼（49）兴恕（50），羽檄传遍黔阳。恩来大智，雪夜划筹转折；润之激昂，猴场远谋定策（51）。少农殉职，血化雨花。（52）葆初就义，魂断崇阳。（53）彰显此山之精魄，传奇此水之灵性。自此文人倜傥，壮士风流。俗尚威武，礼仪渐知（54）。乃脱蛮习而被声教，离兵燹而饰文明。扬名于西南，蜚声于边鄙。

注释：

1.盘古之壮骨：传说开天辟地的神人，劈开混沌，支撑天地，以双目为日月，骨骼为山脉，毛发为森林，血脉为江河，创造万物。

2.夸父之伟躯：传说追逐太阳的神人，口渴饮尽长江、黄河之水，渴不止，又饮洞庭而不能解，死于追逐光明的途中。

3.干溪：瓮安平定营至县城一带。

4.干平：县城所在地，明清干平堡，属屯兵之地，为平越府右卫。

5.附郭：县城近郊。

6.平越：福泉古称，因福泉山下有泉得名。原为平月、黎峨里。宋末元初，宋永高平定麦新（今贵定）后，在此建制。也有说法认为是且兰王都。

7.紫江：开阳古称。

8.都凹：都凹山，今朱家山，在岚关境内，为舞阳河源头。水分两股，一股入四川，一股融入沅江奔洞庭，古称源分楚蜀，为瓮安十二景之一。

9.播川：遵义古称。此处也指遵义和四川。

10.草塘：今猴场镇。宋初开宝年间宋景阳次子宋存弟封地，元代为草塘草坪宣抚司或草塘等处长官司，明代为草塘安抚司。万历二十九年（1601）以其地与瓮水长官司地及平越府右卫干平堡地设瓮安县，安抚降为土县丞，清中叶土司停袭。

11.瓮水：今珠藏镇一带。唐末乾符年间，尤崇义以都总管职征伐播州（今遵义），子尤朝觐封为万户，食邑瓮水，

12.震天雷鸣：乌江流域瓮安境内江界河段，江界河大桥下。水浪滔天，雷鸣不断，号为震天动。为明清瓮安十二景之一。构皮滩电站大坝筑成后，此景不存。

13.青山：现瓮安青山茶场，在仙桥山后。

14.飞练：今银盏镇工业园区内，原有瀑布飞流，映照霞光，古称飞练飘霞，为瓮安十二景之一。后水源断绝干枯，此景不存。今人以古时的水心洞即今穿洞河附会为飞练飘霞，大误，非也。

15.花竹喷泉：今花竹山，为瓮安最高峰，上有清泉九道，，旁边庙宇废弃，古称花竹九泉，亦瓮安十二景之一。传闻有龙王居于此。

16.龙池暗流：县城北郊龙坑，亦名龙池，古树森森，水质清冽，中有阴河与花竹山相通。

17.半月署衙：瓮安县城西边半月山下，为今县委、县政府所在地，瓮邑行政新区。

18.文峰培秀：今塔坡，清代时有官绅捐资修建石塔于山顶，以培植文秀之气，倡读书之风。解放初改名抗战胜利纪念塔。上世纪八十年代初遭雷击毁，修复后仍名为文峰塔。

19.雍河：瓮安西门河，别号椒溪。清代戎湘，字萍轩，有《蕉溪访友》诗。民国县志注为：瓮邑别名椒溪，蕉，椒之讹。

20.雁齿：大雁喙齿形状的台阶。

21.张仙：道士张三丰，字君宝。明初发配充戍平越，有仙术，据闻仙桥山是张三丰一拳在岩顶打出了大洞如桥而得名。

22.中灵：邱中灵，清代康雍时瓮安才子，英年早逝。生前与县令韩英、乡绅商基镛修瓮安志书，世称《韩志》，今不存，为瓮安修志之始。有吟咏仙桥山的诗词。

23.棒喝拈花：佛教禅宗用语，据闻佛祖释迦牟尼拈花一笑，阿难会意，得传心法，至达摩时传入中土，六祖慧能大加推广，着重人心顿悟，即南宗。棒喝也含有霹雳开窍，豁然顿悟之意。

24.低语恐妨天人，喧哗忧惧厦倾：引用古诗，言其楼宇高危险要。

25.灵鹫：灵鹫山，西天佛祖居处。

26.玉轮绣谷，海上蓬莱：玉轮，即月亮。绣谷，开满鲜花的山谷。蓬莱，海上仙山，道家圣地。

27.邓林：夸父逐日而亡，弃其手杖，化为桃林。

28.三丰：见21条

29.黄粱粥熟：唐代沈既济《枕中记》载：卢生贫困，在旅店中向一个道士诉说，道士作法，让他在梦中享受无尽的荣华富贵，看破功名利禄，一觉醒来，发现黄粱熬粥还没熟。

30佳人在水：《诗经·国风·秦风》，蒹葭苍苍，白露为霜。所谓伊人，在水一方。

31.尚能饭否：战国时赵国廉颇不服老，言道："廉颇老否，尚能饭否？"表示自己还能为国效力。

32.盛览作赋，韵律方开：盛览，汉代牂牁人，从司马相如学习词赋，自知才力不逮，退而回乡办学，牂牁文教始开。

33.牛腾布教，文风始兴：牛腾，唐代河东侯裴炎的外甥，初唐四杰王勃的老师。因裴炎得罪武则天被斩，牛腾受牵连贬谪牂牁为建安县丞，大办教育，推崇佛教。

34.崇义：瓮安犹氏入黔始祖，见注释11条。

35.景阳：瓮安宋氏入黔始祖。宋代开宝八年，宋景阳以湖广节度使受宋太祖诏讨伐广右、都匀少数民族，逐乌蛮罗氏普贵于今贵阳，取蛮州（开阳），巴香（今贵定、龙里部分），都云（今都匀）。赐封大万谷落都总管，宁远军节度使，谥号忠诚，追赠太尉。其次子宋存弟为草塘第一任土官。

36.道明：犹道明，宋时瓮水长官，举进士，授集贤院校书。神宗皇帝赐姓"犹"，大书"克壮其犹"以示褒奖。为瓮安犹氏得姓始祖，葬桐梓县扶欢坝。《康熙字典》载："犹"，姓，宋犹道明。

37.宋钦：刘淑贞丈夫。元代名宋蒙古歹，官八番顺元宣慰使。与水西霭翠投明，明洪武皇帝朱元璋赐名宋钦，以救正其俗，官封贵州水东宣慰使、昭勇大将军。

38.奢香赎珠：奢香，水西霭翠之妻。赎珠，即刘淑贞，宋钦之妻。霭翠死后，贵州都指挥马晔借小错裸杖奢香，欲灭水东水西诸部落。奢香羞怒欲反，刘淑贞及时制止，卷裙走马赴京师告御状。朱元璋杀掉马晔，使大乱消于萌芽。后二人修建黔中道路，为祖国统一做出了不可磨灭的贡献。

39.黄隆、韦宝：明代景泰年间农民起义领袖，玉山思梨坪人。率部攻陷石阡、赤水、平越等地，明军屡攻不克，吏部侍郎何文渊上书要求撤出贵州都司、按察司、布政司三司，请放弃贵州。兵部尚书于谦不允，遣巡抚蒋林、总兵方瑛率兵捕杀黄隆、韦宝，灭二人九族，在思梨坪摩崖刻石记功，即偏崖纪功碑。

40.偏崖：纪功碑，在玉山思梨坪，为瓮安县保存最为完好的古代摩崖，记述平灭黄隆、韦宝事。魏碑字体。据闻是方瑛站在马鞍上写成。

41.郭公、青螺：郭子章，号青螺。万历年间贵州巡抚，与总督李化龙平定播州宣慰杨应龙之乱，万历二十九（1601）年平播后疏设瓮安、余庆、湄潭等县。游仙桥山，大书“播南首景”摩崖。并作诗《过仙桥有感》抒怀：“蛮烟瘴雨一朝晴，瓮水安疆两地行。渊渚禽鱼思旧主，园林草木长新荆。可怜白骨寒飞练，始信黄平是铁城。更有穿云绕洞壑，不如此地学无生。”

42.大错：钱邦芑，字开少，江苏丹徒人。南明监军御使，川滇巡抚。逃禅出家，号大错和尚，又号知非居士。寓居瓮安草塘后崖，对瓮安历史文化产生深远影响。

43.别山：张同敞，字别山，湖广江陵人，大学士张居正曾孙，南明兵部侍郎。清兵破城，于桂林就义。曾寓居瓮安，在草塘龙山寺题壁作诗，遗憾现今真迹无存。

44.玉书：傅玉书，清代草塘人，字素余，号竹庄。江西安福知县。首开贵州私家修志先河，撰《桑梓述闻》。其作品《鸳鸯镜》为贵州第一部戏曲。与莫友芝并称南莫北傅。又与犹法贤同被誉为黔南两大诗宗。

45.酉樵：犹法贤，字必鲁，号酉樵，清代瓮水司人。任镶黄旗教习，镇远训导、教授。著有《酉樵诗文集》《黔史》，与傅玉书齐名。

46.文定：陈绍虞，麻江人，迁居瓮安。清代咸同年间瓮安农民起义黄号军领袖，为义军智囊，推为文定王。后投降清军。

47.武安：何德胜，清代瓮安木老坪人，又叫何二、何二王，民间呼为何二强盗。与陈绍虞、王廷英、谭光前等人抗粮反清，组织黄号军，占据玉华山、轿顶山等险要据点，攻克城池十数座，起义影响巨大，联兵十万，兵锋直指贵阳。军中号为武安王。

48.矩州：古代贵阳的称呼，又叫晋乐、黑羊箐。

49.林翼：清代重臣胡林翼，任黎平知府时赴瓮安平定椰民抗粮，杀农民领袖刘瞎幺。

50.兴恕：田兴恕，思州宣慰土司后人，湖南凤凰人。咸同时，兴恕年二十余即任贵州提督，与沈宏福带兵围剿何德胜黄号军，在松坪大败何德胜军。后由于开州、青岩教案被贬谪新疆。

51.恩来大智，润之激昂：指毛泽东、周恩来等领导人在1934年至1935年间于猴场召开的会议，挽回了中央红军败局，确立了毛泽东在党内的领导地位，从而走向胜利。

52.血化雨花：瓮安花桥人冷少农，潜伏在国民党高层的中共党员，被誉为“埋在敌人心脏里的定时炸弹”，配合红军击败敌人多次围剿，南京雨花台烈士。

53.魂断崇阳：舒葆初，瓮安平定营人，打入国民党内部，由于叛徒出卖，于崇阳英勇就义。

54.俗尚威武，礼仪渐知：《大清一统志》《桑梓述闻》提到瓮安风俗是：“俗尚威武，渐知礼义”。

（宋浒，笔名寒知子，贵州著名的地方志研究、土司文化研究专家，贵州历史文献研究会会员，著名网络诗人。曾任银盏尖山小学校长，就职瓮安县政协，黔南州美术家协会会员、瓮安县美术家协会常务副主席，《瓮安文史》杂志副主编。点校《民国瓮安县志》等，撰写出版长篇章回历史小说《黔疆土司演义》）

## 诗词

### 过仙桥有感

明　郭子章

蛮烟瘴雨一朝晴，瓮水安疆两地行。
渊渚禽鱼思旧主，园林草木长新荆。
可怜白骨寒飞练，始信黄平是铁城。
更有穿云饶洞壑，不如此地学无生。

（郭子章，明代江西泰和县人，出生书香门第，公元1598年任贵州巡抚）

### 奢香驿

明　吴国伦

我闻水西奢香氏，奉诏曾谒高皇宫。
承恩一诺九驿通，凿山刊水穿蒙茸。
至今承平二百载，牂牁刺道犹同风。
西溪东流日嵫嵫，呜咽犹表奢香死。
中川男儿忍巾帼，何特老妪亦青史。
君不见，蜀道之辟五丁神：
犍为万卒迷天津，帐中生化山川走。
谁道奢香一妇人。

（吴国伦，嘉靖二十九年进士，著名诗人。初授中书舍人，后擢兵科给事中。历任建宁同知、邵武知府、高州知府、贵州提学佥事、河南左参政。《奢香驿》入选《黔西历代诗选》）

### 奢夫人

明　布政使·卢安世

都督持威太自轻，翻令顺德据声名。
君看九驿奢香路，岂直宜娘解用兵。

（卢安世，字环水，明朝贵州毕节人，明神宗万历四十年举人，因军功升贵州右参议，迁四川副使，遵义监军，曾任四川富顺教谕。《奢夫人》录自《黔诗纪略》）

## 《水西怀古》诗八首

清 程恩泽

奢香辱，遭裸挞，银刀健儿怒直发。
欲擒马督碎其骨，赎珠闻，驰止之。
彼激我判将我夷，遂彼诈诗开边陲。
不如走诉金阙下，帝知我忠定我赦。
我以边功破彼诈。
卷裙走马七千里，珠拜帝庭帝心喜。
飞书诏香香乃来，啼装印面东风哀。
倚栏官人发长叹，昔曾嫔贡令首粲。
谁教鸥脱两玉人，金钏欹倾鬟云乱。
马督伏珠宣慰归，宫袍珠珥相追飞。
九驿驿民随指挥，赤水乌撒连长围。
古来英雄贵见机，成大功者忍诟讥。
君不见，锦伞高，锦车远；落落干然不通款。
同时乃生奢与刘，银钗叩鼓黔山伏。
价谐西园犹可说，割裂城社称时求。

（程恩泽，生于1785年，卒于1837年，字云芬，号春海，安徽歙县人，清代学者、官员。嘉庆十六年进士，授翰林院编修，历官贵州学政、侍读学士、内阁学士，官至户部侍郎。著有《国策地名考》《程侍郎遗集》。有《水西怀古》诗入选《黔西历代诗选》）

## 夏日游水心洞

傅玉书

幽寻避暑溪边路，路抵横溪山断处。
山束银涛扑面飞，萦纡一洞嵌空渡。
步入中流石扇开，天光云影逐人来。
岩悬钟乳结紫盖，鹤盘蛟舞挐苍苔。
溪流直从洞口落，鲛绡百丈垂簾幕。
日色遥穿水气寒，溪声长与山风薄。
颇疑下近蛟螭宫，山头月出云朦胧。
夜深贵主凌波至，步摇环佩闻琤瑽。

## 飞练屯

傅玉书

南山白石高峠崿，源泉万斛空中落。
飘翩素练凌风飞，石气水光不可薄。

鲛绡近出鲛人宫，更疑上与银河通。
淡月闲云互辉映，七襄妙腕惊天工。
日上东峰光艳艳，丹霞片片机中织。
纷蕤眩目难为言，吴绫蜀锦无颜色。
偶忆蛮疆抗命年，溪头战血污清涟。
升平岁久遗老尽，农歌樵唱生溪烟。

（傅玉书(1746～1812)，字素余，瓮安人。乾隆乙酉举人，官安福知县。有《竹庄诗草》40卷、《黔风录》24卷、剧本《鸳鸯镜传奇》、《桑梓述闻》10卷、《读书拾遗》10余卷、《象数蠡测》4卷、《汉笺诗》4卷和《古今诗赋文抄》等等广为流传）

## 内庄吊

清 张 琚

慷慨中丞节，丹心照鬼方。
过门曾走马，解绶不还乡。
成败何须论，生灵实可伤。
自今丛冢骨，遗恨失因粮。

## 奢香驿

清 张 琚

谁激诸罗变，贪边讵有功。
君王自长策，女子亦英雄。
九驿邮初置，三巴路已通。
夜郎今自小，不待问唐蒙。

（张琚，字子佩，清朝贵州黔西州人，道光五年副榜，曾任开泰即贵州黎平教谕。仅存诗《焚余草》一卷，晚清著名诗人、书法家。《奢香驿》录自《黔诗纪略后编》）

## 夜坐越广仁草堂

宋 昂

五年离别滞家乡，此夜重登旧草堂。
顾我交游青眼在，知君兄弟白眉长。
诗题竹简吟怀壮，子落秋枰奕兴长。
更就壶觞拚一醉，不须搔首叹参商。

（宋昂，字从俯，号省斋，明朝贵州贵阳人，明初诗人，与弟宋昱合著《联芳类稿》，世袭贵州宣慰使）

## 水西杂咏

清　陈匡世

君门万里献奇功，蜀道崎岖九驿通。
不道蛮荒一苗女，居然巾帼丈夫雄。

（谓奢香）

（陈匡世，字甸安，康熙、雍正时江苏昆山人，著名学者、诗人《水西杂咏》录自《大定府志》，入选《黔西历代诗选》）

## 黔中杂咏

清　李銮轩

一发南荒路，黔中古夜郎。
地连川粤臂，势扼楚滇吭。
济火君罗甸，仙姬孕竹王。
胜朝征轶事，诏许贯奢香。

（李銮轩，山西解乐汾河东岸的五家庄人，乾隆时进士，历官知县、知州、知府、道台等职，官至云南巡抚。著有《黔西杂咏》一诗，录自《大定府志》，入选《黔西历代诗选》）

## 岩脚寺

清　杨怀清

北寻岩脚寺，山户竹西开。
鹤出随云去，僧归共月来。
题诗聊坐石，把酒暂登台。
为约春风至，携朋看老梅。

（杨怀清，字同亭，瓮安人。清道光乙酉拔贡。有《同亭诗草》）

## 玉华山

清　任秉彝

破庙横天际，崎岖一线通。
几逢游客过，虚见野花红。
鸟宿层云里，猿呼绝岭中。
山僧留夜饮，明月上林东。

（任秉彝，清代瓮安人，事迹不详。其人生活年代约在嘉、道、咸丰间。《民国瓮安县志·艺文卷》录其《登仙桥山》等诗八首，皆超然世外、立意高洁、意境深远、格调古雅之作，飘然有脱俗求仙之风致。任秉彝原有《诗稿》一本，藏于平定营柴氏家中，传闻久已散失）

## 上玉华山

清　赵本敖

危峰扑面起，一径有无中。
突兀身难置，攀援计更穷。
愚公移不尽，神禹载难通。
久怯仕途险，此山险与同。

## 穿洞（并序）

清　赵本敖

县治西溪，北流二十里即穿洞也。中横巨石，广长数十丈，高十余丈。溪水覆流其上，虚中若巷，可通往来。初，有役拘乡民，经其地，民逸去，役追至溪岸，倏灭，以投水死，骇甚。盖不知溪底有径，可达彼岸也。

怒水倾危石，横溪结洞天。
人穿波底直，浪落顶光圆。
滚雪飞花界，明珠碎玉悬。
往来歌荡荡，王道信无偏。

（赵本敖，道光十七年举人，瓮安人，出任海澄县知县，与瓮安绅士胡雍川主持修建文峰塔。著有《朵园续钞》。《上玉华山》《穿洞（并序）》录于《朵园续钞》，赵本敖死后，葬于今银盏飞练湖畔，墓碑题有"奉直大夫赵公禹门之墓"）

## 玉华捧月二首

清　傅龙光

（一）

众岭围苍翠，中峰贮碧涟。
真如五色晕，常护一轮圆。
生死原因日，盈亏竟胜天。
丛林看倒影，想象桂华鲜。

（二）

飘渺来仙桥，团圆讶碧池。
宛然云际月，长此照无亏。
禅理非吾解，道心良若兹。
妙香空界满，何独桂林枝?

（傅龙光，生卒年月不详，字寿德，号月川，清代瓮安草塘下司人，堪称傅氏三儒，乾隆中期诸生、秀才，著名学者和诗人）

### 玉华山

清・赵本敫

独立峰无际，深盘谷不分。

插天惟立石，转角忽黏云。

硖东风雷气，岩缠虎豹群。

贪奇兴那尽，依树坐斜曛。

### 岩脚寺

清・赵本敫

寺出飞鸟外，到来野色昏。

林疏不碍月，石怪正当门。

热恼浮生苦，清凉佛地尊。

老僧年百岁，破屋有乾坤。

（赵本敫（1786—1836年），嘉庆二十四年己卯科（1819年）中举，历任甘泉、赣榆、通州、沛县、江宁等州县主官。早年拜犹法贤为师，著有《学道堂诗集》若干卷，诗集藏于贵州省博物馆。其事迹在清代贵州大儒莫庭芝修编《黔诗纪略后编》卷十五中有着明确记载，而且收录其诗词多达72首。还记录了并载有当时的文人任泰、陈方海为赵本敫诗集《学道堂集》作的《序言》，以及和江东释雁巢编写的《赵直夫先生事实》，具有很高的文史学研究价值。其诗《玉华山》《岩脚寺》收录于傅汝怀所撰《黔风演》中。赵本敫已傲然站立在清代嘉庆年间贵州文坛的至高点，成为瓮安乃至贵州诗词发展史上的一座不朽丰碑）

### 余庆蒋公署篆瓮安，喜闻倡修竹铳桥，寄颂二绝

清・宋如嵩

其一

就倾竹铳百年余，兴利谁人肯乐输。

赖得使君今借鼎，徒杠为政百蛮呼。

其二

争看愚工移石力，不须舟子隔江招。

从今利涉真成象，舆济纷纷笑郑侨。

（宋如嵩（生卒年月不详），字少室，清初瓮安草塘人。自幼才华出众，以诗闻名。康熙甲子科（1684年）副榜，总督李厚庵对他非常赏识，特为宋如嵩所著的《赋梅轩稿》作序并付印。后官至印江教谕、贵阳府教授，此诗载于《余庆县志》，竹铳桥，位于今银盏镇杜仲河上）

### 穿洞河

雷远方

不需要雕琢，不需要粉饰，素面朝天，你便是窈窕淑女；不需要织机，不需要织女，千尺白

练，便在你手中织就；不需要伴奏，不需要练嗓，你粗犷的歌声便嘹亮在幽幽河谷。

站起来吧!对，站起来!以一种全新的姿态展示自己壮丽的风采。

也只有站起来，昂首挺胸，屹立于天地之间，才能一鸣惊人赢得世人的惊讶与赞誉。

站起来吧!也只有站起来，在沉寂的贵州高原上，孕育震耳欲聋的呐喊!

站起来吧!像你身边的经历了太多的磨难仍然自强不息的城市一样，转换另一种前进的姿势，站在新的高度纵身跳下，跳下，无所畏惧悬崖峭壁，无所畏惧万丈深渊。

站起来吧!也只有站起来，才能穿越时空间，让梦想芬芳四溢。才能风风光光张扬青春的活力与生机，才能用生命诠释人生的精彩和奏响一曲令世界惊叹的瓮水长歌!

（雷远方，男，平塘县文联副主席、黔南州作协副主席、平塘县作协副主席。此散文诗发表在2013年10月25日《贵州日报》、2013年第4期《风景》杂志和2014年第1期《瓮水长歌》杂志上）

## 赞美春天雨漫花红

安之忠

风吹花树摇，竹鼠探头瞧。
琴蛙敲起鼓，诺斯来起舞。
山花欲相伴，却藏绿叶下。
箐鸡欲飞旋，又恐翅膀软。

（安之忠，瓮安银盏人，企业家，文学爱好者，贵州双龙集团创始人，现任中国商业文化研究会副会长、中国民营企业家协会副会长、贵州省商会副会长。此诗记载于小说《走出夜郎国》）

## 纪念民主革命先驱孙中山先生150周年诗一首

吴成军

三民主义救危亡，伟绩载之史册煌。
帝倒王塌封建止，日新月异共和长。
开拓民主改传统，辫子摘除旧貌藏。
事业未完需努力，复兴华夏子孙忙。

（此诗荣获2015年第四届“伟人颂·中国梦”全国诗文书画大赛二等奖）

## 纪念作家“柳青”诞辰100周年七律诗一首

吴成军

自幼忧国恨日横，学生举措让敌惊。
救亡以笔当戈使，创业书文撰史经。
起步米脂酬壮志，囚身牛圈苦修行。
百年且看东园秀，无数诗家赞柳青。

（此诗编入吴堡县诗词学会纪念柳青诞辰100周年《春风杨柳万千条》一书中）

### 赞穿洞河瀑布

吴成军

瀑挂山间白练飞，
倾烟泻雾似云蒸。
千秋喷洒银河水，
万古奔流穿洞村。
小鸟惊鸣临碧翠，
游人感叹近幽深。
洞穿河底奇天下，
鬼斧神工绝地生。

（吴成军，银盏镇穿洞村沙子洞村民组人，现就职于经济开发区（银盏镇）社会事业局，银盏镇人社中心副主任，自幼爱好诗词、对联等）

## 对联

对联，是中华国粹、堪称诗中诗，俗称对子，又称联语、联句。古时大多镌刻在柱子上，又称楹联。是意境与书法融合为一起的综合文化艺术，是书法特有的书写形式。

对联以其形之微、用之广、意之美，独领风骚。它由文、赋、诗、曲等文体综合演化而成，兼有各种文体的优点和特点；新奇优美、规整雅观、格调多变、自由灵活、短小精悍、音韵和谐、艺术性强、适应性广。联语脍炙人口，内容丰富多彩，文字通俗易懂，情境耐人寻味。可抒其情、言其志、乐其趣、鉴其真、赏其美、获其益。

银盏地区的老前辈们和年青一代，每逢节日，喜庆寿诞，都挥笔而书，展现自己的才华，规勉勤奋，褒奖功绩，或用以纪念名流，哀亲友。人们在出生时，以联贺喜；结婚时，以联志庆；寿诞时，以联祝颂；辞世时，以联哀挽；乔迁时，以联喜庆；节庆时，以联装点门楣；开业时，以联烘托气氛。这些对联字句各异，歌颂了党的方针政策，改革开放年代的丰功伟绩，同步奔小康，共圆中国梦。在银盏境内颇有名气的书法爱好者有银盏大岩头李文江，木老坪余光泉，大林村张元勤，余天学，太平杨乔书，尖山蒋明等。每逢节日，婚丧嫁娶，老百姓就去奉请他们书写对联，以酒肉殷情款待。这些对联，人们在视觉与精神上得到了享受，既抒发感情又激励进取。

附：银盏地域收集的对联（作者不详）

### 春联

春风及第；春光胜旧；日朗春光美；
喜气盈门。岁序更新。家兴喜事多。

人勤春早；诗联贺岁；门迎千山秀；
马到功成。梅柳迎春。院盛万物春。

大地回春看大好河山皆成锦绣；
长天焕彩兆长恒福址永放光华。

山如画水如画心田才是最美画；
春是诗秋是诗国策方知绝妙诗。

四序更新巍巍乎万里长城三春不老；
一元复始灿灿兮千年古国九鼎生光。

心爱祖国建设祖国让祖国繁荣昌盛；
肩挑山河改造山河使山河壮丽辉煌。

### 婚联

春融花并蒂；百年琴瑟好；芝兰千载茂；
日暖树交柯。千载凤凰翔。琴瑟百年和。

二姓联盟成大礼；偕年挂偶同心结；玉镜人间传合璧；
百年偕老乐长春。凌雪梅花并蒂开。银河天上渡双星。

才子佳人世间两美；志同道合金菊吐艳；
牛郎织女天上双星。花好月圆丹桂飘香。

梅蕊初放花开并蒂；玉树连枝百年启瑞；
凤凰于飞喜盈华堂；荷花并蒂五世呈祥。

花好月圆姻缘美满；相亲相爱如鱼得水；
天长地久鸾凤和鸣。同心同德似蝶迷花。

### 寿联

人老心不老；体勤身心健；福如东海长流水；
寿高志愈高。胸阔寿岁长。寿似南山不老松。

老近夕阳无限好；欣逢盛世多长寿；
秋来金菊有余香。欢度晚年放光辉。

妙手成春脉理精通能益寿；
诚心济世活人多处自延年。

羡煞田舍翁岁月优游得长生秘诀；
胜彼富家子晨昏定省博父老欢颜。

从幼年壮年至晚年学期随日月并进；
修体育智育及稼育人寿与天地同参。

### 七十寿联

春永蓬壶七旬晋寿；
禧延萱草百岁延龄。

逾花甲又十年天扬稀龄春不老；
祝萱闹已七秩门庭彩艳色常新。

### 八十寿联

萱寿七过八旬伊始；
范福八近九畴乃全。

### 九十寿联

蓬岛春长九旬称庆；
萱堂日永百岁延年。

明月有恒纪年合献九如颂；
长春不老添闺当称百岁人。

### 百岁寿联

上寿逾期颐一片婆心应锡谷；
大龄绵岁月千秋仙果为分香。

冬月值小春看岭上梅花独放；
一星悬宝屋祝堂前萱草长荣。

孙子生孙五世其昌称国瑞；
老人偕老百年共乐合家欢。

### 吴成军对联集锦

（贵州瓮安经济开发区）

编入《雷鸣安定》一书中纪念马神甫事件

杀马定安鸣凤勇；
守疆驱法毓英坚。

编入《春风杨柳万千条》一书中纪念柳青诞辰100周年
铁笔写生活，创业史中新社会；
魅力为实践，作家眸里大灯塔。
米脂成长壮人生，从此挥戈跟党走；
文革摧残坚意志，最终平反破黑来。

作品人格双魅力，
精神思想共超凡。

铁笔写生活，一生事业耕耘里；
雄文添魅力，举世行家点赞中。

编入《十载辉煌》一书中祝贺三门峡市楹联学会十周年
十载耕耘，联花遍地红九城；
八方庆贺，雅句如山壮三门。

十载倾心，办报刊，开赛事，振兴学会扬国粹；
三门奋力，追新梦，壮楹坛，围绕中心索雅文。

编入《跃马争春》一书中2015年迎春联
政策年年好；
春光处处娇。
梅花开岁远；
午马送春福。

“缅怀赵尚志，弘扬志愿精神”征联获优秀奖作品
先烈激壮志，观教泽把精英培养；
名师出高徒，看学子将梦想放飞。

**嵌“银盏”地名联**
银堆畎亩兴桑梓；
盏盛琼浆谢贾商。

**石阡温泉全国楹联大赛优秀奖作品**

**望峰楼**

举步攀于仞；
登楼望五峰。

**“瓮安渡江食品杯”征联大赛优秀奖作品**

发扬渡江精神　百业竞争谋崛起；
打造食品系列　八方销售布馨香。

**快板**

快板是乐器的一种，快板书，词儿合辙押韵，唱时用竹板打牌子。后叫做“数来宝”，也叫“顺口溜”“流口辙”“练子嘴”，是从宋代贫民演唱的“莲花落”演变发展而成，起初是乞丐沿街乞讨时演唱的。“包袱”“夸张”“铺陈”是快板常用的艺术手段。由一个人边打板边演唱的，叫小快板，又叫单口快板。由甲、乙两人各数一段，交替演唱的，叫对口快板。参演的人数多，分小组交替演唱，叫群口快板。由一个人边打快板演唱，有时插入白口的快板书。快板在民间很受欢迎，在喜庆节日，节日晚会等场合是必不可少的节目，银盏村玉平学的对口快板、群口快板就深受群众喜爱。

银盏乡村民王平学对口快板

**一事一议建新村**

甲：彩旗招展人欢笑
锣鼓喧天好热闹
联谊活动来举行
两镇两乡都来到

乙：雍阳玉华平定营
今天来了好多人
大家欢聚在银盏
朋友来宾都欢迎

甲：竹板一打就开言
面面俱到难说全
今天就说一件事
一事一议换新颜

乙：要想富来先修路
一事一议来帮助
财政奖补好政策
农民发家又致富

甲：单说尖山阁老冲
如今公路已修通
家家都通水泥路

乙：走路不会打湿鞋
东西不用肩膀抬
赶场吃酒都坐车

| | |
|---|---|
| 车来人往好轻松 | 老人儿童乐开怀 |
| 甲：过去小路太难走 | 乙：上坡走得脚杆软 |
| 生产生活无帮手 | 下坡脚杆打闪闪 |
| 肩挑背磨真劳累 | 雨天一身稀泥巴 |
| 阳关大道何时有 | 出门要把裤脚挽 |
| 甲：去年六月都记得 | 乙：村民齐心又努力 |
| 国家出台好政策 | 筹资筹劳很积极 |
| 政府投资来帮助 | 不料出现一难事 |
| 支持农村搞建设 | 宋家祖坟难解决 |
| 甲：三米五路不能窄 | 乙：理财小组共五人 |
| 水利设施占一侧 | 来到宋家去说情 |
| 如果占用耗资大 | 协商解决迁坟事 |
| 只有迁坟是上策 | 回答钱少不可能 |
| 甲：集体智慧实在高 | 乙：动员亲戚作工作 |
| 钢筋水泥打现浇 | 奖补好处耐心说 |
| 公路坟上来通过 | 宋家思想来转变 |
| 奇思妙想这一招 | 坟上修路终撮合 |
| 甲：另一村民宋锡贵 | 乙：土地纠纷来吵闹 |
| 年龄四十又七岁 | 上访政府把人告 |
| 如今还是一单身 | 领导及时来解决 |
| 喜欢上访不觉累 | 反说不公不依教 |
| 甲：群众修路决心大 | 乙：他说道：政府对我很关心 |
| 献出土地不讲价 | 一百八的低保金 |
| 投工投劳很积极 | 危房改造得指标 |
| 老宋思想起变化 | 再去上访也无心 |
| 甲：热心公益来服务 | 乙：这正是：党心政心暖民心 |
| 还给领导去带路 | 毛铁也能变成金 |
| 出工天数他最多 | 只要政策对了头 |
| 质量监督搞义务 | 和谐农村一条心 |

甲：共产党的恩情深
携手共建新农村
美化农村新家园
致富不忘感党恩

乙：财政奖补政策好
村容村貌改变了
美好农村靠大家
幸福生活不忘党

甲：人心齐来泰山移
一事一议解难题
帮助农民来增收
科学发展促跨越

乙：财政奖补好政策
一事一议搞建设
社会主义新农村
江山永固不褪色

合：嘿、江山永固不褪色

图14-1-1　2009年，《民间乐队》在瓮安文化节演出

## 殡葬改革树新风

### 锣鼓快板

（王平学）

甲：锣鼓敲的噔噔噔，
我们四人走上场，
殡葬改革来宣扬，
文明办事要发扬。
合：嘿嘿，文明办丧要发扬！

乙：去世之人有疾病，
乱埋乱葬传染性，
遗体火化最科学，
杀死传染病源菌。
合：嘿嘿，杀死传染病源菌！

丙：乱埋乱葬占土地，
砍伐森林破秩序，
导致水土来流失，
保护环境有意义。
合：嘿嘿，保护环境有意义！

丁：乱葬影响人生存，
耕地减少不平衡，
死人活人来争地，
丧葬旧俗胡乱行。
合：嘿嘿，丧葬旧俗胡乱行！

甲：丧事大办要不得，
统一公墓不可违，
攀比之风不可取，
传统陋习要改革。
合：嘿嘿，传统陋习要改革！

乙：坟山焚烧祭祖物，
环境污染最突出，

甲：封建迷信最突出，
劳民伤财人和物，
文明节俭办丧事，
抵制丧葬陋习俗。
合：嘿嘿，抵制丧葬陋习俗！

乙：披麻戴孝用黑纱，
迷信用品改鲜花，
告别仪式替发丧，
殡葬新风进万家。
合：嘿嘿，殡葬新风进万家！

丙：农村殡葬需改革，
文明道德不可违，
社区团结无纠纷，
和谐社会来建设。
合：嘿嘿，和谐社会来建设！

丁：殡葬改革就是好，
经济负担来减少，
丧仪繁琐须改进，
借机敛财不能搞。
合：嘿嘿，借机敛财不能搞！

甲：革命前辈周总理，
骨灰撒在江河里，
率先垂范来火化，
一心为公不为己。
合：嘿嘿，一心为公不为己！

乙：一代伟人邓小平，
死后捐献眼角膜，

稍有疏忽酿火灾，
文明祭祀保幸福。
合：嘿嘿，文明祭祀保幸福！

丙：偷埋土葬不能搞，
死者入棺要举报，
违规偷埋要处罚，
殡葬新风实在好。
合：嘿嘿，殡葬新风实在好

丁：移风易俗好又好，
干部带头来确保，
造福子孙万代事，
小康生活来得早。
合：嘿嘿，小康生活来得早！

不留骨灰丧事简，
遗体解剖供医学。
合：嘿嘿，遗体解剖供医学！

丙：社会主义新农村，
殡葬改革得民心，
陈规旧俗来根除，
环境美化处处春。
合：嘿嘿，环境美化处处春！

丁：殡葬改革树新风，
精神文明不可松，
消灭愚昧旧习俗，
神洲大地傲苍穹。
合：嘿嘿，消灭愚昧旧习俗！
神洲大地傲苍穹！
傲—苍—穹！

## 家和万事兴

印山村 李兴全

### 三字句

天生物 人最灵 根本坏 何为人
教弟子 先明伦 勤有余 怡学文
抛动仪 讲见文 懒汉辈 多无成
为子者 念父母 养育恩 难尽数
孝顺事 分微秒 每日间 须尽到
请早起 要问安 洗脸水 捧必端
有饮食 尽爹娘 若未至 莫光赏
叫茶汤 就捧盘 双手递 满面欢
父母唤 唯而前 拿东西 莫尽延
父母出 要送行 父母入 要迎接
父母骂 仔细听 愈敬爱 愈孝敬
父母打 莫生嫌 莫垮脸 莫做声
父母病 随时问 端汤药 常候进

若出外　惦爹娘　　好吃物　怀内藏
倘父母　与人争　　好言劝　莫高声
做错事　莫扯狂　　不隐瞒　也要讲
寒冷日　端火笼　　炎热天　扇凉风
凡百事　必爱敬　　不如此　非孝顺

## 三字句

堂上父母　　须当孝敬
父母教训　　仔细倾听
即是打骂　　都是好心
无非望你　　成就好人
切勿燥暴　　触怒双亲
父母养育　　前苦后辛
十月怀胎　　教藏殷情
尤惟其疾　　爱若其身
饥寒水火　　亦防祸生
求福问卜　　预测灾情
儿满七岁　　送读书文
父母费心　　望子成人
儿有出息　　老来安稳
凡是人子　　要体亲心
饥寒进饮　　寒则加温
欢娱优情　　体会其情
立志上进　　显亲扬名
错定神省　　莫忘亲恩
敬如天地　　人知常情
人子何幸　　父母共存
日随左右　　夜送安寝
三餐茶饭　　起居安宁
父母年老　　风前之灯
恐有不测　　死靠何人
终然悲哀　　也难还魂
奉劝大家　　谨记在心
舍本逐木　　枉费精神
有饭施舍　　或修寺亭
烧香拜佛　　何不敬亲

孝心感天　胜似看经
神明保佑　百福骈臻
莫把父母　似如外人
切莫黑脸　答应双亲
生养死葬　你所担承
父母有过　几谏顺情
以后你老　也有儿孙
你孝父母　儿教你身
莫听妻言　破坏天伦
顺妻瞒母　天不容情
前古引才　亦不少人

## 二十四孝

二十四孝　前古留名
卢舜聖君　孝感天庭
曾参至孝　母子连心
闵子卢衣　感化娘亲
子路负米　百裹事亲
老来七旬　戏采娱亲
郯子鹿米　取乳孝亲
文帝事母　赏药敬亲
董永卖身　埋葬双亲
姜诗背母　逃难孝真
黄香九岁　温衾扇枕
姜诗孝亲　感动河神
丁郎刻木　事死如生
法师诚孝　父骨知情
杨兵打虎　营救父亲
蔡顺拾椹　孝养母亲
陆续六岁　怀橘孝亲
五衰纯孝　闻雷泣坟
孟宗哭竹　今日笋生
王祥卧冰　求鲤孝亲
吴猛孝心　以身喂蚊
黔娄父病　优病赏类
唐氏孝诚　以乳喂亲

寿昌孝真　　弃官寻亲
庭坚引孝　　体贴事亲
你若引孝　　天别怜悯

## 四字句

同胞兄弟　　礼所当敬
要念同父　　共母所生
若遇患难　　还要至亲
休听闲言　　忘了同根
乡里尊长　　礼当恭敬
席尊上座　　路让先引
切莫戏悔　　最宜小心
结交朋友　　要结正人
莫交浪子　　假装斯文
书不想读　　田不想耕
打牌饮酒　　不顾双亲
家务不理　　专门寻情
切莫损友　　急当警心
居心要厚　　治业要勤
作事要稳　　见理要明
莫说狂语　　休失言行
不作反事　　要学好人
各安本分　　谨言慎行
恕人恕己　　皆同一心

## 五字句

孝字海样深　　难报父母恩
为人不孝敬　　身从何处生
一尺零五寸　　娘死儿奔生
家贫出孝子　　国难显忠臣
美味先孝敬　　不可私自吞
为人不孝敬　　黄天有眼睛
早迟有报应　　善恶两样分
忠孝为根本　　孝字值千金
有子不行孝　　枉自把心操

父母年纪老　应该子效劳
老来子不照　难得过终朝
有病子不医　一病为阴曹
灰盒不买好　当当也不敲
又不怕人笑　孝帕都不包
谁敢来管教　虚空神灵高
谨防报应孙　岂肯把你饶
子弟勤发奋　用心看书文
耕读俱为本　读书不误人
见人又恭敬　脑筋甚聪明
夫妻是鸳鸯　巧合记成双
丈夫不敢犟　老婆把家当
绩麻把线纺　吃些青菜汤
勤俭把业创　耐烦度时光
夫妇都会想　更兼通商量
对人又和气　公婆当新娘
人人都称赞　名誉传八方
几年苦过去　积钱又余粮
选妻眼睛亮　莫选懒婆娘
天天打麻将　家产一扫光
心中又乱想　硬要另嫁郎
与人勾搭上　暗中去同床
名声都不顾　儿女丢一旁
情人不正当　天天去赶场
吃的香瓜子　穿的花衣裳
人前显漂亮　骂名传八方

**曲艺**

曲艺是中华民族各种“说唱艺术”的统称，它是由民间口头文学和歌唱艺术经过长期发展演变形成的一种独特的艺术形式。早在唐代，讲说市人小说和向俗众宣讲佛经故事的俗讲的出现，大曲和民间曲调的流行，使说话伎艺、歌唱伎艺兴盛起来，自此，曲艺作为一种独立的艺术形式开始形成。

到了宋代，说唱表演有了专门的场所，也有了职业艺人，说话伎艺，鼓子词、诸宫调、唱赚等演唱形式极其昌盛。

明清两代及至民国初年，伴随资本主义经济萌芽，城市数量猛增，大大促进了说唱艺术的发展，今天所见到的曲艺品种，大多为清代至民初曲种的流传。曲艺具有这样几个主要的艺术特征：首先，曲艺表演是以“说”和“唱”为主要表现手段，语言一定要生动活泼，简练精辟并易于上口。其次，曲艺不像戏剧那样由演员装扮成固定的角色进行表演，而是由演员装扮成不同角色，以“一人多角”的方式，通过说、唱，把各种人物、故事表演给听众。其三，曲艺表演的简便易行，使它对生活的反映快捷，曲目、书目的内容多以短小精悍为主，因而曲艺演员通常能够自己创作，自己表演。其四，曲艺通过说、唱刺激听众的听觉来驱动听众的形象思维，在听众的思维想象中与演员共同完成艺术创造。其五，曲艺演员必须具备坚实的说功、唱功、做功和高超的摹仿力，将人物形象刻画得惟妙惟肖，使事件的叙述引人入胜，从而博得听众的欣赏。2013年7月，银盏学校送演的《大爷大妈夸瓮安》在瓮安县反腐倡廉曲艺大赛中获二等奖。

## 大爷大妈夸瓮安

唱（众）：干完农活，恰逢赶场天，我们约起赶瓮安，现在的瓮安街，嘿！找不到头啰，满街都是（都是）新变化。

对　白：（女甲）喂，老者者，你带起我们走了大半天，瓮安到了没得嘛！

（男甲）到了，到了，场口就在…… 耶，这场口啷个不像了呐！

（女甲）嘿，我说你，自己（各人）都哈不到东西南北了呢，还自告奋勇当哪样领路人嘛！

（众）是嘛，你鼻子上栽棵葱，装那样“象”嘛！

（男甲）老哥老姐们，不是我今天装“象”， 我以前对瓮安硬是熟得很！

（众）那今天呐！

（男甲）嘿…今天嘛！…

唱（男甲独）：我的熟悉嘛瓮安街！如今场口大变样：场口变成银盏镇，工业园区（园区）亮堂堂。

唱（男合）：工业大道宽又敞，逢闲赶场都上街，高楼林立几大排，各个都是（是个）大商场。

对　白：（女合）管它商场不商场，来了就往里面闯，听说瓮安变了样，看一盘，到底变成啥名堂！

（男合）好！来了就朝里头闯，看一盘，到底变成啥名堂！

（女乙独）吔，你们看，这点好像一线天喔！

（男甲）土老奶！，这个你都不晓得，这是电梯房啦嘛！

（女乙独）好高，半截都在天里头呢，走，我们去看一哈喔！

（众）要得！

唱（众）：走进瓮安大街上，当街好像捉迷藏，到处都是大马路，商品多得（很），吃的满街香。

对　白：（女丙独）原来这是水凼凼，现在成了大广场！

（男乙独）原来这是坡坎坎，现在成了运动场！

（女丙独）原来这是大猪圈，现在成了超市场！

（男丙独）原来这是木瓦屋，现在成了电梯房！

唱（女合）：原来瓮安是些小巷巷，变成大街、批发商场！街上这些新变化，功劳全在共产党。

对白：（男乙）我的老哥老姐们，你们晓不晓得，瓮安啷个变化这样大喔！

（女众）那还肖谈唛，是经济社会发展快呐嘛！

（男乙）那请你们说，经济社会有哪些发展嘛？

（女丁）我来先说……

唱（女丁独）：要想火车跑得快，全靠车头前面带，党政班子是车头，反腐倡廉最关键。

对白：（女合）瓮安是个老区县，交通位置很显眼，处处招商引资来，四面八方引大财。

（男丁）怪得哦，瓮安赶场啷个这么热闹哟！

（男乙、丙）一路公交挤农民，二路公交等死人，三路公交等学生，公交硬是方便人！

（女丙独）你们晓得不嘛，瓮安发展还有一个打门锤呢！

（女众）晓得！晓得！你是说矿产资源哪嘛！

（女丙独）答得对，答得对，加十分！

唱：（女丁独）我看瓮安，煤磷有热光，处处有光又有热，人人都是招商客，工业强县把贫脱。

对白：（女众）家家户户种茶叶，越种心头越欢喜，185基地是示范，带领农民挑金砖！

（男丙独）瓮安历史很悠久，小春虫化石大名出！“四开四干”促廉政，“五公五安”构和谐！

唱：（男众）如今瓮安大繁荣，干部廉洁、群众喜欢，干群一起齐勤奋，大把挣钞票，搞活市场。

对白：（女众）教育事业大发展，年年都有状元郎！文化工作很扎实，“瓮水长歌”四方扬！

唱；（女丁独）科学发展银盏镇，瓮安北部建新城，样样都是高科技，招商引资，建大厂（房）。

（众唱）说变样，大变样，老区人民齐欢唱，反腐倡廉为人民，再创佳绩铸辉煌（创辉煌），哈哈！………

（演员：范忠超、李春燕、陈天强、李永华、任永富、黄国平、谢琴、王金琼、李贤芬）

书 法

图14-1-2　李大贤作品（软笔）

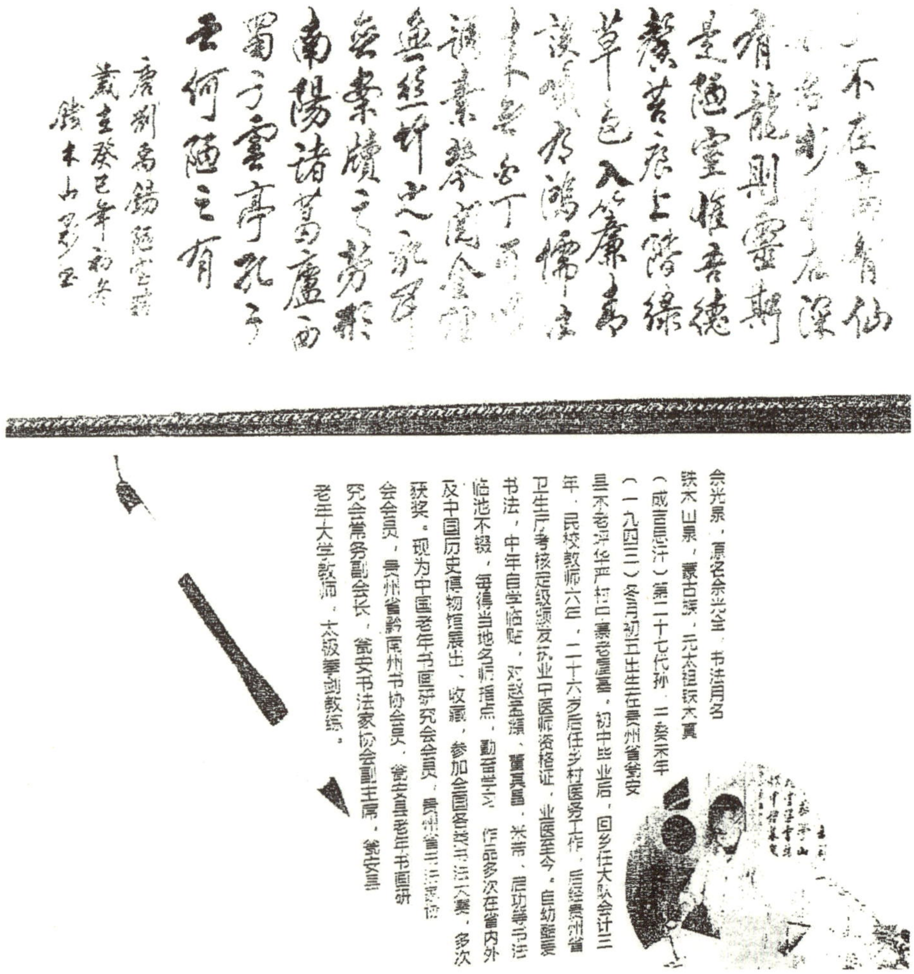

图14-1-3　余光泉作品（ 软笔 ）

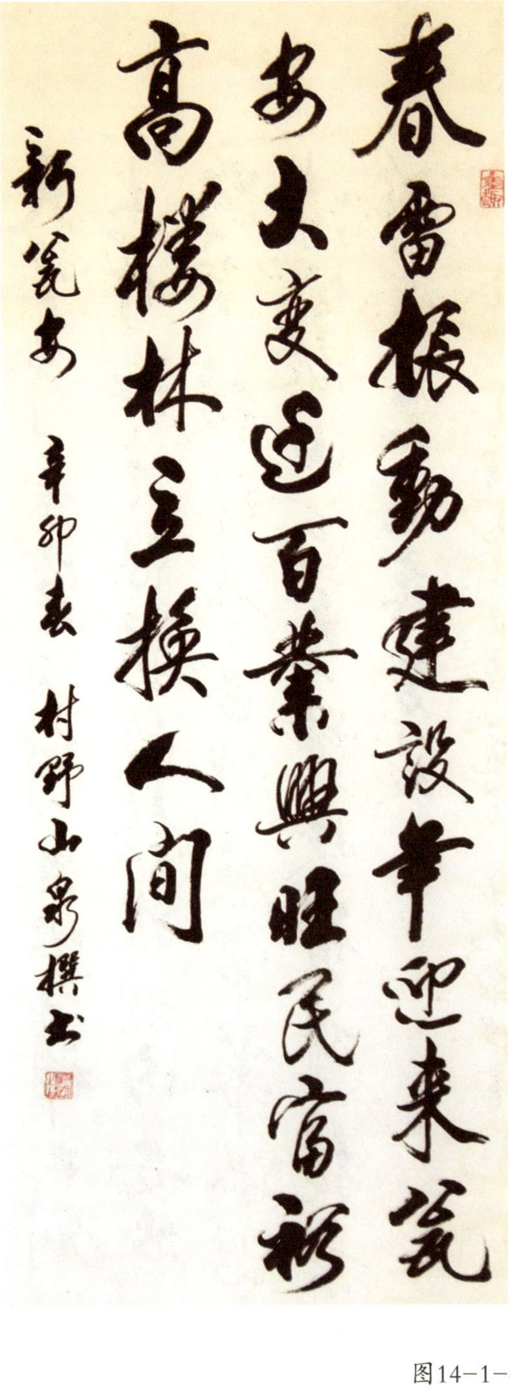

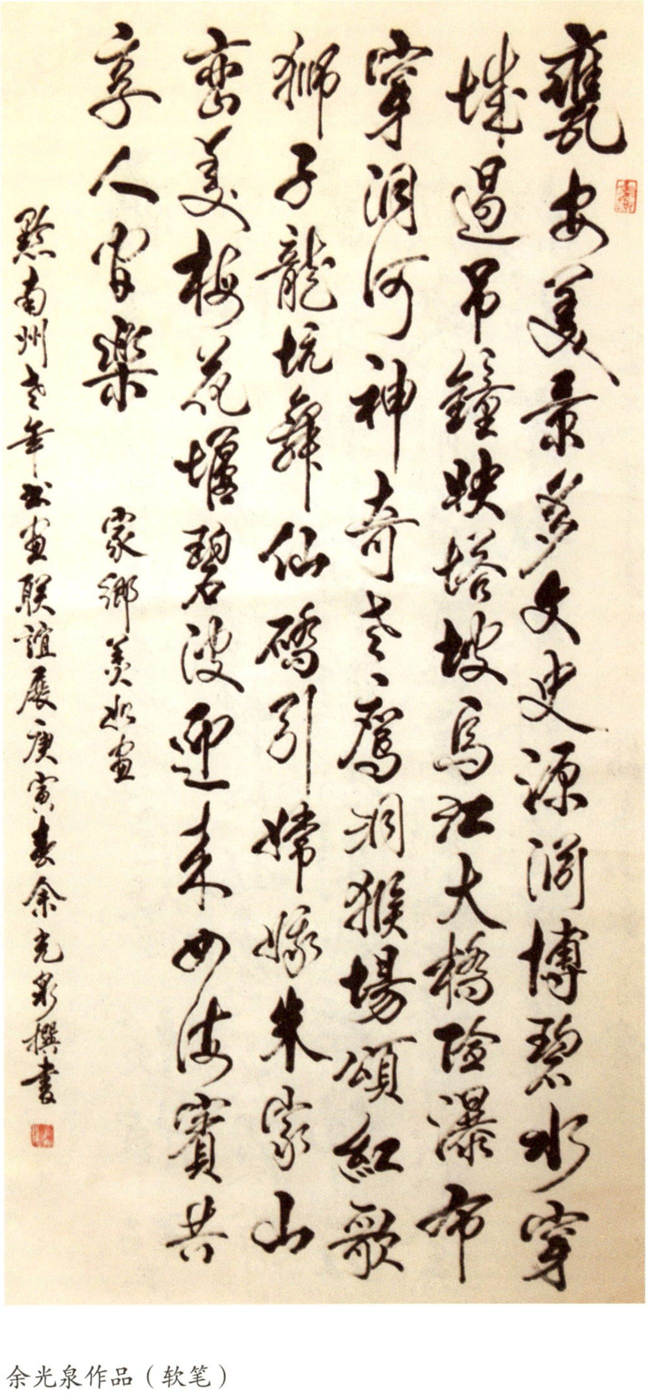

图14-1-4　余光泉作品（软笔）

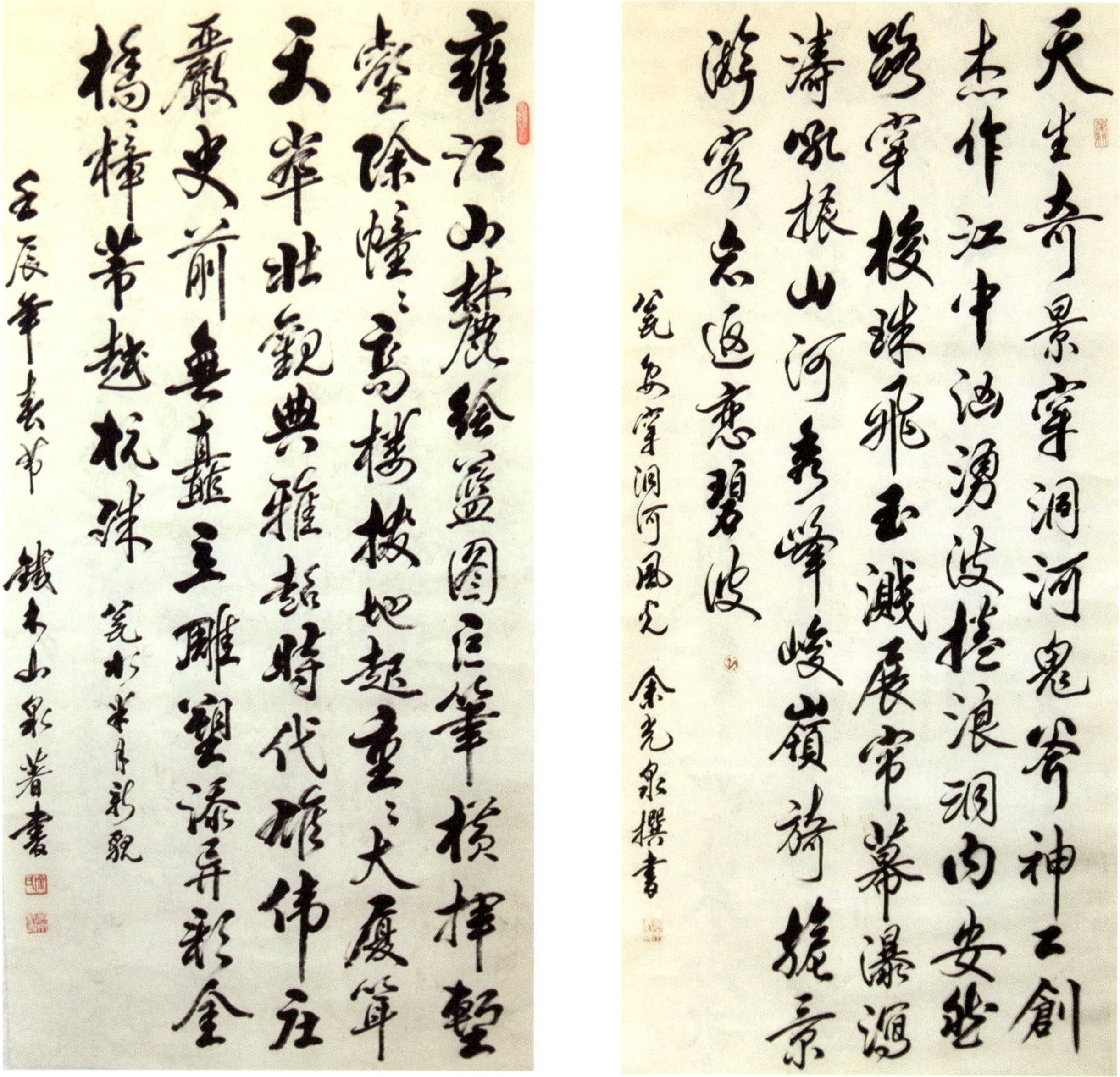

图14-1-5　余光泉作品（软笔）

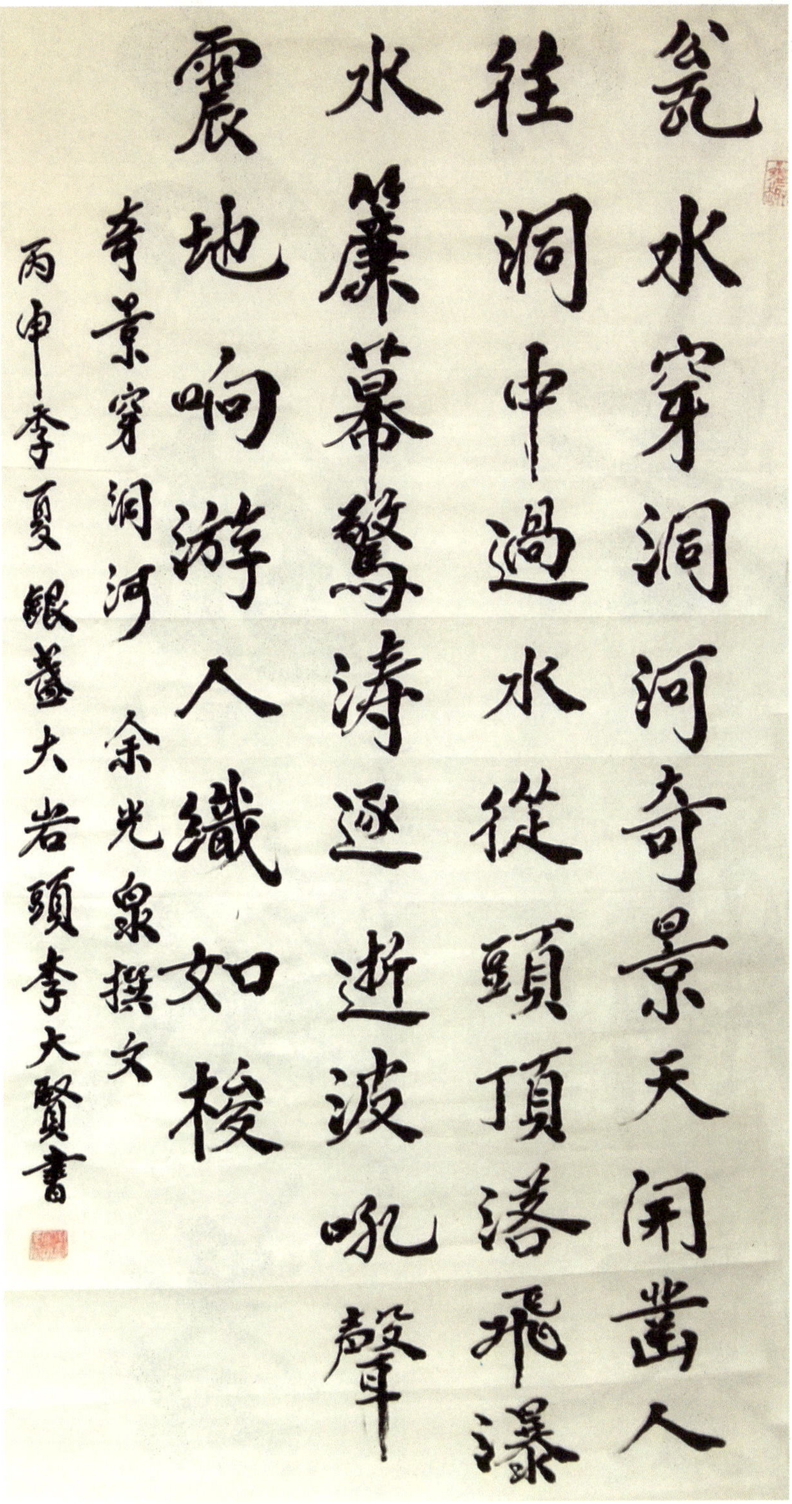

图14-1-6　李大贤作品（软笔）

图14-1-7　李大贤作品（软笔）

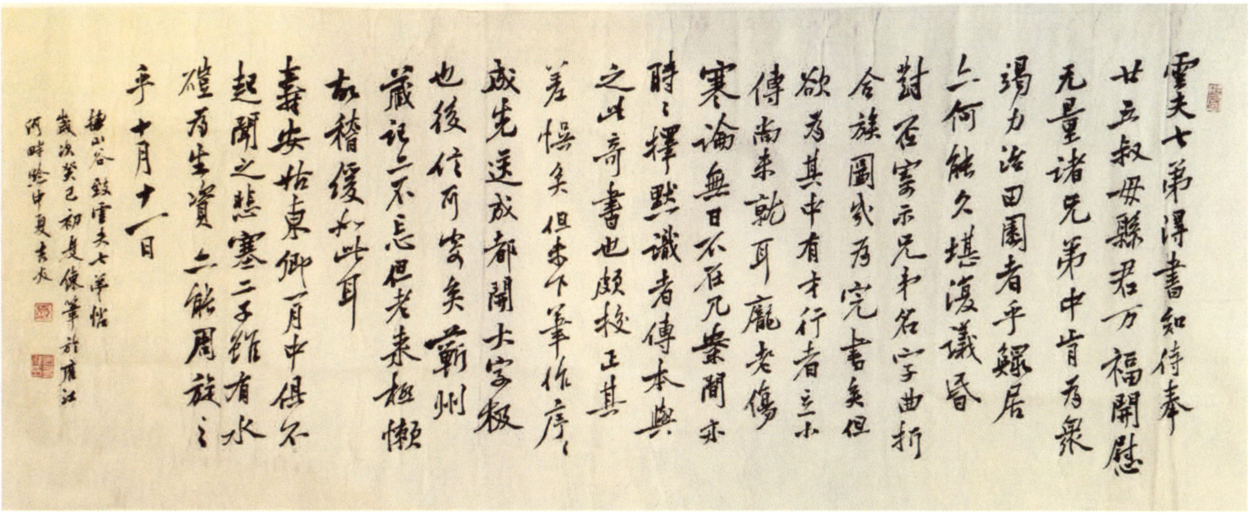

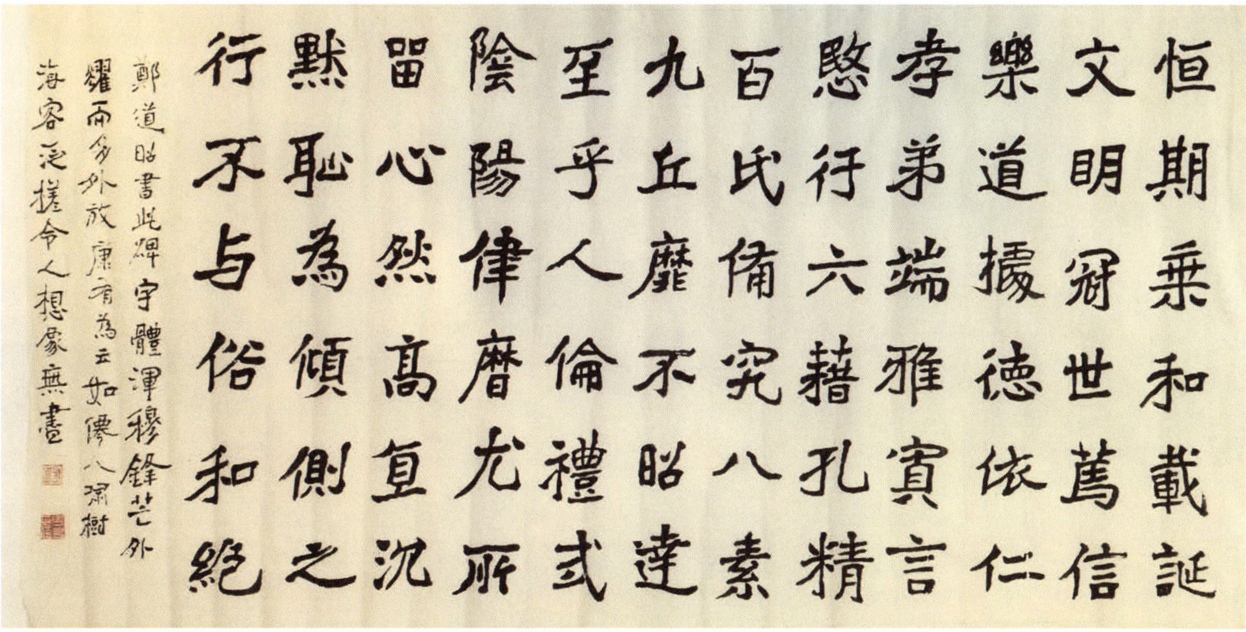

图14-1-7　夏吉友作品（软笔）

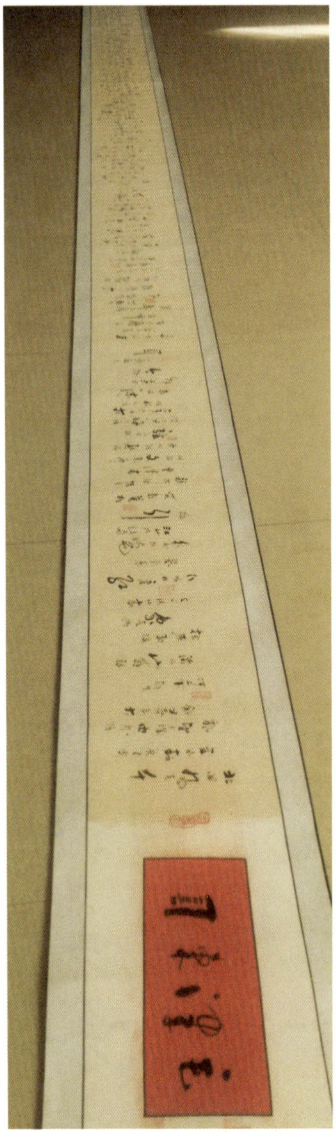
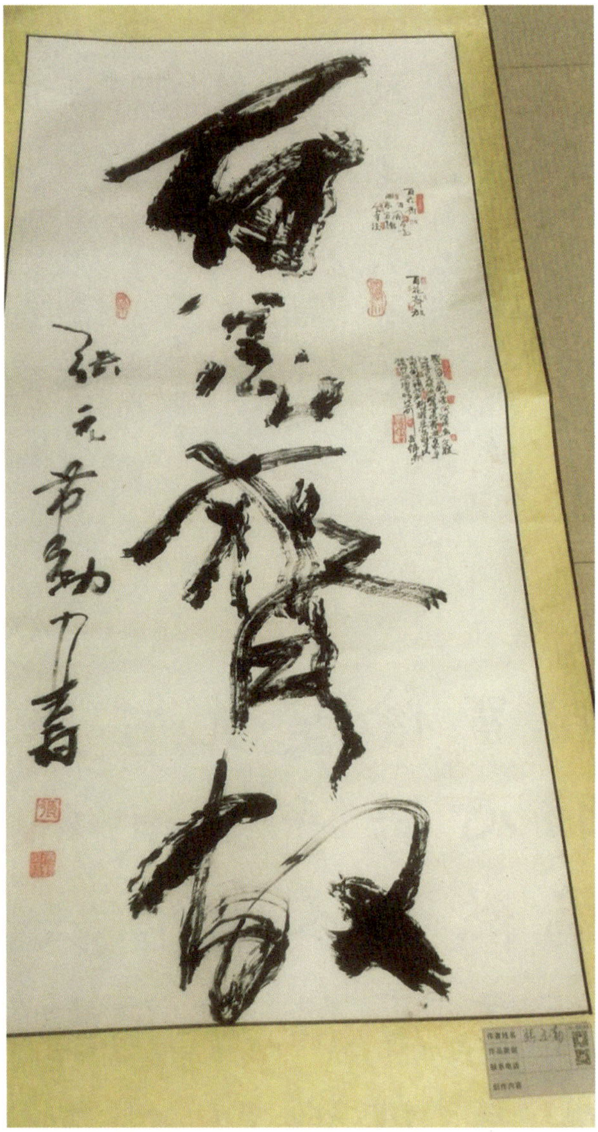
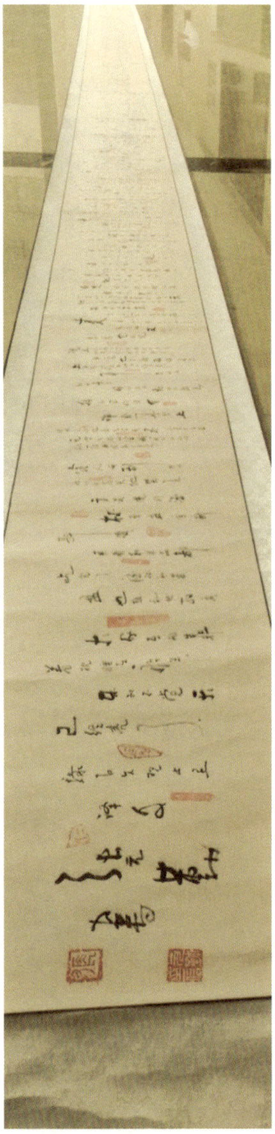

图14-1-8　张元勤（软笔）

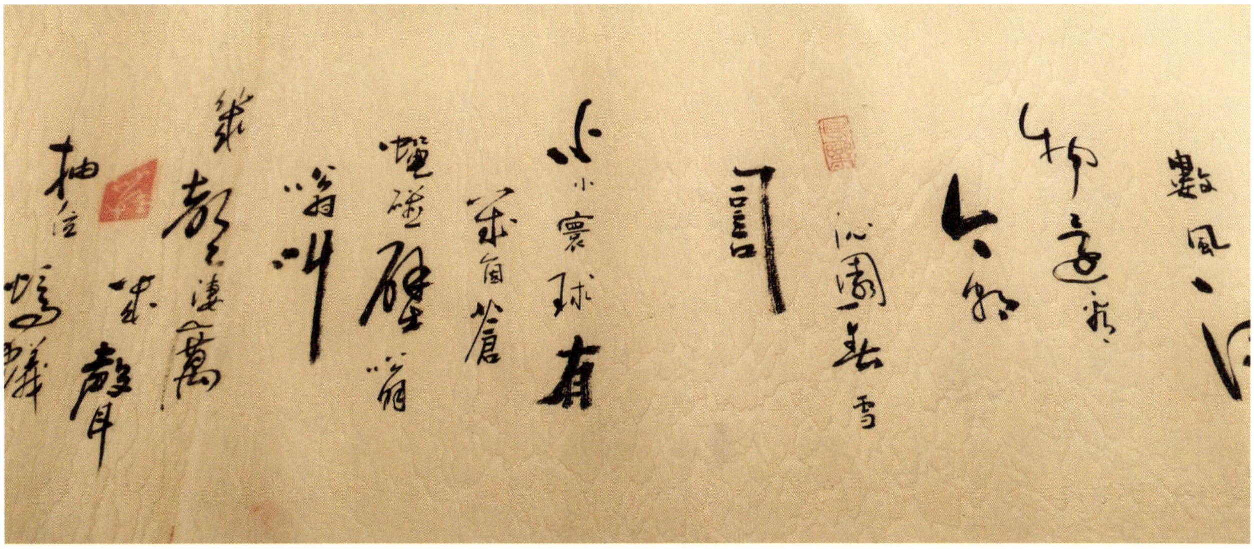

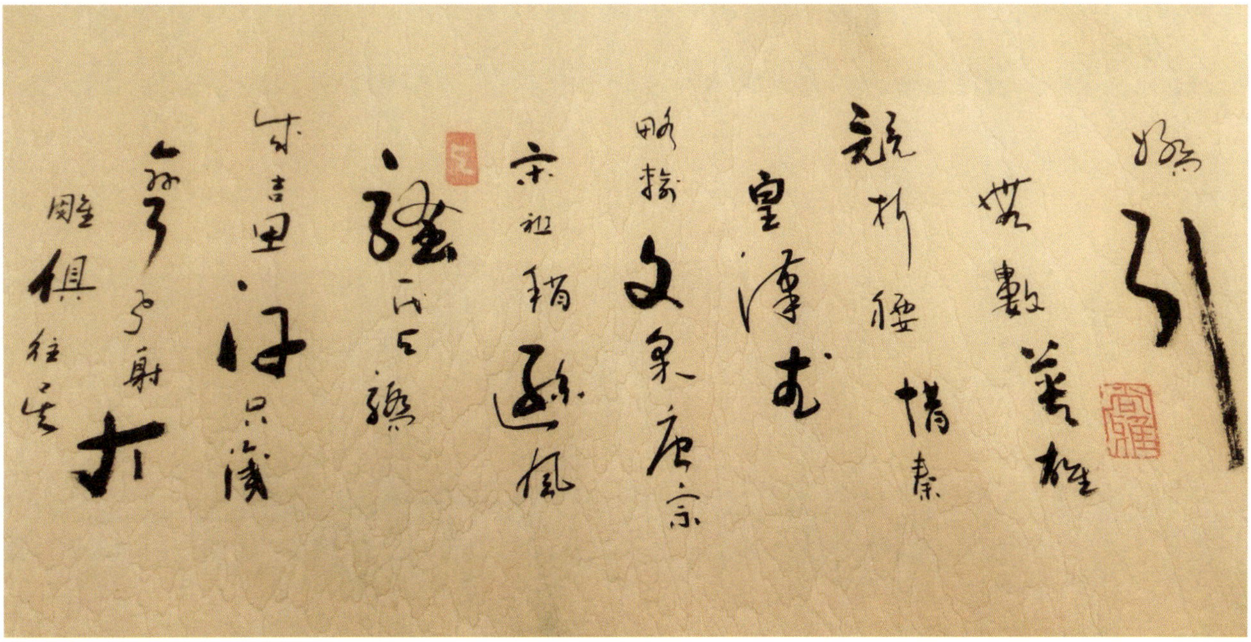

图14-1-9 张元勤（软笔）

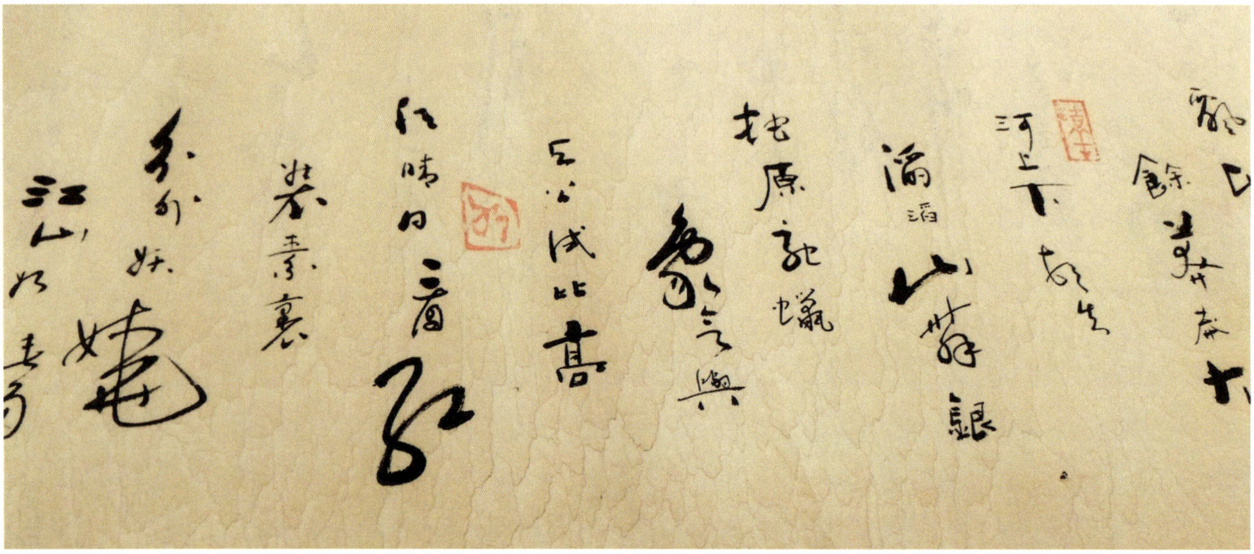

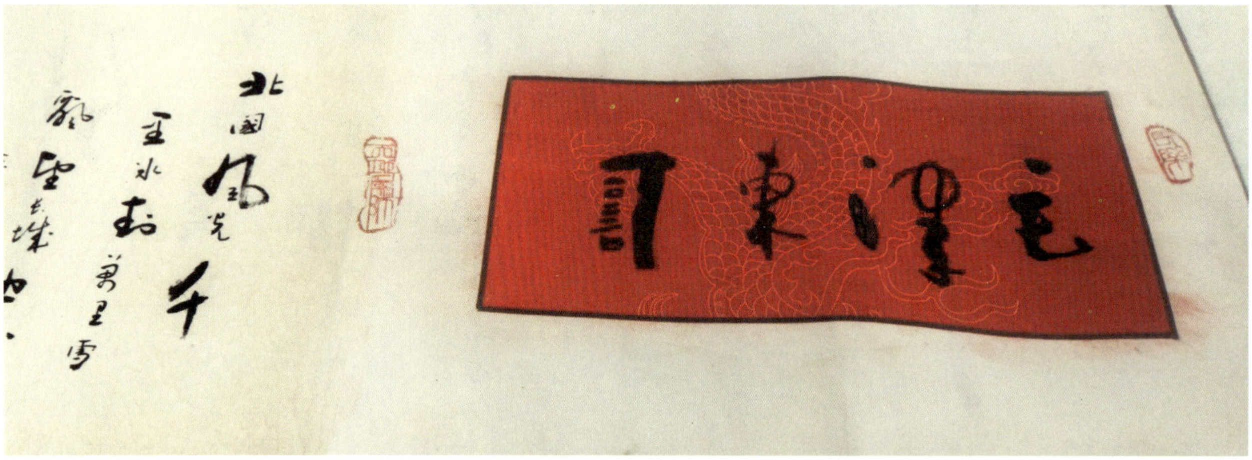

图14-1-10　张元勤（软笔）

## 第三节　民间文化

银盏民间文化历史悠久，有花灯、龙灯、舞狮、灯夹戏、杂耍、金钱板、金钱杆、莲花落、歌谣、谚语等。随着社会文化生活发展，有的日趋丰富，有的渐渐消失。银盏境内在逢年过节、婚、丧、嫁、娶时要请“乐队”来摆排场，吹吹打打，热闹热闹。在新中国成立初期至20世纪60年代，由吹唢呐的人组成，当时较为出名的有李氏门中的李国清（桅杆坝人），擅长吹川调，70年代逐渐由4～6人组成，有李安明（桅杆坝人）等。其中两人吹唢呐，其余的敲锣、打鼓或钵。改革开放以来就出现了“乐队”。乐队就是民间自发组织的一个组织，把擅长歌舞者、会拉二胡、会吹笛子、唢呐的组织起来成立一个乐队。每逢农村结婚或丧葬的日子，乐队就被请去演奏一番。内容根据具体事而定，歌颂党的方针以及政策以及喜闻乐见的事。其中较为有名的有王平学等人，在镇境内及县内外颇为活跃。改革开放以来，不光是乐队的出现，人们在工作休息时，茶余饭后，走出家屋，在外面唱唱歌，跳跳舞，特别是那些中老年人，更是喜欢锻炼身体，丰富自己的文化生活，几个邀约在一起谈谈笑笑学跳广场舞。开始时在县人民广场，每天早上7点至9点，晚上7点至9点钟，再后来人员逐渐增多，有三四百人。县人民广场容纳不下，有的就到新区县政府广场，约有200人。银盏镇境内的人开始在县人民广场跳。2012年，银盏村委会领导也添置文娱设施，购买音响，开辟场地，村委会驻地院子成为广场舞的主要场所，后来发展到岩脚桥摩尔城。木老坪街上、鱼河街上、新华等地亦兴起广场舞。

自广场舞在银盏镇社区、街道兴起以来，家庭更加和睦，社会日益和谐，再也难见昔日三五成群闲聊东家长、西家短、口角纠纷的不良现象，民事诉讼也骤然减少，社会安定。

**花灯**　民间歌舞，主要在春节期间演出。花灯队少者十多人，多者数十人，手执彩灯，锣鼓开道。每至一处，唐二（男角）、幺妹（男扮女装）且歌且舞，唱腔中间或末尾由众人和之，唱完一节锣鼓齐鸣。花灯曲调优雅，舞姿潇洒，变化多样，有“犀牛望月”“膝上栽花”“岩鹰展翅”“蜘蛛牵丝”“牛搽痒”等动作。唱词内容和演出形式，有“盘灯”“寿灯”“愿灯”和“地灯”“斗灯”“台灯”等。“台灯”，即花灯剧，在舞台上演出，于歌舞中加入戏剧情节和对白，用二胡、笛子等伴奏，本地称“灯夹戏”。

清代时期，银盏境内就开始玩花灯了，一直延续至今。每年春节，灯首就做好准备组织花灯对贺新春。首先召集各村新老跳灯人商议怎样玩花灯。玩灯时期的灯油费用，如何到各家各户区凑集，并组织人员扎花灯、练锣鼓、编灯调、操练灯曲。选好和培养好文角（幺妹）、武角（唐三）与丑角（多用孙悟空的模样与动作），这些角色主要选年轻、相貌好、体质强、能唱会跳者来担当。道具有锣、鼓、钵、小铛铛、服装、扇子、蚊刷等。编扎一对排灯，排灯上写上“国强民富”的吉祥联语，联语是根据时代的发展，当时的国情而出联。另有高芭灯，白果灯、鼓形灯、宝莲灯等各2盏，扎10盏左右小灯。春节初八晚上，灯首们就敲锣打鼓到井边登井，请水、祈求龙王保佑灯会和全村免除火光之灾。还要敬神供佛。初九晚上出灯，依地势的远近依次到接灯人家玩花灯。接灯人家首先把堂屋打扫干净，准备好鞭炮、瓜子葵花和糖食果品等，富裕人家还备有糕点、腊肉、香肠、白酒、香烟等接灯。如果接灯人家没有子嗣，想生一个男孩，待花灯玩到家门时，接灯人家就把宝灯藏起来，称作“偷宝灯”，以求灯光菩萨保佑其媳妇来年生个胖娃娃。每年的灯都要玩至正月十五日才送灯到河边化灯，十六日花灯对全体及本届、下届灯头聚餐，总结当年玩灯情况，公布财务收支。

**龙灯** 用竹篾扎制。龙头大口长须弯角大眼利齿，各色彩绘。龙身里为竹圈，面裹色布，长20余米。多在春节期间玩舞。清末以正月十一至十六日为“灯节”，后改为初九至十四日。初九日“出龙”，“龙”在锣鼓声中游遍主要街道。沿街群众点烛、烧香、鸣炮迎接，有的还给龙头挂彩。之后，每夜“玩龙”，舞者执“龙”沿街而行，择宽广平坦处做摇抖翻滚盘旋动作，机关团体或住户以烟花爆竹助兴。十五日“化龙”，将“龙”送至河边焚化，取“送龙归海”之意。“龙”按扎制形式有大弯龙、彩龙、小龙等。

**狮舞** 通常在喜庆节日表演。表演者由四人组成：大头（笑罗汉）、小脸（猴子）、狮头、狮尾。大头、小脸戴假面具。狮头用竹篾扎制，糊纸彩绘，狮身用白布彩绘，有的贴以兽毛，形象逼真。狮舞分地面表演、平台表演、高台表演三种。地面表演：大头（着白衣蓝裤）手执葵扇，腰插拂尘在前面逗引狮子，小脸（着黄衣黄裤）跳腾扑跨于狮身周围，于狮呼应做滑稽动作。平台表演：用几张大桌拼成台子，舞者上台表演。高台表演：用几张（多至七八张）大桌重叠在一起，顶上大桌四脚朝天。由大头、小脸上高台做倒立、倒挂金钩等动作，引狮子上台做各种惊险动作。各种表演均伴以锣鼓以助气氛。春节期间，舞狮队还登门拜年，在住户的堂屋、院坝中表演。

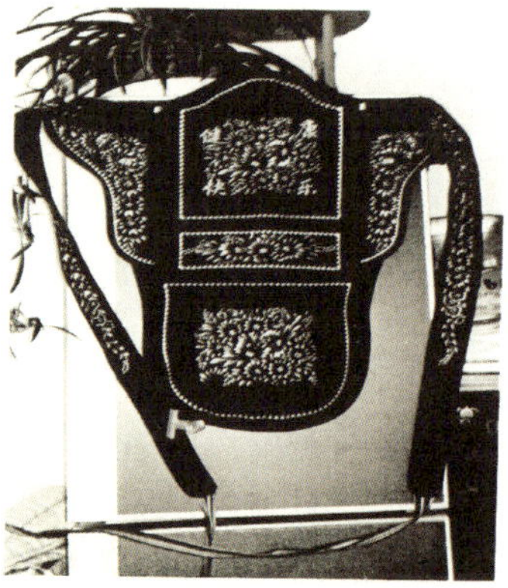

背带

图14-1-11　背带与十字绣

十字绣

图14-1-12　背带与十字绣

**刺绣** 数百年来，刺绣是广大农村妇女必不可少的一种手工艺，是女性的杰作。以古、精、奇、美、优见长，既有传统的中国文化风味，又有时尚流行元素，高档的线材与配件，精致的手工工艺，典雅的设计风格，吉祥的寓意，由浅入深，循序渐进，融合成一件件既古香古色又标新立异。这吉祥时尚的款式，给人们带来了视觉上的享受。

自古以来，每逢小孩一出生，外家（媳妇的父母）就给女儿准备好了幼儿的一切日用品，像小棉絮、衣帽鞋袜等。银盏地区的风俗，背带是外家父母给外孙必不可少的礼物，择其吉日，请直系及近亲好友一同到女儿（女婿）家庆贺，旧时要庆贺三日，背带要背到小孩长大成人。

十字绣，每逢喜事，如乔迁、进新房、结婚等，亲朋好友送的或自己亲手绣的挂于墙上，装饰自己的房屋，激励人生向上。

**编织** 很早年代以来，人民在日常生活中经常用

图14-1-13　象棋比赛

到背、挑、提、拿的一些生活用具，主要为农具和家庭用具，这些用具都需要竹。在镇境内有荆竹、慈竹（俗称“钓鱼竹”）、苦竹、水竹、刺竹等。资源造就艺人，当地居民根据这些竹的种类，手工编织成苇席、背篼、箩筐、撮箕、簸箕、提篮、筛子等，种类繁多，用途广泛。每逢赶场天，就拿到集市销售。村民还用山上野生藤编织精致的工艺品，供人们欣赏。2000年以后，又用塑料编织背篼、提篮，用钢丝编织草篮、菜篮等，逐渐取代了竹制品。

**棋类**　棋，种类较多，有象棋、围棋、军棋、跳棋等，除此之外，还有农村牧童常玩的和尚棋。

各类棋的规则不一样，但均围绕斗智、斗勇为中心。最受欢迎的是象棋、围棋，其中尤其是象棋，绝大部分象棋爱好者在庭院、客厅均设有棋盘棋桌。镇的各村活动室均有棋桌、象棋，人们在茶余饭后两人对弈，多人围观。

各级展开的许多文体活动，均设有象棋比赛项目。银盏镇象棋文化氛围浓厚，象棋爱好者老少皆有，涌现出许多象棋高手，其中最具有代表性的为银盏学校的秦发军老师，在他的影响下，银盏镇的象棋活动形式多样，活动频繁，在银盏镇文体活动的历史上留下了浓墨重彩的一笔，在省、州、县、乡镇的象棋比赛活动中赢得不少光环，摘取了许多桂冠。

秦发军，男，生于1957年11月30日。1975年高中毕业后到银盏尖山当知青4年。1979年8月从事教育工作，1992—2015年任银盏大林小学校长。2007年被瓮安县委、县政府授予“十佳优秀校长”称号。

他一生酷爱中国象棋，分别在省、州、县举行的比赛活动中取得不少成绩。

2004年荣获瓮安“迎春杯”象棋年度冠军；2014年黔南州象棋锦标赛个人项目第二名；2015年，代表黔南州参加“贵州省老年象棋比赛”荣获第五名，代表瓮安县参加“黔南州第四届运动会”获象棋项目团体第六名，个人第八名。在瓮安县第四届、第五届农民运动会象棋比赛中荣获冠军。

## 第四节　佛教场所

佛教传入县境较早，早在唐代，唐初四杰王勃的老师牛腾因受舅父河东侯裴炎牵连，贬谪到牂牁建安县（即今猴场镇）为县丞，大布佛教于牂牁，并出资修建庙宇。其后，牂牁人海通法师受教，少年出家，成为得道高僧。银盏一地，时属建安，颇受佛教影响。明代嘉靖年间，平越卫指挥王之臣于玉华山修建玉华寺，供奉佛祖。明万历二十八年（1600年），瓮安县城修建城隍庙。民国19年（1930年）4月，中国佛教会瓮安县分会成立。会址在城隍庙（今粮食局北门宿舍处）。会长：

城隍庙僧宝华；理事：小岔回龙寺僧瑞良，观音堂释永宽，香宝寺郭云扬，花竹山九龙寺熊奇成；执事：僧果道等。有会员128人，僧尼505人。1949年解放后停止活动。银盏境内所建寺庙，列于下：

玉华寺：在今银盏镇玉华太文玉华山柏溪。建于明嘉靖年间，平越卫指挥王之臣出资建。遗址尚存。

岩脚寺：在今银盏镇岩脚桥。建于清光绪末年。民国时期改为学校，即今银盏学校。民国《瓮安县志》记载："在城北五里（原书有误，应为十五里），寺后巉岩峭壁。前面雍江一水潆洄环抱，亦一佳境，可供游玩。（咸同）乱后毁于贼。光绪末年，有善和尚者住持此寺，勤苦齿积，复建。今则画栋雕梁，重楼曲槛，大为壮丽。"清代道光诗人杨怀清有诗题咏，名《岩脚寺》。

水口寺：在银盏小坡，系唐姓修建。

金华观：在瓮安附里小坡团，系宋姓修建。（民国《瓮安县志》）

回龙观：在瓮安附里飞练团，系宋姓修建。（民国《瓮安县志》）

圆通寺：在瓮安附里飞练团，系宋姓修建。（民国《瓮安县志》）

海潮庵：在瓮安附里飞练团，系宋、聂二姓修建。（民国《瓮安县志》）

凤贞阁：在银盏飞练大房，原为土司宋氏安抚入瓮安时衙门所在地。明代万历战乱后捐为寺庙。系萧、周、王三姓修建。

银盏寺：在银盏，系钱、傅、刘三姓修建。

关圣祠：在银盏大岩头，庙宇毁于1958年，大跃进时期，基石犹存，系李姓修建。

银水寺：在小坡，系袁、王、张、雷四姓修建。

太平寺：在小坡，系杨姓修建。

华严寺：在木老坪龙池沟，今毁。

回龙寺：在玉华牛宫，今毁。

观音阁：在玉华白岩，今毁。

观音弥陀寺：位于银盏村银坑水四棱坡，至今犹存。

龙谭寺：原位于杜仲河旁，后因修杜仲河水库，搬迁至果果坪处。

## 第五节　文物古迹

境内有第一、二、三批县级文物保护单位10个，其中第一批2个，第二批3个，第三批5个。1985年2月23日，省政府将玉华山咸同农民起义遗址确定为省级重点文物保护单位。2007年7月，瓮安县古生物化石群、朱陈桥、飞练桥、岩脚桥、杜仲河大桥被确定为县级文物保护单位。

**银盏镇第一、二、三批县级文物重点保护单位一览表**

表14—2

| 名　称 | 年　代 | 批　次 | 地　址 |
|---|---|---|---|
| 杜仲河大桥（竹铳河桥） | 清　朝 | 3 | 银盏村 |
| 飞练桥（尖山桥） | 明　朝 | 3 | 飞练社区 |

续表14-2

| 名　称 | 年　代 | 批　次 | 地　址 |
| --- | --- | --- | --- |
| 朱陈桥 | 明　朝 | 3 | 大寨坪村 |
| 岩脚桥 | 明　朝 | 3 | 银盏村 |
| 穿洞河瀑布 | — | 1 | 飞练社区 |
| 丁粮章程碑 | 清　朝 | 2 | 木老坪村 |
| 木老坪砖塔 | 清　朝 | 2 | 木老坪村 |
| 玉华山咸同农民起义遗址 | 清　朝 | 1 | 岩根河村 |
| 朱勋墓 | 民　国 | 2 | 大寨坪村 |
| 瓮安县古生物化石群 | 5.8亿年以前 | 3 | 岩根河村 |

## 一、摩崖

"禁止打鱼"摩崖

Zhuchenqiao Jinzhidayu Moya

### 【朱陈桥禁止打鱼摩崖】

【清宣统三年・三普新发现】位于银盏镇大寨坪村，北纬27° 08′ 52.8"，东经107° 29' 08. 7″，海拔989米，坐北朝南，离地1.26米，横长形，高0.7米，宽1.37米，竖向楷书阴刻"禁止打鱼，如违重究" 8字，每字0.2米见方，范围是"上至大桥，下至穿洞"。县丞田兴培刻于宣统三年（1911年）。

摩崖侧面

Chuandonghe Jinzhidayu Moya

### 【穿洞河禁止打鱼摩崖】

【清宣统三年・县级文物保护单位】位于银盏镇穿洞村穿洞河旁一天然溶洞——"穿洞"外崖壁上，北纬27° 10′ 11.1″，东经107° 29′ 18.2″，海拔942. 6米，坐北朝南，离地1.6米。横长形，高0.6米，宽1.2米。竖向楷书阴刻"禁止打鱼，如违重究"8字，每字0.2米见方，范围是"上至大桥，下至穿洞"。县丞田兴培刻于宣统三年（1911年）。

摩崖远景

图14-1-14　朱陈桥禁止打鱼摩崖

摩崖远景

图14-1-15　穿洞河禁止打鱼摩崖

## 二、古桥

### 【朱陈桥遗址】
Zhuchenqiao Yizhi

【明·县级文物保护单位】位于银盏镇大寨坪村，北纬27° 08′ 51.0″，东经107° 29′ 12.1″，海拔989.6米，始建于明嘉靖初，时为木桥，乃武略将军宋乔建。万历中安抚使宋岳改建为石桥，毁于平播战事。崇祯七年（1634年）土县丞宋时升修复。东西向，跨红头河。三跨石礅石梁桥长35.7米，宽6. 5米，桥高12.6米，桥面为双拼石梁，现仅存桥基长985年在东侧约50米处建公路桥一座。

朱陈桥桥墩

公路桥

图14-1-16　朱陈桥遗址

岩脚桥

### 【岩脚桥】
Yanjiao Qiao

【明·县级文物保护单位】位于银盏镇银盏村，北纬27° 06′ 15.9″，东经107° 28′ 10.3″，海拔1049.1米，明万历年间李万春修，康熙年间商基振重建。东西向，跨雍江河，三孔青石拱桥。长20米，宽3.6米，单孔净跨4.3米、6.1米、4.3米，矢高8米，桥面青石板铺墁。桥头立有山西徐沟商基振撰《重修岩脚桥记》碑及《流芳百世》功德碑各一通，已毁。现存大清光绪三十四年（1908年）所立《永垂不朽》碑，记述了补修岩脚桥的过程。

『永垂不朽』碑

图14-1-17　岩脚桥

### 【万寿桥】
Wanshou Qiao

【明·未定级】位于银盏镇新华村红灯堡组，北纬27° 07′ 44.1″，东经107° 30′ 56.7″，海拔10200.4米，又名[红灯堡花桥]。始建于明万历年间，里人张霖建，清光绪十年(1884年)张文模重修。东北西南向跨雍江，为三跨石礅木梁桥，现东侧第一孔为石拱桥，西侧两孔均用水泥板铺为平桥，桥全长25米。原桥上建亭三重，两桥头各建木坊一座，已毁。桥礅上有石碑一通,为1987年改建时所立。

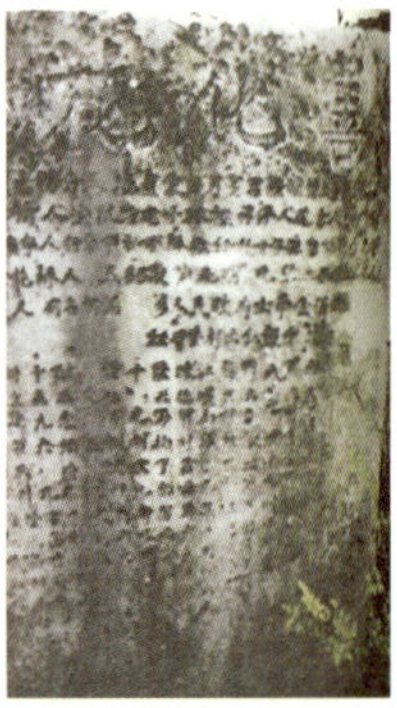
桥墩上的石碑

万寿桥

图14-1-18　万寿桥

### 【飞练大桥】
Feilian Daqiao

【明·县级文物保护单位】飞练大桥又名万寿桥，位于银盏镇飞练村，北纬27° 07′ 53.7″，东经107° 28′ 240″，海拔1011.5米，始建于明万历年间，具体年代不详。东北西南向，跨雍江河，三孔青石拱桥。桥长30米，宽4米，单孔净跨6米，矢高8米。桥面青石板铺墁，两端为青石踏步，两侧为青石净面护栏，中拱龙门石下悬[斩龙剑]。桥头原有建桥碑3通，已残。

桥　面

飞练大桥

图14-1-19　飞练大桥

杜仲河大桥

大桥侧面

Duzhonghe Daqiao

## 【杜仲河大桥】

【清·县级文物保护单位】位于银盏镇银盏村，北纬27°08′37.5″，东经107°26′06.2″，海拔905.1米，里人刘德富建于清乾隆年间，具体年代不详。南北向，跨杜仲河，三孔青石拱桥。桥长30米，宽5米，单孔净跨8米，矢高10米。桥面原为石板铺墁，1956年改为砂石铺墁，作公路桥。

图14-1-20　杜仲河大桥

青山踏板桥

Qingshan Tabanqiao

## 【青山踏板桥】

【清·三普新发现】位于鱼河乡新场村孔家店子，北纬27°10′29.1″，东经107°23′31.1″，海拔972.1米。始建于清代，东南西北向跨鱼河，为单孔石拱桥，桥洞用条石券砌而成，桥面青石板铺墁，长30.6米，宽4.1米，矢高4.4米，跨度4.3米。

图14-1-22　青山踏板桥

平桥迎水面

Liangchahe Pingqiao

## 【两岔河平桥】

【清·三普新发现】位于银盏镇印山村两岔河组，北纬27°11′53.8″，东经107°29′57.7″，海拔954.2米，始建于清乾隆年间，具体年代不详，南北向跨两岔河，为三孔石板桥，原为三块大石板铺面，2007年改为水泥路面，桥全长12.8米，宽3.2米，高2.5米。

桥底局部

图14-1-21　两岔河平桥

附：古桥梁简介

## 飞练大桥

图14-1-23　飞练大桥

飞练大桥又名万寿桥、尖山桥，位于飞练社区尖山组。始建于明万历年间（1572—1620年），1818年当地举人肖庭芝出资3万两白银修缮，东北西南向，横跨雍江河、三孔青石拱桥。桥长30米，宽4米，单孔净跨6米，矢高8米，桥面青石板铺墁，两端为青石踏步，两侧为青石净面护栏。中拱龙门石下悬“斩龙剑”。是县级文物保护单位。

## 杜仲河大桥

杜仲河大桥位于银盏村杜仲河组，里人刘德富始建于清乾隆年间，南北向，横跨杜仲河，三孔青石拱桥，桥长30米，宽5米，单孔净跨8米，矢高10米。桥面原为青石桥铺墁。1956年改为砂石铺墁，作公路桥使用，是县级文物保护单位。

图14-1-24　杜仲河大桥

## 万寿桥

万寿桥又名红灯堡花桥，位于新华村红灯堡组，始建于明代万历年间，东北西南向，横跨雍江。里人张霖建，清光绪十年（1884年）张文模重修，为三孔跨石墩木梁桥。1987年进行改建，现东侧第一孔为石拱桥，西侧两孔均用水泥板铺为平桥，桥长25米。

## 两岔河平桥

两岔河平桥位于印山村两岔河组。始建于清乾隆年间，南北向跨两岔河，为三孔石板桥，原为三块大石板铺面，2007年改为水泥路面，桥长12.8米，宽3.2米，高2.5米。

## 青山踏板桥

青山踏板桥位于新场村孔家店子，始建于清代，东南西北向，跨鱼河，为单孔石拱桥，桥洞用条石券砌成，青石板铺墁，长30.6米，宽4.1米，跨度4.3米，矢高4.4米。

## 岩脚桥

岩脚桥位于银盏村。明万历年间李万春修，康熙年间商基振重建。东西向、跨雍江河，三孔青石拱桥，长20米，宽3.6米，单孔净跨4.3米，6.1米，4.3米，矢高8米，桥面青石桥铺墁。桥头立有山西徐沟商基振撰《重修岩脚桥记》碑及《流芳百世》功德碑各一通，已毁。现存大清光绪三十四年（1908年）所立《永垂不朽》碑，记述了补修岩脚桥过程，属县级文物保护单位。

### 朱陈桥

朱陈桥位于大寨坪村，始建于明嘉靖初，时为木桥，乃武略将军宋乔建。万历中安抚使宋岳改建为石桥，毁于平播战事。崇祯七年（1634年），土县丞宋时升修复、东西向，跨红头河。三跨石墩石梁桥，长35.7米，宽6.5米，高12.6米，桥面为双拼石梁，现仅存桥基。1985年在东侧约50米处建公路桥1座。

## 三、墓碑

1.岩脚桥“永垂不朽”碑，见536页岩脚桥介绍。

2.万寿桥石碑，见536页万寿桥介绍。

3.朱勋墓

图14-1-25　朱勋墓（银盏镇大寨坪）

图14-1-26　朱勋墓碑序文

## 【朱勋墓】

Zhuxun Mu

【1916年·县级文物保护单位】朱勋(1861年～1916年)，生于瓮安县平定营梭罗,系儒林学士朱云光之子，光绪乙酉拨贡，乙酉恩科举人，朝考知县四品衔云南景东直隶同知，民国初任贵州民政司正长，主编民国《瓮安县志》。朱勋墓位于银盏镇大寨坪村长平村民组,北纬27°08′500.5″，东经107°29′47.6″，海拔1062.4米，坐东朝西，墓为土墓，高1.5米，宽00米，长9米，墓前重叠立有新旧碑2通，旧碑立于民国六年(1917年)，背面有朱勋简介,已残。新碑高1.6米，宽1米，厚0.2米,为朱勋后人立于2000年，碑前有石板桌及三条石凳，拜台前有石围墙。

新墓碑

朱勋墓

图14-1-27　朱勋墓

4.果果坪“龙谭寺庙”碑

图14-1-28　果果坪“龙谭寺庙”

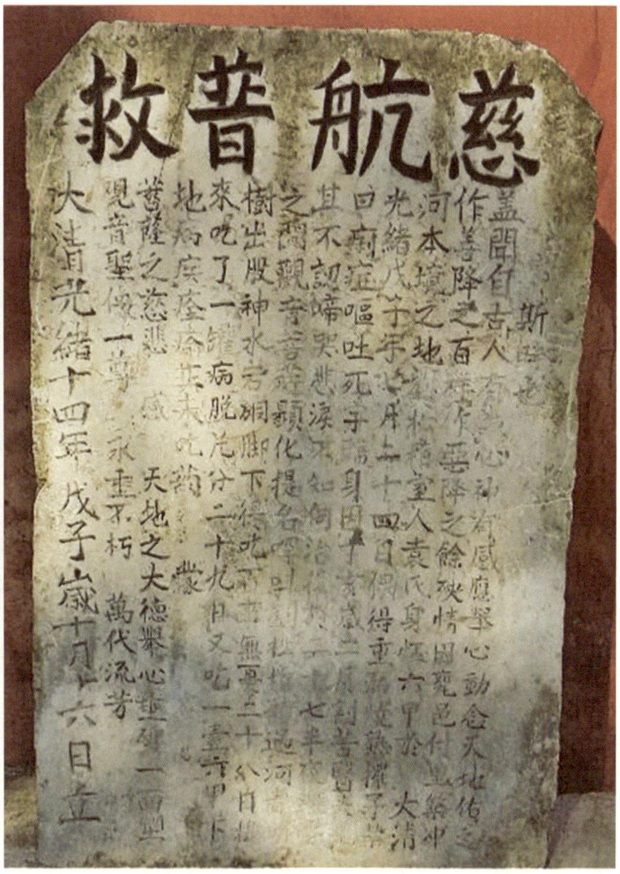


图14-1-29　果果坪“龙谭寺庙”碑记

### 斯时也

盖闻 自古人有诚心 神有感应 举心动念 天地佑之 作善降之百祥 作恶降之餘災 情因瓮邑 付里筑冲河 本境之地 刘松柏室人袁氏 身怀六甲 于大清光绪戊子年七月二十四日偶得重病 烧熟摆子禁曰 痢症呕吐 死于临身 因丁亥岁二月割苦医夫 见其不认 啼哭悲泪 不知何治 复于二十七半夜睡梦之间 观音菩萨显化提名 吽刘松柏 龙遇何青明树出股神水 岩硐脚下 得吃百事无 二十八日提来 吃了一罐 病脱几分 二十九日又吃一壶 六甲下地 病疾痊愈 并未吃药 蒙菩萨慈恩 咸天地之大德 举心垄碑一面 塑观音聖像一尊 永垂不朽 万代流芳

大清光绪十四年戊子岁十月十六日立

5.赵氏碑亭

“赵氏宗祖碑记”位于岩根河村坡上寨村民组，于大清光绪十九年五月十五日立，后于二零一一年辛卯岁三月初二重立，建“赵氏碑亭”。在木老坪学校就读毕业的学生为永怀母校，永念师恩，于一九九八三月一日立碑纪念，寄望后人勤勉自励、立志成才。

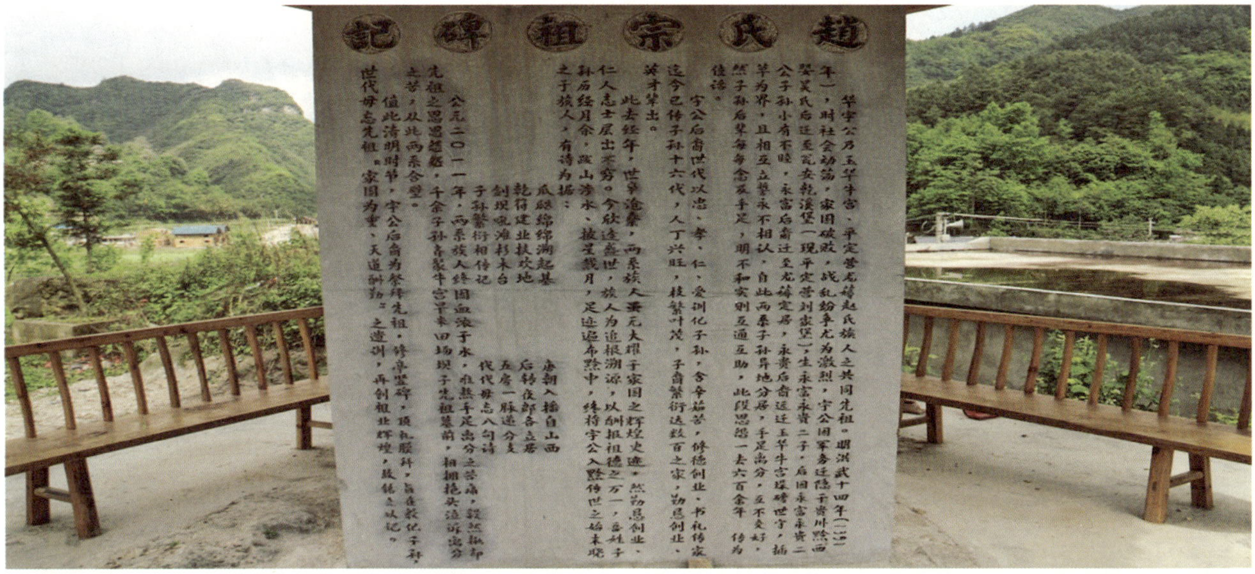

图14-1-30　赵氏碑亭

## 6.丁粮章程碑

Dingliang Zhangcheng Bei

### 【丁粮章程碑】

【清光绪二十一年·县级文物保护单位】位于银盏镇木老坪村，北纬27° 11′ 50.0″，东经107° 28′ 54.4″，海拔1000米，坐东朝西，碑身为四棱柱形，四面刻字，高1.4米，宽0.28米，厚0.34米，碑眉楷书阴刻[丁粮章程]四字，每面一字，碑文楷书阴刻，字迹较为清晰，但因搬迁时碑身断裂，部分文字无法辨认，碑文竖排，共200行710字。丁粮章程碑原立于木老坪街上米市堡小坡上，立于10095年，1989年搬迁至此。北面有『木老坪街修建碑记』一通。丁粮章程碑记录了清末黄平州的税收文告，也是当时政治腐败，人民抗捐的实物见证，为研究历史提供了参考。

“丁粮章程碑”侧面一

“丁粮章程碑”侧面二

“丁粮章程碑”侧面三

“丁粮章程碑”侧面四

图14-1-31　丁粮章程碑

7.熊锡洲墓

Xiongxizhou Mu

## 【熊锡洲墓】

【1989年·三普新发现】熊锡洲（1909年~1989年），人称熊矮子，瓮安县银盏人，农民出身。其母会一般小儿推拿，锡洲自幼耳濡目染，14岁随乡村草药推拿医生熊老太太学艺行医。20岁，被过境军抓充民夫到成都，闻峨眉山陈和尚精于推拿按摩，遂拜为师。学习一年回乡，往返于余庆、黄平、湄潭、遵义、平越、凯里、瓮安等地行医。因其对小儿科疾病治法简便、疗效显著而小有名气。熊锡洲行医，技精心正，以德感人，以术济人。后应聘在银盏乡卫生所工作，多次评为先进工作者。

熊锡洲墓位于雍阳街道办事处城北社区，北纬27° 05′ 50.2″,东经107° 28′ 25.4″，海拔1068米，为土墓，背北面南，长5米，宽2.6米，高1米，墓前有碑1通，青石质，宽0.9米，高 1.26米，厚0.25米，碑阳楷书阴刻“熊公锡洲之墓”，立于1990年。

熊锡洲墓

图14-1-32　熊锡洲墓

8.远征军邱兆书墓

邱兆书，银盏村岩脚桥组人，生于1921年，于民国28年在云南入伍，进十四期中央军校，毕业后在陈立镇公署任排长，后在建水县任连长，民国31年冬月到保山二十集团军198师师部，编为远征军36师108团一营一连排长，后开往云南腾冲为连长。

图14-1-33　邱兆书墓

9.香港道德会大园希望小学碑记

图14-1-34　香港道德会大园希望小学碑记

香港道德会发扬中华民族扶贫济困的传统美德，捐款1000万元人民币给贵州省，同时由贵州省人民政府配套3000万元在贵州共建48所希望小学。

香港道德会瓮安县银盏乡大园希望小学由贵州省青少年发展基金会立项，由香港道德会捐资24万元人民币，省财政配套资金24万元共同兴建而成。学校占地面积约3000平方米，建筑面积300平方米，可同时容纳400名学生就读。工程于2008年5月1日动工，2009年7月30日竣工。

为铭记香港道德会捐资助学之举，激励学生奋发向上，勤奋学习，特立此碑，以彰美德。

瓮安县人民政府

2009年7月30日

10.百岁碑

图14-1-35　张公名久良，字德祥（1912.1–2012.3），中共党员，太平社区中堡人。

周母熊孝媛，（1898.10–1998.10）太平社区中堡人。

## 四、古遗址

### 1.瓮安古生物化石群

简　介

Wengan Gushengwu Huashiqun

## 【瓮安古生物化石群】

【前寒武纪·县级文物保护单位】位于县城西15千米的玉华乡岩根河村北斗山监狱监区东南约2千米的北斗山监狱及大信公司采矿区，北纬27° 00′　56.8″，东经107° 23′ 13.2″，海拔1195.4米，南北走向，系中国科学院南京地质古生物研究所陈均远教授和台湾清华大学细胞生物学家李家维教授于1997年8月发现，这是前寒武纪时期的古生物化石，距今至少有5.8亿年，是迄今为止人类发现的最古老的动物化石。

瓮安古生物化石的发现首次找到了寒武纪生命大爆发之前可靠的、最古老的多细胞动物化石，将生命的起源向前推进了五千万年；这些化石保存了胚胎和卵，为研究早期生物怎样从单细胞发育成多细胞的过程提供了依据；这些化石保存了细胞和亚细胞构造，为从细胞的水平来研究探索早期动物的起源和演化，提供了独一无二的窗口；化石中细胞和亚细胞保存得如此完整，有可能为氨基酸、核糖等大分子DNA（遗传信息的片断）的研究开辟一个新的基地。

小春虫动物化石

图14-1-36　瓮安古生物化石群

2.穿洞河古道遗址

穿洞河全景

Chuandonghe Gudao Yizhi

## 【穿洞河古道遗址】

【明·县级文物保护单位】位于银盏镇穿洞村穿洞河瀑布，北纬27° 10′ 10.6″，东经107° 29′ 17.5″，海拔944.2米，始建于明洪武年间，现存穿洞内路段长40米许，宽约2～3米，毛石砌筑，保存一般。穿洞河古道遗址是研究明清两代贵州及西南地区交通发展史、社会发展状况的重要佐证。

图14–1–37 穿洞河古道遗址

3.朱陈桥遗址见第536页朱陈桥介绍。

4.玉华山咸同农民起义遗址

玉华山

Yuhuashan Xiantong Nongminqiyi Yizhi

## 【玉华山咸同农民起义遗址】

【清·省级文物保护单位】位于玉华乡太文村麻池坝村民组，北纬 27° 07′ 19.2″ ,东经107° 24′ 13.0″ ，海拔1130.3米，山势陡峨，纵横十余里，以玉华山为中心，高白溪、长安营、头坡营、二坡营为拱卫，岩根河、五道河、桑岩河为外围，尤其是玉华山主峰，三面绝壁，仅从大平山有一陡峭小路可达山顶，实为一个得天独厚的军事要地。清咸丰八年（1858年）至同治七年（1868年）六月，何德胜领导的黄 号义军在玉华山扎营设垒进行反清斗争，曾在此与官兵打过4次大仗。当年号军的中营遗址、大平山前哨石卡、战壕等尚存。该遗址为咸同时期反清斗争的实物见证。

当时义军制作火药所用的工具

石 卡

图14-1-38 玉华山咸同农民起义遗址

5.木老坪砖塔

Mulaoping Zhuanta

## 【木老坪砖塔】

【清·县级文物保护单位】位于银盏镇木老坪村街北，北纬27°11′54.5″，东经107°28′57.8″，海拔995米，始建年代无考，清代重建。塔通高12米，五层六角宝珠顶密檐砖塔，塔座以五层细料石砌成，高1.8米，周长12.6米，第一层高2.5米，以上逐层递减，形如春笋。顶部六角宝珠顶，无塔刹，每层出檐极短，飞檐上翘，以青瓦外吐而成。塔身为石灰抹就，每层五方均有凹进方框，形似窗口。

木老坪砖塔

图14-1-39　木老坪砖塔

6.李至善故居

故居窗花

Lizhishan Guju

# 【李至善故居】

【清・三普新发现】李至善，生卒年月不详，道光壬午科武举人，兵部官差(民国《瓮安县志》载）。故居位于玉华乡岩根河村白岩二组，坐东向西，北纬 27° 3′ 48.1"，东经107° 24′ 46"，海拔1043.1米。故居始建于清道光年间，原为四合院，两厢、龙门均毁，现存正房，面阔3间一偏厦，通面阔17米，进深2间，通进深6.5 米，悬山青瓦顶木构建筑，雕花精美，保存完好。天井为青石铺墁，面积64平方米。两厢已改建为砖房。

故居正房

图14-1-40　李至善故居

7.梅花堰

梅花堰

Meihua Yan

# 【梅花堰】

【明·三普新发现】位于银盏镇银盏村水绞组梅花堰，北纬27° 05′ 38.2″，东经107° 28′ 50.7″，海拔1104.5米。始建于明崇祯年间，经多次维修，解放后1957—1958 年改建，集雨面积8.9平方公里，总库容143.5万平方米，有效灌溉面积2604亩。该水库具有一定的历史价值。

水面景色

泄洪闸

图14-1-41　梅花堰

8.观音弥陀寺

观音弥陀寺

Guanyin Mituosi

## 【观音弥陀寺】

【年代待定·三普新发现】位于银盏镇银盏村银坑水四棱坡。北纬27° 08′ 26.4″ ,东经107° 26′ 50.2″ ，海拔968.1米，始建年代不详，曾多次维修。今共有三层，依山就势，逐层升高，第一层为伴山亭，供奉财神、地藏、药王、真武等菩萨。第二层为观音弥陀寺，供奉观音、如来等菩萨。第三层玉皇殿，供奉玉皇大帝等。山上怪石嶙峋，奇态万千，形如莲花、渡船、贝壳等，山道蜿蜒崎岖，曲折通幽，果树林立。

寺庙局部

图14-1-42　观音弥陀寺

# 第二章　旅游

## 第一节　名胜景观

**老鹰洞**　位于银盏镇南部10公里的梅花山煤厂处，洞口离梅花山煤窑约800米。

20世纪60年代，老鹰洞四周杂草丛生，荆棘密布，枯藤古树，怪石嶙峋，每当夜幕降临，老鹰鸣归，声裂凄异，当地百姓招进嫁出，回旋绕道，传说若径直前往，如入迷魂，难出其境。因许多老鹰栖于洞口而得洞名，如今已不见鹰飞。

20世纪70年代初，一农民上山打柴，隐约见洞，于是劈荆斩棘，兀现洞阔深幽，农民折回，呼朋邀伴，径往前行，洞深约2.5公里，洞口高3米，自洞口拾级而上，侧穿巷道，横跨栈桥，豁见一厅，正厅前方一道飞泉，喷雾吐珠，声如琵琶滚玉，珠坠银盘。入洞下20米陡坡，有浅滩，水清沙洁。沿途进入暗河涌动，上有一圆形如米筛大的玉帝金印，泡在水中，或说水泡糍粑，亦为贴切。

划一小舟蜿蜒前行，有犀牛潭，深不见底。水中鱼群嬉戏，见人不惊，毗目观赏，通体透明，脏腑清晰可见，曰透明鱼是也，有此一物，水宫顿显灵气十足。

乘舟徐进，头顶有水珠从天而降，取名“观音善水”。此水坠入发丛，浸入脑海，透体凉爽，有神灵点化之感，顿觉脱胎换骨，忘乎所以。

沿途石钟石乳石笋，星罗棋布，形态万千，有乐山大佛、玉鼠过江、猛虎下山、仙女沐浴、神象饮水、鳄鱼奔潭、神鹰展翅、霸王舞剑……千姿百态，惟妙惟肖，真乃鬼斧神工。

弃舟登陆，立见金山梯田，有水流过，宛若一块块梯田，错落有致。无水流过时，则闪闪发光，犹如一座绝伦的金山。看罢金山梯田，你可以领略仙女演奏琵琶的壮观场面，百兽云集在琵琶周围，神态各异，倾听仙女一曲《高山流水》《百鸟朝凤》《梁祝》《凤求凰》《霸王别姬》，仿佛司马相如与卓文君私奔到此，无不为之倾倒、折服。若你七夕乘兴到此一游，定能欣赏到美妙的天籁之音，大珠小珠落玉盘，琴声悠扬，神魂颠倒，不舍离去。

复登小舟，再往前行，过水帘洞，那些石钟乳如水欲泻，忽见一中空乳笋，喷出丝线般大小的水柱，真乃巧夺天工。

登岸上行，溶洞峡谷迂回曲折，高约30～50米，宽为5～10米，顶部和两壁镶嵌着白玉似的石钟乳，沿途欣赏灵猴爬杆、大雁塔、五指山、神龟相会、鹊桥、擎天柱、水晶宫、金鱼神游、孔雀拜观音、雄狮戏宝、仙女KTV、王母神帐……等等景色，令人难以忘怀。

出洞回首，有如天庭仙境，龙宫梦幻，流连忘返，令人馋目，惊叹不已。大自然灵异之手，何时凿成如此奇观！

**穿洞河瀑布**　位于银盏镇北部5公里处的穿洞村，河宽50余米，瓮安西门河流经此处，河床陡降10余米，形成石脊横亘河中，河水从石脊上急剧而下，直泻渊潭，宛若白练垂悬，如逢暴雨水涨，则白浪滔滔，气势磅礴，吼声震天，每至晴初霜旦，银绸飘逸，素练垂悬。民间誉此为飞练泉，或许飞练地名由此而来。在瀑布后的石脊内有一溶洞直通两岸，形成过道。洞高4米、宽略1～3米，长50米。洞似卷棚，沿壁有3个开口，飞泉瀑布掩挂洞门，犹如素悬窗帘，游人可入洞欣赏异景。站在洞口，水雾蒙蒙，银丝穿梭，大小珠玉，滚聚宝盆。游客流连忘返，路人驻足，白云滞飘。

穿洞河瀑布之奇，奇在这条长长的穿洞口上。她不像一般常见的喀斯特洞穴，或置山腰，或位坡谷，远处可见。穿洞河洞穴，则藏匿在河床之下，恰似一条水下长龙，只有身临其境，才稍睹头角，伫立穿洞河瀑布前，只见银练飞悬，水声轰鸣，若问“洞在清溪何处边”则需问道于乡里。穿洞河瀑布，不像一般的水帘洞或洞穴暗瀑布那样，而是有帘洞3处，其间有巨大的钟乳石壁分开，恰似3个天然的大窗户，白练、银丝、风采异呈。

穿洞东门进口处稍宽，约2米，西面洞出口稍小，1米左右。洞内大小高低钟乳、石笋、石柱、石幔等洞穴堆积地貌，或许地质年代太久远，洞穴发育已至暮年，故少量钟乳、石柱已掉落断裂。石笋亦多倒下，如今洞内幽深绿草，苔藓密布，大有古老沧桑之感。到达第一处水帘洞瀑布，丝丝水流，挂绡悬素，水花露珠，从高约4米的崖面上翻滚飞下，形成宽达3米多的穿洞河第一瀑。

第二处水帘洞高约5米，宽约10米，瀑布头顶高涨，厚如重幔，层层叠叠，水势汹涌，吼声震耳，水花四溅，银珠乱撒，水雾轻纱，飘然而下。

第三处水帘洞，则是一个高阔各约1米见方玲珑小窗，镂云载月，戛至敲冰，瀑下凝视，浮想联翩，可谓“却下水晶宫，玲珑望秋月”。

穿洞河不仅是游客的好去处，亦是当地人过河的通道，又是当地男女青年谈情说爱的殿堂。不少男女青年成双成对出入穿洞之中，虔诚情穿洞府，激荡瀑帘。

面对穿洞河水帘瀑布，天下多少游人墨客为之倾倒。有一游客出联曰：“穿洞河河穿洞洞穿河底河穿洞底”，让游客对答。2014年初春的一天，有一重温长征精神，重走长征路的队员过永和镇的朵丁关，经擦耳岩的情景使他灵感顿生，答曰：“擦耳岩岩擦耳耳擦岩边岩擦耳边”。

提起水帘洞，人们就会想起《西游记》里孙悟空的花果山了。当然，现实中的穿洞河水帘洞瀑布也许没有神话里的那样美丽，但却也有很多神话传说。

传说道人张三丰云游到此，那时瀑布下面并没有洞，见对河二岸有乡野人家办喜事，由于河水旺涨，渡船又为当地财主把持，如何让如花似玉的新娘在良辰美景准时渡河与心仪的相公相会，拜天地入洞房，成为两家人的难题。送亲人苦苦哀求财主开船，就是不肯。那财主见新娘美丽动人，有强占之意，令家丁绑缚新娘，拖入家中，欲辱之。被云游至此正在观光的三丰知晓，使法术救了新娘及送亲的一干人，用神杖对着瀑布的石壁使劲一戳，顿时山崩地裂、飞沙走石，河底一条通道就成了，然通道黑黢黢阴森森的，并无光亮，张真人再用神杖分别在瀑布上点了几下，四个大小不等的“天窗”就开了，风光皆涌入洞内，那窗上就形成水帘，从窗往外望出去，一片山光水色，白云悠然。送亲队伍感激不尽。这个美丽的传说，为水帘瀑布增添了神秘而正义的色彩。

穿洞河曾被几代文人称为“瓮安美景是飞练，水帘洞底稀世观。水从石上落，人从洞中过，飞瀑似倾盆，从不打湿脚”。已被列为中国十大水帘洞之一。《瓮安县志》记载穿洞河瀑布景观时，誉之为“飞练飘霞”。

**石林**　又称下司石林，或称石门坎，据说当年张三丰就是从下司石林跨入仙界的。因原属猴场镇下司，2013年行政区划调整划归银盏镇，位于银盏镇3公里的大寨坪村。

下司石林与云南石林有相似景观，由石峰、石牙、滕蔓组成。景区内石峰林立，石林绵延数千米，蜿蜒起伏，为聚散式分布，上小下大，状如竹笋。以小岩头、石门坎、龙洞湾三大片为主体，小岩头石林长约1000米，呈扇形分布排列，共分6组，每一组多达百余株，少则20余株，石高约6～15米，单组结构严谨。石门坎距小岩头约500米，两地间有几株石笋相连。这片石林忽立平岗，结构致密，石高8～16米，簇簇石林，如武士出征，英姿蓬勃。龙洞湾离前景300米左右，石林傍山而长，贴崖而生，亭亭玉立，直刺苍穹。高约8～20米，石间古藤怪树，倒花仰枝，蜂蝶飞舞，雀鸟鸣叫，让游人留连往返，石林上下，谷盆洞穴，大小方园，形态万千，奇形怪状，令人浮想联翩。

**玉华山** 位于银盏西南部的岩根河村白溪村民组，离镇所在地10公里左右，玉华山主峰海拔1166米，西有长安营，北有二坡营，东连太平山，南为高白溪。整个山头互为犄角，玉华山四面悬崖峭壁。深壑峡谷与诸山相隔，人行山下，欲望山顶，帽必掉地，奇峰刺天，白云绕道，苍鹰绝飞，岩畔古木葱郁，藤条附壁，刺竹簇簇，蕨草苍黄，春夏山花烂漫，秋冬似火霜叶，松树绿翠。山顶突兀开阔，奇石四处，草如绿毯，古树苍劲。山顶中部有一古井，取名“言池”，泉水清爽，终年不竭，明代傅亿《游玉华山记》说：“言池如月，而山气之佳如玉之华也”。明朝贵州巡抚郭子章游此山，题“玉华捧月”，为明清瓮安八景之一。玉华山顶原有平越（今福泉市）指挥王之臣出资修建的玉华寺，现仅存遗址。玉华山西面有一崎岖石级小径，可通玉华山寺顶，清咸丰五年（1855年）至同治七年（1868年）灯花教黄号军首领何德胜（世称何二王）、王廷英等率农民义军于玉华山上安营扎寨，与官军长期对峙，凭险踞守，与清廷对抗达13年之久。

**石笋对石鹅** 位于离银盏镇政府所在地7公里的岩根河村，石笋长在一座小山上，形态恰似一竹笋，因岩石结构，取名石笋，又如倒立的一支大毛笔，直指苍穹，石头顶上几株灌木好像笋尖嫩叶。石鹅生在地开村民组的一半山腰间，它与石笋两两相对，浑然天成，故世称“石笋对石鹅”。石鹅由一截石山和一只石鹅组成。石柱与石笋大小相当，顶端平整，石鹅则安然立于石头顶部，嘴向上面向村，尾朝飞练坝，不知民谣何时传，惹来今天地也翻：

脚踏岩根河，石笋对石鹅

谁能识得破，金银用马驮

这一千年隐语让一代代人参悟了一生，成了一个难以破译的谜底。直到解放后，经地质专家初步勘察，岩根河村29.85亿吨的磷矿藏量，金银不是用马驮，而是用汽车装运。

**席子河峡谷风光** 席子河位于离银盏镇政府所在地14公里的木老坪村，席子河两岸连山，危岩高耸，河床狭窄，多处在10米以内，谷深水静，水面波平浪静，下面却暗流涌动。河床两边，大小岩凼，如盛水器物，千百石凼，犹如铸坛模型，肚大嘴小，春冬之时，坛水满盈，岸上景物，倒影水中，白云飘底，雀鸟倒飞，河谷曲折，犹如绿带系山，古树藤萝，根盘节错，蝶飞蜂舞，鸟虫鸣叫，峡谷风光别具一格。

**西坡原始森林** 位于银盏镇3公里处西坡原始森林，是2004年12月经国家林业局批准成立的朱家山国家森林公园五大景区之一——国家级原始森林生态公园，自1960年以来受到国家保护，与岚关朱家山为瓮安保护最为完整的原生态森林公园。

西坡原始森林覆盖面积为4102.5亩，其特色是以森林草地、溶洞为主体的自然景观。景区内林海苍苍，清泉潺潺，地势平缓，古木参天，藤萝密布，尚有奇花异草，时时散发阵阵芬芳，现已进行旅游开发，建有西坡林栖国际森林生态旅游休闲度假村，度假村占地面积3700亩，投资5亿多元。林栖国际酒店、酒店停车场、婚庆广场、珍稀植物园、湿地公园、草坪、花果园、溶洞都隐匿在参天古木中，特别是花果园有270亩和300亩两处果树园，春花烂漫，是休闲的好去处。当你步入公园，一种世外桃源的感觉油然而生，四处亭台楼阁，时隐时现，花香鸟语，悦目爽心，林间小径，路转亭回，无愧一张黔中经济区高端生态旅游度假业最亮丽的名片，上苍散落在西坡原始森林公园内一颗璀璨明珠！

**风神洞**　“一步一景、一景一重天，胜似迷宫”，这是进玩风神洞的人对此美景的真实感受。风神洞，距离瓮安县城14公里，地处瓮安县银盏镇木老坪村东南1.5公里境内。洞内分两“厅”，可容万人。入洞处是一个大厅，高约15米，宽约50米，深约200米。亮光和清风由洞口进入大厅，空气清爽。沿洞壁右转，有一个约3米多宽的溶洞，里面布满钟乳石铸成的碓、磨、桌、凳、金钟、石鼓、糍粑、嫩笋等，仿佛有神仙居住。传说以前谁家有婚丧之事，向呐投贴求借杯碟器具等，每每应验，后因借者多不还而不灵验。另有四根龛柱，像是精雕细琢过。再进壁间，石乳凝成马仙佛之形，犹如图画。向前行约一里，可听到暗河波涛巨响，洞厅左壁，有数级石阶，有一石如神龟盘坐，像“金龟指路”。

二“厅”的高、宽与“大厅”相似，深度150米左右。洞顶乳石玲珑奇绝。厅堂有巨大钟乳石柱数柱，如罗汉打坐，如仙人遨游。壁间有数小洞，其中一洞通到2公里外的席子河北岸。两“厅”洞厅后壁底部，有一倾斜的石板，上陷12个凹坑，石梗相隔，深浅大小匀称，人们称为十二丘田，排列的12个水凼，象征一年12个月，可知各月雨水大小，从农历正月初一观看各丘“田”水多少，很少误差。风神洞一名，可能与此传说有关。

**望天洞**　距木老坪约2公里，于一条浅溪之畔的绿掩翠拥中，隐约一洞，洞口仅能容一人进出，进洞10余米，渐宽渐阔，再往前约10米，洞厅中央生长着一蓬青竹，数十青竹相依相偎，昂然向上，恰如人工精心培植一般，面对何以能生，又何以节节向上，确确实实，世界真奇妙。

**杀人洞**　位于席子河中段北岸一处绝壁之下，大洞高约30米，洞深100余米，进洞便是乱石耸列，乱石之中一条小径蛇行而上，有如登天之路，快出洞口便能昂首看见一线天光，传说此洞为通天之路，多少人为升天堂都葬身洞中而走进地狱。

**板布河温泉**　席子河下游河段称作板布河，板布河河边，有一汩汩而出的清泉，终年水温在30度以上，泉流量也较大，游人劳累后可到此洗温泉澡，消乏解困。

**板布河溶洞群**　距板布河温泉不远，有一个溶洞群，大者可容千人，小者仅容十余人，洞连洞，洞叠河，洞内洞，洞外洞，洞洞有景，景各有异，人行洞中，仿佛误入迷宫，没有指点，万万难以出洞。

**印合山**　木老坪以东约2公里处，在苍翠的松林簇拥之中，一山突兀，山顶似一园柄，柄下方为一方形石墩，石墩四周仿佛犹有雕龙画凤，整个山形就像一枚放入绿绸翠盒之中的大印。

## 第二节　人文景观

**玉华山遗址**　银盏镇人文景观，当数离镇10公里的玉华山遗址。玉华山主峰高峻，海拔1166米。西面的长安营，北边的二坡营，是清咸丰（1851—1861年）时期，木老坪村农民起义首领何德胜（世称何二王）率部与清廷官军交战周旋，安营扎寨的古战场。因地势险要，易守难攻，何二王领导农民起义军与清廷官军抗衡13年之久，现遗址依稀可辨，山头隘口，垒石扎寨，可窥当年鏖战惨烈。明代贵州巡抚郭子章曾游此山，刻石题字："玉华捧月"现题字可辨，山顶玉华寺，现仅存遗址。

目前玉华山遗址残壁断垣，前人亦不甚感叹：破庙横天际，崎岖一线通。几逢游客过，虚见野花红。鸟宿层云里，猿呼绝岭中。山僧留夜饮，明月上林东。

玉华山的清秀媚姿，也使明朝时的傅龙光游后赞不绝口："众岭围苍翠，中峰贮碧涟。真如玉色晕，常护一轮圆。生死原因日，盈亏竞胜天。丛林看倒影，想像桂华鲜"。明代傅亿还著有《游玉华山记》。

**赐库塔（白虎塔）** 银盏镇木老坪村街道上有一白色石塔，高12米，为咸丰年间修造，取名赐库塔。相传塔正前方约1000米处有一山称白虎山，每当日落暮降，山上霞光万丈，似有团团火焰翻滚，木老坪街道繁华，商铺连片，可三年两头着火，焚烧惨烈。一道士解曰：前面白虎山藏一赤红宝马作祟，吐焰所致，于是众人凑钱筑塔镇之。怪哉！居然塔成患绝，说宝马口吐烈焰，尾屙黄金，白虎山后住有一兰姓人家，始富甲天下，人丁兴旺，自白虎塔筑成，家败人亡，一贫如洗。

自赐库塔修成之后，时有人将废字纸焚烧塔内，传说一文人因踩踏字纸致眼瞎，后将字纸收烧塔中，眼渐复明，故此取名赐库塔。赐库塔虽历经风雨和时间冲刷，现尚安然屹立在木老坪街旁。

另传木老坪场坝稍右的白虎山正对场口，高于场坝左的青龙山，因此，木老坪多出凶悍之徒，为求地方安宁，镇白虎之威，光绪初年，由民众筹资建塔于白虎山麓，用塔象征打虎鞭，以抑白虎、扬青龙，故又取名伏虎塔。塔高12米，为五层六角球顶密檐塔现存完好，造型优美，古朴大方。

**龙潭寺** 龙潭寺庙原建在杜仲河水库旁，因筑坝蓄水，寺庙被淹，重新选址于新场村一小山处。此庙据石碑文记载，始建于清光绪初年，新迁建庙宇，现已具有一定规模，寺庙为四合院砖木结构，室内供有佛像，有和尚念经，寺设有主持，每天吃斋焚香，颇显几分幽深隔世，诱人遐思。

**小春虫（古生物群化石）** 在银盏镇岩根河村北斗山一带陡山沱组页岩层中，中国地质学家们找到了10个化石标本，并将它们命名为"小春虫"，这些"小春虫"是在地球经历了一个被称为"雪球世界"的较长冰期后出现的，这些小春虫在高倍电子显微镜下，体长不足0.2毫米，但它们的内部器官清晰可见。

发现"小春虫"化石的消息震撼了世界！美国南加州大学古生物学家包吉尔说，这一发现和研究结果会改写动物最初进化时间，我们势必重新研究进化论的出处，这是一项非常刺激的发现，国际科学界将这一发现誉为进化生物最重要的科学进步之一，将在科学界激起大波澜……

据参与研究的中科院南京地质古生物所陈均远研究员介绍，这是迄今为止人类所发现的最早的两侧对称动物化石，距今已有5.8亿年，这一重大发现将两侧对称动物生长的年代前推到了寒武纪之前4000万年，它是通向人类生命的最初起点。并把这一发现刻碑显示"动物世界黎明前的无字天书"。

**小山诗庙** 位于银盏镇大寨坪村一座独峰上，始建于清乾隆时期，地势极其险要，庙宇建在一岩石山峁上，三面悬崖，唯有一面缓坡通上，崖边长着一古树，根系全扎入岩石中，当地百姓说古树已有400余年的树龄，寺庙毁于1958年，现庙宇遗址尚存，站在庙宇山上，脚下万山变小，尽收眼底，缓坡下数十亩梯田坡土，据当地老百姓说过去是庙田庙土，均为庙内和尚所有。

**丁粮章程碑**　位于银盏镇木老坪街上，建于清朝光绪年间，四角攒尖碑顶，四棱柱形，楷书阴刻“丁粮章程”四字，每面一字，碑文竖排，共28行710字，该碑文反映当时百姓不堪各种苛捐杂税重负，刻碑私书原定章程，抗交折征银两情况。

## 第三节 旅游开发

**石林景区**　形成于4亿多年以前，发育齐全，保存完全，极具观赏价值的连片喀斯特地貌的银盏镇石林迎来开发契机，当地政府在保护景区的同时，争取项目重点打造开发，特别是2010年以后，引进旅游公司进入景区投资建设，景区路网、停车场已全面建成。

引资开发石林欢乐谷，海盗船、迷你穿梭、儿童乐园、碰碰车、观光车、旋转飞车、恐怖城、野卡丁车、摩天轮、水上娱乐、骏马腾空等旅游设施一应俱全。2013年景区正式营业，国庆节迎来八方游客20万余人。

石林，正在升级打造开发更新，四条高速路（贵瓮、道瓮、江瓮、马瓮）的融会贯通，给石林景区后期发展带来无限商机。在这个交通大十字口的银盏石林景区，宛若出水芙蓉，光彩照人，她将张开双臂笑迎天下宾朋。

**玉龙原生态温泉城**　位于银盏镇新场村，距镇政府所在地3公里处的果果坪。玉龙原生态温泉城处于地势较浅带，地表下1000～2000米，含有极丰富的地热水资源，已钻出温泉水。原生态温泉城投资1.9亿元，建有五星级酒楼一幢，建筑面积30000平方米，绿化面积10万平方米，道路硬化20000平方米，项目用地73370平方米。至2015年年底已完成项目的80%以上。玉龙原生态温泉城正处于四条高速路的交汇处，温泉城将成为远近宾朋休闲沐浴的最佳去处。

**老鹰洞**　2015年仍属于私人经营开发，县政府已出资20余万元资助个体户进行旅游开发，建有步道、护栏、灯光等设施，从新华街上至景区的柏油路于2015年修通，但由于受资金等因素的制约，许多设施远远跟不上，尽管如此，现在游人依然络绎不绝，瓮安文旅局正在多方筹措，招商引资，充分挖掘老鹰洞的旅游开发潜力，把老鹰洞打造成黔中一张旅游名片。

**穿洞河瀑布**　穿洞河瀑布地处银盏镇穿洞村，穿洞河瀑布为全国十大水帘洞瀑布景区之一。过去又称水帘洞和飞练泉，由于河水从石岩上飞流而下，来往行人从水下经过约数十丈，石帘隐照，皎然明爽，可谓天下奇观，极具观赏价值。已在2014年投资40 万元进行了开发，各种旅游设施正在相继配建。

**林栖国际森林生态旅游休闲度假区**　位于银盏镇东南方的西坡林场，与银盏镇政府所在地直线距离3公里。交汇于银盏镇的4条高速公路结合处（瓮安至马场平、瓮安至贵阳、瓮安至道真、瓮安至江口），高速公路的贯通，将进一步增强景区交通区位优势。林栖国际森林生态旅游休闲度假区将获得天独厚的地理优势，以松树林为主，并有多种珍稀动植物种，环境优雅，功能齐全，是生态休闲度假旅游的理想场所。

林栖国际生态旅游休闲度假区一派北欧风情建筑集群，景点别致，特色森林酒店、高端木屋酒店、洋街（酒吧街）、教堂婚庆楼，能同时接待500余人宴会酒席，钟鼓观望塔、湿地公园、景观大门、大型生态停车场、北欧风情木屋、生态露天游泳池，还有北美田园风情木屋、原生牧场木屋、生态农庄木屋、森林SPA、风景林廊道、四季果园、亲子果园、竹林、鸳鸯湖、露天基地。尚有东南亚风格集群，如东南亚风情木屋、松竹艺筑、富氧会所、森林小屋、瑜伽小径户外竞技场、球类运动场、拓展训练营、森林探险、越野自行车道，寻遍天下休闲处，眦目慨叹第一家。

# 第三章　教育

至2015年年底，境内有10个村（社区），24所学校，其中，中学2所，九年一贯制学校2所，村级学校11所，公办幼儿园2所，民办幼儿园7所，共141个教学班。在校学生5650人，其中中学生1652人，小学生2915人，幼儿园学生1083人，住校生1057人，留守儿童616人，教职工565人（其中：公办学校教师386人、民办学校教师98人、公办学校工勤人员64人、民办学校工勤人员17人），教师学历达标100%。

全镇所有科目均按国家课程标准排课。2014年县政府表彰的小学师生及学校有8人次，中学师生及学校有10人次，木老坪小学、印山小学、新华小学荣获一、二、三等奖，木老坪中学“中考”获全州一等奖，六中获“中职招生先进单位”。

## 第一节　管理

### 一、管理机构

民国19年（1930年），由当时的银盏乡小坡乡绅袁家赞助，是官学，由县教育科主管，校址设在银水寺寺庙内。1937年迁至银盏村岩脚寺，改名为“岩脚寺学校”，由当时颇有名气的佛家弟子善和尚化缘修建，学校就设在寺庙内，由瓮安县教育科统一管理。

瓮安解放（1949年12月11日）后，县政府设置教育科，管理县内各学校。1978年，县教育局在各区公所设立“文化教育办公室”，简称“区学办”。当时负责学校工作的只有视导员1人、出纳1人、会计1人，会计员负责全区教师的工资发放等工作，学校由区学办直管。1991年年底，全县开始“撤区并乡建镇”工作，建立银盏乡，建乡后，在银盏学校设立“银盏乡教育辅导站”，配站长1人、教育专干1人（兼工会主席）；出纳1人、会计1人，负责全乡教职工的工资发放。2002年，全县撤销乡镇辅导站，全乡教育教学工作由银盏中心学校管理。2013年11月，经县人民政府批准，银盏学校更名为“贵州省瓮安第六中学”。

## 1983—2002年银盏乡教育辅导站负责人名录表

表14—3

| 职　务 | 姓　名 | 任职时间 |
|---|---|---|
| 站　长 | 陈文举 | 1983.8—1996.8 |
| 站　长 | 郑　义 | 1996.8—1999.8 |
| 站　长 | 杨德元 | 1999.8—2002.12 |

## 1950—2014年银盏学校负责人名录表

表14—4

| 职　务 | 姓　名 | 任职时间 |
|---|---|---|
| 校　长 | 柴廷藩 | 1950.9—1953.8 |
| 校　长 | 王逸琴 | 1953.9—1954.8 |
| 校　长 | 林大发 | 1954.9—1959.8 |
| 校　长 | 龚玉玺 | 1959.9—1964.8 |
| 校　长 | 刘德兴 | 1964.9—1967.8 |
| 校　长 | 莫运春 | 1967.9—1975.8 |
| 校　长 | 宋月基 | 1975.9—1983.5 |
| 校　长 | 陈文举 | 1983.8—1993.8 |
| 校　长 | 闵明礼 | 1993.9—1998.8 |
| 校　长 | 杨德元 | 1998.9—1999.8 |
| 校　长 | 杨胜禄 | 1999.9—2000.5 |
| 校　长 | 杨德元 | 2000.6—2002.2 |
| 校　长 | 曾　理 | 2002.3—2005.8 |
| 校　长 | 夏光辉 | 2005.9—2009.8 |
| 校　长 | 杨胜富 | 2009.9—2011.8 |
| 校　长 | 高付全 | 2011.9— |
| 副校长 | 刘香主 | 1983.8—2002.2 |
| 副校长 | 卢　刚 | 1993.9—2014.8 |
| 副校长 | 杨胜禄 | 1998.9—1999.8 |
| 副校长 | 杨胜富 | 2005.9—2009.8 |
| 副校长 | 安之会 | 2011.9— |
| 副校长 | 范忠超 | 2011.9—2014.8 |
| 副校长 | 杨胜富 | 2014.9— |

## 二、教育管理

民国18年（1929年），县政府设教育局。民国24年（1935年）改为第三科。民国31年（1942年）改为教育科。民国37年（1948年）复为第三科。新中国成立初期，县人民政府设教育科，1951年8月改为文教科。1956年3月，分设教育科、文化科。1957年6月，设文教局。1964年1月，改为文教科。1966年11月，复名文教局。1967年4月，改设学校工作领导小组。1968年10月，改为学校办公室。1970年5月，改为文化教育局。1973年3月，改为教育局。1990年，教育局内设纪检组、人事股、财会股、教育股、教研室、电教站、招生办公室，雍阳区设教育办公室，由视导员主持工作，配有办事人员2～3人。岩脚桥小学为校长负责制，解放初期银盏小学由政府行政长官委任兼职。1953—1966年，校长、教导主任由县政府任命。学校建有党支部领导下的校务委员会，具体工作由校长主持。“文化大革命”期间，学校由革命委员会和“贫下中农管理委员会”领导。1977—1984年，学校恢复党支部领导下的校长责任制。1985年以后，执行中共中央《关于教育体制改革的决定》，学校党、政职能相对分开，党在教育工作中的领导地位得到进一步确定。

## 三、人事管理

### （一）教师调动

1950—1992年，银盏教师调动由教育局负责。1993—2008年，教师调动需本人提出申请，经局党组研究决定，再行文调动。2008—2013年，县外调入、调出由本人申请，学校、教育局、人事局、编委办同意，经县委常委会同意，人社局行文调动，县内城区学校教师调动全部实行招考，银盏教师调动和城区教师调动一样，由本人申请，学校、教育局、人事局、编委办同意，教育局行文调动。2014年起，教师调动仍由本人申请，学校、教育局、人事局、编委办同意，由人社局行文调动。

### （二）干部考察

1992年以前，银盏的公办学校领导班子成员由县教育局考察任免，民办学校负责人由区、乡、生产队指定。1993—2002年，银盏的学校领导班子分为二级任免制：（1）区学办（教育辅导站）人员的任免由教育局行文。（2）校长及学校领导班子由区学办（教育辅导站）与乡镇共同考察，上报教育局行文任免。2003年以后，撤辅导站建中心校，所有学校的人事任免，由教育局考察后，经教育局党组成员决定行文。

### （三）年度考核

1994年起，教师的年度考核由学校、教育局、人事局考核，从1995开始根据《教师年度考核量化评分标准》，总分100分，对教师的“德、能、勤、绩”四个方面考核，从教师的政治思想表现、工作态度、业务能力、知识水平、教学质量等方面具体打分。等级分为：“不合格”“基本合格”“合格”“优秀”四个档次。1994年，执行连续三年年度考核为优秀者，晋升一级工资，2006年工资改革后取消。

### （四）职称评聘

1989年，开始教师职称评聘工作，教师工资正式与职称挂钩。只分高级教师、中级教师、初级教师三个等次。中学分为中学（语文）高级教师（副高级职称）、中学（语文）一级教师（中级职称）、中学（语文）二级教师（初级职称）、中学（语文）三级教师（初级职称）。小学分为小学

（语文）高级教师（中级职称）、小学（语文）一级教师、小学（语文）二级教师（初级职称）、小学（语文）三级教师（初级职称）。幼儿园分为幼儿园（语文）高级教师（中级职称）、幼儿园（语文）一级教师、幼儿园（语文）二级教师（初级职称）、幼儿园（语文）三级教师（初级职称）。中级职称由州人事局评审，初级职称由县人社局评审。2010年12月至2015年12月，教师实行聘用合同制，称为“第一轮事改”，三年一签。后职称名称改为中小学幼儿园系列职称统一，分为正高级教师、高级教师、一级教师、二级教师、三级教师。正高级教师由省人社厅评审、高级教师由州人社局评审、中、初级由县人社局评审。

## 四、后勤管理

**经费**　清代书院、义学经费由公产地租开支。民国初年，取消廪需银、廪膳米，学校经费由公产地租和契税、屠宰税附加及捐资开支。民国16年（1927年）秋，中学经费由瓮安、黄平、余庆、平越4县契税、屠宰税附加开支。民国17年（1928年）秋，省按中学班数补贴部分经费。民国24年（1935年），小学经费列入县级财政预算。民国30年（1941年），各中心完小曾因三个月领不到工资而一致罢课。后几经周折，县政府勒令各地承征员发款，遂复课。

瓮安解放初期，省对县实行收支两条线财政体制，教育经费由省统一预算。小学经费由省分期拨给县，中学经费由省直接拨给学校。1958年，改由州下达计划，县财政支付。1980年，财政体制改为“划分收支，分级包干”后，教育经费由县财政自筹自付，基本上保证及时到位。从20世纪50年代开始，教育经费逐年递增，教育经费开支主要包括工资（含补助工资）、福利费、离退休费、助学金、公务费、设备费、业务费、其他费用等。1950年3月，补发1949年12月、1950年1月和2月生活维持米，公杂费仅发1949年12月及1950年1月两个月，后指定用于学校办公文具纸张、学生考试用纸、水电等。春季学杂费征收标准：自费初中每人每学期学费大米20公斤、杂费15公斤；甲等公费生不缴杂费，学费酌免一部或全部；乙等公费生缴杂费大米15公斤，学费酌免一部分；丙等公费生缴杂费大米15公斤，学费酌免一部或全缴；师范学校及职业学校学杂费一律免缴。1991—1993年，银盏乡征收教育费附加5万元，支出1.5万元，修建大林小学投入教育费附加3.5万元。1995年，小学1～3年级60～65元，4～5年级65～70元，6年级70～75元。

2003年5月9日，县教育局呈《关于对全县普通中小学实际执行的收费项目的意见》，本学期小学1～3年级每生收费88元、4～6年级每生收费105元、初中每生收费170元，在2002年（县物价局规定的收费标准）的基础上小学每年级每生少收5元、初中少收10元。同年，全县实行工资、福利与销售地产烟任务挂钩，各单位必须人均销售1条地产烟，凡工资（含补助工资）总额在500元以上干部职工，必须销售均价在100元（批发价）以上高档地产烟1条，工资总额在500元以下干部职工，必须销售均价在80元（批发价）以上高档地产烟1条。

2007年12月，对所有农村（含县镇）义务教育阶段学生免费提供国家课程教科书，退还2007年秋季已收取的学生教材费（小学生均35元、初中生均70元），并不得向学生收取2008年春季学期开学的教材费用。

2008年2月28日，县教育局出台《瓮安县2008年学校财务工作实施试行方案》，各学校成立5～7人的财经小组，参与学校和村级学校经费收、支的预算和重大经费的处理及监督，对学校的基本建设、维修项目、采购、会计更换、一次性使用经费、经费收支等均有明确规定，实行“中心校管理、校自用”的原则。同年3月，农村义务教育阶段所有学生（含县镇）教科书全部免费（小学每生每学期45元、初中每生每学期90元、特殊教育学校每生每学期45元）。3月15日，县教育局作出《关于进一步规范学校财务管理的补充规定》，学校的各项预算外收入必须全部纳入单位财务部门的管理，实行统一核算，按“收支两条线”管理要求全部解缴财政专户。3月26日，县教育局《关于印发瓮安县教育局中、小学生公用经费支出管理暂行办法的通知》，各中小学建立预算制度，将公用经费纳入学校总体预算，实现收支平衡。公用经费用于公务费（20%）、业务费（30%）、教职工培训（5%）、购置费（10%）、修缮费（10%）、其他支出（25%）等开支，不准挪用公用经费发放教师津补贴、教学奖励费、福利等。11月6日，县教育局出台《关于中小学经费管理使用的有关规定》，各校每学期做好经费预算和采购预算，采购严禁“先斩后奏”。对生均公用经费的使用、贫困寄宿生生活补助费的发放及审批、转移支付资金的安排、学校基建（维修）经费支付的监管等作出具体规定。

2009年5月，中小学校财务管理实行校长负责制。6月9日，州教育局发《关于实行校方责任保险代理制的通知》，全面实行校方责任保险工作。

2010年3月1日，县财政局《关于印发瓮安县县级国家机关和事业单位差旅费管理办法的通知》，对住宿费、伙食补助费、公杂费、交通补助费等进行明确规定。

2011年1月12日，县教育局发《关于规范收费和严格程序办理核销等规定的通知》，学校在开学前公示本校收费项目和标准，接受群众和社会监督。7月，县水利水电工程移民局为鱼河小学学生添置课桌100套约2万元。

2012年3月1日，州财政局、教育局下达2011年秋季学期农村义务教育阶段家庭经济困难寄宿学生生活费提标补助资金预算的通知，从2011年秋季学期起，将中央西部地区农村义务教育阶段家庭经济困难寄宿学生生活费标准每人每天提高1元，达到每人每天小学生4元、初中生5元，提高后小学、初中分别达到1000元/生·年、1250元/生·年。5月，拨付2012年农村中小学公用经费县级专项资金，新机制前生均公用经费年初预算小学按每生18元、初中按每生23元计算。9月，拨付农村教师边远津贴补助及生活补助费，一类学校实行边远津贴标准50元/月，二类学校80元/月，三类学校100元/月，未享受边远津贴的农村教师按50元/月执行。11月15日，全县义务教育阶段学校按学生人数分五类，即一类学校校长月津贴520元、二类学校校长月津贴500元、三类学校校长月津贴480元、四类学校校长月津贴430元、五类学校校长月津贴410元，副校长津贴为本校校长津贴的90%。主任级津贴标准为一二三四类学校的主任每月按100、80、60、40元标准发放，副主任（含团委书记、少先队大队辅导员）每月按90、70、50、30元的标准发放。12月13日，教育局解决2012年1—9月失业保险、工伤保险、生育保险和高额医疗保险。

2013年，成立瓮安县农村教育核算中心，培训各校财务人员，启动“校财局管”工作，核算中心正式接管学校财务工作。

2014年1月9日，对农村教师根据学校类别按每月200元、300元进行生活补助。3月12日，州财政局、州教育局下达瓮安职校助学金中央资金365.88万元、省级资金36.59万元、州承担27.44万元、县级承担27.44万元，共457.35万元。下达瓮安县职校免费中央和省级专项资金630.08万元、州县承担85.92万元。6月25日，州财政局、州教育局下达瓮安职校2014年“百校大战”资金500万元。11月19日，又下达瓮安职校2014年“百校大战”第二批资金300万元。

2015年2月28日，县教育局兑现民办教育奖励扶持资金，银盏镇小博士幼儿园成为被奖励的6所民办学校之一。3月10日，县审计局对瓮安县思源实验学校场平工程预算进行审核，核减原预算金额1795978.41元，核定预算金额3124652.70元。建议建设单位在该工程核定预算金额3124652.70元内，确定最高控制价按相关规定通过招投标确定施工单位。4月15日，对农村计生户实施助学奖励。8月20日，县发展和改革局、县财政局、县教育局联合发《关于调整瓮安县公办幼儿园教育收费标准的通知》，规定保育教育费标准为县示范幼儿园、二幼、三幼200元/月/生，乡镇（含村级）幼儿园120元/月/生。取暖费标准为用煤取暖15元/月/生，用电及管道燃气取暖20元/月/生。

### 五、学校布局

1930年8月，由银水寺改为银盏小学。

1978年3月，银盏小学步入正轨。

1979年3月至1989年8月，银盏小学下辖四个村小，分别有银盏、银虹、大林、大园、红灯。

1989年9月至1991年8月，银盏小学改为雍阳中学。

1991年9月至1993年8月，银盏小学下辖银盏、飞练、银虹、尖山、穿洞、大园、大林、红灯民校。

1993年9月至2013年8月，银盏小学和雍阳中学合并为银盏学校。

近几年来，严格执行《瓮安县学校布局规划调整方案》《瓮安县中小学布局结构调整三年行动计划》，逐步撤并村级小学和教学点。2012年3月，由于行政区划调整，银盏乡并木老坪乡为银盏镇，穿洞小学人数过少已撤了。下辖银盏、飞练、尖山、大园、大林、新华、红灯堡、木老坪、新寨、两岔河、大寨坪。

2013年9月，银盏学校改名为瓮安第六中学。第二次行政区划调整，玉华乡、鱼河乡的几个村并入银盏镇，银盏学校的下辖学校有银盏、飞练、尖山、大园、大林、新华、红灯堡、木老坪、新寨、印山、鱼河、黔川、玉华、岩根河、白溪。

2014年9月，渡江小学由尖山小学、飞练小学合并独立为中心小学。

后根据教育学校布局规划，学校人数没超过100人的岩根河、白溪、新寨、大园、大林、红灯堡等6所小学被撤，集中了办学资源。

## 第二节　学校

### 一、幼儿园

#### （一）公办幼儿园

**瓮安县第二幼儿园**　位于银盏镇飞练社区C5路东段，瓮安职校后，县委党校旁。幼儿园于2014年9月建设竣工，全园占地面积11512平方米，建筑面积3960.5平方米，是一所全日制公办县级幼儿园。规模为40名教师编制，12个教学班，可同时容纳600余名幼儿入园。每个班设置独立的学习活动室、午睡室、盥洗室。每室配置有电脑、空调、电视机、电钢琴等多种现代化教学设备和教学玩具，并有舞蹈厅、绘画室、图书室等。

2015年3月正式开园招生，入学幼儿122人；专业幼儿教师12名，其中幼教高级教师6名，幼教本科学历11名，幼教专科学历1名；园长李春艳，副园长胡红霞。保育员、保健医生、厨师、保安均通

图14-3-1　银盏镇上的瓮安第二幼儿园

过岗前培训上岗，并具有一定专业素质。

第二幼儿园注重办园宗旨与办园理念，教学中贯彻《幼儿园指导纲要》和《3—6岁幼儿发展指南》，培养幼儿的学习兴趣与智力开发。

**鱼河幼儿园**　始建于2011年9月，原名为“瓮安县鱼河幼儿园”，办园地点位于鱼河中心完全小学内，教师编制15人，实际由鱼河小学教师2人兼任一个教学班，幼儿人数85人。2013年因行政区划调整，命名为“银盏镇鱼河幼儿园”，教学班2个，2名专职教师，幼儿人数60名。2014年9月，银盏镇鱼河小学与渔河中学合并，幼儿园留在原小学校址，专职教师1名、代课教师1人、在园学生38人。

**银盏中心完全小学附属幼儿园**　属事业单位，公办幼儿园。校园占地面积8亩，校舍建筑面积1235平方米，环境优美，河流从学校四周环绕，被誉为“水上威尼斯”。校址在银盏镇银盏村岩脚桥组。1993年开始创办至2014年属学前班，只有一个班级，每学期幼儿人数达70人左右，是一个大班，教师由小学教师担任。2015年9月开办幼儿班，大班31人、中班35人、小班49人，共115人。有教师9人（专科4人、中师学历5人）、保育员3人。

### （二）私立幼儿园

**开心幼儿园**　位于瓮安县银盏镇飞练社区马鞍山安置区（金正大旁），占地面积为720平方米，幼儿教室5间，幼儿休息室5间，标准化的厨房，院内场地较大，幼儿园开办于2014年3月，是一所私立幼儿园。

2015年设有小、中、大（1）、大（2）班4个班。教职员工有园长1名、幼儿教师7名、保育员1名、保安1名、厨房工作人员1人，共计11人。小班33人、中班42人、大（1）班28人、大（2）班20人，计123人。

**小翰林幼儿园**　位于银盏镇鱼河新场村下街组，占地面积800余平方米，房屋建筑面积1200多平方米，可同时容纳300名幼儿入园，是鱼河片区唯一一家规模最大的私立幼儿园。

图14-3-2　位于新场村的小翰林幼儿园

幼儿园于2014年3月成立，2015年招生。有学前大中小班5个班、教职工14人、入园幼儿183人。设置有活动室、午睡室、漱洗室、舞蹈室、美术创意室。有功能多样的大型玩具、攀爬墙等。

幼儿园目标为管理科学、队伍精良、质量一流、设备先进、独具特色的示范性、开放性、现代化的幼儿园。

**东方艺术幼儿园**　位于银盏镇飞练社区马鞍山安置区157号，占地面积500余平方米，是一家私立幼儿园。

幼儿园于2014年3月成立，2014年招生。有教职工6人，具有幼师专业人才6人，2014年入园幼儿50人，2015年70人，负责人丁明静。

**红星幼儿园**　坐落于瓮安县银盏镇飞练社区尖山加油站旁，创办于2013年。自创办以来，始终遵循“一切为了孩子，为了孩子的一切”的办园宗旨，自强不息，开拓进取。为发展瓮安县民办教育和幼教事业做出应有的贡献。

图14-3-3　红星幼儿园大门

图14-3-4　红星幼儿园活动场所

红星幼儿园占地面积600平方米，其中建筑面积300平方米，拥有300平方米户外游戏场地，园内设有电脑、监控、舞蹈室。教学班配有空调、多媒体彩电及影碟机。大型滑滑梯3个、摇马、篮球100个等，耗资70万元。

教学班每班定额30名幼儿，每学期有幼儿100余名，师资力量雄厚，专职教师7人，其中本科学历2名、大专学历1名、幼师专业4名。以先进的教育理论为理论依据，以促进儿童发展为根本，全面实施启蒙教育，为培养健康、活泼、好奇探究、亲近自然、爱护环境、勇敢自信、有初步责任感的新一代儿童。

**瓮安县小博士幼儿园**　位于银盏镇太平社区小坡安置区，建立于2013年3月，占地4.015亩，建筑面积2000多平方米，绿化1200多平方米，可容纳600余名学生，耗资1500余万元，开设小班、中班、大班、升学班、全托班、特长班、暑期班等。本着“传播真正让

图14-3-5　小博士幼儿园活动场所

图14-3-6　小博士幼儿园在幼儿园中开展国学教育—书法

人受益一生的教育，让世界充满爱与尊重”的办园理念，确立以幼儿发展为本的理念，为每个幼儿提供充分、和谐、健康快乐发展的教育机会与条件。

学校具有一流的高端配置，园内设施有音乐活动室、舞蹈室、美术创意室，从不同层面抓培养孩子的兴趣爱好；午睡室、足够大功率的空调给孩子提供温暖。每间教室多媒体、多功能大型玩具及游乐场（所）让孩子们在玩中学。

幼儿园于2015年1月招聘教师10名，2月招收幼儿400名。2015年3月2日正式开学。有教职工23人，均具有大专及本科以上学历，园长冉飞。该园在2014年度办学水平评估合格民办学校活动中获奖励金额50万元。

**瓮安县诺贝尔幼儿园**　位于瓮安县河西大道大地商业广场五栋、七栋，于2015年9月正式开园，现有建筑面积1700多平方米，户外游戏场地1200多平方米，可容纳300多名幼儿，全部建成后，可容纳500多名幼儿，园内开设小班、中班与大班。

幼儿园规模大，办园理念先进，是一所集专业、正规、前卫、艺术于一体；融温馨、舒适、和谐、快乐为一家的大型现代化幼儿园。它以其“促进幼儿快乐成长、全面培养幼儿素质、服务家长、服务社会”为办园宗旨，以“一流的管理、一流的教育教学水平、一流的服务质量、一流的育人环境”为办园目标。

宽敞明亮的教室、舒适温馨的寝室、功能齐全的活动室、富有创造力的美劳室、大型舞蹈多功能和宽阔安全的户外活动场地，建造绿化地、养鱼池、游泳池，购置组合式大型户外玩具，使孩子们能够在一个安全、健康、舒适的环境中，完成他们在园的一日生活。

2015年，有教职工10人、园长1人、厨师1人、保卫人员1人、教师7人，教师队伍年轻化、专业化，都具备幼师任职资格，她们都是经验丰富、极富爱心和耐心的高素质专业人才。园长唐铧爱，从教12年，系湖南怀化阳光宝宝幼儿园的创建者，怀化贝雅幼儿园的投资者，多次参加省级、国家级培训，积累了丰富的幼儿园管理经验和成熟的幼儿教育理念；曾获优秀园长及先进幼儿教育工作者等证书，是幼教界的佼佼者。

幼儿园采用最为先进的教学体系，从多种智能领域充分培养孩子的思考和解决问题的能力。同时，还将艺术课程、儒灵童课程、体智能课程完全引入日常教学，逐步渗透科学先进的教育理念，循序渐进的实现幼儿园办园目标—精彩人生从诺贝尔幼儿园开始。

图14-3-7　乐满园幼儿园活动场所

**乐满园幼儿园**　位于银盏镇穿洞村村委会大楼，2014年1 月，乐满园幼儿园启动办园资金25万元，建筑面积500平方米，活动场地400平方米，办公室1间、厨房1间、教室3间、睡房3间、舞蹈室1间、储藏室间。教学设备齐全，课桌椅150套、多用柜4个、饮水机4台、计算机2台、打印机1台、电视机2台、DVD影碟机2台、组合滑梯2台。是年2月招收3～6岁幼儿入园，现有学生150名，教师5名。办园目标为立足教育优势，注重环境教育，注重队伍建设，注重校园文化。

**新华幼儿园** 位于银盏镇新华村，2010年9月开办，占地面积1000平方米，建筑面积800平方米，3个班96人。

**贝思特幼儿园** 位于银盏工业园区内，2013年9月开办，占地面积860平方米，建筑面积460平方米，6个班192人。

## 二、小学

### 2015年银盏镇村级学校统计表

表14—5

| 校　名 | 建校时间 | 现有教师（人） | 现有学生（人） | 班　级（个） | 校　址 |
|---|---|---|---|---|---|
| 印山小学 | 1939 | 12 | 223 | 6 | 印山村 |
| 木老坪小学 | 1954 | 22 | 433 | 7 | 木老坪村 |
| 大林小学 | 1968 | 8 | 55 | 6 | 银盏村大林 |
| 大园小学 | 1960 | 9 | 82 | 6 | 太平社区陈下院 |
| 新华小学 | 1954 | 11 | 159 | 7 | 新华村小山坡组 |
| 红灯堡小学 | 1917 | 9 | 103 | 7 | 新华村红灯堡 |
| 鱼河小学 | 1950 | 27 | 376 | 9 | 鱼河村小高坡 |
| 黔川小学 | 1950 | 10 | 138 | 7 | 新场村磨坪冲 |
| 牛宫小学 | 1956 | 9 | 101 | 7 | 岩根河村王家院 |
| 岩根河小学 | 1951 | 5 | 28 | 5 | 岩根河村观音角 |

### 合建渡江小学前学校统计表

表14—6

| 合并前校名 | 起止时间 | 合并校名 | 建校时间 | 教师（人） | 学生（人） | 班级（个） | 校址 |
|---|---|---|---|---|---|---|---|
| 飞练小学 | 1952.9—2014.3 | 渡江小学 | 2014 | 23 | 456 | 10 | 飞练社区帽合山 |
| 尖山小学 | 1952.9—2014 | | | | | | |
| 大寨坪小学 | 1936—2013 | | | | | | |
| 穿洞小学 | 1958—2012 | | | | | | |

### （一）“片区”中心小学

**银盏学校** 现位于瓮安县城北3公里处的银盏村，繁华的商业区摩尔城处。“马遵”“久铜”公路线上，学校的西北面靠“贵州省北斗山监狱，监区磷业有限公司”和“贵州省大信磷业有限责任公司”，东临瓮安县城西流来的河—银盏河。学校占地面积19000平方米，服务半径56.2平方公里，覆盖人口近2万人。

建校历史悠久，始创于民国19年（1930年），学校的前身为“银水寺”官学，由当时的银盏小坡袁姓乡绅赞助，官管，校址在银水寺寺庙，后迁于人口较为集中的银盏村“岩脚桥寺庙”，改名为“岩脚寺学校”，“岩脚桥寺”由当时较为有名的佛家弟子善和尚化缘修建，庙宇较大。

1949年12月11日，瓮安解放后，更名为“银盏初小”，第一任校长柴廷藩，当时的在校学生只有20余人，教师仅3人，规模较小。1953年，瓮安县人民政府正式定名为“银盏小学”。共有小学生247人、教师4人，后来学生、教师逐年增多。1996—2003年，小学开设双班，每年学生均达600人以上，高峰期达700人左右，初中一至三年级平行班级均为6个班，学校人数千余人，教师增至99人。2003年以后，小学学生人数基本保持在600人左右，初中学生人数逐年下降至2015年的每一个年级有3个平行班级，人数在450～550人。

1978年之前，学校大部分校舍均在破旧的庙宇中，大部分为木结构房屋。1978年，在小学教育的基础上，开始开设初中“戴帽班”。1978年上级教育部门拨款，拆除破旧庙宇，在原庙宇基础上新建砖木结构教学楼1栋，同时修建砖木结构教师宿舍，改变以往“庙宇式”的学校面貌。1983年8月，学校恢复六年制小学制。1984年8月，上级教育部门拨专款在河中心的小岛上修建小学部教学楼1栋（现为学校实验楼）。1987年又向教育主管部门申请拨款，在小岛上修建中学部教学楼（现用作小学教学楼）。12月，黔南州验收组认定银盏学校为“基本实现普及初等教育”合格学校。1989年，遵照瓮安县人民政府〔1988〕59号文件，在银盏小学初中“戴帽班”组建“雍阳中学”。1993年8月，又将“雍阳中学”和“银盏小学”合并为“银盏学校”。1993年开始，重点进行硬件设施建设，修水池、建花园、建育才亭、平整操场，营造校园文化氛围，被誉为“花园式”学校。1994年11月10日，县政府《关于我县部分学校更名的通知》，银盏小学更名为银盏学校。1996年8月，搬迁了学校操场内的住户梁正坤一家，同时征地8亩，由乡政府拨款30万元修建沿河大保坎，完善学校运动场的建设。小学各年级均开设双班，初中一至三年级开设双班。1999年8月，争取到了世界银行贷款项目和教育局匹配资金，学校拆掉砖木结构的教师宿舍，在宿舍原址上新修建教学大楼1栋（现初中部教学楼）。2004年8月，新修学校校门，打水泥篮球场4个，修建环形跑道1个，并拆除已成危房的砖木结构教学楼。2005年7月，建“多媒体”网络教室3个。2008年，由宁波荣誉市民朱英龙先生赞助10万元、县自筹29万元，修建780平方米的两楼一底学生宿舍楼1栋。2011年8月，完成学生食堂的修建、教学楼的美化、文化墙的美化、护栏的修建等硬件设施。2012年12月，省教育厅给学校配置16座的校车1辆。2013年6月，购置30台学生电脑。2013年11月，经县人民政府批准“银盏学校”更名为“贵州省瓮安第六中学”。2014年9月，学校“班班通”正式投入使用，真正达到无粉笔教学。中、小学生人数每年递增200人左右。2015年4月，已完成新学校——贵州省瓮安第六中学（瓮安县思源学校）的选址、地勘等工作。

**木老坪小学** 创办于解放初期，当时教室使用的是村民民房，名为“水莲学校”，1954年新建校园，校名更为木老坪学校，校长李隆瑞。设有一至六年级6个班，1970年招收初中生，成为一所九年一贯制学校。1999年9月，木老坪小学与木老坪学校分开，建成一所完全小学，名为“瓮安县木老坪中心完全小学”。当时有教师28人、学生660人。2012年9月，根据瓮安县行政区划的调整，木老坪小学相继划归瓮安县银盏学校，成为一所村级小学，现名为“瓮安县银盏镇木老坪小学”。2015年有学生433人，一至六年级7个教学班，幼儿班3个。教师22人，其中男教师4人，本科学历9人，县级骨干教师3人。

图14-3-8 位于创业园附近的渡江小学

图14-3-9 银盏镇渡江小学塑胶跑道及篮球场

**渡江小学** 是瓮安县第一所新建的留守儿童学校，距县城新区10公里，离猴场古邑区13公里，是由建校历史悠久的飞练、尖山、大寨坪、穿洞几个片区小学合并而成，渡江小学占地面积45495平方米，其中运动场面积2652平方米、建筑面积8382平方米（其中教学及教学辅助用房3890平方米、

图14-3-10 银盏镇渡江小学校园内孔子塑像

办公用房580平方米、生活用房3912平方米、学生宿舍1678平方米）、绿化面积22743平方米，拥有网络教室46间。

2013年年底竣工，2014年3月开始招生报名上课。学校教师共23人，中级职称以上23人，班级10个，在校学生456人，其中男生248人、女生208人，寄宿学生456人，留守儿童216人。

**渡江小学校长、副校长任职一览表**

表14—7

| 职　务 | 姓　名 | 性　别 | 籍　贯 | 任职年限 |
|---|---|---|---|---|
| 校　长 | 范忠超 | 男 | 贵州瓮安 | 2013.3— |
| 副校长 | 陈　全 | 男 | 贵州瓮安 | 2013.3— |
| 副校长 | 王维东 | 男 | 贵州瓮安 | 2013.3— |

**银盏镇鱼河小学**　该小学有着悠久的办学历史，解放前名为“保国民小学”，1950年更名为“鱼溪坝小学”，1970年改为“鱼河中心完全小学”，1991年“撤区并乡建镇”，成立“鱼河乡教育辅导站”，直到2001年3月鱼河乡教育辅导站取消。

1997年，中学部和小学部“分家”，中学留在原址，小学搬迁至现址。2013年因行政区划调整，学校名称改为“瓮安县银盏镇鱼河小学”。

瓮安县银盏镇鱼河小学坐落在距瓮安县城北约17公里处的小高坡村民组，马遵公路从校门口经过，交通极为便利。学校占地面积1745.4平方米，有 6 个年级，9个教学班（其中一、二年级各 2 个班、三至六年级各 1 个班、学前班 1 个），在校学生376人（包括幼儿班52人），在职教师27名，其中高级教师17名、初级教师10名，大专及以上学历22名，党员9名。2014年开通移动光纤，安装教学模板，教学设施日趋完善。自2002年以来，教学质量不断提高，学校先后荣获“瓮安县教育教学质量三等奖”“瓮安县教育教学质量二等奖”“鱼河乡德育先进学校”“鱼河乡先进学校”“贵州省中小学学科渗透法制教育省级示范校”等几十个荣誉奖牌。

**鱼河小学负责人任职一览表**

表14—8

| 职　务 | 姓　名 | 性　别 | 任职年限 |
|---|---|---|---|
| 站　长 | 贺国杰 | 男 | 1989—1991 |
| 站　长 | 黄可国 | 男 | 1992—1998 |
| 站　长 | 杨建文 | 男 | 1999—2001 |
| 校　长 | 刘宗祥 | 男 | 2002—2007 |
| 校　长 | 冷国云 | 男 | 2008—2011.7 |
| 校　长 | 周泽坤 | 男 | 2011.9— |

图14-3-11　玉华小学校址

**玉华小学**　初建于1950年，校址在白岩村白岩寨原地主卢家房子里，定名为“白岩初级小学”。时任校长闵登遥，教导主任袁士明。1955年“白岩初级小学”搬迁到岩根河村观音阁，定名为“玉华小学”。开设一年级至六年级，在读学生350人左右，校长林大发，主任梁素琴。1958年学校开办了集体伙食，聘请炊事员煮饭，当时太文、雷文、白溪等处较远的学生一律住校。1959年时任校长陈文斌，主任商崇收。1962年校长顾文华由太文小学调入玉华小学主持工作。1966年，玉华小学又由观音阁搬迁至白岩今日的校址。1992年建立玉华乡教育辅导站，所辖村校有岩根河、牛宫、太文、雷文、白溪、营上教学点，并将白岩大队民小、玉华民中合为一个学校，辅导站站长刘毅文。1996年8月小学与中学正式分家。小学定名为“玉华小学”，中学定名为“玉华中学”。2015年玉华中小学又合并为九年一贯制学校，定名为“玉华学校”。

**玉华小学校长、副校长任职一览表**

表14—9

| 职　务 | 姓　名 | 性　别 | 籍　贯 | 任职年限 |
|---|---|---|---|---|
| 校　长 | 闵登遥 | 男 | 贵州瓮安 | 1950—1954 |
| 校　长 | 林大发 | 男 | 贵州瓮安 | 1955—1958 |
| 校　长 | 陈文斌 | 男 | 贵州瓮安 | 1959—1960 |
| 校　长 | 顾文华 | 男 | 贵州瓮安 | 1961—1962 |
| 校　长 | 陈尧辉 | 男 | 贵州瓮安 | 1962—1966 |
| 革委会主任 | 石　玉 | 男 | 贵州瓮安 | 1967—1968 |
| 校　长 | 龚玉喜 | 男 | 贵州瓮安 | 1969—1970 |
| 校　长 | 袁天喜 | 男 | 贵州瓮安 | 1971—1973 |
| 校　长 | 金应中 | 男 | 贵州瓮安 | 1974—1978 |
| 校　长 | 李家驹 | 男 | 贵州瓮安 | 1978—1981 |
| 校　长 | 杨俊松 | 男 | 贵州瓮安 | 1981—1984 |
| 校　长 | 陈良才 | 男 | 贵州瓮安 | 1984—1988 |
| 校　长 | 卢　刚 | 男 | 贵州瓮安 | 1988.9—1996.8 |
| 站　长 | 刘毅文 | 男 | 贵州瓮安 | 1992.3—2001.8 |
| 副校长（主持工作） | 蒋成华 | 男 | 贵州瓮安 | 1996.9—2000.8 |
| 站　长 | 柴汝建 | 男 | 贵州瓮安 | 2001.9—2002.1 |
| 校　长 | 陈太松 | 男 | 贵州瓮安 | 2001.9—2002.1 |
| 校　长 | 柴汝建 | 男 | 贵州瓮安 | 2002.2—2007.10 |

续表14-9

| 职　务 | 姓　名 | 性　别 | 籍　贯 | 任职年限 |
|---|---|---|---|---|
| 副校长 | 陈太松 | 男 | 贵州瓮安 | 2002.2—2007.9 |
| 副校长（主持工作） | 陈太松 | 男 | 贵州瓮安 | 2007.10—2013.8 |

### （二）其他小学

**飞练小学**　始建于1952年9月，校址在原银盏乡珠场坝村江口坝组，校园面积15亩，占地面积1686.5平方米，是八年制公办学校，又于1998年9月搬迁至银盏乡珠场坝村，是九年制学校，校园总面积3587.1平方米，占地面积515.1平方米，是一所公办小学。课程按国家教育的标准执行，于2005年“两基”验收合格，同时，“普实”与“电化教学”设备按要求添置，全部用于教学，验收合格。2014年3月合并到渡江小学。

**尖山小学**　创办于1952年9月，班级3个，教师3人，1958年学校修建在尖山村尖山组，班级4个，教师5人。1973年修建教室7间，教师8人。1995年7月，新建教学楼1栋，学校占地面积3100平方米，建筑面积360平方米，1996—2013年每年有学生389人，教师13人。1996年“两基”“普实”启动，2005年验收合格。2014年合并于渡江小学。

**大寨坪小学**　始建于民国24年（1936年），隶属于瓮安县天文区两岔河，1957年划归草塘区管辖，2012年3月行政区划调整划归银盏镇，于2013年7月合并至渡江小学。

**穿洞小学**　创办于1958年，开始时是一所私塾学校，后随着形势的发展成为穿洞村级小学，2012年撤穿洞小学并入渡江小学。

**印山小学**　印山小学位于瓮安县银盏镇西面的印山村，距县城20公里。20世纪60年代初期，当地是以团学的方式组建了“鸭坡耕读小学”，首先创立了“印山小学”之雏形。两岔河公社成立后，于1963年9月，建立“印山民办小学”，校址于印山村黎家寨后坡。1964年更名为“两岔河小学”（公办学校）。1974年年初，由两岔河公社出面牵头，发动当地群众投劳，将学校迁建在印山村鸭坡组公路旁（现校址）。自1981年以来，经过几任校长（陈昌业、刘毅文、卢刚、黄可国、陈庭国、卢林），两岔河小学重新修建教学楼、办公楼和教师宿舍、厕所、学生食堂。2012年3月，由于行政区划调整，木老坪乡合并于银盏镇后，该校又更名为银盏镇印山小学。2015年，印山小学占地面积5039.5平方米，拥有学生223人、教师12人。

图14-3-12　大林小学及其幼儿园

**银盏镇大林小学**　位于瓮安县城西北郊约5公里处，坐落在群山环抱的大林小河畔。学校占地2864平方米，建筑610平方米，2015年有6个教学班，学生55人、教师8人，均为小学高级教师，大专及以上学历4名。学校始建于1968年，名为“大林民校”，办学条件极差。于1990年，初步建成了一座庭院式封闭校园，学校的教学设施逐步得到完善。1991年“撤区并乡建镇”，建立银盏乡教育辅导站，将“大林民校”更名为“银盏乡大林小学”。2013年7月因行政区划调整，更名为“银盏镇大林小学”。

**银盏镇大园小学**　地处瓮安县城银盏镇太平社区，东与瓮安县西坡林场毗邻，西靠瓮安县工业园区大道，北与摩尔城相接，学校创建于1960年，原名为大元民校。1970年改建木房后，学校共有3栋砖瓦房，开设一至六年级。1972年8月，由于区划调整，搬迁至灯笼山，改名为红灯民校。又于1988年8月迁回原址，2007年12月得到香港道德基金会捐赠24万元、贵州省财政匹配24万元、县政府、教育局配套20万元，共68万元新建大园小学教学楼、厕所、围墙、校门、值班室等，于2009年8月竣工，完成了学校历史性建设。

学校位于银盏镇太平社区陈下院组，靠马遵公路4公里，距瓮安县工业园区大道1.5公里，交通方便，改建后，学校服务范围扩大，除原有的太平村、大园村外，还扩增了大房村、尖山村等。覆盖人口达4800余人，由于改善了办学条件，优化了校园环境，拓宽了学校学生活动场地。至2015年学校开设一至六年级共6个班，在校生82人（含学前班人数），有教师9人。

**大园小学历届负责人一览表**

表14—10

| 职　务 | 姓　名 | 任职年限 |
|---|---|---|
| 校　长 | 向忠国 | 1960—1965 |
| 校　长 | 姜佰军 | 1966—1983 |
| 校　长 | 张世贤 | 1984—1997 |
| 校　长 | 钱发兴 | 1998— |

**新华小学**　创办于1954年，当时地址在今新华村红灯堡村民组，教室使用的是村民民房，时任校长杨大戟，1970年搬迁至石家寨村，设有一年级至初中9个班，成为一所九年一贯制学校，时任校长倪忠福。1974年搬迁至石家寨村小山坡组，1994年更名为新华学校，19个班级，教师43人、学生1100人。2003年更名为新华小学，设有一至六年级及学前班共13个班级，教师28人、学生600余人。2012年3月根据瓮安县行政区划调整，新华小学划归瓮安县银盏学校，现名为“瓮安县银盏镇新华小学”，是瓮安县银盏镇具有一定办学规模的村级完小，学校占地面积8000多平方米，其中校舍面积1170平方米。

**银盏镇红灯堡小学**　坐落在距瓮安县城北面约11公里处新华村红灯堡村民组，与瓮安老鹰洞风景区相邻，交通极为便利。学校占地面积3600平方米左右，2015年学校有7个教学班，在校学生103人、在职教师9人，其中高级教师5名、初级教师4名、大专及以上学历

图14-3-13　红灯堡小学校址

4名、党员3名。

银盏镇红灯堡小学有着悠久的办学历史，此校创建于民国6年（1917年），有近一百年历史，1961年学生人数多达500人，覆盖相邻几个村民组（雍阳镇云星村、永和镇黑山村、草塘镇杉树坳、大寨坪村、那乡村、新华村），随着办学条件逐步完善，现有坚固的校门、围墙，篮球场2个，乒乓球台2个，有百年的桂花树、明亮宽敞的教室、崭新的课桌，绿树成荫，给学生营造了一个优美的学习环境。2012年因行政区划调整，学校名称由“瓮安县草塘镇红灯堡小学”改为“瓮安县银盏镇红灯堡小学”。

图14-3-14　黔川小学校门

**银盏镇黔川小学**　瓮安县银盏镇黔川小学有着悠久的办学历史，解放前名为“天邦小学”，1950—2012年为“鱼河乡黔川小学”，

2013年7月因行政区划调整，学校名称改为“瓮安县银盏镇黔川小学”。瓮安县银盏镇黔川小学坐落在距瓮安县城北面约18公里处的新场村磨坪冲组，久铜公路从校门口经过，交通极为便利。学校占地面积1410.7平方米，2015年学校有6个年级、7个教学班（一至六年级各1个班、学前班1个）、在校学生138人（包括幼儿班24人）、在职教师10名，其中高级教师10名、大专及以上学历10名、党员2名，学校师资力量雄厚。自2002年以来，学校先后荣获“瓮安县教育教学质量二等奖”“鱼河乡教育教学质量一等奖”“鱼河乡先进学校”等荣誉奖牌。

**黔川小学历届负责人一览表**

表14—11

| 职　务 | 姓　名 | 任职年限 |
| --- | --- | --- |
| 校　长 | 王启明 | 1966—1986 |
| 校　长 | 戎自生 | 1987— |

**银盏镇牛宫小学**　银盏镇牛宫小学校舍新中国成立前是一座寺庙，名“回龙寺”。新中国成立后，破四旧，解散了众僧。在1956年办起私塾，随后建立民办小学，取名“牛宫民校”。后应百姓要求，在1970年办初中，由于当时缺乏师资，加上玉华小学建起初中部，牛宫小学在1977年撤销初中部。1991年“撤区并乡建镇”，建立玉华乡教育辅导站，将“牛宫民校”更名为“玉华乡牛宫小学”。因寺庙年久失修成为危房，在1994年将寺庙

图14-3-15　牛宫小学校门

撤了建成校舍。2013年7月因行政区划调整，更名为“银盏镇牛宫小学”。

银盏镇牛宫小学坐落在距瓮安县城西南面约18公里处的王家院村民组南面100米处，学校东、南、北三面都面临矿区，南面不足1公里便与福泉市地界接壤。有一条乡村公路从校门口经过，交通极为便利。占地面积3916平方米，其中建筑面积714平方米、绿化面积2300平方米。至2015年，学校有6个年级、7个教学班（一至六年级各1个班、学前班1个）、在校学生101人（包括幼儿班24人）、在职教师9名，其中高级教师4名、一级教师6名、大专及以上学历8名。

图14-3-16　岩根河小学校门

**岩根河小学**　位于瓮安县城西面10公里处，坐落在瓮安县银盏镇高家林组与田坝组之间的一座山脚下。校址地名叫观音阁，观音阁的由来是光绪十年间（1884年）这里修建了一座观音庙，此地故名为观音阁。1951年将此庙改成一所公办小学。

当时，周围几个乡镇的学生都来到这所老庙求学。后来，老庙破烂不堪，无法进行正常办学。经报告请示上级教育部门和政府，得到上级领导支持，于1987年拆掉老庙，重新修建1栋砖木结构的教学楼。2001年，学校被撤并到白溪小学。

该校的学生四处分散，有的学生上学要走几公里的山路，真是苦不堪言。2003年贵州省驻珠海办事主任兰岭女士回家过春节，了解到家乡学生求学的艰辛。回到珠海后，筹集9万余元资金给该校恢复重建。于2005年将6间砖木结构房改建为现在的砖混结构房，并新建教师厨房、宿舍。还硬化操场等附属设施，是一所环境优美的校园。2015年有5个教学班，学生20余人，教职工5人。

**白溪小学**　瓮安县银盏镇白溪小学有着悠久的办学历史，坐落在距瓮安县城北面约18公里处的银盏镇玉华社区岩根河村白溪组，1966年成立，名称为玉华乡白溪小学，学校占地面积1786.9平方米。1998年秋季学生已达200多人，共6个班，老师8人，在当时是一所规模算大一点的村小。2013年7月，因第二次行政区划调整，更名为银盏镇白溪小学，2014年8月因学校整合而撤销。

**白溪小学历届负责人一览表**

表14—12

| 职　务 | 姓　名 | 任职年限 |
|---|---|---|
| 校　长 | 周金礼 | 1966.8—1980.7 |
| 校　长 | 卢克波 | 1980.8—1988.7 |
| 校　长 | 卢克势 | 1989.8—1990.7 |
| 校　长 | 张仁富 | 1990.8—1995.7 |
| 校　长 | 兰才伟 | 1995.8—1997.7 |
| 校　长 | 张仁富 | 1997.8—2014.7 |

**银虹小学**　瓮安县银盏乡银虹小学有着悠久的办学历史，坐落在距瓮安县城北面约6公里处的银盏镇银盏社区原大房村杨家湾组，1976年成立，占地面积852.8平方米。1997年秋季学生已达800多人，共18个班，老师32人，在当时是一所规模较大一点的村小。2000年8月，因银盏中小学合并，银盏乡银虹小学正式退出历史舞台。

**银虹小学历届负责人一览表**

表14—13

| 职　务 | 姓　名 | 任职年限 |
|---|---|---|
| 校　长 | 周太敏 | 1976—1983 |
| 校　长 | 田玉梅 | 1984—1987 |
| 校　长 | 刘金全 | 1988—1995 |
| 校　长 | 王维东 | 1996—2000 |

**新寨小学**　瓮安县银盏镇新寨小学坐落在距瓮安县城北面约25公里处的银盏镇木老坪村新寨组，1976年成立，名称为木老坪乡新寨小学，学校占地面积3500平方米。1997年秋季学生已达300多人，共7个班，老师9人。2012年3月，因第一次行政区划调整，更名为银盏镇新寨小学。2014年8月因学校整合，银盏镇新寨小学正式退出历史舞台。

**新寨小学历届负责人一览表**

表14—14

| 职　务 | 姓　名 | 任职年限 |
|---|---|---|
| 校　长 | 兰光中 | 1976.8—1984.7 |
| 校　长 | 钱家贤 | 1984.8—1986.7 |
| 校　长 | 兰光中 | 1986.8—1993.7 |
| 校　长 | 兰天煜 | 1993.8—1998.7 |
| 校　长 | 刘志禄 | 1998.8—2006.7 |
| 校　长 | 朱家先 | 2006.8—2008.7 |
| 校　长 | 宋贵刚 | 2008.8—2014.7 |

## 三、中学

### 2015年银盏镇中学统计表

表14—15

| 校　名 | 起止时间 | 更迭时间 | 校名变更 | 校　址 |
|---|---|---|---|---|
| 第六中学 | 1930— | 1930—1948 | 岩脚寺学校 | 银盏村岩脚桥 |
| | | 1949—1952 | 银盏初小 | |
| | | 1953—1988 | 银盏小学 | |
| | | 1989—1992 | 雍阳中学 | |
| | | 1993—2012 | 银盏学校 | |
| | | 2013— | 第六中学 | |
| 木老坪中学 | 2014— | 1947—1952 | 国民小学 | 木老坪村 |
| | | 1953—1998 | 木老坪学校 | |
| | | 1999— | 木老坪中学 | |
| 玉华中学 | 1978—2014 | 1978—1982 | 岩根河初中补习班 | 岩根河村 |
| | | 1983—1987 | 玉华乡民办中学 | |
| | | 1988—1995 | 玉华学校 | |
| | | 1996—2014 | 玉华中学 | |
| 鱼河中学 | 1984— | 1984—1997 | 鱼河学校 | 新场村 |
| | | 1997—2013 | 鱼河中学 | |
| | | 2013— | 鱼河中学 | |

**贵州省瓮安第六中学（瓮安县思源实验学校）** 位于瓮安县经济开发区内，是瓮安县委、政府为适应义务教育基本均衡发展和城镇化建设需要，2013年11月将瓮安县银盏镇境内原有的一所九年制义务教育学校初中部和三所独立中学进行优化整合，由香港言爱基金会注入资金1000万元、政府和职能部门投资1亿多元，于2015年9月24日动工修建，2016年8月初步建设完成的一所全新的全日制初级中学寄宿制学校。学校微机室、录播室、理化生物实验室、电子备课室、美术室、音乐室、舞蹈室、技术室、图书阅览室及班班通等一应俱全，学生宿舍温馨明亮、食堂洁净整齐，风雨球场全县唯一，塑胶运动场富有现代气息。学校占地面积53607平方米，校舍建筑面积29796平方米，运动场地场馆总面积22580平方米。现有教学班28个，在校学生1148人、教职工110人、专任教师106人，学历合格率

图14-3-17　瓮安第六中学校址

100%，县级以上骨干教师17人。学校有学生食堂1栋，分上下2层，建筑面积2734.48平方米，食堂设施价值50余万元，学生就餐座位1200个。学校有多功能报告厅1个，配套设施齐全，能容纳320人。

贵州省瓮安第六中学领导班子任职一览表

表14-16

| 职　务 | 姓　名 | 任职年限 |
|---|---|---|
| 校长 | 郑小华 | 2015.9— |
| 纪检监察员 | 杨胜富 | 2015.9— |
| 副校长 | 付启贵 | 2015.9— |
| | 陈启贵 | 2015.9— |
| | 夏洪彬 | 2015.9— |
| 办公室主任 | 陈　乾 | 2015.9— |
| 办公室副主任 | 张举兰 | 2015.9— |
| 教务处主任 | 陈开祥 | 2015.9— |
| 教务处副主任 | 黄永奎 | 2015.9— |
| | 韦家平 | 2015.9— |
| 教科处主任 | 陈　亮 | 2015.9— |
| 教科处副主任 | 费光群 | 2015.9— |
| 政教处主任 | 熊兴隆 | 2015.9— |
| 政教处副主任 | 李兴明 | 2015.9— |
| | 夏锦会 | 2015.9— |
| 团委书记 | 刘　佳 | 2015.9— |
| 工会主席 | 禹　佳 | 2015.9— |

**木老坪中学**　位于原木老坪乡木老坪村（银盏镇木老坪村），距离县城20公里。始建于1947年，名为国民小学。开设小学复式教学班一至三年级，教师1人、学生70余人，租住一民房内。1948年，教师2人、学生70余人。1949年，教师4人、学生70余人，设置教导办公室。1952年，教师6人、学生80余人。1953年，县政府拨款修建砖木结构苏式教学楼1栋，建筑面积1063.02平方米，教室8间，教师9人，教学班6个，小学生100余人。是年，国民小学更名为木老坪学校，政府派校长管理学校。1954年，有学生120人。1955—1970年，有学生100余人，先后有12人担任校长。

1971年，开设初中教学班，招收初中学生100余人，教师23人。1972年，初中学生100余人、小学生160人，下设教导主任管理教学。1973年，初中学生100余人、小学生150余人。1974年，初中学生110余人、小学生160余人。1976年，初中学生110余人、小学生170余人。1977年，初中学生120余人、小学生180余人，教学质量有所提高。1978年，初中学生130余人、小学生180余人。1979年，初中学生130余人、小学生150余人。1980—1986年，初中学生150余人、小学生200余人。1987年，社会集资修建教学楼1栋，占地面积564平方米，有办公室2间、教室6间。1995年，木老坪乡教育辅导站自筹资金修建学生宿舍1栋，占地面积518.4平方米。1997年，修建砖混结构教学楼1栋，建筑面积1063.02平方米，教室18间。是年，学校开始实施“普九”工程。1998年，新建教学楼竣工投入使用。1999年，木老坪学校更名为瓮安县木老坪中学，小学部组建为独立的瓮安县木老坪小学，迁至新校区。2000年，拆掉苏式建筑教学楼，扩建操场。2001年，在“两基”“普实”验收工作中，学校把教室改造成物理实验室、生化实验室、保管室、多媒体教室各1间、微机室2间。2008年，学校申报寄宿制工程，新建学生公寓楼1栋，建筑面积1126.70平方米。2009年，修建学生食堂1栋，建筑面积327平方米，2010年投入使用，学校占地面积增至13698平方米。2011年，社会爱心人士卢继勇投入资金40万元，解决全乡学生一年营养餐问题。是年，县委、县政府拨款修建综合楼1栋，建筑面积355平方米。2012年，社会爱心人士卢继勇拿出资金6万元，帮助学校奖励教师。2011—2012年，学校与湖北襄阳三十五中校际交流，派出全部教师到湖北襄阳三十五中进行顶岗学习，三十五中将“三究四学”引入木老坪中学，指导教育教学。2012年3月，行政区划调整，木老坪乡与银盏乡合并，建银盏镇，木老坪中学由银盏镇管辖。2013年，学校派出班子成员到襄阳三十五中学习先进的管理经验，派出教导主任到华东五省市学习教育教学管理，学校行政人员到黔西学习“四在农家幸福学校”管理经验。是年，被县委授予“先进基层党组织”荣誉称号。2014年，2名教师荣获县委、县政府表彰“十佳校长”“十佳优秀教师”称号，1名教师被评为县级“骨干教师”，中考2人达700分。2015年，学校派出教师到威宁学习大课间活动。县委授予“五好基层党组织”荣誉称号。8月，教育局投资18万元资金对教学楼进行了改造，美化了校园。银盏镇政府用扶贫资金把从木老坪街上到学校的道路进行了硬化，确保师生到校不带泥土进入校园。9月，木老坪中学与木老坪小学合并为九年一贯制学校，校名为瓮安县木老坪中学，共设14个班。初中部8个班（七、八年级各3个班、九年级2个班）、初中学生326人、专任教师28人（1人特岗教师）；小学部6个班，一至六年级各1个班，学生265人、专任教师15人。14个班全部使用“班班通”教学。学校获“文明礼仪知识”抢答赛三等奖。

图14-3-18　木老坪中学校门

**木老坪中学历任校长一览表**

表14—17

| 职　务 | 姓　名 | 性　别 | 籍　贯 | 任职年限 |
|---|---|---|---|---|
| 校　长 | 李隆瑞 | 男 | 贵州瓮安 | 1953.9—1958.8 |
| 校　长 | 陈家模 | 男 | 贵州瓮安 | 1958.9—1962.8 |

续表14—17

| 职　务 | 姓　名 | 性　别 | 籍　贯 | 任职年限 |
|---|---|---|---|---|
| 校　长 | 倪忠福 | 男 | 贵州瓮安 | 1962.9—1967.8 |
| 校　长 | 廖代明 | 男 | 贵州瓮安 | 1967.9—1970.8 |
| 校　长 | 刘文斌 | 男 | 贵州瓮安 | 1970.9—1975.8 |
| 校　长 | 杨秀全 | 男 | 贵州瓮安 | 1975.9—1982.8 |
| 校　长 | 何明先 | 女 | 贵州瓮安 | 1982.9—1988.8 |
| 校　长 | 熊永富 | 男 | 贵州瓮安 | 1988.9—1989.8 |
| 校　长 | 刘毅文 | 男 | 贵州瓮安 | 1989.9—1992.8 |
| 校　长 | 曹福喜 | 男 | 贵州瓮安 | 1992.9—1994.8 |
| 校　长 | 赵水方 | 男 | 贵州瓮安 | 1994.9—1998.8 |
| 校　长 | 刘仁智 | 男 | 贵州瓮安 | 1999.9—2004.8 |
| 校　长 | 谢光辉 | 男 | 贵州瓮安 | 2004.9—2007.8 |
| 校　长 | 池光亮 | 男 | 贵州瓮安 | 2007.9—2010.8 |
| 校　长 | 陈志华 | 男 | 贵州瓮安 | 2010.9—2012.8 |
| 校　长 | 付启贵 | 男 | 贵州瓮安 | 2012.9— |
| 副校长 | 卢锡明 | 男 | 贵州瓮安 | 1998.9—2007.8 |
| 副校长 | 付启贵 | 男 | 贵州瓮安 | 2007.9—2012.8 |
| 副校长 | 张福祥 | 男 | 贵州瓮安 | 2010.9—2014.8 |
| 副校长 | 李　成 | 男 | 贵州瓮安 | 2014.9— |
| 副校长 | 陈　乾 | 男 | 贵州瓮安 | 2014.9— |

## 2006—2015年木老坪中学获奖统计表

表14—18

| 时　间 | 奖　项 | 级　别 |
|---|---|---|
| 2006 | 中考同类学校一等奖 | 州教育局 |
| 2006—2007 | 先进学校 | 县委、县政府 |
| 2007 | 中考同类学校一等奖 | 州教育局 |
| 2008 | 中考同类学校一等奖 | 州教育局 |
| 2009 | 中考五学科第一名 | 州教育局 |
| 2012.5 | 共青团90周年暨“五四”运动系列活动组织奖 | 县委、县政府 |
| 2012.9 | 教学质量先进学校一等奖 | 州教育局 |
| 2012.9 | 中职招生三等奖 | 县委、县政府 |

续表14—18

| 时　间 | 奖　项 | 级　别 |
|---|---|---|
| 2013.9 | 中职招生三等奖 | 县委、县政府 |
| 2013.6 | “文明礼仪知识”抢答赛三等奖 | 县政府 |
| 2013.7 | 先进基层党组织 | 县委党建工作领导小组 |
| 2013.9 | 文艺会演三等奖 | 县政府 |
| 2014.6 | “文明礼仪知识”抢答赛三等奖 | 县政府 |
| 2015.6 | “文明礼仪知识”抢答赛三等奖 | 县政府 |

**瓮安县鱼河中学**　鱼河中学地处瓮安县中部，距离县城17公里。有木房3栋、砖瓦房2栋、教室12间。

1984年，上级投入资金3000元，新建砖瓦房教室4间，开始初中招生。1986年，政府投入资金5万元，修建教学楼1栋，添置100余套课桌凳和少量实验器材。是年，启动“两基”工作。1990年，政府投入资金22万元，建教学楼2栋，占地面积650平方米。

1994—1996年，学校先后自筹资金10余万元，建球场、校门、围墙、保坎、硬化校园路面等校园硬件设施。

1997年8月，鱼河小学、中学分家，小学部迁出，原校址更名为鱼河中学。1998年，教师46人、学生805人，设教学班14个。12月，政府投入资金41万元（其中世行贷款13万元、教育费附加匹配28万元）建成教学楼1栋、教室16间。1998年，鱼河乡政府投入23万元、学校自筹5万元、教师集资5万元，共33万元建教师宿舍楼1栋、学生厕所1座，占地面积850平方米。2000年，学校配备实验器材，建理、化、生实验室各1间。2001年，教师49人、学生790人，教学班15个。2002年，全国“希望杯”数学竞赛、应用物理知识竞赛、初中化学竞赛5人获奖。9月，高视戴帽初中撤销后并入鱼河中学，教师47人，学生725人，设教学班14个（初一年级教学班5个、初二年级教学班5个、初三年级教学班4个）。2003年实行编制调整，分流教师6人，教师减员到41人，学生668人。2004年，“两基”验收工作合格。5月，在全县优质课评比中，学校分别获得“初中数学优质课一等奖”、“初中英语优质课三等奖”。2005年，政府投入资金42万元，修建学生宿舍1栋；政府投入资金16万元，购置远程教育设备和多媒体教学设备各1套。学校推荐参展在全国第七届世纪之星青少年书画摄影艺术成果展的学生作品中，有22幅获金奖、25幅获银奖、16幅获铜奖，学校获中国教育学会、中国教育报授予“2005年度艺术教育特色单位”称号，被县委评为“先进基层党组织”。2006年，政府投入资金10.7万元，修建学生食堂1栋，占地面积200余平方米。被州委组织部、州教育局评为“农村中小学现代远程教育工作先进学校”。2007年，教师37人（其中1人带薪创业、1人支教）、学生672人，设教学班12个（七年级、八年级、九年级各4个）。2009年获“黔南州普通初中中考教学质量三等奖”，2010年获“黔南州普通初中中考教学质量二等奖”。

2011年，有教师39人（其中1人带薪创业、3人支教）、学生587人，设教学班12个（七年级、八年级、九年级各4个）。获“黔南州普通初中中考教学质量一等奖”，获县委、县政府组织庆祝共青团90周年暨“五四运动”93周年系列活动组织奖，获“中职招生一等奖”。2013年7月行政区划调整，鱼河中学为银盏镇所辖，有教学班10个（七年级3个、八年级4个、九年级3个），学生434人、教师35人（其中1人带薪创业），服务范围总面积89平方公里。被省教育厅授予“贵州省学科教学渗透法制教育省级示范校”，被县委评为“先进基层党组织”。2014年，教师35人，其中2人支教，有本科31人、专科4人，达标率为100%。开设10个班，学生361人。7月，学校10个班安装“班班通”，教学设施设备得到改善。8月，省级课题《校园班级文化与班集体建设研究》已结题。9月，政府投入资金17.3万元，修建71米长、3.19米高的挡土墙和71米长、1.5米高的围墙。是年，获中职招生“二等奖”。

**鱼河中学校长、副校长任职一览表**

表14—19

| 职　务 | 姓　名 | 性　别 | 籍　贯 | 任职起止时间 |
|---|---|---|---|---|
| 校　长 | 杨建文 | 男 | 四川乐至 | 1997.9—1999.8 |
| 副校长（主持工作） | 刘其刚 | 男 | 贵州瓮安 | 1999.9—2002.8 |
| 副校长 | 陈启贵 | 男 | 贵州瓮安 | 2001.9—2014.8 |
| 校　长 | 杨建文 | 男 | 四川乐至 | 2002.9—2007.8 |
| 副校长 | 刘其刚 | 男 | 贵州瓮安 | 2002.9—2007.8 |
| 校　长 | 王先民 | 男 | 贵州瓮安 | 2007.9—2011.8 |
| 校　长 | 杨德元 | 男 | 贵州瓮安 | 2011.9—2014.8 |
| 副校长 | 郑小华 | 男 | 贵州瓮安 | 2013.9—2014.8 |
| 校　长 | 禹　佳 | 男 | 贵州瓮安 | 2014.9— |
| 副校长 | 兰成举 | 男 | 贵州瓮安 | 2014.9— |
| 副校长 | 夏红彬 | 男 | 贵州瓮安 | 2014.9— |

**瓮安县玉华中学**　位于瓮安县城西南部，距县城11公里。1950年成立农会办学，定名为“白岩初级小学”，校址设在白岩村白岩寨卢家的房子里，有校长1人、教导主任1人、教师6人。1955年，学校迁居到岩根河的观音阁，学生人数增多，成为一至六年级的完全小学，共7个班（五年级2个班），有学生350余人。有校长1人、主任1人、教师10人。1958年，学校集体办伙食，请有炊事员煮饭。较远的学生一律住校。1966年，学校由观音阁搬迁回到白岩卢家房子暂住，把观音阁庙子的木房拆来装修学校。1967年，木房建好，师生搬进新学校。是年共有教师10人。1971年，全校有校长1人、主任1人、教师8人。1978年9月，有2人在岩根河的一所庙宇住房办起一个初中补习班，校舍面积100余平方米，学生22人。1983年9月，初中补习班成为玉华乡政府自筹自建的一所“玉华乡民办中学”，有一个初一班，学生34人、教师2人，校舍面积554平方米，建筑面积504平方米。11月，玉华乡政府投资6万余元，修建砖木结构一楼一底教学楼504平方米，有教室6间、教师宿舍5间、厨房1间。1984年9月，新楼房完工并投入使用，有2个班（初一、初二各1班）、教师5人。1985年，有3个

班（初一、初二、初三各1班）、教师7人。

1988年9月，“玉华乡民办中学”撤销，师生归属玉华小学的戴帽初中班。1991年“撤并建”后，建立乡镇教育辅导站，初中有6个教学班，学生387人、教师12人。是年，在原玉华民中后面的田坝中征地10172平方米，由教育局投资40万元、乡政府筹资8万元修建1栋1068平方米的教学楼，有教室18间、办公室3间。1996年8月，新教学楼全部完工，初中部从玉华小学分离出来独立建校，搬迁进新校址。12月18日正式挂牌成立玉华中学。是年，考取中专1人、中师1人、高中7人。1997年夏，玉华中学历时4个月的时间将操场推平。1998年，有13个教学班，教师20人、学生728人。修建操场中的暗沟长128米、暗沟出口处7米高的堡坎1080立方米。1999年，考上高中58人、中师7人、中专22人，获全县中考成绩第三名，升学率为68%。学校自筹资金1万元，修建教学楼前4个斜面花池、主席台及旗杆。2000年，中考总成绩获全县团体总分第三名。由乡政府和学校共筹资金1.2万元，修建沿太文公路一线的围墙185米。

图14-3-19　玉华中学校址

2001年，经多方求助，筹得3.8万元、水泥1.2吨，修建玉华中学操场1180平方米，安装4个篮球架，设置直跑道100米、环形跑道200米。2002年，玉华中学自筹资金1.2万元，修建校园西南的围墙128米。2003年，修建学校绿化带外9米多高的保坎共3000多立方米，并修保坎上的围墙112米。2004年，玉华中学在县委、县政府工作检查中获“优秀学校”称号，在县教育局组织的全县小学生知识竞赛中获“三等奖”，在校务公开工作中获省教育厅、省教育工会“先进单位”称号。是年，教育局拨款1.8万元修建校门。2005年，玉华中学在县委、县政府工作检查中获“文明单位”称号。2006年，在县委、县政府工作检查中获“先进学校”“文明单位”称号。玉华中学利用国家扶贫工程款30万元修建1栋砖混结构两楼一底共600平方米的学生宿舍楼。香港企业家吴仲敏投资50万元、教育局投资30万元、玉华乡政府筹资8万元，修建吴仲敏综合教学楼600多平方米。2010年，玉华中学有图书5916册，生均图书15册。有教学班9个，学生441人。参加中考113人，考取高中81人，升学率为71.68%。总成绩均获黔南州中考成绩“三等奖”，其中语文、英语获得州中考“一等奖”，获黔南州普通中小学素质教育“先进学校”奖。

2011年，参加中考102人，考上高中80人，升学率为78.43%，总成绩在全州139所同类中学中获第10名。其中英语、物理获州中考单科成绩二等奖，语文、数学、化学获州中考单科成绩三等奖。2012年9月，玉华中学获县中职教育招生工作“三等奖”。2013年，玉华中学有9个教学班，有教师27人。中考700分以上1人、600分以上11人。

2014年，玉华中小学、幼儿园又合并为九年一贯制学校，定名“玉华学校”。小学部分有6个教学班，教职员工15人、学生228人。中学部分有6个教学班，教师43人、学生304人。全校教师本科学历达28人、中学高级教师6人（其中认定的有3人）、中学一级教师7人、二级教师8人、见习2人。2015年，学校有现代化教学设备多媒体教室、网络教室、图书室、阅览室、校园之声广播室，有教师房18间、学生宿舍21间、学生床550张，住校生317人。有教职工25人，其中高级教师1人、中学一级教师8人、中学二级教师16人，分配新生1人。省级骨干教师1人、县级优秀教师2人、优秀班主任2人、县级骨干教师6人、教学能手1人、学科带头人4名、县级以上优秀教师5名，党员7名，取得本科学历的19人。6月，学校出现地质安全隐患，中学部分全部搬迁到渡江小学上课，小学部分搬迁回原小学。

**玉华中学校长、副校长任职一览表**

表14—20

| 学校名称 | 职　务 | 姓　名 | 性　别 | 籍　贯 | 任职起止时间 |
|---|---|---|---|---|---|
| 玉华民中 | 校　长 | 陈华兵 | 男 | 贵州瓮安 | 1978.9—1983.8 |
| | 名誉校长 | 何知林 | 男 | 贵州瓮安 | 1983.9—1985.8 |
| | 校　长 | 兰才伟 | 男 | 贵州瓮安 | 1985.9—1988.8 |
| 玉华中学 | 校　长 | 蒋成华 | 男 | 贵州瓮安 | 1988.9—2007.8 |
| | 副校长 | 沈远新 | 男 | 贵州瓮安 | 2002.9—2007.8 |
| | 校　长 | 陈　宁 | 男 | 贵州瓮安 | 2007.9—2008.8 |
| | 副校长 | 王维权 | 男 | 贵州瓮安 | 2007.9—2008.8 |
| | 副校长（主持工作） | 王维权 | 男 | 贵州瓮安 | 2008.9—2009.8 |
| | 校　长 | 李　旭 | 男 | 贵州瓮安 | 2009.9—2010.5 |
| | 副校长 | 陈发举 | 男 | 贵州瓮安 | 2009.9—2010.5 |
| | 副校长（主持工作） | 陈发举 | 男 | 贵州瓮安 | 2010.5—2011.8 |
| | 校　长 | 杨胜富 | 男 | 贵州瓮安 | 2011.9—2014.8 |
| | 副校长 | 张　梅 | 男 | 贵州瓮安 | 2011.9—2014.8 |
| | 副校长 | 陈发举 | 男 | 贵州瓮安 | 2011.9—2014.9 |
| 玉华学校 | 校　长 | 陈启贵 | 男 | 贵州瓮安 | 2014.9— |
| | 副校长 | 陈　亮 | 男 | 贵州瓮安 | 2014.9— |
| | 副校长 | 陈发举 | 男 | 贵州瓮安 | 2014.9— |

# 第三节　各类教育

## 一、幼儿教育

1958年“大跃进”运动中，农村公社均办幼儿园（班）。1965年，公社幼儿班撤销。1978年，各区所在地小学开办幼儿班，其他部门和集体单位又办起幼儿园（班），多为学前班。1979年，始有个体户办幼儿班。1990年，大部分小校均附设学前班。1993年创办银盏中心完全小学附属幼儿园。2011年9月，始建瓮安县鱼河幼儿园，2013年更名为银盏镇鱼河幼儿园。2014年竣工入驻的瓮安县第二幼儿园，建筑面积3960.5平方米，是一所全日制公办县级幼儿园。2010—2015年，境内有小博士幼儿园等9所私立幼儿园。

**1997—2015年银盏镇幼儿园在校学生统计表**

表14—21

| 年　份 | 班　级（个） | 在校生（人） | 新招生（人） |
|---|---|---|---|
| 1997 | 7 | 248 | 82 |
| 1998 | 7 | 252 | 85 |
| 1999 | 7 | 271 | 96 |
| 2000 | 7 | 273 | 98 |
| 2001 | 7 | 276 | 106 |
| 2002 | 7 | 284 | 102 |
| 2003 | 7 | 290 | 108 |
| 2004 | 7 | 285 | 110 |
| 2005 | 7 | 287 | 108 |
| 2006 | 7 | 296 | 112 |
| 2007 | 8 | 318 | 132 |
| 2008 | 8 | 321 | 142 |
| 2009 | 8 | 326 | 144 |
| 2010 | 8 | 336 | 154 |
| 2011 | 9 | 368 | 169 |
| 2012 | 12 | 486 | 186 |
| 2013 | 16 | 624 | 210 |
| 2014 | 14 | 532 | 196 |
| 2015 | 15 | 586 | 202 |

## 二、小学教育

民国19年（1930年），银盏小坡袁姓乡绅赞助修建“银水寺”官学，校址在银水寺寺庙，后迁址于人口较为集中的银盏村（今瓮安县第六中学）“岩脚桥寺”，改名为“岩脚寺”学校。“岩脚寺”由当时有名的佛家弟子善和尚化缘修建而成，庙宇规模较大。

民国6年（1917年），创办红灯堡小学。民国24年（1936年），创办大寨坪小学。

民国38年（1949年），境内有银盏、飞练、穿洞、白岩、鱼河、木老坪、红灯堡7所小学。

解放初期，学校处于接管和恢复阶段，教育事业百废待兴。境内有乡村完小1所（木老坪），其余为乡村初小。1949年12月11日，瓮安解放后，“岩脚寺学校”更名为“银盏初小”，第一任校长柴廷藩，当时的在校小学生只有20余人，教师仅3人，规模较小。1953年由瓮安县人民政府正式定名为“银盏小学”，学生仍然为小学学生，共有学生247人、教师4人，以后学生、教师逐年增多。1953年，部分公办小学转为民办，冬学转为民办小学。1956年，银盏有公办小学2所，学生567人、教师14人。是年，提倡大办民校，再由民办过渡到农业合作社办，形成民办与公办两条腿走路的格局。1958年“大跃进”中，掀起以普及小学教育为中心群众办学运动，同时，贯彻“勤俭办学”精神，将学校教育经费的50%改为由群众负担。1958年3月27日，县文卫党组向县政府提出公办转为民办的报告，银盏完小、飞练完小、新华完小等10所公办学校转为民办学校。1959年3月，银盏公办小学7个班，初小学生251人、高小学生98人、教职工9人。1963年，国民经济好转，教育工作日趋正常。1966年“文化大革命”开始后，部分学校校长、教师被揪斗，教学瘫痪。1978年8月，学校把政治思想教育纳入学校德育教育内容，对学生进行《小学生守则》《小学生日常行为规范》、“五爱”等教育。1979年，为了贯彻“调整、改革、整顿、提高”八字方针，学校把工作重心放到“提高教育教学质量”上来，校长宋月基带领28位教师办起10个小学班（五年制小学，每年级两个班），小学生入学560余人，6个初中“戴帽班”，招收学生300余人（3个年级，每级2个班），同时管辖红灯堡、银虹、大林、大园4个民校的教育教学工作。1982年银盏小学在雍阳区学办的指导下，普及“五年制小学”教育，继续稳定初中“戴帽班”的教育教学工作。1983年5月，校长宋月基退休，8月陈文举接任银盏小学校长职务，学校恢复六年制小学制，小学生入学人数从560多人增加到680多人。1987年12月，黔南州验收组认定银盏学校为“基本实现普及初等教育”合格学校。1989年8月，银盏小学初中部（戴帽班）按瓮安县人民政府〔1988〕59号文件精神，改建成“雍阳中学”，实行两块牌子，一套班子管理。1990年，现时境内有银盏、飞练、玉华、新华、大寨坪、鱼河、两岔河、木老坪8所公办小学，大园、大林、尖山、穿洞、白溪、白岩、岩根河、牛宫、红灯堡、黔川、新场、干塘、高松、新寨、华严15所民办学校，瓮安磷矿、新华磷肥厂小学等2所部门办小学。1991年，全县开始“撤并建”工作，银盏建乡，建乡后在银盏小学设立“银盏乡教育辅导站”，陈文举任辅导站站长兼银盏小学校长。辅导站负责管理辖区飞练、银虹、尖山、穿洞、大林、大园、红灯民校的教育教学工作，共有小学教学班56个，小学学生2860人，雍阳初中班15个，初中学生900多人。1993年8月，陈文举辞去小学校长职务，由闵明礼从天文小学调到银盏小学担任校长，“雍阳中学”和“银盏小学”正式合并，名称“银盏学校”。自1993年开始，闵明礼校长重点进行硬件设施建设，营造校园文化氛围，被誉为“花园式”学校。1995年，银盏学校实施普及九年义务教育，学生入学免交学费，逐步减轻学生入学负担。1996年8月，郑义调任银盏乡教育辅导站站长，推动“两基”工作，小学各年级均开设双班，小学学生600人以上；初中一至三年级开设双班，共6个班，初中900多人。1997年12月，银盏学校“两基”工作通过省级验收过关。1998年8月，闵明礼调瓮安职中工作，杨德元调任银盏学校校长。1999年8月，郑义调瓮安中学工作，杨德元升任银盏乡教育辅导站站长，杨胜禄主持银盏学校工作，确定以“主抓教育教学质量”为核心的教学理念。2000年，银盏学校开展“实验教学”，将新教学楼专用作初中教学楼，原来的小学教学楼用作实验楼，原来的初中教学楼用作小学教学楼。同年12月，贵州省挂牌授予银盏学校“普及小学实验省级示范学校”称号。2001年，小学一至六年级均开设两班，学生人数650人，初中学生人数550人。2002年3月，曾理调任银盏学校副校长，主持银盏学校工作。12月，全县撤销乡镇辅导站，全乡的教育教学工作由银盏学校管理。2003年，小学均开设两班，学生人数700人左右，初中学生人数950人左右。8月底，瓮安县实施教学人员定岗定编，银盏学校核编分流到各乡镇的教师28人。2004年8月，杨德元调平定营中学工作，曾理提任银盏学校校长。2005年7月，建“多媒体”网络教室3个。9月，夏光辉任银盏学校校长。2008年，由宁波荣誉市民朱英龙先生赞助10万元、县自筹29万元，修建780平方米的两楼一底学生宿舍楼1栋。2009年8月，夏光辉调三小工作，杨胜富副校长主持学校工作，完成“两基”迎国检验收。2011年8月，杨胜富调玉华中学工作，高付全任银盏学校校长。完成学生食堂的修建、教学楼的美化、文化墙的美化、护栏的修建等硬件设施。2012年3月，行政区划调整，建立银盏镇，有小学12所。2012年12月，省教育厅给学校配置16座的校车1辆。2013年6月，第二次行政区划调整，鱼河小学、玉华小学、黔川小学、牛宫小学、岩根河小学、白溪小学划归银盏镇，同时购置30台学生电脑。2014年3月，修建渡江小学，飞练、尖山、大寨坪、穿洞等小学撤并到渡江小学。2014年9月，学校“班班通”正式投入使用，真正达到无粉笔教学。中、小学生人数每年递增200人左右。2015年4月，已完成新学校—瓮安县思源学校的选址、地勘等工作。

**学制** 私塾小学无统一规定，是根据学生家长、私塾先生的教学进程和学生实际学习情况自行决定。

小学堂民国时期境内只有2所学堂（岩脚寺、红灯堡），后改为小学，实行春秋两季招生，初级小学为4年，高级小学为3年。民国11年（1922年）改为“四·二制”，即初小4年，高小2年。解放后，学制沿旧。1970年，全县小学均实行“五年一贯制”。1983年银盏小学恢复六年制。

1978年在小学教育的基础上，开始开设初中“戴帽班”，初中实行的是三年学制。

**课程** 清末，初等小学堂开设修身、读经、国文、算术、图画、习字、体操等；高等小学堂增设历史、地理、格致（理化）。民国初年，初等小学校设修身、国文、算术、手工、图画、唱歌、体操、缝纫等；高等小学校增设中国历史、中国地理、农业、商业、英语等。民国15年（1926年），初等小学校增设珠算、常识、书法等，减少修身、缝纫；高等小学校增设自然、劳作、书法等，减少修身、手工、缝纫、农业、商业、英语，后设公民。20世纪40年代，初级小学设国语、写字、算术、珠算、常识、唱歌、美术、劳作等；高级小学设国语、作文、书法、算术、珠算、历史、地理、自然、体育、美术、劳作、音乐、公民等。解放后，初级小学设语文、算术、珠算、常识、唱歌、图画、体育、劳作；高级小学设语文、算术、珠算、历史、地理、自然等。20世纪70年代增设政治常识、农业基础知识。20世纪80年代，增设思想品德、劳动，算术改为数学，图画改为美术，唱歌改为音乐，自然、常识合为自然常识。

**考试** 民国初期，有月终、期终和毕业考试，由任课教师命题、监考。解放后有半期、期终考试，由学校自行命题。1985年以后，从一年级到六年级的期终考试均实行统考，由县或各区、镇统一命题，统一改卷，排列名次，衡量教学优劣。

### 1997—2015年银盏镇小学生统计表

表14—22

| 年　份 | 班　级（个） | 在校生（人） | 新招生（人） | 毕业生（人） |
|---|---|---|---|---|
| 1997 | 40 | 1408 | 196 | 212 |
| 1998 | 41 | 1738 | 202 | 219 |
| 1999 | 41 | 1434 | 219 | 228 |
| 2000 | 44 | 1456 | 220 | 230 |
| 2001 | 44 | 1479 | 232 | 258 |
| 2002 | 44 | 1485 | 228 | 242 |
| 2003 | 44 | 1493 | 221 | 236 |
| 2004 | 47 | 1572 | 252 | 243 |
| 2005 | 47 | 1578 | 249 | 256 |
| 2006 | 47 | 1648 | 258 | 247 |
| 2007 | 48 | 1643 | 276 | 289 |
| 2008 | 48 | 1651 | 277 | 298 |
| 2009 | 48 | 1596 | 269 | 294 |
| 2010 | 48 | 1513 | 276 | 274 |
| 2011 | 47 | 1474 | 242 | 233 |
| 2012 | 65 | 2177 | 369 | 381 |
| 2013 | 93 | 3093 | 509 | 538 |
| 2014 | 77 | 2734 | 453 | 482 |
| 2015 | 79 | 2751 | 464 | 475 |

## 三、中学教育

1953年，位于木老坪村的国民小学更名为木老坪学校。1971年，开设初中教学班，招收初中学生100余人、教师23人。1980—1986年，初中学生150余人。1997年，学校开始实施“普九”工程。1999年，木老坪学校更名为瓮安县木老坪中学，小学部组建为独立的瓮安县木老坪小学，迁至新校区。2012年3月，行政区划调整，木老坪乡与银盏乡合并，建银盏镇，木老坪中学由银盏镇管辖。

1978年9月，白岩小学2名教师在岩根河的一所庙宇住房办起一个初中补习班，校舍面积100余平方米，学生22人。1983年9月，初中补习班成为玉华乡政府自筹自建的一所“玉华乡民办中学”，有一个初一班，学生34人、教师2人，校舍面积554平方米，建筑面积504平方米。1988年9月，“玉华乡民办中学”撤销，师生归属玉华小学为戴帽初中班。1992年，在原玉华民中后面的田坝中征地

10172平方米，由教育局投资40万元、乡政府筹资8万元修建1栋1068平方米的教学楼，有教室18间、办公室3间。1996年8月，新教学楼全部完工，初中部从玉华小学分离出来独立建校，搬迁进新校址，正式挂牌成立玉华中学。2014年，玉华中小学又合并为九年一贯制学校，定名“玉华学校”。中学部分有6个教学班，教师43人、学生304人。

1984年，鱼河小学成立并开始初中招生。1997年8月，鱼河小学、中学分家，小学部迁出，原校址更名为鱼河中学。2002年9月，高枧戴帽初中撤销后并入鱼河中学，教师47人、学生725人，设教学班14个。2013年7月行政区划调整，鱼河中学为银盏镇所辖，有教学班10个（七年级3个、八年级4个、九年级3个），学生434人、教师35人（其中1人带薪创业），服务范围总面积89平方公里。

1989年8月，银盏小学初中部（戴帽班）按瓮安县人民政府〔1988〕59号文件精神，改建成“雍阳中学”。1993年8月，将“雍阳中学”和“银盏小学”合并为“银盏学校”。2013年11月，经县人民政府批准“银盏学校”更名为“贵州省瓮安第六中学”。

**学制**　民国时期，初中、高中均为三年。解放后，沿用旧制。1960年，一度实行“三・二”制。1961年以后，恢复“三・三”制。“文化大革命”中，在“学制要缩短”的口号下，初中、高中学制改为“二・二”制。1972年，初中陆续恢复三年制。1981年以后，高中陆续恢复三年制。

**课程**　解放前，设公民、国文、英语、代数、几何、三角（高中）、物理、化学、生物（初中为动物、植物、卫生）、历史、地理、习字（初中）、音乐、美术、劳作、体育、童训（初中）、军训（高中）等。解放后，设政治、语文、数学（代数、几何、三角）、物理、化学、生物（动物、植物）、历史、地理、外语、体育、音乐、美术（初中）等。1958年“大跃进”中，增设农业基础知识。“文化大革命”中，课程变动较大，主要课程为：毛泽东思想教育（《为人民服务》《愚公移山》《纪念白求恩》和《毛主席语录》）、语文、工业基础知识、农业基础知识、革命文艺（京剧样板戏）、史地讲座（儒法斗争、批林批孔）、体育等。1978年以后，基本上恢复“文化大革命”前的课程。

**考试**　民国时期，有月、期中和期末考试制度。1950—1953年基本上沿用旧制度。1954—1965年，考试方法逐渐繁多，在“强化训练”下，除期中、期末考试外，还有单元测试、阶段考试、抽查考试、开卷考试（带有试验性）。有的教师还搞“突然袭击”（事前不通知，进教室方宣布考试）。“文化大革命”中，则取消考试和升留级制度。学生成绩以政治表现为主，升学用推荐方法，教育质量急剧下降。1976年以后，恢复考试和升留级制度。1977年恢复高考制度后，各级学校都把教学质量放在首位。1980年以后，以升学率高低衡量学校和教师的工作优劣，因此出现片面追求升学率现象，除教师反复考试外，还有学校及教育部门的统考。1988年以后，改为全州统考，统一命题，统一评卷。至今频繁的补课、考试现象有增无减。

### 四、职业和成人教育

银盏的成人教育包括两方面：①扫盲工作。1957—1958学年度农民业余文化学习入学任务银盏415人，常年学习210人，毕业58人；飞练入学任务298人，常年学习124人，毕业35人。通过扫盲，机关干部、厂矿职工必须认会2000个常用字，农民和手工业合作社员必须认会1500个常用字，通读通俗书报，会写简单的书信、条据，能记工分。“文化大革命”期间，扫盲工作停止，直到中共十一届三中全会后，才重新兴起扫盲。乡（镇）校长实行“一长任二校”，教师实行“一师任二教”，白天上日校，晚上上夜校。银盏小学于1981—1985年以村为单位创办青壮年成人识字班5个，参加学习的学员每期200多人，每年由雍阳区学办督促验收。1985年8月，经瓮安县人民政府验收授予“基本无盲单位”合格证。1993年8月，经瓮安县人民政府复查验收，获“高标准扫除青少年文盲”合格证。1994年，县教育局下达银盏乡扫盲任务80人，1996年为25人。2003—2008年，主要开展三方面的工作，一是巩固扫盲成果；二是做好扫盲和扫盲后的继续教育工作；三是做好少数民族地区扫盲工作。2009年以后，银盏乡先后获得中央扫盲补助专项经费2万元。2012年以后，中央、省和州停止下达扫盲任务，工作重心转移到加强脱盲学员后的巩固提高工作。到2015年，以县为单位逐步实现教育初步均衡发展。②成人教育。1951年，重点试行举办农民夜校。1955年，银盏举办农民业余文化教育4班200人，教师4人。农民业余教育主要通过农民业余学校进行，分初小班、高小班、初中班，教师由当地小学教师和干部兼任。职工业余教育在1951—1959年期间主要通过开办干部业余文化补习学校，分初小、高小、初一、初二4个班上课，由专兼职老师进行。1962年3月，开办职工夜校，分高小、初中2个教学班授课，多采取聘请教师上课的形式进行。单位干部职工和社会青年的学历提升则通过中央电视大学班、省电大、瓮安电大班、高等教育自学考试、中央农业广播电视学校瓮安分校、瓮安中等师范函授站等渠道实现。

1978—1989年，7区1镇建有农民文化技术学校。1991年撤区并乡建镇，银盏乡建立成人文化技术学校中心，各村建有农民文化技术学校，初级中学挂上“绿证培训基地”“初级职业中学”的牌子。凡属初中应往届毕业生，中考后经2～4周的农职技术培训，并获结业证后方可录取。1995年，农村成人教育把工作重点转向农村实用技术的培训，银盏学校重点加强初中毕业学生的实用技术培训。1996年9月，学校征用小学教学楼河对岸的土地作为“农基地”，给学生培训“天麻、葡萄、玉米、板蓝根”等种植实用技术。1999年10月，每年用150公斤大米租用宋家坝“五保户”廖某某的责任田，用作“水稻”实验基地，给学生培训农业技术知识。1992—2005年，曾经在成人文化学校培训的学员钟锋学利用所学的实用技术知识办起“食用菌”的栽培和“碎石加工厂”，成了银盏村有名的致富能手。2011年，通过省、州评估验收，银盏乡等12个乡镇达到省级成人文化技术学校标准。2012—2015年，相继开展劳动者技能就业培训，涉及电工、焊工、计算机操作、缝纫工、家政服务等实用技术。

**瓮安县中等职业学校** 1986年9月，经县人民政府批准成立，校址位于文峰北路，占地面积42亩，校舍及附属设施2951平方米，其中教学用房1000平方米、宿舍1480平方米、食堂145平方米、食用菌房、卫生室、兽医门诊、饲养房、预制场等326平方米，首期招收财会专业1个班，学生52人。1989年第一届毕业42人，其中有非农业户口毕业生20人，被安排到财贸、林业、电力、教育等部门工作。同年招收财会专业1个班。1990年招收财会、文书、兽医专业各1个班，学制均为三年，有教学班4个，学生237人、教职工34人，其中中教一级教师4人、二级教师5人、三级教师4人、专业教师10人（含聘请教师）。2003年县政府争取资本置换方式将职校搬迁到县城南面（客车站对面）。2012年3月立项整体迁建位于贵州省瓮安经济开发区帽合山马场处，校园占地面积373亩，建筑面积8.3万平方米，投资总额2.5亿元。2013年9月建成使用，全校共开设5个大类19个主干专业，有教职工205人，其中专任教师177人。专任教师中理论课教师本科以上学历占100%。中、高级职称占专任教师的54%，“双师型”教师占60.5%，聘用各类专业教师41人。在校学生5656人。学校设施设备齐全，有综合楼、教学楼、学生宿舍、实训楼、学生食堂、教师周转房18栋，计算机800多台，有计算机维修室2间、计算机网络实训室1间、平面广告制作室1间，59间多媒体教室，透明模拟实训室1间、车床、铣床、数控车床、数控铣床、钻床、加工中心等91台（个），有焊接实训室1间、钳工实训室2间、P1C编程实训室1间、汽车运用与维修实训室4间、电工实训室、电子实训室2间、家电维修实训室1间，钢琴实训室、电子琴实训室4间、舞蹈训练室2间，有模拟客房、模拟餐厅各1间、平车实训室、服装制图室、服装展览室，各类实训设施设备齐全、先进。

学校实行订单招生，学生入学即可选择专业，签订就业协议。学校强化学生专业技能的训练，毕业时可以考取“双证书”，即毕业证和全国通行的相关专业技能证书。学校重视校企合作，与中德诺浩教育投资有限公司、贵州金正大生态工程有限公司、贵州芭田生态工程有限公司、上海天马微电子有限公司、浙江优特轴承、东莞友智金属制品有限公司、江苏华艺服装有限公司、瓮安华雄磷业有限公司、瓮安东方管道有限公司等30多家企业建立联合办学协议或校企合作协议。毕业生对口率达90%，就业率达99%。近年来，获得国家级技能大赛二等奖2人、优秀奖1人，国家级才艺展示金奖1个、银奖2个、铜奖1个，省级一等奖14个、二等奖28个、三等奖68个，州级一等奖19个、二等奖24个、三等奖21个。获国家级优秀指导教师2人、省级优秀指导教师60人。2005年被评为“贵州省省级重点职业学校”。2009年被评为“国家级重点职业学校”。2010年9月被确定为“贵州省国家第58职业技能鉴定所”“贵州省电子行业特有工种职业技能鉴定站”，10月被评为“国家级示范职业学校”创建单位。2013年被评为“贵州省省级示范职业学校”。2015年，被省工会授予“模范职工之家”称号，成功创建省级中职示范校，成为“全国中等职业学校第二批示范校创建单位”。

**2009—2015年瓮安职校学生技能大赛获奖统计表**

表14-23

| 年　份 | 奖　次 | 获奖等级 | 竞赛工种 |
| --- | --- | --- | --- |
| 2010 | 二等奖1人 | 国家级 | 工业产品设计CAD |
| 2011 | 金奖1个 | 国家级 | 才艺成果展示“水族马尾绣” |
| | 银奖2个 | | 才艺成果展示“苗族银器制作”、舞蹈《苗家欢》 |
| | 铜奖1个 | | 舞蹈《锦鸡姑娘》 |
| | 优秀奖 | | 工业产品设计CAD |
| | 优秀奖 | | 车工 |
| 2012 | 三等奖 | 国家级 | 艺术插花 |
| 2009 | 三等奖9人<br>优秀奖5人 | 省级 | 动画制作、钳工、车工 |
| | 团体三等奖3个 | | 企业网络搭建及应用、网络综合布线技术、园区互联网及网站建设 |
| 2010 | 一等奖2人 | 省级 | 工业产品设计CAD |
| | 二等奖5人 | | 计算机网络综合布线技术、装配钳工、车工、电子产品装配及调试 |
| | 三等奖6人 | | 工业产品设计CAD、数字影视后期制作、装配钳工、车工、机电一体化设备组装与调试 |

续表14-23

| 年　份 | 奖　次 | 获奖等级 | 竞赛工种 |
|---|---|---|---|
| 2011 | 一等奖3人 | 省级 | 建筑设计CAD、工业产品设计CAD、车工 |
| | 二等奖6人 | | 建筑设计CAD、工业产品设计CAD、电子产品装配、电子商务、数字影视后期制作 |
| | 三等奖11人 | | 建筑设计CAD、工业产品设计CAD、数控车工、车工、焊工、电子商务、数字影视后期制作、企业网络搭建及应用 |
| 2012 | 一等奖8人 | 省级 | 艺术插花、电子产品装配与调试、电子商务、计算机辅助设计（建筑CAD）、数控车工、种子质量检测 |
| | 二等奖8人 | | 企业网搭建与应用、计算机辅助设计（工业产品CAD）、计算机硬件检测与维修、汽车运用与维修基本技能、车工 |
| | 三等奖28人 | | 网络综合布线、计算机辅助设计（建筑CAD）、数字影音后期制作、机电一体化设备组装与调试、车身修复（钣金）、汽车空调维修、数控车工、数控铣工、焊工、车工、英语口语、种子质量检测 |
| 2013 | 一等奖1人 | 省级 | 数控铣 |
| | 二等奖9人 | | 绿篱修剪、数控车、钳工、焊工、工业产品设计CAD、综合布线、电子商务、网络搭建 |
| | 三等奖13人 | | 模具制造技术、网络搭建、影视后期制作、组装与维护、车身修复、艺术插花、种子质量检测、英语口语 |
| 2014 | 二等奖11人 | 省级 | 数控车加工、车工技术、艺术插花、电子产品装配与调试、种子质量检测、服装工艺、网络布线、动漫 |
| | 三等奖14人 | | 数控铣加工技术、数控综合加工、车工技术、装配钳工、户式中央空调安装及调试、汽车二级维护、服装设计与制作、服装工艺 |
| 2015 | 一等奖5人 | 省级 | 车工、动画片制作、植物园林修剪、机电一体化设备安装与调试 |
| | 二等奖5人 | | 钳工、动画片制作、车身涂装、服装工艺、种子质量检测 |
| | 三等奖10人 | | 制冷与空调设备的安装与调试、电气安装与维修、数控车、种子质量检测、艺术插花、汽车故障诊断与排除 |
| 2009 | 一等奖2人 | 州级 | 计算机操作、电子装配与调试 |
| | 三等奖1人 | | 计算机操作 |
| | 鼓励奖2人 | | 数控车床 |
| 2010 | 一等奖2人 | 州级 | 计算机操作、电子装配与调试 |
| | 三等奖3人 | | 九三级操作 |
| 2011 | 一等奖5人 | 州级 | 电子产品装配与调试、数控车工、数控铣工、焊工、车工 |
| | 二等奖6人 | | 计算机操作员、电子产品装配与调试、数控车工、数控铣工、焊工、车工 |
| | 三等奖8人 | | 中式铺床、计算机操作员、电子产品装配与调试、数控车工、焊工、车工、钳工 |
| 2012 | 一等奖1人 | 州级 | 车工 |
| | 二等奖5人 | | 中式铺床、计算机辅助设计（建筑CAD）、文艺汇演 |
| | 三等奖7人 | | 中式铺床、计算机辅助设计（建筑CAD）、企业网络搭建 |
| | 优秀奖2人 | | 数字影音后期制作 |

续表14-23

| 年　份 | 奖　次 | 获奖等级 | 竞赛工种 |
| --- | --- | --- | --- |
| 2013 | 一等奖11人 | 州级 | 英语口语、焊工、车工、网络搭建、综合布线、影视后期制作、flash动画制作、计算机辅助设计（CAD）、绿篱修剪、机电一体化设备组装与调试 |
| | 二等奖12人 | | 网络搭建、综合布线、影视后期制作、flash动画制作、计算机辅助设计（CAD）、艺术插花、绿篱修剪、机电一体化设备组装与调试、组装与维护、数控车工、制冷与空调设备组装与调试 |
| | 三等奖2人 | | 数控车工、装配钳工 |
| 2014 | 一等奖23人 | 州级 | 车工技术、机械装配、数控车加工、数控铣加工、数控综合技术、装配钳工、电子产品装配与调试、户式中央空调安装及调试、汽车二级维护及四轮定位、艺术插花、园林植物修剪、服装工艺、网络布线、网络搭建及应用、动漫 |
| | 二等奖13人 | 州级 | 数控车加工、数控铣加工、电机装配与运行检测、客房中式铺床、园林植物修剪、服装设计、玩教具设计与制作、计算机硬件检测与维修、动漫 |
| | 三等奖10人 | 州级 | 车工技术、装配钳工、汽车维修基本技能、汽车空调维修、中餐宴会摆台、种子质量检测、玩教具设计制作、服装工艺、服装设计、建筑CAD |
| 2015 | 一等奖11人 | 州级 | 数控铣、车工、钳工、单片机控制安装与调试、汽车营销、植物园林修剪、服装工艺、工业产品CAD、动画片制作、影视后期制作技术 |
| | 二等奖24人 | | 数控铣、数控车、钳工、焊工、电气安装与维修、制冷与空调组装与调试、通用电机设备安装与维护、车身修复、车身涂装、定期维护与车轮定位、中餐宴会摆台、客房服务、导游、园林植物修剪 |
| | 三等奖19人 | | 数控车工、车工、机电一体化设备组装与调试、工业产品CAD、数字影音后期制作技术、艺术插花、茶叶制作、职业英语技能、车身涂装（涂漆）、汽车营销、玩教具设计与制作、中餐宴会摆台、导游（普通话）、服装设计、服装工艺、建筑CAD、计算机网络应用 |

## 1986—2015年度瓮安县中等职业学校学生人数统计表

表14—24　　　　单位：人

| 年　份 | 学生数 | 年　份 | 学生数 | | 年　份 | 学生数 | |
| --- | --- | --- | --- | --- | --- | --- | --- |
| | 职中 | | 职中 | 初中 | | 职中 | 初中 |
| 1986 | 52 | 1996 | 825 | — | 2006 | 2009 | 1514 |
| 1987 | 45 | 1997 | 641 | — | 2007 | 2660 | 1248 |
| 1988 | 42 | 1998 | 228 | — | 2008 | 3115 | — |
| 1989 | 77 | 1999 | 125 | 114 | 2009 | 3275 | — |
| 1990 | 227 | 2000 | 29 | 226 | 2010 | 4082 | — |
| 1991 | 356 | 2001 | 350 | 338 | 2011 | 4093 | — |
| 1992 | 363 | 2002 | 583 | 560 | 2012 | 5024 | — |
| 1993 | 287 | 2003 | 659 | 1121 | 2013 | 5108 | — |

续表14-24

| 年　份 | 学生数 | 年　份 | 学生数 | | 年　份 | 学生数 | |
|---|---|---|---|---|---|---|---|
| | 职中 | | 职中 | 初中 | | 职中 | 初中 |
| 1994 | 487 | 2004 | 945 | 1709 | 2014 | 5184 | — |
| 1995 | 669 | 2005 | 1277 | 1691 | 2015 | 5196 | — |

## 1986—2015年瓮安县中等职业学校校长、副校长、支部书记任职一览表

表14—25

| 职　务 | 姓　名 | 性　别 | 任职时间 |
|---|---|---|---|
| 校长、支书 | 杨文明 | 男 | 1986—2011 |
| 校长、支书 | 陈清涛 | 男 | 2001— |
| 副校长 | 唐怀荣 | 男 | 1993—2006 |
| 副校长 | 曹洪学 | 男 | 1993—1999 |
| 副校长 | 吴定龙 | 男 | 2007—2010 |
| 副校长 | 谢建明 | 男 | 2008—2012 |
| 副校长 | 陈　松 | 男 | 2009—2014 |
| 副校长 | 徐　燕 | 女 | 2012—2014 |
| 副校长 | 郭小兵 | 男 | 2014— |

## 1990—2015年瓮安县中等职业学校股级、副股级干部一览表

表14—26

| 职　务 | 姓　名 | 性　别 | 任职时间 | 籍　贯 |
|---|---|---|---|---|
| 教导主任 | 唐怀荣 | 男 | 1990—1993 | 贵州瓮安 |
| 教导主任 | 曾国祥 | 男 | 1993—1998 | 湖南平江 |
| 政教主任 | 曾国祥 | 男 | 1999—2007 | 湖南平江 |
| 教导主任 | 雷兆明 | 男 | 1999—2006 | 贵州瓮安 |
| 教导主任 | 谢建明 | 男 | 2006—2007 | 贵州瓮安 |
| 办公室主任 | 闵明礼 | 男 | 1999—2014 | 贵州瓮安 |
| 政教主任 | 吴定龙 | 男 | 2004—2006 | 贵州瓮安 |
| 校长助理 | 吴定龙 | 男 | 2005—2006 | 贵州瓮安 |
| 团委书记 | 王远军 | 男 | 1997—2003 | 贵州瓮安 |
| 后勤主任 | 王远军 | 男 | 2004— | 贵州瓮安 |
| 团委书记 | 田　川 | 男 | 1992—1996 | 贵州瓮安 |
| 团委书记 | 王小海 | 男 | 2004—2008 | 贵州瓮安 |

续表14-26

| 职 务 | 姓 名 | 性 别 | 任职时间 | 籍 贯 |
|---|---|---|---|---|
| 团委书记 | 罗 斌 | 男 | 2009— | 贵州瓮安 |
| 招就办主任 | 郭小兵 | 男 | 2007—2008 | 贵州瓮安 |
| 教导主任 | 郭小兵 | 男 | 2008—2013 | 贵州瓮安 |
| 政教主任 | 方能恩 | 男 | 2008—2010 | 贵州瓮安 |
| 教导处副主任 | 田维东 | 男 | 2008— | 贵州瓮安 |
| 招就办主任 | 姚茂周 | 男 | 2009— | 贵州瓮安 |
| 教导主任 | 张应洪 | 男 | 2014— | 贵州瓮安 |
| 政教主任 | 张应洪 | 男 | 2010—2014 | 贵州瓮安 |

图14-3-20 瓮安职校缝纫培训班教室

图14-3-21 瓮安职校学生课间操活动

图14-3-22 瓮安职校车床工艺教室一角

**瓮安县林业中学** 1958年9月开办于西坡林场内，先后招生两班，有学生86人、教职工4人，1966年停办。

**瓮安县畜牧业中学** 1958年9月开班，校址原在青山农场，1960年9月迁到羊子坪农场，1961年3月迁到西坡并入林业中学。有学生55人、教师3人，1961年8月停办。

**瓮安县工交学校** 又称工业中学，1958年9月开办。校址原在银盏银水寺，后迁到县城西门外。有冶金、化工、交通3个班，学生144人、教师4人，20世纪60年代停办。

**新华农中** 1963年，新办新华农中，课程除选用普通中学教材外，加开会计常识、果树栽培、蔬菜管理、烤烟移栽等专业课。1968年停办。

### 五、特色教育

银盏学校历来重视教育的特色发展，1986年银盏学校加强勤工俭学工作，创建“养猪场、养鱼塘”循环养殖基地。1987年又在学校场地内建造预制场、纸箱厂；1988—1989年，大园村灯笼山种植杜仲林15350平方米，现在已成经济实用林。

## 第四节 教职工队伍

**师资力量建设** 银盏学校非常重视教师队伍的建设，加强教师政治素质和业务能力的培训，努力提高教师素质。1978—1991年，银盏小学和区学办高度重视本校和所辖村校教师的政治素质，教学业务能力的培养。1978—1982年，通过招考形式，选拔民办（或代课）教师，并对成绩合格者颁发试用证书。1982—1986年，组织公、民办教师学习教学业务，补习文化知识，参加教材过关考试。到1986年，银盏小学所有教师全部通过“教材关”考试合格，同时对过了“教材关”的教师进行登记注册，对合格的民办教师颁发任用证书，陆续对有任用证书的民办教师进行民办教师转为公办教师的工作（简称民转公）。1984年，银盏小学为了搞好初中戴帽班的教育教学工作，推选教学能力强、政治素质好的教师参加成人高考，加强教师的文化进修培训。到1991年，先后有8名教师获得大专以上学历。1991年“撤区并乡建镇”后，银盏乡建立教育辅导站，负责管理银盏小学和各村校的教育教学工作。1992年，根据省发〔1992〕300号文件精神，银盏乡教育辅导站成立“民办教师考核领导小组”，对全乡民办教师进行“文化教学业务”的考核，经考核合格的教师颁发“教师任用证书”，经考核“基本合格”的教师颁发“教师试用证书”，对不合格的民办教师补发一个月工资后辞退。全乡只有向慧1人被辞退。同时，加大教师进修培养力度，到1999年（加调走的）有本科学历12人、大专学历35人。2001—2005年，银盏学校重点加强中学教师的进修培训教育工作，银盏学校的教师宋志飞、李润发、王敏、李长明、胡艳、夏兵等获得本科文凭。

**教师待遇** 瓮安解放前，中小学教师所得微薄工资 或食米，难以维持一家生计，必须兼搞其他职业。瓮安解放后，教师工作有了保障，工资逐年提高。1950年9月至1952年8月，中小学教师工资以大米支付，小学教师月领大米75～140公斤，外加5公斤为办公费；中学教师月领大米150公斤左右。后改发货币，小学教师月工资平均24元左右，中学教师平均40元左右。1957年，小学教师月工资平均上升为30元左右，中学教师45元左右。随后，教师工资又进行过多次调整。1978年，为工作表现好贡献大的骨干教师提高工资，升级面为2%。1979年11月，增发班主任津贴。1980年，农村经济体制改革后，教师工资月领45元。1981年，按国务院批转教育部《关于调整中小学教职工工资的办法》规定，从10月起，进一步调整中等和初等学校以及幼儿园教职工的工资待遇。一是补齐1977年升级人员因只增加5～7元的限制未满一个级差的工作；二是提高普通中小学教职工部分级别的工资标准；三是普遍提升一级工资，其中对教学工作成绩显著、贡献较大、与同类人员相比工资偏低的优秀骨干教师提升两级；四是在调整公办中小学教职工工资的同时，增加中小学民办教师补助费，平均每人每年增加50元。1985年1月1日起执行新工资制度，月人均增资18.5元，并增发教龄津贴。教龄津贴按其实际从事教学工作的年限计算，教龄满5年不满10年的，每月3元；满10年不满15年的，每月5元；满15年不满20年的，每月7元；满20年以上的，每月10元。1987年10月，普遍增10%的工资。接着评定教师专业技术职称，与工资挂钩。是年起，县教育部门月补助10元或20元，后增加到45元，并对教龄长、业务能力强的民办教师，通过考核转为公办教师。1988年，对1987年评聘的专业技术人员全部实行新的职务工资。1989年10月起，中小学班主任津贴在1979年规定的基础上，中学每班学生在35人以下的，由5元提高到8元；36～50人的，由6元提高到10元；51人以上的，由7元提高到12元。小学每班学生在35人以下的，由4元提高到6元；36～50人的，由5元提高到8元；51人以上的，由6元提高到10元。

1990年6月，普调两级工资。小学教师平均月工资为307.11元，中学教师平均月工资为361.3元。1993年，对事业单位工作人员进行工资制度改革。在工资构成中，固定部分为70%，活的部分为30%。1994年7月，完成工资制度改革，月人均增资额为68元。1995年10月1日起，在本职务（技术等级）所对应的工资标准内晋升一个工资档次。连续三年考核等次均为优秀的工作人员，从达到连续3年优秀的次年1月1日起，在执行的职务工资基础上晋升一个工资档次。1997年7月，调整机关事业单位工资标准，按原职务（技术等级、岗位）工资增加14元后金额进入相应的工资档次。在职教职工月人均增资21.4元，新参加工作人员月人均增资20元。1999年7月，调整事业单位工作人员工资构成中的固定部分。固定部分调整后，活的部分按国家规定的工资构成比例相应提高。月增资额为121.14元。

2001年1月，调整工资构成的固定部分，10月又进行第二次工资调整。2003年7月1日起，调整事业单位工作人员工资构成中的固定部分。固定部分调整后，津贴部分按国家规定的工资构成比例相应提高。2005年1月，按照省里的决定调整事业单位岗位补贴，专业技术人员各级别岗位补贴为副高级职务400元、中级职务300元、助理级职务200元、员级职务150元。2006年7月1日起，年度考核结果为合格及以上等次的工作人员每年增加一级薪级工资，并从第二年起的1月起执行。2007年1月，对2006年7月1日在册的正式工作人员实施事业单位收入分配制度改革。事业单位实行岗位绩效工资制度。岗位绩效工资由岗位工资、薪级工资、绩效工资和津补贴四部分组成，其中岗位工资和薪级工资为基本工资。月人均增资额为302.9元。并对艰苦边远地区津贴标准进行调整，瓮安属一类区，月人均从43元调整到70元。在平均标准内，不同职务（岗位）人员适当拉开差距，每月人均65～130元。2008年1月，特级教师津贴标准由每人每月80元调整为每人每月300元。2008年年底，县义务教育学校工作人员年人均收入水平为25149元。2009年1月1日起，义务教育学校实施绩效工资，建立义务教育学校分配激励机制、绩效工资总量与当地公务员津贴补贴同步同幅度调整长效联动机制，有利于依法保障教师工资水平。2010年，非义务教育阶段学校实行绩效工资制。

2011—2012年，教育系统实行人事制度改革，经过2次调整，中小学、幼儿园教职工工资得到提升。

## 第五节 教育科研和教学改革

学校历来就重视教育科研和教学改革，1978—1991年，银盏小学在雍阳区学办教研组的指导下，教育研究主要围绕“如何提高教育教学质量”进行。1985年，县教育局成立教研组织—教研室，在各区学办设立“业务教学骨干”，负责指导各校抓好教师的教育教学工作，银盏学校成立“语、数学科教研小组”，通过上“示范课”培养教师业务能力。在校园内，校长、领导率先走上讲台，推广“六课型教学法”“尝试教学法”“综合整体教学实验”等先进教育教学法。1992年，“目标教学法”在全县推广。银盏乡建立“教育教学辅导站”后，派各校骨干教师参加县教研室组织的“目标教学法”试点实验，试点设在天文小学。1993年，“雍阳中学”与“银盏小学”合并为银盏学校。银盏学校设立“文科教研组”“理科教研组”和“综合学科教研组”三个教研大组，加强教研教改工作，由教育辅导站直接领导。1995年8月，闵明礼校长在贵州省《语文助读报》上发表《语文教学点滴谈》开了银盏学校教研成果的先河，杨胜禄老师于1999年5月在《黔南日报》上发表了《减负工作要注意克服负效应》；李润发老师从2000年起，先后发表《语法中的中间状态在教学中的一例》《略论句群与篇章的交叉》《试论语法教学中词与非词的不定性》等教学论文。近年来，学校教师在多家教学刊物发表论文200多篇。2002年，瓮安县撤销乡镇辅导站，县局重视对学校学科骨干教师的选拔与培养，2005年银盏学校李长明、夏光辉、胡艳被推荐为县级骨干教师，汤顺容被推荐为州级骨干教师。

2009年，学校被黔南州教育局授予“中小学素质教育”先进学校称号；2012年授予“初中教学质量先进学校”二等奖。

### 2015年银盏镇专业技术职称人员一览表

表14-27

| 姓　名 | 性　别 | 出生年月 | 学　历 | 参加工作时间 | 职　称 | 工作单位 |
|---|---|---|---|---|---|---|
| 罗　霞 | 女 | 1963.11.2 | 中师 | 1984.8 | 语文一级教师 | 大林小学 |
| 王芙蓉 | 女 | 1979.5.23 | 本科 | 1999.8 | 语文一级教师 | 银盏小学 |
| 魏科群 | 女 | 1977.3.20 | 本科 | 1997.8 | 音乐一级教师 | 银盏小学 |
| 席林梅 | 女 | 1979.10.25 | 本科 | 1999.8 | 语文一级教师 | 印山小学 |
| 廖贵林 | 女 | 1972.12.15 | 本科 | 1991.8 | 数学一级教师 | 鱼河小学 |
| 文　静 | 女 | 1974.5.11 | 本科 | 1994.8 | 语文一级教师 | 银盏小学 |
| 王芝美 | 女 | 1980.10.3 | 本科 | 2006.8 | 数学一级教师 | 黔川小学 |

续表14-27

| 姓 名 | 性 别 | 出生年月 | 学 历 | 参加工作时间 | 职 称 | 工作单位 |
|---|---|---|---|---|---|---|
| 刘胜忠 | 男 | 1970.12.13 | 专科 | 1990.8 | 数学一级教师 | 银盏小学 |
| 金帮杰 | 男 | 1978.10.26 | 本科 | 1998.10 | 语文一级教师 | 牛宫小学 |
| 陈 华 | 女 | 1973.12.28 | 本科 | 1993.8 | 数学一级教师 | 大林小学 |
| 谢 群 | 女 | 1977.10.25 | 本科 | 1996.8 | 数学一级教师 | 银盏小学 |
| 晏丽娇 | 女 | 1988.9.24 | 本科 | 2010.11 | 语文一级教师 | 银盏小学 |
| 曾庆芬 | 女 | 1972.10.12 | 本科 | 1992.8 | 语文一级教师 | 银盏小学 |
| 王小霞 | 女 | 1974.12.5 | 本科 | 1994.8 | 语文一级教师 | 银盏小学 |
| 朱 敏 | 女 | 1972.6.1 | 本科 | 1991.8 | 语文一级教师 | 大林小学 |
| 张 霞 | 女 | 1971.9.23 | 专科 | 1991.8 | 语文一级教师 | 银盏小学 |
| 谢文才 | 男 | 1965.5.20 | 专科 | 1986.8 | 数学一级教师 | 大林小学 |
| 朱前玉 | 女 | 1979.10.17 | 本科 | 1999.8 | 数学一级教师 | 鱼河小学 |
| 陈 波 | 男 | 1976.10.26 | 本科 | 1996.8 | 数学一级教师 | 印山小学 |
| 余春艳 | 女 | 1980.3.20 | 本科 | 1999.8 | 数学一级教师 | 印山小学 |
| 唐可会 | 女 | 1972.12.25 | 本科 | 1992.8 | 数学一级教师 | 大林小学 |
| 刘 华 | 男 | 1971.9.25 | 本科 | 1991.8 | 数学一级教师 | 大林小学 |
| 兰肇艳 | 女 | 1977.9.12 | 本科 | 1998.8 | 数学一级教师 | 新寨小学 |
| 张志权 | 男 | 1974.12.15 | 本科 | 1994.8 | 语文一级教师 | 大林小学 |
| 王大荣 | 女 | 1979.11.1 | 本科 | 2005.8 | 英语一级教师 | 银盏小学 |
| 赵禄敏 | 女 | 1979.9.11 | 本科 | 1999.8 | 语文一级教师 | 银盏小学 |
| 王绪秀 | 女 | 1967.2.21 | 专科 | 1987.8 | 语文一级教师 | 银盏小学 |
| 张举凤 | 女 | 1966.10.22 | 本科 | 1986.8 | 语文一级教师 | 银盏小学 |
| 鄢华东 | 男 | 1967.2.12 | 本科 | 1986.8 | 语文一级教师 | 鱼河小学 |
| 林 露 | 女 | 1977.4.6 | 本科 | 1999.8 | 数学一级教师 | 银盏小学 |
| 赵正英 | 女 | 1970.8.12 | 专科 | 1991.8 | 数学一级教师 | 鱼河小学 |
| 钱发兴 | 男 | 1970.2.13 | 本科 | 1990.8 | 语文一级教师 | 大园小学 |
| 余映松 | 男 | 1968.9.2 | 专科 | 1986.8 | 语文一级教师 | 鱼河小学 |

续表14-27

| 姓　名 | 性　别 | 出生年月 | 学　历 | 参加工作时间 | 职　称 | 工作单位 |
|---|---|---|---|---|---|---|
| 宋贵刚 | 男 | 1975.10.2 | 本科 | 1997.8 | 语文一级教师 | 新寨小学 |
| 周泽坤 | 男 | 1970.9.18 | 专科 | 1991.8 | 数学一级教师 | 鱼河小学 |
| 王全琼 | 女 | 1975.8.24 | 本科 | 1995.8 | 数学一级教师 | 银盏小学 |
| 徐文梅 | 女 | 1976.11.6 | 本科 | 1996.8 | 语文一级教师 | 银盏小学 |
| 李兴文 | 男 | 1973.9.5 | 本科 | 1993.8 | 语文一级教师 | 鱼河小学 |
| 戎自生 | 男 | 1962.5.5 | 中师 | 1983.8 | 数学一级教师 | 黔川小学 |
| 李澄会 | 女 | 1964.1.14 | 中师 | 1986.8 | 数学一级教师 | 黔川小学 |
| 陈　虹 | 男 | 1968.3.15 | 本科 | 1988.8 | 语文一级教师 | 黔川小学 |
| 王　云 | 男 | 1959.10.15 | 本科 | 1982.8 | 语文一级教师 | 黔川小学 |
| 黄忠友 | 男 | 1979.6.20 | 专科 | 1999.8 | 数学一级教师 | 黔川小学 |
| 陈代龙 | 男 | 1969.12.5 | 专科 | 1997.8 | 数学一级教师 | 黔川小学 |
| 郑春艳 | 女 | 1981.10.28 | 专科 | 2010.3 | 数学一级教师 | 牛宫小学 |
| 李　琼 | 女 | 1974.5.30 | 专科 | 1994.8 | 语文一级教师 | 牛宫小学 |
| 王军基 | 男 | 1976.5.25 | 专科 | 1996.8 | 语文一级教师 | 牛宫小学 |
| 吕武菊 | 女 | 1962.2.6 | 中师 | 1983.8 | 语文一级教师 | 木老坪小学 |
| 谢荣平 | 女 | 1962.9.28 | 中师 | 1984.8 | 数学一级教师 | 木老坪小学 |
| 刘开美 | 女 | 1963.5.23 | 中师 | 1983.8 | 数学一级教师 | 木老坪小学 |
| 文方华 | 女 | 1963.8.11 | 中师 | 1983.8 | 语文一级教师 | 木老坪小学 |
| 陈福荣 | 女 | 1965.12.9 | 中师 | 1986.8 | 语文一级教师 | 木老坪小学 |
| 刘光会 | 女 | 1969.12.27 | 专科 | 1989.8 | 语文一级教师 | 木老坪小学 |
| 兰中群 | 女 | 1975.9.9 | 专科 | 1995.8 | 语文一级教师 | 木老坪小学 |
| 张　馨 | 女 | 1975.9.20 | 本科 | 1995.8 | 数学一级教师 | 木老坪小学 |
| 兰绍飞 | 男 | 1976.10.15 | 本科 | 1996.8 | 数学一级教师 | 木老坪小学 |
| 李清会 | 女 | 1976.12.24 | 本科 | 1996.8 | 数学一级教师 | 木老坪小学 |
| 刘乾刚 | 男 | 1976.10.7 | 本科 | 1996.8 | 数学一级教师 | 木老坪小学 |
| 甘元芬 | 女 | 1977.12.27 | 本科 | 1996.8 | 语文一级教师 | 木老坪小学 |

续表14-27

| 姓名 | 性别 | 出生年月 | 学历 | 参加工作时间 | 职称 | 工作单位 |
|---|---|---|---|---|---|---|
| 兰登梅 | 女 | 1978.9.26 | 本科 | 1998.8 | 体育一级教师 | 木老坪小学 |
| 王兴莲 | 女 | 1978.10.25 | 本科 | 1998.8 | 体育一级教师 | 木老坪小学 |
| 张克松 | 男 | 1979.11.19 | 本科 | 2008.8 | 语文一级教师 | 木老坪小学 |
| 冯林辉 | 男 | 1958.6.20 | 中师 | 1980.8 | 数学一级教师 | 红灯堡小学 |
| 贺　军 | 男 | 1965.4.3 | 本科 | 1985.8 | 数学一级教师 | 红灯堡小学 |
| 邓　颖 | 女 | 1978.4.12 | 本科 | 1998.8 | 数学一级教师 | 红灯堡小学 |
| 钱家祥 | 男 | 1956.12.25 | 高中 | 1980.8 | 数学一级教师 | 红灯堡小学 |
| 龙　菊 | 女 | 1964.10.29 | 专科 | 1985.8 | 数学一级教师 | 红灯堡小学 |
| 程　会 | 女 | 1974.1.26 | 本科 | 1994.8 | 中数高级教师 | 银盏小学 |
| 倪安祥 | 男 | 1958.10.24 | 本科 | 1978.8 | 语文一级教师 | 银盏小学 |
| 冷国静 | 女 | 1966.3.5 | 专科 | 1986.8 | 语文一级教师 | 银盏小学 |
| 田玉梅 | 女 | 1963.12.20 | 中师 | 1983.8 | 语文一级教师 | 银盏小学 |
| 刘毅文 | 男 | 1959.12.28 | 专科 | 1972.8 | 语文一级教师 | 银盏小学 |
| 安之会 | 男 | 1963.9.14 | 中师 | 1983.8 | 语文一级教师 | 银盏小学 |
| 龙金菊 | 女 | 1979.9.4 | 本科 | 1999.8 | 语文一级教师 | 银盏小学 |
| 汤顺容 | 女 | 1965.3.19 | 本科 | 1985.8 | 语文一级教师 | 银盏小学 |
| 祝坤群 | 女 | 1980.11.21 | 本科 | 1998.8 | 数学一级教师 | 新寨小学 |
| 柯燕群 | 女 | 1975.10.20 | 专科 | 1985.8 | 语文一级教师 | 鱼河小学 |
| 谢　琴 | 女 | 1972.9.3 | 专科 | 1992.8 | 语文一级教师 | 鱼河小学 |
| 梁大忠 | 男 | 1964.11.18 | 中师 | 1984.8 | 语文一级教师 | 鱼河小学 |
| 蒋　静 | 女 | 1979.6.25 | 本科 | 1998.8 | 体育一级教师 | 新寨小学 |
| 冉光梅 | 女 | 1976.1.15 | 本科 | 1996.8 | 语文一级教师 | 黔川小学 |
| 解忠曜 | 女 | 1982.1.4 | 本科 | 2009.7 | 语文一级教师 | 鱼河小学 |
| 秦发军 | 男 | 1957.11.30 | 高中 | 1977.8 | 数学一级教师 | 大林小学 |
| 刘仕刚 | 男 | 1981.12.16 | 专科 | 2009.7 | 数学一级教师 | 银盏小学 |
| 刘春梅 | 女 | 1985.1.21 | 本科 | 2005.8 | 英语一级教师 | 新华小学 |

续表14-27

| 姓　名 | 性　别 | 出生年月 | 学　历 | 参加工作时间 | 职　称 | 工作单位 |
|---|---|---|---|---|---|---|
| 崔云珠 | 女 | 1980.1.31 | 本科 | 2007.8 | 英语一级教师 | 银盏小学 |
| 唐忠诚 | 男 | 1965.2.24 | 中师 | 1985.8 | 语文一级教师 | 新华小学 |
| 高贵乾 | 男 | 1964.10.10 | 本科 | 1984.8 | 数学一级教师 | 新华小学 |
| 陈应平 | 男 | 1970.3.7 | 专科 | 1990.8 | 语文一级教师 | 新华小学 |
| 周平丽 | 女 | 1973.9.9 | 本科 | 1993.8 | 语文一级教师 | 新华小学 |
| 谢天慧 | 女 | 1970.10.10 | 专科 | 1990.8 | 数学一级教师 | 新华小学 |
| 唐如会 | 女 | 1962.6.8 | 本科 | 1983.8 | 语文一级教师 | 新华小学 |
| 黄顾兴 | 男 | 1964.2.9 | 本科 | 1984.8 | 语文一级教师 | 新华小学 |
| 尚明杰 | 男 | 1969.10.12 | 本科 | 1989.8 | 语文一级教师 | 新华小学 |
| 龙泽强 | 男 | 1976.1.26 | 本科 | 1996.8 | 数学一级教师 | 新华小学 |
| 犹洪俊 | 男 | 1966.1.19 | 专科 | 1986.8 | 数学一级教师 | 新华小学 |
| 张永光 | 男 | 1966.2.25 | 专科 | 1986.8 | 数学一级教师 | 玉华小学 |
| 陈太松 | 男 | 1969.2.23 | 专科 | 1989.8 | 数学一级教师 | 玉华小学 |
| 邓帮忠 | 男 | 1959.8.25 | 专科 | 1975.8 | 数学一级教师 | 玉华小学 |
| 刘顺平 | 女 | 1973.9.21 | 专科 | 1993.8 | 数学一级教师 | 玉华小学 |
| 兰文富 | 男 | 1963.2.13 | 专科 | 1983.8 | 语文一级教师 | 牛宫小学 |
| 张仁富 | 男 | 1966.8.12 | 专科 | 1986.8 | 语文一级教师 | 白溪小学 |
| 瞿生亮 | 男 | 1962.10.21 | 本科 | 1982.8 | 语文一级教师 | 牛宫小学 |
| 杨贵荣 | 女 | 1973.3.3 | 本科 | 1993.8 | 数学一级教师 | 玉华小学 |
| 刘宜凤 | 女 | 1975.9.25 | 本科 | 1985.8 | 数学一级教师 | 玉华小学 |
| 许维梅 | 女 | 1971.4.23 | 本科 | 1991.8 | 数学一级教师 | 玉华小学 |
| 舒　琴 | 女 | 1979.10.27 | 本科 | 1999.8 | 数学一级教师 | 玉华小学 |
| 张　倩 | 女 | 1976.10.3 | 本科 | 1996.8 | 数学一级教师 | 玉华小学 |
| 吴仕云 | 女 | 1985.4.2 | 本科 | 2007.8 | 音乐一级教师 | 玉华小学 |
| 常裔发 | 男 | 1962.4.15 | 本科 | 1983.8 | 语文一级教师 | 玉华小学 |
| 冯章洪 | 男 | 1979.6.22 | 本科 | 1998.8 | 数学一级教师 | 玉华小学 |

续表14-27

| 姓　名 | 性　别 | 出生年月 | 学　历 | 参加工作时间 | 职　称 | 工作单位 |
|---|---|---|---|---|---|---|
| 郑兴权 | 男 | 1976.12.3 | 本科 | 1996.8 | 数学一级教师 | 玉华小学 |
| 陈　旭 | 女 | 1977.9.18 | 本科 | 1999.8 | 语文一级教师 | 玉华小学 |
| 廖清燕 | 女 | 1973.12.24 | 本科 | 1993.8 | 数学一级教师 | 玉华小学 |
| 周福群 | 女 | 1976.2.28 | 本科 | 1996.8 | 语文一级教师 | 玉华幼儿园 |
| 杨小骅 | 女 | 1990.5.1 | 本科 | 2011.8 | 幼儿园二级教师 | 玉华幼儿园 |
| 何　羽 | 女 | 1985.12.20 | 本科 | 2012.8 | 幼儿园二级教师 | 玉华幼儿园 |
| 吴兴影 | 女 | 1986.1.21 | 本科 | 2012.8 | 幼儿园二级教师 | 玉华幼儿园 |
| 李　迪 | 女 | 1982.9.8 | 专科 | 2011.8 | 幼儿园二级教师 | 玉华幼儿园 |
| 王丽萍 | 女 | 1982.4.29 | 专科 | 2015.10 | 未定级 | 玉华幼儿园 |
| 毛建华 | 男 | 1974.12.2 | 专科 | 1994.8 | 数学一级教师 | 牛宫小学 |
| 金帮平 | 男 | 1978.10.3 | 专科 | 1998.8 | 语文一级教师 | 鱼河小学 |
| 邹启军 | 男 | 1975.12.24 | 专科 | 1995.8 | 数学一级教师 | 鱼河小学 |
| 赵文友 | 男 | 1957.2.25 | 中师 | 1985.8 | 语文一级教师 | 鱼河小学 |
| 江以华 | 男 | 1957.12.4 | 中师 | 1984.8 | 语文一级教师 | 鱼河小学 |
| 胡长友 | 男 | 1970.5.27 | 专科 | 1990.8 | 数学一级教师 | 鱼河小学 |
| 冉光勇 | 男 | 1960.12.28 | 中师 | 1980.8 | 语文一级教师 | 鱼河小学 |
| 杨昌群 | 女 | 1966.7.29 | 本科 | 1986.8 | 语文一级教师 | 鱼河小学 |
| 胡仕兰 | 女 | 1964.2.9 | 专科 | 1984.8 | 数学一级教师 | 鱼河小学 |
| 张永菊 | 女 | 1968.10.3 | 本科 | 1988.8 | 语文一级教师 | 鱼河小学 |
| 丁贵平 | 女 | 1972.11.28 | 专科 | 1992.8 | 语文一级教师 | 鱼河小学 |
| 王洪梅 | 女 | 1987.6.9 | 本科 | 2010.8 | 英语一级教师 | 鱼河小学 |
| 周　丽 | 女 | 1972.2.8 | 中专 | 1992.8 | 数学一级教师 | 鱼河小学 |
| 刘生菊 | 女 | 1965.10.16 | 专科 | 1985.8 | 数学一级教师 | 鱼河小学 |
| 谢林益 | 女 | 1981.6.3 | 专科 | 2005.8 | 数学一级教师 | 鱼河小学 |
| 孔　俊 | 女 | 1980.9.29 | 本科 | 2010.3 | 语文一级教师 | 鱼河小学 |
| 吕中群 | 女 | 1975.4.8 | 中专 | 1995.8 | 语文一级教师 | 鱼河小学 |

续表14-27

| 姓　名 | 性　别 | 出生年月 | 学　历 | 参加工作时间 | 职　称 | 工作单位 |
|---|---|---|---|---|---|---|
| 姜金梅 | 女 | 1980.4.22 | 专科 | 2010.12 | 幼儿园二级教师 | 木老坪幼儿园 |
| 陈正琳 | 女 | 1981.11.26 | 专科 | 2010.12 | 幼儿园二级教师 | 木老坪幼儿园 |
| 刘　娅 | 女 | 1991.1.14 | 本科 | 2011.8 | 幼儿园二级教师 | 木老坪幼儿园 |
| 胡仕琦 | 女 | 1974.12.5 | 本科 | 1996.8 | 语文一级教师 | 印山小学 |
| 江显美 | 女 | 1979.4.6 | 本科 | 1998.8 | 数学一级教师 | 印山小学 |
| 朱家先 | 女 | 1977.11.16 | 本科 | 1996.8 | 语文一级教师 | 新寨小学 |
| 卢　林 | 男 | 1963.12.19 | 中师 | 1985.8 | 语文一级教师 | 印山小学 |
| 卢金艳 | 女 | 1964.4.3 | 中师 | 1985.8 | 数学一级教师 | 新寨小学 |
| 刘正先 | 男 | 1972.4.18 | 专科 | 1992.8 | 数学一级教师 | 印山小学 |
| 谢光菊 | 女 | 1974.12.19 | 本科 | 1993.8 | 数学一级教师 | 印山小学 |
| 付发先 | 女 | 1970.3.19 | 本科 | 1985.8 | 语文一级教师 | 印山小学 |
| 徐清茂 | 男 | 1962.2.2 | 中师 | 1985.8 | 数学一级教师 | 印山小学 |
| 卢金付 | 男 | 1972.9.1 | 中师 | 1992.8 | 语文一级教师 | 印山小学 |
| 高付全 | 男 | 1965.4.12 | 专科 | 1985.8 | 语文一级教师 | 银盏小学 |
| 高智荣 | 女 | 1960.9.4 | 专科 | 1980.8 | 语文一级教师 | 银盏小学 |
| 李万霞 | 女 | 1980.9.15 | 本科 | 2005.8 | 数学一级教师 | 鱼河小学 |
| 梁顺伦 | 男 | 1963.1.27 | 专科 | 1984.8 | 数学一级教师 | 大园小学 |
| 苟小钟 | 男 | 1971.11.22 | 专科 | 1991.8 | 语文一级教师 | 大园小学 |
| 李志洪 | 男 | 1966.9.18 | 专科 | 1985.8 | 数学一级教师 | 大园小学 |
| 傅天明 | 男 | 1969.12.13 | 专科 | 1999.8 | 语文一级教师 | 大园小学 |
| 赵　梅 | 男 | 1977.7.13 | 专科 | 1997.8 | 数学一级教师 | 大园小学 |
| 罗　俊 | 男 | 1975.2.20 | 专科 | 1995.8 | 语文一级教师 | 大园小学 |
| 张先进 | 男 | 1986.2 | 本科 | 2007.8 | 中信二 | 瓮安六中 |
| 王大荣 | 女 | 1979.11 | 本科 | 2002.8 | 中英二 | 瓮安六中 |
| 王　芬 | 女 | 1985.12 | 本科 | 2010.12 | 中体二 | 瓮安六中 |
| 石　烈 | 男 | 1985.8 | 本科 | 2011.10 | 中体二 | 瓮安六中 |

续表14-27

| 姓 名 | 性 别 | 出生年月 | 学 历 | 参加工作时间 | 职 称 | 工作单位 |
|---|---|---|---|---|---|---|
| 魏启美 | 女 | 1987.12 | 本科 | 2011.10 | 中英二 | 瓮安六中 |
| 朱廷宏 | 男 | 1978.8 | 本科 | 1999.8 | 中物二 | 瓮安六中 |
| 唐 忻 | 女 | 1988.8 | 本科 | 2012.8 | 中数二 | 瓮安六中 |
| 宋 茂 | 女 | 1983.5 | 本科 | 2008.8 | 中政二 | 瓮安六中 |
| 周 碉 | 女 | 1988.11 | 本科 | 2011.10 | 中英二 | 瓮安六中 |
| 周丽高 | 女 | 1987.8 | 本科 | 2011.10 | 中体二 | 瓮安六中 |
| 张 颖 | 女 | 1989.8 | 本科 | 2012.8 | 中英二 | 瓮安六中 |
| 谭 华 | 男 | 1975.12 | 本科 | 1988.8 | 中化一 | 瓮安六中 |
| 程 会 | 女 | 1974.1 | 本科 | 1993.8 | 中语一 | 瓮安六中 |
| 刘 珊 | 女 | 1989.9.13 | 本科 | 2011.12 | 中学英语二级 | 瓮安六中 |
| 柏海梨 | 女 | 1987.7 | 本科 | 1993.6 | 中学体育二级 | 瓮安六中 |
| 袁玉超 | 男 | 1987.7 | 本科 | 2012.8 | 中学二级 | 鱼河中学 |
| 周亚运 | 男 | 1979.2 | 本科 | 2005.8 | 中学一级 | 鱼河中学 |
| 杨仕敏 | 男 | 1978.2 | 本科 | 1999.8 | 中学生物二级 | 木老坪中学 |
| 王洪军 | 男 | 1977.12 | 本科 | 2006.8 | 中学生物二级 | 木老坪中学 |
| 何沛英 | 女 | 1981.9 | 本科 | 2008.8 | 中学英语二级 | 木老坪中学 |
| 罗 飞 | 男 | 1971.4 | 本科 | 1994.8 | 中学二级教师 | 玉华中学 |
| 陈益福 | 男 | 1974.8 | 本科 | 1998.8 | 中学二级教师 | 玉华中学 |
| 陈惟慧 | 女 | 1975.7 | 本科 | 1998.8 | 中学二级教师 | 玉华中学 |
| 周泳廷 | 女 | 1990.5 | 本科 | 2013.12 | 中学二级教师 | 玉华中学 |
| 郑小华 | 男 | 1976.2 | 本科 | 1997.8 | 中学英语高级 | 瓮安六中 |
| 张绍赋 | 男 | 1959.10.3 | 专科 | 1977.9 | 中学政治高级 | 瓮安六中 |
| 李长明 | 男 | 1965.5.28 | 本科 | 1984.8 | 中学语文高级 | 瓮安六中 |
| 杨胜禄 | 男 | 1965.3.9 | 专科 | 1985.8 | 中学数学高级 | 瓮安六中 |
| 任永富 | 男 | 1965.6.7 | 本科 | 1988.8 | 中学物理高级 | 瓮安六中 |
| 杨胜富 | 男 | 1971.6.3 | 本科 | 1991.8 | 中学化学高级 | 瓮安六中 |

续表14-27

| 姓　名 | 性　别 | 出生年月 | 学　历 | 参加工作时间 | 职　称 | 工作单位 |
|---|---|---|---|---|---|---|
| 范忠超 | 男 | 1968.3.24 | 本科 | 1988.8 | 中学语文高级 | 瓮安六中 |
| 张昌信 | 男 | 1965.12.3 | 本科 | 1982.10 | 中学语文高级 | 瓮安六中 |
| 曾庆先 | 女 | 1965.5.15 | 专科 | 1989.8 | 中学数学高级 | 瓮安六中 |
| 李永华 | 男 | 1968.3.15 | 专科 | 1987.8 | 中学生物高级 | 瓮安六中 |
| 夏　斌 | 男 | 1971.10.14 | 本科 | 1995.8 | 中学语文高级 | 瓮安六中 |
| 陈燕萍 | 女 | 1969.11.19 | 本科 | 1989.8 | 中学英语高级 | 瓮安六中 |
| 张远见 | 男 | 1968.10.22 | 本科 | 1989.8 | 中学语文高级 | 瓮安六中 |
| 黄国平 | 女 | 1971.9.11 | 专科 | 1992.8 | 中学数学一级 | 瓮安六中 |
| 王　敏 | 男 | 1973.9.27 | 本科 | 1993.8 | 中学语文一级 | 瓮安六中 |
| 骆开明 | 男 | 1969.12.16 | 本科 | 1988.8 | 中学生物一级 | 瓮安六中 |
| 李贤芬 | 女 | 1977.12.12 | 本科 | 1995.8 | 中学数学一级 | 瓮安六中 |
| 陈　鸿 | 男 | 1974.12.12 | 专科 | 1996.8 | 中学物理一级 | 瓮安六中 |
| 胡　艳 | 女 | 1974.10.23 | 本科 | 1994.8 | 中学英语一级 | 瓮安六中 |
| 钱仕刚 | 男 | 1977.12.27 | 本科 | 1997.8 | 中学美术一级 | 瓮安六中 |
| 李兴明 | 男 | 1976.10.10 | 本科 | 1999.8 | 中学物理一级 | 瓮安六中 |
| 宋丽嘉 | 女 | 1986.1 | 本科 | 2005.8 | 中学音乐一级 | 瓮安六中 |
| 禹　佳 | 男 | 1971.3 | 本科 | 1993.8 | 中学高级 | 鱼河中学 |
| 夏洪彬 | 男 | 1976.4 | 本科 | 1999.8 | 中学一级 | 鱼河中学 |
| 兰成举 | 男 | 1976.2 | 本科 | 1995.8 | 中学一级 | 鱼河中学 |
| 田维翼 | 男 | 1967.7.29 | 中师 | 1986.8 | 语文高级教师 | 红灯堡小学 |
| 张举兰 | 男 | 1971.9 | 本科 | 1992.8 | 中学高级 | 鱼河中学 |
| 王家玉 | 女 | 1975.10 | 本科 | 1999.8 | 中学一级 | 鱼河中学 |
| 彭　波 | 男 | 1978.4 | 本科 | 1999.8 | 中学一级 | 鱼河中学 |
| 游利军 | 男 | 1976.5 | 本科 | 1999.8 | 中学一级 | 鱼河中学 |
| 李民强 | 男 | 1984.7 | 本科 | 2008.8 | 中学一级 | 鱼河中学 |
| 陈善忠 | 男 | 1966.5 | 本科 | 1985.8 | 中学一级 | 鱼河中学 |

续表14-27

| 姓　名 | 性　别 | 出生年月 | 学　历 | 参加工作时间 | 职　称 | 工作单位 |
|---|---|---|---|---|---|---|
| 申　华 | 男 | 1967.5 | 专科 | 1987.8 | 中学高级 | 鱼河中学 |
| 冉启宇 | 男 | 1967.4 | 本科 | 1986.8 | 中学高级 | 鱼河中学 |
| 张友国 | 男 | 1972.7 | 本科 | 1994.8 | 中学高级 | 鱼河中学 |
| 李天省 | 男 | 1972.9 | 本科 | 1996.8 | 中学高级 | 鱼河中学 |
| 熊兴隆 | 男 | 1973.9 | 本科 | 1995.8 | 中学高级 | 鱼河中学 |
| 兰　静 | 女 | 1973.11 | 本科 | 1993.8 | 中学一级 | 鱼河中学 |
| 熊大荣 | 女 | 1972.3 | 本科 | 1992.8 | 中学一级 | 鱼河中学 |
| 游小凤 | 女 | 1972.10 | 本科 | 1996.8 | 中学一级 | 鱼河中学 |
| 张凤明 | 男 | 1972.11 | 本科 | 1996.8 | 中学一级 | 鱼河中学 |
| 陈开祥 | 男 | 1976.6 | 本科 | 1995.8 | 中学一级 | 鱼河中学 |
| 费光群 | 女 | 1975.6 | 本科 | 1995.8 | 中学一级 | 鱼河中学 |
| 夏锦会 | 女 | 1975.6 | 本科 | 1995.8 | 中学一级 | 鱼河中学 |
| 邓海涛 | 女 | 1969.4 | 本科 | 1989.8 | 中学一级 | 鱼河中学 |
| 王正芳 | 女 | 1973.2 | 本科 | 1996.8 | 中学一级 | 鱼河中学 |
| 杨德元 | 男 | 1962.10 | 专科 | 1982.8 | 中学语文高级 | 鱼河中学 |
| 兰　章 | 男 | 1967.5 | 本科 | 1987.8 | 中学语文高级 | 鱼河中学 |
| 张洪峰 | 男 | 1973.7 | 本科 | 1997.8 | 中学一级 | 鱼河中学 |
| 朱　静 | 女 | 1974.12 | 本科 | 1997.8 | 中学一级 | 鱼河中学 |
| 陈顺杰 | 男 | 1973.2 | 本科 | 1997.8 | 中学一级 | 鱼河中学 |
| 宋纯军 | 男 | 1975.6 | 本科 | 1998.8 | 中学一级 | 鱼河中学 |
| 杨　玲 | 女 | 1982.2 | 本科 | 2006.8 | 中学一级 | 鱼河中学 |
| 刘　佳 | 女 | 1985.4 | 本科 | 2006.8 | 中学一级 | 鱼河中学 |
| 黄正方 | 男 | 1979.7 | 本科 | 2004.8 | 中学一级 | 鱼河中学 |
| 李晓珍 | 女 | 1983.5 | 本科 | 2007.8 | 中学一级 | 木老坪中学 |
| 付启贵 | 男 | 1967.3 | 本科 | 1994.8 | 中学化学高级 | 木老坪中学 |
| 李　成 | 男 | 1962.6 | 本科 | 1984.8 | 中学语文高级 | 木老坪中学 |

续表14-27

| 姓　名 | 性　别 | 出生年月 | 学　历 | 参加工作时间 | 职　称 | 工作单位 |
|---|---|---|---|---|---|---|
| 张福祥 | 男 | 1963.7 | 专科 | 1984.8 | 中学数学高级 | 木老坪中学 |
| 陈　乾 | 男 | 1968.10 | 本科 | 1988.8 | 中学语文高级 | 木老坪中学 |
| 杨　松 | 男 | 1966.8 | 专科 | 1986.8 | 中学语文高级 | 木老坪中学 |
| 胡登祥 | 男 | 1973.12 | 本科 | 1995.8 | 中学物理高级 | 木老坪中学 |
| 宋锡政 | 男 | 1972.12 | 本科 | 1996.8 | 中学化学高级 | 木老坪中学 |
| 陈水平 | 男 | 1975.7 | 本科 | 1998.8 | 中学英语一级 | 木老坪中学 |
| 韦家平 | 男 | 1976.12 | 本科 | 1999.8 | 中学数学一级 | 木老坪中学 |
| 李茂林 | 男 | 1974.9 | 本科 | 1999.8 | 中学物理一级 | 木老坪中学 |
| 王开辉 | 男 | 1975.2 | 本科 | 1999.8 | 中学语文一级 | 木老坪中学 |
| 黄永奎 | 男 | 1978.7 | 本科 | 2003.9 | 中学物理一级 | 木老坪中学 |
| 兰志明 | 男 | 1975.12 | 本科 | 1995.8 | 中学化学一级 | 木老坪中学 |
| 苏建举 | 男 | 1975.9 | 本科 | 1995.8 | 中学英语一级 | 木老坪中学 |
| 周亚高 | 男 | 1970.5 | 本科 | 1996.8 | 中学英语一级 | 木老坪中学 |
| 王世方 | 男 | 1976.9 | 本科 | 1999.8 | 中学数学一级 | 木老坪中学 |
| 彭忠志 | 男 | 1975.9 | 本科 | 1999.8 | 中学化学一级 | 木老坪中学 |
| 郑南燕 | 女 | 1980.1 | 本科 | 2003.9 | 中学音乐一级 | 木老坪中学 |
| 邓祥军 | 男 | 1977.10 | 本科 | 2003.9 | 中学英语一级 | 木老坪中学 |
| 周会平 | 男 | 1974.11 | 本科 | 1993.8 | 中学数学一级 | 木老坪中学 |
| 陈启贵 | 男 | 1972.6 | 本科 | 1992.8 | 中学数学高级教师 | 玉华中学 |
| 陈发举 | 男 | 1971.10 | 本科 | 1990.8 | 中学语文高级 | 玉华中学 |
| 王明祥 | 男 | 1959.1 | 专科 | 1978.8 | 中学语文高级教师 | 玉华中学 |
| 王维权 | 男 | 1957.10 | 专科 | 1980.8 | 中学高级教师 | 玉华中学 |
| 王　健 | 男 | 1963.8 | 专科 | 1983.8 | 中学高级教师 | 玉华中学 |
| 赵明友 | 男 | 1969.10 | 本科 | 1988.8 | 中学高级教师 | 玉华中学 |
| 夏忠文 | 男 | 1968.9 | 本科 | 1992.8 | 中学高级教师 | 玉华中学 |
| 陈　亮 | 男 | 1975.8 | 本科 | 1995.8 | 中学高级教师 | 玉华中学 |

续表14-27

| 姓 名 | 性 别 | 出生年月 | 学 历 | 参加工作时间 | 职 称 | 工作单位 |
|---|---|---|---|---|---|---|
| 邱润菊 | 女 | 1968.9 | 本科 | 1989.8 | 中学一级 | 玉华中学 |
| 朱光芬 | 女 | 1975.11 | 本科 | 1998.8 | 中学一级 | 玉华中学 |
| 周太伦 | 男 | 1975.9 | 本科 | 1997.8 | 中学一级 | 玉华中学 |
| 罗华祥 | 男 | 1974.9 | 本科 | 1998.8 | 中学一级 | 玉华中学 |
| 董纯洪 | 男 | 1976.7 | 本科 | 1996.8 | 中学一级 | 玉华中学 |
| 王 志 | 男 | 1975.9 | 本科 | 1996.8 | 中学一级 | 玉华中学 |
| 张 军 | 男 | 1976.8 | 本科 | 1999.8 | 中学一级 | 玉华中学 |
| 王水基 | 男 | 1976.9 | 本科 | 1999.8 | 中学一级 | 玉华中学 |
| 宋碧军 | 男 | 1982.1 | 本科 | 2006.8 | 中学一级 | 玉华中学 |

## 第六节 “两基”建设

新中国成立以来，国家非常重视文化知识的教育。1954年，银盏乡在各村办起“夜校扫盲识字班”，利用农闲时，晚上聘请专（兼）职教师，按计划根据当地的实际，对群众进行文化技术培训，并按时、按质、按量完成任务。政府还免费发给“农民识字课本”，很多学员逐步脱盲。1981—1985年，以村为单位创办青壮年识字班5个，参加学习的学员每期200多人，每年由雍阳区学办督促验收。1985年8月，经瓮安县人民政府验收授予“基本无文盲单位”合格证书。

1986年，中央颁布《中华人民共和国义务教育法》，全乡义务教育率达98.2%。1987年，认真贯彻执行普及初等教育，按照县教育局的要求，做到“班班有教室，人人有课桌，校校有厕所”，这些经费每年由乡财政经常性收入中提取开支。入学率、巩固率100%。1992年，国务院发布《扫除文盲工作条例》，全乡小学教学班56个，学生2860多人，雍阳中学初中班15个，学生900多人。1993年5月，银盏乡按照县教育局有关规定，成立了“扫盲验收工作领导小组”，其领导小组成员为：

组 长：宋锡异

副组长：卢达琴 陈文举 陈立仲

成 员：朱秀国 王平忠 赵福权 郭崇华 康长顺

办公室主任：陈文举

办公室成员：彭启明

按规定，1949年10月1日以后出生的年满15周岁以上的非文盲率，农村达到95%以上，普及初等教育“三率”（入学率98%、巩固率97%、毕业率100%）合乎要求。各村扫除青壮年文盲已达到10~15名以上，在扫除青壮年文盲的同时，大力抓好银盏乡的普及九年义务教育，扫盲、普九必须开支的经费，每年由教育辅导站列出计划，报乡政府批准，从所征收的农村教育附加费中列支。

1995年，国家推行“基本扫除青壮年文盲，基本普及九年义务教育”的“两基”建设。是年8月，银盏乡学校开始实施普及九年义务教育，学生入学免交学费，逐步减轻学生入学负担，推动了“两基”工作的进程。全乡共有8个行政村、5个村级学校，共有42个小学班、9个初级中学教学班，中小学共有教师92人，小学教师学历达标率97%，中学教师学历达标率100%。小学学生2180人，入学率100%；初中学生548人，入学率98.5%。银盏乡把农村成人教育的工作重点转向农村实用技术的培训，重点加强初中毕业生的实用技术培训。1996年9月，银盏学校征用小学教学楼河对岸的3亩土地作为“农基地”，给学生培训“天麻”“葡萄”“玉米”“板蓝根”等种植实用技术。1997年抓“两基”工作，促教育教学质量，为完成中共十四大对教育工作提出的“两基两全”任务，集中精力、全力以赴抓巩固，改善办学条件。各校走上级划拨和自筹资金结合的路子，进行硬件建设。对于大林民校，乡政府拨款15000元、辅导站补助2500元、自筹资金5000元，新建校舍80平方米，新添课桌50套，成为全乡第一所封闭式的民办学校。是年考取高中8人、中专中师4人，单独招生1人，小学入学率100%，初中入学率98.9%，小学部分辍学率0.35%，初中辍学率2.79%，毕业率100%。1997年3月27日，县教育局发《关于补偿教育工作安排的补充通知》，补偿教育的总学时改为1500课时以上，对全乡17周岁（含15、16周岁）青壮年进行补偿教育，采取面授与自学相结合的方式进行，课程设置有初中语文、数学、物理、化学、政治、生物六科，学完通过考试，成绩达60分以上为合格，合格后由县教育局颁发结业证书。同时开展职业技能培训及“绿色证书”的颁发工作。银盏乡完成补偿教育4班192人。

1997年，全乡小学入学人数3218人、初中510人；小学开设双班，初中一至三年级均为6个班。为了推进“两基”工作的进程，银盏乡与学校制定了工作目标和任务，采取“双线”承包责任的管理，一是乡政府与各村委会签订《“两基”工作目标管理责任书》，负责动员适龄儿童、扫盲对象和农技培训对象入班入学；二是教育辅导站与各校签订《“两基”工作目标管理责任书》，负责抓好学校管理，提高办学质量和办学效益；负责扫盲文化课的教学和农技培训工作；负责“两基”各种表、卡、簿、册等资料收集、填写、整理等工作。“双线目标”管理责任制的落实，使“两基”巩固提高工作责任化、目标工作具体化、定性工作定量化。两基工作形成层层有人管、事事有人抓、责任有人负，有安排有布置，有检查有落实。学校教师分别动员适龄儿童入学，做到了“三个不能少”（即适龄儿童入学一个不能少，毕业生升入初中一个不能少，学年初与学年末人数一个都不能少）。

扫盲工作是充分利用农闲抓扫盲，对扫盲对象采取分片包干，落实责任。利用农闲抓扫盲，农忙结合农事的科技培训，全乡扫除青壮年文盲298人，其中太平村50人、银盏村48人、大林村52人、川洞村49人、珠场坝村45人、尖山村54人。是年12月，全乡“两基”工作通过省级验收合格。

从1999年10月起，每年用300斤大米租用宋家坝“五保户”廖家的责任田做“水稻”实验基地，给农民、学生培训农业科学技术知识。

2000年7月，通过黔南州扫盲和农村成人教育专项工作验收，达到合格标准。

2001—2007年，全乡有九年制学校1所、完全小学5所、小学教学班42个，每学年在校学生平均1160人；初中9个教学班，在校学生年平均500人、小学专任教师63人、初中专任教师25人。农民文化技术学校9所。乡党委、政府始终把教育放在优先发展的地位来抓，不断调整和充实“两基”工作领导小组成员，把“两基”作为提高民族素质来抓。乡政府与县政府、县教育局与乡中心学校、中心学校与各村签订了双向目标责任状，规定中心学校、村校负责人是“两基”工作的第一责任人。几年来，乡政府将每年转移支付金额拨付给学校，用于购置教学仪器，加大新的《中华人民共和国义务教育法》宣传力度，对适龄儿童的入学、辍学实行乡、村干部及学校教师分片包干、责任到人。对特困生采取减、免、缓政策，对拒不送子女入学的家长进行耐心说服教育，直至把子女送到学校为止，保障了入学率和控制辍学率。注重扫盲工作，开展农技培训。除县级人民政府教育行政主管部门组织进行鉴定的丧失学习能力者外，凡是18～50周岁的文盲公民，不分性别、民族，均应接受扫盲教育，至少掌握一至二门以上的技术。通过几年的努力，改变了办学条件，全乡小学校舍面积为4755平方米，生均校舍面积为4.1平方米，共有图书10350册，生均8～9册。中学校舍面积为3961平方米，共有图书8700册。

2007—2008年，全乡共有毕业生202人，全科合格199人，合格率98.5%，毕业202人，毕业率100%。中学毕业生154人，全科合格148人，合格率96.1%，毕业152人，毕业率98.7%。为确保教学资源得到充分利用，严格执行《中华人民共和国义务教育法》，保障适龄儿童、少年按时接受义务教育，取消了留级制度。2008年，全乡共有小学教职工65人、专任教师63人，取得中专（高中）学历的32人、取得大专学历的29人，专任教师学历取得相应教师资格证书的比例为100%。初中教职工27人、专任教师25人、取得大专以上25人，专任教师学历及取得相应教师资格证书的比例为100%，中学有校长2人，取得岗位培训的2人，合格率100%。

围绕经济的发展、依靠科技的进步和提高劳动者素质为目标，实施科教兴农、科技兴农，开展了扫盲工作和农技培训，建起了绿证培训基地和文化技术学校。全乡农民文化技术学校共有9个教学班，建筑面积382平方米，课桌200套，共有青壮年8812人，其中失能人员18人、非文盲人口8618人，非文盲率为98%；扫除青壮年文盲80人，巩固人数80人，巩固率100%，其中抽考28人，合格率100%。

2009年5月20—21日，瓮安县组织县教育局、县政府督导室、县财政局、县工商局、县农业局等相关单位负责人对全县23个乡镇的“两基”工作进行了督查。银盏乡进一步完善了普及教育工作，师资水平、办学条件、教育经费、教学质量、扫盲工作等指标资料建设以及教学仪器设备、现代远程教育设备管理及使用、图书、学校管理、校园文化、走廊文化、控辍保学等工作得到进一步巩固与加强。2009年，银盏乡“两基”建设经国家级检查达标，验收合格。

## 第七节　中共瓮安县委党校

中共瓮安县委党校成立于1959年10月，1967年3月停办，1973年3月恢复。2003年12月挂牌成立瓮安县行政学校，实行“两块牌子，一套人马”管理的办学模式。原学校坐落于县城北部龙坑，占地面积8.07亩，建筑面积2346平方米，有阶梯教室1间、标准教室6间、学员宿舍33间，可同时容纳150人培训，解决100人食宿。2013年老校区被拆除，搬迁到离县城5公里的北面——贵州瓮安经济开发区内。新校区按照全省一流县级党校标准建设，校园占地面积42亩，总建筑面积16000余平方米，建有综合教学楼、图书楼、学员宿舍楼、学员食堂和教师宿舍楼。其中综合教学楼建筑面积5100余

图14-3-23　县委党校教学楼

平方米，办公室、会议室、档案室等20余间、教室19间（含2间能容纳100多人的阶梯教室、研讨室4间、多媒体教室1间）、报告厅2间（其中1号报告厅能容纳400余人、2号报告厅能容纳120余人）；学员宿舍楼建筑面积4500余平方米，按照三星级标准装修（配有空调、电视、热水器等），各类房间97间（其中套房2间、单间8间、标间87间）、床位184个；食堂建筑面积915平方米，分上、下两层，能同时容纳200余人就餐；图书馆建筑面积2300余平方米；教师宿舍建筑面积近3000平方米。学校教学设施完善，环境优雅，可容纳400余名学员在校学习和生活。

瓮安县委党校为财政全额拨款的副县级参公管理事业单位。设6个正科级内设机构，其中办公室、总务科2个科（室）为行政管理机构。教务科、干部培训科、综合教研室、科研办公室4个科室为教学业务机构。共有教职工19人，其中参公管理人员5人、专职教师14人。专职教师中、高级讲师3人、讲师3人、硕士研究生2人、在职攻读研究生1人。

重视教师队伍建设，组织教师外出学习培训，先后9名教师赴延安干部培训学院、7名到贵阳孔子学堂学习和观摩、1名到省委党校参加秋季全省党校、行政学院系统党性教育骨干师资培训班培训、1名到中山大学参加“公共危机管理与舆情应对”专题培训班培训、1名到省党校参加2015年哲学社会科学教学科研骨干研修班培训。2015年度开展优质课评比活动，1名教师参加黔南州党校系统优质课评比，获黔南州党校、行政学院（校）系统第一届精品课程奖。

银盏镇境内的瓮安党校，每年根据时事形势开展经济宣讲分期分批培训各级党政领导干部。2015年，在全县各单位和部门开展“两会”精神宣讲26场2000余人次；中共十八届五中全会精神宣讲42场2800余人次；其他理论宣讲和讲座14场800余人次。进行县内各项干部培训13个班次1164人；为省委党校、省组干院、黔南州委党校及其他县级党校开办干部培训班13个班次644人。

**中共瓮安县委党校历届负责人一览表**

表14—28

| 序　号 | 职　务 | 姓　名 | 任职年限 | 备　注 |
|---|---|---|---|---|
| 1 | 副校长 | 刘盛禹 | 1959.10—1961.5 | 1959年10月，成立瓮安县委党校，未明确校长，由副校长主持工作 |
| 2 | 副校长 | 宋仕农 | 1962.1—1962.9 | |
| 3 | 副校长 | 吴　铖 | 1962.9—1963.11 | |
| 4 | 副校长 | 丁富金 | 1963.12—1967.3 | |
| 5 | 副校长 | 吴隆祥 | 1973.3—1976.10 | 1972年2月，设县委读书班。1973年3月，恢复县委党校 |

续表14-28

| 序　号 | 职　务 | 姓　名 | 任职年限 | 备　注 |
|---|---|---|---|---|
| 6 | 校　长 | 龙治水（县委常委、县委宣传部长） | 1984.6—1987.11 | 1984年6月，经县委常委决定，由县委常委、县委宣传部部长兼校长 |
| 7 | 校　长 | 向志荣 | 1987.11—1990.6 | |
| 8 | 副校长 | 吴隆祥 | 1976.10—1992.12 | |
| 9 | 副校长 | 曾宪源 | 1985.5—1989.6 | |
| 10 | 校　长 | 付绍斌 | 1991.10—1992.8 | 县委书记兼 |
| 11 | 常务副校长 | 苏孝平 | 1990.8—1994.12 | |
| 12 | 常务副校长 | 李朝芳 | 1995.3—2010.9 | |
| 13 | 常务副校长 | 童德莹 | 1992.4—2007.12 | |
| 14 | 常务副校长 | 何贤华 | 2008.3—2012.2 | |
| 15 | 常务副校长 | 黄先忠 | 2007.6—2015.9 | |
| 16 | 校　长 | 杨国熙 | 2012.3—2015.9 | |
| 17 | 校　长 | 何贤华 | 2015.1— | |

## 1996—2015年中共瓮安县委党校发表文章统计表

表14—29

| 项目年份 | 作　者 | 文章名称 | 刊物名称（或备注） |
|---|---|---|---|
| 1996 | 童德莹 | 保障科技进步若干研究软科学课题 | 获省级论文评比三等奖 |
| 1998 | 李朝芳 | 加强农村党支部建设 | 省党校《理论与实践》期刊 |
| | 张　淞 | 关于实践是检验真理标准问题大讨论的重大意义 | 《贵州干部教育》期刊 |
| 2002 | 童德莹 | 以德治国：中国特色社会主义的伟大治国方略 | 《走向未来启示录.中国新时期人文科学优秀成果精选》，获社科18门类1978—2003年论文一等奖，获世界华人论文一等奖。收入《新华文献》《中华文献》《中国共产党人宝典》等大型图书 |
| 2004 | 张　淞 | 实现农村富民增收的有效途径 | 《贵州干部教育》期刊 |
| 2005 | 张　淞 | 农村医保存在的问题 | 《中国农村科技》 |
| 2006 | 秦玉文 | 盘活民间资本 | 省党校《理论与实践》期刊 |
| 2007 | 张　淞 | 农村民间纠纷的化解 | 《中国农村科技》 |
| 2008 | 张　淞 | 加强企业思想政治工作 | 《中国经贸》 |
| | 秦玉文 | 民事案件执行难的成因及对策 | 省党校学报 |
| 2010 | 张　淞 | 农村土地承包合同纠纷初探 | 省党校学报 |

续表14-29

| 项目年份 | 作　者 | 文章名称 | 刊物名称（或备注） |
| --- | --- | --- | --- |
| 2012 | 杨国熙<br>唐国春 | 浅谈瓮安发展“软实力”的思考 | 《贵州干部教育》 |
| | 张　淞<br>田雨艳 | 中国式的婚姻家庭初探 | 《法制与经济》 |
| | 罗廷莲 | 浅谈班主任工作中的细节管理 | 《中国教育研究学刊》 |
| | | 瓮安县强化事业单位新进人员培训提升队伍素质 | 《中国教育研究学刊》 |
| | | 从十八大代表看中国民主政治 | 《黔南州委学校学报》 |
| | 汤玉洁<br>张　淞 | 《星星之火，可以燎原》看毛泽东关于中国革命道路的探索 | 《中共贵州省委党校学报》 |
| | | 浅谈瓮安农村民营经济的发展 | 《黔南日报》 |
| | 汤玉洁 | 创新基层党建工作，夯实执政组织基础——“十八大”报告党建专题学习 | 《黔南州委学校学报》 |
| | 姜　波<br>周家佳<br>邹大洪 | 中共贵州省委党校　贵州行政学院调研组赴瓮安开展社会管理创新调研 | 《贵州干部教育》 |
| | 张存丽 | 新工业园区发展方向探索 | 《中国科技教育》 |
| | | 中国与世界上各主要资本主义国家思想政治教育形式 | 《黔南州委党校学报》 |
| | 苏恒琨 | 论新形势下党校思想政治教育工作的困境与对策 | 《大江周刊》 |
| | 周家佳 | 试论行政领导形象塑造 | 《新西部》 |
| | | 浅谈“全国建设小康社会”到“全国建成小康社会”，一字之变，自信倍增 | 《黔南州委党校学报》 |
| 2012 | 邹大洪 | 学习贯彻十八大精神为全面建设小康社会贡献力量 | 《黔南州委党校学报》 |
| | | 保持党的纯洁性，开创黔南建设新局面 | 《黔南州委党校学报》 |
| | 魏再会 | 对瓮安党校网点建设的思考 | 《中国教育改革研究论丛》 |
| | | 对思想政治教育专业毕业生就业困境的分析 | 《金山》 |
| 2013 | 罗廷莲 | 谁毁了我们的“伊甸园”——漫谈鲁迅作品中人物的悲剧命运 | 《教育研究学刊》 |
| | | 实现小康，农村的发展是关键 | 《黔南组织工作》 |
| | | 浅谈新中国外交谈判的艰难历程 | 《中文信息》 |
| | 秦玉文 | 城市南边农村房屋买卖问题初探 | 《中国信息》 |
| | 张存丽 | 试论优化中学生思想品德教育环境 | 《中国科技博览》 |
| | 周家佳 | 工业化城镇化进程中农村征地拆迁存在的问题及对策 | 《贵州干部教育》 |
| | 邹大洪 | 加强县级学校基础设施建设初探 | 《民风》 |
| | 苏恒琨 | 转变农村生育观念的思考 | 《贵州干部教育》 |
| | 刘泽洪 | 如何做好农村留守儿童教育之浅见 | 贵州省教育科学院 |
| | 池光亮 | 在思想政治教学中引入研究性学习的目标及意义 | 《素质教育》 |
| | | 初中思想政治课程改革与文明建设 | 《当代教育探索》 |

续表14-29

| 项目年份 | 作　者 | 文章名称 | 刊物名称（或备注） |
|---|---|---|---|
| 2013 | 魏再会 | 坚持科学发展，推进生态文明建设 | 《黔南州委党校学报》 |
| | | 创新干部教育培训方式，提升基层干部素质——浅谈瓮安县委党校干部教育培训的主要举措 | 《锦绣》 |
| 2014 | 周家佳 | 红色旅游的开发利用和保护问题研究 | 省委党校课题 |
| | | 平塘县委党校到瓮安县党校开展校际交流活动 | 《贵州干部教育》 |
| | 魏再会 | 贵州现代农业发展战略研究 | 省委党校课题 |
| | | 现行社会主义核心价值观，减少社会道德失范现象 | 《锦绣》 |
| | 罗廷莲 | 浅谈调研在党校教学工作中的重要性 | 《现代科学教育前沿》 |
| | | 市级党校开设中国古代史专题讲座之管见 | 《中共太原市委党校学报》 |
| | | 挺立于大观园边上的青松——浅析《红楼梦》中刘姥姥的艺术形象 | 《现代科学教育报》 |
| | | 《践行党的群众路线要做到敬畏权利》 | 《贵州干部教育报》 |
| | | 浅析在开展党的群众路线教育实践活动中存在的问题及对策 | 《州委党校学报》 |
| | | 品味幸福 | “三八”征文 |
| | 刘泽洪 | 制约高校管理人员工作动力的因素分析及构建 | 《教育研究学刊》 |
| | | 关于如何提升农村基层干部执行力的几点思考 | 《科教创新论坛》 |
| 2014 | 刘泽洪 | 封建陋习与祥林嫂之死 | 《教育研究学刊》 |
| | | 提高县级党校主体班教学水平的几点思考 | 《中文信息》 |
| | | 新时期县级党校创新干部教育培训工作初探 | 《中国教育学刊》 |
| | 池光亮 | 城乡结合部房屋黑市初探 | 《教师教育研究》 |
| | | 留守问题不能只是关注 | 《课程与教学研究》 |
| | 雷　华 | 论中国当代马克思主义的群众观 | 《教育研究学刊》 |
| | | 我国思想政治教育与西方的异同 | 《现代科学教育前沿》 |
| | 张　淞 | 对县级党校改进教学工作的几点思考 | 《贵州干部教育报》 |
| | 苏恒琨 | 浅议怎样加强和创新村级社会管理工作 | 《教师教育研究》 |
| | 张存丽 | 践行群众路线，做好新时期群众工作 | 《州委党校学报》 |
| | | 中国与世界上各主要资本主义国家思想政治的教育形式 | 《教育研究学刊》 |
| 2015 | 雷　华 | 论依法行政与行政观念转变的相关性 | 《中国教育学刊》 |
| | | 浅议改善城市就业状况的政府行为 | 《基础教育课程》 |
| | | 县级党校干部教育培训存在的问题及对策研究 | 《教学与研究》 |
| | | 试论马克思主义群众观在当代中国的发展 | 《教育研究》 |
| | | 构筑“五位一体”增强社会治理功能 | 《中国教育学刊》 |

续表14-29

| 项目年份 | 作　者 | 文章名称 | 刊物名称（或备注） |
|---|---|---|---|
| 2015 | 刘泽洪 | 论猴场会议的历史地位及现实意义 | 《教育研究》 |
| | | 县级党校教师队伍建设探究 | 《教学与研究》 |
| | | 农村基层干部执行力研究 | 《中国教育学刊》 |
| | | 拓展县级党校培训的思考 | 《课程.教材.教法》 |
| | | 论领导的权威 | 《教学与研究》 |
| | | 论领导者的非权力性影响力 | 《科学导报.教育论坛》 |
| | 魏再会 | 法律与秩序之我见 | 《科学与财富》 |
| | 罗廷莲 | 弘扬中华传统美德 增强干部党性修养 | 《教育研究学刊》 |

## 2015年瓮安县党校接待省、州、县各级党校组织的干部教训班统计表

表14-30

| 序号 | 班次名称 | 培训天数 | 培训人数 | 培训内容 | 培训地点 | 培训起止时间 |
|---|---|---|---|---|---|---|
| 1 | 关岭自治县村党组织书记专题培训会 | 1 | 55 | 红色革命传统教育 | 瓮安县委党校 | 2015.3.11 |
| 2 | 省直正科级公务员任职培训班 | 2 | 43 | 社会治理 | 瓮安县委党校 | 2015.3.25—2015.3.26 |
| 3 | 龙里县2015年新任科级领导干部和部分年轻干部培训班 | 1 | 77 | 社会治理 | 瓮安县委党校 | 2015.4.11 |
| 4 | 省直处级公务员任职培训班 | 2 | 45 | 社会治理<br>红色革命传统教育 | 瓮安县委党校 | 2015.4.21—2015.4.22 |
| 5 | 北京市朝阳区委党校处级干部培训班 | 1 | 55 | 社会治理<br>红色革命传统教育 | 瓮安县委党校 | 2015.6.9 |
| 6 | 贵州省委党校妇女干部培训班 | 2 | 45 | 社会治理<br>红色革命传统教育 | 瓮安县委党校 | 2015.6.10—2015.6.11 |
| 7 | 中国民用航空新疆管理局培训班 | 1 | 49 | 5531模式社会治理红色革命传统教育 | 瓮安县委党校 | 2015.7.6—2015.7.7 |
| 8 | 贵州地矿局111地质大队干部培训班 | 1 | 69 | 社会治理<br>红色革命传统教育 | 瓮安县委党校 | 2015.9.11 |
| 9 | 中共黔南州委党校2015年秋第53期少数民族干部培训班 | 1 | 50 | 社会治理<br>红色革命传统教育 | 瓮安县委党校 | 2015.9.24 |
| 10 | 中共黔南州委党校第七期县（市）科级干部培训班 | 1 | 49 | 5531模式社会治理红色革命传统教育 | 瓮安县委党校 | 2015.9.25 |
| 11 | 中共黔南州委党校2015年第四期州直部门科级干部培训班 | 1 | 47 | 5531模式社会治理红色革命传统教育 | 瓮安县委党校 | 2015.10.22 |

续表14-30

| 序号 | 班次名称 | 培训天数 | 培训人数 | 培训内容 | 培训地点 | 培训起止时间 |
|---|---|---|---|---|---|---|
| 12 | 福泉市2015年挂职干部党性教育专题培训班 | 1 | 60 | 社会治理<br>红色革命传统教育 | 瓮安县委党校 | 2015.11.14 |
| 13 | 湄潭县2015年新任乡科级领导干部培训班 | 1 | 61 | 社会治理<br>红色革命传统教育 | 瓮安县委党校 | 2015.11.24 |
| | 合　计 | 16 | 644 | | | |

## 2015年瓮安县委党校县内各干部培训班统计表

表14—31

| 序号 | 班次名称 | 培训天数 | 培训人数 | 培训内容 | 培训地点 | 培训起止时间 |
|---|---|---|---|---|---|---|
| 1 | 玉山村党员干部培训班 | 1 | 50 | 党员知识培训<br>两会“精神宣讲” | 玉山村委会 | 2015.4.22 |
| 2 | 瓮安县民政系统干部培训班 | 1 | 60 | 推进社会治理体系和能力现代化构建瓮安和谐管理 | 瓮安县民宗局 | 2015.5.26 |
| 3 | 企业团体党支部书记培训 | 1 | 100 | 弘扬中华文化<br>增强干部党性修养 | 县会展中心4号会议室 | 2015.6.22 |
| 4 | 玉山村党员干部培训班 | 1 | 40 | “三严三实”专题党课 | 玉山村委会 | 2015.6.30 |
| 5 | 瓮安监狱干部参加“三严三实”专题教育培训 | 1 | 71 | 弘扬中华优良传统<br>增强干部党性修养 | 北斗山监狱 | 2015.7.22 |
| 6 | 瓮安县保密专（兼）职干部培训班 | 3 | 86 | 保密知识培训 | 瓮安县委党校 | 2015.7.22—2015.7.24 |
| 7 | 瓮安县2015年村（居、社区）主任文书培训班 | 4 | 195 | 精准扶贫推进集体经济发展，农业产业结构调整及农村常见法律法规等 | 瓮安县委党校 | 2015.9.20—2015.9.23 |
| 8 | 黔南州选调生干部培训班 | 2 | 110 | 党的政策理论知识专题 | 瓮安县委党校 | 2015.9.21—2015.9.22 |
| 9 | 瓮安县全县妇女干部培训班 | 2 | 101 | 关爱女性健康，妇女干部政务礼仪，如何做一个魅力女人等知识 | 瓮安县委党校 | 2015.9.28—2015.9.29 |
| 10 | 瓮安县2015年事业单位新进人员初聘培训班第一期 | 8 | 98 | 《事业单位干部初任培训教程》 | 瓮安县委党校 | 2015.11.2—2015.11.9 |
| 11 | 瓮安县2015年事业单位新进人员初聘培训班第二期 | 8 | 97 | 《事业单位干部初任培训教程》 | 瓮安县委党校 | 2015.11.10—2015.11.17 |
| 12 | 瓮安县基层党组织“第一书记”和党建扶贫驻村工作组长培训班 | 2 | 74 | 精准扶贫推进集体经济发展，农业产业结构调整及农村常见法律法规等 | 瓮安县委党校 | 2015.11.17—2015.11.18 |

续表14-31

| 序号 | 班次名称 | 培训天数 | 培训人数 | 培训内容 | 培训地点 | 培训起止时间 |
|---|---|---|---|---|---|---|
| 13 | 贵州中交贵瓮高速公路有限公司运营人员培训班 | 15 | 82 | 军训及业务培训 | 瓮安县委党校 | 2015.11.16—2015.11.30 |
| | 合计 | 49 | 1164 | | | |

# 第十五篇 卫生 体育

# 第一章　卫生

## 第一节　医疗机构

**卫生院**　新中国成立前，境内只有少数民间个体医生，都是用中草药治病，个别医生用推拿、烧灯火等土法。解放后，各村寨逐渐出现个体中草药医生，治疗一些常见病，病情严重的就到县人民政府接管的卫生院（后更名为瓮安县人民医院）或区中西医联合诊所（后更名为雍阳区联合医院）医治。1978年银盏公社始建卫生所，业务用房为租用，80平方米左右，人员2人，床位2张。后各大队逐渐建立起卫生室，赤脚医生8人，用中草药或少品种西药为当地村民防病治病。1982年更名为银盏公社卫生院，1984年更名为乡卫生院。1986年为规范管理，县人民政府颁布了《瓮安县乡卫生院工作制度和职责实施细则》《瓮安县乡卫生院验收标准》，明确了乡卫生院的性质、任务、职责。2007年利用国家项目建设款加上修缮资金在宋家坝三岔路口修建业务用房，于2008年1月投入使用。医院从固定资产1万元增至22.2万元，库存药品从2000元增至4.5万元。病床从2张增至9张，职工从5人增至10人。2012年3月因行政区划调整划归雍阳街道卫生服务中心。银盏乡卫生院更名为银盏镇中心卫生院，木老坪乡卫生院更名为木老坪卫生院，由银盏镇协管。2014年11月与镇计划生育服务站整合更名为银盏镇卫生计生院。玉华、鱼河、木老坪卫生院更名为卫生计生院，由银盏镇管理。新建业务用房位于银盏飞练社区尖山处，建筑面积约2200平方米。卫生室18个，编制31人，在职职工25人，卫生专业技术人员23人。其中副高级职称1人、中级职称5人、初级职称15人、其他4人。本科学历1人、大专17人、中专7人，医院设有基本医疗科、公共卫生科、计划生育科等。床位编制40张。

**1992—2015年银盏乡（镇）卫生院负责人更迭情况统计表**

表15-1

| 姓　名 | 性　别 | 职　务 | 任职年限 |
|---|---|---|---|
| 朱金龙 | 男 | 院长 | 1992.9—1995.8 |
| 曹地华 | 男 | 院长 | 1995.8—1996.7 |
| 杨再明 | 男 | 院长 | 1996.7—1998.9 |
| 梁正林 | 男 | 院长 | 1998.9—2008.8 |
| 朱正敏 | 女 | 院长 | 2008.8—2013.8 |
| 朱仕兵 | 男 | 院长 | 2013.8— |
| 郑　坤 | 男 | 副院长 | 2014.3— |
| 邓仁莲 | 女 | 副院长 | 2014.10— |
| 罗帮毅 | 男 | 副院长 | 2015.4— |

**贵州省北斗山监狱医院**　为省属厂矿医院，1978—1983年，系贵州省新华磷肥厂医务所，1984年更名为贵州省新华磷肥厂职工医院。1999年评审获“一甲”医院。2005年，贵州省新华磷肥厂职工医院与北斗山监狱医院合并，更名为贵州省北斗山监狱医院。2011年年末，床位30张，职工26人，固定资产512万元，建筑面积1200平方米。门诊20120人（次），住院2010人（次），收入280万元。2012年，门诊36023人（次），住院1316人（次），收入309万元

**村卫生室**　是县、镇、村三级公共卫生体系的网底，承担所在村常见病、多发病的诊治，负责免疫规划、新法接生、计划生育、爱国卫生等基础公共卫生工作。村卫生室从8个增至18个，其中新建村卫生室3个，每个60平方米。村医从2008—2013年采购药品20万～50万元，下拨基药补助金从0～15万元左右。为村卫生室配备担架、出诊箱、缝合包、冷藏包等设备20种，共计价值7000元左右，村医工资从每月300元增加到817元。

## 第二节　医疗技术

### 一、民间医术

新中国成立前，银盏镇内无专业医疗机构，无专用医疗建筑，主要依靠中医中药和民间草医、土医。民间草医、土医多系世代祖传，做到有请即医，有的用独门草药或偏方，有的用独特的方法为人治病，其医术至今仍行之有效，广为民间采用。如用自采草药泡成药酒或以酒吞服草药，治疗跌打损伤；用推拿按摩治感冒、疼痛；用打咂角治风湿；用烧灯火治急性腹痛、小儿惊风等。这些民间医术流传较广，随着人们的思想文化素质的提高，科学的普及，一些带迷信色彩的医术被淘汰，今行之有效的民间医术主要有几种：

**推拿**　用生姜、葱敷于患者身体的穴位，再顺经络反复推擦，治小儿消化不良、腹泻、惊风等病。用中指、食指在患者鼻梁、颈、肩、胸窝、腿等处揪至发红，治感冒，中暑等病。

**烧灯火**　用灯草蘸菜油点燃后在患者有关穴位点灼，治急性腹痛、腹泻和小儿急性惊风等病。

**拔火罐**　以竹筒、牛角等为“罐”，放在沸水中煮烫或用纸屑点燃放入“罐”内，排出罐内空气，即将“罐口贴在患处皮肤上（先用瓷器、玻璃尖锐碎片将患处刺出血），数分钟后取下火罐，清除污血，涂上药液”，此术用于治疗跌打损伤，风湿关节痛。

**刮痧、放血**　用铜钱或边沿光滑的瓷器蘸菜油在患者的手弯、脚弯、背胛、肋间、鼻梁或颈部刮至发红。用手在患者肩背部拍打数次，再由肩至掌抹5～7次，后用线将中指末节捆紧，用针刺指尖3～5针，使其出血。上述两术主要用于治疗伤风感冒、急性肠胃炎、腹泻、中暑等病。

**滚蛋**　用煮烫的鸡蛋在患者头部、背部或疼痛部位加微力滚动，蛋降温后再烫再滚，以治疗感冒和风湿性周身疼痛等病。

### 二、西医技术

1978年银盏乡卫生所开始采用西医西药治病，但由于当时西医人员医疗技术水平较低，加之设备简陋，西医治病只能做到问病发药，消毒打针，治标不治本。当时所内只有高压消毒锅、听诊器、血压计、温度计等设备。20世纪80年代，随着计划生育工作的大力推进，开展了人流术、引产术、上环术，同时在外科方面开展了清创缝合术、脓肿切开引流术。2000—2007年，增设了尿液分

析仪1台、心电图机1台、B超1台、冷链设备1套。2014年医疗设备就增加到了生化分析仪1台、电脑20台、血红蛋白分析仪1台、尿液分析仪2台、B超2台、阴道镜2台、冷链设备1套，西医诊治疾病技术大大提高。

### 三、中医技术

新中国成立前，境内中医生极少，多为半农半医，农闲走村串寨，逢场设摊行医。

新中国成立后，政府重视中医，团结中医人员为人民防病治病服务。1978年，银盏卫生所成立后，部分中医人员应聘到卫生所工作，如熊锡洲等，他们或献出秘方、验方、或应用于实际工作中。特别对慢性病的治疗，百姓仍以中医为主，虽治疗时间长，但能治本，2013年以后，卫生院均加强了对中医馆的规范化建设，工作中以中医和中草药加工取胜。

## 第三节　医疗制度

**公费医疗制度**　1952年开始实行。行政事业单位正式职工（含离休、退休职工），在乡二等乙级以上伤残军人，均享受公费医疗待遇：门诊、住院、治疗、药品、手术、检验、接生、健康检查等费，全部由公费医疗经费开支。此项经费由县卫生科统一管理。患者凭单位证明就诊。医疗单位及时记账，定期向卫生科报销。1958年，县卫生科统一制发“公费医疗证”，县内凭证就诊。需到外地治疗者，经卫生科审定，方可转院。1968年，公费医疗经费按每人18元划给各单位掌握开支，超过不补，节余留用。1970年恢复凭证就诊记账报销办法。1987年，改由财政局代管。门诊医疗费，每月按每人3.50元发给个人包干使用。住院经费，每年按每人18元拨给单位包干使用。职工住院经费，国家付80%，个人付20%。建国前参加工作的职工和因公负伤的职工，其住院经费仍由国家支付。特殊情况由财政局审定进行专项补助。1989年年底，县政府设公费医疗办公室，由财政局、卫生局抽人办公。1990年，门诊医疗包干费改为每月每人2.50元作基数，再按工龄每年0.20元计算作补助，两项合计最高不超过10.50元。住院经费改由公费医疗办公室管理，实施办法不变。2002年，公医办撤销，人员划入县社会保险事业局，财政供养职工医疗费用按城镇职工医疗保险相关政策执行。

**劳动保护医疗制度**　1978年，在全民、集体所有制企业正式职工（含离休、退休职工）中实行。劳保医疗经费，按照国家劳动保护条例规定，在企业福利基金中提取。全民所有制企业劳保医疗实施办法与公费医疗实施办法大同小异。集体所有制企业劳保医疗实施办法，根据各企业的经济效益情况而定。

**免费医疗制度**　1978年，在乡三等伤残军人伤口复发者和经济上严重困难的烈军属、复退军人、受灾群众、五保户患者，凭当地政府或民政部门证明到指定医疗单位就诊，给予免费医疗。其医疗费由卫生、民政部门结付。

**合作医疗制度**　20世纪70年代，生产大队实行合作医疗制度。医疗站经费由大队提取的公益金支付。治疗一般不收费，多使用中草药和针灸。1980年农村合作医疗制度随着农村家庭联产承包制的实行，诊疗开始实行收费制。1981—1996年，农村合作医疗制度处于停滞状态。1997年，县政府批转卫生局《关于实施农村合作医疗试行方案的报告》，规定参合对象每人由县财政每年补助1.5～2

元，个人交纳10～25元，住院最高每年可报销1000元。1998年，县政府确定新场村等3个村作为农村合作医疗试点村。2007年1月，新型农村合作医疗制度开始实施，简称“新农合”，原合作医疗制度被取代，中央财政对中西部地区除市区以外的参加新型合作医疗的农民每年按人均10元安排合作医疗补助资金，地方财政对参加新型合作医疗的农民补助每年不低于人均10元。2011年，县启用贵州省新农合信息管理系统，贵州省移动公司提供技术平台，实现乡卫生院、村卫生室的所有合医定点医疗机构网络管理，实行新农合的支付方式，推行门诊输液费用次均包干和定额付费。执行单病种定额补偿与患者定额自付。2011年，政府对新农合和城镇居民医保补助标准均由上一年每人每年120元提高至200元，住院费用支付比例力争达到70%左右。乡、村级定点医疗机构的次均输液费用控制在40元，人均住院费用控制在1200元以内，住院补偿比达70%，住院封顶线8万元（儿童先天性心脏病和白血病封顶线15万元）。11月，率先在全省推行新农合再次补偿，再次补偿主要是对2011年生病住院后自费金额较大的群众再给予30%的补偿。从2012年起，各级财政对新农合的补助标准从每人每年200元提高到每人每年240元，农民个人缴费原则上提高到每人每年50元，新生儿出生当年，随父母自动获取参合资格并享受新农合待遇，自第二年起按规定缴纳参合费用。2007—2013年全镇参合人数107196人（次），获得补偿资金2483.45万元。

自2013年起，各级财政对新农合的补助标准从每人每年240元提高到每人每年280元，政策范围内住院费用报销比例提高到75%左右，并全面推开儿童白血病、先天性心脏病、结肠癌、直肠癌等20个病种的重大疾病保障试点工作。2014年，各级财政对新农合和居民医保人均补助标准在2013年的基础上提高40元，达到320元，农民和城镇居民个人缴费标准在2013年的基础上提高20元，个人缴费标准达到每人每年70元。2015年全镇参合人数46200人，参合率96.1%，新农合基金总额2079万元，获得补偿资金1777.19万元。

**2007—2015年银盏镇新型农村合作医疗工作情况统计表**

表15—2

| 年份 | 参合人数 | 参合率 | 总筹资标准（元/人） | 其中农民自筹（元/人） | 基金总额（元） | 补偿人次 | 补偿金额（元） |
|---|---|---|---|---|---|---|---|
| 2007 | 10905 | 80.4 | 50 | 10 | 545250 | 2928 | 314413.72 |
| 2008 | 11876 | 87.3 | 90 | 10 | 1068840 | 10280 | 1029563.9 |
| 2009 | 12724 | 93.17 | 100 | 10 | 1272400 | 22900 | 1863838 |
| 2010 | 13545 | 96.32 | 140 | 20 | 1896300 | 21569 | 1708966 |
| 2011 | 13571 | 95.09 | 230 | 30 | 3121330 | 31712 | 2954231.46 |
| 2012 | 13942 | 94.25 | 290 | 50 | 4043180 | 39904 | 4050721.08 |
| 2013 | 30633 | 98.79 | 330 | 50 | 10108890 | 109005 | 12912689.47 |
| 2014 | 44740 | 97.11 | 390 | 70 | 17448600 | 145689 | 18744170.19 |
| 2015 | 46200 | 96.1 | 450 | 70 | 20790000 | 165473 | 17771915.05 |

**城镇居民医疗保险制度** 学生、少年儿童及其他18周岁以下的居民每人每年缴纳40元，高额保险5元，共45元。成人每人每年120元，高额保险15元，共135元；城镇“三无”人员的基本医疗保险由政府全额补助。2011—2015年，参保人数2114人。

### 城镇居民基本医疗保险及大病保险缴费及待遇统计表

表15—3

<table>
<tr><th colspan="5">基本医疗保险（9万元）</th><th colspan="5">大病医疗保险（15万元）</th><th>合计</th></tr>
<tr><th rowspan="2">参保对象</th><th colspan="4">筹资标准/年</th><th rowspan="2">参保对象</th><th colspan="4">筹资标准/年</th><th rowspan="2">居民享受医疗待遇报销（万元）</th></tr>
<tr><th>总额（元）</th><th>政府补助（元）</th><th>个人缴费（元）</th><th>享受待遇（万元）</th><th>筹资总额（元）</th><th>政府补助（元）</th><th>个人缴费（元）</th><th>享受待遇（万元）</th></tr>
<tr><td>18周岁以下居民</td><td>320</td><td>280</td><td>40</td><td rowspan="4">9</td><td rowspan="3">18周岁以下城镇居民（含18周岁以上全日制在校学生）</td><td rowspan="3">10</td><td rowspan="3">5</td><td rowspan="3">5</td><td rowspan="4">15</td><td rowspan="4">24</td></tr>
<tr><td>18周岁以上居民</td><td>400</td><td>280</td><td>12</td></tr>
<tr><td>重度残疾人、低收入家庭60周岁以上老年人、低保对象</td><td>400</td><td>390</td><td>10</td></tr>
<tr><td>“三无人员”（无劳动能力、无生活来源、无法定赡养、抚养、扶助义务人的人员）</td><td>400</td><td>400</td><td>不缴费</td><td>18周岁以上城镇居民</td><td>30</td><td>15</td><td>15</td></tr>
</table>

**城乡医疗救助制度** 2009年6月15日，民政部、财政部、卫生部、人力资源和社会保障部联合下发《关于进一步完善城乡医疗救助制度的意见》（民发〔2009〕81号）。通过政府拨款和社会捐助等多渠道筹资建立基金，对患大病的农村五保户和贫困农民家庭、城市居民最低生活保障对象中未参加城镇职工基本医疗保险人员、已参加城镇职工基本医疗保险但个人负担仍较重的人员及其他特殊困难群众给予医疗费用补助（农村医疗救助也可以资助救助对象参加当地新农合）的救助制度。2011年，全县医疗救助基金总额350万元，由县民政局统筹使用。

## 第四节 防疫

新中国成立前，霍乱、天花、疟疾、伤寒等传染病流行，没有得到很好的控制治疗。新中国成立后，人民政府领导城乡人民积极防治传染病，许多传染病逐渐绝迹。1978年，国家进行计划免疫，后叫免疫规划。1981年5月，瓮安率先在全州开展预防接种建卡工作试点。10月银盏公社儿童建卡率达85%。1982年，根据卫生部要求停止接种牛痘疫苗。1984年，开始向儿童发放预防接种证，接种疫苗时需持接种证并记录，要求卡证吻合。1986年，白喉、脊髓灰质炎列入计划免疫管理。对适龄儿童全面实施麻风、百白破、卡介苗、脊髓灰质炎等疫苗接种。1987年，试行计划免疫保偿合同制，即接种单位按规定收取保偿费后与接种对象家长通过签订合同的形式明确双方的责任和义务。实行计划免疫保偿合同制后，“四苗”接种率逐年上升，相应传染病发病率逐年下降。1991年，银盏乡以村为单位，设儿童免疫定点接种点8个。2004年，县政府制定《瓮安县2004年脊髓灰质炎强化免疫活动方案》，分别于9月、11月两轮次对2000年1月1日出生至接种时出生儿童，无论以往免疫史如何，不论居住地与出生地，一律接种2次脊髓灰质炎疫苗，重点是脊髓灰质炎疫苗接种史少于3次（尤其是“零”剂次）免疫儿童。是年停止7岁、12岁儿童卡介苗接种。2008年，建立AFP监测哨点，进行旬报告制度，负责AFP监测报告工作。2009年免疫规划实行微机管理，实行儿童建卡、建证登记。儿童计划免疫从2008年应种2690人，实种2518人增至2013年应种5865人，实种5820人。2014年新出生儿童299名，出生率11.3‰。全镇0岁长期外出儿童18名（已上卡），流入儿童36名，居住在境内的儿童均已上卡、建证，并按免疫程序进行预防接种。

2015年卡介苗应种415人，实种415人，接种率100%。麻风疫苗应种369人，实种367人，接种率99.4%。麻腮风疫苗应种426人，实种424人，接种率99.5%。脊灰疫苗第一针应种400人，实种400人，接种率100%。第二针应种405人，实种403人，接种率99.5%。第三针应种400人，实种392人，接种率98%。第四针应种298人，实种277人，接种率93%。百白破疫苗第一针应种398人，实种398人，接种率100%。第二针应种390人，实种389人，接种率99.7%。第三针应种396人，实种394人，接种率达99.4%。第四针应种425人，实种421人，接种率99%。百破疫苗应种250人，实种245人，接种率98%。乙脑疫苗第一针应种374人，实种374人，接种率100%。第二针应种387人，实种386人，接种率99.76%。A群流脑疫苗第一针应种389人，实种389人，接种率100%。第二针应种378人，实种373人，接种率98.6%。A+C群流脑疫苗第一针应种314人，实种312人，接种率99.3%。第二针应种250人，实种235人，接种率94%。乙肝疫苗第一针应种6人，实种6人，接种率100%。第二针应种245人，实种425人，接种率100%。第三针应种400人，实种397人，接种率99.25%。甲肝疫苗应种479人，实种475人，接种率99.16%。对全镇重点人群进行二类疫苗接种，共接种2670人次。全镇AFP监测、麻疹监测工作运转正常，每旬报告率为100%。

## 第五节　妇幼保健

**妇幼保健**　20世纪50年代，对育龄妇女进行经期、孕期、产期、哺乳期的保护，工作做到“三调三不调”（参加农业集体生产劳动调做轻活不调做重活，调做干活不调做湿活，调做近活不调做远活）。20世纪60年代，由于粮食紧缺，营养不良，很多妇女发生闭经、子宫脱垂等病，当时雍阳公社医院试用蒸汽疗法治疗浮肿、闭经、子宫脱垂等病，效果较好。广大妇女患者前往治疗。1978—1984年，开展妇女“两病”（宫颈癌、乳腺癌）普查普治。1985年进行产前检查、新法接生、产后访视，实行计划生育手术（上环、结扎、引产、人流等）。1993年开始试行婚检，试行母婴保健保偿责任制。1995年《中华人民共和国母婴保健法》出台，母婴保健管理、婚前检查、出生证的办理等妇保工作走入正轨。妇女保健从2008年650人次增至2014年1086人次。实行全镇孕产妇全程跟踪管理责任制。2014年产妇数671人，住院分娩669人，活产数675人，其中剖宫产288人，剖宫产率42.7%，顺产387人，新法接生率100%，高危孕产妇48人，住院分娩48人，高危住院分娩率100%。完善“两个系统化管理”，开展产后访视工作。是年，访视产妇578人。产访内容包括母乳喂养、新生儿护理与喂养、避孕情况等。每村设立1名村级卫生员，每月对村级卫生人员进行培训，掌握医疗知识。

**儿童保健** 20世纪70—80年代，农村儿童保健主要靠生长发育曲线图进行监测。进行儿童蛔虫病调查，对患者免费治疗。对7岁以下儿童实行计划免疫，普遍口服预防小儿麻痹糖丸，接种麻疹疫苗、百日咳白喉、破伤风菌苗和卡介苗等，危害儿童健康的一些常见病、多发病基本上得到控制。1988年“四苗”（麻疹疫苗、卡介苗、前角脊髓灰质炎疫苗、百白破菌苗）接种率90%以上。“六病”（麻疹、肺结核、前角脊髓灰质炎、百日咳、白喉、破伤风）得到基本控制。儿童免疫接种从2008年2518人次增至2013年5820人次。儿童保健从2008年35人次增至2013年1310人次。2014年，新生儿破伤风发生率为0.7岁以下儿童保健覆盖率80.6%（玉华80.2%，木老坪76.4%，鱼河76.2%，银盏83.5%）；3岁以下儿童系统管理率78.1%（玉华69%，木老坪64%，鱼河87.8%，银盏85.3%）。

# 第二章　体育

## 第一节　学校体育

新中国成立后，随着学校教学秩序的逐步恢复，学校体育工作步入正轨。毛泽东主席发出“发展体育运动，增强人民体质”的号召，国家教育部在制定教育方针时亦贯穿体育教育思想，受教育者在德育、智育、体育几方面都得到发展，成为有社会主义觉悟、有文化的劳动者。

1950—1980年，银盏各校在课程安排中，各年级的每个班级，一个星期排一节体育课，一般为兼职体育教师。体育课的主要内容，各年级有所区分，低年级操练队形、分清各种转向、学会各种转法、步法训练、体操训练，中年级跑步、接力训练、跳绳、体操等。高年级有球类、长短跑、跳高、跳远、掷铅球等活动内容。20世纪50—60年代学校体育设施比较简陋，许多学校连篮球场也没有，各村级小学体育设施更为简陋。20世纪60年代初，只有银盏学校、玉华小学、木老坪小学、新华小学、鱼河小学有简单的木篮球架及篮球场。

1970年以后，随着教育的不断发展，中心完小相继办起“戴帽初中班”，学校体育设施有了一定改善，银盏、玉华、木老坪、鱼河、新华等学校先后建起水泥篮球场、单双杠、沙坑、跳高架等体育设施。

1980年以后，国家对中小学体育工作再度重视，在周课表中，安排2节体育课，部分学校始设专职体育教师。

1990年，国家教委作出规定，对学生实施素质教育，其中体育教育工作纳入议事日程。教育部门曾一度规定每周须排3节体育课，后又改为每周2节体育课，每周增加1节课外活动。学校教育把学生的体育素质作为考核内容之一，规定一系列身体素质训练的具体内容，如仰卧起坐、踢毽、跳绳等，要求在单位时间内应达到的基本个数作为及格的起点。在学校体育教学中，教育主管部门（教育局）对学生的体育达标作了一些硬性规定，曾一度在小升初和中考中把体育成绩计入总分，自此，学校体育工作得到了实质性的重视。

1994年，银盏学校为迎接县教育局、县体委联合对全县中小学实施体育达标教学工作的督促检查，在5月下旬举办全乡性文体活动，既庆祝“六·一”儿童节，又对各校平时的文体开展情况进行检验。活动项目设置有歌咏、体操、田径等，对各项参赛项目中成绩突出的学生实行一定的鼓励和奖励。

1994年9月，银盏学校为进一步贯彻执行《国家体育锻炼标准》，学校派遣专职体育教师参加县教育局、县体委联合召开的体育达标工作培训会。

1995年6月，县教育局、县体委联合检查组对银盏学校的体育达标情况进行检查、抽查，达标率为74.11%。

1998年10月，县教育局再次对银盏学校体育教学情况进行检查，达标率为82.01%，比1995年提高8个百分点。

2000年5月30—31日，银盏学校组队参加在城关三小举办的全县小学生田径运动会，在11个活动项目中，银盏学校获得8块奖牌。

2012年，银盏学校组团参加在瓮安中学举办的全县中小学生田径运动会，在这次运动会上，银盏学校共获得各项奖牌6块。

课间操、眼保健操、体育课、课外活动是学校体育工作的主要载体。

课间操，即每天上午两节正课之后，学生集中在学校的操场上做广播体操，这种课间体操运动，除受天气影响之外（下雨或凝冻天），每天各校均坚持，在各校已成一种常规活动，从不间断。体操套别根据国家教委及体委联合通知中规定的中小学生体操版本挂图，自选套数或由教育局统一规定选版。首先由学校体育教师在各年级各班级体育教学课堂上教会学生，再在全校正课第二节课下课时全校学生集中在操场上进行体操活动，一般为20分钟（含学生上厕所集合整队时间）。

银盏学校（含各村级）每年“六·一”节均实行体操比赛活动。对表演好的班级发奖鼓励。此项活动除在“文化大革命”期间受干扰影响之外，其余年份照例举办，学校利用“六·一”活动，对学生进行爱国主义、集体主义和集体英雄主义的思想教育。

眼保健操一般在午后第一节课敲预钟开始，各班学生体育委员指挥呼喊眼保健操拍节令，学生按照节拍口令进行眼保健操运动。根据学校调查，未坚持做眼保健操前后，学生视力有明显区别，长期坚持与时做时停亦有不同。

1995年8月29日，教育部颁布《中华人民共和国体育法》，银盏各校的体育教学工作被纳入与语文、数学教学同等重要的位置。实行课前书写体育备课教案，各校教导处检查记载，作体育教师教学工作的依据。学校作了硬性规定，不准占用体育课上语文、数学课，如发现挤占利用体育课上其他课程的，要扣减责任教师月考核量化分，学校把体育教学作为推行学生素质教学的重要措施之一。

学校课外活动，是对体育教学的补充，各班课外活动，在老师指导下，开展形式多样的活动，打篮球或班级友谊赛，如打乒乓球、跳绳、跳高、跳远、爬竿、单双杠运动，在课外活动场上总是一派活跃的气氛。

图15-2-1 银盏学校水泥篮球场，环形跑道

1984年9月10日，全国开始实行第一个教师节，银盏各单位及县城许多单位对学校的文体活动颇为重视，纷纷捐赠文体活动器材，如篮球、乒乓球、球拍、羽毛球拍、足球、跳绳等，据不完全统计，截至2015年7月，银盏各校收到各单位捐赠的体育器材1000余件，有捐赠篮球架、乒乓球桌的。为加强学校的体育工作和促进学生体质的增强，社会各界均寄予厚望。

2015年，银盏各校均已建起水泥篮球场、普通环形跑道、单双杠、乒乓球台、沙坑、跳高架、仰卧起坐垫子、跳箱等体育设施，各校体育课和课外活动，开展得有声有色。

## 第二节 群众体育

新中国成立以来，银盏的群众性体育运动逐渐发展起来。特别是毛泽东同志发出“发展体育运动，增强人民体质”的号召后，群众性的体育活动相继开展。1952年5月，瓮安县第一届农民运动会召开，以篮球、拔河为主，银盏当时隶属于雍阳镇，派员组队，继此之后，分别在新华、红灯堡、木老坪、鱼河、玉华、飞练、银盏等地建立简易篮球场，有的建在学校，如木老坪、玉华；有的建在矿区，如新华磷肥厂。1959年木老坪公社在所在地建造一个简易篮球场。

20世纪60年代中期，木老坪公社、新华、银盏政府所在地建造木质篮球场，附近农民青年农闲常到篮球场上运动。同时也常举行一些篮球友谊赛活动。20世纪70—80年代，政府所在地均已建造水泥篮球场，开始举办一些跨区域群众性篮球体育活动。

1971年6月下旬，银盏公社举办农民运动会，以篮球、拔河、象棋为主要活动内容，以村为单位组队、机关联队、学校独立组队，计有8个生产大队、机关、学校10个参赛单位，运动会主要为纪念中国共产党建党50周年。

1977年，银盏木老坪村（原木老坪乡）被评为农村体育先进单位，出席省表彰大会。

1984年，银盏乡（是年银盏公社改为银盏乡）举办农民运动会，项目有篮球、拔河、象棋、打靶等。

1988年，银盏乡举办秋季农民运动会，各村组队参加，内容有篮球、拔河、象棋等。

1991年，银盏乡举办第四届农民篮球运动会，每村组队参加。其中木老坪还邀请余庆县瓮脚乡派队参加，玉华乡的篮球运动会还邀请所在矿山集团公司参与。

1995年7月，木老坪村（原木老坪乡）组队参加天文镇举办的两县三镇（草塘镇、天文镇、构皮滩镇）两乡（原木老坪乡、余庆县花山乡）篮球友谊赛。

1997年10月，为庆祝香港回归，木老坪村（原木老坪乡）举办两县三镇（草塘镇、天文镇、构皮滩镇）两乡（原木老坪乡、余庆县花山乡）篮球运动会，为时两天。

2000年5月，为贯彻实施全民健身计划纲要和庆祝世纪跨入千禧年，原木老坪乡木老坪村主办瓮余两县三镇（草塘镇、天文镇、构皮滩镇）四乡联谊文体活动。

2008年8月，银盏乡组团参加瓮安县举办的首届农民文体活动月暨“迎国庆，颂党恩，展新歌”歌咏系列活动，参赛项目有篮球、乒乓球、拔河、象棋、歌咏、猜谜语等。

2009年，银盏组团参加全县“龙狮文化艺术节”活动，岩根河村（原玉华乡）在这次活动中，舞龙耍狮独占鳌头，显尽风采。篮球项目获得亚军。

图15-2-2　两办两镇一乡文艺汇演

2010年，银盏乡组团参加瓮安县农民文体活动月篮球及趣味体育活动比赛。

2012年7月，为庆祝中国共产党成立90周年，促进“两镇两办”（银盏镇、平定营镇、雍阳街道办、瓮水街道办）领导干部职工的联系、沟通、增强干部职工的团队合作精神与集体荣誉感，增进干部职工之间的同志友谊，丰富精神文明，文娱生活，举办联谊文化活动，活动内容有篮球、象棋、跳绳、穿圈、拔河等项目。

2013年6月，由银盏、雍阳街道办、瓮水街道办、平定营镇、玉华乡联合承办的“两办两镇”一乡百姓大舞台文体活动，活动项目有歌咏、舞蹈、小品、灯夹戏、武术、快板、魔术、山歌、舞龙耍狮、球类等，观众人山人海，在银盏学校操场上，演绎难忘的文体精彩。

2014年，由工会、公司联合承办的体育活动，在园区拉开帷幕，共有8支参赛队，以篮球、乒乓球、拔河、田径运动为主要活动项目，创业园内人声鼎沸，掌声雷动，赛事结束，为优秀运动员和团队颁奖鼓励。

## 第三节　竞技体育

银盏镇的竞技体育活动大部散于民间，常见的有扳手劲、扭扁担、抱腰杆子（摔跤）、游泳、棋类。少年儿童最喜欢的跳绳、跳海、踢毽、跳皮筋、放风筝、滚铁环、打波螺（陀螺），这些竞技性的体育活动，常在民间广泛流行，尤其是抱腰杆子、扳手劲，在民众的茶余饭后，田边土角举行。特别是在1959—1978年，生产集体化期间颇为盛行，群众喜闻乐见，可上不了大雅之堂，带有组织性和规则性的群众竞技体育活动，一般为篮球、乒乓球、象棋、拔河、打靶等。

继1952年5月瓮安县第一届农民运动后，银盏的篮球运动悄然兴起，最初在学校建造简易篮球场，以方便当地农民青年和机关工作人员篮球爱好者进行运动。

1960年3月，在瓮安永和公社召开的全州体育工作会，对银盏公社体育运动是一个极大的推动。银盏公社于1965年召开农民运动会，以打篮球、拔河、象棋为主要活动内容，参加队为农村联队、机关、学校，在银盏学校举行。

1988年10月，银盏乡在银盏学校举行篮球运动选拔赛，为1989年11月举行的瓮安县第二届农民篮球运动会雍阳区组团选拔运动员打基础。

2000年以后，银盏乡的竞技体育活动日趋频繁，政府把体育和竞技体育提高到国防意识高度，常以政府的名义开展竞技性的体育活动。

2008年、2011—2013年，政府均分别下发有关体育竞技活动的文件，具体安排文体活动及体育竞技活动，把文体竞技体育活动作为推进精神文明建设的载体，文件对竞技体育赛事提出的口号是：友谊第一，比赛第二；比水平、赛风格，增强体质，促进团结。

2013年6月，银盏镇文体代表团在瓮安人民广场表演的“高架舞龙”赢得在场观众的热烈喝彩。

## 第四节　体育设施

1950—1978年，银盏各种体育设施简陋缺乏，学校有简易球场、沙坑、跳高架、木质乒乓球台、跳绳索、羽毛球拍。银盏、木老坪、鱼河、新华等公社政府所在地，在20世纪60年代后期才建篮球场。

1980年以后，各中心校及政府所在地相继建起水泥篮球场，学校体育设施逐渐增多。1990年以后，各中心校陆续添置单双杠、跳绳、仰卧起身垫、学生跑道、钢制乒乓球架、铅球、铁柄、标枪、跳高架等，体育活动器材由上级配发。

2000年以后，学校素质教育提到议事日程，学校各种体育设施由教育局统一配置。运动器材、检测仪器相继配备，如检测学生肺活量仪器、检测跑步的跑表、测高衡重仪器、单双杠、视力表，到2015年，学校各种体育配套设施基本齐全，学校体育课及课外活动的运动器材，根据统计有20种以上，各校配备专职体育教师，给体育教师发放一定津贴和服装。

现银盏镇体育设施亦较齐全，政府所在地已建有水泥篮球场一个，有职工活动中心，健身器材有跑步机，练拉力、臂力的训练器以及乒乓球台，体育设备还有羽毛球拍、按摩器、举重砣、卡拉OK设备等，各村、社区亦建有职工活动中心，比较齐全的有木老坪政务中心、鱼河政务中心、玉华政务中心等处，均设有职工健身室、活动场所篮球场，设施有手臂腿力训练器、羽毛球场、乒乓球台等。

飞练社区、木老坪村的体育设施配备尤为齐全，有篮球场地及其他体育健身器材，每逢清晨或傍晚，社区居民聚集在活动场所，根据需要进行体能训练。市民化工程小区也配备了较为齐全的健身器材，能满足小区居民健身所需。各私立幼儿园，根据幼儿身心需要，添置了大型户外玩具、多功能大型玩具、大型滑滑梯、摇马、篮球等器材。

2012—2015年，镇政府（工业园区）在“六·一”儿童节期间为境内各校少年儿童们送去各种体育活动器材，使各校的体育设施大为改善，对公办、民办幼儿园亦大力扶持，送去大量的儿童玩具和娱乐器材。

# 人物

# 人物传略

## 宋　白

宋白（969—1043），学名其相。继袭草塘司第三任土官职。宋太宗雍熙元年（984年）甲申上诏翰林学士进京，宋太宗命李昉、宋白等编纂一部大型图书集成。耗时5年编成《文苑英华》1000卷，收集南朝梁末至五代时期的诗文，内容分38类，包括2200多位作家的作品，2万篇诗文，是一部古代文章汇编。授宋白参知政事。宋白一生还颇多著述，有《宋白集》等作品传世。后上诏征宋白伐南、平楚甸，以功敕封镇远侯。殁于宋仁宗庆历三年（1043年）癸未六月十八日，享年74岁，葬楚南。

## 宋　韬

宋韬（生卒年月不详），又名宋高纯，明代瓮安人。世袭草塘安抚司安抚使，为人正直耿介有节操。明成化时期，播州宣慰使杨辉骄纵，其部下大小官员唯唯诺诺，杨辉溺爱小老婆所生子杨友，想废掉嫡子杨爱，让杨友继承世袭之职，宋韬独自坚持大义，坚决反对，最后终于让杨辉按当时的有关规矩办理，以长子继承其职。

宋韬这种敢于犯上，维护封建礼教的精神在当时的历史条件下是难能可贵的，曾经传为一段佳话，他的事迹被《平越州志》所记载。

## 宋万璋

宋万璋（1247—1324），元朝瓮安人，字阿重。任职安抚司不久，元兵南下，于1278年归投元朝，得以承袭祖职，后他将安抚司职传给宋居混，自己奉诏伐磞州，朝廷授宋万璋为宣抚同知，任同州富源司加云南平章政事，封大柱国顺元侯。后又因镇压宋隆济起义有功，又被封为总管、昭勇大将军、荣禄大夫等职，佩三珠虎符。由此直接奠定了水东宋氏元、明两代在贵州的世袭统治地位。

## 宋光鸷

宋光鸷（生卒年月不详），明代瓮安人，草塘安抚司副使。万历二十六年（1598年），杨应龙叛乱，大掠草塘、干溪（今平定营）等处，宋光鸷领兵1000人与杨应龙部战于洪头堡，战斗中，宋元鸷断一臂，仍然奋战不止，杨应龙部兵士惧其勇悍，不敢近其身，以乱箭将宋元鸷射死，全军覆没。今瓮安平定营宋家大坟，即宋元鸷之墓。其子宋世裕为贵州名士、瓮安乡贤。

## 宋阳瓒

宋阳瓒（生卒年月不详），字邦佐，明代瓮安人，宋钦之堂弟。因草塘安抚使宋明芳的三个儿子都在外任职，所以由宋阳瓒袭草塘安抚司安抚使之职，曾奉命镇守湖南道州、都匀等处，封军民府都元帅，后授定国西宁伯之爵。宋阳瓒娶妻刘氏，系刘淑珍之妹。

## 肖庭芝

肖庭芝，出生于1782年，其祖父肖世昌，皇清赠侍郎。其父肖如璋，皇清赠林郎，其母赵氏皇清赠七品夫人。飞练石桥就是她出资修建的。所建石桥长50米，高15米，宽3米，是遵义至黄平的驿道之一，是尖山、桅杆坝沿河两岸居民生产、外出赶集的必经之路。

肖庭芝自幼勤奋好学，1806年中举，当地人俗称举人公。当地人还在尖山寨门口修建一座围子牌坊，为纪念其中举，可惜牌坊在解放前被毁。中举后，肖庭芝任都匀府教授。

任职期间，肖庭芝数次回乡探亲，屡见河水猛涨，阻断沿河两岸住民通行往来和劳作，特别是遵义和黄平两地的马帮队需驻扎在河岸边尖山屯和桅杆坝，需驻扎数日待河水消退后才能重新过河启行。

1818年春节，肖庭芝把埋藏心里多年的修桥愿望与众乡亲商量，得到大家的认同。随后安排人员进行测量和预算，同时安排人员到附近村寨化功果（筹集资款）。经过测量和预算，修石桥需花白银3万两，由于肖庭芝家几代为官，家中常有储备资金，自愿拿2.2万两白银修桥。

经过1年的筹备，化功果又集资8000余两白银，肖庭芝决定嘉庆二十四年（1819年）二月十八日开始修建石桥。先后在四川和当地请来工匠数百人，从4公里外的银坑水，2公里外的枫香坡开运石灰和石块，经过4年的努力，石桥终于在道光二年（1822年）胜利完工。从此，沿河两岸的居民以及遵义至黄平的驿道通行无阻。

1984年，由当地的谭荣祖、刘顺华、肖绍清等人领头，当地政府资助，群众集资对石桥上游被洪水冲毁的保坎进行维修加固。2009年，为使小型机械通行，县农发办还对桥头、桥面进行硬化处理，便于小型农机通行。

肖庭芝自己出2.2万两白银修桥的事迹在当地传为佳话，至今仍被人们广为传颂，铭记史册。

## 何得胜

何得胜（1814—1867），字安国，清咸同年间黄号军中称武安王、何二王。瓮安县银盏镇木老坪村人（原瓮安县木老坪乡）。道光三十年（1850年），何得胜被知县祝个园诬为强盗，抓关入笼，置烈日之下，暴晒数日不收，意在处死。何得胜的妻子黎金妹（布依族）买通衙役谎报气绝，得以“领尸埋葬”，其妻秘密请医治疗。何得胜痊愈后，积极参与组建榔会，发动榔民抗粮。咸丰三年（1853年），抗粮斗争遭到官府镇压，何得胜潜往打磨山，结识灯花教总教主刘义顺，入教为教首。

咸丰五年（1855年）六月，何得胜与总教主刘义顺率教徒在天文举行起义，以黄巾缠头，称黄号军。由于没有武器，被团兵击散。何得胜等人投奔麻哈（今麻江）号军统领贺昌明。咸丰六年（1856年）八月，何得胜与贺昌明、柳天成等率号军苗军攻克都匀府城。咸丰七年（1857年）五月，号军首领宋三元奉命潜回瓮安筹备起义，不幸被知县刘升平抓捕入狱。何得胜获悉，与贺昌明于闰五月率号军万余人攻克罗背、罗坳、牛场，进围瓮安城，索要宋三元。大军压境，知县刘升平不得不礼送宋三元。后黄平官兵来援，号军撤往崇且。八月，瓮安、遵义、平越（今福泉）、开州（今开阳）和平远（今织金）官军合攻崇且，号军撤往大冷水。十月，官军再攻大冷水。号军撤往黄平金坑，贺昌明病逝。何得胜等转扎余庆古佛山。咸丰八年（1858年）七月，天印义军被官军围攻，何得胜立即挑选精兵亲自率领往援。十月，解天印之围后，返回瓮安，扎营玉华山，以作根据地。咸丰九年（1859年）一月，开州知州石虎臣率兵2000余人进攻玉华山。何得胜率部设下伏兵，诱其深入，于枫坪五道河十二拐处前后夹击，石虎臣以下400余人毙命，其余溃散。五月，何得胜经营上大坪根据地，派得力首领分守玉华山、天鹅屯、高贞观、高家营、儿马屯、夏家坡、龙潭台，互为特角，并向外发展夺取小轿顶山、水城坡、夹壁朵、岩门关、王卡。八月，瓮安城不攻自破。十月，何得胜率号军驰入开州，攻下小牙屯、青蛇坡、白马洞营，歼官兵数百，进军修文安清，省城震动。十二月，攻下开州羊场，省城戒严。巡抚蒋霨远托病奏请以布政使海瑛代理巡抚职。

咸丰十年（1860年）一月，何得胜联合新添（今贵定）、龙里等苗族义军趋大小谷龙、大小田坝进逼省城。海瑛速令各路官军驰省保卫。三月，开州知州戴鹿芝赴小轿顶山劝降。得胜视其清慎爱民，以贵宾相待，谢绝招降，礼送返程，并允其在任期间不攻开州，伤及百姓。五月，胜闻太平军入黔，加紧攻打修文。十七日，得城中马香、颜大妹、陈双应等人作内应，开城让进，杀知县韩梦奇。时黄号军已发展到十余万人。六月三日，副将赵德昌、千总赵德光奉巡抚刘源灏令，率重兵进攻修文县城。守城号军不支撤走。时得胜正在茶潘寨攻击奏革州判颜佐才军，得知县城失守，迅即回军攻城。官军无力招架，退出县城。十四日，赵德昌和修文、黔西、遵义、仁怀官军、团练再次攻下县城。八月二十四日，贵州提督（后为钦差大臣）田兴恕率重兵进扎余庆龙溪。得胜率3万余人于九月初四日六路扑营，中其埋伏，牺牲两千余人，退回玉华山、上大坪。田兴恕进军瓮安，连陷松坪、猴场、红灯堡、县城后，留总兵沈宏富攻玉华山，自率重兵赴贵阳防御太平军攻城。沈宏富屡攻玉华山不下，转攻天鹅屯。号军不支，牺牲逾万。得胜在上大坪获悉率兵往救，接走从天鹅屯撤出的号军。是月，得胜率号军万余人进攻修文扎佐。总兵赵德昌率官军7千余人连营13座防守。得胜侦悉其乏饷，遵义参将袁建侯部怀怨极深，遂以4千金贿赂袁部作内应。二十七日黎明，号军分六路发起进攻。袁部已先诈取团练大炮沉入河中，拔取红旗，插上白旗，官军大乱，四处逃窜。参将赵德光逃到七里长冲，泣不成声地说："吾自领兵以来，未尝败衄至此，……今以数千之众，不能守一镇，官兵名誉扫尽矣！"

十一年，号军首领贾佛保、戴大五向赵德光投降，并作向导于八月攻陷王卡。得胜乘乱由梯子岩撤出，退回上大坪。

同治元年（1862年）六月初八日，得胜联合苗军由冷水河进，收复王卡。八月，贵州巡抚韩超、提督田兴恕调重兵围攻上大坪、玉华山。参将赵德光乘号军分兵出防，于十一日夜率兵携木梯间道爬上悬崖攻陷上大坪，焚寨而去。闰八月初九日，总兵沈宏富率兵攻破玉华山。不久，上大坪、玉华山均被号军收复，重建营寨，严加防守。后得胜出征，官军多次乘机往攻，均未攻下。

二年四月，得胜率号军攻下开州羊场诸营，杀侯补道赵国澍，歼官军千余人。七月，据凉水井，截新马场粮道，分攻诸营，歼官军、团练3千余人。八月，攻下三板桥营，杀副将何显仕，歼官军数百人。开州已为孤城。得胜得城中一团首密书，称知州戴鹿芝已出走，遂于九月六日率军攻占州城。入城方知戴鹿芝未走，闻城破而自杀，即厚葬城内，诛团首于枢前，并命部属勿伤百姓，实现诺言。是役，总兵沈宏富自请上司给予处分，称"身经百战未有如此之一败涂地！"十月，得胜率军击败总兵赵德昌，再次攻克修文县城，杀知县白梦蟾。十一月，得胜侦知省城空虚，联合贵定苗族义军统领潘名杰率兵十余万，由小关、茶店、永乐堡三路进围省城。云贵总督劳崇光、贵州巡抚兼提督张亮基飞调各路官军回援。城区一带烽火相望，城内士卒饥寒交迫，各路将领束手无策。当攻城指日可下之时，因得胜严肃军纪处死数名掳掠百姓牛马的苗军，引起潘名杰的误会。潘名杰愤怒地说：原约城下之日，彼收土地，我取货财，今若是，城下之日，安有我焉？遂于当夜率苗军径去，得胜势孤只好撤兵。

同治三年（1864年）起，得胜亲率号军转战开州、修文、息烽、清镇、广顺、长寨、定番（今惠水）、贵筑（今花溪）、平远、安平（今平坝）、安顺、黔西、大定（今大方）一带，攻下广顺、长寨、定番、修文、开州、清镇、安平等州县城，并多次逼近省城。同治六年（1867年），与潘名杰分据省垣北南，九月二十七日（10月24日），自开州回走，在小轿顶山病逝，享年53岁。

## 黎金妹

黎金妹，女，布依族，贵州瓮安木老坪人，自幼习武，后与武安王何得胜喜结良缘，协助何得胜征战13年，纵横数百里。何得胜死后，用计粉碎了黄号军将领谭光前（人称“谭二元帅”）的篡权图谋，谭光前只身逃出，到遵义投降四川知府唐炯。同治七年（1868年）2月，上大坪、玉华山等地义军公推她为首领，继续统帅义军坚持斗争，后黄号军主要干将向程九、陈少虞、王廷英等先后投降，黎金妹见大势已去，只好率部接受“招安”。

## 杨怀清

杨怀清，字同亭，生卒年月不详。清代瓮安银盏人。道光乙酉科拔贡。瓮安自傅玉书、犹法贤以古文和诗词倡导后生，全县学子纷纷仿效。在这些年轻学子中，朵云的赵本敭、银盏的杨怀清可谓后起之秀。杨怀清之诗，力求模仿韩愈、杜甫，时人评价为“硬语盘空，格高气老。”杨怀清与赵本敭是莫逆之交，在他的诗集中多有和赵本敭的唱和之作。著有诗集《同亭诗草》，可惜已经失传，仅《黔诗纪略后编》中录有其诗11首。

## 朱 勋

朱勋（1861—1916），字琴轩，号一清，瓮安县梭罗堡人。清光绪十一年（1885年）乙酉科拔贡，十五年己丑恩科举人，曾任曲靖府南宁知县、云南景东直隶同知、贵州省民政司正长。

朱勋性格秉直，为政清廉。光绪二十八年在南宁任职时，县境百日无雨，田土荒芜，盗匪四起，民众度日如年。其一面组织赈灾会，募捐银两，购进粮食，赈济饥民。一面组织武装进剿土匪，捉拿匪首处以重刑，促使匪众投案自首。灾荒过去，匪患清除，民众安居乐业。离任时，民众制“万民伞”相赠，送行十里，依依而别。

民国2年（1913年），朱勋辞官归里，瓮安知县李退谷相邀编修县志，毅然出任纂修，与其他同事一道，查阅资料，采访口碑，参考傅玉书《桑梓述闻》、陈有谟咸同“避难”日记、大姓族谱、邻县志稿，结合县情，“略者详之，缺者补之，讹者正之”。于3年仲夏开始，4年孟春结束，历时8月，成书21卷，10册，30余万字。

朱勋在故里，见不识字的人很多，倡办梭罗堡华成小学校，首捐部分田产，议定以8户绝产投入，商得梭罗场屠捐作经费，在“文华阁”旧址，建厢房4间，右为教室，左为教员办公室，费银200余两。历时近一年，于民国3年冬落成。次年正式开学，聘请教师3人，招收学生30人。其在《设梭罗堡华成小学校记》中写道：“小学者众学之本，而觉牖知识之地也。……微特吾里当有小学，吾将遍祝吾国之乡里皆有小学，而后国有成功之一日。”

朱勋诗文颇多，但未刊印，多已散失，唯民国《瓮安县志》中载有《瓮安县志·自叙》《三姑行》《邬大嫂歌》等。

民国5年（1916年），朱勋病故，终年55岁。民国6年（1917年），为其立碑。2000年，朱勋后人为其重立新碑。朱勋墓位于银盏镇大寨坪场坪村民组。

## 熊　弼

熊弼（1906—1958），字俊义，又名绍诠，出生在瓮安县银盏宋家坝，上过小学、简易师范学校。1924—1925年在重庆黔军总司令部军官教导团学习。1926—1928年在黔军第八旅第十六团任排长。5月，任国民革命军第二十五军某连连长；1929—1930年，任国民革命军第四十四军参谋长。1930年10月，考入国民革命军中央陆军军官学校。1933年11月，又考入南京步兵学校。1934年11月，任国民革命军第八十五师少校参谋；1935年2月，任国民革命军第二十一军军官教导团中校队长；1936年，在国民革命军中央军校成都军官教导队受训，后留校任中校队副、中校战术教官；1938年12月，任国民革命军第八师上校参谋主任；1940年11月，任豫鲁边区总指挥部参谋处长；1941年5月，在中央军校第十七期步兵学校任战术教官；1943年1月，在国民革命军第九十三军任科长、副参谋长；1945年6月，在贵州省思南县任国民兵团副团长。1949年3月，在贵阳结识中共地下党员杨一平、张凤鸣。经与杨张多次交谈，思想转变很快，愿为人民办事。不久，贵阳大中学校师生举行反饥饿示威游行，省主席谷正伦秘密部署镇压。熊弼速告杨一平、张凤鸣，采取必要措施，避免了流血牺牲。1949年11月，率部在兴仁起义，成为一名中国人民解放军军官，任中国人民解放军第十七军联络员。1950年3月，带着军长兼政治委员赵健民的亲笔信，前往雷山争取原国民党黔东南绥靖区司令佘辉庭部起义。经反复开导，佘辉庭表示愿意在适当时机率部起义。1950年11月，熊弼奉命到西南军政大学高级研究班学习。1951年8月，在中国人民解放军第二步兵学校训练部战术系任教员。

1952年5月，从部队转业分配到贵州省瓮安县第一区第一完全小学（1956年5月改为雍阳小学）任教师；1956年选为瓮安县人民委员会委员；1957年，任瓮安县雍阳小学副校长。

1957年在反右派斗争中受到错误批判。1958年2月不幸逝世。1986年县委宣传部给予恢复名誉。

## 王逸琴

王逸琴（1908—1968），瓮安县新华杉树坳人。民国18年（1929年）毕业于省立第六中学。19年起，先后在草塘、雍阳和余庆等地小学教书。1950年参加革命工作后，历任新华、木老坪、银盏、中坪小学教员、校长，先后被选为瓮安县第1、2、4、6届人民代表大会代表，黔南州第4届人民代表大会代表。

逸琴担任小学校长多年，治校经验丰富。重视思想政治工作，把绿化、美化、净化校园与学生思想品德教育结合起来。在中坪小学任校长期间，组织全校师生自己动手开辟校园，栽培花草树木。鲜花开放，果实累累之时，竟无一人擅自攀摘。校风校纪良好，教学秩序井井有条。重视提高教师的业务水平，每个新教师到校，均陪同上课，连续听课1～2月，及时指出教学中的优缺点，或亲自进行示范教学，使新教师尽快熟悉业务。

逸琴在多年教学实践中总结的语文教学“读讲法”，以读诵为主，读讲结合，读写结合，效果良好。对读诵课文提出：“一遍两遍太少，三遍五遍不多，八遍十遍可以”，与前人所倡“读书百遍，其义自见”相通。逸琴批改作文非常认真，要求学生写好草稿后，逐一读给他听。扼要指导修改誉正后，再细心批改，还逐一向学生讲解，最后在作文本上签名盖章。学生写作进步很快。1968年5月，逸琴辞世，享年60岁。

## 熊正诗

熊正诗（1903—1978），瓮安县银盏镇太平社区人（原银盏乡宋家坝）。1927年考入黄埔军校，先学步科，后学骑科，于1929年毕业。历任国民革命军排长、连长等职。1932年“一·二八”事变时，在吴淞一带与日军作战负伤。1935年，任国民党军队三十六师营长，在苏州、无锡一带修筑江防工事抵御日军。1937年“七七”事变爆发后，曾参加上海保卫战，在战场上负伤后被送入英租界医院治疗，伤愈后归部队。1938年，任国民党军队三十六师团长，参加武汉保卫战。后调重庆修筑江防工事。1941年，调西康警备乐西公路。抗战时期，爱国华侨捐资建修大桥，以利军队需要，派部队守护。1942年，奉命增援滇西。5月5日凌晨到达怒江东岸惠通桥头，日军装甲部队已到西岸山口。熊正诗率部抢先占领阵地，与日军隔江对峙，阻止其继续前进。日军绕道鞋婆山偷渡300余人。熊正诗指挥部队隐蔽，引敌进入伏击圈全歼，对巩固惠通桥阵地，保障云南腹地安全起到重要作用。1943年，熊正诗升任少将副师长，后率军队在云南省高黎贡山、腾冲、龙陵一带阻击日军。参加滇西大进攻，追击日军直至缅甸密支那地区。1947年，熊正诗考入国民党陆军大学乙级将官班，毕业后任宋希濂部高参。后任一二二军三四六师师长，不久调任一二二军参谋长。1949年9月脱离部队到四川泸州以小贩为生。

1951年迁居遵义，在市建筑公司当工人，因工作积极、成绩突出，5次被评为先进生产者。1956年任民革遵义市委候补委员。1957年6月以后，任遵义市政协第二、三、四、五届委员会委员。1963年4月起，任遵义市政协驻会委员。

1978年10月，熊正诗在遵义市病故，享年75岁。

## 熊锡洲

熊锡洲（1909—1989），人称熊矮子，瓮安县银盏人。农民家庭出身，其母会一般小儿推拿，其自幼耳濡目染，产生兴趣。14岁随村草药推拿医生熊老太太学艺行医。20岁时被过境军抓充民夫到成都，听说峨嵋山陈和尚精于推拿按摩，遂拜为师。学习一年以后回乡，往返余庆、黄平、湄潭、遵义、平越（今福泉）、凯里、瓮安等地行医。熊锡洲对小儿科疾病治疗有方，疗效显著而颇有名气。对难治之症，只要力所能及，有法可治，从不推却。

锡洲治儿疾，若施推拿，先观患儿颜面神态、耳后色泽，然后手提其单脚或双脚悬空倒置抖几下，继拍打其足心、背心、臀部各三五下，再拍打胸部、腹部各三五下，即完成一次治疗。由于取位准，手法轻，动作快，患儿尚未感觉痛苦，施术已经结束。此法不择施治地点和场合，随遇而施，深受求治者欢迎。锡洲还擅治伤风感冒、腰腿疼痛、乳疾痈疽、疑难杂症。施治以推拿、针灸为主，辅以草药。推拿，以生姜、干辣椒作引子。针灸，选穴不多，定位准，轻重有度，针感强弱适中。用药，配味不繁。素为病家称道。

锡洲对难治之症，只要力所能及，有法可施，从不推却。解放前，县城北门一杨姓患儿久治不愈，昏迷不醒，生命垂危，父母无可奈何，只好等其断气。时值锡洲路过，入室诊视，找来马粪一筐，炒热壅住患儿全身（头部露出），约两个小时，小儿苏醒，再施草药，终于得救，现供职于国家机关。1988年7月，玉华乡少年贺仁方，因胸部疾病到大医院治疗，住院月余，花费1300多元，病情不见好转，口吐白沫，昏迷不食。后求治于锡洲，经推拿、针灸，第3日开始进食，续治3个疗程痊愈。

熊锡洲行医，技精心正，常说："给人治病要有良心，收费要有公心"。家贫病人不收或少收费，以德感人，以术济人。后应聘在银盏乡卫生所工作，多次被评为县、区、乡先进工作者。

1989年8月，熊锡洲病故，享年80岁。

## 景　频

景频，男，1931年11月生，瓮安县银盏镇穿洞村人，初中文化，1951年6月参加工作。1951年6月至1956年3月，任第一区公所财粮干事、团县委组织部长、县委组织部干事兼人事科科长。1956年3月至1958年6月，任县委组织部副部长（其间，1956年5月，任县委委员）。1956年7月，任县委组织部副部长兼任团县委书记。1958年6月至1960年4月，任县委农村工作部部长。1960年4月至1962年12月，任银盏公社党委书记。1963年1月至1964年6月，任县委常委、县委书记处书记、兼任珠藏区委书记。1964年6月至1984年7月，因其他原因未任职。1984年7月，任瓮安县玉华磷矿矿长。1991年11月，在县水电局退休，2014年1月病故，享年83岁。

## 刘光文

刘光文，女，汉族，1932年12月出生，贵州瓮安鱼河人，初中文化，1951年2月参加工作，1952年3月加入中国共产党。

参加工作后曾任玉山区鱼河乡鱼河村村长。1954年4月至1957年9月，任玉山区委委员、区公所副区长。1957年9月至1962年12月任县妇女联合会（民主妇联）第三届执委会常委会副主席（1959年11月起主持工作）。1962年12月至1964年9月，任玉山区委委员、副区长。1964年9月至1965年12月，任县妇女联合会第四届执委会常务委员会副主席（主持工作）。1965年12月至1967年3月，任县第六届人民委员会副县长。1967年3月后、"文化大革命"期间受到批斗，参加"五七"干校农业生产劳动、学习。1970年1月至1973年3月，任县革委会常委、县革委会群众工作组负责人。1973年3月至1980年4月，任县革委会副主任（其间，1973年7月至1977年8月，任县妇女联合会第五届执委会常委会主任）。1980年4月至1983年12月，任县第八届人民政府副县长、党组成员。1983年12月至1984年11月，任县人大常委会党组成员。1984年12月至1990年5月，任县第九、十届人大常委会副主任、党组成员（其间，1987年2月至1989年3月兼任县人大常委会代表工作委员会主任）。1987年11月至1992年12月任县关心下一代协会副主席。

刘光文是州第三、五届人大代表，第三届县委委员，第四届县委委员、常委，县第四届人民委员会委员，县第四、五、六、七、八、九、十、十一届人大代表，政协瓮安县第一届委员会常务委员会委员。

1992年5月退休，2015年病故。

# 烈士传略

**瓮安县银盏镇革命烈士名录表**

表16—1

| 姓名 | 出生地址 | 单位及职务 | 年龄（岁） | 牺牲时间 |
|---|---|---|---|---|
| 韩继明 | 银盏阁老冲 | 县中队战士 | 29 | 1950.3 |
| 盘传新 | 银盏宋家坝 | 47团3连战士 | 26 | 1952.4 |
| 侯荣华 | 银盏镇尖山 | 607团2连战士 | 27 | 1953.6 |
| 张久正 | 银盏镇新华村 | 569团6连战士 | 22 | 1953.6 |
| 肖　灿 | 银盏村 | 541团2连战士 | 30 | 1953.7 |
| 樊多成 | 银盏镇鱼河 | 9228部队班长 | 23 | 1959.4 |
| 唐友华 | 银盏村 | 35206部队战士 | 22 | 1979.2 |
| 郑六林 | 银盏镇新华村 | 5325部队战士 | 19 | 1979.2 |

## 韩继明

韩继明（1921—1950），汉族，生于1921年11月，瓮安县银盏镇飞练社区阁老冲人，1949年12月参加工作。1950年3月任瓮安县第四区（珠藏）人民政府中队战士，3月30日下午，各股土匪向区人民政府包围，韩继明与区里同志撤离珠藏，向湄潭方向转移。进至石牛山，遭到大股土匪截击、包围，韩继明在突围中被抓住杀害，时年29岁。

1950年8月，瓮安县人民政府追认韩继明为革命烈士。1976年3月将韩继明的遗骨迁葬在珠藏革命烈士墓。

## 盘传新

盘传新（1926—1952），汉族，生于1926年，瓮安县银盏宋家坝人。1951年5月参加中国人民解放军，成为西南军区补训47团2连战士。后入朝作战，为中国人民志愿军炮兵63师609团战士。1952年4月14日在朝鲜龙川里行军中车祸牺牲，时年26岁。1952年7月15日，中国人民志愿军某部政治处追认盘传新为革命烈士。盘传新的遗体安葬在朝鲜国土上。

## 侯荣华

侯荣华（1926—1953），汉族，生于1926年6月，瓮安县银盏尖山人。1951年5月参加中国人民志愿军，成为炮兵607团2连战士。1953年6月3日在朝鲜战场上牺牲，时年27岁。1953年8月5日，中国人民志愿军某团政治处追认侯荣华为革命烈士。侯荣华的遗体安葬在朝鲜国土上。

## 张久正

张久正（1931—1953），汉族，生于1931年，瓮安银盏镇新华村人。1951年5月参加中国人民志愿军，为64军190师569团6连通讯员。1953年6月11日在朝鲜阵地值班触电牺牲，时年22岁。后中国人民志愿军某团政治处追认为革命烈士。

## 肖　灿

肖灿（1923—1953），汉族，生于1923年，瓮安县银盏人。1949年12月参加中国人民解放军，后入朝作战，为中国人民志愿军541团警侦2连战士，曾立三等功。1953年7月13日在朝鲜作战牺牲，时年30岁。1954年2月28日，中国人民志愿军某团政治处追认肖灿为革命烈士。肖灿的遗体安葬在朝鲜国土上。

## 樊多成

樊多成（1936—1959），汉族，生于1936年，瓮安鱼河板寨人。1956年3月参加中国人民解放军，为9228部队2中队1分队战士，后任副班长。1959年4月15日在西藏山南喀木帕山口牺牲，时年23岁。1959年9月26日，西藏军区政治部追认他为革命烈士。

## 唐友华

唐友华（1957—1979），汉族，生于1957年1月，瓮安县银盏人。1976年3月参加中国人民解放军，成为35206部队71分队战士。1977年8月加入共青团。1979年2月17日在对越自卫还击战中牺牲，时年22岁。唐友华的遗体安葬在云南省河口县上水头革命烈士公墓。1979年4月1日，35206部队政治处追认唐友华为革命烈士。

## 郑六林

郑六林（1960—1979），汉族，生于1960年4月，瓮安县银盏镇新华村红灯堡人。1978年3月参加中国人民解放军，在53254部队76分队任司号员。1979年2月17日在对越自卫还击战中牺牲，时年19岁。1979年3月30日，部队党委追认他为中国共产党党员。1979年4月5日，部队追认他为革命烈士，并追记三等功。遗体原葬在广西龙州县龙头山。1989年2月，龙州县人民政府将遗骨迁葬入县革命烈士陵园。

# 人物简介

## 陈光耀

陈光耀，1925年出生瓮安县银盏镇飞练村。1943年，被抽丁当兵，在贵阳部队集训，参加过独山对日的协防作战。日军从麻尾随黔桂铁路而上，陈光耀所在部队在营长吴开成的带领下，与日军近距离展开激烈战斗。部队得到当地群众支持，联合群众袭击日军。当时在独山一带抗击日军的是29军部队。

1949年11月，陈光耀所在部队起义，参加中国人民解放军十一军32师96团三营九连，他当战士。1950年参加抗美援朝；1952年任班长并在战场上火线入党；1953年任副排长；1954年在战斗中受伤回国；1955年退到地方部队，在家休养。

## 张光伦

张光伦，男，汉族，生于1935年3月，贵州瓮安银盏人，1951年10月参加工作，1955年3月加入中国共产党。

1952年2月至1972年5月，先后在贵定县委组织部、湘黔铁路贵定民兵团政治部任副主任、主任、副组长、副部长。1974年11月至1979年5月任中共瓮安县委组织部副部长。1979年5月至1984年12月任中共瓮安县委常委、组织部部长。1984年12月至1985年5月任中共瓮安县委常委、政协主席。1985年5月至1993年5月任瓮安县政协主席。1993年5月任中共瓮安县委正县级巡视员，1996年5月退休。

## 徐银芳

徐银芳，男，汉族，1937年4月出生，贵州瓮安鱼河人，大专文化，1960年7月加入中国共产党。

1962年1月至1968年8月，任鱼河公社新场大队党支部书记。1971年6月至1978年8月，任鱼河公社新场大队党支部书记（其间，1972年5月至1974年6月，任鱼河公社新场大队革委会主任）。1973年3月至1976年2月，任中共瓮安县委常委。1976年2月至1984年1月，任中共瓮安县委副书记。1984年2月至1984年12月，任瓮安县委农工部副部长。1984年12月至1987年12月，任瓮安县委农工部部长。1988年1月至1990年4月，任瓮安县人民政府副县长。1990年4月至1998年4月，任中共瓮安县委副书记、瓮安县人民政府县长（其间，1992年4—8月，任中共黔南州委委员）。1998年4月至2001年6月，任中共瓮安县委副书记（专职副书记）。

徐银芳是瓮安县第八届、第九届、第十届、第十一届、第十二届、第十三届人大代表。2002年4月退休。

## 王平学

王平学，男，汉族，生于1949年5月，银盏大林人，从1981年至今，一直从事城乡民间红白喜事的文娱活动。从最初的细吹细打到目前的乐队及演艺团，其主要特长是民乐、二胡、曲艺、快板制作及表演、相声、双簧、小品、顺口溜等。

历年来，多次参加县及雍阳镇、银盏镇文艺演出活动。20世纪90年代组建“新兴乐队”，受邀参加送葬活动。2008年，参加全县第一届民乐大赛获二胡独奏《金珠玛米赞》优秀奖。2009年，参加第一届农民运动会，代表银盏参演节目二胡独奏《奔驰在千里草原》、顺口溜《王二公办公司》获组织奖，奖金600元。2011年，代表银盏乡参加全县文艺调演，参演节目快板《一事一议建新村》获第三名，奖金600元。2012—2014年组团三年，参加《瓮水长歌乡村行》公益文艺演出。

## 张永祥

张永祥，男，苗族，1949年6月出生，贵州瓮安鱼河人，大专文化，1971年11月参加工作，1974年7月加入中国共产党。

1971年11月至1984年12月，在县商业局工作。1984年12月至1987年5月历任中坪区副区长、区委副书记、区长。1987年5月至1989年3月任玉山区委书记。1989年3月至1991年11月历任天文区委副书记、区长、区委书记。1991年11月至1993年6月任天文镇党委书记。1993年6月至1995年7月任县委常委、县委农工部部长、县农经委主任。1995年5月至1998年4月任县人民政府副县长（其间1994年9月至1997年6月在省委党校经济管理专业学习（函授大专）。1998年4月至2007年1月，任县第十三、十四届人大常委会副主任、党组成员（其间，1998年5月至2003年5月兼任县人大常委会农村经济工作委员会主任）。2007年1月至2009年8月，任县人大常委会副调研员。

张永祥是第六、七、八届县委委员，县第十一、十二、十三、十四、十五届人大代表。1997年10月获省政府授予的全省农田水利基本建设先进工作者称号。1998年2月被评为以工代赈坡改梯工作先进工作者，获省政府表彰。1998年12月被评为第一次全国农业普查工作先进个人，受到全国农业普查办公室表彰。

2009年8月退休。

## 赵水伦

赵水伦，男，苗族，生于1952年2月17日，瓮安县木老坪人，中共党员，1975年12月参加工作。

1964年9月至1968年7月在草塘中学读书，1968年回乡当知青，1972年9月至1975年7月在贵阳师范学院外语系读书，同年底留校工作。1985年任贵州师范大学团委副书记（副处级），1987年参加省委扶贫工作队赴从江县一中挂职副书记兼副校长，1988年年底至1998年在师大任外国语学院副书记（其间，曾在省委党校学习一年），1999—2005年任外国语学院书记，2006—2012调任贵师大后勤集团书记，2012年退休。

## 王永书

王永书，女，生于1953年11月29日，苗族，瓮安县银盏镇人，中共党员，中央党校在职本科学历，原任黔南州民族宗教事务局党组成员、副局长。

1969年10月至1971年10月参加湘黔铁路建设，任民兵团一营二连“三八”班学习辅导员、副班长、班长、副连长。1971年11月至1972年3月参加瓮安县雍阳区整建党工作队。1972年4月至1973年6月在县委群工组工作。1973年7月至1985年8月在瓮安县妇联工作（1973年出席瓮安县第四届共青团代表大会，选为委员、常委，1982年出席瓮安县第五届妇女代表大会，选为委员、常委；1992年出席黔南州第六次党代会；1983年10—12月在省政法干校参加省妇联举办的法律培训班学习）。1985年9月至1987年7月在瓮安县县委党校行政管理中专班学习。1987年8月至1989年10月抽调到瓮安县公安局打击拐卖人口办公室工作（其间，受县公安局嘉奖两次）。1989年11月至1993年3月调县公安局工作（1988年8月至1991年7月参加海南法律（函授）专业三年制专科班学习）。1993年4月至1996年10月在瓮安县人民政府工作，任党组成员、副县长（1994年7月至1995年7月由黔南州委组织部选派到贵阳市白云区人民政府挂职，任区长助理；1994年1—12月参加省民院行政管理专业成人高等教育学习班）。1996年11月至2011年9月任黔南州民族宗教事务局党组成员、副局长（2002—2011年担任民族宗教事务局党支部书记、工会主席；2006年和2011年获“优秀党务工作者”称号；2007年2月出席黔南州政协第十届代表大会，选为政协委员；2009年获“贵州省三八红旗手”称号；2010年获“黔南州优秀政协委员”称号； 2011年9月在第九届全国少数民族传统体育运动会承办工作中受贵州省委、省人民政府嘉奖）。

2011年10月至2013年11月任黔南州民族宗教事务委员会调研员。

2013年12月退休。

## 曹玉珍

曹玉珍，女，汉族，1955年8月出生，贵州瓮安人，大学文化，1973年参加工作，1975年6月加入中国共产党。

1973年10月到玉山区鱼河公社当插队知青，曾任玉山区委常委兼鱼河公社党委副书记。1977年当选为贵州省第五届人民代表大会代表。1977年11月在省第五届人民代表大会第一次会议上，当选为第五届全国人民代表大会代表。1978年11月任共青团瓮安县委副书记。1980年12月调离瓮安，任六盘水团市委学校部部长、办公室主任。1985年12月任贵阳市委宣传部宣传处副处长。1990年5月任贵阳市文明办主任。1995年8月任贵阳市房地产管理局党委副书记、书记。1996年9月在省委党校经济管理专业学习（本科）。1999年12月任贵阳市房改办资金管理中心党组书记、副主任、市建委党委委员。2001年10月任贵阳市社会科学界联合会党组书记、贵阳市政协文史和学习委员会副主任。2007年3月任贵阳市统计局党组书记、局长，国家统计局贵阳调查队党组书记。2012年2月任贵阳市政协常委、教文卫体委员会主任。

## 赵明镜

赵明镜，1962年8月18日生，现银盏镇岩根河村人，大专学历。

2003年4月，赵明镜注册创办瓮安县玉华运矿车队。从10余辆运输车发展到180多辆，总资产2800万元，年运输量200万吨，年产值8000万元。2003—2009年，为国家缴税1500多万元。

2010年，赵明镜以100多万元收购瓮安中西药公司，规范黔南医药行业，上交税收2000万元，被推选为黔南州医药从业行业协会会长。

2005年，赵明镜创办了全省第一个村级助学基金“牛宫村助学基金会”。累计为38名大中专、中小学贫困生捐助助学金86000元。近五年来，为30多户特困贫困村民捐款捐物折合人民币20多万元。2006年出资25000元帮助养殖户扩大再生产；2007年出资9800元支持农村合作医疗事业；2008年，出资50000元帮助瓮安县灾后重建；四川汶川地震期间，向四川灾区人民捐赠了128350元。从2008年以来，每年为瓮安二中贫困生捐助20000元，总计10万元。

2010年，县政府行政办公楼落成，赵明镜出资30万元购买两颗绿化树。历年为各界社会活动捐资捐助达37万元。

2012年11月，捐赠都匀聋哑学校物资2万余元，2013年为瓮安县人民医院主办的“免费白内障”活动捐资10万元。

赵明镜现任瓮安县南洋矿产公司、瓮安县玉华货运公司、医药行业协会等企业董事长和会长。黔南州政协委员，瓮安县政协常委。

## 陈大兴

陈大兴，男，汉族，1962年10月生，大专学历。

现任瓮安县创业园科技孵化服务有限公司总经理，总公司下属4个公司企业。他带领公司团队从2012年2—7月，不到半年的时间完成了北部新城主干道的建设。2012—2014年，承建马鞍山安置区场平工程，按照BT模式，推进项目工程建设，完成近2000户农民安置回迁。同期实施马鞍山回迁房建设指挥工作，芭田安置区回迁房建设，银盏小坡一线的划地安置近100户房建工作。

大力实施拆房还房工程，银盏周边近30栋回迁安置房建设工程、路网工程、市政设施等。

为配合贵州瓮安经济开发区招商引资企业落户建设，承接金正大门口的道路—C7路，返乡农民工创业园的道路及市政工程建设。

2014年工程完工后，承建返乡农民工创业园标准化厂房10万平方米。成功招商入驻企业23家，协助开发区管委会申办省级中小企业科技孵化器，注册成立贵州省瓮安县创业园科技孵化服务有限公司，成立常态化公司服务的营造团队。认真搞好物业管理，专门成立科技孵化器，为企业搞好科技服务工作。

2015年，负责建设瓮安安青创业社，规划1000平方米的众创空间，内设接待大厅、服务大厅、创客工作室、项目路演室、导师辅导室、移动互联网十创业辅导模式，成功入驻创客50人，团队7个，开展培训10余次，人数450人，推荐就业200余人，并被国家科技部门认定为州级、省级、国家级众创空间。

陈大兴总经理带领他的团队为瓮安经济转型升级，建设创新驱动的一站式服务平台作出应有贡献。

## 卢继勇

卢继勇，1963年10月生，银盏镇木老坪村人。现任瓮安县兴旺房地产开发公司总经理，州、县人大代表。

2004年，县委、县政府提出“建设黔中畜牧大县、百万生猪下两广”的畜牧发展战略。卢继勇自筹资金3000万元，建成标准化母猪、种猪圈舍1000多间，创办“瓮安县兴旺良种猪繁育推广场”，2005年实现产值500多万元，利润达90万元。无偿送出50头二元良种猪，价值75万元，发配22头二元良种猪，涉及农户签订了回收猪仔合同。向高水、小河山、老坟嘴等10多乡镇的农户，以低于市场价400元价位卖出500头二元良种猪，让利于民20多万元。2006年，卢继勇出资65万元为木老坪乡新寨村道路硬化4公里。为大竹园村民组送去350吨水泥，把串户路硬化。

2010年4月，卢继勇被省人民政府评选为“全省劳动模范”，获得6000元奖金。领回奖金，便把6000元现金捐助给了3名贫困大学生。

2011年，卢继勇在木老坪中学发起了全省第一个“爱心营养工程”，每周为木老坪中学捐送2头猪，共捐资40多万元。帮扶木老坪小学的贫困学生52名，每年每名700元，已帮扶了5年。

卢继勇在瓮安县第四中学设立“春晖奖学金”，3年共捐资25.5万元，用于奖励学校评选出的家庭贫困、品学兼优的学生。

9年来，卢继勇为农村精准扶贫、新农村建设、教育事业发展捐资1000多万元。先后获得“贵州省劳动模范”“贵州省优秀春晖使者”“全国农村青年致富带头人”等荣誉称号。

## 安之忠

安之忠，1964年8月生，银盏镇银盏村人。现任贵州双龙实业集团董事长、贵州省总商会副会长、黔南州工商联副主席、贵州省化工协会副秘书长、瓮安县工商联副主席、瓮安县政协常委。

2001年，捐资7.8万元为雍阳镇岩孔村修村民组道路。捐资1万元给银盏乡水绞组开展新农村建设。

2005年，捐资3000元赞助瓮安足球赛运动会。

2006年，捐资10万元为平定营镇三合村都堡院修两公里公路。同年捐资10万元邀请银盏村的村民代表、县、乡人大代表到海南参观学习。

2009年10月，为社会公益事业捐资19万元。同年为县政府行政新区绿化工程捐资100万元。

2010年，为社会公益事业捐资75000元。

2011年6月，捐资2万元慰问银盏镇大园学校贫困生。

2012年捐资120万元援建全省100所小学实施小学生澡堂建设。同年，捐资200万元支持瓮安教育事业。

2011—2014年，分别捐资40万元为瓮安一中、瓮安三中品学兼优家庭贫困的高中学生80名完成学业。

2013年，贵州双龙实业集团为社会慈善事业捐资3000万元；物质、产品等捐赠近亿元。

## 高付全

高付全，男，1965年4月生，1987年起一直担任小学校长、乡镇教育辅导站站长、乡镇中心完全小学校长等职务。二十五年的学校领导中，他在平凡的岗位上做出了不平凡的工作。在实施“两基”迎“国检”工作中，成绩卓著，曾被贵州省委、省人民政府授予“两基”攻坚先进个人称号，获瓮安县委、县人民政府“两基”攻坚先进个人奖，被瓮安县委、县人民政府授予“十佳校长”称号，多次被评为县级优秀党员、优秀校长，被瓮安县人大常委会党组授予“人民满意代表”称号 。在实施“两基” 国检过程中，身先士卒，率先垂范，虚心学习、不断总结，积累了丰富的有实效性和指导性的“两基”工作经验。在打造师资队伍、提高教师教学技能方面，他在校内开展“以老带新，以新促老，新老教师一帮一”的思路，为所在的学校培养了一大批省、州、县级骨干教师和教学能手。他知人善任，善于发现人才和培养人才，为教育界培养了不少年轻有为的学校管理人才，为县“两基”攻坚工作夯实了基础。二十多年来，他自筹资金数百万元用于改善办学条件、开办农民文化技术学校、培养农村致富典型、资助贫困学生和留守儿童、提高教育教学质量，在抓“保学控辍”和学校软硬件建设方面作出了贡献，誉满全县教育系统，得到了社会各界的好评。被县人民政府推荐为全国“两基”工作先进个人，被评为全省“两基”攻坚工作先进个人。 2006年6月，受到省委、省人民政府表彰；2009年9月，被评为全国“两基”工作先进个人，受到国务院表彰。

### 徐贯彬

徐贯彬，男，1965年9月24日出生，汉族，贵州省瓮安县鱼河人，大学文化，1985年7月参加工作，1985年1月加入中国共产党。

1987年7月至1995年5月，在瓮安县团委工作（其间，1993—1995年任团县委书记）。1995年5月至1996年11月，任长顺县副县长。1996年11月至1998年3月，任长顺县副书记。1998年3月至2001年6月，任长顺县人民政府县长。2001年6月调州农办农委工作。

### 喻 松

喻松，男，1966年10月生，汉族，贵州瓮安银盏人，在职大学学历，1986年9月参加工作，1992年11月加入中国共产党。

曾任瓮安县珠藏中学教师兼团委书记；瓮安县城关一小教师兼校团支部书记、雍阳镇团委副书记；瓮安县雍阳镇云星小学校长；瓮安县雍阳镇城关二小副校长；瓮安县雍阳镇党政办秘书；瓮安县雍阳镇党政办公室主任、组织干事；瓮安县雍阳镇党委委员、纪委书记；瓮安县雍阳镇党委副书记；瓮安县铜锣乡党委书记；瓮安县牛场坝乡党委书记、人大主席；瓮安县委组织部常务副部长；瓮安县委组织部常务副部长、县委基层组织局局长、县直机关工委书记、县远程办主任；2012年1月在政协瓮安县十届一次会议上当选为政协瓮安县第十届委员会副主席。

### 王 华

王华，男，1967年3月生，苗族，籍贯、出生地贵州瓮安，大学学历，1991年7月参加工作。

1984年9月至1987年9月在贵州省畜牧兽医学校畜牧专业学习。1987年9月至1991年7月在西南农业大学农经系经济管理专业学习。1991年7月至 1996年10月任贵州省畜牧兽医学校教师（其间，1992年10月 评为助理讲师）。1996年10月至1998年11月任贵州省瓮安县科协办事员（其间，1997年2月至1998年11年挂职任瓮安县银盏乡政府副乡长）。1998年11月至2001年12月任贵州省瓮安县银盏乡科技副乡长。2001年12月至2003年3 月任贵州省瓮安县玉华乡副乡长。2003年3—5月任贵州省瓮安县政协副主席、玉华乡副乡长。2003年5 月至2006年7月任贵州省瓮安县政协副主席（其间，2006年3月至2006年7月在贵州省委党校民干班学习）。2006年7 月至 2011年11月任贵州省瓮安县政协副主席、工商联会长。2011年11月任贵州省瓮安县政协副主席。

## 杨昌勇

杨昌勇，男，汉族，1968年11月出生，贵州瓮安银盏人，中共贵州省委党校法律专业毕业，大学学历，1989年8月参加工作，1991年9月加入中国共产党。

1986年9月至1989年7 月，毕业于黔南农业机械化学校工业企业管理专业。1989年8月至1991年4月任瓮安县营定乡团委副书记、书记。1991年5—12月任瓮安县平定营乡团委书记兼土管员。1992年1月至1993年8月 任瓮安县平定营镇团委书记。1993年9月至1995年7月在中共贵州省委党校经济管理及现代文秘大专班脱产学习，任校通讯组副组长。1995年8月至1996年5月任瓮安县平定营镇宣传干事。1996年6月至2001年11月任瓮安县平定营镇党委组织委员、副书记（其间，1996年8月至1997年3月上挂瓮安县委组织部学习；1997年9月至2000年7月中共贵州省委党校法律本科班学习）。2001年12月至2003年4月任瓮安县白沙乡党委副书记、乡长。2003年5月至2006年6月任瓮安县白沙乡党委书记。2006年7月至2009年2月任瓮安县建中镇党委书记、人大主席。2009年3月至2011年8月任瓮安县珠藏镇党委书记、人大主席。2011年9月至2012年9月任瓮安县发展和改革局党组书记、局长。2012年10月至2014年2月任瓮安县人民政府县长助理、党组成员、县发展和改革局党组书记、局长。2014年2月任瓮安县人民政府党组成员、副县长、县发展和改革局局长。2014年3月任瓮安县人民政府党组成员、副县长。

## 杨　立

1970年1月生，瓮安银盏人，硕士，工程技术应用研究员、国家精密微特电机工程技术研究中心执行主任、贵阳航天林泉电机公司总工程师。享受国务院特殊津贴、中国航天基金奖以及两次国防科学技术进步奖，浙江大学特聘研究生导师、贵州大学研究生导师、中国银行业科技专家、贵州省第七批优秀科技人才、中国人民解放军总装备部军标委委员、《现代机械》编委、贵州省机械工程学会第七届理事。承担国家科技部“863”项目2项以及国际科技合作项目1项、中国人民解放军总装备部项目11项、贵州省重大科技项目1项以及攻关项目3项。主持国家科技重大专项“载人航天及探月、极大规模集成电路制造装备及成套工艺、大型飞机”多个配套产品的研制。

## 兰　江

兰江，男，苗族，生于1971年7月，瓮安县政协委员、企业家，玉华乡商会会长。2011年被共青团瓮安县委聘为春晖使者。

2011年4月，兰江参加了瓮安县春晖助学活动，为家乡瓮安县玉华乡玉华中学的学生们捐赠了140张铁床，价值12万元。参加这次行动，对他的感触很深。作为一名县政协委员、企业家，玉华乡商会会长，尤其是一名在玉华乡成长的孩子，兰江深感山里孩子读书的不易，深知自己肩负着不可不尽的义务。

兰江从小在瓮安县玉华乡岩根河村长大，从他懂事起，田间地里，就是山里孩子的游乐园，到了入学的年龄，父母就送他到村里的小学上学。记忆里，那时的校园，没有操场，没有明亮的教室，只是低矮简陋的几间木屋，桌椅也是高矮不一的几张，童年就在这样的环境中度过了。而后，兰江进入玉华中学就读，每天要走两三公里黄泥巴田坎路，不论烈日炎炎或倾盆大雨，都是步行到学校学习，每次到达学校都是汗流浃背，第一、二节课几乎都是在恢复体能当中，老师在黑板上教学，孩子们却因走累了在下面坐着打瞌睡，每天放学走到家，天已经黑了。那时赶集来到县城，兰江就特羡慕城里孩子，有宽大的操场、明亮的教室、整洁的食堂。那时他就想，“我一定要走出山里，以后也让我的孩子在城里上学。”

玉华乡是一个磷矿资源丰富的地方，高中毕业后，兰江也加入到开矿的行列，从一名矿工做起，到一名工头，再成长为一名玉华乡的企业家，是这片土地养育了他，成就了他，兰江说，“我的成长离不开这片土地，今生今世我也离不开这片生我养我的地方。”

兰江的事业、家庭都在县城，他已经实现了让他的孩子在城里读书的梦想，但他想，致富不忘家乡，玉华的父老乡亲就是他的兄弟姐妹，乡亲的孩子也就是自己的孩子，也要让这些孩子接受更好的教育。有一句俗话，穷不能穷教育、苦不能苦孩子，孩子是我们的未来，只有今天让孩子接受好的教育，他们才会有灿烂的明天。兰江再次来到玉华中学，现在学校的房屋都是新建的三层楼房，操场也是宽大的水泥跑道及篮球场，他看到 只有学校宿舍的木床还很破旧，木床因使用时间太久材质都变了，有的已经断裂，此刻他第一个念头就是给孩子们换新床，让每个孩子都有自己独立的一张床，每天都能睡一个好觉，做一个好梦。

## 赵明昌

赵明昌，1972年1月生，硕士文化。银盏镇岩根河村人，瓮安县第十六届人大代表。

赵明昌在2003年1月，被玉华乡党委、政府评为“2002年度企业之星”。2005—2008年连续4年，被县委、县人民政府评为“纳税大户先进企业”。2011年9月，被县人民政府评为“捐资助学先进个人”。2012年7月，被县委、县人民政府授予“同心谋发展、赤子报春晖”助学行动先进集体。2013年7月，2014年1月被评选为全县优秀共产党员，受到县委表彰。

2004年，村民舒普林的孩子考上浙江大学，赵明昌捐助2000元。2005年，赵明昌参与成立了全省第一个村级助学基金“牛宫村助学基金会”，10多年来，累计为68名大中专学生、中小学学生捐助助学金18.6万元。村民蔡和平家遭受火灾，赵明昌筹资1.96万元帮助蔡家渡过难关。村民舒普安家的车在麻江高速路上车毁人亡，负下15万元巨债。赵明昌主动筹资6万元帮助舒家走出困境。2008年，瓮安县遭受雪凝灾害，赵明昌捐资5万元帮助灾后重建工作。四川汶川地震，为四川灾区人民捐赠128350元。瓮安“6·28”事件后，赵明昌出资3万元，组织活动慰问武警官兵。从2008年以后，每年捐助瓮安一中、二中、五中贫困学生2万元，共计捐助38万元。瓮安县开展“春晖”行动中，赵明昌捐资10万元。2010年，县人民政府行政新区完成，赵明昌的公司捐资30多万元购买苗木树绿化。2012年，赵明昌为聋哑学校和社会公益事业捐资7万元。2013年为全县免费白内障捐资10万元。赵明昌所创办的公司近10年先后为80多项社会公益事业和各界活动捐资280万元。

## 唐隽永

唐隽永，男，中共党员，贵州省瓮安县银盏镇太平社区大园组人，生于1973年8月，研究生学历，1996年加入中国共产党。

1997年7月毕业于贵州大学中文系新闻学专业，文学学士；2004年7月毕业于中共贵州省委党校经济学专业研究生班。2011年任贵州省公路局办公室副主任，2014年任省公路局宣传教育处副处长。后任贵州省公路开发有限责任公司党委副书记、董事、工会主席，中共从江县委常委、县人民政府副县长（挂职）。

## 顾吉萍

顾吉萍，女，1976年8月生，现银盏镇新华村人。现任瓮安县工商联副主席、瓮安县政协常委、黔南州政协委员、银盏镇商会会长。

2009年初，顾吉萍与人成立了瓮安县东升小额贷款股份有限公司，注册资金2000万元，后增资4200万元，是瓮安县第一家小额贷款公司。从2009年至2013年的5年间，发放贷款2979万元，实现利息收入1319.7万元，实现税收129.35万元，累计利润141.89万元。

2011年，顾吉萍与贵阳麒龙房开公司，成立了贵州麒龙置业有限公司，注册资金3000万元，物流园一期项目投入超过2亿元。贵州省100个城市综合体建设项目之一的瓮安麒龙物流商贸综合产业园，已投资31639.12万元，实现销售34675.48万元，缴纳税收2750.6万元，实现利润3108万元，解决就业400余人。

2012年8月，顾吉萍带领公司员工到永和长林小学，看望留守儿童，并带去衣服及学习用品。同年9月教师节，她带领公司领导及部分员工去中坪小学慰问师生，并资助12000元。同月，瓮安发起春晖助学基金，顾吉萍捐资50万元。

## 夏吉友

夏吉友，男，汉族，1976年9月出生，瓮安县银盏镇人，1993年8月参加工作，1999年4月加入中国共产党。

1990年9月至1993年7月在贵州省都匀市民族师范学校中师专业学习。1993年7—9月待分配。1993年9月至1994年8月任贵州省瓮安县教育局银盏乡教育辅导站辅导员。1994年8月至1999年2月在贵州省瓮安中学担任教师（其间，1994年9月至1996年12月在贵州省教育学院汉语言文学专业学习自考大专；1995年7月评为中教三级教师；1997年12月评为中教二级教师）。

1999年2月至2003年4月任贵州省瓮安县政协办公室秘书、科员。2003年4—12月任贵州省瓮安县平定营镇党委副书记。2003年12月至2006年6月任贵州省瓮安县平定营镇党委副书记、组织委员。2006年6月至2008年8月任贵州省瓮安团县委书记（其间，2006年11月至2007年5月在共青团省委直属机关党委挂职学习）。2008年8—11月任贵州省瓮安县玉华乡党委副书记。2008年11月至2009年2月任贵州省瓮安县玉华乡党委副书记、乡长。2009年2—4月任贵州省瓮安县玉华乡党委书记、乡长。2009年4月至2010年10月任贵州省瓮安县玉华乡党委书记、人大主席（其间，2009年8月至2011年7

月挂职任福泉市委书记助理）。2010年10月至2011年7月任贵州省瓮安县玉华乡党委书记。2011年7—8月任贵州省瓮安县副县级领导职务干部、玉华乡党委书记。2011年8—10月任贵州省瓮安县副县级领导职务干部、县政府党组成员。2011年10月至2016年10月任贵州省瓮安县人民政府党组成员、副县长。

# 附录

## 贵州省人民政府关于瓮安县建镇并乡撤区行政区域变更的批复
## （黔府通〔1991〕120号）

黔南布依族苗族自治州人民政府：

你州黔南政通〔1991〕56号文收悉。根据省委、省政府省发〔1991〕6号、〔1991〕省通字第30号文件精神和国家有关法律、法规，现批复如下：

一、同意撤销雍阳区、草塘区、中坪区、永和区、珠藏区、玉山区、天文区。

二、同意撤销雍阳镇、茅坡乡，合并建立雍阳镇（科局级）。雍阳镇人民政府驻地设在雍阳，辖原雍阳镇的7个居委会、7个村委会，原茅坡乡的7个村委会；

撤销平定营乡、营定乡，合并建立平定营镇（科局级）。平定营镇人民政府驻地设在平定营，辖原平定营乡的10个村委会，原营定乡的4个村委会；

撤销草塘镇、下司街乡、新华乡、金星乡，合并建立草塘镇（科局级）。草塘镇人民政府驻地设在草塘，辖原草塘镇的4个居委会、4个村委会，原雍阳镇的1个居委会，原下司街乡的3个村委会，原新华乡的4个村委会，原金星乡的1个村委会；

撤销中坪乡、柏香乡，合并建立中坪镇（科局级）。中坪镇人民政府驻地设在中坪，辖原中坪乡的1个居委会、12个村委会，原柏香乡的5个村委会；

撤销垛丁乡、洗马塘乡、长岭乡，合并建立永和镇（科局级）。永和镇人民政府驻地设在永和，辖原垛丁乡的6个村委会，原洗马塘乡的6个村委会，原长岭乡的3个村委会，原雍阳镇的1个居委会；

撤销珠藏乡、羊关乡、荣院乡，合并建立珠藏镇（科局级）。珠藏镇人民政府驻地设在珠藏，辖原珠藏乡的1个居委会、10个村委会，原羊关乡的3个村委会，原荣院乡的4个村委会；

撤销岩坑乡、龙蟠乡、小开州乡，合并建立玉山镇（科局级）。玉山镇人民政府驻地设在玉山，辖原岩坑乡的8个村委会，原龙蟠乡的3个村委会，原小开州乡的5个村委会；

撤销天文乡、平坝乡、玉屏乡，合并建立天文镇（科局级）。天文镇人民政府驻地设在天文，辖原天文乡的5个村委会，原平坝乡的6个村委会，原玉屏乡的3个村委会；

撤销玉华乡、太文乡，合并为玉华乡（科局级）。玉华人民政府驻地设在玉华，辖原玉华乡的4个村委会，原太文乡的3个村委会，原雍阳镇的1个居委会；

撤销松坪乡、青池乡，合并为松坪乡（科局级）。松坪乡人民政府驻地设在松坪，辖原松坪乡的7个村委会，原青池乡的3个村委会，原金星乡的3个村委会；

撤销金竹乡、小河山乡，合并为金竹乡（科局级），金竹乡人民政府驻地设在金竹，辖原金竹乡的6个村委会，原小河山乡的3个村委会；

撤销建中乡、果水乡，合并为建中乡（科局级）。建中乡人民政府驻地设在建中，辖原建中乡的6个村委会，原果水乡的3个村委会；

撤销白沙乡、青龙山乡，合并为白沙乡（科局级）。白沙乡人民政府驻地设在白沙，辖原白沙乡的6个村委会，原青龙山乡的3个村委会。

撤销岚关乡、尖坡乡，合并为岚关乡（科局级）。岚关乡人民政府驻地设在岚关，辖原岚关乡的3个村委会，原尖坡乡的5个村委会。

撤销老坟嘴乡、木孔乡，合并为老坟嘴乡（科局级）。老坟嘴乡人民政府驻地设在老坟嘴，辖原老坟嘴乡的4个村委会，原木孔乡的4个村委会；

撤销高水乡、峰岩乡，合并为高水乡（科局级）。高水乡人民政府驻地设在高水，辖原高水乡的6个村委会，原峰岩乡的5个村委会；

撤销铜锣乡、桂花乡，合并为铜锣乡（科局级）。铜锣乡人民政府驻地设在铜锣，辖原铜锣乡的5个村委会，原桂花乡的4个村委会；

撤销鱼河乡、高枧乡，合并为鱼河乡（科局级）。鱼河乡人民政府驻地设在鱼河，辖原鱼河乡的5个村委会，原高枧乡的5个村委会；

撤销木老坪乡、两岔河乡，合并为木老坪乡（科局级）。木老坪乡人民政府驻地设在木老坪，辖原木老坪乡的3个村委会，原两岔河乡的3个村委会；

三、同意银盏乡、木引槽乡、牛场坝乡、龙塘乡的规格升为科局级，乡的行政区域和乡人民政府驻地不变。

一九九一年九月十二日

注：1992年4月，撤销金竹乡，所辖原金竹乡6个村委会划隶草塘镇；恢复小河山乡，其规格升为科局级，乡的行政区域和乡的人民政府驻地不变。

## 省人民政府关于同意设立贵州瓮安经济开发区的批复
## （黔府函〔2012〕110号）

黔南自治州人民政府：

报来《关于申报瓮安工业园区为省级经济开发区的请示》（黔南府呈〔2012〕25号）收悉。根据《中共中央国务院关于深入实施西部大开发战略的若干意见》（中发〔2010〕11号）、《国务院关于进一步做好利用外资工作的若干意见》（国发〔2010〕9号）、《国务院关于中西部地区承接产业转移的指导意见》（国发〔2010〕28号）和《中共贵州省委贵州省人民政府关于加强招商引资工作进一步扩大开放的意见》（黔党发〔2010〕18号）、《省人民政府关于加快产业园区发展的意见》（黔府发〔2010〕17号）有关精神，经研究，现批复如下：

一、同意在黔南自治州瓮安县设立省级经济开发区，并定名为贵州瓮安经济开发区，实行省级经济开发区的政策，其规划选址位于瓮安县银盏镇，首期开发建设面积10平方公里，起步期面积3平方公里。

二、请你州以科学发展观为指导，遵循“精简、高效”原则，健全完善管理体制，提高服务质量，加快基础设施建设，优化投资环境。要完善产业发展规划，促进产业结构优化升级，创新利用外资方式，优化利用外资结构。要大力发展循环经济，保护生态环境，构建资源节约型、环境友好型开发区，充分发挥辐射、示范和带动作用。

三、请你州严格执行土地利用总体规划和县城总体规划，按照“小城起步，量力而行”的要求，合理、集约、高效利用土地资源，提高土地投资强度，按规定程序履行建设项目和用地报批手续。要坚持以工业用地为主，工业用地（含仓储、物流）不得少于建设用地的70%，切实做到“规划一片、开发一片、收效一片”。

四、请你州按照上述要求，抓紧编制开发区总体规划、开发区控制性详细规划以及相关规划环境影响评价文件，落实开发区“四至”范围，并按程序组织论证和报批，为国有土地的出让和项目建设提供依据。

五、省商务厅要会同省有关部门进一步加强指导和服务，促进贵州瓮安经济开发区健康发展。

贵州省人民政府

二〇一二年五月二十五日

## 省人民政府关于同意瓮安县部分乡镇行政区划调整的批复
## （黔府函〔2013〕142号）

黔南自治州人民政府：

你州《关于调整瓮安县行政区划的请示》（黔南府呈〔2013〕48号）及附件收悉。现批复如下：

一、同意撤销瓮安县猴场镇、小河山乡建制，设置新的猴场镇，以原猴场镇、小河山乡地域为新设置的猴场镇行政区域，镇人民政府驻草塘社区。

二、同意撤销瓮安县永和镇、老坟嘴乡建制，设置新的永和镇，以原永和镇、老坟嘴乡地域为新设置的永和镇行政区域，镇人民政府驻垛丁村。

三、同意撤销瓮安县建中镇、白沙乡建制，设置新的建中镇，以原建中镇、白沙乡和玉华乡太文村（除白溪组、民寨组、下朵良组、高白溪组、酸枣坪组外）地域为新设置的建中镇行政区域，镇人民政府驻凤凰村。

四、同意撤销瓮安县珠藏镇、牛场坝乡和高水乡建制，设置新的珠藏镇，以原珠藏镇、牛场坝乡、高水乡和木引槽乡新兴村地域为新设置的珠藏镇行政区域，镇人民政府驻珠藏村。

五、同意撤销瓮安县木引槽乡建制，将原木引槽乡新兴村划入新设置的珠藏镇，沿江村划入江界河镇。

六、同意撤销瓮安县玉华乡建制，将原玉华乡岩根河村和太文村白溪组、民寨组、下朵良组、高白溪组、酸枣坪组划入银盏镇，将太文村（除白溪组、民寨组、下朵良组、高白溪组、酸枣坪组外）划入新设置的建中镇。

七、同意撤销瓮安县鱼河乡建制，将原鱼河乡深溪村划入玉山镇，高枧村划入中坪镇，新场村划入银盏镇。

八、请认真做好行政区划调整相关工作，促进当地经济社会全面发展。

贵州省人民政府

2013年6月24日

# 瓮安县推进工业园区建设的实施意见

为加快瓮安经济的发展，努力推进工业园区建设，真正实现“产业集聚、资源集约、生态和谐”发展，做大做强我县工业，按照中共贵州省委、贵州省人民政府《关于加强招商引资工作进一步扩大开放的意见》（黔党发〔2010〕18号）和省人民政府《关于加快产业园区发展的意见》（黔府发〔2010〕17号）精神要求，结合我县实际，对加快工业园区发展提出如下意见：

## 一、明确推进发展的指导思想、基本原则和总体目标

（一）指导思想。以邓小平理论和“三个代表”重要思想为指导，深入贯彻落实科学发展观，解放思想，更新观念，积极探索，敢于争先，抢抓国家深入实施西部大开发战略的历史性机遇和黔中经济区的区域优势，紧扣科学发展观主题，围绕转变经济发展方式的主线，突破“加速发展、加快转型、推动跨越”的主题，重点实施工业强县战略和城镇化带动战略，把产业园区建设成为全省十大振兴产业规划、黔南州工业带动发展增长级和我县优势产业的集中区、对外开放的窗口。

（二）基本原则。一是坚持科学规划的原则。按照工业布局的总体要求，加强工业园区规划与国民经济、社会发展规划、城乡总体规划、土地利用规划、环境保护规划等有机结合，科学合理、适度超前规划工业园区的建设与发展；二是市场导向原则。坚持“谁投资、谁受益”的原则，实行“政府搭台，企业唱戏”，把推动园区建设与市场化运作相结合，拓宽融资渠道，积极引进外资，吸引民资等，通过投资、联营、入股等多种方式参与园区总体开发，实现投资主体多元化，破解工业园区建设中资金困难难题；三是产业聚集原则。推动优势产业、优势企业、优势资源向工业园区集中。发挥区位、资源、产业等优势，把握市场需求，加强市场细分，推进同业集聚和产业协作；四是创新发展原则。推进工业园区的体制改革、发展模式和管理方式创新，探索建立政府主导、业主开发、政企共建、项目先行等有效的运行模式，创新发展理念，加快产业转型，延长产业链，做强做大优势产业；五是可持续发展原则。充分发挥工业园区产业集聚、集约发展功能，切实推进经济增长方式转变。推进土地、能源、资本等资源的集约节约使用，努力构建工业园区可持续发展的长效机制。

（三）总体目标。按照“一年启动建设，二年投产营业，三年初具规模，五年大见成效”的主要发展目标。磷化工循环经济型工业聚集区：力争到2015年，基本完成工业区第一期工程建设，建成面积达10平方公里以上，固定资产投资累计达到180亿元以上，工业总产值达到140亿元以上，工业增加值达到35亿元以上，实现税收15亿元以上；到2020年，建成面积拓展到20平方公里左右，工业总产值达400亿元以上，工业增加值达到130亿元以上，实现税收26亿元以上，资源综合利用率和节能降耗指标达到全国同类工业区先进水平； 银盏轻工业聚集区：力争到2015年，建成面积达2.5平方公里以上，固定资产投资达到13亿元以上，工业总产值达到25亿元以上，工业增加值达到8.5亿元，实现税收1.5亿元以上；到2020年，工业总产值达到50亿元以上，工业增加值达到17亿元以上，实现税收3亿元以上。

## 二、理顺工业园区管理体制

（一）机构建制的设置

1.设立工业园区管理委员会（简称管委会），为县级或副县级建制单位，隶属于县人民政府，受上级业务主管部门的指导，列入公务员管理范畴，管委会受县政府委托，对园区所辖范围进行行政管理，行使县政府所属部门的行政管理职能。由相关职能部门按权限报批设立。

2.园区设立开发投资公司，开发公司可以是独资的国有公司，也可以是政府投资吸收其他资金的股份制公司。开发公司为独立的法人主体，在园区公共基础设施建设中发挥投融资主体作用，按照市场化运作方式，负责园区土地开发、公共基础设施建设和管理，并为园区企业进行物业管理、商务服务、咨询服务等。按公司法的有关规定依法设立。

（二）园区主要工作职责

1.研究和提出园区发展目标、发展方向以及完善园区开发运作机制和管理体制的方案意见，编制园区建设与发展的中长期计划和年度计划，统筹、协调园区建设工作。

2.负责园区项目的土地、财税等相关配套政策的研究、拟定（报县政府审定）、落实，负责对入驻企业的协调与服务。

3.负责园区内招商引资工作，负责对入驻园区规划范围内产业招商项目的审查、管理和服务，研究制定园区对外开放及招商引资工作意见、优惠政策并组织实施。

4.负责与大专院校、科研院所、县外企业和各地的经济技术组织协作与联系，引进科研成果、项目。

5.研究、分析园区外来投资情况，定期向县政府报送有关信息动态；负责园区投资环境的调查研究、信息反馈和监督检查等工作；根据全区招商引资优惠政策，负责对入驻园区企业享受优惠政策的认定，以及督促、检查优惠政策的执行情况。

6.参与有关部门组织的招商引资活动；负责园区产业项目的策划、包装和引进，建立园区招商引资项目库；负责园区重点招商引资项目的招商洽谈和前期准备工作。

7.负责园区项目洽谈的组织、协调以及重点招商项目的跟踪反馈；负责园区外来投资企业的归口服务，受理外来投资者的投诉，协调相关部门解决项目实施和经营过程中的具体问题。

8.承担园区规划范围内企业的安全监督管理工作。

9.管理园区内的国有资产，指导园区各类经济发展，负责园区机关干部人事工作及下属公司的管理。

10.负责园区内的征地拆迁安置工作，解决与群众的各种矛盾纠纷，为企业营造一个良好的发展环境。

11.负责企业用地、规划及相关工作。

12.行使县政府各职能部门（各职能部门将县级立项、审批授权园区管委会）对入驻园区企业的项目立项、审批（含备案、核准）、注册等工作职责。

13.承办县政府和上级有关部门交办的其他事项。

## 三、强化推动发展的主要措施

工业园区是工业经济发展的主阵地，工业园区作为以工业为主体，产业分工明确、协作配套紧密的专业化产业集聚区，能够高效地集聚人才、市场、资金、技术等要素，推进大量同类产业和相互关联企业及支撑机构在空间上集聚，降低成本，优化结构，增强竞争优势，促进工业集约化、规模化和产业化发展。加快工业园区建设，可以有效地解决我县工业经济规模小、关联度低、产业链短、初级产品多等瓶颈问题。因此，进一步推进特色工业园区建设是实现工业强县的重大战略举措。

（一）高起点规划、高标准建设。工业园区必须走高起点规划、高标准建设的发展道路。在打造园区中彰显优势，从资源条件、产业基础、区位优势、人文特点出发，突出产业特色，明确发展定位，带动和促进上下游企业的聚集与产业链的延伸，发展关联性强、集约水平高的产业集群和特色鲜明的区域产业。

高起点规划：磷化工聚集区：“一轴”——即以连接银盏轻工业聚集区并纵贯银盏—羊子坪—木老坪片区的工业区快速主干道为发展主轴，依次布局各个功能区，合理布置区域道路网络系统；“一心”——即规划布局一个磷化工工业聚集区管理服务及科技研发中心，主要安排布置为工业园区提供管理服务及科技研发、商业、金融、教育培训、治安管理等机构和综合服务设施；“五区”——即根据工业聚集区产业关联和分类集聚发展需要，在工业聚集区内规划布局磷化工工业小区、精细化工工业小区、综合利用及配套工业小区、青坑工业小区和物流区等五个不同产业类别并相互关联的产业园区。轻工工业聚集区：一轴：即以横穿工业聚集区中部，并连接县城城市主干道和通往磷化工聚集区的主干道为发展轴线，依次布局各个功能分区（详见工业区总体布局图）；一心：即在工业区规划建设一个管理服务和科技研发中心，并结合综合服务设施建设，在该区域建设轻工业聚集区的物流中心；三区：即在发展主轴线两侧，按照产业类别及物流走向，分别布局特色食品及农副产品加工小区、制造加工（承接产业转移）小区、综合利用及配套产业小区等三个功能区。（详见工业园区总体规划布局图），其中：

A区：特色食品及农副产品加工工业小区；

B区：制造加工工业小区（承接产业转移区）。其中轻工制造区为B1小区，机械制造加工区为B2小区；

C区：综合利用及配套产业小区。

高标准建设：1.干道建设：园区主干道建设车道宽3 6米，中间不设隔离带，两边各设宽3米的人行道，企业用地退出人行道边缘5米用于绿化。次干道建设车道宽9米，两边各设宽3米的人行道，人行道外不再设绿化带；园区支路建设由入驻该区的企业自行建设，但路宽不得少于9米（包括人行道）；2.厂房建设：形成“梯田式”建设模式。按照集约、节约用地要求，结合山区坡度较大的特性，鼓励和引导园区企业建设向山地、坡地发展，逐步形成“梯田式”开发。企业厂房除特殊要求外，必须建设在两层以上，严格控制单层建设，对目前没有能力建设两层的，要规划预留建设厂房的土地，限时建设，厂房设计一般采用统一模式、统一的色调（特殊要求除外），树立良好的外部形象；3.水、电、通信、网络等基础设施建设，全部采用同行的最高标准进行建设。

（二）以市场为导向，政府积极推动。工业园区发展必须坚持以市场经济为主导的原则，同时积极发挥政府推动的职能作用。要充分发挥市场配套资源的基础性作用，政府要制定鼓励性产业政策，通过引导、协调，做好服务工作。要建立和完善资本、技术、人才等要素市场，不断营造良好的发展环境，构建由政府推动与市场主导相结合的管理体制和运作机制。着力完善园区的知识产权制度，以进一步提升工业园区知识产权创造、运用、保护和管理能力，提高园区自主创新水平。

坚持用市场经济的机制、手段和方法推动工业园区发展。在布局上，要以市场需求为前提，做好布局规划，引导、协调工业园区合理分布。在开发建设上，要实行市场化运作，按照市场规划办事，广泛吸引各类资金投入和生产要素聚集。鼓励民营企业投资管理工业园区给排水、供热、燃气、电力等基础设施建设。

（三）建设服务平台，提高服务能力。鼓励和扶持工业园区设立为主导产业服务的技术创新、产品开发、企业孵化、质量检测、产品展示、营销网络等公共服务平台建设。鼓励国家、省重大创新和产业化项目及产业技术研究机构落户园区；支持龙头企业建立和完善专业性公共技术服务平台；鼓励质量检测部门在园区内设立专业质检中心，推进质量体系建设；为企业免费提供政策、法律、技术、管理等方面的咨询服务和办公场所；通过信息化建设，提升工业园区的产业层次和管理水平。对科技企业服务于工业园区内各类企业的技术开发、技术转让和与之相关的技术咨询、技术服务的收入出台优惠政策；在安排工业发展专项资金，申请科技发展计划项目上给予重点倾斜。

完善工业园区服务机制，为园区的建设和发展提供高效、优质、配套、廉洁的行政服务。凡进入工业园区的企业，工业园区管理机构提供 “一站式、一条龙” 的审批服务。对工业园区内企业的各类规费、手续费按照有关规定能免则免、能减则减、就低不就高。推行工业园区政务公开制、首问责任制和责任追究等制度。推行限时办结制，开辟工业园区与行政服务中心的绿色服务通道。依法行政，廉洁执法，推进综合执法试点，避免干扰工业园区内企业正常生产经营的行为，避免重复检查和交叉检查，切实减轻企业负担。建立投诉处置快速反应机制。

（四）加大招商力度，加快发展步伐。工业园区招商列入全县专项招商计划。由县工信局、发改局共同组织开展工业园区专题招商活动；按园区属性，组织产业类型相近的园区，参加国际国内大型专业展会。要落实好现有的优惠政策做好招商策划和组织工作。实行招商选资，提高招商的质量水平，推进新型工业化发展。

进一步创新招商方式，切实做好入园企业的跟踪服务。按照中共瓮安县委、瓮安县人民政府已出台的《关于鼓励在瓮安工业园区投资的若干规定》，鼓励已入驻的企业做好以企引企、以商招商，促进企业配套项目或后续项目进入工业园区发展。选择工业园区内对外联系广、说服力强、招商经验足的优秀企业家，在园区管理机构兼任职务，广泛开发招商。积极开展产业集群主题招商，利用工业园区产业链及配套项目的集群优势，突出“龙头”项目及上下游配套产品项目的招商。鼓励利用中介组织招商、落实好有偿招商政策。

（五）拓宽融资渠道，加大资金投入。要推进金融机构与工业园区企业建立协调沟通机制，改善工业园区融资环境，建立工业园区担保体系和机制，支持有条件的企业自愿相互担保融资，鼓励发展风险投资，建设公共融资平台，积极解决企业融资难问题。协调争取政策性金融机构运用政策性资金支持工业园区建设和中小企业发展。鼓励商业性金融机构在工业园区设立分支机构，建立完善适合工业园区特点的信贷管理方式，优化贷款报批程序和流程，争取上级银行更大的信贷管理授权，扩大对入园企业的信贷投放。支持保险机构做好工业园区企业的保险服务工作。

（六）引导产业集聚，提升产业水平。增强骨干企业的凝聚力和辐射力。重点支持工业园区内主营业务收入超过5亿元的骨干企业，加快技术改造，提升产品优势，使之成为产业集群的龙头。注重培育对工业园区发展具有先导作用的高技术、高附加值企业，推进与园区主导产业相关的生产性、服务性以及相关产业配套发展，推进同业集聚和产业协作。鼓励产品市场前景好、有一定技术开发能力和有技术创新内在要求，成长性好的企业优先进入工业园区。

采取政府引导与市场机制相结合、迁入与迁出相结合，促进同类和上下游企业聚集。要按照工业园区规划要求，鼓励不同地区符合国家产业政策的产业向工业园区转移。建立健全退出机制，严格执行国家产业政策，加快淘汰高污染、高耗能企业；引导县城区企业，按照主导产业方向，利用企业改制、资产重组等机遇，逐步向工业园区转移。对已入园的企业，凡是与该园区不符或对其主导产业有影响的都要有计划、有步骤、分期、分批向工业园区转移，推进园区产业的专业化和特色化。

（七）培育产业品牌，树立园区形象。充分发挥资源、重点企业、专业技术、产品的幅射效能，把企业品牌、产品品牌和区域品牌、资源品牌建设有机结合起来，打造一批具有较大影响和竞争力的品牌。重点打造精细磷化工产品、绿色农产品等一批品牌。鼓励工业园区内企业使用区域品牌、资源品牌，共创品牌共享收益。

加强工业园区宣传推介工作，提高园区产业、产品和品牌的知名度。要加强对工业园区、区域品牌、资源品牌的新闻宣传和广告宣传，在机场、车站、标志性建筑、主要公路入口处的广告牌位置和价格方面，给予其优先权和优惠。

（八）加大人才引进和培训力度。为我县工业园区的发展提供人才保障。要高度重视人才队伍的建设和培养，积极引导园区企业为专业人才提供优惠的生活待遇，创造良好的工作条件。要采取多种形式引进工业园区发展建设急需的高层次技术人才和企业经营管理人才。每年选派一批业务工作能力强的干部到省、州及经济较发达的地区进行挂职锻炼，引进外面的先进技术及管理经验，同时要以职业技术学院为依托，加强在职技术工人的培训，逐步建立起技术工人培训中心，努力提高职工队伍整体素质，切实保障工业发展对技术工人的需求。

（九）强化组织领导，推进管理创新。政府各相关部门要高度重视工业园区工作，将其纳入重要议事日程，切实加强组织领导，搞好服务协调。相关部门要从全局出发，积极配合，形成合力，要将各部门县级行政审批的权限授权园区管理委员会审批，共同推进工业园区快速发展。

积极推进工业园区管理体制创新。工业园区的管理和服务是个新生事物，建立鼓励和支持以市场为导向的创新园区管理体制。要根据各自的不同特点，大胆探索，勇于实践，用改革的方法解决好发展中遇到的问题，把握服务取向，把做大做强工业园区各项政策措施落到实处。

（此文件于2011年4月1日县人民政府以瓮府发〔2011〕8号文件印发）

## 瓮安工业园区征地拆迁补偿安置方案（试行）

瓮安工业园区规划已经贵州省经济和信息化委员会批准，并列入贵州省十大产业振兴规划。为加快我县工业园区建设步伐，根据《中华人民共和国土地管理法》《中华人民共和国城乡规划法》《城市房屋拆迁管理条例》《贵州省城市房屋拆迁管理办法》和《贵州省土地管理条例》等法律、法规规定，结合我县实际，特制定瓮安工业园区征地拆迁补偿安置方案。

## 一、征地拆迁范围

瓮安工业园区规划范围内（详见规划图）。

## 二、基本原则

（一）坚持城乡统筹，协调发展的原则；（二）坚持以人为本，让利于民的原则；（三）坚持公平、公正、公开的原则；（四）坚持科学规划，合理安置的原则；（五）坚持实事求是，衔接相关政策的原则。

## 三、安置方式

采取社会保障安置、货币安置、划地安置、统建安置四种方式，对被征地农民和拆迁户进行对应安置。

## 四、征地补偿及保护措施

（一）征地补偿标准。征地补偿标准按《黔南州人民政府关于公布全州征地年产值标准和征地区片综合地价的通知》（黔南府发〔2009〕31号）文件执行。

（二）保障措施。

1.养老保障。为切实保障被征地农民的长远生计，坚持政府引导，被征地农民自愿的原则，被征地农民符合《瓮安县被征地农民社会养老保险实施办法（试行）》的，按《瓮安县被征地农民社会养老保险实施办法（试行）》安置。

2.就业保障。对符合国家劳动法规定条件的被征地农民，园区管委会将结合园区企业用工意向优先对被征地农民免费进行培训，并就地向园区企业推荐用工。在相同条件下，入园企业有责任和义务优先考虑园区失地农民的再就业。

3.生活保障。被征地农民自愿转为城镇居民户口，符合城镇最低生活保障条件的，纳入城镇最低生活保障，被征地农民转为居民后仍享受政府对农民的优惠政策；被征地农民不愿转为城镇居民户口，符合农村最低生活保障条件的，纳入农村最低生活保障。

## 五、房屋拆迁补偿及安置

（一）货币安置。货币补偿标准。按《黔南州人民政府关于马场坪至瓮安高速公路建设项目拆迁补偿安置方案及工作方案的批复》（黔南府函〔2010〕163号）补偿标准执行。

（二）划地安置。符合拆迁安置条件，在工业园区规划的农民新村内，按照统一规划、自主建设的原则采取集中或就近靠后安置，每户按130平方米划定宅基地。原有宅基地面积超过或不足130平方米的按园区耕地补偿标准相互补差，原房屋补偿按货币补偿标准补偿。宅基地的土地、规划及房屋所有权证手续由当地政府和工业园区管委会统一办理。

（三）统建安置。在工业园区内统一规划，集中安置。住房拆迁实行“拆一还一，结构陈新不补差”，超出部分在5平方米（含5平方米）以内的按成本价购买，在5平方米以外的按市场评估价购买。应还建筑面积因结构原因（按成套房计算）没有还足的，在5平方米（含5平方米）以内的按建筑成本价以货币的方式兑现给被拆迁户，超出5平方米按市场评估价以货币的方式兑现给被拆迁户；不足60平方米的按1:1.2的比例计算安置，在60平方米以内的按成本价购买，超出60平方米的按市场评估价购买。

（四）过渡期补偿。

1.搬家费（含搬出搬进）住房5元/平方米。拆迁房在搬家过程中实行奖励，在发布拆迁公告后10

日内搬迁完毕并办理相关手续的，每户奖励3000元；在发布搬迁公告后11日至30日内搬迁完毕并办理相关手续的，每户奖励2000元；超过拆迁公告规定期限的不予奖励。

2.拆迁房屋实行临时周转自行过渡安置，按一年计算安置过渡费（若超期按《城市房屋拆迁管理条例》执行），住房每月3元/平方米，过渡费不足1000元的按1000元补助。

（五）拆迁人与被拆迁人签订房屋拆迁、安置补偿合同后，在合同约定的时间内移交房屋的，方可领取补偿费。

（六）房屋拆迁丈量按《建筑工程建筑面积计算规范》（GB/T50353-2005）执行。坡屋顶的房屋内空间净高超过2.1米的应计算全面积，净高在1.2米至2.1米之间的按1/2计算面积，净高不足1.2米的不计算面积。

（七）违法违章建筑按照《瓮安县县城规划区违法建设处理规定》（瓮府发〔2008〕15号）处理的，按本方案对应条款进行安置补偿；未按《瓮安县县城规划区违法建设处理规定》（瓮府发〔2008〕15号）处理的，不作为拆迁面积和安置面积的依据，且自行拆除，在规定时间内不拆除的将依法拆除。

（八）未超出批准期限临时建筑按建筑成本适当补偿；超期和未经批准的临时建筑不予补偿。

**六、其他事项**

（一）在工业园区范围内不符合拆迁安置条件但符合农村农民建房条件的农户申请在工业园区范围内建房，其选址必须在工业区管委会规划的农民新村范围内，按统一规划，统一设计的原则建设。

（二）国家机关、事业单位、企业房屋补偿按货币安置补偿标准一次性予以补偿。

**七、附则**

（一）本方案自公布之日起施行。

（二）本方案由瓮安工业区管委会负责解释。

2011年1月14日

（此文件瓮安县人民政府以瓮府发〔2011〕1号文件印发）

## 中共瓮安县委　瓮安县人民政府<br>关于贵州瓮安经济开发区与银盏镇实行区镇合一管理体制的通知<br>（瓮委〔2014〕9号）

县人大常委会、县政协党组、瓮安经济开发区党工委、县人武部党委、江界河风管处，各乡镇党委、街道党工委、县委各部、办、委、局、县级国家机关各工作部门党组（党委），各人民团体党组织，省、州驻瓮企、事业单位党组织：

为进一步优化资源配置，加快城镇化、工业化进程，根据中共贵州省委办公厅、省政府办公厅《关于开展乡镇行政管理体制改革试点工作的意见》（黔委厅字〔2014〕40号）、中共黔南州委、黔南州人民政府《关于加快推进乡镇行政区划调整的意见》（黔南党发〔2013〕15号）和《关于深化管理体制改革促进乡镇加快发展的指导意见》（黔南党发〔2014〕9号）及州编委办《关于对<贵州瓮安经济开发区与瓮安县银盏镇实行区镇合一管理体制方案>的批复》（黔南编办〔2014〕77号）精神，经研究，决定将贵州瓮安经济开发区与瓮安县银盏镇实行“区镇合一”。现将有关事宜通知如下：

## 一、指导思想

以邓小平理论、“三个代表”重要思想、科学发展观为指导，认真贯彻落实党的十八大、十八届三中全会精神和省委省政府、州委州政府全面深化改革部署，坚持解放思想“十破十立”，按照统筹城乡协调发展的需要，努力破解经济开发区、银盏镇体制机制障碍，推进功能互补，实现区镇合一，快速发展。

## 二、基本原则

坚持解放思想、实事求是，积极探索符合区、镇的行政管理体制；坚持权责一致、适度放权，采取委托、授权等形式，赋予区（镇）部分县级经济社会管理权限，增强统筹发展和改革的能力；坚持“精简、统一、效能”原则，有效整合归并职能，减少管理层次，优化机构设置，进一步降低运行成本，提升行政效能，增强发展活力。

## 三、体制机制

（一）机构设置。将贵州瓮安经济开发区党工委、管委会与银盏镇党委、政府实行“区镇合一”。下设11个机构，分别为办公室、党群工作部、产业发展局、招商引资局、财政局、规划建设局、城镇综合执法局、农村工作局、社会事业局、政法综治局、政务服务中心。

设立瓮安经济开发区纪工委、监察审计局，瓮安经济开发区纪工委为瓮安县纪委派出机构。瓮安经济开发区纪工委与瓮安经济开发区监察审计局合署办公，与银盏镇纪委实行两块牌子、一套班子。

根据省、州有关要求，设立黔南州公安局瓮安经济开发区分局，管理瓮安县公安局银盏派出所；设立瓮安县人民检察院经济开发区检察室。

具体设置如下：

1.办公室：内设综合科、秘书科、信息科、督查科。

2.党群工作部：内设综合科、组织科、宣传科、群团科，群团组织机构按照有关法律、章程和规定设置，由党群工作部负责管理，其办事机构采取加挂牌子的方式设置。（将银盏镇党政办公室职责分别划入办公室、党群工作部）。

3.产业发展局（银盏镇经济发展办公室、安全生产监督管理办公室与其合署办公）：内设综合科、经济运行科、产业发展科、科技科、安监科。

4.招商引资局：内设综合科、招商科、投资促进科。

5.财政局（银盏镇财政所与其合署办公）：内设综合科、预算管理科、非税收入管理科、财务科、采购管理科。

6.规划建设局（银盏镇国土资源和规划建设环保办公室与其合署办公）：内设综合科、规划建设科、国土资源管理科、环境保护科、建筑工程质监科、征收安置科。

7.城镇综合执法局（银盏镇综合行政执法办公室与其合署办公）：内设综合科、执法中队、市政管理科、环境卫生管理科。

8.农村工作局（挂“银盏镇农业综合服务中心”“水利站”“林业站”牌子）：内设综合科、农业科、水利科、林业科。

9.社会事业局（银盏镇社会事务管理办公室、卫生和计划生育办公室〔流动人口管理办公室〕与其合署办公，挂“银盏镇科技宣教文化信息服务中心”“银盏镇人力资源和社会保障服务中心”牌子）：内设综合科、民政科、社会保障科、卫生和计划生育管理科、文化和教育管理科。管理银盏镇卫生计生院、银盏镇木老坪卫生计生院、银盏镇鱼河卫生计生院、银盏镇玉华卫生计生院、银盏镇敬老院，协助管理银盏镇各中小学幼儿园。

10.政法综治局（银盏镇社会治安综合治理办公室与其合署办公）：内设综合科、综治科、维稳科、防范科、群众诉求办理科，协助管理银盏镇司法所。

11.政务服务中心（挂“群众工作中心”“招商项目代办中心”和“银盏镇政务服务中心”牌子）：内设综合科、督查科、电子政务科、窗口管理科。管理鱼河、玉华、木老坪政务服务中心。

（二）领导职数。贵州瓮安经济开发区设党工委书记、管委会主任各1名（由县委、县政府主要领导兼任）；党工委副书记、管委会副主任共3名；正科长级管委会副主任3名。

办公室、党群工作部、产业发展局、招商引资局、财政局、规划建设局、城镇综合执法局、农村工作局、社会事业局、政法综治局等10个下设机构领导职数，分别设局长（主任、部长）1名（正科长级）、副局长（副主任、副部长）2名（副科长级）。

政务服务中心设主任1名（正科长级），副主任4名（副科长级，其中3名分别由鱼河、玉华、木老坪政务服务中心主任兼任）。

同时，瓮安经济开发区纪工委设书记1名（正科长级，兼任监察审计局局长）、监察审计局副局长2名（副科长级）。内设综合科、纪检监察科、审计科。

领导职数共设44名，其中：副县长级3名，正科长级15名，副科长级26名。

（三）运行模式。

一是机构进行整合。将瓮安经济开发区党工委、管委会与银盏镇党委、政府整合，实行一套班子，统一管理。银盏镇人大、纪委、人武部对外挂牌，银盏镇党委、政府各党政内设机构、所属事业单位保留称谓。其单位的职责、人员与瓮安经济开发区党工委、管委会相关机构对口融合、全面整合。将上级政府部门设在银盏镇的单位，其相关职能工作与区党工委、管委会各机构业务工作对口衔接、融合，在区镇领导班子的统一领导下开展各项业务工作。

二是职能进行整合。区镇职能整合归并，由区镇领导班子统一行使，具体承担区镇党的建设、经济建设、政治建设、文化建设、社会建设、生态文明建设等职责。各事业单位的职能也融合到开发区相关机构中。

三是领导进行整合。将区党工委、管委会和镇党委、政府领导干部交叉任职，镇领导干部必须在开发区内有领导职务。

四是编制进行整合。充分利用现有人员编制资源，在区、镇行政编制、事业编制总额内，统筹使用行政、事业编制资源。

五是人员进行整合。区镇行政、事业单位所有人员根据工作需要，在人员身份和性质不变的前提下，统一使用、分类管理，形成注重实绩的用人导向。

六是工作进行整合。通过“区镇合一”，区镇建立起统一领导、统一分工、统一组织、统一协调、统一考核的领导体制和运行机制，区镇工作的全面融合，优化现有资源配置，拓展区镇发展空间，实现区镇经济跨越发展。

## 四、工作要求

（一）加强组织领导。实行“区镇合一”的管理体制，是县委、县政府根据“深化改革、创新体制、整合资源、优势互补”的思路，在深入调查研究、全面比照分析的基础上作出的重要决策。要认真细致做好宣传引导，真正把广大党员干部群众的思想和行动统一到县委、县政府的决策部署上来，把精力集中到配合推进改革、抓好本职工作上来。

（二）加快互补融合。实行“区镇合一”的管理体制，实行统一审批权限、统一规划建设、统一经济发展、统一财政结算、统一组织人事、统一社会公共事务管理“六个统一”和机构、职能、领导、编制、人员、工作“六个整合”，不是简单的机构合并、人员合并，而是体制机制的创新，是机构和人员的优化重组。要结合岗位需求、人员特长，创新人员配置，科学灵活用人，确保人员优化组合、人人有岗位。

（三）严明工作纪律。“区镇合一”工作涉及干部人事调整、资金资产处置等大量的具体问题，要严格执行政治纪律，自觉服从组织安排，做到令行禁止。要严格执行财经纪律，加强资金管理，严禁借机突击花钱，转移财物等违规行为。

中共瓮安县委

瓮安县人民政府

2014年3月22日

# 瓮安县人民政府
# 关于成立县循环经济工业园区管委会的通知
# （瓮府发〔2010〕22号）

各乡（镇）人民政府，县政府各部门：

为推进我县循环经济工业园区发展，将资源优势转化为经济优势，促进我县经济社会又好又快、更好更快发展，根据县委常委会议精神，县人民政府决定从相关部门及所涉及乡（镇）临时抽调相关人员（原工资待遇不变）成立县循环经济工业园区管委会（以下简称管委会）。现将管委会成员名单通知如下：

主　任：刘华龙

常务副主任：邓忠学

副 主 任：兰胜宇、范祖林、梁　健

主任助理：符清和

综合发展办公室：

主　任：任声奎

副主任：何　军、胡德模

工作人员：向正进、王 刚、冉茂坤

出 纳：梁 霞

会 计：文忠德

驾驶员：宋跃明

招商引资办公室：

主 任：兰华丽

工作人员：王看华、周 梅、钱家雪

规划建设办公室：

主 任：邓 辉

副主任：江 浩

工作人员：彭荣建、闵国金、代兴平、王晓峰、任吉忠

征地拆迁办公室：

主 任：贺太忠

副主任：贺国敏、彭正华、王晓安

工作人员：吕 黎、郑舟华、林光均、蒲廷高、田光明 陈毅平

综合发展办公室基本职能：负责园区的综合协调及对外联系工作；负责投资企业的人才引进，技术改造，企业联谊，执法检查工作；负责监督企业执行国家法律法规及经济政策情况；负责园区各项经济指标运行情况的统计、分析、评判；负责企业上报申请各类资金补助；负责机关内部文秘、后勤、财务管理工作；负责文秘档案、信息调研。

招商引资办公室基本职能：负责园区招商引资项目库建设及项目推荐；负责各类工业项目信息的收集、整理、研判；负责招商引资项目签约、手续办理、注册登记等进场前期相关服务工作；协调在建项目后续服务工作。

规划建设办公室基本职能：负责园区各项基础设施规划、建设与管理；负责各类报建项目的审查审批、工程建设和监督检查。

征地拆迁办公室基本职能：负责规划区的征地及拆迁安置工作；协调社会事务、社会治安、来信来访等工作。

瓮安县人民政府

2010年10月18日

## 瓮安县机构编制委员会
## 关于设立瓮安银盏工业园区管理委员会的通知
## （瓮编〔2011〕25号）

各乡镇党委，县委各部、办、委、局，县级国家机关各工作部门，县人民团体：

根据省委、省人民政府关于实施“工业强省”的战略和省人民政府《关于加快产业园区发展的意见》（黔府发〔2010〕17号）精神，为进一步加快瓮安工业园区建设步伐，强力推进工业强县战

略，促进县域经济又好又快、更好更快发展，经县编委会研究并报请黔南州机构编制委员会（黔南编〔2011〕29号）同意，设置瓮安银盏工业园区管理委员会，现将有关事项通知如下：

## 一、机构规格

瓮安银盏工业园区管理委员会（以下简称“园区管委会”），为瓮安县人民政府管理的副县级事业单位。

## 二、主要职责

贯彻落实县委、县政府重要决策和工作部署。负责园区各项基础设施、公共设施建设和管理；负责园区管理，做好园区的企业管理和行业管理工作；审核或审批园区的企业和投资项目，负责园区招商引资工作，指导协调相关部门派驻园区的机构或人员的工作；承办县委、县人民政府交办的其他工作。

## 三、内设机构

根据园区管委会职责，设6个内设机构（正科级）。即：办公室、产业发展局、招商引资局、规划建设局、综合协调局、财政局。

办公室：主要负责园区文秘、行政、组织人事、对外联络、接待和宣传等综合协调工作。

产业发展局：主要负责园区经济发展规划和年度发展计划；负责入园项目的备案、审批、核准和环保申报等工作。

招商引资局：主要负责项目储备管理、项目招投标管理；拟定、宣传、落实园区招商引资的有关政策；举办各类投资活动，搞好项目洽谈、签约，引进项目、资金和人才等工作；对入园项目经济、投资运行进行调度；搞好入园项目跟踪服务，协助办理各项手续。

规划建设局：主要负责园区各种规划的编制、执行，按规定审查、审批建设工程项目的初步设计和施工图设计、审查、备案以及招投标备案等工作；负责建设项目竣工验收及备案等工作；负责园区道路、绿化、给排水、供电、供气、广播电视、通讯等公共基础设施建设的管理。

综合协调局：主要负责协调工业园区土地利用规划、土地集约、节约利用的管理和用地手续的报批、征地、拆迁、安置等工作；综合协调化解征地、拆迁、安置过程中的各种矛盾纠纷。

财政局：主要负责管理园区的各项财政收入、预算外资金和财政专户，审核申报收费项目；负责国有资产管理；组织各项资金投资项目工程预决算及各项开支项目的审核。

## 四、人员编制和领导职数

瓮安银盏工业园区管理委员会核定事业编制30名，由财政全额预算管理。

领导职数：设主任1名（由县长兼任），分管副县长或一名副县级领导兼任第一副主任，设常务副主任1名（副县级）、副主任2名（正科级）。

为便于与园区乡镇内的事务性协调配合，园区所涉及乡（镇）的党委书记兼任副主任（不占职数）。

内设机构领导职数：正副主任（局长）12名。

## 五、其他事项

瓮安银盏工业园区管理委员会，其党的组织设置按照党的基层组织条例之规定设置。

2011年8月31日

# 瓮安县机构编制委员会
# 关于设立贵州瓮安经济开发区管理委员会的通知
# （瓮编〔2012〕183号）

各乡镇党委、街道办事处党工委，各乡镇人民政府、街道办事处，县委各部、办、委、局，县级国家机关各工作部门，县人武部党委，县工业园区管委会，县风管处，各人民团体：

根据省人民政府《关于同意设立贵州瓮安经济开发区的批复》（黔府〔2012〕110）号、省编办《关于设立贵州瓮安经济开发区管理委员会的批复》（省编办发〔2012〕272号）和州编办《关于贵州瓮安经济开发区管理委员会有关机构编制事项的批复》（黔南编〔2012〕32号）精神，经研究，将瓮安银盏工业园区管理委员会和贵州瓮安经济开发区管理委员会整合，设立贵州瓮安经济开发区管理委员会（中共贵州瓮安经济开发区工作委员会），为瓮安县委、县人民政府的派出机构，正县级规格。

## 一、主要职责

（一）负责编制开发区的经济发展规划和年度计划；

（二）根据瓮安县城市总体规划，组织编制和实施开发区建设规划和控制性详细规划；

（三）负责开发区内土地开发、基础设施、公共设施建设与管理；

（四）负责开发区内招商引资并按照管理权限审批或审核投资项目；

（五）处理开发区内的有关涉外事务，负责外经、外贸工作；

（六）为进区建设发展的企业单位提供服务，对区内企业单位进行指导和协调，依法保护进区投资者和劳动者的合法权益；

（七）承担县委、县人民政府交办的其他事项。

## 二、下设机构

根据经济开发区管委会职责，下设6个机构（正科级）。即：党政办公室、产业发展局、招商引资局、规划建设局、综合协调局、财政审计局。

党政办公室：贯彻国家有关行政工作的方针政策和法律法规，编制全区年度工作计划并监督实施。负责调查研究、政策制定、文字综合、文秘档案、机要保密、计划统计、外事接待和机关行政事务等工作；承担纪检、组织、人事劳动、社保、机构编制、宣传、统战、工青妇、信访、法制、精神文明建设、综治、计划生育等工作；办理人大、政协提案、议案，受理来信来访；综合管理文化、教育、体育、广播电视、新闻出版等社会事务。

产业发展局：主要负责经济开发区经济发展规划和年度发展计划；负责入区项目的备案、审批、核准和环保申报等工作。

招商引资局：主要负责项目储备管理、项目招投标管理；拟定、宣传、落实经济开发区招商引资的有关政策；举办各类投资活动，搞好项目洽谈、签约，引进项目、资金和人才等工作；对入园项目经济、投资运行进行调度；搞好入园项目跟踪服务，协助办理各项手续。

规划建设局：主要负责经济开发区各种规划的编制、执行，按规定审查、审批建设工程项目的初步设计和施工图设计、审查、备案以及招投标备案等工作；负责建设项目竣工验收及备案等工作；负责经济开发区道路、绿化、给排水、供电、供气、广播电视、通讯等公共基础设施建设的管理。

综合协调局：主要负责协调工业经济开发区土地利用规划、土地集约、节约利用的管理和用地手续的报批、征地、拆迁、安置等工作；综合协调化解征地、拆迁、安置过程中的各种矛盾纠纷。

财政审计局：主要负责管理开发区的各项财政收入、预算外资金和财政专户，审核申报收费项目；负责开发区内国有资产管理，企、事业单位的财政监察、监督、审计、报表等工作；组织各项资金投资项目工程预决算及各项开支项目的审核；负责开发区政府采购工作。

### 三、人员编制和领导职数

贵州瓮安经济开发区管理委员会（中共贵州瓮安经济开发区工作委员会）核定行政编制3名（从县直部门行政编制中调剂）。设党工委书记、管委会主任各1名（由县委、县政府主要领导兼任），党工委副书记（副主任）1名、管委会副主任2名。

下设机构核定事业编制60名（其中30名事业编制为原瓮安银盏工业园区管理委员会划转），均为管理人员。由财政全额预算管理。领导职数设正副主任（局长）12名。

瓮安县机构编制委员会

2012年12月9日

## 瓮安县投资促进局与瓮安经济开发区招商引资局合并办公实施方案

为进一步优化人力资源配置，归并职能、共享信息、整合人员、形成合力，充分发挥瓮安县投资促进局和瓮安经济开发区招商引资局职能作用，推动全县招商引资工作新突破，决定对瓮安县投资促进局（以下简称县投资促进局）与瓮安经济开发区招商引资局（以下简称开发区招商引资局）实行合并办公的管理体制，特制定本实施方案。

### 一、指导思想

以邓小平理论、“三个代表”重要思想和科学发展观为指导，认真贯彻落实党的十八大和十八届三中、四中全会精神及省、州全面深化改革部署，紧紧围绕“加速发展、加快转型、推动跨越”主基调，按照统筹全县经济社会发展的需要，努力破解我县在招商引资工作中的体制机制障碍，推动县投资促进局与开发区招商引资局实现有效融合，统筹开展招商引资工作。

### 二、基本原则

坚持解放思想、实事求是，按照“精简、统一、高效”原则，有效整合归并职能，减少管理层次，优化机构设置，进一步降低运行成本，提升行政效能、增强发展活力。

### 三、体制机制

（一）机构设置

1.将县投资促进局与开发区招商引资局进行合并办公，实行一套人马、两块牌子，对外以县投资促进局开展工作。下设7个内设机构，即综合科、招商引资科、项目督察督办科、经济合作科、投资环境监察科、北京招商引资联络处和广州招商引资联络处。

2.合并前由县投资促进局管理的副科级事业单位瓮安县招商引资项目代办服务中心下设的3个内设机构不变，即办公室、行政审批代办科、接待服务科。

（二）领导职数

县投资促进局与开发区招商引资局现有领导职数不变。合并后的县投资促进局设局长1名，常务副局长1名，副局长4名，县项目代办中心主任1名。合并前的县投资促进局局长任合并后的县投资促进局局长，合并前的开发区招商引资局局长任合并后的县投资促进局常务副局长，合并前的县投资促进局副局长、开发区招商引资局副局长任合并后的县投资促进局副局长。

综合科、招商引资科、项目督察督办科、经济合作科、投资环境监察科、北京招商引资联络处、广州招商引资联络处7个下设机构领导职数分别设科长（主任）或副科长（副主任）1名。

瓮安县招商引资项目代办服务中心下设副主任1名，科长（主任）3名。

（三）运行模式

一是机构整合，实行双重管理。合并后的县投资促进局在县招商引资工作领导小组和开发区党工委、管委会的领导下开展工作。合并后，将现有的县投资促进局与开发区招商引资局实行两块牌子、一套人马，对外开展工作统一使用“瓮安县投资促进局”印章。县投资促进局各科室的职责、人员与开发区招商引资局下设科室对口融合、全面整合（开发区招商引资局不再下设科室）。

二是人员整合。县投资促进局与开发区招商引资局所有人员根据工作需要，在人员身份和性质不变的前提下，统一调度、分类管理、整合使用。

三是工作整合。合并办公后，建立起统一领导、统一分工、统一组织、统一协调、统一考核的领导体制和运行机制，实现县投资促进局与开发区招商引资局工作全面融合。

## 四、其他事项

（一）车辆

县投资促进局与开发区招商引资局现有的工作用车统一调度使用。

（二）办公场所

为便于工作开展和引进的项目能及时落地，更好地服务企业，合并办公后县投资促进局（含县招商引资项目代办服务中心）的办公场所设在瓮安经济开发区行政办公楼内。

（三）经费管理

为确保工作顺利开展，按照年初开发区招商引资局的预算，将招商引资工作经费归集到县投资促进局统筹使用，实行统一收支管理。

（此方案经瓮安县县委办、瓮安县政府办2015年6月28日以瓮委办字〔2015〕56号文件印发）

## 银盏沿革考

宋 浒

银盏之名，据故老相传，是在清朝时乡民修建庙宇，开挖地基，掘土得银灯一盏，认为是祥瑞之兆，因此得名。民国以前，其名不见于史籍。所属村寨，在宋代就有草堂、大房、土城寨之说。明朝即有飞练、洪头（今新华红灯堡）、小坡、中堡、岩头、玉华、岩脚桥、朱臣桥、梅花堰。清代有岩脚寨、阁老冲等称谓。

追溯其沿革变更，据民国《瓮安县志·土官》载，直指银盏地在唐初时当为牂州治所。

《桑梓述闻》民国《瓮安县志·古迹》均载："土城寨，在城北十五里，为宋安抚司至瓮时始居之地，后迁草塘之下司，改此地名官院，其土署为凤贞阁庙基，今其地为萧姓所有，更名为大房。" 另据贵州明清两朝文献，提及草塘土司时，常以"草堂"名之。"草堂"与房屋相关，与"大房"之说暗合。况且今猴场镇有下司、副司寨、同知湾，涉及土司者，皆无正司地名，所遗古地名及留存土司陵墓，多与土司副职相关。

民国《瓮安县志·土官》又载："宋氏初治飞练，杨应龙之乱，宋光鶱战死洪头堡，宋光鸷战死干溪堡。宋光鸾不得已，避居猴场治下司，故至今下司犹有土县丞废署遗址焉。"故此，自宋朝开宝年间水东宋氏入黔，至明朝万历二十六年冬，宋光鸾迁治所于今猴场下司以前，正司衙门当在今银盏镇境内大房，而今党校旁毛栗坡土司遗址，均为土司家属住宅区。

明初，飞练三堡有数处军屯，民国《瓮安县志》有载，自应详述。明诸葛元声《两朝平攘录》载：万历二十七年，贵州巡抚江东之令都司杨国柱部卒三千剿应龙，兵败身死，全军覆没。其余千户八九员，同所领兵共万余人悉为齑粉。是为"飞练之战"，此战，贵州屯卫精锐因此丧失殆尽，直接导致平播战事发生，与土司改土归流，瓮安建县关系重大。

其后历经兴衰，至清代咸丰、同治年间，今银盏镇木老坪人何得胜以拜灯花教组织教军，自称"黄号军"，以银盏所属玉华山为根据地，攻城略地，烽火狼烟，兵锋所指，远及贵阳、遵义、开阳、安顺、都匀、余庆、湄潭、修文、龙里、清镇、福泉等半数贵州县市。史称"贵州咸同战乱"，民间号为"反乱年春"。银盏作为其行政、军事、政治核心，凡涉及何得胜行军作战之事迹，即为银盏方志不可分割的组成部分。

民国期间，中国工农红军万里长征，途径银盏，为银盏这片沃土又添浓墨重彩的一笔。

银盏虽仅为乡镇，其历史不亚于一部县志，堪称辉煌。

## "木老坪史"考辨补缺

山 雨

### 前 言

木老坪古属黄平州，据《明史》载，万历辛丑置黄平州，属平越军民府，清康熙三年甲辰，改为平越府，仍辖黄平州。廿六年丁卯裁并兴隆卫入黄平州，移（旧）州治于卫城（新州），编户六里三土司，即黄平里、兴隆里、太平里、在城里、后路里、重安里和岩门司三庄、重安司大小三甲、朗城司上下六庄。嘉庆三年，瓮安草塘傅玉书《桑梓述闻》成书，未载木老平属瓮安县，是年三月初七，黄平州改隶镇远府，参校多部方志并考察相关史迹，同证木老坪从乾隆朝至民国四年划入瓮安县，一直为黄平州属地，然木老坪本为小地名，史载稀缺，又巧错失于邑史之外：康熙《平越府志》今已逸失，嘉庆三年黄平州改隶镇远府，乾隆《镇远府志》因其未入不载，嘉庆《黄平州志》简列其地名，以苗蛮述，而光绪《平越直隶州志》其已划出未载。民国四年，木老坪为插花地划入瓮安县，是年《瓮安县志》已付梓故无载。及至民国十年，《黄平县志》成书，其已划出，亦无详细记载。今考方志史料，遍踏民间采访，写成此文，以补木老坪历史之缺。

## 一、“木老坪”名称来源

《贵州省瓮安县地名录》（1982年6月版）载：木老坪公社因驻木老坪场坝得名，木老坪场坝地处瓮平公路线上，距县城三十公里……该村在明清时，居住人口多数是仡佬族，村所在地连接东南部是一个坪子，故称“仡佬坪”。后来由于民族之争，遂改为“木老坪”。

没错，木老坪是因当地历史上聚居“木佬族”而来，那么，历史上的木佬（或仡佬）族是一个什么样的民族呢?

《水经注》（东晋·郦道元著）：木弥夷、莫靡屈头……

后晋《华阳国志》：……木耳、环铁、裹结。

元《招捕总，宋隆济》：长脚木佬截万溪山沙木南箐、铁门关、沙树猫北箐，杀伤甚重，掠行装文卷。

《贵州图经新志》（明弘治，沈庠、赵瓒等著）载：“沐僚”即“木佬”、“木僚”，与黑苗、仲苗、仡僚（仡佬）等杂居共处。

《炎徼纪闻》（明嘉靖，田汝成著）载：木佬，其俗与仡佬略同。掘地为炉，厝火环卧，不施被席，以牛衣藉之。

《黔书》（田雯 著 清康熙廿九年成书）载：木老性狡悍、善制刀，初娶分寝，既生子然后同处，祀鬼用五色。

《黔南职方纪略·卷九苗蛮》（清罗绕典著，道光廿七年成书）载：黄平州有苗四种，二曰木佬。

木佬族作为贵州少数民族之一，古亦有之，木老坪的土著民“木佬族”由来已久。先不讨论所谓的“民族之争”，看史料记载，木老坪最早的名称到底是“仡佬坪”还是“木老坪”呢?

## 二、历史上“木老坪”名称记载与更替

### 康 熙

据康熙思南府知府刘谦吉《雪作须眉诗钞·元夜在木老坪道中见梅花》（用李西涯叠韵时麇儿随行即其初度二首）标题，这是今天能见到的瓮安县“木老坪”名称历史上最早的记载。

此诗中：“君心铁石还为赋，客夜金吾不禁诗”之“金吾”二字指明封金吾将军，据民国《黄平县志》载：“余安邦，北四区人，拨出瓮安县地木老坪有金吾将军墓即其祖也……”，今木老坪檬梓堡·上存金吾将军墓，碑立于嘉庆十九年十二月廿三，虽风化比较严重，但字迹隐约可辨。

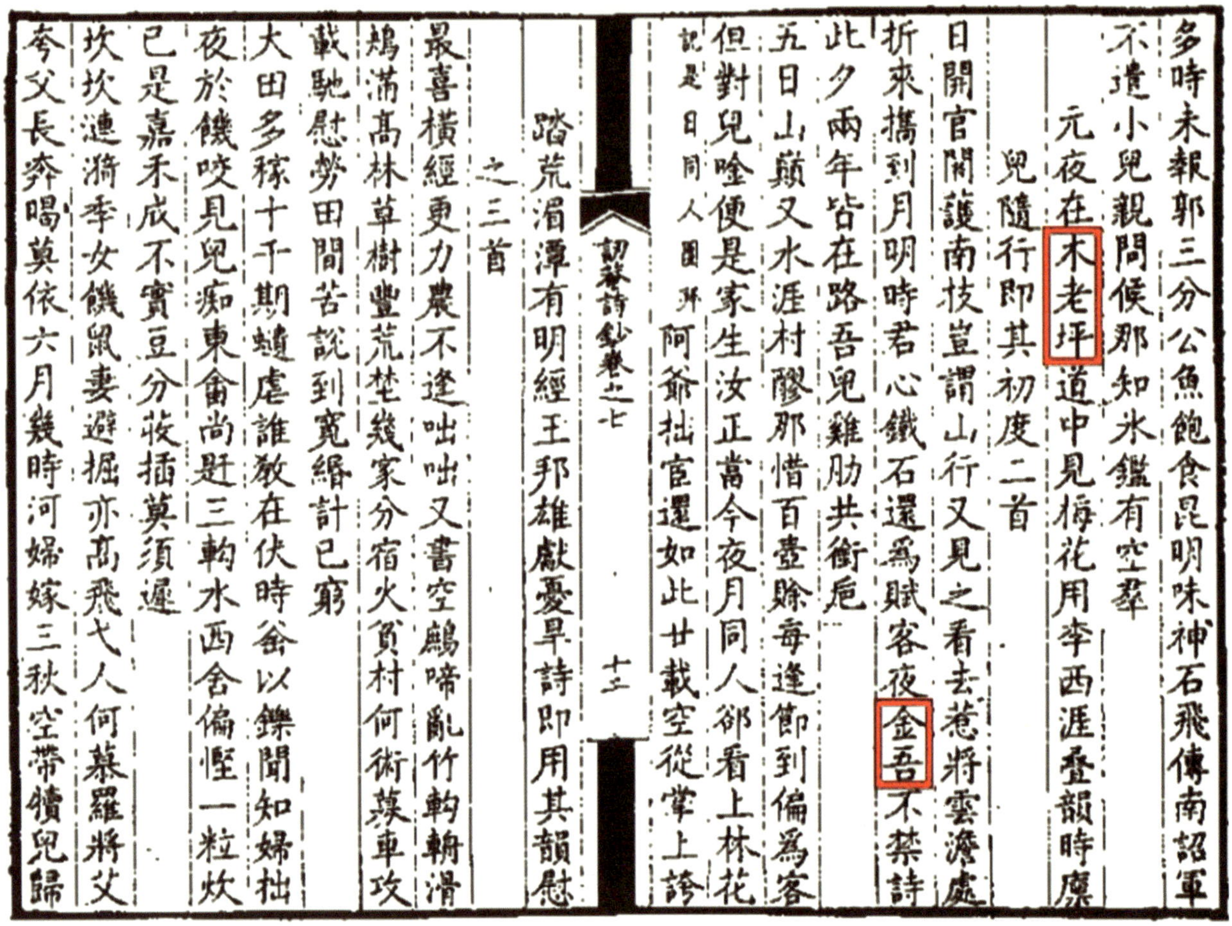
多時未報郭三分公魚飽食昆明味神石飛傳南詔軍
不遣小兒親問候那知氷鑑有空犂
元夜在木老坪道中見梅花用李西涯叠韻時麂
兒隨行即其初度二首
日開官閒護南枝豈謂山行又見之看去惹將雲濟處
折來攜到月明時君心鐵石還爲賦客夜金吾不禁詩
此夕兩年皆在路吾兒雞肋共銜危
五日山巔又水涯村醪那惜百壺賖每逢節到偏爲客
但對兒唫便是家生汝正當今夜月同人卻看上林花
記是日同人園莊 阿爺拙宦還如此廿載空從掌上誇
訒齋詩鈔卷之七　十三
踏荒湄潭有明經王邦雄獻憂旱詩即用其韻慰
之三首
最喜橫經更力農不逢咄咄又書空鵾啼亂竹軥輈滑
鳩滿高林草樹豐荒楚幾家分宿火貧村何術蕘車攻
載馳慰勞田間苦説到寬緡計已窮
大田多稼十千期螣虐誰教在伏時畚以鏁聞知婦拙
夜於饑咬見兒痴東畬尚趁三軥水西舍偏慳一粒炊
已是嘉禾成不實豆分莝插莫須遲
坎坎漣漪季女饑鼠妻避掘亦高飛弋人何慕羅將艾
夸父長奔喝莫依六月幾時河婦嫁三秋空帶犢兒歸

《雪作须眉诗钞》（康熙刻本）书影

## 嘉　庆

据嘉庆《黄平州志》（李台修，王孚镛纂）载：西北木老坪八十里（指界，非言府）。又载，狇猪坪场辰戌日集。

《开阳县志稿》（解幼莹等修，钟景贤等纂，民国二十九年成书）载：“何得胜原黄平属木老坪人，亦苗族”，何生于嘉庆十九年。

## 咸　丰

《平黔纪略》（清，罗文彬，王秉恩 著）载咸丰九年事：

李春华自旧时招抚木老坪（原注：旧州西北百十里）诸寨。

先是，春华以把总王德安防木老坪，至是瓮里三甲团冷官保亦叛，结玉华贼袭破木老坪，德安阵没。

刘升平屡招陈绍虞不至，贼复合轿顶山贼，陷木老坪李春华营。

《瓮安县志》（李退谷修，朱勋纂，民国四年成书）载咸丰十一年事：团练颜如玉三战三捷，贼阴调苗匪由木老坪星夜赶集，四面合围，追至岩家钵，贼来益众，颜以身殉。

**同　治**

《援黔录》（清，唐炯著）载同治七年事：

邓丞倚于本月初八日带果毅中、左、右三营及骆安邦等降众五百人，自袁家渡进札云南寨，初十日，仡佬头目李定国等率众来降，十四日，邓丞督副将谢鸿章、参将吴洪贵、总兵李启贵等分攻天文、木老坪观音山（即唐营西之山）。

《黄平县志》（陈昭令等修，李承栋纂）载同治七年事：

唐鄂生令刘鹤龄、唐大有等督兵渡江，同知邓铸克大轿顶山，收复州属木老坪、螺丝坝、兴隆堡、瓮脚场等。

**民　国**

龙池沟族谱《唐氏春秋》载：

民国十三年甲子记瓮安县“第六区竹水乡。”

廿二年癸酉为“第六区竹水乡。”

廿八年己卯名“水帘联保。”

卅一年壬午载“水帘乡（此名仅半年，改属天文乡后，直至民国末皆为木老坪）”

一九五三年春为瓮安县第七区“水帘乡。”同年五月，复名木老坪乡。此后，木老坪再无更名。

可见，史料多记载为“木（犿）老（佬或狫）坪（平）”，未见“仡佬坪”的记载，作“木老坪”更为确切。为了进一步了解木老坪，需考查其历史上的隶属关系。

## 三、木老坪隶属关系变迁

明朝“木老坪”边界范围无考，清朝瓮安《桑梓述闻》载两岔河、落水洞等，可见嘉庆前后木老坪当时的范围应该不包含两岔河，虽史料较少，然

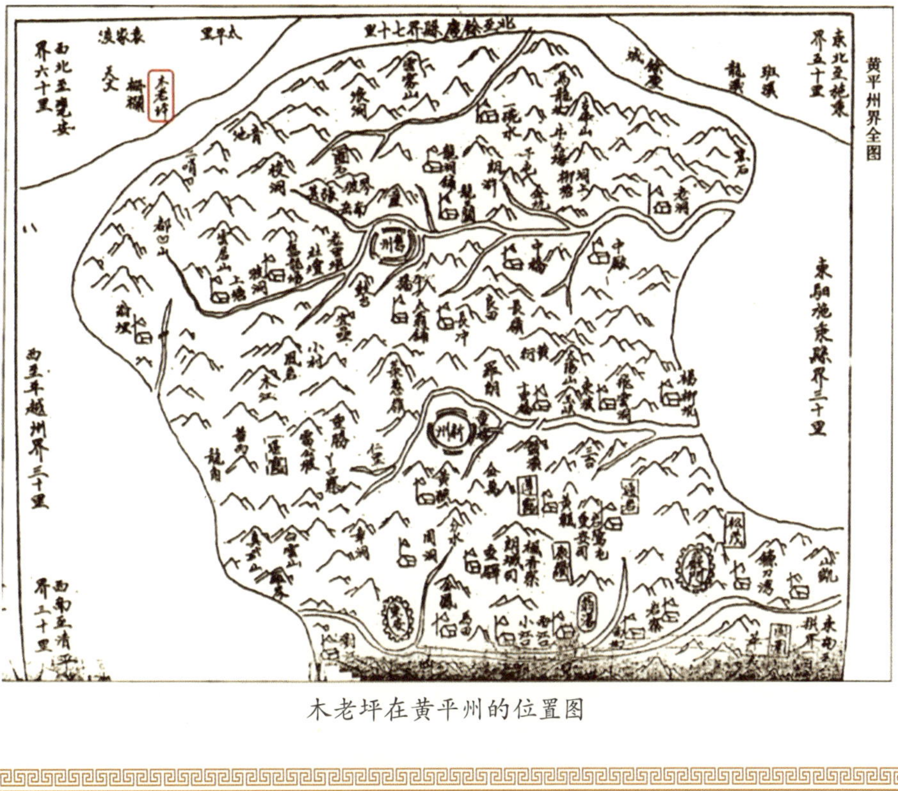

木老坪在黄平州的位置图

木老坪的隶系基本明确，如下：

据乾隆朝爱必达所著《黔南识略》载黄平州辖三司四里中称“太平里孤悬于瓮安、余庆、湄潭之间”，此时木老坪隶太平里。

嘉庆《黄平州志》六里三土司中，则称“有太平里、在城里”等，该书明确记载“西北木老坪八十里”。

方志无载，以当地族谱中所载考其隶属，今据木老坪龙池沟族谱《唐氏春秋》，光绪元年乙亥：“黄平州在城里五甲地名龙池沟。”木老坪属在城里。

光绪廿一年乙未木老坪《丁粮章程碑》文中记“太平里众绅团合众花户等禀请公立”可见木老坪隶黄平州太平里。

据《黄平县志》：

民国四年，划木老坪入瓮安县。

据木老坪龙池沟族谱《唐氏春秋》：

民国廿二年癸酉曰“瓮安县第六区竹水乡地名龙池沟。”

廿八年己卯为瓮安县“水帘联保地名龙池沟”。

三十年辛巳记瓮安县“第三区竹水乡地名龙池沟。”

卅一年壬午称“天文乡十一保九甲地名龙池沟”。

以下据《瓮安县志》（1995年版）：

卅一年下半年，实行新县制为“水帘乡”，次年上半年撤销区、调整乡，降为保复名木老坪，隶天文乡。

一九五三年春，为瓮安县第七区水帘乡，同年五月，调整建置复名木老坪乡。

一九六零年为天文区木老坪公社。

一九八四年为瓮安县木老坪乡。

二零一二年瓮安县建置调整：

撤木老坪乡并入银盏镇，降为村级行政机构。

## 四、民国木老坪行政主官考

明、清两代，木老坪主官无从查考，龙池沟族谱《唐氏春秋》仅载民国木老坪主官：

### 保董

民国廿一年以前，保董（相当于乡长）为唐世俊，是当时竹水乡（木老坪）高庄人，字仁杰，初，仁杰为瓮安天文籍闵永濂（字绍岩）县知事的师爷，随闵职威宁、罗甸等县，后闵为袁祖铭军需官入川，袁败于川军入湘后，闵留川官奉节县长，仁杰归乡，拔为保董。在民国中末，他是木老坪较有影响的人物，贵州省长周西成赐其匾，书字曰“热心公益”，深孚众望，妇幼皆呼“唐保董”，解放初去世。

### 联保主任

民国廿五年至卅一年，瓮安县实行保甲制，当地为水帘联保：

刘成荣、（或）刘昌业、尹泽光相继任联保主任，三人都是木老坪街上的人，木老坪当时有兰、刘二大姓氏，兰姓为木佬族土著，经营数百年，刘姓清朝迁入，至民国时人众势大，当时故流传“兰家没有刘家强，尹家矮子充霸王”的童谣。

### 保长

民国卅一年以后，原“水帘联保”辖下之保并入天文乡，更序为十一（华严）、十二保（木老坪街上）、十三保（两岔河）。

十一保保长：桂忠良、陈友锋、桂国勋、周建刚、卢君武、唐武华（副）等。

十二保保长多为刘姓人：刘国远、刘昌义、刘成汉、刘昌仁（副）等。

十三保保长：未详，当地刘银华为县参议员。

唯原“水帘联保”辖下新寨所在保序号及主官未详，刘昌义曾为其保长。

## 五、木老坪之“木佬族”考

历史上木老坪在黄平州实微不足道，况封建王朝不把少数民族当人，将其写为“犾狫”，与动物同属，《桑梓述闻》《黄平州志》《瓮安县志》只记载存在这样一种少数民族，未对其生活、历史作详细描述，更无事件，今天本地老人统一称其为“苗族”。唯龙池沟族谱《唐氏春秋》载其始祖飞天公伙同苗王于清江、台拱、古州、丹江等地称兵反清失败后，远来避祸于唐营：“联文、罗、兰、金、王氏诸蛮，筑营建寨，以御进犯，竟得犾狫人之心，次年，亦不通媒，跳□吹笙（作者注：跳□的地方叫‘□上’，位于唐营西一公里处的檬梓堡），择美为配，相欢苟合为婚。”

上文中的“筑营建寨”，是指建立唐营，遗址位于龙池沟唐家寨子左首的白虎山上，原有“飞天阁”、“唐二林”、“唐法万斗法坛”等，其南、西二方为斧削峭壁，东、北之山略平缓处，则深沟高垒，今墙壕旧迹尚伏荆棘之中，当地人称“营上”，营盘中多瓦片粹瓷，营正门口悬崖下仍有骷髅、刀剑出土。唐营之北山名柏杨林，山洞中原有瓷碗残片，原背坡为庄稼地，山麓土坎圃界犹在，如然，当年人口不在少数。从上面的资料和遗迹看，此处木佬族习性乃居山寝穴，并非寨居，不似某些史籍中描述“通汉语、亦入庠（学堂）”的木佬族，而与描述之黑苗同，邻邑光绪《余庆县志》载黑苗：“多穴居，性凶，善造强弩，曰偏架，一人持其中，二人蹶两端而张之，婚勾吹木叶为芦笙焉”，与唐营及柏杨林所居之苗相类。《黄平州志》载木佬“多与黑苗同姓，亦凶恶，但不得黑苗为首不能反也。”弘治《贵州图经新志》载：“木佬属夷，依山为险”，这些记载，为当地早期“木佬族”的生活状态，其性与黑苗接近，按《唐氏春秋》载，其祖飞天二公迁至当地时间在乾隆初，木老坪其后之“木佬族”是否已汉化消失了呢？据民国《开阳县志稿》载木老坪籍何二王“亦苗族，据父老遗闻，确为下河苗，其说话吃饭，不喜坐，而以两足箕踞于凳。”下河苗，此九鼓河（台江、剑河等）之苗，那么，木老坪当地的“木佬族”除原来的土著“木佬”，一部分或为雍、乾之际台拱古州苗叛失败时迁徙而来。上文提到咸丰末年，《瓮安县志》载“团练颜如玉三战三捷，贼阴调苗匪由木老坪星夜赶集，四面合围，追至岩家钵，贼来益众，颜以身殉。”民国《黄平县志》称本地“外围里堡尽皆王”化，这段文字也有另一层意思，王化未久。当地木佬族消失跟咸同之乱有关，《唐氏春秋》记载了唐炯等平定苗、教义军后，地方官兵清剿斩杀残匪之事，苗遁逸外迁。因之，木老坪之土著“木佬”自此寥寥。可见，木老坪王化当在同治后。据《贵州木佬族》（1997年版）载“瓮安木老坪乡五十年代当地居民要求改为木佬族。未被批准。至今木佬坪乡居民报的族称全是汉族。”故，同治后，木老坪所余“木佬族”渐渐汉化，失去了该族原本特有的习性、风俗等文化标识。

## 综　述

木老坪因明、清聚居“木佬族”而得名，清朝无它名记载，至民国时当地治所名称相继更为竹水乡、水帘联保、水帘乡，木老坪公社（乡），清嘉庆前后不含今两岔河村，其治所位于今木老坪街上，至民国，辖原（即木老坪乡未并入银盏镇降为村之前）新寨、华严、印山村各组，首官称保董、联保主任，下辖保长，清同治前“苗族”为本地木佬族土著和下河苗遗种结合体，兼部分外迁入的汉族，后大部分外迁，其余汉化。

（作者山雨系网络写手，先后任时尚杂志主笔、电视台编剧等，现为某动漫公司艺术总监，本名唐廷江，曾用名唐培江、水冰，贵州瓮安木老坪人，出版小说集《痴心微微有点疼》，著有诗文集《怆然》等。）

## 飞练宋氏土司建筑群遗址初考

◆ 郑　毅

在瓮安县银盏镇飞练社区毛栗坡村民组，最近发现了一处古建筑群遗迹。当地村民代代相传，这里曾是宋元时期宋氏土官府邸、明朝时期土司衙门、明“显威将军府”、明“飞练屯”及其家属的住宅区。遗址依山而建，规模宏大。通过现场勘查和查阅相关文献，笔者认为这一建筑群遗迹的发现是元明时期瓮安宋氏土司治理的重要实物佐证，具有极为重要考古和开发利用价值。为此，特撰此文，以期引起有关部门和学者的重视与深入研究。

### 一、飞练土司遗址现状

走进银盏镇飞练社区毛栗坡村民组，会发现这里的建筑风格与别的村民组有所不同。毛栗坡村寨的住宅，大多建筑在修砌规范的条石屋基上，这些长方形条石通过精细的打制，呈现出细密规整的纹理，相互之间扣合紧密，工艺精湛，年代久远。

寨子中央是三层坡台，第一层基础已经破坏，看不出当年的痕迹。第二层条石屋基尚存，显得十分高大，向两旁连绵延伸。主殿屋基前的院子全部用青石板铺成，进院处被乱石填补，可以看出下面应是石梯。院墙的残垣在村寨里断断续续，遥相呼应。

村民们介绍，以前的寨子共计有七个“花龙门”。每个花龙门进去都是一个住宅区，分前院、中院和后院，是四合天井式建筑。院子之间有小门连通，四通八达，很像屯堡。文革时期，还残留着四个“花龙门”，村民们修建房屋，就取院墙或龙门的条石作材料。经过多年的破坏，现在只余下一处“花龙门”基址。

“花龙门”遗址是修砌规整的石梯，石梯两边围墙基脚的条石摆放成“八”字形，朝向南方。毫无疑问，这种规制属于衙门，即所谓“八字衙门朝南开”。在古代，只有朝廷命官能够享用，不是一般富商、地主、乡绅能够私自建筑的。一旦越制修建，就是僭越，会被定为谋反，受到封建王朝最严厉的惩处，抄家或杀头。当地村民介绍，“八字衙门朝南开”的中央主殿殿基上即为“显威将军府”府邸。黄土夯出宽厚的城墙，依山顺势，将大约近一平方公里的整个村寨包围其中。这些土墙已经倾塌，残垣上面布满高大粗壮的乔木，依稀可辨当年宏大的规模。

土司衙门安设在不远处的大房，是宋氏进入瓮安时的治所，过去有一条青石板路将毛栗坡和大房两处贯通起来，石板路相当平整，当地村民形容到："即使谷子撒在上面都可以扫起来"。在不断推进的城镇化建设中，这条古道逐渐消失，目前仅残存一小段。这种格局，与民国《瓮安县志》的记载极其相似："土城寨，在城北十五里，为宋安抚至瓮时始居之地，后迁草塘之下司，改此地名为官院。其土署为凤贞阁庙基，今其地为萧姓所有，更名为大房。"

宋氏家族世代相传，显威将军就是草塘安抚使宋淮，他的坟墓就在寨子后面的山上，文革时期，坟墓遭到破坏，现已不存，墓石分散在山间引水灌溉用的沟渠中。

显威将军府的毁弃和播州宣慰使杨应龙的烧劫相关。据史料记载，明代万历年间，杨应龙杀妻，被妻叔张时照联络草塘土舍宋世臣（平播功成后封明威将军，正四品）状告到贵州巡抚叶梦熊处。杨应龙愤恨，进兵大肆劫杀草塘、飞练等地，显威将军府被烧毁，宋氏流亡他乡。播州乱平以后，宋氏族人回到家乡，过去辉煌气派的将军府只剩下断墙残垣，被满山的毛栗树淹没。自此以后，将军府所在的山坡被赋予了"毛栗坡"的名字，沿用至今。

## 二、谱牒文献记载的宋氏显威将军

在当地村民中口传的显威将军是谁，因目前尚未进行考古发掘，还不能专指。

草塘历代土司中与"显威"二字有联系的有两个人，且都是武将。一位官职上称显威，是宋氏"七十九世祖宋武度，系文誉长子，袭职平夷有功，封显威将军。"一位是名字中称显威，是宋氏"八十三世祖宋显威，字淮，系绳之长子，袭草塘。"宋武度的事迹史籍记载不多，而宋淮的事迹散见于道光《遵义府志》、光绪《平越直隶州志》、民国《瓮安县志》及明清两朝的《贵州通志》及正史中。

按明代武散官职衔的排列，不妨将位次列于下：

特进荣禄大夫，正一品，初授

特进光禄大夫，正一品，升授

荣禄大夫，从一品，初授

光禄大夫，从一品，升授

骠骑将军，正二品，初授

金吾将军，正二品，升授

龙虎将军，正二品，加授

镇国将军，从二品，初授

定国将军，从二品，升授

奉国将军，从二品，加授

昭勇将军，正三品，初授

昭毅将军，正三品，升授

昭武将军，正三品，加授

怀远将军，从三品，初授

定远将军，从三品，升授

安远将军，从三品，加授

明威将军，正四品，初授

宣武将军，正四品，升授

广威将军，正四品，加授
显威将军，从四品，升授
信武将军，从四品，加授
武德将军，正五品，初授
武节将军，正五品，升授
武略将军，从五品，初授
武毅将军，从五品，升授
昭信将军，正六品，初授
承信将军，正六品，升授
忠显校尉，从六品，初授
忠武校尉，从六品，升授

由此可见，显威将军官秩从四品，与文官对应，相当于知府或知州级别。

《天下郡国利病书》提到播州宣慰司时记载：“草塘安抚司，在司东二百二十里，介瓮水、黄平之间。其地环江，土饶裕，颇有华风。宋咸淳间，有云南贵者，商贾入滇。因边警，投杨宣慰邦宪为头目。元世祖时，云贵孙邦佐有战功，授都匀土知府，始有草塘地。国初，宋显威（注：宋武度，显威将军，从四品）从杨鉴归附，改授安抚。其地东至黄平司椒溪暖水界，西至高平、瓮水二司界，南至平越卫界，北至播州杨梅浪界。”

《明统志》也记载：草塘安抚司，在宣慰司（注：指贵州宣慰司，治所今贵阳）东一百一十里，元为旧州草塘等处长官司，隶播州宣抚司。明洪武十七年，改为草塘安抚司。

陈怀仁《心斋随笔》引《宋氏谱》云：“宋邦佐，唐节度使都云总管景阳之后，元新添葛蛮安抚司、都匀土知府兼平越都指挥使朝美子，明洪武十七年，从征黄平（今黄平旧州）、偏桥（今施秉）、兴隆（今黄平县城）、重安、乾平（今瓮安县城）等处有功，授草塘安抚司。江、蔡、罗、陆四姓酋长以土千总职，充当游兵。邦佐传思义、显威（宋武度）、忠成、景春四世，景春子韬，并袭安抚使。次子坚袭安抚司副使。

韬生淮。淮生廷文。”据此，《天下郡国利病书》有数处与贵州志书和《宋氏族谱》相抵牾之处：其一，据《宋氏族谱》，宋时并无称呼为“云南贵者”之人，更无“商贾入滇。因边警，投杨宣慰邦宪为头目”的记载。其二，明朝“国初，宋显威从杨鉴归附，改授安抚”一说与贵州方志不能对应，从杨鉴归附明朝的是宋邦佐（族名宋阳瓒），按族谱排序，宋显威是邦佐孙子辈，当时宋邦佐参加了傅友德征伐云南、贵州等处的战争，并于洪武十七年由元代授封的长官职衔升格为安抚，宋显威年岁尚小，还没承袭土司职衔，不能行使土司权利。按此，宋显威承袭并掌权的年代，至少应该在建文帝或永乐年间。

草塘宋氏在元代中后期崛起于黔中，按其世系，为喇平（今贵阳乌当）宋氏分支，是宋初宁远军节度使、大万谷落都总管宋景阳长子宋存孝后裔。为方便读者理解，根据《青龙水宋氏谱》，将其世系照录于下：

七十五世

居混，系存孝十八代孙，万璠之次子，前，存弟十一代孙锡定授草塘宣抚司世袭，至四代孙都迁孙万璋（字阿重），封顺元侯，故都裕孙万璠授草塘正安抚司。万璠长子名居位封招勇大将军、罗甸侯。故次子居混袭草塘平蛮安抚司。

七十六世

宋明訔，字朝美，系居混次子，袭草塘司。

七十七世

宋阳瓒，字邦佐，系明訔之子，袭草塘司。

七十八世

宋文誉，字思义，系阳瓒长子，袭草塘宣抚司。

七十九世

宋武度，系文誉长子，袭职平夷有功，封显威将军。

八十世

宋世显，字忠诚，系武度长子，袭职。

八十一世

宋福肇，字景春，系世显长子，袭职，有功，封征南将军。

八十二世

宋高绳，字韬，系福肇长子，袭草塘司。

八十三世

宋显威，字淮，系绳之长子，袭草塘。罗鬼苗阿黑作乱，劫夺印信，亲征阵亡，封忠义公，葬中寨马鞍山，因坟前有一大石，不能立碑。

八十四世

宋三文，字廷文，系威之长子，袭草塘平夷安抚司。后因罗鬼苗阿黑作乱，劫夺印信，阵亡后追封征南将军，卒葬花竹山。

## 三、显威将军宋淮事略

据《明史稿》记载：明武宗正德二年，播州安抚宋淮（按，即草塘安抚司）奏：贵州凯口、烂土苗婚于凯离、草塘诸寨，阴相勾结，诱山苗为乱，乞赐宣慰杨斌敕巡边，会湖广镇巡官抚处。部议不行。

《明史》也有同样记载：“宋淮，草塘安抚，有才略。以孝宗朝奏凯口、烂土苗婚于凯离、草塘诸寨，阴相勾结，诱山苗为乱，乞勅宣慰杨斌岁巡边境。会湖广镇巡官抚处，议虽格，然其诸土司屡相仇杀人，以淮为先见”。

通过这段文字，我们可以看到，宋淮是一位深得播州杨氏器重的土司，具有先见和睿智。宋淮生活的年代，是贵州战乱纷纭的时期。据《宋氏谱》：“宋显威，字淮，系绳（宋高绳，字韬）之长子，袭草塘。罗鬼苗阿黑作乱，劫夺印信，亲征阵亡，封忠义公。”宋淮是一位历代深受皇恩，有着汉人血统，骨子里有着忠君报国思想的边疆守御将领。为了中央皇权，宋淮随时会服从征调，讨伐一切敢于和王朝作对的敌人。事实也是，在征伐罗鬼苗阿黑的战斗中，宋淮与他的儿子宋三文先后阵亡。

宋淮掌权的时期是正德年间，阵亡时间无考。罗鬼是指水西彝族，今威宁、黔西、毕节及云贵交界处一带的少数民族。在宋淮生活的年代，彝族首领劫夺印信的事件确实发生过，这次叛乱，从正德十五年（1520）开始，直到嘉靖八年（1529）间才被平息，历时九年。而这次叛乱中，出现了一个叫做“阿黑”的少数民族首领，“阿黑”或被称为“阿核”。他应该就是《宋氏族谱》中提到的劫夺印信，与宋淮父子作战，导致宋氏父子双亡的作乱者。

根据《明纪》记载：明武宗正德十五年庚辰（1520）夏四月，芒部土舍陇寿与庶弟陇政、兄妻支禄争袭仇杀，所部僰蛮阿又磉、者唾、者鸠等乘机倡乱，流劫贵州。参政傅习、都指挥许诏督永宁女土司奢爵讨擒首乱四十三人，斩一百十九级，事乃定。

明世宗嘉靖三年甲申（1524年），陇寿、陇政之争袭也，朝廷以嫡故，立寿。政与支禄倚乌撒土舍安宁等兵力，仇杀如故。坝底参将何卿请于巡抚都御使许廷光，发土兵二万五千人进剿。政、禄佯听抚，乞缓师，而令贼党阿里等掠周泥站、七星关，又遣阿核等纠诸苗掠毕节等处。卿等击斩二百余级，降其众。政奔乌撒。《明史》《明纪》

（嘉靖）四年乙酉（1525年）夏六月，官军擒陇政于水西，芒部平。何卿檄安宁擒陇政，宁以阿核尸献，竟不出政，兵久不解。巡抚都御使汤沐以闻，诏革卿冠带，令剿贼自赎。政使人诱杀陇寿，夺其印。巡按御史刘黼请从蛮情，立支禄。王阮代沐巡抚，上言：“政、禄怙终稔恶，戕命吏，罪不赦。”乃会贵州兵分道进，擒政于水西，追获芒部印。前后斩六百七十四级，招抚白乌石等四十九寨。秋七月，捷闻，还卿冠带如初。贵州巡按御史刘廷簠言：“乌撒卫所献阿黑等尸及水西所缚陇政，真伪未可信，恐首恶尚在，不无后患，请核实。”《明史》《明纪》。

六年丁亥（1527年）芒夷复叛。芒部贼沙保等谋复陇氏，拥陇寿子胜，纠众攻陷镇雄府，执程洸，夺其印，杀伤数百人。洸奔毕节。（《明纪》）八年己丑（1529），副总兵何卿复平芒部叛夷。

这段记载，符合《宋氏谱》所提的宋淮阵亡情形。

其一、陇寿、陇政之争袭于芒部，芒部属云南镇雄一带，接近乌撒（今威宁）、水西（今毕节、大方等地），历史上也被统称为罗鬼苗。

其二、坝底位于四川，最早发兵平乱的坝底参将何卿，完全可能通过四川巡抚，调动属于四川管辖的播州宣慰司下属草塘安抚司宋淮等人。明世宗嘉靖三年（1524年），有“发土兵二万五千人进剿”的记载，宋淮父子很可能在这二万五千人中间。

其三、（陇）政、（陇）禄佯听抚，乞缓师，而令贼党阿里等掠周泥站、七星关，又遣阿核等纠诸苗掠毕节等处。可见阿核是一员剽悍将领，能独当一面。

其四、在参将何卿檄文命令安宁擒杀陇政的情况下，安宁竟然只是将阿核的尸体献上，竟庇护陇，导致兵久不解。同时，陇政使人诱杀陇寿，夺其印。可见，《宋氏谱》所提罗鬼苗阿黑劫夺印信，就是指的这桩事件。

其五、王阮代沐巡抚，上言：“政、禄怙终稔恶，戕命吏，罪不赦。”乃会贵州兵分道进，擒（陇）政于水西，追获芒部印。这句话中透露的消息，表明有朝廷命官在战事中被杀害。

宋淮父子是否就在其中，已不得而知。

其六、贵州巡按御史刘廷簠言：“乌撒卫所献阿黑等尸及水西所缚陇政，真伪未可信，恐首恶尚在，不无后患，请核实。”安宁将阿核尸体献给朝廷，看来是个替身，真正的阿核并没有死。他或许又参加了嘉靖六年丁亥（1527年）芒部的再次反叛，擒拿镇雄知府程洸，夺其印，杀伤数百人。

历史留给我们太多的谜团，草塘安抚使宋淮阵亡后，葬在中寨，即显威将军府后山上。他的儿子宋廷文（即三文）也在征战中阵亡，孙子宋光鸾承袭安抚。据道光《遵义府志》记载，宋光鸾袭职期间，显威将军府遭到兵火洗劫。

## 四、杨应龙焚劫草塘与土司建筑群的毁弃

据《宋氏谱》："廷文生越鸞，袭安抚使。次鵞，次鸾，袭副使。坚生洸，洸生廷濒。廷濒生骜，累官副使。万历十七年，鸾子世臣，与何承恩、张时照诣川、湖，告杨应龙罪恶。二十六年冬，应龙同弟兆笼统苗兵大劫偏桥、黄平、重安、草塘、红头、飞练、干溪等处，鸾及何承恩殉节偏桥卫。后赠都司、左参军，荫其子。世臣移葬草塘之新土。鵞战死红头堡，鶩战死干溪堡，各有墓在其处。后荫鶩子世荣。鸞卫草塘地方，仅以身免。平播，设瓮安县，改袭草塘司土县丞。"

《青龙水宋氏谱》的记载与《遵义府志》相互印证，与历史记载高度吻合："宋鸞，三文长子，于万历十七年，杨应龙作乱，鸞与张时照诣湖广总制告变。应龙弟兆龙统苗兵六万大乱都匀、黄平、镇远、单江、平越、瓮安、偏桥等处，弟光鸾领兵御之，被困于红头堡，光鵞领兵一千救归，鵞殿战阵亡。时应龙弟兄复乱余庆、石阡、兴隆、高坪等处，抢子女，杀官员无数。至二十四年，四川巡抚王继光以兵讨之，覆于白石。应龙复陷綦江，尽杀之，投尸蔽江，无一赦者。应龙、兆龙复围重庆，李化龙擒之，乱始平服。宋鸾，三文次子，袭草塘平夷宣抚司，属猴场新住，旧职仍在瓮安，从此又分为二司。"，即县党校左侧靠近西坡林场处。

通过对土司建筑群遗址的实地踏察，我们发现后半山有一口枯井，按其规模看当年流水量应该相当大，完全可以形成溪流，若从山上奔流而下，可以形成瀑布。而山上用于建筑的条石，颜色也呈现出正白色。这种景象，不由人不与消失已久的"飞练屯"联系在一起。据民国《瓮安县志》记载的十二景"飞练飘霞"一条，"飞练飘霞，城西三十里（按，在城北二十余里）白乐山，山势飘渺，石色正白。岩间瀑泉，飘洒如振鹭上飞，垂虹下饮，跳珠屑玉，琤瑽于松声竹韵之间，故名飞练屯。山下有刹，盖亦邑中之天台雁荡也。"

"飞练屯"即"飞练堡"，贵州史志多有记载。"飞练飘霞"具体所指，至今尚无定论。民国《瓮安县志》在《纪年》中提到："贵州巡抚江东之令都司杨国柱、指挥李廷栋率兵三千剿应龙，应龙遣子朝栋、弟兆龙迎敌于飞练堡。"由此观之，"飞练堡"当在要道通衢之处，与后人猜测的在穿洞河有一定的出入。穿洞河虽有瀑布，不在交通要道旁，至今仍在偏僻山沟里，也非到草塘的必经之路，杨国柱等率兵绕道去那里交战似无可能。从土司建筑遗址中发现这口枯井并结合当地地形来看，当年应有瀑泉似"飞练飘霞"悬挂在山腰。因此，此地当为"飞练堡"。

在日新月异的城镇化进程中，一些历史遗迹遭到破坏，瓮安草塘土司的考古实物更加显得弥足珍贵。有鉴于此，希望引起对飞练土司建筑群遗址保护与开发的高度重视。文中观点，系抛砖引玉，期待考古和史料文献的进一步发现。

## 咸丰以来兵事始末

宋 浒

呜呼！自文宗皇帝之初，至于同治戊辰已巳，十七八年间，军旅之祸可谓极矣！洪秀全发难广西，以袄神夷鬼之教，驱胁死党，轶出桂管，顺流而下，不半载，破荆鄂，据金陵，南极阁峤，北惊帝畿。淮北苗沛霖、张隆、张乐行以叛练、捻匪抗官剽劫，祸亦延于晋、豫、齐、鲁，两犯畿甸，其秦、陇、滇、蜀之逆回、蓝贼，縻烂三四行省，焰等燎原。而黔中之乱，萌栎于杨瀧喜，大

炽于清江、台、凯黑苗与平越、都匀诸苗，以及各号教匪，皆乘中原云扰，知国家无暇顾及边陲，以故潜吹虺毒，大肆鸱张，不及周期，而贵州上下游千余里之城郭、乡聚至无完土，当粤贼之盛，跨踞江表，建立名号，尽有财赋之地，几成割据之形。即捻、回诸贼，拥强众，擅名城，隳突无前，智计殊绝，疑非苗、教诸逆所敢望。然吴、楚、雍、梁，用兵十年，遂无噍类。而夷酋张秀眉、张大白、豹大肚，以及黄号、白号之伦，后五六年乃灭。何成功之迟速殊邪？则亦以时势不同而然也。

方黔乱之殷也。朝廷以腹地兵甲纷纭不解，将帅四出，总师挞伐，以剪丑类。收失土、覆穴巢为至急，所争者大所戡者广，是以历岁经时，始底荡定。然后振扬余威，回戈西指，幺幺小虏，犹敢恃党援、凭险隘、奋其螳臂逆我颜行，虽干戚所临，当之辄靡，而蛮溪深阻，诛讨需时，故殷宗必三年而后鬼方可克也。独是丧乱平矣。即平越一郡言之，曩者凶铎所至，城邑沦亡，崇墉比栉之区，化为貕貐蛇蝎之窟。居民逃徙，殆及星周。今采诸家笔记及故老传闻，著其搏弈出没之略，而详以攻剿得失之迹。虽阅年稍远，不免疏遗，而佚事在人，终存梗概。若夫盗贼凶虐冥顽之状，固其常态，不足载也。

咸丰四年甲寅，杨元宝倡乱于独山州，平越知州邵鸿儒札饬地方齐团防堵。又桐梓县杨瀧喜亦肇乱，逼近遵义府城，湄潭与遵接壤，知县张志绂飞札各里，集众堵御，是为平越属境练团之始。

五年乙卯三月，杨瀧喜被官兵击散，余党二千余，由都匀、麻哈窜过州境鸡场、地松、牛场及瓮安、黄平等处。时贼势穷蹙，沿途虽未大肆掳掠，然地方一闻贼至，相率惊避，官兵尾追过境，数日后遂解散，不知所终。方杨逆之扰遵也，上宪遣员募下游都、台等处苗为练兵，随同征剿。杨逆既平，遣撤苗练，苗因尽悉官兵强弱，地势虚实，有轻视心，遂聚众烧杀，其乱始作。五月，知州邵鸿儒调署台拱、黄平等处，黑苗抢劫旧州老里坝，继烧重安江，至平良，离州境二十余里。杨义长官司金家良及武生熊源齐率团小岩头卡堵御；西乡杨度团亦奉札，派文生刘国士率团相助；南乡鸡场、下堡一带在籍知县刘毓松、训导刘崇矩、贡生沈世隆等均募练联团，是为平越亲辖团练剿贼之始。

六月，新州苗贼聚众由金坑窜扰余庆城，知县彭澜登城固守，昼夜严防。会巡抚蒋蔚远调定广协兵至余邑防剿，贼始退。黄平团绅邓海山率团练攻贼于三尖坡，众溃，海山死之。其弟炳芳复聚众扎金坑堵御，余邑各团运粮接济。余庆城守办理严密，城内开凿官塘注水，以备不虞。

七月，凯里黑苗攻清平。时上宪檄粮储道承某驻清平督办军务，调鸡场练目屠培芳带团丁前往助防，在马鬃岭遇贼，文生刘法阵亡。二十四日，苗匪初次攻破东乡小岩卡，烧掳翁角、羊皮、地松、折五等处，文生刘国士及团丁王发儒等阵亡。团众约会截击，贼始退。时麻哈属教匪亦乘机起事，聚众烧杀。先是，道光末年，下游各处有妖人造谣惑众，言天降大劫，吃斋者免于是。四川之刘义顺传教于湄潭、龙泉；王坳之沈中和聚党于都匀、麻哈，复结悍苗豹恶、九松等为徒，阴蓄异志，外合党徒，内约苗变。其教有唐、郎、保、治、化五教名目，酿蓄既深，见苗乱已作，遂乘势而起。二十五日，先烧劫高枧、大梁田等处，被羊场团首熊魁元败之于摆拨寨，杀贼百余人。不意逆首沈中和等由都匀瓮朗突起直犯平越属之文德，麕聚于麻哈属之谷硐，以窥羊场，其党徒复四处号召无赖，地方由是糜烂矣！

九月初二日，越、麻两属团众与贼战于石板坳。麻哈廪生熊肇元被胁，不屈死之。团众死者百余人。时土人相率响应，贼风大炽。十二日，苗匪二次由小岩过河，大肆焚杀，数日始退。十八日，凯里等处逆苗侦知鸡场团练概赴清平应援，纠党数千，潜由麻哈下司窜出新牌直犯鸡场，所过之处均被烧掳。时承平已久，人不知兵，兼苗教并起，乡民一半逃亡，一半被胁，南乡村寨残破不堪，驿道由此梗塞。

十月，屠培芳率练克复鸡场。武生甘天佑，练目龙章等败于马路河，并阵亡，团众死者甚众。时逆首沈中和遣党分屯麻属岩下；越属瓦窑冈、水头山、小寨等处。中和屯都匀瓮朗，各股匪悉听指挥，先搜乡寨，后攻城池。越城戒严，闭东大、小，西三门，仅留南北二门出入。自葛镜桥以外，皆为贼巢，南乡遂无完地。适高本仁来署州篆，小岩三次失陷，苗匪劫烧至芦坪，武生熊源奉札防堵东乡狗窝河、新桥营等处隘口十四处。廪生奚德瑛、王金山等奉札防堵西北乡白杨坳、牛坡等处隘口十三处。其葛镜桥、五胜关、四角坡、鸭爪坝等处隘口，则系州城练兵驻扎。人心由是骚动。

十一月，贼首喻老满等由大枫塘一带窜扰西乡鸡、兔二场，诱胁王卡七寨苗民，清水江大道梗塞。经高本仁督率西乡各团进剿，军功曹永忠、告得胜等奋力截击，阵斩喻老满，解散胁从。适川兵将领傅昆亦督队抵清水江，高本仁亲赴该处犒师，贼屡败挫，始退归马鞍老巢，西北乡属境稍安。

十二月，督办下游军务即补道张瑛驻扎龙头营，札派贵定团首王荩臣、平越廪生奚玥等相机迎剿，择要防堵，以防贼匪窜扰上游。

六年丙辰正月，黄丝团首沈献廷密遣人赴城请兵，署州事高本仁调集西北乡杨义司、土坪、上坝等团由黄丝大水山进剿，连破小寨、水头山、瓦窑冈贼巢，阵斩贼首孔老先祖，余贼擒斩者不计其数。贵定知县樊希棣札调羊场团首熊魁元，请添调贵定南、北二牌团练助剿。十六日，魁元督团进攻酿水营，贼大至，团众奔溃，死者数百人，魁元父子兄弟八人同时遇害，贼遂烧杀黄丝一带。沈中和见各团失利，遂率贼党陈名英等围攻都匀，知府鹿丕宗申文告急，无兵应援。

四月，都匀失守，知府鹿丕宗死之。麻哈全境陷贼，孤城固守，势甚危急。

六月，南乡教匪复勾结本地土匪，自称元帅、将军，盘距麻属之摆郎、马口一带。该处山路险阻，悬岩峭壁，该匪恃为巢穴，时出为患，距越城仅二十余里，屡事进剿失利，不只一次。乐冈一带未溃居民约三百余户，因扎屯于金鸡山顶，共相保卫，乘间耕作度日，越城亦借以为犄角。

七月初旬，州属西北乡各团复奉调进攻酿水营，至汪山遇伏，退扎西阳舒家院。贼乘势来攻，团众大溃，文生杨钟甫阵亡。东乡、罗坳一带得刘文魁带团屯驻，贼殊惮之。

八月，云贵总督恒派部将陈得功由麻哈引兵来屯马场坪，未几，仍调回滇。云南褚武烈克昌以都司领其众。九月，马场坪营失陷，提督孝顺复派罗将带兵来越助守。时平远丁文成公宝桢在籍，起义勇剿贼，同驻马场坪。十月，清平城陷，各营俱失守。时贼匪麕聚大坡营，有何二者，本姓王，因为盗，官中缉捕急，由黄平移居响水河，遂与逆首沈中和等纠合匪党，四路焚掠，遂为后扰乱上游一大渠魁。是岁，教匪刘义顺在湄邑煽惑既久，纵横思、石、铜三府间，徒党益多，遂揭竿举事，并攻不附其教者。

余庆县属奸民石、聂、韩、马等众向食灯花教，至是勾结各匪，渐肆焚掠。知县彭澜卸事，章树勋接任，防守遂无虚日矣。

七年丁巳二月初九日，丁宝桢督兵五路进剿摆郎老巢，连破马颈坳、毛栗树等处贼寨，各兵练、团丁奋勇深入，中伏，武生江锡城、团首郑克昌等阵亡，团民死者甚众。

三月初八日，贼匪大股由东乡团滩、新桥营过河，盘踞芦坪，连屯五营。武生熊源、练目刘文魁等分五路进攻，杀贼百，余贼遁去。团众四处截杀，夺获器械无算。夏四月，四川提督蒋玉龙奉命援黔，率领马翼长统川兵千五百名由正安进师，军于湄邑之宋家坡，设粮台于偏刀水。

五月，有宋三元者，教中称为三祖公者也，与贼通，瓮安知县刘某诱之置狱，将致于法，匪党潜约以某月日共抵瓮城索三元，各匪道经牛场，不下万人，人心惶惧。及三元释出，教匪遂大炽，州之北乡以此无静境矣。时逆首沈中和股匪肆扰瓮安牛场等处，屯聚上坝，署知州高本仁督团练进剿，军功徐永安父子同时阵亡，然官兵、团练势颇振，擒斩甚多。

六月初一日，八寨教匪贺昌明率党由牛场、干溪窜扰北乡建中鸡场，时土匪谭二为贼中伪元帅，从中引。初二日，贼窜中坪，开州知州石某某（校者按，即石虎臣）搜捕教匪，适抵其处，遇贼退回，据实通禀，乞兵剿贺逆股匪。十二日，教匪陈大六大股由新桥营窜出罗坳、浪波河，劫杀黎冲、大坪等处，刘文魁督团练败贼于黎冲，斩首千余级。

七月初旬，贼复由罗坳窜出，欲合贺逆股匪窜扰瓮安等处。丁宝桢营于半边街，檄军功熊源由革党哨截击，擒斩颇多，贼退归老巢。巡抚蒋蔚远檄游击贾玉美会开州知州石牧进剿，贺逆股匪进兵洛望河，以三牌文生李体元、杨超类，练目李树德为向导，收复建中鸡场。

八月，官兵攻岩门关，杨超类阵亡于凉亭山；百长肖芳在磨刀井巷战阵亡。贼退聚从且，石某某、贾玉美移军卑忙；高本仁亲督队进扎蒙家寨，四面攻贼，贺逆败走，由黄平属高楼遁去，高、中两牌逃出百姓，均各归业。高本仁仍檄李树德移扎平仓四角坡，以捍州城。

九月，贺逆在黄平金坑病死，嘱立陈三为伪文定王，何二为伪武安王，旋犯余庆县城。余赴省告急，上宪檄调永安兵一百，并檄平越州高本仁派杨义团、乡正黄荣芳督带团丁，会州练赴援，当将各贼击退，立解余庆城围。遵义知县江秉林率军应援，败贼于簸罗溪，何逆窜遁天印，陈逆及伪杀人王并同党三百余人势甚穷蹙，遂合余庆大燕山之贼左毛二等聚于古佛山，遣党赴巴总镇营内诡降，领获旗帜二面，上书“投诚免死，各归乡村”等字，该匪等沿途亦未掳掠，讬言就食于玉华山。瓮安知县刘某为所蹩，委白外委运粮供给，不准各团攻击，贼诡计得行。十二月，玉华山之贼休息既久，裹胁益多，借故杀白外委于玉华山。时贼营垒坚固，骤难攻击，瓮安团绅商景阳令各团据险筑屯，贼来则固守，贼去则归耕，合瓮有屯四十八，乡人赖以保聚，景阳力也。

八年戊午正月二十九日，贼大股分两路：一窜芦坪，一窜地松。东乡团练亦分两路迎击，毙贼数十人，贼遁还。

三月，丁宝桢檄刘文魁防堵罗坳。十六日，贼党数千由罗坳窜出，意在与玉华山贼合。刘文魁团练失利，贼由地松上窜牛场，瓮安熊源邀击之，毙贼数十人。时各逆纠党直犯瓮安，城中戒严，贼聚于南门外高家坳，日扑县城，乡绅王崇植督团应援，战败奔溃，死者数百人。

余庆县章树勋因何逆盘踞古佛山，距城仅十二里，不时攻城，会同汛弁杜玉堂增修城垛日，夜巡防，民心稍定。

五月，黄平知州陈世镳率团练数千越境剿瓮安之贼。世镳用兵神速，先战获胜，后由洛柳进攻贼营，中伏，世镳阵殁，同时死者甚众。瓮人立尽忠碑以表之。

六月，余庆贼势猖獗。四川提督蒋某攻剿镇远之贼，遣总兵张廷尉赴援，战败死之。未几，川兵仍移剿镇远，惟定广、永安、仁怀三营兵驻防余城，湄邑白号猖獗弥甚，陷永兴防营，仅去湄城十余里，川兵退还宋家坡。遵义县知县江秉琳率练越境援湄，贼闻援至，退还。

七月，平越南乡概为贼踞，距城十数里外如摆郎、苗寨湾皆为贼窟，惟金鸡山有烟户二三百家据守，为州城南方犄角。东乡罗坳、芦坪、地松等处，贼时来时去，团民或扎屯或住碉，赖刘文魁、熊源、金家良等协力捍卫，间有耕作者，然警报频闻，逃亡者已过半矣。八月，丁宝桢、刘文魁各援兵因饷不继，皆撤去。时驻平越防守者为游击谢赞清，领兵丁数百人营于月山寺后山。

九月，南乡岩下各股匪由西乡岔河突窜杨义司，为团练截击，擒斩数十贼，遂由长冲窜出茅沟堡五寨，一路遁去。

十月初一日，贼陷黄平州，越郡东面藩篱尽失，贼焰益张。团绅熊源所部练丁均调集护城，城中富户逃赴省者络绎不绝。十九日，贼由北乡窜扰西乡杨义司，焚燬屋宇甚多。

十一月，州牧高因城中居民搬徙太多，出示严禁，并派薛把总于杨义司排楼丫隘口截阻，不令出境。

十二月，叛弁贾佛保诱杀练目蔡老贵，遂与逆首陈伪王由玉华山率贼党袭破瓮安县城，知县刘某怀印走，平越、瓮安两属团练均先后赴援。是时，余庆古佛山之贼均移扎玉华山，余城解围，而瓮安合境无完地矣。

九年已未正月初旬，开州知州石牧督团练进屯瓮邑高枧，李树德营五勺梅花。十三日，与贼战，败绩，石牧阵殁。二十一日，平越、瓮安团练将贼击退，收复瓮安县城。

闰三月，李树德由泥平关移屯水城坡，与贼战，枪中贾佛保左目。树德自带乡练以来，勇敢善战，贼颇畏之。部下李富春陷贼中，不屈死。时何逆率党由余庆古佛山至瓮安境，土匪等勾引进踞上大坪，与玉华山各逆相结，贼势由是益炽。

五月，越郡自清、麻、黄、瓮失陷后，四面皆贼，惟西乡大麻窝一线之路通省城，防堵甚为吃紧。高牧屡赴省门告急，省宪檄副将赵德昌率练勇应援，所部将弁有蒲登友、戴雨先、谢赞清数人。时赵刚节德光亦以五品军功隶部下，随同剿贼。越城防守日久，兵食匮乏，军粮皆由清水江一路赴贵阳地采办运济，赵德昌派蒲弁驻月山寺；戴弁驻东山庙；而自移驻大麻窝，为保护运道计。贼不时由西北乡窜巴巴箐一带邀截，自是粮运皆派练勇护送。

六月，西乡岔河一带逼近南乡，贼巢时被侵扰，团绅奚玥、王金山等督率各团筑屯据守，惟时乐邦有枫香坪屯；岔河有安抚屯；火麻冲有小地方屯；土坪有仓口屯、猴儿屯、大小白马屯；杨义有老虎洞、落水洞、辣菜洞，因此西北两乡间有耕作者。杨义团原募练丁二百余人，练目黄德正以五十人助守枫香坪，余俱分防本境各隘口，为郡夺西路声援，其经费由州署按月垫发数十金，借支练饷口粮，就本团田谷分上、中、下户自抽一以至抽三供给，势极拮据，虽屡赴省乞援，究无大支，援兵东下，城守甚为岌岌。

七月，高本仁署任五年，婴城固守，智尽力竭，饷源又绝，自度终不能了此守务，屡发病。上闻，省宪檄同知王敬烈帮办平越军务，同驻郡城。时游击龙云化、守备朱某皆病卧，不能任事。贼日夜至城外焚烧民房，金鸡山虽有团寨，初保屯时，乐冈附近尚可乘间耕作得食，后贼夺杀牛农，耕者不敢出，粮遂不继。高牧以金鸡山为城犄角，不可失，遣守备戴某率卒五十协同以守，给以城粮。贼辄于葛公桥要隘邀之，自是取粮益艰，复以饷绌，并戴某撤去，独屯民自守。主屯事者文生周汉泽，以取粮自城还，潜走上倒桥，遇贼，赴水死。未几，州城陷，屯众亦溃散。

八月，定广协副将兆熹奉檄自余庆来驻茅草坪，同护运道。贼侦知越城防守渐疏，乘夜由东岳庙前袭城，城中觉，击退。

九月，高本仁屡以病乞免，省宪檄戴鹿芝接署州事。时州境群贼如麻，屡窜扰开州属地。开州赴省告急，省宪檄戴鹿芝改署开州，而平越城附郭居民为贼侵扰，殆无虚日。

十月二十一日，蒋提督援黔不力，师老饷绌，溃至偏刀水。湄潭令廖遇春亦随众奔逸，城上早竖白旗，始知川练通贼，贼长驱入城，凡公署民房，概付一炬。由是，东陷永兴，西蹂牛场，不月而全境沦丧。团绅安居之率众筑营李保囤，招集散亡以实之。贼纠众万余来攻，田宗烈战胜，贼大奔，从此李保囤为湄潭保障。十二月，廖遇春偕募友秦安庆来复湄城，攻教匪唐宗于白鹤洞，克之。

十年庚申正月十四日，廖遇春以正安、绥阳各练入湄城，举秦安庆自代。安庆遂得代办县事，筑营龙保塘。后唐逆导老号复来，湄邑再失，而安庆之营独得保全。是月，平越贼又由开州渡两岔攻赵营，被赵军击退，折回罗坳，于二十七夜仍由东岳庙前以蜈蚣梯数架袭城，城陷，城外防练数百，见贼进城，率众先走。署知州高本仁及帮办同知王敬烈、吏目陈瑛仓卒无措，皆逃出。署守备兼理游击张杰及把总李正同死之。

州城既陷，绅民妇孺死者不可以数计。先是，守城者每棚十人，每人日给米一京升，夜灯油四两，后因守久生玩，且富户搬徙一空，经费无出，每棚只二人，上垛多雇乞丐及童稚应役。贼甫进城，率皆惊散。城内无防守兵勇，仅城外练丁数百，贼至，皆溃。贼稔知惟杨义一路可通省城，比即分股尾追，沿途截回难民不少。境内屯洞十数处，闻城陷，皆溃走。惟西乡团绅王金山搜集团众拒守白马屯，贼攻数日，屯陷，金山全家殉难，屯男妇死者无数。

二月，赵德昌驻军大麻窝，贼乘势攻扑，赵军大溃，贼直追至贵阳属之太子山，平越全境陷贼，龙里、贵定势益危矣。

三月，湄邑白号裹胁益多，均以焚燬房屋张其逆威。其从逆匪首如陈四古董、王考、石玉贵、朱伪王等皆纠党结营，四处侵扰。此时湄境几无完土，其能收流离、特立独存者惟启里之李保囤，囤所恃以不恐者，以有龙泉，而龙亦倚之。此即湄被较轻之一大关键也。方各号之窜扰也，居民携家逃难者十室而九嗣，闻团众能抗贼，纷纷回里就耕，为囤守计，先后各筑营垒拒贼，以启里为最多。其与贼错壤，而抗不附者则宝里之石家寨，新里之高炉，均力守数年，保全境土，苟非存心坚忍，奋志捍贼，恶能若此。

四月，提督田兴恕奉旨办贵州军务，率全军由石阡进兵，营于哨溪。因余庆告急，派将官杨岩保率军应援，田军旋移营龙溪，遂直抵瓮安城。值发匪陷定番州，调田军赴省，留副将沈洪富攻剿玉华山之贼，驻军年余，粮运不继，由猪场退驻省城，瓮安全境又复陷贼矣。

十一年辛酉，代理湄篆秦安庆所募之练通贼，屡贼贼败，贼遂扰及遵义。省门委知县黄克巩来宰湄，就遵僦屋而居。

五月，余庆县章树勋迁府，冯锡畴接任。七月初三日，苗匪潜以木梯入城，纵火烧杀，将及县署，幸楚军将刘名义率军数十人过境，适驻城内，与贼斗，贼始退出城，男妇死者数百人，焚燬民房三百余间，失而旋复，殆有天意存焉。

八月，兼理巡抚田兴恕派总兵杨岩保率虎威军数千收复平越，由清水江进师，时被胁之贼散处州属四乡耕种，精悍者出外掳掠。大军一至，皆遁走。副将赵德光时屯板山，进攻上大坪，战不利。贼屡由王卡窜出梁家铺一带邀截粮运，赵军赴省告急。田兴恕饬杨将分军应援，杨将以贼大股不时来州攻扑，未敢分兵，全师移攻上大坪，州城复而不守，新抚之民又复陷贼，死者颇多。杨将至彼，屡战失利，后竟溃败，退驻省城。贼由是窜扰上游，愈肆猖獗。

十月，湄邑伪朱王率贼万余扰湄西南隅，以七星坡为贼窟。

同治元年壬戌，湄汛吴元彪自火烧州攻取七星坡为大营，新里归耕者恃以不恐，遵义愿供元彪饷。吴军有悍将十八人，贼畏惮之。元彪力解东溪寨之围，前后诛伪元帅九人，贼大创，去。是岁，平、瓮两属均为贼据，并无官兵入境剿贼。余庆属之教匪始聚扎轿顶山。知县黄启兰接事，又复督众增修木城，孤城固守。施秉、黄、平瓮安、龙溪晋省之路梗塞不通没惟石阡龙颈坳一路尚可潜行。县署月报晋省几近百日方回

二年癸亥，是时，越属之上大坪、瓮属之玉华山皆为贼窟，匪等不时窜过贵阳、开州滋扰，恃有副将赵德光据守光沙，为贵阳东面屏蔽，省垣赖以少安。

八月，总兵吴安康由务川率骁勇数千攻破聚宝场等处贼巢十余处。陈四古董、王考、石玉贵各大憝均授首。

十月，湄邑唐逆攻陷上坝沟，吴安康应援，黄守备单骑驰入，射杀多人，矢尽阵亡。安康遂撤队去。

吴元彪既营七星坡，东拒湄贼，西卫边境，其军食向议由遵筹给，及为时既久，饷多不济，屡请弗给，其部下时时鼓噪。吴不得已，亲往祈请知县于伯镔，坚不与，反置吴于狱，其部众忿甚，破狱出。吴星夜奔回七星坡，遂与高台黄号通。

三年甲子，何逆盘踞上大坪，群酋甚伙，与下游苗匪时犯开州、贵阳境，烧杀抢掳，逼近省门，贵定、龙里先后陷，开、修亦失，省城戒严。赵德光退保省城，营于观风台，伺贼可乘时出精队雕剿之，能不履驰走，赴敌如神，贼中号“铁脚板”，深畏之。

八月，平越知州邵维新因贼踞州境，不能履任。省宪委之署理湄潭，旋檄摄理绥阳县事。抵任后，贼围攻绥城，大小数十百战，志不为挫。

湄邑自邵维新赴绥后，省中不复遣官，境内壮丁多勇善战，互相助救，颇有坚壁挫贼遗意。

十二月，伪朱王纠集湄境各匪，直抵正安城，破之，踞为巢穴。分窜四川綦江、南川各县境。

四年乙丑二月二十一日，绥阳城陷，邵维新死之，贼入踞其城。时务川亦陷贼，惟龙泉、余庆仅存。

三月，余庆属各乡均扎寨固守，借耕度日。四月，苗匪纠众围城，幸守备严密，贼不得逞。旋围攻下里乡营，贼势太甚，城中无兵救援，寨为贼陷，男妇死者千有余人。余邑自苗、教两匪叛乱以来，遭害未有如此之惨者。知县黄启兰见苗匪数扰，始督众开凿北城外一带城濠，宽一丈，深丈余，注水防御。是岁，下游苗、教两匪麕集上游，开州、修文不守，贼窜扰清镇、安平、安顺、广顺、定番各府、州、县，省城孤危，十数里外时有贼踪出没，下游更无一片净土矣。

五年丙寅，黔省援兵久绝，署提督赵德光以孤军保护省城，东奔西驰，饷源又绝。平、瓮境内久为贼窟，惟余庆尚保孤城。湄邑自署知县张聪兰设行署于马头山后，流民渐次归业，前此沦陷贼中者亟思反正，贼焰为之一衰。是为湄邑由乱反治之始。四川道蹇誾檄参将黎佐清率师援湄，驻师七星坡，先攻老农田贼营，破之，乘胜攻取桐梓堡、水鸭子各贼巢，均胜之。牛场、高台以西，贼众悉数投诚。

六年丁卯，下游各匪既时窜扰贵阳、安顺两府，岩大五股匪猖獗尤不可收拾，不时窜扰川、滇两省边境。幸何逆病死，贼酋许大八等率党数千，肆扰上游。提督赵德光于广顺、定番属地督军邀击，连战数日，尽数歼焉。自是，窜扰上游之贼逆焰稍息。是岁，平、瓮境内教匪与下游黑苗构

衅，互相仇杀。玉华山、上大坪之贼仍盘踞如故。余庆界连黄平，逼近苗地，苗匪时出掳，围攻县城，知县刘侣鹤屡向石阡八弓楚军乞救。八月，湖南布政使兆琛派楚军将敖禄魁、郑大器应援，力保危城，与贼相持月余，贼始退归老巢。次年，席军攻克轿顶山，川军继至，贼氛由是渐息。自军兴以来，平越属境縻烂殆尽，余庆以弹凡孤城，卒获保全，虽曰天意，岂非人事哉。

七年戊辰，黔省自甲寅杨滁喜倡乱，苗教继起，至此已十有五年。都匀、黎平、镇远三府属则为青苗、黑苗老巢，而蔓延于铜仁、石阡、思州三府；余庆之轿顶山；思南之荆竹园；平越之上大坪。瓮安之玉华山、轿顶山、桤木园、水源沟则为黄号老巢。湄潭之偏刀水，安化之大堡，务川之庙坝，龙泉之岩阿则为安号、白号老巢，跨据乌江南北两岸，其酋目以何得胜、王超凡、向成高、田应武为最著，而龙、贵之潘名杰一股，与上、下江苗匪又自各别。至是，全黔縻烂，扰及川边。蜀省因会议以剿为防，奏请大举援黔，得旨，派知府唐炯统兵由綦南出境援剿，是为黔省军务转机之始。

四月，贵州巡抚曾璧光奏请饬四川、湖南督抚转饬援黔各军赴援。先是，楚边沅、晃、靖一带屡为黔边苗匪滋扰，湖南巡抚刘昆饬令席宝田、李元度督军进剿，先后将余庆之轿顶山、思南之荆竹园各贼巢攻拔。三月内，全军抵湄之偏刀水，围贼东、北二面。唐宗惧降，湄邑风门、太平十余贼营俱纳款。川军蹇道驻营七星坡，唐炯至是亦抵偏刀水，收复未顺各贼，围贼西、南二面，协同楚军掘长濠以逼之。川、楚、黔三省援军共八十余营，众四万有奇，贼困且窘，终不肯降，恃粮尚足，将以老我师。及水源沟、桤木园各贼巢经川军攻拔，外援既绝，各军力攻，四面踰城而入，立将偏刀水贼巢夺据，首逆伪寄信王田应武、军师老教祖王礼廷等悉就擒，并讯明正法。余党男女七八千人俱降，悉勒缴军械，一律薙发，分起遣回原籍。其客队暂收入川军将刘鹤龄营内看守。唐炯独陈请挑选精锐编入营伍，以贼攻贼。其略云，此属于各贼情状道路最为熟悉，驱之前行攻剿，易为得手，一便也。以贼攻贼，即有死亡，不足顾惜，二便也。此属皆身经百战，不使屯留寨堡，便可杜绝乱源，三便也。简其精锐从征，则党势孤弱，同寨土著不虞侵凌，四便也。如此处分有利无害云云。于是添立新军，归总兵刘鹤龄统带，由袁家渡进规玉华山、上大坪等处贼巢。其后，川军收服各号匪，并大创下游黑苗，卒能底定全黔，其功实在于此。五月，川军副将何行保、唐大有，参将黎佐清各军攻克水源沟、桤木园后军威大振，附近洞寨俱令薙发。唐炯量为安抚，严禁勇丁淫掠，一切米粮、银钱、牛马、衣物仍分给降众，俾得回籍，各安生理计，男妇老弱全活不下数万人。王逆超凡负伤，窜遁玉华山。黄平、瓮安、平越等处汉苗五十九寨均具禀投诚，唐炯给予札示、旗帜，谕令暂勿薙发，俟官军渡河，进规玉华山、上大坪，即倒戈夹击，由是所到之处势如破竹。

七月，唐炯、刘鹤龄督兵渡江界河，进攻玉华山。玉华山者，瓮安地也，林深箐密，背负上大坪，前阻老鸦山，周围贼寨如林。往年，总兵沈宏富拥众万余，攻剿年余，卒以粮运断绝，全军溃败。迹其致败之由，良以官军一路进攻，蹊径丛杂，首尾狼狈。唐炯乃分兵三路，饬令先投之谭光前等五十九寨，领官军旗帜八十面，先从平越杨家林等处进击，断玉华山、上大坪两贼声援；同知邓锜由袁家渡渡河攻大轿顶山，径趋上朵梁，袭取酸枣坪、长安营；总兵唐大有由龙坑渡河，攻小轿顶及青冈寨，进趋酸枣坪，以断贼后。邓锜等初八日渡河，十四日将天文、木老坪、观音山三处贼巢攻克，擒斩甚多，遂于十五、十九等日连下螺蛳坝，兴隆堡，猴场，瓮脚，上、下小岔十余寨，克复瓮安县城。自瓮安以南达黄平、平越，汉苗大半来营请抚。邓锜复率降目肖桂盛等由两岔进规轿顶山，内应从中纵火，官军齐进，阵斩伪王石士贵、张义顺，余众悉降，余庆扫境肃清。总兵唐大有于初八夜由龙坑渡河，袭夺大营山。十一至十七等日，均有斩获。贼匪悉窜往青冈寨。唐炯复派知府张玉文等督军，随带降众五百自麻池坝进攻岩坑、胜土，以为犄角。十九日，立将小轿顶山夺据，生擒伪王何双富等，余党悉降。总兵刘鹤龄于十三日渡江界河，即督军分攻吴谢坪，胜之。十五日，破官塘。十六日，破麻池坝、龙塘。十七日，破深溪、二坡。十八日夜，袭夺长安营。唐炯于二十日驰抵长安营，商同总兵刘鹤龄分布各军，断其汲道，督率死士攀藤附夫葛，四面迭进。该逆等见势不支，即率党缚献王超凡，环跪乞降。当将王逆于军前正法，传令各军无得妄行杀掠，一皆安堵如故。计自渡河以来，未及两旬，各贼巢次第攻拔。至是，开州、瓮安全境皆清。唐炯攻克玉华山等处贼巢后，遣散胁从，焚燬贼巢，查所抚降众其中精锐者三千有奇，皆十余年百战老贼，剽悍异常，仍编入营伍，以贼攻贼，克期会师上大坪。是时，降人莫抡元引黔省参将唐天佑之师，渡清水江扼王卡，以断上大坪之路。张玉文亦驰抵大坡，以扼其前。适伪熊元帅来降，各军即入据其营，上大坪之贼以大股来争，我军力战击退。是夜，各军分起，督率兵练、降众冒雨急驰二十里，乘夜夺岩门关、平果两隘，直逼贼巢而垒，贼党汹惧。唐炯遣降人持札晓谕，首逆何黎氏、伪王何瑞唐、粤贼李文彩该逆等率男女数千人开门乞降。刘仪顺、秦崽崽乘间逃窜，旋均被擒，槛送蜀省正法。

是月，川军参将吴洪贵克复瓮安县城后，伪苗王杨阿九纠率黑苗千余，迭来攻扑。官兵奋击，贼始退，复纠约凯塘、凯召、革夷伪金王、何王、李王、姜王等悍苗数千来援上大坪。时大军已拔上大坪，匪等围攻马龙井降寨，唐炯饬令唐天佑、莫抡元于初八日乘间入据平越州城，招徕麻哈民团。派副将邓鸿超等督军由高坪司进剿马龙井之贼，毙贼百余，贼退据牛场。十五日，苗逆杨阿九自牛场率党二千余，占据旗山屯。吴洪贵自毛坡迎击，守备杨继春、参将周万顺自三元屯、梭罗两路横截。吴洪贵首先遇贼，鏖战三时，单骑突入贼群，手斩伪苗王杨阿九、姜德满，毙贼五百余名，贼奔向桐木坪窜去。吴洪贵单骑往追，贼回拒，吴洪贵中枪落马，群贼围刺，犹复手刃二贼，力竭阵亡。事闻，准瓮安县城建立专祠。唐炯即督军进攻牛场，连战皆捷，当将贼寨焚燬，贼向窄五、地松遁去，官军分道进规旧州城。

八月十九日，官军败贼于龙井、地松等处，苗匪退据狗望河、平越、麻哈、清、黄一带，七十二寨仲夷、犵狫及被胁难民均来投诚。

九月，川、黔官兵乘胜进规麻哈前就抚。麻哈属之二龙山，平越属之羊大山等处难民黄子刚等乞兵救援，据称平越城东金鸡山至麻哈城南十五里之高枧，袤斜百余里二龙山，至麻哈城东二十里之羊大山，绵亘八九十里，中间被胁汉民、犵狄、狆家、短裙、土家、水家诸苗，筑寨而居，不下数百处。逆苗散踞各寨，或数十百人，日肆残虐。被胁汉苗积怨甚深，机不可失。唐炯当饬唐天佑等督率降众，疾趋羊大山。张玉文由高枧进，为援应。唐大有扼新桥营，以备杨老悍苗。十六、十八等日，汉、苗四处响应，斩杀叛苗无算。官军分路进攻麻哈州城及高木塘、五寨、三庄，毙贼五百余名，立将麻哈州城克复。收抚狄、狆等苗数百寨。刘鹤龄等复击败上塘、黄平、旧州等处援贼。总兵邓鸿超伤重殒命，奏请与吴洪贵同祀瓮安县专祠。

十月初旬，清平大股苗匪纠党直扑杨老官军营垒，被官军先后击退，毙贼甚多。官军亦有伤亡。十四日，复攻打铁关贼卡，进拔旧州，连克要隘，杀贼尤多。十六至二十一等日，黄猫岭、重安江苗匪出犯，经张玉文、刘鹤龄分路纵击，大小数十战，贼势披靡，乘胜收复旧州城。复分军进剿小岩、歪寨，追贼至小岩河边，贼寨尽数扫荡，平越境内肃清。是时，潘名杰已先就抚，龙、贵肃清。都匀柳天成、八寨马登科等亦遣人输款，川军分兵三道，张玉文带六营扼扎老鸡场，以规清平。邓琦带六营，唐炯、刘鹤龄带八营驻旧州，进攻黄平新州尖山坡老巢。二十四日，刘鹤龄分派各营于五鼓进攻七里冲贼卡，立破之。时岩门、瓮谷陇之贼布满山谷，刘将挥军四向，人自为战。杨游击怯战退缩，当于阵前正法。各军奋击，立将新州城克复，军士往返驰逐六十里，逼近老巢，虑军势单薄，不能分布，仍退驻旧州城。

十一月初十日，贼伪王金扛扛率悍贼数千，由苦李井乘虚直窜平越。十二日黎明，乘大雾围攻杨家林之洞口屯。署平越知州马树清督屯众拒守，相持至未刻，贼毁屯而入。马守督众鏖战，力竭阵亡。委员汪廷燮、团绅刘承章、唐景星、唐步阶同时被害，屯中男女死者四百余口。匪等于十三日黎明直扑牛场，该处防营竭力拒守，援军齐集，将金扛扛击毙，贼始败归老巢。

十二月初七日，张玉文进攻冷水营贼巢，颇有擒斩，贼时来攻扑官军营垒。二十七日，苗酋李阿也纠党二千余，由狗望河窜至芦坪，复纠大股五六千众，分扰大麻窝、巴巴箐、杨家林、翁巴等处，纵横百余里，杨老各营粮道断绝。

八年已巳正月初二日，唐炯派总兵谢鸿章等率所部精锐千余人合攻窜出之贼，贼全聚于罗坳，各军奋击，毙贼甚多。

二月初六日，刘鹤龄自上塘进兵重安江，迭获胜仗，斩馘无算，先后攻破平旦等处苗寨数百，收抚良苗数千户。

三月初三日，唐炯督师收复清平县城，提督陈希祥亦自上游率师来会，攻破冷水营逆垒，进驻清平。是月，楚军在黄飘失利，川军扼扎黄平、重安、清平等处，相机进剿各处逆苗。

五月初六日，贼分股一自下司出杨老，以犯牛场，我军败之于罗坳。一自余庆出擦耳岩，以扑瓮安，我军败之于沙子坡。嗣后，贼或百余人，或数十人于各路老林密箐昼伏夜出劫杀，团民各营随时邀截，多所斩获。

六月初一日，贼党三千余自酉阳迳窜大麻窝，直犯牛场。总兵蒋定邦败之于牛场。贼往围贵定县城，川军星夜往援，奋击，贼始遁去。

七月初二日，宣威营苗酋金干干率党三千余窜至杨家林，经官军击败。伪牛王张老熊率党六千余由瓮巴窜至牛场九龙山，副将向长曙击败之，阵斩张老熊、赵天师，毙贼五六百名，贼氛大挫，平、瓮从此稍安。

十一月初五日，马鞍贼伪范侯等扰至龙里，突入贵定县城。川军参将刘舜祥随踪蹑剿，当将贵定县城收复，毙苗贼二百余人，生擒数十名。

十二月十二日，川军攻剿麻哈属马鞍、茶山之贼，鸡扒营、吊嘴等寨均望风乞降。

九年庚午三月，都匀之贼时出平越、贵定截扰粮运，黄飘等处之贼绕由余庆攻扑瓮安县城，经参将杨正洪等击败之。二十二日，川军袭取东坡，分道剿黄飘，破之，乘胜进拔白保大寨，斩首六百余级，收抚犵狭四百七十户。

四月初九日，提督刘鹤龄督十营分路进攻岩鹰屯，苦战数日，扫荡数十寨，擒斩逆苗以千计。总兵姚华萃，都司杨奇清、杨通祥同时阵亡。

十五日，提督刘鹤龄、道员邓琦督军进攻各贼巢，与楚师会合，攻克叫鸟大巢，斩首五千余级。附近诸逆寨扫除殆尽，镇远道路始通。

七月知府张观钧来署州事，秉办善后，始驻州城于高真观。官军营内结屋而居。

八月，唐炯因蜀省议撤川军，归黔省自办，复以后路粮运不继，退军牛场，分饬所部各营扼扎要隘，以护居民田禾。

十月，周达武莅贵州提督任，接办军务。唐军遣撤。平越境内仍系官军驻扎。

十年辛未，周军分道进剿，入秋以后，收复嘛哈、清平诸城，平越全境始无贼踪。

十一年壬申，楚军规复苗疆，黔军攻克香炉山等处贼巢，下游始报肃清。省宪奏派道员曾纪凤督办下游善后，分设碉屯，招徕流亡，清查田产，平越自是再睹升平矣。

## 扎根基层传党策 带民致富感党恩

——记贵州瓮安经济开发区党工委委员、管委会副主任、银盏镇党委书记张林才同志脱贫攻坚先进事迹

张林才，男，苗族，中共党员，现任贵州瓮安经济开发区党工委委员、管委会副主任、银盏镇党委书记、银盏镇脱贫攻坚第一责任人。1996年6月，张林才怀揣梦想走出校园大门，分配到瓮安县一个较为偏远的乡镇从事基层工作。一转眼，张林才在生育他的这片故土上与田间地头的父老乡亲们一起生活了21个年头，这二十一个春秋，见证了张林才从一个花季少年成长为一名敢于担当的基层干部，这二十一载岁月，练就了张林才在基层为民服务的不解情怀，这二十一个轮回，坚定了张林才扎根基层带领群众脱贫致富的信心和决心。

张林才生长在农村，家中上下几兄妹，成家以前一直过着老大带老二，老二带老三，老三带老四这种传帮带的日子。自幼，张林才深知农村疾苦，从小便有摆脱贫困的思想和意愿，通过自己不断的努力，跃出了农门，摆脱了农民的身份，但他始终没有忘记自己的根还在故土，还在基层，大学毕业后他就选择回到家乡瓮安，在这片生育他的故土上思考着脱贫致富的路子，实施着助民致富的法子。特别是他到贵州瓮安经济开发区（银盏镇）工作履新镇党委书记以来，张林才更是想着法子带领全镇人民如何解决全镇人民奔向全面小康“最后一公里”的问题，通过不懈努力，银盏镇1627户5213人，2014年脱贫45户186人，2015年脱贫237户860人，2016年脱贫806户2971人，2017年脱贫146户450人，2018年脱贫393户746人。

2015年底，瓮安县脱贫攻坚奔小康的战役拉向高潮，县、镇、村、组四级联动，先后组建了四级脱贫攻坚阵营，脱贫攻坚的号角响应瓮安大地。作为银盏镇脱贫攻坚战区第一责任人，张林才多次深入村组调查研究，召开各类会议讨论交流，把心思和精力全身心的投入战役，并立下誓与脱贫攻坚共存亡的豪壮誓言，带领全镇上下，结合银盏实际，注重源头治贫，通过三大措施，从根源上解决长远生计和持续发展，走出了一条有别于其他地方的脱贫新路。

第一，政企联合出实招，打赢脱贫攻坚战。为激发企业反哺社会的热情，利用好企业在脱贫攻坚中的作用，鼓励企业主动积极参与脱贫，在脱贫攻坚中，张林才创新探索建立了“支部+企业+贫困户+订单”的扶贫模式，大力实施产业扶贫，走出了一条可持续发展的扶贫新路。一是在群众就业，助民增收上下功夫。张林才先后主动联系县人社、职校和开发区（银盏镇）相关企业，在金正大、芭田、返乡农民工创业园等企业以技术定向培养、企业专向招聘、村居跟踪服务的方式，先后

通过“雨露计划”等扶贫实用技术培训项目培训了1476名贫困群众，就近解决贫困就业人口926余人，帮助近100户贫困户摆脱贫困。二是在企业帮扶、村企合力脱贫上下功夫。张林才主动联系武江隆、天一矿业、明康医院民营企业，通过“百企帮百村脱贫致富”等活动为载体，先后协调各类帮扶资金30000余元，技术人员50余批次，深入群众解决200余户600余的饮水和医疗就医等问题。三是在村企共建、发展壮大村级集体经济上下功夫。银盏镇共有贫困户1627户5213人，其中文化水平和劳动技能相对较低的有近2000人，分布在两个二类和三类贫困村（社区），为解决这部分特殊人群的就业，张林才先后联系金正大、芭田和返乡农民工创业园等企业和相关村（社区），准备以村集体经济公司为载体，向企业订单种养殖提供食品的方式，解决贫困群众就业收入、村级集体经济发展和企业职工就餐食材需求。

第二，项目产业助发展，持续发力奔小康。为发挥项目建设的最大优势，利用好项目在推动经济社会发展中的作用，张林才多方争取、精细实施，把项目建设在脱贫攻坚中的作用最优激发。一是加强阵地堡垒建设，在脱贫攻坚阵地项目建设上下功夫。开发区（银盏镇）有各类人口近10万人分布在下辖的10个村（社区），是瓮安村居和人口较多的乡镇之一，张林才把住村居阵地项目建设这个关键点，先后组织投入近500万元，对镇扶贫工作站、10个村（社区）脱贫攻坚作战室及其他村级阵地进行了新建或维护，同时选优配强了镇、村、组三级脱贫队伍力量近300人，拨付了专门经费近50万元，为打赢脱贫攻坚战提供了坚强的阵地保障。二是加强安民家园建设，在脱贫攻坚稳民项目建设上下功夫。开发区（银盏镇）是贫困人口相对较多的乡镇之一，同时也是瓮安县最大的异地扶贫搬迁安置项目和移民搬迁安置建设点，全区（镇）目前各类搬迁安置群众近30000人，正在建设的异地扶贫搬迁安置房屋798套，预计安置贫困人口近2500人，2018年底全部入住。为推进项目建设，实现“搬得出、稳得住、能致富”的搬迁初衷，张林才先后多次向州、县相关部门争取项目建设资金，多方筹措自筹资金，加大项目投入，在稳民安民上积极投入。三是加强富民基础建设，在脱贫攻坚富民项目建设上下功夫。开发区（银盏镇）贫困人口多、分布广，部分相对集中的群众不愿搬迁出村发展，张林才为保住群众的青山绿水，采取靠山吃山靠水吃水的措施，先后在鱼河、木老坪、印山等地投入项目资金384.51万元，组织实施了5400亩和1000余亩蔬菜种植，覆盖145户436人贫困人口直接受益，群众增收968.7万元，帮助78户234人摆脱了贫困。同时，张林才还积极组织申报了2017年扶贫项目3个225万元，其中：壮大村集体经济入股分红资金项目100万元，产业扶贫项目80万元，“一事一议”等基础设施建设项目45万元，不断通过项目建设促脱贫。

第三，用足政策促脱贫，普惠特惠享红利。在开展各项工作中，张林才喜欢研究政策，始终把政策作为开展工作的导师，把群众当作衣食父母，特别是在全县脱贫攻坚战打响以来，他对政策的专研更是细心细致。一是在普惠政策研究上下功夫，全民共享改革发展大红利。为加强基层文化卫生、基础设施等建设，张林才先后协调各类项目、资金，在印山村、飞练社区、大寨坪社区和玉华社区等地，投入资金1500余万元，建设发展美丽乡村、文化乡村和特色安置小区建设，打造宜居宜业社区、打造宜居宜游村寨、打造乡村文化品牌。同时，在飞练湖湿地公园和生态走廊建设等县级大型项目上协助发力。不断发挥社会主义核心主义价值观建设在脱贫攻坚中的思想引领作用。二是在特惠政策研究上下功夫，大力实施特殊政策照顾贫困群众脱贫致富。张林才积极开展教育、医疗、卫生、金融等专属贫困户享受的特殊政策的落实，先后组织实施各类特殊政策实施15000余人次，帮助贫困群众享受政策资金1000余万元，截至目前有859户贫困户，在金融扶贫的特惠贷工作中享受了4039万元的金融帮扶，有700余户贫困户享受了130万元的“三权改革”入股分红资金。三是在规矩范围内研究政策，在开发区（银盏镇）经济实力内帮助贫困户。张林才结合实际，为不在政策规定范围内但又确实存在困难的贫困户，通过党委集体研究决策的方式，先后帮助20余户群众，协调资金100000余元，解决就业、住房、资金等各类困难。同时，张林才还组织对每户贫困户预算安排资金1000元，由各帮扶责任人根据每年脱贫户在生产、生活等方面存在的具体困难给予解决，现已投入资金22.56万元帮助282户脱贫户解决了困难。

近年来，张林才始终坚持党的领导，扎根基层、思考基层，把全部精力投身基层，在脱贫攻坚、环境整治、产业发展、矛盾调处等社会经济建设中不断贡献力量、创造佳绩，得到党委政府和广大群众的一致认可。2014年获县委表彰特殊贡献奖，2015年获县级优秀党务工作者称号。

（文/刘龙均，文中数据根据园区各部门初步统计）

## 2009年银盏境内撤并村简介

**原大林村**　1950年12月，建大林村农民协会，设主席取代旧保甲制。1951年11月，以大林村建玉竹村政府，设村长。1952年4月，玉竹村政府改为大林村民委员会，村长改为主任，村以下建村民小组。1958年，大林村民委员会改为大林大队生产委员会，设大队长，村民小组改为生产小队。1961年6月，大林大队生产委员会改为大林生产大队，生产小队改为生产队。1967年，大林生产大队改为大林大队革委会，设主任。1984年3月，大林大队革委会改建大林村民委员会，设主任，生产队改为村民组，下辖果落水、左落脚、大林、滚水塘、基上塘、苏青、月亮井、龙拱河、三星槽、岐山、银坑水、杜仲河、罗家坝、下寨、木爪、泡木冲、凉水井、葛麻冲、周家坡、团山、坳上、杨湾、扁山、丁家坡24个村寨。1990年，大林村总人口1619人，其中男838人，女781人。2009年，银盏村和大林村合并组建银盏村。

**原大房村**　1979年12月，将银盏大队的杨家塆等9个生产队划出组建大房大队，设大队党支部和大队革委会。1984年3月，大房大队革委会改建成大房村民委员会，设主任，下辖土城寨、彭家湾、垭口塘、桅杆坝、扁山、大房、谭家庄、柿花园8个村寨。1990年，大房村总人口1592人，其中男787人、女805人。2009年，大房村和穿洞村合并组建穿洞村。

**原红灯堡村**　1951年11月，红屯堡并入石家寨村。1959年1月，实行分片管理，红屯堡改为红灯堡，从石家寨大队划分出建红灯堡大队。红灯甫改为红灯堡村，2009年，红灯堡村、石家寨村合并组建为新华村。

**原华严村**　1950年10月华严村建立自然村、农协会，设立副村长、副主席，村以下建立茨竹坪、洞底、龙塘、龙池沟、中寨、檬子堡、尖山7个农协组，各设组长1人。1952年7月与木老坪合并建立行政村，隶属木老坪村，将7个组合为第四组、第五组、第六组、第七组到1956年。

1956年1月，建立高级合作社，华严辖龙塘、龙池沟、檬子堡、尖山4个组，1958年9月建立人民公社，4个组规模不变，组设立副组长。

1962年2月基本核算单位下放，将4个大组划为尖山、构皮湾、檬子堡、中寨、龙池沟、龙塘、洞底、茨竹坪8个生产小队，大队设立副大队长，党组织设立副支部书记，生产小队设立副队长。1980年将中寨分中寨、河坝两个队，其余未变。

1984年4月，开展农村换届选举，将华严大队改为华严村，设立副村长、支部书记，9个生产队规模不变，将生产队改为村民小组。2009年，严华村、木老坪村合并组建木老坪村。

**原新寨村** 新寨村解放前系第十保、6个甲。1950年10月建立自然村、农协会，分设正副村长、正副主席，石板寨、水源寨、新寨、小寨、高庄、后山、罗家地、大竹元8个组设农协组，1952年7月与木老坪合并，隶属木老坪村，将8个组合为第八组、第九组、第十组到1956年。

1956年1月，以乡建立高级农业生产合作社，新寨辖八组、九组、十组，设正副生产组长。1958年9月，人民公社建立后，三个组规模不变，设正副组长。

1962年2月，基本核算单位下放，建立生产大队，将2个组划为石板寨、算水坝、水源寨、小寨、新寨、高庄、后山、大竹元、罗家地、磨坪10个生产小队，大队设正副队长、支部书记，生产小队设正副小队长。

1976年5月将石板寨划归木老坪大队，1980年2月仍归新寨大队。

1984年4月，开展农村换届选举，将新寨窑大队改为新寨窑村民委员会，设正副村长、正副支部书记，10个生产小队改为村民小组，设正副组长。2013年5月，新寨村并入木老坪村。

**原白岩村** 1950年11月，白岩村建立农协会和村政权。白岩以保建村，建立白花村人民政府，设村长、副村长。农协会设主席、副主席。村以下按自然村寨划分农协组、行政组，设组长，村隶属第一区雍阳区。1951年8月，白花和玉华合建为玉华村。1958年10月，建立玉华人民公社。1963年2月，改玉华乡人民委员会为玉华管理区。白岩生产大队设大队长、副大队长。大队党支部设支书、副支书。大队隶属玉华管理区。1961年7月玉华管理区改建为玉华公社，白岩大队隶属玉华公社。1971年整建党，建大队党支部，设支书、副支书。

1979年12月，撤销革命生产委员会，白岩大队改建管委会，设主任、副主任。1984年4月，白岩大队改建为白岩村民委员会，设村长、副村长；建村党支部，设支书、副支书。将17个生产队改建为17个村民小组，设组长、副组长。

**原牛宫村** 1950年11月，在村建立农协会和村政权。牛宫以保建村，建立三山村人民政府，设村长、副村长。农协会设主席、副主席。村以下按自然村寨划分农协组、行政组，设组长。村隶属第三区建中乡。1951年8月，土地改革结束后，撤销建中乡，三山村隶属第三区。1953年秋，三山村以村建乡，建为三山乡人民政府。1956年9月，三山乡牛宫划归雍阳区并入玉华乡。1958年10月，建立人民公社。1963年2月，玉华乡人民委员会改建玉华管理区。牛宫建为生产大队，设大队长、副大队长。建大队党支部，设支书、副支书。以下划分小河、翁哑山、前上、柳家山、半坡田、营上、德沟、桥边、塘坎、早米田、坡上寨、朵塝、大竹林、牛崽坪、王家院15个生产队，分别设队长、副队长。

1961年7月，撤销平定营大公社（区级），建玉华公社（乡级），牛宫大队隶属玉华公社。1971年11月，整建党，牛宫大队建党支部，设支书、副支书。1979年12月，撤销革命生产委员会。牛宫大队改建管委会，设主任、副主任。1984年4月，牛宫大队改建为牛宫村民委员会，设村长、副村长；建村党支部，设支书、副支书。村以下14个生产队改建为村民小组，设组长、副组长。

**原黔川村** 1950年10月，仍维持旧政权的保甲制。11月，废除旧保甲制，建立村政权（当时叫天邦村），设正副村长。1951年9月，建天邦村农协会，设正副主席。1953年4月，建高枧乡，撤销天邦村，另设行政组。1955年10月，建立黔川光明高级农业合作社，设主任；建立黔川党支部，设支书。

1958年9月，建高枧管理区，黔川、高楼合并建光明大队（除高楼的牛坡、学田、养马坪外），设正、副大队长；建党支部，设支书。1961年12月，撤销光明大队，建黔川、高楼2个大队。1967年8月，黔川大队建革委会，设主任，下建生产队革委。黔川大队辖商家寨、大坪、周家寨、田坝、水扯、唐干冲、富兴寨、雷家榜8个生产队。1979年12月，撤销大队革委会，建黔川大队管委会，设主任，大队党支部设正副支书，下辖生产小队，设队长。1984年4月，机构改革中，建立黔川村委会，设主任，村党支部设支书。生产小队改为村民组，设组长。1991年9月，黔川村隶属鱼河乡。2009年3月，与高松村、干塘村合建新场村。

**原高松村** 1950年10月，仍维持旧政权保甲制，隶属深溪十三保。1953年4月，建乡政权，高松从深溪划为鱼溪坝乡管辖，高松系新场的部分。1962年1月，撤销管理区，建乡级公社，高松从新场大队划出建高松大队，设大队长；建党支部，设支书。高松大队辖河脚、洞上、南寨、对门寨、牛颈项5个生产队，生产队设队长。

1967年以后，建高松大队革委会，设主任，下建生产队革委，设主任。1971年8月，恢复大队党支部，设支书。1979年12月，建高松大队管委会，设主任；党支部设支书。1984年4月，机构改革，建立高松村委会，设主任；村党支部，设正副书记；下建村民小组，设组长。1991年9月，高松村隶属鱼河乡。2009年3月，与黔川村、干塘村合建新场村。

**原干塘村** 1950年10月，仍维持旧政权保甲制，干塘隶属玉山乡十四保。1950年11月，废除保甲制建鱼溪坝村，干塘隶属鱼溪坝村。1953年4月建乡政权，直辖行政组。1955年11月，建立和平高级农业合作社。1958年10月，鱼溪坝乡改为鱼溪坝管理区，和平高级社改为干塘大队，设正副大队长，大队党支部设支书。下辖果果坪、井水、两庄、泥塘、老山、半坡、南木坪、雷家院、齐家寨、蒙家寨、过水丘、夏家湾、大落凼、后山14个生产队，设生产队长。

1967年8月，干塘大队建大队革委会，设主任，下建生产队革委，设主任。1971年9月，恢复大队党支部，设支书。1979年12月，大队革委会改为大队管委会，设主任；党支部设支书。1984年4月，干塘大队管委会改为村民委员会，设主任；村党支部设支书。生产队改为村民小组，设组长。1991年10月，干塘村隶属鱼河乡。2009年3月，与黔川村、高松村合建新场村。

**原大园村** 1979年12月，由太平大队杉木溪5个生产队划出建大园大队，设大队长。1984年3月，大园大队革委会改建大园村民委员会，设主任，下辖陈下院、中堡、杉木溪、大坪、大园、黄泥坡、龙家片、新坝8个村寨。1990年，大园村总人口1197人，其中男611人、女586人。2009年，大园村和太平村合并组建太平村。

**原尖山村** 1950年8月，建尖山村农协会，取代保甲制。1951年11月，以尖山村建立飞练政府，设村长。1952年4月，飞练村政府辖尖山村民委员会，村长改为村主任，村以下建村民小组。1953年3月，飞练村建乡。1959年，建立尖山大队生产委员会，设大队长，村民小组改为生产小队。1961年7月，尖山大队生产委员会改为尖山生产大队，划隶银盏公社，生产小队改为生产队。1967年，尖山生产大队改为尖山大队革委会，设主任。1984年3月，尖山大队革委会改为尖山村民委员会，设主任，下辖金竹凼、毛家坟、滕家院、皮坡寨、中坝、东边、马场、毛栗坡、阁老冲、岩路口、尖山11个村寨。1990年，尖山村总人口1825人，其中男922人、女903人。2009年，尖山村和珠藏坝村合并组建飞练村。

**原珠藏坝村** 1959年3月，飞练管理区建立珠藏坝大队生产委员会，设大队长，村民小组改为生产小队。1961年7月，飞练、银盏合建银盏公社，珠藏坝大队生产委员会改为珠藏坝生产大队，生产小队改为生产队，隶属银盏公社。1967年，珠藏坝生产大队改为珠藏坝大队革委会，设革委主任。1984年3月，珠藏坝大队革委会改为珠藏坝村民委员会，设主任，生产队改为村民组，下辖飞练坝、朱家湾、钉耙寨、新寨、老木土、帽合山、羊子坪、江口坝、马鞍山、新屋基、珠藏坝11个村寨。1990年，珠藏坝村总人口1982人，其中男1018人、女964人。2009年，珠藏坝村和尖山村合并组建飞练村。

### 银盏人民公社的知青点

1968年12月，全国掀起知识青年上山下乡的热潮，上海市、贵阳市的花溪区、都匀市、瓮安县落实毛泽东主席关于“知识青年到农村去，接受贫下中农再教育，很有必要”的指示，高初中毕业生，并具备非农业户籍，由瓮安县知识青年上山下乡办公室统一安排到各地各生产大队安家落户，参加集体生产劳动，评工记分。农业户籍的高、初中毕业生，回原籍称为回乡知青。当时的银盏人民公社，对知青设立了太平大队、大林大队、尖山大队、珠藏坝大队、川洞大队、大房大队6个知青点。在1975年3月，中共瓮安县委《关于进一步做好上山下乡知识青年安置巩固工作的通知》（瓮委〔1975〕12号），银盏公社有知识青年安置点，修建安置宿舍及食堂。1983年以后，银盏公社的6个知青点的知青，按国家政策分批分期招工招干安排工作，大多数知青的工龄从插队落户时间计起。通过走访部分当年插队落户知青，在银盏公社上山下乡知青回忆，收录了大部分知青名录。

**银盏人民公社接收知识青年插队人数统计表**

表17—1　　单位：人

| 大队名称 | 插队人数 | 高　中 | 初　中 | 男 | 女 |
|---|---|---|---|---|---|
| 太平大队 | 20 | 9 | 11 | 10 | 10 |
| 大林大队 | 17 | 13 | 4 | 8 | 9 |
| 川洞大队 | 20 | 17 | 3 | 10 | 10 |
| 尖山大队 | 11 | 7 | 4 | 4 | 7 |
| 珠藏坝大队 | 6 | 2 | 4 | 5 | 1 |
| 大房大队 | 3 | 2 | 1 | 1 | 2 |
| 合计 | 77 | 50 | 27 | 38 | 39 |

**银盏人民公社各知青点知青名录表**

表17—2

| 姓　名 | 性　别 | 文化程度 | 插队时间 | 插队地点 |
|---|---|---|---|---|
| 唐亚中 | 男 | 高中 | 1969年8月 | 太平大队 |
| 杨梅燕 | 女 | 高中 | 1969年8月 | 太平大队 |
| 蔡仕菊 | 女 | 高中 | 1969年8月 | 太平大队 |

续表17-2

| 姓　名 | 性　别 | 文化程度 | 插队时间 | 插队地点 |
|---|---|---|---|---|
| 丁惠锋 | 女 | 初中 | 1969年8月 | 太平大队 |
| 石帮亮 | 男 | 初中 | 1974年3月 | 太平大队 |
| 邹贵琴 | 女 | 初中 | 1974年3月 | 太平大队 |
| 孙国松 | 男 | 初中 | 1974年3月 | 太平大队 |
| 郎维新 | 男 | 初中 | 1974年3月 | 太平大队 |
| 赵贵华 | 男 | 初中 | 1974年3月 | 太平大队 |
| 曾光灿 | 男 | 高中 | 1974年8月 | 太平大队 |
| 高仕中 | 男 | 高中 | 1974年3月 | 太平大队 |
| 韩预湘 | 女 | 高中 | 1975年8月 | 太平大队 |
| 黄维芬 | 女 | 初中 | 1976年9月 | 太平大队 |
| 张爱萍 | 女 | 初中 | 1977年8月 | 太平大队 |
| 王书文 | 女 | 初中 | 1977年8月 | 太平大队 |
| 任应琴 | 女 | 高中 | 1977年8月 | 太平大队 |
| 宋碧荣 | 女 | 高中 | 1977年8月 | 太平大队 |
| 雷锡敏 | 男 | 高中 | 1977年8月 | 太平大队 |
| 马胜安 | 男 | 初中 | 1977年8月 | 太平大队 |
| 黄维芝 | 男 | 初中 | 1977年8月 | 太平大队 |
| 陈祥林 | 男 | 高中 | 1969年8月 | 大林大队 |
| 石志锦 | 女 | 高中 | 1969年8月 | 大林大队 |
| 毛中卫 | 男 | 高中 | 1969年8月 | 大林大队 |
| 邱跃东 | 男 | 高中 | 1969年8月 | 大林大队 |
| 蒙大德 | 男 | 高中 | 1969年8月 | 大林大队 |
| 谢德间 | 男 | 高中 | 1974年10月 | 大林大队 |
| 王碧珍 | 女 | 初中 | 1974年10月 | 大林大队 |
| 贾其莲 | 女 | 初中 | 1974年10月 | 大林大队 |
| 胡桂英 | 女 | 高中 | 1974年10月 | 大林大队 |
| 朱永竹 | 女 | 高中 | 1974年10月 | 大林大队 |
| 熊亚琼 | 女 | 高中 | 1976年8月 | 大林大队 |
| 王　英 | 女 | 高中 | 1977年8月 | 大林大队 |
| 刘正琴 | 女 | 高中 | 1977年8月 | 大林大队 |

续表17-2

| 姓　名 | 性　别 | 文化程度 | 插队时间 | 插队地点 |
|---|---|---|---|---|
| 国　辉 | 男 | 初中 | 1977年8月 | 大林大队 |
| 刘中祥 | 男 | 高中 | 1977年8月 | 大林大队 |
| 李晓成 | 男 | 初中 | 1977年8月 | 大林大队 |
| 刘志琴 | 女 | 高中 | 1977年8月 | 大林大队 |
| 曹维录 | 男 | 高中 | 1969年8月 | 川洞大队 |
| 华和平 | 男 | 高中 | 1969年8月 | 川洞大队 |
| 丁惠松 | 男 | 高中 | 1969年8月 | 川洞大队 |
| 鄢安群 | 女 | 高中 | 1974年10月 | 川洞大队 |
| 鄢安菊 | 女 | 高中 | 1974年10月 | 川洞大队 |
| 李雪珍 | 女 | 高中 | 1974年10月 | 川洞大队 |
| 刘伯思 | 男 | 高中 | 1975年8月 | 川洞大队 |
| 任　英 | 女 | 高中 | 1975年8月 | 川洞大队 |
| 柳会春 | 女 | 高中 | 1975年8月 | 川洞大队 |
| 王福武 | 男 | 高中 | 1975年8月 | 川洞大队 |
| 崔建华 | 男 | 高中 | 1977年8月 | 川洞大队 |
| 高志润 | 女 | 高中 | 1977年8月 | 川洞大队 |
| 李德群 | 女 | 高中 | 1976年8月 | 川洞大队 |
| 黄兴权 | 男 | 初中 | 1976年9月 | 川洞大队 |
| 刘志平 | 男 | 高中 | 1976年8月 | 川洞大队 |
| 刘兰美 | 女 | 初中 | 1976年9月 | 川洞大队 |
| 杨　华 | 女 | 初中 | 1977年8月 | 川洞大队 |
| 郭秀霞 | 女 | 高中 | 1977年8月 | 川洞大队 |
| 梁龙才 | 男 | 高中 | 1976年2月 | 川洞大队 |
| 姜石丁 | 男 | 高中 | 1976年3月 | 川洞大队 |
| 刘基轩 | 女 | 初中 | 1969年8月 | 尖山大队 |
| 易惠琼 | 女 | 高中 | 1974年3月 | 尖山大队 |
| 石帮志 | 男 | 初中 | 1974年3月 | 尖山大队 |
| 赵贵华 | 女 | 初中 | 1974年3月 | 尖山大队 |
| 张琴琴 | 女 | 高中 | 1975年8月 | 尖山大队 |
| 刘云华 | 女 | 高中 | 1975年9月 | 尖山大队 |

续表17-2

| 姓　名 | 性　别 | 文化程度 | 插队时间 | 插队地点 |
|---|---|---|---|---|
| 张兴明 | 男 | 初中 | 1977年8月 | 尖山大队 |
| 李兰英 | 女 | 高中 | 1976年8月 | 尖山大队 |
| 吴华忠 | 男 | 高中 | 1976年8月 | 尖山大队 |
| 秦发军 | 男 | 高中 | 1975年8月 | 尖山大队 |
| 龚慕霞 | 女 | 高中 | 1975年8月 | 尖山大队 |
| 蒙大碧 | 女 | 初中 | 1974年3月 | 珠藏坝大队 |
| 刘泽祥 | 男 | 初中 | 1974年3月 | 珠藏坝大队 |
| 李筑安 | 男 | 初中 | 1974年3月 | 珠藏坝大队 |
| 朱康华 | 男 | 初中 | 1974年3月 | 珠藏坝大队 |
| 刘大康 | 男 | 高中 | 1974年8月 | 珠藏坝大队 |
| 谷声洋 | 男 | 高中 | 1974年8月 | 珠藏坝大队 |
| 余明华 | 女 | 高中 | 1969年8月 | 大房大队 |
| 杨大庆 | 男 | 初中 | 1977年10月 | 大房大队 |
| 刘金菊 | 女 | 高中 | 1978年4月 | 大房大队 |

## 银盏镇（乡）百岁老人名录

表17-3

| 姓　名 | 性　别 | 族　别 | 生卒年月 | 住　址 | 备　注 |
|---|---|---|---|---|---|
| 关卯芝 | 女 | 汉族 | 1908.12—2012.11 | 岩根河村街上组 | |
| 张德祥 | 男 | 汉族 | 1912.1—2012.3 | 太平社区中堡组 | 又名张久良，1955年加入中国共产党 |
| 熊孝媛 | 女 | 汉族 | 1898.10—1998.10 | 太平社区中堡组 | 一生明辨事理，贤惠勤劳。生前头脑清醒，因年老无疾而终 |
| 伍龙珍 | 女 | 汉族 | 1914.10— | 新华村 | |

## 2015年银盏镇乡土人才一览表

表17-4

| 姓　名 | 性别 | 出生年月 | 族　别 | 政治面貌 | 学　历 | 专业 | 主要专长及开展项目 | 住　址 |
|---|---|---|---|---|---|---|---|---|
| 曾丑凡 | 女 | 1952.6.29 | 汉 | 群众 | 小学 | | 小品 | 木老坪村 |
| 宋国琴 | 女 | 1972.9.27 | 汉 | 群众 | 初中 | | 舞蹈 | 木老坪村 |
| 刘素仙 | 女 | 1967.10.27 | 汉 | 群众 | 初中 | | 小品 | 木老坪村 |

续表17-4

| 姓　名 | 性别 | 出生年月 | 族　别 | 政治面貌 | 学　历 | 专业 | 主要专长及开展项目 | 住　址 |
|---|---|---|---|---|---|---|---|---|
| 胡用碧 | 女 | 1965.12.25 | 汉 | 党员 | 初中 | | 舞蹈 | 木老坪村 |
| 杨胜琴 | 女 | 1976.4.19 | 汉 | 群众 | 初中 | | 舞蹈 | 木老坪村 |
| 甘元芬 | 女 | 1977.12.27 | 汉 | 党员 | 大专 | | 舞蹈 | 木老坪村 |
| 文冬梅 | 女 | 1979.2.3 | 汉 | 群众 | 高中 | | 舞蹈 | 木老坪村 |
| 熊远珍 | 女 | 1964.7.12 | 汉 | 群众 | 初中 | | 舞蹈 | 木老坪村 |
| 陈菊香 | 女 | 1972.3.25 | 汉 | 群众 | 初中 | | 舞蹈 | 木老坪村 |
| 刘尧先 | 女 | 1964.10.5 | 汉 | 群众 | 初中 | | 舞蹈 | 木老坪村 |
| 张国秀 | 女 | 1955.10.14 | 汉 | 群众 | 小学 | | 腰鼓、唱山歌 | 木老坪村 |
| 刘文秀 | 女 | 1981.9.28 | 汉 | 群众 | 初中 | | 舞蹈 | 木老坪村 |
| 黄绍碧 | 女 | 1952.8.2 | 汉 | 群众 | 小学 | | 腰鼓 | 木老坪村 |
| 康长华 | 男 | 1954.4.19 | 汉 | 党员 | 小学 | | 拉二胡、唱花灯、小品、快板 | 木老坪村 |
| 王国祥 | 男 | 1972.8.16 | 汉 | 群众 | 高中 | | 唱歌 | 银盏村 |
| 袁明东 | 男 | 1980.11.9 | 汉 | 群众 | 初中 | | 高脚舞狮 | 太平社区小坡组 |
| 徐清华 | 男 | 1963.4.24 | 汉 | 群众 | 初中 | | 草莓种植 | 木老坪村上街组 |
| 徐清建 | 男 | 1966.10.22 | 汉 | 群众 | 初中 | | 肉牛养殖 | 木老坪村上街组 |
| 兰素华 | 男 | 1965.9.11 | 汉 | 群众 | 初中 | | 肉牛养殖 | |
| 唐贵凯 | 男 | 1963.10.10 | 汉 | 群众 | 初中 | | 生猪养殖 | 木老坪村上街组 |

## 瓮安县银盏镇域人才统计表

表17—5

| 姓　名 | 所在单位 | 职　务 | 备　注 |
|---|---|---|---|
| 刘光文 | 瓮安县人大常委会 | 副主任 | 新场村 |
| 徐银芳 | 瓮安县人民政府 | 县　长 | 新场村 |
| 王永书 | 瓮安县人民政府 | 副县长 | 银盏村 |
| 张永祥 | 瓮安县人大常委会 | 副主任 | 新场村 |
| 张光伦 | 瓮安县政协 | 主　席 | 新场村 |
| 徐贯彬 | 长顺县人民政府 | 县　长 | 新场村 |
| 喻　松 | 瓮安县政协 | 副主席 | 新场村 |
| 夏吉友 | 瓮安县人民政府 | 副县长 | 飞练村 |

续表17-5

| 姓　名 | 所在单位 | 职　务 | 备　注 |
| --- | --- | --- | --- |
| 杨昌勇 | 瓮安县人民政府 | 副县长 | 银盏村 |
| 夏吉辉 | 贵阳市 | 研究生 | 飞练村 |
| 李吉才 | 州人大教科委 | 主　任 | 飞练村 |
| 李继新 | 省烟草总公司 | 研究生 | 飞练村 |
| 王　华 | 瓮安县政协 | 副主席 | 银盏村 |
| 卢永明 | 天津市 | 博士生 | 白溪村 |
| 安之忠 | 贵阳市企业家 | 博士生 | 银盏村 |
| 兰　江 | 江沣驾校 | 董事长 | 岩根河 |
| 李大成 | 军委干休所 | 政委 | 新场村 |
| 赵明镜 | 南洋矿产公司 | 董事长 | 岩根河 |
| 卢继勇 | 兴旺房地产公司 | 总经理 | 木老坪 |
| 顾吉萍 | 东升股份公司<br>贵州麒龙置业有限公司 | 总经理 | 新华村 |
| 高付全 | 瓮安县第六中学 | 校　长 | 银盏 |
| 赵明昌 | 瓮安县玉华运矿车队 | 董事长 | 岩根河村 |
| 杨　立 | 国家精密微特电机工程技术研究中心、贵阳航天林泉电机公司 | 中心执行主任、公司总工程师 | 银盏 |
| 赵水伦 | 贵州师范大学 | 后勤集团书记 | 木老坪村 |
| 唐隽永 | 贵州省公路局 | 贵州省公路开发有限责任公司党委副书记、董事、工会主席 | 太平社区 |
| 刘文祝 | 中国政法大学 |  | 印山村 |
| 倪祖群 | 黔南州纪委 | 事件审查室主任 | 银盏村 |
| 刘　娇 | 白求恩医科大学 |  | 木老坪村 |
| 熊跃庭 | 贵阳市花溪区政协 | 副主席 | 木老坪村 |
| 方言伦 | 贵州省人防办 | 原副主席 | 木老坪村 |
| 龙　怀 | 荔波县政府 | 副县长 | 木老坪村 |
| 桂国全 | 瓮安县政府 | 副县长 | 木老坪村 |
| 吴定伟 | 黔南州统计局 | 局长 | 印山村 |
| 李　弦（女） | 贵州省经信委 |  | 印山村 |
| 陈　健 | 贵安新区消防支队 | 装备设计师 | 木老坪村 |

续表17-5

| 姓 名 | 所在单位 | 职 务 | 备 注 |
|---|---|---|---|
| 李万友 | 中国地质大学培训地质支队 | 中级工程师 | 印山村 |
| 周永成 | 翁福集团房地产开发公司 | 副总经理 | 木老坪村 |
| 周后强 | 贵定县政府 | 副县长 | 太平社区 |
| 兰 岭（女） | 原贵州省政府驻珠海办事处 | 办事处主任 | 岩根河村 |

## 瓮安县银盏镇（含乡）受县级以上（含县级）表彰集体

表17—6

| 单 位 | 表彰时间 | 荣誉名称 | 授奖单位 |
|---|---|---|---|
| 新寨农业生产合作社 | 1955年 | 水稻增产模范组（四等） | 省政府 |
| 玉屏公社尖山生产队 | 1962年 | 烤烟增产先进 | 省政府 |
| 木老坪公社算水坝生产队 | 1963年 | 粮食增产先进 | 省政府 |
| 木老坪公社下寨生产队 | 1963年 | 养猪发展先进 | 省政府 |
| 新华公社小山坡生产队 | 1963年 | 副业生产先进 | 省政府 |
| 鱼河乡农推站 | 1978年 | 水稻良种获省科学大会科技成果奖 | 省政府 |
| 鱼河公社板寨生产队 | 1978年 | 畜牧战线先进集体 | 省委、省政府 |
| 鱼河公社新场生产队 | 1978年 | 全省科技先进集体 | 省委、省政府 |
| 新场大队 | 1978年7月 | 全省科技先进集体 | 省委、省革委 |
| 新场大队 | 1979年12月 | 新长征突击队 | 共青团中央 |
| 新场大队 | 1983年11月 | 全省林业先进集体 | 省人民政府 |
| 新场大队 | 1983年12月 | 全省先进集体 | 省委、省人民政府 |
| 玉华烟叶分站 | 1989年 | 烤烟先进单位 | 黔南烟草分公司 |
| 木老坪烟叶分站 | 1989年 | 烤烟先进单位 | 黔南烟草分公司 |
| 银盏乡政府 | 1995年12月 | 全县发展乡镇企业先进单位 | 中共瓮安县委<br>瓮安县人民政府 |
| 银盏乡党委 | 1996年7月 | 农村基层组织建设先进党委 | 中共黔南州委 |
| 银盏乡政府 | 1996年12月 | 全县发展乡镇企业先进单位 | 中共瓮安县委<br>县人民政府 |
| 银盏武装部 | 1996年12月 | 红旗单位 | 成都军区政治部 |
| 银盏乡党委 | 1997年 | 农村基层组织建设先进党委 | 黔南州委 |
| 鱼河农技站 | 1997年 | 旱育浅植综合增产技术科技奖（二等） | 农业厅 |

续表17-6

| 单 位 | 表彰时间 | 荣誉名称 | 授奖单位 |
| --- | --- | --- | --- |
| 鱼河农技站 | 1997年 | 瓮安县旱育浅植及配套综合增产技术获省丰收计划奖（二等） | 农业厅 |
| 银盏乡党委 | 1997年7月 | “五好”党委 | 中共黔南州委 |
| 银盏乡政府 | 1998年6月 | 全县科技示范乡 | 瓮安县人民政府 |
| 银盏乡人武部 | 1998年8月 | 红旗单位 | 成都军区 |
| 银盏乡政府 | 1998年11月 | 全州文明乡 | 黔南州人民政府 |
| 银盏乡政府 | 1999年12月 | 全县文明乡 | 瓮安县人民政府 |
| 银盏乡人武部 | 2000年8月 | 全州抗洪抢险先进单位 | 都匀军分区<br>黔南州人民政府 |
| 银盏乡政府 | 2002年12月 | 2002年度人口与计划生育先进单位 | 中共瓮安县委<br>瓮安县人民政府 |
| 银盏乡政府 | 2002年12月 | 全县税改工作先进单位 | 瓮安县人民政府<br>瓮安县税务局 |
| 银盏乡政府 | 2002年12月 | 烤烟生产先进乡镇 | 瓮安县人民政府<br>瓮安县烟草局 |
| 银盏乡政府 | 2003年12月 | 在全县计生工作评比中获一等奖 | 中共瓮安县委<br>瓮安县人民政府 |
| 银盏乡政府 | 2004年12月 | 计划生育优质服务 | 中共瓮安县委<br>瓮安县政府 |
| 银盏乡政府 | 2004年12月 | 人口与计划生育获全县一等奖 | 中共瓮安县委<br>瓮安县人民政府 |
| 银盏乡政府 | 2004年12月 | 移民安置工作获全县二等奖 | 中共瓮安县委<br>瓮安县人民政府 |
| 银盏学校 | 2005年5月 | 省级小学实验教学示范学校 | 贵州省教育厅 |
| 银盏乡政府 | 2005年11月 | 人口与计划生育工作获全县一等奖 | 中共瓮安县委<br>瓮安县人民政府 |
| 银盏乡政府 | 2005年12月 | 移民安置工作获全县一等奖 | 中共瓮安县委<br>瓮安县人民政府 |
| 太平村委会 | 2006年12月 | 新农村建设荣获全县优秀奖 | 瓮安县人民政府 |
| 管委会 | 2011年 | 全州工业园区考核工作获第一名 | 黔南州人民政府 |
| 银盏派出所 | 2011年12月 | 先进派出所 | 瓮安县人民政府 |
| 银盏乡<br>人民政府 | 2012年1月 | 2011年度安全生产工作二等奖 | 瓮安县安监局 |
| 银盏派出所 | 2012年3月 | 先进派出所 | 瓮安县人民政府 |
| 管委会 | 2012年 | 全州工业园区工作考核第一名 | 黔南州人民政府 |
| 管委会 | 2013年1月 | 瓮安县2012年度招商引资工作先进集体一等奖 | 中共瓮安县委 |
| 管委会 | 2013年 | 全州工业园区考核第二名 | 黔南州人民政府 |
| 管委会 | 2013年 | 全省工业园区工作考核第九名 | 黔南州人民政府 |

续表17-6

| 单　位 | 表彰时间 | 荣誉名称 | 授奖单位 |
|---|---|---|---|
| 银盏派出所 | 2013年1月 | 服务园区先进集体 | 开发区管委会 |
| 银盏镇政府 | 2013年1月 | 安全生产工作先进集体 | 中共瓮安县委<br>县人民政府 |
| 银盏镇政府 | 2013年1月 | 招商引资工作先进集体 | 中共瓮安县委<br>县人民政府 |
| 银盏镇政府 | 2013年1月 | 安全生产工作一等奖 | 中共瓮安县委<br>县人民政府 |
| 开发区产业发展局 | 2013年1月 | 2012年度综合考核三等奖 | 开发区管委会 |
| 银盏镇<br>人民政府 | 2013年1月 | 2012年度安全生产工作（一类）一等奖 | 中共瓮安县委<br>瓮安县人民政府 |
| 银盏镇<br>人民政府 | 2013年1月 | 先进村镇建设服务中心 | 瓮安县住建局 |
| 政协联络组 | 2013年2月 | 政协工作目标考核一等奖 | 瓮安县政协 |
| 鱼河中学 | 2013年3月 | 省学科教学渗透法制教育省级示范校 | 省教育厅 |
| 银盏镇政府 | 2013年4月 | 城镇建设先进集体 | 中共瓮安县委<br>县人民政府 |
| 银盏镇政府 | 2013年6月 | 征兵工作先进单位 | 瓮安县政府<br>瓮安县武装部 |
| 银盏镇党委 | 2013年7月 | 全州“五好”基层党组织 | 黔南州委 |
| 渡江食品公司党支部 | 2013年7月 | 全州“五好”基层党组织 | 黔南州委 |
| 鑫源驾校学校党支部 | 2013年7月 | 全州“五好”基层党组织 | 黔南州委 |
| 北斗山装运公司党支部 | 2013年7月 | 先进基层党组织 | 中共瓮安县委 |
| 渡江食品公司党支部 | 2013年7月 | 先进基层党组织 | 中共瓮安县委 |
| 鑫源驾校学校党支部 | 2013年7月 | 先进基层党组织 | 中共瓮安县委 |
| 麒龙置业有限公司党支部 | 2013年7月 | 先进基层党组织 | 中共瓮安县委 |
| 龙腾磷化公司党支部 | 2013年7月 | 先进基层党组织 | 中共瓮安县委 |
| 木老坪中学党支部 | 2013年7月 | 先进基层党组织 | 中共瓮安县委 |
| 管委会 | 2014年 | 全州工业园区考核第二名 | 黔南州人民政府 |
| 管委会 | 2014年 | 全省工业园区工作考核第三名 | 黔南州人民政府 |
| 管委会 | 2014年1月 | 瓮安县2013年度招商引资工作先进集体二等奖 | 瓮安县人民政府 |
| 银盏镇政府 | 2014年1月 | 先进集体 | 中共瓮安县委<br>县人民政府 |
| 银盏派出所 | 2014年1月 | 服务园区先进集体 | 开发区党工委<br>管委会 |
| 产业发展局 | 2014年1月 | 优秀奖 | 开发区党工委<br>管委会 |
| 银盏镇政府 | 2014年1月 | 安全生产工作一等奖 | 中共瓮安县委<br>县人民政府 |

续表17-6

| 单　位 | 表彰时间 | 荣誉名称 | 授奖单位 |
|---|---|---|---|
| 开发区产业发展局 | 2014年1月 | 优秀奖 | 瓮安经济开发区党工委、管委会 |
| 银盏镇人民政府 | 2014年1月 | 先进单位 | 中共瓮安县委<br>瓮安县人民政府 |
| 银盏镇人民政府 | 2014年1月 | 2013年度安全生产工作一等奖 | 中共瓮安县委<br>瓮安县人民政府 |
| 银盏镇政府 | 2014年2月 | 政法、信访先进集体 | 中共瓮安县委<br>县人民政府 |
| 银盏镇政府 | 2014年2月 | 农村信用工程建设第一名 | 县人民政府 |
| 管委会 | 2014年6月 | 党的群众路线教育实践活动知识竞赛三等奖 | 中共瓮安县委 |
| 管委会 | 2014年6月 | 2013年度小城镇建设工作目标考核中荣获三等奖 | 中共瓮安县委<br>瓮安县人民政府 |
| 银盏镇政府 | 2014年6月 | 全县招商引资集体二等奖 | 中共瓮安县委<br>县人民政府 |
| 银盏镇政府 | 2014年6月 | 全县小城镇建设三等奖 | 中共瓮安县委<br>县人民政府 |
| 管委会 | 2014年6月 | 全县小城镇建设三等奖 | 中共瓮安县委<br>县人民政府 |
| 管委会 | 2014年12月 | 授予精细磷化工外贸转型升级示范基地 | 贵州省商务厅 |
| 招商引资局 | 2015年1月 | 2014年度全县招商引资工作二等奖 | 中共瓮安县委<br>瓮安县人民政府 |
| 开发区产业发展局 | 2015年1月 | 服务招商引资先进单位 | 中共瓮安县委<br>瓮安县人民政府 |
| 管委会 | 2015年4月 | 2014年度小城镇建设工作目标考核三等奖 | 中共瓮安县委<br>瓮安县人民政府 |
| 银盏村党总支部 | 2015年6月 | 五好基层党组织 | 中共瓮安县委 |
| 木老坪中学党支部 | 2015年6月 | 五好基层党组织 | 中共瓮安县委 |
| 新场村党总支部 | 2015年6月 | 先进基层党组织 | 中共瓮安县委 |
| 开发区第三党支部 | 2015年7月 | 先进基层党组织 | 开发区党工委 |
| 新华村党总支部 | 2015年7月 | 先进基层党组织 | 开发区党工委 |
| 鱼河中学党支部 | 2015年7月 | 先进基层党组织 | 开发区党工委 |
| 飞练社区党总支部 | 2015年7月 | 先进基层党组织 | 开发区党工委 |
| 玉华中学党支部 | 2015年7月 | 先进基层党组织 | 开发区党工委 |
| 金正大公司党支部 | 2015年7月 | 先进基层党组织 | 开发区党工委 |
| 文真铝业公司党支部 | 2015年7月 | 先进基层党组织 | 开发区党工委 |
| 瓮安经济开发区（银盏镇） | 2015年11月 | 在《瓮安县志（1978–2012）》编纂工作中被评为先进集体 | 中共瓮安县委<br>瓮安县人民政府 |

## 银盏镇（含乡）受县级以上（含县级）表彰个人

表17—7

| 姓名 | 表彰时间 | 荣誉名称 | 授奖单位 |
| --- | --- | --- | --- |
| 李碧珍 | 1979年 | “三八”红旗手 | 全国妇联 |
| 丁传书 | 1983年9月 | “五好”家庭 | 全国妇联 |
| 瞿生学 | 1987年 | 烤烟先进个人（2500公斤以上） | 瓮安县政府 |
| 穆志华 | 1988—1989年 | 烤烟先进个人（2500公斤以上） | 瓮安县政府 |
| 皮明义 | 1998年3月 | 优秀党务工作者 | 中共贵州省委 |
| 钟尚康 | 1989年12月 | 贵州省劳动模范 | 省政府 |
| 钟尚康 | 1991年4月 | 全国优秀经营管理者和“五一劳动奖章” | 全国总工会 |
| 徐银芳 | 1991年7月 | 优秀领导干部 | 省委 |
| 吴凤鹏 | 1991年12月 | 1990-1991年度优秀企业思想政治工作者 | 省委 |
| 钟尚康 | 1994年4月 | 省政府特殊津贴 | 省政府 |
| 钟尚康 | 1994年7月 | 1992-1993年度贵州省优秀企业思想政治工作者 | 省委 |
| 金　刚 | 1997年4月 | 贵州省乡镇企业先进厂长 | 省委、省政府 |
| 皮明义 | 1998年3月 | 农村基层组织整建工作优秀党务工作者 | 省委 |
| 兰绍波 | 1999年1月 | 三等功 | 黔南州公安局 |
| 卢　刚 | 2000年1月 | 先进个人 | 瓮安县武装部 |
| 卢　刚 | 2002年1月 | 先进个人 | 瓮安县武装部 |
| 卢　刚 | 2004年10月 | 先进个人 | 瓮安县武装部 |
| 卢　刚 | 2006年10月 | 先进个人 | 瓮安县武装部 |
| 卢　刚 | 2010年10月 | 先进专武干部 | 州委、州政府<br>黔南军分区 |
| 李文奎 | 2010年12月 | 先进个人 | 省一级火箭落区<br>指挥部 |
| 李顺先 | 2011年3月 | 先进个人 | 中共瓮安县委、<br>县政府 |

续表17—7

| 姓名 | 表彰时间 | 荣誉名称 | 授奖单位 |
|---|---|---|---|
| 田茂盛 | 2011年3月 | 三等功 | 黔南州公安局 |
| 罗詠松 | 2011年3月 | 先进个人 | 瓮安县政府 |
| 黄吉伟 | 2011年3月 | 先进个人 | 瓮安县政府 |
| 黄吉伟 | 2011年6月 | 优秀党务工作者 | 中共瓮安县委 |
| 杨　松 | 2011年8月 | 我是共产党员我为瓮安争光演讲比赛二等奖 | 中共瓮安县委<br>县人民政府 |
| 钟小红 | 2011年12月 | 先进个人 | 中共瓮安县委<br>县人民政府 |
| 雷胤芳 | 2011年12月 | 先进个人 | 中共瓮安县委<br>县人民政府 |
| 周　灵 | 2011年12月 | 先进个人 | 中共瓮安县委<br>县人民政府 |
| 陈廷高 | 2011年12月 | 《乌江河畔涌激情》被评为第十届全国财政好新闻二等奖 | 财政部 |
| 何玉旭 | 2010年 | 十佳破案能手 | 瓮安县公安局 |
| 唐书福 | 2012年1月 | 三等功 | 黔南州公安局 |
| 柴宗梅 | 2012年2月 | 全国城乡妇女岗位建功先进个人 | 全国妇联、全国妇女“双学双比”活动领导小组 |
| 罗詠松 | 2012年2月 | 2011年度全州优秀社区民警 | 黔南州公安局 |
| 邓小驹 | 2012年3月 | 1.18涉黑专案工作成绩突出嘉奖 | 省公安厅政治部 |
| 吴　超 | 2012年7月 | 优秀党务工作者 | 瓮安县公安局 |
| 唐书福 | 2012年7月 | 优秀共产党员 | 瓮安县公安局 |
| 犹和兴 | 2012年7月 | 优秀共产党员 | 中共瓮安县委 |
| 李文奎 | 2012年 | 州公安机关先进个人 | 州公安局 |
| 李文奎 | 2013年 | 征兵工作先进个人 | 瓮安县政府、武装部 |
| 张洪进 | 2013年 | 公安工作先进个人 | 瓮安县公安局 |
| 梁小兵 | 2014 | 服务项目建设先进个人 | 中共瓮安县委、<br>县政府 |
| 兰绍波 | 1996年 | 先进工作者 | 瓮安县公安局 |
| 曹永谷 | 2012年12月 | 先进个人 | 开发区管委会 |

续表17—7

| 姓名 | 表彰时间 | 荣誉名称 | 授奖单位 |
| --- | --- | --- | --- |
| 李文奎 | 2012年12月 | 先进个人 | 黔南州公安局 |
| 钟小红 | 2012年12月 | 先进个人 | 开发区管委会 |
| 谭怀坤 | 2012年12月 | 招商引资工作先进个人 | 中共瓮安县委<br>县人民政府 |
| 刘人毅 | 2013年1月 | 先进个人 | 中共瓮安县委<br>县人民政府 |
| 鄢富坤 | 2013年4月 | 云南省2013年省级优秀毕业生 | 云南省教育厅 |
| 陈　康 | 2013年6月 | 优秀共产党员 | 中共瓮安县委 |
| 徐德辉 | 2013年6月 | 优秀共产党员 | 中共瓮安县委 |
| 王吉洪 | 2013年6月 | 优秀社区工作者 | 中共瓮安县委 |
| 犹和兴 | 2013年7月 | 优秀党务工作者 | 中共瓮安县委 |
| 李文奎 | 2013年12月 | 先进个人 | 瓮安县政府<br>县人武部 |
| 鄢富坤 | 2013年12月 | 省十百千知识产权人才 | 省政府知识产权办 |
| 鄢富坤 | 2013年12月 | 贵州省“十百千知识产权人才培养工程”第二批务实人才 | 贵州省人民政府知识产权办公室 |
| 黄　梅 | 2014年1月 | 服务招商引资先进个人 | 中共瓮安县委、县政府 |
| 鄢富坤 | 2014年1月 | 年度考核二等奖 | 开发区党工委<br>管委会 |
| 陈发伟 | 2014年1月 | 服务招商引资先进个人 | 中共瓮安县委、县政府 |
| 罗云松 | 2014年1月 | 服务招商引资先进个人 | 中共瓮安县委、县政府 |
| 李大权 | 2014年1月 | 服务招商引资先进个人 | 中共瓮安县委、县政府 |
| 龙和会 | 2014年1月 | 先进个人 | 中共瓮安县委、县政府 |
| 吴　玲 | 2014年1月 | 先进个人 | 开发区管委会 |
| 鄢富坤 | 2014年1月 | 贵州瓮安经济开发区2013年度考核二等奖 | 瓮安经济开发区党工委、管委会 |
| 赵再全 | 2014年1月 | 开发区2013年度考核<br>一等奖 | 瓮安经济开发区党工委、管委会 |
| 贺　艳 | 2014年1月 | 开发区2013年度考核<br>三等奖 | 瓮安经济开发区党工委、管委会 |
| 蔡明洋 | 2014年1月 | 2013县级优秀资料员 | 中共瓮安县委<br>瓮安县人民政府 |

续表17—7

| 姓名 | 表彰时间 | 荣誉名称 | 授奖单位 |
|---|---|---|---|
| 鄢富坤 | 2014年3月 | 瓮安县2014年优秀科技人才 | 中共瓮安县委<br>瓮安县人民政府 |
| 鄢富坤 | 2014年5月 | 演讲比赛优秀奖 | 中共瓮安县委县人民政府 |
| 鄢富坤 | 2014年5月 | 2014年瓮安县“立足本职，转变作风·我为瓮安绘蓝图”演讲比赛优秀奖 | 中共瓮安县委<br>瓮安县人民政府 |
| 鄢富坤 | 2014年6月 | 瓮安县学习党的十八届三中全会精神暨党的群众路线教育实践活动知识竞赛三等奖 | 中共瓮安县委<br>瓮安县人民政府 |
| 黄永琴 | 2014年6月 | 小城镇建设先进个人 | 中共瓮安县委、县政府 |
| 荀　伟 | 2014年6月 | 小城镇建设先进个人 | 中共瓮安县委、县政府 |
| 余　波 | 2014年6月 | 小城镇建设先进个人 | 中共瓮安县委、县政府 |
| 陈发伟 | 2014年6月 | 小城镇建设先进个人 | 中共瓮安县委、县政府 |
| 鄢富坤 | 2014年9月 | 四川西部文献编译研究中心“科学发展与构建和谐社会理论实践成果”一等奖 | 四川西部文献编译研究中心 |
| 吴荣华 | 2014年11月 | 森林防火先进个人 | 瓮安县人民政府 |
| 吴应达 | 2014年11月 | 森林防火先进个人 | 瓮安县人民政府 |
| 李大权 | 2014年11月 | 防汛抗旱先进个人 | 瓮安县人民政府 |
| 谢泽刚 | 2014年11月 | 示范专业大户 | 瓮安县人民政府 |
| 李文奎 | 2014年12月 | 先进个人 | 开发区管委会 |
| 何玉旭 | 2014年12月 | 先进个人 | 开发区管委会 |
| 张洪进 | 2014年12月 | 三等功 | 黔南州公安局 |
| 蔡明洋 | 2015年1月 | 2014县级优秀资料员 | 中共瓮安县委<br>瓮安县人民政府 |
| 鄢富坤 | 2015年2月 | 开发区2014年度考核优秀个人 | 瓮安经济开发区党工委、管委会 |
| 毛钲玮 | 2015年6月 | 优秀共产党员 | 中共瓮安县委 |
| 王晓峰 | 2015年6月 | 优秀共产党员 | 中共瓮安县委 |
| 向小亚 | 2015年6月 | 优秀共产党员 | 中共瓮安县委 |
| 廖天江 | 2015年6月 | 优秀共产党员 | 中共瓮安县委 |
| 范祖林 | 2015年6月 | 优秀党务工作者 | 中共瓮安县委 |

续表17—7

| 姓名 | 表彰时间 | 荣誉名称 | 授奖单位 |
| --- | --- | --- | --- |
| 李大全 | 2015年6月 | 十星级村党组织书记 | 中共瓮安县委 |
| 张　华 | 2015年6月 | 党员创业带富之星 | 中共瓮安县委 |
| 李映锦 | 2015年7月 | 优秀党务工作者 | 开发区党工委 |
| 犹家贸 | 2015年7月 | 优秀党务工作者 | 开发区党工委 |
| 董维刚 | 2015年7月 | 优秀党务工作者 | 开发区党工委 |
| 喻泽权 | 2015年7月 | 优秀党务工作者 | 开发区党工委 |
| 刘华长 | 2015年7月 | 优秀共产党员 | 开发区党工委 |
| 徐大友 | 2015年7月 | 优秀共产党员 | 开发区党工委 |
| 宋泽远 | 2015年7月 | 优秀共产党员 | 开发区党工委 |
| 李衡生 | 2015年7月 | 优秀共产党员 | 开发区党工委 |
| 朱维亮 | 2015年7月 | 优秀共产党员 | 开发区党工委 |
| 潘友恋 | 2015年7月 | 优秀共产党员 | 开发区党工委 |
| 喻春霖 | 2015年7月 | 优秀共产党员 | 开发区党工委 |
| 卢德富 | 2015年7月 | 优秀共产党员 | 开发区党工委 |
| 宋荣宾 | 2015年7月 | 优秀共产党员 | 开发区党工委 |
| 雷国琴 | 2015年7月 | 优秀共产党员 | 开发区党工委 |
| 董胜祥 | 2015年7月 | 优秀共产党员 | 开发区党工委 |
| 饶　醒 | 2015年7月 | 优秀共产党员 | 开发区党工委 |
| 杨　刚 | 2015年7月 | 优秀共产党员 | 开发区党工委 |
| 万　芳 | 2015年7月 | 优秀共产党员 | 开发区党工委 |
| 龙和会 | 2015年7月 | 优秀共产党员 | 开发区党工委 |
| 王星力 | 2015年7月 | 优秀共产党员 | 开发区党工委 |
| 张举福 | 2015年7月 | 优秀共产党员 | 开发区党工委 |

续表17—7

| 姓名 | 表彰时间 | 荣誉名称 | 授奖单位 |
|---|---|---|---|
| 付启贵 | 2015年7月 | 优秀共产党员 | 开发区党工委 |
| 卢 林 | 2015年7月 | 优秀共产党员 | 开发区党工委 |
| 刘宜凤 | 2015年7月 | 优秀共产党员 | 开发区党工委 |
| 杨 玲 | 2015年7月 | 优秀共产党员 | 开发区党工委 |
| 罗朝全 | 2015年7月 | 优秀共产党员 | 开发区党工委 |
| 徐 华 | 2015年7月 | 优秀共产党员 | 开发区党工委 |
| 周荣新 | 2015年7月 | 优秀共产党员 | 开发区党工委 |
| 张有文 | 2015年7月 | 优秀共产党员 | 开发区党工委 |
| 李开雁 | 2015年7月 | 优秀共产党员 | 开发区党工委 |
| 石 烈 | 2015年7月 | 优秀共产党员 | 开发区党工委 |
| 韦家平 | 2015年7月 | 优秀共产党员 | 开发区党工委 |
| 祝坤群 | 2015年7月 | 优秀共产党员 | 开发区党工委 |
| 周太伦 | 2015年7月 | 优秀共产党员 | 开发区党工委 |
| 兰成举 | 2015年7月 | 优秀共产党员 | 开发区党工委 |
| 吕中群 | 2015年7月 | 优秀共产党员 | 开发区党工委 |
| 唐应芳 | 2015年7月 | 优秀共产党员 | 开发区党工委 |
| 张伯树 | 2015年7月 | 优秀共产党员 | 开发区党工委 |
| 杨昌凉 | 2015年7月 | 优秀共产党员 | 开发区党工委 |
| 杨 刚 | 2015年7月 | 优秀共产党员 | 开发区党工委 |
| 张有富 | 2015年7月 | 优秀共产党员 | 开发区党工委 |
| 李君贵 | 2015年7月 | 优秀共产党员 | 开发区党工委 |
| 邓仁莲 | 2015年7月 | 优秀共产党员 | 开发区党工委 |
| 邹 蕾 | 2015年7月 | 优秀共产党员 | 开发区党工委 |

续表17—7

| 姓名 | 表彰时间 | 荣誉名称 | 授奖单位 |
| --- | --- | --- | --- |
| 罗帮毅 | 2015年7月 | 优秀共产党员 | 开发区党工委 |
| 侯正华 | 2015年7月 | 优秀共产党员 | 开发区党工委 |
| 黄永万 | 2015年7月 | 优秀共产党员 | 开发区党工委 |
| 卢怡利 | 2015年7月 | 优秀共产党员 | 开发区党工委 |
| 王吉洪 | 2015年7月 | 优秀共产党员 | 开发区党工委 |
| 犹和兴 | 2015年11月 | 《中共瓮安县委执政纪要》《瓮安年鉴》编纂工作“先进个人” | 中共瓮安县委<br>瓮安县人民政府 |

## 银盏镇教师受县级以上（含县级）表彰个人表

表17—8

| 姓　名 | 表彰时间 | 荣誉名称 | 授奖单位 |
| --- | --- | --- | --- |
| 姜伯钧 | 1982年 | 省农民教育先进工作者 | 省政府 |
| 黄荣模 | 1982年 | 省农民教育先进工作者 | 省政府 |
| 秦发军 | 2007年9月9日 | 优秀校长（2006—2007年度） | 中共瓮安县委<br>县人民政府 |
| 甘元芬 | 2014年9月 | 优秀教学成果一等奖（2013—2014学年度） | 中共瓮安县委<br>县人民政府 |
| 高付全 | 2012年9月 | 全国“两基”工作先进个人 | 中华人民共和国国务院 |
| 兰登梅 | 2014年5月7日 | 优秀体育工作者（县2014年职工篮球比赛） | 中共瓮安县委、县政府 |
| 兰登梅 | 2012年9月 | 2011—2012学年度六年级教学素质教育测试中获村级学校“一等奖” | 瓮安县政府 |
| 兰绍飞 | 2009年9月9日 | “两基”迎“国检”先进个人三等奖 | 中共瓮安县委、县政府 |
| 兰肇艳 | 2014年9月 | 优秀班主任（2013—2014年度） | 瓮安县教育局 |
| 兰中群 | 2012年9月 | 2011—2012学年度三年级语文素质教育测试中获村级学校“二等奖” | 瓮安县政府 |
| 兰中群 | 2010年9月 | 2009—2010学年度全县五年级语文素质教育测试中获二类学校第二名 | 瓮安县政府 |
| 冷国静 | 2011年9月 | 2010—2011年度荣获论文奖 | 瓮安县政府 |
| 刘春梅 | 2010年8月 | 2010年瓮安县小学英语录像优质课评比三等奖 | 瓮安县教育局 |
| 龙泽强 | 2014年9月 | 2013—2014优秀教学成果一等奖 | 中共瓮安县委、县政府 |

续表17—8

| 姓 名 | 表彰时间 | 荣誉名称 | 授奖单位 |
| --- | --- | --- | --- |
| 王大荣 | 2011年9月 | 优秀教师（2010—2011年度） | 瓮安县教育局 |
| 王大荣 | 2015年9月 | 教学能手（2014—2015年度） | 瓮安县政府 |
| 王大荣 | 2010年9月 | 先进个人（2010年中职招生） | 瓮安县教育局 |
| 王大荣 | 2010年9月 | 优秀教师（2010年中考） | 瓮安县教育局 |
| 王芙蓉 | 2009年12月 | 论文《多媒体教育在小学教育中的应用》获黔南州2009年度优秀论文、优秀课件、优质课评选活动（小学组）二等奖 | 州教育局 |
| 王小霞 | 2010年6月 | 数学竞赛优秀辅导员（第八届小学希望杯全国数学邀请赛） | “希望杯”全国数学邀请赛委员会、中国优选法、统筹法与经济数学研究会数学教育委员会 |
| 王兴莲 | 2015年9月 | 优秀教学成果一等奖（2014—2015学年度） | 瓮安县政府 |
| 王兴莲 | 2015年9月 | 优秀工作者（瓮安县承办黔南州第四届运动会） | 中共瓮安县委、县政府 |
| 兰绍艳 | 2005年9月 | 优秀班主任（2004—2005年度） | 中共瓮安县委、县政府 |
| 兰肇艳 | 2009年9月 | 学习标兵（2008—2009年度师德师风专项教育） | 瓮安县教育局 |
| 祝坤群 | 2007年9月 | 优秀教师（2006—2007年度） | 中共瓮安县委、县政府 |
| 徐文梅 | 2004年9月 | 优秀教师（2003—2004年度） | 中共瓮安县委、县政府 |
| 王芙蓉 | 2010年9月 | 优秀班主任（2009—2010年） | 瓮安县教育局 |
| 解忠曜 | 2013年9月 | 2012—2013学年度全县二年级语文素质教育测试中获得乡镇级中心学校三等奖 | 瓮安县政府 |
| 冷国进 | 2005年9月 | 优秀班主任（2004—2005年度） | 中共瓮安县委、县政府 |
| 刘春梅 | 2010年11月 | 组织奖指导教师（2010年全县中小学组（小学组）文艺汇演 | 瓮安县教育局 |
| 高付全 | 2006年6月 | 全省“两基”攻坚工作先进个人 | 中共贵州省委省政府 |
| 刘春梅 | 2008年4月 | 优秀少先队辅导员 | 共青团瓮安县委 |
| 刘春梅 | 2010年12月 | 制作课件《Is this your shirt》获全州中小学现代远程教育优秀论文、优质课及优秀课件评选活动（小学组）三等奖 | 黔南州教育局 |
| 汤顺荣 | 2005年9月 | 优秀班主任（2004—2005年度） | 中共瓮安县委、县政府 |
| 徐文梅 | 2015年9月 | 优秀校长（2014—2015年度） | 瓮安县政府 |
| 徐文梅 | 2005年9月 | 优秀教师（2004—2005年度） | 中共瓮安县委、县政府 |

续表17—8

| 姓　名 | 表彰时间 | 荣誉名称 | 授奖单位 |
|---|---|---|---|
| 徐文梅 | 2015年7月 | 优秀党务工作者 | 开发区党工委 |
| 曾庆芬 | 2011年9月 | 优秀班主任（2010—2011学年度） | 瓮安县教育局 |
| 曾庆芬 | 2013年9月 | 优秀教师（2012—2013年度） | 瓮安县教育局 |
| 周泽坤 | 2004年6月 | 优秀共产党员 | 中共瓮安县委 |
| 周泽坤 | 2006年6月 | 先进工作者（2004—2005年度农村中小学现代远程教育） | 中共黔南州委组织部、州教育局 |
| 王大荣 | 2013年9月 | 中考教学优秀奖（2012—2013年度） | 瓮安县政府 |
| 刘春梅 | 2008年11月 | 论文《阅读是学习英语最有效的方法》获黔南州中小学外语教学研究会2008年学术论文三等奖 | 州教育局、黔南州中小学外语教育研究会 |
| 周泽坤 | 2009年9月 | 十佳校长（2008—2009年度） | 中共瓮安县委、县政府 |
| 刘宜风 | 2015年9月 | 优秀教育工作者（2014—2015年度） | 瓮安县政府 |
| 张　霞 | 2009年12月 | 制作的课件《5的乘法》获黔南州2009年度优秀论文、优秀课件、优质课评选活动（小学组）三等奖 | 州教育局 |
| 张克松 | 2014年9月 | 优秀教学成果一等奖（2013—2014年度） | 中共瓮安县委、县政府 |
| 张　馨 | 2011年9月 | 2010—2011年度全县六年级数学素质教育测试中获乡镇级学校三等奖 | 瓮安县政府 |
| 张　馨 | 2014年9月 | 优秀教学成果一等奖（2013—2014年度） | 中共瓮安县委、县政府 |
| 张　馨 | 2007年9月 | 优秀班主任（2006—2007年度） | 中共瓮安县委、县政府 |
| 张　馨 | 2011年9月 | 十佳班主任（2010—2011年度） | 瓮安县政府 |
| 张永光 | 2014年9月 | 优秀教学成果一等奖（2013—2014年度） | 中共瓮安县委、县政府 |
| 张永光 | 2015年9月 | 优秀教学成果一等奖（2014—2015年度） | 瓮安县政府 |
| 张永光 | 2009年9月 | 十佳主任（2008—2009年度） | 中共瓮安县委、县政府 |
| 张永光 | 2010年9月 | 全县十佳主任 | 中共瓮安县委、县政府 |
| 张永光 | 2014年9月 | 十佳主任（2013—2014年度） | 中共瓮安县委、县政府 |
| 张永光 | 2007年9月 | 优秀教导主任（2006—2007年度） | 中共瓮安县委、县政府 |
| 赵正英 | 2011年9月 | 2010—2011年度全县四年级数学素质教育测试中获村级学校三等奖 | 瓮安县政府 |

续表17—8

| 姓　名 | 表彰时间 | 荣誉名称 | 授奖单位 |
| --- | --- | --- | --- |
| 赵正英 | 2010年9月 | 2009—2010年度全县三年级数学素质教育测评中获三类学校第五名 | 中共瓮安县委、县政府 |
| 赵正英 | 2009年9月 | 2008—2009年度全县小学素质测评中获三类学校六年级数学统评成绩第三名 | 瓮安县教育局 |
| 赵正英 | 2013年9月 | 2012—2013年度全县六年级语文素质教育测试中获村级学校二等奖 | 瓮安县政府 |
| 赵正英 | 2013年9月 | 优秀班主任（2012—2013年度） | 瓮安县教育局 |
| 周泽坤 | 2012年9月 | 十佳校长（2011—2012年度） | 瓮安县政府 |
| 祝坤群 | 2015年9月 | 优秀教学成果一等奖（2014—2015年度） | 瓮安县政府 |

# 后 记

为加强对编纂工作的领导，2015年4月，银盏镇成立了以镇党委副书记、镇长张林才为主任的编纂委员会和以贵州瓮安经济开发区管委会办公室副主任犹和兴为主编（兼编纂委员会办公室主任）的编辑部。并下发《关于印发银盏镇志编纂工作实施方案的通知》（银党发〔2015〕5号），2015年6月初开始启动编纂工作。

《银盏镇志》的编纂工作，是在中共贵州瓮安经济开发区工作委员会、贵州瓮安经济开发区管理委员会的关心支持下，在瓮安县地方志编纂委员会办公室大力支持和指导下，全体编纂人员辛勤笔耕，镇、村和经济开发区管委会各工作部门通力协作提供资料，到2016年3月完成初稿。由编辑部打印成册，送交经济开发区管委会、镇人民政府、村、社区广泛征求意见，并送县地方志编纂委员会办公室领导对志稿进行指导。同年6月，经过修改、补充，形成了《征求意见稿》，送有关领导和单位征求对志稿的修改补充、完善的意见和建议。同年9月7日，银盏镇党委、银盏镇人民政府召开银盏镇志审稿座谈会，按照县地方志编纂委员会办公室领导、到会专家提出的建议，编辑部人员对志稿又进行了调整、修改、补充和完善。2016年12月，镇志稿形成了《复审稿》送县地方志编纂委员会办公室进行复审，编辑部又组织人员进行修改完善，2017年12月，将复审修改稿送县地方志编纂委员会办公室进行终审。2018年 8月，县地方志编纂委员会办公室对本志书进行了评审，提出修改意见后，通过了终审验收。

由于修志单位与编写人员约定的编纂时间为18个月，编纂时间短，加之银盏由乡演变到镇（区），时间过长、资料不全，编纂人员初次涉足编纂工作，谬误错漏在所难免，敬请修志专家和读者批评指正。

编　者

2018年12月